Kapitalmarktrechtliche Beteiligungstransparenz im Sinne der §§ 21, 22 WpHG unter besonderer Berücksichtigung des Investmentrechts

Europäische Hochschulschriften

European University Studies

Publications Universitaires Européennes

Reihe II **Rechtswissenschaft**

Series II Law

Série II Droit

Band/Volume **5874**

Markus Mörtel

Kapitalmarktrechtliche Beteiligungstransparenz im Sinne der §§ 21, 22 WpHG unter besonderer Berücksichtigung des Investmentrechts

PL ACADEMIC RESEARCH

Bibliografische Information der Deutschen Nationalbibliothek
Die Deutsche Nationalbibliothek verzeichnet diese Publikation in der Deutschen Nationalbibliografie; detaillierte bibliografische Daten sind im Internet über http://dnb.d-nb.de abrufbar.

Zugl.: Mainz, Univ., Diss., 2016

D 77
ISSN 0531-7312
ISBN 978-3-631-67640-0 (Print)
E-ISBN 978-3-631-69546-3 (E-PDF)
E-ISBN 978-3-631-69547-0 (EPUB)
E-ISBN 978-3-631-69548-7 (MOBI)
DOI 10.3726/978-3-631-69546-3

PL Academic Research ist ein Imprint der Peter Lang GmbH.
Peter Lang – Frankfurt am Main · Bern · Bruxelles · New York · Oxford · Warszawa · Wien

Diese Publikation wurde begutachtet.

www.peterlang.com

Meinem Großvater

Vorwort

Die vorliegende Arbeit wurde im Sommersemester 2015 von der Johannes Gutenberg Universität als Dissertation angenommen. Das Manuskript entstand während meiner Tätigkeit als wissenschaftlicher Mitarbeiter in der Kanzlei Gleiss Lutz in Frankfurt am Main und wurde im Winter 2014/2015 abgeschlossen. Literatur konnte im Wesentlichen bis Februar 2015 berücksichtigt werden. Eine Kurzkommentierung der neuesten rechtlichen Entwicklungen durch das Gesetz zur Umsetzung der Transparenzrichtlinie-Änderungsrichtlinie konnte nach Abschluss des eigentlichen Promotionsverfahrens noch erstellt werden und ist dem Manuskript als Anhang angefügt.

Danken möchte ich zuallerst meinem Doktorvater Prof. Dr. Jürgen Oechsler, der mir bei der Erstellung der Dissertation großen Freiraum gewährte, gleichzeitig aber jederzeit für zwischenzeitliche Besprechungen bereit stand und sowohl die Erstkorrektur als auch das Erstgutachten außerordentlich schnell erstellte. Mein Dank gebührt auch Prof. Dr. Peter Mülbert für die rasche Erstellung des Zweitgutachtens.

Weiterhin möchte ich Herrn Rechtsanwalt Dr. Cornelius Götze danken, der mir während meiner Zeit als wissenschaftlicher Mitarbeiter vielfältige Einblicke in die praktischen Seiten meines Dissertationsthemas ermöglichte und in diesem Zusammenhang immer wieder für spannende und anregende Diskussionen zur Verfügung stand.

Meiner Familie möchte ich für die langjährige Unterstützung und dafür danken, dass Sie mich in meinem Fortkommen immer wieder bestärkt haben. Hervorheben möchte ich hier meinen lieben Großvater Benno Bartnicki, der mir immer ein großes Vorbild war und und der mich sehr inspiriert hat. Ihm möchte ich diese Arbeit widmen.

Der größte Dank gebührt meiner Verlobten Nina Kempf für die unendliche Geduld und die bedingungslose Unterstützung während der Arbeitsphasen an dem Manuskript.

Mainz, im Juni 2016 *Markus Mörtel*

Inhaltsverzeichnis

Abkürzungsverzeichnis

A.A.	Andere Auffassung
A.E.	Am Ende
A.F.	Alte Fassung
ABl.	Amtsblatt
Abs.	Absatz
AG	Aktiengesellschaft
AGen	Aktiengesellschaften
AIF	Alternative Investmentfonds
AIFM-RL	Richtlinie über die Verwaltung sog. alternativer Investmentfonds
AIFM-UmsG	Gesetz zur Umsetzung der Richtlinie 2011/61/EU über die Verwaltung alternativer Investmentfonds
AktG	Aktiengesetz
Alt.	Alternative
AnSFuG	Gesetz zur Stärkung des Anlegerschutzes und zur Verbesserung der Funktionsfähigkeit des Kapitalmarkts
Anstr.	Anstrich
Art.	Artikel
AuslInvestmG	Gesetz über den Vertrieb ausländischer Investment-Anteile und über die Besteuerung der Erträge aus ausländischen Investmentanteilen
BaFin	Bundesanstalt für Finanzdienstleistungsaufsicht
BaFinG	Gesetz über die integrierte Finanzdienstleistungsaufsicht
BB	Betriebs-Berater
Begr.	Begründer / Begründung
BGB	Bürgerliches Gesetzbuch
BGBl.	Bundesgesetzblatt
BGH	Bundesgerichtshof
BilMoG	Bilanzrechtsmodernisierungsgesetz
BörsZulV	Börsenzulassungsverordnung
BT-Drucks.	Bundestag-Drucksache
BVerfG	Bundesverfassungsgericht
DB	Der Betrieb
ders.	derselbe
dies.	dieselben
DRS	Deutscher Rechnungslegungs Standard
Durchführungs-RL	Durchführungsrichtlinie zur Transparenzrichtlinie
EG	Europäische Gemeinschaft
EGAktG	Einführungsgesetz zum Aktiengesetz
ESMA	European Securities and Markets Authority

EU	Europäische Union
EWG	Europäische Wirtschaftsgemeinschaft
EWR	Europäischer Wirtschaftsraum
FAZ	Frankfurter Allgemeine Zeitung
f.	folgende
ff.	fortfolgende
FFG II	Zweites Finanzmarktförderungsgesetz
FFG III	Drittes Finanzmarktförderungsgesetz
FFG IV	Viertes Finanzmarktförderungsgesetz
FS	Festschrift
ggf.	gegebenenfalls
GmbH	Gesellschaft mit beschränkter Haftung
GmbHG	Gesetz betreffend die Gesellschaften mit beschränkter Haftung
HGB	Handelsgesetzbuch
Hrsg.	Herausgeber
HS.	Halbsatz
i.d.F.	in der Fassung
i.E.	im Ergebnis
InvÄndG	Investmentänderungsgesetz
InvAG	Investmentaktiengesellschaft
Investment-AG	Investmentaktiengesellschaft
Investment-KG	Investmentkommanditgesellschaft
InvG	Investmentgesetz
InvModG	Investmentmodernisierungsgesetz
InvStG	Investmentsteuergesetz
KAG	Kapitalanlagegesellschaft
KAGB	Kapitalanlagegesetzbuch
KAGG	Gesetz über Kapitalanlagegesellschaften
KG	Kammergericht / Kommanditgesellschaft
KGen	Kommanditgesellschaften
KonTraG	Gesetz zur Kontrolle und Transparenz im Unternehmensbereich
KVG	Kapitalverwaltungsgesellschaft
LG	Landgericht
lit.	Buchstabe
m.w.N.	Mit weiteren Nachweisen
MiFID	Markets in Financial Instruments Directive (Finanzmarktrichtlinie)
MittRhNotK	Mitteilungen der Rheinischen Notarkammer
Nr.	Nummer
NJW	Neue Juristische Wochenschrift
NZG	Neue Zeitschrift für Gesellllschaftsrecht
OGAW	Organismus für gemeinsame Anlagen in Wertpapieren
OGAW-DurchführungsRL	OGAW-Durchführungsrichtlinie

OGAW-RL	OGAW-Richtlinie
OLG	Oberlandesgericht
RegE.	Regierungsentwurf
RG	Reichsgericht
RGZ	Entscheidungen des Reichsgerichts in Zivilsachen
RisikoBegrG	Risikobegrenzungsgesetz
S.	Satz / Seite
sog.	so genannte(r/s)
TAZ	Tageszeitung
Transparenz-RL I	Transparenzrichtlinie I
Transparenz-RL II	Transparenzrichtlinie II
Transparenz-RL III	Transparenzrichtlinie III
TranspRLDV	Transparenzrichtlinie-Durchführungsverordnung
TUG	Transparenzrichtlinie-Umsetzungsgesetz
Überbl.	Überblick
v.	vom
Vgl.	Vergleiche
WM	Wertpapier-Mitteilungen
WpAIV	Wertpapierhandelsanzeige- und Insiderverzeichnisverordnung
WpHG	Wertpapierhandelsgesetz
WpÜG	Wertpapiererwerbs- und Übernahmegesetz
WpÜGG	Gesetz zur Regelung von öffentlichen Angeboten, zum Erwerb von Wertpapieren und von Unternehmensübernahmen
ZGR	Zeitschrift für Unternehmens- und Gesellschaftsrecht
ZHR	Zeitschrift für das gesamte Handelsrecht und Wirtschaftsrecht
Ziff.	Ziffer
ZIP	Zeitschrift für Wirtschaftsrecht

Literaturverzeichnis

Adams, Michel, Der Markt für Unternehmenskontrolle und sein Mißbrauch, AG 1989, S. 333–338.

Adler, Hans / Düring, Walther / Schmaltz, Kurt (Hrsg.), Rechnungslegung und Prüfung der Unternehmen, 6. Auflage, Stuttgart 1995–2000, zitiert als: *ADS*.

Anders, Dietmar / Filgut, Esther, Abgestimmte Stimmrechtsausübung – ist die Einzelfallausnahme systemwidrig?, ZIP 2010, S. 1115–1118.

Arends, Volker, Die Offenlegung von Aktienbesitz nach deutschem Recht, Wiesbaden 2000, zitiert als: *Arends*, Offenlegung.

Armbrüster, Christian, Die treuhänderische Beteiligung an Gesellschaften, Köln, Berlin, Bonn, München, 2001; zitiert als: *Armbrüster*, Treuhänderische Beteiligung.

Assmann, Heinz-Dieter, Konzeptionelle Grundlagen des Anlegerschutzes, ZBB 1989, S. 49–63.

Assmann, Heinz-Dieter / Schneider, Uwe H. (Hrsg.), Wertpapierhandelsgesetz Kommentar, 6. Auflage, Köln 2012, zitiert als: *Bearbeiter* in Assmann/Schneider, WpHG.

Assmann, Heinz-Dieter / Schütze, Rolf A. (Hrsg.), Handbuch des Kapitalanlagerechts, 2. Auflage, München 1997, zitiert als: *Bearbeiter* in Assmann/Schütze, 2. Aufl. 1997.

Assmann, Heinz-Dieter / Schütze, Rolf A. (Hrsg.), Handbuch des Kapitalanlagerechts, 3. Auflage, München 2007, zitiert als: *Bearbeiter* in Assmann/Schütze.

Baetge, Jörg / Kirsch, Hans, Jürgen / Thiele, Stefan (Hrsg.), Bilanzrecht, Kommentar, Loseblattwerk, Bonn, Berlin, Stand August 2013, zitiert als: *Bearbeiter* in Baetge/Kirsch/Thiele.

Bamberger, Heinz Georg / Roth, Herbert (Hrsg.), Beck'scher Online Kommentar zum BGB, Edition 33, München, Stand 1.11.2014, zitiert als: *Bearbeiter* in Bamberger/Roth, BGB.

Barocka, Egon, Investment-Sparen und Investment-Gesellschaften, Stuttgart 1956, zitiert als: *Barocka*, Investment.

Bartsch, Meinhard, Effektives Kapitalmarktrecht, Zur Rechtsfolgenseite der Richtlinien im Europäischen Kapitalmarktrecht, Augsburg 2005, zitiert als: *Bartsch*, Effektives Kapitalmarktrecht.

Barz, Carl Hans, Abhängigkeitsausschlussvertrag bei der Aktiengesellschaft, Festschrift für Johannes Bärmann zum 70. Geburtstag, München 1975, S. 185–201, zitiert als: *Barz* in FS Bärmann.

Bassen, Alexander, Einflussnahme institutioneller Anleger auf Corporate Governance und Unternehmensführung – Ergebnisse einer empirischen Untersuchung, ZBB 2002, S. 430–436.

Baumann, Horst / Reiß, Wilhelm, Satzungsergänzende Vereinbarungen – Nebenverträge im Gesellschaftsrecht, ZGR 1989, S. 157–215.

Baumbach, Adolf (Begr.) / Hopt, Klaus / Kumpan, Christoph / Merkt, Hanno / Roth, Markus, Handelsgesetzbuch, Kommentar, 36. Auflage, München 2014, zitiert als: *Bearbeiter* in Baumbach/Hopt, HGB.

Baums, Theodor, Risiko und Risikosteuerung im Aktienrecht, ZGR 2011, S. 218–274.

Baums, Theodor / Fraune, Christian, Institutionelle Anleger und Publikumsgesellschaft: Eine empirische Untersuchung, AG 1995, S. 97–112.

Baums, Theodor / Sauter, Maike, Anschleichen an Übernahmezielen mit Hilfe von Aktienderivaten, ZHR 173 (2009), S. 454–503.

Baur, Jürgen, Investmentgesetze, Gesetz über Kapitalanlagegesellschaften (KAGG) und Gesetz über den Vertrieb ausländischer Investmentanteile und über die Besteuerung der Erträge aus ausländischen Investmentanteilen (Auslandinvestment-Gesetz – AuslInvestmG), Kommentar nebst Länderübersicht EG/EWR-Staaten, Japan, Schweiz, 2. Auflage, Berlin, New York 1997; zitiert als: *Baur.*

Baur, Jürgen / Stürner, Rolf, Sachenrecht, 18. Auflage, München 2009, zitiert als: *Baur/Stürner.*

Baur, Jürgen / Tappen, Falko (Hrsg.), Investmentgesetze, Großkommentar, 3. Auflage, Berlin/München/Boston 2015, zitiert als: *Bearbeiter* in Baur/Tappen, KAGB.

Bayer, Walter, Verhandlungen des 67. Deutschen Juristentages, Erfurt 2008, Band I: Gutachten / Teil E: Empfehlen sich besondere Regelungen für börsennotierte und für geschlossene Gesellschaften? München 2008, zitiert als: *Bayer*, 67. DJT.

Bayer, Walter / Scholz, Philipp, Der Legitimationsaktionär – Aktuelle Fragen aus der gerichtlichen Praxis, NZG 2013, S. 721–727.

Beckmann, Klaus / Scholtz, Rolf-Detlev / Vollmer, Lothar (Hrsg.), Investment, Ergänzbares Handbuch für das gesamte Investmentwesen, Berlin, Stand Oktober 2014, zitiert als: *Bearbeiter* in Investment-Handbuch.

Bedkowski, Dorothea, Der neue Emittentenleitfaden der BaFin, BB 2009, S. 394–400.

Bedkowski, Dorothea, Der neue Emittentenleitfaden der BaFin – nunmehr veröffentlicht, BB 2009, S. 1482–1487.

Benicke, Christoph, Wertpapiervermögensverwaltung, Tübingen 2006, zitiert als: *Benicke*, Vermögensverwaltung.

Berger, Hanno / Steck, Kai-Uwe / Lübbehüsen. Dieter (Hrsg.), Investmentgesetz, Investmentsteuergesetz, Kommentar, München, 2010, zitiert als: *Bearbeiter* in Berger/Steck/Lübbehüsen.

Berger, Klaus Peter / Filgut, Esther, „Acting in Concert" nach § 30 Abs. 2 WpÜG, AG 2004, S. 592–603.

Biener, Herbert / Berneke, Wilhelm, Bilanzrichtlinien-Gesetz, Düsseldorf 1986, zitiert als: *Biener/Berneke*, BiRiLiG.

Blaurock, Uwe, Unterbeteiligung und Treuhand an Gesellschaftsanteilen, Baden-Baden 1981, zitiert als: *Blaurock*, Unterbeteiligung und Treuhand.

Borges, Georg, Acting in Concert: Vom Schreckgespenst zur praxistauglichen Zurechnungsnorm, ZIP 2007, S. 357–365.

Bosse, Christian, Melde- und Informationspflichten nach dem Aktiengesetz und Wertpapierhandelsgesetz im Zusammenhang mit dem Rückkauf eigener Aktien, ZIP 1999, S. 2047–2050.

Brellochs, Michael, Die Auslegung der kapitalmarktrechtlichen Melde- und Zurechnungsnormen im Licht der BGH-Rechtsprechung, ZIP 2011, S. 2225–2232.

Breuer, Wolfgang, Finanzintermediation im Kapitalmarktgleichgewicht, Wiesbaden 1993, zitiert als: *Breuer*, Finanzintermediation.

Breuer, Johannes, Treuhandverhältnisse im Gesellschaftsrecht, MittRhNotK 1988, S. 79–96.

Brinkhaus, Josef / Scherer, Peter (Hrsg.), Gesetz über Kapitalanlagegesellschaften, Auslandinvestment-Gesetz, München, 2003, zitiert als: *Bearbeiter* in Brinkhaus/Scherer.

Bröcker, Norbert, Bei „Acting In Concert" des Treugebers treffen Mitteilungspflicht und Rechtsverlust auch den Treuhänder, GWR 2009, S. 376.

Buck-Heeb, Petra, Vom Kapitalanleger- zum Verbraucherschutz, ZHR 176 (2012), S. 66–95.

Bürgers, Tobias / Körber, Torsten (Hrsg.), Heidelberger Kommentar zum Aktiengesetz, 3. Auflage, Heidelberg 2014, zitiert als: *Bearbeiter* in Bürgers/Körber, AktG.

Büschgen, Hans E., Das kleine Banklexikon, 2. Auflage, Düsseldorf 1997, zitiert als: *Büschgen*, Banklexikon, „Stichwort".

Bundesanstalt für Finanzdienstleistungsaufsicht, Rundschreiben 14/2008 (WA) zum Anwendungsbereich des Investmentgesetzes nach § 1 Satz 1 Nr. 3 InvG vom 22. Dezember 2008, Geschäftszeichen WA 41-Wp 2136 – 2008/0001, zitiert als: BaFin, Rundschreiben 14/2008.

Bundesanstalt für Finanzdienstleistungsaufsicht, Konsultation 03/2013, Anwendungsbereich des KAGB-E / Auslegung des Begriffs „Investmentvermögen", Geschäftszeichen WA 41-Wp 2137 – 2013/0001, zitiert als: BaFin, Konsultation 03/2013, Begriff „Investmentvermögen".

Bundesanstalt für Finanzdienstleistungsaufsicht, Emittentenleitfaden, 4. Auflage, Stand 22.7.2013, zitiert als: BaFin, Emittentenleitfaden 2013.

Bundesanstalt für Finanzdienstleistungsaufsicht, Journal, Mitteilungen der Bundesanstalt für Finanzdienstleistungsaufsicht, Dezember 2014, zitiert als: BaFin, Journal, Dezember 2014.

Burbach, Hans-Adolf, Das Recht der konzernabhängigen Personenhandelsgesellschaft, Frankfurt am Main 1989, zitiert als: *Burbach*.

Burgard, Ulrich, Die Berechnung des Stimmrechtsanteils nach §§ 21–23 Wertpapierhandelsgesetz, BB 1995, S. 2069–2078.

Burgard, Ulrich, Ad hoc-Publizität bei gestreckten Sachverhalten und mehrstufigen Entscheidungsprozessen, ZHR 162 (1998), S. 51–100.

Burgard, Ulrich, Inzidente Mitteilungen gemäß § 20 AktG?, WM 2012, S. 1937–1942.

Burgard, Ulrich / Heimann, Carsten, Das neue Kapitalanlagegesetzbuch, WM 2014, S. 821–831.

Busch, Torsten, Eigene Aktien bei der Stimmrechtsmitteilung – Zähler, Nenner Missstand, AG 2009, S. 425–431.

Cahn, Andreas, Probleme der Mitteilungs- und Veröffentlichungspflichten nach dem WpHG bei Veränderungen des Stimmrechtsanteils an börsennotierten Gesellschaften, AG 1997, S. 502–512.

Cahn, Andreas, Grenzen des Markt- und Anlegerschutzes durch das WpHG, ZHR 162 (1998), S. 1–50.

Casper, Matthias, Acting in Concert – Grundlagen eines neuen kapitalmarktrechtlichen Zurechnungstatbestands, ZIP 2003, S. 1469–1476.

Casper, Matthias / Bracht, Hannes, Abstimmung bei der Wahl des Aufsichtsrats: ein Fall für ein Pflichtangebot?, NZG 2005, S. 839–841.

Coing, Helmut, Die Treuhand kraft privaten Rechtsgeschäfts, München 1973, zitiert als: *Coing*.

Derleder, Peter / Knops, Kai-Oliver / Bamberger, Heinz Georg (Hrsg.), Handbuch zum deutschen und europäischen Bankrecht, 2. Auflage, Berlin, Heidelberg 2009, zitiert als: *Bearbeiter* in Derleder/Knops/Bamberger.

Diekmann, Hans, Namensaktien bei Publikumsgesellschaften, BB 1999, S. 1985–1990.

Diekmann, Hans, Acting in Concert: Absprachen zur Besetzung des Aufsichtsrats Besprechung des BGH-Urteils vom 18.9.2006, DStR 2007, S. 445–448.

Diekmann, Hans / Merkner, Andreas, Erhöhte Transparenzanforderungen im Aktien- und Kapitalmarktrecht – ein Überblick über den Regierungsentwurf zum Risikobegrenzungsgesetz, NZG 2007, S. 921–926.

Dornseifer, Frank, Die Neugestaltung der Investmentaktiengesellschaft durch das Investmentänderungsgesetz, AG 2008, S. 53–67.

Dreibus, Alexandra / Schäfer, Lars, Mitteilungspflichten über Stimmrechte gem. §§ 21, 22 WpHG bei inländischen Investmentfonds, NZG 2009, S. 1289–1293.

Drinkuth, Henrik, Gegen den Gleichlauf des Acting in concert nach § 22 WpHG und § 30 WpÜG, ZIP 2008, S. 676–679.

Dudenredaktion (Hrsg.), Duden, Die deutsche Rechtschreibung, 25. Auflage, Mannheim 2009, zitiert als: Duden, „Stichwort".

Dürr, Wolfram, „Eigene Investmentfonds" einer Nicht-Kapitalanlagegesellschaft?, WM 1990, S. 621–623.

Ebenroth, Carsten Thomas (Begr.) / Boujong, Karlheinz (Begr.) / Joost, Detlev (Begr und Hrsg.) / Strohn, Lutz (Hrsg.), Handelsgesetzbuch, 3. Auflage, München 2014, zitiert als: *Bearbeiter* in Ebenroth/Boujong/Joost/Strohn, HGB.

Ebner von Eschenbach, Hans-Christoph Freiherr von, Die Rechte des Anteilinhabers nach dem Gesetz über Kapitalanlagegesellschaften, Nürnberg 1959, zitiert als: *Ebner von Eschenbach*.

Eder, Cajetan J., Die rechtsgeschäftliche Übertragung von Aktien, NZG 2004, S. 107–114.

Eidenmüller, Horst, Regulierung von Finanzinvestoren, DStR 2007, S. 2116–2121.

Einsele, Dorothee, Der Anlegerschutz bei der Investmentaktiengesellschaft, AG 2011, S. 141–154.

Emde, Thomas / Dornseifer, Frank / Dreibus, Alexandra / Hölscher, Luise (Hrsg.), Investmentgesetz mit Bezügen zum Kapitalanlagegesetzbuch, München 2013, zitiert als: *Bearbeiter* in Emde/Dornseifer, InvG.

Emde, Thomas / Dreibus, Alexandra, Der Regierungsentwurf für ein Kapitalanlagegesetzbuch, BKR 2013, S. 89–102.

Emmerich, Volker / Habersack, Mathias, Aktien- und GmbH-Konzernrecht, 7. Auflage, München 2013, zitiert als: *Bearbeiter* in Emmerich/Habersack, Konzernrecht.

Engert, Andreas, Hedgefonds als aktivistische Aktionäre, ZIP 2006, S. 2105–2113.

Falkenhagen, Klaus, Fragen zu den neuen Mitteilungs- und Veröffentlichungspflichten nach Abschnitt 4 und 7 des Wertpapierhandelsgesetzes, WM 1995, S. 1005–1009.

Fama, Eugene F., Efficient Capital Markets: A Review of Theory and Empirical Work, Journal of Finance, Vol. 25 (1970), S. 383–417.

Fischer, Carsten / Friedrich, Till, Investmentaktiengesellschaft und Investmentkommanditgesellschaft unter dem Kapitalanlagegesetzbuch, ZBB 2013, S. 153–163.

Fleck, Hans-Joachim, Stimmrechtsabspaltung in der GmbH?, Festschrift für Robert Fischer, Berlin, New York 1979, S. 107–129, zitiert als: *Fleck* in FS Fischer.

Fleischer, Holger, Informationsasymmetrie im Vertragsrecht, München 2001, zitiert als: *Fleischer*, Informationsasymmetrie.

Fleischer, Holger, Verhandlungen des 64. Deutschen Juristentages, Berlin 2002, Band I: Gutachten / Teil F: Empfiehlt es sich, Interesse des Anlegerschutzes und zur

Förderung des Finanzplatzes Deutschland das Kapitalmarkt- und Börsenrecht neu zu regeln? München 2002, zitiert als: *Fleischer*, 64. DJT.

Fleischer, Holger, Finanzinvestoren im ordnungspolitischen Gesamtgefüge von Aktien-, Bankaufsichts- und Kapitalmarktrecht, ZGR 2008, S. 185–224.

Fleischer, Holger, Investor Relations und informationelle Gleichbehandlung, ZGR 2009, S. 505–541.

Fleischer, Holger / Bedkowski, Dorothea, Stimmrechtszurechnung zum Treuhänder gemäß § 22 I 1 Nr. 2 WpHG: Ein zivilgerichtlicher Fehlgriff und seine kapitalmarktrechtlichen Folgen, DStR 2010, S. 933–938.

Fleischer, Holger / Goette, Wulf (Hrsg.), Münchener Kommentar zum Gesetz betreffend die Gesellschaften mit beschränkter Haftung (GmbHG), Band 1, §§ 1–34, 2. Auflage, München 2015, zitiert als: *Bearbeiter* in MüKo, GmbHG.

Fleischer, Holger / Kalss, Susanne, Das neue Wertpapiererwerbs- und Übernahmegesetz, München 2002, zitiert als: *Fleischer/Kalss*, WpÜG.

Fleischer, Holger / Schmolke, Klaus Ulrich, Kapitalmarktrechtliche Beteiligungstransparenz nach §§ 21 ff. WpHG und „Hidden Ownership", ZIP 2008, S. 1501–1512.

Fleischer, Holger / Schmolke, Klaus Ulrich, Das Anschleichen an eine börsennotierte Aktiengesellschaft, NZG 2009, S. 401–409.

Fleischer, Holger / Schmolke, Klaus Ulrich, Klumpenrisiken im Bankaufsichts-, Investment- und Aktienrecht, ZHR 173 (2009), S. 649–688.

Fleischer, Holger / Schmolke, Klaus Ulrich, Zum beabsichtigten Ausbau der kapitalmarktrechtlichen Beteiligungstransparenz bei modernen Finanzinstrumenten (§§ 25, 25a DiskE-WpHG), NZG 2010, S. 846–854.

Fleischer, Holger / Schmolke, Klaus Ulrich, Die Reform der Transparenzrichtlinie: Mindest- oder Vollharmonisierung der kapitalmarktrechtlichen Beteiligungspublizität?, NZG 2010, S. 1241–1248.

Fleischer, Holger / Strothotte, Christian, Ein Stewardship Code für institutionelle Investoren – Wohlverhaltensregeln und Offenlegung der Abstimmungspolitik als Vorbild für Deutschland und Europa?, AG 2011, S. 221–233.

Flume, Werner, Allgemeiner Teil des Bürgerlichen Rechts, Zweiter Band, Das Rechtsgeschäft, 4. Auflage, Berlin, Heidelberg 1992, zitiert als: *Flume*, BGB-AT II.

Fock, Till, Das neue Recht der Investmentaktiengesellschaft, BB 2006, S. 2371–2376.

Förschle, Gerhart / Grottel, Bernd / Schmidt, Stefan / Schubert, Wolfgang J. / Winkeljohann, Norbert (Hrsg.), Beck'scher Bilanz-Kommentar, Handels- und Steuerbilanz, §§ 238 bis 339, 342 bis 342e HGB mit IFRS-Abweichungen, 9. Auflage, München 2014, zitiert als: *Bearbeiter* in BeBiKo.

Forst, Gerrit, Ist der Hochfrequenzhandel in der Europäischen Gemeinschaft gestattet?, BKR 2009, S. 454–456.

Franck, Jens-Uwe, Die Stimmrechtszurechnung nach § 22 WpHG und § 30 WpÜG, BKR 2002, S. 709–716.

Frank, Johann, Der Nießbrauch an Gesellschaftsanteilen, MittBayNot 2010, S. 96–104.

Franke, Günter, Hax, Herbert, Finanzwirtschaft des Unternehmens und Kapitalmarkt, 6. Auflage, Heidelberg 2009, zitiert als: *Franke/Hax,* Finanzwirtschaft.

Freitag, Robert, Die „Investmentkommanditgesellschaft" nach dem Regierungsentwurf für ein Kapitalanlagegesetzbuch, NZG 2013, S. 329–335.

Freixas, Xavier / Hartmann, Philipp / Mayer, Colin (Hrsg.), Handbook of European Financial Markets and Institutions, Oxford 2008, zitiert als: *Bearbeiter* in Freixas/Hartmann/Mayer.

Friedl, Markus J., Abhängigkeitsbericht und Nachteilsausgleich zwischen erfolgreicher Übernahme und Abschluss eines Beherrschungsvertrags, NZG 2005, S. 875–881.

Fuchs, Andreas (Hrsg.), Wertpapierhandelsgesetz (WpHG) Kommentar, München 2009, zitiert als: *Bearbeiter* in Fuchs, WpHG.

Gätsch, Andreas / Schäfer, Frank A., Abgestimmtes Verhalten nach § 22 II WpHG und § 30 II WpÜG in der Fassung des Risikobegrenzungsgesetzes, NZG 2008, S. 846–851.

Gelhausen, Hans Friedrich / Deubert, Michael / Klöcker, André, Zweckgesellschaften nach BilMoG: Mehrheit der Risiken und Chancen als Zurechnungskriterium, DB 2010, S. 2005–2011.

Gelhausen, Hans Friedrich / Fey, Gerd / Kämpfer, Georg, Rechnungslegung und Prüfung nach dem Bilanzrechtsmodernisierungsgesetz, Düsseldorf 2009, zitiert als: *Gelhausen/Fey/Kämpfer.*

Gericke, Karlheinz, Rechtsfragen zum Investmentsparen, DB 1959, S. 1276–1278.

Göres, Ulrich L., Kapitalmarktrechtliche Pflichten nach dem Transparenzrichtlinie-Umsetzungsgesetz (TUG), Der Konzern 2007, S. 15–24.

Goette, Wulf / Habersack, Mathias (Hrsg.), Münchener Kommentar zum Aktiengesetz, 3. Auflage, München, zitiert als: *Bearbeiter* in MüKo, AktG.

Band 1:	§§ 1–75 AktG, Stand 2008.
Band 3:	§§ 118–178 AktG, Stand 2013.
Band 4:	§§ 179–277 AktG, Stand 2011.
Band 5:	§§ 278–328, SpruchG, ÖGesAusG, Österreichisches Konzernrecht, Stand 2010.

Goette, Wulf / Habersack, Mathias (Hrsg.), Münchener Kommentar zum Aktiengesetz, 4. Auflage, Band 2, §§ 76–117 AktG, MitbestG, DrittelbG, 4. Auflage München 2014, zitiert als: *Bearbeiter* in MüKo, AktG, 4. Aufl.

Götz, Jürgen, Der Entherrschungsvertrag im Aktienrecht, Frankfurt am Main 1991, zitiert als: *Götz*.

Graulich, Wilhelm, Die Rechtsverhältnisse der Sondervermögen (Investmentfonds) nach dem Gesetz über Kapitalanlagegesellschaften im Vergleich zu den Rechtsverhältnissen anderer Sondervermögen des Privatrechts, Mainz 1968, zitiert als: *Graulich*.

Grigoleit, Hans Christoph / Rachlitz, Richard, Beteiligungstransparenz aufgrund des Aktienregisters, ZHR 174 (2010), S. 12–60.

Gummert, Hans / Weipert, Lutz (Hrsg.), Münchener Handbuch des Gesellschaftsrechts, Band 4 Aktiengesellschaft, 3. Auflage, München 2007, zitiert als: *Bearbeiter* in MünchHdbAG.

Habersack, Mathias, Die Mitgliedschaft – subjektives und „sonstiges" Recht, Tübingen 1996, zitiert als: *Habersack*, Mitgliedschaft.

Habersack, Mathias, Beteiligungstransparenz adieu? – Lehren aus dem Fall Continental/Schaeffler –, AG 2008, S. 817–820.

Habersack, Mathias / Mülbert, Peter O. / Schlitt, Michael (Hrsg.), Handbuch der Kapitalmarktinformationen, 2. Auflage, München 2013, zitiert als: *Bearbeiter* in Handbuch Kapitalmarktinformationen.

Habersack, Mathias / Tröger, Tobias, „Ihr naht Euch wieder, schwankende Gestalten ..." – Zur Frage eines europarechtlichen Gleichbehandlungsgebots beim Anteilshandel", NZG 2010, S. 1–7.

Hägele, Matthias, Praxisrelevante Probleme der Mitteilungspflichten nach §§ 20, 21 AktG, NZG 2000, S. 726–729.

Haisch, Martin / Helios, Marcus, Investmentsteuerrechtsreform aufgrund AIFMD und KAGB, BB 2013, S. 23–33.

Hammann, Hanjo, In concert or not in concert?, ZIP 2007, S. 1088–1095.

Hammen, Horst, Analogieverbot beim Acting in Concert?, Der Konzern 2009, S. 18–23.

Handelsrechtsausschuss des Deutschen Anwaltsvereins, Stellungnahme zum Entwurf einer Überarbeitung und Ergänzung des Emittentenleitfadens der Bundesanstalt für Finanzdienstleistungsaufsicht (BaFin), NZG 2009, S. 175–180.

Handelsrechtsausschuss des Deutschen Anwaltsvereins, Stellungnahme zum Entwurf einer Überarbeitung von Teilen des Emittentenleitfadens der BaFin, NZG 2013, S. 658–663.

Happ, Wilhelm, Zum Regierungsentwurf eines Wertpapierhandelsgesetzes, JZ 1994, S. 240–246.

Happ, Wilhelm, Zur Nachholung aktienrechtlicher Meldepflichten und damit verbundenen prozessualen Fragen, Festschrift für Karsten Schmidt zum 70. Geburtstag, Köln 2009, S. 545–563; zitiert als: *Happ* in FS K. Schmidt.

Heidel, Thomas (Hrsg.), Aktienrecht und Kapitalmarktrecht, 4. Auflage, Baden-Baden 2014, zitiert als: *Bearbeiter* in Heidel.

Hellner, Thorwald / Steuer, Stephan (Hrsg.), Bankrecht und Bankpraxis, Loseblattsammlung, 109. Ergänzungslieferung, Köln, Stand Mai 2014, zitiert als: *Bearbeiter* in BuB.

Hennrichs, Joachim / Kleindiek, Detlef / Watrin, Christoph (Hrsg.), Münchener Kommentar zum Bilanzrecht, Band 2, Bilanzrecht, §§ 238–342e HGB, München 2013, zitiert als: *Bearbeiter* in MüKo, Bilanzrecht.

Henssler, Martin, Verhaltenspflichten bei der Ausübung von Aktienstimmrechten durch Bevollmächtigte, ZHR 157 (1993), S. 91–124.

Heppe, Hansjörg, Zu den Mitteilungspflichten nach § 21 WpHG im Rahmen der Umwandlung von Gesellschaften, WM 2002, S. 60–71.

Hildner, Matthias, Kapitalmarktrechtliche Beteiligungstransparenz verbundener Unternehmen, Berlin 2002, zitiert als: *Hildner.*

Hirte, Heribert / Möllers, Thomas M. J. (Hrsg.), Kölner Kommentar zum WpHG, 2. Auflage, Köln u.a. 2014, zitiert als: *Bearbeiter* in KöKo, WpHG.

Hirte, Heribert / Von Bülow, Christoph (Hrsg.), Kölner Kommentar zum WpÜG mit AngebVO und §§ 327a-327f AktG, 2. Auflage, Köln u.a. 2010, zitiert als: *Bearbeiter* in KöKo, WpÜG.

Hitzer, Martin / Düchting, Holger, Flankierung des Übernahmerechts durch weitere Reformen der Beteiligungstransparenz im WpHG?, ZIP 2011, S. 1084–1091.

Hölters, Wolfgang (Hrsg.), Aktiengesetz Kommentar, 2. Auflage, München 2014, zitiert als: *Bearbeiter* in Hölters, AktG.

Hopt, Klaus J., Der Kapitalanlegerschutz im Recht der Banken, München 1975, zitiert als: *Hopt,* Kapitalanlegerschutz.

Hopt, Klaus J., Vom Aktien- und Börsenrecht zum Kapitalmarktrecht? Teil 2: Die deutsche Entwicklung im internationalen Vergleich, ZHR 141 (1977), S. 389–441.

Hopt, Klaus J., Grundsatz- und Praxisprobleme nach dem Wertpapierhandelsgesetz – insbesondere Insidergeschäfte und Ad-hoc-Publizität –, ZHR 159 (1995), S. 135–163.

Hopt, Klaus J., Grundsatz- und Praxisprobleme nach dem Wertpapiererwerbs- und Übernahmegesetz, ZHR 166 (2002), S. 383–432.

Hopt, Klaus J. / Wiedemann, Herbert (Hrsg.), Aktiengesetz, Großkommentar, 4. Auflage, Berlin, New York, zitiert als: *Bearbeiter* in GroKo, AktG.

Band 1: §§ 1–53 AktG, Stand 2004.

Band 2: §§ 53a-75 AktG, Stand 2008.

Band 4: §§ 95–117 AktG, Stand 2006.

Band 5: §§ 118–149 AktG, Mitbestimmungsgesetz, Stand 2008.

Hüffer, Uwe, Aktiengesetz, 7. Auflage, München 2006, zitiert als: *Hüffer*, AktG, 7. Aufl. 2006.

Hüffer, Uwe (Begr.), Aktiengesetz, 11. Auflage, München 2014, zitiert als: *Koch* in Hüffer, AktG.

Hüttemann, Rainer, Der Entherrschungsvertrag im Aktienrecht, ZHR 156 (1992), S. 314–329.

Hutter, Stephan / Kaulamo, Katja, Das Transparenzrichtlinie-Umsetzungsgesetz: Änderungen der anlassabhängigen Publizität, NJW 2007, S. 471–478.

Institut der Wirtschaftsprüfer in Deutschland e.V. (Hrsg.), WP Handbuch 2012, Band I, 14. Auflage, Düsseldorf 2012, zitiert als: WP-Handbuch.

Jäger, Axel, Der Entherrschungsvertrag, DStR 1995, S. 1113–1117.

Jauernig, Othmar (Begr.) / Stürner, Rolf (Hrsg.), Bürgerliches Gesetzbuch mit Allgemeinen Gleichbehandlungsgesetz (Auszug), Kommentar, 15. Auflage, München 2014, zitiert als: *Bearbeiter* in Jauernig, BGB.

Joussen, Edgar, Die Treuepflicht des Aktionärs bei feindlichen Übernahmen, BB 1992, 1075, 1079.

Kiefner, Alexander / Friebel, Jari, Stimmrechtsausübung in der Hauptversammlung durch den Vollmachtgeber trotz fortbestehender Bevollmächtigung eines Vertreters? Anmerkung zu den praktischen Folgeproblemen des Textformerfordernisses in § 134 III 3 AktG, NZG 2011, S. 887–891.

Kiehling, Hartmut, Eine Einführung in die Kapitalmarkttheorien, DStR 1992, S. 476–482.

Klenk, Friedrich Ernst, Die rechtliche Behandlung des Investmentanteils, Köln 1967, zitiert als: *Klenk*, Investmentanteil.

Klinkhammer, Heinz, Mitbestimmung im Gemeinschaftsunternehmen – Probleme konzerndimensionaler Mitbestimmung –, Berlin 1976, zitiert als: *Klinkhammer*.

Klöhn, Lars, Wertpapierhandelsrecht diesseits und jenseits des Informationsparadigmas – Am Beispiel des „verständigen Anlegers“ im Sinne des deutschen und europäischen Insiderrechts –, ZHR 177 (2013), S. 349–387.

Klöhn, Lars / Schwarz, Philip, Die Regulierung institutioneller Stimmrechtsberater, ZIP 2012, S. 149–158.

Kocher, Dirk, Die Einzelfallausnahme beim kapitalmarktrechtlichen Acting in Concert, Der Konzern 2010, S. 162–167.

Kocher, Dirk / Heydel, Julia, Kein abgestimmtes Verhalten und kein Stimmrechtsausschluss durch Stimmrechtsempfehlungen institutioneller Stimmrechtsberater, AG 2011, S. 543–546.

Koller, Ingo / Kindler, Peter / Roth, Wulf-Henning / Morck, Winfried, Handelsgesetzbuch, Kommentar, 8. Auflage, München 2015, zitiert als: *Bearbeiter* in Koller/Kindler/Roth/Morck, HGB.

Koppensteiner, Hans-Georg, Einige Fragen zu § 20 AktG, Festschrift für Heinz Rowedder zum 75. Geburtstag, München, 1994, S. 213–228, zitiert als: *Koppensteiner* in FS Rowedder.

Korff, Matthias, Das Risikobegrenzungsgesetz und seine Auswirkungen auf das WpHG, AG 2008, S. 692–699.

Krämer, Lutz / Heinrich Tobias A., Emittentenleitfaden „reloaded", ZIP 2009, S. 1737–1747.

Kraft, Ernst-Thomas / Link, Mathias, Der Konsolidierungskreis nach HGB und IFRS, Ein Vergleich unterschiedlicher Konzeptionen, ZGR 2013, S. 514–550.

Krause, Hartmut, Die „kalte" Übernahme, Festschrift für Uwe H. Schneider zum 70. Geburtstag, Köln 2011, S. 669–700; zitiert als: *Krause* in FS U. H. Schneider.

Krause, Martin / Klebeck, Ulf, Fonds(anteils)begriff nach der AIFM-Richtlinie und dem Entwurf des KAGB, RdF 2013, S. 4–12.

Krieger, Gerd, Vorwirkende Abhängigkeit?, Festschrift für Johannes Semler zum 70. Geburtstag am 28. April 1993, Berlin, New York 1993, S. 503–515, zitiert als: *Krieger* in FS Semler.

Kropff, Bruno, Aktiengesetz, Textausgabe des Aktiengesetzes vom 6.9.1965 und des Einführungsgesetzes zum Aktiengesetz vom 6.9.1965 mit Begründung des Regierungsentwurfs, Bericht des Rechtsausschusses des Deutschen Bundestages, Verweisungen und Sachverzeichnis, Düsseldorf 1965, zitiert als: *Kropff,* AktG.

Kümpel, Siegfried / Wittig, Arne (Hrsg.), Bank- und Kapitalmarktrecht, 4. Auflage, Köln 2011, zitiert als: *Kümpel/Wittig.*

Küting, Karlheinz / Weber, Claus-Peter, Handbuch der Konzernrechnungslegung, Kommentar zur Bilanzierung und Prüfung, Band II, 2. Auflage, Stuttgart 1998, zitiert als: *Bearbeiter* in HdKR.

Lange, Oliver, Die Auswirkungen der Zurechnungsvorschriften des WpÜG auf Vorstandsmitglieder, Der Konzern 2003, S. 675–683.

Lange, Oliver, Aktuelle Rechtsfragen der kapitalmarktrechtlichen Zurechnung, ZBB 2004, S. 22–28.

Larenz, Karl / Canaris, Claus-Wilhelm, Methodenlehre der Rechtswissenschaft, 3. Auflage, Berlin, Heidelberg 1995, zitiert als: *Larenz/Canaris,* Methodenlehre.

Larenz, Karl (Begr.) / Wolf, Manfred, Allgemeiner Teil des Bürgerlichen Rechts, 9. Auflage, München 2004, zitiert als: *Larenz/Wolf.*

Larenz, Karl (Begr.) / Wolf, Manfred / Neuner, Jörg, Allgemeiner Teil des Bürgerlichen Rechts, 10. Auflage, München 2012, zitiert als: *Larenz/Wolf/Neuner.*

Larisch, Tobias / Bunz, Thomas, Der Entherrschungsvertrag als Mittel der Konzernvermeidung bei faktischen Hauptversammlungsmehrheiten, NZG 2013, S. 1247–1251.

Laufhütte, Heinrich Wilhelm / Rissing-van Saan, Ruth / Tiedemann, Klaus (Hrsg.), Strafgesetzbuch, Leipziger Kommentar, Erster Band, Einleitung, §§ 1 bis 31, 12. Auflage, Berlin 2007, zitiert als: *Bearbeiter* in Leipziger Kommentar, StGB.

Laux, Manfred, Auf dem Weg zu einer einheitlichen europäischen Investmentfonds-Philosophie?, ZfK 1996, S. 64–66.

Lenz, Jürgen / Linke, Ulf, Die Handhabung des WpÜG in der aufsichtsrechtlichen Praxis, AG 2002, S. 361–369.

Lenz, Susanne, Steigerung der Hauptversammlungsteilnahme durch monetäre Anreize?, NZG 2006, S. 534–535.

Leuering, Dieter, Zurechnung von Stimmrechten minderjähriger Aktionäre bei den gesetzlichen Vertretern, NZG 2010, S. 1285–1288.

Liebscher, Thomas, Die Zurechnungstatbestände des WpHG und WpÜG, ZIP 2002, S. 1005–1017.

Loritz, Karl-Georg / Uffmann, Katharina, Der Geltungsbereich des Kapitalanlagegesetzbuchs (KAGB) und Investmentformen außerhalb desselben – Erste Überlegungen, auch zum Auslegungsschreiben der BaFin vom 14.6.2013 –, WM 2013, S. 2193–2203.

Lübbert, Hartmut, Abstimmungsvereinbarungen in den Aktien- und GmbH-Rechten der EWG-Staaten, der Schweiz und Großbritanniens, Baden-Baden 1971, zitiert als: *Lübbert*.

Lutter, Marcus, Vermögensveräußerung einer abhängigen Aktiengesellschaft, Festschrift für Ernst Steindorff zum 70. Geburtstag am 13. März 1990, Berlin, New York 1990, S. 125–150; zitiert als: *Lutter* in FS Steindorff.

Manne, Henry G., Mergers and the Market for Corporate Control, Journal of Political Economy, Vol. 73, No. 2 (April 1965), S. 110–120.

Marchand, Gerhart, Abhängigkeit und Konzernzugehörigkeit von Gemeinschaftsunternehmen, Berlin 1985, zitiert als: *Marchand*.

Markowitz, Harry, Portfolio Selection, Journal of Finance, Vol. 7, No. 1 (March 1952), S. 77–91.

Medicus, Dieter, Allgemeiner Teil des BGB, 10. Auflage, Heidelberg 2010, zitiert als: *Medicus*, BGB.

Mentz, Alexander / Fröhling, Viviane, Die Formen der rechtsgeschäftlichen Übertragung von Aktien, NZG 2002, S. 201–210.

Merkner, Andreas / Sustmann, Marco, Vorbei mit dem unbemerkten Anschleichen an börsennotierte Unternehmen?, NZG 2010, S. 681–688.

Merkner, Andreas /Sustmann, Marco, Record Date und Rechtsverlust, AG 2013, S. 243–249.

Merkner, Andreas /Sustmann, Marco, Die Verwaltungspraxis der BaFin in Sachen Beteiligungstransparenz auf Grundlage der Neufassung des Emittentenleitfadens, NZG 2013, S. 1361–1370.

Merkt, Hanno, Unternehmenspublizität – Offenlegung von Unternehmensdaten als Korrelat der Marktteilnahme -, Tübingen 2001, zitiert als: *Merkt,* Unternehmenspublizität.

Merkt, Hanno, Fallen REIT-Aktiengesellschaften unter das KAGB?, BB 2013, S. 1986–1996.

Mertens, Hans-Joachim, Zur Berücksichtigung von Treuhandverhältnissen und Stimmbindungsverträgen bei der Feststellung von Mehrheitsbeteiligung und Abhängigkeit, Festschrift für Karl Beusch zum 68. Geburtstag am 31. Oktober 1993, Berlin, New York 1993, S. 583–591, zitiert als: *Mertens* in FS Beusch.

Meyer, Andreas / Bundschuh, Michaela, Sicherungsübereignung börsennotierter Aktien, Pflichtangebot und Meldepflichten – Praxisfragen im Spannungsverhältnis zwischen Wertpapierhandels- und Übernahmerecht –, WM 2003, S. 960–966.

Michalski, Lutz (Hrsg.), Kommentar zum Gesetz betreffend die Gesellschaften mit beschränkter Haftung (GmbH-Gesetz), München, 2. Auflage 2010, zitiert als: *Bearbeiter* in Michalski, GmbHG.

Möhring, Philipp, Vertraglicher Ausschluss von Abhängigkeit und Konzernvermutung, Festschrift für Harry Westermann zum 65. Geburtstag, Karlsruhe 1974, S. 427–441, zitiert als: *Möhring* in FS Westermann.

Möllers, Thomas M. J., Anlegerschutz durch Aktien- und Kapitalmarktrecht – Harmonisierungsmöglichkeiten nach geltendem und künftigem Recht -, ZGR 1997, 334–367.

Möllers, Thomas M. J., Effizienz als Maßstab des Kapitalmarktrechts – Die Verwendung empirischer und ökonomischer Argumente als Begründung zivil-, straf- und öffentlich-rechtlicher Sanktionen -, AcP 2008, S. 1–36.

Möllers, Thomas M. J. / Kernchen, Eva, Information Overload am Kapitalmarkt, ZGR 2011, S. 1–26.

Mülbert, Peter O., Empfehlen sich gesetzliche Regelungen zur Einschränkung des Einflusses der Kreditinstitute auf Aktiengesellschaften?, NJW 2006, Beilage 23, S. 24–30.

Mülbert, Peter O., Umsetzungsfragen der Übernahmerichtlinie – erheblicher Änderungsbedarf bei den heutigen Vorschriften des WpÜG, NZG 2004, S. 633–642.

Mülbert, Peter O., Anlegerschutz und Finanzmarktregulierung – Grundlagen –, ZHR 177 (2013), S. 160–211.

Mülbert, Peter O. / Birke, Max, Das übernahmerechtliche Behinderungsverbot – Die angemessene Rolle der Verwaltung einer Zielgesellschaft in einer feindlichen Übernahme, WM 2001, S. 705–718.

Müller, Welf / Rödder, Thomas (Hrsg.), Beck'sches Handbuch der AG, 2. Auflage, München, 2009, zitiert als: *Bearbeiter* in Beck'sches Handbuch AG.

Müller-Eising, Karsten / Stoll, Thomas, Beherrschung von Unternehmen aufgrund faktischer Hauptversammlungsmehrheit, GWR 2012, S. 315–318.

Mutter, Christoph, Die Stimmrechtszurechnung nach § 22 WpHG bei Einschaltung eines Trusts, AG 2006, S. 637–650.

Nartowska, Urszula, Stimmrechtsmeldepflichten und Rechtsverlust eines Legitimationsaktionärs nach §§ 21 ff. WpHG ?, NZG 2013, S. 124–127.

Nerlich, Jörg / Römermann, Volker, Insolvenzordnung (InsO) Kommentar, 26. Ergänzungslieferung, München, Stand Juni 2014, zitiert als: *Bearbeiter* in Nerlich/Römermann, InsO.

Nietsch, Michael, Kapitalmarktrechtliche Beteiligungstransparenz bei Treuhandverhältnissen, WM 2012, S. 2217–2225.

Niewert, Johannes / Rybarz, Jonas C., Änderungen der Rahmenbedingungen für Immobilienfonds – das AIFM-Umsetzungsgesetz und seine Folgen, WM 2013, S. 1154–1167.

Nirk, Rudolf / Ziemons, Hildegard / Binnewies, Burkhard (Hrsg.), Handbuch der Aktiengesellschaft, Loseblattsammlung, 67. Ergänzungslieferung, Köln, November 2014, zitiert als: *Bearbeiter* in Handbuch AG.

Noack, Ulrich, Gesellschaftervereinbarungen bei Kapitalgesellschaften, Tübingen 1994, zitiert als: *Noack,* Gesellschaftervereinbarungen.

Noack, Ulrich, Die Namensaktie – Dornröschen erwacht, DB 1999, S. 1306–1310.

Nottmeier, Horst / Schäfer, Holger, Praktische Fragen im Zusammenhang mit §§ 21, 22 WpHG, AG 1997, S. 87–96.

Ohl, Karl, Die Rechtsbeziehungen innerhalb des Investment-Dreiecks, Berlin, 1989, zitiert als: *Ohl.*

Otto, Hans-Jochen, Die Verteilung der Kontrollprämie bei Übernahme von Aktiengesellschaften und die Funktion des Höchststimmrechts, AG 1994, S. 167–175.

Palandt, Otto (Begr.), Bürgerliches Gesetzbuch mit Nebengesetzen, 74. Auflage, München 2015, zitiert als: *Bearbeiter* in Palandt, BGB.

Päsler, Rüdiger, Handbuch des Investmentsparens, Wiesbaden, 1991, zitiert als: *Päsler.*

Parmentier, Miriam, Die Revision der EU-Transparenzrichtlinie für börsennotierte Unternehmen, AG 2014, S. 15–25.

Patzner, Andreas / Döser, Achim / Kempf, Ludger J. (Hrsg.), Investmentrecht, Handkommentar, 2. Auflage, Baden-Baden, 2015, zitiert als: *Bearbeiter* in Patzner/Döser/Kempf, KAGB.

Pentz, Andreas, Acting in Concert – Ausgewählte Einzelprobleme zur Zurechnung und zu den Rechtsfolgen, ZIP 2003, S. 1478–1492.

Petersen, Sven / Wille, Sophia, Zulässigkeit eines Squeeze-Out und Stimmrechtszurechnung bei Wertpapierdarlehen, NZG 2009, S. 856–859.

Priester, Hans-Joachim, Änderung von Gewinnverwendungsbeschlüssen, ZIP 2000, S. 261–264.

Reichert, Jochem / Harbarth, Stephan, Stimmrechtsvollmacht, Legitimationszession und Stimmrechtsausschlußvertrag in der AG, AG 2001, S. 447–455.

Reiss, Malte, Pflichten der Kapitalanlagegesellschaft und der Depotbank gegenüber dem Anleger und die Rechte des Anlegers bei Pflichtverletzungen, Berlin 2006, zitier als: *Reiss*.

Richter, Stefan, Unterliegt der im Aktienregister eingetragene Legitimationsaktionär den Mitteilungspflichten aus den §§ 21 ff. WpHG? – Eine Untersuchung anlässlich des Urteils des OLG Köln WM 2013, 2030 –, – Teil I –, WM 2013, S. 2296–2309.

Ringe, Wolf-Georg, Die Neuregelung des Internationalen Kapitalmarktpublizitätsrechts durch die Neufassung der Transparenzrichtlinie, AG 2007, S. 809–815.

Rittner, Fritz, Die Beteiligung als Grund der Abhängigkeit einer Aktiengesellschaft (I), DB 1976, S. 1465–1470.

Rittner, Fritz, Die Beteiligung als Grund der Abhängigkeit einer Aktiengesellschaft (II), DB 1976, S. 1513–1515.

Rodemann, Carsten, Stimmbindungsvereinbarungen in den Aktien- und GmbH-Rechten Deutschlands, Englands, Frankreichs und Belgiens, Köln u.a. 1998, zitiert als: *Rodemann*.

Roth, Günter H., Das Treuhandmodell des Investmentrechts, Frankfurt am Main 1972, zitiert als: *Roth*, Treuhandmodell.

Roth, Günter H. / Altmeppen, Holger (Hrsg.), Gesetz betreffend die Gesellschaften mit beschränkter Haftung (GmbHG), Kommentar, München, 7. Auflage 2012, zitiert als: *Bearbeiter* in Roth/Altmeppen, GmbHG.

Rüthers, Bernd / Fischer, Christian / Birk, Axel, Rechtstheorie mit Juristischer Methodenlehre, 6. Auflage, München 2011, zitiert als: *Rüthers/Fischer/Birk*, Rechtstheorie.

Säcker, Franz Jürgen, „Mehrmütterklausel" und Gemeinschaftsunternehmen, Zur Bedeutung der Brost & Funke-Entscheidung des BGH, NJW 1980, S. 801–806.

Säcker, Franz Jürgen / Rixecker, Roland (Hrsg.), Münchener Kommentar zum Bürgerlichen Gesetzbuch, 6. Auflage, München, zitiert als: *Bearbeiter* in MüKo, BGB.

Band 1:	§§ 1–240 BGB, ProstG, AGG, Stand 2012.
Band 2:	§§ 241–432 BGB, Stand 2012.
Band 4:	§§ 611–704 BGB, EFZG, TzBfG, KSchG, Stand 2012.
Band 5:	§§ 705–853 BGB, PartG, ProdHG, Stand 2013.
Band 6:	§§ 854–1296 BGB, WEG, ErbbauRG, Stand 2013.
Band 8:	§§ 1589–1921 BGB, SGB VIII, Stand 2012.
Band 9:	§§ 1922–2358 BGB, §§ 27–35 BeurkG, Stand 2013.

Saenger, Ingo / Kessler, Nicholas, Abgestimmtes Verhalten i.S.d. § 30 Abs. 2 WpÜG bei der Aufsichtsratswahl, ZIP 2006, S. 837–842.

Schäcker, Hanns-Erhard, Die obligatorischen und dinglichen Rechtsverhältnisse der deutschen Investment-Gesellschaften auf der Grundlage des Kapitalanlagegesetzes vom 16. April 1957, Mainz 1961, zitiert als: *Schäcker.*

Schäfer, Carsten, Mehrheitserfordernisse bei Stimmrechtskonsortien, ZGR 2009, S. 768–787.

Schäfer, Frank A. / Hamann, Uwe (Hrsg.), Kapitalmarktgesetze, Loseblattsammlung, 2. Auflage, Stuttgart , Berlin, Köln, Stand April 2012 (6. Lieferung), zitiert als: *Bearbeiter* in Schäfer/Hamann.

Schäfer, Hans, Shareholder Activism und Corporate Governance, NZG 2007, S. 900–903.

Schiessl, Maximilian, Die beherrschte Personengesellschaft, Köln 1985; zitiert als: *Schiessl.*

Schiessl, Maximilian, Beteiligungsaufbau mittels Cash-settled Total Return Equity Swaps – neue Modelle und Einführung von Meldepflichten, Der Konzern 2009, S. 291–299.

Schimansky, Herbert / Bunte, Hermann-Josef / Lwowski, Hans-Jürgen, Bankrechts-Handbuch, 4. Auflage, München 2011, zitiert als: *Bearbeiter* in Bankrechts-Handbuch.

Schmidt, Karsten (Hrsg.), Münchener Kommentar zum Handelsgesetzbuch, 3. Auflage, München, zitiert als: *Bearbeiter* in MüKo, HGB.

Band 3: §§ 161–237 HGB, Stand 2012.

Band 4: §§ 238–342e HGB, Stand 2013.

Schmidt, Karsten / Lutter, Marcus (Hrsg.), Aktiengesetz Kommentar, 2. Auflage, Köln 2010, zitiert als: *Bearbeiter* in Schmidt/Lutter, AktG.

Schmidt, Reinhard H. / Terberger, Eva, Grundzüge der Investitions- und Finanzierungstheorie, 4. Auflage, Wiesbaden 1997, zitiert als: *Schmidt/Terberger*, Grundzüge.

Schmidt-Versteyl, Michael / Probst, Melanie, Die nachträgliche Änderung von Gewinnverwendungsbeschlüssen in der Aktiengesellschaft, BB 2011, S. 1416–1420.

Schmolke, Klaus Ulrich, Institutionelle Anleger und Corporate Governance – Traditionelle Investoren vs. Hedgefonds, ZGR 2007, S. 701–744.

Schnabel, Kerstin / Korff, Matthias, Mitteilungs- und Veröffentlichungspflichten gemäß §§ 21 ff WpHG und ihre Änderung durch das Transparenzrichtlinie-Umsetzungsgesetz – Ausgewählte Praxisfragen, ZBB 2007, S. 179–187.

Schneider, Sven H., Zur Bedeutung der Gesamtzahl der Stimmrechte börsennotierter Unternehmen für die Stimmrechtsmeldepflichten der Aktionäre, NZG 2009, S. 121–125.

Schneider, Uwe H., Auf dem Weg in den Pensionskassenkorporatismus? Zehn Thesen zu den Auswirkungen der zunehmenden Beteiligung institutioneller Anleger an den Publikumsgesellschaften, AG 1990, S. 317–326.

Schneider, Uwe H., Anwendungsprobleme bei den kapitalmarktrechtlichen Vorschriften zur Offenlegung von wesentlichen Beteiligungen an börsennotierten Aktiengesellschaften (§§ 21 ff. WpHG), AG 1997, S. 81–87.

Schneider, Uwe H., Acting in Concert – ein kapitalmarktrechtlicher Zurechnungstatbestand, WM 2006, S. 1321–1327.

Schneider, Uwe H., Abgestimmtes Verhalten durch institutionelle Anleger: Gute Corporate Governance oder rechtspolitische Herausforderung?, ZGR 2012, S. 518–534.

Schneider, Uwe H. / Anzinger, Heribert M., Institutionelle Stimmrechtsberatung und Stimmrechtsvertretung – „A quiet guru's enormous clout", NZG 2007, S. 88–96.

Schneider, Uwe H. / Burgard, Ulrich, Transparenz als Instrument der Steuerung des Einflusses der Kreditinstitute auf Aktiengesellschaften, DB 1996, S. 1761–1767.

Schockenhoff, Martin / Schumann, Alexander, Acting in Concert – geklärte und ungeklärte Rechtsfragen, ZGR 2005, S. 568–610.

Schön, Wolfgang, Der Nießbrauch am Gesellschaftsanteil, ZHR 158 (1994), S. 220–270.

Scholz, Kai-Steffen, Verlust von Aktionärsrechten gem. § 28 WpHG, AG 2009, S. 313–321.

Schreyögg, Georg / Unglaube, Oliver, Zur Rolle von Finanzinvestoren in deutschen Publikumsaktiengesellschaften – Thesen und empirische Befunde, AG 2013, S. 97–110.

Schürnbrand, Jan, Wider den Verzicht auf die gespaltene Auslegung im Kapitalmarktrecht, NZG 2011, S. 1213–1218.

Schwark, Eberhard / Zimmer, Daniel (Hrsg.), Kapitalmarktrechts-Kommentar, 4. Auflage, München 2010, zitiert als: *Bearbeiter* in Schwark/Zimmer.

Seibert, Ulrich, UMAG und Hauptversammlung – Der Regierungsentwurf eines Gesetzes zur Unternehmensintegrität und Modernisierung des Anfechtungsrechts (UMAG), WM 2005, S. 157–161.

Seibt, Christoph H., Grenzen des übernahmerechtlichen Zurechnungstatbestandes in § 30 Abs. 2 WpÜG (Acting in Concert), ZIP 2004, S. 1829–1837.

Seibt, Christoph H., Stimmrechtszurechnung nach § 30 WpÜG zum Alleingesellschafter-Geschäftsführer einer GmbH?, ZIP 2005, S. 729–740.

Seibt, Christoph H. / Wollenschläger, Bernward, Revision des Europäischen Transparenzregimes: Regelungsinhalte der TRL 2013 und Umsetzungsbedarf, ZIP 2014, S. 545–554.

Senge, Lothar (Hrsg.), Karlsruher Kommentar zum Gesetz über Ordnungswidrigkeiten, 4. Auflage, München 2014, zitiert als: *Bearbeiter* in Karlsruher Kommentar, OWiG.

Siara, Georg / Tormann, Wolfgang, Gesetz über Kapitalanlagegesellschaften vom 16. April 1957, Frankfurt am Main 1957, zitiert als: *Siara/Tormann*, KAGG.

Siebert, Wolfgang, Das rechtsgeschäftliche Treuhandverhältnis, Marburg 1933, zitiert als: *Siebert.*

Simon, Herbert A., A Behavioral Model of Rational Choice, Quarterly Journal of Economics 69 (1955), S. 99–118.

Söhner, Matthias, Beteiligungstransparenz, Hebelfinanzierung und asset stripping nach der AIFM-Richtlinie, WM 2011, S. 2121–2127.

Soergel, Hans-Theodor (Begr.), Bürgerliches Gesetzbuch mit Einführungsgesetz und Nebengesetzen, 13. Auflage, Stuttgart, zitiert als: *Bearbeiter* in Soergel, BGB.

Band 2: §§ 104–240 BGB, Stand März 1999.

Band 11/1: §§ 705–758 BGB, Stand Sommer 2011.

Band 16: §§ 1018–1296 BGB, Stand Frühjahr 2001.

Spindler, Gerald, Acting in Concert – Begrenzung von Risiken durch Finanzinvestoren? – Der Regierungsentwurf eines Risikobegrenzungsgesetzes –, WM 2007, S. 2357–2364.

Spindler, Gerald / Bednarz, Sebastian, Die Regulierung von Hedge-Fonds im Kapitalmarkt- und Gesellschaftsrecht, Teil I: Die Rechtslage, WM 2006, S. 553–560.

Spindler, Gerald / Stilz, Eberhard (Hrsg.), Kommentar zum Aktiengesetz, 2. Auflage, München 2010, zitiert als: *Bearbeiter* in Spindler/Stilz, AktG.

Starke, Till M., Beteiligungstransparenz im Gesellschafts- und Kapitalmarktrecht, Baden-Baden 2002, zitiert als: *Starke.*

Staub, Hermann (Begr.), Handelsgesetzbuch, Großkommentar, Dritter Band, 3. Teil, Bankvertragsrecht, 2. Bearbeitung, 3. Auflage, Berlin, New York 1981, zitiert als: *Canaris*, Bankvertragsrecht.

Staub, Hermann (Begr.), Handelsgesetzbuch, Großkommentar, Band 6, §§ 290–315a HGB, Anhang IFRS, 5. Auflage, Berlin 2011, zitiert als *Bearbeiter* in Staub, HGB.

Staudinger, Julius von (Begr.), Kommentar zum Bürgerlichen Gesetzbuch mit Einführungsgesetz und Nebengesetzen, Berlin, zitiert als: *Bearbeiter* in Staudinger, BGB.

§§ 139–163 BGB, Neubearbeitung 2010.

§§ 164–240 BGB, Neubearbeitung 2014.

§§ 741–764 BGB, Neubearbeitung 2008.

§§ 779–811 BGB, Neubearbeitung 2009.

§§ 903–924 BGB, Neubearbeitung 2002.

§§ 1018–1112 BGB, Neubearbeitung 2009.

Steinmeyer, Roland (Hrsg.), Wertpapiererwerbs- und Übernahmegesetz Kommentar, 3. Auflage, Berlin 2013, zitiert als: *Bearbeiter* in Steinmeyer, WpÜG.

Steuer, Stephan / Baur, Georg, Erwerbsgeschäfte im Grenzbereich bedeutender Beteiligungen nach dem Wertpapierhandelsgesetz, WM 1996, S. 1477–1484.

Sudmeyer, Jan, Mitteilungs- und Veröffentlichungspflichten nach §§ 21, 22 WpHG, BB 2002, S. 685–692.

Teichmann, Arndt, Der Nießbrauch an Gesellschaftsanteilen – gesellschaftsrechtlicher Teil –, ZGR 1972, S. 1–23.

Teichmann, Christoph / Epe, Daniel, Die neuen Meldepflichten für künftig erwerbbare Stimmrechte (§§ 25, 25a WpHG), WM 2012, S. 1213–1220.

Tillmann, Bert, Umwandlung auf doppelstöckige GmbH & Co. KG, DB 1986, S. 1319–1323.

Ulmer, Peter, Aktienrechtliche Beherrschung durch Leistungsaustauschbeziehungen?, ZGR 1978, S. 457–475.

Ulmer, Peter, Begriffsvielfalt im Recht der verbundenen Unternehmen als Folge des Bilanzrichtlinien-Gesetzes – Eine systematische Analyse –, Bilanz- und Konzernrecht, Festschrift zum 65. Geburtstag von Dr. Dr. h. c. Reinhard Goerdeler, Düsseldorf 1987, zitiert als: *Ulmer* in FS Goerdeler.

Ulrici, Bernhard, Geschäftsähnliche Handlungen, NJW 2003, S. 2053–2056.

Vaupel, Christoph F., Ansprüche von Aktiengesellschaften gegen Stimmrechtsempfehlungen institutioneller Stimmrechtsberater, AG 2011, S. 63–77.

Vedder, Caroline, Zum Begriff „für Rechnung" im AktG und im WpHG, Köln u.a. 1998, zitiert als: *Vedder.*

Veil, Rüdiger, Stimmrechtszurechnungen aufgrund von Abstimmungsvereinbarungen gemäß § 20 Abs. 2 WpHG und § 30 Abs. 2 WpÜG, Festschrift für Karsten Schmidt zum 70. Geburtstag, Köln 2009, zitiert als: *Veil* in FS K. Schmidt.

Veil, Rüdiger (Hrsg.), Europäisches Kapitalmarktrecht, Tübingen 2011, zitiert als: *Bearbeiter* in Veil, Europäisches Kapitalmarktrecht.

Veil, Rüdiger, Wie viel „Enforcement" ist notwendig?, ZHR 175 (2011), S. 83–109.

Veil, Rüdiger, Beteiligungstransparenz im Kapitalmarktrecht – Rechtsentwicklungen und Reformperspektiven –, ZHR 177 (2013), S. 427–446.

Veil, Rüdiger / Dolff, Christian, Kapitalmarktrechtliche Mitteilungspflichten des Treuhänders, AG 2010, S. 385–391.

Von Bülow, Christoph / Bücker, Thomas, Abgestimmtes Verhalten im Kapitalmarkt- und Gesellschaftsrecht, ZGR 2004, S. 669–720.

Von Bülow, Christoph / Petersen, Sven, Stimmrechtszurechnung zum Treuhänder?, NZG 2009, S. 1373–1378.

Von Bülow, Christoph / Stephanblome, Markus, Acting in Concert und neue Offenlegungspflichten nach dem Risikobegrenzungsgesetz, ZIP 2008, S. 1797–1806.

Von Buttlar, Julia, Kapitalmarktrechtliche Pflichten in der Insolvenz, BB 2010, S. 1355–1361.

Von Caemmerer, Ernst, Kapitalanlage- oder Investmentgesellschaften, JZ 1958, S. 41–50.

Von Rosen, Rüdiger, Zweites Finanzmarktförderungsgesetz und Privatanleger, Die Bank 1995, S. 9–14.

Von Wysocki, Klaus, Konzernabschluß: Aufstellungs- und Einbeziehungspflichten nach neuem Recht, WPg 1987, S. 277–281.

Wackerbarth, Ulrich, Die Auslegung des § 30 Abs. 2 WpÜG und die Folgen des Risikobegrenzungsgesetzes, ZIP 2007, S. 2340–2348.

Wank, Rolf, Die Auslegung von Gesetzen, 5. Auflage, München 2011, zitiert als: *Wank,* Auslegung.

Weber, Martin, Vormitgliedschaftliche Abhängigkeitsbegründung, ZIP 1994, S. 678–690.

Weiler, Lothar / Meyer, Ingo, „Abgestimmtes Verhalten" gemäß § 30 WpÜG: Neue Ansätze der Bundesanstalt für Finanzdienstleistungsaufsicht?, NZG 2003, S. 909–911.

Weitnauer, Wolfgang, Pools und Investment-Clubs: Strukturen und Erlaubnispflichten nach KAGB und KWG, GWR 2014, S. 1–6.

Weiser, Benedikt / Hüwel, Martin, Verwaltung alternativer Investmentfonds und Auslagerung nach dem KAGB-E, BB 2013, S. 1091–1097.

Wendt, Peter, Treuhandverhältnisse nach dem Gesetz über Kapitalanlagegesellschaften, Münster 1968, zitiert als: *Wendt.*

Werner, Horst S., Konzernrechtliche Abhängigkeit und einheitliche Leitung in mitbestimmten Konzernen, ZGR 1976, S. 447–486.

Werner, Horst S., Der aktienrechtliche Abhängigkeitstatbestand, Göttingen 1979, zitiert als: *Werner.*

Wertenbruch, Johannes, Beschlussfassung und Pflichtverletzungen im Stimmrechtskonsortium, NZG 2009, S. 645–649.

Westermann, Harm Peter, Banken als Kreditgeber und Gesellschafter – Zur Entscheidungsfreiheit der Bank im Kreditgeschäft, ZIP 1982, S. 379–391.

Westermann, Harm Peter / Grunewald, Barbara / Maier-Reimer, Georg (Hrsg), Erman, Bürgerliches Gesetzbuch, Handkommentar, 14. Auflage, Köln 2014, zitiert als: *Bearbeiter* in Erman, BGB.

Wiedemann, Herbert, Die Übertragung und Vererbung von Mitgliedschaftsrechten bei Handelsgesellschaften, München, Berlin 1965, zitiert als: *Wiedemann,* Übertragung und Vererbung von Mitgliedschaftsrechten.

Widder, Stefan, Rechtsnachfolge in Mitteilungspflichten nach §§ 21 ff. WpHG, § 20 AktG?, NZG 2004, S. 275–277.

Widder, Stefan / Kocher, Dirk, Die Behandlung eigener Aktien im Rahmen der Mitteilungspflichten nach §§ 21 ff. WpHG, AG 2007, S. 13–19.

Widder, Stefan / Kocher, Dirk, Stimmrechtszurechnung vom Treugeber zum Treuhänder gem. § 22 Abs. 1 Satz 1 Nr. 2 WpHG analog?, ZIP 2010, S. 457–461.

Widder, Stefan / Kocher, Dirk, BGH begrenzt Möglichkeiten der Stimmrechtszurechnung, GWR 2011, S. 461–463.

Widder, Stefan / Kocher, Dirk, Stimmrechtsmitteilungspflicht des weisungsgebundenen Legitimationsaktionärs nach §§ 21 ff. WpHG?, ZIP 2012, S. 2092–2095.

Wilsing, Hans-Ulrich / Goslar, Sebastian, Der Regierungsentwurf des Risikobegrenzungsgesetzes – ein Überblick, DB 2007, S. 2467–2472.

Witt, Carl-Heinz, Übernahmen von Aktiengesellschaften und Transparenz der Beteiligungsverhältnisse, Köln 1998, zitiert als: *Witt*, Übernahmen.

Witt, Carl-Heinz, Vorschlag für eine Zusammenfügung der §§ 21 ff. WpHG und des § 20 AktG zu einem einzigen Regelungskomplex, AG 1998, S. 171–182.

Witt, Carl-Heinz, Die Änderungen der Mitteilungs- und Veröffentlichungspflichten nach §§ 21 ff. WpHG und §§ 20 f. AktG durch das Dritte Finanzmarktförderungsgesetz und das „KonTraG", WM 1998, S. 1153–1161.

Witt, Carl-Heinz, Die Änderungen der Mitteilungs- und Veröffentlichungspflichten nach §§ 21 ff. WpHG durch das geplante Wertpapiererwerbs- und Übernahmegesetz, AG 2001, S. 233–241.

Wollenhaupt, Markus / Beck, Rocco, Das neue Kapitalanlagegesetzbuch (KAGB) – Überblick über die Neuregelung des deutschen Investmentrechts nach der Umsetzung der AIFM-RL –, DB 2013, S. 1950–1959.

Würtenberger, Thomas (Hrsg.) / Otto, Dirk (Hrsg.) / Engisch, Karl (Bearb.), Einführung in das juristische Denken, 11. Auflage, Stuttgart 2010, zitiert als: *Engisch*.

Wymeersch, Eddy, Übernahmeangebote und Pflichtangebote, ZGR 2002, S. 520–545.

Zetzsche, Dirk, Institutionelle Anleger im Unternehmensrecht, Der Konzern 2011, S. 381–391.

Zetzsche, Dirk, Das Gesellschaftsrecht des Kapitalanlagegesetzbuchs, AG 2013, S. 613–630.

Zimmermann, Martin, Die kapitalmarktrechtliche Beteiligungstransparenz nach dem Risikobegrenzungsgesetz, ZIP 2009, S. 57–64.

Zöllner, Wolfgang, Zu Schranken und Wirkung von Stimmbindungsverträgen, insbesondere bei der GmbH, ZHR 155 (1991), S. 168–189.

Zöllner, Wolfgang (Hrsg.), Kölner Kommentar zum Aktiengesetz, Band 1, 5. Lieferung, §§ 118–147 AktG, Köln u.a. 1971, zitiert als: *Bearbeiter* in KöKo, AktG, 1. Aufl.

Zöllner, Wolfgang / Noack, Ulrich (Hrsg.), Kölner Kommentar zum Aktiengesetz, 3. Auflage, Köln u.a., zitiert als: *Bearbeiter* in KöKo, AktG.

Band 1:	§§ 1–75 AktG, Stand 2012.
Band 2/1:	§§ 76–94 AktG, Stand 2010.
Band 3/2:	§§ 121–130 AktG, Stand 2011.
Band 3/3:	§§ 150–178 AktG, Stand 2012.
Band 6:	§§ 15–22 AktG, §§ 291–328 AktG und Meldepflichten nach §§ 21 ff. WpHG, SpruchG, Stand 2004.

Zutt, Jürg, Einstweiliger Rechtsschutz bei Stimmbindungen, ZHR 155 (1991), S. 190–208.

Urteilsanmerkungen

LG Berlin v. 17.1.1990 – 98 AktE 10/89

Timm, Wolfram, WuB II. A. § 20 AktG 1.90, S. 1336–1339.

LG Hannover v. 29.3.1992 – 23 O 64 und 77/91

Dreher, Meinrad, EWiR § 20 AktG 1/92, S. 949–950.

Marsch-Barner, Reinhard, WuB II A. § 20 AktG 1.92, S. 1169–1172.

Meyer-Landrut, Andreas, DZWiR 1992, S. 422–423.

OLG München v. 27.4.2005 – 7 U 2792/04

Kuthe, Thorsten / Brockhausen, Guido, DB 2005, S. 1266–1267.

Louven, Christoph, BB 2005, S. 1414–1415.

OLG München v. 9.9.2009 – 7 U 1997/09

Mayrhofer, Thomas / Pirner, Barbara, DB 2009, S. 2312–2313.

OLG Köln v. 6.6.2012 – 18 U 240/11.

Paul, Carsten, GWR 2012, S. 346.

Goslar, Sebastian, EWiR 2012, S. 773–774.

BGH v. 18.9.2006 – II ZR 137/05.

Kocher, Dirk, BB 2006, 2436.

Einleitung

§ 1 Gegenstand und Ziele der Untersuchung

Nach dem weltweiten Einbruch der Aktienkurse infolge der Insolvenz der US-amerikanischen Investment-Bank „Lehman-Brothers“ im Jahre 2008 steigt das Interesse der Anleger an der Kapitalanlage in Aktien seit geraumer Zeit wieder an. So hat der wichtigste deutsche Aktienindex, der DAX 30, die Marke von 9.000 Punkten mittlerweile deutlich hinter sich gelassen und am 5. Juni 2014 sogar erstmals in seiner Geschichte die Marke von 10.000 Punkten erreicht.[1]

Doch wer sind diese Anleger und in welchem Umfang sind sie an deutschen Aktienemittenten beteiligt? Zur Beantwortung dieser Frage hat der Gesetzgeber seit den 1960er Jahren eine Vielzahl von Regelungen erlassen, die der Identifizierung der Aktionäre deutscher Aktienemittenten dienen sollen.[2] Das Herzstück bilden heute, zumindest soweit es um die Identifizierung der Aktionäre börsennotierter Aktienemittenten geht, die im fünften Abschnitt des Wertpapierhandelsgesetzes („WpHG“) in den §§ 21–30 WpHG verankerten Regelungen, die sich nach der amtlichen Überschrift dieses Abschnitts mit der Mitteilung, Veröffentlichung und Übermittlung von Veränderungen des Stimmrechtsanteils an das Unternehmensregister befassen. Auch fast zwanzig Jahre nach ihrem Inkrafttreten gehören diese auch als „Recht der kapitalmarktrechtlichen Beteiligungstransparenz“ bezeichneten Regelungen noch immer zu den meistdiskutierten Vorschriften im noch relativ jungen Rechtsgebiet des Kapitalmarktrechts.[3] Die Schwierigkeiten bei der Anwendung dieser Regelungen erklären sich zunächst aus dem gesetzgeberischen Ansatz, nicht nur die unmittelbaren Aktionäre, sondern auch diejenigen Personen zu identifizieren, die wie ein Aktionär Einfluss auf den betreffenden Aktienemittenten nehmen können oder möglicherweise zukünftig eine Aktionärsstellung erlangen. Denn infolgedessen finden sich in den §§ 21 ff. WpHG zahlreiche von unbestimmten oder auslegungsbedürftigen Rechtsbegriffen geprägte Tatbestände, die einer Erfassung solcher Fälle dienen sollen. Außerdem war der Gesetzgeber von Anfang an bestrebt, die im Laufe

---

1 Vgl. den Kursverlauf des DAX 30 im „Drei-Jahres-Vergleich“, abrufbar unter: http://www.boerse-frankfurt.de/de/aktien/indizes/dax+DE0008469008/chart (Stand: 1.2.2015).

2 Dazu gehören etwa die Mitteilungs- und Veröffentlichungspflichten der §§ 20, 21 AktG, die Offenlegung der Beteiligungen von Namensaktionären durch Eintragung im Aktienregister gemäß § 67 AktG, die Regelungen des § 129 Abs. 1 AktG zur Führung eines Teilnehmerverzeichnis in der Hauptversammlung der Aktiengesellschaft und, im Recht der Rechnungslegung, die nach §§ 285 Nr. 11, § 313 Abs. 2 Nr. 4 HGB in den Anhang des Jahres- bzw. Konzernabschlusses aufzunehmenden Angaben zu den Beteiligungsverhältnissen an der betreffenden Gesellschaft.

3 Vgl. eingehend zur Rechtsnatur der §§ 21 ff. WpHG unten S. 23 f.

der Zeit erkannten Umgehungsmöglichkeiten schnellstmöglich zu beheben, was eine ständige Anpassung der gesetzlichen Vorgaben zur Folge hatte.[4] *U. H. Schneider* spricht in diesem Zusammenhang treffend von einem „Wettlauf zwischen der normativen Erfassung der Offenlegungstatbestände einerseits und den Konflikt- und Vermeidungsstrategien andererseits".[5] Schließlich existieren Sonderregelungen außerhalb des WpHG, die im Einzelfall vorrangig zu berücksichtigen sind, was sich negativ auf die Übersichtlichkeit der im WpHG verankerten Regelungen auswirken und dadurch zu Fehlern bei der Gesetzesanwendung führen kann.

Die benannten Schwierigkeiten bei der Gesetzesanwendung gelten in besonderem Maße soweit es um die Identifizierung von Aktionären geht, die über einen „Investmentfonds" an dem betreffenden Aktienemittenten beteiligt sind. Schwierigkeiten resultieren in diesem Fall bereits daraus, dass die Zuordnung der Aktien innerhalb des „Investmentfonds" nicht von vornherein feststeht, sondern von seiner Strukturierung abhängt. Auch die angedeuteten Probleme bei der Identifizierung von Personen, die wie ein Aktionär Einfluss auf den Aktienemittenten nehmen können, bestehen hier in besonderem Maße, da bei der Auslegung der unbestimmten Rechtsbegriffe der §§ 21 ff. WpHG zusätzlich die Binnenstruktur des betreffenden „Investmentfonds" beachtet werden muss. Schließlich ist zu berücksichtigen, dass das Kapitalanlagegesetzbuch („KAGB") als „Grundgesetz" des deutschen Investmentrechts einige Sonderregelungen bereithält, die auch angesichts der dort in großem Umfang angelegten Differenzierungen zwischen den einzelnen Erscheinungsformen des Investmentvermögens[6] zu einer mitunter nur schwer verständlichen Modifizierung der §§ 21 ff. WpHG führen.

Ziel der vorliegenden Abhandlung ist vor diesem Hintergrund zuallererst, im Wege einer systematischen Untersuchung der in den §§ 21 ff. WpHG enthaltenen Offenlegungstatbestände allgemeine Auslegungsregeln für die Gesetzesanwendung zu erarbeiten. Auf dieser Grundlage soll sodann die Frage beantwortet werden, inwieweit das geltende Recht der kapitalmarktrechtlichen Beteiligungstransparenz dazu führt, dass die an einem „Investmentfonds", in welcher Form auch immer, beteiligten Personen ihre Beteiligungen an und ihre Einflussnahmemöglichkeiten auf die Aktienemittenten, deren Aktien dem „Investmentfonds" angehören, offenlegen müssen. Es geht genauer gesagt nicht nur um die Offenlegungspflichten der als Anleger an dem jeweiligen „Investmentfonds" beteiligten Personen, sondern auch um diejenigen der Verwalter des „Investmentfonds", etwaiger Stimmrechtsvertreter im Hinblick auf die im „Investmentfonds" zusammengefassten Aktien, sonstiger Personen mit diesbezüglichem Stimmrechtseinfluss, um die Offenlegungspflichten des „Investmentfonds" selbst und um diejenigen etwaiger „Mutterunternehmen" der genannten Personen. Im Zuge der Untersuchung soll ferner geklärt werden, inwieweit sich angesichts der gefundenen Ergebnisse im Lichte der Interessenlage

4 Vgl. ausführlich zu den gesetzgeberischen Maßnahmen unten S. 19 ff.
5 *U. H. Schneider* in Assmann/Schneider, WpHG, Vor § 21 Rn. 36.
6 Vgl. hierzu unten S. 68 ff.

der genannten Personen und der Regelungsziele der §§ 21 ff. WpHG Änderungen im Recht der kapitalmarktrechtlichen Beteiligungstransparenz empfehlen. Um den Gegenstand der vorliegenden Abhandlung sinnvoll einzugrenzen, erstreckt sich die Untersuchung allerdings lediglich auf solche „Investmentfonds“, die als inländisches Investmentvermögen im Sinne des KAGB qualifiziert werden können.[7] Zudem liegt der Fokus der Untersuchung auf der Offenlegung gegenwärtiger Beteiligungen an und Einflussnahmemöglichkeiten auf Aktienemittenten in der Rechtsform der deutschen Aktiengesellschaft, während die auf die Offenlegung potentieller zukünftiger Beteiligungen an deutschen Aktiengesellschaften gerichteten Tatbestände der §§ 21 ff. WpHG, wenn überhaupt, nur am Rande behandelt werden. Im Zentrum der Untersuchung stehen also nur die Mitteilungspflicht nach § 21 Abs. 1 S. 1 WpHG und die mit ihr korrespondierenden Zurechnungstatbestände des § 22 WpHG.[8] Mit dem Begriff des „Aktienemittenten“ oder schlicht des „Emittenten“ werden nachfolgend, soweit nicht anders gekennzeichnet, lediglich Aktienemittenten in der Rechtsform der deutschen Aktiengesellschaft bezeichnet.

§ 2 Gang der Untersuchung

Nach einigen für das Verständnis des Untersuchungsgegenstands unerlässlichen Begriffsbestimmungen und einer rechtstatsächlichen Würdigung des Anlegerkreises deutscher Aktiengesellschaften werden im ersten Teil der vorliegenden Abhandlung die gesetzlichen Grundlagen der kapitalmarktrechtlichen Beteiligungstransparenz untersucht. Zu diesem Zweck wird nach einem Überblick über die Regelungstechnik und Entstehungsgeschichte sowie die Rechtsnatur der §§ 21 ff. WpHG zunächst der sachliche Anwendungsbereich der Normen geklärt. Sodann werden die Regelungsziele der kapitalmarktrechtlichen Beteiligungstransparenz vertieft untersucht. Die Ergebnisse dieser Untersuchung sollen in allgemeiner Form bei der sich anschließenden Erarbeitung abstrakter Auslegungsgrundsätze für die §§ 21 ff. WpHG Verwendung finden und in den nachfolgenden Teilen der Abhandlung bei konkreten Auslegungsfragen zur Verfügung stehen.

Der zweite Teil der Abhandlung befasst sich mit den Grundlagen der Investmentanlage im Sinne des KAGB. Neben den Grundprinzipien einer solchen Kapitalanlage und einem Überblick über die Regulierung des Investmentrechts in Deutschland werden die verschiedenen Erscheinungsformen des Investmentvermögens, so wie sie im KAGB angelegt sind, herausgearbeitet. Ein besonderer Fokus der Darstellung liegt in diesem Zusammenhang auf den verschiedenen Rechtsformen der Investmentvermögen. Insoweit wird jeweils zwischen ihrer Rechtsnatur und den damit zusammenhängenden Strukturmerkmalen, der Ausgestaltung des Verwaltungsverhältnisses mit den Anlegern und den jeweiligen typenprägenden Merkmalen unterschieden werden. Die in diesem Abschnitt erarbeitenden Grundsätze und

7 Vgl. zur Abgrenzung unten S. 68 ff.
8 Vgl. für einen Überblick über die Systematik der §§ 21 ff. WpHG noch unten S. 19 ff.

Differenzierungen dienen dem grundlegenden Verständnis der Investmentanlage im Sinne des KAGB und bilden für diesen Fall zugleich die Grundlage für eine Identifizierung sämtlicher möglicher Normadressaten der §§ 21 ff. WpHG und ihrer jeweiligen Offenlegungspflichten.

Die in dem ersten und dem zweiten Teil der Abhandlung erarbeiteten Ergebnisse werden sodann in einem dritten Teil zusammengeführt. Systematisch knüpft dieser vierte Teil an den Grundtatbestand der Offenlegungspflichten, also der Mitteilungspflicht nach § 21 Abs. 1 S. 1 WpHG an. Sodann werden die einzelnen Zurechnungstatbestände des § 22 WpHG untersucht. Dabei werden die tatbestandlichen Voraussetzungen der Mitteilungspflicht des § 21 Abs. 1 S. 1 WpHG bzw. der Zurechnungstatbestände zunächst in allgemeiner Form herausgearbeitet, wobei unter besonderer Berücksichtigung der im ersten Teil der Abhandlung erarbeiteten Grundlagen Lösungsvorschläge für die sich stellenden Auslegungsprobleme erarbeitet werden. Im Anschluss daran wird jeweils untersucht, inwieweit im Zusammenhang mit der Investmentanlage im Sinne des KAGB Besonderheiten zu berücksichtigen sind und welche Beteiligten in diesem Zusammenhang unmittelbar nach § 21 Abs. 1 S. 1 WpHG oder über den jeweils betrachteten Zurechnungstatbestand zur Offenlegung ihrer Beteiligung an dem betreffenden Aktienemittenten verpflichtet sein können. Dabei ist, soweit dies erforderlich sein sollte, zwischen den einzelnen Rechtsformen des Investmentvermögens und ihren jeweiligen Erscheinungsformen zu differenzieren. Schließlich wird untersucht, auf welche Art und Weise die Beteiligung im Fall des Bestehens einer Mitteilungspflicht offenzulegen ist. Auch in diesem Zusammenhang werden nach einer allgemeinen Darstellung der gesetzlichen Vorgaben etwaige bei der Investmentanlage zu berücksichtigende Besonderheiten herausgearbeitet.

§ 3 Begriffsbestimmungen

Bevor im ersten Teil der Abhandlung die Grundlagen der Beteiligungstransparenz untersucht werden, sind an dieser Stelle zunächst einige in dieser Abhandlung immer wiederkehrende Begriffe zu klären.

A. Beteiligung, Aktie, Stimmrecht und Stimmrechtseinfluss

Der Begriff der Beteiligung ist mehrdeutig. Soweit nicht anders gekennzeichnet, geht es in der vorliegenden Abhandlung lediglich um die gesellschaftsrechtliche Beteiligung an einem Verband. Was inhaltlich hierunter zu verstehen ist, unterscheidet sich in Abhängigkeit von dem betrachteten Verband. Da es hier lediglich um die Transparenz der Beteiligungsverhältnisse an deutschen Aktiengesellschaften geht, wird der Begriff der Beteiligung nachfolgend soweit nicht anderweitig gekennzeichnet im Sinne der gesellschaftsrechtlichen Beteiligung an einer deutschen Aktiengesellschaft gebraucht. Diese ist dadurch gekennzeichnet, dass eine Person eine oder mehrere von der betreffenden AG ausgegebene Aktien erwirbt. Letztlich hilft diese Feststellung allerdings nur bedingt weiter, da auch der Begriff der Aktie mehrere Bedeutungen hat. Als Aktie wird zunächst der Anteil am Grundkapital der AG („Kapitalanteil") bezeichnet.[9] § 1 Abs. 2 AktG stellt insoweit klar, dass die AG ein in Aktien zerlegtes Grundkapital hat. Der Anteil am Grundkapital bestimmt sich gemäß § 8 Abs. 4 AktG bei Nennbetragsaktien nach dem Verhältnis ihres Nennbetrags zum Grundkapital. Bei Stückaktien bestimmt er sich nach der Zahl der Aktien. Der Begriff der Aktie bezeichnet außerdem die Mitgliedschaft bzw. das Mitgliedschaftsrecht an der Aktiengesellschaft, wobei man die Mitgliedschaft als Zusammenfassung sämtlicher mitgliedschaftlicher Rechte und Pflichten, die einem Aktionär auf Grund seines Anteils am Grundkapital der Aktiengesellschaft zustehen, definieren kann.[10] Dem allgemeinen Sprachgebrauch entsprechend wird der Begriff der Aktie ferner auch für die Verbriefung des Kapitalanteils in einem Wertpapier, also für die Aktienurkunde, gebraucht, so insbesondere im Rahmen des § 10 AktG.[11]

Zu den Mitgliedschaftsrechten des Aktionärs gehört unter anderem das Stimmrecht.[12] Die Offenlegung der Beteiligungsverhältnisse an einer AG ist aus diesem Grund naturgemäß eng mit der Offenlegung des Stimmrechtseinflusses auf die betreffende AG verknüpft. Das Stimmrecht wird gewöhnlich als das Recht bezeichnet, durch Stimmabgabe am Zustandekommen von Hauptversammlungsbeschlüssen mitzuwirken und diese im Rahmen der Stimmenzahl zu beeinflussen.[13] Nach § 12 Abs. 1 S. 1 AktG gewährt jede Aktie das Stimmrecht. Ausnahmen von diesem Grundsatz gelten nur, soweit das Gesetz sie ausdrücklich anordnet oder zulässt.[14] Umgekehrt gilt der aus § 717 S. 1 BGB hergeleitete Grundsatz, dass das Stimmrecht untrennbar mit der stimmrechtsvermittelnden Aktie verknüpft ist, so dass es nicht von der Aktie abgespalten und auf einen Dritten übertragen werden kann (sog. Abspaltungsverbot).[15]

---

9 *Lutter* in Schmidt/Lutter, AktG, § 1 Rn. 29; *Dauner-Lieb* in KöKo, AktG, § 1 Rn. 25; *Koch in* Hüffer, AktG, § 1 Rn. 13; *Solveen* in Hölters, AktG, § 1 Rn. 26.

10 *Brändel* in GroKo, AktG, § 1 Rn. 79, 81; *Lutter* in Schmidt/Lutter, AktG, § 1 Rn. 29; *Dauner-Lieb* in KöKo, AktG, § 1 Rn. 25; *Heider* in MüKo, AktG, § 1 Rn. 97; Koch in Hüffer, AktG, § 1 Rn. 13.

11 *Brändel* in GroKo, AktG, § 1 Rn. 79; *Lutter* in Schmidt/Lutter, AktG, § 1 Rn. 29; *Dauner-Lieb* in KöKo, AktG, § 1 Rn. 25; *Heider* in MüKo, AktG, § 1 Rn. 97; *Koch* in Hüffer, AktG, § 1 Rn. 13, § 10 Rn. 1.

12 *Wiesner* in MünchHdbAG, § 17 Rn. 3; *Koch* in Hüffer, AktG, § 12 Rn. 1; *Solveen* in Hölters, AktG, § 12 Rn. 2.

13 *Koch* in Hüffer, AktG, § 12 Rn. 2. Ähnlich *Dauner-Lieb* in KöKo, AktG, § 12 Rn. 5; *Heider* in MüKo, AktG, § 12 Rn. 6; *Vatter* in Spindler/Stilz, AktG, § 12 Rn. 3; *Ziemons* in Schmidt/Lutter, AktG, § 12 Rn. 3; *Solveen* in Hölters, AktG, § 12 Rn. 2.

14 *Vatter* in Spindler/Stilz, AktG, § 12 Rn. 3; *Koch* in Hüffer, AktG, § 12 Rn. 2; *Solveen* in Hölters, AktG, § 12 Rn. 3.

15 RG v. 31.03.1931 – II 222/30, RGZ 132, 149, 159; BGH v. 17.11.1986 – II ZR 96/86, NJW 1987, 780; *Vatter* in Spindler/Stilz, AktG, § 8 Rn. 50, § 12 Rn. 5; *Ziemons* in Schmidt/Lutter, AktG, § 12 Rn. 4; *Koch* in Hüffer, AktG, § 12 Rn. 3; *Solveen* in Hölters, AktG, § 12 Rn. 4.

Die mit dem Stimmrecht verbundene Möglichkeit zur Mitwirkung und ggf. Beeinflussung von Hauptversammlungsbeschlüssen durch Stimmrechtsausübung lässt sich auch als „Stimmrechtseinfluss" bezeichnen. Insoweit kann weiter differenziert werden. Da das Stimmrecht untrennbar mit der Aktie verknüpft ist und aus dieser folgt, steht der Stimmrechtseinfluss grundsätzlich dem Aktionär zu. Dieser entscheidet im Grundsatz nach freiem Ermessen, ob und wie er sein Stimmrecht in der Hauptversammlung der AG ausübt. Diese Möglichkeit des Aktionärs kann als „unmittelbarer Stimmrechtseinfluss" bezeichnet werden. Eine andere Erscheinungsform des Stimmrechtseinflusses ist die Möglichkeit Dritter zur Einflussnahme auf die Ausübung des Stimmrechts aus Aktien des Aktionärs. Solche Einflussnahmemöglichkeiten können auf rechtlichen oder faktischen Gründen beruhen. Im Grundsatz trifft man auf zwei verschiedene Erscheinungsformen. Entweder der Dritte übt das Stimmrecht als Nichtaktionär selbst aus oder er „lenkt" die Stimmrechtsausübung durch den Aktionär oder eine andere Person aus dem Hintergrund, ohne selbst auf der Hauptversammlung in Erscheinung zu treten. Allgemein lassen sich diese Einflussnahmemöglichkeiten des Dritten als „mittelbarer Stimmrechtseinfluss" bezeichnen.

B. Handeln für Rechnung eines Dritten und Treuhandverhältnis

Mit dem Begriff „Für Rechnung" verweist der Gesetzgeber in verschiedenen Normen des AktG, des WpHG und des KAGB und darüber hinaus auch in zahlreichen anderen Normen der gesamten Rechtsordnung[16] auf die wirtschaftliche Zuordnung bestimmter Vermögensgegenstände. Eine Legaldefinition des Begriffs existiert nicht. Seiner Wortbedeutung nach geht es lediglich um die Zuordnung von Kosten.[17] Aus dem damit einhergehenden unmittelbaren Vermögensbezug wird aber ganz allgemein der Schluss gezogen, dass der Begriff „Für Rechnung" in einem weiteren Sinne auch die Gefahrtragung erfasst, mithin die wirtschaftlichen Chancen und Risiken, die einem bestimmten Vermögensgegenstand anhaften oder (als Vor- und Nachteile einer Investition) aus ihm folgen.[18]

Soweit es in der vorliegenden Abhandlung um die wirtschaftliche Zuordnung von Vermögensgegenständen geht, sind zumeist Aktien betroffen. Zu den aus der Aktie folgenden wirtschaftlichen Chancen zählen die Aussicht auf Kurssteigerungen,

---

16 Vgl. exemplarisch §§ 290 Abs. 3 S. 1, S. 3 Nr. 1, Abs. 4 S. 2, 383 Abs. 1 HGB, §§ 16 Abs. 2 S. 3, Abs. 4, 56 Abs. 3 S. 1, 71a Abs. 2, 71d S. 1, 134 Abs. 1 S. 3, S. 4, 291 Abs. 1 S. 2 AktG, § 37 Abs. 1 Nr. 3 GWB, § 1 Abs. 1 S. 2 Nr. 4, Abs. 1a S. 2 Nr. 2 KWG, §§ 2 Abs. 3 Nr. 1, Nr. 3, 22 Abs. 1 S. 1 Nr. 2 WpHG, 1 Abs. 10 KAGB.

17 *Vedder*, S. 7.

18 Grundlegend *Vedder*, S. 7; vgl. im Zusammenhang mit § 290 Abs. 3 S. 1 HGB und § 16 Abs. 4 AktG unten Fn. 955 und im Zusammenhang mit § 22 Abs. 1 S. 1 Nr. 2 WpHG unten Fn. 1229.

Dividendengewinne sowie die Ausübung von Bezugsrechten.[19] Spiegelbildlich hierzu lassen sich das Kursrisiko, das Dividendenrisiko und das Bezugsrisiko den aus der Aktie folgenden wirtschaftlichen Risiken zuordnen.[20] Weitere anerkannte wirtschaftliche Risiken sind das Bestandsrisiko und das Risiko, Abfindungs- oder Ausgleichszahlungen zu erhalten.[21]

Ganz allgemein steht das Tatbestandsmerkmal „Für Rechnung" niemals für sich alleine. Vielmehr bezieht es sich stets auf eine bestimmte Handlung.[22] Vielfach geht es wie etwa in den §§ 16 Abs. 4 AktG, 22 Abs. 1 S. 1 Nr. 2 WpHG schlicht darum, dass ein bestimmter Rechtsträger die (ihm gehörenden) Vermögensgegenstände für Rechnung eines anderen „hält". An anderer Stelle spricht das Gesetz von einer „Verwaltung" für Rechnung eines oder mehrerer Rechtsträger. Ein Beispiel hierfür ist § 1 Abs. 10 KAGB. Weitere in dieser Abhandlung nicht näher behandelte Handlungen sind die Übernahme, der Erwerb, die Inpfandnahme und die Verwertung für Rechnung eines anderen.[23] Diese tatbestandliche Eingrenzung auf eine bestimmte Handlung hat Auswirkungen auf die rechtliche Qualifikation des Innenverhältnisses zwischen dem handelnden und dem oder den wirtschaftlich berechtigten Rechtsträger(n).

Klassischerweise ist dieses Innenverhältnis als Treuhandverhältnis zu qualifizieren.[24] Angesichts der Vielgestaltigkeit des Treuhandbegriffs ist insoweit allerdings zu differenzieren. Das Rechtsinstitut der Treuhand ist nicht gesetzlich normiert. Eine Legaldefinition sucht man vergebens.[25] Allerdings lassen sich einige Merkmale hervorheben, die für sämtliche Treuhandverhältnisse gelten. Der Treuhänder muss im Außenverhältnis mit einer bestimmten Rechtsmacht in Bezug auf bestimmte Vermögensgegenstände ausgestattet sein.[26] Diese Vermögensgegenstände, etwa

---

19 *Bedkowski*, BB 2009, 394, 396; *Von Bülow* in KöKo, WpHG, § 22 Rn. 79.

20 BaFin, Emittentenleitfaden 2013, S. 115; *Bedkowski*, BB 2009, 394, 396; *Petersen/Wille*, NZG 2009, 856, 858; *Petersen* in Spindler/Stilz, AktG, Anh. § 22, §§ 21–30 WpHG Rn. 46 Fn. 101; *Veil* in Schmidt/Lutter, AktG, Anh. § 22, § 22 WpHG Rn. 15; *U. H. Schneider* in Assmann/Schneider, WpHG, § 22 Rn. 55; *Heinrich* in Heidel, § 22 WpHG Rn. 7. Ausschließlich das Kursrisiko hervorhebend *Von Bülow* in KöKo, WpHG, § 22 Rn. 79.

21 BaFin, Emittentenleitfaden 2013, S. 115; *U. H. Schneider* in Assmann/Schneider, WpHG, § 22 Rn. 55; *Heinrich* in Heidel, § 22 WpHG Rn. 7. Alleine auf das Bestandsrisiko als weiteres wirtschaftliches Risiko abstellend *Petersen/Wille*, NZG 2009, 856, 858; *Petersen* in Spindler/Stilz, AktG, Anh. § 22, §§ 21–30 WpHG Rn. 46 Fn. 101; *Veil* in Schmidt/Lutter, AktG, Anh. § 22, § 22 WpHG Rn. 15.

22 *Vedder*, S. 9.

23 Vgl. ausführlich *Vedder*, S. 9, 33 ff.

24 Vgl. *Vedder*, S. 16 ff., 155 f.

25 *Armbrüster*, Treuhänderische Beteiligung, S. 11 f.; *Schramm* in MüKo, BGB, Vor § 164 Rn. 28.

26 *Siebert*, S. 1; *Coing*, S. 85 f („sachliches Element"); *Breuer*, MittRhNotK 1988, 79; *Leptien* in Soergel, BGB, Vor § 164 Rn. 52; *Armbrüster*, Treuhänderische Beteiligung, S. 12; *K. Schmidt* in MüKo, HGB, Vor § 230 Rn. 35; *Bassenge* in Palandt, BGB, § 903 Rn. 33.

Sachen, Rechte oder Forderungen, bilden das sog. Treugut.[27] Der Treuhänder kann die ihm zustehende Rechtsmacht über das Treugut allerdings nicht nach freiem Ermessen ausüben, sondern ist insoweit im Innenverhältnis zum Treugeber durch die zwischen beiden Parteien bestehende schuldrechtliche Treuhandabrede gebunden.[28] Die Treuhandabrede bestimmt den Umfang des Treuguts.[29] Im Übrigen ist ihre inhaltliche Ausgestaltung aber stark vom Einzelfall abhängig.[30] Regelmäßig ist sie als Auftragsverhältnis im Sinne der §§ 662 ff. BGB oder bei entgeltlicher Tätigkeit des Treuhänders als Geschäftsbesorgungsvertrag nach § 675 BGB zu qualifizieren.[31] Anhand der Rechtsmacht des Treuhänders im Außenverhältnis hat sich eine Differenzierung zwischen der sog. Vollrechtstreuhand, der sog. Ermächtigungstreuhand und der sog. Vollmachtstreuhand eingebürgert. Bei der Vollrechtstreuhand ergibt sich die im Außenverhältnis bestehende Rechtsmacht des Treuhänders daraus, dass er Inhaber oder Eigentümer des Treuguts ist.[32] Da ihm folglich die Verwaltungs- und die Verfügungsbefugnis über das Treugut als eigenes Recht zusteht kann er die mit dem Treugut verbundenen Rechte im eigenen Namen ausüben.[33] Nach der Art ihrer Begründung kann die Vollrechtstreuhand zudem in die sog. Übertragungstreuhand, sie sog. Erwerbstreuhand und die sog. Vereinbarungstreuhand unterteilt werden. Bei der Übertragungstreuhand wird die Rechtsmacht des Treuhänders dadurch begründet, dass der Treugeber das Treugut dinglich wirksam an den Treuhänder überträgt.[34] Sie stellt die klassische Form der Vollrechtstreuhand dar und wird auch

---

27 *Coing*, S. 85; *Armbrüster*, Treuhänderische Beteiligung, S. 12; Das Vorhandensein von Treugut gehört zu den Wesensmerkmalen eines jeden Treuhandverhältnisses, vgl. *Leptien* in Soergel, BGB, Vor § 164 Rn. 52.

28 BGH v. 13.6.1994 – II ZR 259/92, NJW 1994, 2886, 2887; *Siebert*, S. 1 f.; *Coing*, S. 85 („persönliches Element"); *Breuer*, MittRhNotK 1988, 79; *Leptien* in Soergel, BGB, Vor § 164 Rn. 52; *Armbrüster*, Treuhänderische Beteiligung, S. 12; *Wiesner/Kraft* in MünchHdbAG, § 14 Rn. 70; *K. Schmidt* in MüKo, HGB, Vor § 230 Rn. 53; *Bassenge* in Palandt, BGB, § 903 Rn. 33.

29 *Coing*, S. 91 f.; *Leptien* in Soergel, BGB, Vor § 164 Rn. 54, 58.

30 *Leptien* in Soergel, BGB, Vor § 164 Rn. 50, 57.

31 BGH v. 13.6.1994 – II ZR 259/92, NJW 1994, 2886, 2887; *Coing*, S. 92; *Breuer*, MittRhNotK 1988, 79; *Leptien* in Soergel, BGB, Vor § 164 Rn. 57; *Wiesner/Kraft* in MünchHdbAG, § 14 Rn. 71, 73; *Dehlinger/Zimmermann* in Fuchs, WpHG, § 22 Rn. 50; *Rieckers* in Spindler/Stilz, AktG, § 136 Rn. 46; *K. Schmidt* in MüKo, HGB, Vor § 230 Rn. 51; *Schröer* in MüKo, AktG, § 136 Rn. 63.

32 *Coing*, S. 94; *K. Schmidt* in MüKo, HGB, Vor § 230 Rn. 35; *Schramm* in MüKo, BGB, Vor § 164 Rn. 31; *Reichert/Weller* in MüKo, GmbHG, § 15 Rn. 199.

33 RG v. 19.2.1914 – VII 448/13, RGZ 84, 214, 217; *Coing*, S. 99; *Larenz/Wolf/Neuner*, § 49 Rn. 62; *Bassenge* in Palandt, BGB, § 903 Rn. 39.

34 Coing, S. 114 f.; *Breuer*, MittRhNotK 1988, 79, 81; *Leptien* in Soergel, BGB, Vor § 164 Rn. 51; *Armbrüster*, Treuhänderische Beteiligung, S. 15; *Wiesner/Kraft* in MünchHdbAG, § 14 Rn. 71; *K. Schmidt* in MüKo, HGB, Vor § 230 Rn. 53; *Bassenge* in Palandt, BGB, § 903 Rn. 33, 37; *Reichert/Weller* in MüKo, GmbHG, § 15 Rn. 200.

als echte oder eigentliche Treuhand („fiducia“) bezeichnet.[35] Die Bedeutung dieser Einordnung zeigt sich vor allem im Vollstreckungs- und Insolvenzrecht, wo an die Begründung der Treuhand als Übertragungstreuhand besondere Rechtsfolgen geknüpft sind.[36] In einem weiteren Sinne lassen sich aber auch andere Fälle der Begründung von Treugut unter den Begriff der Treuhand subsumieren.[37] Dies gilt zunächst für die sog. Erwerbstreuhand, bei der der Treuhänder das Treugut für den Treugeber von einem Dritten erwirbt.[38] Von der Erwerbstreuhand ist zudem die sog. Vereinbarungstreuhand zu unterscheiden. Diese ist dadurch gekennzeichnet, dass der Treuhänder mit dem Treugeber vereinbart, bestimmte Vermögensgegenstände, deren Inhaber oder Eigentümer er ist, künftig als Treugut für den Treugeber zu halten.[39] Die zuletzt genannten Fälle der Vollrechtstreuhand werden auch als unechte oder uneigentliche Treuhand bezeichnet.[40] Die Vollrechtstreuhand kann auch im Hinblick auf den mit ihr verfolgten Zweck unterschieden werden. Aus der Perspektive des Treuhänders kann sie als fremdnützige Verwaltungstreuhand oder als eigennützige Vollrechtstreuhand, oftmals in der Form der Sicherungstreuhand, ausgestaltet sein.[41] Während eine Verwaltungstreuhand typischerweise die Vereinfachung der Verwaltung des Treuguts durch Bündelung des Treuguts beim Treuhänder, die Verdeckung der Person des Treugebers, die Beherrschung des Treuhänders, die Verlagerung der wirtschaftlichen Chancen und Risiken aus dem Treugut oder auch die Umgehung gesetzlicher Verbote oder Erfordernisse bezweckt,[42]

35 Vgl. *Leptien* in Soergel, BGB, Vor § 164 Rn. 51; *Armbrüster*, Treuhänderische Beteiligung, S. 15.

36 Vgl. RG v. 19.2.1914 – VII 448/13, RGZ 84, 214, 217 f.; RG v. 10.10.1917 – V 159/17, RGZ 91, 12, 16; BGH v. 18.7.2002 – IX ZR 264/01, NJW 2002, 3253, 3254; *Leptien* in Soergel, BGB, Vor § 164 Rn. 55; *Bassenge* in Palandt, BGB, § 903 Rn. 33, 41 ff.

37 Vgl. Coing, S. 115 ff.; *Breuer*, MittRhNotK 1988, 79, 81 f.; *Leptien* in Soergel, BGB, Vor § 164 Rn. 52; *Armbrüster*, Treuhänderische Beteiligung, S. 15; *Wiesner/Kraft* in MünchHdbAG, § 14 Rn. 71.

38 *Coing*, S. 116 f.; *Breuer*, MittRhNotK 1988, 79, 81 f.; *Leptien* in Soergel, BGB, Vor § 164 Rn. 53; *Armbrüster*, Treuhänderische Beteiligung, S. 15; *Wiesner/Kraft* in MünchHdbAG, § 14 Rn. 71; *K. Schmidt* in MüKo, HGB, Vor § 230 Rn. 55; *Reichert/Weller* in MüKo, GmbHG, § 15 Rn. 201.

39 *Breuer*, MittRhNotK 1988, 79, 82; *Armbrüster*, Treuhänderische Beteiligung, S. 15; *Wiesner/Kraft* in MünchHdbAG, § 14 Rn. 71; *K. Schmidt* in MüKo, HGB, Vor § 230 Rn. 54; *Reichert/Weller* in MüKo, GmbHG, § 15 Rn. 202.

40 *Leptien* in Soergel, BGB, Vor § 164 Rn. 55; *Armbrüster*, Treuhänderische Beteiligung, S. 15.

41 *Coing*, S. 89; *Blaurock*, Unterbeteiligung und Treuhand, S. 67 ff.; *Breuer*, MittRhNotK 1988, 79 ff.; *Schramm* in MüKo, BGB, Vor § 164 Rn. 29 f.; *Bassenge* in Palandt, BGB, § 903 Rn. 35.

42 Vgl. ausführlich *Blaurock*, Unterbeteiligung und Treuhand, S. 69 ff.; *Breuer*, MittRhNotK 1988, 79, 80 f.; *K. Schmidt* in MüKo, HGB, Vor § 230 Rn. 41; *Reichert/Weller* in MüKo, GmbHG, § 15 Rn. 204 ff.

dient die Sicherungstreuhand dem Treuhänder regelmäßig als Kreditsicherung[43]. Von der soeben ausführlich beschriebenen Vollrechtstreuhand sind im Hinblick auf die Rechtsmacht des Treuhänders im Außenverhältnis die Fälle der Ermächtigungs- und der Vollmachtstreuhand zu unterscheiden. In diesen Fällen verbleibt das Treugut rechtlich betrachtet bei dem Treugeber.[44] Die Ermächtigungstreuhand ist dadurch gekennzeichnet, dass der Treugeber den Treuhänder dazu ermächtigt, im Rahmen der Innenbindung bestimmte Rechte aus dem Treugut im Außenverhältnis im eigenen Namen zu verwalten und/oder über sie zu verfügen.[45] Dagegen ist der Treuhänder im Fall der sog. Vollmachtstreuhand nur dazu berechtigt, bestimmte Rechtsgeschäfte, etwa Verfügungen, in Bezug auf das Treugut nach Maßgabe der Innenbindung aufgrund einer Vollmacht im Namen des Treugebers vorzunehmen.[46] Da der Treuhänder hier keine eigene Rechtsmacht im Außenverhältnis erhält, entsteht in letzterem Fall allerdings nicht einmal eine Treuhand im Sinne der weiteren Begriffsbestimmung, sondern allenfalls eine „Quasi-Treuhand“.[47]

Die Treuhandabrede ist dadurch gekennzeichnet, dass der Treuhänder bei der Ausübung seiner Rechtsmacht über das Treugut zur Wahrnehmung der Interessen des Treugebers verpflichtet ist.[48] Oftmals wird die Treuhandabrede auch ein Weisungsrecht des Treugebers gegenüber dem Treuhänder enthalten, das sich ebenfalls auf die Ausübung der Rechtsmacht über das Treugut bezieht.[49] Dies gilt vor allem bei der fremdnützigen Verwaltungstreuhand.[50] Eine Treuhandabrede ist aber grundsätzlich auch dann anzunehmen, wenn der Treuhänder, so wie bei der eigennützigen Sicherungstreuhand, zusätzlich seine eigenen Interessen verfolgt.[51] Denn auch dann hat der Treuhänder bevor er zur Verwertung des Treuguts berechtigt ist und auch bei der Verwertung stets die Interessen des Treugebers zu berücksichtigen.[52]

---

43 *K. Schmidt* in MüKo, HGB, Vor § 230 Rn. 39; *Bassenge* in Palandt, BGB, § 903 Rn. 35.

44 *Siebert*, S. 298 ff.; *Coing*, S. 96; *Reichert/Weller* in MüKo, GmbHG, § 15 Rn. 203.

45 BGH v. 5.11.1953 – IV ZR 95/53, NJW 1954, 190, 191; *Coing*, S. 96; *Breuer*, MittRhNotK 1988, 79, 80; *Leptien* in Soergel, BGB, Vor § 164 Rn. 72; *K. Schmidt* in MüKo, HGB, Vor § 230 Rn. 35; *Schramm* in MüKo, BGB, Vor § 164 Rn. 31; *Bassenge* in Palandt, BGB, § 903 Rn. 34; *Reichert/Weller* in MüKo, GmbHG, § 15 Rn. 203.

46 BGH v. 29.1.1964 – I b ZR 197/62, NJW 1964, 1319, 1320 f.; *Coing*, S. 90; *K. Schmidt* in MüKo, HGB, Vor § 230 Rn. 35; *Schramm* in MüKo, BGB, Vor § 164 Rn. 31; *Bassenge* in Palandt, BGB, § 903 Rn. 34.

47 *Coing*, S. 90, 125 f.; *Leptien* in Soergel, BGB, Vor § 164 Rn. 73; *Larenz/Wolf/Neuner*, § 49 Rn. 64.

48 *Siebert*, S. 1; *Coing*, S. 85, 89, 92 ff.; *Leptien* in Soergel, BGB, Vor § 164 Rn. 49; *Armbrüster*, Treuhänderische Beteiligung, S. 11; *Larenz/Wolf/Neuner*, § 49 Rn. 62.

49 *Breuer*, MittRhNotK 1988, 79, 82; *Wiesner/Kraft* in MünchHdbAG, § 14 Rn. 73; *K. Schmidt* in MüKo, HGB, Vor § 230 Rn. 73.

50 *Wiesner/Kraft* in MünchHdbAG, § 14 Rn. 73; *K. Schmidt* in MüKo, HGB, Vor § 230 Rn. 73.

51 BGH v. 25.11.1964 – V ZR 144/62, WM 1965, 173, 174; *Coing*, S. 89, 92 f.; *Leptien* in Soergel, BGB, Vor § 164 Rn. 50, 59.

52 *Coing*, S. 93; *Mertens* in FS Beusch, 583, 586; *Larenz/Wolf*, § 46 Rn. 64.

Ein Ausschluss der Interessenbindung gegenüber dem Treugeber würde dem Wesen der Treuhand widersprechen und zu einer anderen rechtlichen Einordnung des zwischen den Parteien bestehenden Rechtsverhältnisses führen, zumal sich die Ausübung der Rechtsmacht durch den Treuhänder dann tatsächlich als Besorgung einer eigenen Angelegenheit darstellen würde.[53]

Die wirtschaftliche Berechtigung an dem Treugut liegt grundsätzlich vollständig bei dem Treugeber, so dass die rechtliche und die wirtschaftliche Zuordnung des Treuguts während des Bestehens einer Vollrechtstreuhand auseinanderfallen.[54] Mangels ausdrücklicher Vereinbarung folgt dies bereits daraus, dass der Treuhänder, soweit nicht anders vereinbart, gemäß § 667 BGB dazu verpflichtet ist, dem Treugeber alles herauszugeben, was er zur Ausführung des Auftrags erhält und aus der Geschäftsbesorgung erlangt.[55] Bei Beendigung des Treuhandverhältnisses ist er daher grundsätzlich auch dazu verpflichtet, das Treugut dinglich wirksam an den Treugeber zu übertragen.[56] Zudem folgt die wirtschaftliche Zuordnung des Treuguts zum Treugeber auch daraus, dass der Treugeber nach § 670 BGB grundsätzlich dazu verpflichtet ist, dem Treuhänder die Aufwendungen zu ersetzen, die dieser zum Zweck der Ausführung der Treuhandabrede den Umständen nach für erforderlich halten durfte.[57]

Sofern es nach dem Gesetz darauf ankommt, dass der Handelnde einen bestimmten ihm gehörenden Vermögensgegenstand für Rechnung des wirtschaftlich Berechtigten hält, muss das zugrunde liegende Treuhandverhältnis nach alledem als Vollrechtstreuhand ausgestaltet sein, zumal das Gesetz in diesem Fall bereits nach seinem Wortlaut voraussetzt, dass die rechtliche und die wirtschaftliche Zuordnung aus den betreffenden Vermögensgegenständen auseinanderfallen.[58] Unerheblich ist in diesem Zusammenhang, ob es sich um eine echte oder eine unechte Treuhand handelt oder ob das Treuhandverhältnis als fremdnützige Verwaltungstreuhand oder eigennützige Sicherungstreuhand ausgestaltet ist. Demgegenüber kann eine vom Gesetz geforderte Verwaltung für Rechnung eines oder mehrerer Rechtsträger dem Grunde nach auch dann erfolgen, wenn im Innenverhältnis lediglich eine Ermächtigungs- oder Vollmachtstreuhand besteht, zumal die Verwaltung eines

---

53 Dies folgt aus dem „Fremdcharakter“ der Geschäftsbesorgung, vgl. dazu *Seiler* in MüKo, BGB, § 662 Rn. 22 ff.

54 RG v. 19.2.1914 – VII 448/13, RGZ 84, 214, 217; RG v. 10.10.1917 – V 159/17, RGZ 91, 12, 16; *Leptien* in Soergel, BGB, Vor § 164 Rn. 63; *Heidinger* in Michalski, GmbHG, § 30 Rn. 115; *Altmeppen* in Roth/Altmeppen, GmbHG, § 30 Rn. 32; *Reichert/Weller* in MüKo, GmbHG, § 15 Rn. 192.

55 *Heidinger* in Michalski, GmbHG, § 30 Rn. 115; *Altmeppen* in Roth/Altmeppen, GmbHG, § 30 Rn. 32.

56 *Breuer*, MittRhNotK 1988, 79, 82; *Bassenge* in Palandt, BGB, § 903 Rn. 40.

57 *Heidinger* in Michalski, GmbHG, § 30 Rn. 115; *Altmeppen* in Roth/Altmeppen, GmbHG, § 30 Rn. 32.

58 Vgl. im Zusammenhang mit § 290 Abs. 3 S. 1 HGB und § 16 Abs. 4 AktG unten Fn. 955 und im Zusammenhang mit § 22 Abs. 1 S. 1 Nr. 2 WpHG unten Fn. 1229.

Vermögensgegenstands auch auf Grundlage der rechtsgeschäftlich eingeräumten Rechtsmacht erfolgen kann, also nicht notwendigerweise voraussetzt, dass dem Verwalter auch die Inhaberschaft oder das Eigentum an den betreffenden Vermögensgegenständen zusteht.[59]

C. Beteiligungstransparenz und -publizität

Der Begriff der Transparenz bezeichnet im allgemeinen Sprachgebrauch die „Durchsichtigkeit" oder „Durchschaubarkeit" eines Umstands.[60] Als Beteiligungstransparenz lässt sich daher im hier interessierenden Zusammenhang die Durchschaubarkeit der Beteiligungsverhältnisse an einer deutschen Aktiengesellschaft bezeichnen, wobei es nicht auf die tatsächliche Kenntnisnahme, sondern lediglich auf die Möglichkeit zur Kenntnisnahme der Beteiligungsverhältnisse für eine unbestimmte Vielzahl interessierter Personen ankommt.[61] Beteiligungstransparenz zielt weniger auf eine Identifizierung der ausgegebenen Aktienurkunden. Denkbar ist nämlich auch, dass die betreffende AG überhaupt keine Aktienurkunden ausgegeben hat. In diesem Fall würde das Ziel der Beteiligungstransparenz bei Anknüpfung an die Aktienurkunden bei den angesprochenen Aktiengesellschaften verfehlt. Im Vordergrund steht vielmehr die Durchschaubarkeit der Zuordnung der Kapitalanteile und der mit diesen Kapitalanteilen verbundenen Mitgliedschaftsrechte.

Von dem Begriff der Beteiligungstransparenz ist derjenige der Beteiligungspublizität zu unterscheiden. Letzterer bezeichnet die Offenlegung der Beteiligungsverhältnisse als Mittel zur Erreichung des Zustands der Beteiligungstransparenz.[62] Soweit die interessierte Öffentlichkeit die Beteiligungsverhältnisse an dem betreffenden Verband nicht von sich aus durchschauen kann, lässt sich der erstrebte Zustand der Beteiligungstransparenz nur durch eine zielgerichtete Information erreichen, die sämtlichen interessierten Personen eine Möglichkeit zur Kenntnisnahme verschafft.

§ 4 Rechtstatsachen und Typologie der Anleger

Nähert man sich der eingangs gestellten Frage nach der Identität der Aktionäre und dem Umfang ihrer Kapitalanlage in Aktien deutscher Aktiengesellschaften zunächst typisierend unter Differenzierung zwischen verschiedenen Anlegergruppen, wird man im Ausgangspunkt zwischen Aktiengesellschaften mit einem breitgestreuten Aktienbesitz und solchen Aktiengesellschaften unterscheiden müssen, an denen ein Mehrheitsaktionär oder zumindest ein Paketaktionär beteiligt ist, der wesentliche

59 Vgl. dazu noch unten S. 96 ff.
60 Duden, Stichwort: Transparenz.
61 Für ein Begriffsverständnis der Transparenz als Möglichkeit der Kenntnisnahme auch *Witt*, Übernahmen, S. 4 f.
62 *Merkt*, Unternehmenspublizität, S. 12 f.

Strukturentscheidungen in der AG blockieren kann.[63] Ein breitgestreuter Aktienbesitz findet sich zumindest nach der Idealvorstellung des Gesetzgebers typischerweise eher bei Aktiengesellschaften, deren Aktien am Kapitalmarkt erworben werden können und damit weniger bei kapitalmarktfernen Aktiengesellschaften.[64] Aus rechtstatsächlicher Perspektive scheint sich diese typisierende Vorstellung des Gesetzgebers zu bestätigen. So besteht der Aktionärskreis der im DAX-30 notierten Unternehmen nach einer kürzlich veröffentlichten Studie[65] zu 62 Prozent aus institutionellen Anlegern. Privatanleger halten dagegen lediglich 12 Prozent der Aktien. Weitere 12 Prozent der Aktien entfallen auf eigene Aktien und auf die öffentliche Hand. Auf strategische Anleger wie Familien und Unternehmen entfallen in diesen AGen lediglich 9 Prozent der Aktien. Differenziert man anknüpfend an die in der besagten Studie vorgenommene Einteilung unter Außerachtlassung eigener Aktien und Aktien der öffentlichen Hand zwischen den Aktionärstypen der strategischen Anleger, der Privatanleger und der institutionellen Anleger, so ergibt sich ein deutliches Bild. Die Erhebung zeigt, dass institutionelle Anleger im Durchschnitt den Großteil der Beteiligungen an den größten börsennotierten Unternehmen auf sich vereinen. Angesichts des damit einhergehenden (unmittelbaren) Stimmrechtseinflusses auf die besagten Aktiengesellschaften liegt der Schluss nahe, dass institutionelle Anleger heute eine bedeutende Rolle in der Rechtswirklichkeit von börsennotierten Aktiengesellschaften spielen. Die Ausgestaltung dieser Rolle wird allerdings von ihrer Interessenlage abhängen. Typischerweise unterscheidet sich diese maßgeblich von der Interessenlage der strategischen Anleger und der Privatanleger.

A. Strategische Anleger

Strategische Anleger streben typischerweise eher den langfristigen Unternehmenserfolg und weniger die kurzfristige Renditemaximierung an.[66] Ihre typischen Motive lassen sich am Beispiel der Übernahmesituation veranschaulichen und grob in vier verschiedene Gruppen einteilen.[67] Nach dem auf *Henry Manne* zurückgehenden Modell eines Marktes für Unternehmenskontrolle[68] befinden sich strategische Anleger auf der Suche nach Gesellschaften mit einem schwachen Management.[69] Die

63 Vgl. *U. H. Schneider*, AG 1990, 317, 318.

64 *Müller* in Beck'sches Handbuch AG, § 1 Rn. 17.

65 *U. H. Schneider*, ZGR 2012, 518, 518 unter Hinweis auf die besagte Studie von Ernst & Young, Wem gehört der DAX?, Stand 26.4.2012, sowie auf Untersuchungen des Deutschen Aktieninstituts.

66 *Bayer*, 67. DJT, Teil E, S. 101.

67 Einteilung in Anlehnung an *Fleischer/Kalss*, WpÜG, S. 34 ff.

68 *Manne*, 73 J. Pol. Econ. 110 (1965). Vgl. auch den Überblick bei *Hopt*, ZGR 1993, 534, 543 f.

69 *Adams*, AG 1989, 333, 335.

Schwäche des Managements spiegelt sich in sinkenden Aktienkursen wieder.[70] Der Erwerb der Beteiligung an einer AG dient letztlich dem Zweck, das Management auszutauschen und eine veränderte Geschäftspolitik zu implementieren.[71] Auf diese Weise erhält der strategische Anleger Zugriff auf die öffentlich bislang unbekannten, und damit nicht im Aktienkurs eingepreisten Wertschöpfungspotentiale der AG.[72] Das Motiv für die Beteiligung an der AG kann aber auch in der schlichten Unterbewertung ihres Aktienkurses am Kapitalmarkt liegen.[73] Nach Auffassung einiger Autoren im Schrifttum kann der strategische Anleger auch ausschließlich an einer „Ausplünderung" des Vermögens der AG interessiert sein.[74] Schließlich soll die Absicht des strategischen Anlegers, durch den Erwerb der Beteiligung an der AG sein eigenes Unternehmen zu vergrößern (sog. „empire building"), ein mögliches Motiv für den Beteiligungserwerb darstellen.[75] Letzteres kommt etwa in Betracht, wenn es sich bei der AG um einen Wettbewerber des strategischen Anlegers handelt. Um seine Ziele zu erreichen muss der strategische Anleger in der Regel die Möglichkeit erlangen, beherrschenden Einfluss auf die AG auszuüben, zumal es ihm in aller Regel nur dann gelingen wird, die Geschäftspolitik maßgeblich zu beeinflussen oder die erstrebten Mittel abzuziehen.[76] Dies erfordert typischerweise einen hinreichend großen Stimmrechtseinfluss, wobei der strategische Anleger das Stimmrecht in der Hauptversammlung auch tatsächlich ausüben wird, sofern dies zur Durchsetzung seiner Interessen erforderlich erscheint.[77]

B. Kleinanleger

Kleinanleger sind typischerweise natürliche Personen, die weniger an Einfluss innerhalb der Gesellschaft, sondern eher an der aus der Beteiligung folgenden Rendite interessiert sind.[78] Unter ihnen gibt es zunächst Anleger, die eine solide und längerfristige Kapitalanlage mit einer marktüblichen Rendite anstreben. Letztlich soll die Kapitalanlage dieser Anleger häufig einem bestimmten Zweck, wie etwa der Absicherung im Alter, dienen. Andere Kleinanleger verfolgen das Ziel einer Renditemaximierung, das sie etwa durch kurzfristige Spekulation auf Kursgewinne erreichen wollen. In diesem Zusammenhang sind sie auch dazu bereit, höhere Risiken in Kauf zu nehmen. Aufgrund beschränkter finanzieller Ressourcen und dem

---

70 *Fleischer/Kalss*, WpÜG, S. 34.
71 *Adams*, AG 1989, 333, 335; *Mülbert/Birke*, WM 2001, 705, 706; *Fleischer/Kalss*, WpÜG, S. 34; *Eidenmüller*, DStR 2007, 2116; *Burkart/Panunzi* in Freixas/Hartmann/Mayer, S. 268.
72 Vgl. *Burkart/Panunzi* in Freixas/Hartmann/Mayer, S. 267.
73 Vgl. *Mülbert/Birke*, WM 2001, 705, 707; *Fleischer/Kalss*, WpÜG, S. 35.
74 *Mülbert/Birke*, WM 2001, 705, 707; *Fleischer/Kalss*, WpÜG, S. 36.
75 *Mülbert/Birke*, WM 2001, 705, 707; *Fleischer/Kalss*, WpÜG, S. 36 f.
76 Vgl. zum Konzept des beherrschenden Einflusses unten S. 181 ff.
77 Vgl. ausführlich zu den erforderlichen Beherrschungsmitteln unten S. 191 ff.
78 *Bayer*, 67. DJT, Teil E, S. 101.

Bedürfnis nach Absicherung der Risiken des Aktienerwerbs ist die Höhe der Beteiligung von Kleinanlegern an einzelnen AGen allerdings regelmäßig vergleichsweise klein.[79] Dementsprechend erlangen sie normalerweise auch keinen bedeutenden Stimmrechtseinfluss. Sie folgen in der Regel der sog. „Wall Street Rule": Entspricht die Beteiligung an der AG nicht mehr ihren Interessen, etwa weil die aus der Beteiligung folgende Rendite hinter ihren Erwartungen zurückbleibt, werden sie die Aktien verkaufen, anstatt über die Ausübung ihres Stimmrechts auf eine Änderung der Geschäftspolitik der AG hinzuwirken („exit" statt „voice").[80] Diese Handlungsweise ist durchaus vernünftig. Denn ihre Stimmkraft ist regelmäßig so gering, dass sie das Ergebnis der auf der Hauptversammlung der AG zu treffenden Beschlüsse ohnehin nicht in ihrem Sinne beeinflussen werden können. Hinzu kommt, dass der Besuch der Hauptversammlung für die Kleinanleger wegen der damit verbundenen Transaktionskosten auch ökonomisch nicht sinnvoll erscheint.[81] Das Phänomen der Abwesenheit der Kleinanleger auf den Hauptversammlungen deutscher Aktiengesellschaften wird daher auch mit dem Begriff der „rationalen Apathie" umschrieben.[82] Zu konstatieren ist zwar, dass die Stimmrechte der Kleinanleger teilweise auf Grundlage des § 135 AktG von Kreditinstituten, Aktionärsvereinigungen und anderen Personen wahrgenommen werden, die sich geschäftsmäßig gegenüber Aktionären zur Ausübung des Stimmrechts in der Hauptversammlung erbieten. In diesem Fall wird der betreffende Stimmrechtseinfluss zumindest bei der Beschlussfassung berücksichtigt. Vielfach wird es aber aufgrund mangelnden Interesses seitens der Kleinanleger selbst an einer Bevollmächtigung solcher Stimmrechtsvertreter fehlen, so dass das Stimmrecht im Ergebnis unberücksichtigt bleibt.[83]

---

79 Vor diesem Hintergrund kann es für Kleinanleger sinnvoll sein, Anteile an Investmentfonds zu erwerben, um unter Einsatz vergleichsweise geringer finanzieller Mittel eine angemessene Risikomischung herbeizuführen. Vgl. zu diesem Aspekt unten S. 58 f.

80 *Engert*, ZIP 2006, 2105 f.; *Schmolke*, ZGR 2007, 701, 707 f.; *Bayer*, 67. DJT, Teil E, S. 101. Vgl. auch *Zetzsche*, Der Konzern 2011, 381, 390.

81 Treffend *Lenz*, NZG 2006, 534, 535: „Die Transaktionskosten für eine interessengerechte und gut informierte Stimmrechtswahrnehmung auf der Hauptversammlung (Kosten der An- und Abreise, Übernachtungskosten, Verdienstausfall, Ausgaben für die Informationsbeschaffung, Koordinationskosten für die Abstimmung, zeitliche Opportunitätskosten, insbesondere für die Evaluation der Informationen im Hinblick auf eine zielgerichtete Stimmrechtsausübung) stehen in keinem Verhältnis zu dem dem Kleinaktionär durch das Stimmrecht gewährten Nutzen, so dass sich dieser rational verhält, wenn er der Hauptversammlung fernbleibt".

82 So etwa *Mülbert*, NJW 1996, Beilage zu Heft 23, S. 28; *Lenz*, NZG 2006, 534, 535; *Schmolke*, ZGR 2007, 701, 707.

83 *Henssler*, ZHR 157 (1993), 91, 94.

C. Institutionelle Anleger

Institutionelle Anleger fungieren in der Regel als Kapitalsammelstellen und legen das eingesammelte Geld ihrer Kunden auf dem Kapitalmarkt in bestimmte Finanzinstrumente an.[84] Ökonomisch lassen sie sich als Finanzintermediäre bzw. genauer als Transformationsintermediäre qualifizieren, d.h. als Teilnehmer des Kapitalmarkts, die an den Vertragsabschlüssen auf dem Kapitalmarkt mitwirken, indem sie eine Produkttransformation durchführen.[85] Zu den institutionellen Anlegern gehören vor allem Versicherungen, Investmentfonds und Pensionsfonds.[86] Eine gesetzliche Definition existiert bis heute nicht.[87] Wie Kleinanleger sind institutionelle Anleger teilweise an der Erzielung einer marktüblichen Rendite, häufiger aber an einer darüber liegenden Rendite interessiert.[88] Diese Rendite erstreben sie jedoch im Regelfall nicht für sich selbst, sondern für ihre Kunden.[89] Dabei setzt sich der Kundenkreis institutioneller Anleger zu einem großen Teil aus den soeben charakterisierten Kleinanlegern zusammen. Diese beteiligen sich dann nicht direkt an einer AG, sondern lediglich mittelbar unter Zwischenschaltung eines institutionellen Anlegers.[90] Institutionelle Anleger treffen typischerweise einheitliche Anlageentscheidungen für eine Vielzahl ihrer Kunden.[91] Die von ihnen erworbenen oder verwalteten Beteiligungen an einzelnen AGen sind daher in der Regel auch größer als die Beteiligungen von Kleinanlegern. Im Gegensatz zu strategischen Anlegern sind institutionelle Anleger allerdings typischerweise nicht an einer Einflussnahme auf die Geschäftspolitik der AGen in ihrem Portfolio interessiert. Zwar werden sie, wie auch die Kleinanleger, grundsätzlich eine Geschäftspolitik bevorzugen, die sich an ihren spezifischen Renditezielen orientiert. Im Regelfall sind sie allerdings nur selten daran interessiert, aktiv auf die Veränderung der Geschäftspolitik hinzuwirken. Damit korrespondiert der Befund, dass institutionelle Anleger genauso wie Kleinanleger ihre Stimmrechte traditionell eher selten ausüben.[92] Dies folgt zunächst daraus, dass sie trotz eines durchschnittlich größeren Stimmrechtseinflusses im

---

84 Vgl. *Schmolke*, ZGR 2007, 701, 705 („Fremdnützigkeit des Investments"); *Zetzsche*, Der Konzern 2011, 381, 386.

85 *Franke/Hax*, Finanzwirtschaft, S. 500; *Breuer*, Finanzintermediation, S. 13, 17 (dort als „Produzent" bezeichnet).

86 Vgl. *Baums/Fraune*, AG 1995, 97; *U. H. Schneider*, ZGR 2012, 518, 521.

87 *Schmolke*, ZGR 2007, 701, 704; *Zetzsche*, Der Konzern 2011, 381.

88 *Eidenmüller*, DStR 2007, 2116; *Söhner*, WM 2011, 2121, 2122.

89 *Schmolke*, ZGR 2007, 701, 705.

90 Vgl. *Zetzsche*, Der Konzern 2011, 381, 386. Je nach Ausgestaltung dieser mittelbaren Beteiligung werden sie aber dennoch zu Aktionären der betreffenden AG, vgl. für den Fall der Beteiligung über ein Investmentvermögen unten S. 77 ff. Vgl. zu den Gründen der Kleinanleger für die Zwischenschaltung eines institutionellen Anlegers in der Form eines Investmentvermögens unten S. 57 ff.

91 Sog. „Grundsatz der Fremdverwaltung", vgl. dazu unten für institutionelle Anleger in der Form von Verwaltungsgesellschaften eines Investmentvermögen unten S. 60 ff.

92 *Bassen*, ZBB 2002, 430, 432; *Schmolke*, ZGR 2007, 701, 715.

Vergleich zu Kleinanlegern regelmäßig immer noch nicht über eine ausreichend hohe Stimmkraft verfügen, um die Hauptversammlungsbeschlüsse bei der betreffenden AG in ihrem Sinne zu beeinflussen.[93] Zudem ist es angesichts der mitunter beträchtlichen Anzahl der Unternehmen in ihrem Portfolio für institutionelle Anleger oftmals ökonomisch nicht sinnvoll, die erforderliche Sachkunde für eine interessengerechte Stimmrechtsausübung in der Hauptversammlung sämtlicher einzelnen Portfoliounternehmen aufzubauen.[94] Damit folgen auch institutionelle Anleger eher der „Wall-Street-Rule", so dass sie Aktien am Kapitalmarkt verkaufen, um die dadurch frei werdenden Gelder in andere Anlageobjekte zu investieren, wenn sie mit der Entwicklung der Rendite aus den betreffenden Aktien unzufrieden sind.[95] Demgegenüber macht sich in jüngerer Zeit zunehmend der Einfluss sog. Stimmrechtsberater bemerkbar.[96] Solche Stimmrechtsberater ermitteln und verarbeiteten Informationen über die Emittenten von Aktien und leiten daraus Abstimmungsempfehlungen ab, was institutionelle Anleger zunehmend dazu veranlasst, auf die Abstimmungsempfehlungen der Stimmrechtsberater zu vertrauen, so dass sie ihr Stimmrecht sodann selbst oder über einen Stimmrechtsvertreter den Empfehlungen entsprechend ausüben.[97] Eine gewisse Einflussnahmemöglichkeit institutioneller Anleger auf die Geschäftspolitik der betreffenden AG geht zudem von persönlichen Einzelgesprächen mit Vorstands- und Aufsichtsratsmitgliedern aus, zumindest soweit diese Gespräche nicht dem bloßen Informationsaustausch dienen.[98]

Von den klassischen institutionellen Anlegern sind die sog. Hedgefonds zu unterscheiden. Hedgefonds sind institutionelle Anleger in der Erscheinungsform von Investmentfonds, die sich im Gegensatz zu klassischen Investmentfonds in der Regel nicht mit der Erzielung einer über dem Marktdurchschnitt liegenden Rendite zufriedengeben, sondern unabhängig von der gegenwärtigen Marktlage eine häufig möglichst kurzfristige Renditemaximierung anstreben („absolute return").[99] Um ihre Ziele zu erreichen versuchen sie mitunter, aktiv Einfluss auf die Geschäftspolitik

93 *Schmolke*, ZGR 2007, 701, 719. Dies lässt sich häufig darauf zurückführen, dass sich die Zusammenstellung des Portfolios der institutionellen Anleger an den Grundsätzen der Risikomischung orientiert. Vgl. dazu im Hinblick auf Investmentvermögen unten S. 58 f.

94 *Fleischer/Strothotte*, AG 2011, 221, 225; *Klöhn/Schwarz*, ZIP 2012, 149, 152.

95 *Engert*, ZIP 2006, 2105 f.; *Schmolke*, ZGR 2007, 701, 713; *Fleischer/Strothotte*, AG 2011, 221, 224 f.; *Klöhn/Schwarz*, ZIP 2012, 149, 151.

96 Vgl. dazu ausführlich *Klöhn/Schwarz*, ZIP 2012, 149 ff.

97 *Fleischer/Strothotte*, AG 2011, 221, 225; *U. H. Schneider*, ZGR 2012, 518, 525 f.

98 Vgl. *Bassen*, ZBB 2002, 430, 432; *Schmolke*, ZGR 2007, 701, 715; *Schaefer*, NZG 2007, 900; *Schreyögg/Unglaube*, AG 2013, 97, 109.

99 Vgl. die ausführliche Charakterisierung von Hedgefonds bei *Spindler/Bednarz*, WM 2006, 553 f. m.w.N. sowie *Söhner*, WM 2011, 2121, 2122.

der betreffenden AGen zu nehmen.[100] Zu diesem Zweck greifen sie auf verschiedene Druckmittel zurück, die über den Aufbau von öffentlichem Druck auf die betreffende AG und dem Bestreben zur Besetzung des Aufsichtsrats oder des Vorstands mit eigenen Vertrauenspersonen bis zur Erhebung von Klagen gegen gegenwärtige und ausgeschiedene Mitglieder des Vorstands reichen.[101] Ihre Beteiligungen an den betreffenden AGen sind zumeist größer als die Beteiligungen traditioneller institutioneller Anleger.[102] Allerdings ist auch zu konstatieren, dass Hedgefonds aufgrund ihrer im Vergleich zu strategischen Anlegern regelmäßig immer noch geringen Beteiligungshöhe nur selten in der Lage sein werden, die von ihnen erstrebte Veränderung in der Geschäftspolitik der betreffenden AG mit Hilfe oder unter Hinweis auf ihren Stimmrechtseinfluss zu erreichen. Sind sie im Einzelfall zur Umsetzung ihres Vorhabens auf eine Stimmrechtsmehrheit angewiesen, so etwa bei der Besetzung des Aufsichtsrats mit Vertrauenspersonen, bleibt ihnen oftmals nur die Möglichkeit einer Unterstützung durch andere Aktionäre, was eine entsprechende Überzeugungsarbeit voraussetzt, aber nicht selten funktioniert, wenn diese Aktionäre ähnliche Interessen verfolgen.[103] Sofern Hedgefonds einen solchen aktivistischen Ansatz verfolgen, werden sie ihr Stimmrecht typischerweise wesentlich häufiger ausüben als klassische institutionelle Anleger.[104] Ihre Aktivität im Hinblick auf die Stimmrechtsausübung auf den Hauptversammlungen der AGen lässt sich dann eher mit derjenigen von strategischen Anlegern vergleichen.

---

100 Vgl. *Engert*, ZIP 2006, 2105. Vgl. auch aus der Tagespresse FAZ v. 15.4.2014, S. 17, „Blackrock fordert langfristige Investitionen".

101 *Schmolke*, ZGR 2007, 701, 718.

102 *Eidenmüller*, DStR 2007, 2116, 2117.

103 *Engert*, ZIP 2006, 2105, 2111; *Schmolke*, ZGR 2007, 701, 718 f. (unter Hinweis auf ein gemeinsames Vorgehen mit anderen an der AG beteiligten Hedgefonds, sog. „Wolfsrudeltaktik").

104 *Engert*, ZIP 2006, 2105, 2106.

1. Teil: Grundlagen der Beteiligungstransparenz im Sinne des WpHG

§ 1 Regelungstechnik und Entstehungsgeschichte der §§ 21 ff. WpHG

Die §§ 21 ff. WpHG gehen auf die Richtlinie 88/627/EWG vom 12. Dezember 1988 („Transparenz-RL I")[105] zurück. Durch das Gesetz über den Wertpapierhandel und zur Änderung börsenrechtlicher und wertpapierrechtlicher Vorschriften (Zweites Finanzmarktförderungsgesetz) vom 26. Juli 1994[106] („FFG II") wurden die in dieser Richtlinie enthaltenen Vorgaben in mit Wirkung zum 1. Januar 1995[107] in deutsches Recht umgesetzt, indem sie in den §§ 21–30 des neu geschaffenen WpHG verankert wurden. Regelungstechnisch sind die §§ 21 ff. WpHG durch das Zusammenspiel von Mitteilungs- und Veröffentlichungspflichten geprägt. Zum Zweck der Offenlegung von Informationen über die Beteiligungsverhältnisse an dem Emittenten erfolgt zunächst eine Mitteilung des Meldepflichtigen über die betreffende Beteiligungsveränderung an den Emittenten und die Bundesanstalt für Finanzdienstleistungsaufsicht („BaFin")[108]. Solche Mitteilungspflichten finden sich heute in den §§ 21 Abs. 1, Abs. 1a, 25 Abs. 1 S. 1, 25a Abs. 1 S. 1 und 27a Abs. 1 S. 1 WpHG, beziehen sich aber jeweils auf unterschiedliche Informationen über die Beteiligungsverhältnisse an dem betreffenden Emittenten.

Die in dieser Abhandlung schwerpunktmäßig behandelte Mitteilungspflicht des § 21 Abs. 1 S. 1 WpHG war von Anfang an Bestandteil der Regelungen zur kapitalmarktrechtlichen Beteiligungstransparenz. Sie knüpft eine Mitteilungspflicht an das Erreichen, Überschreiten oder Unterschreiten, also allgemein gesprochen an das Berühren bestimmter Stimmrechtsschwellen in Bezug auf den Emittenten.[109] Dabei waren und sind für die Berechnung des Stimmrechtsanteils nicht nur eigene Stimmrechte des Meldepflichtigen, sondern unter den Voraussetzungen des § 22

105 Richtlinie des Rates vom 12. Dezember 1988 über die bei Erwerb und Veräußerung einer bedeutenden Beteiligung an einer börsennotierten Gesellschaft zu veröffentlichenden Informationen, ABl. EG Nr. L 348 v. 17.12.1988, S. 62.

106 BGBl. I 1994, S. 1749.

107 Vgl. Art. 20 FFG II.

108 Ursprünglich knüpften die §§ 21 ff. WpHG an das Bundesaufsichtsamt für Wertpapierhandel als zuständige Aufsichtsbehörde an. Im Zuge der Errichtung der BaFin wurden die §§ 21 ff. WpHG allerdings durch das Gesetz über die integrierte Finanzdienstleistungsaufsicht vom 22. April 2002, BGBl. I 2002, S. 1310, das gemäß seinem Art. 22 am 1. Mai 2002 in Kraft trat, redaktionell an die neu begründete Zuständigkeit der BaFin als Aufsichtsbehörde angepasst.

109 Vgl. ausführlich zu den Tatbestandsvoraussetzungen der Mitteilungspflicht nach § 21 Abs. 1 S. 1 WpHG unten S. 111 ff.

WpHG auch Stimmrechte eines Dritten zu berücksichtigen, die dem Meldepflichtigen zugerechnet werden.[110] Seit ihrem Inkrafttreten waren die §§ 21, 22 WpHG zahlreichen Veränderungen unterworfen. Durch das Gesetz zur weiteren Fortentwicklung des Finanzplatzes Deutschland (Drittes Finanzmarktförderungsgesetz) vom 24. März 1998[111] („FFG III") wurde der Mitteilungspflicht des § 21 WpHG mit Wirkung zum 1. April 1998 ein Absatz 1a angefügt, der zu einer einmaligen Mitteilung im Sinne des § 21 Abs. 1 WpHG für den Fall der erstmaligen Zulassung der Aktien des Emittenten an einem organisierten Markt[112] verpflichtet. Durch das Gesetz zur Regelung von öffentlichen Angeboten, zum Erwerb von Wertpapieren und von Unternehmensübernahmen vom 20. Dezember 2001[113] („WpÜGG") wurden die Zurechnungstatbestände des § 22 WpHG mit Wirkung zum 1. Januar 2002[114] im Zuge einer Anpassung an die ihrem Wortlaut nach identischen Zurechnungstatbestände des § 30 WpÜG vollständig neu strukturiert. Weitere umfangreiche Veränderungen der §§ 21, 22 WpHG erfolgten, nachdem auf europäischer Ebene die Transparenz-RL I am 15. Dezember 2004 durch die Richtlinie 2004/109/EG („Transparenz-RL II")[115] ersetzt worden war.[116]. Mit Umsetzung dieser zweiten Transparenzrichtlinie in deutsches Recht durch das Transparenzrichtlinie-Umsetzungsgesetz vom 5. Januar 2007[117] („TUG") wurden der sachliche Anwendungsbereich der §§ 21 ff. WpHG durch Einführung des Herkunftsstaatsprinzips geändert.[118] Auch wurden die in § 21 Abs. 1 S. 1 WpHG bis dato vorgesehenen Schwellenwerte von 5, 10, 25, 50 und 75 Prozent der Stimmrechte um die Schwellenwerte von 3, 15, 20 und 30 Prozent erweitert. Soweit in § 21 WpHG bis zu diesem Zeitpunkt Vorgaben für den Inhalt der Mitteilung enthalten waren, wurden diese aus dem WpHG ausgelagert und

---

110 Vgl. ausführlich zu den einzelnen Zurechnungstatbeständen unten S. 173 ff.

111 BGBl. I 1998, S. 529.

112 Ursprünglich knüpfte die Regelung an die Zulassung der Aktien zum amtlichen Markt an, vgl. Art. 3 Ziff. 10 FFG III.

113 BGBl. I 2001, S. 3822.

114 Vgl. Art. 12 WpÜGG.

115 Richtlinie 2004/109/EG des Europäischen Parlaments und des Rates vom 15. Dezember 2004 zur Harmonisierung der Transparenzanforderungen in Bezug auf Informationen über Emittenten, deren Wertpapiere zum Handel auf einem geregelten Markt zugelassen sind, und zur Änderung der Richtlinie 2001/34/EG, ABl. EG Nr. L 390 v. 31.12.2004, S. 38.

116 Die Vorgaben der Transparenz-RL II wurden später durch die Richtlinie 2007/14/EG der Kommission vom 8. März 2007 mit Durchführungsbestimmungen zu bestimmten Vorschriften der Richtlinie 2004/109/EG zur Harmonisierung der Transparenzanforderungen in Bezug auf Informationen über Emittenten, deren Wertpapiere zum Handel an einem geregelten Markt zugelassen sind, ABl. EG Nr. L 69 v. 9.3.2007, S. 27 („Durchführungs-RL"), weiter konkretisiert.

117 BGBl. I 2007, S. 10.

118 Vgl. ausführlich zum sachlichen Anwendungsbereich der §§ 21 ff. unten S. 24 ff.

in erweiterter Form in die WpAIV[119] aufgenommen.[120] Die durch das TUG vorgenommenen Änderungen traten am 20 Januar 2007 in Kraft.[121] Weitere Änderungen brachte das Gesetz zur Begrenzung der mit Finanzinvestitionen verbundenen Risiken (Risikobegrenzungsgesetz) vom 12. August 2008[122] („RisikoBegrG"), durch das mit Wirkung zum 19. August 2008[123] die Zurechnung von Stimmrechten nach § 22 Abs. 2 WpHG auf eine neue Grundlage gestellt wurde. Geringfügige klarstellende Änderungen in § 21 Abs. 1 S. 1 WpHG erfolgten zudem erst kürzlich durch das Kleinanlegerschutzgesetz vom 3. Juli 2015[124].

Auch wenn die Stimmrechte des Meldepflichtigen an sich zu einer Mitteilungspflicht nach § 21 Abs. 1 S. 1 oder § 21 Abs. 1a WpHG führen würden, sind sie unter den Voraussetzungen des bereits durch das Gesetz zur weiteren Fortentwicklung des Finanzplatzes Deutschland (Viertes Finanzmarktförderungsgesetz) vom 21. Juni 2002[125] („FFG IV") mit Wirkung zum 1. Juli 2002[126] geänderten, mit Inkrafttreten des TUG aber vollständig neu gefassten § 23 WpHG ausnahmsweise nicht zu berücksichtigen, so dass eine Mitteilungspflicht überhaupt nicht entsteht. In dieser Abhandlung wird diese Ausnahmevorschrift allerdings nicht näher behandelt. § 24 WpHG betrifft dagegen die Erfüllung der Mitteilungspflichten und bestimmt in diesem Zusammenhang, dass die Mitteilung nach § 21 Abs. 1 S. 1, Abs. 1a WpHG in manchen Fällen auch durch das Mutterunternehmen des Meldepflichtigen vorgenommen werden darf.[127] Die Mitteilungspflichten des § 21 Abs. 1 S. 1, Abs. 1a WpHG werden durch § 28 WpHG flankiert, der unter bestimmten Voraussetzungen für die Zeit, in der diese Mitteilungspflichten nicht erfüllt werden und seit Inkrafttreten des RisikoBegrG ggf. noch sechs Monate darüber hinaus, einen Verlust der Rechte aus Aktien anordnet, die dem Meldepflichtigen gehören oder ihm nach § 22 Abs. 1 S. 1 Nr. 1 oder Nr. 2 WpHG zugerechnet werden.

Einen anderen Ansatz als § 21 Abs. 1 S. 1 WpHG verfolgen die in dieser Abhandlung nicht näher behandelten §§ 25, 25a WpHG. Nach der erst durch das TUG eingefügten Mitteilungspflicht des § 25 Abs. 1 S. 1 WpHG ist bei Berühren

---

119 Verordnung zur Konkretisierung von Anzeige- Mitteilungs- und Veröffentlichungspflichten sowie der Pflicht zur Führung von Insiderverzeichnissen nach dem Wertpapierhandelsgesetz (Wertpapierhandelsanzeige- und Insiderverordnung – WpAIV) vom 13.12.2004 (BGBl. I 2004, S. 3376), zuletzt geändert durch Art. 3 des Gesetzes zur Umsetzung der Richtlinie 2010/73/EU und zur Änderung des Börsengesetzes vom 26.6.2012 (BGBl. I 2012, S. 1375)

120 Vgl. zu den Vorgaben an den Inhalt der Mitteilung ausführlich unten S. 415 ff.

121 Vgl. Art. 16 TUG.

122 BGBl. I 2008, S. 1666.

123 Vgl. Art. 12 RisikoBegrG.

124 BGBl. I 2015, S. 1114.

125 BGBl. I 2002, S. 2010.

126 Vgl. Art. 23 FFG IV.

127 Vgl. zur Erfüllung der Mitteilungspflicht nach § 21 Abs. 1 S. 1 WpHG ausführlich unten S. 400 ff.

bestimmter Schwellenwerte auch das unmittelbare oder mittelbare Halten von Finanzinstrumente oder sonstiger Instrumente mitzuteilen, wenn diese ihrem Inhaber das Recht verleihen mit Stimmrechten verbundene Aktien zu erwerben. Die erst in jüngerer Vergangenheit durch das Gesetz zur Stärkung des Anlegerschutzes und zur Verbesserung der Funktionsfähigkeit des Kapitalmarkts vom 5. April 2011[128] („AnSFuG") mit Wirkung zum 1. Februar 2012[129] eingefügte Mitteilungspflicht des § 25a Abs. 1 S. 1 WpHG verpflichtet den Meldepflichtigen zudem, bei Schwellenberührung das unmittelbare oder mittelbare Halten von Finanzinstrumenten oder sonstigen Instrumenten mitzuteilen, die es dem Meldepflichtigen auf Grund ihrer Ausgestaltung ermöglichen, mit Stimmrechten verbundene Aktien des Emittenten zu erwerben. Die genannten Mitteilungspflichten erfassen also nicht das Stimmrecht des Meldepflichtigen, sondern ausschließlich Zugriffsrechte und Zugriffsmöglichkeiten auf stimmrechtsvermittelnde Aktien.[130] Demgegenüber sind nach der in dieser Abhandlung ebenfalls nicht näher beleuchteten und erst durch das RisikoBegrG mit Wirkung zum 31. Mai 2009[131] neu eingefügten Mitteilungspflicht des § 27a Abs. 1 S. 1 WpHG weder gegenwärtige Stimmrechte noch Zugriffsrechte oder -möglichkeiten des Meldepflichtigen auf stimmrechtsvermittelnde Aktien, sondern die mit dem Erwerb von Stimmrechten verfolgten Ziele mitzuteilen, wenn der Meldepflichtige im Sinne der §§ 21 und 22 WpHG die Schwelle von 10 Prozent der Stimmrechte aus Aktien oder eine höhere Schwelle erreicht oder überschreitet. Ergänzende Regelungen im Zusammenhang mit den vom Meldepflichtigen vorzunehmenden Mitteilungen enthält § 27 WpHG.

Der Emittent hat die ihm mitgeteilten Informationen zu veröffentlichen. Zugleich hat er die Veröffentlichung der BaFin mitzuteilen und unverzüglich dem Unternehmensregister zur Speicherung zuzuleiten. Für die auf Grundlage der §§ 21 Abs. 1 S. 1, Abs. 1a, 25 Abs. 1 S. 1, 25a Abs. 1 S. 1 WpHG mitgeteilten Informationen ergibt sich diese Pflicht seit Inkrafttreten des TUG aus § 26 Abs. 1 S. 1, Abs. 2 WpHG. Die nach § 27a Abs. 1 S. 1 WpHG mitgeteilten Informationen sind auf Grundlage des § 27a Abs. 2 WpHG zu veröffentlichen und an das Unternehmensregister zu übermitteln. Eigene Aktien hat der Emittent bei Schwellenüberschreitung ebenfalls seit Inkrafttreten des TUG auf Grundlage des § 26 Abs. 1 S. 2 WpHG zu veröffentlichen und an das Unternehmensregister zu übermitteln. Daneben ist er nach § 26a WpHG verpflichtet die Gesamtzahl der Stimmrechte im Fall ihrer Veränderung während eines Kalendermonats am Ende dieses Monats zu veröffentlichen, an das Unternehmensregister zu übermitteln und der BaFin mitzuteilen. Auch diese Veröffentlichungspflicht wurde erst durch das TUG im WpHG verankert. In § 29a WpHG finden sich einige Sonderregelungen für Emittenten mit Sitz in einem Drittstaat, die ebenfalls auf das TUG zurückgehen.

128 BGBl. I 2011, S. 538.

129 Vgl. Art. 9 AnSFuG.

130 *U. H. Schneider* in Assmann/Schneider, WpHG, Vor § 21 Rn. 32a.

131 Vgl. Art. 12 RisikoBegrG.

Eine Weiterentwicklung der europäischen Vorgaben der Transparenz-RL II erfolgte mit der Richtlinie 2013/50/EU des Europäischen Parlaments und des Rates vom 22. Oktober 2013[132] („Transparenz RL III"). Die Richtlinie ist nach ihrem Art. 6 am zwanzigsten Tag nach ihrer Verkündung im Amtsblatt der Europäischen Union, also am 26. November 2013 in Kraft getreten. Nach Art. 4 Transparenz-RL III sind die Vorgaben der Richtlinie binnen 24 Monaten nach ihrem Inkrafttreten umzusetzen.[133]

§ 2 Die Rechtsnatur der §§ 21 ff. WpHG

Ihrer Rechtsnatur nach werden die §§ 21 ff. WpHG weitestgehend dem Kapitalmarktrecht zugeordnet.[134] Dieses umfasst nach einer gängigen Definition die „Gesamtheit der Normen, Geschäftsbedingungen und Standards, mit denen die Organisation der Kapitalmärkte und die auf sie bezogenen Tätigkeiten sowie das kapitalmarktbezogene Verhalten der Marktteilnehmer geregelt werden"[135]. Soweit die §§ 21 ff. WpHG Pflichten enthalten, die gegenüber der zuständigen Kapitalmarktaufsichtsbehörde, also der BaFin[136], zu erfüllen sind, lassen sie sich als öffentliches Wirtschaftsrecht qualifizieren.[137] Dies trifft auf die Mitteilungspflichten der §§ 21 Abs. 1 S. 1, Abs. 1a, 25 Abs. 1 S. 1, 25a Abs. 1 S. 1 und 27a Abs. 1 WpHG, auf die von der BaFin überwachten Veröffentlichungspflichten der §§ 26 Abs. 1 S. 1 und S. 2, 26a S. 1, 27a Abs. 2 und 29a Abs. 2 WpHG, die im Zusammenhang mit der Veröffentlichung bestehenden Mitteilungspflichten nach den §§ 26 Abs. 2, 26a S. 1 und 29a Abs. 2 WpHG und auf

132 Richtlinie 2013/50/EU des Europäischen Parlaments und des Rates vom 22. Oktober 2013 zur Änderung der Richtlinie 2004/109/EG des Europäischen Parlaments und des Rates zur Harmonisierung der Transparenzanforderungen in Bezug auf Informationen über Emittenten, deren Wertpapiere zum Handel auf einem geregelten Markt zugelassen sind, der Richtlinie 2003/71/EG des Europäischen Parlaments und des Rates betreffend den Prospekt, der beim öffentlichen Angebot von Wertpapieren oder bei deren Zulassung zum Handel zu veröffentlichen ist, sowie der Richtlinie 2007/14/EG der Kommission mit Durchführungsbestimmungen zu bestimmten Vorschriften der Richtlinie 2004/109/EG, ABl. EU Nr. L 294 v. 6.11.2013, S. 13.

133 Vgl. zu den Änderungen der Umsetzung der Transparenz-RL III unten „Anhang: Veränderung durch Umsetzung der Transparenzrichtlinie-Änderungsrechtlinie".

134 Vgl. *Dehlinger/Zimmermann* in Fuchs, WpHG, Vor §§ 21 bis 30 Rn. 3; *U. H. Schneider* in Assmann/Schneider, Vor § 21 Rn. 13.

135 So etwa *Oulds* in Kümpel/Wittig, Rn. 14.5; ähnlich *Hopt*, ZHR 141 (1977), 389, 431; *Seiler/Kniehase* in Bankrechts-Handbuch, Vor § 104 Rn. 62.

136 Vgl. § 4 WpHG.

137 *Dehlinger/Zimmermann* in Fuchs, WpHG, Vor §§ 21 bis 30 Rn. 3; *Schwark* in Schwark/Zimmer, Vor § 21 WpHG Rn. 13; *Veil* in Schmidt/Lutter, AktG, Anh. § 22, § 21 WpHG Rn. 2; *U. H. Schneider* in Assmann/Schneider, WpHG, Vor § 21 Rn. 13 f.; *Hirte* in KöKo, WpHG, § 21 Rn. 5.

die Nachweisnorm nach § 27 WpHG[138] zu. Die öffentlich-rechtliche Natur dieser Vorschriften folgt teilweise auch aus ihrer Bußgeldbewehrung.[139] Ein vorsätzlicher oder leichtfertiger Verstoß gegen die Mitteilungspflichten nach §§ 21 Abs. 1 S. 1, Abs. 1a, 25 Abs. 1 S. 1, 25a Abs. 1 S. 1, 26 Abs. 2, 26a S. 1 und 29a Abs. 2 stellt nach § 39 Abs. 2 Nr. 2 lit. e)-i) WpHG eine Ordnungswidrigkeit dar. Gleiches gilt nach § 39 Abs. 2 Nr. 5 lit. c) WpHG in Bezug auf die Veröffentlichungspflichten nach §§ 26 Abs. 1 S. 1 und S. 2, 26a S. 1 und 29a Abs. 2 WpHG. Da die Mitteilungspflichten nach den §§ 21 Abs. 1 S. 1, Abs. 1a, 25 Abs. 1 S. 1, 25a Abs. 1 S. 1 und 27a Abs. 1 WpHG auch gegenüber dem Emittenten zu erfüllen sind, lassen sie sich gleichzeitig auch dem Zivilrecht zuordnen.[140] Gleiches gilt für die Nachweisnorm des § 27 WpHG.[141] Die Anordnung des Rechtsverlusts in § 28 WpHG entfaltet ihre Wirkungen alleine im zivilrechtlichen Bereich und ist damit ausschließlich dem Zivilrecht zuzuordnen.[142]

§ 3 Sachlicher Anwendungsbereich

Da die kapitalmarktrechtliche Beteiligungstransparenz in der vorliegenden Abhandlung nur in Bezug auf deutsche AGen untersucht werden soll, ist zu klären, inwieweit die §§ 21 ff. WpHG überhaupt auf solche AGen anwendbar sind. Nach ihrem Wortlaut finden die Mitteilungspflichten nach den §§ 21 Abs. 1 S. 1, Abs. 1a, 25 Abs. 1 S. 1 und 25a Abs. 1 S. 1 WpHG ausschließlich im Hinblick auf Stimmrechte bzw. Finanzinstrumente oder sonstigen Instrumente an Emittenten Anwendung, deren

---

138 A.A. in Bezug auf die Nachweisnorm nach § 27 WpHG aber *U. H. Schneider* in Assmann/Schneider, WpHG, Vor § 21 Rn. 16.

139 *Schwark* in Schwark/Zimmer, Vor § 21 WpHG Rn. 13; *U. H. Schneider* in Assmann/Schneider, WpHG, Vor § 21 Rn. 15; *Hirte* in KöKo, WpHG, § 21 Rn. 5.

140 *U. H. Schneider* leitet dies aus der Verweisungsnorm des § 20 Abs. 8 AktG ab und verweist darauf, dass die Mitteilungs- und Nachweispflichten der §§ 20 ff. AktG unbestritten privatrechtlicher Natur seien, vgl. *U. H. Schneider* in Assmann/Schneider, WpHG, Vor § 21 Rn. 15; vorsichtiger *Schwark* in Schwark/Zimmer, Vor § 21 WpHG Rn. 13; *Hirte* in KöKo, WpHG, § 21 Rn. 5. Richtigerweise folgt der privatrechtliche Charakter jedoch nicht erst aus dieser Verweisungsnorm, sondern bereits unmittelbar daraus, dass die Mitteilungspflichten auch gegenüber dem Emittenten, also einem privatrechtlichen Rechtssubjekt zu erfüllen sind, so insb. *Dehlinger/Zimmermann* in Fuchs, WpHG, Vor §§ 21 bis 30 Rn. 3; insoweit kritisch aber *Veil* in Schmidt/Lutter, AktG, Anh. § 22: § 21 WpHG Rn. 2.

141 *Dehlinger/Zimmermann* in Fuchs, WpHG, Vor §§ 21 bis 30 Rn. 3; *Veil* in Schmidt/Lutter, AktG, Anh. § 22, § 21 WpHG Rn. 2; *Hirte* in KöKo, WpHG, § 21 Rn. 5. a.A. *U. H. Schneider* in Assmann/Schneider, WpHG, Vor § 21 Rn. 16 („ausschließlich privatrechtliche Natur“).

142 *Dehlinger/Zimmermann* in Fuchs, WpHG, Vor §§ 21 bis 30 Rn. 3; *Veil* in Schmidt/Lutter, AktG, Anh. § 22, § 21 WpHG Rn. 2; *U. H. Schneider* in Assmann/Schneider, WpHG, Vor § 21 Rn. 16; *Hirte* in KöKo, WpHG, § 21 Rn. 5. Vgl. zum Rechtsverlust nach § 28 WpHG auch die Gesamtdarstellung von *Götze* in Handbuch Kapitalmarktinformationen, § 28 Rn. 19 ff.

Herkunftsstaat die Bundesrepublik Deutschland ist (sog. Herkunftsstaatsprinzip).[143] Dies sind nach dem auf den gesamten fünften Abschnitt des WpHG anwendbaren § 21 Abs. 2 WpHG nur solche Emittenten, deren Aktien, zum Handel an einem organisierten Markt zugelassen sind. Aus der negativen Geltungsanordnung der §§ 20 Abs. 8, 21 Abs. 5 AktG folgt, dass die aktienrechtlichen Mitteilungspflichten der §§ 20, 21 AktG für solche Emittenten keine Anwendung finden, so dass insoweit ausschließlich die Mitteilungspflichten nach den §§ 21 ff. WpHG gelten.[144]

A. Emittenten von Aktien

Eine allgemeine Begriffsdefinition des Emittenten, dessen Herkunftsstaat die Bundesrepublik Deutschland ist, findet sich in § 2 Abs. 6 WpHG. Zu differenzieren ist zunächst nach der Art der von dem Emittenten ausgegebenen Finanzinstrumente. Unter § 2 Abs. 6 Nr. 1 WpHG fallen Emittenten, die Schuldtitel mit einer Stückelung von weniger als 1.000 Euro oder dem am Ausgabetag entsprechenden Gegenwert in einer anderen Währung oder Aktien ausgeben. Dagegen erfasst § 2 Abs. 6 Nr. 2 und Nr. 3 WpHG alle Emittenten, die nicht unter Nr. 1 fallen und sonstige Finanzinstrumente ausgeben. Soweit es um die Anwendbarkeit der §§ 21 ff. WpHG geht, wird die in § 2 Abs. 6 WpHG angelegte Differenzierung erheblich vereinfacht. Denn § 21 Abs. 2 WpHG stellt klar, dass als Emittenten, deren Herkunftsstaat die Bundesrepublik Deutschland ist, ausschließlich Emittenten gelten, die Aktien ausgeben können.[145] Maßgeblich ist hier ausschließlich die Begriffsbestimmung des § 2 Abs. 6 Nr. 1 WpHG.[146] Damit gehören auch deutsche Aktiengesellschaften zum Kreis der angesprochenen Emittenten.

B. Zulassung der Aktien zum Handel am organisierten Markt

Aus § 2 Abs. 6 Nr. 1 und § 21 Abs. 2 WpHG ergibt sich weiter, dass die ausgegebenen Aktien zum Handel an einem organisierten Markt im Inland, in einem Mitgliedsstaat der EU oder in einem Vertragsstaat des EWR zugelassen sein müssen. Eine Legaldefinition des organisierten Markts findet sich in § 2 Abs. 5 WpHG.[147] Im

---

143 Das Herkunftsstaatsprinzip soll verhindern, dass grenzüberschreitend agierende Emittenten die gleichen Transparenzpflichten in mehreren Mitgliedsstaaten der EU bzw. des EWR erfüllen müssen, vgl. Begr. RegE. TUG, BT-Drucks. 16/2498, S. 27; *Hutter/Kaulamo*, NJW 2007, 471, 472.

144 So statt aller *Koch* in Hüffer, AktG, § 20 Rn. 19; *Hirschmann* in Hölters, AktG, § 20 Rn. 21.

145 BaFin, Emittentenleitfaden 2013, S. 104; *Dehlinger/Zimmermann* in Fuchs, WpHG, § 21 Rn. 20; *Schwark* in Schwark/Zimmer, § 21 WpHG Rn. 2; *Hirte* in KöKo, WpHG, § 21 Rn. 97.

146 BaFin, Emittentenleitfaden 2013, S. 104.

147 Ein organisierter Markt im Sinne des WpHG ist nach § 2 Abs. 5 WpHG ein im Inland, in einem anderen Mitgliedstaat der Europäischen Union oder einem anderen Vertragsstaat des Abkommens über den Europäischen Wirtschaftsraum

Inland fällt der regulierte Markt im Sinne der §§ 32 ff. BörsG unter den Begriff des organisierten Markts, nicht dagegen der Freiverkehr nach § 48 BörsG.[148] Letzterer ist ausschließlich privatrechtlich organisiert und daher kein von staatlich anerkannten Stellen geregeltes und überwachtes System.[149] Kapitalmärkte eines Mitgliedsstaats der EU oder eines Vertragsstaats des EWR sind in der Regel organisierte Märkte im Sinne des § 2 Abs. 6 WpHG, wenn sie in dem nach Art. 47 der Richtlinie 2004/39/EG vom 21. April 2004 über Märkte für Finanzinstrumente (MiFID)[150] zu erstellenden Verzeichnis der geregelten Märkte enthalten sind.[151] Unter „Zulassung der Aktien zum Handel" versteht man die an den Emittenten gerichtete Erlaubnis, die Einrichtungen des organisierten Marktes für den Handel der Aktien zu benutzen.[152] Die Zulassung zum regulierten Markt nach den §§ 32 ff. BörsG erfolgt unter den in § 32 BörsG geregelten Voraussetzungen. Auf die nachfolgende Einführung der Aktien gemäß § 38 BörsG, also auf die Aufnahme der Notierung der zugelassenen Aktien kommt es nicht an.[153] Unerheblich ist auch die Einbeziehung von Aktien in den Börsenhandel gemäß § 32 Abs. 1 Alt. 2, 33 BörsG.[154]

---

betriebenes oder verwaltetes, durch staatliche Stellen genehmigtes, geregeltes und überwachtes multilaterales System, das die Interessen einer Vielzahl von Personen am Kauf und Verkauf von dort zum Handel zugelassenen Finanzinstrumenten innerhalb des Systems und nach festgelegten Bestimmungen in einer Weise zusammenbringt oder das Zusammenbringen fördert, die zu einem Vertrag über den Kauf dieser Finanzinstrumente führt.

148 *Fuchs* in Fuchs, WpHG, § 2 Rn. 149; *Dehlinger/Zimmermann* in Fuchs, WpHG, § 21 Rn. 22; *Kumpan* in Schwark/Zimmer, § 2 WpHG Rn. 120; *Assmann* in Assmann/Schneider, WpHG, § 2 Rn. 161; *Hirte* in KöKo, WpHG, § 21 Rn. 100.

149 *Fuchs* in Fuchs, WpHG, § 2 Rn. 149; *Kumpan* in Schwark/Zimmer, § 2 WpHG Rn. 120; *Assmann* in Assmann/Schneider, WpHG, § 2 Rn. 161.

150 Richtlinie 2004/39/EG des Europäischen Parlaments und des Rates vom 21. April 2004 über Märkte für Finanzinstrumente, zur Änderung der Richtlinien 85/611/EWG und 93/6/EWG des Rates und der Richtlinie 2000/12/EG des Europäischen Parlaments und des Rates und zur Aufhebung der Richtlinie 93/22/EWG des Rates, ABl. EG Nr. L 145 v. 30.04.2004, S. 1.

151 *Dehlinger/Zimmermann* in Fuchs, WpHG, § 21 Rn. 23; *Hirte* in KöKo, WpHG, § 21 Rn. 101. Das Verzeichnis der organisierten Märkte in der EU und im EWR ist abrufbar unter http://mifiddatabase.esma.europa.eu und findet sich dort unter dem Menüpunkt „Regulated Markets".

152 *Dehlinger/Zimmermann* in Fuchs, WpHG, § 21 Rn. 24; *Heidelbach* in Schwark/Zimmer, § 32 BörsG Rn. 17.

153 *Dehlinger/Zimmermann* in Fuchs, WpHG, § 21 Rn. 24.

154 *Dehlinger/Zimmermann* in Fuchs, WpHG, § 21 Rn. 24, die aber zugleich darauf hinweisen, dass die Einbeziehung nach § 33 BörsG eine anderweitige Börsenzulassung voraussetzt, die wiederum für die Einordnung des Emittenten als Emittent nach § 21 Abs. 2 WpHG, für den die Bundesrepublik Deutschland der Herkunftsstaat ist, ausreichen kann.

C. Sitz des Emittenten

Darüber hinaus ist danach zu differenzieren, ob sich der Sitz des Emittenten im Inland (Fall des § 2 Abs. 6 Nr. 1 lit. a) WpHG) oder in einem Drittstaat (Fall des § 2 Abs. 6 Nr. 1 lit. b) WpHG) befindet. Die §§ 21 ff. WpHG sind jedoch in keinem Fall auf Emittenten anwendbar, deren Sitz sich in einem anderen Mitgliedstaat der EU oder des EWR befindet, zumal für diese Emittenten die in ihrem Herkunftsstaat geltenden, die Transparenz-RL II umsetzenden Bestimmungen über die kapitalmarktrechtliche Beteiligungstransparenz maßgeblich sind.[155]

I. Sitz im Inland

Befindet sich der Sitz des Emittenten im Inland, so ist ohne weitere Voraussetzungen davon auszugehen, dass es sich um einen Emittenten handelt, für den die Bundesrepublik Deutschland der Herkunftsstaat ist.[156] Nach dem Wortlaut des § 2 Abs. 6 Nr. 1 lit. a) WpHG bleibt allerdings unklar, ob damit der Satzungssitz des Emittenten oder der tatsächliche Verwaltungssitz gemeint ist. Im Schrifttum ist dies umstritten.[157] Die besseren Argumente sprechen hier für die Maßgeblichkeit des Satzungssitzes. Auf ein solches Verständnis deutet zunächst das Ergebnis einer richtlinienkonformen Auslegung des § 2 Abs. 6 WpHG.[158] Die Anknüpfung an den Satzungssitz fördert zudem die Rechtssicherheit bei der Bestimmung des Anwendungsbereichs der §§ 21 ff. WpHG. Während sich der Verwaltungssitz oftmals nicht genau bestimmen lässt, kann der Satzungssitz ohne Probleme dem Handelsregister entnommen werden. Zudem könnten sich potentiell Meldepflichtige dem Anwendungsbereich der §§ 21 ff. WpHG durch Verlegung ihres Verwaltungssitzes ins Ausland entziehen, wenn es in diesem Rahmen maßgeblich auf den Verwaltungssitz ankäme.[159] Nachfolgend wird deshalb vorausgesetzt, dass sich der Satzungssitz des Emittenten im Inland befinden muss. Für deutsche Aktiengesellschaften ist ein inländischer Satzungssitz gemäß § 5 AktG ohnehin obligatorisch.

---

155 Vgl. *Hirte* in KöKo, WpHG, § 21 Rn. 96A.

156 *Hutter/Kaulamo*, NJW 2007, 471, 472.

157 Für die Maßgeblichkeit des Satzungssitzes *Hutter/Kaulamo*, NJW 2007, 471, 472; *Ringe*, AG 2007, 809, 810 f.; *Fuchs* in Fuchs, WpHG, § 2 Rn. 155; *Kumpan* in Schwark/Zimmer, § 2 WpHG Rn. 122; *Hirte* in KöKo, WpHG, § 21 Rn. 97; für die Maßgeblichkeit des tatsächlichen Verwaltungssitzes *Assmann* in Assmann/Schneider, WpHG, § 2 Rn. 169.

158 Vgl. eingehend *Ringe*, AG 2007, 809, 810 f., der die Maßgeblichkeit des Satzungssitzes in erster Linie aus einer Analyse der Bedeutung des Begriffs des „Sitzes“ im Rahmen sonstiger Gesetzgebungstätigkeiten des Gemeinschaftsgesetzgebers und aus einem sprachlichen Vergleich der deutschen mit der englischen („registered office“) und französischen („siège statutaire“) Fassung der Transparenzrichtlinie II ableitet.

159 Darauf weist *Hirte* in KöKo, WpHG, § 21 Rn. 97 hin.

II. Sitz in einem Drittstaat

Ein Drittstaat ist nach der Legaldefinition in § 2 Abs. 6 Nr. 1 lit. b) WpHG jeder Staat, der weder Mitgliedstaat der EU noch Vertragsstaat des Abkommens über den EWR ist. Emittenten mit Sitz in einem Drittstaat können die Bundesrepublik Deutschland nach Maßgabe des § 2b Abs. 1a WpHG als Herkunftsstaat wählen. Soweit der Sitz des Emittenten nicht anhand des Satzungssitzes oder eines anderweitig registrierten Sitzes bestimmt werden kann, weil ein solcher im Recht des jeweiligen Drittstaats nicht existiert, sollte hilfsweise auf den tatsächlichen Verwaltungssitz abgestellt werden.[160] § 2b Abs. 1a WpHG verweist bezüglich der Wahl des Herkunftsstaates auf § 2 Nr. 13 lit. c) WpPG, lässt diese Wahl aber nur dann zu, wenn der Emittent nicht bereits zuvor einen anderen Herkunftsstaat bestimmt hat. Aus § 2 Nr. 13 lit. c) WpPG folgt schließlich, dass der Herkunftsstaat des Emittenten durch den Emittenten selbst, den Anbieter der Aktien des Emittenten oder durch denjenigen bestimmt werden kann, der den Antrag auf Zulassung der Aktien des Emittenten zum Handel an einem organisierten Markt innerhalb des EWR stellt. Zur Auswahl stehen der Staat innerhalb des EWR, in dem die Aktien erstmals öffentlich angeboten werden sollen und der Staat innerhalb des EWR, in dem der erste Antrag auf Zulassung der Aktien zum Handel an einem organisierten Markt gestellt wird. Ist dieser Staat zumindest in einem der beiden genannten Fälle die Bundesrepublik Deutschland, so kann sie als Herkunftsstaat gewählt werden. Nach Art. 2 Abs. 1 lit. i) Ziff. i), iii) und iv) der durch die Transparenz-RL III geänderten Transparenz RL II wird es auch künftig auf die Wahl des Herkunftsstaates durch den Drittstaatenemittenten ankommen. Diesem wird es allerdings nicht mehr verwehrt sein, nach der erstmaligen Wahl einen anderen Herkunftsmitgliedsstaat zu wählen, wenn seine Aktien auch in diesem Staat an einem geregelten, d.h. organisierten Markt zugelassen sind. Solange der Drittstaatenemittent seinen Herkunftsstaat nicht wählt, werden sämtliche Mitgliedstaaten, in denen seine Aktien an einem geregelten bzw. organisierten Markt zugelassen sind, als Herkunftsstaat des Drittstaatenemittenten gelten.

§ 4 Die Regelungsziele der §§ 21 ff. WpHG

Nachfolgend werden die Regelungsziele erörtert, die den §§ 21 ff. WpHG nach dem Willen des Gesetzgebers zugrundeliegen. Sie ergeben sich regelmäßig aus den konkreten Normvorstellungen des Gesetzgebers, wobei die Entwürfe, Beratungsprotokolle und Entwurfsbegründungen als Erkenntnisquellen dienen können.[161] Eine möglichst genaue Erfassung der gesetzgeberischen Regelungsziele dient vor allem der Gesetzesauslegung. So werden sie regelmäßig im Rahmen der historischen oder der teleologischen Auslegung zu berücksichtigen sein.[162]

---

160 Allgemein für eine Abgrenzung nach dem tatsächlichen Verwaltungssitz *Assmann* in Assmann/Schneider, WpHG, § 2 Rn. 179.

161 Vgl. *Larenz/Canaris*, Methodenlehre, S. 150 f.; *Wank*, Auslegung, S. 28 f.

162 Vgl. zur Berücksichtigung der Regelungsziele bei der Auslegung unten S. 48 ff.

A. Förderung der Funktionsfähigkeit des Kapitalmarkts

Wie sich den Gesetzesmaterialien entnehmen lässt, besteht das zentrale Regelungsziel der §§ 21 ff. WpHG, so wie des gesamten Kapitalmarktrechts,[163] in der Förderung der Funktionsfähigkeit des Kapitalmarkts.[164]

Die Funktionsfähigkeit des Kapitalmarkts lässt sich allgemein an den Kriterien der allokativen, der operationalen und der institutionellen Funktionsfähigkeit ablesen. Mit der allokativen Funktionsfähigkeit des Kapitalmarkts wird seine Fähigkeit bezeichnet, das Kapital dorthin zu leiten, wo es am dringendsten benötigt wird.[165] Die operationale Funktionsfähigkeit bezeichnet das Maß der Akzeptanz des Kapitalmarkts im Hinblick auf die Kosten der Teilnahme am Marktgeschehen.[166] Da Transaktionskosten die Rendite der Kapitalanlage in nicht unerheblichem Umfang mindern können, steigt die Akzeptanz des Kapitalmarkts mit sinkenden Transaktionskosten.[167] Die institutionelle Funktionsfähigkeit des Kapitalmarkts bezeichnet das Bestehen der Grundvoraussetzungen für einen funktionierenden Marktmechanismus.[168] Hierzu gehören etwa der ungehinderte Zugang von Emittenten und Anlegern zum Marktgeschehen, die Aufnahmefähigkeit des Kapitalmarktes sowie das Bestehen standardisierter und damit verkehrsfähiger Anlagetitel.[169] Eine Förderung der institutionellen Funktionsfähigkeit des Kapitalmarkts kann vor allem durch die Schaffung rechtlicher Rahmenbedingungen zur Absicherung dieser Grundvoraussetzungen erreicht werden.[170]

Das gesetzgeberische Ziel eines funktionsfähigen Kapitalmarkts lässt sich auf das Interesse des Staates an der internationalen Wettbewerbsfähigkeit der gesamten Volkswirtschaft zurückführen.[171] Ein funktionsfähiger Kapitalmarkt ermöglicht eine effiziente Allokation des zur Verfügung stehenden Kapitals und verbessert daher den Zugang der Unternehmen zu dringend benötigtem Eigen- und Fremdkapital,

---

163 Vgl. nur *Oulds* in Kümpel/Wittig, Rn. 14.141 ff. Auf diese Regelungsziele verweist *Hopt* sogar explizit in seiner Begriffsdefinition des Kapitalmarktrechts, vgl. *Hopt*, ZHR 141 (1977), 389, 431.

164 Erwägungsgründe der Transparenz-RL I; Erwägungsgründe (1) und (18) der Transparenz-RL II; Begr. RegE. FFG II, BT-Drucks. 12/6679, S. 52.

165 *Assmann* in Assmann/Schütze, 2. Aufl. 1997, § 1 Rn. 24; *Möllers*, AcP 2008, 1, 7; *Oulds* in Kümpel/Wittig, Rn. 14.168; *Seiler/Kniehase* in Bankrechts-Handbuch, Vor § 104 Rn. 87.

166 *Oulds* in Kümpel/Wittig, Rn. 14.163.

167 *Assmann* in Assmann/Schütze, 2. Aufl. 1997, § 1 Rn. 25; *Oulds* in Kümpel/Wittig, Rn. 14.163; *Seiler/Kniehase* in Bankrechts-Handbuch, Vor § 104 Rn. 89.

168 *Oulds* in Kümpel/Wittig, Rn. 14.148; *Seiler/Kniehase* in Bankrechts-Handbuch, Vor § 104 Rn. 90.

169 *Assmann* in Assmann/Schütze, 2. Aufl. 1997, § 1 Rn. 26; *Oulds* in Kümpel/Wittig, Rn. 14.148 ff.; *Seiler/Kniehase* in Bankrechts-Handbuch, Vor § 104 Rn. 90.

170 *Oulds* in Kümpel/Wittig, Rn. 14.151.

171 *Bartsch*, Effektives Kapitalmarktrecht, S. 21; *Oulds* in Kümpel/Wittig, Rn. 14.144; *Seiler/Kniehase* in Bankrechts-Handbuch, Vor § 104 Rn. 86.

wodurch wiederum die Wettbewerbsfähigkeit der Unternehmen und im optimalen Fall auch das Wirtschaftswachstum insgesamt gestärkt sowie die Schaffung von Arbeitsplätzen begünstigt wird.[172] Darüber hinaus trägt ein funktionsfähiger Kapitalmarkt zur Entlastung und Ergänzung der sozialen Sicherungssysteme bei, da über den Erwerb von Finanzinstrumenten am Kapitalmarkt eine kapitalbasierte private Altersvorsorge ermöglicht wird.[173] Schließlich erleichtert er auch die Finanzierung der öffentlichen Hand.[174] Im Ergebnis lässt sich konstatieren, dass ein funktionsfähiger Kapitalmarkt insgesamt dem Wohl der Allgemeinheit dient und damit im öffentlichen Interesse liegt.[175] Klärungsbedürftig bleibt allerdings wie die Funktionsfähigkeit des Kapitalmarkts gefördert werden kann und welchen Beitrag die Regelungen der kapitalmarktrechtlichen Beteiligungstransparenz in diesem Zusammenhang leisten können und sollen.

I. Das Konzept des Anlegerschutzes

Nach der Vorstellung des Gesetzgebers soll die Funktionsfähigkeit des Kapitalmarkts in erster Linie durch den Schutz der Anleger in ihrer Funktion als Teilnehmer des Kapitalmarktgeschehens gefördert werden.[176] Der Anleger wird also nicht aus sozialen Motiven geschützt, sondern ausschließlich aus Gründen des Funktionenschutzes (sog. institutioneller Anlegerschutz).[177] Dieser Aspekt soll nachfolgend präzisiert werden, wobei zwischen der Förderung der allokativen, der operationalen und der institutionellen Funktionsfähigkeit des Kapitalmarkts differenziert wird.

1. Förderung der allokativen Funktionsfähigkeit

a) Die Anlageentscheidung als Ansatzpunkt der Regulierung

Ansatzpunkt der gesetzgeberischen Vorstellung von der Förderung der allokativen Funktionsfähigkeit des Kapitalmarkts ist die Anlageentscheidung auf dem Kapitalmarkt.[178] Als Anlageentscheidung lässt sich in diesem Zusammenhang die Entscheidung des Anlegers über das Halten, den Erwerb oder die Veräußerung bestimmter

---

172 Vgl. Erwägungsgrund (1) der Transparenz-RL II; Begr. RegE. FFG II, BT-Drucks. 12/6679, S. 52; *Oulds* in Kümpel/Wittig, Rn. 14. 144.

173 *Oulds* in Kümpel/Wittig, Rn. 14. 145. Vgl. auch *Bartsch*, Effektives Kapitalmarktrecht, S. 21; *Seiler/Kniehase* in Bankrechts-Handbuch, Vor § 104 Rn. 86.

174 *Bartsch*, Effektives Kapitalmarktrecht, S. 21; *Seiler/Kniehase* in Bankrechts-Handbuch, Vor § 104 Rn. 86.

175 Stellungnahme des Finanzausschusses zum FFG II, BT-Drucks. 12/7918, S. 102; *Bartsch*, Effektives Kapitalmarktrecht, S. 21; *Oulds* in Kümpel/Wittig, Rn. 14.143; *Seiler/Kniehase* in Bankrechts-Handbuch, Vor § 104 Rn. 86.

176 Vgl. Erwägungsgründe der Transparenz-RL I; Erwägungsgründe (1) und (18) der Transparenz-RL II; Begr. RegE. FFG II, BT-Drucks. 12/6679, S. 52.

177 So bereits *Assmann*, ZBB 1989, 49, 61 sowie aus jüngster Zeit ausführlich *Mülbert*, ZHR 177 (2013), 160, 171 ff.

178 *Mülbert*, ZHR 177 (2013), 160, 164.

Finanzinstrumente über den Kapitalmarkt bezeichnen. Ausgehend von dem Leitbild des rational handelnden Anlegers (sog. „homo oeconomicus“) wird insoweit angenommen und vom Gesetzgeber vorausgesetzt, dass der Anleger bestrebt ist, eine rationale Anlageentscheidung zu treffen (Theorie der rationalen Entscheidung).[179] Als rationales Handeln gilt dabei jedes an den Eigeninteressen des Anlegers ausgerichtetes Handeln also letztlich jedes Handeln, dass der Maximierung des subjektiven Nutzens des Anlegers dient.[180] Um eine rationale, an den Anlegerinteressen ausgerichtete Anlageentscheidung zu gewährleisten, sind drei Faktoren zu berücksichtigen. Der Anleger muss erstens seine Anlageziele formulieren, zweitens eine Anlagestrategie festlegen und in diesem Zusammenhang drittens seine individuelle Risikoneigung berücksichtigen.[181] Die Anlageziele werden häufig in der Erzielung einer möglichst hohen Rendite bestehen, wobei allerdings zu unterscheiden ist, ob eher eine marktübliche Rendite, eine über dem Markt liegende Rendite oder eine absolute Renditemaximierung erstrebt ist.[182] Anlagestrategien können sich sehr voneinander unterscheiden, sollten aber in jedem Fall auf das Anlageziel des konkreten Anlegers abgestimmt werden.[183] Die individuelle Risikoneigung bestimmt die Erwartungshaltung des Anlegers an die Höhe der von ihm zu erzielenden Rendite.[184] Vor diesem Hintergrund wird der rationale Anleger vor der Entscheidung für oder gegen ein bestimmtes Finanzinstrument zunächst eine Prognose in Bezug auf die künftige Rendite, die sich mit dem betreffenden Finanzinstrument erzielen lässt, treffen und dabei auch das Risiko des Nichteintritts dieser Renditeerwartung berücksichtigen.[185] Dies ist nicht unproblematisch, da sich der Wert und die Wertentwicklung eines Finanzinstruments nicht anhand äußerlicher Merkmale bestimmen lassen.[186] Ob eine bestimmte Anlageentscheidung seinen Interessen dient, kann der Anleger daher nur feststellen, indem er Informationen, die Rückschlüsse auf den Wert und die Wertentwicklung des Finanzinstruments zulassen, in ausreichendem

179 *Möllers/Kernchen*, ZGR 2011, 1, 7; *Buck-Heeb*, ZHR 146 (2012), 66, 70. Aus wirtschaftswissenschaftlicher Sicht ist dieser Ansatz mittlerweile überholt. Nach der von *Simon* entwickelten Theorie der beschränkten Rationalität wird das rationale Verhalten eines Wirtschaftssubjekts durch seinen Zugang zu Informationen und seine Aufnahme- und Verarbeitungskapazität beschränkt, so dass anzunehmen ist, dass der Anleger seine Anlageentscheidungen nicht stets auf rationaler Grundlage trifft. Vgl. hierzu *Simon*, Qu. J. Econ. 69 (1955), 99; *Fleischer*, Informationsasymmetrie, S. 112. Auf diese wirtschaftswissenschaftlichen Erkenntnisse hat der Gesetzgeber bislang nicht reagiert. Vgl. überblicksartig zu den möglichen Einschränkungen der Rationalität von Anlageentscheidungen auch *Mülbert*, ZHR 177 (2013), 160, 169 ff. m.w.N.

180 *Gerke/Schäfer* in Heidel, Kapitel 16, Behavioral Finance, Rn. 4.

181 So mit ausführlichen Erläuterungen *Mülbert*, ZHR 177 (2013), 160, 166 f.

182 Vgl. zur typischen Erwartungshaltung der Anleger oben S. 12 ff.

183 *Mülbert*, ZHR 177 (2013), 160, 166.

184 *Mülbert*, ZHR 177 (2013), 160, 166 f.

185 *Klöhn*, ZHR 177 (2013), 349, 352.

186 *Hopt*, Kapitalanlegerschutz, S. 88.

Umfang sammelt und auswertet.[187] Nach der von *Hopt* geprägten Terminologie trägt der Anleger das sog. Informationsrisiko.[188]

b) Informationseffizienz und die Suche nach Informationen

Mit dem auf dem Kapitalmarkt gebildeten Kurs besteht bereits ein Gradmesser für den Wert des betreffenden Finanzinstruments. Verfügbar gewordene Informationen werden nach Ablauf einer bestimmten Zeitspanne im Kurs der dort gehandelten Finanzinstrumente berücksichtigt oder mit anderen Worten „eingepreist". Diese Fähigkeit des Kapitalmarkts wird auch als Informations- bzw. Markteffizienz bezeichnet.[189] Für den deutschen Kapitalmarkt wird das Bestehen einer Informationseffizienz im mittelstrengen Sinn vermutet.[190] Dies bedeutet, dass zu jedem Zeitpunkt alle öffentlich verfügbaren Informationen voll in den Marktpreisen zum Ausdruck kommen.[191]

Sofern das Anlageziel eines Anlegers lediglich in der Erzielung einer marktüblichen Rendite besteht, spricht vor diesem Hintergrund grundsätzlich nichts dagegen, dass er in beliebige, auf dem Kapitalmarkt gehandelte Finanzinstrumente investiert. Denn der aktuelle Kurs des Finanzinstruments trägt bereits die Vermutung in sich, dass alle verfügbaren Informationen berücksichtigt wurden, so dass es sich um einen vernünftigen Preis für das betreffende Finanzinstrument handelt.[192] Etwas anderes gilt dagegen, wenn der Anleger eine Rendite anstrebt, die über der Marktentwicklung liegen soll. In diesem Fall muss er sich auf die Suche nach kursrelevanten und bislang nicht „eingepreisten" Informationen machen, diese Informationen bewerten und eine hierauf basierende Anlageentscheidung treffen, bevor sich die Information im Kurs des betreffenden Finanzinstruments niederschlägt. Solche Anleger werden auch als „Informationshändler" bezeichnet und lassen sich in Abhängigkeit von der von ihnen verfolgten Anlagestrategie zunächst danach

---

187 *Assmann*, ZBB 1989, 49, 61; *Möllers*, ZGR 1997, 334, 338; *Fleischer* spricht von dem Prinzip der informierten Transaktionsentscheidung als sachliches Leitprinzip des Anlegerschutzes, vgl. *Fleischer*, 64. DJT, Teil F, S. 26 ff.

188 Der Begriff des Informationsrisikos geht auf eine von *Hopt* geprägte Einteilung der typischen Anlegerrisiken bei Effektengeschäften zurück, vgl. *Hopt*, Kapitalanlegerschutz, S. 82 ff.

189 Vgl. zum Begriff der Informations- oder Markteffizienz *Fama*, Journal of Finance, Vol. 25 (1970), 383.

190 *Benicke*, Vermögensverwaltung, S. 113 m.w.N; *Franke/Hax*, Finanzwirtschaft, S. 446. Der Grad der Informationseffizienz lässt sich nach *Fama* als streng, mittelstreng oder schwach beschreiben, vgl. *Fama*, Journal of Finance, Vol. 25 (1970), 383 ff.

191 *Büschgen*, Banklexikon, Stichwort „Markteffizienz".; *Franke/Hax*, Finanzwirtschaft, S. 436; *Klöhn*, ZHR 177 (2013), 349, 353.

192 *Klöhn*, ZHR 177 (2013), 349, 353. Um Klumpenrisiken zu vermeiden sollte der Anleger im Rahmen seiner Anlagestrategie gleichwohl auf die Bildung eines diversifizierten Portfolios achten, vgl. zu diesem Aspekt unten S. 58 f.

einteilen, ob sie Informationen über das betreffende Finanzinstrument selbst oder im Wege der technischen Analyse suchen.[193] Innerhalb der zuerst genannten Gruppe gibt es Anleger, deren Tätigkeit darauf gerichtet ist, bislang öffentlich unbekannte Informationen durch eigene Analysemethoden aufzudecken (sog. „value trader").[194] Das Insiderhandelsverbot (§ 14 Abs. 1 Nr. 1 WpHG) setzt einem solchen Vorgehen freilich enge Grenzen. Andere Anleger sind darauf spezialisiert, öffentlich bekannt gewordene Informationen etwa anhand eines Algorithmus innerhalb kürzester Zeit, oftmals innerhalb von Millisekunden, zu bewerten und in Anlageentscheidungen umzusetzen (sog. „algo trader" oder „news trader").[195] Es versteht sich von selbst, dass diese Art der Ermittlung, Bewertung und Umsetzung von Informationen einen erheblichen Sachverstand und darüber hinaus hinreichende finanzielle und personelle Ressourcen erfordert. In der Praxis wird es daher vor allem den Kleinanlegern regelmäßig unmöglich sein, im Wege des „Informationshandels" Erträge zu erzielen, die über der marktüblichen Rendite liegen.[196]

c) Vertrauensschutz durch Informationserteilung

Durch den aufgrund ihrer Sachkenntnis und ihrer finanziellen und personellen Möglichkeiten erleichterten Zugang einiger Anleger zu kursrelevanten Informationen, wird die Entstehung von sog. Informationsungleichgewichten zwischen den Anlegern befördert, also einem Zustand ungleicher Informationsverteilung.[197] Die Chancengleichheit auf dem Kapitalmarkt leidet, da es den benachteiligten Anlegern mangels Zugang zu den kursrelevanten Informationen regelmäßig nicht mehr möglich sein wird, mehr als die marktübliche Rendite zu erzielen.[198] Dies kann zu einem Vertrauensverlust der Anleger in Bezug auf die Allokationsfunktion des Kapitalmarkts führen. Die benachteiligten Anleger werden sich nach und nach zum Rückzug vom Kapitalmarkt entscheiden oder erst gar nicht den Entschluss fassen, sich am Kapitalmarktgeschehen zu beteiligen. Damit kann der Kapitalmarkt seine Allokationsfunktion nicht mehr in der gebotenen Weise erfüllen.[199] Geht es umgekehrt um die Förderung der allokativen Funktionsfähigkeit des Kapitalmarkts, so muss dieser Vertrauensverlust der Anleger verhindert werden. Erforderlich ist ein vorbeugender Schutz des Vertrauens der Anleger in die allokative Funktionsfähigkeit des

---

193 *Klöhn*, ZHR 177 (2013), 349, 355 f.

194 *Klöhn*, ZHR 177 (2013), 349, 355.

195 *Forst*, BKR 2009, 454; *Klöhn*, ZHR 177 (2013), 349, 355.

196 Dies bedeutet freilich nicht, dass es einem Kleinanleger nicht doch einmal durch einen „Glückstreffer" gelingen kann, eine noch nicht im Kurs berücksichtigte Information zu seinem Vorteil auszunutzen.

197 *Möllers*, ZGR 1997, 334, 338.

198 Vgl. *Benicke*, S. 400; *Buck-Heeb*, ZHR 176 (2012), 66, 70.

199 *Möllers*, AcP 2008, 1, 8.

Kapitalmarkts.[200] Der Ansatzpunkt für einen solchen Vertrauensschutz besteht in der gesetzlich abgesicherten Ausschaltung bestehender Informationsungleichgewichte. Dazu kann eine gesetzlich vorgeschriebene Erteilung kursrelevanter Informationen an die Anleger beitragen. Die Chancengleichheit bei der Beschaffung der betreffenden Informationen wird auf diese Weise wieder hergestellt.[201] Im Idealfall erhöht sich damit auch die Bereitschaft der Anleger, sich am Kapitalmarktgeschehen zu beteiligen, so dass die Allokationsfähigkeit des Kapitalmarkts steigt.[202] Ob die Erteilung von Informationen für sich genommen bereits zu einer spürbaren Verbesserung des Anlegervertrauens führt, ist allerdings zweifelhaft. So wird sich die Informationsbewertung für den einzelnen Anleger in vielen Fällen nicht lohnen, da die erteilte Information innerhalb kürzester Zeit durch Algorithmen der „algo trader" erfasst und in rationale Anlageentscheidungen umgesetzt wird. Bis der einzelne Anleger reagieren kann, ist die veröffentlichte Information also im Regelfall schon im aktuellen Kurs berücksichtigt. Die einzige Möglichkeit besteht deshalb regelmäßig darin, die veröffentlichte Information „besser" zu bewerten als die Konkurrenz. Häufig wird dies insbesondere den Kleinanlegern aufgrund fehlender Sachkenntnis nicht gelingen. Andererseits ist es auch nicht ausgeschlossen, dass es einem anderen strategischen oder institutionellen Anleger oder sogar einem Kleinanleger im Einzelfall gelingt, durch verständige Informationsbewertung eine überdurchschnittliche Rendite zu generieren. Letztlich kann die gesetzliche Erteilung von Informationen also zumindest im Einzelfall zu einer Verbesserung des Vertrauens der Anleger in die allokative Funktionsfähigkeit des Kapitalmarkts beitragen.

2. *Förderung der operationalen Funktionsfähigkeit*

Eine Förderung der operationalen Funktionsfähigkeit des Kapitalmarkts kann durch eine Senkung der Kosten für die Teilnahme am Marktgeschehen erreicht werden.[203] Auf Grundlage der Theorie der rationalen Entscheidung lassen sich auch die Kosten für die Informationsbeschaffung über ein bestimmtes Finanzinstrument als Kosten für die Teilnahme am Marktgeschehen einordnen. Sind die betreffenden Informationen allerdings allgemein zugänglich, so entstehen diese Kosten erst gar nicht.[204] Eine gesetzlich angeordnete Erteilung relevanter Informationen an die Anleger kann damit auch die operationale Funktionsfähigkeit des Kapitalmarkts steigern.

---

200 *Möllers*, ZGR 1997, 334, 337; *Oulds* in Kümpel/Wittig, Rn. 14.169; *Seiler/Kniehase* in Bankrechts-Handbuch, Vor § 104 Rn. 88.

201 Vgl. *Starke*, S. 98.

202 Vgl. *Petersen* in Spindler/Stilz, AktG, Anh. § 22, §§ 21–30 WpHG Rn. 2.

203 *Bartsch*, Effektives Kapitalmarktrecht, S. 22; *Oulds* in Kümpel/Wittig, Rn. 14.163; *Seiler/Kniehase* in Bankrechts-Handbuch, Vor § 104 Rn. 89.

204 *Bartsch*, Effektives Kapitalmarktrecht, S. 22.

3. Förderung der institutionellen Funktionsfähigkeit

Ob die Grundvoraussetzungen für einen funktionierenden Marktmechanismus bestehen, hängt auch von der allokativen und operationalen Funktionsfähigkeit des Kapitalmarkts ab.[205] Die Förderung der allokativen und operationalen Funktionsfähigkeit des Kapitalmarkts führen damit zugleich auch zu einer Stärkung seiner institutionellen Funktionsfähigkeit. Eine gesetzlich vorgeschriebene Erteilung relevanter Informationen an die Anleger wirkt sich also auch in diesem Rahmen positiv aus.

II. Anlegerschutz durch Beteiligungstransparenz

Die vorstehenden Ausführungen verdeutlichen, welche Rolle den Regelungen der kapitalmarktrechtlichen Beteiligungstransparenz im Zusammenhang mit der Förderung der Funktionsfähigkeit des Kapitalmarkts zugedacht ist. Sie dienen der Erteilung von Informationen an die Anleger und damit der Ausschaltung von Informationsungleichgewichten am Kapitalmarkt.[206] Auch den Gesetzesmaterialien lässt sich entnehmen, dass die Anleger über bedeutende Beteiligungen und die Veränderungen dieser Beteiligungen unterrichtet werden sollen, um die Funktionsfähigkeit des Kapitalmarkts durch verbessertes Anlegervertrauen zu fördern.[207] Unklar ist allerdings, ob Informationen über die Beteiligungsverhältnisse an einem Emittenten tatsächlich im Rahmen einer rationalen Anlageentscheidung Berücksichtigung finden. Folgt man der Theorie der rationalen Anlageentscheidung werden die an der Erzielung einer möglichst hohen Rendite interessierten Anleger[208] im Vorfeld ihrer Anlageentscheindung regelmäßig versuchen, den künftigen Kursverlauf der betreffenden Aktie vorherzusagen. Zwar ist bis heute nicht abschließend geklärt, ob sich die Kursentwicklung von Aktien überhaupt rational vorhersagen lässt.[209] Ungeachtet dessen sind bestimmte Informationen über die Beteiligungsverhältnisse an einem Emittenten von Aktien nach Auffassung des Gesetzgebers zu dem Kreis der Informationen zu zählen, die im Rahmen einer rationalen Anlageentscheidung Berücksichtigung finden können. Der Gesetzgeber unterstellt also ihre Kursrelevanz. Dabei handelt es sich um Informationen über die Zusammensetzung des Aktionärskreises und die Verteilung des Stimmrechtseinflusses, wobei auch kürzlich

---

205 *Assmann* in Assmann/Schütze, 2. Aufl. 1997, § 1 Rn. 26; *Seiler/Kniehase* in Bankrechts-Handbuch, Vor § 104 Rn. 90.

206 *Hüffer*, AktG, 7. Auflage 2006, Anh. § 22, § 21 WpHG Rn. 1; *Petersen* in Spindler/Stilz, AktG, Anh. § 22, §§ 21–30 WpHG Rn. 2; *Veil* in Schmidt/Lutter, AktG, Anh. § 22, Vor §§ 21 ff. WpHG Rn. 5; *Hirte* in KöKo, WpHG, § 21 Rn. 3; *Heinrich* in Heidel, § 21 WpHG Rn. 2.

207 Erwägungsgründe der Transparenz-RL I; Erwägungsgründe (2) und (18) der Transparenz-RL II; Begr. RegE. FFG II, BT-Drucks. 12/6679, S. 52.

208 Dies sind typischerweise die institutionellen Anleger und die Kleinanleger, vgl. oben S. 12 ff.

209 Einen Überblick über die zahlreichen Erklärungsansätze für die Kursbildung gibt *Kiehling*, DStR 1992, 476.

erfolgte sowie möglicherweise bevorstehende wesentliche Veränderungen derselben von Bedeutung sein sollen.

1. *Zusammensetzung des Aktionärskreises*

In der Regierungsbegründung zum FFG II wird ausdrücklich hervorgehoben, dass die Mitteilungspflicht des § 21 Abs. 1 S. 1 WpHG der Offenlegung der „Zusammensetzung des Aktionärskreises" dienen soll.[210] Es geht also um eine Identifizierung der Aktionäre der AG, wobei auch die Höhe ihres jeweiligen Kapitalanteils eine Rolle spielt. Der Gesetzgeber verweist in diesem Zusammenhang weiterhin darauf, dass auch die „Existenz von Großaktionären" aufgedeckt werden soll.[211] Aus der Perspektive institutioneller Anleger und Kleinanleger bieten solche Informationen über die Zusammensetzung des Aktionärskreises den Vorteil, dass sie Rückschlüsse auf die Höhe der in Streubesitz befindlichen Aktien, also auf das Volumen der Aktien erlauben, die nicht in festen Händen und daher frei handelbar sind.[212] Nach der Praxis an der Frankfurter Wertpapierbörse zählen dazu sämtliche Aktien, die von Aktionären gehalten werden, deren Kapitalanteil an der betreffenden AG insgesamt kleiner als 5 Prozent ist.[213] Dass die Mitteilungspflicht des § 21 Abs. 1 S. 1 WpHG auch der Offenlegung des Streubesitzes dienen soll, ergibt sich auch aus den Gesetzesmaterialien.[214] Die Höhe des Streubesitzes lässt wichtige Rückschlüsse auf die Schwankungsanfälligkeit (Volatilität) des Aktienkurses zu.[215] Bei geringem Streubesitz kann schon eine einzelne größere Börsenorder zu deutlichen Kursausschlägen nach unten oder nach oben führen.[216] Dies ist insbesondere dann problematisch, wenn sich die Abnahme des Volumens der frei handelbaren Titel unbemerkt vollzieht, so dass die übrigen Anleger von plötzlichen Kursschwankungen überrascht

---

210 Begr. RegE. FFG II, BT-Drucks. 12/6679, S. 52. So auch *Dehlinger/Zimmermann* in Fuchs, WpHG, Vor §§ 21–30 Rn. 16; *Veil* in Schmidt/Lutter, AktG, Anh. § 22, Vor §§ 21 ff. WpHG Rn. 5; *U. H. Schneider* in Assmann/Schneider, WpHG, Vor § 21 Rn. 19; *Heinrich* in Heidel, § 21 WpHG Rn. 2.

211 Begr. RegE. FFG II, BT-Drucks. 12/6679, S. 52. Ebenso *Veil* in Schmidt/Lutter, AktG, Anh. § 22, Vor §§ 21 ff. WpHG Rn. 5.

212 So *Dehlinger/Zimmermann* in Fuchs, WpHG, Vor §§ 21–30 Rn. 17; *Hirte* in KöKo, WpHG, § 21 Rn. 3. Vgl. zum Begriff des Streubesitzes *Von Rosen*, Die Bank 1995, 9, 12.

213 Vgl. Börsenlexikon der Frankfurter Wertpapierbörse, Stichwort „Streubesitz", abrufbar unter http://www.boerse-frankfurt.de/de/lexikon/s/streubesitz+1040 (Stand: 1.2.2015).

214 Begr. RegE. FFG II, BT-Drucks. 12/6679, S. 52; auf dieses Regelungsziel hinweisend auch *Merkt*, Unternehmenspublizität, S. 283; *Veil* in Schmidt/Lutter, AktG, Anh. § 22, Vor §§ 21 ff. WpHG Rn. 5; *Hitzer/Düchting*, ZIP 2011, 1084, 1087; *U. H. Schneider* in Assmann/Schneider, WpHG, Vor § 21 Rn. 19; *Heinrich* in Heidel, § 21 WpHG Rn. 2.

215 *Von Rosen*, Die Bank 1995, 9, 12.

216 *Von Rosen*, Die Bank 1995, 9, 12.

werden.[217] Die Offenlegung des Streubesitzes kann dazu beitragen, solche Überraschungen zu vermeiden und dient damit dem Schutz des Vertrauens der Anleger in die Funktionsfähigkeit des Kapitalmarkts. Die negativen Auswirkungen plötzlicher Kursschwankungen ließ sich in der jüngeren Vergangenheit im Rahmen der versuchten Übernahme der Volkswagen AG durch die Porsche SE beobachten.[218]

Die Porsche SE gab im Oktober 2008 bekannt, neben ihrer Kapitalbeteiligung von 42,6 Prozent an der Volkswagen AG, Aktienoptionen mit Barausgleich in Höhe von weiteren 31,5 Prozent zu halten. Das Land Niedersachsen hielt zu diesem Zeitpunkt eine Kapitalbeteiligung in Höhe von 20,1 Prozent an der Volkswagen AG. Der Streubesitz der Volkswagen AG betrug hiernach nur noch 5,8 Prozent. Diese Verknappung des Streubesitzes führte zu einem Ansturm ungedeckter Leerverkäufer auf die Aktie der Volkswagen AG. Daraufhin schoss der Aktienkurs in die Höhe und notierte am 28. Oktober 2008 zeitweise mit über 1000 Euro, was die Volkswagen AG für einen kurzen Zeitraum zum teuersten Unternehmen der Welt machte.

2. Verteilung des Stimmrechtseinflusses

Dass die §§ 21 ff. WpHG auch der Offenlegung der Verteilung des Stimmrechtseinflusses an Emittenten dienen soll, lässt sich den Gesetzesmaterialien nicht mit der gleichen Deutlichkeit entnehmen. Im Ergebnis kann hieran allerdings kein Zweifel bestehen.[219] So knüpft die Mitteilungspflicht des § 21 Abs. 1 S. 1 WpHG ihrem Wortlaut nach an das Stimmrecht und nicht etwa an den Kapitalanteil an. Dem könnte zwar entgegengehalten werden, dass das Stimmrecht letztlich untrennbar mit dem Kapitalanteil verbunden ist und nicht von ihm abgespalten werden kann, so dass es letztlich immer (auch) um eine Offenlegung des Kapitalanteils geht.[220] Allerdings stellt sich dann doch die Frage, warum der Gesetzgeber die Mitteilungspflicht nicht bereits ihrem Wortlaut nach an den Kapitalanteil geknüpft hat. Davon abgesehen kann eine Information über die Verteilung des Stimmrechtseinflusses aus der Perspektive der Anleger durchaus nützlich sein und damit auch im Rahmen der Anlageentscheidung Berücksichtigung finden. So lässt sich an der Verteilung des Stimmrechtseinflusses ablesen, ob einer der Aktionäre eine Stimmkraft auf sich vereint, die es ihm ermöglicht die Geschäftspolitik der betreffenden AG zu beeinflussen, so dass sich der Stimmrechtseinfluss zu einer Beherrschungsmöglichkeit

---

217 *Teichmann/Epe*, WM 2012, 1213, 1214.

218 Vgl. die Darstellung bei *Fleischer/Schmolke*, NZG 2010, 846, 847 und aus der Tagespresse etwa TAZ v. 28.10.2008 „VW zeitweise teuerstes Unternehmen der Welt", abrufbar unter: http://www.tagesspiegel.de/wirtschaft/finanz/aktien-hoehenflug-vw-zeitweise-teuerstes-unternehmen-der-welt/1359448.html (Stand: 1.2.2015).

219 Auf den Zweck der Offenlegung wesentlicher Stimmrechtseinflüsse hinweisend *Hüffer*, AktG, 7. Auflage 2006, Anh. § 22, § 21 WpHG Rn. 1; *U. H. Schneider* in Assmann/Schneider, WpHG, Vor § 21 Rn. 19.

220 Vgl. dazu oben S. 4 ff.

verdichtet.[221] Dass diese Information zu einer Stärkung des Vertrauens der Anleger in die Funktionsfähigkeit des Kapitalmarkts führen kann, hängt wiederum damit zusammen, dass die von dem Emittenten verfolgte Geschäftspolitik ein maßgeblicher Faktor für den in einem bestimmten Zeitraum erwirtschafteten Ertrag ist. Der erwartete Ertrag und die Tatsache der Erfüllung oder Nichterfüllung der Ertragserwartung wirkt sich wiederum typischerweise auf den Kurs der Aktien des betreffenden Emittenten aus.[222] Diese Deutung wird auch von den Erwägungsgründen der Transparenz-RL II gestützt. Denn diesen lässt sich der Hinweis entnehmen, dass die Anleger in die Lage versetzt werden sollen, das voraussichtliche Geschäftsergebnis und die Vermögenslage des Emittenten zu beurteilen.[223] Neben der Erkennbarkeit einer etwaigen Beherrschungsmöglichkeit können Informationen über die Zusammensetzung des Stimmrechtseinflusses auch die Erkennbarkeit von Blockademöglichkeiten bei Beschlussfassungen in der Hauptversammlung erleichtern. Werden solche Blockademöglichkeiten genutzt, um wichtige Strukturmaßnahmen in der betreffenden AG zu verhindern, kann dies unter Umständen auch Auswirkungen auf den Aktienkurs haben.

Bei der Offenlegung der Verteilung des Stimmrechtseinflusses geht es nicht nur um die Erteilung von Informationen über den unmittelbaren Stimmrechtseinfluss. Es sind zahlreiche Gestaltungen denkbar, in denen nicht der Aktionär, sondern ein Dritter letztverbindlich über die Art und Weise der Ausübung des Stimmrechts entscheidet. Der Stimmrechtseinfluss verlagert sich in diesen Fällen mitunter vollständig auf den Dritten, während dem eigentlichen Aktionär oder seinem Vertreter in der Hauptversammlung des Emittenten lediglich die Rolle eines „Strohmanns“ bleibt. Vor allem in solchen Fällen sind die Anleger auf zusätzliche Informationen über den mittelbaren Stimmrechtseinfluss des Dritten angewiesen, da sonst eine erhöhte Gefahr dafür besteht, dass sie die Verteilung des Stimmrechtseinfluss auf die betreffende AG falsch einschätzen.[224] Dass die §§ 21 ff. WpHG auch der Aufdeckung solcher Formen des mittelbaren Stimmrechtseinflusses dienen sollen, lässt sich vor allem aus der Zurechnungsnorm des § 22 WpHG ableiten. Die dort geregelten Tatbestände dienen einerseits dem Schutz vor Umgehungen der Mitteilungspflicht

---

221 Ähnlich (Information über „Beteiligungs- und Kontrollstrukturen“) *Hirte* in KöKo, WpHG, § 21 Rn. 3; *Heinrich* in Heidel, § 21 WpHG Rn. 2. Vgl. zur Beherrschungsmöglichkeit ausführlich unten S. 191 ff.

222 Dieser Zusammenhang lässt sich exemplarisch an der typischen Kursreaktion nach Veröffentlichung einer Gewinnwarnung beobachten, so in jüngerer Zeit etwa bei Bilfinger, vgl. FAZ v. 1.7.2014 „Bilfinger schockt Anleger“, abrufbar unter http://www.faz.net/aktuell/finanzen/aktien/gewinnwarnung-kurs-der-bilfinger-aktie-stuerzt-ab-13020595.html (Stand 1.2.2015).

223 Der Richtliniengeber hebt in diesem Zusammenhang hervor, dass „durch die rechtzeitige Bekanntgabe zuverlässiger und umfassender Informationen auch eine fundierte Beurteilung des Geschäftsergebnisses und der Vermögenslage der Wertpapieremittenten ermöglicht“ wird, vgl. Erwägungsgrund (1) der Transparenz-RL II.

224 *U. H. Schneider* in Assmann/Schneider, WpHG, Vor § 21 Rn. 32.

des § 21 Abs. 1 S. 1 WpHG und sollen andererseits auch mittelbare Einflussnahmemöglichkeiten Dritter auf die Ausübung des Stimmrechts der Aktionäre erfassen.[225]

In den Gesetzesmaterialien finden sich keine Hinweise darauf, dass die §§ 21 ff. WpHG auch der Information über die erwartete tatsächliche Ausübung von Stimmrechten auf der Hauptversammlung dienen sollen. Ein solches Regelungsziel ist auch eher fernliegend, zumal die Ausübung von Stimmrechten eine Frage des Einzelfalls ist, die sich einer gesetzlichen Erfassung naturgemäß entzieht. Gleichwohl kann die Identifizierung der einzelnen Aktionäre und ihrer Beteiligung den Anlegern die Einschätzung erleichtern, inwieweit diese Aktionäre ihre Stimmrechte zukünftig auch ausüben werden. Die identifizierten Aktionäre lassen sich oftmals einer bestimmten Anlegergruppe zuordnen, so etwa, in Anknüpfung an die oben vorgenommene Einteilung, der Gruppe der strategischen oder institutionellen Anleger oder der Kleinanleger.[226] Unter Berücksichtigung der typischen Interessenlage dieser Anlegergruppen lässt sich dann zumindest vorhersagen, ob die Ausübung der Stimmrechte durch einen der identifizierten Anleger eher typisch und damit zu erwarten oder im Gegenteil untypisch wäre.

3. *Veränderungen der Zusammensetzung des Aktionärskreises und der Verteilung des Stimmrechtseinflusses*

Die §§ 21 ff. WpHG sollen nicht nur den gegenwärtigen Zustand der Zusammensetzung des Aktionärskreises und der Verteilung des Stimmrechtseinflusses abbilden, sondern auch kürzlich erfolgte „Veränderungen maßgeblicher Aktienpositionen“[227] und damit gleichsam auch maßgebliche Veränderungen des Stimmrechtseinflusses aufzeigen. Dies ergibt sich auch bereits aus der Tatsache, dass die Mitteilungspflicht des § 21 Abs. 1 S. 1 WpHG nicht zu einem bestimmten Stichtag, sondern zu jedem Zeitpunkt zu erfüllen sind, in dem eine maßgebliche Veränderung des Stimmrechtsanteils eines Meldepflichtigen zu einer Schwellenberührung geführt hat. Die Offenlegung von maßgeblichen Veränderungen ermöglicht es den Anlegern, auf die geänderten Verhältnisse zu reagieren. Zudem lassen sich aus einem Vergleich der im Zeitablauf erfolgten Veränderungen oftmals gewisse Tendenzen für die zukünftige Entwicklung des Aktionärskreises und Stimmrechtseinflusses ableiten. Auf dem Kapitalmarkt werden solche Tendenzen oftmals schon im Vorfeld der eigentlichen Veränderung aufgenommen und in den Aktienkurs eingepreist. Berücksichtigt man diesen Aspekt, so reicht die bloße Offenlegung kürzlich erfolgter Veränderungen nicht aus, um das Vertrauen der Anleger in die Funktionsfähigkeit des Kapitalmarkts nachhaltig zu steigern. Unter anderem aus diesem Grund existieren mit den §§ 25, 25a WpHG weitergehende Mitteilungspflichten, die zu einer Offenlegung

---

225 Vgl. zum Sinn und Zweck des § 22 WpHG ausführlich unten S. 173 ff.

226 Vgl. oben S. 12 ff.

227 Begr. RegE. FFG II, BT-Drucks. 12/6679, S. 52. Ebenso *Veil* in Schmidt/Lutter, AktG, Anh. § 22, Vor §§ 21 ff. WpHG Rn. 5; *U. H. Schneider* in Assmann/Schneider, WpHG, Vor § 21 Rn. 19; *Hirte* in KöKo, WpHG, § 21 Rn. 3.

von Zugriffsrechten und Zugriffsmöglichkeiten auf Stimmrechte führen.[228] Zudem verpflichtet § 27a WpHG unter bestimmten Voraussetzungen auch zu einer Offenlegung der von Aktionären mit maßgeblicher Beteiligung verfolgten Motive. Von besonderer Bedeutung ist die Offenlegung kürzlich erfolgter und potentiell bevorstehender Veränderungen im Zusammenhang mit bevorstehenden Übernahmen des Emittenten und bei wesentlichen Kapitalbewegungen.

a) Offenlegung bevorstehender Übernahmen

Aus den Gesetzesmaterialien geht hervor, dass die §§ 21 ff. WpHG auch der Offenlegung „bevorstehender Unternehmensübernahmen" dienen sollen.[229] Die Bedeutung der Offenlegung solcher Informationen spielte in jüngerer Zeit eine besondere Rolle in der öffentlichen Wahrnehmung. In diesem Zusammenhang geht es vor allem um die Verhinderung oder zumindest Erschwerung des unbemerkten „Anschleichens" an hohe Beteiligungen bzw. an den mit diesen Beteiligungen verbundenen Stimmrechtseinfluss.[230] Für besonderes Aufsehen hat der Fall Continental/Schaeffler gesorgt:[231]

> Die Schaeffler-Gruppe war im Jahr 2008 mit 2,97% der Stimmrechte aus Aktien an der Continental AG beteiligt. Darüber hinaus hatte sie Aktienoptionen erworben, die zum Erwerb von weiteren 4,95% der Stimmrechte aus Aktien berechtigten. Damit blieb sie zunächst unter den aus den §§ 21, 25 WpHG folgenden Mindestschwellen für eine Mitteilungspflicht. Am 15. Juli 2008 kündigte sie ein Übernahmeangebot gemäß § 10 WpÜG an und enthüllte, jederzeit kündbare Swap Geschäfte über weitere 28% der Stimmrechte aus Aktien abgeschlossen zu haben, deren Kündigung dazu führen könnte, dass ihr diese Aktien angedient würden (sog. „cash settled total return equity swaps"). Die Bekanntgabe dieser Ankündigung führte zu einem beträchtlichen Kursanstieg der Aktie der Continental AG. Nach Kündigung der Swap Geschäfte am 22. August 2008 wurden der Schaeffler Gruppe insgesamt 82,4% Prozent der Stammaktien angedient, so dass sie schließlich eine Beteiligung von über 90 Prozent der Stimmrechte aus Aktien erreichte.

Strategische Anleger wie die Schaeffler-Gruppe streben oftmals einen Stimmrechtseinfluss an, der ihnen eine Einflussnahmemöglichkeit auf die Geschäftspolitik des

---

228 Ausdrücklich auf den Zweck einer Offenlegung von Zugriffsmöglichkeiten auf stimmrechtsvermittelnde Aktien hinweisend *U. H. Schneider* in Assmann/Schneider, WpHG, Vor § 21 Rn. 19.

229 Begr. RegE. WpÜGG, BT-Drucks. 14/7043, S. 70. So auch *Dehlinger/Zimmermann* in Fuchs, Vor §§ 21–30 WpHG Rn. 16; *U. H. Schneider* in Assmann/Schneider, WpHG, Vor § 21 Rn. 19; *Hirte* in KöKo, WpHG, § 21 Rn. 3.

230 Begr. RegE. TUG, BT-Drucks. 16/2498, S. 34. Ebenso *Veil* in Schmidt/Lutter, AktG, Anh. § 22, Vor §§ 21 ff. WpHG Rn. 5; *U. H. Schneider* in Assmann/Schneider, WpHG, Vor § 21 Rn. 29.

231 Vgl. die Darstellungen bei *Fleischer/Schmolke*, ZIP 2008, 1501; *Habersack*, AG 2008, 817; *Schiessl*, Der Konzern 2009, 291 f.

betreffenden Unternehmens erlaubt.[232] Allerdings widerspricht es regelmäßig ihren Interessen, die Öffentlichkeit frühzeitig über den beabsichtigen Aufbau dieses Stimmrechtseinflusses zu unterrichten, so dass sie nach Gestaltungen zur (legalen) Umgehung gesetzlicher Pflichten suchen, die eine Offenlegung ihrer Absichten bewirken können. Ein Grund für die Geheimhaltung der Übernahmeabsicht folgt aus der Erwartungshaltung der Veräußerer der Aktien an der betreffenden AG, eine sog. „Kontrollprämie" als Aufschlag auf den Kaufpreis zu erhalten. Der Übergang der Möglichkeit zur Beherrschung der AG auf den strategischen Anleger soll durch Zahlung dieser Prämie in besonderer Weise vergütet werden, da dieser nach Erlangung der Beherrschungsmöglichkeit auch den stillen, über dem Börsenkurs liegenden Mehrwert des Unternehmens erhält.[233] Der strategische Anleger wird die erwartete Kontrollprämie in der Regel zahlen, weil seine Motive die Kapitalanlage dennoch lohnenswert erscheinen lassen.[234] Durch Geheimhaltung seiner Absichten kann er die zu zahlende Kontrollprämie allerdings gering halten.[235] Denn werden seine Motive bekannt, steigt die Gefahr eines Bieterwettlaufs, was die Kontrollprämie steigen lässt, zumal der strategische Anleger und seine Mitbieter versuchen werden, sich gegenseitig zu überbieten. Hat der strategische Anleger seine Absichten andererseits lange genug geheim gehalten, sinkt die Wahrscheinlichkeit eines solchen Bieterwettlaufs, zumal es für die Mitbieter dann immer teurer wird, den Startvorteil des strategischen Anlegers aufzuholen.[236]

Für die rationale Anlageentscheidung der übrigen Anleger ist die Information über bevorstehende Übernahmen andererseits von entscheidender Bedeutung. Dies hat den folgenden Hintergrund: Durch das Bekanntwerden der Übernahmeabsicht wird typischerweise ein beträchtlicher Kurssprung ausgelöst, zumal Aktien der von der Übernahme betroffenen AG verstärkt über den Kapitalmarkt nachgefragt werden.[237] Die verstärkte Nachfrage nach Aktien lässt sich einerseits auf die Motivation der außenstehenden Anleger zurückführen, von der Zahlung der Kontrollprämie durch den strategischen Anleger zu profitieren.[238] Andererseits kann auch ein Anreiz bestehen, die betreffenden Aktien weiterhin zu halten, um nach dem etwaigen Austausch des Managements und der Implementierung einer neuen Geschäftspolitik oder durch die überfällige Kurskorrektur der unterbewerteten Aktien

232 Vgl. zur Interessenlage strategischer Anleger oben S. 12 ff.
233 *Otto*, AG 1994, 167.
234 Vgl. *Wymeersch*, ZGR 2002, 520, 541 f.
235 *Eidenmüller*, DStR 2007, 2116, 2119; *Habersack*, AG 2008, 817, 820; *Fleischer/Schmolke*, ZIP 2008, 1501, 1510; *Baums/Sauter*, ZHR 173 (2009), 454, 478.
236 *Fleischer*, ZGR 2008, 186, 207 m.w.N (sog. „toehold-Argument"); *Fleischer/Schmolke*, NZG 2009, 401, 405. Vgl. auch *Burkart/Panunzi* in Freixas/Hartmann/Mayer, S. 279.
237 *Eidenmüller*, DStR 2007, 2116, 2119 unter Hinweis auf entsprechende empirische Studien. Ebenso *Fleischer/Schmolke*, NZG 2009, 401, 405; *Baums/Sauter*, ZHR 173 (2009), 454, 474. Vgl. auch FAZ v. 13.06.2013, S. 14, „Vodafone will Kabel Deutschland".
238 Vgl. *Fleischer/Schmolke*, NZG 2009, 401, 405.

als „Trittbrettfahrer" von den bislang verborgenen Wertschöpfungspotentialen der AG zu profitieren.[239] Die Offenlegung der Übernahmeabsicht des strategischen Anlegers kann vor diesem Hintergrund im Idealfall das Vertrauen der übrigen Anleger in die Allokationsfunktion des Kapitalmarkts steigern, da durch die Ausschaltung des insoweit gegebenen Informationsungleichgewichts möglicherweise verhindert werden kann, dass die Anleger ihre Aktien zu spät kaufen oder zu früh verkaufen und dann nicht mehr von der Zahlung der Kontrollprämie, der überfälligen Kurskorrektur oder den positiven Auswirkungen der veränderten Geschäftspolitik profitieren können.[240] Aus der Perspektive des strategischen Anlegers führt die Offenlegung freilich zu einer Verteuerung des weiteren Zuerwerbs von Aktien über den Kapitalmarkt, was im Einzelfall dazu führen kann, dass er aus Rentabilitätsgründen von seinem Vorhaben Abstand nimmt.[241] Offenlegungspflichten bergen daher in diesem Zusammenhang auch die Gefahr, dass sich strategische Anleger in großer Zahl von dem Markt für Unternehmenskontrolle zurückziehen, weil sich die Suche nach Anreizen für Unternehmensübernahmen für sie nicht mehr lohnt.[242] In diesem Spannungsfeld räumt der Gesetzgeber der Offenlegung allerdings den Vorrang ein. So hat er auf die Bestrebungen zur Geheimhaltung des Beteiligungsaufbaus in jüngerer Vergangenheit mit der Schaffung der Mitteilungspflichten nach §§ 25, 25a WpHG für Zugriffsrechte und -möglichkeiten auf stimmrechtsvermittelnde Aktien sowie mit der Schaffung der Mitteilungspflicht nach § 27a WpHG reagiert, die unter bestimmten Umständen auch eine Offenlegung der mit dem Beteiligungsaufbau verbundenen Ziele vorsieht.

b) Offenlegung wesentlicher Kapitalbewegungen

Der Gesetzgeber weist auch darauf hin, dass die §§ 21 ff. WpHG Informationen über „Kapitalbewegungen" bereitstellen sollen.[243] Gemeint ist die Aufdeckung beträchtlicher Aktienkäufe oder Aktienverkäufe über den Kapitalmarkt. Die Kursrelevanz solcher Information liegt in der typischen Kursreaktion auf eine Verknappung oder eine Vergrößerung des Angebots von Aktien am Kapitalmarkt. So wird der Aktienkurs im Fall des Erwerbs größerer Aktienpakete durch einen Anleger aufgrund der damit einhergehenden Verknappung des Angebots typischerweise steigen.[244] Umgekehrt wird die Veräußerung eines hinreichend großen Aktienpakets über den

---

239 *Burkart/Panunzi* in Freixas/Hartmann/Mayer, S. 277; *Habersack/Tröger*, NZG 2010, 1, 2.

240 *Merkner/Sustmann*, NZG 2010, 681, 682.

241 *Fleischer/Schmolke*, NZG 2009, 401, 405.

242 *Fleischer*, ZGR 2008, 186, 206 m.w.N.; *Fleischer/Schmolke*, NZG 2009, 401, 405.

243 Erwägungsgrund (18) der Transparenz-RL II; Begr. RegE. TUG, BT-Drucks. 16/2498, S. 34.

244 So wohl *Merkt*, Unternehmenspublizität, S. 283; *U. H. Schneider* in Assmann/Schneider, WpHG, Vor § 21 Rn. 19.

Kapitalmarkt und die damit einhergehende Vergrößerung des Angebots typischerweise zu Kursverlusten führen.[245]

4. *Die Art und Weise der Informationserteilung*

Damit die bereitgestellten Informationen auch eine taugliche Informationsgrundlage für die Anlageentscheidung bilden können, kommt es nach den Gesetzesmaterialien entscheidend darauf an, dass sie den Anleger rechtzeitig erreichen, zuverlässig sind und ihn vollständig, klar und verständlich informieren.[246] Die Rechtzeitigkeit der Informationserteilung ist die entscheidende Voraussetzung dafür, dass die erteilten Informationen in rationale Anlageentscheidungen umgesetzt werden können, bevor sie anderweitig bekannt geworden sind und in der Folge bereits im Aktienkurs berücksichtigt wurden. Ferner beugt eine schnellstmögliche Offenlegung der Information der Entstehung von Informationsungleichgewichten vor und dient damit in besonderer Weise der Chancengleichheit aller am Kapitalmarkt teilnehmenden Anleger. Verzögerungen bei der Offenlegung beeinträchtigen die Allokationsfähigkeit des Kapitalmarkts in besonderer Weise. Zuverlässige und vollständige Informationen liegen nur dann vor, wenn sie der Wahrheit entsprechen und keine wesentlichen Lücken aufweisen. Falsche oder unvollständige Informationen sind demgegenüber dazu geeignet, die Anleger in die Irre zu führen, was zu Anlageentscheidungen führen kann, die den Interessen des Anlegers nur unzureichend entsprechen. Dann besteht die Gefahr einer Beeinträchtigung des Vertrauens der Anleger in die allokative Funktionsfähigkeit des Kapitalmarkts. Aus den gleichen Gründen müssen die Informationen auch klar und verständlich formuliert sein. Sollten der gesetzlich vorgeschriebene Inhalt der Informationserteilung im Einzelfall durch Unzuverlässigkeit, Unvollständigkeit, Unklarheit oder Unverständlichkeit zu einer gesteigerten Irreführungsgefahr führen, so bietet sich die Aufnahme einer zur Ausräumung dieser Gefahr führenden ergänzenden Information in der betreffenden Mitteilung an.[247]

B. Weitere Regelungsziele

I. *Die Bekämpfung des Missbrauchs von Insiderinformationen*

Nach den Gesetzesmaterialien zum FFG II besteht ein weiteres Regelungsziel der kapitalmarktrechtlichen Beteiligungstransparenz darin, dem Missbrauch von Insiderinformationen entgegenzuwirken, indem durch „aktuelle und möglichst

---

245 Vgl. *Merkt*, Unternehmenspublizität, S. 283; *U. H. Schneider* in Assmann/Schneider, WpHG, Vor § 21 Rn. 19.

246 Vgl. Erwägungsgrund (1) der Transparenz-RL II; Begr. RegE. FFG II, BT-Drucks. 12/6679, S. 52. Ebenso *Veil* in Schmidt/Lutter, AktG, Anh. § 22, Vor §§ 21 ff. WpHG Rn. 4 f.; *Veil*, ZHR 175 (2011), 83, 97 Fn. 71 („zuverlässige Informationen"); ähnlich *U. H. Schneider* in Assmann/Schneider, WpHG, Vor § 21 Rn. 38 („Grundsatz der Klarheit und Wahrheit").

247 So auch *U. H. Schneider* in Assmann/Schneider, WpHG, Vor § 21 Rn. 38.

umfassende Information der Handelsteilnehmer und Anleger [...] missbräuchlich nutzbare Informationsvorsprünge reduziert" werden.[248] Dies bedarf der näheren Erläuterung, da mit den §§ 12–16b WpHG ein eigenständiger Regelungskomplex zur Verhinderung von Insiderverstößen existiert, der vor allem mit der in § 15 WpHG geregelten Ad-hoc-Publizität auch ein probates Mittel zur Prävention von Insidergeschäften bereithält.[249] Die §§ 12–16b WpHG einerseits und die §§ 21–30 WpHG andererseits bilden zwei rechtlich getrennte Regelungskomplexe mit eigenständigen Tatbestandsmerkmalen, die in jeder Hinsicht nebeneinander anwendbar sind.[250] Soweit eine erfolgte oder bevorstehende Veränderung der Beteiligungs- oder Stimmrechtsverhältnisse als Insiderinformation zu qualifizieren ist, erfolgt ihre erstmalige Offenlegung gegenüber den Anlegern regelmäßig nicht im Zuge der Veröffentlichung einer Mitteilung nach den §§ 21 ff. WpHG, sondern durch eine Ad-hoc-Mitteilung nach § 15 Abs. 1 S. 1 WpHG.[251] Vor diesem Hintergrund verbleibt für die Regelungen der kapitalmarktrechtlichen Beteiligungstransparenz allenfalls eine Hilfsfunktion bei der Bekämpfung des Missbrauchs von Insiderinformationen.[252] Denkbar ist etwa der Fall, dass der Emittent erstmals aufgrund einer Mitteilung nach § 21 Abs. 1 S. 1 WpHG Kenntnis von Beteiligungs- oder Stimmrechtsveränderungen erhält, die als Insiderinformation zu qualifizieren sind. Die in der Stimmrechtsmitteilung enthaltene Information dient dann als Grundlage der nachfolgenden Ad-hoc-Mitteilung nach § 15 Abs. 1 S. 1 WpHG.[253] Die in den Mitteilungen der §§ 21 ff. WpHG enthaltenen Informationen erweitern auch die der BaFin zur Verfügung stehende Faktenbasis, ergänzen somit die durch § 9 WpHG bereitgestellten Informationen und können daher im Einzelfall zu einer Verbesserung der Insiderüberwachung beitragen.[254]

---

248 Begr. RegE 2. FFG, BT-Drucks. 12/6679, S. 52. So auch LG Köln v. 5.10.2007, AG 2008, 336, 339; *Arends*, Offenlegung, S. 47; *Starke*, S. 100; *Koppensteiner* in KöKo, AktG, Anh. § 22, §§ 21 ff. WpHG Rn. 5; *Schwark* in Schwark/Zimmer, Vor § 21 WpHG Rn. 4; *Petersen* in Spindler/Stilz, AktG, Anh. § 22, §§ 21–30 WpHG Rn. 2; *Veil* in Schmidt/Lutter, AktG, Anh. § 22, Vor §§ 21 ff. WpHG Rn. 5; *Dehlinger/Zimmermann* in Fuchs, WpHG, Vor §§ 21–30 Rn. 16; *U. H. Schneider* in Assmann/Schneider, WpHG, Vor § 21 Rn. 21; *Hirte* in KöKo, WpHG, § 21 Rn. 3; *Heinrich* in Heidel, § 21 WpHG Rn. 2; a.A. *Sudmeyer*, BB 2002, 685, 686.

249 Vgl. *Mennicke* in Fuchs, WpHG, Vor § 12 bis § 14 Rn. 71 ff.

250 Statt vieler *Burgard*, ZHR 162 (1998), 51, 74 (Fn. 130a); *Dehlinger/Zimmermann* in Fuchs, WpHG, Vor §§ 21 bis 30 Rn. 32; *U. H. Schneider* in Assmann/Schneider, WpHG, Vor § 21 Rn. 59.

251 *Starke*, S. 100. Vgl. auch *Dehlinger/Zimmermann* in Fuchs, WpHG, Vor §§ 21–30 Rn. 19.

252 *Starke*, S. 100; *Dehlinger/Zimmermann* in Fuchs, WpHG, Vor §§ 21–30 Rn. 19.

253 So insbesondere *Cahn*, AG 1997, 502, 503.

254 *Starke*, S. 100; *Dehlinger/Zimmermann* in Fuchs, WpHG, Vor §§ 21–30 Rn. 19.

II. Erteilung von Informationen an den Emittenten

Ein weiteres Regelungsziel der kapitalmarktrechtlichen Beteiligungstransparenz besteht nach den Gesetzesmaterialien zum FFG II darin, den AGen einen besseren Überblick über ihre Aktionärsstruktur und die Beherrschungsverhältnisse zu verschaffen.[255] Unklar bleibt, ob die Informationserteilung noch einem weitergehenden Zweck dient. Dies liegt zumindest nahe, da der gesetzgeberische Hinweis auf einen besseren Überblicks über die Aktionärsverhältnisse noch nichts über den damit verfolgten Zweck aussagt. Die Betrachtung der typischen Interessenlage in Bezug auf die Erteilung von Informationen über die Aktionärsstruktur und die Beherrschungsverhältnisse liefert in diesem Zusammenhang einige nützliche Erkenntnisse. Im Ausgangspunkt wird man danach unterscheiden müssen, ob die Informationserteilung nur dem persönlichen Interesse der Mitglieder der Verwaltungsorgane dient oder im Unternehmensinteresse liegt. Die Mitglieder der Verwaltungsorgane sind typischerweise persönlich an Informationen über die Aktionärsstruktur und Beherrschungsverhältnisse interessiert, da diese mitunter Rückschlüsse auf die Chancen ihrer Wiederbestellung und Entlastung erlauben.[256] Dass die §§ 21 ff. WpHG auch der Befriedigung solcher persönlicher Interessen dienen soll, erscheint indessen fernliegend. Insoweit dürfte es sich allenfalls um einen Rechtsreflex handeln. Anders ist dies, soweit ein verbesserter Überblick über die Aktionärsstruktur und die Beherrschungsverhältnisse im Unternehmensinteresse liegt. In diesem Zusammenhang ergeben sich mehrere Ansatzpunkte. So kann die Beteiligungstransparenz eine verbesserte Kommunikation zwischen den Verwaltungsorganen und den Aktionären der AG (sog. „Investor Relations") ermöglichen.[257] Unter Umständen wird auch die Vorbereitung und Durchführung der Hauptversammlung erleichtert. Lassen sich die Aktionäre der Gesellschaft identifizieren, kann der Vorstand die Hauptversammlung unter den Voraussetzungen des § 121 Abs. 4 S. 2 AktG mit eingeschriebenem Brief einberufen. Die Identifizierung von Aktionären mit erheblicher Stimmkraft erleichtert zudem eine Vorhersage der wahrscheinlichen Abstimmungsergebnisse auf der Hauptversammlung. Die Vermeidung unvorhergesehener Abstimmungsergebnisse kann wiederum dazu beitragen, das Risiko des Eintritts von Schäden zu Lasten der Gesellschaft, die aus einer Ablehnung der Beschlussvorschläge auf der

---

255 Begr. RegE. FFG II, BT-Drucks. 12/6679, S. 52. Ebenso *Dehlinger/Zimmermann* in Fuchs, WpHG, Vor §§ 21–30 Rn. 16; *Petersen* in Spindler/Stilz, AktG, Anh. § 22, §§ 21–30 WpHG Rn. 2; *Schwark* in Schwark/Zimmer, Vor § 21 WpHG Rn. 4; *Veil* in Schmidt/Lutter, AktG, Anh. § 22, Vor §§ 21 ff. WpHG Rn. 5; *U. H. Schneider* in Assmann/Schneider, WpHG, Vor § 21 Rn. 28. Die Regierungsbegründung verweist insofern nur auf einen besseren Überblick für Aktiengesellschaften. Tatsächlich dürften aber sämtliche Emittenten gemeint sein, für die die Bundesrepublik Deutschland der Herkunftsstaat ist.

256 *Witt*, Übernahmen, S. 6.

257 Vgl. ausführlich *Fleischer*, ZGR 2009, 505, 508 ff.

Hauptversammlung folgen, zu minimieren.[258] Ein weiterer Vorteil transparenter Beteiligungsverhältnisse besteht in der leichteren Erkennbarkeit drohender Übernahmen.[259] Für die AG selbst spielt dies eine Rolle, soweit die Mitglieder der Verwaltungsorgane der AG in den Grenzen des übernahmerechtlichen Neutralitätsgebot des § 33 Abs. 1 WpÜG[260] und des allgemeinen aktienrechtlichen Neutralitätsgebots[261] dazu berechtigt sind, im Interesse des Unternehmens Abwehrmaßnahmen gegen drohende (feindliche) Übernahmen zu ergreifen.[262]

III. Konzernrechtlicher Schutzzweck

Aus den Gesetzesmaterialien geht nicht hervor, dass die §§ 21 ff. WpHG auch konzernrechtliche Regelungsziele verfolgen sollen. Etwas anderes könnte allerdings aus der negativen Geltungsanordnungen der §§ 20 Abs. 8, 21 Abs. 5 AktG und der damit einhergehenden Abgrenzung der Anwendungsbereiche der aktienrechtlichen Mitteilungs- und Veröffentlichungspflichten nach den §§ 20, 21 AktG einerseits und der §§ 21 ff. WpHG andererseits folgen. Ursprünglich galten die §§ 20, 21 AktG unabhängig von einer etwaigen Börsennotierung für sämtliche AGen. Daran änderte sich auch nach Einführung der §§ 21 ff. WpHG zunächst nichts, was zu einer vielfach als unnötig empfundenen Doppelbelastung mit Mitteilungs- und Veröffentlichungspflichten für wesentliche Kapitalanteile bzw. Stimmrechte an börsennotierten AGen führte. Der Gesetzgeber hatte schließlich ein Einsehen. Mit Inkrafttreten des FFG III am 1. April 1998 wurde die negative Geltungsanordnung in den §§ 20 Abs. 8, 21 Abs. 5 AktG verankert. Der Anwendungsbereich der §§ 20, 21 AktG erstreckt sich seitdem nicht mehr auf AGen, die als Emittenten im Sinne des § 21 Abs. 2 WpHG zu qualifizieren sind und deren Herkunftsstaat die Bundesrepublik Deutschland ist.[263] Vor diesem Hintergrund stellt sich die Frage, ob die §§ 21 ff. WpHG für diese AGen nunmehr auch die Regelungsziele der §§ 20, 21 AktG verfolgen. In der Literatur wird dies teilweise, aber ohne nähere Begründung befürwortet.[264] Die §§ 20, 21 AktG bezwecken nach Auffassung des Gesetzgebers „die Aktionäre, die Gläubiger

258 *Joussen*, BB 1992, 1075, 1079; *Witt*, Übernahmen, S. 6 f.

259 Vgl. zu diesem Regelungsziel schon oben S. 40 ff.

260 Vgl. zu Inhalt und Reichweite des übernahmerechtlichen Neutralitätsgebots statt vieler *Hirte* in KöKo, WpÜG, § 33 Rn. 55 ff.

261 Vgl. zu Inhalt und Reichweite des aktienrechtlichen Neutralitätsgebots statt vieler *Mertens/Cahn* in KöKo, AktG, § 76 Rn. 25 ff.; *Seibt* in Schmidt/Lutter, AktG, § 76 Rn. 15.

262 Ähnlich *Grigoleit/Rachlitz*, ZHR 174 (2010), 12, 14, die das Interesse an der Abwehr von Kontrolltransaktionen betonen.

263 Vgl. zum sachlichen Anwendungsbereich der §§ 21 ff. WpHG ausführlich oben S. 24 ff.

264 *Hirte* in KöKo, WpHG, § 21 Rn. 3. Ebenso i.E. *U. H. Schneider* in Assmann/Schneider, WpHG, Vor § 21 Rn. 28. Ähnlich („Konzerneingangskontrolle") *Arends*, Offenlegung, S. 48; *Schwark* in Schwark/Zimmer, Vor § 21 WpHG Rn. 4.

und die Öffentlichkeit über geplante und bestehende Konzernverbindungen besser zu unterrichten und die vielfach auch für die Unternehmensleitung selbst nicht erkennbaren wahren Machtverhältnisse in der Gesellschaft deutlicher hervortreten zu lassen".[265] Ferner soll durch die Mitteilungspflichten die „Rechtssicherheit bei der Anwendung derjenigen Vorschriften, die an die Höhe der Beteiligung anknüpfen, erhöht werden".[266] Während der zuletzt genannte Gesetzeszweck eine genuin aktienrechtliche Bedeutung hat und im Rahmen der §§ 21 ff. WpHG keine Geltung mehr beanspruchen kann, lässt sich der erstgenannte Gesetzeszweck grundsätzlich in gleicher oder sogar in einer dem Zweck noch besser entsprechenden Weise auch durch die Regelungen der kapitalmarktrechtlichen Beteiligungstransparenz verwirklichen. Aus der konzernrechtlichen Perspektive geht es in diesem Zusammenhang um die Verhinderung von Machtmissbrauch zu Lasten der übrigen Aktionäre und Gläubiger. Maßgebliche Beteiligungen sollen offengelegt werden, damit der Träger der damit einhergehenden Machstellung im Fall eines Missbrauchs derselben identifiziert und damit ggf. auch zur Verantwortung gezogen werden kann.[267] Der Gesetzgeber hat in diesem Zusammenhang Fälle vor Augen, in denen der mit einer maßgeblichen Beteiligung ausgestattete Aktionär nicht dem Unternehmensinteresse der AG, sondern seinen eigenen anderweitigen unternehmerischen Interessen auf eine Weise folgt, die sich nachteilig auf die (Vermögens)Interessen der übrigen Aktionäre und der Gläubiger auswirkt.[268] Aus Aktionärsperspektive ist zu differenzieren. Dem strategischen Anleger geht es in erster Linie um die Verwirklichung seiner unternehmerischen Ziele, wie etwa der Implementierung einer veränderten Geschäftspolitik.[269] Sofern ein anderer Aktionär eine Sperrminorität erhält und diese unter Verfolgung seiner anderweitigen unternehmerischen Interessen ausnutzt, lässt sich das Vorhaben des strategischen Anlegers unter Umständen nicht mehr wie geplant umsetzen. Aus Sicht institutioneller Anleger und Kleinanleger besteht die gesteigerte Gefahr einer enttäuschenden Renditeentwicklung.[270] Gläubiger fürchten einen Forderungsausfall.[271] Die Wahrscheinlichkeit solcher negativer Auswirkungen auf Anleger und Gläubiger steigt etwa dann, wenn ein Aktionär unter Verfolgung anderweitiger unternehmerischer Interessen auf Ausschüttungen in nicht unerheblicher Höhe drängt. Vor diesem Hintergrund ist im Ergebnis davon auszugehen, dass die §§ 21 ff. WpHG nunmehr tatsächlich auch dem konzernrechtlichen Regelungsziel dienen sollen, die Aktionäre, die Gläubiger und die Öffentlichkeit über geplante und bestehende Konzernverbindungen besser zu unterrichten und die wahren Machtverhältnisse in der Gesellschaft deutlicher hervortreten zu lassen.

265 Begr. RegE bei *Kropff*, AktG, S. 38.
266 Begr. RegE bei *Kropff*, AktG, S. 38.
267 Begr. RegE bei *Kropff*, AktG, S. 39.
268 Vgl. Begr. RegE bei *Kropff*, AktG, S. 41.
269 Vgl. oben S. 13 f.
270 Vgl. oben S. 14 ff.
271 *Arends*, Offenlegung, S. 5.

IV. Identifizierung des Trägers der Letztverantwortung?

Nach Auffassung *U. H. Schneiders* dienen die §§ 21 ff. WpHG auch dem Zweck, den Aktionär in seiner Stellung als Träger der Letztverantwortung für das Unternehmen zu identifizieren.[272] Dies soll aus der „Schlüsselfunktion" der börsennotierten Aktiengesellschaften für „Wirtschaft und Gesellschaft" folgen.[273] Dahinter steckt anscheinend der Gedanke, dass die Aktionäre auf diese Weise an ihre Aufgabe erinnert werden sollen, über die Bestellung von Aufsichtsratsmitgliedern für eine angemessene Kontrolle des „Managements" der Gesellschaft zu sorgen.[274] Zwar ist die Sicherstellung einer angemessenen Kontrolle des „Managements" der börsennotierten Aktiengesellschaften ein legitimer und sinnvoller Gesetzeszweck. Auf ein solches Regelungsziel deuten allerdings weder die Äußerungen des europäischen noch des deutschen Gesetzgebers hin. Bei der Auslegung der §§ 21 ff. WpHG sollte dieser Aspekt daher keine Rolle spielen.

§ 5 Die Auslegung der §§ 21 ff. WpHG

Die §§ 21 ff. WpHG enthalten zahlreiche unbestimmte Rechtsbegriffe. Soweit sich vor diesem Hintergrund Zweifel bei der Gesetzesanwendung ergeben, sind diese grundsätzlich unter Rückgriff auf die allgemeinen Auslegungsgrundsätze aufzulösen. Die Auslegung nach dem Wortlaut der Norm richtet sich dabei zunächst nach dem spezifischen Sprachgebrauch des WpHG, der zum Teil auch in Legaldefinitionen zum Ausdruck kommt, bevor der allgemeine juristische Sprachgebrauch und schließlich hilfsweise die Bedeutung des betreffenden Tatbestandsmerkmals in der Umgangssprache herangezogen wird.[275] In diesem Zusammenhang ist zu berücksichtigen, dass sich der Wortsinn einer Norm mitunter erst unter Berücksichtigung der gesetzgeberischen Regelungsziele verstehen lässt.[276] Diese sind darüber hinaus auch im Rahmen der teleologischen oder der historischen Auslegung zu berücksichtigen.[277] Folgt man der sog. subjektiven Theorie stellt die Ermittlung und Verwirklichung der gesetzgeberischen Regelungsziele sogar das eigentliche Ziel der Gesetzesauslegung dar.[278] Auf Grundlage der heute überwiegend vertretenen sog. objektiven Theorie sind die gesetzgeberischen Regelungsziele zumindest bei der Gesetzesauslegung mit zu berücksichtigen, wohingegen das verbindliche

---

272 *U. H. Schneider* in Assmann/Schneider, WpHG, Vor § 21 Rn. 26.
273 *U. H. Schneider* in Assmann/Schneider, WpHG, Vor § 21 Rn. 26.
274 Vgl. *U. H. Schneider*, AG 1990, 317, 322 („watchdog of last resort").
275 Vgl. *Wank*, Auslegung, S. 41.
276 *Larenz/Canaris*, Methodenlehre, S. 144 f.; *Wank*, Auslegung, S. 46 f.
277 *Rüthers/Fischer/Birk*, Rechtstheorie, Rn. 725 ff., Rn. 788; *Wank*, Auslegung, S. 30, 65, 69.
278 Vgl. *Rüthers/Fischer/Birk*, Rechtstheorie, Rn. 717 ff. sowie die Darstellungen bei *Larenz/Canaris*, Methodenlehre, S. 137 f.; *Wank*, Auslegung, S. 30.

Ziel derselben in der Ermittlung des normativen Gesetzessinns besteht.[279] Da die Regelungen der kapitalmarktrechtlichen Beteiligungstransparenz zu einem maßgeblichen Teil auf den Vorgaben der europäischen Transparenzrichtlinien beruhen, sind die §§ 21 ff. WpHG unter Umständen auch richtlinienkonform auszulegen.[280] Nachfolgend soll noch auf einige Besonderheiten eingegangen werden, die bei der Auslegung zu berücksichtigen sind.

A. Das Postulat der „dynamischen“ Auslegung

U. H. Schneider plädiert dafür, die §§ 21 ff. WpHG „dynamisch“ auszulegen.[281] Ziel der Auslegung sei es nicht, eine „statische Betrachtung der Beteiligungsverhältnisse“ zu ermöglichen, geboten sei vielmehr die „Berücksichtigung möglicher Veränderungen“. In der Tat werden die Mitteilungspflichten der §§ 21 ff. WpHG größtenteils erst durch eine Veränderung von eigenen, zugerechneten oder potentiellen künftigen Stimmrechten ausgelöst. Eine Ausnahme bildet insoweit lediglich die Mitteilungspflicht des § 21 Abs. 1a WpHG, die bei erstmaliger Zulassung der Aktien des Emittenten zum Handel an einem organisierten Markt entsteht.

Ungeachtet dessen lässt sich die Notwendigkeit einer wie auch immer gearteten „dynamischen Auslegung“ nur schwerlich rechtfertigen, da die Stimmrechtsmitteilung für sich genommen lediglich den Stimmrechtsanteil eines bestimmten Aktionärs zu einem bestimmten Zeitpunkt abbildet.[282] Hinzu kommt lediglich die Angabe, ob eine bestimmte Schwelle erreicht, überschritten oder unterschritten wurde. Von dieser Zusatzinformation abgesehen, ergibt sich die konkrete Veränderung des Stimmrechtsanteils eines Meldepflichtigen aus der Perspektive interessierter Personengruppen erst aus einer Zusammenschau mit den vorangegangenen Mitteilungen dieses Aktionärs.[283] Natürlich ist darauf zu achten, dass eine Mitteilung kein irreführendes Bild einer Veränderung vermittelt, die tatsächlich nicht stattgefunden hat.[284] Dies ergibt sich allerdings schon aus den allgemeinen Grundsätzen der Auslegung, in deren Rahmen auch die gesetzgeberischen Regelungsziele zu berücksichtigen sind. Einer „dynamischen Auslegung“ bedarf es insoweit nicht.

279 Vgl. die Darstellungen bei *Larenz/Canaris*, Methodenlehre, S. 137 ff.; *Wank*, Auslegung, S. 30.
280 Vgl. näher *U. H. Schneider* in Assmann/Schneider, WpHG, Vor § 21 Rn. 39.
281 *U. H. Schneider* in Assmann/Schneider, WpHG, Vor § 21 Rn. 37; zustimmend *Hirte* in KöKo, WpHG, § 21 Rn. 8.
282 *Dehlinger/Zimmermann* in Fuchs, WpHG, Vor §§ 21 bis 30 Rn. 23.
283 So *Dehlinger/Zimmermann* in Fuchs, WpHG, Vor §§ 21 bis 30 Rn. 23.
284 Vgl. zu diesem Aspekt oben S. 43 f. Ähnlich auch *Hirte* in KöKo, WpHG, § 21 Rn. 8.

B. Das Postulat der weiten Auslegung

Nach *U. H. Schneider* sind die §§ 21 ff. WpHG außerdem weit auszulegen. Ziel der Auslegung soll die „größtmögliche Transparenz des Marktgeschehens" sein.[285] Er begründet diese Auffassung mit dem von ihm so bezeichneten „Wettlauf zwischen der normativen Erfassung der Offenlegungstatbestände einerseits und den Konflikt- und Vermeidungsstrategien andererseits".[286] Ob dieser Wettlauf bereits dem Grunde nach zur Notwendigkeit einer weiten Auslegung führt, muss indessen bezweifelt werden.[287] Die „Weite" der Auslegung einer bestimmten Norm hängt maßgeblich von der betrachteten Auslegungsmethode ab. Bei der Auslegung nach dem Wortlaut der Norm zeigt sich diese regelmäßig anhand eines Vergleichs des gefundenen Auslegungsergebnisses mit dem noch möglichen sprachlichen Wortsinn des betrachteten Tatbestandsmerkmals.[288] Eine weite historische oder teleologische Auslegung zeigt sich, je nachdem ob man eher der subjektiven oder der objektiven Theorie folgt, an dem Grad der Förderung der gesetzgeberischen Regelungsziele oder des normativen Gesetzessinns der Regelung.[289] *U. H. Schneider* knüpft mit seinem Postulat der weiten Auslegung an das gesetzgeberische Regelungsziel an, bevorstehende Übernahmen des Emittenten frühzeitig offenzulegen. Wie bereits dargestellt ist dieses Regelungsziel als ein Teilbereich des allgemeinen Regelungsziels zu interpretieren, die Funktionsfähigkeit des Kapitalmarkts durch Anlegerschutz zu fördern. Eine weite Auslegung der §§ 21 ff. WpHG würde vor diesem Hintergrund die Gefahr einer Überbetonung der Offenlegung bevorstehender Übernahmen steigern, was die Gefahr einer Irreführung des Anlegerpublikums erhöht und sich damit auch negativ auf die Verwirklichung der Regelungsziele auswirken kann. Dies gilt in besonderer Weise im Hinblick auf die zahlreichen unbestimmten Rechtsbegriffe in den §§ 22, 25 und 25a WpHG. Die weite Auslegung dieser Normen könnte zu einer Vielzahl von Mitteilungen führen, denen überhaupt keine relevanten Veränderungen des mittelbaren Stimmrechtseinflusses oder der Zugriffsmöglichkeiten des Meldepflichtigen auf Stimmrechte zugrunde liegen. Auch kann die Überbetonung eines Teilbereichs der Regelungsziele zu einer Vernachlässigung der Berücksichtigung der übrigen Regelungsziele führen. Ein Stufenverhältnis zwischen den einzelnen

---

285 *U. H. Schneider* in Assmann/Schneider, WpHG, Vor § 21 Rn. 36; zustimmend *Koppensteiner* in KöKo, AktG, Anh § 22 §§ 21 ff. WpHG Rn. 9; *Hirte* in KöKo, WpHG, § 21 Rn. 7; wohl auch OLG München v. 9.9.2009 – 7 U 1997/09, NZG 2009, 1386, 1388.

286 Vgl. oben S. 1 f.

287 So *Dehlinger/Zimmermann* in Fuchs, WpHG, Vor §§ 21–30 Rn. 23; *Veil* in Schmidt/Lutter, AktG, Anh. § 22, § 22 WpHG Rn. 1; *Fleischer/Bedkowski*, DStR 2010, 933, 935 („Gefahr der Vernachlässigung der „Auslegungsarbeit am konkreten Normenmaterial"); *Veil*, ZHR 175 (2011), 83, 97 Fn. 71 („lässt sich dem Normzweck nicht entnehmen").

288 So *Wank*, Auslegung, S. 44.

289 Vgl. die argumentative Darstellung bei *Engisch*, S. 179 ff.

Regelungszielen lässt sich aber allenfalls zwischen dem kapitalmarktrechtlichen Regelungszielen der Förderung der Funktionsfähigkeit des Kapitalmarkts und den übrigen Regelungszielen erkennen. Eine gesetzgeberisch beabsichtigte Differenzierung in Bezug auf die Relevanz der im Hinblick auf die Anlageentscheidungen offenzulegenden Informationen ist dagegen nicht erkennbar. Die besseren Argumente sprechen damit letztlich gegen die Anwendung des Postulats der weiten Auslegung der §§ 21 ff. WpHG. Sinnvoll erscheint vielmehr eine konsequente Orientierung an den klassischen Auslegungsgrundsätzen, ohne dass es zu einer Überbetonung einzelner Regelungsziele oder Teilbereiche derselben kommt.[290] Ob dies letztlich zu einer eher weiten oder eher engen Auslegung einer Regelung führt, ist eine Frage des Einzelfalls und kann nicht allgemein beantwortet werden. Im Ergebnis ist also auch das Postulat der weiten Auslegung abzulehnen.

C. Ausrichtung am Grundsatz der Mindestharmonisierung?

Im Rahmen der richtlinienkonformen Auslegung der §§ 21 ff. WpHG kann sich die Frage stellen, ob die Transparenzrichtlinien dem Grundsatz der Mindestharmonisierung folgen oder nach dem Grundsatz der Vollharmonisierung in das Recht der einzelnen Mitgliedsstaaten umzusetzen sind. Im ersteren Fall würden die Richtlinien lediglich einen Mindeststandard an Vorgaben enthalten. Die Mitgliedsstaaten wären dann darin frei, strengere Regelungen im nationalen Recht zu verankern. Dagegen müssten die in den Richtlinien enthaltenen Vorgaben im letzteren Fall eins zu eins in die nationalen Rechte der Mitgliedsstaaten umgesetzt werden. Eine überschießende, also verschärfende Umsetzung wäre dann nicht mehr zulässig.

In diesem Zusammenhang regelt Art. 3 der Transparenz-RL I ausdrücklich, dass die Mitgliedstaaten die Normadressaten strengeren als den in der Richtlinie vorgesehenen Verpflichtungen oder zusätzlichen Verpflichtungen unterwerfen können, sofern sie allgemein auf alle Erwerber und Veräußerer und alle Gesellschaften und zumindest alle Erwerber, Veräußerer und Gesellschaften derselben Kategorie anwendbar sind. Ähnlich formuliert auch Art. 3 Abs. 1 der Transparenz-RL II, dass der Herkunftsmitgliedstaat für den Emittenten und auch für die Normadressaten der Mitteilungspflichten strengere Anforderungen als die in der Richtlinie festgelegten vorsehen kann. Ausgenommen sind nach Art. 3 Abs. 2 lit. b) Transparenz-RL II allerdings strengere Anforderungen in Bezug auf die „Mitteilung von Informationen". Daraus wird allgemein der Schluss gezogen, dass beide Richtlinien dem Grundsatz der Mindestharmonisierung folgen.[291] Für die richtlinienkonforme Auslegung folgt daraus, dass die überschießende Umsetzung der Richtlinienvorgaben durch den deutschen Gesetzgeber keinen Grund für eine Korrektur der nationalen Regelungen auf den europäischen Mindeststandard bildet.

290 Vgl. *Fleischer/Bedkowski*, DStR 2010, 933, 935.

291 *Fleischer/Schmolke*, NZG 2010, 1241, 1242; *Veil* in Veil, Europäisches Kapitalmarktrecht, § 16 Rn. 5; *Seibt/Wollenschläger*, ZIP 2014, 545, 547.

Mit dem Inkrafttreten der Transparenz-RL III deutet sich indessen eine stärkere Ausrichtung am Grundsatz der Vollharmonisierung an. Zwar geht Art. 3 Abs. 1 der durch die Transparenz-RL III geänderten Transparenz-RL II auch weiterhin davon aus, dass die Mitgliedsstaaten strengere Anforderungen als die in der Richtlinie festgelegten vorsehen können. Allerdings statuiert der an diesen Absatz angefügte Abs. 1a S. 4 für die in § 21 Abs. 1 S. 1 WpHG umgesetzte Mitteilungspflicht und insbesondere für die diese ergänzenden Zurechnungstatbestände des § 22 WpHG nun scheinbar das Gegenteil. Nach ihrem Wortlaut verlangt die Richtlinie insoweit, dass der Herkunftsmitgliedsstaat keine strengeren als die in der Richtlinie festgelegten Anforderungen vorsieht. Hiervon ausdrücklich ausgenommen sind lediglich die Festlegung niedrigerer oder ergänzender Meldeschwellen, die weitergehende Anknüpfung der Mitteilungspflicht an Kapitalanteilsschwellen, die Anforderungen an die Modalitäten der Mitteilung, insbesondere in Bezug auf ihren Inhalt und die Mitteilungsfrist sowie die Anwendung von Rechts- und Verwaltungsvorschriften, „die im Zusammenhang mit Übernahmeangeboten, Zusammenschlüssen und anderen Transaktionen stehen, die die Eigentumsverhältnisse oder die Kontrolle von Unternehmen betreffen und von Behörden, die gemäß Art. 4 der Richtlinie 2004/25/EG [...] betreffend Übernahmeangebote von den Mitgliedstaaten benannt wurden, beaufsichtigt werden". Mit Blick auf die bisherige deutsche Umsetzung der Richtlinienvorgaben stellt sich vor diesem Hintergrund insbesondere die bedeutsame Frage, ob die teilweise strengeren deutschen Zurechnungstatbestände des § 22 WpHG zukünftig fortbestehen dürfen oder vielmehr an die europäischen Vorgaben angepasst werden müssen. Nach zutreffender Auffassung ist dies nicht der Fall, da sich die zuletzt genannte Ausnahme auch auf die Zurechnungstatbestände des § 22 WpHG anwenden lässt.[292] Eine einheitliche Aufsicht durch die BaFin ist gewährleistet. Zwar steht § 22 WpHG nicht in unmittelbarem Zusammenhang mit Übernahmeangeboten. Allerdings sollte insoweit auch ein mittelbarer Zusammenhang ausreichen, der sich bereits aus dem übereinstimmenden Wortlaut des § 22 WpHG mit der unmittelbar auf Übernahmeangebote ausgerichteten Zurechnungsnorm des § 30 WpÜG ergibt.[293] Hinzu kommt, dass § 22 WpHG nach seinen Regelungszielen auch auf die Offenlegung bevorstehender Übernahmen gerichtet ist.[294]

D. Einheitliche Auslegung und Wortlautgrenze

Die Bußgeldbewehrung der §§ 21 ff. WpHG durch § 39 WpHG führt zu einer weiteren Besonderheit. § 39 WpHG ist dem Ordnungswidrigkeitenrecht zuzuordnen[295]

---

292 *Veil*, ZHR 177 (2013), 427, 434; *Von Bülow* in KöKo, WpHG, § 22 Rn. 17; *Parmentier*, AG 2014, 15, 19; *Seibt/Wollenschläger*, ZIP 2014, 545, 548 f.

293 So *Von Bülow* in KöKo, WpHG, § 22 Rn. 17.

294 Vgl. oben S. 40 ff.

295 So statt aller *Waßmer* in Fuchs, WpHG, § 39 Rn. 1.

und unterliegt damit dem Analogieverbot des Art. 103 Abs. 2 GG, § 3 OWiG.[296] Es handelt es sich um eine Blankettnorm, die im hier interessierenden Zusammenhang tatbestandlich stets einen Verstoß gegen Mitteilungs- oder Veröffentlichungspflichten der §§ 21 ff. WpHG voraussetzt. Damit stellt sich die Frage, ob sich das ordnungswidrigkeitenrechtliche Analogieverbot auch auf die in § 39 WpHG in Bezug genommenen Mitteilungs- und Veröffentlichungspflichten der §§ 21 ff. WpHG erstreckt. Es geht mit anderen Worten um das grundsätzliche Problem, ob Normen, die an sich dem Zivilrecht oder dem öffentlichen Recht zuzuordnen sind, aber zugleich als Blankettmerkmale eines Straf- oder Ordnungswidrigkeitentatbestands dienen, einer einheitlichen oder einer gespaltenen Gesetzesauslegung unterliegen. Im Hinblick auf die §§ 21 ff. WpHG plädiert die überwiegende Auffassung in Literatur und Rechtsprechung für eine einheitliche Auslegung.[297] Folgt man dieser Auffassung, so ist das Analogieverbot auch dann zu beachten, wenn es lediglich um die Frage der Rechtmäßigkeit einer aufsichtsrechtlichen Anordnung oder um das Vorliegen der zivilrechtlichen Sanktion des § 28 WpHG geht. Die Befürworter einer einheitlichen Auslegung verweisen auf den Wortlaut des Gesetzes, der eine gespaltene Auslegung nicht hergebe,[298] und auf das der Rechtssicherheit dienende Gebot der Einheitlichkeit der Rechtsordnung[299]. Darüber hinaus werden auch verfassungsrechtliche Bedenken geltend gemacht, die daraus resultieren sollen, dass der Rechtsprechung im Fall einer gespaltenen Auslegung die faktische Entscheidungsgewalt über die Sanktionierung einer bestimmten Verhaltensweise gegeben wird, welche aber im Bereich des Straf- und Ordnungswidrigkeitenrechts originär und ausschließlich dem Gesetzgeber zusteht.[300] Ein weiteres Argument für eine einheitliche Auslegung soll schließlich daraus folgen, dass es sich bei § 28 WpHG materiell-rechtlich betrachtet um eine Strafnorm handele, die nicht auf Kompensation, sondern auf Vergeltung

---

296 *Cahn*, AG 1997, 502, 503; *Waßmer* in Fuchs, WpHG, § 39 Rn. 1; *Widder/Kocher*, ZIP 2010, 457, 459.

297 BGH v. 19.7.2011 – II ZR 246/09, NZG 2011, 1147, 1149; *Steuer/Baur*, WM 1996, 1477, 1478; *Sudmeyer*, BB 2002, 685, 686; *Fuchs* in Fuchs, WpHG, Einl. Rn. 79; *Dehlinger/Zimmermann* in Fuchs, WpHG, Vor §§ 21 bis 30 Rn. 25 und § 22 Rn. 3; *Von Bülow/Petersen*, NZG 2009, 1373, 1375; *Veil/Dolff*, AG 2010, 385, 389; *Widder/Kocher*, ZIP 2010, 457, 459; *Fleischer/Bedkowski*, DStR 2010, 933, 936 f.; *Petersen* in Spindler/Stilz, AktG, Anh. § 22, §§ 21–30 WpHG Rn. 39; *Schwark* in Schwark/Zimmer, Vor § 21 WpHG Rn. 13; *Veil* in Schmidt/Lutter, AktG, Anh. § 22, Vor §§ 21 ff. WpHG Rn. 7; *Widder/Kocher*, GWR 2011, 461, 462; *Brellochs*, ZIP 2011, 2225, 2227; *Assmann* in Assmann/Schneider, WpHG, Einl. 73.

298 *Assmann* in Assmann/Schneider, WpHG, Einl. Rn. 73.

299 *Dehlinger/Zimmermann* in Fuchs, WpHG, Vor §§ 21 bis 30 Rn. 25; *Von Bülow/Petersen*, NZG 2009, 1373, 1375; *Veil/Dolff*, AG 2010, 385, 389; ähnlich *Brellochs*, ZIP 2011, 2225, 2227.

300 *Fuchs* in Fuchs, WpHG, Einl. Rn. 79; *Assmann* in Assmann/Schneider, WpHG, Einl. Rn. 73.

für normwidriges Verhalten gerichtet sei.[301] Demgegenüber plädieren die Vertreter einer gespaltenen Auslegung für die Möglichkeit einer Analogiebildung, soweit es um die zivilrechtlichen Rechtsfolgen[302] einer Verletzung der Mitteilungs- und Veröffentlichungspflichten der §§ 21 ff. WpHG geht.[303] Namentlich *Cahn* verweist auf das Entstehen eines Wertungswiderspruchs im Fall der einheitlichen Auslegung. So zeige sich der hohe Stellenwert der einer bestimmten Norm zugrunde liegenden gesetzgeberischen Regelungsziele gerade in der Bußgeldbewehrung dieser Norm.[304] Bei einheitlicher Auslegung führe diese Bußgeldbewehrung aber zugleich zur allgemeinen Geltung des Analogieverbots, was wiederum zur Folge habe, dass die zur besseren Durchsetzung dieser Regelungsziele ggf. zusätzlich gebotene Möglichkeit der zivilrechtlichen Sanktionierung eines bestimmten Verhaltens beschränkt wird.[305] Der aufgezeigte Meinungsstreit soll hier nicht entschieden werden. Im Verlauf der vorliegenden Abhandlung sollen allerdings Fälle aufgezeigt werden, in denen eine Analogiebildung sinnvoll erscheint, wenn man die Einschränkungen des Analogieverbots außer Betracht lässt. Auf diese Weise lassen sich möglicherweise sinnvolle Vorschläge für eine künftige Anpassung der §§ 21 ff. WpHG herausarbeiten.

Für die Abgrenzung zwischen Auslegung und Analogie ist nach ganz herrschender Meinung auf den noch möglichen Wortsinn der betrachteten Regelung abzustellen (sog. Wortlautschranke).[306] Wird die Wortlautschranke überschritten, so liegt eine Analogiebildung vor.[307] Diese ist aber nur dann verboten, wenn sie sich zu Lasten des Täters auswirkt oder auswirken kann.[308] Das Analogieverbot beschränkt auch die Möglichkeiten einer telelogischen Reduktion. Denn das Unterschreiten des Wortsinns einer der von § 39 WpHG in Bezug genommenen Vorschriften aus teleologischen Gründen ist ebenso verboten wie eine Analogiebildung, wenn sich

301 So *Widder/Kocher*, ZIP 2010, 457, 459; *dies.*, GWR 2011, 461, 462. Für eine Qualifizierung des § 28 WpHG als Strafe im materiell-rechtlichen Sinne auch *Opitz* in Schäfer/Hamann, § 28 WpHG Rn. 7.

302 Gemeint ist die Rechtsfolge des § 28 WpHG und ggf. des § 823 Abs. 2 BGB, sofern und soweit man die Mitteilungs- und Veröffentlichungspflichten der §§ 21 ff. WpHG als Schutzgesetze im Sinne des Deliktsrechts ansieht.

303 *Cahn*, AG 1997, 502, 503; *Cahn*, ZHR 162 (1998), 1, 7 ff.; *Koppensteiner* in KöKo, AktG, Anh. § 22, §§ 21 ff. WpHG Rn. 9; *Hammen*, Der Konzern 2009, 18, 20 f.; *Schürnbrand*, NZG 2011, 2013, 1214 ff.; *U. H. Schneider* in Assmann/Schneider, WpHG, Vor § 21 Rn. 48 (allerdings in gewissem Widerspruch zu der unter der Rn. 41 vertretenen Auffassung, dass eine einheitliche Auslegung vorzunehmen sei); *Hirte* in KöKo, WpHG, § 21 Rn. 7.

304 *Cahn*, ZHR 162 (1998), 1, 10 bei Fn. 34.

305 *Cahn*, ZHR 162 (1998), 1, 10 f.; ähnlich *Schürnbrand*, NZG 2011, 2013, 1214 f.

306 So statt vieler *Rogall* in Karlsruher Kommentar, OWiG, § 3 Rn. 53; *Dannecker* in Leipziger Kommentar, StGB, § 1 Rn. 250.

307 Vgl. statt aller *Rogall* in Karlsruher Kommentar, OWiG, § 3 Rn. 53.

308 So statt aller *Rogall* in Karlsruher Kommentar, OWiG, § 3 Rn. 64; *Dannecker* in Leipziger Kommentar, StGB, § 1 Rn. 282.

diese Reduktion zu Lasten des Täters auswirkt (sog. Gegenanalogie).[309] Die Wortlautschranke wirkt also in beide Richtungen. Ein Verstoß gegen das Analogieverbot liegt vor diesem Hintergrund immer dann vor, wenn die Analogiebildung oder die teleologische Reduktion zur Entstehung von einer Mitteilungspflicht im Sinne der §§ 21 ff. WpHG führen kann, die ansonsten nicht entstehen würde.

309 Vgl. *Rogall* in Karlsruher Kommentar, OWiG, § 3 Rn. 63; *Dannecker* in Leipziger Kommentar, StGB, § 1 Rn. 261.

2. Teil: Grundlagen der Investmentanlage

Ausgehend von der ursprünglichen Idee einer Kapitalanlage durch Beteiligung an einem Investmentvermögen („Investmentanlage") sollen im Folgenden zunächst die Grundprinzipien einer solchen Investmentanlage dargestellt werden. Es folgt ein Überblick über die Regulierung des Investmentrechts in Deutschland und über die verschiedenen Erscheinungsformen inländischer Investmentvermögen. Dabei sollen die grundlegenden Unterschiede zwischen den in Deutschland zugelassenen Rechtsformen der Investmentvermögen aufgezeigt werden, und zwar insbesondere im Hinblick auf die Rechtsnatur und die grundlegenden Strukturmerkmale. Die Verwaltung der Investmentvermögen soll eingehend betrachtet werden. In diesem Zusammenhang ist einerseits zu klären, inwieweit die Interessen der Anleger bei der Verwaltung berücksichtigt werden. Andererseits ist zu ergründen, ob und bejahendenfalls in welchem Umfang die Anleger und ggf. sonstige Personen zur aktiven Einflussnahme auf die Verwaltung der Investmentvermögen berechtigt sind. Von der Rechtsnatur, der Strukturierung und der Ausgestaltung der Verwaltung der Investmentvermögen hängt es ab, inwieweit den an der Investmentanlage beteiligten Personen der Stimmrechtseinfluss aus den zum Investmentvermögen gehörenden Aktien zugeordnet werden kann. Diese Zuordnung entscheidet letztlich darüber, ob ein Beteiligter im betreffenden Fall ggf. unter Berücksichtigung einer der Zurechnungstatbestände des § 22 WpHG einer Mitteilungspflicht nach § 21 Abs. 1 S. 1 WpHG unterliegt oder unterliegen kann.

§ 1 Idee und Grundprinzipien der Investmentanlage

Die Idee der Investmentanlage wurzelt in dem Bestreben, auch finanziell benachteiligten Kleinanlegern eine gleichberechtigte Teilhabe am Kapitalmarktgeschehen zu ermöglichen. Im Ausgangspunkt geht es um die Verwirklichung der Chancengleichheit aller Anleger auf dem Kapitalmarkt, welche einen zentralen Bestandteil der politischen Leitidee von der Chancengleichheit aller Menschen innerhalb eines sozial ausgerichteten und mit einer liberalen Wirtschaftsordnung ausgestatteten Staatswesens darstellt.[310] Deutlich wird dies bereits am Beispiel der im 19. Jahrhundert, zunächst in Schottland, gegründeten „Investment Trusts", welche letztlich eine Zusammenfassung einer Vielzahl von Kleinanlegern darstellten.[311] Der Zweck dieser „Investment Trusts" bestand darin, das Anlagerisiko der beteiligten Kleinanleger durch Zusammenfassung der diesen zur Verfügung stehenden finanziellen Mittel und durch Streuung der Kapitalanlage auf eine Vielzahl verschiedener

310 *Laux*, ZfK 1996, 64, 65; *Baur*, Einl. I. Rn. 1; *ders.* in Assmann/Schütze, § 20 Rn. 6.
311 Vgl. *Ebner von Eschenbach*, S. 1; *Baur*, Einl. I. Rn. 1; *ders.* in Assmann/Schütze, § 20 Rn. 7.

Vermögensgegenstände zu vermindern, um ihnen somit letztlich die gleichen Möglichkeiten der Risikobegrenzung wie den finanziell besser ausgestatteten Anlegern zu verschaffen.[312] Die Besonderheit dieser „Investment Trust" bestand zudem darin, dass sie erstmals sämtliche Grundprinzipien verwirklichten, die eine Investmentanlage bis heute prägen, nämlich der Grundsatz der Risikomischung, der Grundsatz der kollektiven Kapitalanlage und der Grundsatz der Fremdverwaltung.[313] Diese Grundprinzipien werden im Folgenden ausführlich dargestellt.

A. Der Grundsatz der Risikomischung

Zentraler Aspekt einer Investmentanlage ist die Begrenzung der mit der Kapitalanlage verbundenen Risiken durch Risikomischung.[314] Die Anlagerisiken lassen sich in einen systematischen und einen unsystematischen Teil aufspalten. Der Begriff des systematischen oder systemischen Anlagerisikos fasst alle Risiken der Kapitalanlage zusammen, die nicht aus einem spezifischen Anlageobjekt resultieren, sondern allgemein und unabhängig von der konkreten Kapitalanlage bestehen, etwa poltische Risiken, Marktrisiken, Zinsrisiken oder Währungsrisiken.[315] Demgegenüber bezeichnet der Begriff des unsystematischen Risikos alle anlagespezifischen Risiken, also insbesondere solche mit Bezug zu dem Emittenten des betreffenden Anlageobjekts.[316] Während sich der systematische Teil des Anlagerisikos nach hergebrachter Auffassung kaum begrenzen lässt, kann das unsystematische Risiko einer Kapitalanlage in der Regel durch eine Ausrichtung an dem Grundsatz der Risikomischung weitestgehend beseitigt werden.[317] Dazu wird das zur Verfügung stehende Kapital unter Zwischenschaltung des Investmentvermögens auf mehrere

---

312 Vgl. *Ebner von Eschenbach*, S. 1; *Wendt*, S. 5; *Reiter* in Kümpel/Wittig, Rn. 9.1. Dieses Prinzip lässt sich etwa aus dem Gründungsprospekt des „Foreign and Colonial Government Trust" vom 19.3.1868 entnehmen. Die Aufgaben des Trust werden in diesem Prospekt wie folgt beschrieben: „to provide the investor of moderate means the same advantage as the large capitalists in diminishing risk in foreign and colonial stocks by spreading the investment over a number of stocks". Vgl. das Zitat bei *Baur*, Einl I, Rn. 1 m.w.N. sowie die deutsche Übersetzung bei *Laux*, ZfK 1996, 64, 65.

313 *Baur* in Assmann/Schütze, § 20 Rn. 7.

314 *Von Caemmerer*, JZ 1958, 41; *Canaris*, Bankvertragsrecht, Rn. 2325; *Köndgen* in Berger/Steck/Lübbehüsen, Einl. Rn. 1 f.; *Köndgen/Schmies* in Bankrechts-Handbuch, § 113 Rn. 1 f.

315 *Fleischer/Schmolke*, ZHR 173 (2009), 649, 655; *Köndgen/Schmies* in Bankrechts-Handbuch, § 113 Rn. 2.

316 *Köndgen/Schmies* in Bankrechts-Handbuch, § 113 Rn. 2.

317 *Fleischer/Schmolke*, ZHR 173 (2009), 649, 654 f. m.w.N.; *Baums*, ZGR 2011, 218, 230 Fn. 42; weitergehend *Köndgen/Schmies* in Bankrechts-Handbuch, § 113 Rn. 2.

Anlageobjekte verteilt.[318] Es geht um die Bildung eines Portfolios.[319] Ziel ist ein angemessener Ausgleich zwischen dem Anlagerisiko und den Renditechancen,[320] und zwar unter Verhinderung einer vermeidbaren Konzentration von Anlagerisiken (sog. „Klumpenrisiko").[321] Als ökonomisches Fundament gilt heute die auf *Henry Markowitz* zurückgehende Portfoliotheorie.[322] Sie geht von der Prämisse aus, dass der Anleger für sein Portfolio bei gegebenem Risiko eine optimale Rendite bzw. bei gegebener Renditeerwartung ein möglichst geringes Risiko erstrebt.[323] Diesen Anlegererwartungen folgend besteht das Ziel der Portfoliotheorie in der Bildung eines sog. relativ effizienten Portfolios.[324] Ein solches liegt vor, wenn es kein anderes Portfolio gibt, das bei mindestens ebenso hoher Renditeerwartung ein geringeres Risiko in Form der Abweichung von diesem Erwartungswert (Varianz) oder bei höchstens gleich großer Varianz eine höhere Renditeerwartung aufweist.[325] Wirkungsvolle Risikomischung erfordert neben der Verteilung des Anlagevermögens auf eine möglichst große Zahl von Anlageobjekten (quantitatives Element) auch eine Mischung der Anlageobjekte nach verschiedenen Risikoprofilen (qualitatives Element bzw. sog. „Asset Allocation").[326] Während sich die quantitative Risikomischung lediglich durch die Kapitalanlage in eine möglichst hohe Anzahl an Anlageobjekten auszeichnet, setzt die qualitative Risikomischung eine Auswahl von Anlageobjekten voraus, die nicht vollständig positiv miteinander korrelieren.[327]

---

318 *Reiter* in Kümpel/Wittig, Rn. 9.20.

319 *Benicke*, Vermögensverwaltung, S. 100; *Fleischer/Schmolke*, ZHR 173 (2009), 649, 653; *Köndgen/Schmies* in Bankrechts-Handbuch, § 113 Rn. 2.

320 *Von Caemmerer*, JZ 1958, 41.

321 So die Begriffsbestimmung des Klumpenrisikos bei *Fleischer/Schmolke*, ZHR 173 (2009), 649, 653.

322 Grundlegend *Markowitz*, 7 J. Fin. (1952), 77 ff.

323 *Fleischer/Schmolke*, ZHR 173 (2009), 649, 653 m.w.N. zum wirtschaftswissenschaftlichen Schrifttum.

324 *Benicke*, Vermögensverwaltung, S. 101; *Köndgen/Schmies*, Bankrechts-Handbuch, § 113 Rn. 2. Die Portfoliotheorie erlaubt einen gesunden Mittelweg zwischen Anlagerisiko und Renditechance, passt aber nicht notwendigerweise zu den Anlagezielen jedes Anlegers. Vgl. zu alternativen Anlagestrategien den Überblick bei *Mülbert*, ZHR 177 (2013), 160, 166. Kritisch in neuerer Zeit etwa FAZ v. 6.10.2011, S. 22, „Markowitz funktioniert nicht mehr".

325 *Benicke*, Vermögensverwaltung, S. 101; *Schmidt/Terberger*, Grundzüge, S. 326; *Fleischer/Schmolke*, ZHR 173 (2009), 649, 653; ähnlich *Köndgen/Schmies* in Bankrechts-Handbuch, § 113 Rn. 2.

326 *Köndgen* in Berger/Steck/Lübbehüsen, § 1 InvG Rn. 26; *Köndgen/Schmies*, Bankrechts-Handbuch, § 113 Rn. 2.

327 Die Korrelation wird durch den sog. Korrelationskoeffizient bestimmt. Dieser bewegt sich zwischen +1 und -1. Bei einer Korrelation von +1 entwickelt sich der Wert aller Anlageobjekte des Portfolios erwartungsgemäß gleich. Eine Risikomischung erfolgt dann nur quantitativ. Bei einer Korrelation von -1 entwickeln sich die Werte aller Anlageobjekte des Portfolios erwartungsgemäß gegensätzlich. Das

B. Der Grundsatz der kollektiven Kapitalanlage

Eine Risikomischung in quantitativer und möglichst auch qualitativer Hinsicht setzt eine bestimmte Mindestanzahl von Anlageobjekten im Portfolio des Anlegers voraus, was wiederum nur dann möglich ist, wenn der Anleger das zur Anschaffung dieser Anlageobjekte benötigte Kapital zur Verfügung stellt.[328] Alleine werden zumindest Kleinanleger finanziell nur selten dazu in der Lage sein.[329] Die Lösung für dieses Problem besteht in der Zusammenfassung des anlagebereiten Kapitals einer Vielzahl von Anlegern.[330] Die Anleger investieren gemeinsam und profitieren infolgedessen auch gemeinsam von der Begrenzung ihrer Anlagerisiken. Durch die Zusammenfassung ihrer Kapitaleinlagen bilden sie eine wirtschaftliche „Schicksalsgemeinschaft", da sie im Ergebnis sowohl die wirtschaftlichen Chancen als auch die verbliebenen wirtschaftlichen Risiken der Kapitalanlage gemeinsam im Verhältnis ihrer Kapitaleinlagen tragen. Dieser Aspekt wird auch als Grundsatz der kollektiven Kapitalanlage bezeichnet und dient der Abgrenzung von der individuellen Vermögensverwaltung, bei der der Anleger das anlagebereite Kapital oftmals alleine aufbringt, um es einem Vermögensverwalter zur individuellen Fremdverwaltung zu überlassen, dann aber wirtschaftlich auch alleine von den Chancen und Risiken der Kapitalanlage betroffen ist.[331]

C. Der Grundsatz der Fremdverwaltung

Vervollständigt wird die Idee der Investmentanlage durch die Übertragung der Verwaltung des zusammengefassten Kapitals auf einen Fremdverwalter. Dieser an sich nicht zwingende Aspekt der kollektiven Kapitalanlage folgt aus dem Bedürfnis zur Festlegung einer an den Zielen der Kapitalanlage ausgerichteten Anlagestrategie.[332] Anleger, namentlich Kleinanleger, verfügen zumeist nicht über die notwendige Sachkenntnis, um eine solche Anlagestrategie festzulegen und durch Zusammenstellung eines passenden Portfolios umzusetzen.[333] Hinzu kommt die vor allem aus volkswirtschaftlicher Perspektive zu betrachtende zeitliche Komponente.

Ziel besteht in einer Annäherung an einen Korrelationskoeffizienten von -1. Vgl. *Fleischer/Schmolke*, ZHR 173 (2009), 649, 654; *Köndgen/Schmies* in Bankrechts-Handbuch, § 113 Rn. 2.

328 Vgl. *Von Caemmerer*, JZ 1958, 41; *Köndgen/Schmies* in Bankrechts-Handbuch, § 113 Rn. 5.

329 *Ebner von Eschenbach*, S. 2; *Canaris*, Bankvertragsrecht, Rn. 2326 f.; *Reiter* in Kümpel/Wittig, Rn. 9.1.

330 *Ebner von Eschenbach*, S. 2; *Canaris*, Bankvertragsrecht, Rn. 2327.

331 *Köndgen/Schmies* in Bankrechts-Handbuch, § 113 Rn. 5. Vgl. zur Abgrenzung zwischen individueller und kollektiver Vermögensverwaltung auch *Benicke*, Vermögensverwaltung, S. 33 ff.; *Reiter* in Kümpel/Wittig, Rn. 9.27.

332 Vgl. dazu schon oben S. 30 f.

333 *Von Caemmerer*, JZ 1958, 41; *Canaris*, Bankvertragsrecht, Rn. 2326; *Reiter* in Kümpel/Wittig, Rn. 9.1; ähnlich *Köndgen/Schmies* in Bankrechts-Handbuch, § 113 Rn. 3.

Die Einschaltung eines Fremdverwalters führt in der Regel zu Spezialisierungsvorteilen durch Arbeitsteilung.[334] Es erscheint volkswirtschaftlich vernünftiger, dass jede Person ihre eigene spezialisierte Tätigkeit ausübt, um die durch Spezialisierung erreichbaren Einsparungen insgesamt zu maximieren.[335] Die Beobachtung des Marktgeschehens, die Beschaffung und Bewertung von Informationen über die am Kapitalmarkt zur Verfügung stehenden Anlageobjekte sowie die Zusammenstellung und Anpassung des Portfolios erfordern aber einen erheblichen Zeitaufwand.[336] Deshalb sind auch bei unterstellter Sachkunde die Opportunitätskosten im Fall der Selbstverwaltung des zusammengefassten Kapitals durch die Anleger in der Regel höher als die Kosten für die Einschaltung eines spezialisierten Fremdverwalters.[337]

Konsequenterweise beschränkt sich die Fremdverwaltung des zusammengefassten Kapitals nicht auf die Bereitstellung aufbereiteter Informationen über die Möglichkeiten einer Kapitalanlage im Sinne einer Anlageberatung. Der Fremdverwalter trifft die Anlageentscheidungen mit einem gewissen Ermessensspielraum hinsichtlich der Auswahl der Anlageobjekte und ihrer Zusammenstellung vielmehr selbst und handelt dabei im Interesse der Gesamtheit der beteiligten Anleger.[338] Dies führt zu einer Trennung der wirtschaftlichen und je nach Ausgestaltung der Investmentanlage auch der dinglichen Berechtigung an den Anlageobjekten einerseits und der Zuständigkeit für die Verwaltung dieser Anlageobjekte andererseits.[339] Aus der Perspektive einzelner Anleger kann sich die Übertragung der Verwaltung auf den Fremdverwalter verbunden mit der Ausrichtung des Portfolios an den Interessen der Anlegergesamtheit nachteilig auswirken, da im Gegensatz zur individuellen Vermögensverwaltung kein Raum mehr für eine Berücksichtigung individueller Anlageziele bleibt. In der Praxis hat dies dazu geführt, dass die Investmentanlage moderner Prägung als bloßes „Konfektionsprodukt“ wahrgenommen wird.[340] Anlageziele und Anlagestrategie eines Investmentvermögens werden bereits durch den Fremdverwalter vorgegeben.[341] Die Anleger entscheiden sich sodann für ein passendes „Produkt“ und beteiligen sich durch Einzahlung eines bestimmten Geldbetrags an dem Investmentvermögen. Die sich aus individueller Anlegerperspektive ergebenden Nachteile einer solchen Standardisierung werden aber zumindest bei

---

334 *Benicke*, Vermögensverwaltung, S. 131 f. Teilweise wird auch schlicht hervorgehoben, die Anleger hätten nicht genug Zeit, um die Verwaltung selbst durchzuführen so etwa *Reiter* in Kümpel/Wittig, Rn. 9.1 Überzeugender ist indessen die volkswirtschaftliche Perspektive, die den Aspekt der Spezialisierung hervorhebt.

335 *Benicke*, Vermögensverwaltung, S. 131 f.

336 *Von Caemmerer*, JZ 1958, 41; *Canaris*, Bankvertragsrecht, Rn. 2326.

337 *Benicke*, Vermögensverwaltung, S. 131 f.

338 Vgl. *Balzer* in Derleder/Knops/Bamberger, § 51 Rn. 1; *Kienle* in Bankrechts-Handbuch, § 111 Rn. 1; *Schäfer* in Assmann/Schütze, § 23 Rn. 1.

339 *U. H. Schneider* in Assmann/Schneider, WpHG, Anh. § 22 Rn. 255.

340 *Köndgen/Schmies* in Bankrechts-Handbuch, § 113 Rn. 6.

341 *Köndgen/Schmies* in Bankrechts-Handbuch, § 113 Rn. 6.

der offenen Investmentanlage[342] dadurch abgemildert, dass jeder einzelne Anleger grundsätzlich dazu berechtigt ist, seinen Anteil an dem Investmentvermögen nach freiem Ermessen zurückzugeben, so dass er auf eine Veränderung seiner individuellen Anlageziele mit einer zügigen Anpassung seiner Investmentanlage reagieren kann.[343] Durch seine Funktion als Kapitalsammelstelle und die ihm gegebene Möglichkeit zur Anlage des eingesammelten Kapitals mit Ermessensspielraum fungiert der Fremdverwalter als Transformationsintermediär am Kapitalmarkt und lässt sich daher auch selbst als institutioneller Anleger bezeichnen.[344] Dies gilt ungeachtet der wirtschaftlichen Inhaberschaft der Kapitalgeber zumindest dann, wenn der Fremdverwalter rechtlicher Inhaber bzw. Eigentümer der betreffenden Anlageobjekte wird.

Hinsichtlich der Kosten der kollektiven Kapitalanlage bei zentraler Fremdverwaltung ergibt sich ein gemischter Befund. Einerseits ergeben sich durch die zentrale Fremdverwaltung Größenvorteile, die zu einer Kostenreduzierung führen.[345] Die für die Beschaffung und Bewertung der Informationen über die Anlageobjekte anfallenden Kosten entstehen nicht für jeden einzelnen Anleger, sondern nur einmalig für den Fremdverwalter.[346] Damit hat jeder Anleger auch nur den auf ihn entfallenden Anteil dieser Kosten zu tragen. Durch einheitliche Bildung des Portfolios für sämtliche beteiligte Anleger können zudem Kosten gespart werden, die bei individueller Vermögensverwaltung für die Analyse der Anlageziele des einzelnen Anlegers und für die darauf bezogene Abstimmung der Anlagestrategie anfallen würden.[347] Schließlich lassen sich auch bei der Abwicklung von Wertpapiertransaktionen Kostenvorteile erzielen, indem die Inanspruchnahme von Dienstleistungen, etwa die Ausführung der Kauf- und Verkaufsaufträge oder die Depotführung, gleichzeitig für eine Vielzahl von Anlegern erfolgt.[348] Andererseits wird der Fremdverwalter für seine Tätigkeit eine Gebühr verlangen.[349] Hinzu kommt die Gefahr der Entstehung sog. Agenturkosten.[350] Die Anleger können die Qualität der Tätigkeit des Fremdverwalters grundsätzlich nicht vollständig kontrollieren, so dass dieser möglicherweise nur unzureichenden Anreizen unterliegt, ein aus der Perspektive der Anleger

342 Vgl. unten S. 73 f.
343 Vgl. *Köndgen/Schmies* in Bankrechts-Handbuch, § 113 Rn. 6.
344 Vgl. dazu bereits oben S. 16 ff.
345 *Benicke*, Vermögensverwaltung, S. 132 ff.
346 *Benicke*, Vermögensverwaltung, S. 135.
347 Dieser Kostenvorteil steht allerdings in einem Spannungsverhältnis zu dem Ziel einer optimalen Realisierung der Anlageziele des Anlegers; so insb. *Benicke*, Vermögensverwaltung, S. 136.
348 *Benicke*, Vermögensverwaltung, S. 137 f.
349 *Köndgen/Schmies* in Bankrechts-Handbuch, § 113 Rn. 4.
350 *Benicke*, Vermögensverwaltung, S. 141; *Köndgen* in Berger/Steck/Lübbehüsen, § 1 InvG Rn. 3; *Köndgen/Schmies* in Bankrechts-Handbuch, § 113 Rn. 4.

optimales Portfolio zusammenzustellen und zu unterhalten.[351] Agenturkosten sind vor diesem Hintergrund die Kosten für die Überwachung des Fremdverwalters zuzüglich des aus der Differenz zwischen optimalem und tatsächlichem Portfolio folgenden Verlusts (sog. „Residualkosten").[352] Durch gesetzliche Regulierung kann diese Gefahr immerhin in gewissem Umfang beseitigt werden.[353] Taugliche Mittel dafür sind etwa die Schaffung von Anreizen für einen Interessengleichlauf zwischen Fremdverwalter und Anleger, die gesetzliche Verminderung von Informationsungleichgewichten, die Einführung gesetzlicher Verhaltenspflichten und Anlagerichtlinien nebst Absicherung ihrer Einhaltung durch staatliche Aufsicht sowie nicht zuletzt die Schaffung wirkungsvoller Sanktionsmechanismen.[354]

§ 2 Die Regulierung des Investmentrechts in Deutschland

Das deutsche Investmentrecht ist seit dem 22. Juli 2013 umfassend und einheitlich in dem durch das Gesetz zur Umsetzung der Richtlinie 2011/61/EU über die Verwaltung alternativer Investmentfonds (AIFM-Umsetzungsgesetz – AIFM-UmsG) vom 4. Juli 2013 neu geschaffenen Kapitalanlagegesetzbuch („KAGB") geregelt.[355] Damit gilt erstmals ein einheitlicher gesetzlicher Rahmen für sämtliche Erscheinungsformen der Investmentanlage. Angesichts der äußerst wechselhaften Geschichte der Regulierung des Investmentrechts in Deutschland, die sich erst nach und nach auf die verschiedenen Erscheinungsformen der Investmentanlage erstreckte und durch eine fortwährende Rechtszersplitterung durch Aufteilung der normativen Vorgaben auf verschiedene Gesetze gekennzeichnet war, ist dieser Umstand positiv hervorzuheben. Dies gilt in besonderer Weise vor dem Hintergrund der ausdrücklichen Zielbestimmung des KAGB „ein in sich geschlossenes Regelwerk für [sämtliche] Investmentfonds und ihre Manager zu schaffen."[356]

Investmentanlagen wurden in Deutschland etwa seit den 1950er Jahren angeboten.[357] Bereits 1950 legte die 1949 gegründete „Allgemeine Deutsche Investment-Gesellschaft mbH" mit Sitz in München die ersten Aktienfonds auf.[358] In der politischen Diskussion bildete sich in den frühen 1950er Jahren zudem zunehmend die Auffassung, dass der Zugang breiter Bevölkerungsschichten zum Kapitalmarkt über den Weg der Investmentanlage wesentlich zur „Eigentumsbildung" beitragen

351 *Benicke*, Vermögensverwaltung, S. 141, 158 f.; *Köndgen* in Berger/Steck/Lübbehüsen, InvG, § 1 Rn. 3; *Köndgen/Schmies* in Bankrechts-Handbuch, § 113 Rn. 4.
352 *Benicke*, Vermögensverwaltung, S. 141.
353 *Benicke*, Vermögensverwaltung, S. 141 f.; *Köndgen/Schmies* in Bankrechts-Handbuch, § 113 Rn. 4.
354 Vgl. ausführlich *Benicke*, Vermögensverwaltung, S. 159 ff.
355 BGBl. I. 2013, S. 1981.
356 Begr. RegE. AIFM-UmsG, BT-Drucks. 17/12294, S. 2.
357 *Köndgen/Schmies* in Bankrechts-Handbuch, § 113 Rn. 27.
358 Vgl. ausführlich *Von Caemmerer*, JZ 1958, 41, 44; *Päsler*, S. 4.

könnte und damit gefördert werden müsste.[359] Im Zusammenspiel mündeten diese beiden Aspekte in dem Gesetz über Kapitalanlagegesellschaften (KAGG) vom 16. April 1957[360], welches den bis dahin in Deutschland nicht regulierten Bereich der Investmentanlage erstmals auf eine gesetzliche Grundlage stellte. Das KAGG sollte die notwendige Rechtssicherheit auf dem Investmentmarkt schaffen, Missbräuche durch unsolides Geschäftsgebaren verhindern und gleichzeitig vermeiden, die Entwicklung am Investmentmarkt durch zu strenge gesetzliche Bindungen zu hemmen.[361] Die vom KAGG vorgesehene Art der Investmentanlage bestand zunächst ausschließlich in der gemeinschaftlichen Beteiligung der Anleger an einem Sondervermögen, dessen Vermögensgegenstände nach dem Grundsatz der Risikomischung zusammengesetzt waren und dass von einer Kapitalanlagegesellschaft („KAG") fremdverwaltet wurde. Regelungstechnischer Anknüpfungspunkt für den Anwendungsbereich des KAGG war der Begriff der Kapitalanlagegesellschaft, die in § 1 Abs. 1 KAGG als Unternehmen bezeichnet wurde, dessen Geschäftsbetrieb darauf gerichtet ist, bei ihr eingelegtes Geld im eigenen Namen für gemeinschaftliche Rechnung der Einleger nach dem Grundsatz der Risikomischung in Wertpapieren gesondert von dem eigenen Vermögen anzulegen und über die hieraus sich ergebenden Rechte der Einleger (Anteilinhaber) Urkunden (Anteilscheine) auszustellen.

In den folgenden Jahren war das KAGG fortlaufenden Anpassungen unterworfen.[362] Mit dem Gesetz über den Vertrieb ausländischer Investment-Anteile, über die Besteuerung ihrer Erträge sowie zur Änderung und Ergänzung des Gesetzes über Kapitalanlagegesellschaften vom 28. Juli 1969[363] wurde der Anwendungsbereich des KAGG auf die Verwaltung von Grundstücken und Erbbaurechten durch Kapitalanlagegesellschaften erstreckt. Zudem wurde der inländische Vertrieb ausländischer Investmentanteile im Gesetz über den Vertrieb ausländischer Investment-Anteile und über die Besteuerung der Erträge aus ausländischen Investmentanteilen (AuslInvestmG) reglementiert und einer stärkeren aufsichtsbehördlichen Kontrolle unterworfen, um Missbräuche in diesem Bereich zu bekämpfen.[364]

Umfangreiche Veränderungen des Investmentrechts erfolgten in den 1980er Jahren durch die partielle Vereinheitlichung des Investmentrechts auf europäischer Ebene. Die regulatorischen Vorgaben wurden in der „Richtlinie 85/611/EWG des Rates vom 20. Dezember 1985 zur Koordinierung der Rechts- und Verwaltungsvorschriften betreffend bestimmte Organismen für gemeinsame Anlagen in

359 *Von Caemmerer*, JZ 1958, 41, 44.
360 BGBl. I 1957, S. 378.
361 *Von Caemmerer*, JZ 1958, 41, 44.
362 Vgl. den Überblick bei *Baur* in Assmann/Schütze, § 20 Rn. 10 ff.; *Köndgen/Schmies*, Bankrechts-Handbuch, § 113 Rn. 28 ff.
363 BGBl. I 1969, S. 986.
364 Vgl. *Köndgen/Schmies* in Bankrechts-Handbuch, § 113 Rn. 30.

Wertpapieren“ (OGAW-Richtlinie)[365] zusammengefasst. Der Anwendungsbereich der Richtlinie beschränkte sich allerdings auf den Bereich der offenen Investmentanlage und erfasste ausschließlich sog. Organismen für gemeinschaftliche Anlagen in Wertpapieren („OGAW“).[366] Ihre Vorgaben wurden durch das Gesetz zur Veränderung der Rahmenbedingungen der Finanzmärkte (Finanzmarktförderungsgesetz) vom 22. Februar 1990[367] im KAGG umgesetzt. Die für den Anwendungsbereich des KAGG maßgebliche Begriffsbestimmung der KAG in § 1 Abs. 1 KAGG wurde abgeändert und umfasste nunmehr sämtliche Unternehmen, deren Geschäftsbereich darauf gerichtet ist, bei ihnen eingelegtes Geld im eigenen Namen für gemeinschaftliche Rechnung der Einleger (Anteilinhaber) nach dem Grundsatz der Risikomischung in den nach dem KAGG zugelassenen Vermögensgegenständen gesondert vom eigenen Vermögen in Form von Wertpapier-, Beteiligungs- und Grundstücks-Sondervermögen anzulegen und über die hieraus sich ergebenden Rechte der Anteilinhaber Urkunden (Anteilscheine) auszustellen. Zudem wurde der Begriff des Spezialfonds in § 1 Abs. 2 S. 1 KAGG eingeführt. Dieser wurde als Sondervermögen definiert, dessen Anteilscheine aufgrund schriftlicher Vereinbarung mit der KAG jeweils von nicht mehr als zehn Anteilinhabern, die nicht natürliche Personen sind, gehalten werden.

Die 1990er Jahre waren in erster Linie durch regulatorische Maßnahmen des deutschen Gesetzgebers geprägt. Mit Inkrafttreten des FFG II wurde der Anwendungsbereich des KAGG auf die Investmentanlage in der Form von Geldmarkt-Sondervermögen erstreckt. Eine abermalige Neufassung des Anwendungsbereichs des KAGG erfolgte durch das FFG III, das den Begriff der KAG einerseits auf Kreditinstitute verengte, andererseits aber hinsichtlich der zugelassenen Anlageobjekte auf die Fondstypen der Investmentfondsanteil-, Gemischten Wertpapier- und Altersvorsorge-Sondervermögen erweiterte. Darüber hinaus wurde mit der Investmentaktiengesellschaft („InvAG“) eine weitere Erscheinungsform der Investmentanlage im deutschen Investmentrecht geschaffen. Eine Begriffsbestimmung der InvAG fehlte zwar zunächst. Aus § 51 Abs. 1, Abs. 3 KAGG ließ sich allerdings entnehmen, dass diese eine AG darstellte, die nach ihrem satzungsmäßig festgelegten Unternehmensgegenstand lediglich die Anlage und Verwaltung ihrer Mittel nach dem Grundsatz der Risikomischung in Wertpapieren oder stillen Beteiligungen an Wertpapieren betreiben durfte, und dies auch ausschließlich zu dem Zweck, ihre Anteilseigener aus dem Gewinn der Verwaltung des Vermögens der Gesellschaft zu beteiligen.

Weitere Gesetzgebungsmaßnahmen erfolgten zunächst auf europäischer Ebene Anfang der 2000er Jahre. Die ursprüngliche OGAW-Richtlinie wurde durch die sog.

365 ABl. Nr. L 375 v. 31.12.1985, S. 3. Vgl. eingehend zur Entwicklung des Investmentrechts auf europäischer Ebene *Reiter* in Kümpel/Wittig, Rn. 9.4 ff.

366 Vgl. zum Begriff des OGAW noch unten S. 72 ff.

367 BGBl. I 1990, S. 266.

OGAW-Richtlinie II[368] und die OGAW-Richtlinie III[369] geändert, was im Ergebnis zu einer grundlegenden Neuordnung des deutschen Investmentrechts führte. Die Umsetzung dieser beiden Richtlinien erfolgte durch das Gesetz zur Modernisierung des Investmentwesens und zur Besteuerung von Investmentvermögen (Investmentmodernisierungsgesetz) vom 15. Dezember 2003.[370] An die Stelle des KAGG und des AuslInvestmG traten das Investmentgesetz („InvG") und das Investmentsteuergesetz („InvStG"). Während der Vertrieb von Anteilen an inländischen und ausländischen Investmentvermögen fortan im InvG geregelt war, befasste sich das InvStG mit den steuerlichen Vorschriften sowohl hinsichtlich inländischer als auch ausländischer Investmentvermögen. Für die Anwendbarkeit des InvG kam es im Grundsatz auf das Vorliegen eines Investmentvermögens an, das in § 1 S. 2 InvG als Vermögen zur gemeinschaftlichen Kapitalanlage definiert wurde, das nach dem Grundsatz der Risikomischung in bestimmte, in § 2 Abs. 4 InvG aufgezählte, Vermögensgegenstände angelegt ist. Um unter anderem die einheitliche Verwendung der in der ursprünglichen OGAW-RL verwendeten Begrifflichkeiten zu gewährleisten, wurde im Jahr 2007 eine Durchführungsrichtlinie zur OGAW-RL I[371] (nachfolgend „OGAW-DurchführungsRL") geschaffen. Eine weitere Veränderung der regulatorischen Vorgaben des Europarechts erfolgte im Jahr 2009 in Folge der vollumfänglichen Ersetzung der ursprünglichen OGAW-Richtlinie durch die sog. „OGAW-Richtlinie IV"[372] (nachfolgend schlicht „OGAW-RL"). Die neu gefasste Richtlinie wurde durch das am 1. Juli 2011 vollständig in Kraft getretene Gesetz zur Umsetzung der Richtlinie 2009/65/EG zur Koordinierung der Rechts- und Verwaltungsvorschriften betreffend bestimmte Organismen für gemeinsame Anlagen in Wertpapieren vom 22. Juni 2011 im InvG umgesetzt.[373]

368 Richtlinie 2001/107/EG v. 21.1.2002 zur Änderung der Richtlinie 85/611/EG des Rates zur Koordinierung der Rechts- und Verwaltungsvorschriften betreffend bestimmte Organismen für gemeinsame Anlage in Wertpapieren (OGAW) zwecks Festlegung von Bestimmungen für Verwaltungsgesellschaften und vereinfachte Prospekte, ABl. Nr. L 41 v. 13.2.2002, S. 20.

369 Richtlinie 2001/108/EG v. 21.1.2002 zur Änderung der Richtlinie 85/611/EG des Rates zur Koordinierung der Rechts- und Verwaltungsvorschriften betreffend bestimmte Organismen für gemeinsame Anlage in Wertpapieren (OGAW) hinsichtlich der Anlagen der OGAW, ABl. Nr. L 41 v. 13.2.2002, S. 35.

370 BGBl. I 2003, S. 2676.

371 Richtlinie 2007/16/EG der Kommission vom 19. März 2007 zur Durchführung der Richtlinie 85/611/EWG des Rates zur Koordinierung der Rechts- und Verwaltungsvorschriften betreffend bestimmte Organismen für gemeinsame Anlagen in Wertpapieren (OGAW) im Hinblick auf die Erläuterung gewisser Definitionen, ABl. Nr. L 79 v. 20.3.2007, S. 11.

372 Richtlinie 2009/65/EG des Europäischen Parlaments und des Rates vom 13. Juli 2009 zur Koordinierung der Rechts- und Verwaltungsvorschriften betreffend bestimmte Organismen für gemeinsame Anlagen in Wertpapieren, ABl. Nr. L 302 v.17.11.2009, S. 32.

373 BGBl. I. 2011, S. 1126.

Seit dem 21. Juli 2011 wird die OGAW-RL auf europäischer Ebene durch die Richtlinie über die Verwaltung sog. alternativer Investmentfonds („AIFM-RL“)[374] ergänzt. Das Bedürfnis einer weitergehenden europäischen Regulierung der Investmentanlage lässt sich auf die Erfahrungen aus der sich an den Zusammenbruch der US-amerikanischen Investmentbank Lehman Brothers Inc. anschließenden jüngsten internationalen Finanzkrise zurückführen.[375] Ziel der Richtlinie ist vor diesem Hintergrund vor allem die Begrenzung der Risiken für Anleger, sonstige Marktteilnehmer und den Kapitalmarkt selbst, soweit solche Risiken aus der Tätigkeit der Verwalter alternativer, d.h. nicht durch die OGAW-RL erfasster, Investmentanlagen folgen.[376] Die Umsetzung der AIFM-RL in deutsches Recht ist durch das bereits erwähnte AIFM-UmsG mit Wirkung zum 22. Juli 2013 erfolgt. Mit dem an die Stelle des InvG getretenen KAGB wurde ein neues Gesetzbuch geschaffen, das sämtliche Vorgaben der OGAW-RL und der AIFM-RL vereint und darüber hinaus eine umfassende und in sich geschlossene Regelung sämtlicher offener und geschlossener Investmentanlagen beinhaltet („materieller Investmentfondsbegriff“).[377]

§ 3 Die Erscheinungsformen inländischer Investmentvermögen

Um die verschiedenen Erscheinungsformen der Investmentanlage zu erfassen enthält das KAGB komplexe Begriffsbestimmungen, die eine Differenzierung anhand bestimmter typenprägender Merkmale ermöglichen. Die gesetzlichen Differenzierungen sollen nachfolgend nachgezeichnet werden. Zentraler Anknüpfungspunkt ist der in § 1 Abs. 1 S. 1 KAGB definierte Begriff des Investmentvermögens, in dem sich die bereits dargestellten Grundsätze der Risikomischung, der kollektiven Kapitalanlage und der Fremdverwaltung wiederfinden. Im Anschluss daran werden die zugelassenen Erscheinungsformen des inländischen Investmentvermögens in Bezug auf ihre Rechtnatur, die ihnen zugrundeliegenden Strukturmerkmale und die Möglichkeiten ihrer Ausgestaltung skizziert. Unter Berücksichtigung der erarbeiteten Differenzierungen soll schließlich das Verwaltungsverhältnis zwischen dem Fremdverwalter des Investmentvermögens und den Anlegern betrachtet werden. Im Vordergrund steht dabei einerseits die Untersuchung der Frage inwieweit der Fremdverwalter an die Interessen der Anleger gebunden ist. Andererseits wird

---

374 Richtlinie 2011/61/EU des Europäischen Parlaments und des Rates vom 8. Juni 2011 über die Verwalter alternativer Investmentfonds und zur Änderung der Richtlinien 2003/41/EG und 2009/65/EG und der Verordnungen (EG) Nr. 1060/2009 und (EU) Nr. 1095/2010, ABl. Nr. L 174 v. 1.7.2011, S. 1.

375 Vgl. Erwägungsgründe (2) und (3) der AIFM-RL.

376 Vgl. Erwägungsgründe (2) und (3) der AIFM-RL.

377 Vgl. Begr. RegE. AIFM-UmsG, BT-Drucks. 17/12294, S. 333. Dies hervorhebend auch *Krause/Klebeck*, RdF 2013, 4, 5; *Emde/Dreibus*, BKR 2013, 89, 90; *Wollenhaupt/Beck*, DB 2013, 1950; *Burgard/Heimann*, WM 2014, 821, 822; *Jesch* in Baur/Tappen, KAGB, § 1 Rn. 4.

beleuchtet, ob und ggf. in welchem Umfang der Fremdverwalter eine aktive Einwirkung der Anleger auf seine Verwaltungstätigkeit dulden muss.

A. Das Investmentvermögen im Sinne des KAGB

Nach der Begriffsbestimmung des § 1 Abs. 1 S. 1 KAGB ist jeder Organismus für gemeinsame Anlagen, der von einer Anzahl von Anlegern Kapital einsammelt, um es gemäß einer festgelegten Anlagestrategie zum Nutzen dieser Anleger zu investieren, als Investmentvermögen zu qualifizieren. Voraussetzung ist weiter, dass der Organismus kein operativ tätiges Unternehmen außerhalb des Finanzsektors ist.

I. Begriffsmerkmale des Investmentvermögens

Diese doch sehr weite Begriffsbestimmung korrespondiert mit der gesetzgeberischen Intention, sämtliche Formen der Investmentanlage durch das KAGB zu regulieren. Da der Begriff des Investmentvermögens den Anwendungsbereich des KAGB beschreibt, kommt ihm aber gleichwohl eine Begrenzungsfunktion zu. Inhalt und Grenzen der einzelnen Begriffsmerkmale sollen nachfolgend in der gebotenen Kürze dargestellt werden. Dabei wird auch auf die Frage einzugehen sein, inwieweit sich die oben dargestellten Grundprinzipien der Investmentanlage in dem Begriff des Investmentvermögens wiederfinden.

1. Organismus für gemeinsame Anlagen

Der auf die ursprüngliche OGAW-RL zurückgehende Oberbegriff des Organismus hat für sich genommen keine wesentliche Begrenzungsfunktion. Dagegen verweist das Begriffsmerkmal „für gemeinsame Anlagen" nach seinem Wortlaut auf das Grundprinzip der kollektiven Kapitalanlage. Ein „Organismus für gemeinsame Anlagen" wird vor diesem Hintergrund jedenfalls eine in gewisser Weise verselbstständigte Vermögenszusammenfassung des von den Anlegern eingelegten Kapitals voraussetzen.[378] Vorgaben hinsichtlich der rechtlichen Form der Vermögenszusammenfassung lassen sich dagegen aus dem Tatbestandsmerkmal nicht ableiten.[379] Bei dem Organismus muss es sich insbesondere nicht um eine rechtlich selbstständige und rechtsfähige Vermögenszusammenfassung handeln. Als Indiz für das Vorliegen

---

378 *Krause/Klebeck*, RdF 2013, 4, 7 („gepoolte Anlage des investierten Vermögens in einem Vehikel"); *Wollenhaupt/Beck*, DB 2013, 1950, 1951 („Poolen" von externem Kapital); *Loritz/Uffmann*, WM 2013, 2193, 2197 („verselbstständig gepooltes Vermögen"); *Jesch* in Baur/Tappen, KAGB, § 1 Rn. 6 („rechtlich oder wirtschaftlich verselbständigtes gepooltes Vermögen"); ebenso *Weitnauer*, GWR 2014, 1, 4, der aus diesem Grund den bloßen Stimmrechtspool ohne vermögensmäßige Zusammenfassung der stimmrechtsvermittelnden Anteile zu Recht nicht als Investmentvermögen qualifiziert.

379 BaFin, Konsultation 03/2013, Begriff „Investmentvermögen", S. 2; *Wollenhaupt/Beck*, DB 2013, 1950, 1951.

eines Organismus kann eine tatsächlich verselbstständigte Teilorganisation hinsichtlich des Anlegergeldes (Stichwort „getrennter Rechnungskreis") gelten.[380]

Darüber hinaus wird der Zweckbestimmung „für gemeinsame Anlagen" vor allem ein Hinweis auf die Zuordnung der wirtschaftlichen Chancen und Risiken aus den Vermögensgegenständen des Organismus zu den Anlegern zu entnehmen sein.[381] Nach Auffassung der BaFin kommt es insoweit darauf an, dass die Anleger sowohl die wirtschaftlichen Chancen als auch die wirtschaftlichen Risiken ihrer Anlage tragen, wofür es im Fall einer wie auch immer geartete Begrenzung der Gewinnchancen und/oder Verlustrisiken der Anleger im Einzelfall allerdings ausreichen soll, dass eine wirtschaftliche Restchance zu Gunsten bzw. ein wirtschaftliches Restrisiko zu Lasten der Anleger verbleibt.[382]

Schließlich dient das Merkmal „für gemeinsame Anlagen" der Abgrenzung der kollektiven Kapitalanlage von sämtlichen Formen der individuellen Vermögensverwaltung. Die individuelle Vermögensverwaltung lässt sich mithin nicht unter den Begriff des Investmentvermögens subsumieren, so dass sie von vornherein aus dem Anwendungsbereich des KAGB herausfällt.[383]

2. Einsammeln von Kapital von einer Anzahl von Anlegern

Das Merkmal des „Einsammelns" von Kapital deutet darauf hin, dass der Gesetzgeber die Investmentvermögen als typische institutionelle Anleger einordnet, die als Kapitalsammelstelle zu einer Produkttransformation am Kapitalmarkt beitragen.[384] Nach Auffassung der BaFin soll ein „Einsammeln" von Kapital in Anlehnung an die von der ESMA entwickelten Leitlinien immer dann vorliegen, wenn der Organismus im Rahmen seiner Geschäftstätigkeit direkte oder indirekte Schritte unternimmt, um bei einem oder mehreren Anlegern mit dem Ziel einen gemeinsamen Return für die Anleger zu generieren Kapital zu beschaffen und/oder eine gewerbsmäßige Kommunikation zwischen dem Kapital suchenden Organismus und dem zukünftigen Anleger stattfindet, die eine solche Kapitalbeschaffung zum Ziel hat.[385] Darüber hinaus lässt sich dem Begriffsmerkmal auch ein Hinweis auf den Grundsatz der Fremdverwaltung entnehmen. Das Kapital müsste nicht erst von dem Organismus „eingesammelt" werden, wenn die Kapitalanlage durch die Anleger selbst vorgenommen werden würde. Ein „Einsammeln" des Kapitals macht nur dann Sinn, wenn

380 *Loritz/Uffmann*, WM 2013, 2193, 2197.

381 So BaFin, Konsultation 03/2013, Begriff „Investmentvermögen", S. 2 ff.; *Krause/Klebeck*, RdF 2013, 4, 7; *Haisch/Helios*, BB 2013, 23, 24; *Loritz/Uffmann*, WM 2013, 2193, 2198; *Jesch* in Baur/Tappen, KAGB, § 1 Rn. 8.

382 Vgl. BaFin, Konsultation 03/2013, Begriff „Investmentvermögen", S. 2 ff.

383 *Krause/Klebeck*, RdF 2013, 4, 7.

384 Vgl. zu diesem Aspekt bereits oben S. 16 ff.

385 So BaFin, Konsultation 03/2013, Begriff „Investmentvermögen", S. 4. Ebenso *Jesch* in Baur/Tappen, KAGB, § 1 Rn. 11; Vgl. auch *Krause/Klebeck*, RdF 2013, 4, 8; *Haisch/Helios*, BB 2013, 23, 24.

die Anleger sich auf die passive Rolle als bloße Geldgeber beschränken, während der Organismus die aktive Tätigkeit der Kapitalanlage durchführt.

Dadurch dass das Kapital von einer „Anzahl" von Anlegern eingesammelt werden muss, verweist der Gesetzgeber auf den Grundsatz der kollektiven Kapitalanlage, schwächt die Umsetzung dieses Grundsatzes aber sogleich in § 1 Abs. 1 S. 3 KAGB wieder ab. Denn hiernach liegt eine „Anzahl" von Anlegern bereits dann vor, wenn die Anlagebedingungen, die Satzung oder der Gesellschaftsvertrag des Organismus die Anzahl möglicher Anleger nicht auf einen Anleger begrenzen, so dass als Mindestanforderung lediglich theoretisch mehrere Anleger an dem Investmentvermögen beteiligt sein müssen. Ein Investmentvermögen entsteht also bereits, sobald ein einziger Anleger an ihm beteiligt ist, sofern es formal offen für weitere Anleger ist.[386]

3. Investition zum Nutzen dieser Anleger

Dass das eingesammelte Kapital „zum Nutzen der Anleger" investiert werden muss, erscheint zunächst als Selbstverständlichkeit. Denn in der Erzielung eines wie auch immer gearteten „Nutzens der Anleger" besteht ja gerade der Zweck der Hergabe des Kapitals. Das Merkmal soll vor diesem Hintergrund vor allem der Abgrenzung von Investmentvermögen zu Organismen dienen, die das von ihren Kapitalgebern eingesammelte Kapital nicht zu deren Nutzen, sondern vorwiegend zu ihrem eigenen Nutzen einsammeln, es also etwa zur Finanzierung ihrer eigenen Geschäftstätigkeit oder zur Absicherung ihrer eigenen Risiken verwenden.[387] Diese Abgrenzungsfunktion wird in der Literatur mit guten Argumenten kritisiert. So verweisen *Loritz* und *Uffmann* darauf, dass der egoistisch handelnde Unternehmer das Anlegergeld außerhalb der Restriktionen des KAGB verwenden könnte, während der altruistisch im Interesse der Anleger handelnde Unternehmer den strengeren gesetzlichen Regeln des KAGB unterworfen wäre.[388] Im Ergebnis dürfte es darauf ankommen, ob der Nutzen des Verwalters des hergegebenen Kapitals noch als Vergütung für das Auflegen des Organismus und seine Verwaltungstätigkeit angesehen werden kann. Indessen muss es freilich dabei bleiben, dass die wesentliche wirtschaftlichen Chancen und Risiken der Investmentanlage den Anlegern zuzuordnen sind.

---

386 *Krause/Klebeck*, RdF 2013, 4, 8; *Loritz/Uffmann*, WM 2013, 2193, 2197; *Jesch* in Baur/Tappen, KAGB, § 1 Rn. 9. Vor Inkrafttreten des KAGB wurde für Publikumssondervermögen eine Mindestzahl von zwei Anlegern gefordert, um sog. „Millionärsfonds" auszuschließen, vgl. *Reiter* in Kümpel/Wittig, Rn. 9.19. Durch die Klarstellung des § 1 Abs. 1 S. 3 KAGB besteht diese Einschränkung nicht mehr.

387 Vgl. BaFin, Konsultation 03/2013, Begriff „Investmentvermögen", S. 6. Ebenso wohl *Haisch/Helios*, BB 2013, 23, 25; ähnlich *Jesch* in Baur/Tappen, KAGB, § 1 Rn. 18 („*alignement of interest* derart [...], dass der Fondsmanager das Kapital grundsätzlich nur dort einzusetzen hat, wo er eine Renditechance für den Anleger und sich selbst sieht").

388 *Loritz/Uffmann*, WM 2013, 2193, 2200.

4. *Investition nach einer festgelegten Anlagestrategie*

Wie bereits ausgeführt gehört die Festlegung einer an den Anlagezielen ausgerichteten Anlagestrategie zu den Grundvoraussetzungen jedweder rationalen Kapitalanlage.[389] Dies erkennt der Gesetzgeber ausdrücklich an, indem er die Formulierung einer Anlagestrategie zur Anwendungsvoraussetzung des KAGB erklärt. Nach der Gesetzesbegründung soll mit diesem Begriffsmerkmal klargestellt werden, dass die Kriterien der Kapitalanlage in einem Umfang schriftlich bestimmt sein müssen, die über den Umfang der Bestimmung der allgemeinen Geschäftsstrategie des Organismus herausgeht.[390] Die Handlungsspielräume des Fremdverwalters sollen entsprechend eingeschränkt werden.[391] Es ist also jedenfalls zu fordern, dass für den Zeitraum der Kapitalanlage in das betreffende Investmentvermögen überhaupt eine bestimmte und verbindliche Anlagestrategie festgelegt wird.[392] Da die Anlagestrategie auch in Abhängigkeit von der Risikoneigung des Anlegers bestimmt wird, spielt in diesem Zusammenhang auch der Aspekt der Risikomischung eine Rolle. Durch die Begriffsbestimmung macht der Gesetzgeber zwar deutlich, dass sich die Investmentanlage nicht in jedem Fall vorrangig am Grundsatz der Risikomischung orientieren muss. Vielmehr ist insoweit zwischen OGAW und den übrigen Erscheinungsformen der Investmentanlage zu differenzieren. Für OGAW wird die Beachtung des Grundsatzes der Risikomischung durch die Begriffsbestimmung der OGAW-RL bereits begrifflich vorausgesetzt. Dies trifft auch nach Umsetzung der Vorgaben der OGAW-RL im KAGB zu. Das KAGB enthält zahlreiche Vorschriften, die der Risikobegrenzung dienen, etwa Erwerbsbeschränkungen in Bezug auf die Art und die Anzahl bestimmter Vermögensgegenstände. Darüber hinaus wurde als Mindestanforderung einer Risikomischung nach der bisherigen Verwaltungspraxis gefordert, dass das Investmentvermögen in mehr als drei Vermögensgegenständen mit unterschiedlichen Anlagerisiken angelegt sei.[393] Alternative Investmentanlagen dürfen demgegenüber auch risikoreichere Anlagestrategien verfolgen, die sich nicht vorrangig am Grundsatz der Risikomischung orientieren. Freilich gilt das nicht grenzenlos. Auch für die einzelnen Erscheinungsformen alternativer Investmentanlagen finden sich im KAGB zahlreiche weitere Vorgaben über die Möglichkeiten und Grenzen solcher Anlagestrategien.[394]

---

389 Siehe dazu oben S. 30 f.

390 Begr. RegE. AIFM-UmsG, BT-Drucks. 17/12294, S. 351; auf diese Abgrenzung hinweisend auch *Krause/Klebeck*, RdF 2013, 4, 9. Vgl. zu den typischen Merkmalen, die auf das Vorliegen einer festgelegten Anlagestrategie schließen lassen BaFin, Konsultation 03/2013, Begriff „Investmentvermögen", S. 5; *Krause/Klebeck*, RdF 2013, 4, 8 f.; *Jesch* in Baur/Tappen, KAGB, § 1 Rn. 15.

391 Vgl. Begr. RegE. AIFM-UmsG, BT-Drucks. 17/12294, S. 351.

392 Vgl. *Merkt*, BB 2013, 1986, 1990; kritisch zu diesem Begriffsmerkmal angesichts der damit einhergehenden Abgrenzungsprobleme *Loritz/Uffmann*, WM 2013, 2193, 2199.

393 Vgl. BaFin, Rundschreiben 14/2008, Ziff. I. 1. lit. b).

394 Vgl. in Bezug auf Aktien als Anlageobjekt noch unten S. 167 ff.

5. *Kein operativ tätiges Unternehmen*

Mit der begrifflichen Einschränkung, dass das Investmentvermögen kein operativ tätiges Unternehmen außerhalb des Finanzsektors sein darf, soll angesichts der im Übrigen sehr weiten Begriffsmerkmale des § 1 Abs. 1 S. 1 KAGB klargestellt werden, dass produzierende und sonstige operativ tätige Unternehmen außerhalb des Finanzsektors aus dem Anwendungsbereich des KAGB herausfallen.[395]

II. *Differenzierung zwischen OGAW und AIF*

Wie bereits mehrfach angedeutet können Investmentvermögen entweder als OGAW oder als alternative Investmentanlagen ausgestaltet werden. Letztere werden im KAGB als alternative Investmentfonds („AIF“) bezeichnet. Erforderlich ist eine Negativabgrenzung. Als OGAW gelten nach § 1 Abs. 2 S. 1 KAGB sämtliche Investmentvermögen, die die Anforderungen der OGAW-RL erfüllen. Alle übrigen Investmentvermögen sind nach § 1 Abs. 3 KAGB als AIF zu qualifizieren. Für die Abgrenzung kommt es folglich auf die in der OGAW-RL enthaltene Begriffsbestimmung des OGAW an, die sich in Art. 1 Abs. 2 der Richtlinie findet. Nach Art. 1 Abs. 2 S. 1 lit. a) OGAW-RL muss der Organismus dem ausschließlichen Zweck dienen, beim Publikum beschaffte Gelder für gemeinsame Rechnung nach dem Grundsatz der Risikostreuung in Wertpapiere und/oder anderen in Art. 50 Abs. 1 OGAW-RL genannten liquiden Finanzanlagen zu investieren. Die Richtlinie stellt damit zunächst auf Voraussetzungen ab, die bereits zu den gemeinsamen Merkmalen eines Investmentvermögens im Sinne des § 1 Abs. 1 S. 1 KAGB gehören. So entspricht die Voraussetzung der „Beschaffung von Geldern beim Publikum“ im Wesentlichen dem Begriffsmerkmal der „Einsammlung von Kapital von Anlegern“ im Rahmen des § 1 Abs. 1 S. 1 KAGB. Die Voraussetzung einer „Investition der beschafften Gelder für gemeinsame Rechnung des Publikums“ entspricht weitestgehend dem in § 1 Abs. 1 S. 1 KAGB verwendeten Begriffsmerkmal der „Investition des beschafften Kapitals zum Nutzen der Anleger“. Hier wie dort geht es um eine Zuordnung der wirtschaftlichen Chancen und Risiken aus den erworbenen Vermögensgegenständen zu den Anlegern. Da es begrifflich lediglich auf die „Verwaltung“ der Vermögensgegenstände für Rechnung der Anleger ankommt, ist ihre rechtliche Zuordnung für das Vorliegen eines OGAW unbeachtlich.[396] Teilweise gehen die begrifflichen Voraussetzungen des OGAW aber auch über die gemeinsamen Merkmale eines Investmentvermögens hinaus. Dies gilt zunächst im Hinblick auf die schon erwähnte besondere Betonung des Grundsatzes der Risikomischung, der hier als „Grundsatz der Risikostreuung“ bezeichnet wird. Außerdem besteht eine Beschränkung auf bestimmte Anlageobjekte. Das Vorliegen eines OGAW setzt begrifflich

---

395 Begr. RegE. AIFM-UmsG, BT-Drucks. 17/12294, S. 351. Vgl. auch eingehend mit Beispielsfällen BaFin, Konsultation 03/2013, Begriff „Investmentvermögen“, S. 6 ff. sowie *Krause/Klebeck*, RdF 2013, 4, 9 f.; *Jesch* in Baur/Tappen, KAGB, § 1 Rn. 19 ff.

396 Siehe oben S. 6 ff.

voraus, dass die eingesammelten Gelder in Wertpapiere oder liquide Finanzanlagen im Sinne des Art. 50 Abs. 1 OGAW-RL investiert werden sollen. Weitergehende Anforderungen enthält Art. 1 Abs. 2 S. 1 lit. b) OGAW-RL. Hiernach ist ein OGAW auch dadurch gekennzeichnet, dass die an die Anleger ausgegeben Anteile an dem OGAW auf Verlangen der Anteilinhaber unmittelbar oder mittelbar zu Lasten des Vermögens des Organismus zurückgenommen oder ausgezahlt werden. Aufgrund dieser Rückgabemöglichkeit lassen sich OGAW stets als sog. offene Investmentvermögen qualifizieren.[397] Bestätigt wird dies durch Art. 3 lit. a) OGAW-RL, wonach die Richtlinie nicht für Organismen für gemeinsame Anlagen des geschlossenen Typs gilt. Für die rechtliche Konstruktion des OGAW sieht Art. 1 Abs. 3 S. 1 OGAW-RL drei Alternativen vor. Neben der Vertragsform, kann der OGAW die Form eines Trusts sowie die Satzungsform haben.[398]

Das KAGB folgt wie bereits erwähnt im Gegensatz zum InvG einem materiellen Investmentbegriff, der sämtliche Erscheinungsformen der Investmentanlage erfasst.[399] Ist ein Investmentvermögen als OGAW zu qualifizieren, so muss es die im KAGB umgesetzten Vorgaben der OGAW-RL erfüllen, da es anderenfalls unzulässig und damit ein unerlaubtes Investmentgeschäft ist.[400] Der Verantwortliche muss in diesem Fall mit Aufsichtsmaßnahmen der BaFin im Sinne der §§ 15, 16 KAGB sowie mit den in § 339 KAGB angeordneten strafrechtlichen Konsequenzen rechnen und haftet darüber hinaus ggf. zivilrechtlich gegenüber den Anlegern.[401] Gleiches gilt für AIF im Hinblick auf die im KAGB umgesetzten Vorgaben der AIFM-RL.[402] Die Anknüpfung an einen materiellen Investmentbegriff hat zur Folge, dass es nicht mehr der Entscheidung der an der Investmentanlage beteiligten Personen obliegt, sich durch die entsprechende Strukturierung des Investmentvermögens einer gesetzlichen Regulierung zu entziehen.[403] Vielmehr unterfallen nunmehr grundsätzlich sämtliche Erscheinungsformen der kollektiven Fremdverwaltung von Vermögen in den Anwendungsbereich des KAGB.[404] Dies gilt nur dann nicht, wenn einer der in § 2 KAGB geregelten Ausnahmefälle vorliegt.

III. Differenzierung zwischen offenen und geschlossenen Organismen

Ob ein Organismus als offenes oder geschlossenes Investmentvermögen zu qualifizieren ist, hängt davon ab, ob die Anleger dazu berechtigt sind, ihre Anteile an dem

---

397 Vgl. *Köndgen/Schmies* in Bankrechts-Handbuch, § 113 Rn. 29. Siehe zur Abgrenzung zwischen offenen und geschlossenen Investmentvermögen sogleich unten S. 73.
398 Vgl. zur Differenzierung nach der Rechtsform unten S. 77 ff.
399 Vgl. schon oben Fn. 377.
400 Begr. RegE. AIFM-UmsG, BT-Drucks. 17/12294, S. 334.
401 Vgl. *Niewerth/Rybarz*, WM 2013, 1154, 1156.
402 Begr. RegE. KAGB, BT-Drucks. 17/12294, S. 334.
403 *Fischer/Friedrich*, ZBB 2013, 153, 157.
404 *Emde/Dreibus*, BKR 2013, 89, 90; *Wollenhaupt/Beck*, DB 2013, 1950.

Investmentvermögen zurückzugeben. Für OGAW wurde oben bereits festgestellt, dass es sich aufgrund der begrifflichen Vorgaben des Art. 1 Abs. 2 S. 1 lit. b) OGAW-RL stets um offene Investmentvermögen handelt. Die an die Anleger ausgegeben Anteile an dem OGAW müssen auf Verlangen der Anteilinhaber unmittelbar oder mittelbar zu Lasten des Vermögens des Organismus zurückgenommen oder ausgezahlt werden. In § 1 Abs. 4 Nr. 1 KAGB wird dies bestätigt. Dagegen ist im Hinblick auf AIF zu differenzieren. Sie können als offene oder auch als geschlossene Investmentvermögen konzipiert sein. Als offene Investmentvermögen gelten nach § 1 Abs. 4 Nr. 2 KAGB nur solche AIF, deren Anleger oder Aktionäre mindestens einmal pro Jahr das Recht zur Rückgabe ihrer Anteile oder Aktien an dem AIF gegen Rückzahlung haben, wobei Mindesthaltefristen und die (gesetzlich vorgesehene) Möglichkeit der Aussetzung oder Beschränkung der Rücknahme unberücksichtigt bleiben. Im Übrigen handelt es sich bei AIF um geschlossene Investmentvermögen, was in § 1 Abs. 5 KAGB nochmals klargestellt wird.

Die Besonderheit des offenen Investmentvermögens besteht letztlich in der theoretischen Möglichkeit zur Ausgabe einer unbegrenzte Zahl von Anteilen oder Aktien an dem Investmentvermögen in Kombination mit dem Recht der Anleger zur Rückgabe dieser Anteile oder Aktien (sog. „open-end-Prinzip“).[405] Das Rückgaberecht ist eine unmittelbare Folge des Grundsatzes der Risikomischung. Die an diesem Grundsatz ausgerichtete Investmentanlage des Kleinanlegers soll nicht dadurch gefährdet werden, dass er bei der Realisierung der Gewinne aus seiner Anlage auf die Unwägbarkeiten des Kapitalmarkts angewiesen ist, die ihn unter Umständen dazu zwingen könnten, seinen Anteil an dem Investmentvermögen unter Wert zu verkaufen.[406] Vielmehr soll der Anleger die Möglichkeit haben, seinen Anteil frei von diesen Unwägbarkeiten gegen Wertersatz zurückzugeben. Im KAGB ist das open-end-Prinzip unter Berücksichtigung der jeweiligen Rechtsform des Investmentvermögens differenziert ausgestaltet.[407]

IV. *Differenzierung nach der Herkunft des Organismus*

Das KAGB differenziert ferner nach der Herkunft des Organismus zwischen inländischen, EU- und ausländischen Investmentvermögen. Für die Zwecke der vorliegenden Abhandlung werden ausschließlich inländische Investmentvermögen betrachtet, die nach § 1 Abs. 7 KAGB dadurch gekennzeichnet sind, dass sie dem inländischen Recht unterliegen. Die Abgrenzung richtet sich nach den Regelungen des internationalen Privatrechts.[408] Inländische Investmentvermögen können

405 *Canaris*, Bankvertragsrecht, Rn. 2337 f.; *Reiter* in Kümpel/Wittig, Rn. 9.53 f.

406 *Von Caemmerer*, JZ 1958, 41, 47; *Canaris*, Bankvertragsrecht, Rn. 2338; *Reiter* in Kümpel/Wittig, Rn. 9.54.

407 Vgl. für das Sondervermögen § 98 Abs. 1 KAGB, für die Investmentaktiengesellschaft mit veränderlichem Kapital §§ 115, 116 Abs. 1, Abs. 2 KAGB und für die offene Investmentkommanditgesellschaft § 133 Abs. 1 KAGB.

408 Begr. RegE. AIFM-UmsG, BT-Drucks. 17/12294, S. 352.

grundsätzlich sowohl als OGAW als auch als AIF ausgestaltet werden. EU-Investmentvermögen sind nach § 1 Abs. 8 KAGB Investmentvermögen die dem Recht eines anderen EU- oder EWR-Mitgliedstaates unterliegen. Auch sie können als OGAW oder AIF ausgestaltet werden. Ausländische Investmentvermögen können nur als AIF ausgestaltet werden. Dies erklärt sich vor dem Hintergrund der im KAGB angelegten Negativabgrenzung zwischen OGAW und AIF. Da ein Investmentvermögen nur dann als OGAW zu qualifizieren ist, wenn es die Anforderungen der OGAW-RL erfüllt und sich der Geltungsbereich dieser Richtlinie nicht auf Drittstaaten erstreckt, kann es keine ausländischen OGAW geben. Folgerichtig definiert § 1 Abs. 9 KAGB auch ausschließlich ausländische AIF, und zwar als AIF, die dem Recht eines Drittstaates unterliegen.

V. Differenzierung nach dem Anlegerkreis

Schließlich lassen sich die Investmentvermögen im Sinne des KAGB nach dem Kreis der zugelassenen Anleger unterscheiden. Allgemein ist dabei zwischen Publikumsinvestmentvermögen und Spezialinvestmentvermögen zu differenzieren. Das KAGB behilft sich abermals mit einer Negativabgrenzung. Spezialinvestmentvermögen können nicht als OGAW, sondern ausschließlich als AIF ausgestaltet werden. Deshalb findet sich im KAGB auch lediglich eine Begriffsbestimmung für Spezial-AIF. § 1 Abs. 6 S. 1 KAGB definiert diese als AIF, deren Anteile aufgrund von schriftlichen Vereinbarungen mit der Verwaltungsgesellschaft oder aufgrund der konstituierenden Dokumente des AIF nur von professionellen und semi-professionellen Anlegern gehalten werden dürfen. Alle übrigen Investmentvermögen sind nach § 1 Abs. 6 S. 2 KAGB Publikumsinvestmentvermögen.

Als professionelle Anleger gelten nach § 1 Abs. 19 Nr. 32 KAGB sämtliche Anleger, die nach Anhang II MiFID als professionelle Kunden angesehen oder auf Antrag als solche behandelt werden. Dies betrifft vor allem bestimmte institutionelle Anleger, große Unternehmen und Staaten bzw. staatliche Einrichtungen.[409] Welche Anleger als semi-professionell zu qualifizieren sind, wird in § 1 Abs. 19 Nr. 33 KAGB im Einzelnen bestimmt. Erfasst sind zunächst sämtliche Anleger, die eine beträchtliche Geldsumme in ein Investmentvermögen investieren. Eine Investition von 10 Millionen Euro qualifiziert jeden Anleger ohne weitere Voraussetzungen als semi-professionell. Ab einer Investitionssumme von 200.000 Euro ist ein Anleger als semi-professionell zu qualifizieren, wenn die weiteren in § 1 Abs. 19 Nr. 33 lit. a) KAGB genannten Voraussetzungen vorliegen, zu denen unter anderem eine schriftliche Bestätigung gehört, wonach er sich den Risiken seiner Investition bewusst ist. Eine solche Bestätigung kann gerade bei einer Kapitalanlage über einen AIF im Eigeninteresse des Anlegers liegen, zumal die Zusammenstellung der Anlageobjekte in diesem Fall möglicherweise nicht vorrangig am Grundsatz der Risikomischung ausgerichtet ist. Als weitere Anlegergruppe definiert § 1 Abs. 19 Nr. 31 die sog.

409 Vgl. im Einzelnen die umfangreiche Aufzählung in Anhang II MiFID.

Privatanleger, welche im Wege der Negativabgrenzung sämtliche Anleger umfasst, die weder als professionelle noch als semiprofessionelle Anleger zu qualifizieren sind. Diese Kategorie erfasst im Regelfall die typischen Kleinanleger.[410] Da diese sich nicht an Spezial-AIF beteiligen dürfen, bleibt ihnen nur die Investmentanlage im Wege der Beteiligung an einem OGAW oder Publikums-AIF.

VI. Verwaltung des Investmentvermögens

Nach der an den Grundsatz der Fremdverwaltung anknüpfenden gesetzlichen Konzeption des KAGB wird das Investmentvermögen nicht durch die Anleger, sondern stets durch eine andere Person verwaltet. Diese Person bezeichnet das KAGB als Verwaltungsgesellschaft, wobei es begrifflich nach dem Sitz der Verwaltungsgesellschaft zwischen Kapitalverwaltungsgesellschaften, EU-Verwaltungsgesellschaften im Sinne des § 1 Abs. 17 KAGB und ausländischen Verwaltungsgesellschaften im Sinne des § 1 Abs. 18 KAGB differenziert. Für die Zwecke der vorliegenden Abhandlung wird ausschließlich die Kapitalverwaltungsgesellschaft („KVG") betrachtet. Kapitalverwaltungsgesellschaften sind nach der in § 17 Abs. 1 S. 1 KAGB enthaltenen Begriffsbestimmung Unternehmen mit satzungsmäßigem Sitz und Hauptverwaltung im Inland, deren Geschäftsbetrieb darauf gerichtet ist, inländische Investmentvermögen, EU-Investmentvermögen oder ausländische AIF zu verwalten. Die Verwaltung eines Investmentvermögens setzt nach § 17 Abs. 1 S. 2 KAGB voraus, dass mindestens die Portfolioverwaltung oder das Risikomanagement für ein oder mehrere Investmentvermögen erbracht wird. Verwaltet die KVG mindestens einen OGAW oder beabsichtigt sie dies, wird sie gemäß § 1 Abs. 15 KAGB auch als OGAW-Kapitalverwaltungsgesellschaft bezeichnet. Entsprechend wird die KVG gemäß § 1 Abs. 16 KAGB auch als AIF-Kapitalverwaltungsgesellschaft bezeichnet, wenn sie mindestens einen AIF verwaltet oder dies beabsichtigt.

Der zweiten Abschnitt des KAGB (§§ 17–67 KAGB) enthält eine umfassende Regulierung der Verwaltungsgesellschaften. Aus § 17 Abs. 2 KAGB folgt, dass die Fremdverwaltung des Investmentvermögens entweder durch eine externe oder durch eine interne KVG erfolgt. Externe KVGen sind nach § 17 Abs. 2 Nr. 1 KAGB solche, die vom Investmentvermögen oder im Namen des Investmentvermögens bestellt und aufgrund dieser Bestellung für die Verwaltung des Investmentvermögens verantwortlich sind. Nach § 18 Abs. 1 KAGB dürfen sie nur in der Rechtsform einer AG, einer GmbH oder einer GmbH & Co. KG betrieben werden. Die in der Rechtsform einer GmbH betriebene KVG muss einen Aufsichtsrat nach Maßgabe des § 18 Abs. 2 KAGB bilden. In entsprechender Form muss die in der Rechtsform der GmbH & Co. KG betriebene KVG einen Beirat bilden. Nach Maßgabe des § 101 Abs. 3 KVG ist ein unabhängiges Aufsichtsratsmitglied in den Aufsichtsrat bzw. in den Beirat zu wählen, sofern die KVG nicht ausschließlich Spezial-AIF verwaltet. Gemäß § 17 Abs. 4 S. 1, Abs. 5 KAGB sollen die Mitglieder des Aufsichtsrats oder

410 Vgl. zum Typus des Kleinanlegers oben S. 14 f.

des Beirats ihrer Persönlichkeit und ihrer Sachkunde nach die Wahrung der Interessen der Anleger gewährleisten, soweit sie nicht als Arbeitnehmervertreter gewählt worden sind. Bei internen KVGen handelt es sich nach § 17 Abs. 2 Nr. 2 S. 1 KAGB um das Investmentvermögen selbst, wenn die Rechtsform des Investmentvermögens eine interne Verwaltung zulässt und der Vorstand oder die Geschäftsführung des Investmentvermögens entscheidet, keine externe KVG zu bestellen.

Gemäß § 20 Abs. 1 S. 1 KAGB bedarf der Geschäftsbetrieb einer KVG der schriftlichen Erlaubnis durch die BaFin. Die Voraussetzungen und das Verfahren der Erlaubniserteilung richten sich nach den §§ 20 ff. KAGB. Die Zulassungsvoraussetzungen unterscheiden sich in Abhängigkeit davon, ob es sich um eine OGAW-KVG[411] oder eine AIF-KVG[412] handelt. § 23 KAGB enthält einen Katalog von Tatbeständen, bei deren Vorliegen die Erlaubnis zu versagen ist. Wird keine externe KVG bestellt, so wird nach § 17 Abs. 2 Nr. 2 S. 2 KAGB das Investmentvermögen selbst als interne KVG zugelassen. Allgemein gelten für KVGen gesteigerte Kapitalanforderungen, die sich aus § 25 KAGB ergeben. So müssen interne KVGen mit einem Anfangskapital von mindestens 300.000 Euro ausgestattet sein, während für externe KVGen ein Anfangskapital von mindestens 125.000 Euro ausreicht. Daneben müssen zusätzliche Eigenmittel nach Maßgabe des § 25 Abs. 1 Nr. 2 KAGB vorhanden sein. Die Erlaubnis zum Geschäftsbetrieb der KVG ist gemäß § 23 Nr. 1 KAGB zu versagen, wenn das Anfangskapital und die zusätzlichen Eigenmittel nicht zur Verfügung stehen. In den §§ 26–38 KAGB findet sich ein umfassender Katalog allgemeiner Verhaltens- und Organisationspflichten für sämtliche KVGen, während in den §§ 39–43 KAGB die zulässigen Maßnahmen der Aufsichtsbehörde in Bezug auf die Aufsicht über die Tätigkeit der KVGen aufgezählt werden. Weitere Pflichten für AIF-KVGen sind in den §§ 44–48 KAGB geregelt. Die §§ 49–67 KAGB enthalten schließlich Vorschriften über den grenzüberschreitenden Dienstleistungsverkehr von Verwaltungsgesellschaften.

B. Rechtsformen des Investmentvermögens

Wie die bisherigen Ausführungen zeigen, lassen sich Investmentvermögen anhand bestimmter typenprägender Merkmale klassifizieren. Diese Klassifizierung sagt aber noch nichts darüber aus, ob ein bestimmtes Investmentvermögen tatsächlich errichtet und betrieben werden darf. Die Erlaubnisfähigkeit richtet sich vielmehr nach den bindenden Vorgaben des KAGB. Solche Vorgaben bestehen vor allem in Bezug auf die rechtliche Konstruktion des Investmentvermögens. Inländische Investmentvermögen dürfen lediglich als Sondervermögen, als Investmentaktiengesellschaft („Investment-AG") und als Investmentkommanditgesellschaft („Investment-KG") errichtet werden. Nach § 1 Abs. 11 KAGB werden die Investment-AG und die Investment-KG allgemein auch als Investmentgesellschaft bezeichnet. Wenn im Folgenden

411 Vgl. § 21 KAGB.

412 Vgl. § 22 KAGB. Die Zulassung als AIF-KVG ist nur unter den dort genannten erweiterten Voraussetzungen möglich.

von Investmentgesellschaften die Rede ist, sind daher sowohl die Investment-AG als auch die Investment-KG angesprochen.

I. Errichtung als Sondervermögen

Sondervermögen sind nach der Begriffsbestimmung in § 1 Abs. 14 KAGB inländische offene Investmentvermögen in Vertragsform, die von einer Verwaltungsgesellschaft für Rechnung der Anleger nach Maßgabe des KAGB und den Anlagebedingungen, nach denen sich das Rechtsverhältnis der Verwaltungsgesellschaft zu den Anlegern bestimmt, verwaltet werden.

1. Gestaltungsmöglichkeiten

Aus der Begriffsbestimmung des § 1 Abs. 10 KAGB folgt, dass es sich bei einem Sondervermögen stets um ein offenes Investmentvermögen handeln muss.[413] Es kann grundsätzlich als OGAW oder als AIF errichtet werden. Spezialsondervermögen sind zwingend als AIF auszugestalten. Die Gestaltungsmöglichkeiten bei der Errichtung eines Sondervermögens und die damit einhergehenden gesetzlichen Vorgaben lassen sich schaubildartig wie folgt darstellen:

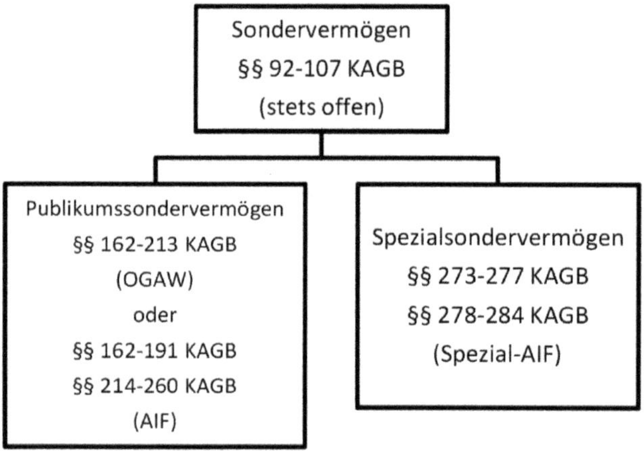

2. Vertragsform

Seiner Rechtsnatur nach ist ein Sondervermögen lediglich eine unselbstständige Zusammenfassung verschiedener Vermögensgegenstände ohne eigene Rechtspersönlichkeit und Rechtsfähigkeit.[414] Wie sich der Begriffsbestimmung des § 1 Abs. 10

413 Ebenso i.E. *Zetzsche*, AG 2013, 613.

414 *Ebner von Eschenbach*, S. 10; *Graulich*, S. 16; *Ohl*, S. 27 („rechtlich unselbständiger Inbegriff von Vermögensgegenständen im Sinne von § 260 Abs. 1 BGB"); *Schmitz*

KAGB entnehmen lässt wird es in Vertragsform errichtet. Dies geschieht durch den Abschluss eines auch als „Investmentvertrag" bezeichneten schuldrechtlichen Vertrags zwischen der KVG und den Anlegern.[415] Hervorzuheben ist in diesem Zusammenhang, dass die Anleger nicht nach und nach Vertragspartei eines einzigen Investmentvertrags werden. Vielmehr schließt jeder Anleger einen gesonderten Investmentvertrag mit der KVG ab. Für individualvertragliche Regelungen bleibt gleichwohl wenig Raum. Dies folgt bereits aus der Ausrichtung der Investmentanlage an dem Grundsatz der kollektiven Kapitalanlage, der einheitliche Vertragsbedingungen für sämtliche beteiligte Anleger erfordert.[416] Oben wurde bereits darauf hingewiesen, dass Beteiligungen an Sondervermögen heute als vorgefertigtes Produkt angeboten werden.[417] Technisch geschieht dies durch die Verwendung von sog. Anlagebedingungen, die für eine Vielzahl von Investmentverträgen vorformuliert sind und heute als das „inhaltliche Kernstück"[418] des Investmentvertrags gelten. Diese werden in der Regel vorab bekanntgegeben und können insofern als invitatio ad offerendum qualifiziert werden.[419] Wird das Sondervermögen als Publikumsinvestmentvermögen errichtet, so bestehen besondere Anforderungen an den Mindestinhalt der Anlagebedingungen, die sich aus § 162 Abs. 2 KAGB ergeben. In der Praxis werden in der Regel mit der BaFin abgestimmte und im Einzelfall wenn überhaupt nur geringfügig veränderte Musterbedingungen benutzt.[420]

Der Investmentvertrag ist seiner Rechtsnatur nach als Geschäftsbesorgungsvertrag mit Dienstvertragscharakter zu qualifizieren.[421] Inhaltlich regelt er die grundlegenden Rechtsbeziehungen zwischen der KVG und dem betreffenden Anleger,[422] also

---

in Berger/Steck/Lübbehüsen, Vor §§ 30–45 InvG Rn. 10 f.; *Nietsch* in Emde/Dornseifer, InvG, Vor §§ 30–39 Rn. 22; *Beckmann* in Investment-Handbuch, § 30 InvG Rn. 4, 8; *Lichtenstein* in Baur/Tappen, KAGB, § 91 Rn. 14; *Döser* in Patzner/Döser/Kempf, KAGB, § 92 Rn. 2.

415 *Schmitz* in Berger/Steck/Lübbehüsen, Vor §§ 30–45 InvG Rn. 12; *Nietsch* in Emde/Dornseifer, InvG, Vor §§ 30–39 und §§ 41–45 Rn. 19; *v. Ammon/Izzo-Wagner* in Baur/Tappen, KAGB, § 162 Rn. 14.

416 *Ohl*, S. 41.

417 Vgl. oben S. 60 ff.

418 So *Köndgen/Schmies* in Bankrechts-Handbuch, § 113 Rn. 117.

419 *Canaris*, Bankvertragsrecht, Rn. 2358.

420 Vgl. *Köndgen/Schmies* in Bankrechts-Handbuch, § 113 Rn. 117 m.w.N.

421 *Barocka*, Investment, S. 62; *Klenk*, Investmentanteil, S. 12; *Canaris*, Bankvertragsrecht, Rn. 2352; *Ohl*, Investment-Dreieck, S. 45 f.; *Schödermeier/Baltzer* in Brinkhaus/Scherer, § 15 KAGG Rn. 8; *Baur* in Assmann/Schütze, § 20 Rn. 213; *Reiter* in Kümpel/Wittig, Rn. 9.152; *Köndgen* in Berger/Steck/Lübbehüsen, § 9 InvG Rn. 15; *Steck* in Emde/Dornseifer, InvG, § 9 Rn. 13; *Burgard/Heimann*, WM 2014, 821, 826; *v. Ammon/Izzo-Wagner* in Baur/Tappen, KAGB, § 162 Rn. 15 f.; ähnlich *Gericke*, DB 1959, 1276, 1277 (Geschäftsbesorgungsvertrag mit Elementen der Kommission).

422 *Schmitz* in Berger/Steck/Lübbehüsen, Vor §§ 30–45 InvG Rn. 12.

insbesondere die Pflicht zur Verwaltung des Sondervermögens durch die KVG.[423] Als Gegenleistung für die Verwaltungstätigkeit der KVG regelt der Investmentvertrag zudem die sich aus den §§ 675 Abs. 1, 611 Abs. 1 BGB ergebende Verpflichtung der Anleger zur Vergütung dieser Verwaltungstätigkeit (sog. „management fee").[424] Daneben hat die KVG nach §§ 675 Abs. 1, 670 BGB Anspruch auf Ersatz von Aufwendungen, die sie nach den Umständen für erforderlich halten durfte, wobei in diesem Zusammenhang die in den Anlagebedingungen festgelegten Grenzen zu beachten sind.[425] Die Methode zur Berechnung der Vergütung der KVG und der zu erstatteten Aufwendungen, ihre Höhe und ihr Grund sind nach § 162 Abs. 2 Nr. 11 KAGB in den Anlagebedingungen anzugeben, wenn es sich um ein Publikumssondervermögen handelt. Zudem enthält der Investmentvertrag auch Regelungen zur Errichtung des Sondervermögens. Der Anleger verpflichtet sich zur Einzahlung eines bestimmten Geldbetrags (sog. Einlagepflicht), wobei diese Verpflichtung rechtlich entweder als Vorschuss im Sinne der §§ 675 Abs. 1, 669 BGB oder als Aufwendungsersatz nach den §§ 675 Abs. 1, 670 BGB einzuordnen ist.[426] Als Gegenleistung verpflichtet sich die KVG dazu, die Mitberechtigung des Anlegers an dem Sondervermögen in einem Anteilsschein zu verbriefen und diesen über die Verwahrstelle an den Anleger auszugeben.[427] Das Sondervermögen besteht im Ergebnis aus dem eingezahlten Geld bzw. den geleisteten Sacheinlagen, den damit angeschafften Vermögensgegenständen sowie ggf. aus gesetzlichen Surrogaten und den zum Sondervermögen gehörenden Ansprüchen.[428] Dabei ist davon auszugehen, dass das eingezahlte Geld unmittelbar mit Eingang auf einem Konto der KVG dem Sondervermögen zuzuordnen ist, ohne dass es eines weitergehenden Rechtsakts bedarf.[429] Die §§ 95–98 KAGB enthalten

---

423 *Steck* in Emde/Dornseifer, InvG, § 9 Rn. 13; *v. Ammon/Izzo-Wagner* in Baur/Tappen, KAGB, § 162 Rn. 25. Vgl. zum Inhalt der Verwaltungspflicht eingehend unten S. 93 ff.

424 *Canaris*, Bankvertragsrecht, Rn. 2438; *Köndgen/Schmies* in Bankrechts-Handbuch, § 113 Rn. 120, 127.

425 *Canaris*, Bankvertragsrecht, Rn. 2439; *Schmitz* in Berger/Steck/Lübbehüsen, § 31 InvG Rn. 22 f.; *Köndgen/Schmies* in Bankrechts-Handbuch, § 113 Rn. 120, 129.

426 *Klenk*, Investmentanteil, S. 12; *Canaris*, Bankvertragsrecht, Rn. 2354; *Köndgen/Schmies* in Bankrechts-Handbuch, § 113 Rn. 119.

427 *Klenk*, Investmentanteil, S. 5; *Köndgen/Schmies* in Bankrechts-Handbuch, § 113 Rn. 119. Vgl. zum Entstehungszeitpunkt der Mitberechtigung *Canaris*, Bankvertragsrecht, Rn. 2378 („Einzahlung").

428 *Canaris*, Bankvertragsrecht, Rn. 2399; *Schmitz* in Berger/Steck/Lübbehüsen, Vor §§ 30–45 InvG Rn. 10; *Nietsch* in Emde/Dornseifer, InvG, Vor §§ 30–39 Rn. 20; *Beckmann* in Investment-Handbuch, § 30 InvG Rn. 8; *Lichtenstein* in Baur/Tappen, KAGB, § 92 Rn. 8 ff. Umstritten ist der Entstehungszeitpunkt des Sondervermögens, vgl. dazu *Schmitz* in Berger/Steck/Lübbehüsen, Vor §§ 30–45 InvG Rn. 12; *Nietsch* in Emde/Dornseifer, InvG, Vor §§ 30–39 Rn. 19; *Beckmann* in Investment-Handbuch, § 30 InvG Rn. 4.

429 *Canaris*, Bankvertragsrecht, Rn. 2400 f.

nähere Bestimmungen zur Gestaltung, Verbriefung und Rücknahme der Anteile und zur Verwahrung der Anteilsscheine.[430]

Die Errichtung eines Sondervermögens führt nach allgemeiner Auffassung zur Begründung von fremdnützigen Treuhandverhältnissen zwischen der KVG als Treuhänder und den einzelnen Anlegern als Treugebern, wobei die Vermögensgegenstände des Sondervermögens das Treugut bilden und der Investmentvertrag als schuldrechtliche Treuhandabrede im Innenverhältnis dient.[431] Für die nähere rechtliche Einordnung dieser Treuhandverhältnisse kommt es vor dem Hintergrund der Vielgestaltigkeit des Treuhandbegriffs[432] zunächst darauf an, wie die Rechtsmacht der KVG im Außenverhältnis ausgestaltet ist. Abhängig ist dies von der in den Anlagebedingungen festgelegten Zuordnung der als Treugut zu qualifizierenden Vermögensgegenstände des Sondervermögens. Als Rechtsträger dieser Vermögensgegenstände kommen gemäß § 92 Abs. 1 S. 1 KAGB nach Maßgabe der Anlagebedingungen entweder die KVG (sog. Treuhandlösung) oder die Anleger (sog. Miteigentumslösung) in Betracht. In der Praxis stellt die Errichtung des Sondervermögens nach der Miteigentumslösung jedenfalls bei Wertpapierfonds den Regelfall dar.[433] In diesem Fall entsteht zwischen KVG und den einzelnen Anlegern jeweils ein Ermächtigungstreuhandverhältnis.[434] Dies folgt aus § 93 Abs. 1 KAGB, der für diesen Fall ausdrücklich anordnet, dass die KVG nach Maßgabe des KAGB und der Anlagebedingungen dazu berechtigt ist, im eigenen Namen über die zu dem Sondervermögen gehörenden Vermögensgegenständen zu verfügen und alle Rechte aus ihnen auszuüben. Wird demgegenüber die Treuhandlösung gewählt, so ist das Treuhandverhältnis als Vollrechtstreuhand in Form der Erwerbstreuhand zu qualifizieren.[435] Die aus den Vermögensgegenständen folgenden wirtschaftlichen Chancen und Risiken sind stets den Anlegern zuzuordnen. Dies folgt allerdings nicht aus der Verpflichtung der KVG, die zum Sondervermögen gehörenden Vermögensgegenstände nach Beendigung der Beteiligung eines Anlegers an dem Sondervermögen nach § 667 BGB an den betreffenden Anleger herauszugeben. Eine solche

---

430 Vgl. zur Rechtsnatur der Anteilsscheine *Canaris*, Bankvertragsrecht, Rn. 2371 ff.; *Lammel/Fellner* in Baur/Tappen, KAGB, § 95 Rn. 1 ff.

431 *Ebner von Eschenbach*, S. 11, 15 f.; *Gericke*, DB 1959, 1276; *Roth*, Treuhandmodell, S. 112 f.; *Canaris*, Bankvertragsrecht, Rn. 2395; *Baur*, § 6 KAGG Rn. 1, 4; *Schmitz* in Berger, Steck/Lübbehüsen, § 30 InvG Rn. 5; *Nietsch* in Emde/Dornseifer, InvG, § 30 Rn. 4; *Lichtenstein* in Baur/Tappen, KAGB, § 92 Rn. 6, 16.

432 Vgl. zum Begriff der Treuhand oben S. 6 ff.

433 *Dreibus/Schäfer*, NZG 2009, 1289; *Reiter* in Kümpel/Wittig, Rn. 9.45; *U. H. Schneider* in Assmann/Schneider, WpHG, Anh. § 22 Rn. 285; *Beckmann* in Investment-Handbuch, § 30 InvG Rn. 20; *Döser* in Patzner/Döser/Kempf, KAGB, § 92 Rn. 2.

434 *Ebner von Eschenbach*, S. 16, 18 ff.; *Coing*, S. 24; *Canaris*, Bankvertragsrecht, Rn. 2409; *Schmitz* in Berger, Steck/Lübbehüsen, § 30 InvG Rn. 6; *Beckmann* in Investment-Handbuch, § 30 InvG Rn. 18.

435 *Ebner von Eschenbach*, S. 16; *Coing*, S. 24; *Canaris*, Bankvertragsrecht, Rn. 2395; *Schmitz* in Berger, Steck/Lübbehüsen, § 30 InvG Rn. 6.

Verpflichtung existiert nicht. Sie wäre mit dem Grundsatz der kollektiven Kapitalanlage nicht vereinbar. Über § 98 Abs. 1 KAGB gilt stattdessen das „open-end"-Prinzip. Die Anleger können grundsätzlich jederzeit, bei Spezial-Sondervermögen zumindest einem im Jahr, verlangen, dass ihnen der Wert ihres Anteils gegen Rückgabe ihres Anteils an dem Sondervermögen ausgezahlt wird. Ist das Sondervermögen als OGAW zu qualifizieren, so entspricht der Rücknahmepreis gemäß § 71 Abs. 3 KAGB dem sog. Nettoinventarwert des Anteils, ggf. abzüglich eines nach § 165 Abs. 2 Nr. 8 KAGB in den Anlagebedingungen festzusetzenden Abschlags. Für die als AIF zu qualifizierenden Sondervermögen existiert keine vergleichbare Regelung zum Rücknahmepreis. Aus den §§ 217 Abs. 1, 279 Abs. 1 KAGB folgt jedoch, dass der Nettoinventarwert des Anteils dem Rücknahmepreis auch dann zugrundezulegen ist, wenn es sich bei dem Sondervermögen um einen AIF handelt. Denn hiernach ist der Nettoinventarwert in einem zeitlichen Abstand zu ermitteln, der der Rücknahmehäufigkeit der Anteile angemessen ist. Die Berechnung dieses Nettoinventarwerts wird für Publikums-Sondervermögen durch § 168 Abs. 1 KAGB geregelt. Er ergibt sich aus der Teilung des Werts des Publikums-Sondervermögens durch die Zahl der in Verkehr gelangten Anteile. Dabei ist der Wert des Publikums-Sondervermögens unter Zugrundelegung gesetzlicher oder marktüblicher Verfahren auf Grundlage der Verkehrswerte der zu dem Sondervermögen gehörenden Vermögensgegenstände und unter Abzug der aufgenommenen Kredite und der sonstigen Verbindlichkeiten zu ermitteln. Sofern ein Vermögensgegenstand zum Handel an einer Börse oder an einem anderen organisierten Markt zugelassen oder in diesen einbezogen ist, muss gemäß § 168 Abs. 2 KAGB als Verkehrswert grundsätzlich der Kurswert angesetzt werden. Für Spezial-Sondervermögen gilt vorstehendes aufgrund des Verweises in § 278 KAGB entsprechend. Über die Rückgabe ihres Anteils können die Anleger von Wertsteigerungen des gesamten Sondervermögens profitieren. Inhaltlich ist die Mitberechtigung der Anleger auch vor diesem Hintergrund als anteilige Teilhabe an den wirtschaftlichen Chancen und Risiken aus den zum Sondervermögen gehörenden Vermögensgegenständen zu qualifizieren.[436] Die wirtschaftliche Mitberechtigung sämtlicher Anleger wird durch die Begriffsbestimmung in § 1 Abs. 10 KAGB nochmals klargestellt. Ein Sondervermögen liegt begrifflich nämlich nur dann vor, wenn die Vermögensgegenstände „für Rechnung der Anleger" verwaltet werden.[437]

3. Das Rechtsverhältnis zwischen den Anlegern

Von der Rechtsnatur der Mitberechtigung der Anleger zu trennen ist die Frage, ob die Anleger auch untereinander ein Rechtsverhältnis bilden. Im Ausgangspunkt kann insoweit festgehalten werden, dass zwischen den einzelnen Anlegern

---

436 Vgl. *Baur*, § 6 KAGG Rn. 4 („wirtschaftlich Vermögen der Anteilsinhaber"); *Zeller* in Brinkhaus/Scherer, KAGG, § 6 Rn. 2; *Schmitz* in Berger/Steck/Lübbehüsen, Vor §§ 30–45 InvG Rn. 10 f., § 30 Rn. 9.

437 Vgl. zum Begriff des „Für Rechnung Haltens" bereits oben S. 6 ff.

regelmäßig keine rechtsgeschäftlichen Beziehungen bestehen.[438] Die einzelnen Anleger unterhalten zwar Rechtsbeziehungen mit der KVG, kennen einander aber oftmals überhaupt nicht.

Gleichwohl besteht jedenfalls dann ein Rechtsverhältnis zwischen den Anlegern, wenn das Sondervermögen nach der Miteigentumslösung errichtet wurde. Nach heute herrschender Meinung bilden die Anleger dann eine Bruchteilsgemeinschaft im Sinne der §§ 741 ff. BGB in Bezug auf jeden einzelnen Vermögensgegenstand des Sondervermögens.[439] Diese Bruchteilsgemeinschaft ist in mehrfacher Weise modifiziert. Einerseits statuiert § 95 Abs. 2 S. 3 KAGB entgegen § 747 BGB, dass die Anleger über ihren Anteil an den einzelnen Vermögensgegenständen des Sondervermögens nur durch gemeinschaftliche Übertragung der in dem Anteilsschein verbrieften Ansprüche, also gerade nicht bezogen auf die einzelnen Vermögensgegenstände verfügen dürfen.[440] Andererseits ist die Bruchteilsgemeinschaft durch § 99 Abs. 5 KAGB dahingehend modifiziert, dass entgegen § 749 BGB keiner der Anleger und auch nicht die Gläubiger, Pfandgläubiger und Pfändungsgläubiger eines Anlegers oder der Insolvenzverwalter über das Vermögen eines Anlegers dazu berechtigt sind, die Aufhebung der Gemeinschaft zu verlangen.[441]

Erschöpft sich die Mitberechtigung der Anleger wie im Fall der Treuhandlösung in einer wirtschaftlichen Teilhabe an den Chancen und Risiken aus den zum Sondervermögen gehörenden Gegenständen, so ist schwieriger zu bestimmen, ob zwischen den Anlegern ein besonderes Rechtsverhältnis besteht. Die Annahme einer Bruchteilsgemeinschaft würde aufgrund des Fehlens einer rechtlichen Mitberechtigung an den Vermögensgegenständen des Sondervermögens voraussetzen, dass den Anlegern andere Rechte gemeinschaftlich zustehen. In Betracht kommen insoweit die Ansprüche der Anleger aus dem Investmentvertrag. Es ist allgemein anerkannt, dass ein schuldrechtlicher Anspruch Gegenstand einer Bruchteilsgemeinschaft

438 *Schmitz* in Berger/Steck/Lübbehüsen, Vor §§ 30–45 InvG Rn. 24; *Beckmann* in Investment-Handbuch, § 30 Rn. 21.

439 OLG Stuttgart v. 10.11.2004 – 20 U 16/03, NZG 2004, 432, 434; *Von Caemmerer*, JZ 1958, 41, 46 (Fn. 44); *Ebner von Eschenbach*, S. 146; *Barocka*, Investment, S. 59 f.; *Schäcker*, Investmentsparen, S. 126 ff.; *Roth*, Treuhandmodell, S. 117; *Baur*, Investmentgesetze, § 6 KAGG Rn. 12 f.; *Zeller* in Brinkhaus/Scherer, § 6 KAGG Rn. 6; *K. Schmidt* in MüKo, BGB, § 741 Rn. 50; *U. H. Schneider* in Assmann/Schneider, WpHG, Anh. § 22 Rn. 304; *Nietsch* in Emde/Dornseifer, InvG, Vor §§ 30–39 Rn. 30; *Beckmann* in Investment-Handbuch, § 30 InvG Rn. 22; *Lichtenstein* in Baur/Tappen, KAGB, § 92 Rn. 17; a.A. *Gericke*, DB 1959, 1276 („Mischung aus Gesamthand und Bruchteilsgemeinschaft"); *Canaris*, Bankvertragsrecht, Rn. 2397 („Gesamthand"); *Schmitz* in Berger/Steck/Lübbehüsen, Vor §§ 30–45 InvG Rn. 24 ff. („Rechtsgemeinschaft eigener Art").

440 Deshalb liegt nach *Canaris* a.a.O. keine Bruchteilsgemeinschaft, sondern eine Gesamthandsgemeinschaft vor.

441 Vgl. *K. Schmidt* in MüKo, BGB, § 741 Rn. 51.

sein kann.[442] Nach teilweise vertretener Auffassung gilt dies aber nur dann, wenn dieser Anspruch durch sämtliche Gläubiger gemeinschaftlich begründet wurde, so dass gleichgerichtete Ansprüche, die mehreren Gläubigern zustehen, die aber nicht gemeinschaftlich begründet worden sind, nicht zur Entstehung einer Bruchteilsgemeinschaft führen.[443] Bei einem nach der Treuhandlösung errichteten Sondervermögen ist in diesem Zusammenhang zu berücksichtigen, dass die Anleger keinen gemeinsamen Investmentvertrag mit der KVG schließen und damit auch nicht gemeinsam an der Begründung der aus dem Investmentvertrag folgenden Rechte und Pflichten mitwirken. Im Ergebnis bestehen daher lediglich gleichartige, aber keine gemeinsam begründeten Ansprüche gegen die KVG. Aus diesem Grund wird die Entstehung einer Bruchteilsgemeinschaft in diesem Fall mitunter abgelehnt.[444] Ungeachtet dessen plädiert die überwiegende Gegenauffassung auch im Fall der Treuhandlösung für eine Einordnung des zwischen den Anlegern bestehenden Rechtsverhältnisses als Bruchteilsgemeinschaft im Sinne der §§ 741 ff. BGB an den für sämtliche Anleger identischen Ansprüchen aus den mit der KVG abgeschlossenen Investmentverträgen.[445] Dafür soll sprechen, dass das Gesetz etwa in § 99 Abs. 5 KAGB ausdrücklich von den Grundsätzen der Bruchteilsgemeinschaft abweicht und in diesem Zusammenhang auch allgemein nicht zwischen Treuhand- und Miteigentumslösung differenziert, sondern beide Erscheinungsformen des Sondervermögens mit der Folge gleich behandelt, dass auch das Rechtsverhältnis zwischen den Anlegern einheitlich bestimmt werden muss.[446] Die Einordnung als Bruchteilsgemeinschaft soll hier trotz des Vorliegens gleichartiger aber nicht

---

442 Vgl. nur *K. Schmidt* in MüKo, BGB, § 741 Rn. 42 ff.; *Hadding* in Soergel, BGB, § 741 Rn. 13.

443 *Ebner von Eschenbach*, S. 149 f.; *Langhein* in Staudinger, BGB, § 741 Rn. 125; *Gehrlein* in Bamberger/Roth, BGB, § 741 Rn. 10 („keine Gemeinschaft bei parallelen Schuldverhältnissen").

444 So *Ebner von Eschenbach*, S. 148 ff.; *Langhein* in Staudinger, BGB, § 741 Rn. 152.

445 *Schäcker*, S. 126; *Roth*, S. 116; *Baur*, § 6 KAGG Rn. 16; *Zeller* in Brinkhaus/Scherer, § 6 KAGG Rn. 7; *Nietsch* in Emde/Dornseifer, InvG, Vor §§ 30–39 Rn. 30; *Beckmann* in Investment-Handbuch, § 30 InvG Rn. 25, 27; jedenfalls für die entsprechende Anwendung der Regeln über die Bruchteilsgemeinschaft *K. Schmidt* in MüKo, BGB, § 741 Rn. 76; *Lichtenstein* in Baur/Tappen, KAGB, § 92 Rn. 22. Etwas anderes kann nach *Nietsch* in Emde/Dornseifer, InvG, Vor §§ 30–39 Rn. 31 ausnahmsweise bei Spezial-Sondervermögen gelten, wenn die Anleger eine Koordinierung ihres Handelns in Bezug auf die Überwachung der KVG verabreden, so dass sie eine BGB-Innengesellschaft bilden. Wie schon bei der Miteigentumslösung aus allgemeinen Erwägungen gegen eine Einordnung als Bruchteilsgemeinschaft *Gericke*, DB 1959, 1276 („Mischung aus Gesamthand und Bruchteilsgemeinschaft"); *Canaris*, Bankvertragsrecht, Rn. 2397 („Gesamthandsgemeinschaft"); *Schmitz* in Berger/Steck/Lübbehüsen, Vor §§ 30–45 InvG Rn. 24 ff. („Rechtsgemeinschaft eigener Art"); a.A. auch *Barocka*, Investment, S. 67 f. („GbR mit Sondervermögen als gesamthänderisch gebundenes Vermögen"); *Klenk*, Investmentanteil, S. 10.

446 *Schäcker*, S. 126 f.; *Beckmann* in Investment-Handbuch, § 30 InvG Rn. 25.

gemeinsam begründeter Ansprüche der Anleger zulässig sein, da die allgemeinen Grundsätze durch den gesetzlich abgesicherten Grundsatz der kollektiven Kapitalanlage überlagert werden.[447]

II. Errichtung als Investment-AG

Eine weitere Erscheinungsform des Investmentvermögens ist die Investment-AG. Nach § 1 Abs. 11 KAGB gehört sie zu den Investmentgesellschaften. Im Gegensatz zum Sondervermögen beteiligen sich die Anleger nicht durch schuldrechtlichen Vertrag an der Investment-AG. Ihre Beteiligung erfolgt vielmehr gesellschaftsrechtlich durch den Erwerb von Aktien.[448]

1. Gestaltungsmöglichkeiten

Investment-AGen dürfen nicht nur als offene, sondern auch als geschlossene Investmentvermögen errichtet werden.[449] Soll die Investment-AG als offenes Investmentvermögen errichtet werden, so finden gemäß § 91 Abs. 1 KAGB die Vorschriften über die Investment-AG mit veränderlichem Kapital Anwendung. Anderenfalls sind gemäß § 139 KAGB die Vorschriften über die Investment-AG mit fixem Kapital anzuwenden. Eine Investment-AG mit veränderlichem Kapital kann als OGAW, als Publikums-AIF oder als Spezial-AIF ausgestaltet werden. Im Fall der Errichtung der Investment-AG als geschlossenes Investmentvermögen verbleibt lediglich die Wahl zwischen der Ausgestaltung als Publikums-AIF oder als Spezial-AIF. Das folgende Schaubild zeigt die verschiedenen Gestaltungsmöglichkeiten:

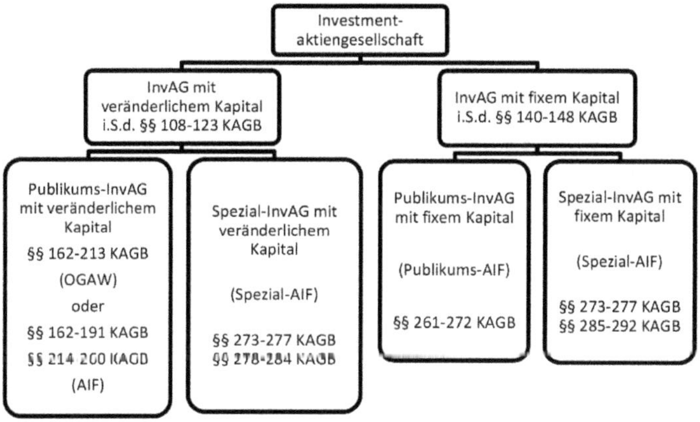

447 So wohl *Nietsch* in Emde/Dornseifer, InvG, Vor §§ 30–39 Rn. 30.

448 *Reiter* in Kümpel/Wittig, Rn. 9.37; *Fock*, BB 2006, 2371, 2373; *Fischer/Friedrich*, ZBB 2013, 153, 158.

449 *Zetzsche*, AG 2013, 613.

2. *Rechtsnatur und Strukturmerkmale*

Ihrer Rechtsnatur nach handelt es sich bei der Investment-AG um eine Aktiengesellschaft, auf die die Vorschriften des Aktiengesetzes nur Anwendung finden, soweit sich aus dem KAGB keine abweichenden Vorgaben ergeben. Für die Investment-AG mit veränderlichem Kapital finden sich solche abweichenden Vorgaben in den §§ 108–123 KAGB, für die Investment-AG mit fixem Kapital in den §§ 140–148 KAGB. Nach §§ 108 Abs. 2, 140 Abs. 1 KAGB finden die §§ 23 Abs. 5, 150–158, 161, 278–290 AktG von vornherein keine Anwendung auf die Investment-AG. Im Fall der Investment-AG mit variablem Kapital sind auch die §§ 182–240 AktG unanwendbar. Soweit der gesellschaftsrechtliche Aktionärsschutz durch die Nichtanwendbarkeit aktienrechtlicher Bestimmungen suspendiert ist, soll er durch den intensiveren investmentrechtlichen Anlegerschutz kompensiert werden.[450]

Besonderheiten ergeben sich im Hinblick auf die Satzung der Investment-AG. Der satzungsmäßig festgelegte Unternehmensgegenstand der Investment-AG mit veränderlichem Kapital muss nach § 110 Abs. 2 S. 1 KAGB die Anlage und Verwaltung ihrer Mittel nach einer festen Anlagestrategie und dem Grundsatz der Risikomischung zur gemeinschaftlichen Kapitalanlage zum Nutzen ihrer Aktionäre sein. In die Bestimmung zum Unternehmensgegenstand ist auch ein Hinweis auf die jeweils geltenden Anlagegrenzen aufzunehmen.[451] Dieser hängt davon ab, ob die Investment-AG als OGAW, als Publikums-AIF oder als Spezial-AIF zu qualifizieren ist. Eine ähnliche Vorgabe für den satzungsmäßig festgelegten Unternehmensgegenstand enthält § 142 S. 1 KAGB für die Investment-AG mit fixem Kapital. Da diese nicht als OGAW errichtet werden kann, muss im Gegensatz zum Unternehmensgegenstand der Investment-AG mit veränderlichem Kapital kein Hinweis auf den Grundsatz der Risikomischung aufgenommen werden. Vielmehr genügt ein Verweis auf die jeweils geltenden Anlagegrenzen, der sich danach richtet, ob die Investment-AG als Publikums-AIF oder als Spezial-AIF aufgesetzt werden soll.[452] Aus der gesetzlich festgelegten Bindung des Unternehmensgegenstands an den Nutzen der Anleger lässt sich der Schluss ziehen, dass bei Konflikten zwischen dem Unternehmensinteresse und den Anlegerinteressen in der Investment-AG im Gegensatz zur gesetzestypischen AG vorrangig das Anlegerinteresse zu beachten ist.[453]

Unterschiede zwischen den beiden Erscheinungsformen der Investment-AG bestehen im Hinblick auf die auszugebenden Aktien und die beteiligten Aktionäre. Bei der Investment-AG mit veränderlichem Kapital ist zwischen verschiedenen Aktionärsklassen zu unterscheiden, nämlich zwischen den sog. Unternehmensaktionären als Inhaber der Unternehmensaktien auf der einen und den sog. Anlageaktionären als Inhaber der Anlageaktien auf der anderen Seite. Aus den Gesetzesmaterialien geht hervor, dass diese Unterscheidung eine bessere Differenzierung zwischen den

---

450 Begr. RegE. InvÄndG, BT-Drucks. 16/5576, S. 83.

451 Vgl. § 110 Abs. 2 S. 1 Nr. 1–3 KAGB.

452 Vgl. § 142 S. 1 Nr. 1–2 KAGB.

453 *Zetzsche*, AG 2013, 613, 615.

Interessen der beiden Aktionärsgruppen ermöglichen soll, zumal bei den Anlageaktionären regelmäßig allein die vermögensmäßige Beteiligung im Vordergrund stehe, während für die Unternehmensaktionäre daneben auch die unternehmerische und organisatorische Beteiligung maßgeblich sei.[454] Unternehmens- und Anlageaktien unterscheiden sich gemäß § 109 Abs. 2 S. 4, Abs. 3 S. 2 KAGB dadurch, dass erstere zur Teilnahme an der Hauptversammlung der Gesellschaft berechtigen und ein Stimmrecht vermitteln, während letztere grundsätzlich kein Stimmrecht gewähren.[455] Außerdem müssen Unternehmensaktien gemäß § 109 Abs. 2 S. 3 KAGB stets auf den Namen lauten, während für Anlageaktien keine diesbezügliche Einschränkung besteht. Nach § 109 Abs. 1 S. 2, 3 KAGB müssen sämtliche Aktien einer Investment-AG als Stückaktien ohne Nennbetrag ausgegeben werden. Aus § 109 Abs. 4 KAGB folgt darüber hinaus, dass die Ausgabe der Aktien nur gegen volle Leistung des Ausgabepreises zulässig ist. Einlagen sind grundsätzlich durch Bareinzahlung des Ausgabepreises zu erbringen. Ausnahmsweise sind nach § 109 Abs. 5 KAGB Sacheinlagen zulässig sind, wenn die Investment-AG als Spezial-AIF ausgestaltet ist. Die Investment-AG mit veränderlichem Kapital wird zunächst durch die Unternehmensaktionäre gegründet. Diese übernehmen nach § 109 Abs. 2 S. 1 KAGB die Unternehmensaktien gegen Leistung der erforderlichen Einlagen. Anlageaktien können gemäß § 109 Abs. 3 S. 1 KAGB erst nach Eintragung der Gesellschaft im Handelsregister ausgegeben werden. Bei der Investment-AG mit fixem Kapital besteht dagegen keine Differenzierung zwischen Unternehmens- und Anlageaktionären. Bei den Aktien dieser Investment-AG handelt es sich im Grundsatz stets um stimmrechtsvermittelnde Aktien, so dass sämtlichen Aktionären das Stimmrecht zusteht.[456] Die fortbestehenden Verwaltungsrechte der Anleger sollen das fehlende Recht zur Rückgabe der Aktien kompensieren.[457] Anders als bei der Investment-AG mit veränderlichem Kapital dürfen auch Inhaberaktien oder Nennbetragsaktien ausgegeben werden. Dies darf allerdings nach § 141 Abs. 1 KAGB ebenfalls nur gegen volle Leistung des Ausgabepreises geschehen. Sacheinlagen sind nach § 141 Abs. 2 KAGB wiederum nur dann gestattet, wenn die Investment-AG als Spezial-AIF aufgesetzt wird. Mangels abweichender Regelungen in den §§ 140–148 KAGB können sich die Anleger bereits im Gründungsstadium an der Investment-AG mit fixem Kapital beteiligen, so dass sie zugleich die Gründer der Gesellschaft sind. Eine spätere Beteiligung der Anleger kann durch den Erwerb von Aktien im Rahmen einer nach den Vorschriften des Aktiengesetzes durchgeführten Kapitalerhöhung oder durch den Erwerb von Aktien an der Investment-AG auf dem Sekundärmarkt erfolgen. Daneben besteht hier auch die Möglichkeit der Beteiligung der Anleger

454 Begr. RegE. InvÄndG, BT-Drucks. 16–5576, S. 83. Vgl. zu der Interessenlage der Aktionäre einer AG auch oben S. 12 ff.

455 Für Anlageaktien kann die Satzung der Investment-AG nach § 109 Abs. 3 S. 2 HS. 2 KAGB allerdings bestimmen, dass diese entgegen dem gesetzlichen Regelfall ein Stimmrecht gewähren.

456 *Fischer/Friedrich*, ZBB 2013, 153, 160.

457 Begr. RegE. AIFM-UmsG, BT-Drucks. 17/12294, S. 433.

über ein Treuhandmodell. Zu diesem Zweck wird die Investment-AG zunächst durch einen Aktionär gegründet, der sodann Treuhandverträge mit den einzelnen Anlegern abschließt, in denen er sich verpflichtet einen bestimmten Teil der Aktien an der Investment-AG für Rechnung seines jeweiligen Vertragspartners zu halten. Sieht man von diesem Ausnahmefall ab, ist die Beteiligung der Anleger an dem Investmentvermögen allerdings stets mitgliedschaftlicher Natur.[458]

Weitere Unterschiede zwischen den beiden Erscheinungsformen der Investment-AG ergeben sich hinsichtlich des Grundkapitals. Im Gegensatz zu einer gesetzestypischen AG hat die Investment-AG mit veränderlichem Kapital kein Grundkapital im aktienrechtlichen Sinne, sondern lediglich ein veränderliches Gesellschaftskapital. Insoweit handelt es sich nicht bloß um eine terminologische Differenzierung. Vielmehr soll die Besonderheit des Kapitals einer solchen Investment-AG zum Ausdruck gebracht werden.[459] Nach § 115 KAGB ist der Vorstand der Gesellschaft ermächtigt, das Gesellschaftskapital wiederholt durch Ausgabe neuer Anlageaktien gegen Einlagen zu erhöhen, wobei das Gesellschaftskapital in diesem Fall bereits mit der Ausgabe der Aktien erhöht ist. Mit dieser Regelung schafft das Gesetz im Ergebnis ein zeitlich unbeschränktes genehmigtes Kapital, das der Höhe nach nur durch einen satzungsmäßig bestimmten Höchstbetrag beschränkt wird. Ein Bezugsrecht der Altaktionäre entsprechend § 186 AktG besteht nur, soweit sie Inhaber stimmrechtsvermittelnder Aktien sind, also grundsätzlich ausschließlich für die Unternehmensaktionäre. Gemäß § 110 Abs. 1 S. 1 KAGB ist satzungsmäßig festzuschreiben, dass der Betrag des Gesellschaftskapitals stets dem Wert des Gesellschaftsvermögens entspricht, also nach § 110 Abs. 1 S. 2 KAGB der Summe der jeweiligen Verkehrswerte der dazu gehörenden Vermögensgegenstände abzüglich der aufgenommenen Kredite und der sonstigen Verbindlichkeiten. Diese Regelung verdeutlicht, dass anders als bei einer Investmentanlage über ein Sondervermögen sämtliche zum Zwecke der Kapitalanlage erworbenen Vermögensgegenstände stets im Eigentum der Investment-AG stehen.[460] Zu berücksichtigen ist allerdings, dass das Gesellschaftsvermögen nicht in jedem Fall vollständig dem Anlagevermögen entspricht. Nach § 112 Abs. 2 KAGB darf eine intern verwaltete Investment-AG mit veränderlichem Kapital nämlich auch Investmentbetriebsvermögen erwerben, also Vermögen, das für den Betrieb der Investment-AG erforderlich ist, wobei der Erwerb dieses Betriebsvermögens nicht mit dem aus der Ausgabe von Anlageaktien eingesammelten Kapital erfolgen darf, sondern ausschließlich aus Mitteln der Unternehmensaktionäre, aus Verwaltungsgebühren und in den Grenzen des § 112 Abs. 2 S. 3 KAGB auch aus Darlehen.[461]

---

458 *Fock*, BB 2006, 2371, 2373.

459 Begr. RegE. InvÄndG, BT-Drucks. 16–5576, S. 84.

460 *Dreibus/Schäfer*, NZG 2009, 1289, 1292; *S. H. Schneider* in Assmann/Schneider, WpHG, Anh. § 22 Rn. 295, 307; *Heinrich* in Emde/Dornseifer, InvG, § 32 Rn. 56.

461 *Zetzsche*, AG 2013, 613, 616.

Die wirtschaftlichen Chancen und Risiken aus den im Anlagevermögen der Investment-AG zusammengefassten Vermögensgegenständen sind ebenso wie bei der Investmentanlage über ein Sondervermögen im Ergebnis ausschließlich den Anlegern zuzuordnen. Bei der Investment-AG mit veränderlichem Kapital folgt dies daraus, dass die Anlageaktionäre nach § 116 Abs. 2 S. 1 KAGB grundsätzlich verlangen können, dass ihnen gegen Rückgabe von Aktien ihr entsprechender Anteil am Gesellschaftskapital ausgezahlt wird.[462] In diesem Zusammenhang gilt die Rücknahme von Aktien durch die Gesellschaft nach § 116 Abs. 2 S. 5 KAGB nicht als Rückgewähr von Einlagen. Das Gesellschaftskapital ist gemäß § 116 Abs. 3 KAGB mit der Rücknahme der Aktien herabgesetzt. Hinsichtlich des Rücknahmepreises für die Aktien an der Investment-AG mit veränderlichem Kapital kann auf die entsprechenden Ausführungen zum Sondervermögen verwiesen werden. Entscheidend ist im Ergebnis der Nettoinventarwert der Aktien, dessen Berechnung sich nach § 168 KAGB bzw. §§ 278, 168 KAGB richtet. Die Investment-AG mit fixem Kapital ist hinsichtlich ihres Grundkapitals der gesetzestypischen Aktiengesellschaft wesentlich stärker angenähert, als die Investment-AG mit veränderlichem Kapital, was sich vor allem daran zeigt, dass die in den §§ 182–240 AktG geregelten Vorschriften des AktG über Kapitalmaßnahmen auf die Investment-AG mit fixem Kapital grundsätzlich anwendbar sind. Eine Rückgabe der Aktien gegen Auszahlung des Anteils des jeweiligen Aktionärs am Vermögen der Investment-AG ist nicht möglich. Will der Aktionär seinen wirtschaftlichen Anteil vor Auflösung der Investment-AG realisieren, muss er folglich versuchen, seine Aktien an der Investment-AG gegen einen Preis am Sekundärmarkt zu verkaufen, der den auf die Aktien entfallenden Nettoinventarwert der Vermögensgegenstände des Anlagevermögens der Investment-AG widerspiegelt. Im Übrigen ist er hinsichtlich der Realisierung seines wirtschaftlichen Anteils an der Investment-AG auf die anteilsmäßige Verteilung des Vermögens nach Auflösung der Investment-AG beschränkt. Auch in diesem Fall spielt der Nettoinventarwert der Vermögensgegenstände eine große Rolle, zumal dieser den für die Veräußerung der betreffenden Vermögensgegenstände zu erzielenden Preis zumindest mitbestimmt und sich damit letztlich auf die Höhe des unter die Anleger zu verteilenden Vermögens auswirkt.

III. Errichtung als Investmentkommanditgesellschaft

Nach § 1 Abs. 11 KAGB gehört die Investment-KG wie die Investment-AG zu den Investmentgesellschaften. Eine Legaldefinition der Investment-KG existiert nicht. Festhalten lässt sich, dass sie eine Sonderform der Kommanditgesellschaft mit investmentrechtlichen Besonderheiten darstellt. Anders als das Sondervermögen ist sie zumindest teilrechtsfähig, was sich den allgemeinen Grundsätzen entnehmen, namentlich den §§ 161 Abs. 2, 124 HGB, entnehmen lässt.

---

462 Dies gilt vorbehaltlich der Einhaltung der Mindestkapitalgrenzen des § 116 Abs. 2 S. 2, S. 3 KAGB und etwaiger Satzungsregelungen.

1. Gestaltungsmöglichkeiten

Aus den §§ 91 Abs. 2, 139 KAGB folgt, dass die Investment-KG als offenes oder geschlossenes Investmentvermögen errichtet werden kann.[463] Die Errichtung als offenes Investmentvermögen ist nach § 91 Abs. 2 KAGB allerdings nur dann zulässig, wenn die Investment-KG als Spezial-AIF aufgelegt wird.[464] Eine geschlossene Investment-KG kann dagegen entweder als Publikums-AIF oder als Spezial-AIF errichtet werden. Im Ergebnis ergeben sich die folgenden Gestaltungsmöglichkeiten:

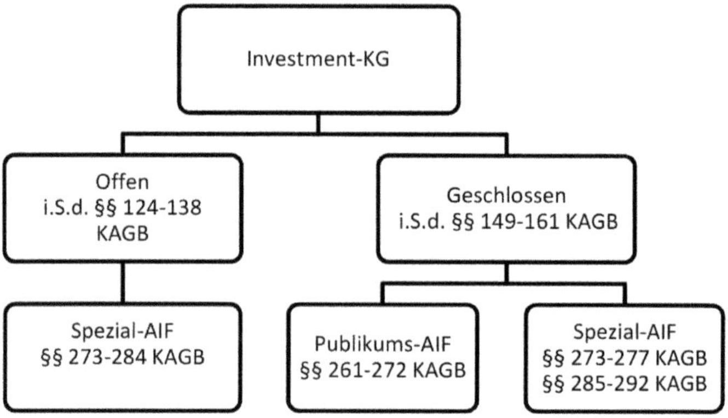

2. Rechtsnatur und Strukturmerkmale

Bei der Investment-KG handelt es sich ihrer Rechtsform nach um eine Kommanditgesellschaft, auf die grundsätzlich die Vorschriften des HGB über die Kommanditgesellschaft Anwendung finden. Diese Vorschriften werden allerdings durch Regelungen des KAGB modifiziert. Insoweit ist zu differenzieren. Auf die offene Investment-KG finden gemäß § 124 Abs. 1 S. 2 KAGB die allgemeinen Vorschriften des HGB Anwendung finden, soweit sich aus den §§ 124–138 KAGB nichts anderes ergibt. Gleiches gilt nach § 149 Abs. 1 KAGB für die geschlossenen Investment-KG, soweit sich aus den §§ 149–161 KAGB keine abweichenden Bestimmungen ergeben.

Besonderheiten gelten zunächst hinsichtlich der Gestaltung des Gesellschaftsvertrags der Investment-KG. Dieser ist nach §§ 125 Abs. 1, 150 Abs. 1 KAGB schriftlich abzufassen. Gesellschaftsvertraglich festgelegter Unternehmensgegenstand muss bei der offenen Investment-KG nach § 125 Abs. 2 KAGB ausschließlich die Anlage und

463 *Zetzsche*, AG 2013, 613.

464 *Zetzsche*, AG 2013, 613. Die Beschränkung auf Spezial-AIF liegt nach Auffassung des Gesetzgebers darin begründet, dass die offene Investment-KG in erster Linie als steuerrechtlich transparentes Vehikel für die Anlage der Altersvorsorgevermögen großer deutscher Konzerne dienen und diese dazu veranlassen soll, die betreffenden, auch von ausländischen Tochterunternehmen stammenden, Vermögen im Inland anzulegen, vgl. Begr. RegE. AIFM-UmsG, BT-Drucks. 17/12294, S. 336 f.

Verwaltung ihrer Mittel nach einer festgelegten Anlagestrategie und dem Grundsatz der Risikomischung zur gemeinschaftlichen Kapitalanlage nach den §§ 273–284 KAGB zum Nutzen der Anleger sein. Ähnliches gilt nach § 150 Abs. 2 S. 1 KAGB für die geschlossene Investment-KG, wobei es wie bei der Investment-AG mit fixem Kapital nicht auch eines Verweises auf den Grundsatz der Risikomischung bedarf. Allerdings ist ein Hinweis auf die Anlagegrenzen aufzunehmen, wobei zwischen der als Publikums-AIF und als Spezial-AIF aufgesetzten geschlossenen Investment-KG zu unterscheiden ist.[465] Wie bei der Investment-AG gilt der Vorrang der Interessen der Anleger gegenüber dem Unternehmensinteresse angesichts der gesetzlichen Bestimmung des Unternehmensgegenstands auch bei der Investment-KG.[466]

Das Gesellschaftsvermögen der Investment-KG setzt sich aus ihrem Betriebsvermögen und dem Kommanditanlagevermögen zusammen. Zu dem Betriebsvermögen gehört das bewegliche und unbewegliche Vermögen, das für den Betrieb der Investment-KG erforderlich ist. Nach den §§ 131 Abs. 1, 156 Abs. 1 KAGB ist die Bildung von Betriebsvermögen allerdings nur dann zulässig, wenn die Investment-KG intern verwaltet wird. Das Betriebsvermögen ist nach §§ 131 Abs. 1 S. 2, 156 Abs. 1 S. 2 KAGB rechnerisch bei den geschäftsführenden Gesellschaftern zu erfassen, also aus Einlagen der Komplementäre zu bilden.[467] Zulässig dürfte auch die Bildung aus vereinnahmten Verwaltungsgebühren sein.[468] Das Anlagevermögen der Investment-KG wird als Kommanditanlagevermögen bezeichnet und ist in den §§ 131 Abs. 2, 156 Abs. 2 KAGB näher spezifiziert. Es setzt sich rechnerisch aus den Einlagen der Anleger, den im Zusammenhang mit der Anlagetätigkeit erhaltenen und verwalteten Vermögensgegenständen, den für die Vermögensgegenstände erhaltenen Sicherheiten und aus den liquiden Mitteln zusammen. Die Investment-KG selbst ist also stets Inhaber bzw. Eigentümer der im Rahmen der Investmentanlage erworbenen Vermögensgegenstände. Betriebsvermögen und Kommanditanlagevermögen sind streng voneinander getrennt zu halten.[469]

Die Anteile an der offenen Investment-KG dürfen nach § 127 Abs. 1 KAGB ausschließlich von professionellen oder semi-professionellen Anlegern gehalten werden, die sich nur unmittelbar als Kommanditisten an der Investment-KG beteiligen dürfen.[470] Eine Treuhandkonstruktion, bei der sich die Anleger auf der Grundlage individueller Treuhandverträge mit einem Treuhandkommanditisten wirtschaftlich an der offenen Investment-KG beteiligen, ist damit ausgeschlossen.[471] Nach § 127 Abs. 3 S. 1 KAGB erlischt der Anspruch der offenen Investment-KG gegen die Kommanditisten auf Leistung der Einlage, sobald diese ihre Kommanditeinlage

465 Vgl. § 150 Abs. 2 S. 1 Nr. 1–2 KAGB.

466 *Zetzsche*, AG 2013, 613, 615.

467 *Fischer/Friedrich*, ZBB 2013, 153, 161.

468 *Zetzsche*, AG 2013, 613, 616.

469 *Fischer/Friedrich*, ZBB 2013, 153, 161; *Zetzsche*, AG 2013, 613, 616.

470 Vgl. zu den Gründen für diese Beschränkung *Fischer/Friedrich*, ZBB 2013, 153, 160 f.

471 Hintergrund ist das Bestreben, steuerliche Transparenz herzustellen, vgl. *Fischer/Friedrich*, ZBB 2013, 153, 161.

erbracht haben. Die Kommanditisten sind nach § 127 Abs. 3 S. 2, S. 3 KAGB weder zum Ausgleich von Verlusten noch zur Erbringung von Nachschüssen in das Kommanditanlagevermögen verpflichtet. Entgegenstehende Vereinbarungen sind unwirksam. § 707 BGB ist nicht abdingbar. Der Eintritt eines Kommanditisten in eine bestehende offene Investment-KG steht gemäß § 127 Abs. 4 KAGB stets unter der aufschiebenden Bedingung der Eintragung seines Eintritts im Handelsregister.[472] Eine Kündigung der Kommanditbeteiligung ist nach § 133 Abs. 1 KAGB mindestens einmal pro Jahr möglich und führt zu einem Abfindungsanspruch des Kommanditisten gegen die offene Investment-KG. Die Zahlung des Abfindungsanspruchs gilt nach § 133 Abs. 2 KAGB nicht als Rückzahlung der Einlage. Damit wird die Rechtsfolge des § 172 Abs. 2 HGB vermieden, wonach die Rückzahlung der Einlage zur Folge hätte, dass sie im Verhältnis zu den Gläubigern der KG als nicht geleistet gilt.[473] Anders als bei der offenen Investment-KG besteht für die Kapitalbeteiligung der Anleger an der geschlossenen Publikumsinvestment-KG neben der in § 152 Abs. 1 S. 1 KAGB zugelassenen unmittelbaren Beteiligung als Kommanditist auch die Möglichkeit einer mittelbaren Beteiligung über einen Treuhandkommanditisten. In diesem Fall schließen die Anleger jeweils schuldrechtliche Treuhandverträge mit dem Treuhandkommanditisten ab. Aus praktischer Perspektive hat dies den Vorteil, dass die möglicherweise entstehenden Schwierigkeiten und die Kosten bei der Eintragung der Anleger als Kommanditisten im Handelsregister vermieden werden, und zwar insbesondere vor dem Hintergrund, dass Publikumsinvestment-KGen typischerweise einen größeren Anlegerkreis aufweisen.[474] Im Innenverhältnis zur Gesellschaft und zu den Gesellschaftern haben die mittelbar beteiligten Anleger dann allerdings gemäß § 152 Abs. 1 S. 3 KAGB die gleiche Rechtsstellung wie ein Kommanditist.

Hinsichtlich der Zuordnung der wirtschaftlichen Chancen und Risiken aus den im Kommanditanlagevermögen zusammengefassten Vermögensgegenständen kann auf die Ausführungen zur Investment-AG verwiesen werden. Entscheidend ist auch hier, dass die Anleger über die Rückgabe der Kommanditanteile bei der offenen Investment-KG oder die Veräußerung ihrer Kommanditanteile am Sekundärmarkt bzw. die Teilhabe am Liquidationserlös bei der geschlossenen Investment-KG Zugriff auf ihren Anteil am Nettoinventarwert der im Kommanditanlagevermögen zusammengefassten Vermögensgegenstände erhalten.

Die Geschäftsführung der Investment-KG muss gemäß § 128 Abs. 1 S. 1 KAGB bzw. § 153 Abs. 1 S. 1 KAGB aus mindestens zwei Personen bestehen. Ausreichend ist abweichend von diesem Grundsatz nach § 128 Abs. 1 S. 2 KAGB bzw. § 153 Abs. 1 S. 2 KAGB aber auch die Wahrnehmung der Geschäftsführung durch eine juristische Person, deren Geschäftsführung wiederum aus mindestens zwei Personen besteht. Damit kann die Investment-KG etwa als klassische GmbH & Co. KG errichtet

---

472 *Fischer/Friedrich*, ZBB 2013, 153, 161.

473 *Fischer/Friedrich*, ZBB 2013, 153, 161.

474 Begr. RegE. AIFM-UmsG, BT-Drucks. 17/12294, S. 437.

werden, bei der die GmbH als Komplementärin die Geschäfte durch mindestens zwei Geschäftsführer führt. Möglich ist aber auch eine Aufteilung der Geschäftsführung auf einen Komplementär und einen Kommanditisten oder sogar die vollständige Verlagerung der Geschäftsführung auf einen geschäftsführenden Kommanditisten, wenn dieser als juristische Person, etwa als GmbH, zu qualifizieren ist und mindestens zwei Geschäftsführer hat. Bei einer geschlossenen Publikumsinvestment-KG kann dies auch der Treuhandkommanditist sein.

C. Das Verwaltungsverhältnis

Nachfolgend soll die Ausgestaltung des Verwaltungsverhältnisses zwischen der KVG und den Anlegern näher betrachtet werden. Neben einer inhaltlichen Präzisierung der Verwaltungspflicht der KVG soll in diesem Zusammenhang vor allem untersucht werden, inwieweit die KVG im Rahmen ihrer Tätigkeit an die Interessen der Anleger gebunden ist und in welchem Umfang die Anleger auf die Verwaltungstätigkeit der KVG durch Weisungen oder in anderer Form einwirken dürfen. Aus dem Blickwinkel der kapitalmarktrechtlichen Beteiligungstransparenz ist die Klärung dieser Fragen von entscheidender Bedeutung, da das Vorliegen der Tatbestandsvoraussetzungen einer Mitteilungspflicht nach § 21 Abs. 1 S. 1 WpHG oder eines Zurechnungstatbestands im Sinne des § 22 WpHG in Bezug auf die KVG oder die Anleger von dem Umfang der Verwaltungspflicht der KVG, ihrer Weisungsabhängigkeit oder ihrer Interessenbindung abhängen kann.

I. Einordnung in das Modell des Investmentdreiecks

Die Rechtsbeziehungen zwischen den an einer Investmentanlage beteiligten Personen werden üblicherweise am Modell des sog. „Investmentdreiecks" veranschaulicht.[475] Dieses setzt sich aus den einzelnen Rechtsbeziehungen zwischen den Beteiligten zusammen, nämlich dem zwischen der Verwaltungsgesellschaft und den Anlegern bestehenden Verwaltungsverhältnis, dem zwischen der Verwaltungsgesellschaft und der Verwahrstelle bestehenden Verwahrungsverhältnis und dem zwischen der Verwahrstelle und den Anlegern bestehenden Kontrollverhältnis.

475 Vgl. dazu *Schäcker*, S. 40 ff.; *Ohl*, S. 26 ff.; *Baur* in Assmann/Schütze, § 20 Rn. 222 f.; *Schmitz* in Berger/Steck/Lübbehüsen, Vor §§ 30–45 InvG Rn. 18 ff.; *Reiter* in Kümpel/Wittig, Rn. 9.151 ff.; *Köndgen/Schmies* in Bankrechts-Handbuch, § 113 Rn. 114; *Nietsch* in Emde/Dornseifer, InvG, Vor §§ 30–39 Rn. 23 ff.

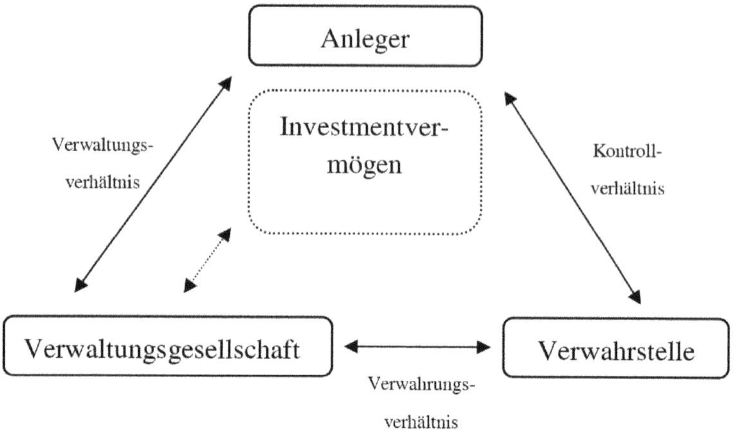

Für die Zwecke der vorliegenden Abhandlung kommt es lediglich auf eine inhaltliche Auseinandersetzung mit dem zwischen der Verwaltungsgesellschaft und den Anlegern bestehenden Verwaltungsverhältnis an. Dieses ist durch die gesetzliche Hauptpflicht der KVG zur Verwaltung des Investmentvermögens (sog. allgemeine Verwaltungspflicht) geprägt.[476] Seit Inkrafttreten des KAGB lässt sich die allgemeine Verwaltungspflicht der KVG vor allem an der Begriffsbestimmung des § 17 Abs. 1 KAGB ablesen.[477] Sie trifft sämtliche KVGen unabhängig von der Rechtsform des verwalteten Investmentvermögens. Inhaltlich besteht sie[478] zunächst darin, das von den Anlegern eingesammelte Geld in Vermögensgegenstände zu investieren (sog. Anschaffungspflicht).[479] Dieser Teilbereich der allgemeinen Verwaltungspflicht

476 *Schäcker*, S. 55 ff., S. 100 ff.; *Ohl*, S. 44 ff.; *Köndgen* in Berger/Steck/Lübbehüsen, § 9 InvG Rn. 17; *Köndgen/Schmies* in Bankrechts-Handbuch, § 113 Rn. 120; *Steck* in Emde/Dornseifer, InvG, § 9 Rn. 12 f.; *Beckmann* in Investment-Handbuch, § 9 InvG Rn. 41.

477 Vor Inkrafttreten des KAGB wurde die allgemeine Verwaltungspflicht überwiegend aus § 9 Abs. 1 S. 1 InvG hergeleitet. Hiernach hatte die Kapitalanlagegesellschaft die Investmentvermögen mit der Sorgfalt eines ordentlichen Kaufmanns für gemeinschaftliche Rechnung der Anleger oder Aktionäre einer von ihr verwalteten Investmentaktiengesellschaft zu verwalten. Vgl. zu dieser Herleitung nur *Steck* in Emde/Dornseifer, InvG, § 9 Rn. 12.

478 Es geht an dieser Stelle nur um die allgemeine Verwaltungspflicht im engeren Sinne. Nicht behandelt werden die sich aus dieser Verwaltungspflicht ergebenden weiteren Pflichten wie etwa die Pflicht zur ordnungsgemäßen Geschäftsorganisation und die Pflicht zur Gleichbehandlung der Anleger. Vgl. im Einzelnen *Steck* in Emde/Dornseifer, InvG, § 9 Rn. 27 ff.

479 *Schäcker*, S. 102 ff.; *Baur*, § 10 KAGG Rn. 3; *Schrödermeier/Baltzer* in Brinkhaus/Scherer, § 10 KAGG Rn. 3; *Köndgen* in Berger/Steck/Lübbehüsen, § 9 InvG Rn. 21;

kommt bereits in der Begriffsbestimmung des Investmentvermögens in § 1 Abs. 1 S. 1 KAGB zum Ausdruck, wonach der Organismus das von den Anlegern eingesammelte Geld in Vermögensgegenstände „zu investieren“ hat. Die Wertentwicklung der Kapitalanlage ist sodann beständig zu überwachen.[480] Soweit die Marktlage dies erfordert, ist das angelegte Kapital durch Verkauf der betreffenden Vermögensgegenstände und Wiederanlage der freigewordenen Mittel in andere Vermögensgegenstände umzuschichten.[481] Ein weiteres Hauptelement der allgemeinen Verwaltungspflicht besteht in der Geltendmachung von Ertragsansprüchen aus den angelegten Vermögensgegenständen nebst ihrer Ausschüttung an die Anleger.[482] Zu den Erträgen des Sondervermögens gehören etwa die aus den zum Sondervermögen gehörenden Aktien folgenden Dividenden.[483] Die Verwaltung umfasst schließlich die Wahrnehmung der aus den angeschafften Vermögensgegenständen folgenden Rechte, wozu auch die Ausübung des Stimmrechts aus den Aktien des Investmentvermögens gehört.[484] Als Nebentätigkeiten der Verwaltung sind ferner die Ausgabe der Anteile an dem Investmentvermögen an die Anleger und deren Rücknahme zu nennen.[485]

Die Verwaltungspflicht der KVG kann nicht vertraglich abbedungen werden.[486] Hinsichtlich ihrer näheren Ausgestaltung ist zwischen den einzelnen Rechtsformen des Investmentvermögens zu differenzieren. In Abhängigkeit von der gewählten Rechtsform werden die Einzelaspekte der allgemeinen Verwaltungspflicht entweder durch schuldrechtlichen Vertrag oder durch die Satzung bzw. den Gesellschaftsvertrag des Investmentvermögens weiter präzisiert. Auch bestehen weitergehende gesetzliche Vorgaben in Bezug auf die einzelnen Erscheinungsformen des

Steck in Emde/Dornseifer, InvG, § 9 Rn. 15. Der Begriff „Anschaffungspflicht“ geht auf *Canaris* zurück, der diese jedoch nicht als Element der allgemeinen Verwaltungspflicht, sondern als eigenständige Pflicht qualifiziert, *Canaris*, Bankvertragsrecht, Rn. 2417 ff.; ähnlich auch *Köndgen/Schmies* in Bankrechts-Handbuch, § 113 Rn. 120, die aber in Fn. 320 selbst darauf hinweisen, dass sich die Anschaffungspflicht und die Verwaltungspflicht überschneiden.

480 *Steck* in Emde/Dornseifer, InvG, § 9 Rn. 20.

481 *Canaris*, Bankvertragsrecht, Rn. 2422; *Köndgen/Schmies* in Bankrechts-Handbuch, § 113 Rn. 120; *Steck* in Emde/Dornseifer, InvG, § 9 Rn. 17, 20.

482 *Canaris*, Bankvertragsrecht, Rn. 2420; *Baur*, § 10 KAGG Rn. 3; *Köndgen* in Berger/Steck/Lübbehüsen, § 9 InvG Rn. 21 f.; *Köndgen/Schmies* in Bankrechts-Handbuch, § 113 Rn. 120

483 *Canaris*, Bankvertragsrecht, Rn. 2429.

484 *Schäcker*, S. 108 ff.; *Canaris*, Bankvertragsrecht, Rn. 2421; *Dreibus/Schäfer*, NZG 2009, 1289; *Köndgen* in Berger/Steck/Lübbehüsen, § 9 InvG Rn. 22; *Schmitz* in Berger/Steck/Lübbehüsen, § 32 InvG Rn. 5; *Steck* in Emde/Dornseifer, InvG, § 9 Rn. 57 ff.

485 *Köndgen* in Berger/Steck/Lübbehüsen, § 9 InvG Rn. 22; *Steck* in Emde/Dornseifer, InvG, § 9 Rn. 26.

486 *Schäcker*, S. 100; *Baur*, § 10 KAGG Rn. 4; *Schrödermeier/Baltzer* in Brinkhaus/Scherer, § 10 KAGG Rn. 3.

Investmentvermögens. Zu berücksichtigen ist ferner, ob das Investmentvermögen extern oder intern verwaltet wird.

1. Verwaltung des Sondervermögens

Sondervermögen müssen von einer externen KVG verwaltet werden, da ihre Rechtsform mangels eigener Rechtspersönlichkeit und Handlungsfähigkeit eine interne Verwaltung nicht zulässt.[487] Die Begriffsbestimmung des Investmentvermögens in § 1 Abs. 1 KAGB ist insoweit missverständlich formuliert. Sie scheint darauf hinzudeuten, dass sich das Investmentvermögen selbst verwaltet oder sich zumindest selbst verwalten kann. Denn hiernach sammelt der „Organismus" das Kapital von den Anlegern ein, um es sodann zu investieren. Bei Investmentvermögen in der Erscheinungsform eines Sondervermögens ist dies aber gerade nicht der Fall. Hier sammelt nicht der „Organismus", also das Sondervermögen selbst, sondern die externe KVG das Kapital von den Anlegern ein, um es sodann zu investieren. Missverständlich ist auch die in § 17 Abs. 2 Nr. 1 KAGB enthaltene Begriffsbestimmung der externen KVG. Denn diese setzt voraus, dass die externe KVG von dem Investmentvermögen oder im Namen des Investmentvermögens bestellt wird. Mangels Handlungsfähigkeit ist es dem Sondervermögen allerdings überhaupt nicht möglich, die externe KVG zu bestellen. Eine KVG wird in diesem Fall vielmehr automatisch alleine aufgrund der Tatsache zur externen KVG, dass sie sich entschließt, Kapital bei den Anlegern einzusammeln, um mit diesem Kapital ein Sondervermögen im Sinne des KAGB zu bilden.

Die allgemeine Verwaltungspflicht der KVG wird regelmäßig durch den zwischen der KVG und den jeweiligen Anlegern geschlossenen Investmentvertrag inhaltlich nachgezeichnet.[488] Dies gilt vor allem in Bezug auf Publikumssondervermögen, bei denen die Verwaltungspflicht der KVG in den Anlagebedingungen weiter zu konkretisieren ist. So sind nach § 162 Abs. 2 Nr. 1 KAGB etwa die Grundsätze der Auswahl der zu beschaffenden Vermögensgegenstände darzulegen und zu erläutern, welche Vermögensgegenstände in welchem Umfang erworben werden dürfen. Um die Verwaltungstätigkeit der KVG im Fall der Errichtung des Sondervermögens nach der Miteigentumslösung zu erleichtern, sieht § 93 Abs. 1 KAGB vor, dass die KVG im eigenen Namen über die zu dem Sondervermögen gehörenden Vermögensgegenstände nach Maßgabe des KAGB und der Anlagebedingungen verfügen und auch alle Rechte aus den Vermögensgegenständen des Investmentvermögens ausüben darf. Die KVG muss also nicht erst von Seiten der Anleger rechtsgeschäftlich gemäß § 185 BGB (analog) zur Verfügung über die Vermögensgegenstände oder zur Ausübung

---

487 *Fischer/Friedrich*, ZBB 2013, 153, 155; *Weiser/Hüwel*, BB 2013, 1091, 1092; *Lichtenstein* in Baur/Tappen, KAGB, § 91 Rn. 14; ebenso i.E. *Zetzsche*, AG 2013, 613, 614 („mangels Leitungsgremium"). Vgl. dazu auch oben S. 78.

488 *Gericke*, DB 1959, 1276, 1277; *Steck* in Emde/Dornseifer, InvG, § 9 Rn. 13.

der Rechte aus diesen ermächtigt werden.[489] Vielmehr kommt es gesetzlich bedingt zu einer „Spaltung zwischen Rechtsträgerschaft und Verfügungsmacht".[490] Bei einem nach der Treuhandlösung errichteten Sondervermögen kann die KVG selbstverständlich auch ohne die Anordnung des § 93 Abs. 1 KAGB über die Vermögensgegenstände des Sondervermögens verfügen und die aus ihnen folgenden Rechte ausüben, da sie rechtlicher Inhaber oder Eigentümer dieser Vermögensgegenstände ist. § 93 Abs. 1 KAGB hat insoweit nur deklaratorische Bedeutung.[491] Seiner Rechtsnatur handelt es sich bei § 93 Abs. 1 KAGB nach ganz herrschender Meinung um eine gesetzlich begründete Ermächtigung im Sinne des § 185 BGB analog (sog „geborener Legitimationsaktionär").[492] Die Anordnung des § 93 Abs. 1 KAGB erfasst auch die Ausübung des Stimmrechts aus den zum Sondervermögen gehörenden Aktien.[493] Daher erübrigt sich eine rechtsgeschäftliche Bevollmächtigung oder Ermächtigung der KVG zur Ausübung des Stimmrechts durch die Anleger. Dies wird in § 94 Abs. 1 S. 1 KAGB durch die Klarstellung bestätigt, dass die KVG zur Ausübung des Stimmrechts aus den betreffenden Aktien keiner schriftlichen Vollmacht der Anleger bedarf.[494] Da nach § 94 Abs. 1 S. 2 KAGB in Bezug auf die Stimmrechtsausübung § 129 Abs. 3 AktG entsprechend anzuwenden ist, muss die KVG wie ein

---

489 So schon *Siara/Tormann*, KAGG, § 8 I. Die Erforderlichkeit einer rechtsgeschäftlichen Ermächtigung wäre vor allem deshalb nachteilig, weil sie zahlreichen Unwägbarkeiten unterworfen wäre, etwa Streitigkeiten über die Wirksamkeit der Ermächtigung oder der Möglichkeit eines Widerrufs, vgl. *Nietsch* in Emde/Dornseifer, § 31 InvG Rn. 5.

490 *Canaris*, Bankvertragsrecht, Rn. 2396.

491 *Siara/Tormann*, KAGG, § 8 I; *Baur*, § 9 KAGG Rn. 3, 11; *Scherer* in Brinkhaus/Scherer, § 9 KAGG Rn. 6, 11; *Schmitz* in Berger/Steck/Lübbehüsen, § 31 InvG Rn. 5, § 32 InvG Rn. 6; *Nietsch* in Emde/Dornseifer, § 31 InvG Rn. 5; *A. München* in Baur/Tappen, KAGB, § 93 Rn. 3.

492 *Ebner von Eschenbach*, S. 60; *Graulich*, S. 25 ff.; *Ohl*, S. 48 ff. unter Hinweis auf die Prozessführungsbefugnis der KVG; *Baur*, § 9 KAGG Rn. 6; *Scherer* in Brinkhaus/Scherer, § 9 KAGG Rn. 7; *Schmitz* in Berger/Steck/Lübbehüsen, § 31 InvG Rn. 6; *Schröer* in MüKo, AktG, § 129 Rn. 35; *Beckmann* in Investment-Handbuch, § 30 InvG Rn. 18, § 32 InvG Rn. 3; *A. München* in Baur/Tappen, KAGB, § 93 Rn. 6; ähnlich *Nietsch* in Emde/Dornseifer, § 31 InvG Rn. 5 („gesetzliche Verfügungsbefugnis"); a.A. (mittelbare Stellvertretung und Übergang der erworbenen Vermögensgegenstände auf die Anteilsinhaber kraft dinglicher Surrogation) *Siara/Tormann*, KAGG, § 8 I.

493 *Baur*, § 9 KAGG Rn. 11; *Scherer* in Brinkhaus/Scherer, § 9 KAGG Rn. 6 f., 11; *Schmitz* in Berger/Steck/Lübbehüsen, § 31 InvG Rn. 5, § 32 InvG Rn. 6; *Heinrich* in Emde/Dornseifer, InvG, § 32 Rn. 16; *Beckmann* in Investment-Handbuch, § 31 InvG Rn. 4, § 32 InvG Rn. 24.

494 Da sich die Funktion des § 94 Abs. 1 S. 1 KAGB somit in einer bloßen Klarstellung der gesetzlichen Ermächtigung der Kapitalverwaltungsgesellschaft zur Ausübung des Stimmrechts erschöpft, wird er bisweilen für „bedeutungslos" gehalten. So etwa *Beckmann* in Investment-Handbuch, § 32 InvG Rn. 4.

Legitimationsaktionär bei Nennbetragsaktien den Betrag, bei Stückaktien die Zahl und die Gattung der von Anordnung nach § 93 Abs. 1 S. 1 KAGB erfassten Aktien im Teilnehmerverzeichnis der Hauptversammlung der betreffenden AG angeben, wobei eine Aufteilung nach einzelnen Sondervermögen vorzunehmen und auch der Eigenbestand der KVG gesondert kenntlich zu machen ist.[495]

2. *Verwaltung der Investment-AG*

Im Gegensatz zum Sondervermögen kann die Investment-AG sowohl intern als auch extern verwaltet werden, da ihre Rechtsform eine interne Verwaltung durch ihren Vorstand zulässt. Ist eine interne Verwaltung gewollt, muss der Vorstand nach § 17 Abs. 2 Nr. 2 KAGB entscheiden, keine externe KVG zu bestellen. Da die Investment-AG im Fall der internen Verwaltung selbst als KVG zuzulassen ist, besteht das Verwaltungsverhältnis ausschließlich zwischen ihr und den an ihr als Aktionär beteiligten Anlegern. Die Anleger schließen in diesem Fall allerdings keine schuldrechtlichen Investmentverträge mit der Investment-AG ab.[496] Deshalb richtet sich der Inhalt des Verwaltungsverhältnisses vor allem nach den gesetzlichen Bestimmungen des KAGB und des AktG sowie darüber hinaus auch nach der Satzung der Investment-AG. Die Bestimmungen der Satzung zum Unternehmensgegenstand werden teilweise durch die Anlagebedingungen konkretisiert, die nach §§ 111, 139 KAGB auch bei der Kapitalanlage über eine Investment-AG zusätzlich zur Satzung zu erstellen sind.[497]. So sind die Angaben des § 162 Abs. 2 Nr. 1 KAGB in die Anlagebedingungen aufzunehmen, wenn es sich bei der Investment-AG um ein offenes Publikumsinvestmentvermögen handelt. Wie bei einem nach der Treuhandlösung errichteten Sondervermögen folgt die Verfügungsbefugnis der Investment-AG in Bezug auf die im Anlagevermögen zusammengefassten Vermögensgegenstände und die Befugnis zur Ausübung der Rechte aus diesen bereits aus der Stellung der Investment-AG als rechtlicher Eigentümer bzw. Inhaber der betreffenden Vermögensgegenstände.

Zur Herbeiführung einer externen Verwaltung muss eine externe KVG von der Investment-AG oder in deren Namen bestellt werden.[498] Die Bestellung erfolgt durch Abschluss eines Verwaltungsvertrags zwischen externer KVG und Investment-AG. Ähnlich wie der Investmentvertrag zwischen der KVG und den Anlegern bei der Kapitalanlage über ein Sondervermögen berechtigt und verpflichtet dieser Vertrag die KVG zur Verwaltung des Anlagevermögens. In den §§ 112 Abs. 1 S. 2, 144 Abs. 1 S. 2 KAGB wird ausdrücklich klargestellt, dass der externen KVG neben der Ausführung der allgemeinen Verwaltungstätigkeit insbesondere auch die Anlage und Verwaltung der Mittel der Investment-AG obliegt. Daraus ist der Schluss zu ziehen,

---

495 *Baur*, § 9 KAGG Rn. 12; *Schmitz* in Berger/Steck/Lübbehüsen, § 32 InvG Rn. 8; *Steck* in Emde/Dornseifer, InvG, § 32 Rn. 18.

496 *Fock*, BB 2006, 2371, 2373.

497 *Einsele*, AG 2011, 141, 149.

498 *Zetzsche*, AG 2013, 613, 614.

dass die allgemeine Verwaltungspflicht mit Abschluss des Verwaltungsvertrags vollumfänglich auf die externe KVG übergeht. Noch nicht abschließend geklärt ist allerdings die Rechtsnatur dieses Verwaltungsvertrags. Insoweit erscheint es naheliegend, den Verwaltungsvertrag in Anlehnung an den Investmentvertrag als schuldrechtlichen Geschäftsbesorgungsvertrag im Sinne der §§ 675, 611 BGB zu qualifizieren.[499] Denn mit der Übertragung der Verwaltungstätigkeit wird die externe KVG rechtsgeschäftlich zur Wahrnehmung einer Tätigkeit verpflichtet, für die an sich die Investment-AG zu sorgen hat. Da die Investment-AG im Grundsatz selbst gegenüber den Anlegern zur Verwaltung des Investmentvermögens verpflichtet ist, nimmt die externe KVG eine Tätigkeit in fremdem Interesse wahr, was den typischen Fall einer Geschäftsbesorgung darstellt.[500] Der Übergang der allgemeinen Verwaltungspflicht auf die externe KVG hat zur Folge, dass diese rechtsgeschäftlich mit den zur Wahrnehmung der Verwaltungstätigkeit erforderlichen Befugnissen auszustatten ist. In der Regel wird dies durch Einräumung einer rechtsgeschäftlichen Befugnis zur Vertretung der Investment-AG in deren Namen geschehen.[501] Soweit die Verwaltungstätigkeit der externen KVG nicht betroffen ist, bleibt die organschaftliche Leitungs- und Geschäftsführungsbefugnis des Vorstands unberührt.[502] Auch ist er weiterhin zur organschaftlichen Vertretung der Investment-AG berechtigt.[503] Im Hinblick auf die Verwaltung des Investmentvermögens durch die externe KVG treffen den Vorstand zudem Auswahl- und Überwachungspflichten.[504] Der Verwaltungsvertrag kann bei unbestimmter Laufzeit mangels abweichender Vereinbarung nach Maßgabe der §§ 620 Abs. 2, 621 BGB von der Investment-AG gekündigt werden. Zur Vermeidung einer Abwicklung des Gesellschaftsvermögens, kann die Investment-AG in diesem Fall entweder eine andere externe KVG bestellen oder zur internen Verwaltung übergehen.[505] Das schuldrechtliche Verwaltungsverhältnis besteht unmittelbar nur zwischen der externen KVG und der Investment-AG. Aufgrund der in § 26 Abs. 1 KAGB geregelten Pflicht der KVG, bei der Wahrnehmung ihrer Aufgaben ausschließlich im Interesse der Anleger zu handeln, wirkt es sich aber mittelbar auch auf die Anleger aus.[506] Insoweit wird teilweise von einem

499 So *Einsele*, AG 2011, 141, 152; *Fischer/Friedrich*, ZBB 2013, 153, 155; *Bentele* in Baur/Tappen, KAGB, § 17 Rn. 23; i.E. auch *Zetzsche*, AG 2013, 613, 614 („gesellschaftsrechtlich inkriminierter Betriebsführungsvertrag").

500 Vgl. *Sprau* in Palandt, § 675 Rn. 2, 4.

501 *Fischer/Steck* in Berger/Steck/Lübbehüsen, § 96 InvG Rn. 33; *Einsele*, AG 2011, 141, 152.

502 *Dornseifer*, AG 2008, 53, 59; *Fischer/Steck* in Berger/Steck/Lübbehüsen, § 96 InvG Rn. 33; a.A. *Zetzsche*, AG 2013, 613, 621 („Restfunktionen nicht ersichtlich").

503 *Dornseifer*, AG 2008, 53, 59; *Fischer/Steck* in Berger/Steck/Lübbehüsen, § 96 InvG Rn. 33; einschränkend *Zetzsche*, AG 2013, 613, 621 („rein nominell").

504 *Fischer/Steck* in Berger/Steck/Lübbehüsen, § 96 InvG Rn. 33.

505 Vgl. §§ 112 Abs. 1 S. 5, 144 S. 5, 100 KAGB.

506 Vgl. zur Bindungswirkung dieser Verhaltensregel noch unten S. 101.

akzessorischen gesetzlichen Schuldverhältnis gesprochen, dass mit der Übernahme der Verwaltungstätigkeit auf Grundlage des Verwaltungsvertrags beginnt.[507]

3. *Verwaltung der Investment-KG*

Wie bei der Investment-AG sieht das KAGB grundsätzlich auch bei der Investment-KG eine Wahlfreiheit hinsichtlich interner oder externer Verwaltung vor, da die Rechtsform der Investment-KG eine interne Verwaltung durch den Komplementär der Gesellschaft zulässt. Die interne Verwaltung kann nach der gesetzlichen Konzeption des KAGB durch die geschäftsführenden Komplementäre der Investment-KG erfolgen, sofern diese nach § 17 Abs. 2 Nr. 2 KAGB entscheiden, keine externe KVG zu bestellen.[508] Nach §§ 128 Abs. 1 S. 1, S. 2, 153 Abs. 1 S. 1, S. 2 KAGB muss die Geschäftsführung aus mindestens zwei Personen oder aus einer juristischen Person bestehen, deren Geschäftsführung ihrerseits von zwei Personen wahrgenommen wird. Letzteres trifft insbesondere auf die in der Rechtsform der GmbH & Co. KG errichte Investment-KG zu, deren Komplementär-GmbH dann mindestens zwei Geschäftsführer haben muss. Die §§ 128, 153 KAGB enthalten noch weitere Regelungen zu den Geschäftsführerpflichten und den persönlichen Voraussetzungen an die Stellung des Geschäftsführers. Hervorzuheben sind die §§ 128 Abs. 1 S. 3 Nr. 1, 153 Abs. 1 S. 3 Nr. 1 KAGB, wonach die Geschäftsführung der Investment-KG dazu verpflichtet ist, bei der Ausübung ihrer Tätigkeit im ausschließlichen Interesse der Gesellschafter und der Integrität des Marktes zu handeln hat. Das Verwaltungsverhältnis besteht im Fall der internen Verwaltung unmittelbar zwischen der Investment-KG in ihrer Eigenschaft als KVG und den Anlegern. Inhaltlich wird es durch die gesetzlichen Vorgaben des KAGB und des HGB und durch die Bestimmungen des Gesellschaftsvertrags geprägt. Die nach den §§ 126, 151 KAGB zu erstellenden Anlagebedingungen werden nicht Bestandteil des Gesellschaftsvertrags, konkretisieren diesen aber im Hinblick auf den Unternehmensgegenstand der Investment-KG.[509]

Zur Herbeiführung einer externen Verwaltung muss eine externe AIF-KVG von der Investment-KG oder in deren Namen bestellt werden. Zwischen Investment-KG und externer AIF-KVG ist zu diesem Zweck ein Verwaltungsvertrag abzuschließen. In den §§ 129 Abs. 1 S. 2, 150 Abs. 2 S. 2 KAGB wird für diesen Fall klargestellt, dass der bestellten AIF-KVG insbesondere die Anlage und Verwaltung des

---

507 *Fischer/Steck* in Berger/Steck/Lübbehüsen, § 96 InvG Rn. 37; *Fischer/Friedrich*, ZBB 2013, 153, 156; kritisch aber *Einsele*, AG 2011, 141, 152 f.

508 Ebenso *Emde/Dreibus*, BKR 2013, 89, 93; *Fischer/Friedrich*, ZBB 2013, 153, 161; *Weiser/Hüwel*, BB 2013, 1091, 1093; a.A. *Freitag*, NZG 2013. 329, 332 unter Verweis auf den Wortlaut des Art. 4 Abs. 1 lit. b) AIFM-RL, wonach AIFM juristische Personen sind. Entgegen dem gesetzlichen Normalfall kann durch entsprechende Regelung im Gesellschaftsvertrag ausnahmsweise auch ein geschäftsführender Kommanditist bestellt werden, vgl. *Weiser/Hüwel*, BB 1091, 1093.

509 Insoweit gilt nichts anderes als bei der Investment-AG, vgl. oben S. 98 ff.

Kommanditanlagevermögens obliegt. Hinsichtlich der Rechtsnatur des Verwaltungsvertrags und seiner Auswirkungen auf die geschäftsführenden Gesellschafter der Investment-KG kann vollumfänglich auf die insoweit entsprechend geltenden Ausführungen zur externen Verwaltung der Investment-AG verwiesen werden.[510]

II. Interessenbindung

Aus der gesetzlichen Verhaltensregel des § 26 Abs. 1 KAGB folgt, dass die KVG im Rahmen ihrer Verwaltungstätigkeit stets an die Interessen der Anleger gebunden ist. Sie handelt hiernach bei der Wahrnehmung ihrer Aufgaben unabhängig von der Verwahrstelle und ausschließlich im Interesse der Anleger. Diese Interessenbindung hat zwar keinen eigenständigen Inhalt, kann sich aber prägend auf den Inhalt anderer Pflichten der KVG auswirken.[511] Unklar bleibt nach dem Wortlaut des § 26 Abs. 1 KAGB, wie die Interessenbindung ausgestaltet ist. Auf den ersten Blick erscheint es nicht ausgeschlossen, dass sich die KVG an den ihr bekannten oder mutmaßlichen Individualinteressen der jeweils an dem Investmentvermögen beteiligten Anleger orientieren muss. Eine solche Interessenbindung ist aber in mehrfacher Hinsicht problematisch. Einerseits müsste die KVG permanent die ihr nicht bekannten mutmaßlichen Einzelinteressen der Anleger ermitteln. Darüber hinaus müssten sämtliche ermittelten und bekannten Einzelinteressen stets im Rahmen der Verwaltungstätigkeit Berücksichtigung finden. Werden Entscheidungen wie bei der kollektiven Kapitalanlage für eine Vielzahl von Anlegern in gleicher Weise getroffen, ist dies aber oftmals schlicht unmöglich, da sich Einzelinteressen naturgemäß voneinander unterscheiden können. Die verpflichtende Berücksichtigung sämtlicher Einzelinteressen würde dazu führen, dass Verwaltungsentscheidungen nur noch getroffen werden könnten, wenn sie im konkreten Fall im bekannten oder ermittelten Individualinteresse sämtlicher Anleger lägen. Eine effektive Verwaltungstätigkeit wäre dann nicht mehr gewährleistet, da widerstreitende Anlegerinteressen die gesamte Verwaltungstätigkeit der KVG blockieren könnten. Hieraus ist der Schluss zu ziehen, dass die Ermittlung der Anlegerinteressen ohne Rücksichtnahme auf die Individualinteressen einzelner Anleger durch Orientierung an den objektiven Interessen der Gesamtheit der

---

510 Vgl. oben S. 98 ff.; a.A. hinsichtlich der verbleibenden Funktionen der geschäftsführenden Gesellschafter der Investment-KG *Zetzsche*, AG 2013, 613, 621 („Restfunktionen nicht ersichtlich"). Vgl. §§ 129 Abs. 2, 154 Abs. 2, 100 KAGB zu den Rechtsfolgen einer Kündigung des Verwaltungsvertrags durch die Investment-KG.

511 *Canaris*, Bankvertragsrecht, Rn. 2424; *Baur*, § 10 KAGG Rn. 27; *Steffen* in Baur/Tappen, KAGB, § 26 Rn. 28.

Anleger erfolgen muss.[512] Als praktikabler Maßstab kann dabei das objektive Interesse eines durchschnittlichen Investmentkunden dienen.[513]

III. Aktive Einwirkung auf die Verwaltung?

Die von § 26 Abs. 1 KAGB angeordnete Interessenbindung verdeutlicht die passive Stellung der Anleger bei der Verwaltung des Investmentvermögens. Im Einzelfall kann es allerdings auch im subjektiven Interesse der Anleger liegen, aktiv auf die Verwaltungstätigkeit der KVG Einfluss zu nehmen, was grundsätzlich durch die konkurrierende Wahrnehmung der Verwaltungstätigkeit oder durch die Erteilung von Weisungen in Bezug auf die Verwaltungstätigkeit der KVG geschehen könnte.

Das KAGB enthält keine Regelungen, die ein solches Vorgehen ausdrücklich ausschließen. Dennoch wird ein konkurrierendes Recht der Anleger zur Verfügung über einzelne Vermögensgegenstände oder zur Ausübung der aus diesen Vermögensgegenständen folgenden Rechte von der ganz herrschenden Auffassung abgelehnt, was selbst dann gelten soll, wenn sich die betreffenden Vermögensgegenstände wie bei dem nach der Miteigentumslösung errichteten Sondervermögen im Miteigentum der Anleger befinden.[514] Auch ein Weisungsrecht in Bezug auf die Verwaltungstätigkeit der KVG ist nach ganz herrschender Auffassung ausgeschlossen.[515] Soweit es um die aktive Mitwirkung eines einzelnen Anlegers geht, folgt dies freilich schon aus der Natur der Sache, da diesem angesichts des Charakters der Investmentanlage als Kollektivanlage nicht das alleinige Verwaltungs- bzw. Weisungsrecht hinsichtlich einzelner oder aller Vermögensgegenstände zustehen kann.[516] Dieses Problem besteht allerdings nicht, wenn sämtliche Anleger gemeinsam handeln und einstimmig über die betreffende Verwaltungsmaßnahme oder Weisung befinden. In diesem Zusammenhang stellt sich zunächst die Frage, ob

---

512 So *Baur*, § 10 KAGG Rn. 28; *Schrödermeier/Baltzer* in Brinkhaus/Scherer, § 10 KAGG Rn. 19; *Steck* in Emde/Dornseifer, InvG, § 9 Rn. 67; *Beckmann* in Investment-Handbuch, § 9 InvG Rn. 172 ff.; *Steffen* in Baur/Tappen, KAGB, § 26 Rn. 30 einschränkend (für Spezialinvestmentvermögen mit kleinem Anlegerkreis) *Köndgen* in Berger/Steck/Lübbehüsen, § 9 InvG Rn. 35.

513 *Köndgen* in Berger/Steck/Lübbehüsen, § 9 InvG Rn. 35; *Steck* in Emde/Dornseifer, InvG, § 9 Rn. 67.

514 *Von Caemmerer*, JZ 1958, 41, 46; *Ebner von Eschenbach*, S. 62 ff.; *Graulich*, S. 65 f.; *Wendt*, S. 147 f.; *Roth*, S. 132; *Canaris*, Bankvertragsrecht, Rn. 2396, 2405; *Baur*, § 10 KAGG Rn. 4; *Schrödermeier/Baltzer* in Brinkhaus/Scherer, § 10 KAGG Rn. 14; *Reiss*, S. 92; *Schmitz* in Berger/Steck/Lübbehüsen, § 30 InvG Rn. 13; *Reiter* in Kümpel/Wittig, Rn. 9.47 (bezüglich Stimmrechtsausübung); *Nietsch* in Emde/Dornseifer, § 31 InvG Rn. 15; *Beckmann* in Investment-Handbuch, § 30 InvG Rn. 18;.

515 *Ebner von Eschenbach*, S. 93 f.; *Canaris*, Bankvertragsrecht, Rn. 2431; *Dürr*, WM 1990, 621, 623; *Baur*, § 10 KAGG Rn. 4, 27; *Schrödermeier/Baltzer* in Brinkhaus/Scherer, § 10 KAGG Rn. 17; *Steck* in Emde/Dornseifer, InvG, § 9 Rn. 113; *Steffen* in Baur/Tappen, KAGB, § 26 Rn. 29.

516 *Canaris*, Bankvertragsrecht, Rn. 2431; *Ohl*, S. 46.

überhaupt eine Rechtsgrundlage für die gemeinschaftliche Vornahme der Verwaltungsmaßnahme oder die Erteilung der Weisung besteht. Dies ist nachfolgend zu klären. Darüber hinaus stellt sich die weitergehende Frage, welche praktischen oder rechtlichen Einwände gegen eine aktive Mitwirkung sprechen, wenn eine solche Rechtsgrundlage besteht.

1. *Rechtsgrundlage für eine aktive Mitwirkung*

Sofern ein konkurrierendes Recht der Anleger zur Verfügung über die Vermögensgegenstände des Investmentvermögens und zur Ausübung der Rechte aus diesen nicht rechtsgeschäftlich begründet wird, besteht ein solches Recht der Anleger grundsätzlich lediglich bei Sondervermögen, die nach der Miteigentumslösung errichtet wurden. Denn als Miteigentümer oder Mitinhaber der Vermögensgegenstände des Sondervermögens sind die Anleger in diesem Fall im Grundsatz auch zur Verfügung über diese Vermögensgegenstände befugt. Aus § 137 S. 1 BGB folgt, dass ihre Verfügungsbefugnis durch ein Rechtsgeschäft weder beschränkt noch ausgeschlossen werden darf. Eine Einschränkung der Verfügungsbefugnis kann damit jedenfalls nicht aus dem Investmentvertrag zwischen den einzelnen Anlegern und der KVG hergeleitet werden. Nimmt man mit der herrschenden Auffassung an, dass die Anleger eines nach der Miteigentumslösung errichteten Sondervermögens eine bürgerlich-rechtliche Bruchteilsgemeinschaft bilden, so sind sie nach den §§ 744, 745 BGB grundsätzlich zur gemeinschaftlichen Verwaltung des Miteigentums berechtigt. Auch Verfügungen über die im Miteigentum stehenden Vermögensgegenstände im Ganzen sind gemäß § 747 S. 2 BGB erlaubt, wenn sie gemeinschaftlich erfolgen. Entsprechendes gilt bei externer Verwaltung einer Investment-AG oder Investment-KG im Hinblick auf das Verwaltungsrecht und die Verfügungsbefgnis der Investmentgesellschaft. Da die Investment-AG und die Investment-KG Eigentümer oder Inhaber der Vermögensgegenstände bleibt, kann der Verwaltungsvertrag mit der externen KVG gemäß § 137 S. 1 BGB für sich genommen nicht dazu führen, dass die Befugnis über die betreffenden Vermögensgegenstände zu verfügen oder diese zu verwalten vollumfänglich beschränkt oder ausgeschlossen wird.

Voraussetzung eines gemeinschaftlichen Weisungsrechts der Anleger ist zunächst, dass es nach der Rechtsnatur des Verwaltungsverhältnisses nicht von vornherein ausgeschlossen ist. Insoweit ist zwischen den einzelnen Erscheinungsformen der Investmentvermögen zu unterscheiden. Bei Sondervermögen wird das Verwaltungsverhältnis durch den als Geschäftsbesorgungsvertrag zu qualifizierenden Investmentvertrag zwischen der KVG und den einzelnen Anlegern bestimmt.[517] Aus §§ 675 Abs. 1, 665 BGB folgt, dass die KVG grundsätzlich an die Weisungen gebunden ist, die ihr die Anleger im Zusammenhang mit der Geschäftsbesorgung erteilen, wenn das Recht zur Erteilung von Weisungen nicht ausdrücklich ausgeschlossen ist.[518] Die gemeinschaftliche Erteilung der Weisung durch sämtliche Anleger setzt

---

517 Vgl. oben S. 78 ff.

518 Vgl. *Seiler* in MüKo, BGB, § 665 Rn. 14; *Sprau* in Palandt, BGB, § 665 Rn. 1, 3.

allerdings eine entsprechende Willensbildung im Innenverhältnis voraus. Qualifiziert man das Innenverhältnis der Anleger als Bruchteilsgemeinschaft, lässt sich diese Willensbildung als Verwaltungsentscheidung im Sinne der §§ 744, 745 BGB qualifizieren. Auf die rechtliche Qualifikation der Entscheidung im Innenverhältnis kommt es aber letztlich überhaupt nicht an.[519] Entscheidend ist alleine, dass eine Willensübereinstimmung sämtlicher Anleger im Außenverhältnis zur KVG vorliegt, die sich in der Erteilung inhaltlich übereinstimmender Weisungen äußert. In diesem Fall ließe sich die Zulässigkeit der Weisung nicht mehr unter Verweis auf den Grundsatz der kollektiven Kapitalanlage bestreiten.

Handelt es sich bei dem Investmentvermögen um eine Investmentgesellschaft, so ist zwischen interner und externer Verwaltung zu differenzieren. Die interne Verwaltung der Investment-AG obliegt dem Vorstand, der diese nach § 76 Abs. 1 AktG eigenverantwortlich zu leiten hat. Dies schließt die Erteilung von Weisungen durch die als Aktionäre beteiligten Anleger aus.[520] Dagegen kommt es bei der Investment-KG auf die Ausgestaltung des Gesellschaftsvertrags an. Obwohl die Geschäftsführung einer KG grundsätzlich ausschließlich den Komplementären zusteht, kann der Gesellschaftsvertrag entgegen dem gesetzlichen Normalfall auch Weisungsrechte zugunsten der Kommanditisten vorsehen.[521] Bei Investment-KGen wäre eine solche Regelung zwar äußerst ungewöhnlich. Es steht aber andererseits auch nicht von vornherein fest, dass die Einräumung eines Weisungsrechts zugunsten sämtlicher Kommanditisten unzulässig ist, zumal die besonderen Regelungen des KAGB eine solche Regelung nicht ausdrücklich ausschließen. Um dem Grundsatz der kollektiven Kapitalanlage Geltung zu verschaffen, wird man bei der Entscheidung der Kommanditisten über die Erteilung von Weisungen dann allerdings Einstimmigkeit verlangen müssen.

Bei externer Verwaltung der Investment-AG bestehen keine unmittelbaren schuldrechtlichen oder gesellschaftsrechtlichen Rechtsbeziehungen zwischen den Anlegern und der KVG. In diesem Verhältnis scheidet ein Recht zur Erteilung von Weisungen folglich von vornherein aus. Da der Verwaltungsvertrag nach hier vertretener Auffassung als Geschäftsbesorgungsvertrag zu qualifizieren ist, sind Weisungen der Investment-AG dagegen durchaus denkbar, sofern sie nicht ausdrücklich ausgeschlossen wurden. Der Vorstand der Investment-AG müsste eine solche Weisung im Namen der Investment-AG gegenüber der externen KVG erteilen. Entsprechendes gilt für die externe Verwaltung einer Investment-KG. Auch hier ist es nicht von vornherein ausgeschlossen, dass die Komplementärin der Investment-KG in deren Namen Weisungen gegenüber der externen KVG erteilt. Insofern ist es bei

---

519 A.A. offenbar *Canaris*, Bankvertragsrecht, Rn. 2431, der die Zulässigkeit einer internen Willensbildung der Anleger auf Grundlage des §§ 744, 745 BGB mit dem Argument bestreitet, im Fall der Investmentanlage seien diese Regelungen nicht anwendbar seien, weil sie von dem Prinzip der Eigenverwaltung ausgingen.

520 Vgl. statt aller *Koch* in Hüffer, AktG, § 76 Rn. 25.

521 Vgl. nur *Grunewald* in MüKo, HGB, § 164 Rn. 23 m.w.N.

entsprechender Gestaltung des Gesellschaftsvertrags auch nicht von vornherein ausgeschlossen, dass die Komplementärin im Hinblick auf die Erteilung der Weisung ihrerseits erst auf Weisung der Anleger tätig wird.

2. *Praktische Einwände*

Nach teilweise vertretener Auffassung soll die gemeinschaftliche Willensbildung der Anleger indessen schon aus praktischen Gründen ausgeschlossen sein.[522] Für Publikumsinvestmentvermögen ist dies nicht von der Hand zu weisen, zumal eine Einigung sämtlicher beteiligter Anleger angesichts ihrer Vielzahl im Regelfall praktisch unmöglich sein wird. Hinzu kommt, dass die einzelnen Anleger bei einem Publikumsinvestmentvermögen regelmäßig anonym bleiben, so dass sie einerseits der KVG unbekannt sind und sich andererseits auch nicht untereinander kennen.[523] Zudem haben die Anleger vielfach überhaupt keine Kenntnis darüber, welche Vermögensgegenstände sich zu einem bestimmten Zeitpunkt im Investmentvermögen befinden.[524] Der Verweis auf die praktischen Schwierigkeiten ist aber andererseits auch nicht zwingend, da nicht ausgeschlossen werden kann, dass sich die Anleger im Einzelfall doch einmal untereinander abstimmen können. Dies gilt zunächst dann, wenn es sich um ein Investmentvermögen mit kleinerem Anlegerkreis handelt, wie es etwa für Spezialinvestmentvermögen typisch ist.[525] Bei Spezialinvestmentvermögen ist zudem der Einfluss sog. Anlageausschüsse zu berücksichtigen. Solche Ausschüsse werden häufig durch die Anlagebedingungen oder durch Sondervereinbarung mit den Anlegern eingerichtet.[526] Sie setzen sich in der Regel hauptsächlich aus Vertretern der Anleger zusammen.[527] Mitunter wirken auch weitere Personen im Anlageausschuss mit, etwa die KVG des betreffenden Investmentvermögens oder die für den Vertrieb der Anteile an dem Investmentvermögen zuständigen Unternehmen.[528] Die Aufgabe des Anlageausschusses besteht vordringlich in der Kontrolle und in der Beratung der KVG im Hinblick auf die von ihr in der Vergangenheit getroffenen Anlageentscheidungen und ihrer zukünftigen

---

522 *Von Caemmerer*, JZ 1958, 41, 46 Fn. 41; *Ebner von Eschenbach*, S. 64.

523 Vgl. *Reiter* in Kümpel/Wittig, Rn. 9.57, der darauf hinweist, dass die Anonymität gegenüber der KVG häufig auf die Umstände des Erwerbs der Investmentanteile zurückzuführen ist, da dieser regelmäßig über die zwischengeschalteten Depotbanken der Anleger erfolgt.

524 Vgl. in Bezug auf Aktien *Mutter*, AG 2006, 637, 643; *S. H. Schneider* in Assmann/Schneider, WpHG, Anh. § 22 Rn. 304; *Heinrich* in Emde/Dornseifer, InvG, § 32 Rn. 38.

525 Ebenso *Steck* in Emde/Dornseifer, InvG, § 9 Rn. 113.

526 Vgl. *Baur* in Assmann/Schütze, § 20 Rn. 214; *Köndgen/Schmies* in Bankrechts-Handbuch, § 113 Rn. 94.

527 *Baur* in Assmann/Schütze, § 20 Rn 265; *Reiter* in Kümpel/Wittig, Rn. 9.61.

528 *Dürr*, WM 1990, 621, 622; *Reiter* in Kümpel/Wittig, Rn. 9.61.

Verwaltungstätigkeit.[529] Im Hinblick auf die zukünftige Verwaltungstätigkeit darf der Anlageausschuss aber allenfalls Anlageziele vor- und Empfehlungen abgeben, so dass die KVG letztlich im Rahmen ihrer Verwaltungstätigkeit zur eigenverantwortlichen Letztentscheidung berechtigt bleibt.[530] Aus praktischer Sicht bietet die Zusammenkunft der Anleger im Rahmen eines Anlageausschusses aber gleichwohl die Möglichkeit einer Interessenkoordinierung der Anleger, die dann auch eine konkreten Verwaltungsentscheidung oder die Erteilung einer Weisung zur Folge haben kann.[531] Letztlich steht damit fest, dass die praktischen Einwände gegen eine konkurrierenden Verwaltungstätigkeit der Anleger oder ihr Recht zur Erteilung von Weisungen nicht vollständig durchgreifen.

3. *Rechtliche Einwände*

Teilweise wird der Ausschluss einer aktiven Mitwirkung der Anleger bereits daraus hergeleitet, dass das Gesetz eine konkurrierende Verwaltungstätigkeit der Anleger oder eine Möglichkeit der Anleger zur Erteilung von Weisungen an keiner Stelle ausdrücklich zulässt.[532] So wird hervorgehoben, dass der Gesetzgeber besondere Vorschriften zur Willensbildung der Anleger hätte schaffen müssen, wenn er die Möglichkeit der Weisungserteilung an die KVG oder eine andere Art und Weise der Mitwirkung gewollt hätte.[533] Im Interesse der Handlungs- und Entscheidungsfreudigkeit der KVG sei aber davon abgesehen worden.[534] Soweit es um die konkurrierende Verfügungsbefugnis und das konkurrierende Verwaltungsrecht der Anleger eines nach der Miteigentumslösung verwalteten Sondervermögens oder der extern verwalteten Investmentgesellschaft geht, greift dieses Argument allerdings nicht durch. Sowohl Verfügungsbefugnis als auch Verwaltungsrecht müssen in diesen Fällen nicht erst durch das Gesetz geschaffen werden. Sie folgen vielmehr unmittelbar aus dem Eigentum oder der Inhaberschaft der Anleger bzw. der Investmentgesellschaft an den betreffenden Vermögensgegenständen. Wie § 137 S. 1 BGB zeigt, ist auch eine schuldvertragliche Einschränkung der Verfügungsbefugnis oder des Verwaltungsrechts nicht möglich. Eine konkurrierende Verfügung oder Verwaltung durch die Anleger oder die Investmentgesellschaft lässt sich also insbesondere nicht durch den Investmentvertrag oder den Verwaltungsvertrag mit der externen

529 *Schrödermeier/Baltzer* in Brinkhaus/Scherer, § 10 KAGG Rn. 17; *Reiter* in Kümpel/Wittig, Rn. 9.61.

530 *Dürr*, WM 1990, 621, 622; *Baur*, § 10 KAGG Rn. 9, 27; *Schrödermeier/Baltzer* in Brinkhaus/Scherer, § 10 KAGG Rn. 17; *Baur* in Assmann/Schütze, § 20 Rn 265; *Köndgen* in Berger/Steck/Lübbehüsen, § 9 InvG Rn. 29; *Köndgen/Schmies* in Bankrechts-Handbuch, § 113 Rn. 54, 94, 123; *Steck* in Emde/Dornseifer, InvG, § 9 Rn. 113; *Steffen* in Baur/Tappen, KAGB, § 26 Rn. 29.

531 Vgl. *Baur*, § 10 KAGG Rn. 4.

532 *Baur*, § 10 KAGG Rn. 29; *Steffen* in Baur/Tappen, KAGB, § 26 Rn. 31.

533 *Canaris*, Bankvertragsrecht, Rn. 2431; *Ohl*, S. 46.

534 *Ohl*, S. 46.

KVG ausschließen. Zwar könnten sich die Anleger oder die Investmentgesellschaft nach § 137 S. 2 BGB dazu verpflichten, nicht über die Vermögensgegenstände des Investmentvermögens zu verfügen und auch keine Rechte aus diesen auszuüben. Allerdings hätte eine solche Verpflichtung keine dingliche Wirkung. Verfügungen oder die Vornahme von Verwaltungsmaßnahmen entgegen einer solchen Verpflichtung würden also allenfalls Schadensersatzansprüche auslösen, ohne die dingliche Wirksamkeit einer solchen Maßnahme zu verhindern.

Rechtliche Einwände gegen die Zulässigkeit einer gemeinschaftlichen Verfügung oder Verwaltung durch die Anleger oder die extern verwaltete Investmentgesellschaft könnten indessen aus einem gesetzlichen Verfügungsverbot abzuleiten sein. Die Unzulässigkeit einer gemeinschaftlichen Verfügung der Anleger eines nach der Miteigentumslösung errichteten Sondervermögens über einen Vermögensgegenstand des Sondervermögens wird zum Teil mit der Verfügungsbeschränkung des § 95 Abs. 2 S. 3 KAGB begründet, wonach die Anleger über ihren Anteil an den einzelnen Vermögensgegenständen nur durch Übertragung sämtlicher in ihrem Anteilsschein verbrieften Ansprüche verfügen können, was eine gemeinschaftliche Verfügung sämtlicher Anleger über einen bestimmten Vermögensgegenstand ausschließe.[535] Aus den gleichen Gründen soll auch die Ausübung von Rechten aus den Vermögensgegenständen des Sondervermögens durch die Anleger ausscheiden, zumal die Rechtsausübung in einem engen Zusammenhang zur Verfügungsbefugnis stehe und daher nicht anders beurteilt werden könne.[536] *Reiss* hält diesem Argument allerdings zu Recht entgegen, dass diese gesetzliche Beschränkung der Verfügungsbefugnis der Anleger ausschließlich dem Zweck dienen soll, ein Auseinanderfallen des schuldrechtlichen Verwaltungsanspruchs und der dinglichen Berechtigung der Anleger zu verhindern, was bei einer gemeinschaftlichen Verfügung der Anleger über einen Vermögensgegenstand aber überhaupt nicht passieren könne, da der betreffende Vermögensgegenstand vollständig aus dem Sondervermögen ausscheide.[537] Weitere geschriebene Verfügungsverbote im Hinblick auf die Investmentanlage im Sinne des KAGB lassen sich dem Gesetz nicht entnehmen. Insoweit unterscheidet sich das Recht der Investmentanlage deutlich von anderen Fällen der Fremdverwaltung, insbesondere der Nachlassverwaltung, der Testamentsvollstreckung und der Insolvenzverwaltung, die in den §§ 1984 Abs. 1, 2211 Abs. 1 BGB, 80 Abs. 1 InsO ausdrückliche Verfügungsbeschränkungen zu Lasten der jeweiligen (Mit-)Eigentümer der betreffenden Vermögensgegenstände enthalten. Eine Gesamtanalogie zu diesen Fällen der gesetzlichen Beschränkung der Verfügungsbefugnis wird namentlich von *Reiss* mangels vergleichbarer Interessenlage abgelehnt.[538] Gegen eine

535 *Ebner von Eschenbach*, S. 63 f.; *Wendt*, S. 148; *Roth*, S. 132; *Canaris*, Bankvertragsrecht, Rn. 2405; *Schmitz* in Berger, Steck/Lübbehüsen, § 30 InvG Rn. 13; *Beckmann* in Investment-Handbuch, § 30 InvG Rn. 18.

536 *Ebner von Eschenbach*, S. 63; *Wendt*, S. 148 f.; i.E. ebenso *Roth*, S. 132.

537 *Reiss*, S. 89.

538 *Reiss*, S. 91 f.

Gesamtanalogie soll insbesondere sprechen, dass die Investmentanlage auf Dauer angelegt sei, während die anderen Fälle der gesetzlichen Fremdverwaltung einem bloß vorübergehenden Zweck dienten. Zum anderen erfolge die Fremdverwaltung bei der Investmentanlage stets im Interesse der Inhaber bzw. Eigentümer der Vermögensgegenstände, während dies bei der Nachlassverwaltung, der Testamentsvollstreckung und der Insolvenzverwaltung zumindest nicht ausschließlich der Fall sei. Zweifelhaft erscheint allerdings, dass der Ausschluss der aktiven Mitwirkung in diesen Fällen der Fremdverwaltung überhaupt auf die beschränkte Dauer der Fremdverwaltung oder die zum Teil anderweitige Interessenbindung des Fremdverwalters zurückzuführen ist. Im Vordergrund steht vielmehr der Gedanke, dass die gesetzlich angeordnete Zuweisung bestimmter Verwaltungsaufgaben an den Fremdverwalter einer Vermögensmasse nicht dadurch unterlaufen werden soll, dass ihm die Erfüllung dieser Aufgaben unnötig erschwert oder sogar unmöglich gemacht werden.[539] Insoweit unterscheidet sich die Interessenlage im Fall der Investmentanlage gerade nicht von der Interessenlage im Fall der Amtsverwaltung. Wäre den Anlegern oder der extern verwalteten Investmentgesellschaft eine aktive Mitwirkung bei der Verwaltung des Investmentvermögens gestattet, würde die Verwaltungstätigkeit der KVG verhindert oder zumindest unnötig erschwert, so dass eine effektive Fremdverwaltung nicht mehr möglich wäre.[540] Dies gilt insbesondere dann, wenn die Einflussnahme auf eine Veränderung der von dem Fremdverwalter festgelegten Anlagestrategie abzielt. Eine aktive Mitwirkung könnte ferner zu einer Aufweichung der Zuständigkeiten und der damit einhergehenden Verantwortlichkeiten führen.[541] Schließlich würden auch die Vorteile der Fremdverwaltung in nicht unerheblichem Umfang relativiert, also insbesondere die durch Arbeitsteilung entstehenden Spezialisierungsvorteile. Entgegen *Reis* ist damit von einem ungeschriebenen gesetzlichen Verfügungs- und Verwaltungsverbot der Anleger und der extern verwalteten Investmentgesellschaft im Sinne des § 135 BGB auszugehen, das gerade dem Schutz der Anleger vor einer ineffektiven Fremdverwaltung dient und auf eine Gesamtanalogie zu den §§ 1984 Abs. 1, 2211 Abs. 1 BGB, 80 Abs. 1 InsO gestützt werden kann. Weisungsrechte der Anleger oder der extern verwalteten Investmentgesellschaft müssen aus den soeben genannten Gründen ebenfalls ausscheiden. Die Exklusivität der Verfügungsbefugnis und des Verwaltungsrechts der KVG könnte durch ein Recht der Anleger und der extern verwalteten Investmentgesellschaften zur Erteilung von Weisungen unterlaufen werden. Vor diesem Hintergrund ist davon auszugehen, dass ein solches Weisungsrecht sowohl im Investmentvertrag zwischen Anleger und externer KVG als auch im Verwaltungsvertrag zwischen Investmentgesellschaft und externer KVG stets konkludent abbedungen ist.

---

539 Vgl. Graulich, S. 66 („Sicherstellung der Verfolgung des Sondervermögenszwecks"). Vgl. für die Testamentsvollstreckung etwa *Zimmermann* in MüKo, BGB, § 2211 Rn. 1; *Mayer* in Bamberger/Roth, BGB, § 2211 Rn. 1.

540 *Ebner von Eschenbach*, S. 62; *Ohl*, S. 46.

541 *Ohl*, S. 46; in diese Richtung auch schon *Ebner von Eschenbach*, S. 94 f.

Im Ergebnis lässt sich also mit der herrschenden Meinung festhalten, dass die Möglichkeit der Anleger oder der extern verwalteten Investmtgesellschaft zur aktiven Mitwirkung bei der Verwaltungstätigkeit aus rechtlichen Gründen ausgeschlossen ist. Die Anleger sind weder zur gemeinschaftlichen Verfügung über die Vermögensgegenstände des Investmentvermögens noch zur Ausübung der Rechte aus diesen Vermögensgegenständen befugt, was aus einem gesetzlichen Verfügungsverbot im Sinne des § 135 BGB folgt, und sind auch nicht zur Erteilungen von Weisungen in Bezug auf die Verwaltungstätigkeit berechtigt. Gleiches gilt aus den genannten Gründen auch für Verfügungen, die Ausübung von Rechten und die Erteilung von Weisungen durch eine Investmentgesellschaft gegenüber der externen KVG. Durch Kündigung des Verwaltungsvertrags kann in den zuletzt genannten Fällen aber immerhin eine Rückübertragung der Verwaltungstätigkeit auf die Investmentgesellschaft selbst erfolgen.

3. Teil: Die Mitteilungspflicht nach § 21 Abs. 1 S. 1 WpHG unter besonderer Berücksichtigung der Investmentanlage im Sinne des KAGB

§ 1 Die Mitteilungspflicht nach § 21 Abs. 1 S. 1 WpHG

Als Grundtatbestand der kapitalmarktrechtlichen Beteiligungstransparenz verpflichtet § 21 Abs. 1 S. 1 WpHG jeden, der durch Erwerb, Veräußerung oder auf sonstige Weise 3, 5, 10, 15, 20, 25, 30, 50 oder 75 Prozent der Stimmrechte an einem Emittenten, dessen Herkunftsstaat die Bundesrepublik Deutschland ist, erreicht, überschreitet oder unterschreitet, zur Mitteilung dieser Tatsache an den Emittenten und gleichzeitig an die BaFin, und zwar unter Beachtung von § 22 Abs. 1 und Abs. 2 WpHG. Eine entsprechende Mitteilungspflicht besteht nach § 21 Abs. 1a WpHG für jeden, dem im Zeitpunkt der erstmaligen Zulassung der Aktien eines solchen Emittenten zum Handel an einem organisierten Markt 3 Prozent oder mehr der Stimmrechte dieses Emittenten zustehen.[542]

Die Mitteilung muss unverzüglich, spätestens innerhalb von vier Handelstagen, erfolgen. Nach § 21 Abs. 1 S. 3 WpHG beginnt die Mitteilungsfrist mit dem Zeitpunkt, zu dem der Meldepflichtige Kenntnis davon hat oder nach den Umständen haben musste, dass sein Stimmrechtsanteil die genannten Schwellen erreicht, überschreitet oder unterschreitet. Kenntnis des Meldepflichtigen wird nach § 21 Abs. 1 S. 4 WpHG zwei Handelstage nach dem Erreichen, Überschreiten oder Unterschreiten der genannten Schwellen vermutet.

Nach § 21 Abs. 3 WpHG kann das Bundesministerium für Finanzen durch Rechtsverordnung nähere Bestimmungen über den Inhalt, die Art, die Sprache, den Umfang und die Form der Mitteilung erlassen. Von dieser Verordnungsermächtigung wurde durch Einfügung von Regelungen zu Inhalt, Art, Form und Sprache der Mitteilung in die WpAIV Gebrauch gemacht.[543] Während sich nähere Bestimmungen zum Inhalt der Mitteilung nach § 21 Abs. 1 S. 1, Abs. 1a WpHG aus § 17 Abs. 1 WpAIV ergeben, enthält § 18 WpAIV weitere Vorgaben zu Art, Form und Sprache der Mitteilung.[544]

---

542 Vgl. zu dieser Mitteilungspflicht *U. H. Schneider* in Assmann/Schneider, WpHG, § 21 Rn. 89.

543 *U. H. Schneider* in Assmann/Schneider, WpHG, § 21 Rn. 148.

544 Vgl. ausführlich unten S. 415 ff. und S. 428.

A. Normadressaten

Nach dem Wortlaut des § 21 Abs. 1 S. 1 WpHG besteht keine Beschränkung der Mitteilungspflichten auf bestimmte Normadressaten. Dies ist ein wesentlicher Unterschied zu der aktienrechtlichen Mitteilungspflicht nach § 20 AktG, die sich ausschließlich an Unternehmen richtet.[545] Da als Adressat der Mitteilungspflicht allerdings nur solche Personen in Betracht kommen, die überhaupt Träger von Rechten und Pflichten sein können, ist als Mindestvoraussetzung zu fordern, dass es sich bei den Normadressaten um rechtsfähige oder zumindest um teilrechtsfähige Rechtssubjekte handelt.[546] Die Mitteilungspflichten richten sich damit zunächst an sämtliche natürlichen und juristischen Personen des privaten und öffentlichen Rechts.[547] Dies gilt unabhängig von der Staatsangehörigkeit der natürlichen Person[548] und auch unabhängig davon, ob diese ihren Wohnsitz im Inland oder im Ausland hat[549]. Auf die Geschäftsfähigkeit der Normadressaten kommt es nicht an, so dass sich die Mitteilungspflichten grundsätzlich auch an geschäftsunfähige oder beschränkt geschäftsfähige natürliche Personen richten.[550] Die Vorschriften richten sich auch an juristische Personen mit Satzungs- oder Verwaltungssitz im Ausland.[551] Da es entscheidend auf die (Teil-)Rechtsfähigkeit des Meldepflichtigen ankommt, unterliegen auch (teil-)rechtsfähige Personengesellschaften der Mitteilungspflicht.[552] Dagegen kommen nicht rechtsfähige Personenmehrheiten wie die

---

545 *Hüffer*, AktG, 7. Aufl. 2006, Anh. § 22, § 21 WpHG Rn. 4; *Heinrich* in Heidel, § 21 WpHG Rn. 4.

546 *Bayer* in MüKo, AktG, Anh. § 22, § 21 WpHG Rn. 3; *Dehlinger/Zimmermann* in Fuchs, WpHG, § 21 Rn. 4 f.; *Becker* in Bürgers/Körber, AktG, Anh. § 22, § 21 WpHG Rn. 2.

547 Begr. RegE. FFG II, BT-Drucks. 12/6679, S. 52; BaFin, Emittentenleitfaden 2013, S. 109; *Happ*, JZ 1994, 240, 243; *Nottmeier/Schäfer*, AG 1997, 87, 90; *Hüffer*, AktG, 7. Aufl. 2006, Anh. § 22, § 21 WpHG Rn. 4; *Bayer* in MüKo, AktG, Anh. § 22, § 21 WpHG Rn. 3; *Opitz* in Schäfer/Hamann, § 21 WpHG Rn. 4; *Hirte* in KöKo, WpHG, § 21 Rn. 129; *Heinrich* in Heidel, § 21 WpHG Rn. 4; *Becker* in Bürgers/Körber, AktG, Anh. § 22, § 21 WpHG Rn. 2;. Vgl. auch die Aufzählung bei *U. H. Schneider* in Assmann/Schneider, WpHG, § 21 Rn. 9.

548 BaFin, Emittentenleitfaden 2013, S. 109; *Falkenhagen*, WM 1995, 1005; *U. H. Schneider* in Assmann/Schneider, WpHG, § 21 Rn. 9, 21; *Hirte* in KöKo, WpHG, § 21 Rn. 129.

549 BaFin, Emittentenleitfaden 2013, S. 109; *Nottmeier/Schäfer*, AG 1997, 87, 90; *Dehlinger/Zimmermann* in Fuchs, WpHG, § 21 Rn. 5; *U. H. Schneider* in Assmann/Schneider, WpHG, § 21 Rn. 9, 21; *Hirte* in KöKo, WpHG, § 21 Rn. 129.

550 *Dehlinger/Zimmermann* in Fuchs, WpHG, § 21 Rn. 7; *Hirte* in KöKo, WpHG, § 21 Rn. 131.

551 BaFin, Emittentenleitfaden 2013, S. 109; *Nottmeier/Schäfer*, AG 1997, 87, 90; *Dehlinger/Zimmermann* in Fuchs, WpHG, § 21 Rn. 5; *Hirte* in KöKo, WpHG, § 21 Rn. 129.

552 Vgl. BaFin, Emittentenleitfaden 2013, S. 109; *Hirte* in KöKo, WpHG, § 21 Rn. 132 mit Aufzählung der erfassten Personengesellschaften; ebenso *Hüffer*, AktG, 7. Aufl. 2006, Anh. § 22, § 21 WpHG Rn. 4; *Bayer* in MüKo, AktG, Anh. § 22, § 21

BGB-Innengesellschaft, die Gesamthandsgemeinschaft, also die Gütergemeinschaft und die Erbengemeinschaft, die Bruchteilsgemeinschaft oder die Familie mangels eigener Rechtsfähigkeit als solche nicht als Normadressaten in Betracht.[553] Die Mitteilungspflichten richten sich dann lediglich an die einzelnen Familienmitglieder in ihrer Eigenschaft als natürliche Person, an die Gesellschafter der BGB-Innengesellschaft bzw. an die Gesamthänder der Gesamthandsgemeinschaft und die Teilhaber der Bruchteilsgemeinschaft, soweit es sich bei diesen um rechtsfähige Rechtssubjekte handelt.[554] Mit Blick auf den Charakter der Gesamthandsgemeinschaften wird dieser Auffassung bisweilen entgegengehalten, die Mitteilungspflicht richte sich stets an sämtliche Gesamthänder in ihrer gesamthänderischen Verbundenheit.[555] Dass dies weder bei einer Gesamthandsgemeinschaft noch bei den anderen genannten Gemeinschaften richtig sein kann, folgt aber bereits daraus, dass jedes Mitglied der Gemeinschaft für sich genommen bereits Normadressat der Mitteilungspflicht ist. Der rechnerische Anteil an den in der Gemeinschaft gebundenen stimmrechtsvermittelnden Aktien muss demnach bereits im individuellen Stimmrechtsanteil des jeweiligen Mitglieds berücksichtigt werden. Eine gemeinsame Mitteilung sämtlicher Mitglieder der Gemeinschaft kann grundsätzlich auch daran scheitern, dass im konkreten Fall nicht sämtliche Mitglieder einer Mitteilungspflicht unterliegen. Denn einerseits kann ihr Anteil an der Gemeinschaft unterschiedlich hoch ausfallen, so dass sich auch die in ihrem Stimmrechtsanteil zu berücksichtigende Anzahl der aus dem Gemeinschaftsverhältnis folgenden Stimmrechte unterscheidet.[556] Und andererseits werden den einzelnen Mitgliedern mitunter außerhalb des Gemeinschaftsverhältnisses noch weitere Stimmrechte zugeordnet oder zugerechnet. Zur Klarstellung, dass Teile des Stimmrechtsanteils innerhalb einer Gemeinschaft gehalten werden,

---

WpHG Rn. 3 f; *Opitz* in Schäfer/Hamann, § 21 WpHG Rn. 5 ff.; *U. H. Schneider* in Assmann/Schneider, WpHG, § 21 Rn. 12 f.; *Heinrich* in Heidel, § 21 WpHG Rn. 4; *Becker* in Bürgers/Körber, AktG, Anh. § 22, § 21 WpHG Rn. 2.

553 *Dehlinger/Zimmermann* in Fuchs, WpHG, § 21 Rn. 11; *Opitz* in Schäfer/Hamann, § 21 WpHG Rn. 7, 11; *Hirte* in KöKo, WpHG, § 21 Rn. 132, 134 f.; so auch für die Gütergemeinschaft, die Erbengemeinschaft und die BGB-Innengesellschaft *Schwark* in Schwark/Zimmer, § 21 WpHG Rn. 8 f.; *Heinrich* in Heidel, § 21 WpHG Rn. 4; ebenso für die Gütergemeinschaft und die Erbengemeinschaft *U. H. Schneider* in Assmann/Schneider, WpHG, § 21 Rn. 16; für die Erbengemeinschaft *Nottmeier/Schäfer*, AG 1997, 87, 91.

554 *Dehlinger/Zimmermann* in Fuchs, WpHG, § 21 Rn. 11 f.; *Opitz* in Schäfer/Hamann, § 21 WpHG Rn. 7, 11; *Petersen* in Spindler/Stilz, AktG, Anh. § 22, §§ 21–30 WpHG Rn. 20; *Schwark* in Schwark/Zimmer, § 21 WpHG Rn. 8 f.; *U. H. Schneider* in Assmann/Schneider, WpHG, § 21 Rn. 11, 16; *Hirte* in KöKo, WpHG, § 21 Rn. 132, 134 f.; *Heinrich* in Heidel, § 21 WpHG Rn. 4; *Beckmann* in Investment-Handbuch, § 32 InvG Rn. 20.

555 *Nottmeier/Schäfer*, AG 1997, 87, 90 f.; *Starke*, S. 181.

556 Dies gilt jedenfalls, soweit man keine wechselseitige Zurechnung der betroffenen Stimmrechte nach § 22 Abs. 2 WpHG annimmt. Vgl. zu diesem Zurechnungstatbestand unten S. 352 ff.

sollte in diesen Fällen allerdings in der Mitteilung zwischen den Stimmrechten unterschieden werden, die das betreffende Mitglied über die Gesamthands- oder Bruchteilsgemeinschaft und außerhalb solcher Gemeinschaften hält.[557]

Vor diesem Hintergrund stellt sich die Frage, inwieweit die an einer Investmentanlage nach dem KAGB beteiligten Personen und Personenmehrheiten als taugliche Normadressaten des § 21 Abs. 1 S. 1 WpHG in Betracht kommen. Richtigerweise ist zu differenzieren. Das Investmentvermögen selbst kommt nur dann als tauglicher Normadressat in Betracht, wenn es zumindest teilrechtsfähig ist. Aus diesem Grund scheidet das investmentrechtliche Sondervermögen als tauglicher Normadressat aus. Denn bei diesem handelt es sich um eine bloße Zusammenfassung von Vermögensgegenständen ohne eigene Rechtspersönlichkeit.[558] Demgegenüber sind die Investmentgesellschaften als Adressaten der Mitteilungspflicht zu qualifizieren. Als juristische Person ist die Investment-AG rechtsfähig. Die Investment-KG ist als Personenhandelsgesellschaft zumindest teilrechtsfähig. Für die externe KVG bestimmt § 18 Abs. 1 KAGB, dass sie nur in der Rechtsform einer AG, einer GmbH oder einer GmbH & Co. KG betrieben werden darf. Es handelt sich bei der KVG also entweder um eine AG oder GmbH und damit um eine juristische Person, die von vornherein rechtsfähig ist, oder um eine KG, die als Personenhandelsgesellschaft zumindest Teilrechtsfähigkeit besitzt. In Bezug auf die Anleger ist zu unterscheiden. Einzelne Anleger kommen als Meldepflichtige in Betracht, wenn sie die oben genannten allgemeinen Voraussetzungen erfüllen, also zumindest als teilrechtsfähige Rechtssubjekte zu qualifizieren sind. Die Mitteilungspflicht richtet sich allerdings nicht an die Gesamtheit der Anleger in ihrer Eigenschaft als Personenmehrheit. Dies gilt auch dann, wenn man diese Personenmehrheit rechtlich als Bruchteilsgemeinschaft, als besondere Form der Gesamthand oder als BGB-Innengesellschaft qualifiziert.[559] Denn auch in diesem Fall fehlt es an der erforderlichen Teilrechtsfähigkeit der Personenmehrheit. Für die Mitteilungspflicht ist damit immer an den einzelnen Anlegern anzuknüpfen.

B. Tatbestandsvoraussetzungen

Einzige Tatbestandsvoraussetzung des § 21 Abs. 1 S. 1 WpHG ist das Erreichen, Überschreiten oder Unterschreiten einer der genannten Stimmrechtsschwellen. Eine solche Schwellenberührung setzt voraus, dass sich der Stimmrechtsanteil des Meldepflichtigen verändert.[560] Im Gegensatz zur Mitteilungspflicht nach § 20 Abs. 1,

557 Vgl. in diesem Zusammenhang noch die Ausführungen zum Inhalt der Mitteilung unten S. 416 ff.

558 Vgl. oben S. 78.

559 Vgl. dazu oben S. 82 ff.

560 Vgl. statt aller OLG Düsseldorf v. 10.9.2008 – 6 W 30/08, NZG 2009, 260, 261; *Petersen* in Spindler/Stilz, AktG, Anh. § 22, §§ 21–30 WpHG Rn. 23.

Abs. 4 AktG geht es also bei § 21 Abs. 1 S. 1 WpHG grundsätzlich nicht um eine Veränderung der Kapitalbeteiligung des Meldepflichtigen.[561]

I. Veränderung des Stimmrechtsanteils

Nachfolgend sollen die möglichen Gründe für eine Veränderung des Stimmrechtsanteils aufgezeigt werden. Der Wortlaut des § 21 Abs. 1 S. 1 WpHG hilft insoweit nur begrenzt weiter. Ihm lässt sich lediglich entnehmen, dass die Veränderung des Stimmrechtsanteils durch Erwerb, Veräußerung oder auf sonstige Weise herbeigeführt werden kann und dass die Schwellenberührung unter Beachtung von § 22 Abs. 1 und Abs. 2 WpHG mitzuteilen ist.

1. Die Berechnung des Stimmrechtsanteils

Um eine Veränderung des Stimmrechtsanteils des Meldepflichtigen feststellen zu können, muss man sich zunächst die Grundsätze für die Berechnung des Stimmrechtsanteils verdeutlichen. Hierzu ist ein Quotient zu bilden, dessen Zähler die Anzahl der dem Meldepflichtigen unmittelbar auf Grundlage des § 21 Abs. 1 S. 1 WpHG zuzuordnenden Stimmrechte und gleichzeitig[562] die Anzahl der dem Meldepflichtigen nach § 22 Abs. 1 und Abs. 2 WpHG zuzurechnenden Stimmrechte umfasst und dessen Nenner die Gesamtzahl der Stimmrechte beinhaltet.[563] Dass im Zähler des Stimmrechtsanteils des Meldepflichtigen auch die zugerechneten Stimmrechte zu berücksichtigen sind folgt bereits aus dem Wortlaut des § 21 Abs. 1 S. 1 WpHG, der auf eine Mitteilung der Schwellenberührung unter Beachtung des § 22 Abs. 1, Abs. 2 WpHG abstellt und lässt sich darüber hinaus auch direkt aus § 22 WpHG herleiten, der in seinem ersten Absatz hervorhebt, dass die dort genannten Stimmrechte den Stimmrechten des Meldepflichtigen „gleichstehen" und in seinem zweiten Absatz ausdrücklich auf eine „Zurechnung" der betreffenden Stimmrechte abstellt.[564]

Eine Veränderung des so berechneten Stimmrechtsanteils des Meldepflichtigen kann zunächst dadurch erfolgen, dass sich ausschließlich der Zähler des Stimmrechtsquotienten ändert. Dies kann durch eine Veränderung der Anzahl der dem

561 *Hüffer*, AktG, 7. Aufl. 2006, Anh. § 22, § 21 WpHG Rn. 6; *Dehlinger/Zimmermann* in Fuchs, WpHG, § 21 Rn. 17; *Becker* in Bürgers/Körber, AktG, Anh. § 22, § 21 WpHG Rn. 3.

562 Vgl. BaFin, Emittentenleitfaden 2013, S. 105; *Dehlinger/Zimmermann* in Fuchs, WpHG, § 21 Rn. 18; *U. H. Schneider* in Assmann/Schneider, WpHG, § 21 Rn. 33; *Heinrich* in Heidel, § 21 WpHG Rn. 6.

563 BaFin, Emittentenleitfaden 2013, S. 105; *Burgard*, BB 1995, 2069, 2070; *Hüffer*, AktG, 7. Aufl. 2006, Anh. § 22, § 21 WpHG Rn. 5 (Bezugsgröße Gesamtzahl); *Dehlinger/Zimmermann* in Fuchs, WpHG, § 21 Rn. 26 f.; *Opitz* in Schäfer/Hamann, § 21 WpHG Rn. 14; *U. H. Schneider* in Assmann/Schneider, § 21 Rn. 33; *Schwark* in Schwark/Zimmer, § 21 WpHG Rn. 12; *Hirte* in KöKo, WpHG, § 21 Rn. 82; *Heinrich* in Heidel, § 21 WpHG Rn. 6.

564 Vgl. *Von Bülow* in KöKo, WpHG, § 22 Rn. 1.

Meldepflichtigen unmittelbar zustehenden Stimmrechte und/oder der Anzahl der dem Meldepflichtigen zuzurechnenden Stimmrechte geschehen. In diesem Zusammenhang ist allerdings zu beachten, dass es trotz gleichzeitiger Veränderung beider Bestandteile des Zählers dann nicht zu einer Veränderung des Zählers des Stimmrechtsanteils kommt, wenn die Verringerung der Anzahl der dem Meldepflichtigen zustehenden Stimmrechte gleichzeitig zu einer Erhöhung der Anzahl der ihm zuzurechnenden Stimmrechte in gleichem Umfang führt oder umgekehrt (sog. Umschichtung).[565] Eine Veränderung des Stimmrechtsanteils des Meldepflichtigen kann auch durch die bloße Veränderung der Gesamtzahl der Stimmrechte erfolgen. Ändern sich Zähler und Nenner des Stimmrechtsquotienten gleichzeitig, so führt dies nur dann zu einer Veränderung des Stimmrechtsanteils des Meldepflichtigen, wenn sich gleichzeitig auch das Verhältnis beider Werte ändert.

Aus diesen Grundsätzen für die Berechnung des Stimmrechtsanteils lassen sich erste Schlussfolgerungen für die Entstehung von Mitteilungspflichten ziehen. Eine bloße Änderung des Namens, der Firma oder der Rechtsform eines Meldepflichtigen löst für sich genommen keine Mitteilungspflicht aus.[566] Denn der Stimmrechtsanteil des Meldepflichtigen bleibt in diesen Fällen gleich, weil der Meldepflichtige

---

565 BaFin, Emittentenleitfaden 2013, S. 105; LG München I v. 14.8.2003 – 5 HK O 13413/03, ZIP 2004, 167, 169; *U. H. Schneider* in Assmann/Schneider, WpHG, § 21 Rn. 76; *Hirte* in KöKo, WpHG, § 21 Rn. 71; *Von Bülow* in KöKo, WpHG, § 22 Rn. 52; *Heinrich* in Heidel, § 21 WpHG Rn. 6.

566 BaFin, Emittentenleitfaden 2013, S. 108; OLG Düsseldorf v. 29.12.2009 – I-6 69/08, AG 2010, 711, 712 (bzgl. Umfirmierung); *Widder*, NZG 2004, 275, 276 (bzgl. Formwechsel); *Hüffer*, AktG, 7. Aufl. 2006, Anh. § 22, § 21 WpHG Rn. 8 (bzgl. Formwechsel); *Dehlinger/Zimmermann* in Fuchs, WpHG, § 21 Rn. 47; *Opitz* in Schäfer/Hamann, § 21 WpHG Rn. 22 f.; *U. H. Schneider* in Assmann/Schneider, WpHG, § 21 Rn. 76 f.; *Hirte* in KöKo, WpHG, § 21 Rn. 111 (bzgl. Formwechsel), Rn. 151 (bzgl. Name und Firma); *Heinrich* in Heidel, § 21 WpHG Rn. 7; einschränkend *Nottmeier/Schäfer*, AG 1997, 87, 89 (bzgl. Umfirmierung, zumindest wenn sich nicht gleichzeitig die Gesellschaftsform ändert); a.A. LG Köln v. 5.10.2007 – 82 O 114/06, AG 2008, 336, 338 f. (bzgl. Namensänderung bzw. Umfirmierung); *Heppe*, WM 2002, 60, 70 (bzgl. Formwechsel); *Schwark* in Schwark/Zimmer, § 22 WpHG Rn. 56 (bzgl. Formwechsel). In seinem Urteil argumentiert das LG Köln mit dem Schutzzweck der kapitalmarktrechtlichen Beteiligungstransparenz und ist der Auffassung, dieser würde unterlaufen, wenn Namens- bzw. Firmenänderungen nicht gemeldet werden müssten, da in diesem Fall verschleiert werden könnte, wer tatsächlich an der Gesellschaft beteiligt ist. Im Ergebnis statuiert das LG Köln eine Mitteilungspflicht, bei der es nicht auf eine Schwellenberührung ankommt. Dies stellt aber nach zutreffender Auffassung eine Überschreitung der Wortlautgrenze des § 21 Abs. 1 S. 1 WpHG und damit eine verbotene Analogie zu Lasten der Meldepflichtigen dar; so ausdrücklich *Dehlinger/Zimmermann* in Fuchs, WpHG, § 21 Rn. 47. Vgl. zur Wortlautgrenze bereits oben S. 52 ff. Transparenzlücken entstehen jedenfalls dann nicht, wenn sich die Veränderung der Firma oder der Formwechsel im Handelsregister nachvollziehen lässt.

Rechtsträger der Stimmrechte bleibt.[567] Mangels Veränderung des Stimmrechtsanteils der Meldepflichtigen wird auch keine Mitteilungspflicht ausgelöst, wenn sich lediglich die Firma oder die Rechtsform des Emittenten ändert, dieser aber weiterhin als Emittent im Sinne des § 21 Abs. 1 S. 1, Abs. 2 WpHG zu qualifizieren ist. Dies gilt gerade auch vor dem Hintergrund des kapitalmarktrechtlichen Schutzzwecks des § 21 WpHG. Die Norm soll zu einer Information der Anleger in Bezug auf die Zusammensetzung des Aktionärskreises des Emittenten und die Verteilung des Stimmrechtseinflusses beitragen. Sie bezweckt dagegen keine Information über sonstige Veränderungen in der Person der Meldepflichtigen oder des Emittenten. Eine Offenlegung der Namensänderung, Umfirmierung oder der Änderung der Rechtsform des Meldepflichtigen oder des Emittenten ist also nicht bezweckt.

2. *Veränderung der Anzahl der unmittelbar über § 21 Abs. 1 S. 1 WpHG zuzuordnenden Stimmrechte*

Um die Fälle einer Veränderung der dem Meldepflichtigen unmittelbar über § 21 Abs. 1 S. 1 WpHG zuzuordnenden Stimmrechte einzugrenzen, muss zunächst geklärt werden, unter welchen Voraussetzungen eine solche Zuordnung erfolgt. Nach herrschender Auffassung werden dem Meldepflichtigen ausschließlich Stimmrechte aus Aktien zugeordnet, deren rechtlicher Eigentümer[568] er ist.[569] Bis zur Änderung des § 21 Abs. 1 S. 1 WpHG durch das Kleinanlegerschutzgesetz ließ sich dies aus dem Wortlaut der Norm allerdings nicht zweifelsfrei entnehmen. Nicht eindeutig war zunächst die Verwendung des Tatbestandsmerkmals „Stimmrecht". Zwar wurde die

---

567 Vgl. in Bezug auf den Formwechsel § 202 Abs. 1 Nr. 1 UmwG.

568 Eigentum an Aktien besteht nur dann, wenn es sich um verkörperte Aktien handelt, die in Aktienurkunden verbrieft sind (sog. „enger Sachbegriff"). Handelt es sich um unverbriefte Aktien kann lediglich eine Inhaberschaft an den aus der Aktie folgenden Mitgliedschaftsrechten begründet werden. Vgl. *Wiesner* in MünchHdbAG, § 12 Rn. 7; *Seiler* in Staudinger, BGB, Vor §§ 903 ff. Rn. 3; *Bassenge* in Palandt, § 903 Rn. 2. Bei den hier angesprochenen Aktien an einem Emittenten im Sinne des § 21 Abs. 1 S. 1, Abs. 2 WpHG handelt es sich stets um Aktien, die in Aktienurkunden verbrieft sind. Denn die Zulassung der Aktien zum Handel an einem organisierten Markt setzt de lege lata voraus, dass die betreffenden Aktien zumindest in einer Sammelurkunde verbrieft sind. Für den Börsenhandel in Deutschland folgt das etwa aus § 4 BörsZulV. Soweit in dieser Abhandlung nachfolgend auf das Eigentum an Aktien Bezug genommen wird ist damit sowohl das Eigentum an einzelnen Aktienurkunden als auch das Miteigentum an einer Sammelurkunde gemeint.

569 BaFin, Emittentenleitfaden 2013, S. 109; *Steuer/Baur*, WM 1996, 1477; *Starke*, S. 182; *Schwark* in Schwark/Zimmer, § 21 WpHG Rn. 13; *Widder/Kocher*, ZIP 2012, 2092, 2093; *U. H. Schneider* in Assmann/Schneider, WpHG, § 21 Rn. 32; *Hirte* in KöKo, WpHG, § 21 Rn. 74 a.A. *Bayer/Scholz*, NZG 2013, 721, 726 f., die unter das Tatbestandsmerkmal der Veränderung des Stimmrechtsanteils „auf sonstige Weise" auch den Fall der Legitimationsübertragung fassen.

Beschränkung auf Stimmrechte aus Aktien, deren Eigentümer der Meldepflichtige ist, unter Verweis auf das Abspaltungsverbot teilweise bereits aus dem Wortlaut der Norm abgeleitet.[570] Dieser Schluss war aber keinesfalls zwingend.[571] Ob mit dem Tatbestandsmerkmal nur solche Stimmrechte gemeint waren, ließ sich der bloßen Verwendung des Begriffs „Stimmrecht" nicht entnehmen. Andere Stimmen begründeten die herrschende Meinung mit der Verwendung der Tatbestandsmerkmale „Erwerb" und „Veräußerung", die nach dem allgemeinen Sprachgebrauch auf die Notwendigkeit einer Veränderung der dinglichen Zuordnung der stimmrechtsvermittelnden Aktien schließen lasse.[572] Auch dieser Schluss war indessen nicht eindeutig. Das zeigte die Aufnahme der weiteren Tatbestandsalternative der Veränderung des Stimmrechtsanteils „auf sonstige Weise", die für sich genommen nicht auf eine Veränderung der dinglichen Rechtslage schließen ließ.[573] Erste Schlussfolgerungen ließen sich dagegen aus der Gesetzessystematik der §§ 21 ff. WpHG herleiten. Der Verweis auf den Wortlaut der Zurechnungsnorm des § 22 Abs. 1 WpHG, wo ausdrücklich von „Stimmrechten aus Aktien" die Rede ist,[574] half nicht weiter, da Stimmrechte stets aus Aktien folgen. Besondere Rückschlüsse auf die Auslegung des § 21 Abs. 1 S. 1 WpHG ließen sich hieraus nicht gewinnen. Für die herrschende Auffassung sprach allerdings, dass die Zurechnungsnorm des § 22 Abs. 1 WpHG nach ihrem normativen Gesetzeszweck eindeutig auf die Erfassung von Sachverhalten gerichtet ist, die einen mittelbaren Stimmrechtseinfluss ohne gleichzeitige Aktionärsstellung vermitteln.[575] Dies sprach dafür, dass in Abgrenzung von der Zurechnung nach § 22 WpHG über § 21 Abs. 1 S. 1 WpHG ausschließlich die Fälle des unmittelbaren Stimmrechtseinflusses erfasst werden sollten, also sämtliche Fälle, in denen das Stimmrecht grundsätzlich nach freiem Ermessen und ohne die Einmischungen Dritter von dem Aktionär ausgeübt werden kann, weil dieser Eigentümer der stimmrechtsvermittelnden Aktien ist.[576] Mit Inkrafttreten des Kleinanlegerschutzgesetzes ist auch durch den Wortlaut des § 21 Abs. 1 S. 1 WpHG klargestellt, dass Stimmrechte über § 21 Abs. 1 S. 1 WpHG nur dem Eigentümer der stimmrechtsvermittelnden Aktien zugeordnet werden. Nach dem geänderten Wortlaut werden dem Meldepflichtigen nur noch Stimmrechte „aus ihm gehörenden

570 So offenbar *U. H. Schneider* in Assmann/Schneider, WpHG, § 21 Rn. 32; *Hirte* in KöKo, WpHG, § 21 Rn. 74. Vgl. zum Abspaltungsverbot bereits oben S. 4 f.

571 *Richter*, WM 2013, 2296, 2301.

572 So *Steuer/Baur*, WM 1996, 1477; *Widder/Kocher*, ZIP 2012, 2092, 2093.

573 So zutreffend *Bayer/Scholz*, NZG 2013, 721, 726; *Richter*, WM 2013, 2296, 2302.

574 *Burgard*, BB 1995, 2069; *Dehlinger/Zimmermann* in Fuchs, WpHG, § 21 Rn. 18 Fn. 44; i.E. auch *U. H. Schneider* in Assmann/Schneider, WpHG, § 21 Rn. 32; *Heinrich* in Heidel, § 21 WpHG Rn. 6.

575 Ähnlich *Widder/Kocher*, ZIP 2012, 2092, 2093; *Richter*, WM 2013, 2296, 2303. Vgl. zum Begriff des Stimmrechtseinflusses bereits oben S. 4 ff. sowie zum Sinn und Zweck des § 22 WpHG unten S. 173 ff.

576 Ebenso *Richter*, WM 2013, 2296, 2304.

Aktien“ zugeordnet. Die bisher noch bestehenden Unsicherheiten bei der Anwendung des Tatsbestands gehören damit der Vergangenheit an.

Für die Berechnung des Stimmrechtsanteils ist es unerheblich, ob das Stimmrecht aus Inhaber- oder Namensaktien folgt.[577] Im Hinblick auf die Höhe des Stimmrechts pro Aktie ist allerdings danach zu differenzieren, ob es sich um Stückaktien oder um Nennbetragsaktien handelt. Jede Stückaktie gewährt ein Stimmrecht.[578] Bei Nennbetragsaktien bestimmt sich die Anzahl der Stimmrechte gemäß § 134 Abs. 1 S. 1 AktG nach dem Nennbetrag. In diesem Fall gewährt die Aktie mit dem geringsten ausgegeben Nennbetrag ein Stimmrecht, während aus Aktien mit einem vielfachen dieses geringsten Nennbetrags auch eine entsprechende Vielzahl an Stimmrechten folgt.[579] Sofern nicht sämtliche Aktien den geringsten Nennbetrag oder ein Vielfaches dieses Nennbetrags aufweisen, ist die Stimmenzahl durch Division des jeweiligen Nennbetrags durch den größten gemeinsamen Divisor der Nennbeträge zu bestimmen.[580] Mehrstimmrechte sind nach § 12 Abs. 2 AktG mittlerweile unzulässig.[581] Ausnahmen von diesem Grundsatz gelten nur, soweit früher begründete Mehrstimmrechte noch existieren.[582] In diesem Fall sind die zusätzlichen Stimmen grundsätzlich sowohl im Zähler als auch im Nenner des Stimmrechtsanteils zu berücksichtigen.[583] Weitere Besonderheiten gelten für Vorzugsaktien. Da diese kein Stimmrecht gewähren, sind sie im Grundsatz weder im Zähler noch im Nenner des Stimmrechtsanteils zu berücksichtigen.[584] Etwas anderes gilt allerdings dann, wenn

---

577 *U. H. Schneider* in Assmann/Schneider, WpHG, § 21 Rn. 36.

578 *Koch* in Hüffer, AktG, § 134 Rn. 2; *Hirschmann* in Hölters, AktG, § 134 Rn. 7.

579 *Zöllner* in KöKo, AktG, 1. Aufl., § 134 Rn. 22; *Schröer* in MüKo, AktG, § 134 Rn. 6; *Hirschmann* in Hölters, AktG, § 134 Rn. 8.

580 *Zöllner* in KöKo, AktG, 1. Aufl., § 134 Rn. 22; *Rieckers* in Spindler/Stilz, AktG, § 134 Rn. 6; *Schröer* in MüKo, AktG, § 134 Rn. 6.

581 Nach § 12 Abs. 2 S. 2 AktG a.F. konnten Mehrstimmrechte in Ausnahmefällen mit Genehmigung der Wirtschaftsministerien der Länder begründet werden. Diese Ausnahme ist allerdings mit dem Gesetz zur Kontrolle und Transparenz im Unternehmensbereich (KonTraG) vom 27. April 1998 (BGBl. I 1998, S. 786) aufgehoben worden.

582 Nach § 5 Abs. 1 EGAktG konnten die Hauptversammlungen von Gesellschaften, in denen Mehrstimmrechte existierten, bis zum Ablauf des 31. Mai 2002 die Fortgeltung der Mehrstimmrechte beschließen.

583 Begr. RegE FFG II, BT-Drucks. 12/6679, S. 53; ebenso *Falkenhagen*, WM 1995, 1005, 1008; *Burgard*, BB 1995, 2069, 2070; *Hüffer*, AktG, 7. Aufl. 2006, Anh. § 22, § 21 WpHG Rn. 6; *Opitz* in Schäfer/Hamann, § 21 WpHG Rn. 15; *U. H. Schneider* in Assmann/Schneider, § 21 Rn. 43; *Hirte* in KöKo, WpHG, § 21 Rn. 87; *Becker* in Bürgers/Körber, AktG, Anh. § 22, § 21 WpHG Rn. 3. Vgl. aber zur Behandlung von Mehrstimmrechten, die sich nur auf bestimmte Beschlussgegenstände beziehen *U. H. Schneider* in Assmann/Schneider, § 21 Rn. 34; *Hirte* in KöKo, WpHG, § 21 Rn. 88.

584 BaFin, Emittentenleitfaden 2013, S. 105; *Falkenhagen*, WM 1995, 1005, 1008; *Burgard*, BB 1995, 2069, 2070; *Hüffer*, AktG, 7. Aufl. 2006, Anh. § 22, § 21 WpHG Rn. 6;

sie gemäß § 140 Abs. 2 S. 1 AktG ausnahmsweise vorübergehend das Stimmrecht gewähren. In diesem Fall ist das Stimmrecht aus Vorzugsaktien sowohl im Zähler als auch im Nenner des Stimmrechtsanteils zu berücksichtigen, so dass sämtliche Stimmrechtsanteile der Aktionäre neu zu berechnen sind.[585]

Eine Veränderung der dem Meldepflichtigen unmittelbar zustehenden Stimmrechte kann auf zahlreichen Vorgängen beruhen. Neben der rechtsgeschäftlichen Veräußerung von stimmrechtsvermittelnden Aktien sind dies sämtliche Fälle des gesetzlichen Erwerbs oder Verlusts stimmrechtsvermittelnder Aktien oder eine Veränderung im Bestand stimmrechtsvermittelnder Aktien, die zur Zuordnung oder zum Abzug von Stimmrechten beim Meldepflichtigen führt.[586] Da es auf das Eigentum an den stimmrechtsvermittelnden Aktien ankommt ist für die Entstehung einer Mitteilungspflicht in den Fällen einer rechtsgeschäftlichen Übertragung oder eines gesetzlichen Erwerbs oder Verlusts stimmrechtsvermittelnder Aktien der Zeitpunkt entscheidend, indem der Meldepflichtige die stimmrechtsvermittelnden Aktien dinglich wirksam erwirbt oder verliert.[587] Im Übrigen ist der Zeitpunkt maßgeblich, indem sich der Bestand der stimmrechtsvermittelnden Aktien rechtlich wirksam erhöht oder vermindert.[588]

Ob die zu einer Schwellenberührung führende Veränderung des Stimmrechtsanteils des Meldepflichtigen durch „Erwerb", durch „Veräußerung" oder „auf sonstige Weise" erfolgt, ist rechtlich ohne Bedeutung.[589] Die explizite Aufnahme dieser Tatbestandsalternativen in den Wortlaut des § 21 Abs. 1 S. 1 WpHG ist an sich

---

Opitz in Schäfer/Hamann, § 21 WpHG Rn. 16; *Hirte* in KöKo, WpHG, § 21 Rn. 85; *Heinrich* in Heidel, § 21 WpHG Rn. 6; teilweise a.A. *U. H. Schneider* in Assmann/Schneider, WpHG, § 21 Rn. 46 f. (potentielle Stimmen sind stets im Nenner des Stimmrechtsanteils mitzuzählen).

585 BaFin, Emittentenleitfaden 2013, S. 105; *Happ*, JZ 1994, 240, 244; *Falkenhagen*, WM 1995, 1005, 1008; *Burgard*, BB 1995, 2069, 2070; *Hüffer*, AktG, 7. Aufl. 2006, Anh. § 22, § 21 WpHG Rn. 6; *Dehlinger/Zimmermann* in Fuchs, WpHG, § 21 Rn. 54; *Opitz* in Schäfer/Hamann, § 21 WpHG Rn. 16; *Schwark* in Schwark/Zimmer, § 21 WpHG Rn. 13; *U. H. Schneider* in Assmann/Schneider, WpHG, § 21 Rn. 48; *Hirte* in KöKo, WpHG, § 21 Rn. 85; *Heinrich* in Heidel, § 21 WpHG Rn. 6; *Becker* in Bürgers/Körber, AktG, Anh. § 22, § 21 WpHG Rn. 3. Eine Klarstellung de lege ferenda, dass Stimmrechte aus Vorzugsaktien auch in diesem Fall unberücksichtigt bleiben fordert *Happ*, JZ 1994, 240, 244.

586 Vgl. zu den einzelnen Fällen einer Veränderung der Stimmrechtsanzahl des Meldepflichtigen *Dehlinger/Zimmermann* in Fuchs, WpHG, § 21 Rn. 42 ff.; *Opitz* in Schäfer/Hamann, § 21 WpHG Rn. 22 f.; *Hirte* in KöKo, WpHG, § 21 Rn. 105 ff.

587 *Burgard*, BB 1995, 2069; *Starke*, S. 182 f.; *Hüffer*, AktG, 7. Aufl. 2006, Anh. § 22, § 21 WpHG Rn. 8; *Petersen* in Spindler/Stilz, AktG, Anh. § 22, §§ 21–30 WpHG Rn. 27; *U. H. Schneider* in Assmann/Schneider, WpHG, § 21 Rn. 73 f.; *Heinrich* in Heidel, § 21 WpHG Rn. 7.

588 Vgl. *Dehlinger/Zimmermann* in Fuchs, WpHG, § 21 Rn. 56.

589 *Petersen* in Spindler/Stilz, AktG, Anh. § 22, §§ 21–30 WpHG Rn. 27; *Hirte* in KöKo, WpHG, § 21 Rn. 104.

überflüssig. Sie dient allenfalls der Klarstellung, dass neben einem Erwerb und einer Veräußerung stimmrechtsvermittelnder Aktien auch andere Vorgänge zu einer Mitteilungspflicht führen können. Ungeachtet dessen besteht im rechtswissenschaftlichen Schrifttum Uneinigkeit darüber, wie die Zuordnung der Einzelfälle einer Veränderung der dem Meldepflichtigen zuzuordnenden Stimmrechtsanzahl zu den drei Tatbestandsalternativen vorgenommen werden soll. Während die BaFin und der überwiegende Teil der Literatur lediglich den rechtsgeschäftlichen Erwerb und die rechtsgeschäftliche Veräußerung unter die Tatbestandsalternativen „Erwerb" und „Veräußerung" fasst und in alle anderen Fällen von einer Veränderung des Stimmrechtsanteils „auf sonstige Weise" ausgeht,[590] fasst ein anderer Teil der Literatur auch die Fälle des gesetzlichen Erwerbs oder Verlusts von stimmrechtsvermittelnden Aktien unter die Tatbestandsalternativen „Erwerb" und „Veräußerung".[591] Eine praktische oder gar rechtliche Bedeutung hat dieser Meinungsstreit aber nicht.

3. Veränderung der Anzahl der zuzurechnenden Stimmrechte

Maßgeblicher Zeitpunkt für eine Veränderung der Anzahl der dem Meldepflichtigen zuzurechnenden Stimmrechte ist der Zeitpunkt, indem der konkrete Zurechnungstatbestand des § 22 Abs. 1 oder Abs. 2 WpHG verwirklicht wird bzw. wieder entfällt. Kommt es infolgedessen zu einer Schwellenberührung, so erfolgt diese „auf sonstige Weise".[592] Die Anzahl der dem Meldepflichtigen zuzurechnenden Stimmrechte ändert sich allerdings nicht, wenn lediglich der Zurechnungstatbestand ausgewechselt wird, also mit dem Entfallen eines Zurechnungstatbestands gleichzeitig ein anderer Zurechnungstatbestand verwirklicht wird, der zu einer Zurechnung von Stimmrechten gleicher Anzahl zum Meldepflichtigen führt.[593] Eine bloße Änderung des Tatbestands der Zurechnung kann für sich genommen nämlich nicht zu einer Veränderung des Stimmrechtsanteils des Meldepflichtigen führen. Einzuräumen ist, dass es in einem solchen Fall der Auswechslung des Zurechnungstatbestands zu einer Einschränkung der Transparenz des mittelbaren Stimmrechtseinflusses auf den betreffenden Emittenten kommen kann. Denn die zuletzt veröffentlichte Mitteilung weist dann einen nicht mehr gültigen Zurechnungstatbestand aus, der möglicherweise auf eine andere Art des mittelbaren Stimmrechtseinflusses des

---

590 BaFin, Emittentenleitfaden 2013, S. 106; *Hüffer*, AktG, 7. Aufl. 2006, Anh. § 22, § 21 WpHG Rn. 8; *Veil* in Schmidt/Lutter, AktG, Anh. § 22, § 21 WpHG Rn. 16, 18; *U. H. Schneider* in Assmann/Schneider, WpHG, § 21 Rn. 75; *Heinrich* in Heidel, § 21 WpHG Rn. 7; *Becker* in Bürgers/Körber, AktG, Anh. § 22, § 21 WpHG Rn. 4.

591 *Opitz* in Schäfer/Hamann, § 21 WpHG Rn. 22; ebenso wohl *Hirte* in KöKo, WpHG, § 21 Rn. 110.

592 BaFin, Emittentenleitfaden 2013, S. 106; *Starke*, S. 183; *Opitz* in Schäfer/Hamann, § 21 WpHG Rn. 23; *Petersen* in Spindler/Stilz, AktG, Anh. § 22, §§ 21–30 WpHG Rn. 29; *Veil* in Schmidt/Lutter, AktG, Anh. § 22, § 21 WpHG Rn. 18; *Hirte* in KöKo, WpHG, § 21 Rn. 124; *Becker* in Bürgers/Körber, AktG, Anh. § 22, § 21 WpHG Rn. 4.

593 *U. H. Schneider* in Assmann/Schneider, WpHG, § 21 Rn. 76; *Hirte* in KöKo, WpHG, § 21 Rn. 71; *Heinrich* in Heidel, § 21 WpHG Rn. 6.

Meldepflichtigen schließen lässt. Vor dem Hintergrund des kapitalmarktrechtlichen Schutzzwecks des § 21 WpHG dürfte diese Abweichung indessen unschädlich sein. Auch wenn die nähere Charakterisierung des Stimmrechtseinflusses im Einzelfall für die Anleger interessant sein kann, kommt es hiernach maßgeblich auf die schlichte Information über das „Ob“ und nicht über das „Wie“ des Stimmrechtseinflusses an. Der Anleger soll in die Lage versetzt werden, eine Veränderung der Verteilung des Stimmrechtseinflusses zu erkennen, um rechtzeitig hierauf reagieren zu können. Woraus der Stimmrechtseinfluss des Meldepflichtigen abgeleitet werden kann, ist in diesem Zusammenhang lediglich von untergeordneter Bedeutung.[594]

4. Veränderung der Gesamtzahl der Stimmrechte

Führt die bloße Veränderung der Gesamtzahl der Stimmrechte bei einem Meldepflichtigen zur Berührung einer der Stimmrechtsschwellen des § 21 Abs. 1 S. 1 WpHG, so handelt es sich um eine Schwellenberührung „auf sonstige Weise“.[595] Dazu kann es etwa kommen, wenn bei dem Emittenten eine Kapitalerhöhung oder Kapitalherabsetzung durchgeführt wird.[596] Auch das Aufleben und Erlöschen von Stimmrechten aus Vorzugsaktien nach § 140 Abs. 2 AktG führt zur Veränderung der Gesamtzahl der Stimmrechte und damit ggf. zu Schwellenberührungen.[597] Nach § 26a S. 1 WpHG hat jeder Inlandsemittent die Gesamtzahl der Stimmrechte am Ende eines jeden Kalendermonats, in dem es zu einer Zu- oder Abnahme von Stimmrechten gekommen ist, zu veröffentlichen. § 17 Abs. 5 WpAIV bestimmt in diesem Zusammenhang, dass für die Zwecke der Berechnung des Stimmrechtsanteils eines Meldepflichtigen die letzte Veröffentlichung nach § 26a WpHG zugrunde zu legen ist. Nach den Gesetzesmaterialien müssen die Meldepflichtigen die Gesamtzahl der Stimmrechte grundsätzlich nicht mehr selbst bestimmen, sondern können sich auf die letzte Veröffentlichung des Inlandsemittenten verlassen.[598] Bezweckt ist eine Entlastung der Meldepflichtigen, so dass diese nicht mehr dazu gezwungen sind, sich ständig bei dem Inlandsemittenten nach einer Veränderung der Gesamtzahl der Stimmrechte zu erkundigen.[599]

Bei wortgenauer Anwendung erschöpft sich die Wirkung des § 17 Abs. 5 WpAIV indessen nicht in der bloßen Entlastung der Meldepflichtigen. Nach dem Wortlaut der Norm „ist“ die letzte Veröffentlichung nach § 26a WpHG zugrunde zu legen. Dies deutet darauf hin, dass der Meldepflichtige bei der Berechnung seines Stimmrechtsanteils stets die zuletzt veröffentliche Gesamtzahl der Stimmrechte berücksichtigen

594 Ebenso im Ergebnis *Hirte* in KöKo, WpHG, § 21 Rn. 71 („kein Vertrauen“).
595 *Opitz* in Schäfer/Hamann, § 21 WpHG Rn. 23; *Hirte* in KöKo, WpHG, § 21 Rn. 124.
596 Vgl. *Dehlinger/Zimmermann* in Fuchs, WpHG, § 21 Rn. 48 ff.
597 Vgl. *Dehlinger/Zimmermann* in Fuchs, WpHG, § 21 Rn. 54.
598 Begr. RegE. TUG, BT-Druck. 16/2498, S. 38.
599 Vgl. *Dehlinger/Zimmermann* in Fuchs, WpHG, § 21 Rn. 26, § 26a Rn. 2; *U. H. Schneider* in Assmann/Schneider, WpHG, § 21 Rn. 34, § 26a Rn. 4; *Heinrich* in Heidel, § 26a WpHG Rn. 2.

muss.[600] Vor dem Hintergrund der kapitalmarktrechtlichen Regelungsziele der Mitteilungspflicht nach § 21 WpHG erscheint dies bedenklich. Zwischen dem Wirksamkeitszeitpunkt der Veränderung der Gesamtzahl der Stimmrechte und der Veröffentlichung nach § 26a WpHG können bis zu 30 Tage liegen. Im Zähler des Stimmrechtsanteils sind die neu entstehenden oder erlöschenden Stimmrechte aber sofort durch Hinzurechnung oder Abzug zu berücksichtigen. Bei einer Erhöhung der Gesamtzahl der Stimmrechte[601] führt dies zunächst zu der befremdlichen Folge, dass die Addition aller Stimmrechte aus Aktien in den Zählern der Stimmrechtsquoten der Aktionäre einen höheren Wert als den Wert der Gesamtzahl der Stimmrechte ergibt, welcher jedem Stimmrechtsanteil zugrunde zu legen ist. Schlimmer noch sind die Erwerber der neu entstandenen Stimmrechte im Fall der Schwellenberührung zur Abgabe von Stimmrechtsmitteilungen verpflichtet, die mangels Berücksichtigung der tatsächlich höheren Gesamtzahl der Stimmrechte auf einen überhöhten Stimmrechtseinfluss hinweisen und damit potentiell dazu geeignet sind, Fehlvorstellungen bei den Anlegern und weiteren interessierten Kreisen auszulösen.[602] Zudem werden nach Anpassung der Gesamtzahl der Stimmrechte durch die Veröffentlichung nach § 26a WpHG in der Regel spiegelbildliche Mitteilungspflichten ausgelöst.[603] Die daraufhin abgegebenen (Korrektur-)Mitteilungen sind ebenfalls potentiell zur Irreführung der Anleger und anderer interessierter Kreise geeignet, deuten sie doch auf einen Beteiligungsabbau hin, der tatsächlich nicht stattgefunden hat. Letztlich können also mehrfache Mitteilungspflichten ausgelöst werden, ohne dass dies mit einer tatsächlichen Veränderung des Stimmrechtseinflusses der Meldepflichtigen verbunden ist. Durch die damit einhergehende Irreführungsgefahr kann die allokative Funktionsfähigkeit des Kapitalmarkts geschwächt werden.[604] Bedenkliche Auswirkungen bestehen auch im Hinblick auf die Stimmrechtsanteile der Aktionäre, die selbst keine Stimmrechte hinzugewinnen. Durch die tatsächliche Veränderung der Gesamtzahl der Stimmrechte weist ihr zuletzt veröffentlichter Stimmrechtsanteil einen zu hohen Wert auf, was vor allem dann problematisch ist, wenn bei Zugrundelegung der tatsächlichen Gesamtzahl der Stimmrechte eine Schwellenunterschreitung mitzuteilen wäre.[605] Da nach dem Wortlaut des § 17 Abs. 5 WpAIV auch in diesem Fall die Veröffentlichung nach § 26a WpHG abzuwarten ist, käme es zu einer entsprechenden Verzögerung bei der Entstehung etwaiger

---

600 *S. H. Schneider*, NZG 2009, 121, 123 f. Ebenso wohl *Schwark* in Schwark/Zimmer, § 26a WpHG Rn. 1

601 Nachfolgend werden nur die Auswirkungen einer Erhöhung der Gesamtzahl der Stimmrechte dargestellt. Entsprechendes gilt spiegelbildlich aber auch für den Fall einer Verminderung der Gesamtzahl der Stimmrechte.

602 Vgl. *Schnabel/Korff*, ZBB 2007, 179, 185; *S. H. Schneider*, NZG 2009, 121, 122.

603 Vgl. *Schnabel/Korff*, ZBB 2007, 179, 185.

604 Vgl. oben S. 43 f. Hinzu kommt die zusätzliche Belastung der Meldepflichtigen mit den Kosten der Abgabe der an sich überflüssigen Mitteilungen. Vgl. *Schnabel/Korff*, ZBB 2007, 179, 185 („Kosten- und Ressourcenbelastung").

605 Vgl. *Schnabel/Korff*, ZBB 2007, 179, 185; *S. H. Schneider*, NZG 2009, 121, 122.

Mitteilungspflichten nach § 21 Abs. 1 WpHG. Auch diese Verzögerung kann sich negativ auf die allokative Funktionsfähigkeit des Kapitalmarkts auswirken.[606]

Ob die geschilderten Gefahren für die Allokationsfähigkeit des Kapitalmarkts angesichts des klaren Wortlauts des § 17 Abs. 5 WpAIV hinzunehmen sind, wird kontrovers diskutiert. Nach teilweise vertretener Auffassung ist das der Fall.[607] Demgegenüber lehnt *Opitz* die Qualifikation des § 17 Abs. 5 WpAIV als gesetzliche Fiktion für die Berechnung der Gesamtzahl der Stimmrechte ab und plädiert dafür, dass die Meldepflichtigen grundsätzlich ohne zeitliche Verzögerung die tatsächliche Gesamtzahl der Stimmrechte zu berücksichtigen haben.[608] Zwar steht diese Auffassung auf den ersten Blick im Widerspruch zu der Absicht des Gesetzgebers, die Meldepflichtigen bei der Berechnung ihres Stimmrechtsanteils zu entlasten. Sie beruht aber letztlich auf einer konsequenten Gesetzesanwendung. Als Grundlage der in § 17 Abs. 5 WpAIV enthaltenen Regelung gilt nach hergebrachter Leseart die in § 21 Abs. 3 WpHG enthaltene Verordnungsermächtigung, die das Bundesministerium für Finanzen dazu berechtigt, nähere Bestimmungen über den Inhalt, die Art, die Sprache, den Umfang und die Form der Stimmrechtsmitteilung zu erlassen. An eine solche inhaltliche Grenze der Verordnungsermächtigung ist der Berechtigte nach Auffassung des Bundesverfassungsgerichts gebunden, da „rechtsstaatswidrige Mischgebilde aus förmlichem Gesetzes- und Verordnungsrecht zu vermeiden" sind.[609] Bei wortlautgetreuer Anwendung regelt § 17 Abs. 5 WpAIV indessen die Berechnung der Gesamtzahl der Stimmrechte, bestimmt also nicht bloß über den Inhalt oder die Modalitäten der Stimmrechtsmitteilung, sondern über das Entstehen der Mitteilungspflicht. *Opitz* ist vor diesem Hintergrund der Auffassung, dass die Norm keine maßgebliche Grundlage für die Berechnung des Stimmrechtsanteils des Meldepflichtigen darstellen kann.[610] Ohne auf diese verfassungsrechtliche Argumentation einzugehen ist im Ergebnis auch die BaFin der Auffassung, dass § 17 Abs. 5 WpAIV nicht wortwörtlich angewendet werden muss. Vielmehr soll es für den Meldepflichtigen immer möglich und rechtlich zulässig sein, seiner Stimmrechtsmitteilung die zutreffende tatsächliche Gesamtzahl der Stimmrechte zugrunde zu legen.[611] Sofern der Meldepflichtige Kenntnis von der geänderten aber noch nicht nach § 26a WpHG veröffentlichten Gesamtzahl der Stimmrechte hat oder die geänderte Gesamtzahl der Stimmrechte kennen muss, soll er sogar dazu verpflichtet sein, seinen Stimmrechtsanteil unter Berücksichtigung der geänderten tatsächlichen

---

606 Vgl. oben S. 43 f. *Schnabel/Korff* halten diese Fehlinformation des Kapitalmarkts angesichts ihrer vergleichsweise geringen Dauer für „verschmerzbar", so *Schnabel/Korff*, ZBB 2007, 179, 185.

607 *S. H. Schneider*, NZG 2009, 121, 123 f.; weniger streng („Wahlmöglichkeit") *Petersen* in Spindler/Stilz, AktG, Anh. § 22, §§ 21–30 WpHG Rn. 24; *Becker* in Bürgers/Körber, AktG, Anh. § 22, § 21 WpHG Rn. 3.

608 *Opitz* in Schäfer/Hamann, § 21 WpHG Rn. 23a.

609 BVerfG v. 13.9.2005 – 2 BvF 2/03, NVwZ 2006, 191, 197

610 *Opitz* in Schäfer/Hamann, § 21 WpHG Rn. 40a.

611 BaFin, Emittentenleitfaden 2013, S. 106.

Gesamtzahl der Stimmrechte zu berechnen.[612] Ein erheblicher Teil der Literatur folgt dieser Verwaltungspraxis der BaFin zumindest dem Grunde nach.[613]

Die von *Opitz* geäußerten verfassungsrechtlichen Bedenken sind im Ergebnis ernst zu nehmen. Bei verfassungskonformer Auslegung enthält § 17 Abs. 5 WpAIV trotz des insoweit eindeutigen Wortlauts keine zwingende Vorgabe für die Berechnung der Gesamtzahl der Stimmrechte. Damit stellt sich die Frage, ob und ggf. wie die gesetzgeberische Absicht einer Entlastung der Meldepflichtigen ohne Rückgriff auf § 17 Abs. 5 WpAIV im Wege einer am Normzweck orientierten Auslegung des § 21 Abs. 1 S. 1 WpHG zur Anwendung gelangen kann. Meines Erachtens bietet es sich insoweit an, im Ausgangspunkt mit *Opitz* von der Maßgeblichkeit der tatsächlichen Gesamtzahl der Stimmrechte auszugehen. Die gesetzgeberisch erstrebte Entlastung der Meldepflichtigen kann dann dadurch erfolgen, dass der Beginn der Mitteilungsfrist zeitlich nach hinten verschoben wird. Im Ergebnis unterscheidet sich diese Sichtweise nicht von der Verwaltungspraxis der BaFin, da der Beginn der Mitteilungsfrist Kenntnis oder Kennenmüssen der Mitteilungsfrist voraussetzt.[614] Aufgrund der Abweichung von dem Wortlaut des § 17 Abs. 5 WpAIV empfiehlt sich aber die Aufnahme eines klarstellenden Zusatzes im Text der Stimmrechtsmitteilung, wenn diese bereits im Vorfeld der Veröffentlichung nach § 26a WpHG erfolgt. Eine Irreführung der Anleger wird so vermieden. Der Zusatz sollte zumindest einen Hinweis auf die Tatsache und die Gründe für die Abweichung von § 17 Abs. 5 WpAIV enthalten.[615]

Um die beschriebene Problematik zukünftig zu entschärfen, wurde vorgeschlagen, die in § 26a WpHG enthaltene Monatsfrist de lege ferenda zu verkürzen und durch eine Pflicht des Emittenten zur unverzüglichen Veröffentlichung einer veränderten Gesamtzahl von Stimmrechten zu ersetzen.[616] Eine solche Lösung erscheint in der Tat erstrebenswert. Durch die Verkürzung des Veröffentlichungsintervalls sinkt das Risiko der Meldepflichtigen, ihrem Stimmrechtsanteil eine falsche Gesamtzahl der Stimmrechte mit der Folge zugrunde zu legen, dass sie ihrer Mitteilungspflicht

---

612 BaFin, Emittentenleitfaden 2013, S. 106; kritisch im Hinblick auf die Annahme einer Mitteilungspflicht bei bloßem „Kennenmüssen" Handelsrechtsausschuss des DAV, NZG 2009, 175; *Krämer/Heinrich*, ZIP 2009, 1737, 1743; *Heinrich* in Heidel, § 26a WpHG Rn. 2.

613 Vgl. *Dehlinger/Zimmermann* in Fuchs, WpHG, § 26a Rn. 3 f.; *Krämer/Heinrich*, ZIP 2009, 1737, 1742 f.; *U. H. Schneider* in Assmann/Schneider, WpHG, § 26a Rn. 4; *Hirte* in KöKo, WpHG, § 21 Rn. 125; *Heinrich* in Heidel, § 26a WpHG Rn. 2; kritisch aber *Schnabel/Korff*, ZBB 2007, 179, 185 („Anwendung contra legem"); *S. H. Schneider*, NZG 2009, 121, 122 („Funktionsverlust des § 17 Abs. 5 WpAIV").

614 Vgl. dazu unten S. 410 ff.

615 *U. H. Schneider* in Assmann/Schneider, WpHG, § 26a Rn. 4; weitergehend *Schnabel/Korff*, ZBB 2007, 179, 185 (zusätzlich Angabe des unter Berücksichtigung der letzten Veröffentlichung nach § 26a WpHG ermittelten Stimmrechtsanteils).

616 *Schnabel/Korff*, ZBB 2007, 179, 185; *Veil* in Schmidt/Lutter, AktG, Anh. § 22, § 26a WpHG Rn. 3.

nicht fristgemäß nachkommen. Denn die richtige Gesamtzahl der Stimmrechte ließe sich mit größerer Wahrscheinlichkeit als bisher der letzten Veröffentlichung nach § 26a WpHG entnehmen.

Es stellt sich schließlich noch die Frage, ob eine entsprechende Änderung des § 26a WpHG mit der Transparenz-RL II in Einklang stehen würde. Die Veröffentlichungspflicht des § 26a WpHG folgt der in Art. 15 Transparenz-RL II geregelten Vorgabe. Nach ihrem Wortlaut sieht diese Richtlinienvorgabe eine Veröffentlichungspflicht am Ende des Kalendermonats vor. Vereinzelt wird aus diesem Grund argumentiert, die Schaffung einer unverzüglichen Veröffentlichungspflicht verstoße gegen die Vorgaben der Transparenz-RL II.[617] Dem konnte bislang entgegenhalten werden, dass die Richtlinie lediglich dem Grundsatz der Mindestharmonisierung folgt, so dass die Mitgliedsstaaten strengere Vorschriften erlassen können. Mit Inkrafttreten der Transparenz-RL III hat sich die Ausgangslage allerdings geändert, da nunmehr im Grundsatz das Prinzip der Vollharmonisierung gilt.[618] Das Prinzip der Mindestharmonisierung gilt allerdings auch weiterhin im Hinblick auf den von der Transparenz-RL III unveränderten Art. 15 der Transparenz-RL II, zumal es dort heißt, dass die Mitgliedsstaaten „zumindest" eine Veröffentlichungspflicht am Ende eines Kalendermonats vorschreiben. Die Einführung einer unverzüglichen Veröffentlichungspflicht in § 26a WpHG sollte also mit den Richtlinienvorgaben in Einklang stehen.

5. *Besonderheiten bei Bestehen von Stimmverboten*

In einigen Fällen darf der Meldepflichtige sein Stimmrecht aus gesetzlichen Gründen oder aufgrund einer Regelung in der Satzung des Emittenten vorübergehend oder dauerhaft nicht ausüben. Vor dem Hintergrund der kapitalmarktrechtlichen Regelungsziele der §§ 21 ff. WpHG stellt sich in diesen Fällen die Frage, ob die betroffenen Stimmrechte im Zähler oder im Nenner des Stimmrechtsanteils des Meldepflichtigen abzuziehen sind. Erfolgt ein solcher Abzug nicht, weisen die veröffentlichten Mitteilungen möglicherweise auf einen Stimmrechtseinfluss hin, der tatsächlich nicht besteht, was zu einer Irreführung der Anleger führen kann. In diesem Zusammenhang zeigt sich ein „Geburtsfehler" der Mitteilungspflicht nach § 21 Abs. 1 S. 1 WpHG. Nach ihrem kapitalmarktrechtlichen Schutzzweck soll die Norm nicht nur diejenigen Personen mit Stimmrechtseinfluss identifizieren, die letztverbindlich über die Ausübung des Stimmrechts entscheiden können. Bezweckt ist auch die Offenlegung wesentlicher Veränderungen des Aktionärskreises, also der Kapitalbeteiligungen an dem Emittenten.[619] Diese doppelte Schutzrichtung führt zu einem Spannungsverhältnis innerhalb der Norm, das sich zu einem Grenzkonflikt ausweiten kann. Sofern der Meldepflichtige als Aktionär an dem Emittenten beteiligt ist, aber keinerlei Möglichkeit zur Einflussnahme auf die Ausübung seines

617 So *Becker* in Bürgers/Körber, AktG, Anh. § 22, § 21 WpHG Rn. 3.

618 Vgl. oben S. 51 f.

619 Vgl. ausführlich oben S. 35 ff.

Stimmrechts hat, können die kapitalmarktrechtlichen Regelungsziele der Norm nicht mehr vollumfänglich erreicht werden. Es stellt sich dann die Frage, wie der Grenzkonflikt aufgelöst werden kann. Die Lösung kann nur in der Annahme eines Rangverhältnisses innerhalb des kapitalmarktrechtlichen Schutzzwecks liegen, so dass man entweder der Offenlegung des Stimmrechtseinflusses oder der Offenlegung der Kapitalbeteiligung den Vorrang einräumt. Nach der Verwaltungspraxis der BaFin und der überwiegenden Auffassung im Schrifttum kommt es insoweit allerdings vorrangig auf die Offenlegung der Aktionärsstellung an. Es gelte eine „abstrakte Betrachtungsweise", bei der es lediglich darauf ankomme, dass dem Aktionär das Stimmrecht zusteht, er also dinglich berechtigter Eigentümer der stimmrechtsvermittelnden Aktien ist.[620] Diese Auffassung hat zwar den Vorteil einer verbesserten Rechtssicherheit bei der Gesetzesanwendung. Sie lässt sich aber nicht aus den Gesetzesmaterialien ableiten. Die kapitalmarktrechtlichen Regelungsziele des § 21 Abs. 1 WpHG liegen ebenso sehr in der Offenlegung des unmittelbaren Stimmrechtseinflusses des Meldepflichtigen.[621] Die Lösung kann daher nicht in einer unreflektierten Anwendung einer „abstrakten Betrachtungsweise" liegen. Anderenfalls bestünde in jedem Fall eines Grenzkonflikts die Gefahr einer Irreführung der Anleger. Allerdings würde ein Abzug der betroffenen Stimmrechte im Zähler der Stimmrechte eines Aktionärs ohne unmittelbaren Stimmrechtseinfluss in gleicher Weise eine Irreführungsgefahr der Anleger begründen. Ein Abzug der Stimmrechte kann also von vorneherein nicht mit dem Schutzzweck der Norm begründet werden. Fraglich ist, ob der fehlende unmittelbare Stimmrechtseinfluss anderweitig kenntlich gemacht werden kann. Sofern dieser gleichzeitig mit der Berührung einer der Stimmrechtsschwellen des § 21 Abs. 1 S. 1 WpHG entfällt, ist an die Aufnahme einer zusätzlichen Information über den fehlenden Stimmrechtseinfluss in der abzugebenden Mitteilung zu denken. Insoweit stellt sich aber das Problem, dass das spätere Wiederaufleben des Stimmrechtseinflusses nicht stets mit einer weiteren Schwellenberührung einhergeht, so dass nicht in jedem Fall eine Möglichkeit besteht, auf den wieder bestehenden Stimmrechtseinfluss hinzuweisen. Diese Möglichkeit ist damit wenig praktikabel. Eine praktikable Lösung würde in der Abgabe von Hinweismitteilungen bestehen, durch die zunächst auf den Sonderfall eines fehlenden bzw. entfallenden Stimmrechtseinflusses und später mit einer weiteren Hinweismitteilung auf den wiederauflebenden Stimmrechtseinfluss hingewiesen werden könnte. Die geltende Rechtslage sieht eine solche aber nicht vor. Auf Grundlage des geltenden Rechts wird man daher im Fall eines Grenzkonflikts trotz der geäußerten Bedenken entweder der Offenlegung des unmittelbaren Stimmrechtseinflusses oder der Offenlegung der Aktionärsstellung den Vorrang einräumen müssen. Die Entscheidung, welchem der Schutzzwecke der Vorrang gebührt kann allerdings nicht

620 BaFin, Emittentenleitfaden 2013, S. 105; *Starke*, S. 182; *Veil* in Schmidt/Lutter, AktG, Anh. § 22, § 21 WpHG Rn. 12; *U. H. Schneider* in Assmann/Schneider, WpHG, § 21 Rn. 35, 61; *Hirte* in KöKo, WpHG, § 21 Rn. 75; *Heinrich* in Heidel, § 21 WpHG Rn. 6.

621 Vgl. oben S. 35 ff.

abstrakt entschieden werden. Vielmehr ist sinnvollerweise in jedem Einzelfall eines Grenzkonflikts anhand einer Risikoabwägung zu bestimmen, welchem Schutzzweck der Vorrang gebührt.

Unterliegt ein Aktionär einem Stimmverbot, so stellt sich zunächst die Frage, ob die von dem Stimmverbot betroffenen Stimmrechte bei der zugrunde zu legenden Gesamtzahl der Stimmrechte abzuziehen sind. Nach ganz herrschender Auffassung ist das nicht der Fall.[622] Zwar kann die Berücksichtigung der betroffenen Stimmrechte bei der Gesamtzahl zu einer Irreführung der Anleger führen. Denn das relative Stimmgewicht der übrigen Aktionäre des Emittenten steigt in diesem Fall, so dass die zuletzt veröffentlichten Stimmrechtsmitteilungen möglicherweise auf einen zu niedrigen unmittelbaren Stimmrechtseinfluss der betreffenden Aktionäre hindeuten.[623] Im Fall eines Abzugs der betreffenden Stimmrechte bei der Gesamtzahl der Stimmrechte würden allerdings unter Umständen zahlreiche Schwellenberührungen der übrigen Aktionäre ausgelöst, die zu entsprechenden Mitteilungspflichten dieser Aktionäre führen könnten.[624] Gegen einen Abzug der Stimmrechte soll nach teilweise vertretener Auffassung auch der eindeutige Wortlaut des § 17 Abs. 1 Nr. 5 WpAIV sprechen, wonach die Höhe des nunmehr gehaltenen Stimmrechtsanteils in Bezug auf die Gesamtmenge der Stimmrechte des Emittenten anzugeben ist, und zwar auch dann, „wenn die Ausübung dieser Stimmrechte ausgesetzt" ist.[625] Der Wortlaut dieser Vorschrift erstreckt sich ausschließlich auf die Gesamtzahl der Stimmrechte, worauf auch die Gesetzesmaterialien hindeuten.[626] Außerdem soll zu berücksichtigen sein, dass die nach § 26a WpHG veröffentlichte Gesamtzahl der Stimmrechte

622 BaFin, Emittentenleitfaden 2013, S. 105 (im Hinblick auf das Stimmverbot aus eigenen Aktien); *Falkenhagen*, WM 1995, 1005, 1008; *Burgard*, BB 1995, 2069, 2070; *Witt*, WM 1998, 1153, 1159; *Sudmeyer*, BB 2002, 685, 687; *Widder/Kocher*, AG 2007, 13, 14; *Schnabel/Korff*, ZBB 2007, 179, 180; *Krieger* in MünchHdbAG, § 68 Rn. 150; *Oechsler* in MüKo, AktG, § 71 Rn. 366; *Bedkowski*, BB 2009, 394; *Busch*, AG 2009, 425, 426; *Krämer/Heinrich*, ZIP 2009, 1737, 1743; *Petersen* in Spindler/Stilz, AktG, Anh. § 22, §§ 21–30 WpHG Rn. 25; *Veil* in Schmidt/Lutter, AktG, Anh. § 22, § 21 WpHG Rn. 13; *U. H. Schneider* in Assmann/Schneider, WpHG, § 21 Rn. 59; *Hirte* in KöKo, WpHG, § 21 Rn. 76 f.; *Heinrich* in Heidel, § 21 WpHG Rn. 6; *Becker* in Bürgers/Körber, AktG Anh. § 22, § 21 WpHG Rn. 3; a.A. *Bosse*, ZIP 1999, 2047, 2050; *Schwark* in Schwark/Zimmer, § 21 WpHG Rn. 14.

623 So *Bosse*, ZIP 1999, 2047, 2050; *Schwark* in Schwark/Zimmer, § 21 WpHG Rn. 14. Dies zugebend auch *Burgard*, BB 1995, 2069, 2071; *Widder/Kocher*, AG 2007, 13 („hinnehmbare Einschränkung der Beteiligungstransparenz"); *Schnabel/Korff*, ZBB 2007, 179, 180; *Bedkowski*, BB 2009, 394.

624 Vgl. zu diesem Aspekt oben S. 122 ff. Ebenso wohl *Busch*, AG 2009, 425, 426; a.A. *Widder/Kocher*, AG 2007, 13, 14; *Bedkowski*, BB 2009, 394; *Veil* in Schmidt/Lutter, AktG, Anh. § 22, § 21 WpHG Rn. 13.

625 *Krämer/Heinrich*, ZIP 2009, 1737, 1743; *Veil* in Schmidt/Lutter, AktG, Anh. § 22, § 21 WpHG Rn. 13; *U. H. Schneider* in Assmann/Schneider, WpHG, § 21 Rn. 35, 59; *Hirte* in KöKo, WpHG, § 21 Rn. 76; *Heinrich* in Heidel, § 21 WpHG Rn. 6.

626 Begr. RegE. TUG, BT-Drucks. 16/2498, S. 52.

nach § 17 Abs. 3 Nr. 2, Abs. 4 Nr. 2, Abs. 5 WpAIV auch für die Berechnung des für die Mitteilungspflichten nach §§ 25, 25a WpHG maßgeblichen Stimmrechtsanteils zu berücksichtigen ist.[627] Durch einen Abzug der betroffenen Stimmrechte im Nenner würden auf Grundlage der §§ 25, 25a WpHG überhöhte Zugriffsmöglichkeiten auf stimmrechtsvermittelnde Aktien offengelegt, was ebenfalls zu einer Irreführung der Anleger führen könnte. Diese Argumentation ist allerdings nicht zwingend. Wie schon allgemein zu den Grundsätzen der Bestimmung der Gesamtzahl der Stimmrechte ausgeführt, lassen sich aus § 17 WpAIV keine zwingenden Argumente für die Beurteilung des Entstehens einer Mitteilungspflicht ableiten, da dies die verfassungsrechtlichen Grenzen der Verordnungsermächtigung des § 21 Abs. 3 WpHG überschreiten würde.[628] Im Ergebnis sprechen die besseren Argumente aber auch ohne Rückgriff auf § 17 WpAIV gegen einen Abzug der von einem Stimmverbot betroffenen Stimmrechte von der Gesamtzahl der Stimmrechte. Stimmverbote betreffen im Grundsatz ausschließlich die Sphäre des betroffenen Aktionärs. Nur er kann mit Sicherheit bestimmen, ob und in welchem Umfang die Voraussetzungen eines Stimmverbots in Bezug auf seine Stimmrechte gegeben sind. Für den Emittenten und erst recht für die übrigen Aktionäre wird dies nicht zu jedem Zeitpunkt erkennbar sein. Sofern man den Abzug der von einem Stimmverbot betroffenen Stimmrechte von dieser Gesamtzahl zulässt, droht vor diesem Hintergrund eine uneinheitliche Bestimmung der Gesamtzahl der Stimmrechte durch die Beteiligten. Denn regelmäßig wird wenn überhaupt nur eine bestimmte Anzahl der im Fall eines Abzugs der Stimmrechte mitteilungspflichtigen außenstehenden Aktionäre Kenntnis von dem Stimmverbot erlangen und daraufhin eine Stimmrechtsmitteilung abgeben. Eine uneinheitliche Gesetzesanwendung kann wiederum in besonderer Weise zur Irreführung der Anleger beitragen, da die Verlässlichkeit der Beteiligungspublizität insgesamt leidet. Gegen einen Abzug der Stimmrechte spricht auch die zeitliche Komponente des Stimmverbots. Oftmals wird es nur für einen verhältnismäßig geringen Zeitraum bestehen. Unter Umständen müssten aus diesem Grund in sehr kurzen Abständen zunächst Schwellenüberschreitungen und sodann wiederum Schwellenunterschreitungen mitgeteilt werden. Auch dies könnte zu einer Irreführung der Anleger führen, da diese fälschlicherweise zunächst von einem Beteiligungsaufbau des betreffenden außenstehenden Meldepflichtigen ausgehen könnten. Die Problematik verschärft sich, wenn mehrere kurzfristige Stimmverbote bei mehreren Aktionären bestehen oder aufeinander folgen. In einem solchen Fall könnten fortgesetzte Mitteilungspflichten der Aktionäre entstehen, deren Veröffentlichung den Blick auf den tatsächlichen unmittelbaren Stimmrechtseinfluss der Meldepflichtigen eher verstellen und die Gefahr für Fehlschlüsse in Bezug auf den Auf- oder Abbau von Beteiligungen noch erhöhen würde.

627 *Schnabel/Korff*, ZBB 2007, 179, 180.
628 Vgl. oben S. 125.

Im Folgenden wird für einzelne immer wiederkehrende Stimmverbote untersucht, ob sie zu einem Abzug der Stimmrechte im Zähler des Stimmrechtsanteils des betroffenen Aktionärs führen.

a) Satzungsmäßiges Stimmverbot

Stimmverbote können grundsätzlich bereits in der Satzung des Emittenten enthalten sein. Allerdings sind insoweit die engen Grenzen des § 23 Abs. 5 AktG zu beachten. Das Aktiengesetz enthält lediglich eine Regelung zur satzungsmäßigen Begründung von Höchststimmrechten in § 134 Abs. 1 S. 2 AktG. Die Satzung einer Aktiengesellschaft kann das Stimmrecht durch Festsetzung eines Höchstbetrags oder durch Abstufungen beschränken. Eine solche Regelung führt aber nicht dazu, dass die betreffenden Aktien nur ein begrenztes Stimmrecht gewähren, sondern zu einem (partiellen) Stimmverbot des in der Satzung bezeichneten und mit dem Höchststimmrecht belasteten Aktionärs.[629] Die Möglichkeit der Einführung von Höchststimmrechten ist nach dem eindeutigen Wortlaut des § 134 Abs. 1 S. 2 AktG auf nichtbörsennotierte Aktiengesellschaften beschränkt. Emittenten im Sinne des § 21 Abs. 1 S. 1 WpHG sind aber stets börsennotierte Aktiengesellschaften im Sinne des Aktiengesetzes, da ihre Aktien zum Handel an einem organisierten Markt zugelassen sein müssen.[630] Nach § 5 Abs. 7 EGAktG sind die letzten Höchststimmrechten bei börsennotierten Gesellschaften am 1.6.2000 erloschen. Daher wirken sich satzungsmäßige Stimmverbote des Aktionärs im Rahmen des § 21 Abs. 1 S. 1 WpHG nicht (mehr) aus.

b) Rechtsverlust nach §§ 20 Abs. 7, 21 Abs. 4 AktG

Unterliegt der Aktionär einem Rechtsverlust nach den §§ 20 Abs. 7, 21 Abs. 4 AktG, so darf er das Stimmrecht aus den betroffenen Aktien vorübergehend nicht ausüben.[631] Im Rahmen der §§ 21 ff. WpHG kann sich dieser Rechtsverlust allerdings nicht auswirken, da er nur Aktien von Aktiengesellschaften betreffen kann, die

---

629 Vgl. *Dauner-Lieb* in KöKo, AktG, § 12 Rn. 9; *Vatter* in Spindler/Stilz, AktG, § 12 Rn. 11; *Koch* in Hüffer, AktG, § 12 Rn. 6; *Westermann* in Bürgers/Körber, § 12 Rn. 1.

630 Der in § 3 Abs. 2 AktG definierte Begriff der Börsennotierung setzt voraus, dass die Aktien der AG zum Handel an einem regulierten Markt im Sinne der §§ 32 ff. BörsG zugelassen sind, so dass die Zulassung zum Handel im Freiverkehr im Sinne des § 48 BörsG nicht erfasst ist. Anders als bei einem Emittent im Sinne des § 21 Abs. 1 S. 1 WpHG reicht es sogar aus, dass die betreffenden Aktien zum Handel an einem organisierten Markt in einem Drittstaat zugelassen sind. Vgl. *Drescher* in Spindler/Stilz, AktG, § 3 Rn. 5; *Koch* in Hüffer, AktG, § 3 Rn. 6.

631 Vgl. BGH v. 24.4.2006 – II ZR 30/05, NJW-RR 2006, 1110, 1112; *Bayer* in MüKo, AktG, § 20 Rn. 53; § 21 Rn. 6; *Petersen* in Spindler/Stilz, AktG, § 20 Rn. 43; *Koch* in Hüffer, AktG, § 20 Rn. 12.

keine Emittenten im Sinne des § 21 Abs. 2 WpHG sind. Wie bereits ausgeführt wird das in den §§ 20 Abs. 8, 21 Abs. 5 AktG eindeutig klargestellt.[632]

c) Fehlende Eintragung im Aktienregister

Der Eigentümer von Namensaktien unterliegt einem gesetzlichen Verbot der Stimmrechtsausübung, wenn er nicht selbst im Aktienregister der Gesellschaft eingetragen ist. Dies folgt aus § 67 Abs. 2 AktG, wonach im Verhältnis zur Gesellschaft nur derjenige als Aktionär gilt, der als solcher im Aktienregister eingetragen ist (sog. Legitimationswirkung), so dass zur Ausübung des Stimmrechts in diesem Fall ausschließlich der eingetragene Registeraktionär befugt ist.[633] Gleichwohl behält der Eigentümer der Namensaktien stets die Möglichkeit, das Verbot der Stimmrechtsausübung aus eigener Kraft zu beseitigen, indem er sich selbst als Aktionär in das Handelsregister eintragen lässt. Hierzu muss er der Gesellschaft seine Aktionärsstellung lediglich nach § 67 Abs. 3 AktG mitteilen und einen entsprechenden Nachweis erbringen.[634] Im unmittelbaren zeitlichen Vorfeld der Hauptversammlung kann diese Möglichkeit zwar dadurch eingeschränkt sein, dass die Gesellschaft im Interesse einer ordnungsgemäßen Durchführung der Hauptversammlung einen Umschreibungsstopp verhängt hat.[635] Von diesem kurzen Zeitraum abgesehen hat der tatsächliche Aktionär aber die Möglichkeit seine Eintragung im Aktienregister jederzeit mit der Folge zu bewirken, dass sein Stimmverbot entfällt.[636] Im Hinblick auf die Mitteilungspflicht des Aktionärs nach § 21 Abs. 1 WpHG entsteht vor diesem Hintergrund kein Grenzkonflikt zwischen Offenlegung der Aktionärsstellung und des unmittelbaren Stimmrechtseinflusses. Die betroffenen Stimmrechte sind daher stets im Stimmrechtsanteil des tatsächlichen Aktionärs zu berücksichtigen.[637]

d) Stimmrechte aus eigenen Aktien

Nach § 71b AktG stehen der Gesellschaft aus eigenen Aktien keine Rechte zu. Die Norm bezieht sich auf sämtliche mitgliedschaftlichen Rechte, folglich auch auf das Stimmrecht aus eigenen Aktien und ordnet einen Rechtsverlust für die gesamte

---

632 Vgl. schon oben S. 24 ff.

633 So statt aller *Bayer* in MüKo, AktG, § 67 Rn. 43; *Bezzenberger* in Schmidt/Lutter, AktG, § 67 Rn. 13; *Koch* in Hüffer, AktG, § 67 Rn. 14.

634 Vgl. *Bayer* in MüKo, AktG, § 67 Rn. 72 ff.; *Bezzenberger* in Schmidt/Lutter, AktG, § 67 Rn. 16 ff.

635 Vgl. dazu BGH v. 21.9.2009 – II ZR 174/08, NZG 2009, 1270; *Cahn* in Spindler/Stilz, AktG, § 67 Rn. 79.

636 Darauf weist auch *Richter*, WM 2013, 2296, 2299 hin.

637 So auch *U. H. Schneider* in Assmann/Schneider, WpHG, § 21 Rn. 51; *Paul*, GWR 2012, 346; *Widder/Kocher*, ZIP 2012, 2092, 2094; *Richter*, WM 2013, 2296, 2299; a.A. *Diekmann*, BB 1999, 1985, 1987; *Bayer* in MüKo, AktG, § 67 Rn. 57 ff.; *Wieneke* in Bürgers/Körber, AktG, § 67 Rn. 15; a.A. wohl auch *Noack*, DB 1999, 1306, 1308.

Dauer der Aktionärsstellung des Emittenten bei sich selbst an.[638] Der Emittent darf das Stimmrecht weder selbst noch durch einen Stimmrechtsvertreter oder eine nach § 185 BGB analog zur Ausübung des Stimmrechts im eigenen Namen ermächtigte Person ausüben.[639] Insoweit kann man von einem dauerhaften Stimmverbot sprechen, dass erst mit der Veräußerung der betroffenen Aktien an eine andere Person endet, wobei in diesem Zusammenhang § 71d AktG zu beachten ist.

Es ist umstritten, ob die von diesem Stimmverbot betroffenen Stimmrechte im Zähler des Stimmrechtsanteils des Emittenten zu berücksichtigen sind.[640] Legt man auch in diesem Zusammenhang eine „abstrakte Betrachtungsweise" an, wäre dies der Fall. Denn selbst wenn der Emittent eigene Aktien erwirbt, aus denen er wegen § 71b AktG niemals das Stimmrecht ausüben kann, ist er als Aktionär zu qualifizieren. Andererseits fehlt es während der gesamten Dauer der Aktionärsstellung an einem unmittelbaren Stimmrechtseinfluss des Meldepflichtigen. An dieser Stelle kommt es zu dem oben angesprochenen Grenzkonflikt innerhalb des kapitalmarktrechtlichen Schutzzwecks der §§ 21 ff. WpHG. Eine Irreführung der Anleger wird unabhängig davon herbeigeführt, ob man wegen dem fehlenden unmittelbaren Stimmrechtseinfluss einen Abzug der Stimmrechte im Zähler des Stimmrechtsanteils herbeiführt oder dies wegen der Maßgeblichkeit der Identifizierung der dinglichen Rechtsstellung unterlässt.[641] Die gebotene Risikoabwägung führt hier zu dem Ergebnis, dass die betreffenden Stimmrechte nicht im Zähler des Stimmrechtsanteils des Emittenten zu berücksichtigen, also abzuziehen sind. Dies folgt aus der Systematik der §§ 21 ff. WpHG. Nach § 26 Abs. 1 S. 2 WpHG ist der Emittent verpflichtet die Anzahl eigener Aktien bei Berührung der Stimmrechtsschwellen von 5 und

---

638 *Merkt* in GroKo, AktG, § 71b Rn. 14, 18; *Bezzenberger* in Schmidt/Lutter, AktG, § 71b Rn. 3; *Cahn* in Spindler/Stilz, AktG, § 71b Rn. 8; *Lutter/Drygalla* in KöKo, AktG, § 71b Rn. 10; *Oechsler* in MüKo, AktG, § 71b Rn. 8, 10; *Koch* in Hüffer, AktG, § 71b Rn. 4.

639 *Merkt* in GroKo, AktG, § 71b Rn. 18; *Bezzenberger* in Schmidt/Lutter, AktG, § 71b Rn. 3; *Cahn* in Spindler/Stilz, AktG, § 71b Rn. 8; *Lutter/Drygalla* in KöKo, AktG, § 71b Rn. 11; *Oechsler* in MüKo, AktG, § 71b Rn. 10; *Koch* in Hüffer, AktG, § 71b Rn. 5.

640 Befürwortend *Cahn*, AG 1997, 502, 505; *Witt*, WM 1998, 1153, 1159; *Hüffer*, AktG, 7. Aufl. 2006, Anh. § 22, § 21 WpHG Rn. 7; *Widder/Kocher*, AG 2007, 13, 15 ff.; *Opitz* in Schäfer/Hamann, § 21 WpHG Rn. 3; *Veil* in Schmidt/Lutter, AktG, Anh. § 22, § 21 WpHG Rn. 13; *U. H. Schneider* in Assmann/Schneider, WpHG, § 21 Rn. 58 f.; ablehnend aber BaFin, Emittentenleitfaden 2013, S. 105; *Sudmeyer*, BB 2002, 685, 687; *Dehlinger/Zimmermann* in Fuchs, § 21 Rn. 27; ablehnend für den Stimmrechtsanteil des Emittenten an sich selbst auch *Hirte* in KöKo, WpHG, § 21 Rn. 70, 76, allerdings unter Hinweis darauf, dass die Stimmrechte im Nenner des Meldepflichtigen mitzuzählen sind, wenn ihn das Stimmverbot aus eigenen Aktien des Emittenten trifft, obwohl er und der Emittent nicht identisch sind. Vgl. zu dem zuletzt genannten Ausnahmefall unten S. 178.

641 Zu eindimensional, da nur auf die Irreführungsgefahr bei Berücksichtigung der Stimmrechte abstellend *Widder/Kocher*, AG 2007, 13, 16.

10 Prozent zu veröffentlichen. Die Höhe des Kapitalanteils des Emittenten an sich selbst wird also ohnehin offengelegt, so dass kein Bedürfnis mehr dafür besteht, diesen Kapitalanteil durch eine Veröffentlichung nach § 26 Abs. 1 S. 1 WpHG sichtbar zu machen.[642] Zwar kann aufgrund der Nichtberücksichtigung der Stimmrechte aus eigenen Aktien im Stimmrechtsanteil nach § 21 Abs. 1 S. 1 WpHG eine Irreführung der Anleger in Bezug auf den Kapitalanteil des Emittenten nicht vollständig ausgeschlossen werden. Diese etwaige Gefahr wird aber durch § 26 Abs. 1 S. 2 WpHG kompensiert. Richtigerweise sind die Stimmrechte aus eigenen Aktien somit im Zähler des Stimmrechtsanteils des Emittenten nicht zu berücksichtigen.

e) Fehlende Anmeldung oder Legitimation im Vorfeld der Hauptversammlung

Nach § 123 Abs. 2 S. 1 AktG kann die Satzung der AG die Teilnahme an der Hauptversammlung und die Ausübung des Stimmrechts davon abhängig machen, dass sich die Aktionäre vor der Versammlung anmelden. Meldet sich ein Aktionär in Bezug auf die von ihm gehaltenen Aktien oder Teile davon nicht (rechtzeitig) an, so ist er in Bezug auf die betroffenen Aktien von der Teilnahme an der Hauptversammlung und der Ausübung des Stimmrechts ausgeschlossen.[643] Mithin tritt ein vorübergehendes Stimmrechtsverbot ein, dass allerdings auf die konkrete Hauptversammlung beschränkt ist. Die betreffenden Stimmrechte sind dem Aktionär aber ungeachtet dessen auch während der Zeit des Stimmverbots unmittelbar auf Grundlage des § 21 Abs. 1 S. 1 WpHG zuzuordnen.[644] Denn die Nichtanmeldung zur Teilnahme an der Hauptversammlung stellt eine autonome Entscheidung des Aktionärs über die Nichtausübung seines Stimmrechts im Einzelfall dar. Da die abstrakte Möglichkeit zur Ausübung des Stimmrechts bestehen bleibt, ändert sich nichts am unmittelbaren Stimmrechtseinfluss des Aktionärs.

Ein vorübergehendes Stimmverbot entsteht auch dann, wenn Inhaberaktien ausgegeben wurden und sich der zur Teilnahme an der Hauptversammlung angemeldete Aktionär nicht nach § 123 Abs. 3 AktG zur Teilnahme an der Hauptversammlung oder zur Ausübung des Stimmrechts legitimiert oder die stimmrechtsvermittelnden Aktien erst nach dem Legitimationszeitpunkt erwirbt.[645] Denn im Verhältnis zur AG gilt nach § 123 Abs. 3 S. 6 AktG für die Teilnahme an der Hauptversammlung und die Ausübung des Stimmrechts nur derjenige als Aktionär, der den geforderten Nachweis erbracht hat. In Bezug auf die Berücksichtigung der betreffenden

---

642 *Hüffer*, AktG, 7. Aufl. 2006, Anh. § 22, § 21 WpHG Rn. 7; *Widder/Kocher*, AG 2007, 13, 15; *Opitz* in Schäfer/Hamann, § 21 WpHG Rn. 3; *Hirte* in KöKo, WpHG, § 21 Rn. 70. In diese Richtung auch *U. H. Schneider* in Assmann/Schneider, WpHG, § 21 Rn. 58.

643 Vgl. statt aller *Werner* in GroKo, AktG, § 123 Rn. 57; *Rieckers* in Spindler/Stilz, AktG, § 123 Rn. 11; *Noack/Zetzsche* in KöKo, AktG, § 123 Rn. 121.

644 Ebenso i.E. *Hirte* in KöKo, WpHG, § 21 Rn. 76.

645 Vgl. statt aller *Riekers* in Spindler/Stilz, AktG, § 123 Rn. 19.

Stimmrechte im Stimmrechtsanteil des Aktionärs kann hier aber nichts anderes wie bei Nichtvornahme der Anmeldung zur Teilnahme an der Hauptversammlung und Ausübung des Stimmrechts gelten.[646] Denn auch in diesem Fall trifft der Aktionär letztlich lediglich eine autonome Entscheidung über die Nichtausübung seines Stimmrechts im Einzelfall, die entweder in der fehlenden Legitimation oder in der Wahl des Erwerbszeitpunkt der stimmrechtsvermittelnden Aktien nach dem Legitimationszeitpunkt zu sehen ist. An der abstrakten Möglichkeit zur Stimmrechtsausübung ändert sich dagegen nichts. Der unmittelbare Stimmrechtseinfluss liegt beim Aktionär, dessen Möglichkeit zur Ausübung des Stimmrechts lediglich vorübergehend suspendiert ist.

f) Stimmrechtsausschluss wegen Interessenkollision

Aus § 136 Abs. 1 AktG kann ein punktuelles Stimmverbot in Bezug auf bestimmte Beschlussgegenstände folgen. Denn nach dieser Vorschrift kann niemand für sich oder für einen anderen das Stimmrecht ausüben, wenn darüber Beschluss gefasst wird, ob er zu entlasten oder von einer Verbindlichkeit zu befreien ist oder ob die Gesellschaft gegen ihn einen Anspruch geltend machen soll. Nach allgemeiner und zutreffender Auffassung sind die betroffenen Stimmrechte aber trotz dieses punktuellen Ausübungsverbots unmittelbar auf Grundlage des § 21 Abs. 1 S. 1 WpHG im Zähler des Stimmrechtsanteils des Aktionärs zu berücksichtigen.[647] Hier gilt noch deutlicher als bei den Fällen der fehlenden Anmeldung oder Legitimation des Aktionärs, dass die abstrakte Möglichkeit zur Ausübung des Stimmrechts im Grundsatz erhalten bleibt. Denn letztlich handelt es sich lediglich um ein sehr kurzfristiges, auf einzelne Beschlussgegenstände bezogenes Stimmverbot.[648] An dem unmittelbaren Stimmrechtseinfluss des Aktionärs ändert es nichts.

g) Rechtsverlust nach § 28 WpHG oder § 59 WpÜG

Unterliegt der Aktionär einem Rechtsverlust nach § 28 S. 1 WpHG oder § 59 S, 1 WpÜG, so hat dies ein Verbot der Ausübung des Stimmrechts aus Aktien an dem betreffenden Emittenten für den Zeitraum des Rechtsverlusts zur Folge.[649] Nach ganz herrschender Auffassung sind die von dem Rechtsverlust betroffenen Stimmrechte

---

646 So i.E. auch *Seibert*, WM 2005, 157, 158; *Merkner/Sustmann*, AG 2013, 243, 246.

647 *Burgard*, BB 1995, 2069, 2071; *Koppensteiner* in KöKo, AktG, Anh. § 22, §§ 21 ff. WpHG Rn. 12; *Dehlinger/Zimmermann* in Fuchs, WpHG, § 21 Rn. 27; *Opitz* in Schäfer/Hamann, § 21 WpHG Rn. 18; *U. H. Schneider* in Assmann/Schneider, WpHG, § 21 Rn. 64; *Hirte* in KöKo, WpHG, § 21 Rn. 77.

648 Vgl. *Dehlinger/Zimmermann* in Fuchs, WpHG, § 21 Rn. 27; *U. H. Schneider* in Assmann/Schneider, WpHG, § 21 Rn. 64.

649 So statt aller *Schwark* in Schwark/Zimmer, § 28 WpHG Rn. 13; *Noack/Zetzsche* in Schwark/Zimmer, § 59 WpÜG Rn. 13.

jedoch im Zähler des Stimmrechtsanteils zu berücksichtigen.[650] Ein Grenzkonflikt zwischen Offenlegung des unmittelbaren Stimmrechtseinflusses und der Aktionärsstellung ist grundsätzlich nicht erkennbar. Denn der Meldepflichtige behält auch im Fall des Rechtsverlusts die abstrakte Möglichkeit zur Ausübung des Stimmrechts, die lediglich vorübergehend, nämlich für den Zeitraum des Rechtsverlusts, nicht besteht.[651] Für eine Berücksichtigung der betroffenen Stimmrechte im Zähler des Stimmrechtsanteils des Meldepflichtigen spricht auch, dass damit das unbemerkte „Anschleichen" an den Emittenten erschwert wird.[652] Denn im Fall einer Nichtberücksichtigung der betroffenen Stimmrechte würde ein weiterer Zuerwerb von stimmrechtsvermittelnden Aktien durch den Meldepflichtigen ungeachtet des Umfangs des Zuerwerbs nicht zum Erreichen oder Überschreiten höherer Stimmrechtsschwellen führen, so dass sein tatsächlicher Stimmrechtseinfluss weiter verschleiert würde.[653]

Zu einem zeitlich auf sechs Monate beschränkten Grenzkonflikt zwischen Offenlegung des unmittelbaren Stimmrechtseinflusses und der Aktionärsstellung kommt es dagegen, wenn der Meldepflichtige einem verlängerten Rechtsverlust nach § 28 S. 3 WpHG unterliegt. Im Gegensatz zu den Stimmverboten nach § 67 Abs. 2 AktG und § 28 S. 1 WpHG hat dieser es nämlich in diesem Fall nicht in der Hand, den Rechtsverlust jederzeit ex nunc zu beenden. Auch beruht das Stimmverbot nach § 28 S. 3 WpHG nicht auf einer autonomen Entscheidung des Meldepflichtigen. Es ist auch nicht punktuell auf bestimmte Beschlussgegenstände beschränkt. Der Rechtsverlust und damit das Stimmverbot enden erst mit Ablauf von sechs Monaten nach der Nachholung der versäumten Mitteilung bzw. der Abgabe der Korrekturmitteilung.[654] Für diesen Zeitraum besteht zwar eine Aktionärsstellung des Meldepflichtigen. Diese ist aber nicht mit einem unmittelbaren Stimmrechtseinfluss verbunden. Im Zeitraum des Rechtsverlusts kann eine Hauptversammlung des Emittenten stattfinden, von deren Teilnahme der Meldepflichtige dann ausgeschlossen wäre. Aus der nach wie vor vorhandenen abstrakten Möglichkeit der Stimmrechtsausübung

---

650 BaFin, Emittentenleitfaden 2013, S. 105; *Burgard*, BB 1995, 2069, 2071; *Koppensteiner* in KöKo, AktG, Anh. § 22, §§ 21 ff. WpHG Rn. 12; *Dehlinger/Zimmermann* in Fuchs, WpHG, § 21 Rn. 27; *Petersen* in Spindler/Stilz, AktG, Anh. § 22, §§ 21–30 WpHG Rn. 25 Fn. 51; *Opitz* in Schäfer/Hamann, § 21 WpHG Rn. 18; *Schwark* in Schwark/Zimmer, § 21 WpHG Rn. 13; *Veil* in Schmidt/Lutter, AktG, Anh. § 22, § 21 WpHG Rn. 12; *U. H. Schneider* in Assmann/Schneider, WpHG, § 21 Rn. 61; *Hirte* in KöKo, WpHG, § 21 Rn. 76; a.A. nur *Sudmeyer*, BB 2002, 685, 687 mit Fn. 48, der fälschlicherweise davon ausgeht, dass die vom Rechtsverlust betroffenen Aktien überhaupt keine Stimmrechte mehr gewähren.

651 Vgl. *Opitz* in Schäfer/Hamann, § 21 WpHG Rn. 18; *Dehlinger/Zimmermann* in Fuchs, WpHG, § 21 Rn. 27; *Schwark* in Schwark/Zimmer, § 21 WpHG Rn. 13; *Veil* in Schmidt/Lutter, AktG, Anh. § 22, § 21 WpHG Rn. 12.

652 *Hirte* in KöKo, WpHG, § 21 Rn. 76.

653 So wohl auch *Burgard*, BB 1995, 2069, 2071.

654 Vgl. *Götze* in Handbuch Kapitalmarktinformationen, § 28 Rn. 69.

folgt dann also nicht zugleich auch die tatsächliche Möglichkeit, durch Stimmabgabe am Zustandekommen von Hauptversammlungsbeschlüssen mitzuwirken. Die Folge ist eine vorübergehende Verschiebung der Verteilung der Stimmrechtsmacht unter den Aktionären, die vor dem Hintergrund des kapitalmarktrechtlichen Schutzzwecks der Norm an sich offengelegt werden muss. Indessen führen sowohl der Abzug als auch die Berücksichtigung des Stimmrechts zu einer Irreführungsgefahr für die Anleger. Da dieser Grenzkonflikt zwischen Offenlegung des unmittelbaren Stimmrechtseinflusses und der Aktionärsstellung sich nicht ohne weiteres auflösen lässt, ist im Wege einer Risikoabwägung zu entscheiden, welcher Offenlegung der Vorrang gebührt. Gegen den Vorrang der Offenlegung des unmittelbaren Stimmrechtseinflusses spricht, dass das Stimmverbot nach § 28 S. 3 WpHG nur für einen überschaubaren Zeitraum von sechs Monaten besteht. Zudem wären bei einer vorübergehenden Nichtberücksichtigung der betreffenden Stimmrechte im Zähler des Stimmrechtsanteils bei einem Stimmrechtsanteil oberhalb der Eingangsmeldeschwelle zwei Mitteilungen notwendig, zunächst das Unterschreiten und sechs Monate später das Überschreiten eines oder mehrerer Schwellenwerte. Aus der Perspektive der Anleger könnte dieser Vorgang als Zeichen der Veräußerung eines mitunter beträchtlichen Aktienpakets bzw. als Wiedererwerb desselben Aktienpakets missverstanden werden. Da mit der Mitteilung der Schwellenunterschreitung keine Mitteilung einer Schwellenüberschreitung durch einen anderen Aktionär korrespondiert, liegt aus der Perspektive der Anleger zudem die fehlerhafte Annahme nahe, dass sich in Bezug auf den Emittenten der Anteil der Aktien im Streubesitz erhöht hat. Die aus solchen Fehleinschätzungen resultierende Gefahr für die Anleger ist beträchtlich.[655] Im umgekehrten Fall der fortdauernden Berücksichtigung der Stimmrechte droht dagegen eine Fehleinschätzung des unmittelbaren Stimmrechtseinflusses des betroffenen Aktionärs, die sich aber wegen des auf sechs Monate begrenzten Rechtsverlusts maximal auf eine ordentliche Hauptversammlung beschränkt. Die Auswirkungen einer solchen Fehleinschätzung auf die Interessen der Anleger hängen vom Einzelfall ab. Werden auf der betreffenden Hauptversammlung Beschlüsse gefasst, die unter Berücksichtigung der Stimmen des von dem verlängerten Rechtsverlust betroffenen Aktionärs nicht gefasst worden wären und führen diese Beschlüsse zu einer negativen Kursreaktion oder zu geringeren Dividendenausschüttungen, so wird das den Interessen der Anleger zuwiderlaufen. Die rechtzeitige Offenlegung des verlängerten Rechtsverlusts würde gerade in solchen Fällen dem Anlegerschutz dienen. Dennoch erscheint das Risiko einer vorübergehenden Fehleinschätzung des Stimmrechtseinflusses im Vergleich zu dem Risiko einer vorübergehenden Fehleinschätzung der fortbestehenden Beteiligung als weniger schwerwiegend. So ändert der vorübergehende Rechtsverlust nichts an der etwaigen Möglichkeit des betroffenen Aktionärs, beherrschenden Einfluss auf den Emittenten auszuüben. Denn die zeitlich beschränkte Einschränkung des Stimmrechtseinflusses wird kaum dazu führen, dass sich die Geschäftsleiter zu einer

655 Vgl. oben S. 36 f. und S. 42.

Veränderung der Geschäftspolitik veranlasst sehen.[656] Aus diesem Grund erscheinen auch Kursreaktionen, die in einer Veränderung der Geschäftspolitik wurzeln als eher unwahrscheinlich. Vertrauen die Anleger auf die Stimmrechtsausübung des vom Rechtsverlust betroffenen Aktionärs zur Herbeiführung einer Dividendenausschüttung und unterbleibt diese aufgrund des Rechtsverlusts zugunsten der Einstellung des Bilanzgewinns in andere Gewinnrücklagen oder zugunsten eines Gewinnvortrags auf neue Rechnung, so ist der Zugriff der Anleger auf den Bilanzgewinn nicht zwingend dauerhaft gesperrt. Der vom Rechtsverlust betroffene Aktionär kann bei nächster Gelegenheit für die Ausschüttung des vorgetragenen Bilanzgewinns votieren, so dass die Anleger, wenn auch verspätet, noch von diesem profitieren können.[657] Im Fall der Einstellung des Bilanzgewinns in andere Gewinnrücklagen gilt dies nach herrschender Meinung zwar nur vor der Feststellung des nächsten Jahresabschlusses unter Einbeziehung der betreffenden Rücklage und mit Zustimmung von Vorstand und Aufsichtsrat des Emittenten.[658] Ungeachtet dessen ist aber letztlich zu konstatierten, dass sich eine fortdauernde Berücksichtigung der vom Rechtsverlust betroffenen Stimmrechte oftmals überhaupt nicht negativ auf die Interessen der Anleger auswirkt, während ihr Abzug im Regelfall zu Fehlschlüssen führen wird, die wiederum den Anlass für fehlerhafte Anlageentscheidungen in Bezug auf die Aktien an dem Emittenten bilden können. Auch im Interesse der Rechtssicherheit sind die vom verlängerten Rechtsverlust betroffenen Stimmrechte daher nach wie vor im Stimmrechtsanteil des vom Rechtsverlust betroffenen Meldepflichtigen zu berücksichtigen.

h) Höchststimmrecht bei wechselseitiger Beteiligung

Die Möglichkeit zur Ausübung von Stimmrechten kann nach § 328 Abs. 1 S. 1, Abs. 2 AktG auch dann beschränkt sein, wenn der Emittent und der Meldepflichtige als wechselseitig beteiligte Unternehmen im Sinne des § 19 Abs. 1 AktG anzusehen sind und der Meldepflichtige die Beteiligung des Emittenten an ihm selbst in Höhe von mindestens 25 Prozent der Kapitalanteile zuerst kennt oder kennen muss, während der Emittent die Beteiligung des Meldepflichtigen an ihm selbst in Höhe von mindestens 25 Prozent der Kapitalanteile erst nach diesem früheren Zeitpunkt kennt

---

656 Vgl. zu diesem Befund unten S. 205 f.

657 *ADS*, § 174 AktG Rn. 24; *Priester*, ZIP 2000, 261, 263; *Schmidt-Versteyl/Probst*, BB 2011, 1416, 1419; *Hennrichs/Pöschke* in MüKo, AktG, § 174 Rn. 49, 51; *Koch* in Hüffer, AktG, § 174 Rn. 4.

658 *Drygala* in Schmidt/Lutter, AktG, § 174 Rn. 13; *Ekkenga* in KöKo, AktG, § 174 Rn. 17; *Hennrichs/Pöschke* in MüKo, AktG, § 174 Rn. 50; *Koch* in Hüffer, AktG, § 174 Rn. 4; weitergehend *Priester*, ZIP 2000, 261, 263 (Zustimmung von Vorstand und Aufsichtsrat nicht erforderlich); enger *Schmidt-Versteyl/Probst*, BB 2011, 1416, 1419 f. (Nachträgliche Ausschüttung rechtssicher nur vor Veröffentlichung des Gewinnverwendungsbeschlusses möglich); a.A. (keine nachträgliche Ausschüttung) *ADS*, § 174 AktG Rn. 24.

oder kennen muss.[659] In diesem Fall kann der Meldepflichtige für die gesamte Dauer seiner Beteiligung an dem Emittenten einem gesetzlich begründeten Höchststimmrecht von 25 Prozent in Bezug auf die Gesamtzahl der Stimmrechte unterliegen.

Die Auswirkungen dieser Stimmrechtsbeschränkung auf die Mitteilungspflicht nach § 21 Abs. 1 S. 1 WpHG sind nicht geklärt. Zur Lösung der Problematik bietet sich zunächst ein Rückgriff auf die Diskussion zur Behandlung von satzungsmäßig begründeten Höchststimmrechten an. Vor Inkrafttreten des KonTraG war deren Behandlung im Rahmen des § 21 Abs. 1 S. 1 WpHG stark umstritten.[660] Eine Literaturauffassung plädierte dafür, die vom Stimmverbot betroffenen Stimmrechte im Zähler des Stimmrechtsanteils nicht zu berücksichtigen und begründete dies vor allem unter Hinweis auf das kapitalmarktrechtliche Regelungsziel des § 21 Abs. 1 S. 1 WpHG, den tatsächlichen Stimmrechtseinfluss des Berechtigten offenzulegen und der anderenfalls bestehenden Irreführungsgefahr für die Anleger.[661] Dagegen sollten die betroffenen Stimmrechte nach der überwiegenden Gegenauffassung gleichwohl mitzuzählen sein.[662] Dies wurde zum Teil mit dem Argument begründet, dass die Höchststimmrechte nicht mit der Aktie verbunden seien, sondern den Aktionär als Person träfen.[663] Nach einer anderen Begründung sollte dieses Ergebnis bereits daraus folgen, dass die Mitteilungspflicht nur auf die Inhaberschaft des Stimmrechts, aber nicht auf die konkrete Stimmkraft abstelle.[664] Schließlich wurde darauf verwiesen, dass der Abzug der betroffenen Stimmrechte ein heimliches „Anschleichen" an den Emittenten begünstigen könnte.[665] Vereinzelt wurde auch für ein Wahlrecht des Meldepflichtigen plädiert.[666]

In diesem Fall zeigt sich abermals der schon erläuterte Grenzkonflikt zwischen der Offenlegung des unmittelbaren Stimmrechtseinflusses und der Aktionärsstellung. Soweit das Stimmverbot wirkt, entfällt die abstrakte Möglichkeit zur Ausübung des Stimmrechts. Andererseits besteht mitunter eine viel höhere Kapitalbeteiligung des Aktionärs. Ob in diesem Fall vorrangig der unmittelbare Stimmrechtseinfluss

---

659 Vgl. eingehend zu den Voraussetzungen der Beschränkung der Rechte nach § 328 Abs. 1 AktG *Grunewald* in MüKo, AktG, § 328 Rn. 5 ff.; *Schall* in Spindler/Stilz, AktG, § 328 Rn. 9 ff.

660 Durch Abschaffung satzungsmäßig begründeter Höchststimmrechte in börsennotierten Aktiengesellschaften hatte sich dieser Rechtsstreit mit Inkrafttreten des KonTraG erledigt, vgl. oben S. 130 f.

661 *Cahn*, AG 1997, 502, 504.

662 *Nottmeier/Schäfer*, AG 1997, 87, 91; *Hüffer*, AktG, 7. Aufl. 2006, Anh. § 22, § 21 WpHG Rn. 6; *Opitz* in Schäfer/Hamann, § 21 WpHG Rn. 17; *Petersen* in Spindler/Stilz, AktG, Anh. § 22, §§ 21–30 WpHG Rn. 25; *Hirte* in KöKo, WpHG, § 21 Rn. 90; wohl auch *Burgard*, BB 1995, 2069, 2071 mit Fn. 35.

663 So *Opitz* in Schäfer/Hamann, § 21 WpHG Rn. 17; *Hirte* in KöKo, WpHG, § 21 Rn. 90.

664 So *Hüffer*, AktG, 7. Aufl. 2006, Anh. § 22, § 21 WpHG Rn. 6; *Petersen* in Spindler/Stilz, AktG, Anh. § 22, §§ 21–30 WpHG Rn. 25.

665 So wohl *Nottmeier/Schäfer*, AG 1997, 87, 91.

666 *Falkenhagen*, WM 2005, 1005, 1008.

oder die Kapitalbeteiligung offenzulegen ist, lässt sich wiederum nur im Wege einer Risikoabwägung entscheiden. Hier ist zu berücksichtigen, dass die Einschränkung des Stimmrechtseinflusses nicht nur zeitlich begrenzt, sondern grundsätzlich für die gesamte Dauer der Beteiligung des Meldepflichtigen an dem Emittenten besteht. Allerdings ist eine Besonderheit zu beachten. Nach § 19 Abs. 2 AktG endet die wechselseitige Beteiligung, sobald der Meldepflichtige eine Mehrheitsbeteiligung an dem Emittenten erwirbt oder unmittelbar oder mittelbar einen beherrschenden Einfluss auf diesen ausüben kann. Im Fall einer Nichtberücksichtigung der von § 328 Abs. 1 AktG betroffenen Stimmrechte könnte der Meldepflichtige mithin in aller Ruhe eine Mehrheitsbeteiligung oder einen beherrschenden Einfluss aufbauen, um erst danach das Erreichen oder Überschreiten der betreffenden Stimmrechtsschwelle nach § 21 Abs. 1 S. 1 WpHG offenzulegen. Diese Erleichterung des „unbemerkten Anschleichens" an den Emittenten widerspricht in eklatanter Weise den kapitalmarktrechtlichen Regelungszielen der Norm, die gerade auch darauf gerichtet sind, genau dies zu verhindern.[667] Mithin ist auch in diesem Fall der Offenlegung der Aktionärsstellung der Vorrang einzuräumen. Die vom Stimmverbot des § 328 Abs. 1 S. 1, Abs. 2 AktG betroffenen Stimmrechte sind folglich im Zähler des Stimmrechtsanteils des Meldepflichtigen zu berücksichtigen, also mitzuzählen.

6. Besonderheiten bei Verlagerung der Stimmrechtsausübung

Die Ausübung des Stimmrechts wird in zahlreichen Fällen auf Dritte verlagert. Insoweit ist zwischen der freiwilligen Verlagerung der Stimmrechtsausübung auf rechtsgeschäftlicher Grundlage und den Fällen ihrer gesetzlichen Verlagerung zu unterscheiden. Eine rechtsgeschäftliche Verlagerung setzt entweder die Erteilung einer Stimmrechtsvollmacht oder eine Ermächtigung des Dritten zur Abgabe des Stimmrechts im eigenen Namen voraus. Typische gesetzliche Verlagerungen der Stimmrechtsausübung sind die Fälle der gesetzlichen Vertretung durch die Eltern oder den Vormund bei fehlender voller Geschäftsfähigkeit des Aktionärs oder die Verlagerung der Stimmrechtsausübung auf einen Amtswalter, also einen Nachlassverwalter, Testamentsvollstrecker oder Insolvenzverwalter. Ähnlich wie bei den Stimmverboten stellt sich in diesen Fällen der Verlagerung der Stimmrechtsausübung die Frage, ob ein Grenzkonflikt zwischen der Offenlegung des unmittelbaren Stimmrechtseinflusses und der Aktionärsstellung des Meldepflichtigen entsteht und wie dieser Grenzkonflikt im gegebenen Fall zu lösen ist.

a) Verlagerung auf einen Bevollmächtigten

Die Ausübung des Stimmrechts durch einen dazu bevollmächtigten Stimmrechtsvertreter ist durch § 134 Abs. 3 S. 1 AktG ausdrücklich gestattet. Für die Erteilung und

---

667 Vgl. oben S. 40 ff.

das Erlöschen der Stimmrechtsvollmacht gelten grundsätzlich die §§ 164 ff. BGB.[668] Im Innenverhältnis zwischen dem Aktionär und dem Stimmrechtsvertreter liegt der Stimmrechtsvollmacht in der Regel ein Auftragsverhältnis im Sinne der §§ 662 ff. BGB oder, bei entgeltlicher Stimmrechtsvertretung, ein Geschäftsbesorgungsvertrag nach § 675 BGB zugrunde.[669] Ein solches Auftragsverhältnis ist durch gewisse Einflussnahmemöglichkeiten des Auftraggebers in Bezug auf die Ausführung des Auftrags gekennzeichnet. So ist der Beauftragte grundsätzlich an die Weisungen gebunden, die ihm der Auftraggeber im Zusammenhang mit der Ausführung des Auftrags erteilt.[670] Die Geschäftsbesorgung kann aber auch schon vertraglich im Einzelnen oder zumindest in groben Leitlinien vereinbart sein.[671] Das Recht zur Erteilung von Weisungen kann auch vertraglich ausgeschlossen oder beschränkt werden. Auch in diesem Fall oder wenn Weisungen des Auftraggebers im Einzelfall nicht erfolgen bleibt der Beauftragte aber bei der Ausführung des Auftrags stets an die erkennbaren Interessen des Auftraggebers gebunden.[672] Die Interessen des Auftraggebers können bereits vertraglich umrissen oder festgeschrieben sein. Der Beauftragte hat zudem die ausdrücklich vom Auftraggeber geäußerten Interessen und schließlich auch die anderweitig erkennbaren unausgesprochene Interessen des Auftraggebers zu beachten.[673] Überträgt man diese allgemeinen Grundsätze auf die Situation der Stimmrechtsvollmacht, so lässt sich festhalten, dass der Aktionär dem Stimmrechtsvertreter aus dem Grundverhältnis Weisungen in Bezug auf die Art und Weise der Stimmrechtsausübung erteilen kann, soweit dieses Recht nicht ausnahmsweise vertraglich ausgeschlossen oder beschränkt ist.[674] Auch ohne dass im Einzelfall eine Weisung erteilt wurde, ist der Stimmrechtsvertreter aber hinsichtlich der Art und Weise der Ausübung des Stimmrechts in jedem Fall an die geäußerten oder anderweitig erkennbaren Interessen des Aktionärs gebunden. Nach § 671 Abs. 1 BGB kann das Auftragsverhältnis jederzeit widerrufen werden. Ist es als Geschäftsbesorgungsvertrag zu qualifizieren, so bestimmt sich das Recht des Auftraggebers zum Widerruf nach Dienst- bzw. Werkvertragsrecht.[675] Mit dem Widerruf des Grundverhältnisses erlischt auch die erteilte Stimmrechtsvollmacht. Diese selbst ist nach § 168 S. 2 BGB grundsätzlich auch bei fortbestehendem Grundverhältnis frei widerruflich. Zwischen Aktionär und Stimmrechtsvertreter kann

---

668 So statt aller *Rieckers* in Spindler/Stilz, AktG, § 134 Rn. 66; *Spindler* in Schmidt/Lutter, AktG, § 134 Rn. 39; *Koch* in Hüffer, AktG, § 134 Rn. 21.

669 *Schröer* in MüKo, AktG, § 134 Rn. 47; *Sprau* in Palandt, BGB, Vor § 662 Rn. 7.

670 RG v. 2.4.1917 – VI 450/16, RGZ 90, 129, 131; *Seiler* in MüKo, BGB, § 665 Rn. 14; *Sprau* in Palandt, BGB, § 665 Rn. 1, 3; *Fischer* in Bamberger/Roth, BGB, § 662 Rn. 11, § 665 Rn. 7.

671 Vgl. *Seiler* in MüKo, BGB, § 665 Rn. 15.

672 RG v. 2.4.1917 – VI 450/16, RGZ 90, 129, 131; *Seiler* in MüKo, BGB, § 665 Rn. 33; *Sprau* in Palandt, BGB, § 662 Rn. 9, § 665 Rn. 1.

673 *Seiler* in MüKo, BGB, § 665 Rn. 33.

674 *Rieckers* in Spindler/Stilz, AktG, § 134 Rn. 78; *Schröer* in MüKo, AktG, § 134 Rn. 48.

675 *Sprau* in Palandt, BGB, § 675 Rn. 8.

ferner vereinbart werden, dass die Stimmrechtsvollmacht nur aus wichtigem Grund widerrufen werden kann (sog. unwiderruflichen Stimmrechtsvollmacht).[676]

Ungeachtet der Bevollmächtigung eines Stimmrechtsvertreters sind die betreffenden Stimmrechte dem Aktionär weiterhin unmittelbar auf Grundlage des § 21 Abs. 1 S. 1 WpHG zuzuordnen. Denn zum einen ändert die Bevollmächtigung nichts an der Kapitalbeteiligung des Aktionärs und zum anderen behält dieser auch seinen unmittelbaren Stimmrechtseinfluss. Aus dem Grundverhältnis folgt grundsätzlich ein Weisungsrecht in Bezug auf die Stimmrechtsausübung. Sollte dieses im Einzelfall vertraglich ausgeschlossen sein, verbleibt die Bindung des Stimmrechtsvertreters an die erkennbaren Interessen des Aktionärs. Diese kann der Aktionär im Einzelfall ausdrücklich artikulieren, um somit eine rechtliche Bindung des Stimmrechtsvertreters herbeizuführen. Schließlich kann der Aktionär das Grundverhältnis oder die Stimmrechtsvollmacht grundsätzlich zu jeder Zeit widerrufen. Handelt es sich um eine unwiderrufliche Stimmrechtsvollmacht, geht dies zwar nur aus wichtigem Grund. Dem Aktionär muss aber ungeachtet dessen immer die Möglichkeit verbleiben, das Stimmrecht notfalls selbst auszuüben, da eine unwiderrufliche und gleichzeitig verdrängende Vollmacht gegen das Abspaltungsverbot verstoßen würde und aus diesem Grund gemäß § 134 BGB nichtig wäre.[677] Vor diesem Hintergrund lässt sich festhalten, dass ein Grenzkonflikt zwischen der Offenlegung des unmittelbaren Stimmrechtseinflusses und der Aktionärsstellung im Fall der rechtsgeschäftlichen Stimmrechtsvollmacht nicht entstehen kann.

Da sich die Zuordnung des Eigentums an den stimmrechtsvermittelnden Aktien, auf die sich die Stimmrechtsvertretung bezieht, durch die Bevollmächtigung des Stimmrechtsvertreters nicht ändert, sind die betreffenden Stimmrechte letzterem in keinem Fall unmittelbar auf Grundlage des § 21 Abs. 1 S. 1 WpHG zuzuordnen.[678] Unter den weiteren Voraussetzungen des § 22 Abs. 1 S. 1 Nr. 6 WpHG kommt aber eine Stimmrechtszurechnung auf den Stimmrechtsvertreter in Betracht.[679]

b) Verlagerung auf einen Legitimationsaktionär

Bei der Legitimationsübertragung handelt es sich um die rechtsgeschäftliche Ermächtigung eines Dritten, die Stimmrechte des Aktionärs im eigenen Namen

---

676 *Reichert/Harbarth*, AG 2001, 447, 452; *Hirschmann* in Hölters, AktG, § 134 Rn. 36. Vgl. zu den allgemeinen Voraussetzungen einer unwiderruflichen Vollmacht auch *Schilken* in Staudinger, BGB, § 168 Rn. 8 ff. m.w.N.

677 BGH v. 10.11.1951 – II ZR 111/50, NJW 1952, 178, 179 (für die OHG); BGH v. 17.11.1986 – II ZR 96/86, NJW 1987, 780 f. (für die AG); *Reichert/Harbarth*, AG 2001, 447, 452; *Grundmann* in GroKo, AktG, § 134 Rn. 99; *Rieckers* in Spindler/Stilz, AktG, § 134 Rn. 49; *Kiefner/Friebel*, NZG 2011, 887, 888; *Schramm* in MüKo, BGB, § 168 Rn. 26; *Koch* in Hüffer, AktG, § 134 Rn. 21; *Hirschmann* in Hölters, AktG, § 134 Rn. 36; *Schilken* in Staudinger, BGB, § 168 Rn. 15.

678 BaFin, Emittentenleitfaden 2013, S. 109; *Dehlinger/Zimmermann*, in Fuchs, WpHG, § 21 Rn. 18; *U. H. Schneider* in Assmann/Schneider, WpHG, § 21 Rn. 32.

679 Vgl. unten S. 323 ff.

auszuüben.[680] Ihre aktienrechtliche Zulässigkeit ergibt sich aus § 129 Abs. 3 AktG.[681] Entgegen der missverständlichen Bezeichnung als Legitimations*übertragung* werden die das Stimmrecht vermittelnden Aktien aber keineswegs dinglich an den Ermächtigten übertragen. Statt einer Vollrechtsübertragung erfolgt lediglich eine rechtsgeschäftliche Ermächtigung zur Stimmrechtsausübung im eigenen Namen gemäß § 185 BGB analog.[682] Wie der Erteilung einer Stimmrechtsvollmacht liegt auch der Legitimationsübertragung in der Regel ein Auftragsverhältnis im Sinne der §§ 662 ff. BGB oder ein Geschäftsbesorgungsvertrag zugrunde. Im Hinblick auf die Einzelheiten der Ausgestaltung des Innenverhältnisses kann auf die Ausführungen zur Bevollmächtigung eines Stimmrechtsvertreters verwiesen werden.

Auch im Fall der rechtsgeschäftlichen Ermächtigung eines Dritten zur Stimmrechtsausübung sind die betreffenden Stimmrechte wie im Fall der Erteilung einer Stimmrechtsvollmacht weiterhin unmittelbar auf Grundlage des § 21 Abs. 1 S. 1 WpHG im Stimmrechtsanteil des Aktionärs zu berücksichtigen. Ein Grenzkonflikt zwischen der Offenlegung des unmittelbaren Stimmrechtseinflusses und der Aktionärsstellung tritt nicht ein.[683] Zur Begründung kann vollumfänglich auf die Ausführungen zur Stimmrechtsvollmacht verwiesen werden.

Im Übrigen gilt auch für den Legitimationsaktionär, dass ihm die Stimmrechte aus den Aktien, auf die sich die Legitimationsübertragung bezieht nicht unmittelbar auf Grundlage des § 21 Abs. 1 S. 1 WpHG zuzuordnen, sondern allenfalls auf Grundlage des § 22 Abs. 1 S. 1 Nr. 6 WpHG zuzurechnen sind, denn wie schon dem Stimmrechtsvertreter fehlt auch dem Legitimationsaktionär das Eigentum an diesen Aktien.[684] Umstritten ist allerdings, ob dies auch für den Legitimationsaktionär gilt, der als Registeraktionär im Aktienregister des Emittenten eingetragen ist. Da er nicht der tatsächliche Aktionär ist, sondern seine Rechte lediglich aus der Legitimationsübertragung und der Eintragung im Aktienregister des Emittenten herleitet, muss diese Frage an sich verneint werden. Ungeachtet dessen sind allerdings namentlich das OLG Köln und daneben auch vereinzelte Stimmen im Schrifttum

---

680 *Reichert/Harbarth*, AG 2001, 447, 452; *Koch* in Hüffer, AktG, § 134 Rn. 32.

681 *Reichert/Harbarth*, AG 2001, 447, 453; *Wiesner/Kraft* in MünchHdbAG, § 14 Rn. 61; *Grundmann* in GroKo, AktG, § 134 Rn. 93; *Rieckers* in Spindler/Stilz, AktG, § 134 Rn. 46; *Spindler* in Schmidt/Lutter, AktG, § 134 Rn. 69; *Schröer* in MüKo, AktG, § 134 Rn. 64; *Koch* in Hüffer, AktG, § 134 Rn. 32.

682 *Wiesner/Kraft* in MünchHdbAG, § 14 Rn. 60; *Grundmann* in GroKo, AktG, § 134 Rn. 92; *Rieckers* in Spindler/Stilz, AktG, § 134 Rn. 46; *Spindler* in Schmidt/Lutter, AktG, § 134 Rn. 69; *Noack/Zetzsche* in KöKo, AktG, § 129 Rn. 58; *Bayreuther* in MüKo, BGB, § 185 Rn. 39; *Schröer* in MüKo, AktG, § 134 Rn. 65; *Koch* in Hüffer, AktG, § 134 Rn. 32; *Gursky* in Staudinger, BGB, § 185 BGB Rn. 112.

683 Das Verbot der unwiderruflichen und verdrängenden „Bevollmächtigung“ gilt auch hier, vgl. *Reichert/Harbarth*, AG 2001, 447, 453; ebenso wohl *Grundmann* in GroKo, AktG, § 134 Rn. 92.

684 BaFin, Emittentenleitfaden 2013, S. 109; *Dehlinger/Zimmermann*, in Fuchs, WpHG, § 21 Rn. 18; *U. H. Schneider* in Assmann/Schneider, WpHG, § 21 Rn. 32.

der Auffassung, dass die betroffenen Stimmrechte nicht nur bei dem tatsächlichen Aktionär, sondern unmittelbar auf Grundlage des § 21 Abs. 1 S. 1 WpHG auch im Stimmrechtsanteil des bloßen Registeraktionärs zu berücksichtigen sind.[685] Noch weiter gehen einige Stimmen in der Literatur, die in diesem Fall sogar dafür plädieren, dass die Stimmrechte unmittelbar auf Grundlage des § 21 Abs. 1 S. 1 WpHG ausschließlich bei dem bloßen Registeraktionär zu berücksichtigen sind.[686] Die Ermächtigung des Legitimationsaktionärs zur Stimmrechtsausübung bewirke eine Stimmrechtsanteilsveränderung „in sonstiger Weise", die keine Veränderung der dinglichen Zuordnung stimmrechtsvermittelnder Aktien voraussetze, also auch bei einer „Übertragung" des Stimmrechts aufgrund der Legitimationswirkung des § 67 Abs. 2 AktG auf den bloßen Registeraktionär einschlägig sein könne.[687] Hiergegen sprechen indessen die bereits dargelegten systematischen und schutzzweckbezogenen Argumente.[688] Insoweit ist nochmals hervorzuheben, dass unmittelbar auf Grundlage des § 21 Abs. 1 S. 1 WpHG im Interesse der Anleger lediglich der unmittelbare Stimmrechtseinfluss aufgedeckt werden soll. Dieser steht aber gerade dem tatsächlichen Aktionär zu, da dieser sich, von dem geringen Zeitraums eines Umschreibungsstopps einmal abgesehen, jederzeit im Aktienregister eintragen lassen und danach sein Stimmrecht frei von Einflüssen des bisherigen Registeraktionärs ausüben kann.[689] Demgegenüber ist das Recht des Registeraktionärs zur Ausübung des Stimmrechts stets abgeleiteter Natur und damit nicht hinreichend abgesichert.[690] Ob er das Stimmrecht auch künftig ausüben kann, ist alleine vom Willen des tatsächlichen Aktionärs abhängig. Vor diesem Hintergrund kann sich allenfalls noch die Frage stellen, ob sich aus der Legitimationswirkung des § 67 Abs. 2 AktG etwas anderes ergibt, weil sie auch im Rahmen des § 21 Abs. 1 S. 1 WpHG Geltung beansprucht. Dagegen spricht, dass sie ihrer Rechtsnatur nach als ausschließlich aktienrechtlich zu qualifizieren ist, während § 21 Abs. 1 S. 1 WpHG zumindest auch eine öffentlich-rechtliche Norm ist.[691] Zudem ist die Legitimationswirkung nach dem eindeutigen Wortlaut der Norm auf das Verhältnis zwischen Aktiengesellschaft und

685 OLG Köln v. 6.6.2012 – 18 U 240/11, NZG 2012, 946, 948 f.; *U. H. Schneider* in Assmann/Schneider, WpHG, § 21 Rn. 53.

686 *Diekmann*, BB 1999, 1985, 1987; *Bayer* in MüKo, AktG, § 67 Rn. 57 ff.; *Wieneke* in Bürgers/Körber, AktG, § 67 Rn. 15; wohl auch *Noack*, DB 1999, 1306, 1308; *Bayer/Scholz*, NZG 2013, 721, 725 ff. Dem Eigentümer der Aktien sollen die Stimmrechte aber ggf. nach § 22 Abs. 1 S. 1 Nr. 6 WpHG zugerechnet werden können, vgl. *Noack*, DB 1999, 1306, 1308; *Diekmann*, BB 1999, 1985, 1987; *Bayer* in MüKo, AktG, § 67 Rn. 59.

687 So insbesondere *Bayer/Scholz*, NZG 2013, 721, 726 f.

688 Vgl. oben S. 117 ff. sowie *Merkner/Sustmann*, AG 2013, 243, 245; *dies.*, NZG 2013, 1361, 1362.

689 Ähnlich *Cahn* in Spindler/Stilz, AktG, § 67 Rn. 18.

690 Dies verkennen *Bayer/Scholz*, NZG 2013, 721, 726 f.

691 *Goslar*, EWiR 2012, 773, 774; *Nartowska*, NZG 2013, 124, 126. Vgl. zur Rechtsnatur des § 21 Abs. 1 WpHG oben S. 23 f.

Registeraktionär beschränkt. § 21 Abs. 1 S. 1 WpHG verpflichtet den Meldepflichtigen aber nicht nur gegenüber dem Emittenten, d.h. der Aktiengesellschaft, sondern auch gegenüber der BaFin. In diesem Verhältnis kann § 67 Abs. 2 AktG keine Wirkung entfalten.[692] Im Ergebnis sprechen daher die besseren Argumente gegen eine unmittelbar auf § 21 Abs. 1 S. 1 WpHG beruhende Zuordnung der betreffenden Stimmrechte zum bloßen Registeraktionär.[693]

c) Verlagerung auf einen gesetzlichen Vertreter

Ein geschäftsunfähiger Aktionär kann das Stimmrecht aus seinen Aktien nicht selbst ausüben. Dazu sind alleine seine gesetzlichen Vertreter befugt.[694] Für die Eltern des geschäftsunfähigen Kindes ergibt sich dies aus § 1629 Abs. 1 BGB, für den Vormund des geschäftsunfähigen Mündels aus § 1793 Abs. 1 S. 1 BGB.[695]

Nach allgemeiner Auffassung sind die Stimmrechte aus Aktien des geschäftsunfähigen Aktionärs ungeachtet dessen im Zähler seines Stimmrechtsanteils unmittelbar über § 21 Abs. 1 S. 1 WpHG voll zu berücksichtigen.[696] Dafür spricht zunächst, dass die Geschäftsunfähigkeit nichts an der Aktionärsstellung ändert. Doch drängt sich in diesem Zusammenhang die Frage auf, ob es im Rahmen des § 21 Abs. 1 S. 1 WpHG zu einem Grenzkonflikt zwischen der Offenlegung des unmittelbaren Stimmrechtseinflusses und der Aktionärsstellung kommt. Denn der geschäftsunfähige Aktionär hat keinerlei Möglichkeit, die Art und Weise der Stimmrechtsausübung aktiv zu beeinflussen. Ein Weisungsrecht steht ihm nicht zu. Auch ist die gesetzliche Vertretung nicht dem Widerruf zugänglich. Hinzu kommt, dass der gesetzliche Vertreter nicht in gleichem Maße wie der rechtsgeschäftliche Vertreter an die erkennbaren Interessen des geschäftsunfähigen Aktionärs gebunden ist. Die Eltern des Kindes haben sich im Rahmen der elterlichen Sorge zwar am Kindeswohl auszurichten.[697] Dies bedeutet jedoch nicht, dass sie stets die erkennbaren Eigeninteressen des Kindes berücksichtigen müssen. In gleicher Wiese hat sich der Vormund im Rahmen seiner Tätigkeit an dem Wohl des Mündels, nicht aber notwendigerweise an dessen Eigeninteressen auszurichten.[698] Im Ergebnis entscheidet der geschäftsunfähige Aktionär hier also gerade nicht letztverbindlich über die Ausübung des Stimmrechts. Der beschriebene

---

692 *Nartowska*, NZG 2013, 124, 126.

693 So i.E. auch BaFin, Emittentenleitfaden 2013, S. 109 Fn. 43; *Dehlinger/Zimmermann* in Fuchs, WpHG, § 21 Rn. 32; *Paul*, GWR 2012, 346; *Goslar*, EWiR 2012, 775, 776; *Handelsrechtsausschuss DAV*, NZG 2013, 658; *Merkner/Sustmann*, NZG 2013, 1361, 1362; ebenso wohl *Cahn* in Spindler/Stilz, AktG, § 67 Rn. 18.

694 *Zöllner* in KöKo, AktG, 1. Aufl., § 134 Rn. 11; *Grundmann* in GroKo, AktG, § 134 Rn. 78; *Rieckers* in Spindler/Stilz, § 134 Rn. 43; *Schröer* in MüKo, AktG, § 134 Rn. 63.

695 Vgl. *Schröer* in MüKo, AktG, § 134 Rn. 74; *Koch* in Hüffer, AktG, § 134 Rn. 29.

696 *Dehlinger/Zimmermann* in Fuchs, WpHG, § 21 Rn. 7; *Opitz* in Schäfer/Hamann, § 21 WpHG Rn. 11a; *Hirte* in KöKo, WpHG, § 21 Rn. 131.

697 BGH v. 28.5.1976 – IV ZB 656/75, NJW 1976, 1540 f.; *Huber* in MüKo, BGB, § 1626 Rn. 7, 28; *Götz* in Palandt, BGB, § 1626 Rn. 1 ff.

698 *Wagenitz* in MüKo, BGB, § 1793 Rn. 2; *Götz* in Palandt, BGB, § 1793 Rn. 1.

Grenzkonflikt liegt vor. Ob vorrangig der unmittelbare Stimmrechtseinfluss oder die Kapitalbeteiligung offenzulegen ist, lässt sich im Wege einer Risikoabwägung entscheiden. Gegen eine bevorzugte Offenlegung des unmittelbaren Stimmrechtseinflusses spricht, dass in diesem Fall die Kapitalbeteiligung des geschäftsunfähigen Aktionärs und der weitere Zuerwerb großer Aktienpakete über einen sehr langen Zeitraum verschleiert werden könnte. Diese Gefahr wird aber dadurch abgemildert, dass die betreffenden Stimmrechte den gesetzlichen Vertretern über § 22 Abs. 1 S. 1 Nr. 6 WpHG zugerechnet werden.[699] Zwar soll die Zurechnung nach § 22 WpHG für sich genommen nur den mittelbaren Stimmrechtseinfluss sichtbar machen. Eine Stimmrechtsmitteilung, die auf eine Zurechnung von Stimmrechten zurückgeht, erlaubt aber auch Rückschlüsse auf die Verteilung der Kapitalanteile. Denn nach § 17 Abs. 2 Nr. 1 WpAIV sind in der Mitteilung auch die Namen der Dritten zu nennen, aus deren Aktien dem Mitteilungspflichtigen Stimmrechte zugerechnet werden, wenn der zugerechneter Stimmrechtsanteil jeweils mindestens 3 Prozent beträgt. Ungeachtet dessen sprechen die besseren Argumente hier jedoch für eine bevorzugte Offenlegung der Aktionärsstellung. Denn die Irreführungsgefahr für die Teilnehmer des Kapitalmarkts im Hinblick auf den fehlenden unmittelbaren Stimmrechtseinfluss des Geschäftsunfähigen ist hier relativ gering. Durch die gesetzliche Bindung der gesetzlichen Vertreter an das Wohl des Geschäftsunfähigen besteht letztlich zumindest eine hinreichende Wahrscheinlichkeit dafür, dass die objektiven Interessen des Geschäftsunfähigen bei der Stimmrechtsausübung berücksichtigt werden. Aus der Perspektive der Teilnehmer des Kapitalmarkts macht es kaum einen Unterschied, ob eine aktive Einflussnahmemöglichkeit des Aktionärs auf die Ausübung des Stimmrechts vorliegt oder ob die Stimmrechtsausübung aktiv durch Dritte gesteuert wird, wobei diese rechtlich hinreichend abgesichert an die objektiven Interessen des Aktionärs gebunden sind. Denn auch in einem solchen Fall erscheint es überwiegend wahrscheinlich, dass den Interessen des Aktionärs letztlich Geltung verschafft wird, was in besonderem Maße gilt, wenn ein Verstoß gegen die objektive Interessenbindung mit Sanktionen belegt ist. Auch wenn die bei der Stimmrechtsausübung zu berücksichtigenden Interessen des Geschäftsunfähigen lediglich durch seinen gesetzlichen Vertreter festgelegt werden, wird man daher im Ergebnis im Einklang mit der allgemeinen Auffassung davon ausgehen müssen, dass die betreffenden Stimmrechte unmittelbar über § 21 Abs. 1 S. 1 WpHG im Zähler des Stimmrechtsanteils des geschäftsunfähigen Aktionärs zu berücksichtigen sind.

d) Verlagerung auf einen Amtswalter

Das Recht des Aktionärs auf Ausübung des Stimmrechts aus seinen Aktien kann durch die Anordnung einer Nachlassverwaltung, Testamentsvollstreckung oder Insolvenzverwaltung suspendiert sein. Als Eigentümer der Aktien ist der Aktionär grundsätzlich dazu befugt, die aus seinen Aktien folgenden Rechte nach freiem Ermessen zu verwalten. Die Ausübung des Stimmrechts stellt einen Teilbereich dieser

699 Vgl. dazu noch unten S. 324 ff.

Verwaltungsbefugnis dar.[700] Fallen die Aktien allerdings in einen unter Nachlassverwaltung stehenden Nachlass, sind sie von einer Testamentsvollstreckung betroffen oder wird das Insolvenzverfahren über das Vermögen des Aktionärs eröffnet, so dass die Aktien in die Insolvenzmasse fallen, so verliert der Aktionär die Befugnis zur Verwaltung der Aktien und damit auch die Befugnis zur Ausübung des Stimmrechts. Die Verwaltungsbefugnis geht in diesen Fällen auf den jeweiligen Amtswalter, also den Nachlassverwalter, den Testamentsvollstrecker oder den Insolvenzverwalter über, der auch das Stimmrecht aus den betreffenden Aktien ausübt. Dies folgt aus den §§ 1984 Abs. 1, 1985 Abs. 1 BGB für die Nachlassverwaltung, aus den §§ 2205 Abs. 1 S. 1, 2211 Abs. 1 BGB für die Testamentsvollstreckung und aus § 80 Abs. 1 InsO für die Insolvenzverwaltung.[701]

Ob die betroffenen Stimmrechte in diesen Fällen weiterhin unmittelbar über § 21 Abs. 1 S. 1 WpHG im Zähler des Stimmrechtsanteils des Aktionärs zu berücksichtigen sind, wird kaum diskutiert. Lediglich *Dehlinger/Zimmermann* und *Opitz* plädieren für eine solche Berücksichtigung.[702] Für Aktien in der Insolvenzmasse soll dies bereits aus § 11 WpHG folgen, wonach der Insolvenzverwalter den Schuldner bei der Erfüllung seiner Pflichten nach dem WpHG zu unterstützen hat.[703] Dem lässt sich allerdings entgegenhalten, dass § 11 WpHG lediglich eine Aussage zur Erfüllung einer bereits bestehenden Pflicht trifft. Bei der Frage, ob die betroffenen Stimmrechte im Stimmrechtsanteil zu berücksichtigen sind, geht es aber um die Vorfrage einer Entstehung der Mitteilungspflicht. Teilweise wird die fortbestehende Berücksichtigung der Stimmrechte im Zähler des Stimmrechtsanteils hingegen auch mit dem Argument gerechtfertigt, der Kapitalmarkt habe ein Interesse an der Transparenz der dinglichen Beteiligungsverhältnisse.[704] Dem ist zuzustimmen.[705] Andererseits hat der Aktionär in den Fällen der Amtsverwaltung keinerlei Einfluss auf die Ausübung der Stimmrechte durch den Amtswalter. Ein Weisungsrecht des Aktionärs besteht nicht. Zudem ist der Amtswalter zumindest nicht vorrangig an die erkennbaren Interessen des Aktionärs gebunden. Der Nachlassverwalter wird im vorrangigen Interesse der Gläubiger tätig.[706] Gleiches gilt für den Insolvenzverwalter.[707] Dagegen

700 *Zöllner* in KöKo, AktG, 1. Aufl., § 134 Rn. 103; *Spindler* in Schmidt/Lutter, AktG, § 134 Rn. 68.

701 Vgl. *Zöllner* in KöKo, AktG, 1. Aufl., § 134 Rn. 103 ff.; *Grundmann* in GroKo, AktG, § 134 Rn. 90; *Rieckers* in Spindler/Stilz, AktG, § 134 Rn. 45; *Spindler* in Schmidt/Lutter, AktG, § 134 Rn. 68; *Koch* in Hüffer, AktG, § 134 Rn. 31.

702 *Dehlinger/Zimmermann* in Fuchs, WpHG, § 21 Rn. 15; *Opitz* in Schäfer/Hamann, § 21 WpHG Rn. 11a. Eine davon zu unterscheidende Frage betrifft die Erfüllungszuständigkeit für die Mitteilungspflicht in diesen Fällen. Vgl. dazu noch unten S. 404 ff.

703 Vgl. *Dehlinger/Zimmermann* in Fuchs, WpHG, § 21 Rn. 15.

704 So *Dehlinger/Zimmermann* in Fuchs, WpHG, § 21 Rn. 15.

705 Vgl. oben S. 36 ff.

706 *Weidlich* in Palandt, BGB, § 1975 Rn. 2.

707 *Wittkowski* in Nerlich/Römermann, InsO, § 80 Rn. 68.

handelt der Testamentsvollstrecker im vornehmlichen Interesse des Erblassers.[708] Letztlich kommt es also auch in den Fällen der Amtsverwaltung zu einem Grenzkonflikt zwischen der Offenlegung des unmittelbaren Stimmrechtseinflusses und der Aktionärsstellung. Im Rahmen der vorzunehmenden Risikoabwägung ist zu berücksichtigen, dass der Amtswalter im Gegensatz zu den Fällen der gesetzlichen Vertretung auch nicht in erster Linie an die Beachtung der objektiven Interessen des Aktionärs gebunden ist. Im Fall der bevorzugten Orientierung an der Aktionärsstellung besteht damit eine beträchtliche Irreführungsgefahr für die Anleger im Hinblick auf den fehlenden unmittelbaren Stimmrechtseinfluss des Aktionärs, die auch nicht notwendigerweise zeitlich eng begrenzt ist. Andererseits besteht im Fall der bevorzugten Orientierung an dem unmittelbaren Stimmrechtseinfluss des Aktionärs eine ebenso gewichtige Irreführungsgefahr der Teilnehmer des Kapitalmarkts in Bezug auf den fortbestehenden Kapitalanteil des Aktionärs. Entscheidend für eine bevorzugte Orientierung an dem unmittelbaren Stimmrechtseinfluss des Aktionärs spricht hier allerdings, dass diese Irreführungsgefahr durch die Offenlegung zusätzlicher Informationen über den Kapitalanteil des Aktionärs abgeschwächt wird. Richtigerweise sind die von der Amtsverwaltung betroffenen Stimmrechte nämlich den Amtswaltern auf Grundlage des § 22 Abs. 1 S. 1 Nr. 6 WpHG zuzurechnen.[709] Nach § 17 Abs. 2 Nr. 1 WpAIV muss die Mitteilung der Amtswalter dann auch den Namen des Dritten enthalten, aus dessen Aktien dem Mitteilungspflichtigen Stimmrechte zugerechnet werden, wenn dessen zugerechneter Stimmrechtsanteil mindestens 3 Prozent beträgt. Damit überwiegen letztlich die Argumente für eine bevorzugte Offenlegung des unmittelbaren Stimmrechtseinflusses.

Dies bedeutet freilich, dass die Stimmrechte aus Aktien des von der Amtsverwaltung betroffenen Aktionärs im Zähler seines Stimmrechtsanteils abzuziehen sind. Rechtstechnisch lässt sich dies nur durch eine teleologische Reduktion des § 21 Abs. 1 S. 1 WpHG erreichen. Sofernt man für eine einheitliche Auslegung der §§ 21, 22 WpHG eintritt ist in diesem Zusammenhang die Wortlautgrenze zu beachten. Eine teleologische Reduktion muss daher ausscheiden, sofern sie sich zu Lasten der Meldepflichtigen auswirken, also weitere Mitteilungspflichten hervorrufen kann. An dieser Stelle ist weiter zwischen den einzelnen Arten der Amtsverwaltung zu differenzieren. Im Fall der Testamentsvollstreckung erlangt der Erbe das Eigentum an den betreffenden Aktien von vornherein ohne eine entsprechende Verwaltungsbefugnis.[710] Die Nichtberücksichtigung der Stimmrechte im Zähler seines Stimmrechtsanteils führt damit nicht zur Entstehung weiterer Mitteilungspflichten. Eine teleologische Reduktion ist zulässig. Anders ist im Fall der Nachlassverwaltung und der Insolvenzverwaltung zu entscheiden. Hier erwirbt der Aktionär das Eigentum an den betreffenden Aktien zunächst ohne Beschränkung der Verwaltungsbefugnis.

708 *Zimmermann* in MüKo, BGB, § 2205 Rn. 2; *Weidlich* in Palandt, BGB, Einf. v. § 2197 Rn. 1 f.

709 Vgl. zu dieser Zurechnung unten S. 324 ff.

710 Vgl. §§ 2205, 2211 BGB.

Dies kann Mitteilungspflichten für das Erreichen oder Überschreiten eines bestimmten Schwellenwerts auslösen. Erst später wird die Nachlassverwaltung oder die Insolvenzverwaltung gerichtlich angeordnet.[711] Würde man die Stimmrechte aus den betreffenden Aktien ab diesem Zeitpunkt im Zähler des Stimmrechtsanteils des Aktionärs abziehen, so müsste er unter Umständen eine Schwellenunterschreitung melden. Die teleologische Reduktion kann sich also zu Lasten der Meldepflichtigen auswirken, so dass ein Verstoß gegen das Analogieverbot vorliegt. Im Ergebnis zwingt also das Analogieverbot dazu, die von einer Amtsverwaltung betroffenen Stimmrechte im Fall der Nachlass- und Insolvenzverwaltung stets unmittelbar auf Grundlage des § 21 Abs. 1 S. 1 WpHG im Zähler des Stimmrechtsanteils des Aktionärs zu berücksichtigen, während sie bei der Testamentsvollstreckung unberücksichtigt bleiben können.

Dieses Ergebnis erscheint bedenklich, da letztlich entgegen der an sich angezeigten bevorzugten Orientierung am unmittelbaren Stimmrechtseinfluss bei der Nachlass- und der Insolvenzverwaltung doch eine bevorzugte Orientierung an der Offenlegung der Aktionärsstellung erfolgt. De lege lata ist dies freilich zu akzeptieren. Das Problem wäre de lege ferenda lösbar, wenn der Gesetzgeber die Mitteilungspflicht nach § 21 Abs. 1 S. 1 WpHG auch an den Kapitalanteil anknüpfen würde. Dann wäre im Fall der Amtsverwaltung lediglich ein Unterschreiten von Stimmrechtsschwellen zu melden, während der zuletzt veröffentlichte Kapitalanteil unberührt bliebe.

7. Besonderheiten bei Verlagerung des Einflusses auf die Stimmrechtsausübung auf Dritte

Von den Fällen der vollständigen Verlagerung der Stimmrechtsausübung auf Dritte sind die Fälle abzugrenzen, in denen lediglich der Einfluss auf die Stimmrechtsausübung auf Dritte verlagert wird. In der Regel folgt eine solche Verlagerung aus einer schuldrechtlichen Innenbindung des Aktionärs gegenüber dem Dritten. Eine solche Innenbindung wird auch als Stimmbindungsvertrag oder im Fall der Verpflichtung zur Nichtausübung des Stimmrechts als Stimmrechtsausschlussvertrag bezeichnet.[712] Ein Sonderfall des Stimmrechtsausschlussvertrags ist der Entherrschungsvertrag, der zwischen dem Aktionär und der Aktiengesellschaft abgeschlossen wird und auf die Beseitigung der Abhängigkeitsvermutung nach § 17 Abs. 2 AktG gerichtet ist.[713] Durch den Abschluss von Stimmbindungsverträgen kann sich der Einfluss

711 Vgl. §§ 1981 BGB, 21, 27 InsO.

712 *Noack*, Gesellschaftervereinbarungen, S. 13. Vgl. zu den Grenzen der Zulässigkeit von Stimmbindungsverträgen § 136 Abs. 2 AktG sowie *Noack*, Gesellschaftervereinbarungen, S. 66 ff.; *Reichert/Harbarth*, AG 2001, 447, 454; *Rieckers* in Spindler/Stilz, AktG, § 136 Rn. 48 ff.; *Schröer* in MüKo, AktG, § 136 Rn. 64 ff.; *Koch* in Hüffer, AktG, § 133 Rn. 25; *Hirschmann* in Hölters, AktG, § 133 Rn. 36.

713 Vgl. zur Zulässigkeit und zu den Voraussetzungen des Entherrschungsvertrags *Reichert/Harbarth*, AG 2001, 447, 453 ff.; *Krieger* in MünchHdbAG, § 68 Rn. 61 f.; *Bayer* in MüKo, AktG, § 17 Rn. 99 ff.; *Vetter* in Schmidt/Lutter, AktG, § 17 Rn. 60 ff.

des Aktionärs auf die Ausübung des Stimmrechts in einem gewissen Umfang auf einen Dritten verlagern. Insoweit ist aber zu differenzieren. Die Stimmbindung kann sich auf sämtliche oder nur auf bestimmte Beschlussgegenstände beziehen.[714] Ferner kann sie alle Stimmrechte des Aktionärs betreffen oder nur auf einen Teil seiner Stimmrechte beschränkt sein.[715] Darüber hinaus ist zwischen einseitigen Stimmbindungen gegenüber einem Dritten und wechselseitigen Stimmbindungen in einem Stimmrechtskonsortium zu unterscheiden.

a) Einseitige Stimmbindungen gegenüber einem Dritten

Eine Stimmbindung kann zunächst in der Form bestehen, dass sich der Aktionär im Innenverhältnis schuldrechtlich gegenüber einem Dritten dazu verpflichtet, sein Stimmverhalten an den Weisungen oder zumindest an den erkennbaren Interessen des Dritten auszurichten.[716] Ein solcher Stimmbindungsvertrag ist nach allgemeiner Meinung in der Regel als Auftrag im Sinne der §§ 662 ff. BGB oder, bei entgeltlicher Stimmbindung, als Geschäftsbesorgungsvertrag im Sinne des § 675 BGB zu qualifizieren.[717] Im Hinblick auf die Gestaltung dieses Rechtsverhältnisses kann im Wesentlichen auf die Ausführungen zur Gestaltung des Grundverhältnisses der Stimmrechtsvollmacht verwiesen werden. Der Vertrag kann bereits bestimmte Leitlinien für die Art und Weise der Stimmrechtsausübung im Einzelfall enthalten, oder sogar das Stimmverhalten des Aktionärs in Bezug auf bestimmte oder sämtliche Beschlussgegenstände verbindlich festlegen.[718] Zudem ist der Aktionär grundsätzlich an die Weisungen gebunden, die ihm der Dritte im Zusammenhang mit der Ausführung des Stimmbindungsvertrags erteilt, wobei das Recht zur Erteilung von Weisungen allerdings auch vertraglich ausgeschlossen oder beschränkt werden kann.[719] Außerdem besteht stets eine vertragliche Bindung des Aktionärs an die ausdrücklich geäußerten und anderweitig erkennbaren Interessen des Dritten, wobei diese Interessen auch bereits vertraglich umrissen oder festgeschrieben sein können.[720]

Einseitige schuldrechtliche Stimmbindungen des Aktionärs werden häufig in den Fällen begründet, in denen der Dritte als Treugeber die aus den Aktien folgenden

---

714 *Hirschmann* in Hölters, AktG, § 133 Rn. 36.

715 *Rieckers* in Spindler/Stilz, AktG, § 136 Rn. 45; *Schröer* in MüKo, AktG, § 136 Rn. 59.

716 *Zöllner* in KöKo, AktG, 1. Aufl., § 136 Rn. 83; *Rodemann*, S. 18; *Rieckers* in Spindler/Stilz, AktG, § 136 Rn. 45; *Schröer* in MüKo, AktG, § 136 Rn. 59, 63; *Hirschmann* in Hölters, AktG, § 133 Rn. 36.

717 Vgl. statt aller *Zöllner* in KöKo, AktG, 1. Aufl., § 136 Rn. 88; *Noack*, Gesellschaftervereinbarungen, S. 13; *Rodemann*, S. 18; *Rieckers* in Spindler/Stilz, AktG, § 136 Rn. 46; *Schröer* in MüKo, AktG, § 136 Rn. 63; *Koch* in Hüffer, AktG, § 133 Rn. 26; *Hirschmann* in Hölters, AktG, § 133 Rn. 38.

718 *Zöllner* in KöKo, AktG, 1.Aufl., § 136 Rn. 83; *Rieckers* in Spindler/Stilz, AktG, § 136 Rn. 45; *Schröer* in MüKo, AktG, § 136 Rn. 59.

719 *Schröer* in MüKo, AktG, § 136 Rn. 59.

720 Vgl. oben S. 139 ff.

wirtschaftlichen Chancen und Risiken trägt und daher zur Wahrung seiner Interessen Einfluss auf die Stimmrechtsausübung durch den Treuhänder nehmen will.[721] Die Stimmbindung folgt in diesem Fall bereits als Nebenpflicht aus dem Treuhandvertrag, so dass ein eigenständiger schuldrechtlicher Stimmbindungsvertrag nicht mehr begründet werden muss.[722] Zwar kann das Weisungsrecht des Treugebers in Bezug auf die Stimmrechtsausübung in der Treuhandabrede ausdrücklich ausgeschlossen sein. Ein vollständiger Ausschluss der Interessenbindung des Treuhänders ist allerdings nicht möglich, da diese Bindung eines der Wesensmerkmale eines Treuhandverhältnisses darstellt, ohne das eine andere rechtliche Einordnung des zwischen den Beteiligten bestehenden Rechtsverhältnisses vorgenommen werden müsste.[723]

b) Wechselseitige Stimmbindung im Stimmrechtskonsortium

Eine schuldrechtliche Stimmbindung besteht auch dann, wenn der Aktionär mit anderen Aktionären vereinbart, sein Stimmverhalten zur Verfolgung eines gemeinsamen Zwecks zu koordinieren (sog. Stimmrechtskonsortium).[724] Eine solche Vereinbarung ist, zumindest wenn sie auf Dauer angelegt ist, regelmäßig als Gesellschaftsvertrag zur Gründung einer BGB-Gesellschaft zu qualifizieren.[725] Dabei handelt es sich in aller Regel um eine BGB-Innengesellschaft, da die Gesellschaft selbst regelmäßig weder Gesamthandsvermögen bildet noch als solche nach außen in Erscheinung tritt.[726] Stimmrechtskonsortien dienen in erster Linie dem Zweck der Sicherung des Einflusses einer Gruppe von Aktionären unter anderem durch Bündelung der Stimmen der Konsorten zur koordinierten Stimmrechtsausübung auf der Hauptversammlung des Emittenten.[727] Die Entscheidung über das

---

721 *Noack*, Gesellschaftervereinbarungen, S. 24; *Römermann* in Michalski, GmbHG, § 47 Rn. 489.

722 *Rodemann*, S. 20; *Breuer*, MittRhNotK 1988, 79, 86; *Wiesner/Kraft* in MünchHdbAG, § 14 Rn. 72; *Rieckers* in Spindler/Stilz, AktG, § 136 Rn. 46; *U. H. Schneider* in Assmann/Schneider, WpHG, § 22 Rn. 55.

723 Vgl. eingehend zum Wesen der Treuhand oben S. 6 ff.

724 *Lübbert*, S. 82 ff.; *Rodemann*, S. 13; *Grundmann* in GroKo, AktG, § 136 Rn. 69 f.; *Rieckers* in Spindler/Stilz, AktG, § 136 Rn. 45; *Ulmer/Schäfer* in MüKo, BGB, Vor § 705 Rn. 68; *Hirschmann* in Hölters, AktG, § 133 Rn. 36.

725 BGH v. 24.11.2008 – II ZR 116/08, NJW 2009, 669, 670; *Lübbert*, S. 103 f.; *Noack*, Gesellschaftervereinbarungen, S. 47 f.; *Rodemann*, S. 14; *Grundmann* in GroKo, AktG, § 136 Rn. 70; *Schröer* in MüKo, AktG, § 136 Rn. 60; *Ulmer/Schäfer* in MüKo, BGB, Vor § 705 Rn. 68; *Hirschmann* in Hölters, AktG, § 133 Rn. 38.

726 BGH v. 24.11.2008 – II ZR 116/08, NJW 2009, 669, 670; *Rodemann*, S. 14; *Semler* in MünchHdbAG, § 38 Rn. 43; *Grundmann* in GroKo, AktG, § 136 Rn. 70; *Wertenbruch*, NZG 2009, 645, 646; *Hirschmann* in Hölters, AktG, § 133 Rn. 38.

727 *Noack*, Gesellschaftervereinbarungen, S. 19; *Reichert* in Beck'sches Handbuch AG, § 5 Rn. 212; *Wertenbruch*, NZG 2009, 645. Vgl. zu den Voraussetzungen der Begründung einer gemeinsamen Beherrschungsmöglichkeit unten S. 228 ff.

Stimmverhalten der Konsorten auf der Hauptversammlung der Aktiengesellschaft stellt eine Maßnahme der Geschäftsführung der BGB-Innengesellschaft dar, über die die Konsorten nach der gesetzlichen Grundkonzeption des § 709 Abs. 1 BGB einstimmig beschließen.[728] In aller Regel vereinbaren die Konsorten jedoch, das gemeinsame Stimmverhalten durch Mehrheitsbeschluss herbeizuführen.[729] Vorbehaltlich einer abweichenden Vereinbarung gilt dann das Prinzip der einfachen Stimmenmehrheit der stimmberechtigten Gesellschafter.[730] Die Berechnung der Stimmenmehrheit erfolgt gemäß § 709 Abs. 2 BGB im Zweifel unabhängig von der Höhe der Beteiligung der Konsorten an der Aktiengesellschaft ausschließlich nach der Zahl der stimmberechtigten Konsorten.[731] Allerdings steht es diesen frei, eine davon abweichende Berechnungsweise zu vereinbaren, etwa nach dem Verhältnis der Kapitalbeteiligung oder der Stimmkraft der Konsorten in Bezug auf die Aktiengesellschaft.[732] Die Vereinbarung einer solchen Berechnungsweise kann dazu führen, dass ein einzelner Konsorte das Stimmverhalten der Konsorten in sämtlichen Fällen bestimmen kann, weil er letztlich alleine oder durch die beständige Unterstützung anderer Konsorten stets die notwendige Mehrheit der Stimmen auf sich vereint.[733] Die überstimmten Konsorten sind jedenfalls schuldrechtlich im Innenverhältnis zu den übrigen Konsorten dazu verpflichtet, ihr Stimmrecht in der Hauptversammlung der Aktiengesellschaft entsprechend der Festlegung des Stimmverhaltens im Mehrheitsbeschluss auszuüben.[734]

c) Folgen für die Mitteilungspflicht

Nach wohl allgemeiner Auffassung sind Stimmrechte dem Aktionär auch dann unmittelbar auf Grundlage des § 21 Abs. 1 S. 1 WpHG zuzuordnen, wenn er in Bezug auf die betreffenden Stimmrechte einer schuldrechtlichen Stimmbindung

---

728 BGH v. 24.11.2008 – II ZR 116/08, NJW 2009, 669, 670; *Semler* in MünchHdbAG, § 38 Rn. 43; *Ulmer/Schäfer* in MüKo, BGB, § 709 Rn. 81.

729 *Koch* in Hüffer, AktG, § 133 Rn. 25. Die Zulässigkeit einer solchen Mehrheitsklausel ist umstritten, wenn sie sich auch auf Beschlussgegenstände bezieht, für die in der Hauptversammlung der AG eine qualifizierte Mehrheit vorgesehen ist. Im Anschluss an BGH v. 24.11.2008 – II ZR 116/08, NJW 2009, 669 bejaht die wohl herrschende Meinung aber grundsätzlich auch in diesem Fall die Zulässigkeit einer Mehrheitsklausel. Vgl. zum Streitstand *Rieckers* in Spindler/Stilz, AktG, § 136 Rn. 45 m.w.N.

730 *Ulmer/Schäfer* in MüKo, BGB, § 709 Rn. 96.

731 *Semler* in MünchHdbAG, § 38 Rn. 43.

732 BGH v. 24.11.2008 – II ZR 116/08, NJW 2009, 669, 670; *Ulmer/Schäfer* in MüKo, BGB, § 709 Rn. 97.

733 Vgl. zur Zulässigkeit einer solchen Gestaltung *Wertenbruch*, NZG 2009, 645, 647; kritisch *Schäfer*, ZGR 2009, 768, 783 f. („Durchbrechung des Grundsatzes des gleichen Stimmengewichts auf der Hauptversammlung der Aktiengesellschaft“).

734 BGH v. 24.11.2008 – II ZR 116/08, NJW 2009, 669, 670; *Spindler* in Schmidt/Lutter, AktG, § 136 Rn. 49.

unterliegt.[735] Begründet wird dieses Ergebnis mit der Erwägung, dass die Information über die dingliche Berechtigung als Aktionär schon für sich genommen bedeutend sei, so dass bei einer Nichtberücksichtigung der Stimmrechte Transparenzlücken entstünden.[736] Dem ist im Ausgangspunkt zuzustimmen, da sich der kapitalmarktrechtliche Schutzzweck der §§ 21 ff. WpHG auch auf die Offenlegung der Aktionärsstellung erstreckt.[737] Allerdings stellt sich auch hier die Frage, ob es zu einem Grenzkonflikt zwischen der Offenlegung des unmittelbaren Stimmrechtseinflusses und der Aktionärsstellung kommt. Der unmittelbare Stimmrechtseinfluss des Aktionärs wird im Fall der einseitigen Stimmbindung gegenüber einem Dritten schuldrechtlich eingeschränkt. Denn nach der Vereinbarung im Innenverhältnis bestimmt der Dritte über die Ausübung des Stimmrechts. Im Fall der wechselseitigen Stimmbindung unterwirft sich der Aktionär dem Ergebnis der koordinierten Entscheidung sämtlicher Konsorten. Daraus folgt, dass der einzelne Konsorte gegen die gesellschaftsvertragliche Innenbindung verstößt, wenn er sich bei der Stimmrechtsausübung nicht an das im Innenverhältnis beschlossene Stimmverhalten hält.

Fraglich ist, ob diese rein schuldrechtlichen Einschränkungen bereits ausreichen, um im Rahmen des § 21 Abs. 1 S. 1 WpHG einen Grenzkonflikt zwischen der Offenlegung des unmittelbaren Stimmrechtseinflusses und der Aktionärsstellung zu begründen. Im Gegensatz zu den Fällen einer vollständigen Verlagerung des Stimmrechtseinflusses auf Dritte, bleibt der Aktionär im Fall der schuldrechtlichen Stimmbindung nach Maßgabe der Vereinbarung im Innenverhältnis zur Stimmrechtsausübung berechtigt. Die Innenbindung führt nur zu einem schuldrechtlichen Anspruch des Dritten auf Einhaltung der Stimmbindung, so dass eine hiervon abweichende Stimmrechtsausübung im Außenverhältnis wirksam bleibt.[738] Aus diesem Grund verstößt die schuldrechtliche Stimmbindung auch nicht gegen das Abspaltungsverbot.[739] Nach herrschender Meinung kann die Einhaltung der Stimmbindung allerdings mit der Leistungsklage eingeklagt und gemäß § 894 ZPO durch Fiktion der Stimmabgabe in der geschuldeten Art und Weise oder bei Klage auf Unterlassung der Stimmabgabe gemäß § 890 ZPO vollstreckt werden.[740] Die überwiegende

---

735 *Dehlinger/Zimmermann* in Fuchs, WpHG, § 21 Rn. 31. So bzgl. Stimmbindung durch Stimmrechtsausschlussvertrag auch *Opitz* in Schäfer/Hamann, WpHG, § 21 WpHG Rn. 19; *Hirte* in KöKo, WpHG, § 21 Rn. 90.

736 *Dehlinger/Zimmermann* in Fuchs, WpHG, § 21 Rn. 6.

737 Vgl. oben S. 36 f.

738 RG v. 10.1.1928 – II 173/27, RGZ 119, 386, 388 f.; *Reichert/Harbarth*, AG 2001, 447, 455; *Heider* in MüKo, AktG, § 12 Rn. 22; *Reichert* in Beck'sches Handbuch AG, § 5 Rn. 212; *Rieckers* in Spindler/Stilz, AktG, § 136 Rn. 61; *Spindler* in Schmidt/Lutter, AktG, § 136 Rn. 49; *Schröer* in MüKo, AktG, § 136 Rn. 87; *Koch* in Hüffer, AktG, § 133 Rn. 26; *Hirschmann* in Hölters, AktG, § 133 Rn. 37.

739 *Koch* in Hüffer, AktG, § 133 Rn. 27; *Schröer* in MüKo, AktG, § 136 Rn. 71. Vgl. allgemein zum Abspaltungsverbot oben S. 4 ff.

740 Vgl. BGH v. 29.5.1967 – II ZR/105/66, NJW 1967, 1963, 1965 f. (zur GmbH); *Zöllner*, ZHR 155 (1991), 168, 185 ff.; *Rodemann*, S. 118 ff.; *Heider* in MüKo, AktG, § 12

Auffassung im Schrifttum geht in diesem Zusammenhang sogar von der Zulässigkeit einer einstweiligen Verfügung aus, so dass die Stimmbindung im Regelfall auch noch rechtzeitig vor einer abredewidrigen Stimmabgabe durchgesetzt werden könnte.[741] Mit Blick auf die Wirksamkeit der Stimmrechtsausübung im Außenverhältnis trotz Verstoßes gegen die Stimmbindung könnte man argumentieren, dass der unmittelbare Stimmrechtseinfluss des Aktionärs letztlich bestehen bleibt. Dann würde man aber die Möglichkeit zur Durchsetzung der Stimmbindung außer Betracht lassen. Berücksichtigt man diese, so ist zu konstatieren, dass es im Einzelfall doch zu einem vollständigen Wegfall des unmittelbaren Stimmrechtseinflusses des Aktionärs und damit zu einem klassischen Grenzkonflikt zwischen der Offenlegung des unmittelbaren Stimmrechtseinflusses und der Aktionärsstellung kommen kann. Letztlich ist also auch hier im Wege einer Risikoabwägung zu bestimmen, welchem Aspekt der Vorrang gebührt. Wie in den bisher erörterten Fällen eines Grenzkonflikts würde die vorrangige Offenlegung des Stimmrechtseinflusses auch hier mit einer beträchtlichen Irreführungsgefahr für die Teilnehmer des Kapitalmarkts einhergehen, zumal diese im Fall der Nichtberücksichtigung der Stimmrechte im betreffenden Stimmrechtsanteil von einer Veräußerung der stimmrechtsvermittelnden Aktien ausgehen können. Zudem ließe sich der Aufbau von Beteiligungen während der Dauer der Stimmbindung verschleiern. Im Gegensatz dazu erscheint die Irreführungsgefahr für die Teilnehmer des Kapitalmarkts im Fall der bevorzugten Offenlegung der Aktionärsstellung eher gering. Rein tatsächlich verbleibt dem Aktionär nämlich trotz Stimmbindung regelmäßig noch die Möglichkeit zur Ausübung seines Stimmrechts nach freiem Ermessen. Behält er sich insgeheim vor, abredewidrig zu stimmen, ohne dies zuvor gegenüber seinem bzw. seinen Vertragspartner(n) zu kommunizieren, entfällt faktisch die Möglichkeit zur rechtzeitigen Durchsetzung der Stimmbindung. Eine Irreführungsgefahr zu Lasten der Anleger besteht bei Berücksichtigung der Stimmrechte also allenfalls noch dahingehend, dass der Aktionär im Einzelfall aufgrund der rechtzeitigen Durchsetzung der schuldrechtlichen Stimmbindung daran gehindert ist, sein Stimmrecht nach freiem Ermessen auszuüben. Diese Gefahr ist aber als gering einzustufen. Im Ergebnis überwiegen damit die Risiken eines Abzugs der Stimmrechte, so dass die von einer Stimmbindung betroffenen Stimmrechte im Einklang mit der wohl allgemeinen Auffassung im Zähler des Stimmrechtsanteils des von der Stimmbindung betroffenen Aktionärs zu berücksichtigen sind.

Rn. 22; *Spindler* in Schmidt/Lutter, § 136 Rn. 49; *Schröer* in MüKo, AktG, § 136 Rn. 88 ff.; *Koch* in Hüffer, AktG, § 133 Rn. 29 f.; *Hirschmann* in Hölters, AktG, § 133 Rn. 39.

741 So etwa *Zutt*, ZHR 155 (1991), 190, 199 ff.; *Rodemann*, S. 135 ff.; *Spindler* in Schmidt/Lutter, AktG, § 136 Rn. 49; *Schröer* in MüKo, AktG, § 136 Rn. 92 ff.; *Koch* in Hüffer, AktG, § 133 Rn. 31; *Hirschmann* in Hölters, AktG, § 133 Rn. 39.

8. *Besonderheiten bei der Investmentanlage im Sinne des KAGB*

Auf Grundlage der vorstehend diskutierten allgemeinen Grundsätze stellt sich die Frage, inwieweit die Stimmrechte aus den zu einem Investmentvermögen gehörenden Aktien im Stimmrechtsanteil der externen KVG, des Investmentvermögens selbst oder der einzelnen Anleger in ihrer jeweiligen Eigenschaft als taugliche Normadressaten des § 21 Abs. 1 WpHG zu berücksichtigen sind. Dies soll nachfolgend eingehend untersucht werden.

a) Zuordnung von Stimmrechten zur externen KVG

Ob und inwieweit solche Stimmrechte aus Aktien unmittelbar im Stimmrechtsanteil der KVG zu erfassen sind, hängt vor allem von der Rechtsform des von dieser verwalteten Investmentvermögens ab. Im Ausgangspunkt ist zwischen Sondervermögen und den Investmentgesellschaften zu unterscheiden. Bei Sondervermögen ist zudem § 92 Abs. 1 S. 1 KAGB zu beachten, wonach die Vermögensgegenstände des Sondervermögens nach Maßgabe der Investmentbedingungen entweder im Eigentum der KVG oder im Miteigentum der Anleger stehen können. Sinnvollerweise ist in diesem Fall also weitergehend zwischen den nach der Treuhandlösung und den nach der Miteigentumslösung errichteten Sondervermögen zu unterscheiden.

aa) Nach der Treuhandlösung errichtetes Sondervermögen

Wurde das Sondervermögen nach der Treuhandlösung gebildet, so sind der KVG nach allgemeiner Meinung sämtliche Stimmrechte aus Aktien im Sondervermögen unmittelbar auf Grundlage des § 21 Abs. 1 S. 1 WpHG zuzuordnen.[742] Denn rechtlicher Eigentümer der stimmrechtsvermittelnden Aktien im Sondervermögen ist ausschließlich die KVG.[743] Zu berücksichtigen sind neben den Stimmrechten aus dem betreffenden Sondervermögen auch sämtliche Stimmrechte aus Aktien, die zu anderen von der KVG nach der Treuhandlösung verwalteten Sondervermögen gehören.[744] Ferner sind der KVG selbstverständlich auch Stimmrechte aus Aktien zuzuordnen, die sie außerhalb eines solchen Fremdverwaltungsverhältnisses für eigene oder fremde Rechnung hält.

Zweifel an diesem Ergebnis könnten allenfalls im Zusammenhang mit schuldrechtlichen oder gesetzlichen Stimmbindungen der KVG angebracht sein. Was schuldrechtliche Stimmbindungen angeht, kann insoweit aber auf die bereits

---

742 BaFin, Emittentenleitfaden 2013, S. 124; OLG Stuttgart v. 10.11.2004 – 20 U 16/03, NZG 2005, 432, 434; *Dreibus/Schäfer*, NZG 2009, 1289, 1290; *Schmitz* in Berger/Steck/Lübbehüsen, § 32 InvG Rn. 19; *S. H. Schneider* in Assmann/Schneider, WpHG, Anh. § 22 Rn. 292, 306; *Heinrich* in Emde/Dornseifer, InvG, § 32 Rn. 64, 68; *Taschke* in Baur/Tappen, KAGB, § 94 Rn. 58, 67.

743 Vgl. oben S. 78 ff.

744 *Schmitz* in Berger/Steck/Lübbehüsen, § 32 InvG Rn. 19; *S. H. Schneider* in Assmann/Schneider, WpHG, Anh. § 22 Rn. 287; *Heinrich* in Emde/Dornseifer, InvG, § 32 Rn. 68; *Beckmann* in Investment-Handbuch, § 32 InvG Rn. 30.

diskutierten allgemeinen Grundsätze verwiesen werden, aus denen sich ergibt, dass eine schuldrechtliche Stimmbindung des Meldepflichtigen keine Auswirkungen auf die ihm unmittelbar über § 21 Abs. 1 S. 1 WpHG im Zähler des Stimmrechtsanteils des Aktionärs zuzuordnenden Stimmrechte hat. Ungeachtet dessen scheidet eine schuldrechtliche Stimmbindung in Bezug auf die in einem Investmentvermögen gebündelten Aktien aber ohnehin bereits von vornherein aus.[745] Für sämtliche Rechtsformen des Investmentvermögens gilt, dass die Verwaltung ausschließlich durch die externe oder interne KVG erfolgt, was ein Weisungsrecht Dritter, wie etwa der Anleger, in Bezug auf die Stimmrechtsausübung ausschließt.[746] Auch ist nach § 26 Abs. 1 KAGB bei der Stimmrechtsausübung aus den betreffenden Aktien stets das objektive Interesse eines durchschnittlichen Investmentkunden zu beachten.[747] Daraus folgt, dass die mit einer schuldrechtlichen Stimmbindung verbundene Verpflichtung zur Berücksichtigung der Sonderinteressen Dritter bei der Stimmrechtsausübung in Bezug auf die zum Investmentvermögen gehörenden Aktien nicht wirksam vereinbart werden kann. Zwar werden die Anleger angesichts der Verlagerung der wirtschaftlichen Chancen und Risiken aus den verwalteten Aktien mitunter an der Begründung einer schuldrechtlichen Stimmbindung interessiert sein. Im Anwendungsbereich des KAGB müssen sie sich jedoch auf die aus § 26 Abs. 1 KAGB folgende gesetzliche Interessenbindung der KVG und auf die übrigen anlegerschützenden Normen des KAGB verlassen.

Damit stellt sich abschließend nur noch die Frage, wie sich diese gesetzliche Interessenbindung auswirkt. Sie führt zunächst dazu, dass die KVG das Stimmrecht aus den zum Investmentvermögen gehörenden Aktien nicht mehr nach freiem Ermessen ausüben kann. Ihr unmittelbarer Stimmrechtseinfluss ist entsprechend herabgesetzt. Im Gegensatz zu den Fällen der schuldrechtlichen Stimmbindung kommt es jedoch nicht zu einer Verlagerung des Einflusses auf die Stimmrechtsausübung auf Dritte. Denn die Interessenbindung besteht nicht in Bezug auf bestimmte Personen, sondern lediglich zugunsten eines nicht individualisierungsfähigen durchschnittlichen Investmentkunden. Letztlich wird der unmittelbare Stimmrechtseinfluss der KVG also keinesfalls durch Dritte, sondern allenfalls durch die von der KVG selbst durchzuführende Bestimmung dieses objektiven Durchschnittsinteresses beschränkt.

Auch eine durchaus mögliche rechtsgeschäftliche Verlagerung der Ausübung der aus den im Sondervermögen zusammengefassten Aktien folgenden Stimmrechte von Seiten der KVG auf einen Dritten vermag nichts an der Zuordnung der betreffenden Stimmrechte zur KVG im Rahmen des § 21 Abs. 1 S. 1 WpHG zu ändern.

745 So in Bezug auf Sondervermögen *Baur*, Investmentgesetze, § 10 KAGG Rn. 4, 38; *Scherer* in *Brinkhaus*/Scherer, § 10 KAGG Rn. 17; *Beckmann* in Investment-Handbuch, § 32 InvG Rn. 35.

746 Vgl. oben S. 102 ff.

747 Vgl. oben S. 101 f.

Denn wie bereits ausführlich dargelegt, ändert eine solche Verlagerung nichts an dem fortbestehenden Stimmrechtseinfluss der KVG.[748]

Vor diesem Hintergrund ist im Ergebnis mit der allgemeinen Auffassung davon auszugehen, dass die im Sondervermögen gebündelten Stimmrechte unmittelbar über § 21 Abs. 1 S. 1 WpHG im Stimmrechtsanteil der KVG zu berücksichtigen sind.

bb) Nach der Miteigentumslösung errichtetes Sondervermögen

An einer Aktionärsstellung der KVG im Hinblick auf die zum Sondervermögen gehörenden Aktien fehlt es, wenn das Sondervermögen nach der Miteigentumslösung errichtet wird. Unmittelbar auf Grundlage des § 21 Abs. 1 S. 1 WpHG erfolgt daher an sich keine Zuordnung der betreffenden Stimmrechte zur KVG.

Das KAGB hält für diesen Fall allerdings besondere Vorschriften bereit, die zu einer Modifikation der allgemeinen Grundsätze führen. Wird das Sondervermögen als Publikumssondervermögen aufgelegt, ist kommt § 94 Abs. 2 S. 3 HS. 1 KAGB zur Anwendung. Hiernach gelten die Stimmrechte aus den zum Sondervermögen gehörenden Aktien für die Anwendung des § 21 Abs. 1 WpHG als Stimmrechte der KVG. Die Norm enthält eine gesetzliche Eigentumsfiktion zugunsten der KVG.[749] In der Folge sind die betreffenden Stimmrechte bei der KVG so zu berücksichtigen, als wäre sie selbst Eigentümer der stimmrechtsvermittelnden Aktien.[750] Insoweit kann auf die Ausführungen zur Treuhandlösung verwiesen werden. Die betreffenden Stimmrechte sind also unmittelbar über § 21 Abs. 1 S. 1 WpHG im Stimmrechtsanteil der KVG zu berücksichtigen. Dabei sind die Stimmrechte aus sämtlichen von der KVG verwalteten und nach der Miteigentumslösung errichteten Publikumssondervermögen zu aggregieren.[751]

Wird das Sondervermögen demgegenüber als Spezialsondervermögen aufgelegt, findet § 94 Abs. 2 S. 3 HS. 1 KAGB keine Anwendung. Die Stimmrechte aus den verwalteten Aktien können der KVG mithin nicht unmittelbar über § 21 Abs. 1 S. 1 WpHG zugeordnet werden. Ob stattdessen eine Zurechnung der betreffenden Stimmrechte über § 22 Abs. 1 S. 1 Nr. 6 WpHG erfolgt, wird noch zu klären sein.[752]

---

748 Vgl. oben S. 139 ff.

749 *S. H. Schneider* in Assmann/Schneider, WpHG, Anh. § 22 Rn. 286; *Taschke* in Baur/Tappen, KAGB, § 94 Rn. 56; a.A. *Beckmann* in Investment-Handbuch, § 32 InvG Rn. 25 („Zurechnung").

750 BaFin, Emittentenleitfaden 2013, S. 124; *S. H. Schneider* in Assmann/Schneider, WpHG, Anh. § 22 Rn. 286; *Taschke* in Baur/Tappen, KAGB, § 94 Rn. 65.

751 Hinzu kommen wiederum die Stimmrechte aus Aktien aus den anderen von der KVG verwalteten nach der Treuhandlösung aufgelegten Sondervermögen sowie die Stimmrechte aus Aktien, die die KVG für eigene Rechnung hält.

752 Vgl. unten S. 339 ff.

cc) Investmentgesellschaften

Die Bestellung einer externen KVG durch eine Investmentgesellschaft ändert nichts an der dinglichen Zuordnung der zum Investmentvermögen gehörenden Vermögensgegenstände. Deren Eigentümer ist nach wie vor ausschließlich die Investment-AG bzw. die Investment-KG. Das KAGB enthält auch keine Sonderreglungen nach dem Vorbild des § 94 Abs. 2 S. 3 HS. 1 KAGB, aus denen eine Eigentumsfiktion zugunsten der externen KVG folgt. Damit bleibt es bei der Anwendung der allgemeinen Grundsätze. Mangels Aktionärsstellung sind der externen KVG die Stimmrechte aus den zum Investmentvermögen gehörenden Aktien nicht unmittelbar auf Grundlage des § 21 Abs. 1 S. 1 WpHG zuzuordnen. Zu prüfen bleibt, ob eine Zurechnung der betreffenden Stimmrechte auf Grundlage des § 22 Abs. 1 S. 1 Nr. 6 WpHG erfolgt.[753]

b) Zuordnung von Stimmrechten zum Investmentvermögen

Eine unmittelbare Zuordnung der Stimmrechte aus den zum Investmentvermögen gehörenden Aktien zu dem Investmentvermögen selbst scheidet von vornherein aus, wenn es sich bei diesem um ein Sondervermögen handelt. Denn mangels (Teil-) Rechtsfähigkeit ist das Sondervermögen kein tauglicher Normadressat des § 21 Abs. 1 S. 1 WpHG.[754]

Erfolgt die Investmentanlage dagegen über eine Investment-AG, so ist diese selbst Eigentümer sämtlicher zum Zwecke der Investmentanlage erworbenen Vermögensgegenstände und damit auch der zu diesem Zweck erworbenen stimmrechtsvermittelnden Aktien.[755] Folglich sind die Stimmrechte aus den betreffenden Aktien der Investment-AG grundsätzlich unmittelbar auf Grundlage des § 21 Abs. 1 S. 1 WpHG zuzuordnen.[756] Gleiches gilt im Hinblick auf die Investment-KG, die wie die Investment-AG selbst zum Eigentümer der zum Zwecke der Investmentanlage erworbenen Vermögensgegenstände wird.[757] Eine schuldrechtliche Stimmbindung ist aus den bereits genannten Gründen auch in diesen Fällen unzulässig.[758] Die gesetzliche Interessenbindung der Investmentgesellschaft nach § 26 KAGB an die objektiven Interessen eines durchschnittlichen Investmentkunden vermag an diesem Ergebnis nichts zu ändern.[759]

Fraglich ist allerdings, wie sich die rechtsgeschäftliche Bestellung einer externen KVG auswirkt. Unabhängig davon, ob der externen KVG in diesem Fall eine

753 Vgl. unten S. 343 ff.
754 Vgl. oben S. 112 f.
755 Siehe oben S. 86 ff.
756 BaFin, Emittentenleitfaden 2013, S. 125; *Dreibus/Schäfer*, NZG 2009, 1289, 1292; *S. H. Schneider* in Assmann/Schneider, WpHG, Anh. § 22 Rn. 307; *Heinrich* in Emde/Dornseifer, InvG, § 32 Rn. 56.
757 BaFin, Emittentenleitfaden 2013, S. 125. Vgl. dazu schon oben S. 90 ff.
758 Vgl. oben S. 154 f.
759 Vgl. oben S. 154 f.

rechtsgeschäftliche Stimmrechtsvollmacht oder -ermächtigung erteilt wird[760] bewirkt ihre Bestellung, dass die Investmentgesellschaft trotz fortbestehender Aktionärsstellung das Recht zur Ausübung der betreffenden Aktien verliert. Dies ist eine direkte Folge der Exklusivität des allgemeinen Verwaltungsrechts der KVG.[761] Aus dem gleichen Grund besteht ungeachtet der Abrede im schuldrechtlichen Grundverhältnis auch kein Weisungsrecht der Investmentgesellschaft in Bezug auf die Stimmrechtsausübung durch die externe KVG. Nach § 26 Abs. 1 KAGB ist die externe KVG bei der Stimmrechtsausübung dann nämlich an die Interessen eines durchschnittlichen Investmentkunden gebunden. Damit wird die dem Grundverhältnis einer Stimmrechtsvollmacht immanente Bindung an die Interessen des Auftraggebers gesetzlich überlagert.[762] Auch wenn die Stimmrechtsvollmacht auf einem Rechtsverhältnis zwischen der externen KVG und der Investmentgesellschaft beruht, besteht also lediglich eine objektivierte Interessenbindung im Verhältnis zu den beteiligten Anlegern.

Trotz dieser umfangreichen Verlagerung des Stimmrechtseinflusses bleibt die Investmentgesellschaft in letzter Konsequenz dazu berechtigt, das Stimmrecht aus den zum Anlagevermögen gehörenden Aktien auszuüben. Denn wegen des Verbots der Erteilung einer unwiderruflichen und gleichzeitig verdrängenden Stimmrechtsvollmacht, muss stets die Möglichkeit zum Widerruf der Bestellung der externen KVG durch Kündigung des Verwaltungsvertrags bestehen.[763] Die Investmentgesellschaft kann die Möglichkeit zur Ausübung des Stimmrechts aus den Aktien ihres Anlagevermögens also zumindest wieder an sich ziehen. Zu einem Grenzkonflikt im Rahmen des § 21 Abs. 1 S. 1 WpHG zwischen einer bevorzugten Offenlegung des unmittelbaren Stimmrechtseinflusses und der Aktionärsstellung kommt es vor diesem Hintergrund nicht. Unabhängig von einer Verlagerung der Stimmrechtsausübung auf eine externe KVG sind der Investmentgesellschaft die Stimmrechte aus den zu ihrem (Kommandit-)Anlagevermögen gehörenden Aktien also im Ergebnis stets unmittelbar auf Grundlage des § 21 Abs. 1 S. 1 WpHG zuzuordnen.[764]

c) Zuordnung von Stimmrechten zu den einzelnen Anlegern

Ähnlich wie bei der Frage der Zuordnung von Stimmrechten zur externen KVG ist auch für die Frage nach der Zuordnung von Stimmrechten zu den einzelnen Anlegern des Investmentvermögens nach der Rechtsform des Investmentvermögens zu differenzieren.

---

760 Vgl. oben S. 98 ff.

761 Vgl. oben S. 102 ff.

762 Vgl. zum gesetzlichen Regelfall der Interessenbindung bei der Erteilung einer Stimmrechtsvollmacht S. 139 ff.

763 Ähnlich *Heinrich* in Emde/Dornseifer, InvG, § 32 Rn. 56.

764 Ebenso i.E. *Heinrich* in Emde/Dornseifer, InvG, § 32 Rn. 56.

aa) Nach der Treuhandlösung errichtetes Sondervermögen

Den Anlegern eines nach der Treuhandlösung errichteten Sondervermögens können die Stimmrechte aus den zu dem Sondervermögen gehörenden Aktien nicht unmittelbar auf Grundlage des § 21 Abs. 1 S. 1 WpHG zugeordnet werden.[765] Denn Eigentümer der betreffenden Aktien ist alleine die KVG.[766] Zu klären bleibt, ob eine Zurechnung der Stimmrechte aus den betreffenden Aktien auf die Anleger nach § 22 Abs. 1 S. 1 Nr. 2 WpHG in Betracht kommt.[767]

bb) Nach der Miteigentumslösung errichtetes Sondervermögen

Fraglich ist, ob die Stimmrechte aus den zu einem Sondervermögen gehörenden Aktien den einzelnen Anlegern zumindest dann unmittelbar auf Grundlage des § 21 Abs. 1 S. 1 WpHG zuzuordnen sind, wenn das Sondervermögen nach der Miteigentumslösung errichtet wurde. In diesem Zusammenhang ist zwischen Publikums- und Spezialsondervermögen zu differenzieren.

Wird das Sondervermögen als Publikumssondervermögen aufgelegt, kommt die gesetzliche Eigentumsfiktion des § 94 Abs. 2 S. 3 HS. 1 KAGB zur Anwendung. Diese Fiktion bewirkt nicht nur eine Zuordnung der an sich im Miteigentum der Anleger stehenden stimmrechtsvermittelnden Aktien zur KVG. Sie fingiert auch das Fehlen einer entsprechenden Miteigentumsstellung bei den Anlegern. Dementsprechend bleiben die an sich den Anlegern zuzuordnenden Stimmrechte bei der Frage der unmittelbaren Zuordnung dieser Stimmrechte auf Grundlage des § 21 Abs. 1 S. 1 WpHG unberücksichtigt.[768] Zu klären bleibt, ob die betreffenden Stimmrechte den Anlegern stattdessen über § 22 Abs. 1 S. 1 Nr. 2 WpHG zugerechnet werden können.[769]

Die Ausnahmeregelung des § 94 Abs. 2 S. 3 HS. 1 KAGB wird in den Gesetzesmaterialien vor allem damit begründet, dass die Anleger keinerlei Einfluss auf die Stimmrechtsausübung durch die Kapitalverwaltungsgesellschaft hätten, so dass eine Mitteilungspflicht nach § 21 Abs. 1 S. 1 WpHG nicht sachgerecht erscheine und auch mit den kapitalrechtlichen Regelungszielen nicht zu vereinbaren sei.[770] Sie beruht mit anderen Worten auf der Erwägung, dass die Anleger trotz ihrer Miteigentumsstellung keinerlei aktive Einflussnahmemöglichkeit auf die Stimmrechtsausübung haben.[771] *Schneider* und *Burgard* heben darüber hinaus hervor, dass die Anleger eines Publikumssondervermögens ihre Interessen hinsichtlich der Ausübung des

---

765 *Dreibus/Schäfer*, NZG 2009, 1289, 1290 f.

766 Vgl. oben S. 78 ff.

767 Vgl. unten S. 283 ff.

768 So i.E. *Dreibus/Schäfer*, NZG 2009, 1289, 1291; *U. H. Schneider* in Assmann/Schneider, WpHG, Anh. § 22 Rn. 286; *Heinrich* in Emde/Dornseifer, InvG, § 32 Rn. 66.

769 Vgl. unten S. 287 f.

770 Beschlussempfehlung und Bericht des Finanzausschusses zum FFG II, BT-Drucks. 12/7918, S. 116.

771 Vgl. *Mutter*, AG 2006, 637, 643; *Heinrich* in Emde/Dornseifer, InvG, § 32 Rn. 38.

Stimmrechts weder artikulieren noch durchsetzen können.[772] Diese Erwägungen sind nachfolgend zu präzisieren. Wie bereits ausgeführt, bilden die Anleger eines nach der Miteigentumslösung errichteten Sondervermögens eine Bruchteilsgemeinschaft in Bezug auf die Vermögensgegenstände des Sondervermögens.[773] Auf Grundlage der §§ 744, 745 BGB sind sie daher grundsätzlich zur gemeinschaftlichen Verwaltung dieser Vermögensgegenstände berechtigt. Zur Verwaltung der zu dem Sondervermögen gehörenden Aktien zählen etwa auch die Ausübung des Stimmrechts sowie die Erteilung von Weisungen in Bezug auf die Stimmrechtsausübung durch einen Dritten. Zu berücksichtigen ist allerdings die in § 69 Abs. 1 AktG enthaltene Regelung, wonach die Rechte aus Aktien nur durch einen gemeinschaftlichen Vertreter ausgeübt werden können, wenn die Aktien mehreren Berechtigten zustehen. Diese Sonderregelung ist nach allgemeiner Auffassung grundsätzlich auch auf Bruchteilsgemeinschaften anwendbar.[774] Die Erteilung der Stimmrechtsvollmacht an den gemeinsamen Vertreter richtet sich dann nach allgemeinen Grundsätzen (§§ 164 ff. BGB).[775] Wie alle anderen Verwaltungsmaßnahmen erfolgt sie im Grundsatz auf Grundlage eines Beschlusses der Teilhaber im Innenverhältnis. Oben wurde bereits ausgeführt, dass die aktive Mitwirkung der Anleger im Rahmen der Verwaltung des Sondervermögens vor allem bei Publikumssondervermögen in vielen Fällen bereits aus praktischen Gründen scheitert.[776] Nichts anderes gilt im besonderen Fall der Verwaltung der zum Sondervermögen gehörenden Aktien. Vor diesem Hintergrund erklärt sich die von *Schneider* und *Burgard* vertretene Argumentation, die Anleger könnten sich in der Regel überhaupt nicht artikulieren. Es wurde aber auch bereits aufgezeigt, dass dies kein zwingendes Argument gegen ein Recht der Anleger zur aktiven Mitwirkung bei der Verwaltung des Investmentvermögens darstellt.[777] Das vom Gesetzgeber angenommene Fehlen einer aktiven Einflussnahmemöglichkeit lässt sich letztlich aber rechtlich mit der Erwägung begründen, dass die gesetzlich angeordnete Zuweisung der Verwaltung der Vermögensgegenstände an die KVG nicht dadurch unterlaufen werden soll, dass ihr die Erfüllung dieser Aufgaben unnötig erschwert oder sogar unmöglich gemacht werden.[778] Vor diesem Hintergrund erscheint es auch folgerichtig, die Möglichkeit der Anleger zur Bestellung eines

772 *Schneider/Burgard*, DB 1996, 1761, 1764 f.
773 Vgl. oben S. 82 ff.
774 Vgl. *Merkt* in GroKo, AktG, § 69 Rn. 8; *Bayer* in MüKo, AktG, § 69 Rn. 5; *Bezzenberger* in Schmidt/Lutter, AktG, § 69 Rn. 3; *Cahn* in Spindler/Stilz, AktG, § 69 Rn. 5 f.; *Lutter/Drygala* in KöKo, AktG, § 69 Rn. 5; *Lohr* in Heidel, § 69 AktG Rn. 5; *Koch* in Hüffer, AktG, § 69 Rn. 2; *Wieneke* in Bürgers/Körber, AktG, § 69 Rn. 3.
775 *Merkt* in GroKo, AktG, § 69 Rn. 34; *Bayer* in MüKo, AktG, § 69 Rn. 20; *Lutter/Drygala* in KöKo, AktG, § 69 Rn. 18.
776 Vgl. oben S. 105 f.
777 Vgl. oben S. 105 f.
778 Vgl. oben S. 106 ff.

gemeinsamen Stimmrechtsvertreters im Sinne des § 69 Abs. 1 AktG zu versagen, wenn mit der KVG bereits ein gesetzlicher Vertreter bestellt ist.[779]

Bei Errichtung des Sondervermögens als Spezialsondervermögen findet die Eigentumsfiktion des § 94 Abs. 2 S. 3 HS. 1 KAGB keine Anwendung. Die Stimmrechte aus den zum Sondervermögen gehörenden Aktien sind den Anlegern des Spezialsondervermögens daher nach allgemeiner Auffassung unmittelbar über § 21 Abs. 1 S. 1 WpHG zuzuordnen.[780] Folgt man dieser Auffassung, so stellt sich die Frage, wie die Stimmrechte aus den zum Sondervermögen gehörenden Aktien bei den einzelnen Anlegern zu berücksichtigen sind. Fraglich ist dann insbesondere, ob die Stimmrechte bei jedem Anleger in voller Höhe berücksichtigt werden müssen, oder ob lediglich eine quotale Berücksichtigung der Stimmrechte erfolgt, die sich etwa nach der Höhe der Beteiligung des betreffenden Anlegers an dem Sondervermögen bemisst. Nach allgemeiner Auffassung in der Literatur und der Verwaltungspraxis der BaFin werden Stimmrechte aus Aktien im Bruchteilseigentum bei den einzelnen Teilhabern lediglich quotal im Verhältnis ihres Anteils an dem gemeinschaftlichen Eigentum berücksichtigt.[781] Eine Begründung für diese Auffassung findet sich allerdings nur vereinzelt. *Dehlinger/Zimmermann* argumentieren, dass die quotale Berücksichtigung der Stimmrechte aus dem in § 747 S. 1 BGB ausdrücklich normierten Recht eines jeden Teilhabers der Bruchteilsgemeinschaft abzuleiten sei, selbst über seinen Anteil an dem Gemeinschaftseigentum zu verfügen.[782] Entscheidend für eine quotale Berücksichtigung der Stimmrechte spricht indessen der kapitalmarktrechtliche Schutzzweck der §§ 21 ff. WpHG. Würden die Stimmrechte aus sämtlichen im Bruchteilseigentum stehenden Aktien jedem Teilhaber unmittelbar auf Grundlage des § 21 Abs. 1 S. 1 WpHG in voller Höhe zugeordnet, würde eine beträchtliche Irreführungsgefahr für die Teilnehmer des Kapitalmarkts entstehen. Denn in diesem Fall könnte der Eindruck entstehen, dass jeder der Teilhaber für sich

---

779 So *Merkt* in GroKo, AktG, § 69 Rn. 29; *Bezzenberger* in Schmidt/Lutter, AktG, § 69 Rn. 4; a.A. offenbar *Cahn* in Spindler/Stilz, AktG, § 69 Rn. 6 (allerdings im Widerspruch zu der unter Rn. 11 vertretenen Auffassung, dass bei vorhandenden gesetzlichen Vertretern kein gemeinsamer Vertreter nach § 69 Abs. 1 AktG bestellt werden darf).

780 BaFin, Emittentenleitfaden 2013, S. 124; OLG Stuttgart v. 10.11.2004 – 20 U 16/03, NZG 2004, 432, 434; *Dreibus/Schäfer*, NZG 2009, 1289, 1291; *Schmitz* in Berger/Steck/Lübbehüsen, § 32 InvG Rn. 25; *U. H. Schneider* in Assmann/Schneider, WpHG, Anh. § 22 Rn. 304; *Heinrich* in Emde/Dornseifer, InvG, § 32 Rn. 65; *Beckmann* in Investment-Handbuch, § 32 InvG Rn. 27 f.; *Taschke* in Baur/Tappen, KAGB, § 94 Rn. 59

781 BaFin, Emittentenleitfaden 2013, S. 124; OLG Stuttgart v. 10.11.2004 – 20 U 16/03, NZG 2004, 432, 434; *Fuchs* in Dehlinger/Zimmermann, WpHG, § 21 Rn. 34; *Opitz* in Schäfer/Hamann, § 21 WpHG Rn. 11; *Petersen* in Spindler/Stilz, AktG, Anh. § 22, §§ 21–30 WpHG Rn. 20; *U. H. Schneider* in Assmann/Schneider, WpHG, § 21 Rn. 11; *Hirte* in KöKo, WpHG, § 21 Rn. 135; *Becker* in Bürgers/Körber, AktG, Anh. § 22, § 21 WpHG Rn. 2.

782 So *Fuchs* in Dehlinger/Zimmermann, WpHG, § 21 Rn. 34.

genommen stimmrechtsvermittelnde Aktien in einer dem mitgeteilten Stimmrechtsanteil entsprechenden Höhe erworben hätte. Berücksichtigt man die Stimmrechte in einer Bruchteilsgemeinschaft folglich nur quotal, so sind auch den Anlegern eines nach der Miteigentumslösung errichteten Sondervermögens die im Sondervermögen gebundenen Stimmrechte lediglich quotal zuzuordnen, zumal auch diese eine Bruchteilsgemeinschaft bilden.[783] Demgegenüber plädiert *Schmitz* für eine Berücksichtigung der zum Sondervermögen gehörenden Aktien bei jedem Anleger in voller Höhe.[784] Aus den oben genannten Gründen ist diese Auffassung aber abzulehnen. Anknüpfend an die Argumentation von *Dehlinger/Zimmermann* lässt sich zudem festhalten, dass das Recht zur Übertragung des Anteils an dem gemeinschaftlichen Eigentum grundsätzlich auch jedem Anleger eines nach der Miteigentumslösung aufgelegten Spezialsondervermögens zusteht. Insoweit ist lediglich die in § 95 Abs. 2 KAGB normierte Sonderregelung zu beachten, wonach eine Verfügung über den Anteil ausschließlich durch Übertragung der in dem Anteilsschein verbrieften Ansprüche auf einen Dritten vorgenommen werden kann.

Nimmt man somit auf Grundlage der herrschenden Auffassung eine quotaler Berücksichtigung der Stimmrechte aus den zum Sondervermögen gehörenden Aktien im Stimmrechtsanteil der Anleger an, ist weiter zu berücksichtigen, dass eine Veränderung des Stimmrechtsanteils der Anleger nicht nur infolge des Erwerbs oder der Veräußerung von stimmrechtsvermittelnden Aktien durch die KVG für Rechnung der am Sondervermögen beteiligten Anleger erfolgen kann. Aufgrund der damit einhergehenden Verschiebung der Beteiligungsquoten an dem Sondervermögen kann auch die Ausgabe neuer Anteile und die Rücknahme bestehender Anteile an dem Sondervermögen selbst zu einer Schwellenberührung durch einzelne Anleger führen.[785] In diesem Fall besteht die Besonderheit, dass eine Veränderung der dinglichen Zuordnung der stimmrechtsvermittelnden Aktien ganz ohne rechtsgeschäftlichen oder gesetzlichen Erwerb bzw. entsprechender Veräußerung stimmrechtsvermittelnder Aktien erfolgt. Auslöser der veränderten dinglichen Zuordnung ist dann alleine eine Veränderung im Innenverhältnis der Anleger. Vor diesem Hintergrund wird man in diesem Fall eine Schwellenberührung in sonstiger Weise annehmen müssen.

Ob die Stimmrechte aus den zum Sondervermögen gehörenden Aktien tatsächlich wie von der herrschenden Auffassung vertreten quotal im Zähler des Stimmrechtsanteils der Anleger zu berücksichtigen sind, lässt sich indessen nur dann abschließend beantworten, wenn man die Auswirkungen der Verlagerung der Stimmrechtsausübung auf die KVG im Hinblick auf den unmittelbaren

---

783 OLG Stuttgart v. 10.11.2004 – 20 U 16/03, NZG 2004, 432, 434; *Opitz* in Schäfer/Hamann, § 21 WpHG Rn. 11; *U. H. Schneider* in Assmann/Schneider, WpHG, Anh. § 22 Rn. 304; *Heinrich* in Emde/Dornseifer, InvG, § 32 Rn. 65; *Beckmann* in Investment-Handbuch, § 32 InvG Rn. 27 f. Vgl. zum Rechtsverhältnis zwischen den Anlegern oben S. 82 ff.

784 *Schmitz* in Berger/Steck/Lübbehüsen, § 32 InvG Rn. 25.

785 So zutreffend *S. H. Schneider* in Assmann/Schneider, WpHG, Anh. § 22 Rn. 304.

Stimmrechtseinfluss der Anleger in den Blick nimmt. Wie bereits erörtert folgt diese Verlagerung aus § 93 Abs. 1 KAGB mittels einer gesetzlichen Ermächtigung im Sinne des § 185 BGB analog.[786] Die Anleger haben in diesem Fall keinerlei Möglichkeiten zur aktiven Einwirkung auf die Stimmrechtsausübung durch die KVG.[787] Sie dürfen das Stimmrecht nicht selbst ausüben. Auch fehlt es ihnen an einem Weisungsrecht in Bezug auf die Ausübung der Stimmrechte. Sonderinteressen der Anleger darf die KVG nicht beachten, da sie sich bei der Ausübung des Stimmrechts an den objektiven Interessen eines durchschnittlichen Investmentkunden ausrichten muss.[788] Mithin fehlt es auf Seiten der Anleger an jeglichem auch mittelbarem Stimmrechtseinfluss. Im Hinblick auf die Regelungsziele des § 21 Abs. 1 S. 1 WpHG kommt es folglich auch in diesem Fall zu einem Grenzkonflikt zwischen der Offenlegung des unmittelbaren Stimmrechtseinflusses und der Aktionärsstellung. Wie dieser Grenzkonflikt aufzulösen ist, muss im Wege einer Risikoabwägung entschieden werden. Die verbleibende Einflussnahmemöglichkeit der Anleger ähnelt der Einflussnahmemöglichkeit eines geschäftsunfähigen Aktionärs auf die Ausübung des Stimmrechts durch seine(n) gesetzlichen Vertreter. Während die gesetzlichen Vertreter eines geschäftsunfähigen Aktionärs die Stimmrechtsausübung am Wohl des Geschäftsunfähigen auszurichten haben,[789] ist die KVG an die objektiven Interessen eines durchschnittlichen Investmentkunden gebunden. Das Wohl des Geschäftsunfähigen wird vorbehaltlich einer späteren gerichtlichen Überprüfung letztverbindlich durch seine(n) gesetzlichen Vertreter festgelegt. Gleiches gilt im Hinblick auf die Festlegung des objektiven Interesses der Anleger durch die KVG. Für eine bevorzugte Offenlegung der Aktionärsstellung könnte somit ähnlich wie im Fall der gesetzlichen Vertretung sprechen, dass die Irreführungsgefahr für die Teilnehmer des Kapitalmarkts im Hinblick auf den fehlenden unmittelbaren Stimmrechtseinfluss der Anleger relativ gering ist. Denn letztlich besteht eine gesetzliche Bindung der KVG an die objektiven Interessen der Anleger, so dass eine hinreichende Wahrscheinlichkeit für eine tatsächliche Berücksichtigung ihrer Interessen anzunehmen sein könnte. Problematisch an dieser Sichtweise ist allerdings, dass die Stimmrechtausübung durch die KVG nicht an den objektiven Interessen eines einzelnen Anlegers auszurichten ist, sondern an den Interessen eines nicht näher spezifizierten durchschnittlichen Investmentkunden. Es hängt vom Einzelfall ab, ob dieses objektive Durchschnittsinteresse auch den tatsächlichen Interessen der am konkreten Sondervermögen beteiligten Anleger entspricht. Je größer der Kreis der am Sondervermögen beteiligten Anleger, desto unwahrscheinlicher ist es, dass das von der KVG festgelegte objektive Durchschnittsinteresse mit sämtlichen Einzelinteressen der Anleger übereinstimmt. Vor diesem Hintergrund sprechen ähnlich wie im Fall der Amtsverwaltung auch hier gute Gründe für eine bevorzugte

786 Vgl. oben S. 96 ff.
787 Vgl. oben S. 102 ff.
788 Vgl. oben S. 101 f.
789 Vgl. zu der Interessenbindung der gesetzlichen Vertreter oben S. 144 ff.

Offenlegung des unmittelbaren Stimmrechtseinflusses der Anleger. Gegen eine Nichtberücksichtigung der betreffenden Stimmrechte im Stimmrechtsanteil der Anleger lässt sich allerdings wiederum einwenden, dass damit Transparenzlücken in Bezug auf die Aktionärsstellung geschaffen werden, so dass eine diesbezügliche Irreführungsgefahr für die Kapitalmarktteilnehmer entsteht. Diese Irreführungsgefahr wird hier nicht zwingend dadurch abgemildert, dass die Stimmrechte aus den zum Sondervermögen gehörenden Aktien der KVG nach § 22 Abs. 1 S. 1 Nr. 6 WpHG zugerechnet werden.[790] Zwar ist diese aufgrund dieser Zurechnung unter Umständen zur Abgabe einer Stimmrechtsmitteilung im Sinne des § 21 Abs. 1 S. 1 WpHG verpflichtet. Die Mitteilung nach § 17 Abs. 2 S. 1 Nr. 1 WpAIV muss dann auch Angaben zu sämtlichen Aktionären enthalten, aus deren Aktien ihr Stimmrechte zugerechnet werden, wenn diese einen Stimmrechtsanteil von mindestens drei Prozent erreichen. Allerdings kann auch die Regelung des § 17 Abs. 2 S. 1 Nr. 1 WpAIV anders als im Fall der Amtsverwaltung nicht garantieren, dass die Kapitalanteile der Anleger an dem Emittenten stets erkennbar sind. Denkbar ist etwa der Fall, dass ein Anleger sich an mehreren Sondervermögen mit einem Anteil beteiligt, der zu einem rechnerischen Stimmrechtsanteil von unter drei Prozent bezogen auf das jeweilige Sondervermögen, aber zu einem Gesamtstimmrechtsanteil von über drei Prozent führt. In diesem Fall würde die Beteiligung des Anlegers an dem betreffenden Emittenten insgesamt im Dunkeln bleiben, obwohl aufgrund der Überschreitung der Eingangsmeldeschwelle nach der Ratio des § 21 Abs. 1 S. 1 WpHG eine Offenlegung der Aktionärsstellung angebracht wäre. Im Extremfall könnte der Anleger auf diese Weise versuchen, sich über die Beteiligung an zahlreichen Sondervermögen heimlich an einen Emittenten „heranzuschleichen", was nach den Regelungszielen des § 21 Abs. 1 S. 1 WpHG gerade verhindert werden soll. Letztlich ist das Irreführungsrisiko der Kapitalmarktteilnehmer bei einer Nichtberücksichtigung der Stimmrechte im Zähler des Stimmrechtsanteils der Anleger also größer, als das Irreführungsrisiko im Fall ihrer Berücksichtigung. Die besseren Argumente sprechen damit für eine bevorzugte Offenlegung der Kapitalbeteiligung der Anleger, so dass die Stimmrechte aus den zum Sondervermögen gehörenden Aktien im Ergebnis mit der insoweit herrschenden Auffassung im Zähler der Stimmrechtsanteile der Anleger zu berücksichtigen sind.

Vor dem Hintergrund des soeben beschriebenen Grenzkonflikts stellt sich die Frage, ob die Eigentumsfiktion des § 94 Abs. 2 S. 3 HS. 1 KAGB für Publikumssondervermögen de lege ferenda auch auf Spezial-Sondervermögen erstreckt werden sollte. Zur Beantwortung dieser Frage ist zunächst auf die Gründe einzugehen, die für diese Beschränkung der Eigentumsfiktion vorgebracht werden. Nach verbreiteter Auffassung im Schrifttum trägt die Beschränkung dem Umstand Rechnung, dass die Anleger eines Spezialsondervermögens typischerweise, namentlich aufgrund ihrer Meinungsbildung in dem regelmäßig eingerichteten Anlageausschuss, faktisch dazu in der Lage seien, Einfluss auf die Ausübung des Stimmrechts durch die KVG

---

790 Vgl. dazu ausführlich noch unten S. 339 ff.

zu nehmen.[791] Die im Vergleich zu einem Publikumssondervermögen geringere Anzahl der an dem Spezialvermögen beteiligten Anleger und der typischerweise engere Kontakt zu der KVG führe dazu, dass sich die KVG faktisch von den erkennbaren Einzelinteressen der Anleger leiten lasse.[792] Dieser Argumentation ist nicht zu folgen. Sie unterstellt der KVG eine Missachtung der in § 26 Abs. 1 KAGB geregelten allgemeinen Verhaltensregel, wonach sie sich im Rahmen ihrer Tätigkeit ausschließlich an den objektiven Interessen der Gesamtheit der Anleger, d.h. an einem durchschnittlichen Investmentkunden orientieren muss.[793] Dennoch sprechen im Ergebnis die besseren Gründe für eine Beibehaltung der Beschränkung der Eigentumsfiktion auf Publikumssondervermögen. Denn wie bereits im Rahmen der soeben vorgenommen Risikoabwägung erörtert würde mit ihrer Erstreckung auf Spezial-Sondervermögen die gesteigerte Gefahr einer Irreführung der Kapitalmarktteilnehmer hinsichtlich der Aktionärsstellung der am Sondervermögen beteiligten Anleger und eines „heimlichen Anschleichens" letzterer an einen bestimmten Emittenten einhergehen. Aufgrund der typischerweise geringeren Anzahl der an einem Spezial-Sondervermögen beteiligten Anleger und der größeren Finanzkraft derselben im Vergleich zu den typischerweise an Publikumssondervermögen beteiligten Kleinanleger, wäre diese Gefahr im Normalfall auch wesentlich größer als bei einem Publikumssondervermögen. Die beschriebenen Probleme ließen sich wie bereits im Rahmen der Ausführungen zur Amtsverwaltung hervorgehoben de lege ferenda dadurch lösen, dass neben dem Stimmrechtsanteil auch die Kapitalbeteiligung an dem betreffenden Emittenten als weiterer Bezugspunkt der Mitteilungspflicht in § 21 Abs. 1 S. 1 WpHG aufgenommen wird. Für den hier diskutierten Fall müssten die Anleger dann ggf. eine Schwellenberührung im Hinblick auf eine Kapitalanteilsschwelle melden, während im Hinblick auf ihren Stimmrechtsanteil keine Mitteilungspflicht entstehen würde.

cc) Investmentgesellschaften

Da die zum Investmentvermögen gehörenden stimmrechtsvermittelnden Aktien bei der Investmentanlage über eine Investmentgesellschaft im Eigentum derselben steht, scheidet eine unmittelbar auf Grundlage des § 21 Abs. 1 S. 1 WpHG erfolgende Zuordnung der betreffenden Stimmrechte auf die an diesen Gesellschaften beteiligten Anleger aus. Unter Umständen erfolgt aber eine Zurechnung der betreffenden

791 *Mutter*, AG 2006, 637, 643; *Dreibus/Schäfer*, NZG 2009, 1289, 1290; *Heinrich* in Emde/Dornseifer, InvG, § 32 Rn. 64; *Beckmann* in Investment-Handbuch, § 32 InvG Rn. 26. Vgl. zum Anlageausschuss bereits oben S. 105 f.

792 Vgl. *Heinrich* in Emde/Dornseifer, InvG, § 32 Rn. 64; *Beckmann* in Investment-Handbuch, § 32 InvG Rn. 26.

793 Vgl. oben S. 101.

Stimmrechte auf die Anleger nach § 22 Abs. 1 S. 1 Nr. 1 oder Nr. 2 WpHG. Diese Möglichkeit wird indessen an anderer Stelle erörtert.[794]

II. Schwellenberührung

Eine Veränderung des Stimmrechtsanteils führt nur dann zur Entstehung einer Mitteilungspflicht, wenn die Veränderung ein Erreichen, Überschreiten oder Unterschreiten einer der in § 21 Abs. 1 S. 1 WpHG genannten Schwellenwerte zur Folge hat. Fällt das Erreichen einer Stimmrechtsschwelle mit ihrem Überschreiten oder Unterschreiten zusammen, so muss nach allgemeiner Auffassung nur das Überschreiten bzw. Unterschreiten der Stimmrechtsschwelle mitgeteilt werden, zumal damit denklogisch zugleich auch die Mitteilung des Erreichens der Stimmrechtsschwelle verbunden ist.[795]

1. Besonderheiten bei kurzfristiger Schwellenüberschreitung

Der Wortlaut der Norm legt nahe, dass die Mitteilungspflicht mit jeder Schwellenberührung neu entsteht. Ihm lässt sich nicht entnehmen, dass es auf eine Mindestdauer der Veränderung des Stimmrechtsanteils ankommt, so dass im Grundsatz auch das lediglich kurzfristige Erreichen, Überschreiten oder Unterschreiten einer Stimmrechtsschwelle, etwa für eine juristische Sekunde, zur Auslösung von Mitteilungspflichten führt.[796] Wird eine bestimmte Stimmrechtsschwelle lediglich für einen kurzen Zeitraum überschritten und sogleich wieder unterschritten, so entsteht nach dem Wortlaut des § 21 Abs. 1 S. 1 WpHG zunächst eine Mitteilungspflicht für das Überschreiten und sogleich eine weitere Mitteilungspflicht für das Unterschreiten der Schwelle.[797] Aus der Perspektive des Schutzzwecks der Mitteilungspflicht ist dieses Ergebnis bedenklich, wenn es in engem zeitlichem Abstand, etwa im Verlauf eines Tages, zur wiederholten Berührung der gleichen Stimmrechtsschwelle kommt, zumal dann die Gefahr einer Irreführung der Anleger steigt.[798] Aus Anlegerperspektive lässt es sich in diesem Fall auf Grundlage der einzelnen Mitteilungen

---

794 Vgl. für die Zurechnung nach § 22 Abs. 1 S. 1 Nr. 1 WpHG unten S. 258 ff. und S. 263 ff. sowie für die Zurechnung nach § 22 Abs. 1 S. 1 Nr. 2 WpHG unten S. 288 ff. und S. 292 f.

795 *Burgard*, BB 1995, 2069 Fn. 10; *Dehlinger/Zimmermann* in Fuchs, WpHG, § 21 Rn. 37; *Opitz* in Schäfer/Hamann, § 21 WpHG Rn. 34d; *U. H. Schneider* in Assmann/Schneider, WpHG, § 21 Rn. 67; *Hirte* in KöKo, WpHG, § 21 Rn. 69.

796 *U. H. Schneider*, AG 1997, 81, 84; *Bayer* in MüKo, AktG, Anh. § 22, § 21 WpHG Rn. 27; *Dehlinger/Zimmermann* in Fuchs, WpHG, § 21 Rn. 40; *Veil* in Schmidt/Lutter, AktG, Anh. § 22, § 21 WpHG Rn. 15; *U. H. Schneider* in Assmann/Schneider, WpHG, § 21 Rn. 24; *Heinrich* in Heidel, § 21 WpHG Rn. 6.

797 Für die Entstehung einer Mitteilungspflicht und eine entsprechende gesonderte Mitteilung für jede Schwellenberührung i.E. *Petersen* in Spindler/Stilz, AktG, Anh. § 22, §§ 21–30 WpHG Rn. 23.

798 *U. H. Schneider* in Assmann/Schneider, WpHG, § 21 Rn. 26.

nur mit Schwierigkeiten beurteilen, ob der Meldepflichtige seine Beteiligung bzw. seinen Stimmrechtseinfluss im Ergebnis aufbaut oder abbaut. Die Zuverlässigkeit der Information ist folglich herabgesetzt. Zur Entschärfung dieses Problems werden mehrere Lösungen vorgeschlagen. Nach der Verwaltungspraxis der BaFin werden die innerhalb eines Tages erfolgenden Veränderungen des Stimmrechtsanteils saldiert, wenn die gleiche Stimmrechtsschwelle im Verlauf eines Tages überschritten und dann wieder unterschritten oder umgekehrt unterschritten und dann wieder überschritten wird und an diesem Tag keine Stimmrechtsausübung erfolgt.[799] Eine Mitteilungspflicht entsteht nach dieser Auffassung nur dann, wenn ein Vergleich des Stimmrechtsanteils des Meldepflichtigen am Anfang und am Ende des Tages ergibt, dass eine Stimmrechtsschwelle berührt wurde. Entgegen dieser Verwaltungspraxis ist nach anderer Auffassung sowohl der Höchststand als auch der Tiefststand innerhalb eines Tages, also das Erreichen bzw. Überschreiten der höchsten berührten Stimmrechtsschwelle und das Erreichen bzw. Unterschreiten der niedrigsten berührten Stimmrechtsschwelle mitzuteilen.[800] Auf diese Weise sollen auch Fälle sichtbar gemacht werden, in denen der Meldepflichtige zu Beginn und am Ende eines Tages weniger als 3% der Stimmrechte hält, zwischenzeitlich aber eine Stimmrechtsschwelle erreicht oder überschritten hat.[801] Beide Lösungen stellen rechtlich eine teleologische Reduktion des § 21 Abs. 1 S. 1 WpHG dar, die angesichts der aufgezeigten Schutzzweckerwägungen zulässig sein sollte. Da die Meldepflichtigen im Ergebnis teilweise von ihren Mitteilungspflichten befreit werden, wirkt sich diese teleologische Reduktion auch nicht zu ihren Lasten aus. Sie ist damit auch vor dem Hintergrund des sich auf § 21 WpHG erstreckenden Analogieverbots zulässig. Überzeugend erscheint der Ansatz der BaFin. Die Gegenauffassung, wonach auch ein zwischenzeitliches Überschreiten und darauf folgendes Unterschreiten der Eingangsmeldeschwelle von 3 Prozent sichtbar gemacht werden soll, dürfte eher zur Irreführung der Anleger beitragen, zumal der betreffende Meldepflichtige in einem solchen Fall offensichtlich nicht daran interessiert ist, eine maßgebliche Beteiligung an dem Emittenten zu halten und einen entsprechenden Stimmrechtseinfluss auf diesen auszuüben.

2. *Schwellenberührung bei der Investmentanlage im Sinne des KAGB*

Soweit stimmrechtsvermittelnde Aktien im Rahmen der Investmentanlage von einer KVG erworben oder veräußert werden, kommt es regelmäßig allenfalls zu einer Berührung der Stimmrechtsschwellen von 3, 5 oder 10 Prozent. Dem Aufbau höherer Stimmrechtsanteile stehen teilweise die im KAGB geregelten Anlagegrenzen entgegen. Zudem sind regelmäßig die Grenzen des Grundsatzes der Risikomischung zu beachten.[802] Hinsichtlich der Anlagegrenzen enthält des KAGB jeweils gesonderte

799 BaFin, Emittentenleitfaden 2013, S. 108.
800 *U. H. Schneider* in Assmann/Schneider, WpHG, § 21 Rn. 26.
801 Vgl. das Beispiel bei *U. H. Schneider* in Assmann/Schneider, WpHG, § 21 Rn. 26.
802 Vgl. in diesem Zusammenhang bereits oben S. 58 f. und S. 71 f.

Regelungen für OGAW, offene Publikums-AIF, geschlossene Publikums-AIF, offene inländische Spezial-AIF und geschlossene inländische Spezial-AIF. Für diese Erscheinungsformen des Investmentvermögens soll nachfolgend im Einzelnen untersucht werden, welche Anlagegrenzen für den Erwerb stimmrechtsvermittelnder Aktien eines Emittenten im Sinne des § 21 Abs. 1 S. 1 WpHG gelten und wie sich diese Anlagegrenzen auf die möglichen Berührungen der Stimmrechtsschwellen des § 21 Abs. 1 S. 1 WpHG auswirken.

Vorab ist zunächst allgemein festzustellen, unter welchen Voraussetzungen stimmrechtsvermittelnde Aktien taugliche Vermögensgegenstände eines Anlagevermögens darstellen können. Das KAGB definiert Aktien nämlich nicht als eigene Kategorie von Anlageobjekten, sondern knüpft zunächst an Oberbegriffe wie „Wertpapiere" oder „Derivate" an. Insoweit erscheint es allerdings naheliegend, Aktien allgemein unter den Begriff der Wertpapiere zu subsumieren. Wertpapiere sind nach traditionellem bürgerlich-rechtlichem Verständnis Urkunden, die ein privates Recht in einer Weise verbriefen, dass zur Ausübung des Rechts die Innehabung der Urkunde erforderlich ist (sog. „weiter Wertpapierbegriff").[803] Das KAGB enthält keine Legaldefinition des Wertpapierbegriffs. Auch die Gesetzesmaterialien zum KAGB geben insoweit keinen Aufschluss. Die in den Gesetzesmaterialien zum InvG enthaltenen Anhaltspunkte lassen sich jedoch auch für den Wertpapierbegriff des KAGB fruchtbar machen, da keinerlei Anhaltspunkte dafür bestehen, dass das KAGB als Nachfolgegesetz des InvG einem veränderten Wertpapierbegriff folgt. Nach der Intention des Gesetzgebers zum InvG sollte ein wirtschaftlicher Wertpapierbegriff gelten, der alle Wertpapiere erfasst, die nach Sinn und Zweck als solche zu qualifizieren sind, wobei es für die Eignung der Wertpapiere als Vermögensgegenstände eines Investmentvermögens maßgeblich auf ihre Liquidität und Fungibilität ankommen sollte.[804] Ausdrücklich genannt werden „Aktien, den Aktien gleichwertige Wertpapiere, Schuldverschreibungen, Namensschuldverschreibungen, Schuldscheindarlehen, soweit diese nach dem Erwerb für das Investmentvermögen mindestens zweimal abgetreten werden können und sonstige verbriefte Schuldtitel sowie andere marktfähige Wertpapiere, soweit es sich nicht um Geldmarktinstrumente oder Derivate handelt".[805] Stimmrechtsvermittelnde Aktien sind damit zweifelsfrei unter den Begriff des „Wertpapiers" zu subsumieren.

a) OGAW

Für die als OGAW ausgestalteten Investmentvermögen findet sich in § 193 KAGB eine Aufzählung von Wertpapieren, die die Verwaltungsgesellschaft für Rechnung des OGAW bzw. seiner Anleger erwerben darf. Aktien an einem Emittenten im Sinne des § 21 Abs. 1 S. 1 WpHG sind nur solche Aktien, die zum Handel an einem

---

803 So statt vieler *Marburger* in Staudinger, BGB, Vor § 793 Rn. 1; *Habersack* in MüKo, BGB, Vor § 793 Rn. 7, 9; *Sprau* in Palandt, Vor § 793 Rn. 1.

804 Begr. RegE. InvModG, BT-Drucks. 15/1553, S. 75.

805 Begr. RegE. InvModG, BT-Drucks. 15/1553, S. 75.

organisierten Markt im Inland, in einem Mitgliedstaat der EU oder einem Vertragsstaat des EWR zugelassen sind.[806] Aus § 193 Abs. 1 S. 1 Nr. 1 KAGB folgt, dass der Erwerb solcher Aktien auch für Rechnung eines inländischen OGAW bzw. seiner Anleger erlaubt ist.[807] Allerdings sind unter anderem die emittentenbezogenen Anlagegrenzen des § 210 Abs. 2 KAGB zu beachten. Hiernach darf die KVG für sämtliche von ihr verwalteten inländischen OGAW Aktien desselben Emittenten mit Sitz im Inland nur insoweit erwerben, als sie die Schwelle von 10 Prozent der gesamten Stimmrechte bei diesem Emittenten nicht überschreiten.[808] Eine Überschreitung dieses Schwellenwerts ist nur vorübergehend und in den durch § 211 KAGB ausdrücklich geregelten Fällen zulässig. Hält sich die KVG innerhalb dieser Grenzen, werden Mitteilungspflichten nach § 21 Abs. 1 S. 1 WpHG in Bezug auf die Stimmrechte aus den zum Investmentvermögen gehörenden Aktien regelmäßig allenfalls durch die Berührung der Stimmrechtsschwellen von 3, 5 oder 10 Prozent ausgelöst.

b) Offener Publikums-AIF

Bei einem offenen inländischen Publikums-AIF ist danach zu differenzieren, ob dieser als gemischtes Investmentvermögen im Sinne der §§ 218, 219 KAGB, als sonstiges Investmentvermögen nach den §§ 220–224 KAGB, als Dach-Hedgefonds gemäß §§ 225–229 KAGB oder als Immobilien-Sondervermögen gemäß §§ 230–260 KAGB ausgestaltet ist. Nach § 214 KAGB gilt für sämtliche Erscheinungsformen des offenen Publikums-AIF der Grundsatz der Risikomischung.

aa) Gemischtes Investmentvermögen

Wird der offene Publikums-AIF als gemischtes Investmentvermögen aufgelegt, so finden gemäß § 218 KAGB grundsätzlich die für OGAW geltenden Vorschriften der §§ 192–211 KAGB Anwendung. Eine Kapitalanlage in Aktien an einem Emittenten im Sinne des § 21 Abs. 1 S. 1 WpHG ist also zulässig. Auch gelten die emittentenbezogenen Anlagegrenzen des § 210 Abs. 2 KAGB und die Regelungen des § 211 KAGB zur kurzfristigen Überschreitung dieser Grenzen. Aus der Sonderregelung des § 219 KAGB ergeben sich in diesem Zusammenhang keine Besonderheiten. Mitteilungspflichten nach § 21 Abs. 1 S. 1 WpHG in Bezug auf die Stimmrechte aus den zum gemischten Investmentvermögen gehörenden Aktien werden daher wie bei einem OGAW regelmäßig allenfalls durch die Berührung der Stimmrechtsschwellen von 3, 5 oder 10 Prozent ausgelöst.

---

806 Vgl. oben S. 24 ff.

807 Der Erwerb steht nach § 193 Abs. 1 S. 2 KAGB im Einzelfall allerdings unter dem Vorbehalt, dass zusätzlich die Voraussetzungen des Art. 2 Abs. 1 Unterabs. 1 lit. a) bis c) Ziff. i, lit. d) Ziff. i und lit. e) bis g) OGAW-DurchführungsRL erfüllt sind.

808 Für Emittenten mit Sitz in einem anderen Mitgliedstaat der EU oder einem anderen EWR-Vertragsstaat finden nach § 206 Abs. 2 S. 2 KAGB die in diesem Staat geltenden emittentenbezogenen Anlagegrenzen Anwendung, wenn der Schwellenwert niedriger liegt.

bb) Sonstiges Investmentvermögen

Sofern der AIF als sonstiges Investmentvermögen ausgestaltet ist, finden nach § 220 KAGB grundsätzlich die für OGAW geltenden Regelungen der §§ 192–205 KAGB Anwendung. Eine Kapitalanlage in Aktien eines Emittenten im Sinne des § 21 Abs. 1 S. 1 WpHG ist also auch in diesem Fall möglich. Der Verweis auf die für OGAW geltenden Regeln erstreckt sich allerdings nicht auf die emittentenbezogenen Anlagegrenzen des § 210 Abs. 2 KAGB und die Regelungen des § 211 KAGB. Theoretisch eröffnet dies die unbegrenzte Möglichkeit zum Erwerb stimmrechtsvermittelnder Aktien an einem Emittenten im Sinne des § 21 Abs. 1 S. 1 WpHG für Rechnung des offenen Publikums-AIF bzw. seiner Anleger. Zwar gilt dies nur in den Grenzen des in § 214 KAGB festgeschriebenen Grundsatzes der Risikomischung. Es kann allerdings nicht ausgeschlossen werden, dass es im Einzelfall auch unter Beachtung dieses Grundsatzes zu Schwellenberührungen oberhalb der Stimmrechtsschwelle von 10 Prozent kommt.

cc) Dach-Hedgefonds

Als Dach-Hedgefonds werden gemäß § 225 Abs. 1 S. 1 KAGB offene Publikums-AIF bezeichnet, die ihre Mittel grundsätzlich in Anteile oder Aktien von Zielfonds anlegen. Zielfonds sind gemäß § 283 Abs. 1 S. 2 KAGB Hedgefonds nach Maßgabe des § 283 KAGB oder den Anforderungen des § 283 KAGB vergleichbare EU-AIF oder ausländische AIF. Wertpapiere dürfen von Dach-Hedgefonds nicht erworben werden. Hält sich der Dach-Hedgefonds an diese gesetzlichen Vorgaben, ist eine Kapitalanlage seiner Mittel in Aktien eines Emittenten im Sinne des § 21 Abs. 1 S. 1 WpHG sowie eine daraus ggf. folgende Mitteilungspflicht ausgeschlossen.

dd) Immobilien-Sondervermögen

Die zulässigen Vermögensgegenstände eines Immobilien-Sondervermögens ergeben sich aus § 231 KAGB. Wertpapiere werden dort nicht genannt. Allerdings sind die in § 231 Abs. 1 Nr. 7 KAGB enthaltenen Verweise auf § 234 KAGB und § 253 KAGB zu berücksichtigen. § 234 KAGB regelt die Voraussetzungen des Erwerbs von Beteiligungen an Immobilien-Gesellschaften für Rechnung der an einem Immobilien-Sondervermögen beteiligten Anleger. Da die Immobilien-Gesellschaft theoretisch als Emittent von stimmrechtsvermittelnden Aktien im Sinne des § 21 Abs. 1 S. 1 WpHG organisiert sein kann, lässt es sich nicht ausschließen, dass es aufgrund des Erwerbs oder der Veräußerung solcher Beteiligungen zur Berührung einer der Stimmrechtsschwellen im Sinne des § 21 Abs. 1 S. 1 WpHG kommt. Emittentenbezogene Anlagegrenzen in Bezug auf Immobilien-Gesellschaften existieren nicht, so dass in einem solchen Fall unter Umständen das gesamte Spektrum der Schwellenwerte des § 21 Abs. 1 S. 1 WpHG betroffen wäre. Nach § 253 Abs. 1 Nr. 4 b) KAGB darf die KVG für Rechnung der Anleger des Immobilien-Sondervermögens auch Wertpapiere erwerben, die an einem organisierten Markt im Sinne des § 2 Abs. 5 WpHG zugelassen sind. Dazu gehören auch Aktien eines Emittenten im Sinne des

§ 21 Abs. 1 S. 1 WpHG.[809] Auch für diesen Fall existieren keine emittentenbezogenen Anlagegrenzen. § 253 Abs. 1 KAGB schreibt lediglich vor, dass die betreffenden Wertpapiere insgesamt bis zu 49 Prozent des Wertes des Immobilien-Sondervermögens entsprechen dürfen. Daneben ist der Grundsatz der Risikomischung zu berücksichtigen. In diesen Grenzen kann es aber theoretisch im Einzelfall durch den Erwerb oder die Veräußerung stimmrechtsvermittelnder Aktien eines Emittenten im Sinne des § 21 Abs. 1 S. 1 WpHG für Rechnung der Anleger des Immobilien-Sondervermögens auch zur Berührung von Stimmrechtsschwellen kommen, wobei dies in der Praxis selten sein dürfte.

c) Geschlossener Publikums-AIF

Für Rechnung eines geschlossenen inländischen Publikums-AIF bzw. seiner Anleger darf die KVG nur die in § 261 KAGB aufgezählten Vermögensgegenstände erwerben. Aufgrund des Verweises in § 261 Abs. 1 Nr. 7 KAGB gehören dazu auch Vermögensgegenstände im Sinne der §§ 193–195 KAGB, mithin über § 193 Abs. 1 S. 1 Nr. 1 KAGB auch stimmrechtsvermittelnde Aktien eines Emittenten im Sinne des § 21 Abs. 1 S. 1 WpHG. Die emittentenbezogenen Anlagegrenzen des § 210 KAGB finden allerdings mangels eines diesbezüglichen Verweises keine Anwendung. Theoretisch ist damit die unbegrenzte Möglichkeit zum Erwerb stimmrechtsvermittelnder Aktien an einem Emittenten im Sinne des § 21 Abs. 1 S. 1 WpHG für Rechnung des geschlossenen Publikums-AIF bzw. seiner Anleger verbunden. Einzuhalten ist nach § 262 Abs. 1 S. 1 KAGB lediglich der Grundsatzes der Risikomischung, wobei sich nähere Vorgaben zu den diesbezüglichen Anforderungen aus § 262 Abs. 1 S. 2 KAGB ergeben. Auch wenn dieser Grundsatz dem Erwerb eines hohen Stimmrechtsanteils an einem Emittenten im Sinne des § 21 Abs. 1 S. 1 WpHG Grenzen setzt, kann auch hier nicht ausgeschlossen werden, dass es im Einzelfall zu Schwellenberührungen oberhalb der Stimmrechtsschwelle von 10 Prozent kommt.

d) Offener Spezial-AIF

Im Hinblick auf offene inländische Spezial-AIF ist zwischen den Unterarten des allgemeinen offenen Spezial-AIF, des Hedgefonds und des offenen inländischen Spezial-AIF mit festen Anlagebedingungen zu differenzieren.

Für allgemeine offene inländische Spezial-AIF findet sich in § 282 Abs. 1 KAGB lediglich die allgemeine Vorgabe, dass die AIF-KVG die Mittel nach dem Grundsatz der Risikomischung zur gemeinschaftlichen Kapitalanlage anlegen muss. Dabei ist nach § 282 Abs. 2 KAGB der Erwerb sämtlicher Vermögensgegenstände zulässig, deren Verkehrswert ermittelt werden kann. Dazu gehören zweifelsfrei auch Aktien eines Emittenten im Sinne des § 21 Abs. 1 S. 1 WpHG.[810] Letztlich ist der Erwerb solcher Aktien für Rechnung des offenen Spezial-AIF bzw. seiner Anleger theoretisch

809 Vgl. oben S. 24 ff.
810 Vgl. *Heider* in MüKo, AktG, § 6 Rn. 8; *Wamser* in Spindler/Stilz, AktG, § 204 Rn. 17.

also wiederum unbegrenzt möglich, so dass auch deutlich über 10 Prozent liegende Stimmrechtsschwellen betroffen sein könnten.

Gleiches gilt für Hedgefonds, die gemäß § 283 Abs. 1 S. 1 KAGB lediglich eine Sonderform der allgemeinen offenen Spezial-AIFs darstellen.

Offene inländische Spezial-AIF mit festen Anlagebedingungen sind offene Spezial-AIF mit festgelegten Anlagegrenzen.[811] Der Verweis auf „feste Anlagebedingungen" ist unglücklich gewählt und irreführend. Fest sind nicht die Anlagebedingungen, sondern die Anlagegrenzen. Grundsätzlich finden auf diese Spezial-AIF gemäß § 284 Abs. 1 KAGB die für OGAW geltenden Bestimmungen zu den zulässigen Vermögensgegenständen und Anlagegrenzen, also die §§ 192 bis 211 KAGB Anwendung. Wie sich aus § 284 Abs. 2 Nr. 2 KAGB ergibt, ist der Verweis auf die zugelassenen Vermögensgegenstände zwingend. Nach §§ 284 Abs. 1, 193 Abs. 1 S. 1 Nr. 1 KAGB darf die KVG für Rechnung des Spezial-AIF bzw. seiner Anleger Aktien eines Emittenten im Sinne des § 21 Abs. 1 S. 1 WpHG erwerben. Grundsätzlich wird in diesem Fall aber unter Berücksichtigung des § 210 Abs. 2 KAGB allenfalls eine Berührung der Stimmrechtsschwellen von 3, 5 und 10 Prozent in Betracht kommen. Von der emittentenbezogenen Anlagegrenze des § 210 Abs. 2 KAGB kann indessen unter den Voraussetzungen des § 284 Abs. 2 KAGB abgewichen werden. Im Falle einer solchen Abweichung besteht wiederum eine unbegrenzte Möglichkeit zum Erwerb stimmrechtsvermittelnder Aktien an einem Emittenten im Sinne des § 21 Abs. 1 S. 1 WpHG für Rechnung des Spezial-AIF bzw. seiner Anleger, so dass dann auch eine Schwellenberührung oberhalb der Stimmrechtsschwelle von 10 Prozent in Betracht kommt.

e) Geschlossener Spezial-AIF

Die für geschlossene inländische Spezial-AIF geltenden Anlagegrenzen ergeben sich aus § 285 KAGB. Entsprechend der Vorgaben für offene inländische Spezial-AIF findet sich dort die allgemeine Regelung, dass die Mittel des Spezial-AIF ausschließlich in Vermögensgegenstände angelegt werden dürfen, deren Verkehrswert ermittelt werden kann, so dass auch die Kapitalanlage in stimmrechtsvermittelnde Aktien eines Emittenten im Sinne des § 21 Abs. 1 S. 1 WpHG zulässig ist. Im Gegensatz zu den übrigen Erscheinungsformen des Investmentvermögens fehlt hier aber ein Verweis auf die Erforderlichkeit der Einhaltung des Grundsatzes der Risikomischung. Daraus ist der Schluss zu ziehen, dass bei der Kapitalanlage über einen geschlossenen Spezial-AIF keine gesetzlichen Anlagegrenzen beachtet werden müssen.[812] Auch wenn der geschlossene Spezial-AIF im konkreten Fall keine unternehmerische Beteiligung anstrebt, erleichtert die fehlende Bindung an gesetzliche Anlagegrenzen doch die Verfolgung einer Anlagestrategie, die auf den Aufbau einer vergleichsweise hohen Beteiligung an einem Emittenten im Sinne des § 21 Abs. 1

---

811 Vgl. *Wollenhaupt/Beck*, DB 2013, 1950, 1954 f.

812 Ebenso *Wollenhaupt/Beck*, DB 2013, 1950, 1955.

S. 1 WpHG und auf eine aktivistische Einflussnahme abzielt.[813] Im Vergleich zu den übrigen Erscheinungsformen des Investmentvermögens besteht vor diesem Hintergrund im Fall der Kapitalanlage über einen geschlossenen Spezial-AIF eine erhöhte Wahrscheinlichkeit dafür, dass es zu Schwellenberührung oberhalb der Stimmrechtsschwelle von 10 Prozent kommt.

§ 2 Die Zurechnung von Stimmrechten nach § 22 WpHG

Während § 21 Abs. 1 S. 1 WpHG isoliert betrachtet lediglich der Offenlegung des Stimmrechtseinflusses der Aktionäre dient, werden unter Einbeziehung der Zurechnungstatbestände nach § 22 WpHG auch weitergehende Einflussnahmemöglichkeiten berücksichtigt. Die dem Meldepflichtigen auf Grundlage der dort normierten Tatbestände zugerechneten Stimmrechte stehen den Stimmrechten gleich, die aus den Aktien im Eigentum des Meldepflichtigen folgen, so dass sie in gleicher Weise bei der Ermittlung des Stimmrechtsanteils des Meldepflichtigen zu berücksichtigen sind.[814]

Der Zweck des § 22 WpHG besteht in erster Linie in der Offenlegung des mittelbaren Stimmrechtseinflusses des Meldepflichtigen, also seiner Möglichkeiten zur Einflussnahme auf die Ausübung der Stimmrechte aus Aktien eines anderen Aktionärs.[815] Damit ist die Norm auf eine Ergänzung der Mitteilungspflicht des § 21 Abs. 1 S. 1 WpHG gerichtet, zumal letztere für sich genommen lediglich der Offenlegung des unmittelbaren Stimmrechtseinflusses dient. Mit Blick auf das kapitalmarktrechtliche Regelungsziel der Förderung der Funktionsfähigkeit des Kapitalmarkts ist aber nicht nur der unmittelbare, sondern auch der mittelbare Stimmrechtseinfluss offenzulegen.[816] Darüber hinaus soll § 22 WpHG vor Umgehungen der Mitteilungspflicht des § 21 Abs. 1 S. 1 WpHG schützen.[817] Ohne die Zurechnung nach § 22 WpHG

---

813 Vgl. zu dieser typischerweise von bestimmten Hedgefonds verfolgten Anlagestrategie oben S. 16 ff.

814 Vgl. oben S. 115 ff.

815 BGH v. 19.7.2011 – II ZR 246/09, NZG 2011, 1147, 1149; *Seibt*, ZIP 2004, 1829, 1831; *Hüffer*, AktG, 7. Aufl. 2006, Anh. § 22, § 22 WpHG Rn. 1; *Dehlinger/Zimmermann* in Fuchs, WpHG, § 22 Rn. 81; *Opitz* in Schäfer/Hamann, § 22 WpHG Rn. 1a; *Petersen* in Spindler/Stilz, AktG, § 22, Anh. §§ 21–30 WpHG Rn. 37; *Schwark* in Schwark/Zimmer, § 22 WpHG Rn. 1; *Widder/Kocher*, GWR 2011, 461, 463; *U. H. Schneider* in Assmann/Schneider, WpHG, § 22 Rn. 3; *Von Bülow* in KöKo, WpHG, § 22 Rn 4; *Heinrich* in Heidel, § 22 WpHG Rn. 1.

816 Vgl. zu der Bedeutung der Offenlegung des mittelbaren Stimmrechtseinflusses für den Anlegerschutz bereits oben S. 37 ff.

817 *Burgard*, BB 1995, 2069, 2072; *Hildner*, S. 63; *Hüffer*, AktG, 7. Aufl. 2006, Anh. § 22, § 22 WpHG Rn. 1; *Bayer* in MüKo, AktG, § 22, Anh § 22 WpHG Rn. 1; *Dehlinger/Zimmermann* in Fuchs, WpHG, § 22 Rn. 1; *Opitz* in Schäfer/Hamann, § 22 WpHG Rn. 1a; *Petersen* in Spindler/Stilz, AktG, § 22, Anh. §§ 21–30 WpHG Rn. 37; *Schwark* in Schwark/Zimmer, § 22 WpHG Rn. 1; *Veil* in Schmidt/Lutter, AktG, Anh. § 22,

könnten sich die Meldepflichtigen durch Übertragung ihrer Aktien auf einen Dritten ihrer Mitteilungspflicht entziehen. Dies ist aber lediglich dann unbedenklich, wenn die Meldepflichtigen nach der Übertragung ihrer Aktien keinerlei Einfluss mehr auf die Stimmrechtsausübung aus diesen Aktien nehmen können. Sind sie dagegen noch dazu in der Lage, die Art und Weise der Stimmrechtsausübung zu bestimmen, so dass sich ihr unmittelbarer lediglich in einen mittelbaren Stimmrechtseinfluss wandelt, liegt eine Umgehung des § 21 Abs. 1 S. 1 WpHG nahe.[818]

Hinsichtlich der Erscheinungsform des offenzulegenden mittelbaren Stimmrechtseinflusses ist zwischen den Zurechnungstatbeständen des § 22 Abs. 1 WpHG und dem in § 22 Abs. 2 WpHG geregelten Zurechnungstatbestand der Verhaltensabstimmung zu differenzieren. Strukturell erfasst § 22 Abs. 1 WpHG lediglich den einseitigen mittelbaren Stimmrechtseinfluss des Meldepflichtigen. Die dort geregelten Zurechnungstatbestände sind durch die wenigstens typischerweise bestehende einseitige Einflussnahmemöglichkeit des Meldepflichtigen auf die Art und Weise der Stimmrechtsausübung aus Aktien eines Dritten geprägt. Folgerichtig werden die betroffenen Stimmrechte auch ausschließlich einseitig zugerechnet.[819] Eine wechselseitige Zurechnung findet nicht statt, so dass dem Dritten auf Grundlage des § 22 Abs. 1 WpHG umgekehrt keine Stimmrechte zugerechnet werden können, die dem mit einseitigem mittelbarem Einfluss auf seine Stimmrechte ausgestatteten Meldepflichtigen aus anderen Gründen zugerechnet werden.[820] Demgegenüber ist der Zurechnungstatbestand des § 22 Abs. 2 WpHG gerade auf die Offenlegung einer koordinierten Bündelung des Stimmrechtseinflusses gerichtet, was rechtstechnisch durch eine wechselseitige Zurechnung von Stimmrechten sichtbar gemacht werden soll. Die Besonderheiten dieses Zurechnungstatbestands werden im weiteren Verlauf dieser Abhandlung noch ausführlich dargestellt.[821]

Sämtlichen Zurechnungstatbeständen des § 22 Abs. 1, Abs. 2 WpHG ist gemeinsam, dass sie Sachverhalte abbilden, bei deren Eintreten typischerweise ein

---

§ 22 WpHG Rn. 1; *U. H. Schneider* in Assmann/Schneider, WpHG, § 22 Rn. 4; *Von Bülow* in KöKo, WpHG, § 22 Rn. 4, 188.

818 Vgl. *Steuer/Baur*, WM 1996, 1477, 1478.

819 *Dehlinger/Zimmermann* in Fuchs, WpHG, § 22 Rn. 3. Ebenso im Hinblick auf § 22 Abs. 1 S. 1 Nr. 2 WpHG BGH v. 19.7.2011 – II ZR 246/09, NZG 2011, 1147, 1148 f.; *Opitz* in Schäfer/Hamann, § 22 WpHG Rn. 32a; *Von Bülow/Petersen*, NZG 2009, 1373, 1375; *Widder/Kocher*, ZIP 2010, 457; *Brellochs*, ZIP 2011, 2225, 2227; *Heinrich* in Heidel, § 22 WpHG Rn. 8.

820 So aber im Hinblick auf § 22 Abs. 1 S. 1 Nr. 2 WpHG OLG München v. 9.9.2009 – 7 U 1997/09, NZG 2009, 1386; 1387 (später aufgehoben durch die in der vorangehenden Fn. genannte Entscheidung des BGH); *Mayrhofer/Pirner*, DB 2009, 2312, 2313; *U. H. Schneider* in Assmann/Schneider, WpHG, § 22 Rn. 63a; i.E. auch *Bröcker*, GWR 2009, 376.

821 Vgl. unten S. 352 ff.

mittelbarer Stimmrechtseinfluss des Meldepflichtigen anzunehmen ist.[822] Eine solche typisierende Anknüpfung erscheint einerseits zwingend, da es unmöglich gelingen kann, alle möglichen Erscheinungsformen einer mittelbaren Einflussnahmemöglichkeit gesetzlich bestimmt genug zu erfassen.[823] Sie bietet zudem den Vorteil größtmöglicher Rechtssicherheit für alle Beteiligten.[824] Andererseits besteht aufgrund der abstrahierten Erfassung des mittelbaren Stimmrechtseinflusses immer die durchaus vom Gesetzgeber in Kauf genommene Gefahr, dass bestimmte Einflussnahmemöglichkeiten unberücksichtigt bleiben, obwohl sie im Hinblick auf die kapitalmarktrechtlichen Regelungsziele der §§ 21 ff. WpHG offengelegt werden sollten.[825] Damit schafft § 22 WpHG auch neuen Spielraum für Umgehungen der Mitteilungspflicht, obwohl die Norm ihrem Zweck nach gerade der Schließung solcher Lücken dienen soll.[826] In anderen Fällen ist eine Zurechnung von Stimmrechten nach dem Wortlaut des § 22 WpHG womöglich vorzunehmen, obwohl im konkreten Fall gerade kein mittelbarer Stimmrechtseinfluss auf Seiten des Meldepflichtigen zu erkennen ist.[827] Solche mit dem Zweck des § 22 WpHG nur schwerlich zu vereinbarenden Fälle können im Einzelfall womöglich durch eine an den kapitalmarktrechtlichen Regelungszielen orientierte Auslegung der Norm beseitigt werden.[828] Soweit dies unter Berücksichtigung der Wortlautgrenze möglich ist, kann im Einzelfall zudem eine teleologische Reduktion der Zurechnungstatbestände geboten sein.[829] Als Richtschnur kann in diesem Zusammenhang gelten, dass zur Vermeidung einer Irreführung der Anleger nur solche mittelbare Einflussnahmemöglichkeiten offengelegt werden sollten, die hinreichend abgesichert sind.[830] Wie diese Absicherung ausgestaltet sein muss, kann nicht abstrakt, sondern ausschließlich mit Blick auf die konkreten Zurechnungstatbestände beantwortet werden.

Bei der Auslegung der Zurechnungstatbestände des § 22 WpHG stellt sich die Frage, ob diese auch mit Rücksicht auf die ihrem Wortlaut nach identischen Zurechnungstatbestände des § 30 WpÜG erfolgen muss, so dass es im Ergebnis zu einer einheitlichen Auslegung kommt. Der Gesetzgeber weist in diesem Zusammenhang

---

822 BaFin, Emittentenleitfaden 2013, S. 112 („abstrakte Betrachtung"); *Dehlinger/Zimmermann* in Fuchs, WpHG, § 22 Rn. 1; *U. H. Schneider* in Assmann/Schneider, WpHG, § 22 Rn. 3; *Von Bülow* in KöKo, WpHG, § 22 Rn 3.

823 Vgl. *Dehlinger/Zimmermann* in Fuchs, WpHG, § 22 Rn. 1.

824 *Dehlinger/Zimmermann* in Fuchs, WpHG, § 22 Rn. 4.

825 *Opitz* in Schäfer/Hamann, § 22 WpHG Rn. 1a („zwangsläufig lückenhaft"); *Fleischer/Bedkowski*, DStR 2010, 933, 936; *Von Bülow* in KöKo, WpHG, § 22 Rn 3.

826 Vgl. *Schwark* in Schwark/Zimmer, § 22 WpHG Rn. 2.

827 *Von Bülow* in KöKo, WpHG, § 22 Rn 3.

828 *Dehlinger/Zimmermann* in Fuchs, WpHG, § 22 Rn. 4.

829 Dies ablehnend wohl *Dehlinger/Zimmermann* in Fuchs, WpHG, § 22 Rn. 2.

830 Ähnlich *Veil* in Schmidt/Lutter, AktG, Anh. § 22, § 22 WpHG Rn. 1; a.A. aber die Verwaltungspraxis der BaFin, nach der es auf die rechtliche Absicherung des mittelbaren Stimmrechtseinflusses nicht ankommen soll, vgl. BaFin, Emittentenleitfaden 2013, S. 112, 115.

darauf hin, dass durch die Identität der Zurechnungstatbestände „Irritationen am Kapitalmarkt" vermieden werden sollen, „die bei unterschiedlichen Zurechnungsmethoden auftreten würden".[831] Vor diesem Hintergrund plädieren zahlreiche Stimmen in der Literatur für eine einheitliche Auslegung.[832] Dafür soll auch das Gebot der Einheitlichkeit der Rechtsordnung sprechen.[833] Zudem seien beide Normen ihrem Zweck nach auf die Aufdeckung der „wirklichen Beherrschungsverhältnisse" in der Gesellschaft gerichtet.[834] Dem lässt sich entgegenhalten, dass § 22 WpHG weitergehend als § 30 WpÜG nicht nur auf die Aufdeckung der mittelbaren Beherrschungsmöglichkeit des Meldepflichtigen in Bezug auf den Emittenten, sondern allgemeiner auf die Offenlegung des mittelbaren Stimmrechtseinflusses gerichtet ist. Aus dem Umstand, dass § 22 WpHG auch auf die Aufdeckung der mittelbaren Beherrschungsmöglichkeit gerichtet sind, lässt sich deshalb kein zwingendes Argument für eine einheitliche Auslegung herleiten. Auch im Übrigen verfolgen beide Normen im Ergebnis unterschiedliche Regelungsziele, so dass es im Rahmen der Auslegung durchaus zu unterschiedlichen Ergebnissen kommen kann.[835] Gegen eine einheitliche Auslegung spricht auch, dass die Normen europarechtlich auf verschiedenen Richtlinien beruhen, so dass auch die richtlinienkonforme Auslegung zu divergierenden Ergebnissen kommen kann.[836] Die besseren Argumente sprechen also im Ergebnis gegen eine einheitliche Auslegung, so dass bei der Auslegung des § 22 WpHG letztlich keine Rücksicht auf die Auslegung des konkreten Zurechnungstatbestands im Rahmen des § 30 WpÜG zu nehmen ist.[837]

Die Zurechnung von Stimmrechten zum Meldepflichtigen führt nach allgemeiner Auffassung grundsätzlich nicht dazu, dass dieselben Stimmrechte bei der Berechnung des Stimmrechtsanteils des Aktionärs abzuziehen sind („keine Absorption der

---

831 Begr. RegE. WpÜGG, BT-Drucks. 14/7034, S. 70; bestätigt durch Begr. RegE. RiskoBegrG, BT-Drucks. 16/7438, S. 8, 11.

832 *Hopt*, ZHR 166 (2002), 383, 410; *Liebscher*, ZIP 2002, 1005, 1009; *Lange*, ZBB 2004, 22, 23 f.; *Schockenhoff/Schumann*, ZGR 2005, 568, 608 f.; *Diekmann/Merkner*, NZG 2007, 921, 922; *Dehlinger/Zimmermann* in Fuchs, WpHG, Vor §§ 21–30 Rn. 27.

833 *Dehlinger/Zimmermann* in Fuchs, WpHG, Vor §§ 21–30 Rn. 27.

834 *Dehlinger/Zimmermann* in Fuchs, WpHG, Vor §§ 21–30 Rn. 27.

835 *Casper*, ZIP 2003, 1469, 1472 f.; *Seibt*, ZIP 2005, 729, 732 f.; *Bayer* in MüKo, AktG, Anh. § 22, § 22 WpHG Rn. 2; *Fleischer*, ZGR 2008, 185, 197; *Drinkuth*, ZIP 2008, 676, 677 f.; *Gätsch/Schäfer*, NZG 2008, 846, 848; *U. H. Schneider* in Assmann/Schneider, WpHG, § 22 Rn. 12, 13; *Von Bülow* in KöKo, WpHG, § 22 Rn 34.

836 *Fleischer*, ZGR 2008, 185, 197; *Von Bülow* in KöKo, WpHG, § 22 Rn 35.

837 So OLG Stuttgart v. 10.11.2004 – 20 U 16/03, NZG 2005, 432, 436; *Franck*, BKR 2002, 709; *Casper*, ZIP 2003, 1469, 1472 f.; *Seibt*, ZIP 2005, 729, 732 f.; *U. H. Schneider*, WM 2006, 1321, 1322 f.; *Borges*, ZIP 2007, 357, 361; *Eidenmüller*, DStR 2007, 2116, 2119 f.; *Bayer* in MüKo, AktG, Anh. § 22, § 22 WpHG Rn. 2; *Fleischer*, ZGR 2008, 185, 196 ff.; *Drinkuth*, ZIP 2008, 676, 678 f.; *Gätsch/Schäfer*, NZG 2008, 846, 848; *U. H. Schneider* in Assmann/Schneider, WpHG, § 22 Rn. 12, 13; i.E. wohl auch *Wilsing/Goslar*, DB 2007, 2467, 2468; *Opitz* in Schäfer/Hamann, § 22 WpHG Rn. 1a; *Von Bülow* in KöKo, WpHG, § 22 Rn 34.

Stimmrechte").[838] Dies folgt einerseits aus dem Wortlaut des § 22 WpHG, der grundsätzlich lediglich eine Zurechnung von Stimmrechten aus Aktien zum Meldepflichtigen, nicht aber zugleich einen Abzug dieser Stimmrechte im Stimmrechtsanteil des Aktionärs anordnet.[839] Eine Absorption der Stimmrechte findet lediglich im Fall des § 22 Abs. 1 S. 1 Nr. 3 WpHG statt, zumal der Abzug der Stimmrechte beim Aktionär hier ausdrücklich angeordnet wird („Grundsatz der alternativen Zurechnung").[840] Im Umkehrschluss folgt daraus, dass bei den übrigen Zurechnungstatbeständen keine Absorption der Stimmrechte erfolgt, zumal der Gesetzgeber diese dann augenscheinlich auch ausdrücklich geregelt hätte. Im Übrigen soll nach dem kapitalmarktrechtlichen Schutzzweck der §§ 21 ff. WpHG wie bereits ausführlich dargestellt gerade auch die Aktionärsstellung und die Veränderungen derselben offengelegt werden.[841] Eine Absorption der Stimmrechte beim Aktionär könnte vor diesem Hintergrund zu einer Irreführung der Anleger führen. Denn diese könnten im Fall des Abzugs der Stimmrechte fälschlicherweise davon ausgehen, dass der Aktionär die stimmrechtsvermittelnden Aktien veräußert hat. Gegen eine Absorption von Stimmrechten spricht weiter, dass der Aktionär in den Fällen einer Zurechnung von Stimmrechten auf den Meldepflichtigen regelmäßig zumindest dem Grunde nach seinen unmittelbaren Stimmrechtseinfluss behält.[842] Sofern der Meldepflichtige in Bezug auf dieselben Stimmrechte mehrere Zurechnungstatbestände in seiner Person verwirklicht, wird trotzdem nur einfach zugerechnet, da seine mittelbare Einflussnahmemöglichkeit auf die Ausübung der Stimmrechte dadurch nicht anwächst.[843]

838 *Burgard*, BB 1995, 2069, 2072; *Hüffer*, AktG, 7. Aufl. 2006, Anh. § 22, § 22 WpHG Rn. 6; *Dehlinger/Zimmermann* in Fuchs, WpHG, § 21 Rn. 6; *Petersen* in Spindler/Stilz, AktG, § 22, Anh. §§ 21–30 WpHG Rn. 38; *Opitz* in Schäfer/Hamann, § 22 Rn. 1b; *Veil* in Schmidt/Lutter, AktG, Anh. § 22, § 22 WpHG Rn. 3; *U. H. Schneider* in Assmann/Schneider, WpHG, § 22 Rn. 15; *Von Bülow* in KöKo, WpHG, § 22 Rn. 48; *Heinrich* in Heidel, § 22 WpHG Rn. 26; *Becker* in Bürgers/Körber, AktG, Anh § 22, § 22 WpHG Rn. 2; a.A. bzgl. § 22 Abs. 1 S. 1 Nr. 6 WpHG allerdings *Nietsch*, WM 2012, 2217, 2218.

839 *Burgard*, BB 1995, 2069, 2072.

840 Begr. RegE FFG II, BT-Drucks. 12/6679, S. 53 (Stimmrechte werden weiterhin dem Sicherungsgeber und nicht dem Sicherungsnehmer zugerechnet); ebenso statt vieler BaFin, Emittentenleitfaden 2013, S. 117; *Burgard*, BB 1995, 2069, 2075; *Dehlinger/Zimmermann* in Fuchs, WpHG, § 22 Rn. 59; *Petersen* in Spindler/Stilz, AktG, § 22, Anh. §§ 21–30 WpHG Rn. 38; *Opitz* in Schäfer/Hamann, § 22 Rn. 1b; *U. H. Schneider* in Assmann/Schneider, WpHG, § 22 Rn. 17, 93; *Von Bülow* in KöKo, WpHG, § 22 Rn. 48, 132; *Heinrich* in Heidel, § 22 WpHG Rn. 11; *Becker* in Bürgers/Körber, AktG, Anh § 22, § 22 WpHG Rn. 2.

841 Vgl. oben S. 36 f. und S. 39 ff.

842 Vgl. für die Verlagerung der Stimmrechtsausübung auf einen Dritten bereits oben S. 139 ff. und für die Verlagerung des Einflusses auf die Stimmrechtsausübung oben S. 148 ff.

843 *U. H. Schneider* in Assmann/Schneider, WpHG, § 22 Rn. 16; *Von Bülow* in KöKo, WpHG, § 22 Rn. 49. Vgl. zur Kennzeichnung der verwirklichten Zurechnungstatbestände in der Mitteilung aber unten S. 426 ff.

Nachfolgend werden zunächst die Zurechnungstatbestände des § 22 WpHG im Einzelnen dargestellt. Dabei ist im Anschluss an die Darstellung der allgemeinen Tatbestandsvoraussetzungen jeweils auf die Besonderheiten einzugehen, die sich im Fall der Investmentanlage im Sinne des KAGB ergeben.

A. Stimmrechte von Tochterunternehmen (§ 22 Abs. 1 S. 1 Nr. 1 WpHG)

Nach § 22 Abs. 1 S. 1 Nr. 1 WpHG stehen den Stimmrechten des Meldepflichtigen Stimmrechte aus Aktien des Emittenten gleich, die einem Tochterunternehmen des Meldepflichtigen gehören.

I. Tatbestandsvoraussetzungen

Die Zurechnung bezieht sich zunächst auf Stimmrechte aus Aktien, die dem Tochterunternehmen „gehören". Dies ist nur dann der Fall, wenn das Tochterunternehmen Eigentümer der betreffenden Aktien ist.[844] Dem Meldepflichtigen werden die betreffenden Stimmrechte gemäß § 22 Abs. 1 S. 3 WpHG stets in voller Höhe zugerechnet. Sie sind dann im Zähler seines Stimmrechtsanteils zu berücksichtigen. Fraglich ist, ob die Zurechnung auch dann erfolgt, wenn die Stimmrechte im Stimmrechtsanteil des Tochterunternehmens abzuziehen sind. Wie bereits ausgeführt betrifft dies lediglich den Fall des § 71b AktG.[845] Im Schrifttum wird diese Frage kontrovers diskutiert.[846] Die Befürworter einer Zurechnung verweisen auf den Zweck der §§ 21 ff. WpHG, Transparenz über die Beteiligungsverhältnisse herzustellen.[847] Dem setzt die Gegenauffassung entgegen, dass der Meldepflichtige in einem solchen Fall überhaupt keinen mittelbaren Einfluss auf die Ausübung der betreffenden Stimmrechte habe, weil sie während der Dauer der Aktionärsstellung des Tochterunternehmens niemals ausgeübt werden könnten.[848] Die besseren Argumente sprechen

---

844 Begr. RegE WpÜGG 14/7034, S. 53 (im Hinblick auf § 30 Abs. 2 S. 1 Nr. 1 WpÜG); BaFin, Emittentenleitfaden 2013, S. 112; *Opitz* in Schäfer/Hamann, § 22 Rn. 25; *Schwark* in Schwark/Zimmer, § 22 WpHG Rn. 1; *U. H. Schneider* in Assmann/Schneider, WpHG, § 22 Rn. 31b, 39; *Von Bülow* in KöKo, WpHG, § 22 Rn. 70; *Heinrich* in Heidel, § 22 WpHG Rn. 4.

845 Vgl. oben S. 131 ff.

846 Eine Zurechnung befürwortend *Oechsler* in MüKo, AktG, § 71 Rn. 366; *Von Bülow* in KöKo, WpHG, § 22 Rn. 51. Dies ablehnend *Widder/Kocher*, AG 2007, 13, 15 ff.; *Schnabel/Korff*, ZBB 2007, 179, 180; *Bedkowski*, BB 2009, 394, 395; *Busch*, AG 2009, 425, 426 ff.; *Dehlinger/Zimmermann* in Fuchs, WpHG, § 22 Rn. 12; *Veil* in Schmidt/Lutter, AktG, Anh. § 22, § 21 WpHG Rn. 13. Auch nach der aktuellen Verwaltungspraxis der BaFin ist eine Zurechnung abzulehnen, vgl. BaFin, Journal, Dezember 2014, S. 5.

847 So *Oechsler* in MüKo, AktG, § 71 Rn. 366.

848 *Schnabel/Korff*, ZBB 2007, 179, 180; *Bedkowski*, BB 2009, 394, 395; *Veil* in Schmidt/Lutter, AktG, Anh. § 22, § 21 WpHG Rn. 13.

für einen Abzug der Stimmrechte. Zwar trifft es zu, dass die §§ 21 ff. WpHG auch der Offenlegung der Aktionärsstellung dienen sollen. Im Fall der Zurechnung von Stimmrechten nach § 22 Abs. 1 S. 1 Nr. 1 WpHG überwiegt jedoch der allgemeine Schutzzweck des § 22 WpHG, mittelbare Einflussnahmemöglichkeiten auf die Ausübung des Stimmrechts offenzulegen. Besteht aber die Möglichkeit zur Ausübung des Stimmrechts aus den betreffenden Aktien von vornherein überhaupt nicht, so ist die Offenlegung des mittelbaren Stimmrechtseinflusses für die Anleger ohne Informationswert. Aufgrund des Widerspruchs zwischen Berücksichtigung der Stimmrechte einerseits und ihrem Abzug andererseits könnte es ferner zu einer Irreführung der Anleger kommen.[849]

Entscheidendes Merkmal für die Erfüllung des Zurechnungstatbestands ist die Qualifizierung eines Dritten als Tochterunternehmen des Meldepflichtigen. Dies richtet sich nach § 22 Abs. 3 WpHG. Die Vorschrift enthält zwei Tatbestandsalternativen. Tochterunternehmen sind „Unternehmen, die als Tochterunternehmen im Sinne des § 290 des Handelsgesetzbuchs gelten oder auf die ein beherrschender Einfluss ausgeübt werden kann, ohne dass es auf die Rechtsform oder den Sitz ankommt“.

1. *Persönliche Anforderungen an den Meldepflichtigen*

Die Verknüpfung des § 22 Abs. 3 WpHG mit § 290 HGB führt zu der Frage, ob die Zurechnung nach § 22 Abs. 1 S. 1 Nr. 1 WpHG nur dann erfolgt, wenn die besonderen persönlichen Anforderungen des § 290 HGB erfüllt sind. Hiernach müsste es sich bei dem Meldepflichtigen um eine Kapitalgesellschaft mit Sitz im Inland handeln, die in § 290 Abs. 1 S. 1 HGB auch als Mutterunternehmen bezeichnet wird. Eine Übertragung dieser Anforderungen auf den Meldepflichtigen würde indessen den Zweck des § 22 WpHG konterkarieren, Umgehungen der Mitteilungspflicht nach § 21 Abs. 1 S. 1 WpHG zu verhindern und mittelbare Einflussnahmemöglichkeiten aufzudecken, so dass es letztlich weder auf die Rechtsform, den Sitz noch die Unternehmenseigenschaft des Meldepflichtigen ankommen kann.[850] Entscheidend ist alleine, dass der Meldepflichtige als tauglicher Normadressat des § 21 Abs. 1 S. 1 WpHG qualifiziert werden kann.

---

849 *Widder/Kocher*, AG 2007, 13, 15 f.

850 BaFin, Emittentenleitfaden 2013, S. 112; *Sudmeyer*, BB 2002, 685, 688; *Koppensteiner* in KöKo, AktG, Anh § 22 §§ 21 ff. WpHG Rn. 16; *Bayer* in MüKo, AktG, Anh. § 22, § 22 WpHG Rn. 13; *Dehlinger/Zimmermann* in Fuchs, WpHG, § 22 Rn. 27; *Petersen* in Spindler/Stilz, AktG, § 22, Anh. §§ 21–30 WpHG Rn. 41; *Schwark* in Schwark/Zimmer, § 22 WpHG Rn. 37; *U. H. Schneider* in Assmann/Schneider, WpHG, § 22 Rn. 33; im Ergebnis auch OLG Stuttgart v. 10.11.2004 – 20 U 16/03, NZG 2005, 432, 435; a.A. bzgl. § 22 Abs. 3 Alt. 1 WpHG aber *Opitz* in Schäfer/Hamann, § 22 Rn. 7a („nur Unternehmen im Sinne des Handelsrechts“); *Von Bülow* in KöKo, WpHG, § 22 Rn. 298 f. („nur Kapitalgesellschaften mit Sitz im Inland“).

2. Persönliche Anforderungen an das Tochterunternehmen

Nach § 22 Abs. 3 WpHG kommt es weder auf die Rechtsform noch auf den Sitz des Tochterunternehmens an.[851] Natürliche Personen fallen allerdings grundsätzlich nicht unter den Begriff des Tochterunternehmens, da auf diese kein beherrschender Einfluss ausgeübt werden kann.[852] Fraglich ist, welche Anforderungen an den Unternehmensbegriff des § 22 Abs. 3 WpHG zu stellen sind. Überwiegend wird der Begriff des Tochterunternehmens weit ausgelegt, so dass er grundsätzlich alle Rechtsträger erfasst, ohne dass es auf die Einrichtung eines Geschäftsbetriebs oder die Verfolgung erwerbswirtschaftlicher Ziele ankommt.[853] *Opitz* stellt den Begriff des „beherrschenden Einflusses" in den Fokus der Betrachtung, attestiert der Begriffsbestimmung des § 22 Abs. 3 WpHG eine „konzernrechtliche Tendenz" und zieht eine Parallele zu dem konzernrechtlichen Begriff des abhängigen Unternehmens im Sinne der §§ 15 ff. AktG.[854] Begründet wird diese weite Auslegung auch mit dem Zweck des § 22 WpHG, Umgehungen der Mitteilungspflicht des § 21 Abs. 1 S. 1 WpHG zu verhindern und mittelbare Einflussnahmemöglichkeiten auf den Emittenten aufzudecken. Weitergehende Anforderungen an Geschäftsbetrieb oder Geschäftszweck des Tochterunternehmens hätten lediglich zur Folge, dass die Zurechnung nach § 21 Abs. 1 S. 1 Nr. 1 WpHG durch die Einschaltung von Zwischenholdings oder ähnliche rechtliche Gestaltungen umgangen werden könnte.[855]

---

851 *Sudmeyer*, BB 2002, 685, 688; *Bayer* in MüKo, AktG, Anh. § 22, § 22 WpHG Rn. 13; *Dehlinger/Zimmermann* in Fuchs, WpHG, § 22 Rn. 25; *Petersen* in Spindler/Stilz, AktG, § 22, Anh. §§ 21–30 WpHG Rn. 41; *Veil* in Schmidt/Lutter, AktG, Anh. § 22, § 22 WpHG Rn. 7; *Opitz* in Schäfer/Hamann, § 22 WpHG Rn. 4; *Von Bülow* in KöKo, WpHG, § 22 Rn. 299.

852 OLG Stuttgart v. 10.11.2004 – 20 U 16/03, NZG 2005, 432, 435 f.; *Dehlinger/Zimmermann* in Fuchs, WpHG, § 22 Rn. 26 Fn. 47; *U. H. Schneider* in Assmann/Schneider, WpHG, § 22 Rn. 31; *Von Bülow* in KöKo, WpHG, § 22 Rn. 286. Die Ausübung von beherrschendem Einfluss im Sinne des § 22 Abs. 3 WpHG scheitert jedenfalls an dem Erfordernis einer gesellschaftsrechtlich vermittelten Einflussnahmemöglichkeit, vgl. dazu noch unten S. 191 ff.; a.A. für Einzelkaufmann, der einem Dritten eine atypische stille Beteiligung mit Einfluss auf seinen Handelsbetrieb einräumt *Opitz* in Schäfer/Hamann, § 22 WpHG Rn. 8a.

853 *Dehlinger/Zimmermann* in Fuchs, WpHG, § 22 Rn. 26; *Opitz* in Schäfer/Hamann, § 22 WpHG Rn. 8; *U. H. Schneider* in Assmann/Schneider, WpHG, § 22 Rn. 31; so nunmehr auch *Von Bülow* in KöKo, WpHG, § 22 Rn. 285.

854 *Opitz* in Schäfer/Hamann, § 22 WpHG Rn. 8. Ähnlich *Dehlinger/Zimmermann* in Fuchs, WpHG, § 22 Rn. 26. Vgl. im Hinblick auf den aktienrechtlichen Begriff des „abhängigen Unternehmens" *Bayer* in MüKo, AktG, § 15 Rn. 48; *Koppensteiner* in KöKo, AktG, § 15 Rn. 86; *Koch* in Hüffer, AktG, § 15 Rn. 19.

855 So ausdrücklich *Dehlinger/Zimmermann* in Fuchs, WpHG, § 22 Rn. 26.

3. *Beherrschender Einfluss*

In sachlicher Hinsicht hängt die Qualifizierung eines Dritten als Tochterunternehmen nach beiden Tatbestandsalternativen des § 22 Abs. 3 WpHG davon ab, dass der Meldepflichtige einen beherrschenden Einfluss auf den Dritten ausüben kann.

Nach der ersten Tatbestandsalternative des § 22 Abs. 3 WpHG sind Tochterunternehmen Unternehmen, die als Tochterunternehmen im Sinne des § 290 HGB gelten. Diese dem Recht der Konzernrechnungslegung zuzuordnende Norm regelt die Pflicht von Mutterunternehmen zur Aufstellung eines Konzernabschlusses und eines Konzernlageberichtes und stellt in diesem Zusammenhang Regeln für die Einbeziehung von anderen Unternehmen (Tochterunternehmen) in die Berichterstattung auf. Sinn und Zweck der Konzernberichterstattung ist die Information der interessierten Kreise über die Vermögens-, Finanz- und Ertragslage des Konzerns.[856] Nach § 297 Abs. 2 S. 2 HGB hat der Konzernabschluss in diesem Zusammenhang unter Beachtung der Grundsätze ordnungsgemäßer Buchführung ein den tatsächlichen Verhältnissen entsprechendes Bild zu vermitteln. In diesem Zusammenhang übernimmt § 290 HGB die Aufgabe, sämtliche in die Konzernberichterstattung aufzunehmenden Unternehmen zu identifizieren, wobei es für die Einbeziehung eines Unternehmens in den Konsolidierungskreis maßgeblich darauf ankommt, ob das betreffende Unternehmen bei wirtschaftlicher Betrachtungsweise dem Konzern angehört.[857] Seit dem Inkrafttreten des BilMoG[858] kommt es nach § 290 Abs. 1 S. 1 HGB für die Einbeziehung eines Unternehmens in den Konsolidierungskreis, d.h. für die Qualifizierung als Tochterunternehmen im Sinne des § 290 HGB, ausschließlich darauf an, dass das Mutterunternehmen unmittelbar oder mittelbar einen beherrschenden Einfluss auf dieses ausüben kann (sog. Konzept der möglichen Beherrschung). In den Gesetzesmaterialien zum BilMoG wird der Begriff der Beherrschungsmöglichkeit als Möglichkeit des Mutterunternehmens definiert, „die Finanz- und Geschäftspolitik eines anderen Unternehmens dauerhaft zu bestimmen, um aus dessen Tätigkeit Nutzen zu ziehen."[859] Ist eine der in § 290 Abs. 2 HGB geregelten Fallgruppen verwirklicht, so besteht nach dem Gesetzeswortlaut „stets" beherrschender Einfluss des Mutterunternehmens.

Auch die zweite Tatbestandsalternative des § 22 Abs. 3 WpHG knüpft die Qualifizierung eines Dritten als Tochterunternehmen daran, dass ein beherrschender Einfluss auf dieses ausgeübt werden kann. § 22 Abs. 3 Alt. 2 WpHG wurde erst mit Inkrafttreten des WpÜG im Gesetz verankert. Mit der Erweiterung der Norm sollte

---

856 Vgl. DRS 19.1; *Busse von Colbe* in MüKo, HGB, Vor § 290 Rn. 27.

857 DRS 19.1 (Konzern als „wirtschaftliche Einheit"); *Gelhausen/Deubert/Klöcker*, DB 2010, 2005; *Senger/Hoehne* in MüKo, Bilanzrecht, § 290 HGB Rn. 2.

858 Gesetz zur Modernisierung des Bilanzrechts (Bilanzrechtsmodernisierungsgesetz – BilMoG) vom 25. Mai 2009, BGBl. I 2009, S. 1102.

859 Beschlussempfehlung und Bericht des Rechtsausschusses zum BilMoG, BT-Drucks. 16/12407, S. 89. Diese Begriffsbestimmung wurde auch von den DRS 19.11 übernommen.

das ursprünglich in § 22 Abs. 3 WpHG geregelte Kontroll-Konzept um Elemente des sog. Konzern-Konzepts ergänzt werden.[860] Insofern war § 22 Abs. 3 Alt. 2 WpHG in erster Linie als Auffangtatbestand gedacht.[861] Aus den Gesetzesmaterialien geht hervor, dass sich die Bestimmung des Begriffs der Beherrschungsmöglichkeit an den zu § 17 Abs. 1 AktG entwickelten Grundsätzen zur Feststellung des konzernrechtlichen Abhängigkeitstatbestands ausrichten soll.[862] Abhängige Unternehmen sind nach § 17 Abs. 1 AktG rechtlich selbstständige Unternehmen, auf die ein anderes Unternehmen (herrschendes Unternehmen) unmittelbar oder mittelbar einen beherrschenden Einfluss ausüben kann. Nach § 17 Abs. 2 AktG wird die Abhängigkeit eines in Mehrheitsbesitz stehenden Unternehmens von dem an ihm mit Mehrheit beteiligten Unternehmen vermutet. Ob auch die Abhängigkeitsvermutung des § 17 Abs. 2 AktG im Rahmen des § 22 Abs. 3 WpHG zur Anwendung kommt, ist umstritten. Die Befürworter[863] einer Anwendung verweisen darauf, dass es sich hierbei um eine rechtliche Vermutung handele. Dem halten die Gegner[864] einer Anwendung entgegen, dass es sich bei der Mitteilungspflicht nach den §§ 21, 22 WpHG um eine öffentlich-rechtliche Pflicht handele, bei der für Vermutungen kein Raum bleibe, da die BaFin den Tatbestand zu ermitteln und zu bewerten habe. Für den Zweck der vorliegenden Arbeit muss dieser Streit nicht entschieden werden. Auch wenn die Vermutung des § 17 Abs. 2 AktG für eine Abhängigkeit und damit eine Beherrschungsmöglichkeit des Meldepflichtigen spricht, kann sie im Einzelfall widerlegt werden, wenn sie keinen beherrschenden Einfluss im Sinne des § 17 Abs. 1 AktG vermittelt.[865] Letztlich kommt es damit maßgeblich darauf an, ob eine Beherrschungsmöglichkeit nach § 17 Abs. 1 AktG besteht. Anders als § 290 HGB bezweckt § 17 AktG nicht die Identifizierung der bei wirtschaftlicher Betrachtung in den Konzernabschluss einzubeziehenden Unternehmen, sondern vor allem den Schutz der Minderheitsgesellschafter und der Gläubiger des abhängigen

860 Begr. RegE WpÜGG, BT-Drucks. 14/7034, S. 53, 70.

861 *Opitz* in Schäfer/Hamann, § 22 WpHG Rn. 2, 18.

862 Begr. RegE WpÜGG, BT-Drucks. 14/7034, S. 35, 53, 70. Ebenso BaFin, Emittentenleitfaden 2013, S. 113; *Sudmeyer*, BB 2002, 685, 688; *Liebscher*, ZIP 2002, 1005, 1010; *Hüffer*, AktG, 7. Aufl. 2006, Anh. § 22, § 22 WpHG Rn. 9; *Bayer* in MüKo, AktG, Anh. § 22, § 22 WpHG Rn. 12; *Dehlinger/Zimmermann* in Fuchs, WpHG, § 22 Rn. 35; *Schwark* in Schwark/Zimmer, § 22 WpHG Rn. 43; *Von Bülow* in KöKo, WpHG, § 22 Rn. 312 (soweit der spezifische Schutzzweck des § 22 WpHG nicht entgegensteht); *Heinrich* in Heidel, § 22 WpHG Rn. 3.

863 *Sudmeyer*, BB 2002, 685, 688; *Bayer* in MüKo, AktG, Anh. § 22, § 22 WpHG Rn. 12; *Dehlinger/Zimmermann* in Fuchs, WpHG, § 22 Rn. 36 Fn. 74; ebenso wohl BaFin, Emittentenleitfaden 2013, S. 113.

864 *Liebscher*, ZIP 2002, 1005, 1011; *Schwark* in Schwark/Zimmer, § 22 WpHG Rn. 43; *Von Bülow* in KöKo, WpHG, § 22 Rn. 321.

865 Vgl. nur *Windbichler* in GroKo, AktG, § 17 Rn. 71 ff.; *Vetter* in Schmidt/Lutter, AktG, § 17 Rn. 52 ff.; *Koch* in Hüffer, AktG, § 17 Rn. 19 ff.

Unternehmens vor der sog. Konzerngefahr.[866] Als Konzerngefahr wird die Gefahr bezeichnet, dass einzelne Gesellschafter des abhängigen Unternehmens ihr Sonderinteresse über das Unternehmensinteresse des abhängigen Unternehmens stellen und ihren Einfluss dazu benutzen, sich bzw. ihren sonstigen Unternehmungen auf Kosten der Minderheitsgesellschafter und Gläubiger des abhängigen Unternehmens (geldwerte) Vorteile zu verschaffen.[867] Vor diesem Hintergrund hat § 17 AktG vor allem die Funktion eines Filters für hinreichend starke Einflussnahmemöglichkeiten der Gesellschafter.

Obwohl § 290 HGB einerseits und § 17 AktG andererseits unterschiedliche Regelungsziele verfolgen, wird in der Literatur zunehmend hervorgehoben, dass sich die Auslegung des in § 290 Abs. 1 HGB aufgenommenen Merkmals des beherrschenden Einflusses zur Förderung der Einheitlichkeit der Rechtsordnung an der zu § 17 Abs. 1 AktG entwickelten Auslegung orientieren kann.[868] Dem wird man zwar im Grundsatz zustimmen können. Im Einzelfall können die unterschiedlichen Regelungsziele aber zu einer abweichenden Betrachtung zwingen. Aufgrund der alternativen Anknüpfung an die Grundsätze des § 290 HGB einerseits und des § 17 AktG andererseits im Wortlaut des § 22 Abs. 3 WpHG setzt sich dann allerdings grundsätzlich die Tatbestandsalternative durch, nach der es zu einer Zurechnung der Stimmrechte kommt. Freilich ist insoweit auch der Sinn und Zweck des § 22 Abs. 3 WpHG zu berücksichtigen, den mittelbaren Stimmrechtseinfluss des Meldepflichtigen aufzudecken, also insbesondere die Personen zu identifizieren, die letztverbindlich über die Ausübung des Stimmrechts des Tochterunternehmens bestimmen können. Mit Blick hierauf kann sich die Frage stellen, ob die weitergehende, also eine Zurechnung begründende Tatbestandsalternative teleologisch zu reduzieren ist.

Maßgebliche Kriterien bei der Feststellung einer Beherrschungsmöglichkeit sind der Gegenstand der Beherrschungsmöglichkeit, ihre Intensität und ihre Beständigkeit. Diese Kriterien müssen sich in dem Einflussmittel widerspiegeln, welches dem Meldepflichtigen zur Verfügung steht. Nur da nn lässt sich eine Beherrschungsmöglichkeit bejahen. Nachfolgend sollen die genannten Kriterien und die zur Ausübung beherrschenden Einflusses geeigneten Einflussmittel eingehender betrachtet werden. Aus Gründen der vereinfachten Darstellung wird das Tochterunternehmen im Sinne des § 290 HGB und das abhängige Unternehmen im Sinne des § 17 AktG nachfolgend einheitlich als Tochter und das Mutterunternehmen im Sinne des § 290 HGB wie das herrschende Unternehmen im Sinne des § 17 AktG einheitlich als Mutter bezeichnet.

866 *Schall* in Spindler/Stilz, AktG, § 17 Rn. 1; *Emmerich* in Emmerich/Habersack, § 15 AktG Rn. 6.

867 Vgl. *Schall* in Spindler/Stilz, AktG, Vor §§ 15 ff. Rn. 27.

868 *Gelhausen/Fey/Kämpfer*, Q Rn. 25; *Busse von Colbe* in MüKo, HGB, § 290 Rn. 13; *Grottel/Kreher* in BeBiKo, § 290 HGB Rn. 21.

a) Gegenstand der Beherrschungsmöglichkeit

Das Leitmotiv der Zurechnung nach § 22 Abs. 1 S. 1 Nr. 1 WpHG besteht nicht darin, dass der Meldepflichtige Einfluss auf die Ausübung von Stimmrechten aus ganz bestimmten Aktien des Tochterunternehmens nehmen kann. Der innere Grund der Zurechnung ergibt sich vielmehr aus seiner Möglichkeit, über die Geschäftspolitik seiner Tochter zu bestimmen.[869] Dem Tatbestand des § 22 Abs. 1 S. 1 Nr. 1 WpHG lässt sich für diesen Fall die typisierte gesetzliche Annahme entnehmen, dass der Meldepflichtige über seinen Einfluss auf die Geschäftspolitik zugleich auch die Ausübung der Stimmrechte aus Aktien zu steuern vermag, die der Tochter gehören oder ihr zugerechnet werden.

Die nähere Bestimmung des Begriffs der Geschäftspolitik fällt angesichts seiner Unbestimmtheit naturgemäß schwer. Verbreitet wird auf die Möglichkeit der Mutter zur Bestimmung der Grundsatzentscheidungen in den Unternehmensbereichen der Tochter abgestellt.[870] Nach herrschender Auffassung muss sich die Beherrschungsmöglichkeit auf sämtliche oder zumindest sämtliche wesentlichen Bereiche der Geschäftspolitik beziehen.[871] Dies soll die Möglichkeit zur Steuerung der wesentlichen strategischen, operativen und finanziellen Entscheidungen erfordern.[872] Dazu werden insbesondere Entscheidungen in den Unternehmensbereichen Finanzwesen, Beschaffung und Vorratshaltung, Produktion, Investition,

869 So für § 17 AktG BGH v. 17.3.1997 – II ZB 3/96, NJW 1997, 1855, 1857; *Bayer* in MüKo, AktG, § 17 Rn. 27; *Schall* in Spindler/Stilz, AktG, § 17 Rn. 9; *Emmerich* in Emmerich/Habersack, § 17 AktG Rn. 5. Im Rahmen des § 290 HGB wird zusätzlich die Möglichkeit zur Bestimmung der Finanzpolitik des Tochterunternehmen hervorgehoben, vgl. Beschlussempfehlung und Bericht des Rechtsausschusses zum BilMoG, BT-Drucks. 16/12407, S. 89. Die Finanzpolitik lässt sich als herausgehobener Teilbereich der Geschäftspolitik qualifizieren, deren Bestimmung durch das Mutterunternehmen dann anzunehmen ist, wenn das Mutterunternehmen über die kurz- oder langfristigen Entscheidungen zur Finanzierung des Tochterunternehmens bestimmen kann, vgl. DRS 19.11; WP-Handbuch, Rn. M 25; *Busse von Colbe* in MüKo, HGB, § 290 Rn. 17.

870 So *Gelhausen/Fey/Kämpfer*, Q Rn. 16; *Busse von Colbe* in MüKo, HGB, § 290 Rn. 17; ähnlich *Kindler* in Staub, HGB, § 290 Rn. 22 („grundsätzliche Fragen der Geschäftsführung"); auf Zuweisung der „originären Leitungsaufgaben" abstellend *Senger/Hoehne* in MüKo, Bilanzrecht, § 290 HGB Rn. 28.

871 BGH v. 17.3.1997 – II ZB 3/96, NJW 1997, 1855, 1856; OLG Düsseldorf v. 22.7.1993 – 6 U 84/92, AG 1994, 36, 37; *ADS*, § 290 HGB Rn. 37; *Windbichler* in GroKo, AktG, § 17 Rn. 17; *Kindler* in Staub, HGB, § 290 Rn. 35; *Schall* in Spindler/Stilz, AktG, § 17 Rn. 12 f.; *Hopt* in Baumbach/Hopt, HGB, § 290 Rn. 9; *Busse von Colbe* in MüKo, HGB, § 290 Rn. 17; WP-Handbuch, Rn. M 25; *Grottel/Kreher*, BeBiKo, § 290 HGB Rn. 26 („für den Bestand und den Erfolg des Unternehmens notwendigen Bereiche"); *Böcking/Gros/Schurbohm-Ebneth* in Ebenroth/Boujong/Joost/Strohn, HGB, § 290 Rn. 20; *Koch* in Hüffer, AktG, § 17 Rn. 7.

872 *Gelhausen/Fey/Kämpfer*, Q Rn. 22; *Senger/Hoehne* in MüKo, Konzernrecht, § 290 HGB Rn. 29; *Grottel/Kreher*, BeBiKo, § 290 HGB Rn. 26.

Forschung und Entwicklung, Distribution sowie Personal gezählt.[873] Teilweise wird eine Beherrschungsmöglichkeit in Anlehnung an den Konzernbegriff des § 18 AktG sogar bereits dann angenommen, wenn die Mutter die Geschäftspolitik der Tochter in einem oder mehreren einzelnen wesentlichen Unternehmensbereichen steuern kann.[874] Diesem Argument wird allerdings mit Recht entgegen gehalten, dass ein erst-Recht-Schluss auf das Vorliegen eines Abhängigkeitsverhältnisses im Sinne des § 17 AktG in diesem Fall nicht zwingend ist, da § 18 AktG lediglich zusätzliche Erfordernisse bei einer bereits bestehenden Beherrschungsmöglichkeit statuiert.[875]

b) Intensität der Beherrschungsmöglichkeit

Eine Beherrschungsmöglichkeit setzt voraus, dass die Einflussnahmemöglichkeit auf die Tochter eine bestimmte Intensität überschreitet. Nicht mehr vertreten wird heute die ursprünglich durch das Reichsgericht eingeführte Abgrenzung, die Mutter müsse in der Lage sein, die Tochter ihrem Willen zu unterwerfen und diesen bei ihr durchzusetzen.[876] Denn die Abhängigkeitsvermutung des § 17 Abs. 2 AktG zeigt gerade, dass eine Beherrschungsmöglichkeit regelmäßig auch schon in Fällen wie der bloßen Mehrheitsbeteiligung anzunehmen ist, die die Mutter jedenfalls bei Tochtergesellschaften in der Rechtsform der AG gerade nicht dazu in die Lage versetzt, ihren Willen in Bezug auf die Geschäftspolitik notfalls rechtlich durchzusetzen.[877] Nach heute herrschender Auffassung kommt es deshalb für das Vorliegen einer Beherrschungsmöglichkeit nicht auf die Durchsetzbarkeit des Einflusses auf die Tochter, sondern darauf an, dass sich die Geschäftsleiter[878] der Tochter bei der Bestimmung der Geschäftspolitik mit hoher Wahrscheinlichkeit an den Vorstellungen der Mutter ausrichten („Wahrscheinlichkeit einflusskonformen Verhaltens").[879] Dies ist regelmäßig anzunehmen, wenn die Mutter entweder die Möglichkeit zur Erteilung von Weisungen in Bezug auf die von der Tochter zu verfolgende Geschäftspolitik[880] oder

---

873 *Senger/Hoehne* in MüKo, Konzernrecht, § 290 HGB Rn. 29; WP-Handbuch, Rn. M 25; *Grottel/Kreher*, BeBiKo, § 290 HGB Rn. 26.

874 So *Koppensteiner* in KöKo, AktG, § 17 Rn. 27 („Produkt-, Investitions- oder Absatzpolitik"); *Emmerich* in Emmerich/Habersack, § 17 AktG Rn. 9 f. („Finanzierung, Einkauf, Verkauf oder Organisation").

875 So *Schall* in Spindler/Stilz, AktG, § 17 Rn. 12.

876 RG v. 21.4.1941 – II 128/40, RGZ 167, 40, 49.

877 *Rittner*, DB 1976, 1465, 1468; *Krieger* in MünchHdbAG, § 68 Rn. 37; *Bayer* in MüKo, AktG, § 17 Rn. 25 f.; *Koppensteiner* in KöKo, § 17 Rn. 21.

878 Mit dem Begriff des Geschäftsleiters werden an dieser Stelle und nachfolgend untechnisch sämtliche Personen bezeichnet, die zur Geschäftsführung berufen sind.

879 *Bayer* in MüKo, AktG, § 17 Rn. 27; *Koppensteiner* in KöKo, AktG, § 17 Rn. 21; *Koch* in Hüffer, AktG, § 17 Rn. 5.

880 OLG Düsseldorf v. 22.7.1993 – 6 U 84/92, AG 1994, 36, 37; *ADS*, § 17 Rn. 26; *Koppensteiner* in KöKo, AktG, § 17 Rn. 79; *Schall* in Spindler/Stilz, AktG, § 17 Rn. 9; *Vetter* in Schmidt/Lutter, AktG, § 17 Rn. 6.

zumindest die Möglichkeit zur Bestellung der Geschäftsleiter der Tochter[881] hat. Ausreichend ist bereits die Möglichkeit zur mittelbaren Bestellung der Geschäftsleiter, die dann anzunehmen ist, wenn die Mutter die Personen bestellen kann, die ihrerseits für die unmittelbare Bestellung der Geschäftsleiter der Tochter zuständig sind.[882] Hat die Tochter die Rechtsform einer AG, bei der die Vorstandsmitglieder mit einfacher Stimmenmehrheit vom Aufsichtsrat bestellt werden, ist eine Beherrschungsmöglichkeit der Mutter vor diesem Hintergrund grundsätzlich bereits dann anzunehmen, wenn sie die Mehrheit der Aufsichtsratsmitglieder bestellen kann. Diese Form der indirekten Beherrschungsmöglichkeit wird auch als „Personalhoheit" bezeichnet.[883] Konzeptionell liegt dem der Gedanke zugrunde, dass sich die Geschäftsleiter der Tochter im Eigeninteresse an ihrer künftigen Wiederbestellung mit hoher Wahrscheinlichkeit den Wünschen der Mutter unterordnen werden.[884] Aus der Orientierung an der Wiederbestellung folgt auch, dass es für die Beherrschungsmöglichkeit unerheblich ist, ob die Geschäftsleiter ursprünglich bereits auf Betreiben der Mutter bestellt wurden.[885] Eine Beherrschungsmöglichkeit setzt nicht voraus, dass der Einfluss zu jeder Zeit geltend gemacht werden kann.[886] Ausreichend ist die Möglichkeit zur Einflussnahme im Rahmen der mitgliedschaftlichen Möglichkeiten, also in der Regel bei Gelegenheit einer Beschlussfassung, etwa im Rahmen einer Gesellschafterversammlung.[887] Reicht die Möglichkeit zur Wiederbestellung der Geschäftsleiter zur Begründung einer Beherrschungsmöglichkeit aus, so muss dies erst recht auch für die Möglichkeit ihrer Abberufung gelten. Denn in diesem

---

881 BGH v. 13.10.1977 – II ZR 123/76, NJW 1978, 104, 107; OLG Düsseldorf v. 22.7.1993 – 6 U 84/92, AG 1994, 36, 37; OLG Düsseldorf v. 8.7.2003 – 19 W 6/00, AG 2003, 688, 689; *ADS*, § 17 Rn. 26; *Windbichler* in GroKo, AktG, § 17 Rn. 20; *Bayer* in MüKo, AktG, § 17 Rn. 26; *Koppensteiner* in KöKo, AktG, § 17 Rn. 21; *Emmerich* in Emmerich/Habersack, § 17 AktG Rn. 7 f.

882 OLG Düsseldorf v. 22.7.1993 – 6 U 84/92, AG 1994, 36, 37; OLG Düsseldorf v. 8.7.2003 – 19 W 6/00, AG 2003, 688, 689; *Rittner*, DB 1976, 1465, 1468; *Bayer* in MüKo, AktG, § 17 Rn. 26; *Vetter* in Schmidt/Lutter, AktG, § 17 Rn. 6; *Koppensteiner* in KöKo, AktG, § 17 Rn. 21. Ebenso für § 290 HGB *Senger/Hoehne* in MüKo, Bilanzrecht, § 290 HGB Rn. 29.

883 *Schall* in Spindler/Stilz, AktG, § 17 Rn. 11; ähnlich *Emmerich* in Emmerich/Habersack, § 17 AktG Rn. 7 („maßgeblicher Einfluss auf die Personalpolitik").

884 OLG Düsseldorf v. 22.7.1993 – 6 U 84/92, AG 1994, 36, 37; OLG Düsseldorf v. 8.7.2003 – 19 W 6/00, AG 2003, 688, 689; *Windbichler* in GroKo, AktG, § 17 Rn. 20; *Bayer* in MüKo, AktG, § 17 Rn. 27; *Koppensteiner* in KöKo, AktG, § 17 Rn. 21; *Schall* in Spindler/Stilz, AktG, § 17 Rn. 9 f.; *Emmerich* in Emmerich/Habersack, § 17 AktG Rn. 7 f.; *Von Bülow* in KöKo, WpHG, § 22 Rn. 313; *Koch* in Hüffer, AktG, § 17 Rn. 5; *Hirschmann* in Hölters, AktG, § 17 Rn. 3.

885 *Koppensteiner* in KöKo, AktG, § 17 Rn. 22.

886 So ausdrücklich OLG Stuttgart v. 1.12.2008 – 20 W 12/08, AG 2009, 204, 205; *Bayer* in MüKo, AktG, § 17 Rn. 12; *Schall* in Spindler/Stilz, AktG, § 17 Rn. 8.

887 *ADS*, § 17 Rn. 34; *Bayer* in MüKo, AktG, § 17 Rn. 12; *Vetter* in Schmidt/Lutter, AktG, § 17 Rn. 6.

Fall werden sich die Geschäftsleiter erst recht an den Wünschen der Mutter ausrichten, zumal sie anderenfalls mit ihrer vorzeitigen Abberufung rechnen müssen. Die Möglichkeit zur Abberufung ist allerdings keine notwendige Bedingung der Beherrschungsmöglichkeit.[888]

Ob im konkreten Fall eine Wahrscheinlichkeit einflusskonformen Verhaltens anzunehmen ist, bestimmt sich nach heute herrschender Auffassung maßgeblich aus der Perspektive der Tochter, genau genommen ihrer Geschäftsleiter.[889] Entscheidend ist nicht der Wille der Mutter zur Einflussnahme. Vielmehr kommt es darauf an, dass aus der Perspektive der Geschäftsleiter der Tochter keine Möglichkeit besteht, sich einer etwaigen Einflussnahme zu entziehen.[890] Diese subjektive Betrachtungsweise lässt sich nicht ohne weiteres mit dem Kriterium der „Wahrscheinlichkeit einflusskonformen Verhaltens" vereinbaren, zumal sich eine Wahrscheinlichkeitsbetrachtung im Hinblick auf den unsicheren Eintritt der betreffenden Tatsachen notwendigerweise an objektiven Kriterien orientieren muss. Dass die Perspektive der Geschäftsleiter entscheidend sein soll, deutet dagegen umgekehrt auf die Notwendigkeit einer subjektiven Betrachtungsweise hin. Richtigerweise kann aus dem Erfordernis, die Perspektive der Geschäftsleiter zu berücksichtigen, nicht der Schluss gezogen werden, dass in jedem Einzelfall zu fragen ist, ob sich die Geschäftsleiter im Hinblick auf die Geschäftspolitik tatsächlich an den Vorstellungen der Mutter orientieren. Die mit einer solchen Einzelfallbetrachtung einhergehende Wahrscheinlichkeit von Streitigkeiten über das Vorliegen des Tatbestandsmerkmals der Beherrschungsmöglichkeit würde die Rechtssicherheit bei der Gesetzesanwendung in erheblicher Weise beeinträchtigen. Vielmehr ist im Ausgangspunkt zu fragen, ob sich ein vernünftiger Geschäftsleiter bei Kenntnis der tatsächlich bestehenden Einflussnahmemöglichkeiten der Mutter an deren Vorstellungen ausrichten würde, namentlich weil er rechtlich dazu verpflichtet wäre oder um seine (langfristige) Stellung als Geschäftsleiter nicht zu gefährden. Eine Ausnahme kann in diesem Zusammenhang allenfalls dann anerkannt werden, wenn hinreichende tatsächliche Anhaltspunkte dafür vorliegen, dass sich die betreffenden Geschäftsleiter im Einzelfall im Irrtum über das tatsächliche Einflusspotential der Mutter befinden. Denkbar ist insoweit einerseits, dass sie von einem Weisungsrecht oder von Personalhoheit auf Seiten der Mutter ausgehen und sich deshalb an den Vorstellungen der Mutter orientieren, obwohl die Mutter ein solches Einflussmittel tatsächlich nicht oder nicht mehr besitzt.[891] Andererseits sind auch Fälle denkbar, in denen die Mutter zwar tatsächlich ein hinreichendes Einflusspotential auf sich

---

888 Dies erwägend allerdings *Ziemons* in Handbuch AG, Rn. I 12.151.

889 BGH v. 4.3.1974 – II ZR 89/72, NJW 1974, 855, 856; *Windbichler* in GroKo, AktG, § 17 Rn. 18; *Bayer* in MüKo, AktG, § 17 Rn. 59; *Emmerich* in Emmerich/Habersack, § 17 AktG Rn. 11; *Koch* in Hüffer, AktG, § 17 Rn. 4.

890 BGH v. 19.1.1993 – KVR 32/91, NJW 1993, 2114, 2115; *ADS*, § 17 Rn. 26, 34; *Koppensteiner* in KöKo, AktG, § 17 Rn. 20; *Schall* in Spindler/Stilz, AktG, § 17 Rn. 19; *Emmerich* in Emmerich/Habersack, § 17 AktG Rn. 8.

891 Insoweit differenzierend *Vetter* in Schmidt/Lutter, AktG, § 17 Rn. 13 f.

vereint, was die Geschäftsleiter aber nicht erkennen, woraufhin sie sich auch nicht an den Vorstellungen der Mutter orientieren. Gleiches dürfte gelten, wenn die Geschäftsleiter der Tochter das tatsächliche Einflusspotential der Mutter zwar kennen, sich aber nicht entsprechend verhalten, also etwa den Vorstellungen der Mutter entsprechen, obwohl diese keine hinreichende Einflussnahmemöglichkeit in Form eines Weisungsrechts oder der Personalhoheit hat.[892]

Im Recht der Konzernrechnungslegung wird ungeachtet der Abschaffung des Konzepts der einheitlichen Leitung durch das BilMoG im Schrifttum teilweise weiterhin dafür plädiert, den Begriff der Beherrschungsmöglichkeit in § 290 HGB n.F. in Anknüpfung an den für das Vorliegen eines Konzerns nach § 18 AktG maßgeblichen Begriff der einheitlichen Leitung zu bestimmen.[893] Hiernach soll beherrschender Einfluss nur dann anzunehmen sein, wenn die Mutter kontinuierlich die obersten Führungsaufgaben des Konzerns als wirtschaftliche Einheit wahrnimmt und die wesentlichen strategischen, operativen und finanziellen Entscheidungen der Tochter festlegen kann, auch wenn dies ihren Interessen widerspricht.[894] Dabei soll es nicht darauf ankommen, dass die Mutter die entsprechenden Entscheidungen selbst trifft, sondern dass sie die Entscheidungen der Tochter koordinieren kann, etwa indem sie Wünsche, Empfehlungen oder Richtlinien in Bezug auf die zu verfolgende Konzernpolitik herausgibt, an die sich die Tochter typischerweise halten wird.[895] Ein bedeutendes Indiz für das Vorliegen einer Beherrschungsmöglichkeit soll die Möglichkeit der Mutter darstellen, die Budgetplanung der Tochter zu genehmigen.[896] Eine solche Anknüpfung an § 18 AktG ist abzulehnen. Sie basiert auf der Prämisse, dass das Merkmal der einheitlichen Leitung noch eine Bedeutung für die Konzernrechnungslegung entfaltet. Nach der Ersetzung des Konzepts der einheitlichen Leitung durch das Konzept der Beherrschungsmöglichkeit in § 290 HGB ist dies aber gerade nicht mehr der Fall.[897] Die besseren Argumente sprechen dafür, die erforderliche Intensität der Einflussnahmemöglichkeit auch im Regelungsumfeld des § 290 HGB in Anknüpfung an die Grundsätze zu bestimmen, die auch im Rahmen des § 17 AktG gelten.[898]

Wie oben angedeutet müsste es nach den Gesetzesmaterialien zum BilMoG für das Merkmal der Beherrschungsmöglichkeit auch darauf ankommen, dass die Mutter aus der Tätigkeit der Tochter einen Nutzen ziehen kann. Nach überwiegender Auffassung wird dieses Merkmal aber nicht als kumulativ zu erfüllende

---

892 Vgl. *Bayer* in MüKo, AktG, § 17 Rn. 59; *Vetter* in Schmidt/Lutter, AktG, § 17 Rn. 14.

893 So *Kindler* in Staub, HGB, § 290 Rn. 22; *Senger/Hoehne* in MüKo, Bilanzrecht, § 290 HGB Rn. 29.

894 *Senger/Hoehne* in MüKo, Bilanzrecht, § 290 HGB Rn. 29.

895 *Kindler* in Staub, HGB, § 290 Rn. 22 f.; *Senger/Hoehne* in MüKo, Bilanzrecht, § 290 HGB Rn. 29.

896 *Gelhausen/Fey/Kämpfer*, Q Rn. 16; *Senger/Hoehne* in MüKo, Bilanzrecht, § 290 HGB Rn. 29; *Grottel/Kreher* in BeBiKo, § 290 HGB Rn. 26.

897 Vgl. *Schall* in Spindler/Stilz, AktG, § 18 Rn. 5.

898 Ebenso *Opitz* in Schäfer/Hamann, § 22 WpHG Rn. 11.

Voraussetzung einer Beherrschungsmöglichkeit, sondern lediglich als Hinweis darauf angesehen, dass im Rahmen des § 290 HGB eine wirtschaftliche Betrachtungsweise anzustellen ist.[899] Die tatsächliche Nutzenziehung kann aber als Indiz für das Vorliegen einer Beherrschungsmöglichkeit dienen.[900] Umgekehrt kann die fehlende Nutzenziehung bei der formell-berechtigten Mutter dazu führen, dass ihre Beherrschungsmöglichkeit für den Bereich der Konzernrechnungslegung entfällt.[901]

c) Beständigkeit der Beherrschungsmöglichkeit

Es wurde bereits festgestellt, dass eine Beherrschungsmöglichkeit nicht voraussetzt, dass der Einfluss der Mutter zu jeder Zeit geltend gemacht werden kann. Fraglich ist aber, ob die Beherrschungsmöglichkeit wenigstens eine bestimmte Mindestdauer voraussetzt. Im Konzernrecht wird eine starre Mindestdauer als Kriterium der Beherrschungsmöglichkeit einhellig abgelehnt.[902] Die Verknüpfung des Abhängigkeitstatbestands des § 17 Abs. 1 AktG mit einem solchen Zeitelement wäre praktisch unzweckmäßig, steht doch im Zeitpunkt des Erreichens der erforderlichen Intensität der Beherrschungsmöglichkeit in der Regel noch gar nicht fest, wie lange das damit verbundene Einflusspotential fortbestehen wird.[903] Entscheidend ist damit nicht ein starres Zeitelement, sondern die Überlegung, dass die Beherrschungsmöglichkeit den Geschäftsleitern der Tochter gegenwärtig bereits bewusst ist und damit ihr künftiges Verhalten beeinflussen kann.[904] Potentielle künftige Beherrschungsmöglichkeiten der Mutter reichen nicht aus.[905] Auch ganz kurzfristige oder lediglich zufällige Einflussnahmemöglichkeiten auf die Geschäftspolitik der Tochter begründen noch keine Beherrschungsmöglichkeit, da diese grundsätzlich nicht dazu führen, dass sich die Geschäftsleiter der Tochter an den Wünschen der Mutter ausrichten.[906] Wenn der Einfluss der Mutter auf die Geschäftspolitik der

---

899 So *Gelhausen/Fey/Kämpfer*, Q Rn. 22; WP-Handbuch, Rn. M 27; *Busse von Colbe* in MüKo, HGB, § 290 Rn. 18; *Kraft/Link*, ZGR 2013, 514, 529.

900 DRS 19.15.

901 *Gelhausen/Fey/Kämpfer*, Q Rn. 22.

902 *Windbichler* in GroKo, AktG, § 17 Rn. 21; *Bayer* in MüKo, AktG, § 17 Rn. 12; *Koppensteiner* in KöKo, AktG, § 17 Rn. 25; *Schall* in Spindler/Stilz, AktG, § 17 Rn. 19; *Koch* in Hüffer, AktG, § 17 Rn. 7; *Hirschmann* in Hölters, AktG, § 17 Rn. 4.

903 *Koppensteiner* in KöKo, AktG, § 17 Rn. 25.

904 *Koppensteiner* in KöKo, AktG, § 17 Rn. 47; *Emmerich* in Emmerich/Habersack, § 17 AktG Rn. 11.

905 OLG Stuttgart v. 1.12.2008 – 20 W 12/08, AG 2009, 204, 205; *Windbichler* in GroKo, AktG, § 17 Rn. 21; *Bayer* in MüKo, AktG, § 17 Rn. 11; *Schall* in Spindler/Stilz, AktG, § 17 Rn. 8, 36 f.; *Emmerich* in Emmerich/Habersack, § 17 AktG Rn. 11.

906 OLG Düsseldorf v. 22.7.1993 – 6 U 84/92, AG 1994, 36, 37; *Rittner*, DB 1976, 1465, 1469; *Windbichler* in GroKo, AktG, § 17 Rn. 21; *Bayer* in MüKo, AktG, § 17 Rn. 50; *Schall* in Spindler/Stilz, AktG, § 17 Rn. 11, 19; *Emmerich* in Emmerich/Habersack, § 17 AktG Rn. 12; *Koch* in Hüffer, AktG, § 17 Rn. 6; *Hirschmann* in Hölters, AktG, § 17 Rn. 3, 7.

Tochter von der freiwilligen Mitwirkung anderer Personen abhängt, ist eine Beherrschungsmöglichkeit ebenfalls grundsätzlich zu verneinen.[907] Im Ergebnis soll es vor allem auf eine beständige Einflussnahmemöglichkeit auf die Geschäftspolitik der Tochter ankommen, was einerseits Verlässlichkeit und andererseits voraussetzt, dass die Einflussnahmemöglichkeit voraussichtlich für einen nicht unerheblichen Zeitraum fortbesteht.[908] Für das Recht der Konzernrechnungslösung kommt es nach den Gesetzesmaterialien zum BilMoG darauf an, dass die Finanz- und Geschäftspolitik des abhängigen Unternehmens „dauerhaft" bestimmt werden kann.[909] Das Kriterium der Dauerhaftigkeit soll allerdings auch hier keine starren Mindestfristen statuieren, sondern lediglich sicherstellen, dass lediglich kurzfristige oder zufällige Einflussnahmemöglichkeiten die Schwelle zur Beherrschungsmöglichkeit nicht überschreiten.[910]

Letztlich ist damit sowohl im Konzernrecht als auch im Recht der Konzernrechnungslegung eine verlässliche Einflussnahmemöglichkeit für einen überschaubaren Zeitraum entscheidend.[911] Ob im Einzelfall zum fraglichen Zeitpunkt eine solche Beständigkeit der Einflussnahmemöglichkeit vorliegt, ist aus der ex-ante-Perspektive eines vernünftigen Geschäftsleiters im Wege einer Prognoseentscheidung festzustellen.[912] Dabei sind auch die Umstände zu berücksichtigen, die in der Vergangenheit zu einer Beherrschungsmöglichkeit in Bezug auf den Dritten geführt haben.[913] Dass die Beherrschungsmöglichkeit zu einem künftigen Zeitpunkt sicher oder unter bestimmten Bedingungen enden wird, steht der Annahme einer Beherrschungsmöglichkeit im Zeitpunkt der Prognoseentscheidung nicht per se entgegen.[914] Eine Beteiligung die mit hinreichender Sicherheit nur für sehr kurze Dauer bestehen wird

---

907 *Emmerich* in Emmerich/Habersack, § 17 AktG Rn. 12.

908 BGH v. 17.3.1997 – II ZB 3/96, NJW 1997, 1855, 1856; *Windbichler* in GroKo, AktG, § 17 Rn. 17; *Schall* in Spindler/Stilz, AktG, § 17 Rn. 19; *Koch* in Hüffer, AktG, § 17 Rn. 4, 6 f.; *Emmerich* in Emmerich/Habersack, § 17 AktG Rn. 12 f.; *Hirschmann* in Hölters, AktG, § 17 Rn. 3 f.

909 Beschlussempfehlung und Bericht des Rechtsausschusses zum BilMoG, BT-Drucks. 16/12407, S. 89.

910 DRS 19.12 (Beherrschungsmöglichkeit darf nicht so kurzfristig sein darf, dass eine Bestimmung der ökonomischen Aktivitäten nicht möglich ist); *Gelhausen/Deubert/Klöcker* DB 2010, 2005; *Senger/Hoehne* in MüKo, Bilanzrecht, § 290 HGB Rn. 32; WP-Handbuch, Rn. M 26; *Busse von Colbe* in MüKo, HGB, § 290 Rn. 15; *Kraft/Link*, ZGR 2013, 514, 529; *Merkt* in Baumbach/Hopt, HGB, § 290 Rn. 6; *Grottel/Kreher*, BeBiKo, § 290 HGB Rn. 25; *Morck* in Koller/Kindler/Roth/Morck, HGB, § 290 Rn. 2.

911 Ebenso wohl *Opitz* in Schäfer/Hamann, § 22 WpHG Rn. 11.

912 *Gelhausen/Fey/Kämpfer*, Q Rn. 19; *Senger/Hoehne* in MüKo, Bilanzrecht, § 290 HGB Rn. 32; *Müller-Eising/Stoll*, GWR 2012, 315; *Larisch/Bunz*, NZG 2013, 1247, 1248; *Merkt* in Baumbach/Hopt, HGB, § 290 Rn. 6; *Grottel/Kreher*, BeBiKo, § 290 HGB Rn. 25.

913 *Gelhausen/Fey/Kämpfer*, Q Rn. 19; *Müller-Eising/Stoll*, GWR 2012, 315; *Grottel/Kreher*, BeBiKo, § 290 HGB Rn. 25.

914 *Gelhausen/Fey/Kämpfer*, Q Rn. 19; *Busse von Colbe* in MüKo, HGB, § 290 Rn. 16.

ist aber nicht dazu geeignet eine Beherrschungsmöglichkeit zu begründen, etwa die Beteiligung der Kreditinstitute bei einer Kapitalerhöhung unter Gewährung eines mittelbaren Bezugsrechts.[915] Der zeitliche Bezugspunkt der Prognosentscheidung unterscheidet sich in Abhängigkeit von dem konkreten Beherrschungsmittel. So ist zu berücksichtigen, dass ein Weisungsrecht grundsätzlich jederzeit ausgeübt werden kann. Es kommt daher nur darauf an, ob die Mutter mit überwiegender Wahrscheinlichkeit noch irgendeine Möglichkeit haben wird, ihr Weisungsrecht auszuüben. Im Übrigen wird man anknüpfend an das Konzept der Personalhoheit als Richtschnur verlangen müssen, dass die Mutter ihren Einfluss auf die Wiederbestellung der Geschäftsleiter der Tochter mit überwiegender Wahrscheinlichkeit bis zur nächsten Beschlussfassung über die unmittelbare oder mittelbare Bestellung der Geschäftsleiter aufrechterhalten wird.[916]

d) Beherrschungsmittel

Die erforderliche Intensität der Beherrschungsmöglichkeit kann theoretisch aus einer Vielzahl von Einflussmitteln hergeleitet werden. Für die Beherrschungsmöglichkeit im Sinne des § 17 Abs. 1 AktG hat der Gesetzgeber ganz bewusst auf eine abschließende Aufzählung der Beherrschungsmittel im Gesetz verzichtet, da er eine solche als unmöglich ansah.[917] Nach heute nahezu allgemeiner Auffassung lässt sich eine Einschränkung aber zumindest dahingehend vornehmen, dass es auf eine gesellschaftsrechtlich vermittelte Einflussnahmemöglichkeit ankommt.[918] Dies wird einerseits aus der originär gesellschaftsrechtlichen Rechtsnatur des § 17 AktG und andererseits aus dem systematischen Argument hergeleitet, dass zahlreiche weitere gesellschaftsrechtliche Normen an den Abhängigkeitstatbestand des § 17 AktG anknüpfen.[919] Folgt die Einflussnahmemöglichkeit lediglich aus einem oder mehreren schuldrechtlichen Verträgen, etwa Liefer- oder Kreditverträgen, oder aus tatsächlichen Gründen ist sie also grundsätzlich nicht dazu geeignet, den Abhängigkeitstatbestand des § 17 Abs. 1 AktG zu verwirklichen.[920] Gegen die

---

915 So *Rittner*, DB 1976, 1465, 1469 Fn. 56; *ADS*, § 17 Rn. 33.

916 Ähnlich *Larisch/Bunz*, NZG 2013, 1247, 1248 („Erwartung einer faktischen Mehrheit auf der kommenden Hauptversammlung").

917 Begr. RegE. bei *Kropff*, AktG, S. 31.

918 BGH v. 26.3.1984 – II ZR 171/83, NJW 1984, 1893, 1896; BGH v. 17.3.1997 – II ZB 3/96, NJW 1997, 1855, 1856; OLG Düsseldorf v. 22.7.1993 – 6 U 84/92, AG 1994, 36, 37; *Ulmer*, ZGR 1978, 457, 471 f.; *Schall* in Spindler/Stilz, AktG, § 17 Rn. 22; *Emmerich* in Emmerich/Habersack, § 17 AktG Rn. 14; *Koch* in Hüffer, AktG, § 17 Rn. 4, 8; *Hirschmann* in Hölters, AktG, § 17 Rn. 5.

919 BGH v. 26.3.1984 – II ZR 171/83, NJW 1984, 1893, 1896; *Ulmer*, ZGR 1978, 457, 468 f.; *H. P. Westermann*, ZIP 1982, 379, 385.

920 BGH v. 26.3.1984 – II ZR 171/83, NJW 1984, 1893, 1896 f.; OLG Düsseldorf v. 22.7.1993 – 6 U 84/92, AG 1994, 36, 37; *Windbichler* in GroKo, AktG, § 17 Rn. 40; *Dehlinger/Zimmermann* in Fuchs, WpHG, § 22 Rn. 35; *Koch* in Hüffer, AktG, § 17 Rn. 8; *Hirschmann* in Hölters, AktG, § 17 Rn. 5; ebenso aber unter Darstellung

Folgen einer ggf. im Einzelfall aus einem schuldrechtlichen Vertrag und/oder aus tatsächlichen Umständen herzuleitenden wirtschaftlichen Abhängigkeit, die qualitativ einer gesellschaftsrechtlich vermittelten Abhängigkeit entsprechen kann, soll die Tochter ausschließlich mit den Mitteln des allgemeinen Vertragsrechts und des Wettbewerbsrechts geschützt werden.[921] Der BGH hebt zudem hervor, dass die Berücksichtigung rein wirtschaftlicher Abhängigkeiten bei der Feststellung der Beherrschungsmöglichkeit einen zu tiefen Eingriff in das Marktgeschehen bedeuten und über den von § 17 Abs. 1 AktG bezweckten Schutz gegen die Konzerngefahr hinausschießen würde.[922] Eine Abschwächung des Grundsatzes, dass Einflussnahmemöglichkeiten aus schuldrechtlichen Verträgen oder tatsächlichen Gründen nicht zu einer Beherrschungsmöglichkeit führen können, stellt aber die sog. kombinierte Beherrschung dar, bei der eine bereits vorhandene gesellschaftsrechtlich vermittelte Einflussnahmemöglichkeit durch schuldvertragliche Besonderheiten oder tatsächliche Umstände so verstärkt wird, dass die Schwelle zur Beherrschungsmöglichkeit überschritten wird.[923]

Eine Beherrschungsmöglichkeit im Sinne des § 290 HGB soll nach verbreiteter Auffassung sowohl auf gesellschaftsrechtlichen als auch auf schuldrechtlichen oder rein tatsächlichen Mitteln beruhen können.[924] Hergeleitet wird diese Erweiterung aus dem Umstand, dass mit Inkrafttreten des BilMoG das vormals in § 290 Abs. 1 HGB geregelte Beteiligungserfordernis ersatzlos weggefallen ist.[925] Wie ein Vergleich mit dem Wortlaut des § 17 Abs. 1 AktG zeigt, ist das aber noch kein zwingendes Argument für einen Verzicht auf das Merkmal der gesellschaftsrechtlichen Fundierung des Einflusses. Hinzu kommt der Aspekt, dass ein schuldrechtlicher Vertrag für sich genommen nur unzureichende Anhaltspunkte für eine Einflussnahme auf die Geschäftspolitik der Tochter bietet und dass sich das Vorliegen einer Beherrschungsmöglichkeit auf Grundlage rein faktischer Beherrschungsmittel mangels objektiver Kriterien nur schwer mit der gebotenen Rechtssicherheit bestimmen lässt.[926] Die

---

erwägenswerter Ausnahmen *Bayer* in MüKo, AktG, § 17 Rn. 29; a.A. im Grundsatz wohl *Schall* in Spindler/Stilz, AktG, § 17 Rn. 21 ff. (tatsächlicher oder schuldrechtlich begründeter Einfluss kann ausreichen, wenn herrschendes Unternehmen dem abhängigen Unternehmen seinen Willen aufzwängen kann oder diesen tatsächlich durchsetzt).

921 BGH v. 26.3.1984 – II ZR 171/83, NJW 1984, 1893, 1897; *Ulmer*, ZGR 1978, 457, 470; *H. P. Westermann*, ZIP 1982, 379, 385; *Windbichler* in GroKo, AktG, § 17 Rn. 40; *Bayer* in MüKo, AktG, § 17 Rn. 30; *Koppensteiner* in KöKo, AktG, § 17 Rn. 59; *Emmerich* in Emmerich/Habersack, § 17 AktG Rn. 15; *Hirschmann* in Hölters, AktG, § 17 Rn. 5.

922 BGH v. 26.3.1984 – II ZR 171/83, NJW 1984, 1893, 1896 f.

923 Vgl. unten S. 219 ff.

924 *Gelhausen/Deubert/Klöcker*, DB 2010, 2005; *Grottel/Kreher*, BeBiKo, § 290 HGB Rn. 21.

925 *Gelhausen/Deubert/Klöcker*, DB 2010, 2005.

926 *Senger/Hoehne* in MüKo, Bilanzrecht, § 290 HGB Rn. 35.

besseren Argumente sprechen daher auch im Rahmen des § 290 HGB dafür, dass die Beherrschungsmöglichkeit gesellschaftsrechtlich vermittelt sein muss.[927]

Unterschiede zwischen der Beherrschungsmöglichkeit nach § 17 AktG einerseits und nach § 290 HGB andererseits können sich indessen durch die besonderen Tatbestände in § 290 Abs. 2 HGB ergeben, die in dieser Form keine (vollständige) Entsprechung im Konzernrecht finden. Die Norm enthält nach herrschender Meinung vier unwiderlegbare Vermutungen für das Vorliegen einer Beherrschungsmöglichkeit (sog. formal-rechtliche Betrachtungsweise).[928] Da allerdings nur solche Unternehmen in den Konsolidierungskreis einbezogen werden sollen, die bei wirtschaftlicher Betrachtungsweise zu dem betreffenden Konzern gehören, wird die formal-rechtliche Bestimmung des beherrschenden Einflusses gesetzlich typisierend durch § 290 Abs. 3 HGB korrigiert.[929] In gewissem Umfang kann eine Korrektur der formalen Festlegung der Beherrschungsmöglichkeit zudem durch die Konsolidierungswahlrechte nach § 296 HGB erfolgen.[930] Diese Wahlrechte spielen aber für die Feststellung der Beherrschungsmöglichkeit selbst keine Rolle und sind daher auch für die Qualifizierung der Tochter als Tochterunternehmen im Sinne des § 22 Abs. 3 WpHG außer Betracht zu lassen. § 290 Abs. 1 HGB bildet dagegen die „Generalnorm“ für das Konzept der Beherrschungsmöglichkeit im Recht der Konzernrechnungslegung.[931] Im Interesse der Einheit der Rechtsordnung erfasst die Norm grundsätzlich sämtliche Fälle der Beherrschungsmöglichkeit, die auch eine Beherrschungsmöglichkeit im Sinne des § 17 Abs. 1 AktG begründen.[932] Dabei erstreckt sie sich im Sinne einer Auffangnorm auf diejenigen Fälle der Beherrschungsmöglichkeit, die noch nicht durch die unwiderlegbaren Vermutungen des beherrschenden Einflusses in § 290 Abs. 2 HGB erfasst werden.

Nachfolgend werden die für eine Beherrschungsmöglichkeit im Wesentlichen in Betracht kommenden Beherrschungsmittel aus der Perspektive des Konzernrechts und des Rechts der Konzernrechnungslegung betrachtet. Dabei sollen die Fälle aufgezeigt werden, in denen sich eine Diskrepanz zwischen den beiden Rechtsgebieten ergibt, die sich dann im Rahmen des § 22 Abs. 3 WpHG fortsetzt. Aus dem Gesetz ergibt sich zwar, dass die Tochterunternehmenseigenschaft grundsätzlich ungeachtet einer solchen Diskrepanz auf Grundlage der gerade einschlägigen Tatbestandsalternative anzunehmen ist. Im Hinblick auf den Sinn und Zweck des § 22 WpHG soll allerdings nachfolgend hinterfragt werden, ob im Einzelfall nicht doch eine

927 So i.E. *Kindler* in Staub, HGB, § 290 Rn. 23; *Senger/Hoehne* in MüKo, Bilanzrecht, § 290 HGB Rn. 35.

928 DRS 19.16; *Kindler* in Staub, HGB, § 290 Rn. 3; *Senger/Hoehne* in MüKo, Bilanzrecht, § 290 HGB Rn. 57; *Kraft/Link*, ZGR 2013, 514, 518; *Grottel/Kreher* in BeBiKo, § 290 HGB Rn. 31; *Morck* in Koller/Kindler/Roth/Morck, HGB, § 290 Rn. 3.

929 *Gelhausen/Deubert/Klöcker*, DB 2010, 2005 f.

930 *ADS*, § 290 HGB Rn. 29.

931 Vgl. *Busse von Colbe* in Müko, HGB, § 290 Rn. 13; *Grottel/Kreher* in BeBiKo, § 290 HGB Rn. 20.

932 *Busse von Colbe* in MüKo, HGB, § 290 Rn. 13.

teleologische Reduktion des § 22 Abs. 3 WpHG zu erwägen ist, um eine potentielle Irreführung der Anleger zu vermeiden.

aa) Stimmrechtsmehrheit

Das klassische Beherrschungsmittel der Mutter ist die Mehrheit der Stimmrechte aus den Anteilen an der Tochter. Nach § 290 Abs. 2 Nr. 1 HGB wird ein beherrschender Einfluss der Mutter unwiderlegbar vermutet, wenn der Mutter bei der Tochter die Mehrheit der Stimmrechte der Gesellschafter zusteht. Im Konzernrecht führt die Stimmrechtsmehrheit der Mutter dagegen nur zu einer widerlegbaren Vermutung der Abhängigkeit der Tochter. Nach § 17 Abs. 2 AktG wird von einem in Mehrheitsbesitz stehenden Unternehmen vermutet, dass es von dem mit Mehrheit beteiligten Unternehmen abhängig ist. Eine solche Mehrheitsbeteiligung ist nach § 16 Abs. 1 AktG nicht nur anzunehmen, wenn der Mutter die Mehrheit der Stimmrechte bei der Tochter zusteht, sondern auch im Fall der Anteilsmehrheit. Für die Feststellung der Abhängigkeit kommt es aber entscheidend auf die Stimmrechtsmehrheit an.[933] Vermittelt die Mehrheitsbeteiligung nicht wie im Regelfall zugleich auch eine Stimmrechtsmehrheit, kann die Vermutung des § 17 Abs. 2 AktG widerlegt werden.[934] Im Rahmen des § 22 Abs. 3 WpHG können die Unterschiede im Hinblick auf die Widerlegbarkeit der Vermutung des beherrschenden Einflusses prinzipiell dazu führen, dass die Tochterunternehmenseigenschaft anzunehmen ist, obwohl die Voraussetzungen des beherrschenden Einflusses im konkreten Fall nicht vorliegen. Welche Fälle dies betrifft, soll nachfolgend noch aufgezeigt werden. Grundsätzlich kann sich in einem solchen Fall die Frage nach einer teleologischen Reduktion des § 290 Abs. 2 Nr. 1 HGB im Rahmen des § 22 Abs. 3 WpHG stellen. Auch darauf wird noch zurückzukommen sein.

(1) Bezugspunkt der Stimmrechtsmehrheit

Die Stimmrechtsmehrheit muss sich nicht auf sämtliche Beschlussgegenstände beziehen, aber die für eine Beherrschungsmöglichkeit erforderliche Beherrschungsintensität erreichen.[935] Ausreichend ist daher eine Stimmrechtsmehrheit bei Beschlüssen über die Bestellung der Geschäftsleiter der Tochter oder der Mehrheit der Personen, die die Geschäftsleiter bestellen, sofern damit eine mittelbare

---

933 *ADS*, § 17 AktG Rn. 29; *Bayer* in MüKo, AktG, § 17 Rn. 26; *Koch* in Hüffer, AktG, § 17 Rn. 9.

934 Vgl. *Möhring* in FS Westermann, 427, 431; *Mertens* in FS Beusch, 583, 584; *Windbichler* in GroKo, AktG, § 17 Rn. 74; *Ziemons* in Handbuch AG, Rn. I 12.146, I 12.153; *Emmerich* in Emmerich/Habersack, § 17 AktG Rn 39; *Koch* in Hüffer, AktG, § 17 Rn. 20 f. Streitig ist in diesem Zusammenhang, ob auch das Fehlen anderweitiger Beherrschungsmittel nachgewiesen werden muss, vgl. *Koch* in Hüffer, AktG, § 17 Rn. 19 m.w.N.

935 Vgl. oben S. 185 ff.

Möglichkeit zur Bestellung der Geschäftsleiter einhergeht.[936] Handelt es sich bei der Tochter um eine paritätisch mitbestimmte AG, genügt die Möglichkeit zur Bestellung der Aufsichtsratsmitglieder der Anteilseignerseite, da auch der Aufsichtsratsvorsitzende zu diesen Mitgliedern des Aufsichtsrats zählt und die Wünsche der Mutter bei der Bestellung der Vorstandsmitglieder der AG über seine Zweitstimme im dritten Wahlgang durchsetzen kann.[937] Die erforderliche Intensität zur Begründung einer Beherrschungsmöglichkeit ist ferner dann erreicht, wenn die Mutter durch die Ausübung ihres Stimmrechts alleine über die Erteilung von Weisungen an die Geschäftsleiter in Bezug auf die Geschäftspolitik in den maßgeblichen Unternehmensbereichen bestimmen kann.[938] Ob es der Mutter darüber hinaus auch möglich ist, über andere wichtige Beschlussgegenstände, etwa über Geschäftsführungsfragen in den Fällen des § 111 Abs. 4 S. 3 AktG oder § 119 Abs. 2 AktG, über die Feststellung des Jahresabschlusses oder die Gewinnverwendung, zu entscheiden, ist nach überwiegender und zutreffender Auffassung für die Feststellung der Beherrschungsmöglichkeit ohne Bedeutung.[939]

Im Recht der Konzernrechnungslegung sind diese Grundsätze noch nicht in dieser Deutlichkeit herausgearbeitet worden. Hier begnügt man sich allgemein mit der Feststellung, die Stimmrechtsmehrheit müsse sich nicht notwendigerweise auf sämtliche, aber auf alle wesentlichen Entscheidungsbereiche bei der Tochter beziehen.[940] Da es aber auch hier auf das Bestehen einer Beherrschungsmöglichkeit und damit darauf ankommt, ob die erforderliche Beherrschungsintensität erreicht ist, wird man die im Konzernrecht entwickelten Grundsätze auch im Rahmen des § 290 Abs. 2 Nr. 1 HGB heranziehen können.

---

936 BGH v. 13.10.1977 – II ZR 123/76, NJW 1978, 104, 107; OLG Düsseldorf v. 22.7.1993 – 6 U 84/92, AG 1994, 36, 37; OLG Düsseldorf v. 8.7.2003 – 19 W 6/00, AG 2003, 688, 689; *Windbichler* in GroKo, AktG, § 17 Rn. 20; *Bayer* in MüKo, AktG, § 17 Rn. 26 f.; *Koppensteiner* in KöKo, AktG, § 17 Rn. 21; *Emmerich* in Emmerich/Habersack, § 17 AktG Rn. 7 f.

937 *ADS*, § 17 AktG Rn. 56; *Krieger* in MünchHdbAG, § 68 Rn. 63; *Koppensteiner* in KöKo, AktG, § 17 Rn. 121; *Koch* in Hüffer, AktG, § 17 Rn. 11; a.A. *Werner*, ZGR 1976, 447, 466 f.

938 OLG Düsseldorf v. 22.7.1993 – 6 U 84/92, AG 1994, 36, 37; *Koppensteiner* in KöKo, AktG, § 17 Rn. 79; *Schall* in Spindler/Stilz, AktG, § 17 Rn. 9.

939 *Krieger* in MünchHdbAG, § 68 Rn. 60; *Bayer* in MüKo, AktG, § 17 Rn. 101; *Ziemons* in Handbuch AG, Rn. I 12.151; *Koppensteiner* in KöKo, AktG, § 17 Rn. 104 m.w.N. auch zur Gegenansicht; *Emmerich* in Emmerich/Habersack, § 17 AktG Rn. 38; *Koch* in Hüffer, AktG, § 17 Rn. 21.

940 *ADS*, § 290 HGB Rn. 37; *Siebourg* in HdKR, § 290 HGB Rn. 70; *Kindler* in Staub, HGB, § 290 Rn. 35 („wenn auf diese Weise maßgebliche Beeinflussung der Geschäftspolitik möglich ist"); *Hopt* in Baumbach/Hopt, HGB, § 290 Rn. 9; *Grottel/Kreher*, BeBiKo, § 290 HGB Rn. 43 („wesentliche Beeinflussung der Dispositionen hinsichtlich Finanz- und Geschäftspolitik"); *Von Bülow* in KöKo, WpHG, § 22 Rn. 303; *Böcking/Gros/Schurbohm-Ebneth* in Ebenroth/Boujong/Joost/Strohn, HGB, § 290 Rn. 20.

(2) Berechnung des Stimmrechtsanteils

Im Konzernrecht richtet sich die Berechnung des Stimmrechtsanteils der Mutter nach § 16 Abs. 3 AktG. Danach bestimmt sich der Stimmrechtsanteil nach dem Verhältnis der Zahl der Stimmrechte, die die Mutter aus den ihr gehörenden Anteilen ausüben kann zur Gesamtzahl aller Stimmrechte. Mehrstimmrechte sind dabei zu berücksichtigen.[941] Für die Gesamtzahl der Stimmrechte enthält § 16 Abs. 3 S. 2 AktG eine Sonderregelung, wonach Stimmrechte aus eigenen Anteilen, die also die Tochter an sich selbst hält, sowie aus Anteilen, die eigenen Anteilen nach § 16 Abs. 2 S. 3 AktG gleichstehen von der Gesamtzahl der Stimmrechte abzuziehen sind. Solche gleichstehenden Anteile sind Anteile an der Tochter, die einem Dritten für Rechnung der Tochter gehören. Für das Recht der Konzernrechnungslegung enthält § 290 Abs. 4 HGB eine nahezu inhaltsgleiche Regelung zur Berechnung des Stimmrechtsanteils.[942] Auch hier sind Mehrstimmrechte zu berücksichtigen.[943] Im Hinblick auf die Gesamtzahl der Stimmrechte enthält der Wortlaut des § 290 Abs. 4 S. 2 HGB allerdings eine weitere Einschränkung. Abzuziehen sind hiernach auch Stimmrechte aus Anteilen an der Tochter, die einem ihrer eigenen Tochterunternehmen oder einem Dritten für Rechnung eines solchen Tochterunternehmens gehören. Das Fehlen einer derartigen Regelung im Konzernrecht wird von Teilen des Schrifttums als rechtspolitisch verfehlt kritisiert.[944] Diese Kritik erklärt sich vor dem Hintergrund der §§ 71d S. 2, S. 4, 71b AktG. Das Verbot der Ausübung von Rechten aus eigenen Aktien erstreckt sich auch auf Aktien, die zwar nicht durch die AG selbst aber durch ein von ihr abhängiges Unternehmen oder durch einen Dritten für Rechnung eines solchen abhängigen Unternehmens gehalten werden. Werden die Stimmrechte aus solchen Aktien im Rahmen des § 16 Abs. 3 AktG nicht bei der Gesamtzahl der Stimmrechte abgezogen, so kann dies zur Folge haben, dass ein Aktionär, dem tatsächlich die Stimmrechtsmehrheit zusteht, im Rahmen des § 17 Abs. 2 AktG nicht als mit Mehrheit beteiligter Aktionär eingeordnet wird, so dass die Vermutung der Abhängigkeit nicht eingreift.[945] Von der bislang herrschenden Auffassung im konzernrechtlichen Schrifttum wird diese Folge allerdings unter Hinweis auf den Wortlaut des § 16 Abs. 2, Abs. 3 AktG hingenommen,[946] während die im vordringen befindliche Gegenauffassung ungeachtet des Wortlauts der Norm für einen Abzug der betreffenden Stimmrechte im Wege einer Analogiebildung

941 *Windbichler* in GroKo, AktG, § 16 Rn. 44; *Schall* in Spindler/Stilz, AktG, § 16 Rn. 35; *Emmerich* in Emmerich/Habersack, § 16 AktG Rn. 23.

942 § 290 Abs. 4 S. 1 HGB entspricht inhaltlich der Regelung zur Berechnung des Stimmrechtsanteils in § 16 Abs. 3 S. 1 AktG, vgl. *ADS*, § 290 HGB Rn. 32 f.

943 *Biener/Berneke*, BiRiLiG, S. 287.

944 Vgl. *ADS*, § 16 AktG Rn. 19; *Bayer* in MüKo, AktG, § 16 Rn. 38; *Koppensteiner* in KöKo, AktG, § 16 Rn. 41.

945 *Bayer* in MüKo, AktG, § 16 Rn. 34, 38.

946 So noch *ADS*, § 16 AktG Rn. 19; *Koppensteiner* in KöKo, AktG, § 16 Rn. 41.

plädiert[947]. Die Abhängigkeit der Tochter ist in diesem Fall aber jedenfalls über § 17 Abs. 1 AktG nach den Grundsätzen über die kombinierte Beherrschung im Fall einer Hauptversammlungsmehrheit herzuleiten.[948]

Im Ergebnis wirkt sich die Diskrepanz zwischen § 16 Abs. 3 AktG und § 290 Abs. 4 HGB also im Rahmen des § 22 Abs.3 WpHG überhaupt nicht aus. Sofern die Mutter nur wegen dem fehlenden Abzug der vom Stimmverbot nach den §§ 71d S. 2, 4, 71b AktG erfassten Stimmrechte von der Gesamtzahl der Stimmrechte die rechnerische Stimmrechtsmehrheit und damit das Eingreifen der Abhängigkeitsvermutung verfehlt, ist sowohl durch § 290 Abs. 4 HGB als auch durch § 17 Abs. 1 AktG sichergestellt, dass die Tochter als Tochterunternehmen im Sinne des § 22 Abs. 3 WpHG zu qualifizieren ist.

(3) Zurechnung von Stimmrechten

Neben den Stimmrechten aus Anteilen an der Tochter, die der Mutter gehören, sind ihr unter bestimmten Umständen auch Stimmrechte aus Anteilen an der Tochter zuzurechnen, deren Eigentümer bzw. Inhaber ein Dritter ist. Solche Stimmrechte werden wie Stimmrechte aus den ihr selbst gehörenden Anteilen im Zähler des Stimmrechtsanteils der Mutter berücksichtigt. Soweit die Mutter ihren Einfluss auf die Tochter lediglich über die Mitwirkung des Dritten ausüben kann, hat sie keine unmittelbare, sondern lediglich eine mittelbare Beherrschungsmöglichkeit.[949] Dass eine solche ausreicht, lässt sich sowohl dem Wortlaut des § 17 Abs. 1 AktG als auch demjenigen des § 290 Abs. 1 HGB entnehmen. Zu differenzieren ist zwischen einstufiger und mehrstufiger mittelbarer Beherrschungsmöglichkeit.[950] Diese Differenzierung wird im Folgenden noch aufgegriffen.

(a) Möglichkeit zur Beherrschung eines anderen Anteilsinhabers

Eine Zurechnung von Stimmrechten eines Dritten auf die Mutter erfolgt zunächst dann, wenn die Mutter beherrschenden Einfluss auf den Dritten ausüben kann. Für das Konzernrecht folgt das aus § 16 Abs. 4 Alt. 1 AktG.[951] Nach § 290 Abs. 3 S. 1 Alt. 1 HGB kommt es in diesem Fall aber auch im Recht der Konzernrechnungslegung zu einer Zurechnung der Stimmrechte aus Anteilen des Dritten an der Tochter auf die Mutter. Zu berücksichtigen ist insoweit, dass der Begriff des beherrschenden

---

947 *Bayer* in MüKo, AktG, § 16 Rn. 34, 38; *Schall* in Spindler/Stilz, AktG, § 16 Rn. 29; *Vetter* in Schmidt/Lutter, AktG, § 16 Rn. 16; nunmehr (im Gegensatz zur Vorauflage) auch *Koch* in Hüffer, AktG, § 16 Rn. 9; ebenso wohl *Emmerich* in Emmerich/Habersack, § 16 Rn. 22.

948 Vgl. dazu unten S. 223 ff.

949 So statt aller *Emmerich* in Emmerich/Habersack, § 17 AktG Rn. 26.

950 Differenzierung in Anlehnung an *Bayer* in MüKo, AktG, § 17 Rn. 72 ff.

951 *ADS*, § 17 Rn. 31; *Windbichler* in GroKo, AktG, § 16 Rn. 13, § 17 Rn. 57; *Bayer* in MüKo, AktG, § 17 Rn. 34; *Koppensteiner* in KöKo, AktG, § 17 Rn. 29; *Fett* in Bürgers/Körber, § 16 Rn. 14, 19; *Peres/Walden* in Heidel, § 16 AktG Rn. 12.

Einflusses jeweils nach den Regeln des betreffenden Rechtsgebietes zu bestimmen ist. Im Konzernrecht kommt es also darauf an, dass der Dritte als abhängiges Unternehmen der Mutter im Sinne des § 17 AktG zu qualifizieren ist, während der Dritte im Recht der Konzernrechnungslegung einem beherrschenden Einfluss im Sinne des § 290 HGB unterliegen muss. Die Zurechnung führt zur Begründung einer mehrstufigen mittelbaren Beherrschungsmöglichkeit, zumal die Beherrschungsmöglichkeit der Mutter über die Tochter hier daraus folgt, dass die Mutter beherrschenden Einfluss auf einen ihr somit untergeordneten Dritten nehmen kann, der seinerseits beherrschenden Einfluss auf die ihm somit untergeordnete Tochter nehmen kann.[952] Die Anzahl der Stufen der Beherrschungskette lässt sich beliebig erweitern, so dass es im Ergebnis zu einer Kettenzurechnung bis zur obersten Stufe der Beherrschungskette kommt.[953]

(b) Für Rechnung der Mutter gehaltene Anteile

Zu einer Zurechnung von Stimmrechten aus Anteilen an der Tochter auf die Mutter kommt es auch dann, wenn der Dritte zwar Eigentümer bzw. Inhaber dieser Anteile ist, diese aber für Rechnung der Mutter oder für Rechnung eines anderen abhängigen Unternehmens im Sinne des § 17 AktG bzw. eines anderen Tochterunternehmens der Mutter im Sinne des § 290 HGB hält. Dies folgt für das Konzernrecht aus § 16 Abs. 4 Alt. 2 AktG,[954] für das Recht der Konzernrechnungslegung aus § 290 Abs. 3 S. 1 Alt. 2 HGB. Beide Tatbestände setzen voraus, dass der Dritte formell rechtlicher Inhaber oder Eigentümer der Anteile an der Tochter ist, während die wirtschaftlichen Chancen und Risiken aus diesen Anteilen die Mutter selbst oder ein anderes Unternehmen treffen, auf das die Mutter einen beherrschenden Einfluss ausüben kann.[955] Die weiteren Anforderungen an eine solche Verlagerung der wirtschaftlichen Chancen und Risiken wurden vor allem im Hinblick auf § 16 Abs. 4 Alt. 2 AktG herausgearbeitet.

Für die Abgrenzung soll es maßgeblich auf die Verlagerung der wesentlichen wirtschaftlichen Risiken auf die Mutter ankommen, während die aus den Aktien folgenden wirtschaftlichen Chancen in gewissem Umfang auch bei dem Dritten

---

952 *ADS*, § 17 Rn. 31, 88 f.; *Windbichler* in GroKo, AktG, § 17 Rn. 57; *Bayer* in MüKo, AktG, § 17 Rn. 75; *Koppensteiner* in KöKo, AktG, § 17 Rn. 29; *Emmerich* in Emmerich/Habersack, § 17 AktG Rn. 27.

953 *ADS*, § 290 HGB Rn. 138; *Siebourg* in HdKR, § 290 HGB Rn. 94 f.; *Bayer* in MüKo, AktG, § 17 Rn. 75; *Kindler* in Staub, HGB, § 290 Rn. 58.

954 Zwar ordnet die Norm unmittelbar nur eine Zurechnung der Anteile an, mit den Anteilen werden aber auch die dazu gehörigen Stimmrechte zugerechnet, vgl. *Bayer* in MüKo, AktG, § 17 Rn. 34.

955 So für das Konzernrecht *Windbichler* in GroKo, AktG, § 16 Rn. 27; *Krieger* in MünchHdbAG, § 68 Rn. 24; *Ziemons* in Handbuch AG, Rn. I 12.57. Ebenso für das Recht der Konzernrechnungslegung DRS 19.63; *ADS*, § 290 HGB Rn. 139; *Kindler* in Staub, HGB, § 290 Rn. 58; *Senger/Hoehne* in MüKo, Bilanzrecht, § 290 HGB Rn. 160; *Grottel/Kreher* in BeBiKo, § 290 HGB Rn. 82.

verbleiben dürfen.[956] Überwiegend wird eine gegenständliche Abgrenzung nach der Art der verlagerten wirtschaftlichen Risiken vorgenommen. Sofern es um Aktien an der Tochter geht genügt grundsätzlich eine Verlagerung des Kurs- bzw. Wert- oder des Dividendenrisikos.[957] Auf welchem Rechtsverhältnis die Risikoverlagerung auf die Mutter beruht ist für das Eingreifen des Zurechnungstatbestands unerheblich.[958] Liegt der Risikoverlagerung wie im Regelfall ein Treuhandverhältnis zugrunde, trägt der Treugeber diese Risiken ohne weiteres schon deshalb, weil die vereinnahmte Dividende und nach Beendigung des Treuhandverhältnisses auch die Anteile selbst nach § 667 BGB auf ihn zu übertragen sind.[959] Anderenfalls oder wenn die gesetzliche Herausgabepflicht vertraglich abbedungen wurde, kann die Risikoverlagerung auch auf der Übernahme einer Garantie für den Kurs bzw. Wert der Aktie oder im Hinblick auf eine bestimmte Mindestdividende beruhen, etwa indem eine entsprechende Ausgleichspflicht vereinbart wird.[960] Umstritten ist, ob der Tatbestand auch voraussetzt, dass der von dem Dritten gezahlte Erwerbspreis für die betreffenden Anteile durch die Mutter übernommen wird.[961] Richtigerweise ist dies abzulehnen. Die Mutter wird sich grundsätzlich nur dann dazu bereit erklären, den Erwerbspreis für die betreffenden Anteile zu zahlen, wenn sie diese letztlich auch zu Inhaberschaft oder Eigentum erwirbt. Übernimmt sie lediglich eine isolierte Kurs- bzw. Wert- oder Dividendengarantie ohne korrespondierende Treuhandabrede oder unter Ausschluss des § 667 BGB wird sie sich nicht zu einer Übernahme des Erwerbspreises für die betreffenden Anteile bereit erklären. Dennoch trägt sie in diesem Fall unstreitig die wesentlichen wirtschaftlichen Risiken aus den betreffenden Anteilen.

---

956 LG Hannover v. 29.5.1992 – 23 O 64/91 & 23 O 77/91, WuB II A. § 20 AktG 1.92; *Marsch-Barner*, WuB II A. § 20 AktG 1.92.; *Dreher*, EWiR § 20 AktG 1/92, 113, 114; *Meyer-Landrut*, DZWiR 1992, 422; *ADS*, § 16 AktG Rn. 26; *Windbichler* in GroKo, AktG, § 16 Rn. 27; *Bayer* in MüKo, AktG, § 16 Rn. 47; *Koppensteiner* in KöKo, AktG, § 16 Rn. 24; *Schall* in Spindler/Stilz, AktG, § 16 Rn. 22; *Emmerich* in Emmerich/Habersack, § 16 AktG Rn. 12; *Koch* in Hüffer, AktG, § 16 Rn. 9. Ebenso für das Recht der Konzernrechnungslegung *Senger/Hoehne* in MüKo, Bilanzrecht, § 290 HGB Rn. 160.

957 *Marsch-Barner*, WuB II A. § 20 AktG 1.92.; *Ziemons* in Handbuch AG, Rn. I 12.57.

958 *Senger/Hoehne* in MüKo, Bilanzrecht, § 290 HGB Rn. 160; *Grottel/Kreher* in BeBiKo, § 290 HGB Rn. 82.

959 Vgl. oben S. 6 ff.

960 *Marsch-Barner*, WuB II A. § 20 AktG 1.92.; *Vedder*, S. 158 f.; *Ziemons* in Handbuch AG, Rn. I 12.57.

961 Befürwortend *Emmerich* in Emmerich/Habersack, § 16 AktG Rn. 12; *Koppensteiner* in KöKo, AktG, § 16 Rn. 24; ablehnend *Krieger* in MünchHdbAG, § 68 Rn. 24; *Ziemons* in Handbuch AG, Rn. I 12.57. Vgl. zu der hiervon zu unterscheidenden Frage, ob und unter welchen Umständen die Übernahme des Erwerbspreises, diesbezügliche Vorschüsse oder Finanzierungshilfen zumindest ausreichen um ein „Für Rechnung Halten" zu begründen *Vedder*, S. 156 ff.

Fraglich ist, ob die Zurechnung der betreffenden Stimmrechte auf die Mutter auch eine Einflussnahmemöglichkeit der Mutter auf die Stimmrechtsausübung voraussetzt. Die Verlagerung der wirtschaftlichen Zuordnung eines Anteils geht typischerweise mit einer Stimmbindungsvereinbarung einher, die dem wirtschaftlich Berechtigten eine rechtliche Einflussnahmemöglichkeit auf die Ausübung der Stimmrechte aus den betreffenden Anteilen vermittelt.[962] Nach herrschender Meinung im Konzernrecht soll die Zurechnung nach § 16 Abs. 4 Alt. 2 AktG allerdings nicht zwingend voraussetzen, dass eine Einflussnahmemöglichkeit der Mutter oder ihres abhängigen Unternehmens auf die Ausübung des Stimmrechts durch den Dritten besteht.[963] Eine Zurechnung soll jedenfalls auch dann erfolgen, wenn ein Weisungsrecht in Bezug auf die Stimmrechtsausübung durch den Dritten ausgeschlossen wurde.[964] Für die Feststellung einer Mehrheitsbeteiligung im Sinne des § 17 Abs. 2 AktG ist im Rahmen des § 16 Abs. 4 Alt. 2 AktG hingegen richtigerweise eine andere Betrachtung anzulegen. Denn in diesem Zusammenhang geht es gerade darum, ob eine Stimmrechtsmehrheit vorliegt, so dass der Einflussnahmemöglichkeit auf die Ausübung des Stimmrechts entscheidende Bedeutung zukommt. Vor diesem Hintergrund muss es darauf ankommen, ob eine Stimmbindung zugunsten der Mutter oder dem von ihr abhängigen Unternehmen besteht, so dass diese zumindest durch die Äußerung ihrer Interessen Einfluss auf die Ausübung des Stimmrechts bei den entscheidenden Beschlussgegenständen nehmen kann.[965] Ausreichend ist in diesem Zusammenhang, dass sich die erforderliche Stimmbindung als Nebenpflicht aus einem schuldrechtlichen Vertrag ergibt.[966] Folgt die Zuordnung der wirtschaftlichen Chancen und Risiken zu der Mutter etwa aus einer schuldrechtlichen Treuhandvereinbarung ist das stets der Fall, da sich die Bindung des Dritten an die Interessen der Mutter hier bereits aus dem Wesen der Treuhand ergibt und sich dementsprechend auch bei der Stimmrechtsausübung auswirkt.[967] Im Recht der Konzernrechnungslegung ist die Frage der Erforderlichkeit einer Einflussnahmemöglichkeit der Mutter auf die Stimmrechtsausübung durch den Dritten umstritten. Nach teilweise vertretener Auffassung muss eine solche Einflussnahmemöglichkeit nicht bestehen.[968] Die Gegenauffassung fordert zumindest eine Interessenbindung des Dritten gegenüber der Mutter oder ihrem Tochterunternehmen.[969] Im Regelungsumfeld der

---

962 Vgl. oben S. 149 f.

963 *Windbichler* in GroKo, AktG, § 16 Rn. 27, 29; *Bayer* in MüKo, AktG, § 16 Rn. 47; a.A. *Koppensteiner* in KöKo, AktG, § 16 Rn. 43 (Weisungsrecht bei Berechnung des Stimmrechtsanteils erforderlich).

964 *Krieger* in MünchHdbAG, § 68 Rn. 24; *Schall* in Spindler/Stilz, AktG, § 16 Rn. 22.

965 So zutreffend *Mertens* in FS Beusch, 583, 584; *Vetter* in Schmidt/Lutter, AktG, § 16 Rn. 26; zu eng, da ein Weisungsrecht fordernd *Koppensteiner* in KöKo, AktG, § 16 Abs. 43.

966 *Vetter* in Schmidt/Lutter, AktG, § 16 Rn. 26.

967 So *Mertens* in FS Beusch, 583, 584.

968 *Mertens* in FS Beusch, 583; *Senger/Hoehne* in MüKo, Bilanzrecht, § 290 HGB Rn. 160.

969 So *Siebourg* in HdKR, § 290 HGB Rn. 100.

Konzernrechnungslegung sprechen die besseren Argumente für die zuerst genannte Auffassung, zumal der Konzernabschluss in erster Linie eine Information der interessierten Kreise über die Vermögens-, Finanz- und Ertragslage des Konzerns gewährleisten soll und es in diesem Zusammenhang auf entscheidend auf eine wirtschaftliche Betrachtungsweise ankommt.[970] Im Zweifel beansprucht die Offenlegung der wirtschaftlichen Zuordnung von Vermögensgegenständen deshalb Vorrang vor der Aufdeckung von Einflussnahmemöglichkeiten auf die Stimmrechtsausübung.

Die damit einhergehenden Unterschiede zwischen dem Konzernrecht und dem Recht der Konzernrechnungslegung können zu einer Diskrepanz zwischen den beiden Tatbestandsalternativen des § 22 Abs. 3 WpHG führen. Vor dem Hintergrund des Sinn und Zwecks des § 22 WpHG, den mittelbaren Stimmrechtseinfluss auf den Emittenten aufzudecken, muss es insoweit maßgeblich darauf ankommen, dass die Mutter die Stimmrechtsausübung ihrer Tochter aus Anteilen an dem Emittenten über ihren Einfluss auf die Geschäftspolitik der Tochter steuern kann. Fehlt es an einer Einflussnahmemöglichkeit der Mutter auf die Ausübung der Stimmrechte aus den ihr wirtschaftlich bereits zugeordneten Anteilen, lässt sich ein solcher Einfluss auf die Tochter aber ausschließen, da die Mutter dann nicht über genug Stimmrechte bestimmen kann, um den mit einer Stimmrechtsmehrheit verbundenen Einfluss auszuüben. Dieser Einfluss ergibt sich erst im Zusammenspiel mit einer Stimmbindung. Aus diesem Grund sollte § 22 Abs. 3 dahingehend teleologisch reduziert werden, dass eine Beherrschungsmöglichkeit gegenüber der Tochter, die maßgeblich auf der Zurechnung von Anteilen zur Mutter beruht, die ein Dritter für Rechnung der Mutter oder eines von ihr beherrschten Unternehmens hält, nach beiden Tatbestandsalternativen des § 22 Abs. 3 WpHG nur dann anzuerkennen ist, wenn der Zugriff auf die Stimmrechtsausübung aus diesen Anteilen durch eine schuldrechtliche Stimmbindungsvereinbarung in der Form eines Weisungsrechts oder zumindest einer Interessenbindung abgesichert ist. Eine solche teleologische Reduktion dürfte auch zulässig sein, da sie keine zusätzlichen Mitteilungspflichten der Meldepflichtigen auslösen kann und damit auch nicht gegen die Wortlautschranke verstößt.

(c) Stimmbindung zugunsten der Mutter

Im Recht der Konzernrechnungslegung werden der Mutter nach § 290 Abs. 3 S. 2 HGB auch Stimmrechte an der Tochter zugerechnet, über die sie oder eines ihrer anderen Tochterunternehmen im Sinne des § 290 HGB auf Grund einer Vereinbarung mit anderen Gesellschaftern der Tochter verfügen kann. Die Zurechnung setzt eine Vereinbarung zwischen der Mutter und anderen Gesellschaftern der Tochter voraus.[971] Als andere Gesellschafter der Tochter gelten dabei nach überwiegender Auffassung aber auch Personen, die nur mittelbar an der Tochter „beteiligt“ sind,

970 Vgl. in diesem Zusammenhang auch die Ausführungen zum Kriterium der Nutzenziehung oben S. 189.

971 *ADS*, § 290 HGB Rn. 144; *Siebourg* in HdKR, § 290 HGB Rn. 104; *Busse von Colbe* in MüKo, HGB, § 290 Rn. 50; *Kindler* in Staub, HGB, § 290 Rn. 59; *Senger/Hoehne*

weil ihnen die Rechte aus den Anteilen an der Tochter nach § 290 Abs. 3 S. 1 HGB zugerechnet werden.[972] Eine Möglichkeit zur „Verfügung" über die betreffenden Rechte an der Tochter liegt vor, wenn die Mutter bzw. eines ihrer anderen Tochterunternehmen im Sinne des § 290 HGB auf Grund der Vereinbarung nach eigenem Willen über die Ausübung der Stimmrechte aus den Anteilen an der Tochter bestimmen kann.[973] Der auf eine „Verfügung" abstellende Wortlaut des § 290 Abs. 3 S. 2 WpHG ist insofern missverständlich. Typische Anwendungsfälle sind Stimmbindungs- und Konsortialverträge.[974] Insoweit kommt es darauf an, ob die Mutter bzw. eines ihrer anderen Tochterunternehmen im Sinne des § 290 HGB ein Weisungsrecht in Bezug auf die Stimmrechtsausübung aus den Anteilen der anderen Gesellschafter der Tochter hat oder ob zumindest eine entsprechende Interessenbindung existiert. Bei Konsortialverträgen erfolgt eine Zurechnung aber nur dann, wenn sich die Mutter bzw. ihr anderes Tochterunternehmen im Sinne des § 290 HGB bei Abstimmungen unter den Konsorten über das Stimmverhalten in Bezug auf Beschlussfassungen bei der Tochter gegenüber den anderen Konsorten durchsetzen kann, etwa durch eine Stimmrechtsmehrheit in dem als BGB-Innengesellschaft verfassten Stimmrechtskonsortium.[975]

Umstritten ist, ob eine vergleichbare Stimmrechtszurechnung auch im Konzernrecht erfolgt. Teilweise wird insoweit für eine analoge Anwendung des § 16 Abs. 4 Alt. 2 AktG plädiert, so dass dieser auch die Fälle der bloßen Stimmbindung ohne Verlagerung der wirtschaftlichen Chancen und Risiken aus den betreffenden Anteilen erfasst. Das Gesetz enthalte insoweit eine Regelungslücke, die aufgrund der Vergleichbarkeit der bloßen Stimmbindung mit dem unmittelbar von § 16 Abs. 4 Alt. 2 AktG erfassten Fall der Treuhand im Wege der Analogie auszufüllen sei.[976] Die herrschende Auffassung lehnt diese Analogiebildung allerdings ab und plädiert dafür, die bloßen Stimmbindungen zugunsten der Mutter unmittelbar im Rahmen des § 17 Abs. 1 AktG über die Heranziehung der Grundsätze zur kombinierten Beherrschung zu berücksichtigen.[977] Darauf ist zurückzukommen. Der mit der Lösung

---

in MüKo, Bilanzrecht, § 290 HGB Rn. 166; *Grottel/Kreher* in BeBiKo, § 290 HGB Rn. 86.

972 So wohl *ADS*, § 290 HGB Rn. 49, 144.

973 *Kindler* in Staub, HGB, § 290 Rn. 59; *Senger/Hoehne* in MüKo, Bilanzrecht, § 290 HGB Rn. 165; *Grottel/Kreher* in BeBiKo, § 290 HGB Rn. 85 (Weisungsunabhängigkeit von anderen Gesellschaftern).

974 *ADS*, § 290 HGB Rn. 140; *Busse von Colbe* in MüKo, HGB, § 290 Rn. 50; *Kindler* in Staub, HGB, § 290 Rn. 59; *Senger/Hoehne* in MüKo, Bilanzrecht, § 290 HGB Rn. 165; *Grottel/Kreher* in BeBiKo, § 290 HGB Rn. 85; *Morck* in Koller/Kindler/Roth/Morck, HGB, § 290 Rn. 4.

975 *ADS*, § 290 HGB Rn. 141; *Siebourg* in HdKR, § 290 HGB Rn. 107.

976 *Mertens* in FS Beusch, 583, 589 ff.; zustimmend *Bayer* in MüKo, AktG, § 16 Rn. 41; *Emmerich* in Emmerich/Habersack, Konzernrecht, § 16 AktG Rn. 25.

977 *Windbichler* in GroKo, AktG, § 16 Rn. 38 f.; *Krieger* in MünchHdbAG, § 68 Rn. 33; *Koppensteiner* in KöKo, AktG, § 16 Rn. 43; *Schall* in Spindler/Stilz, AktG, § 16

der herrschenden Meinung verbundene Nachteil, dass die Abhängigkeitsvermutung des § 17 Abs. 2 AktG in diesem Fall nicht ausgelöst wird, ist im Rahmen des § 22 Abs. 3 WpHG unbeachtlich, da sich das Vorliegen beherrschenden Einflusses nach der zweiten Tatbestandsalternative hier ohnehin immer nach § 17 AktG in seiner Gesamtheit richtet.

(4) Abzug von Stimmrechten

Im Rahmen der Berechnung des Stimmrechtsanteils der Mutter kann sich auch die Frage stellen, ob Stimmrechte aus Anteilen an der Tochter, deren Eigentümer bzw. Inhaber die Mutter ist, unter bestimmten Umständen unberücksichtigt bleiben. Hierauf deutet zunächst der Wortlaut des § 16 Abs. 3 S. 1 AktG und des § 290 Abs. 4 S. 1 HGB hin, zumal Stimmrechte hiernach nur dann im Zähler des Stimmrechtsanteils der Mutter zu berücksichtigen sind, wenn diese die Stimmrechte auch „ausüben kann". Dies führt zu der Frage, inwieweit gesetzliche, satzungsmäßige oder schuldvertragliche Ausübungsverbote oder Stimmbindungen einer Berücksichtigung der Stimmrechte entgegenstehen.

(a) Gesetzliche und statutarische Stimmrechtsausübungsverbote

Die Auswirkungen vorübergehender gesetzlicher Ausübungsverbote werden häufig am Beispiel des Rechtsverlusts nach den §§ 20 Abs. 7, 21 Abs. 4 AktG diskutiert. Nach hergebrachter Auffassung im Konzernrecht folgt aus dem Wortlaut des § 16 Abs. 3 S. 1 AktG, dass die Mutter die betreffenden Stimmrechte im fraglichen Zeitpunkt tatsächlich ausüben können muss, so dass ein Rechtsverlust nach den §§ 20 Abs. 7, 21 Abs. 4 AktG zu einem Abzug der betreffenden Stimmrechte im Zähler des Stimmrechtsanteils der Mutter führt.[978] Gleiches soll für den Rechtsverlust nach § 28 WpHG[979] und auch für andere Fälle des vorübergehenden gesetzlichen Ausübungsverbots, wie die fehlende Eintragung des Namensaktionärs im Aktienregister oder die fehlende Eintragung des GmbH-Gesellschafters in die im Handelsregister aufgenommene Gesellschafterliste[980], gelten. Eine Ausnahme soll lediglich das punktuelle Ausübungsverbot nach § 136 Abs. 1 AktG bilden.[981] Auch im Recht der Konzernrechnungslegung führen vorübergehende Ausübungsverbote nach überwiegender Auffassung dazu, dass die betroffenen Stimmrechte im Zähler des Stimmrechtsanteils

---

Rn. 23; *Vetter* in Schmidt/Lutter, AktG, § 16 Rn. 29 f.; *Koch* in Hüffer, AktG, § 16 Rn. 13; *Fett* in Bürgers/Körber, AktG, § 16 Rn. 15.

978 *ADS*, § 16 AktG Rn. 8, 20; *Windbichler* in GroKo, AktG, § 16 Rn. 35; *Schall* in Spindler/Stilz, AktG, § 16 Rn. 35; *Fett* in Bürgers/Körber, AktG, § 16 Rn. 21.

979 *Windbichler* in GroKo, AktG, § 16 Rn. 35; *Schall* in Spindler/Stilz, AktG, § 16 Rn. 35; *Fett* in Bürgers/Körber, AktG, § 16 Rn. 21.

980 *Windbichler* in GroKo, AktG, § 16 Rn. 35.

981 *ADS*, § 16 AktG Rn. 20; *Windbichler* in GroKo, AktG, § 16 Rn. 35; *Bayer* in MüKo, AktG, § 16 Rn. 40; *Koppensteiner* in KöKo, AktG, § 16 Rn. 46; *Schall* in Spindler/Stilz, AktG, § 16 Rn. 36.

der Mutter abzuziehen sind.[982] Eine Ausnahme wird auch hier lediglich für das punktuelle Ausübungsverbot nach § 136 Abs. 1 AktG anerkannt.[983] Demgegenüber plädiert ein zunehmender Teil der konzernrechtlichen Literatur im Hinblick auf den Rechtsverlust nach §§ 20 Abs. 7, 21 Abs. 4 AktG, § 28 WpHG für eine fortwährende Berücksichtigung der von dem Rechtsverlust betroffenen Stimmrechte im Zähler des Stimmrechtsanteils der Mutter, da diese es anderenfalls in der Hand hätte durch (absichtliche) Verletzung der Mitteilungspflichten nach §§ 20, 21 AktG über den Eintritt der Rechtsfolgen der Abhängigkeit zu bestimmen.[984] *Koppensteiner* weist in diesem Zusammenhang darauf hin, dass der Wortlaut „ausüben kann" auch so verstanden werden kann, dass keine Ausübungsverbote bestehen dürfen, die unabhängig vom Willen der Mutter eintreten.[985] *Bayer* argumentiert noch weitergehend, dass die Mutter die betreffenden Stimmrechte nur dann nicht mehr „ausüben kann", wenn sie einem „generellen" Ausübungsverbot unterliegt, während ein vorübergehendes Ausübungsverbot nichts an der Möglichkeit zur Ausübung der Stimmrechte ändert.[986] *Emmerich* weist darauf hin, dass der Abzug der Stimmrechte in den Fällen des §§ 20 Abs. 7, 21 Abs. 4 AktG, 28 WpHG die wahren Machtverhältnisse in Bezug auf die Tochter verschleiert, zumal die Ausübungsbeschränkung durch Nachholung der Mitteilung jederzeit beenden kann.[987] Der zuletzt genannten Auffassung ist sowohl für das Konzernrecht als auch für das Recht der Konzernrechnungslegung zu folgen. Wie schon im Rahmen des § 21 Abs. 1 S. 1 WpHG sprechen die besseren Argumente für die Berücksichtigung sämtlicher von einem vorübergehenden gesetzlichen Ausübungsverbot betroffenen Stimmrechte im Zähler des Stimmrechtsanteils der Mutter. Das Wortlautargument der hergebrachten Auffassung überzeugt nicht. Ob die Mutter die betreffenden Stimmrechte „ausüben kann", hängt richtigerweise alleine von der abstrakten Möglichkeit der Mutter zur Ausübung des Stimmrechts ab. Bei den vorübergehenden Ausübungsverboten besteht diese Möglichkeit weiterhin.

---

982 So größtenteils unter Hinweis auf die Ausübungsverbote nach §§ 20 Abs. 7, 21 Abs. 4 AktG DRS 19.24; *ADS*, § 290 HGB Rn. 153; *Siebourg* in HdKR, § 290 HGB Rn. 72, 84; *Kindler* in Staub, HGB, § 290 Rn. 66 mit Fn. 136; *Senger/Hoehne* in MüKo, Bilanzrecht, § 290 HGB Rn. 188; *Busse von Colbe* in MüKo, HGB, § 290 Rn. 69; *Kraft/Link*, ZGR 2013, 514, 520; *Von Bülow* in KöKo, WpHG, § 22 Rn. 304; kritisch im Hinblick auf die §§ 20 Abs. 7, 21 Abs. 4 AktG, 21 Abs. 1 WpHG wegen der Möglichkeit zur Vermeidung der Rechtsfolgen des § 290 HGB durch absichtlichen Verstoß gegen die Mitteilungspflichten aber *Grottel/Kreher* in BeBiKo, § 290 HGB Rn. 48.

983 *ADS*, § 290 HGB Rn. 153; *Siebourg* in HdKR, § 290 HGB Rn. 72.

984 *Krieger* in MünchHdbAG, § 68 Rn. 33; *Bayer* in MüKo, AktG, § 16 Rn. 40; *Ziemons* in Handbuch AG, Rn. I 12.77, I 12.164; *Koppensteiner* in KöKo, AktG, § 16 Rn. 46, § 17 Rn. 106; *Vetter* in Schmidt/Lutter, AktG, § 16 Rn. 20 f.; *Emmerich* in Emmerich/Habersack, § 16 AktG Rn. 24; *Koch* in Hüffer, AktG, § 16 Rn. 11 (im Gegensatz zur Vorauflage).

985 So *Koppensteiner* in KöKo, AktG, § 16 Rn. 46.

986 *Bayer* in MüKo, AktG, § 16 Rn. 40.

987 *Emmerich* in Emmerich/Habersack, § 16 AktG Rn. 24.

Denn in diesen Fällen hängt es alleine vom Willen der Mutter ab, ob sie das Ausübungsverbot beseitigt, so dass sie das Stimmrecht bei nächster Gelegenheit wieder ausüben kann.[988] Im Fall des § 136 Abs. 1 AktG besteht das Ausübungsverbot nur punktuell für einen kurzen Zeitraum, so dass der Stimmrechtseinfluss der Mutter nicht wesentlich tangiert wird. Damit kommt es im Ergebnis weder in den Fällen des Rechtsverlusts nach den §§ 20 Abs. 7, 21 Abs. 4 AktG, 28 WpHG, 59 WpÜG noch bei Vorliegen eines anderen vorübergehenden Ausübungsverbots, also insbesondere in den Fällen der §§ 67 Abs. 2, 123 Abs. 3 AktG, 136 Abs. 1 AktG, 16 Abs. 1 GmbHG, zu einem Abzug der betroffenen Stimmrechte im Zähler des Stimmrechtsanteils der Mutter.[989]

Etwas anderes muss aber für dauerhafte gesetzliche oder auch statutarische Ausübungsverbote gelten, wenn diese dazu führen, dass die Mutter ihre Stimmrechte (voraussichtlich) während der gesamten Dauer ihrer Beteiligung (teilweise) nicht ausüben kann. Denn in diesem Fall sind die betroffenen Stimmrechte bei materiellrechtlicher Betrachtung vollständig inhaltslos, zumal sie nicht einmal mehr eine abstrakte Möglichkeit zur Stimmrechtsausübung vermitteln. Folgerichtig ist es in der Literatur auch allgemein anerkannt, dass die Belastung der Mutter mit einem satzungsmäßigen Höchststimmrecht zu einem Abzug der betroffenen Stimmrechte im Zähler des Stimmrechtsanteils der Mutter führt.[990]

Ungeklärt sind in diesem Zusammenhang die Auswirkungen eines verlängerten Rechtsverlusts im Sinne des § 28 S. 3 WpHG.[991] Da die Mutter diesen Rechtsverlust für einen Zeitraum von sechs Monaten nicht aus eigener Kraft beseitigen kann, hat sie in diesem Zeitraum keine Möglichkeit, ihre Stimmrechte auszuüben. Andererseits ist das Ende des Rechtsverlusts von vornherein abzusehen, so dass sich der Fall des § 28 S. 3 WpHG nicht mit den dauerhaften gesetzlichen oder statuarischen Ausübungsverboten gleichsetzen lässt. Nach allgemeinen Grundsätzen muss die Perspektive der Geschäftsleiter entscheiden. Diese werden ihr Verhalten ungeachtet des verlängerten Rechtsverlusts bei objektiver Betrachtung weiterhin an der Mutter ausrichten. Da das Ende des verlängerten Rechtsverlusts von vornherein feststeht, besteht kein Anlass für die Geschäftsleiter, von einer Verlagerung der Beherrschungsmöglichkeit auszugehen. Dies gilt auch dann, wenn sie ggf. mittelbar über den Aufsichtsrat der Tochter während des Zeitraums des verlängerten

---

988 Ebenso *Vetter* in Schmidt/Lutter, AktG, § 16 Rn. 20.

989 Vgl. auch die Ausführungen zu den Auswirkungen von Stimmverboten im Rahmen des § 21 Abs. 1 S. 1 WpHG oben S. 126 ff.

990 So im Konzernrecht *ADS*, § 16 AktG Rn. 20; *Windbichler* in GroKo, AktG, § 16 Rn. 35; *Krieger* in MünchHdbAG, § 68 Rn. 33; *Bayer* in MüKo, AktG, § 16 Rn. 39; *Koppensteiner* in KöKo, AktG, § 16 Rn. 46; *Vetter* in Schmidt/Lutter, AktG, § 16 Rn. 20; *Koch* in Hüffer, AktG, § 16 Rn. 11; ebenso im Recht der Konzernrechnungslegung DRS 19.24; *ADS*, § 290 HGB Rn. 153; *Siebourg* in HdKR, § 290 HGB Rn. 72, 84; *Kindler* in Staub, HGB, § 290 Rn. 66 mit Fn. 136; *Busse von Colbe* in MüKo, HGB, § 290 Rn. 69; *Kraft/Link*, ZGR 2013, 514, 520.

991 Vgl. dazu bereits oben S. 134 ff.

Rechtsverlusts mit der vorübergehenden Stimmrechtsmehrheit eines anderen Aktionärs wiederbestellt werden. Orientieren sie sich aus diesem Grund nicht mehr an den Interessen der Mutter, sondern an den Interessen dieses anderen Aktionärs, so müssen sie damit rechnen, dass sie bei der nächsten Gelegenheit, bei der die Mutter wieder stimmberechtigt ist, nicht mehr wiederbestellt oder unter Umständen sogar vorzeitig abberufen werden. Umgekehrt wird man keine Beherrschungsmöglichkeit des zwischenzeitlichen Mehrheitsaktionärs annehmen, zumal es wegen des von vornherein absehbaren Endes des Rechtsverlusts der Mutter an der Beständigkeit der Beherrschungsmöglichkeit fehlt. Im Ergebnis führt also auch der verlängerte Rechtsverlust nach § 28 S. 3 WpHG nicht zu einem Abzug der betreffenden Stimmrechte im Zähler des Stimmrechtsanteils der Mutter.

(b) Schuldrechtliche Stimmausschluss- und Stimmbindungsverträge

Fraglich sind auch die Auswirkungen eines schuldrechtlichen Stimmverzichts oder einer schuldrechtlichen Stimmbindung der Mutter gegenüber einem Dritten. Während die Folgen einer solchen schuldrechtlichen Ausübungsbeschränkung im Konzernrecht weitestgehend geklärt sind, sind sie im Recht der Konzernrechnungslegung umstritten.

Verpflichtet sich die Mutter schuldrechtlich dazu, ganz oder zum Teil auf die Ausübung ihrer Stimmrechte zu verzichten, so sind die betroffenen Stimmrechte nach allgemeiner Auffassung im Konzernrecht weiterhin im Zähler des Stimmrechtsanteils der Mutter zu berücksichtigen.[992] Gleiches gilt, wenn sich die Mutter durch einen Stimmbindungsvertrag hinsichtlich der Art und Weise der Stimmrechtsausübung den Weisungen und Interessen eines Dritten unterwirft.[993] Der Grund für die fortbestehende Berücksichtigung der Stimmrechte liegt in der grundsätzlich vorhandenen Möglichkeit der Mutter, die Stimmrechte unter Verstoß gegen die schuldrechtlichen Bindungen im Innenverhältnis auszuüben.[994] In der Literatur wird ferner darauf hingewiesen, dass im Fall eines Abzugs der betroffenen Stimmrechte die Abhängigkeitsvermutung des § 17 Abs. 2 AktG unterlaufen werden könnte.[995]

992 *Noack*, Gesellschaftervereinbarungen, S. 91; *ADS*, § 16 AktG Rn. 20; *Windbichler* in GroKo, AktG, § 16 Rn. 41; *Krieger* in MünchHdbAG, § 68 Rn. 33; *Bayer* in MüKo, AktG, § 16 Rn. 41; *Koppensteiner* in KöKo, AktG, § 16 Rn. 45; *Vetter* in Schmidt/Lutter, AktG, § 16 Rn. 14.

993 *Noack*, Gesellschaftervereinbarungen, S. 91; *Windbichler* in GroKo, AktG, § 16 Rn. 40; *Krieger* in MünchHdbAG, § 68 Rn. 33; *Bayer* in MüKo, AktG, § 16 Rn. 41; *Koppensteiner* in KöKo, AktG, § 16 Rn. 44; *Vetter* in Schmidt/Lutter, AktG, § 16 Rn. 14; *Fett* in Bürgers/Körber, AktG, § 16 Rn. 21; a.A. *Möhring* in FS Westermann, 427, 431.

994 *Koppensteiner* in KöKo, AktG, § 16 Rn. 44; *Fett* in Bürgers/Körber, AktG, § 16 Rn. 21. Vgl. zu den Rechtsfolgen eines Verstoßes gegen die schuldrechtliche Stimmbindung bereits oben S. 148 ff.

995 *Bayer* in MüKo, AktG, § 16 Rn. 41; *Koppensteiner* in KöKo, AktG, § 16 Rn. 45.

Besonderheiten gelten allerdings, wenn der Stimmverzicht gegenüber der Tochter im Rahmen eines sog. Entherrschungsvertrags mit dieser erfolgt. In diesem Fall werden die betroffenen Stimmrechte zwar nicht in dem nach § 16 Abs. 3 AktG berechneten Stimmrechtsanteil der Mutter abgezogen. Die Abhängigkeitsvermutung des § 17 Abs. 2 AktG kann allerdings unter bestimmten hier nicht zu vertiefenden Voraussetzungen widerlegt werden, wenn der Mutter bei den für die Beherrschungsmöglichkeit maßgeblichen Beschlussgegenständen weniger als die Mehrheit der Stimmrechte zur Ausübung nach freiem Ermessen verbleibt (sog. Minus-eins-Regel).[996] Das Entfallen der Beherrschungsmöglichkeit wird teilweise damit begründet, dass die entgegen den schuldrechtlichen Bindungen des Entherrschungsvertrags abgegebenen Stimmen anders als bei anderen Stimmrechtsausschluss- oder Stimmbindungsverträgen unwirksam oder nichtig sind, so dass sie bei der Ermittlung des Beschlussergebnisses unberücksichtigt bleiben können.[997] Die Unwirksamkeit der Stimmabgabe soll dabei aus der „Unbeachtlichkeit vertragswidriger Erklärungen inter partes" oder zumindest aus dem allgemeinen Rechtsmissbrauchsverbot folgen.[998] Überwiegend wird diese Argumentation indessen zurückgewiesen. Auch der Entherrschungsvertrag entfalte eine bloße schuldrechtliche Bindung, die das Stimmrecht als solches unberücksichtigt lasse und anders als körperschaftsrechtliche Regelungen wie das Höchststimmrecht nicht dazu führen könne, dass der Mutter die wirksame Stimmrechtsausübung zu versagen ist.[999] Auf Grundlage dieser Argumentation lässt sich der Wegfall der Beherrschungsmöglichkeit ohne weitergehende Absicherung des Stimmverzichts[1000] freilich nur mit der Wahrscheinlichkeit der Vertragstreue der Mutter begründen. Denn die Mutter wäre grundsätzlich dazu in der Lage, ihr Stimmrecht bei der unmittelbaren oder mittelbaren Bestellung der Geschäftsleiter der Tochter unter Verstoß gegen den Entherrschungsvertrag wirksam auszuüben.[1001] Dem könnte die Tochter lediglich

996 Vgl. eingehend auch zu den Voraussetzungen eines solchen Entherrschungsvertrags *Möhring* in FS Westermann, 427, 432 ff.; *Barz* in FS Bärmann, 185, 189 ff.; *Windbichler* in GroKo, AktG, § 17 Rn. 77; *Krieger* in MünchHdbAG, § 68 Rn. 61; *Bayer* in MüKo, AktG, § 17 Rn. 99 ff.; *Ziemons* in Handbuch AG, Rn. I 12.154; *Koppensteiner* in KöKo, AktG, § 17 Rn. 107; *Schall* in Spindler/Stilz, AktG, § 17 Rn. 52; *Vetter* in Schmidt/Lutter, AktG, § 17 Rn. 56, 60 f.; *Emmerich* in Emmerich/Habersack, § 17 AktG Rn 42 ff.; *Larisch/Bunz*, NZG 2013, 1247, 1248 ff.; *Koch* in Hüffer, AktG, § 17 Rn. 22.

997 *Barz* in FS Bärmann, 185, 197 f.; *Ziemons* in Handbuch AG, Rn. I 12.156; *Koppensteiner* in KöKo, AktG, § 17 Rn. 113; *Vetter* in Schmidt/Lutter, AktG, § 17 Rn. 63.

998 *Barz* in FS Bärmann, 185, 198; *Koppensteiner* in KöKo, AktG, § 17 Rn. 113.

999 *Götz*, S. 66 ff.; *Hüttemann*, ZHR 156 (1992), 314, 320 f., 326; *Jäger*, DStR 1995, 1113, 1115; *Windbichler* in GroKo, AktG, § 17 Rn. 80; kritisch auch *Bayer* in MüKo, AktG, § 17 Rn. 105.

1000 Für die Erforderlichkeit einer Absicherung durch Hinterlegung der Aktien bei einem Notar etwa *Götz*, S. 71.

1001 Treffend *Götz*, S. 69.

im Einzelfall vor der konkreten vertragswidrigen Stimmabgabe durch gerichtliche Durchsetzung des Stimmverzichts begegnen[1002] Sofern keine anderweitigen tatsächlichen Anhaltspunkte für einen künftigen Verstoß der Mutter gegen ihre Verpflichtungen aus dem Entherrschungsvertrag bestehen, gibt es aus der Perspektive der Geschäftsleiter der Tochter allerdings tatsächlich kein Grund an der Vertragstreue der Mutter zu zweifeln, so dass sie die Bestimmung der Geschäftspolitik der Tochter auch nicht an den Wünschen der Mutter ausrichten werden. Die Wahrscheinlichkeit der Vertragstreue der Mutter führt hier also im Ergebnis spiegelbildlich zu einem Wegfall der Wahrscheinlichkeit einflusskonformen Verhaltens der Geschäftsleiter der Tochter.

Anders als im Konzernrecht werden die Auswirkungen schuldrechtlicher Beschränkungen der Stimmrechtsausübung im Recht der Konzernrechnungslegung kontrovers beurteilt. Uneinigkeit besteht zunächst in Bezug auf die Auswirkungen eines (teilweisen) schuldrechtlichen Stimmverzichts der Mutter, etwa im Rahmen eines Entherrschungsvertrags. Anknüpfend an die Paralleldiskussion zu § 17 Abs. 1 AktG wird insoweit einerseits argumentiert, dass die betroffenen Stimmrechte im Zähler des Stimmrechtsanteils der Mutter zu berücksichtigen seien, da sie im Außenverhältnis wenn auch unter Verstoß gegen die schuldrechtlichen Bindungen im Innenverhältnis weiterhin wirksam ausgeübt werden könnten und § 290 Abs. 3 S. 3 HGB ihre Absorption auch nicht ausdrücklich anordne.[1003] Die Gegenauffassung plädiert hier allerdings für einen Abzug der betroffenen Stimmrechte im Zähler des Stimmrechtsanteils der Mutter, so dass die Stimmrechtsmehrheit der Mutter im Ergebnis entfällt.[1004] Folgt man der Auffassung, dass die Mutter ihr Stimmrecht auch im Fall eines Verstoßes gegen die Bindungen des Entherrschungsvertrags wirksam ausüben kann, sprechen die besseren Argumente an sich für die Berücksichtigung der betroffenen Stimmrechte im Stimmrechtsanteil der Mutter. Allerdings muss in diesem Zusammenhang berücksichtigt werden, dass § 290 Abs. 2 Nr. 1 HGB eine unwiderlegbare Vermutung der Beherrschungsmöglichkeit enthält. Anders als im Rahmen des § 17 AktG könnte die Beherrschungsmöglichkeit der Mutter also nicht mehr unter Hinweis auf den Abschluss eines Entherrschungsvertrags widerlegt werden. Einer Einbeziehung der Tochter in den Konzernabschluss könnte die Mutter dann nur durch die Ausübung des Einbeziehungswahlrechts des § 296 Abs. 1 Nr. 1 HGB begegnen. Diese Folge vermeidet die Gegenauffassung, indem sie

---

1002 *Hüttemann*, ZHR 156 (1992), 314, 326; *Jäger*, DStR 1995, 1113, 1115; *Windbichler* in GroKo, AktG, § 17 Rn. 80.

1003 DRS 19.23; *Ulmer* in FS Goerdeler, 623, 641; *ADS*, § 290 HGB Rn. 38, 153; *Gelhausen/Fey/Kämpfer*, Q Rn. 26; *Kindler* in Staub, HGB, § 290 Rn. 38, 66; *Busse von Colbe* in MüKo, HGB, § 290 Rn. 69; *Kraft/Link*, ZGR 2013, 514, 519; *Grottel/Kreher* in BeBiKo, § 290 HGB Rn. 46.

1004 *Biener/Berneke*, BiRiLiG, S. 287; *Götz*, S. 111 ff.; *Siebourg* in HdKR, § 290 HGB Rn. 77; *Merkt* in Baumbach/Hopt, HGB, § 290 Rn. 9; *Von Bülow* in KöKo, WpHG, § 22 Rn. 304; wohl auch *Von Wysocki*, WPg 1987, 277, 278.

das Vorliegen eines Entherrschungsvertrags unmittelbar bei der Berechnung des Stimmrechtsanteils berücksichtigt.

Auf Grundlage der herrschenden Auffassung kommt es bei Bestehen eines Entherrschungsvertrages also im Ergebnis zu einer Diskrepanz zwischen den beiden Tatbestandsalternativen des § 22 Abs. 3 WpHG. Die Wirkungen des Einbeziehungswahlrechts finden hier keine Berücksichtigung. Während die Abhängigkeitsvermutung des § 17 Abs. 2 AktG widerlegt wird, ist eine Widerlegung der einmal festgestellten Stimmrechtsmehrheit nach § 290 Abs. 1 Nr. 1 HGB nicht möglich. Die Tochter ist aber damit als Tochterunternehmen im Sinne des § 22 Abs. 3 Alt. 1 WpHG zu qualifizieren, obwohl eine Beherrschungsmöglichkeit der Mutter tatsächlich nicht besteht. Vor diesem Hintergrund stellt sich die Frage, ob § 290 Abs. 2 Nr. 1 WpHG im Regelungsumfeld des § 22 Abs. 3 WpHG teleologisch reduziert werden sollte, so dass die Tochter nicht mehr als Tochterunternehmen im Sinne des § 22 Abs. 3 WpHG zu qualifizieren ist. Nach teilweise vertretener Auffassung soll dies der Fall sein, wenn der Entherrschungsvertrag die Beherrschungsmöglichkeit für einen längeren Zeitraum ausschließt, da eine Umgehung des § 21 Abs. 1 WpHG nicht zu befürchten sei.[1005] Die wohl überwiegende Gegenauffassung plädiert indessen für eine formale Anknüpfung, so dass die Tochter weiterhin als Tochterunternehmen im Sinne des § 22 Abs. 3 Alt. 1 WpHG zu qualifizieren ist.[1006] Hierfür soll vor allem die damit verbundene Rechtssicherheit bei der Gesetzesanwendung sprechen.[1007] Mit Blick auf den Schutzzweck des § 22 WpHG ist die zuletzt genannte Auffassung freilich bedenklich. Denn dieser besteht wie bereits erläutert in der Aufdeckung mittelbarer Einflussnahmemöglichkeiten auf die Ausübung des Stimmrechts, die in den genannten Fällen gerade nicht bestehen, weil die Mutter die Geschäftspolitik der Tochter nicht steuern kann. Eine teleologische Reduktion des § 22 Abs. 3 WpHG ist in diesen Fällen an sich geboten. Einem solchen Vorgehen steht allerdings die Wortlautschranke entgegen. Sind die Stimmrechte eines Tochterunternehmens dem Meldepflichtigen nach § 22 Abs. 1 S. 1 Nr. 1 WpHG aufgrund einer einfachen Stimmrechtsmehrheit bei dem Tochterunternehmen zuzurechnen, so löst der Abschluss eines Entherrschungsvertrags zwischen dem Meldepflichtigen und dem Tochterunternehmen bei wortlautgetreuer Anwendung des § 22 Abs. 3 WpHG keine zusätzliche Meldepflicht aus. Eine teleologische Reduktion des § 22 Abs. 3 WpHG hätte demgegenüber zur Folge, dass die dem Meldepflichtigen zuvor über § 22 Abs. 1 S. 1 Nr. 1 WpHG zugerechneten Stimmrechte im Zähler seines Stimmrechtsanteils wieder abzuziehen wären, was eine Schwellenberührung und damit eine Mitteilungspflicht nach § 21 Abs. 1 S. 1 WpHG zur Folge haben könnte.

1005 *Bayer* in MüKo, AktG, Anh. § 22, § 22 WpHG Rn. 14; *Schwark* in Schwark/Zimmer, § 22 WpHG Rn. 40.

1006 *Nottmeier/Schäfer*, AG 1997, 87, 93; *Hildner*, S. 79 f., S. 82; *Dehlinger/Zimmermann* in Fuchs, WpHG, § 22 Rn. 32. Ebenso wohl *U. H. Schneider* in Assmann/Schneider, WpHG, § 22 Rn. 36.

1007 *Nottmeier/Schäfer*, AG 1997, 87, 93.

Da sich die teleologische Reduktion also zu Lasten der Normadressaten auswirken würde, muss sie de lege lata bei Anwendung einer einheitlichen Auslegung insgesamt unterbleiben. De lege ferenda könnte dieses Problem freilich durch eine Änderung des § 22 Abs. 3 WpHG gelöst werden, so dass dieser nicht mehr auf § 290 HGB, sondern nur noch auf die konzernrechtlichen Grundsätze zur Ermittlung einer Beherrschungsmöglichkeit verweist.

Uneinigkeit besteht im Recht der Konzernrechnungslegung auch in Bezug auf die Auswirkungen eines Stimmbindungsvertrags, durch den sich die Mutter hinsichtlich der Art und Weise der Stimmrechtsausübung den Weisungen oder Interessen eines Dritten unterwirft. Nach teilweise vertretener Auffassung sind die Stimmrechte in diesem Fall im Zähler des Stimmrechtsanteils der Mutter abzuziehen. Die Vertreter dieser Auffassung argumentieren, dass die Stimmrechte in diesem Fall einem Dritten im Sinne des § 290 Abs. 3 S. 2 „zur Verfügung gestellt" worden seien, was eine Zurechnung dieser Stimmrechte auf den Dritten zur Folge habe.[1008] Vor diesem Hintergrund folgern sie aus § 290 Abs. 3 S. 3 HGB, der spiegelbildlich zu den Fällen der Zurechnung von Stimmrechten nach § 290 Abs. 3 S. 1 HGB einen Abzug derselben Stimmrechte bei dem Inhaber der Stimmrechte vorsieht, dass auch für den Fall der Zurechnung nach § 290 Abs. 3 S. 2 HGB ein solcher Abzug der Stimmrechte bei dem Stimmrechtsinhaber vorzunehmen sei.[1009] Für einen solchen Abzug der Rechte soll sprechen, dass es ansonsten zu einer Situation kommen könne, in der die Mehrheit der Stimmrechte bei der Tochter zwei verschiedenen Personen zusteht.[1010] Darüber hinaus habe die Mutter in einem solchen Fall keine Verfügungsgewalt mehr über die Vermögensgegenstände und Schulden der Tochter, so dass die Grundlage für ihre Ausweisung im Konzernabschluss entfalle.[1011] Nach überwiegender und zutreffender Auffassung führt der Abschluss eines Stimmbindungsvertrags dagegen für sich genommen ebenso wenig wie im Rahmen des § 16 Abs. 3 AktG zu einem Abzug der betroffenen Stimmrechte im Zähler des Stimmrechtsanteils der Mutter.[1012] Dies ist einerseits aus der im Rahmen des § 290 Abs. 2 HGB anzulegenden formalrechtlichen Betrachtungsweise und in diesem Zusammenhang aus der Tatsache herzuleiten, dass solche Stimmbindungsvereinbarungen nicht ausdrücklich in § 290 Abs. 3 S. 3 HGB genannt werden.[1013] Zudem ist abermals darauf hinzuweisen, dass die Mutter die Möglichkeit zur Ausübung der Stimmrechte behält, wenn auch ggf.

1008 Vgl. zu diesem zutreffenden Befund oben S. 201 f.

1009 So *Siebourg* in HdKR, § 290 HGB Rn. 77; *Busse von Colbe* in MüKo, HGB, § 290 Rn. 66; i.E. ebenso *Von Bülow* in KöKo, WpHG, § 22 Rn. 304.

1010 Darauf weist *Siebourg* in HdKR, § 290 HGB Rn. 77 hin.

1011 *Busse von Colbe* in MüKo, HGB, § 290 Rn. 66.

1012 DRS 19.23; *Ulmer* in FS Goerdeler, 623 641; *ADS*, § 290 HGB Rn. 38; *Gelhausen/Fey/Kämpfer*, Q Rn. 26; *Kindler* in Staub, HGB, § 290 Rn. 38; *Senger/Hoehne* in MüKo, Bilanzrecht, § 290 HGB Rn. 170; *Kraft/Link*, ZGR 2013, 514, 519; *Grottel/Kreher* in BeBiKo, § 290 HGB Rn. 46 f.

1013 *Ulmer* in FS Goerdeler, 623 641; *ADS*, § 290 HGB Rn. 38 f.; *Kraft/Link*, ZGR 2013, 514, 519; *Grottel/Kreher* in BeBiKo, § 290 HGB Rn. 47.

unter Verletzung ihrer schuldrechtlichen Verpflichtungen im Innenverhältnis.[1014] Gegen eine analoge Anwendung des § 290 Abs. 3 S. 3 HGB spricht auch, dass es offenbar bereits an einer unbewussten Regelungslücke fehlt, zumal anzunehmen ist, dass der Gesetzgeber die Regelung in § 290 Abs. 3 S. 3 HGB zum Abzug von Stimmrechten mit dem Inkrafttreten des BilMoG um den spiegelbildlichen Tatbestand des § 290 Abs. 3 S. 2 HGB erweitert hätte, wenn ein solcher Abzug von Stimmrechten gewollt gewesen wäre.[1015]

(c) Für Rechnung Dritter gehaltene Anteile

In § 290 Abs. 3 S. 3 HGB findet sich eine weitere Besonderheit des Rechts der Konzernrechnungslegung. Anders als im Konzernrecht kommt es unter den dort geregelten Voraussetzungen zu einem Abzug von Stimmrechten und sonstigen Rechten bei der Mutter. Nach § 290 Abs. 3 S. 3 Nr. 1 HGB sind Rechte bei der Mutter zunächst dann abzuziehen, wenn sie mit Anteilen an der Tochter verbunden sind, die von der Mutter oder von einem ihrer anderen Tochterunternehmen im Sinne des § 290 HGB für Rechnung eines Dritten gehalten werden. Hinsichtlich des Tatbestandsmerkmals „Für Rechnung Halten" gelten spiegelbildlich die für § 290 Abs. 3 S. 1 Alt. 2 HGB geltenden Grundsätze.[1016] Ferner sind nach § 290 Abs. 3 S. 3 Nr. 2 HGB sämtliche Rechte bei der Mutter abzuziehen, wenn sie aus Anteilen an der Tochter folgen, die die Mutter als Sicherheit für einen Sicherungsgeber hält, sofern diese Rechte nach Weisung des Sicherungsgebers ausgeübt werden. Ist die Mutter als Kreditinstitut zu qualifizieren und hält sie Stimmrechte bzw. die stimmrechtsvermittelnden Aktien als Sicherheit für ein Darlehen, so genügt bereits die Interessenbindung der Mutter gegenüber dem Sicherungsgeber im Hinblick auf die Stimmrechtsausübung für einen Abzug der betreffenden Rechte. Nach herrschender Auffassung hat § 290 Abs. 3 S. 3 Nr. 2 HGB lediglich klarstellende Bedeutung, da ein Handeln nach Weisung oder im Interesse eines Dritten im Fall der Sicherungsübereignung bereits unter das Tatbestandsmerkmal „Für Rechnung Halten" falle.[1017] Da die zur Sicherheit übertragenen Anteile nach Erfüllung des Sicherungszwecks im Regelfall auf den Sicherungsgeber zurückübertragen werden sollen, sind sie diesem regelmäßig tatsächlich wirtschaftlich zuzuordnen, so dass die Mutter die betreffenden Anteile „für Rechnung" des Sicherungsgebers hält. Während der Dauer der Sicherungsübertragung muss sie die Bestimmungen der Sicherungsabrede einhalten und die Interessen des Sicherungsgebers berücksichtigen, soweit ihre eigenen berechtigten Sicherungsinteressen dem nicht entgegenstehen.[1018] Allerdings ist auch zu berücksichtigen,

1014 Vgl. oben S. 149 ff. Ebenso *ADS*, § 290 HGB Rn. 38.
1015 *Senger/Hoehne* in MüKo, Bilanzrecht, § 290 HGB Rn. 170.
1016 *ADS*, § 290 HGB Rn. 148; *Kindler* in Staub, HGB, § 290 Rn. 62; *Senger/Hoehne* in MüKo, Bilanzrecht, § 290 HGB Rn. 169.
1017 *Siebourg* in HdKR, § 290 HGB Rn. 110; *Kindler* in Staub, HGB, § 290 Rn. 63.
1018 Vgl. in diesem Zusammenhang unten S. 296 f. sowie die Ausführungen zum Begriff der Treuhand oben S. 6 ff.

dass § 290 Abs. 3 S. 3 Nr. 2 HGB eine Absorption von Stimmrechten nicht generell, sondern nur unter bestimmten Voraussetzungen anordnet. Die Norm ist damit wesentlich restriktiver als § 290 Abs. 3 S. 3 Nr. 1 HGB. Vor diesem Hintergrund greift es möglicherweise zu kurz, der Regelung lediglich einen klarstellenden Charakter zuzugestehen. Es ist vielmehr zu überlegen, ob die Norm nicht eher eine Einschränkung der Absorption enthält, die sich auch auf § 290 Abs. 3 S. 3 Nr. 1 HGB bezieht. Danach würde eine Absorption der Stimmrechte grundsätzlich entfallen, wenn die Mutter die Anteile an der Tochter zu Sicherungszwecken für den Sicherungsgeber hält und diesem kein Weisungsrecht in Bezug auf die Ausübung der Stimmrechte aus den betreffenden Anteilen zusteht. Dass eine solche Auslegung indessen nicht richtig sein kann, sondern im Gegenteil zu Wertungswidersprüchen führt und damit abzulehnen ist zeigt der Vergleich mit den übrigen Fällen des „Für-Rechnung-Haltens“ von Anteilen unter Berücksichtigung der Interessenlage der betreffenden Personen. Es wäre unerklärlich, wieso eine Absorption der Stimmrechte im Fall der Sicherungsübertragung der Anteile unter erschwerten Bedingungen, nämlich grundsätzlich nur bei Bestehen eines Weisungsrecht des Sicherungsgebers in Bezug auf die Stimmrechtsausübung, erfolgen soll. Ein sachlicher Grund für eine solche Ungleichbehandlung mit den übrigen Fällen des Auseinanderfallens der rechtlichen und wirtschaftlichen Zuordnung stimmrechtsvermittelnder Anteile ist jedenfalls nicht ersichtlich. Das gilt gerade wenn man sich vor Augen hält, dass der Inhaber der stimmrechtsvermittelnden Anteile im Fall ihrer Sicherungsübertragung in der Regel kein besonderes Interesse an der Stimmrechtsausübung hat und die stimmrechtsvermittelnden Anteile ohnehin nur vorübergehend hält.[1019] Angesichts dieser Interessenlage würde es umgekehrt näher liegen, die Absorption von Stimmrechten im Fall der Sicherungsübertragung vergleichsweise zu erleichtern. Das dies nicht völlig fernliegend ist, zeigt etwa das Beispiel der Stimmrechtszurechnung nach § 22 Abs. 1 S. 1 Nr. 3 WpHG.

Anders als im Recht der Konzernrechnungslegung, wo der wirtschaftlichen Zuordnung der Anteile an der Tochter eine hohe Bedeutung zukommt, führt das Halten der betreffenden Anteile für Rechnung eines Dritten im Konzernrecht nicht zu einem Abzug der Stimmrechte im Zähler des Stimmrechtsanteils der Mutter, so dass diese nach der Wertung des Konzernrechts ihre unmittelbare Beherrschungsmöglichkeit behält.[1020] Die Mutter ist grundsätzlich nach wie vor zur Einflussnahme auf die Geschäftspolitik der Tochter in der Lage. Nach bestrittener Auffassung soll dies auch dann gelten, wenn die Mutter bei der Ausübung der Stimmrechte aus Anteilen an der Tochter den Weisungen des Dritten folgen muss.[1021] Denn einerseits

1019 Vgl. unten S. 296 ff.

1020 *ADS*, § 17 AktG Rn. 90; *Windbichler* in GroKo, AktG, § 17 Rn. 47; *Bayer* in MüKo, AktG, § 17 Rn. 75.

1021 *Bayer* in MüKo, AktG, § 17 Rn. 74; *Vetter* in Schmidt/Lutter, AktG, § 17 Rn. 19; a.A. *Schall* in Spindler/Stilz, AktG, § 17 Rn. 51.

ist es unsicher, ob überhaupt Weisungen erteilt werden.[1022] Andererseits behält die Mutter zumindest die faktische Möglichkeit, ihr Stimmrecht, unter Verstoß gegen die Stimmbindung im Innenverhältnis auszuüben. Ein Abzug von Stimmrechten wird lediglich von einer Mindermeinung und auch nur in eng begrenzten Ausnahmefällen befürwortet. Voraussetzung soll sein, dass die Mutter im Hinblick auf ihr Stimmverhalten schuldrechtlich an die Weisungen des Dritten gebunden ist, zusätzlich die Verpflichtung besteht, vor jeder Stimmabgabe eine solche Weisung einzuholen und dass die Mutter diese Vereinbarung nur aus wichtigem Grund kündigen darf.[1023] Selbst in diesem Fall ist aber an der Berücksichtigung der Stimmrechte bei der Mutter festzuhalten, da sich an seiner faktischen Möglichkeit zur Ausübung des Stimmrechts entgegen den erteilten Weisungen nichts ändert.

Soweit es durch § 290 Abs. 3 S. 3 HGB zu einem Abzug von Stimmrechten bei der Mutter kommt, entsteht im Rahmen des § 22 Abs. 3 WpHG abermals eine Diskrepanz zwischen den beiden Tatbestandsalternativen der Norm. Über die zweite Tatbestandsalternative ist die Tochter bei wortlautgetreuer Anwendung des § 22 Abs. 3 WpHG auch dann als Tochterunternehmen im Sinne dieser Vorschrift zu qualifizieren, wenn die wesentlichen wirtschaftlichen Risiken aus den stimmrechtsvermittelnden Anteilen der Mutter an der Tochter (teilweise) einen Dritten treffen. Dieses Ergebnis leuchtet auch im Lichte des Schutzzwecks des § 22 WpHG ein. An der Beherrschungsmöglichkeit der Mutter und damit auch an ihrem mittelbaren Stimmrechtseinfluss bei dem Emittenten ändert sich auch dann nichts, wenn die stimmrechtsvermittelnden Anteile der Mutter an ihrer Tochter teilweise für Rechnung eines Dritten gehalten werden. Dies gilt unabhängig davon, ob die Mutter in Bezug auf die betreffenden Anteile einer schuldrechtlichen Stimmbindung gegenüber dem Dritten unterliegt. Denn ungeachtet einer etwaigen Stimmbindung kann die Mutter die Stimmrechte aus den Anteilen an ihrer Tochter notfalls unter Verstoß gegen die schuldrechtliche Stimmbindung wirksam ausüben. Etwas anderes gilt nur dann, wenn der Dritte die Stimmbindung im Vorfeld der vertragswidrigen Stimmabgabe durch die Mutter gerichtlich durchsetzt, was aber de facto durch die Mutter verhindert werden kann, wenn sie ihre wahren Absichten hinsichtlich der Stimmabgabe verschleiert.[1024]

(5) Entfallen der Beherrschungsmöglichkeit in besonderen Fällen

Trotz Stimmrechtsmehrheit der Mutter entfällt ihre Möglichkeit zur Beherrschung der Tochter in bestimmten Fällen aus rechtlichen Gründen. Im Konzernecht hat dies zur Folge, dass die Abhängigkeitsvermutung des § 17 Abs. 2 AktG widerlegt werden kann. Neben dem bereits genannten Fall des Entherrschungsvertrags ist dies der Fall, wenn die Satzung bzw. der Gesellschaftsvertrag der Tochter bei den

---

1022 *Bayer* in MüKo, AktG, § 17 Rn. 74; *Vetter* in Schmidt/Lutter, AktG, § 17 Rn. 19.

1023 *Ziemons* in Handbuch AG, Rn. I 12.160; ebenso wohl *Vetter* in Schmidt/Lutter, AktG, § 17 Rn. 56; a.A. *Koppensteiner* in KöKo, AktG, § 17 Rn. 107.

1024 Vgl. oben S. 149 f.

maßgeblichen Beschlussgegenständen ein qualifiziertes Mehrheitserfordernis aufstellt, das die Mutter mit ihrem Stimmrechtsanteil nicht erreicht.[1025] Besteht der Anknüpfungspunkt für die Beherrschungsmöglichkeit in der Personalhoheit der Mutter, so kann die Möglichkeit zur Ausübung beherrschenden Einflusses auch dann entfallen, wenn ein Vierter einige der zur Bestellung der Geschäftsleiter der Tochter berufenen Personen stimmrechtsunabhängig mit der Folge bestellen kann, dass die Mutter nicht mehr mittelbar über die Bestellung der Geschäftsleiter entscheiden kann. Dies ist etwa dann der Fall, wenn dem Vierten ein aktienrechtliches Entsendungsrecht gemäß § 101 Abs. 2 AktG zusteht und es um die Bestellung der Mitglieder eines paritätisch mitbestimmten Aufsichtsrats geht.[1026] Der Abschluss eines Beherrschungsvertrags zwischen dem Dritten und einem Vierten lässt die Beherrschungsmöglichkeit des Meldepflichtigen nach überwiegender Auffassung ebenfalls entfallen, da das aus dem Beherrschungsvertrag folgende Weisungsrecht die Beherrschungsmöglichkeit durch Personalhoheit infolge einer Stimmrechtsmehrheit verdrängt.[1027] Dies gilt jedenfalls dann, wenn darüber hinaus sichergestellt ist, dass die Mutter keine weiteren bedeutenden Einflussnahmemöglichkeiten auf die Tochter mehr hat.[1028] Zu denken ist hier an ein Recht zur Geschäftsführung oder ein gesellschaftsvertraglich verankertes Sonderrecht auf die Erteilung von Weisungen.[1029]

Demgegenüber kann die an die Mehrheit der Stimmrechte geknüpfte Vermutung der Beherrschungsmöglichkeit im Recht der Konzernrechnungslegung nicht widerlegt werden, was sich gerade in den soeben genannten Fällen auswirkt. So soll die gesetzliche Vermutung des § 290 Abs. 2 Nr. 1 HGB nach überwiegender Auffassung auch dann eingreifen, wenn der Gesellschaftsvertrag der Tochter qualifizierte Beschlussmehrheiten für die maßgeblichen Beschlussgegenstände enthält.[1030] Gleiches muss auch in den übrigen Fällen gelten, in denen die Abhängigkeitsvermutung

---

1025 *Möhring* in FS Westermann, 427, 431; *Rittner*, DB 1976, 1465, 1470; *ADS*, § 17 AktG Rn. 30; *Krieger* in MünchHdbAG, § 68 Rn. 63; *Ziemons* in Handbuch AG, Rn. I 12.150; *Koppensteiner* in KöKo, AktG, § 17 Rn. 104; *Schall* in Spindler/Stilz, AktG, § 17 Rn. 51; *Vetter* in Schmidt/Lutter, AktG, § 17 Rn. 54; *Emmerich* in Emmerich/Habersack, § 17 AktG Rn 37; *Koch* in Hüffer, AktG, § 17 Rn. 21.

1026 *Hopt/Roth* in GroKo, AktG, § 101 Rn. 130; *Hoffmann-Becking* in MünchHdbAG, § 30 Rn. 24; *Habersack* in MüKo, AktG, 4. Aufl., § 101 Rn. 53; *Vetter* in Schmidt/Lutter, AktG, § 17 Rn. 55; a.A. wohl *Bayer* in MüKo, AktG, § 17 Rn. 98.

1027 *ADS*, § 17 AktG Rn. 90; *Bayer* in MüKo, § 17 Rn. 113; *Koppensteiner* in KöKo, AktG, § 17 Rn. 126; *Vetter* in Schmidt/Lutter, AktG, § 17 Rn. 58. Vgl. zur Beherrschungsmöglichkeit durch einen Beherrschungsvertrag sogleich unten S. 235 ff.

1028 So wohl *Ziemons* in Handbuch AG, Rn. I 12.168.

1029 Vgl. dazu unten S. 232 f. und S. 233 ff.

1030 DRS 19.17, 19.23; *ADS*, § 290 HGB Rn. 36; WP-Handbuch, Rn. M 47; *Kindler* in Staub, HGB, § 290 Rn. 37; a.A. *Von Wysocki*, WPg 1987, 277, 278; *Siebourg* in HdKR, § 290 HGB Rn. 70; *Busse von Colbe* in MüKo, HGB, § 290 Rn. 34; *Kraft/Link*, ZGR 2013, 514, 519.

nach § 17 Abs. 2 AktG widerlegt werden kann, weil die Stimmrechtsmehrheit nicht zugleich die Beherrschungsmöglichkeit vermittelt, namentlich bei Sonderrechten zugunsten anderer Gesellschafter der Tochter, die die Personalhoheit der Mutter verdrängen, etwa einem Entsendungsrecht, oder bei Abschluss eines Beherrschungsvertrags zwischen der Tochter als Untergesellschaft und einem Dritten als Obergesellschaft. In diesen Fällen entfällt zwar die Beherrschungsmöglichkeit nach § 17 AktG, grundsätzlich aber nicht diejenige nach § 290 HGB.

Ebenso wie im Fall des Entherrschungsvertrags kommt es also auch in den hier genannten Fällen im Rahmen des § 22 Abs. 3 WpHG zu einer Diskrepanz zwischen den beiden Tatbestandsalternativen. Auch wenn die Tochter über die zweite Tatbestandsalternative der Norm mit guten Gründen nicht als Tochterunternehmen der Mutter zu qualifizieren ist, zwingt die unwiderlegbare Vermutung des § 290 Abs. 2 Nr. 1 WpHG zu einer Einordnung der Tochter als Tochterunternehmen im Sinne des § 22 Abs. 3 Alt. 1 WpHG. Aus den bereits genannten Gründen stellt sich auch insoweit die Frage nach einer teleologischen Reduktion des § 290 Abs. 2 Nr. 1 WpHG im Regelungsumfeld des § 22 Abs. 3 WpHG. Wie schon im Fall des Entherrschungsvertrags scheitert eine teleologische Reduktion aber auch hier daran, dass sie im Einzelfall zu zusätzlichen Mitteilungspflichten der Mutter führen, sich folglich zu ihren Lasten auswirken könnte. Vorstellbar ist zunächst, dass die qualifizierten Mehrheitserfordernisse bei den maßgeblichen Beschlussgegenständen oder die Statuierung der die Beherrschungsmöglichkeit ausschließenden Sonderrechte erst zu einem Zeitpunkt in der Satzung der Tochter verankert werden, in dem die Mutter bereits mit Mehrheit an dieser beteiligt ist. Auch lässt es sich nicht vollständig ausschließen, dass ein Beherrschungsvertrag zwischen der Tochter und einem Dritten abgeschlossen wird, obwohl der Mutter die Mehrheit der Stimmrechte an der Tochter zusteht. In all diesen Fällen könnte wegen des Wegfalls der Zurechnung nach § 22 Abs. 1 S. 1 Nr. 1 WpHG eine Mitteilungspflicht der Mutter wegen Schwellenunterschreitung entstehen. Das Problem lässt sich also nur de lege ferenda lösen. Wie schon im Zusammenhang mit den Erläuterungen zum Entherrschungsvertrag hervorgehoben, könnte dies durch eine Änderung des § 22 Abs. 3 WpHG geschehen, so dass dieser nicht mehr auf § 290 HGB, sondern nur noch auf die konzernrechtlichen Grundsätze zur Ermittlung der Beherrschungsmöglichkeit verweist.

(6) Stimmrechtsmehrheit durch potentielle Stimmrechte

Eine ganz andere Frage betrifft die Berücksichtigung von Stimmrechten aus Anteilen an der Tochter, die die Mutter erst potentiell zukünftig erwirbt. Sind auch solche Stimmrechte mit der Folge zu berücksichtigen, dass sie eine Beherrschungsmöglichkeit begründen können? Angesprochen sind damit vor allem die Fälle, in denen die Mutter einen schuldrechtlichen Anspruch auf den Erwerb stimmrechtsvermittelnder Anteile der Tochter hat, so dass ihr nach dem wirksamen Erwerb der betreffenden Anteile eine Stimmrechtsmehrheit zustehen würde.

Nach wohl herrschender Auffassung im Konzernrecht reicht ein schuldrechtlicher Anspruch auf den Erwerb stimmrechtsvermittelnder Anteile für sich genommen noch nicht aus, um eine Beherrschungsmöglichkeit zu begründen.[1031] Die Vertreter dieser Auffassung argumentieren, dass die notwendige Intensität der Beherrschungsmöglichkeit in diesem Stadium noch nicht erreicht sei. Vor dem dinglich wirksamen Vollzug des Aktienerwerbs durch den potentiellen Erwerber sei auch vor dem Hintergrund des Abspaltungsverbots anzunehmen, dass das Stimmrecht noch dem Altgesellschafter zusteht, so dass sich die Geschäftsleiter der Tochter noch an dessen Interessen orientieren und damit gerade noch nicht an denjenigen des späteren Mehrheitsgesellschafters.[1032] Auch fehle es noch an der Beständigkeit der Beherrschungsmöglichkeit.[1033] Zudem stehe dem potentiellen Erwerber noch gar kein taugliches Beherrschungsmittel zur Verfügung. Gesellschaftsrechtlich vermittelter Einfluss läge noch nicht vor, da potentielle Stimmrechte bis zur wirksamen dinglichen Einigung wenn überhaupt lediglich eine Beherrschung auf tatsächlicher Grundlage erlaubten.[1034] Schließlich wird argumentiert, dass vor dem dinglichen Anteilserwerb noch kein Grund bestehe, der Tochter den Nachteilsausgleich des § 311 Abs. 2 AktG zu gewähren.[1035]

Die Gegenauffassung hält die Begründung einer Beherrschungsmöglichkeit auf der Grundlage schuldrechtlicher Ansprüche auf den Erwerb von Anteilen grundsätzlich für möglich. Sie fordert aber als Grundvoraussetzung, dass der Erwerb der stimmrechtsvermittelnden Aktien durch den potentiellen Erwerber aus Sicht der Geschäftsleiter der Tochter bereits sicher oder zumindest überwiegend wahrscheinlich ist.[1036] Die Vertreter dieser Auffassung argumentieren, dass sich die Geschäftsleiter im Bestreben ihre Position nicht zu gefährden bei überwiegend wahrscheinlichem oder sicherem Anteilserwerb durch den potentiellen Erwerber typischerweise bereits im Vorfeld der dinglich wirksamen Übertragung der Anteile an dessen Wünschen ausrichten werden.[1037]

1031 OLG Düsseldorf v. 22.7.1993 – 6 U 84/92, AG 1994, 36, 38; *Möhring* in FS Westermann, 427, 436; *Windbichler* in GroKo, AktG, § 17 Rn. 26, 50; *ADS*, § 17 AktG Rn. 18; *Friedl*, NZG 2005, 875, 876; *Ziemons* in Handbuch AG, Rn. I 12.128; *Koppensteiner* in KöKo, AktG, § 17 Rn. 47; *Vetter* in Schmidt/Lutter, AktG, § 17 Rn. 35; *Emmerich* in Emmerich/Habersack, § 17 AktG Rn. 11; *Koch* in Hüffer, AktG, § 17 Rn. 9; im Grundsatz auch *Krieger* in FS Semler, 503, 508 ff.; *Krieger* in MünchHdbAG, § 68 Rn. 43; *Schall* in Spindler/Stilz, § 17 Rn. 37.

1032 OLG Düsseldorf v. 22.7.1993 – 6 U 84/92, AG 1994, 36, 38; *Krieger* in FS Semler, 503, 512.

1033 *Schall* in Spindler/Stilz, § 17 Rn. 37.

1034 *Windbichler* in GroKo, AktG, § 17 Rn. 50.

1035 *Krieger* in FS Semler, 503, 513 f.; *Vetter* in Schmidt/Lutter, AktG, § 17 Rn. 35.

1036 *Werner*, S. 116 (wenn Erwerber seinen Anteil nur aufstockt und eine dem Anwartschaftsrecht vergleichbare Rechtsposition besitzt); *Baumann/Reiß*, ZGR 1989, 157, 203; *Lutter* in FS Steindorff, 125, 133; *Noack*, Gesellschaftervereinbarungen, S. 89 f.; *Weber*, ZIP 1994, 678, 683 ff.; *Bayer* in MüKo, AktG, § 17 Rn. 53; ebenso wohl BGH v. 22.11.2005 – 1 StR 571/04, NJW 2006, 453, 456.

1037 *Noack*, Gesellschaftervereinbarungen, S. 90; *Bayer* in MüKo, AktG, § 17 Rn. 53.

In die gleiche Richtung geht auch die herrschende Auffassung im Recht der Konzernrechnungslegung.[1038] Für die Berücksichtigung potentieller künftiger Stimmrechte wird einerseits – wenig überzeugend – angeführt, dass ihre Nichtberücksichtigung weder im Wortlaut des § 290 Abs. 1 HGB noch in den Gesetzesmaterialien zum BilMoG statuiert wurde.[1039] Andererseits wird auf internationale Rechnungslegungsgrundsätze verwiesen, an die sich der Gesetzgeber ausweislich der Materialien zum BilMoG durch die Aufnahme des Konzepts der Beherrschungsmöglichkeit in § 290 HGB anlehnen wollte.[1040] Nach den Vorgaben des DRS 19, denen die wohl überwiegende Auffassung in der Literatur folgt setzt die Berücksichtigung potentieller Stimmrechte als Beherrschungsmittel voraus, dass der potentielle Erwerber einen rechtlichen Anspruch auf den Erwerb der betreffenden stimmrechtsvermittelnden Anteile hat, wobei er aktuell zur Ausübung dieses Anspruchs berechtigt und wirtschaftlich dazu in der Lage sein muss.[1041] Darüber hinaus muss die künftige Ausübung dieses Anspruchs „so gut wie sicher“ sein.[1042]

Den beiden zuletzt genannten Auffassung ist im Grundsatz zu folgen. Allerdings ist die Annahme einer Beherrschungsmöglichkeit nur in engen Grenzen möglich. Entscheidend ist eine Betrachtung im Einzelfall, die sich an den tatsächlichen Umständen orientiert.[1043] Weitestgehend ungeklärt ist bislang, unter welchen Umständen der Erwerb der Stimmrechte oder die zu einem Erwerb der Stimmrechte führende Ausübung des schuldrechtlichen Anspruchs aus der Perspektive der Geschäftsleiter als „überwiegend wahrscheinlich“ oder „so gut wie sicher“ gelten kann. Allgemeingültige Aussagen lassen sich insoweit nicht treffen. Typischerweise kann von einem überwiegend wahrscheinlichen späteren Anteilserwerb ausgegangen werden, wenn der Kaufvertrag bereits abgeschlossen ist, nur noch der dingliche Vollzug aussteht und in diesem Zusammenhang keine aufschiebenden Bedingungen vereinbart sind oder diese schon eingetreten sind.[1044] Umgekehrt wird

1038 Vgl. DRS 19.75 f.; *Baetge/Kirsch/Thiele*, § 290 HGB Rn. 77; *Busse von Colbe* in MüKo, HGB, § 290 Rn. 58 f.; *Grottel/Kreher* in BeBiKo, § 290 HGB Rn. 51; nach a.A. kommt es ausschließlich auf die wirtschaftliche Zuordnung der stimmrechtsvermittelnden Anteile zu dem potentiellen Erwerber an, so insbes. *Gelhausen/Fey/Kämpfer*, Q Rn. 38; WP-Handbuch, Rn. M 29. Gegen diese Auffassung lässt sich indessen anführen, dass die Stimmrechte dem potentiellen Erwerber in diesem Fall schon auf Grundlage des § 290 Abs. 3 S. 1 Alt. 2 HGB zugerechnet werden, so dass sie schon bei der Berechnung seines (gegenwärtigen) Stimmrechtsanteils im Rahmen des § 290 Abs. 2 Nr. 1 HGB berücksichtigt werden.

1039 Vgl. *Baetge/Kirsch/Thiele*, § 290 HGB Rn. 77.

1040 So etwa *Busse von Colbe* in MüKo, HGB, § 290 Rn. 58 f.

1041 DRS 19.76; *Kraft/Link*, ZGR 2013, 515, 530; *Grottel/Kreher* in BeBiKo, § 290 HGB Rn. 51.

1042 DRS 19.76; *Grottel/Kreher* in BeBiKo, § 290 HGB Rn. 51; ebenso wohl *Baetge/Kirsch/Thiele*, § 290 HGB Rn. 77 ff.; *Busse von Colbe* in MüKo, HGB, § 290 Rn. 59.

1043 So auch *Krieger* in FS Semler, 503, 508 ff.; *Krieger* in MünchHdbAG, § 68 Rn. 43; *Schall* in Spindler/Stilz, § 17 Rn. 37.

1044 *Krieger* in FS Semler, 503, 508.

man im Regelfall noch nicht von einem überwiegend wahrscheinlichen künftigen Anteilserwerb ausgehen, wenn der potentielle Erwerber lediglich eine schuldrechtlich wirkende Call-Option auf die betreffenden Anteile besitzt, da es in diesem Fall noch völlig unklar ist, ob er diese Option ausüben wird.[1045] Dass sich keine allgemein gültige Aussagen treffen lassen, zeigt sich vor allem in den Fällen, in denen der dingliche Erwerb noch unter einer aufschiebenden Bedingung steht, zumal dann auch danach gefragt werden muss, wie wahrscheinlich der Eintritt dieser Bedingung ist.[1046] Vereinzelt wird in diesem Zusammenhang eine Parallelwertung zu den §§ 22 Abs. 1 S. 1 Nr. 5 WpHG, 30 Abs. 1 S. 1 Nr. 5 WpÜG vorgeschlagen.[1047] Der Nutzen einer solchen Parallelwertung darf indessen nicht überschätzt werden. Für die Frage, ob die notwendige Intensität einer Beherrschungsmöglichkeit erreicht ist, kommt es nämlich stets auf die objektiv zu bestimmende Perspektive der Geschäftsleiter an. Halten diese es vernünftigerweise für „überwiegend wahrscheinlich" oder „so gut wie sicher", dass der potentielle Erwerber die stimmrechtsvermittelnden Anteile im Zeitpunkt ihrer nächsten Wiederbestellung bereits erworben hat, so dass er dann unmittelbar oder notfalls mittelbar über die von ihm gewählten Vertreter im Aufsichtsrat über ihre Wiederbestellung entscheiden kann, liegt die Annahme einer Beherrschungsmöglichkeit bereits vor dem wirksamen Anteilserwerb nahe. In einem zweiten Schritt ist dann aber zu untersuchen, ob die Geschäftsleiter sich vor diesem Hintergrund objektiv betrachtet bereits den Interessen des potentiellen Erwerbers unterwerfen oder noch an den Interessen des Altgesellschafters orientieren werden. Gegen eine Orientierung an den Interessen des potentiellen Erwerbers kann etwa sprechen, dass der Altgesellschafter bis zum wirksamen Übergang der Anteile noch auf die Position der Geschäftsleiter einwirken kann, sie etwa abberufen oder bei einer Tochter in der Rechtsform der Aktiengesellschaft zumindest auf ihre Abberufung hinwirken kann. Diese Gefahr kann allerdings auch ausgeschlossen sein, wenn der Altgesellschafter den potentiellen Erwerber bereits gewähren lässt, selbst aber passiv bleibt.[1048] Letztlich lässt sich aber auch diese Frage nicht in allgemeiner Form beantworten. Sie ist vielmehr im Einzelfall festzustellen.[1049] Erforderlich sind tatsächliche Anhaltspunkte dafür, dass sich die Geschäftsleiter bereits an den Wünschen des potentiellen Erwerbers ausrichten, etwa ein Verhalten, dass nur auf dessen Einflussnahme zurückgeführt werden kann.[1050] Abzulehnen ist in diesem Zusammenhang das Argument, der potentielle Erwerber habe noch überhaupt kein taugliches gesellschaftsrechtlich vermitteltes Beherrschungsmittel

1045 *Möhring* in FS Westermann, 427, 436; *Werner*, S. 116; *Krieger* in FS Semler, 503, 509.

1046 *Krieger* in FS Semler, 503, 508.

1047 *Vetter* in Schmidt/Lutter, AktG, § 17 Rn. 35.

1048 *Weber*, ZIP 1994, 678, 687.

1049 Ebenso *Krieger* in FS Semler, 503, 515; *Weber*, ZIP 1994, 678, 687.

1050 *Weber*, ZIP 1994, 678, 687, der auch auf die Möglichkeit einer Interessenkoordination zwischen Alt- und Neugesellschafter hinweist und in diesem Fall bei einem bestimmtes Verhalten des Vorstands, das bereits Folge dieser Interessenkoordination ist, von einer gemeinsamen Beherrschungsmöglichkeit ausgeht.

zur Begründung einer Beherrschungsmöglichkeit. Dieses Argument ist nicht zwingend. So lässt sich der zukünftige Stimmrechtseinfluss des potentiellen Erwerbers sehr wohl als gesellschaftsrechtlich vermittelter Einfluss qualifizieren, der zwar noch nicht gegenwärtig ist, aber bereits Vorwirkung entfaltet.[1051] Allerdings muss die Beherrschungsmöglichkeit des potentiellen Erwerbers auch bereits beständig sein. Entscheidend wird insoweit sein, ob dieser seinen Einfluss auf die Wiederbestellung der Geschäftsleiter der Tochter mit überwiegender Wahrscheinlichkeit bis zur nächsten Beschlussfassung über die unmittelbare oder mittelbare Bestellung der Geschäftsleiter aufrechterhalten wird, was im Einzelfall aus der Perspektive der Geschäftsleiter auf Grundlage einer Prognoseentscheidung zu ermitteln ist.[1052]

bb) Verstärkung des Stimmrechtsanteils durch besondere Umstände

Nach allgemeiner Auffassung kann auch eine Minderheitsbeteiligung an der Tochter zu einer Beherrschungsmöglichkeit der Mutter im Sinne des § 17 Abs. 1 AktG oder des § 290 Abs. 1 HGB führen, wenn diese Minderheitsbeteiligung in Verbindung mit weiteren verlässlichen Umständen rechtlicher oder tatsächlicher Art zur einer beständigen und umfassenden gesellschaftsrechtlich vermittelten Einflussnahmemöglichkeit führt, also so verstärkt wird, dass sich der aus der Minderheitsbeteiligung folgende Stimmrechtseinflusses im Ergebnis wie eine Stimmrechtsmehrheit auswirkt (sog. kombinierte Beherrschung).[1053]

(1) Gesellschaftsvertragliche Besonderheiten

Eine solche Verstärkung des Stimmrechtseinflusses kann aus dem Gesellschaftsvertrag der Tochter folgen. Ist ein anderer Gesellschafter der Tochter von einem gesellschaftsvertraglich verankerten Höchststimmrecht betroffen, so ergibt sich daraus eine Verstärkung des Stimmrechtsanteils der Mutter, da die Gesamtzahl der tatsächlich ausübbaren Stimmrechte abnimmt. Im Ergebnis kann sich daraus für die Mutter eine faktische Stimmrechtsmehrheit ergeben, die nicht nur durch tatsächliche, sondern aufgrund der Regelung des Höchststimmrechts im Gesellschaftsvertrag der Tochter sogar durch rechtliche Umstände abgesichert ist. Ihr Stimmrechtseinfluss verdichtet sich dann zu einer Beherrschungsmöglichkeit im Sinne des § 17 Abs. 1 AktG.[1054] Für das Recht der Konzernrechnungslegung wird

---

1051 So etwa *Krieger* in FS Semler, 503, 508; *Bayer* in MüKo, AktG, § 17 Rn. 54.

1052 Vgl. zur Beständigkeit der Beherrschungsmöglichkeit oben S. 189 ff.

1053 BGH v. 4.3.1974 – II ZR 89/72, NJW 1974, 855, 857; BGH v. 15.12.2011 – I ZR 129/10, WM 2012, 1121, 1123; *Ulmer*, ZGR 1978, 457, 472 ff.; *H. P. Westermann*, ZIP 1982, 379, 385 f.; *Weber*, ZIP 1994, 678, 682; *Krieger* in MünchHdbAG, § 68 Rn. 42; *Bayer* in MüKo, AktG, § 17 Rn. 31 f.; einschränkend *ADS*, § 17 AktG Rn. 92; für den Bereich der Konzernrechnungslegung *ADS*, § 290 HGB Rn. 34; *Kindler* in Staub, HGB, § 290 Rn. 36; *Opitz* in Schäfer/Hamann, § 22 WpHG Rn. 13; *Busse von Colbe* in MüKo, HGB, § 290 Rn. 23, 54 ff.

1054 *Schall* in Spindler/Stilz, AktG, § 17 Rn. 26.

diese Fallgruppe zwar nicht ausdrücklich diskutiert. Wertungsmäßig gelten die vorstehenden Überlegungen jedoch auch hier, so dass für diesen Fall auch eine Beherrschungsmöglichkeit im Sinne des § 290 Abs. 1 HGB anzuerkennen ist.

(2) Schuldrechtliche Vereinbarungen

Auch schuldrechtliche Vereinbarungen zwischen der Mutter und einem oder mehreren Gesellschaftern der Tochter können zu einer Verstärkung des Stimmrechtsanteils der Mutter führen. In diesem Zusammenhang sind zwei Fallgruppen zu unterscheiden. Zum einen geht es um die Erteilung von Stimmrechtsvollmachten oder Stimmrechtsermächtigungen zugunsten der Mutter und zum anderen um Stimmbindungsvereinbarungen, die einen anderen Anteilsinhaber an die Weisungen oder zumindest an die Interessen der Mutter binden.

(a) Stimmrechtsvollmacht und Stimmrechtsermächtigung

Fraglich ist, ob die Erteilung einer Stimmrechtsvollmacht oder einer Ermächtigung zur Stimmrechtsausübung an die Mutter zu einer Verstärkung ihres Stimmrechtsanteils führen und damit unter Umständen zu einer Überschreitung der Schwelle zur Beherrschungsmöglichkeit führen kann. Von der herrschenden Meinung im Konzernrecht wird dies im Grundsatz abgelehnt.[1055] Zur Begründung wird ausgeführt, dass die Mutter in diesem Fall hinsichtlich der Ausübung des Stimmrechts den Weisungen des Vollmachtgebers unterliegt.[1056] Außerdem wird darauf verwiesen, dass die Erteilung der Stimmrechtsvollmacht bzw. der Ermächtigung widerruflich ist.[1057] Die Gegenauffassung plädiert für eine Zurechnung, wenn die Mutter die betreffenden Stimmrechte „frei" von dem Vollmachtgeber ausüben kann.[1058] Der Annahme der Beherrschung soll nicht entgegenstehen, dass die Stimmrechtsvollmacht frei widerrufen werden kann, zumal eine Beherrschung nicht dadurch ausgeschlossen werden könne, dass ihre Voraussetzungen zufällig oder aufgrund des Verhaltens eines Dritten wieder entfallen.[1059] In der Tat stellt die Widerruflichkeit der Stimmrechtsvollmacht für sich genommen noch kein zwingendes Argument gegen

---

1055 *ADS*, § 17 AktG Rn. 31; *Koch* in Hüffer, AktG, § 17 Rn. 10; im Grundsatz wohl ebenso *Koppensteiner* in KöKo, AktG, § 17 Rn. 49; *Emmerich* in Emmerich/Habersack, § 17 AktG Rn. 24. Übt der Meldepflichtige als Kreditinstitute das Depotstimmrecht aus, soll eine Beherrschungsmöglichkeit aber in bestimmten Konstellationen in Betracht kommen, vgl. *Bayer* in MüKo, AktG, § 17 Rn. 49 m.w.N.

1056 *ADS*, § 17 AktG Rn. 31; *Koppensteiner* in KöKo, AktG, § 17 Rn. 49; *Koch* in Hüffer, AktG, § 17 Rn. 10; so wohl auch *Emmerich* in Emmerich/Habersack, § 17 AktG Rn. 24.

1057 *Koppensteiner* in KöKo, AktG, § 17 Rn. 49; *Emmerich* in Emmerich/Habersack, § 17 AktG Rn. 17; *Koch* in Hüffer, AktG, § 17 Rn. 10.

1058 *Rittner*, DB 1976, 1513, 1514; *Vetter* in Schmidt/Lutter, AktG, § 17 Rn. 23; *Ziemons* in Handbuch AG, Rn. I. 12.118.

1059 *Ziemons* in Handbuch AG, Rn. I. 12.118.

die Annahme einer Beherrschungsmöglichkeit dar. Entscheidend ist die Beständigkeit des Stimmrechtseinflusses, die auf Grundlage einer Prognoseentscheidung zu ermitteln ist.[1060] In diesem Zusammenhang wird hervorgehoben, dass eine nur für eine Hauptversammlung erteilte Vollmacht oder Ermächtigung jedenfalls nicht ausreichend ist, diese vielmehr zumindest für einen längeren Zeitraum bestehen muss.[1061] Dem wird man mit der Maßgabe zustimmen können, dass von beständigem Stimmrechtseinfluss in diesem Zusammenhang auszugehen ist, wenn die Stimmrechtsvollmacht oder die Ermächtigung zur Stimmrechtsausübung der Mutter mit überwiegender Wahrscheinlichkeit bis zur nächsten Beschlussfassung über die unmittelbare oder mittelbare Bestellung der Geschäftsleiter der Tochter aufrechterhalten wird und die betreffenden Stimmrechte bei dieser Gelegenheit ebenfalls mit überwiegender Wahrscheinlichkeit nicht an Stelle der Mutter von ihrem Inhaber ausgeübt werden. Im Hinblick auf die abgeleitete Natur der Stimmrechtsvollmacht oder -ermächtigung drängt sich aber doch die Frage auf, ob eine solche tatsächlich genügen kann, um eine Beherrschungsmöglichkeit zu begründen. Letztlich bleibt der eigentliche Stimmrechtsinhaber nämlich auch bei Vorliegen der Voraussetzungen einer beständigen Beherrschungsmöglichkeit regelmäßig zur verbindlichen Entscheidung über die Stimmrechtsausübung berechtigt. Er ist es, der im Einzelfall durch die Erteilung von Weisungen oder die Mitteilung seiner Interessen über die Ausübung des Stimmrechts entscheidet. Ob für die Frage der Zurechnung von Stimmrechten im Rahmen des § 17 AktG und damit letztlich für die Frage der Zurechnung von Stimmrechten nach § 22 Abs. 1 S. 1 Nr. 1 WpHG eine Parallelwertung zu § 22 Abs. 1 S. 1 Nr. 6 WpHG vorgenommen werden kann, erscheint fragwürdig. Systematisch stellt der Zurechnungstatbestand des § 22 Abs. 1 S. 1 Nr. 6 einen Ausnahmefall dar, weil er eine Zurechnung anordnet, obwohl der Meldepflichtige keinen letztverbindlichen Einfluss auf die Stimmrechtsausübung nehmen kann. Demgegenüber muss es für die Beherrschungsmöglichkeit auf die Möglichkeit der Mutter ankommen, die Ausübung des Stimmrechts bei den entscheidenden Beschlussgegenständen letztverbindlich zu steuern. Eine Stimmrechtsvollmacht oder entsprechende Ermächtigung kann eine solche Einflussnahmemöglichkeit nur dann vermitteln, wenn sie eine Stimmrechtsausübung nach „freiem Ermessen" gewährt.[1062] Das von § 22 Abs. 1 S. 1 Nr. 6 WpHG vorausgesetzte „eigene Ermessen" reicht nicht aus. Auch liegt „freies Ermessen" nicht bereits dann vor, wenn der Stimmrechtsvertreter „frei von Weisungen" handelt. Erforderlich ist vielmehr, dass dieser bei seiner Stimmrechtsausübung „völlig frei" ist, also weder an die Weisungen noch an die Interessen des Stimmrechtsinhabers gebunden ist.[1063] In der Praxis wird eine solche Stimmrechtsvollmacht oder -ermächtigung nur äußerst selten

1060 Vgl. oben S. 189 ff.
1061 *Rittner*, DB 1976, 1513, 1514.
1062 Ebenso i.E. *Rittner*, DB 1976, 1513, 1514.
1063 So auch *Rittner*, DB 1976, 1513, 1514.

vorkommen, so dass eine Zurechnung der betreffenden Stimmrechte im Rahmen des § 17 Abs. 1 AktG regelmäßig ausscheidet.

Im Recht der Konzernrechnungslegung sind die Auswirkungen einer Verstärkung des Stimmrechtseinflusses der Mutter durch eine Stimmrechtsvollmacht oder -ermächtigung noch ungeklärt. Im Ergebnis wird man die für das Konzernrecht zu bevorzugende Wertung, dass eine Stimmrechtsvollmacht den Stimmrechtsanteil der Mutter ausnahmsweise verstärken kann, wenn sie ihr einen hinreichend starke Einfluss vermittelt, nämlich eine Stimmrechtsausübung nach freiem Ermessen, aber auch in diesem Rahmen heranziehen können. Erreicht die Mutter unter Berücksichtigung einer solchen Stimmrechtsvollmacht die Mehrheit der Stimmrechte, so steht ihr die Personalhoheit über die Tochter zu, was sie dazu in die Lage versetzt, die Geschäftspolitik der Tochter zu steuern. Sofern der aus der Stimmrechtsvollmacht folgende Einfluss hinreichend beständig ist folgt daraus wie im Konzernrecht eine Beherrschungsmöglichkeit, die über § 290 Abs. 1 HGB zu berücksichtigen ist.

(b) Stimmbindungsverträge

Die Verstärkung des Stimmrechtsanteils der Mutter durch Stimmbindungsvereinbarungen wird im Recht der Konzernrechnungslegung bereits durch § 290 Abs. 2 S. 1 Nr. 1, Abs. 3 S. 2 HGB erfasst. Demgegenüber existiert im Konzernrecht für diesen Fall kein gesetzlich normierter Zurechnungstatbestand. Nach überwiegender Auffassung können Stimmbindungsverträge zwischen der Mutter und einem oder mehreren anderen Aktionären der Tochter aber dazu führen, dass der Mutter die gebundenen Stimmrechte im Rahmen des § 17 Abs. 1 AktG zugerechnet werden.[1064] Dies soll auch dann möglich sein, wenn die Vertragspartner der Mutter nicht als Unternehmer qualifiziert werden können.[1065] Eine Zurechnung soll aber voraussetzen, dass sich die Mutter auf die Unterstützung durch die betreffenden Stimmrechte verlassen kann, ihr also ein sicheres „Zugriffsrecht" auf die Ausübung der Stimmrechte ihrer Vertragspartner zusteht.[1066] Ein solches „Zugriffsrecht" wird man vor allem annehmen können, wenn die Mutter ein vertragliches Weisungsrecht in Bezug auf die Ausübung des Stimmrechts bei den für die Beherrschungsmöglichkeit maßgeblichen

---

1064 OLG Düsseldorf v. 22.7.1993 – 6 U 84/92, AG 1994, 36, 37; OLG Hamm v. 2.11.2000 – 27 U 1/00, AG 2001, 146, 147 f.; *Noack*, Gesellschaftervereinbarungen, S. 92; *Rodemann*, S. 150 f.; *ADS*, § 17 Rn. 32; *Windbichler* in GroKo, AktG, § 17 Rn. 58; *Windbichler* in GroKo, AktG, § 17 Rn. 53, 58; *Bayer* in MüKo, AktG, § 17 Rn. 37, 73; *Koppensteiner* in KöKo, AktG, § 17 Rn. 30, 46, 68; *Schall* in Spindler/Stilz, AktG, § 17 Rn. 14, 26; *Vetter* in Schmidt/Lutter, AktG, § 17 Rn. 23; *Ziemons* in Handbuch AG, Rn. I. 12.116; *Emmerich* in Emmerich/Habersack, § 17 AktG Rn. 17; *Koch* in Hüffer, AktG, § 17 Rn. 6; *Hirschmann* in Hölters, AktG, § 17 Rn. 7. Die Zurechnung folgt in diesem Fall aber nicht aus § 16 Abs. 4 AktG, sondern beruht unmittelbar auf § 17 Abs. 1 AktG, vgl. *Koppensteiner* in KöKo, AktG, § 16 Rn. 43; *Vetter* in Schmidt/Lutter, AktG, § 16 Rn. 29.

1065 *Bayer* in MüKo, AktG, § 17 Rn. 37.

1066 *Noack*, Gesellschaftervereinbarungen, S. 91; *Bayer* in MüKo, AktG, § 17 Rn. 37.

Beschlussgegenständen hat.[1067] Ausreichen sollte auch die vertragliche Bindung an die erkennbaren Interessen der Mutter ohne korrespondierendes Weisungsrecht.[1068] Stimmbindungsverträge sind häufig auf die einseitige Stimmbindung eines einzelnen anderen Aktionärs gerichtet.[1069] Die Verstärkung des Stimmrechtseinflusses der Mutter kann aber unter Umständen auch aus einer Konsortialvereinbarung folgen, wenn sich die Mutter im Ergebnis durch Stimmenmehrheit oder auf andere Weise gegenüber ihren Konsorten durchsetzen kann.[1070] Im Ergebnis gelten damit die gleichen Grundsätze wie im Recht der Konzernrechnungslegung.

(3) Hauptversammlungsmehrheit

Nach heute herrschender Auffassung kann auch eine beständige faktische Stimmrechtsmehrheit auf den Gesellschafterversammlungen der Tochter zu einer Beherrschungsmöglichkeit führen.[1071] Eine solche sog. Hauptversammlungsmehrheit setzt zunächst voraus, dass regelmäßig nicht sämtliche Stimmrechte der Gesellschafter der Tochter bei den Beschlussfassungen vertreten sind.[1072] Dies kann die Folge niedriger Präsenzzahlen auf den Gesellschafterversammlungen der Tochter sein, was häufig in der Gesellschafterstruktur der Tochter begründet liegt und als Folge der

1067 *Bayer* in MüKo, AktG, § 17 Rn. 73; *Koppensteiner* in KöKo, AktG, § 17 Rn. 30, 46.

1068 *Vetter* in Schmidt/Lutter, AktG, § 17 Rn. 19.

1069 OLG Düsseldorf v. 22.7.1993 – 6 U 84/92, AG 1994, 36, 37; *Windbichler* in GroKo, AktG, § 17 Rn. 53, 58; *Bayer* in MüKo, AktG, § 17 Rn. 73; *Koppensteiner* in KöKo, AktG, § 17 Rn. 30, 46, 68; *Schall* in Spindler/Stilz, AktG, § 17 Rn. 14; *Koch* in Hüffer, AktG, § 17 Rn. 6; *Hirschmann* in Hölters, AktG, § 17 Rn. 7.

1070 Vgl. dazu noch unten S. 228 ff.

1071 So für das Konzernrecht BGH v. 13.10.1977 – II ZR 123/76, NJW 1978, 104, 107; BGH v. 17.3.1997 – II ZB 3/96, NJW 1997, 1855, 1856; BGH v. 15.12.2011 – I ZR 129/10, WM 2012, 1121, 1123; *ADS*, § 17 Rn. 35; *Windbichler* in GroKo, AktG, § 17 Rn. 24; *Krieger* in MünchHdbAG, § 68 Rn. 42; *Bayer* in MüKo, AktG, § 17 Rn. 35; *Ziemons* in Handbuch AG, Rn. I. 12.114; *Koppensteiner* in KöKo, AktG, § 17 Rn. 30, 41; *Schall* in Spindler/Stilz, AktG, § 17 Rn. 30; *Müller-Eising/Stoll*, GWR 2012, 315; *Emmerich* in Emmerich/Habersack, § 17 AktG Rn. 19; *Von Bülow* in KöKo, WpHG, § 22 Rn. 324; *Koch* in Hüffer, AktG, § 17 Rn. 9. Ebenso für das Recht der Konzernrechnungslegung Beschlussempfehlung und Bericht des Rechtsausschusses zum BilMoG, BT-Drucks. 16/12407, S. 89; DRS 19.70–74; *Gelhausen/Fey/Kämpfer*, Q Rn. 28 ff.; *Senger/Hoehne* in MüKo, Bilanzrecht, § 290 HGB Rn. 37 ff.; WP-Handbuch, Rn. M 28; *Busse von Colbe* in Müko, HGB, § 290 Rn. 56; *Kraft/Link*, ZGR 2013, 514, 529 f.; *Grottel/Kreher* in BeBiKo, § 290 HGB Rn. 50; a.A. *Kindler* in Staub, HGB, § 290 Rn. 23; *Morck* in Koller/Kindler/Roth/Morck, HGB, § 290 Rn. 2.

1072 BGH v. 13.10.1977 – II ZR 123/76, NJW 1978, 104, 107 (Beherrschender Einfluss bei einer Anteilsmehrheit von 43,74% und einer Präsenz von kaum jemals wesentlich mehr als 80% des Aktienkapitals); BGH v. 17.3.1997 – II ZB 3/96, NJW 1997, 1855, 1857 (Stimmrechtsmehrheit im fünften aufeinanderfolgenden Jahr mit einer Beteiligung von 20%); *Windbichler* in GroKo, AktG, § 17 Rn. 24; *Krieger* in MünchHdbAG, § 68 Rn. 42; *Bayer* in MüKo, AktG, § 17 Rn. 35.

sog. „rationalen Apathie“ der Gesellschafter eher in Gesellschaften mit einem hohen Streubesitz vorkommt.[1073] Die faktische Hauptversammlungsmehrheit führt nach herrschender Meinung nur dann zu einer Beherrschungsmöglichkeit, wenn die Mutter die zur Begründung einer Beherrschungsmöglichkeit maßgeblichen Beschlüsse mit hoher Wahrscheinlichkeit „für einen längeren Zeitraum“ durchsetzen kann.[1074] Erforderlich ist auch in diesem Zusammenhang eine beständige Beherrschungsmöglichkeit, die auf Grundlage einer Prognoseentscheidung unter Berücksichtigung der Umstände, die auch in der Vergangenheit zu einer Beherrschungsmöglichkeit geführt haben, zu bestimmen ist.[1075]

Eine hohe Wahrscheinlichkeit für eine faktische Stimmrechtsmehrheit in der Zukunft wird teilweise angenommen, wenn ein Stimmrechtsanteil wie derjenige der Mutter in den letzten zwei aufeinanderfolgenden ordentlichen Gesellschafterversammlungen genügte, um eine Stimmrechtsmehrheit zu erreichen.[1076] Andere leiten aus der Wertung des § 9 S. 2 Nr. 2 WpÜG-Angebots-VO das Erfordernis einer Stimmrechtsmehrheit in den letzten drei ordentlichen Gesellschafterversammlungen her.[1077] Nach einem anderen Ansatz kommt es nicht auf die Anzahl der aufeinanderfolgenden Gesellschafterversammlungen, sondern auf eine absolute Zeitspanne an. Eine hohe Wahrscheinlichkeit für eine künftige faktische Stimmrechtsmehrheit soll anzunehmen sein, wenn der betreffende Stimmrechtsanteil in den letzten fünf Jahren genügte, um eine Stimmrechtsmehrheit bei Beschlussfassungen zu erreichen.[1078] Eine Beherrschungsmöglichkeit soll allerdings trotz regelmäßiger faktischer Stimmrechtsmehrheiten in der Vergangenheit zu verneinen sein, wenn Veränderungen in der Kapitalstruktur des Dritten zu erwarten sind, die der Wahrscheinlichkeit einer faktischen Stimmrechtsmehrheit in der Zukunft entgegenstehen.[1079] Sie scheidet zudem aus, wenn ein anderer Gesellschafter über einen höheren Stimmrechtsanteil verfügt.[1080] Eine zur Beherrschungsmöglichkeit führende faktische Stimmrechtsmehrheit kann in Ausnahmefällen auch auf anderen Gründen beruhen, etwa auf dem Stimmverbot des zugleich als Gesellschafter

---

1073 *Gelhausen/Fey/Kämpfer*, Q Rn. 28; WP-Handbuch, Rn. M 28; *Grottel/Kreher* in BeBiKo, § 290 HGB Rn. 51.

1074 BGH v. 13.10.1977 – II ZR 123/76, NJW 1978, 104, 107; BGH v. 17.3.1997 – II ZB 3/96, NJW 1997, 1855, 1856 f.; *Bayer* in MüKo, AktG, § 17 Rn. 35.

1075 Vgl. allg. schon oben S. 189 ff.; so (im Hinblick auf § 290 Abs. 1 HGB) auch *Müller-Eising/Stoll*, GWR 2012, 315; *Busse von Colbe* in Müko, HGB, § 290 Rn. 57.

1076 So zu § 290 Abs. 1 HGB *Grottel/Kreher* in BeBiKo, § 290 HGB Rn. 51.

1077 So im Hinblick auf § 290 Abs. 1 HGB *Müller-Eising/Stoll*, GWR 2012, 315.

1078 *Windbichler* in GroKo, AktG, § 17 Rn. 24; tendenziell auch BGH v. 17.3.1997 – II ZB 3/96, NJW 1997, 1855, 1857.

1079 *Müller-Eising/Stoll*, GWR 2012, 315 („Kapitalerhöhungen, Aktienrückkäufe, Ausübung von Wandelanleihen/Optionen“).

1080 *Windbichler* in GroKo, AktG, § 17 Rn. 24; *Ziemons* in Handbuch AG, Rn. I. 12.114; ähnlich *Vetter* in Schmidt/Lutter, AktG, § 17 Rn. 21 („typischerweise“).

an einer GmbH beteiligten einzigen Geschäftsführers der GmbH, wenn über seine Wiederbestellung Beschluss gefasst wird.[1081]

Handelt es sich bei der Tochter um eine börsennotierte Gesellschaft wird teilweise in Anlehnung an den Rechtsgedanken des § 29 Abs. 2 WpÜG dafür plädiert, dass schon ein Stimmrechtsanteil von 30 Prozent ausreichen soll, um eine Beherrschungsmöglichkeit zu begründen, sofern ein anderer Gesellschafter der Tochter keinen größeren Stimmrechtsanteil hält.[1082] Dieser Auffassung lässt sich aber entgegengehalten, dass sich ein Rückgriff auf die Wertung des § 29 Abs. 2 WpÜG angesichts des sich vom Schutzzweck des Übernahmerechts unterscheidenden Schutzzwecke des Konzernrechts und des Rechts der Konzernrechnungslegung verbietet.[1083]

(4) Berücksichtigung anderer faktischer Umstände

Kontrovers diskutiert wird die Frage, ob die Verstärkung des Stimmrechtsanteils der Mutter auch durch andere faktische Umstände als regelmäßig niedrige Hauptversammlungspräsenzen erfolgen kann. Während dies im Konzernrecht verschiedentlich bejaht wird, so dass in den betreffenden Fällen eine Beherrschungsmöglichkeit im Sinne des § 17 Abs. 1 AktG vorliegen kann, finden sich für das Recht der Konzernrechnungslegung bislang keine eindeutigen Stellungnahmen zu dieser Frage. Dass eine faktische Verstärkung des Stimmrechtsanteils der Mutter auch im Recht der Konzernrechnungslegung zur Annahme einer Beherrschungsmöglichkeit führen kann, lässt sich allerdings nicht von vornherein ausschließen. Dies zeigt gerade die Fallgruppe der Hauptversammlungsmehrheit. Letztlich kommt es schlicht darauf an, dass die Anforderungen an den Gegenstand, die Intensität und Beständigkeit der Beherrschungsmöglichkeit erfüllt sind. Ist das der Fall, so wird man eine Möglichkeit zur Ausübung beherrschenden Einflusses sowohl im Rahmen des § 17 Abs. 1 AktG als auch im Rahmen des § 290 Abs. 1 HGB annehmen können, so dass die Tochter dann auch nach beiden Tatbestandsalternativen des § 22 Abs. 3 WpHG als Tochterunternehmen zu qualifizieren ist.

Eine faktische Verstärkung des Stimmrechtsanteils der Mutter kann nach verbreiteter wenn auch bestrittener Auffassung zunächst aus der faktischen Möglichkeit folgen, über das Stimmverhalten anderer Gesellschafter der Tochter so zu bestimmen, dass mit ihrer Unterstützung stets gerechnet werden kann.[1084] Die betroffenen

1081 OLG München v. 7.4.1995 – 23 U 6733/94, NJW-RR 1995, 1066, 1067. Die Beherrschungsmöglichkeit ergab sich in diesem Fall richtigerweise nicht daraus, dass der Geschäftsführer der abhängigen GmbH zugleich Geschäftsführer des herrschenden Unternehmens war, sondern aus seinem Stimmverbot als Gesellschafter bei den Beschlüssen über seine Wiederbestellung.

1082 *Schall* in Spindler/Stilz, AktG, § 17 Rn. 29.

1083 *Vetter* in Schmidt/Lutter, AktG, § 17 Rn. 20.

1084 *Schall* in Spindler/Stilz, AktG, § 17 Rn. 32; ebenso wohl *Vetter* in Schmidt/Lutter, AktG, § 17 Rn. 34; a.A. *Koppensteiner* in KöKo, AktG, § 17 Rn. 66.

Stimmrechte werden der Mutter zugerechnet, wenn die Einflussnahmemöglichkeit der Mutter auf diese Stimmrechte aus der Perspektive der Geschäftsleiter der Tochter verlässlich ist.[1085] Dies kann zunächst der Fall sein, wenn die betreffenden anderen Gesellschafter der Tochter wirtschaftlich von der Mutter abhängig sind,[1086] wobei in diesem Zusammenhang eine Gesamtschau aller rechtlichen und tatsächlichen Einwirkungsmöglichkeiten vorzunehmen sein soll.[1087] Ein verlässlicher Umstand für die Verstärkung der Stimmrechtsanteile der Mutter durch die Stimmrechte anderer Gesellschafter kann auch aus ihrer faktischen Durchsetzungskraft als Familienmitglied folgen, wenn die betreffenden anderen Gesellschafter derselben Familie angehören (Stichwort: Familienpatriarch). Dies soll allerdings voraussetzen, dass sämtliche Familienmitglieder in der Vergangenheit stets gemeinschaftlich abgestimmt haben.[1088] Die bloße familiäre Verbundenheit oder auch das teilweise erfolgte gemeinsame Abstimmen in der Vergangenheit sollen demgegenüber nicht genügen, da es keinen Erfahrungssatz gibt, dass die Mitglieder der Familie stets gleichartige Interessen verfolgen und daher auch in Zukunft stets gemeinsam abstimmen werden.[1089]

Strittig ist, ob eine Beherrschungsmöglichkeit auch dann vorliegen kann, wenn sich die Geschäftsleiter der Tochter aufgrund einer Kombination von Stimmrechtseinfluss und wirtschaftlichem Einfluss an den Wünschen der Mutter orientieren. Nach überwiegender Auffassung ist das der Fall.[1090] *Ulmer* hat in diesem Zusammenhang das Beispiel genannt, dass die Vertreter der Hausbank im Aufsichtsrat in Krisenzeiten ein höheres Mitspracherecht etwa bei der Bestellung des Vorstands beanspruchen als es ihrem quantitativen Stimmengewicht entspricht.[1091] Demgegenüber weist *Koppensteiner* darauf hin, dass das mit der Minderheitsbeteiligung

---

1085 *Ziemons* in Handbuch AG, Rn. I. 12.117; *Vetter* in Schmidt/Lutter, AktG, § 17 Rn. 22.

1086 So BGH v. 26.3.1984 – II ZR 171/83, NJW 1984, 1893, 1896; OLG Düsseldorf v. 22.7.1993 – 6 U 84/92, AG 1994, 36, 37; *Krieger* in MünchHdbAG, § 68 Rn. 40; *Bayer* in MüKo, AktG, § 17 Rn. 32; *Ziemons* in Handbuch AG, Rn. I 12.122, I. 12.117; *Vetter* in Schmidt/Lutter, AktG, § 17 Rn. 16, 22.

1087 *Bayer* in MüKo, AktG, § 17 Rn. 32; *Vetter* in Schmidt/Lutter, AktG, § 17 Rn. 16.

1088 *ADS*, § 17 Rn. 32; *Windbichler* in GroKo, § 16 Rn. 25; *Bayer* in MüKo, AktG, § 17 Rn. 39; *Schall* in Spindler/Stilz, AktG, § 17 Rn. 32; *Vetter* in Schmidt/Lutter, AktG, § 17 Rn. 33 f.; so wohl auch *Emmerich* in Emmerich/Habersack, § 17 AktG Rn. 19; *Koch* in Hüffer, AktG, § 17 Rn. 9 („Auftreten als geschlossene Einheit").

1089 BGH v. 28.4.1980 – II ZR 254/78, NJW 1980, 2254, 2256; BGH v. 16.2.1981 – II ZR 168/79, NJW 1981, 1512, 1513; *Windbichler* in GroKo, § 16 Rn. 25; *Bayer* in MüKo, AktG, § 17 Rn. 39; *Koppensteiner* in KöKo, AktG, § 17 Rn. 66; *Schall* in Spindler/Stilz, AktG, § 17 Rn. 32; *Emmerich* in Emmerich/Habersack, § 17 AktG Rn. 19; *Koch* in Hüffer, AktG, § 17 Rn. 9.

1090 *Ulmer*, ZGR 1978, 457, 472 ff.; *H. P. Westermann*, ZIP 1982, 379, 385 f.; *Ziemons* in Handbuch AG, Rn. I 12.122; *Schall* in Spindler/Stilz, AktG, § 17 Rn. 35; *Vetter* in Schmidt/Lutter, AktG, § 17 Rn. 16.

1091 *Ulmer*, ZGR 1978, 457, 473 f.

selbst verbundene Einwirkungspotential, also das Stimmgewicht der Mutter, durch eine wirtschaftliche Abhängigkeit gerade nicht verstärkt wird.[1092]

Schließlich kann der Stimmrechtsanteil der Mutter nach verbreiteter Auffassung im Schrifttum auch durch personelle Verflechtungen der Mutter mit der Geschäftsleitung der Tochter zu einer Beherrschungsmöglichkeit verstärkt werden.[1093] Die Voraussetzungen einer solchen Verstärkung sind allerdings noch nicht abschließend geklärt. Die Überschreitung der Schwelle zur Beherrschungsmöglichkeit liegt sicherlich nahe, wenn eine gesteigerte Gefahr dafür besteht, dass die Mutter ihre Interessen in Bezug auf die Geschäftspolitik der Tochter durchsetzen kann, obwohl sie nicht mit einer Stimmrechtsmehrheit ausgestattet ist. Dies kann der Fall sein, wenn die Mehrheit der Geschäftsleiter der Tochter oder die Mehrheit der für die Bestellung dieser Geschäftsleiter zuständigen Personen „auf der Seite" der Mutter stehen. In diesem Zusammenhang stellt sich die Frage, welche Personen „der Seite" der Mutter zugeordnet werden können. Neben der Mutter selbst kommen insoweit etwa die Geschäftsleiter der Mutter, die zur Bestellung dieser Geschäftsleiter berufenen Personen, die Angestellten der Mutter oder auch die Personen, die ihrerseits beherrschenden Einfluss auf die Mutter ausüben können in Betracht. Einige Stimmen befürworten eine Beherrschungsmöglichkeit im Ergebnis zumindest dann, wenn alle oder zumindest die Mehrheit der Geschäftsleiter der Tochter zugleich Geschäftsleiter der Mutter sind.[1094] Die Annahme einer Beherrschungsmöglichkeit der Mutter ist in diesem Fall allerdings fragwürdig, wenn ein anderer Gesellschafter mit Mehrheit an der Tochter beteiligt ist. Denn dann erscheint es wahrscheinlich, dass sich die Geschäftsleiter der Tochter in erster Linie an den Vorstellungen dieses Mehrheitsgesellschafters orientieren, und zwar entweder weil er ihnen Weisungen erteilen kann oder weil sie anderenfalls um ihre Wiederbestellung fürchten müssen. Zudem stellt sich in einem solchen Fall die Frage, in welche Richtung die

---

1092 *Koppensteiner* in KöKo, AktG, § 17 Rn. 68; ebenso i.E. *Koch* in Hüffer, AktG, § 17 Rn. 8.

1093 *Götz*, S. 30 ff.; *Windbichler* in GroKo, § 17 Rn. 43 ff.; *Krieger* in MünchHdbAG, § 68 Rn. 47; *Bayer* in MüKo, AktG, § 17 Rn. 33; *Ziemons* in Handbuch AG, Rn. I. 12.126; *Schall* in Spindler/Stilz, AktG, § 17 Rn. 31; *Vetter* in Schmidt/Lutter, AktG, § 17 Rn. 16, 40; *Emmerich* in Emmerich/Habersack, § 17 AktG Rn. 19; *Koch* in Hüffer, AktG, § 17 Rn. 9, *Hirschmann* in Hölters, AktG, § 17 Rn. 8; wohl auch *ADS*, § 17 AktG Rn. 94; a.A. *Koppensteiner* in KöKo, AktG, § 17 Rn. 62.

1094 OLG München v. 7.4.1995 – 23 U 6733/94, NJW-RR 1995, 1066, 1067 (Personenidentität auf Leitungsebene und 50% Beteiligung des vermeintlich herrschenden Unternehmens); *Krieger* in MünchHdbAG, § 68 Rn. 42; *Bayer* in MüKo, AktG, § 17 Rn. 33; *Koch* in Hüffer, AktG, § 17 Rn. 9; ebenso wohl *Hirschmann* in Hölters, AktG, § 17 Rn. 8; weitergehend wohl *Schall* in Spindler/Stilz, AktG, § 17 Rn. 31 (Mehrheit in Vorstand oder Aufsichtsrat); *Vetter* in Schmidt/Lutter, AktG, § 17 Rn. 41 (maßgebliche Beteiligung in Vorstand oder Geschäftsführung).

Beherrschungsmöglichkeit wirkt.[1095] Gerade wenn die an sich der Seite der Mutter zuzuordnenden Geschäftsleiter der Tochter nicht zugleich in eigener Person mitgliedschaftlich an der Tochter beteiligt sind, lässt es sich nicht ausschließen, dass sie in erster Linie im Interesse der Tochter handeln und dieses Interesse umgekehrt bei der Mutter durchzusetzen versuchen.

(5) Einflusskoordinierung mit anderen Gesellschaftern

Die Einflusskoordinierung der Mutter mit weiteren Personen in Bezug auf die Tochter, kann zu einer wechselseitigen Zurechnung der Stimmrechte aus den Anteilen der Beteiligten an der Tochter und daher unter Umständen auch zu einer (mehrfachen) Beherrschungsmöglichkeit aller Beteiligten im Sinne des § 17 Abs. 1 AktG führen, wenn eine ausreichend sichere Grundlage dafür besteht.[1096] Bezugspunkt der Einflusskoordinierung ist typischerweise die einheitliche Stimmrechtsausübung aus den Anteilen der Beteiligten an der Tochter.[1097] Denkbar ist aber auch eine Koordinierung der Ausübung etwaiger Sonderrechte, etwa wenn diese sich auf die Bestellung der Personen richten, die ihrerseits für die Bestellung der Geschäftsleiter berechtigt sind.[1098] Eine Einflusskoordinierung setzt voraus, dass die Einflussnahme der Beteiligten aus der Perspektive der Geschäftsleiter der Tochter auf einen einheitlich gebildeten Willen zurückgeht.[1099] Für eine einheitliche Willensbildung soll zumindest indiziell sprechen, dass die Beteiligten ihre etwaigen Interessengegensätze im Einzelfall nicht offen bei Gelegenheit einer Beschlussfassung der Gesellschafter der Tochter austragen, sondern sich einem internen „Streitschlichtungsmechanismus" unterworfen haben.[1100] Die gebündelten Einflussnahmemöglichkeiten müssen die Intensität einer Beherrschungsmöglichkeit erreichen. Außerdem muss die

---

1095 *Koppensteiner* in KöKo, AktG, § 17 Rn. 62; im Grundsatz auch *Windbichler* in GroKo, AktG, § 17 Rn. 48 (Ausnahmsweise aber Beherrschungsmöglichkeit, wenn Mehrheit der Mitglieder der Geschäftsführung des abhängigen Unternehmens zugleich Angestellte des herrschenden Unternehmens sind).

1096 BGH v. 4.3.1974 – IV ZR 89/72, NJW 1974, 855, 856 f.; *Säcker*, NJW 1980, 801, 803; *Windbichler* in GroKo, AktG, § 17 Rn. 60; *Von Bülow/Bücker*, ZGR 2004, 669, 678; *Krieger* in MünchHdbAG, § 68 Rn. 50; *Bayer* in MüKo, AktG, § 17 Rn. 78; *Koppensteiner* in KöKo, AktG, § 17 Rn. 84, 90; *Vetter* in Schmidt/Lutter, AktG, § 17 Rn. 27, 45; *Koch* in Hüffer, AktG, § 17 Rn. 13. Vgl. ausführlich zur Problematik des richtigen Zurechnungssubjekts, insbesondere wenn die Beteiligten eine BGB-Gesellschaft bilden, OLG Hamm v. 2.11.2000 – 27 U 1/00, NZG 2001, 563, 564 f.; *Koppensteiner* in KöKo, AktG, § 17 Rn. 86 ff. jeweils m.w.N.

1097 *Koch* in Hüffer, AktG, § 17 Rn. 15.

1098 *Vetter* in Schmidt/Lutter, AktG, § 17 Rn. 46; zu eng, da zwingend auch auf die Stimmrechtsausübung abstellend *Von Bülow/Bücker*, ZGR 2004, 669, 679.

1099 *ADS*, § 17 AktG Rn. 41; *Koch* in Hüffer, AktG, § 17 Rn. 15; a.A. noch *Säcker*, NJW 1980, 801, 803 (objektive Betrachtungsweise).

1100 *Windbichler* in GroKo, AktG, § 17 Rn. 63, 65; *Vetter* in Schmidt/Lutter, AktG, § 17 Rn. 47.

Einflusskoordinierung beständig sein, also nicht bloß zufällig oder lediglich in einem Einzelfall erfolgen.[1101] Ob sie auf rechtlicher oder faktischer Grundlage beruht macht nach allgemeiner Auffassung keinen Unterschied.[1102]

Eine verlässliche rechtliche Einflusskoordinierung kann etwa durch eine schuldrechtliche Vereinbarung der Beteiligten begründet werden, z.B. im Rahmen eines Konsortialvertrages.[1103] Gerade für diesen Fall wird im Schrifttum darauf hingewiesen, dass eine mehrfache Abhängigkeit nur dann angenommen werden kann, wenn die Vereinbarung geeignete Verfahrensregelungen zur Bildung eines einheitlichen Gesamtwillens der Mutterunternehmen enthält, so dass Pattsituationen vermieden werden.[1104] Dies ist zunächst der Fall, wenn die Mutterunternehmen vereinbaren, die maßgeblichen Entscheidungen stets einstimmig zu treffen.[1105] Ausreichend ist auch die gegenseitige Gewährung von bindenden Vorschlagsrechten für die Bestellung der Geschäftsleiter der Tochter oder der Aufsichtsratsmitglieder, wenn diese die Geschäftsleiter der Tochter bestellen.[1106] Genügen soll nach heute herrschender Auffassung ferner eine gegenseitige Vereinbarung der Mutterunternehmen, wonach diese ihre Stimmrechte bei den maßgeblichen Entscheidungen im Außenverhältnis stets auf Grundlage eines vorherigen Mehrheitsbeschlusses im Innenverhältnis koordiniert ausüben.[1107] Dass die Mutterunternehmen dann im Einzelfall überstimmt werden können soll unschädlich sein. Auch wenn man diese Abgrenzung dem Grunde nach akzeptiert, stellt sich doch die Frage, ob auch dann noch von einer Einflusskoordinierung auszugehen ist, wenn sich eines der Mutterunternehmen bei der Fassung der Mehrheitsbeschlüsse im Innenverhältnis kraft seines Stimmrechts stets gegenüber den übrigen Beteiligten durchsetzen kann, so dass diese in jedem Fall überstimmt werden. Die gleiche Frage stellt sich, wenn mehrere Beteiligte ihr Stimmverhalten im Hinblick auf den internen Mehrheitsbeschluss stets untereinander koordinieren, so dass die übrigen Beteiligten immer überstimmt werden. Teile

---

1101 *Vetter* in Schmidt/Lutter, AktG, § 17 Rn. 48.

1102 Vgl. BGH v. 4.3.1974 – IV ZR 89/72, NJW 1974, 855, 857.

1103 BaFin, Emittentenleitfaden 2013, S. 115; *ADS*, § 17 AktG Rn. 41; *Windbichler* in GroKo, AktG, § 17 Rn. 64; *Krieger* in MünchHdbAG, § 68 Rn. 51; *Bayer* in MüKo, AktG, § 17 Rn. 78; *Koppensteiner* in KöKo, AktG, § 17 Rn. 90; *Vetter* in Schmidt/Lutter, AktG, § 17 Rn. 48; *Koch* in Hüffer, AktG, § 17 Rn. 15; *Emmerich* in Emmerich/Habersack, § 17 AktG Rn. 30.

1104 *Klinkhammer*, S. 91; *Von Bülow/Bücker*, ZGR 2004, 669, 679; *Koppensteiner* in KöKo, AktG, § 17 Rn. 90.

1105 *Klinkhammer*, S. 95 f.; *Säcker*, NJW 1980, 801, 805; *Marchand*, S. 117; *Noack*, Gesellschaftervereinbarungen, S. 94; *Rodemann*, S. 155; *Von Bülow/Bücker*, ZGR 2004, 669, 679.

1106 *Von Bülow/Bücker*, ZGR 2004, 669, 679.

1107 *Klinkhammer*, S. 92 f.; Marchand, S. 117 ff.; *Noack*, Gesellschaftervereinbarungen, S. 94; *Rodemann*, S. 155; *Von Bülow/Bücker*, ZGR 2004, 669, 679; *Krieger* in MünchHdbAG, § 68 Rn. 53; *Koppensteiner* in KöKo, AktG, § 17 Rn. 90; *Vetter* in Schmidt/Lutter, AktG, § 17 Rn. 47; insoweit a.A. *Säcker*, NJW 1980, 801, 805.

der Literatur nehmen auch in diesem Fall noch eine Einflusskoordinierung an und verweisen zur Begründung ihrer Auffassung darauf, dass auch die stets überstimmten Beteiligten noch an der Bildung eines einheitlichen Gesamtwillens teilnehmen, indem sie ihre Stimmkraft der Entscheidung der Mehrheit unterwerfen und damit den Zweck der Innen-GbR der Beteiligten fördern.[1108] Die Gegenauffassung[1109] verneint die Beherrschungsmöglichkeit der überstimmten Beteiligten meines Erachtens zu Recht und verweist zur Begründung zutreffend darauf, dass die letztverbindliche Entscheidung über die Stimmrechtsausübung in diesen Fällen ausschließlich bei dem Beteiligten liegt, der den Mehrheitsbeschluss im Innenverhältnis kraft seines Stimmrechts unter Ausschluss der übrigen Beteiligten fassen kann. Im Ergebnis kommt es in diesem Fall also nicht zu einer wechselseitigen Zurechnung der von der Vereinbarung zwischen den Beteiligten erfassten Stimmrechte mit der Folge der Begründung einer gemeinsamen mehrfachen Beherrschungsmöglichkeit, sondern zu einer einseitigen Zurechnung der betreffenden Stimmrechte auf den dann alleine mit beherrschendem Einfluss ausgestatteten übergeordneten Beteiligten des Konsortiums. Ein weiterer Anwendungsfall einer rechtlichen Einflusskoordinierung soll aufgrund der einheitlichen Leitung der Beteiligten vorliegen, wenn diese einen Gleichordnungskonzern im Sinne des § 18 Abs. 2 AktG bilden.[1110]

Personelle Verflechtungen können unter Umständen eine verlässliche tatsächliche Einflusskoordinierung begründen. Angenommen wird dies etwa dann, wenn die Beteiligten durch dieselben Geschäftsleiter geführt werden[1111] oder identische oder im Wesentlichen identische Gesellschafter haben[1112]. Eine hinreichende tatsächliche Einflusskoordinierung soll auch dann anzunehmen sein, wenn die Beteiligten in der Vergangenheit stets als geschlossene Einheit aufgetreten sind, etwa weil sie alle einer Familie angehören.[1113] In diesem Fall ist aber besonders darauf zu achten, dass auch die allgemeinen Voraussetzungen einer Beherrschungsmöglichkeit vorliegen, was insbesondere für das Merkmal der Beständigkeit gilt. Erforderlich ist

---

1108 *Noack*, Gesellschaftervereinbarungen, S. 93 f.; *Rodemann*, S. 155 f.; *Krieger* in MünchHdbAG, § 68 Rn. 53; *Koppensteiner* in KöKo, AktG, § 17 Rn. 90.

1109 OLG Hamm v. 2.11.2000 – 27 U 1/00, NZG 2001, 563, 565; *Marchand*, S. 120; *Windbichler* in GroKo, AktG, § 17 Rn. 64; *Von Bülow/Bücker*, ZGR 2004, 669, 707 f.; *Ziemons* in Handbuch AG, Rn. I. 12.116; *Vetter* in Schmidt/Lutter, AktG, § 17 Rn. 46.

1110 Vgl. statt vieler *Koppensteiner* in KöKo, AktG, § 17 Rn. 90; *Emmerich* in Emmerich/Habersack, § 17 AktG Rn. 30. Ebenso BaFin, Emittentenleitfaden 2013, S. 115.

1111 BaFin, Emittentenleitfaden 2013, S. 115; *Krieger* in MünchHdbAG, § 68 Rn. 52; *Koppensteiner* in KöKo, AktG, § 17 Rn. 91; *Koch* in Hüffer, AktG, § 17 Rn. 16.

1112 BGH v. 4.3.1974 – II ZR 89/72, NJW 1974, 855, 857; *ADS*, § 17 Rn. 32; *Krieger* in MünchHdbAG, § 68 Rn. 52; *Bayer* in MüKo, AktG, § 17 Rn. 78; *Koppensteiner* in KöKo, AktG, § 17 Rn. 91; *Vetter* in Schmidt/Lutter, AktG, § 17 Rn. 48; *Emmerich* in Emmerich/Habersack, § 17 AktG Rn. 30; *Koch* in Hüffer, AktG, § 17 Rn. 16.

1113 BGH v. 16.2.1981 – II ZR 168/79, NJW 1981, 1512, 1513; *Krieger* in MünchHdbAG, § 68 Rn. 52; *Koppensteiner* in KöKo, AktG, § 17 Rn. 92; *Vetter* in Schmidt/Lutter, AktG, § 17 Rn. 33 f., 48.

eine Prognoseentscheidung unter Berücksichtigung sämtlicher Anzeichen für einen möglicherweise in der Zukunft liegendes Ende der tatsächlichen Koordinierung des Einflusses.[1114] Zudem darf kein Fall einer faktischen Steuerung des Stimmverhaltens der Familie durch ein „beherrschendes" Familienmitglied vorliegen. Der bloße faktische Einigungszwang innerhalb eines Gemeinschaftsunternehmens, an dem die Mutter und ein anderer Gesellschafter paritätisch beteiligt sind, genügt nach überwiegender Auffassung nicht, um die Annahme einer Interessenkoordinierung zu rechtfertigen.[1115] Denn hier ist die einheitliche Ausübung der Gesellschafterrechte eine Folge faktischer Notwendigkeiten und gerade nicht auf die Bildung eines einheitlichen Gesamtwillens zurückzuführen.

Umstritten ist, ob die im Konzernrecht zu einer gemeinsamen mehrfachen Beherrschungsmöglichkeit führenden Fälle der hinreichend abgesicherte Einflusskoordinierung über § 290 Abs. 1 HGB auch im Recht der Konzernrechnungslegung erfasst werden. *Winkeljohann* und *Lewe* lehnen das Konzept der gemeinsamen mehrfachen Beherrschungsmöglichkeit im Rahmen des § 290 Abs. 1 HGB ab und begründen diese Auffassung mit dem Argument, dass die Vollkonsolidierung beherrschenden Einfluss eines einzigen Unternehmens voraussetze.[1116] Die von *Kindler* und *Merkt* vertretene Gegenauffassung hält eine gemeinsame mehrfache Beherrschungsmöglichkeit in Anlehnung an die zum Konzernrecht entwickelten Grundsätze dagegen auch im Rahmen des § 290 Abs. 1 HGB für möglich.[1117]

Für die Qualifizierung der Tochter als Tochterunternehmen im Sinne des § 22 Abs. 3 WpHG hat diese Diskrepanz zwischen dem Konzernrecht und dem Recht der Konzernrechnungslegung indessen keine besondere Relevanz. Ist die Mutter nach den vorgenannten konzernrechtlichen Grundsätzen an einer Interessenkoordinierung beteiligt, die zu einer gemeinsamen mehrfachen Beherrschungsmöglichkeit über die Tochter führt, so ist diese jedenfalls auf Grundlage der zweiten Tatbestandsalternative des § 22 Abs. 3 WpHG als Tochterunternehmen der Mutter zu qualifizieren.[1118] Daneben ist sie zugleich Tochterunternehmen der übrigen an der Interessenkoordinierung beteiligten Personen. Dass auf Grundlage der ersten Tatbestandsalternative möglicherweise eine andere Wertung vorzunehmen ist, steht diesem Ergebnis nicht entgegen. Dies gilt gerade auch vor dem Hintergrund des Schutzzwecks des § 22 WpHG, der in diesem Fall ohnehin für die Übernahme der konzernrechtlichen Wertung spricht. Die Fälle der mehrfachen gemeinsamen Beherrschungsmöglichkeit sind dadurch gekennzeichnet, dass mehrere Personen die Geschäftspolitik der Tochter durch Koordinierung ihres Einflusses steuern können,

---

1114 Ebenso *Koppensteiner* in KöKo, AktG, § 17 Rn. 92.

1115 BGH v. 8.5.1979 – KVR 1/78, NJW 1979, 2401, 2403; BaFin, Emittentenleitfaden 2013, S. 115; *Krieger* in MünchHdbAG, § 68 Rn. 52; *Bayer* in MüKo, AktG, § 17 Rn. 81; *Emmerich* in Emmerich/Habersack, § 17 AktG Rn. 31; *Koch* in Hüffer, AktG, § 17 Rn. 16; a.A. *Säcker*, NJW 1980, 801, 804.

1116 *Winkeljohann/Lewe* in BeBiKo, § 310 Rn. 5.

1117 *Kindler* in Staub, HGB, § 290 Rn. 74; *Merkt* in Baumbach/Hopt, HGB, § 310 Rn. 1.

1118 BaFin, Emittentenleitfaden 2013, S. 115.

so dass sie letztlich auch über die Ausübung der Stimmrechte der Tochter aus Aktien an dem Emittenten bestimmen. Daraus ergibt sich ein gemeinsamer mittelbarer Stimmrechtseinfluss, der von § 22 WpHG erfasst werden muss. Eine eher wirtschaftlich orientierte Betrachtungsweise, die im Ergebnis etwa nur zu einer anteilsmäßigen Zuordnung der gepoolten Stimmrechte auf die einzelnen Mitglieder des Stimmrechtskonsortiums führt, wird der Realität der Einflussnahmemöglichkeit der Konsorten nicht gerecht und könnte darüber hinaus zu Transparenzlücken führen, da die Tochter dann womöglich überhaupt nicht als Tochterunternehmen im Sinne des § 22 Abs. 3 WpHG zu qualifizieren wäre.

cc) Recht zur Bestellung oder Abberufung der Geschäftsleiter

Eine Beherrschungsmöglichkeit der Mutter gegenüber ihrer Tochter wird nach § 290 Abs. 2 Nr. 2 HGB unwiderlegbar vermutet, wenn ihr als Gesellschafter der Tochter das Recht zusteht, die Mehrheit der Mitglieder des die Finanz- und Geschäftspolitik bestimmenden Verwaltungs-, Leitungs-, oder Aufsichtsorgans zu bestellen oder abzuberufen. Es geht mit anderen Worten um die Erfassung der Personalhoheit als Gesellschafter. Oftmals wird diese schon aus der Stimmrechtsmehrheit der Mutter folgen.[1119] Auf die unwiderlegbare Vermutung einer Beherrschungsmöglichkeit nach § 290 Abs. 2 Nr. 2 HGB kann es aber in den Fällen ankommen, in denen die Personalhoheit der Mutter nicht aus ihrem Stimmrecht abgeleitet werden kann. So können über § 290 Abs. 2 Nr. 2 HGB satzungsmäßige Sonderrechte auf die unmittelbare oder mittelbare Bestellung oder Abberufung der Mehrheit der Geschäftsleiter erfasst werden.[1120] Ob eine Möglichkeit zur Bestellung oder Abberufung der Mehrheit der Geschäftsleiter oder Mitglieder des Bestellungsorgans besteht, ist in Relation zu der Gesamtzahl der Geschäftsleiter bzw. Mitglieder des Bestellungsorgans zu bestimmen, so dass bei mitbestimmten Aufsichtsräten auch die Aufsichtsratsmitglieder der Arbeitnehmerseite zu berücksichtigen sind.[1121] Bei einem paritätisch mitbestimmten Aufsichtsrat reicht aber auch die Möglichkeit aus, die Hälfte der Mitglieder und gleichzeitig den Aufsichtsratsvorsitzenden zu bestellen, da dieser über sein Zweitstimmrecht Patt-Situationen im Aufsichtsrat auflösen kann.[1122] Handelt es sich bei der Tochter um eine AG, so scheidet die Beherrschungsmöglichkeit auf

1119 *Biener/Berneke*, BiRiLiG, S. 287; *ADS*, § 290 HGB Rn. 47; *Siebourg* in HdKR, § 290 HGB Rn. 86; *Busse von Colbe* in MüKo, HGB, § 290 Rn. 40.

1120 *ADS*, § 290 HGB Rn. 47; *Siebourg* in HdKR, § 290 HGB Rn. 86; *Busse von Colbe* in MüKo, HGB, § 290 Rn. 40; *Grottel/Kreher* in BeBiKo, § 290 HGB Rn. 54.

1121 DRS 19.29; *ADS*, § 290 HGB Rn. 46; *Siebourg* in HdKR, § 290 HGB Rn. 87; *Kindler* in Staub, HGB, § 290 Rn. 44; *Busse von Colbe* in MüKo, HGB, § 290 Rn. 39; *Kraft/Link*, ZGR 2013, 514, 520; *Merkt* in Baumbach/Hopt, HGB, § 290 Rn. 10; *Grottel/Kreher* in BeBiKo, § 290 HGB Rn. 53.

1122 DRS 19.29; *ADS*, § 290 HGB Rn. 46; *Siebourg* in HdKR, § 290 HGB Rn. 87; *Kindler* in Staub, HGB, § 290 Rn. 44; *Busse von Colbe* in MüKo, HGB, § 290 Rn. 39; *Kraft/Link*, ZGR 2013, 514, 521; *Grottel/Kreher* in BeBiKo, § 290 HGB Rn. 53; *Von Bülow* in KöKo, WpHG, § 22 Rn. 306.

der Grundlage von Sonderrechten allerdings aus, da diese in der Satzung grundsätzlich nicht eingeräumt werden dürfen und ein in der Satzung ggf. enthaltenes Entsenderecht in Bezug auf die Mitglieder des Aufsichtsrats auf ein Drittel der Aufsichtsratsmitglieder der Anteilseignerseite beschränkt ist.[1123]

Im Konzernrecht findet sich keine dem § 290 Abs. 2 Nr. 2 HGB vergleichbare Vermutung der Beherrschungsmöglichkeit. Dennoch wird man in dem hier angesprochenen Fall der Personalhoheit auf der Grundlage eines Sonderrechts auf unmittelbare oder mittelbare Bestellung oder Abberufung der Geschäftsführer der Tochter auch eine Beherrschungsmöglichkeit nach § 17 Abs. 1 AktG annehmen können.[1124] Im Ergebnis ist die Tochter in diesen Fällen daher nach beiden Tatbestandsalternativen des § 22 Abs. 3 WpHG als Tochterunternehmen zu qualifizieren.

dd) Recht zur Geschäftsführung bei der Tochter

Eine Beherrschungsmöglichkeit im Sinne des § 17 Abs. 1 AktG kann nach verbreiteter Auffassung auch aus dem Recht der Mutter zur Geschäftsführung bei der Tochter folgen. Dies gilt allerdings nur dann, wenn die Mutter zugleich Gesellschafter der Tochter ist, da die bloße Geschäftsführungsbefugnis ohne Gesellschafterstellung in ihrem Bestand stets von der mittelbaren Bestätigung durch die Gesellschafter abhängt. Eine solche Beherrschungsmöglichkeit findet sich häufig bei Personengesellschaften. In diesem Zusammenhang ist aber zu differenzieren. Hat die Personengesellschaft nur einen einzigen geschäftsführungsbefugten Gesellschafter, so kann dieser sie grundsätzlich beherrschen.[1125] Dies wird häufig bei einer KG der Fall sein, die nur einen einzigen Komplementär hat.[1126] Durch Gesellschaftsvertrag kann die Geschäftsführungsbefugnis aber in diesem Fall auch auf einen Kommanditisten verlagert werden, so dass dieser eine Beherrschungsmöglichkeit erlangt.[1127] Bei einer Personengesellschaft mit mehreren geschäftsführungsbefugten Gesellschaftern ist weiter zu differenzieren. Ein einzelner geschäftsführungsbefugter Gesellschafter wird hier regelmäßig nicht dazu in der Lage sein, die Gesellschaft zu beherrschen, da die übrigen geschäftsführungsbefugten Gesellschafter der Vornahme jeder Geschäftsführungshandlung gemäß § 115 Abs. 1 HGB bzw. §§ 115 Abs. 1, 161 Abs. 2

1123 Vgl. *ADS*, § 17 Rn. 53; *Krieger* in MünchHdbAG, § 68 Rn. 46; *Bayer* in MüKo, AktG, § 17 Rn. 41; *Koppensteiner* in KöKo, AktG, § 17 Rn. 50; *Schall* in Spindler/Stilz, AktG, § 17 Rn. 26; *Ziemons* in Handbuch AG, Rn. I 12.128.

1124 *Bayer* in MüKo, AktG, § 17 Rn. 125; *Ziemons* in Handbuch AG, Rn. I 12.134; *Koppensteiner* in KöKo, AktG, § 17 Rn. 79; *Emmerich* in Emmerich/Habersack, § 17 AktG Rn. 46.

1125 BaFin, Emittentenleitfaden 2013, S. 113; *Schiessl*, S. 10; *ADS*, § 17 AktG Rn. 72; *Bayer* in MüKo, AktG, § 17 Rn. 116; *Koppensteiner* in KöKo, AktG, § 17 Rn. 81; *Emmerich* in Emmerich/Habersack, § 17 AktG Rn. 48.

1126 *ADS*, § 17 AktG Rn. 77; *Koppensteiner* in KöKo, AktG, § 17 Rn. 81; *Emmerich* in Emmerich/Habersack, § 17 AktG Rn. 48.

1127 *ADS*, § 17 AktG Rn. 78; *Bayer* in MüKo, AktG, § 17 Rn. 118; *Koppensteiner* in KöKo, AktG, § 17 Rn. 81; *Schall* in Spindler/Stilz, AktG, § 17 Rn. 47.

HGB widersprechen können.[1128] Wurde das Widerspruchsrecht der übrigen geschäftsführungsbefugten Gesellschafter gesellschaftsvertraglich abbedungen liegt nur dann eine Beherrschungsmöglichkeit vor, wenn auch im Übrigen sichergestellt ist, dass der bevorrechtigte Gesellschafter die Geschäfte frei von Einmischung führen kann. Zur Absicherung seiner Stellung kommen mehrere Möglichkeiten in Betracht. Zu denken ist zunächst an den Fall, dass er sich aufgrund seiner Stimmrechtsmehrheit in Geschäftsführungsfragen stets gegenüber den anderen geschäftsführungsbefugten Gesellschaftern durchsetzen kann.[1129] Die Einflussnahmemöglichkeit auf die Geschäftspolitik der Gesellschaft manifestiert sich in diesen Fällen in der Steuerung des Tagesgeschäfts.[1130] Daher wird die Beherrschungsmöglichkeit des geschäftsführenden Gesellschafters auch nicht durch den Zustimmungsvorbehalt zugunsten sämtlicher Gesellschafter gemäß § 116 Abs. 2 HGB bzw. §§ 116 Abs. 2, 161 Abs. 1 HGB bei außergewöhnlichen Geschäftsführungshandlungen tangiert.[1131] Die Stellung des bevorrechtigten geschäftsführungsbefugten Gesellschafters kann ferner dadurch abgesichert sein, dass er durch Gesellschaftsvertrag dazu berechtigt ist, den übrigen geschäftsführungsbefugten Gesellschaftern jederzeit ihre Geschäftsführungsbefugnis zu entziehen.[1132] Ausnahmsweise kann auch das bloße Stimmrecht eines Gesellschafters zur Begründung einer Beherrschungsmöglichkeit genügen. Dazu muss im Gesellschafsvertrag der Personengesellschaft aber das Mehrheitsprinzip vereinbart worden sein, so dass die Beschlüsse der Gesellschafter nicht wie im gesetzlichen Regelfall einstimmig gefasst werden müssen.[1133] Darüber hinaus muss dem betreffenden Gesellschafter die Mehrheit der Stimmrechte zustehen.[1134] Als weitere Voraussetzung muss ein Katalog zustimmungsbedürftiger Geschäfte vereinbart worden sein, der so umfassend ist, dass der Gegenstand der Beherrschungsmöglichkeit letztlich auf den betreffenden Gesellschafter verlagert wird.[1135] Gleiches gilt wenn einem der Gesellschafter durch Gesellschaftsvertrag ein Weisungsrecht in Bezug auf die maßgeblichen Geschäftsführungsmaßnahmen eingeräumt wird.[1136] Eine bloße Blockademöglichkeit nach § 115 Abs. 1 HGB oder § 116 Abs. 2 HGB reicht dagegen nicht aus.[1137] Besteht nach diesen Grundsätzen eine Beherrschungsmöglichkeit des nicht geschäftsführungsbefugten Gesellschafters, so

---

1128 *Burbach*, S. 101; *ADS*, § 17 AktG Rn. 72.

1129 *Schiessl*, S. 10; *Koppensteiner* in KöKo, AktG, § 17 Rn. 81.

1130 *ADS*, § 17 AktG Rn. 73.

1131 *ADS*, § 17 AktG Rn. 73; insoweit a.A. wohl *Bayer* in MüKo, AktG, § 17 Rn. 116.

1132 *Burbach*, S. 101.

1133 *ADS*, § 17 AktG Rn. 76; *Bayer* in MüKo, AktG, § 17 Rn. 116; *Emmerich* in Emmerich/Habersack, § 17 AktG Rn. 48.

1134 *ADS*, § 17 AktG Rn. 76; ebenso aber i.E. zu undifferenziert BaFin, Emittentenleitfaden 2013, S. 114.

1135 *Burbach*, S. 110; *ADS*, § 17 AktG Rn. 76; *Bayer* in MüKo, AktG, § 17 Rn. 116.

1136 *ADS*, § 17 AktG Rn. 78.

1137 *Bayer* in MüKo, AktG, § 17 Rn. 117.

entfällt eine etwaige Beherrschungsmöglichkeit eines geschäftsführungsbefugten Gesellschafters.[1138]

Im Recht der Konzernrechnungslegung wird die Frage nach einer Beherrschungsmöglichkeit durch Geschäftsführungsbefugnis überwiegend mit Blick auf die unwiderlegbare Vermutung des § 290 Abs. 2 Nr. 2 HGB beantwortet. Diese Vermutung soll auch dann zur Anwendung kommen, wenn die Mutter selbst als Gesellschafter zur Geschäftsleitung der Tochter berechtigt ist, also etwa der einzige geschäftsführende Gesellschafter einer Personenhandelsgesellschaft ist, und damit auch die für die Begründung einer Beherrschungsmöglichkeit maßgeblichen Leitungsentscheidungen treffen kann.[1139] Auch wenn man dieser Auffassung nicht folgt, wird man das Vorliegen einer Beherrschungsmöglichkeit hier zumindest auf Grundlage des § 290 Abs. 1 HGB unter den gleichen Voraussetzungen annehmen können, die auch im Rahmen des § 17 Abs. 1 AktG gelten, so dass die Fallgruppe der Beherrschungsmöglichkeit durch Geschäftsführungsbefugnis im Ergebnis im Konzernrecht und im Recht der Konzernrechnungslegung gleich behandelt wird. Die Tochter ist folglich auch hier nach beiden Tatbestandsalternativen des § 22 Abs. 3 WpHG als Tochterunternehmen zu qualifizieren.

ee) Weisungsrecht gegenüber den Geschäftsleitern

Wie bereits angedeutet besteht eine Beherrschungsmöglichkeit im Sinne des § 17 Abs. 1 AktG ganz allgemein auch dann, wenn der Mutter im Gesellschaftsvertrag der nicht in der Rechtsform einer AG verfassten Tochter ein Sonderrecht auf Erteilung von Weisungen an die Geschäftsleiter der Tochter eingeräumt worden ist, sofern sich dieses Weisungsrecht auf den Gegenstand der Beherrschungsmöglichkeit erstreckt.[1140] Eine Beherrschungsmöglichkeit im Sinne des § 17 AktG kann ferner durch den Abschluss eines Beherrschungsvertrags zwischen der Tochter und der Mutter begründet werden.[1141] Das Recht zur Bestimmung der Finanz- und Geschäftspolitik folgt auch in diesem Fall aus dem Weisungsrecht der Mutter, das nach § 308

1138 *ADS*, § 17 AktG Rn. 78.

1139 Erst-Recht-Schluss aus § 290 Abs. 2 Nr. 2 HGB, BaFin, Emittentenleitfaden 2013, S. 114 (für den Komplementär der nach dem gesetzlichen Normalstatut organisierten KG); DRS 19.30 (für den Komplementär der KG); *Tillmann*, DB 1986, 1319, 1321 (für die Komplementär GmbH der KG); *ADS*, § 290 HGB Rn. 123; *Kindler* in Staub, HGB, § 290 Rn. 45; *Grottel/Kreher* in BeBiKo, § 290 Rn. 57 (für die Komplementär-Kapitalgesellschaft der KG); a.A. (für Komplementär GmbH der KG) *Siebourg* in HdKR, § 290 HGB Rn. 70 (KG ist „einheitliches Unternehmen"); *Kraft/Link*, ZGR 2013, 514, 521; kritisch im Hinblick auf die Eignung der Binnenherrschaft zur Begründung einer Beherrschungsmöglichkeit aber etwa *Merkner/Sustmann*, NZG 2013, 1361, 1363.

1140 *Bayer* in MüKo, AktG, § 17 Rn. 125; *Ziemons* in Handbuch AG, Rn. I 12.134; *Koppensteiner* in KöKo, AktG, § 17 Rn. 79; *Schall* in Spindler/Stilz, AktG, § 17 Rn. 9.

1141 *ADS*, § 17 AktG Rn. 57; *Windbichler* in GroKo, AktG, § 17 Rn. 35; *Bayer* in MüKo, AktG, § 17 Rn. 64; *Koppensteiner* in KöKo, AktG, § 17 Rn. 51; *Schall* in Spindler/

Abs. 1 HGB die Möglichkeit einräumt, den Geschäftsleitern der Tochter Weisungen in Bezug auf die zu verfolgende Geschäftspolitik zu erteilen. Da der Beherrschungsvertrag als organisationsrechtlicher Vertrag zu qualifizieren ist, kann diese Möglichkeit der Einflussnahme auch dann als gesellschaftsrechtlich vermittelt qualifiziert werden, wenn die Mutter ausnahmsweise überhaupt nicht als Gesellschafter an der Tochter beteiligt ist.[1142] Ist der Beherrschungsvertrag nicht rechtlich wirksam abgeschlossen worden, so bildet er nach überwiegender Auffassung gleichwohl ein taugliches Einflussmittel für eine Beherrschung der Tochter, wenn er in der Praxis durchgeführt wird.[1143] Dies soll zumindest dann gelten, wenn er im Handelsregister eingetragen wurde, da die Geschäftsleiter der Tochter in diesem Fall von seiner Wirksamkeit ausgehen können.[1144] Führt ein Beherrschungsvertrag zu einer Beherrschungsmöglichkeit, so muss dies erst recht für die Eingliederung der Tochter in die Mutter gelten.[1145] Wie sich aus § 323 Abs. 1 S. 1 AktG ergibt, steht der Mutter auch in diesem Fall ein umfassendes Weisungsrecht gegenüber der Tochter zu. Ein Gewinnabführungsvertrag im Sinne des § 291 Abs. 1 S. 1 Alt. 2 AktG oder andere Unternehmensverträge im Sinne des § 292 AktG führen dagegen nach herrschender Auffassung mangels Einflussnahmemöglichkeit auf die Geschäftspolitik der Tochter für sich genommen noch nicht zu einer Beherrschungsmöglichkeit.[1146]

Gleiches gilt im Ergebnis auch im Recht der Konzernrechnungslegung, wobei die Beherrschungsmöglichkeit der Mutter hier bereits auf Grundlage des § 290 Abs. 2 Nr. 3 HGB unwiderleglich vermutet wird. Für den Beherrschungsvertrag folgt das aus § 290 Abs. 2 Nr. 3 Alt. 1 HGB. Allerdings greift die unwiderlegbare Vermutung der Beherrschungsmöglichkeit nach herrschender Auffassung nur dann ein, wenn der Beherrschungsvertrag rechtlich wirksam abgeschlossen wurde.[1147] Über § 290 Abs. 1 HGB wird in diesem Fall aber zumindest auch dann noch eine Beherrschungsmöglichkeit anzunehmen sein, wenn der Beherrschungsvertrag zwar unwirksam ist, aber im Handelsregister eingetragen wurde, da die Geschäftsleiter der Tochter dann nach wie vor von der Wirksamkeit des Beherrschungsvertrags ausgehen können und sich folglich mit hoher Wahrscheinlichkeit an den Wünschen der Mutter ausrichten. Für ein Sonderrecht der Mutter auf Erteilung von Weisungen an die

---

Stilz, AktG, § 17 Rn. 38; *Emmerich* in Emmerich/Habersack, § 17 AktG Rn. 22; *Von Bülow* in KöKo, WpHG, § 22 Rn. 317; *Koch* in Hüffer, AktG, § 17 Rn. 12.

1142 *Hirschmann* in Hölters, AktG, § 17 Rn. 5.

1143 *Windbichler* in GroKo, AktG, § 17 Rn. 36; *Vetter* in Schmidt/Lutter, AktG, § 17 Rn. 43; *Emmerich* in Emmerich/Habersack, § 17 AktG Rn. 22; *Hirschmann* in Hölters, AktG, § 17 Rn. 11; wohl auch *Koppensteiner* in KöKo, AktG, § 17 Rn. 46.

1144 Auf diese Einschränkung verweisend *Bayer* in MüKo, AktG, § 17 Rn. 71.

1145 *Windbichler* in GroKo, AktG, § 17 Rn. 35; *Emmerich* in Emmerich/Habersack, § 17 AktG Rn. 22.

1146 Vgl. *Bayer* in MüKo, AktG, § 17 Rn. 65 f. m.w.N.

1147 *ADS*, § 290 HGB Rn. 55; Kindler in Staub, HGB, § 290 HGB Rn. 49; so wohl auch *Siebourg* in HdKR, § 290 HGB Rn. 91 (Vertrag muss „rechtlich einen beherrschenden Einfluss gewährleisten").

Tochter sieht § 290 Abs. 2 Nr. 3 Alt. 2 HGB eine unwiderlegbar Vermutung der Beherrschungsmöglichkeit vor.[1148] Letztlich besteht im Hinblick auf das Weisungsrecht als Beherrschungsmittel also ein Gleichlauf zwischen § 17 Abs. 1 AktG und § 290 HGB, so dass die Tochter auch in diesem Fall nach beiden Tatbestandsalternativen des § 22 Abs. 3 WpHG als Tochterunternehmen zu qualifizieren ist.

ff) Zweckgesellschaften?

§ 290 Abs. 2 Nr. 4 HGB enthält eine Besonderheit des Rechts der Konzernrechnungslegung, die keine Entsprechung in § 17 AktG findet. Eine Beherrschungsmöglichkeit der Mutter wird nach diesem Tatbestand auch dann unwiderlegbar vermutet, wenn sie bei wirtschaftlicher Betrachtung die Mehrheit der Risiken und Chancen eines Unternehmens trägt, das zur Erreichung eines eng begrenzten und genau definierten Ziels der Mutter dient (Zweckgesellschaft). Mit der seit Inkrafttreten des BilMoG in § 290 Abs. 2 HGB verankerten Einbeziehung von Zweckgesellschaften in den Konsolidierungskreis wollte der Gesetzgeber Gestaltungen erschweren, in denen Risiken vom dem Gründer („Initiator") der Zweckgesellschaft auf letztere verlagert werden, um sie aus dem Jahresabschluss des Initiators herauszuhalten, so dass sich dessen Bilanzkennzahlen und damit auch sein Zugang zu benötigtem Kapital verbesserte.[1149] Da § 290 Abs. 2 Nr. 4 HGB insoweit auf eine ausschließlich wirtschaftliche Betrachtungsweise abstellt, wird eine Beherrschungsmöglichkeit unabhängig davon vermutet, ob die Mutter als Initiator durch Erteilung von Weisungen oder durch Personalhoheit gesellschaftsrechtlich vermittelten Einfluss auf die Geschäftspolitik der Zweckgesellschaft nehmen kann.[1150] Nach der Gründung der Zweckgesellschaft ist eine aktive Einflussnahme auf die Geschäftspolitik auch oftmals gar nicht mehr beabsichtigt, da diese bereits im Vorfeld für die Zukunft verbindlich festgelegt wurde (sog. „Autopilot-Mechanismus").[1151]

Die unwiderlegliche Vermutung des § 290 Abs. 2 Nr. 4 HGB führt mithin zur Annahme einer Beherrschungsmöglichkeit über die Zweckgesellschaft, ohne dass die Mutter aktiv Einfluss auf diese nehmen könnte. Da sich eine solche Beherrschungsmöglichkeit auf Grundlage des § 17 Abs. 1 AktG nicht annehmen lässt, kommt es in diesem Fall zu einer Diskrepanz zwischen den beiden Tatbestandsalternativen des § 22 Abs. 3 WpHG. Während die Tochter nach der ersten Tatbestandsalternative

1148 So unter Hinweis auf die Erforderlichkeit eines Weisungsrechts in wesentlichen Geschäftsbereichen *Siebourg* in HdKR, § 290 HGB Rn. 92; *Kindler* in Staub, HGB, § 290 Rn. 50; *Von Keitz/Ewelt* in Baetge/Kirsch/Thiele, § 290 HGB Rn. 89; weitergehend *Kraft/Link*, ZGR 2013, 514, 522 („Weisungen, qualifizierte Zustimmungsvorbehalte, Widerspruchsrechte").

1149 *Kindler* in Staub, HGB, § 290 HGB Rn. 52; *Von Keitz/Ewelt* in Baetge/Kirsch/Thiele, § 290 HGB Rn. 91.

1150 *Busse Von Colbe* in MüKo, HGB, § 290 Rn. 48.

1151 *Senger/Hoehne* in MüKo, Bilanzrecht, § 290 HGB Rn. 110 f., 118; *Grottel/Kreher* in BeBiKo, § 290 HGB Rn. 71 f.

als Tochterunternehmen zu qualifizieren wäre, verbietet sich dies nach der zweiten Tatbestandsalternative der Norm. Vor diesem Hintergrund stellt sich die Frage nach einer teleologischen Reduktion des § 22 Abs. 3 WpHG soweit er auf § 290 Abs. 2 Nr. 4 HGB verweist. Aufgrund der fehlenden Einflussnahmemöglichkeit der Mutter erscheint die Qualifizierung einer Zweckgesellschaft als Tochterunternehmen im Sinne des § 22 Abs. 3 WpHG problematisch.[1152] Denn die Stimmrechte der Zweckgesellschaft bei dem Emittenten würden der Mutter unabhängig davon zugerechnet, ob sie gegenwärtig eine hinreichend sichere Möglichkeit zur Einflussnahme auf die Geschäftspolitik der Zweckgesellschaft hat. Die zur Beherrschungsmöglichkeit führenden Einflussmittel bestehen typischerweise nicht. Die Mutter hat weder eine Stimmrechtsmehrheit, noch eine Möglichkeit zur Geschäftsführung, zur (mittelbaren) Bestellung oder Abberufung der Geschäftsführer oder zur Erteilung von Weisungen an die Geschäftsführer der Zweckgesellschaft. Eine Zurechnung der Stimmrechte der Zweckgesellschaft zur Mutter würde vor diesem Hintergrund dem Schutzzweck des § 22 WpHG widersprechen, gegenwärtigen, letztverbindlichen und hinreichend abgesicherten mittelbaren Stimmrechtseinfluss aufzudecken. Erfolgt dennoch eine Zurechnung von Stimmrechten der Tochter zu der Mutter, so steigert dies die Irreführungsgefahr für die Teilnehmer des Kapitalmarkts im Hinblick auf den mittelbaren Stimmrechtseinfluss der Mutter auf den Emittenten. Aus diesem Grund ist § 22 Abs. 3 Alt. 1 WpHG richtigerweise teleologisch dahingehend zu reduzieren, dass die Verweisung auf § 290 HGB nicht auch den Tatbestand des § 290 Abs. 2 Nr. 4 HGB umfasst.[1153] Ein Verstoß gegen die Wortlautschranke und damit gegen das Analogieverbot liegt nicht vor, da zusätzliche Mitteilungspflichten im Fall einer solchen teleologischen Reduktion gerade nicht ausgelöst werden. Die Stimmrechte der Zweckgesellschaft werden von vornherein nicht bei der Mutter berücksichtigt, so dass es auch nicht zu einem späteren Abzug der Stimmrechte bei der Mutter und damit ggf. zu einer Mitteilungspflicht nach § 21 Abs. 1 S. 1 WpHG kommen kann. Durch eine Änderung des § 22 Abs. 3 WpHG, so dass dieser nicht mehr auf § 290 HGB, sondern nur noch auf die konzernrechtlichen Grundsätze zur Ermittlung der Beherrschungsmöglichkeit oder verweist, könnte in diesem Zusammenhang weitergehende Rechtssicherheit geschaffen werden.

II. Besonderheiten bei der Investmentanlage im Sinne des KAGB

Ob Stimmrechte aus Aktien, die einem Investmentvermögen im Sinne des KAGB zuzuordnen sind, einem Rechtsträger nach § 22 Abs. 1 S. 1 Nr. 1 WpHG zugerechnet werden, richtet sich wie auch sonst im Grundsatz danach, ob die betreffenden Aktien einem „Tochterunternehmen" des Rechtsträgers „gehören". Es kommt also zunächst auf die nach allgemeinen Grundsätzen vorzunehmende Identifizierung des

1152 Ebenso *Von Bülow* in KöKo, WpHG, § 22 Rn. 310.

1153 *Von Bülow* in KöKo, WpHG, § 22 Rn. 310 plädiert demgegenüber für eine einschränkende Auslegung des § 22 Abs. 3 Alt. 1 WpHG.

rechtlichen Eigentümers der Aktien an. Dabei ist auch in diesem Zusammenhang zwischen den Rechtsformen des Investmentvermögens zu unterscheiden. Sodann ist nach allgemeinen Grundsätzen zu ermitteln, ob der oder die rechtliche(n) Eigentümer der stimmrechtsvermittelnden Aktien im Sinne des § 22 Abs. 3 WpHG als Tochterunternehmen des Meldepflichtigen zu qualifizieren ist bzw. sind. Schließlich sind etwaige investmentrechtliche Besonderheiten zu berücksichtigen. Solche Besonderheiten ergeben sich namentlich aus § 94 Abs. 2 KAGB, der unter bestimmten Voraussetzungen ungeachtet des Vorliegens der Voraussetzungen des § 22 Abs. 1 S. 1 Nr. 1 WpHG zu einem Ausschluss der Zurechnung führt.

1. Kapitalanlage über ein Sondervermögen

Wurde das Sondervermögen nach der Treuhandlösung errichtet, ist die KVG rechtlicher Eigentümer der stimmrechtsvermittelnden Aktien des Sondervermögens.[1154] Nach allgemeinen Grundsätzen „gehören" die betreffenden Aktien im Sinne des § 22 Abs. 1 S. 1 Nr. 1 WpHG also der KVG. Diesem Ergebnis hält *Beckmann* entgegen, die stimmrechtsvermittelnden Aktien stellten lediglich „Treuhandeigentum" dar, so dass eine Zurechnung der aus ihnen folgenden Stimmrechte nach § 22 Abs. 1 S. 1 Nr. 1 WpHG auf das Mutterunternehmen nicht möglich sei.[1155] Dies kann aber nicht richtig sein. Nach allgemeinen Grundsätzen führt eine treuhänderische Bindung des Aktionärs gegenüber einem Dritten nicht dazu, dass die Stimmrechte in dem für § 21 Abs. 1 S. 1 WpHG maßgeblichen Stimmrechtsanteil des Aktionärs abzuziehen sind, und zwar gerade auch dann nicht, wenn die Treuhandabrede mit einer Stimmbindungsvereinbarung verbunden ist, wonach der Aktionär bei der Stimmrechtsausübung die Weisungen und/oder Interessen des Dritten berücksichtigen muss.[1156] Dies gilt wie bereits ausgeführt auch dann, wenn die treuhänderische Bindung durch die Errichtung eines Sondervermögens nach der Treuhandlösung herbeigeführt wird.[1157] Gleiches muss auch für die Zurechnung nach § 22 Abs. 1 S. 1 Nr. 1 WpHG gelten. Nach ihrem Wortlaut setzt die Zurechnungsnorm lediglich voraus, dass die betreffenden Aktien dem Tochterunternehmen „gehören". Dies zeigt sehr deutlich, dass es ausschließlich darauf ankommt, dass das Tochterunternehmen rechtlicher Eigentümer der stimmrechtsvermittelnden Aktien ist. Auch würde es gesetzessystematisch wenig Sinn machen, die Stimmrechte aus Aktien in einem nach der Treuhandlösung errichteten Sondervermögen von vornherein einer Zurechnung nach § 22 Abs. 1 S. 1 Nr. 1 WpHG zu entziehen. Genau das ist aber die Konsequenz der von *Beckmann* vertretenen Ansicht. Da die Zurechnung ohnehin ausgeschlossen wäre, würde es dann nämlich überhaupt nicht mehr auf die sogleich erörterten besonderen Voraussetzungen des investmentrechtlichen Zurechnungsausschlusses nach § 94 Abs. 2 KAGB ankommen.

1154 Vgl. oben S. 154.
1155 *Beckmann* in Investment-Handbuch, § 32 InvG Rn. 32.
1156 Vgl. oben S. 151 ff.
1157 Vgl. oben S. 154 f.

Bei Errichtung eines Sondervermögens nach der Miteigentumslösung ist weiter danach zu differenzieren, ob es sich um ein Publikumssondervermögen oder ein Spezialsondervermögen handelt. Bei einem Publikumssondervermögens, stellt sich die Frage, ob sich die gesetzliche Eigentumsfiktion des § 94 Abs. 2 S. 3 HS. 1 KAGB auch im Rahmen des § 22 WpHG auswirkt, ob die KVG also auch für die Anwendung der Zurechnungstatbestände dieser Norm als Eigentümer der stimmrechtsvermittelnden Aktien anzusehen ist. Nach dem Wortlaut des § 94 Abs. 2 S. 3 HS. 1 KAGB erfolgt die Zuordnung der Stimmrechte zur KVG nur „für die Anwendung des § 21 Abs. 1 WpHG". Die Zurechnungstatbestände des § 22 WpHG werden dagegen nicht ausdrücklich genannt. Dennoch sprechen die besseren Argumente dafür, dass sich die Eigentumsfiktion auch auf diese erstreckt. Der für die Mitteilungspflicht nach § 21 Abs. 1 S. 1 WpHG maßgebliche Stimmrechtsanteil wird immer unter Berücksichtigung etwaiger Stimmrechtszurechnungen nach § 22 Abs. 1, Abs. 2 WpHG berechnet. Damit beinhaltet der Verweis des § 94 Abs. 2 S. 3 HS. 1 KAGB inzident auch einen Verweis auf die genannten Zurechnungstatbestände.[1158] Trotz Errichtung nach der Miteigentumslösung gilt also die KVG kraft gesetzlicher Fiktion als rechtlicher Eigentümer der stimmrechtsvermittelnden Aktien, so dass ihr die betreffenden Aktien im Sinne des § 22 Abs. 1 S. 1 Nr. 1 WpHG „gehören". Handelt es sich dagegen um ein Spezialsondervermögen, so greift die gesetzliche Fiktion des § 94 Abs. 2 S. 3 HS. 1 KAGB nicht ein. Folglich sind in diesem Fall die tatsächlichen Rechtsverhältnisse zu berücksichtigen. Rechtliche Miteigentümer der stimmrechtsvermittelnden Aktien sind die an dem Sondervermögen beteiligten Anleger, so dass ihnen die betreffenden Aktien im Sinne des § 22 Abs. 1 S. 1 Nr. 1 WpHG „gehören".

Ob die KVG oder einzelne Anleger als Tochterunternehmen im Sinne des § 22 Abs. 1 S. 1 Nr. 1 WpHG zu qualifizieren sind richtet sich im Ausgangspunkt nach allgemeinen Grundsätzen. Es kommt also grundsätzlich darauf an, ob die Voraussetzungen des § 22 Abs. 3 WpHG erfüllt sind. Im Hinblick auf die KVG ist in diesem Zusammenhang zu berücksichtigen, ob sie in der Rechtsform der AG, der GmbH oder der GmbH & Co. KG errichtet worden ist. Während die Beherrschungsmöglichkeit gegenüber der AG regelmäßig eine rechtliche oder zumindest faktische Stimmrechtsmehrheit in der Hauptversammlung erfordert, kann sich die Beherrschungsmöglichkeit gegenüber der GmbH auch aus satzungsmäßig verankerten Sonderrechten auf Erteilung von Weisungen oder die Bestellung oder Abberufung von Geschäftsleitern ergeben.[1159] Bei der GmbH & Co. KG wird die Beherrschungsmöglichkeit dagegen grundsätzlich über die Geschäftsführungsbefugnis der Komplementär-GmbH vermittelt.[1160] Eine Beherrschungsmöglichkeit gegenüber einzelnen Anlegern kommt von vornherein nur dann in Betracht, wenn der betreffende Anleger keine natürliche Person ist.[1161] Allerdings ist diese Einschränkung im hier

1158 Ebenso *U. H. Schneider* in Assmann/Schneider, WpHG, Anh. § 22 Rn. 288 f.
1159 Vgl. oben S. 194 ff., S. 232 f. und 235 ff.
1160 Vgl. oben S. 233 ff.
1161 Vgl. oben S. 180 f.

interessierenden Zusammenhang normalerweise nicht von besonderer praktischer Relevanz. Denn auf die Tochterunternehmenseigenschaft einzelner Anleger kommt es nur dann an, wenn das Sondervermögen als Spezialsondervermögen aufgelegt wurde. In diesem Fall ist der Anlegerkreis aber ohnehin nach Maßgabe des § 1 Abs. 6 KAGB auf professionelle und semiprofessionelle Anleger beschränkt. Natürliche Personen kommen daher nur unter den strengen Voraussetzungen des § 1 Abs. 19 Nr. 32, 33 KAGB als Anleger in Betracht.[1162]

Im Hinblick auf die Qualifizierung einer KVG als Tochterunternehmen ist die investmentrechtliche Ausnahmeregelung des § 94 Abs. 2 S. 1, S. 2 KAGB zu berücksichtigen. Unter den dort genannten Voraussetzungen ist die KVG hinsichtlich der von ihr verwalteten Sondervermögen nicht als Tochterunternehmen im Sinne des § 22 Abs. 3 WpHG zu qualifizieren. Regelungstechnisch stellt das eine gesetzliche Fiktion des Nichtbestehens der Tochterunternehmenseigenschaft der KVG dar.[1163] Diese gesetzliche Fiktion hat zur Folge, dass die Stimmrechte aus Aktien, deren Eigentümer die KVG ist, dem Meldepflichtigen nicht über § 22 Abs. 1 S. 1 Nr. 1 WpHG zugerechnet werden können. In terminologischer Hinsicht fällt auf, dass die Person des Meldepflichtigen im Sinne des § 22 Abs. 1 S. 1 Nr. 1 WpHG in § 94 Abs. 2 S. 1 KAGB nicht als solcher, sondern als „Mutterunternehmen“ bezeichnet wird. Die geänderte Bezeichnung hat allerdings keine besonderen rechtlichen Folgen, so dass sie für das Vorliegen der Voraussetzungen des § 94 Abs. 2 S. 1 KAGB keine Rolle spielt.[1164] Der Zurechnungsausschluss bezweckt nach verbreiteter Auffassung die Offenlegung der tatsächlichen Machtverhältnisse durch Neutralisierung der Mitteilungspflichten des Mutterunternehmens der KVG für den Fall der Unabhängigkeit der KVG von diesem Mutterunternehmen.[1165] In die Teleologie des § 22 WpHG fügt sich dieser Zweck freilich nur ein, wenn er den eigentlichen Schutzzweck des § 22 WpHG fördert, also für eine Offenlegung des mittelbaren Stimmrechtseinflusses sorgt. Dazu kann im Allgemeinen auch eine Nichtberücksichtigung von Stimmrechten geeignet sein, wenn tatsächlich kein mittelbarer Stimmrechtseinfluss des Zurechnungssubjekts vorliegt. Ob es im Fall der Unabhängigkeit der KVG an einem solchen mittelbaren Stimmrechtseinfluss fehlt, wird nachfolgend zu überprüfen sein.

Der Zurechnungsausschluss gilt nach dem eindeutigen Wortlaut der Norm nur für Stimmrechte aus Aktien, die in einem Sondervermögen verwaltet werden, also nicht für solche, die die KVG im Eigenbestand hält oder individuell für bestimmte

---

1162 Vgl. zu dieser Beschränkung des Anlegerkreises auch oben S. 75 f.

1163 Für eine Qualifizierung des § 94 Abs. 2 S. 1 KAGB als gesetzliche Fiktion auch *Opitz* in Schäfer/Hamann, § 22 WpHG Rn. 40; *S. H. Schneider* in Assmann/Schneider, WpHG, Anh. § 22 Rn. 263; *Taschke* in Baur/Tappen, KAGB, § 94 Rn. 38.

1164 *S. H. Schneider* in Assmann/Schneider, WpHG, Anh. § 22 Rn. 262; *Heinrich* in Emde/Dornseifer, InvG, § 32 Rn. 38.

1165 *S. H. Schneider* in Assmann/Schneider, WpHG, Anh. § 22 Rn. 259, 264; *Heinrich* in Emde/Dornseifer, InvG, § 32 Rn. 33; *Beckmann* in Investment-Handbuch, § 32 InvG Rn. 34.

Anleger verwaltet.[1166] Liegen die Voraussetzungen des Zurechnungsausschlusses nicht von Anfang an vor, kann der spätere Eintritt dieser Voraussetzungen zu einem Erreichen oder Unterschreiten einer Stimmrechtsschwelle führen, da der Abzug der betreffenden Stimmrechte im Zähler des Stimmrechtsanteils der KVG erst mit Zeitpunkt des Vorliegens sämtlicher Voraussetzungen des § 94 Abs. 2 S. 1, S. 2 KAGB vorzunehmen ist. In einem solchen Fall der Schwellenberührung „auf sonstige Weise" wird folglich eine Mitteilungspflicht nach § 21 Abs. 1 S. 1 WpHG ausgelöst.[1167]

Vor dem Hintergrund der soeben erörterten Grundsätze sollen nachfolgend die einzelnen Voraussetzungen des Zurechnungsausschlusses untersucht werden.

a) Anknüpfungspunkt des Zurechnungsausschlusses

Die gesetzliche Fiktion des § 94 Abs. 2 S. 1 KAGB differenziert nicht ausdrücklich danach, ob das Sondervermögen, nach der Treuhandlösung oder der Miteigentumslösung errichtet wurde. Einen Hinweis auf den Anwendungsbereich der Norm könnte allerdings der Tatbestandsvoraussetzung des § 94 Abs. 2 S. 1 Nr. 1 KAGB zu entnehmen sein, dass die KVG „ihre Stimmrechte" unabhängig vom Mutterunternehmen ausüben muss. Richtigerweise ist aus dieser Formulierung aber nicht der Schluss zu ziehen, dass die Norm nur auf Stimmrechte aus Aktien in Sondervermögen anwendbar ist, die nach der Treuhandlösung errichtet wurden.[1168] Vielmehr ist sie auch dann anwendbar, wenn die stimmrechtsvermittelnden Aktien zu einem nach der Miteigentumslösung errichteten Publikumssondervermögen gehören. In diesem Fall ist nämlich auch im Anwendungsbereich des § 94 Abs. 2 S. 1 KAGB die gesetzliche Fiktion des § 94 Abs. 2 S. 3 HS. 1 KAGB zu berücksichtigen, wonach die KVG rechtlicher Eigentümer der stimmrechtsvermittelnden Aktien ist. Denn die Eigentumsfiktion erstreckt sich auch auf die Zurechnungstatbestände nach § 22 WpHG und damit mittelbar auch auf das Tatbestandsmerkmal „Tochterunternehmen" in § 22 Abs. 1 S. 1 Nr. 1 WpHG, das wiederum durch § 94 Abs. 2 S. 1 KAGB modifiziert wird. Da die erforderliche Zuordnung der betreffenden Stimmrechte zur KVG in diesem Fall kraft gesetzlicher Fiktion herbeigeführt wird, entsteht im Ergebnis auch überhaupt kein Widerspruch zu der Voraussetzung, dass die KVG „ihre Stimmrechte" unabhängig ausüben muss. Andererseits ist der Zurechnungsausschluss nicht auf Stimmrechte aus Aktien anwendbar, die zu einem nach der Miteigentumslösung errichteten Spezialsondervermögen gehören. Denn in diesem Fall kommt es für eine etwaige Zurechnung dieser Stimmrechte nach § 22 Abs. 1

1166 *S. H. Schneider* in Assmann/Schneider, WpHG, Anh. § 22 Rn. 266; *Beckmann* in Investment-Handbuch, § 32 InvG Rn. 29. Im letzteren Fall kann aber unter Umständen der Tatbestand der Finanzportfolioverwaltung erfüllt sein, so dass ein Zurechnungsausschluss nach § 22 Abs. 3a WpHG in Betracht kommt.

1167 *S. H. Schneider* in Assmann/Schneider, WpHG, Anh. § 22 Rn. 278; *Heinrich* in Emde/Dornseifer, InvG, § 32 Rn. 49.

1168 *S. H. Schneider* in Assmann/Schneider, WpHG, Anh. § 22 Rn. 265; *Heinrich* in Emde/Dornseifer, InvG, § 32 Rn. 38.

S. 1 Nr. 1 WpHG überhaupt nicht darauf an, ob die KVG als Tochterunternehmen im Sinne des § 22 Abs. 3 WpHG zu qualifizieren ist oder nicht. Rechtliche Eigentümer der stimmrechtsvermittelnden Aktien sind schließlich die Anleger. Eine Veränderung der rechtlichen Zuordnung der Aktien kraft gesetzlicher Fiktion findet nicht statt. Die Zurechnung nach § 22 Abs. 1 S. 1 Nr. 1 WpHG bestimmt sich dann nach den allgemeinen Grundsätzen. Im Ergebnis ist der Zurechnungsausschluss des § 94 Abs. 2 S. 1, S. 2 KAGB also lediglich auf die Zurechnung von Stimmrechten aus Aktien eines nach der Treuhandlösung errichteten Sondervermögens und eines nach der Miteigentumslösung errichteten Publikumssondervermögens anwendbar.[1169]

Problematisch ist das Verhältnis des Zurechnungsausschlusses nach § 94 Abs. 2 S. 1, S. 2 KAGB zu demjenigen nach § 94 Abs. 2 S. 3 HS. 2 KAGB. Handelt es sich um ein nach der Treuhandlösung errichtetes Publikumssondervermögen könnte der Ausschluss der Zurechnung nämlich auch ohne weitere Voraussetzungen unmittelbar auch aus § 94 Abs. 2 S. 3 HS. 2 KAGB folgen. Nach dem Wortlaut dieser Norm ist § 22 Abs. 1 WpHG auf Stimmrechte aus den Vermögensgegenständen eines solchen Sondervermögens insgesamt nicht anzuwenden. Bei wortlautgetreuer Anwendung entfällt damit auch eine Zurechnung der Stimmrechte aus den zum Sondervermögen gehörenden Aktien auf Grundlage des § 22 Abs. 1 S. 1 Nr. 1 WpHG.[1170] Dieses Ergebnis widerspricht indessen den Ausführungen des Gesetzgebers in den Gesetzesmaterialien zum FFG II. Das Entfallen der Zurechnung wird dort ausschließlich mit dem fehlenden Stimmrechtseinfluss der Anleger und unter ausdrücklichem Hinweis darauf begründet, dass eine Zurechnung von Stimmrechten auf die Anleger auf Grundlage des § 22 Abs. 1 S. 1 Nr. 2 WpHG zur Förderung der Rechtssicherheit vermieden werden soll.[1171] Vor diesem Hintergrund wird der Zurechnungsausschluss des § 94 Abs. 2 S. 3 HS. 2 KAGB in der Literatur auch als zu weitgehend kritisiert.[1172] Der Zurechnungsausschluss nach § 94 Abs. 2 S. 1, S. 2 KAGB werde entwertet, wenn ein Ausschluss der Zurechnung ohne das

---

1169 Ebenso i.E. *S. H. Schneider* in Assmann/Schneider, WpHG, Anh. § 22 Rn. 265; ebenso wohl auch aber letztlich unklar *Heinrich* in Emde/Dornseifer, InvG, § 32 Rn. 38 (ohne die Einschränkung in Bezug auf Spezialsondervermögen, die nach der Miteigentumslösung errichtet wurden).

1170 *S. H. Schneider* in Assmann/Schneider, WpHG, Anh. § 22 Rn. 293; *Heinrich* in Emde/Dornseifer, InvG, § 32 Rn. 69; *Taschke* in Baur/Tappen, KAGB, § 94 Rn. 69.

1171 Beschlussempfehlung und Bericht des Finanzausschusses zum FFG II, BT-Drucks. 12/7918, S. 116. Der dort enthaltene Verweis auf § 22 Abs. 1 S. 1 Nr. 1 WpHG stellt tatsächlich ein Verweis auf § 22 Abs. 1 S. 1 Nr. 2 WpHG, zumal dieser Zurechnungstatbestand zum Zeitpunkt des Inkrafttretens des FFG II noch in Nr. 1 des § 22 Abs. 1 S. 1 WpHG geregelt war.

1172 *Opitz* in Schäfer/Hamann, § 22 WpHG Rn. 40; *S. H. Schneider* in Assmann/Schneider, WpHG, Anh. § 22 Rn. 263, 293; *Von Bülow* in KöKo, WpHG, § 22 Rn. 60; ähnlich *Heinrich* in Emde/Dornseifer, InvG, § 32 Rn. 69 („missverständlich").

Vorliegen der dort genannten weitergehenden Voraussetzungen erfolge.[1173] Dieser Kritik ist zuzustimmen. Ein sachlicher Grund für eine solche Ungleichbehandlung von Treuhandlösung und Miteigentumslösung bzw. von Publikumssondervermögen und Spezial-Sondervermögen ist nicht ersichtlich. Die dingliche Zuordnung der Vermögensgegenstände des Sondervermögens wirkt sich nicht kausal auf die Unabhängigkeit der KVG von ihrem Mutterunternehmen aus. Sie bietet damit auch kein taugliches Kriterium zur Bestimmung der Unabhängigkeit. Gleiches gilt im Hinblick auf den an dem Sondervermögen beteiligten Anlegerkreis. Eine restriktive Auslegung des § 94 Abs. 2 S. 3 HS. 2 KAGB, so dass der Zurechnungsausschluss sich nur noch auf die Zurechnung nach § 22 Abs. 1 S. 1 Nr. 2 WpHG erstreckt, ist richtigerweise unzulässig, da der Wortlaut der Norm den gesamten ersten Absatz des § 22 WpHG in Bezug nimmt. Vor diesem Hintergrund verbleibt kein Auslegungsspielraum für die Annahme eines partiellen Verweises auf § 22 Abs. 1 S. 1 Nr. 2 WpHG.[1174] Damit stellt sich die Frage, ob der zu weit geratene Wortlaut des § 94 Abs. 2 S. 3 HS. 2 KAGB dahingehend teleologisch reduziert werden kann, dass er nur noch auf die Zurechnung nach § 22 Abs. 1 S. 1 Nr. 2 WpHG anzuwenden ist.

Im Hinblick auf das Analogieverbot ist dies nur dann möglich, wenn die teleologische Reduktion keine weitergehenden Mitteilungspflichten nach § 21 Abs. 1 S. 1 WpHG auslösen kann und sich aus diesem Grund auch nicht zu Lasten der Normadressaten auswirkt. Wird der Zurechnungsausschluss im Fall der Investmentanlage über ein nach der Treuhandlösung errichtetes Publikumssondervermögen nur unter den weitergehenden Voraussetzungen des § 94 Abs. 2 S. 1, S. 2 KAGB zugelassen, kann es aber zu einer Zurechnung von Stimmrechten auf Grundlage des § 22 Abs. 1 S. 1 Nr. 1 WpHG kommen, wenn die Voraussetzungen dieser Norm nicht vorliegen. Die an sich gebotene teleologische Reduktion der Norm führt dann womöglich zu einer Schwellenberührung, die dann auch eine Mitteilungspflicht zur Folge hat. Es besteht also ein Risiko dafür, dass sich die teleologische Reduktion zu Lasten der Normadressaten auswirkt. Aus diesem Grund muss eine teleologische Reduktion im Ergebnis ausscheiden.[1175] Letztlich bleibt es also bei der unbefriedigenden Situation einer sachlich nicht gerechtfertigten Ungleichbehandlung zwischen Miteigentums- und Treuhandlösung bzw. Publikums- und Spezial-Sondervermögen. Vor diesem Hintergrund sollte der Gesetzgeber den Zurechnungsausschluss in § 94 Abs. 2 S. 3 HS. 2 KAGB de lege ferenda auf den Zurechnungstatbestand des § 22 Abs. 1 S. 1 Nr. 2 WpHG beschränken.[1176]

1173 *S. H. Schneider* in Assmann/Schneider, WpHG, Anh. § 22 Rn. 263, 293; *Taschke* in Baur/Tappen, KAGB, § 94 Rn. 70.

1174 Für eine restriktive Auslegung aber *Heinrich* in Emde/Dornseifer, InvG, § 32 Rn. 70.

1175 So i.E. auch *S. H. Schneider* in Assmann/Schneider, WpHG, Anh. § 22 Rn. 293; *Heinrich* in Emde/Dornseifer, InvG, § 32 Rn. 70; offenbar von der Möglichkeit einer gespaltenen Auslegung ausgehend und daher für eine teleologische Reduktion plädierend aber *Taschke* in Baur/Tappen, KAGB, § 94 Rn. 71 ff.

1176 Dafür auch *Opitz* in Schäfer/Hamann, § 22 WpHG Rn. 40; *Heinrich* in Emde/Dornseifer, InvG, § 32 Rn. 70.

Zusammenfassend lässt sich also festhalten, dass eine Zurechnung von Stimmrechten aus Aktien, die zu einem Publikumssondervermögen gehören, das nach Treuhandlösung errichtet wurde, nach geltendem Recht niemals auf Grundlage des § 22 Abs. 1 S. 1 WpHG zugerechnet werden. Handelt es sich dagegen um ein nach der Treuhandlösung errichtetes Spezialsondervermögen oder um ein nach der Miteigentumslösung errichtetes Publikumssondervermögen kann es bei Vorliegen der in § 94 Abs. 2 S. 1, S. 2 KAGB geregelten Voraussetzungen zu einem Ausschluss der Zurechnung nach § 22 Abs. 1 S. 1 Nr. 1 WpHG kommen. Diese Voraussetzungen sollen nachfolgend eingehend betrachtet werden.

b) Voraussetzungen des Zurechnungsausschlusses

Das Gesetz knüpft den Zurechnungsausschluss des § 94 Abs. 2 S. 1, S. 2 KAGB zunächst an die in § 94 Abs. 2 S. 1 KAGB genannten Voraussetzungen, die kumulativ[1177] erfüllt sein müssen. Hinzu kommt, dass die Voraussetzungen der Rückausnahme des § 94 Abs. 2 S. 2 KAGB nicht vorliegen dürfen. Diese Kombination von Voraussetzungen und Rückausnahme wird in der Praxis offenbar oftmals als zu komplex empfunden.[1178] Nachfolgend sollen zunächst die Voraussetzungen des Zurechnungsausschlusses und sodann die Anwendungsfälle der Rückausnahme im Einzelnen untersucht und präzisiert werden.

aa) Unabhängige Stimmrechtsausübung

Der Zurechnungsausschluss setzt nach § 94 Abs. 2 S. 1 Nr. 1 KAGB zunächst voraus, dass die KVG die Stimmrechte unabhängig von ihrem Mutterunternehmen ausübt. Diese Voraussetzung wird durch § 20 Abs. 1 TranspRLDV konkretisiert.[1179] Hiernach übt eine KVG ihre Stimmrechte im Sinne des § 94 Abs. 2 S. 1 KAGB unabhängig vom Mutterunternehmen aus, wenn das Mutterunternehmen oder ein anderes von diesem kontrolliertes Unternehmen nicht durch unmittelbare oder mittelbare Weisungen oder in anderer Weise auf die Ausübung der Stimmrechte aus den Aktien, die zu einem von ihr verwalteten Sondervermögen oder einer von ihr verwalteten Investment-AG gehören, einwirken darf (Nr. 1) und die KVG die Stimmrechte aus den zu einem von ihr verwalteten Sondervermögen gehörenden Aktien frei und unabhängig vom Mutterunternehmen und den anderen von diesem kontrollierten Unternehmen ausübt (Nr. 2). Die Unabhängigkeit der KVG muss also erstens rechtlich abgesichert sein und zweitens auch tatsächlich bestehen.

(1) Rechtliche Absicherung der Unabhängigkeit der KVG

Nach § 20 Abs. 1 Nr. 1 TranspRLDV muss die rechtliche Unabhängigkeit der KVG nicht nur gegenüber dem Mutterunternehmen, sondern auch gegenüber den von

---

1177 *Heinrich* in Emde/Dornseifer, InvG, § 32 Rn. 37.

1178 *Heinrich* in Emde/Dornseifer, InvG, § 32 Rn. 33.

1179 Ebenso *Taschke* in Baur/Tappen, KAGB, § 94 Rn. 42.

dieser kontrollierten Unternehmen bestehen. Mit dem Begriff des Mutterunternehmens übernimmt die Norm die Terminologie des § 94 Abs. 2 S. 1, S. 2 KAGB. Gemeint ist hier wie dort der Meldepflichtige im Sinne des § 22 Abs. 1 S. 1 Nr. 1 WpHG, also die Person, die beherrschenden Einfluss im Sinne der §§ 22 Abs. 3 Alt. 1 WpHG, 290 HGB oder des § 22 Abs. 3 Alt. 2 WpHG auf die KVG ausüben kann. Dabei handelt es sich traditionell um ein Kreditinstitut.[1180] Unklar ist, welche Personen im Anwendungsbereich des § 20 Abs. 1 TranspRLDV als „kontrollierte Unternehmen" des Mutterunternehmens zu qualifizieren sind. Einerseits stellt sich die Frage, ob der Begriff des „kontrollierten Unternehmens" ausschließlich oder zumindest auch solche Unternehmen erfasst die im Verhältnis zur KVG ihrerseits als Mutterunternehmen im hier maßgeblichen Sinne zu qualifizieren sind. Die Frage ist zu verneinen. Erfüllt die KVG auch im Verhältnis zu einem „kontrollierten Unternehmen" die Voraussetzungen eines Tochterunternehmens im Sinne des § 22 Abs. 3 WpHG, so ist das „kontrollierte Unternehmen" tatsächlich nicht als solches, sondern bereits seinerseits als Mutterunternehmen im Sinne des § 94 Abs. 2 S. 1, S. 2 KAGB und § 20 Abs. 1 TranspRLDV einzuordnen. Als „kontrollierte Unternehmen" kommen daher ausschließlich Unternehmen in Betracht, die die KVG zwar nicht beherrschen, aber auf sonstige Weise Einfluss auf die Ausübung der Stimmrechte aus den zum Sondervermögen gehörenden Aktien nehmen können. Unklar ist auch, welche Anforderungen an das Kontrollverhältnis zwischen Mutterunternehmen und „kontrolliertem Unternehmen" zu stellen sind. Terminologisch ist die Verwendung des Begriffs der „Kontrolle" missverständlich und damit unglücklich gewählt. So könnte argumentiert werden, dass das Kontrollverhältnis ausschließlich unter Anwendung des sog. „Control-Konzepts" also im Fall des Vorliegens der Voraussetzungen des § 22 Abs. 3 Alt. 1 WpHG i.V.m. § 290 Abs. 2 HGB angenommen werden kann. Eine solche Auslegung erscheint aber als zu eng. Sie könnte zur Feststellung der Unabhängigkeit der KVG vom Mutterunternehmen führen, obwohl das Mutterunternehmen aus anderen Gründen zur Beherrschung des „kontrollierten Unternehmens" und damit zur mittelbaren Einflussnahme auf die Ausübung der Stimmrechte aus den zum Sondervermögen gehörenden Aktien in der Lage wäre. Ein solches Ergebnis würde dem Schutzzweck des § 22 WpHG widersprechen, zumal dieser gerade auf die Offenlegung des mittelbaren Stimmrechtseinflusses gerichtet ist. Um Transparenzlücken zu vermeiden muss der Begriff des „kontrollierten Unternehmens" in einem weiteren Sinne verstanden werden. Im konkreten Regelungszusammenhang bietet sich auch insoweit der Rückgriff auf § 22 Abs. 3 WpHG an, so dass von einem „kontrollierten Unternehmen" immer dann gesprochen werden kann, wenn es seinerseits im Sinne des § 22 Abs. 3 WpHG als Tochterunternehmen des Mutterunternehmens zu qualifizieren ist. Diese Sichtweise wird durch den Wortlaut der in § 94 Abs. 2 S. 2 Nr. 1 und Nr. 2 KAGB geregelten Rückausnahme bekräftigt. Auch dort findet sich der Begriff des kontrollierten Unternehmens, allerdings erweitert um den Zusatz „im Sinne des § 22 Abs. 3 des Wertpapierhandelsgesetzes".

1180 *Canaris*, Bankvertragsrecht, Rn. 2331.

Da beide Regelungen die Voraussetzungen des Zurechnungsausschlusses betreffen, ist von einem einheitlichen Begriffsverständnis auszugehen.

Aus § 20 Abs. 1 Nr. 1 TranspRLDV folgt, dass eine rechtlich abgesicherte Unabhängigkeit der KVG nur dann anzunehmen ist, wenn das Mutterunternehmen oder das von diesem „kontrollierte Unternehmen" weder durch unmittelbare oder mittelbare Weisung noch auf andere Weise auf die Ausübung der Stimmrechte aus den zum Sondervermögen gehörenden Aktien einwirken darf. Die rechtliche Unabhängigkeit muss nach dem insoweit eindeutigen Wortlaut der Norm also lediglich in Bezug auf die Stimmrechtsausübung, nicht aber auch in Bezug auf die Steuerung der Geschäftspolitik der KVG im Übrigen bestehen.

Hinsichtlich der Einwirkungsmöglichkeiten unterscheidet die Norm zwischen der unmittelbaren Weisung, der mittelbaren Weisung und der Einwirkung auf die Stimmrechtsausübung in anderer Weise. Der Begriff der Weisung wird in § 20 Abs. 2 TranspRLDV konkretisiert. Eine unmittelbare Weisung ist nach § 20 Abs. 2 S. 1 TranspRLDV jede auf einen bestimmten Fall bezogene Weisung zur Stimmrechtsausübung durch die KVG. Dagegen ist eine mittelbare Weisung nach § 20 Abs. 2 S. 2 TranspRLDV jede allgemeine oder besondere Weisung, durch die der Entscheidungsspielraum der KVG in Bezug auf die Stimmrechtsausübung eingeschränkt wird, um bestimmten Geschäftsinteressen des Mutterunternehmens oder eines anderen von diesem kontrollierten Unternehmens Rechnung zu tragen. Unerheblich ist nach dem Sinn und Zweck der Norm, ob die Stimmrechtsausübung tatsächlich durch die KVG erfolgt oder von der KVG nach Maßgabe des § 94 Abs. 1 S. 4, S. 5 WpHG auf einen bevollmächtigten Stimmrechtsvertreter verlagert wurde. Denn wie bereits erörtert wurde, kann die KVG auch in diesem Fall letztverbindlich über die Art und Weise der Stimmrechtsausübung entscheiden, sei es durch Weisung, durch Kundgabe ihrer Interessen oder durch eigene Stimmrechtsausübung, ggf. in Verbindung mit einer Beendigung des Vertretungsverhältnisses.[1181]

Der Rechtsgrund der Weisungsmöglichkeit wird in § 20 Abs. 2 TranspRLDV nicht näher bestimmt. Im Hinblick auf das Mutterunternehmen der KVG kann er in dem einschlägigen Beherrschungsmittel begründet sein. Dies gilt zunächst bei Vorliegen eines Beherrschungsvertrags zwischen KVG und Mutterunternehmen sowie im Fall der Eingliederung.[1182] Die Weisungsmöglichkeit kann ferner aus dem Gesellschaftsverhältnis folgen, sofern die KVG nicht die Rechtsform einer AG hat. In letzterem Fall scheidet ein Weisungsrecht des Mutterunternehmens gegenüber dem Vorstand der KVG aus den bereits genannten Gründen aus, während bei einer KVG in der Rechtsform einer GmbH oder GmbH & Co. KG ein Weisungsrecht des Mutterunternehmens als Sonderrecht im Gesellschaftsvertrag enthalten sein kann.[1183] Als Rechtsgrund für eine Weisung im Sinne des § 20 Abs. 2 WpHG wird man es ferner ausreichen lassen, dass das Mutterunternehmen zwar kein Sonderrecht auf

1181 Vgl. oben S. 139 ff.
1182 Vgl. zu diesen Beherrschungsmitteln oben S. 235 ff.
1183 Vgl. oben S. 232 ff.

Weisungserteilung, aber die für eine Weisungserteilung durch die Gesellschafterversammlung erforderliche Stimmrechtsmehrheit auf sich vereint, weil ihm die betreffenden Stimmen aus eigenen Anteilen an der KVG zustehen oder weil der Stimmrechtsanteil des Mutterunternehmens, für den Fall, dass er für sich genommen nicht ausreicht, aus rechtlichen oder faktischen Gründen verstärkt wird.[1184] Dagegen kann der Rechtsgrund der Weisung von vornherein nicht aus einem schuldrechtlichen Stimmbindungsvertrag der KVG folgen. Denn aufgrund der gesetzlichen Bindung der KVG an die Interessen eines objektiven Investmentkunden ist eine solche schuldrechtliche Innenbindung zugunsten des Mutterunternehmens der KVG oder zugunsten eines von dem Mutterunternehmen kontrollierten Unternehmens nicht gestattet.[1185]

Für eine Einwirkung auf die Stimmrechtsausübung der KVG in anderer Weise existieren vielfältige Rechtsgründe. Die Einwirkungsmöglichkeit kann auch hier aus dem Beherrschungsmittel des Mutterunternehmens folgen. Betroffen sind sämtliche Fälle, in denen die Beherrschungsmöglichkeit nicht auf einem Beherrschungsvertrag, einer Eingliederung, einem Sonderrecht auf Weisungserteilung oder aus der Möglichkeit zur alleinigen Entscheidung über die Erteilung von Stimmrechtsweisungen durch die Gesellschafterversammlung beruht. Namentlich ist hier unabhängig von ihrem Rechtsgrund die Personalhoheit des Mutterunternehmens in Form der Stimmrechtsmehrheit unter Berücksichtigung der Grundsätze der kombinierten Beherrschung oder des Sonderrechts auf Bestellung bzw. Abberufung der Geschäftsleiter der KVG zu nennen.[1186] In diesem Fall könnte das Mutterunternehmen durch die Kundgabe seiner Vorstellungen in Bezug auf die Stimmrechtsausübung durch die KVG faktisch auf die Art und Weise der Stimmrechtsausübung Einfluss nehmen. Eine schuldrechtliche Bindung der KVG an die Sonderinteressen des Mutterunternehmens oder des von diesem kontrollierten Unternehmens scheidet dagegen aus den bereits genannten Gründen als Grundlage einer Einwirkungsmöglichkeit auf die Stimmrechtsausübung der KVG aus.[1187] Eine Einwirkungsmöglichkeit auf die Stimmrechtsausübung in anderer Weise kann allerdings auch aus einer Stimmrechtsvollmacht oder -ermächtigung des Mutterunternehmens oder des von diesem „kontrollierten Unternehmens" folgen. Denkbar sind ferner alle sonstigen faktischen, namentlich wirtschaftlichen Einflussnahmemöglichkeiten, die die Geschäftsleiter der KVG im Einzelfall dazu veranlassen können, den Vorstellungen des Mutterunternehmens oder des von diesem „kontrollierten Unternehmens" zu entsprechen.

Aus der in § 20 Abs. 2 TranspRLDV näher ausgeführte Differenzierung zwischen unmittelbaren und mittelbaren Weisungen lässt sich ableiten, dass die Unabhängigkeit der KVG nicht nur dann in Frage steht, wenn sich die Weisung auf die

1184 Vgl. oben S. 194 ff. und S. 219 ff.
1185 Vgl. oben S. 154 f.
1186 Vgl. dazu oben S. 185 ff.
1187 Vgl. oben S. 154 ff.

Art und Weise der Stimmrechtsausübung als solche in einem konkret bestimmten Einzelfall oder allgemein bei Vorliegen bestimmter Voraussetzungen bezieht. Denn als mittelbare Weisung kann nach dem Wortlaut der Begriffsbestimmung des § 20 Abs. 2 S. 2 TranspRLDV auch jede (sonstige) allgemeine oder besondere Weisung von Bedeutung sein. Ausreichend ist nach dem Wortlaut der Norm, dass der Entscheidungsspielraum der KVG in Bezug auf die Stimmrechtsausübung eingeschränkt wird. Dies kann bereits dann der Fall sein, wenn sich die Weisung allgemein auf das Auftreten der KVG im Verhältnis zu ihren Portfoliounternehmen bezieht. Eine mittelbare Weisung kann etwa bereits dann anzunehmen sein, wenn das Mutterunternehmen der KVG den Wunsch äußert, die KVG möge in ihren Portfoliounternehmen eine eher aktive oder eine eher passive Rolle einnehmen.[1188] Entsprechendes gilt erst recht, wenn konkretere Verhaltensweisen in Bezug auf die Portfoliounternehmen gefordert werden. Dies könnte etwa die Aufforderung an die KVG sein, im Rahmen ihrer Möglichkeiten dafür zu sorgen, dass die Portfoliounternehmen eine bestimmte Geschäftspolitik einschlagen oder ihr Unternehmen nach den Regeln „guter" Corporate Governance führen. In all diesen Fällen liegt nach der Begriffsbestimmung des § 20 Abs. 2 S. 2 TranspRLDV allerdings nur dann eine mittelbare Weisung vor, wenn die Weisung subjektiv zu dem Zweck erfolgt, bestimmten Geschäftsinteressen des Mutterunternehmens oder des von diesem kontrollierten Unternehmens Rechnung zu tragen, was im Einzelfall zu Beweisschwierigkeiten führen kann. Die Erweiterung des Tatbestands auf mittelbare Weisungen dürfte entsprechend auch auf Einwirkungen auf die Stimmrechtsausübung „in anderer Weise" anzuwenden sein. So kann es etwa auch ausreichen, wenn das Mutterunternehmen gegenüber den Geschäftsleitern der KVG bei bestehender Personalhoheit ohne Weisungsmöglichkeit Vorstellungen äußert, die sich im oben beschriebenen Sinne lediglich mittelbar auf die Stimmrechtsausübung durch die KVG beziehen. Die hier entwickelte Abgrenzung zwischen unmittelbaren und mittelbaren Weisungen wird in der Literatur soweit ersichtlich bislang nicht geteilt. Verbreitet wird vielmehr angenommen, mit dem Begriff der mittelbaren Weisung seien Weisungen einer „zwischengeschalteten Gesellschaft" und darüber hinaus auch faktische Weisungen gemeint, also solche, die nicht auf einem rechtlich abgesicherten Weisungsrecht beruhen.[1189] Diese Auffassung ist abzulehnen. Unklar ist zunächst, welche Gesellschaften als „zwischengeschaltete Gesellschaften" gelten sollen. Wie bereits dargelegt ist bei Vorliegen einer mehrstufigen Beherrschungsmöglichkeit im Verhältnis zur KVG jedes Unternehmen in der Beherrschungskette für sich genommen als Mutterunternehmen zu qualifizieren. Insoweit könnte man freilich argumentieren, dass das unterste Mutterunternehmen in der Beherrschungskette als Aktionär/

1188 Vgl. in diesem Zusammenhang auch die eingangs vorgenommene Differenzierung zwischen der typischen Interessenlage eines „normalen" Investmentfonds und eines Hedgefonds oben S. 16 ff.

1189 *S. H. Schneider* in Assmann/Schneider, WpHG, Anh. § 22 Rn. 279; *Heinrich* in Emde/Dornseifer, InvG, § 32 Rn. 53.

Gesellschafter der KVG unmittelbare Weisungen erteilt, während die auf übergeordneter Stufe angeordneten Mutterunternehmen lediglich mittelbare Weisungen erteilen können, da sie ihre Einflussnahmemöglichkeit auf die KVG über die Beherrschungskette „durchleiten" müssen. Dass § 20 Abs. 2 TranspRLDV einer solchen Abgrenzung zwischen unmittelbaren und mittelbaren Weisungen folgt, lässt sich der Norm aber in keinster Weise entnehmen. Der Wortlaut legt vielmehr die hier vertretene Abgrenzung nahe. Soweit vertreten wird, dass mittelbare Weisungen im Gegensatz zu unmittelbaren Weisungen auf einem faktischen Weisungsrecht und nicht auf einem rechtlich abgesicherten Weisungsrecht beruhen, lässt sich dem entgegenhalten, dass das faktische Weisungsrecht gerade über die Tatbestandalternative der Einwirkung „in anderer Weise" erfasst wird. Auch insoweit lässt sich der Wortlaut des § 20 Abs. 2 TranspRLDV anführen, der eher für die hier vertretene Auffassung spricht.

Vor dem Hintergrund der soeben dargestellten von § 20 Abs. 1 Nr. 1 TranspRLDV erfassten Einwirkungsmöglichkeiten stellt sich die Frage, unter welchen Voraussetzungen eine unabhängige Stimmrechtsausübung der KVG in rechtlich abgesicherter Weise gewährleistet ist. Grundsätzlich wird man von einer hinreichenden rechtlichen Absicherung nur dann ausgehen können, wenn die Unabhängigkeit der KVG aus dem Gesetz folgt, in ihrer Satzung begründet ist oder zumindest auf schuldrechtlicher Grundlage zwischen KVG und Mutterunternehmen oder einem von diesem kontrollierten Unternehmen vereinbart worden ist. Eine gesetzliche Absicherung der Unabhängigkeit der KVG könnte aus § 26 Abs. 1 KAGB folgen, wonach die KVG bei der Wahrnehmung ihrer Aufgaben und damit auch bei der Stimmrechtsausübung unabhängig von der Verwahrstelle und ausschließlich im Interesse der Anleger handelt.[1190] Aus dieser gesetzlichen Verhaltensregel folgt, dass Weisungen in Bezug auf die Ausübung des Stimmrechts, die von einem Dritten ausgehen, nicht befolgt werden müssen, wenn sie dem objektiven Interesse eines durchschnittlichen Investmentkunden widersprechen.[1191] Dies gilt unabhängig von dem Rechtsgrund des Weisungsrechts. Die Bindungswirkung des § 26 Abs. 1 KAGB sichert die Unabhängigkeit der KVG daher nicht nur im Verhältnis zu schuldrechtlich begründeten Weisungsrechten des Mutterunternehmens oder der von diesem „kontrollierten Unternehmen", sondern auch gegenüber einer Einflussnahme durch das Mutterunternehmen unter Rückgriff auf die ihr zur Verfügung stehenden Beherrschungsmittel oder sonstigen faktischen Einflussmittel. Durch die Erteilung einer Stimmrechtsvollmacht oder -ermächtigung an das Mutterunternehmen oder das von dieser „kontrollierte Unternehmen" wird die rechtliche Unabhängigkeit der KVG dagegen von vornherein nicht in Frage gestellt. Denn die Möglichkeit zur letztverbindlichen Entscheidung über die Art und Weise der Stimmrechtsausübung bleibt in diesem Fall stets bei der KVG. Der Stimmrechtsvertreter ist im Grundsatz an die Weisungen und die erkennbaren Interessen der KVG und damit über § 26

1190 Vgl. oben S. 101 f.
1191 Ebenso wohl *Heinrich* in Emde/Dornseifer, InvG, § 32 Rn. 39.

Abs. 1 KAGB letztlich auch an die objektiven Interessen eines durchschnittlichen Investmentkunden gebunden.[1192] Auch bleibt die KVG dazu in der Lage, die Stimmrechtsausübung, ggf. durch Beendigung des Vertretungsverhältnisses wieder an sich zu ziehen.[1193]

Im Ergebnis lässt sich nach alledem festhalten, dass eine hinreichende rechtliche Absicherung der Unabhängigkeit der Stimmrechtsausübung der KVG durch die gesetzliche Regelung des § 26 Abs. 1 KAGB stets gewährleistet ist.[1194]

(2) Tatsächliche Unabhängigkeit der KVG

Nach § 20 Abs. 1 Nr. 2 TranspRLDV muss die KVG die Stimmrechte aus Aktien, die zu einem von ihr verwalteten Sondervermögen gehören, auch frei und unabhängig von ihrem Mutterunternehmen und den anderen von diesem „kontrollierten Unternehmen" ausüben. In Abgrenzung zu § 20 Abs. 1 Nr. 1 TranspRLDV kann es insoweit nicht um die rechtliche Unabhängigkeit gehen. Es kommt vielmehr darauf an, ob die KVG auch tatsächlich unabhängig ist, ob also eine faktische Einflussnahme auf die Stimmrechtsausübung durch die KVG erfolgt oder ob die rechtliche Unabhängigkeit der KVG respektiert wird.[1195] Dies muss im Einzelfall festgestellt werden.[1196] Eine dahingehende Vermutung existiert nicht und zwar auch dann nicht, wenn eine tatsächliche Einflussnahme, wie etwa im Fall personeller Verflechtungen zwischen der KVG und dem Mutterunternehmen, wahrscheinlich ist.[1197] Fraglich ist in diesem Zusammenhang allerdings bereits, wie die Feststellung der tatsächlichen Unabhängigkeit erfolgen soll. Im Ergebnis kommt es hier nämlich auf das Vorliegen tatsächlicher Umstände an, die sich nicht wie die rechtliche Unabhängigkeit an der Gesetzeslage oder an dem Inhalt einer Satzung oder eines schuldrechtlichen Vertrags ablesen lassen. Richtigerweise muss es insoweit ähnlich wie im Fall der Verstärkung eines Stimmrechtsanteils zur Beherrschungsmöglichkeit aufgrund tatsächlicher Umstände auf eine Prognoseentscheidung ankommen. Tatsächliche Unabhängigkeit liegt danach vor, wenn aus der Perspektive eines objektiven und vernünftigen Betrachters auch unter Berücksichtigung der in der Vergangenheit erfolgten Versuche zur faktischen Einflussnahme auf die KVG zukünftig keine faktische Einflussnahme auf die KVG zu erwarten ist. Dies führt zu der Folgefrage, unter

---

1192 Vgl. oben S. 139 ff. und S. 339 ff.

1193 Vgl. oben S. 139 ff.

1194 *Dreibus/Schäfer*, NZG 2009, 1289, 1291; *S. H. Schneider* in Assmann/Schneider, WpHG, Anh. § 22 Rn. 271; *Heinrich* in Emde/Dornseifer, InvG, § 32 Rn. 39; *Taschke* in Baur/Tappen, KAGB, § 94 Rn. 45.

1195 Vgl. *U. H. Schneider* in Assmann/Schneider, WpHG, Anh. § 22 Rn. 272; *Heinrich* in Emde/Dornseifer, InvG, § 32 Rn. 41; *Beckmann* in Investment-Handbuch, § 32 InvG Rn. 36.

1196 *Taschke* in Baur/Tappen, KAGB, § 94 Rn. 46.

1197 So *U. H. Schneider* in Assmann/Schneider, WpHG, Anh. § 22 Rn. 272; ähnlich *Heinrich* in Emde/Dornseifer, InvG, § 32 Rn. 41, der im Fall einer solchen Personenidentität aber ein Indiz für eine faktische Einflussnahme annimmt.

welchen Voraussetzungen eine faktische Einflussnahme anzunehmen ist. Muss die KVG ihr Stimmverhalten tatsächlich an den Vorstellungen des Mutterunternehmens oder des von diesem „kontrollierten Unternehmens" ausrichten oder schadet bereits der Versuch einer faktischen Einflussnahme auf die Stimmrechtsausübung? Konsequenterweise muss die tatsächliche Unabhängigkeit bereits enden, wenn der Versuch einer Einflussnahme auf das Stimmrechtsverhalten der KVG unternommen wird. Der Wortlaut des § 20 Abs. 1 Nr. 2 TranspRLDV spricht davon, dass die KVG die Stimmrechte „frei und unabhängig" ausübt. Davon kann aber nur die Rede sein, wenn die KVG nicht dazu gezwungen ist, sich gegen die rechtlich nicht gestattete Einflussnahme des Mutterunternehmens oder eines von diesem „kontrollierten Unternehmens", und sei es nur durch Hinweis auf die Rechtslage, zu verteidigen.

Die Erscheinungsformen einer faktischen Einflussnahme auf die Stimmrechtsausübung lassen sich an den zur Verfügung stehenden Einflussmitteln ablesen. Im Fall der schlichten Personalhoheit schaden beispielsweise bereits ausdrückliche Stellungnahmen des Mutterunternehmens oder eines von diesem „kontrollierten Unternehmens" in Bezug auf die gewünschte Stimmrechtsausübung durch die KVG. Gleiches gilt bei Bestehen eines wirtschaftlichen oder eines sonstigen faktischen Abhängigkeitsverhältnisses, wenn die betreffende Stellungnahme mit einem ausdrücklichen oder konkludenten Hinweis auf die zur Verfügung stehenden wirtschaftlichen oder faktischen Einflussmittel verbunden wird. Besteht ein explizites Weisungsrecht, so dürfen tatsächlich keine Weisungen erteilt und diese auch nicht angedroht werden.

Die tatsächliche Unabhängigkeit der KVG soll durch die in § 21 Abs. 3 TranspRLDV aufgezählten Maßnahmen sichergestellt werden. Nach Satz 1 dieser Norm hat das Mutterunternehmen der BaFin auf deren Verlangen nachzuweisen, dass die Stimmrechte nach seinen eigenen Organisationsstrukturen sowie denjenigen der KVG von ihm unabhängig ausgeübt werden (Nr. 1) und die Personen, die über die Stimmrechtsausübung entscheiden, unabhängig handeln (Nr. 2). Die Unabhängigkeit vom Mutterunternehmen setzt nach Satz 2 des § 21 Abs. 3 TranspRLDV voraus, dass das Mutterunternehmen und die KVG zumindest schriftliche Strategien und Verfahren festgelegt haben, die dazu bestimmt sind, den Informationsaustausch zwischen beiden in Bezug auf die Stimmrechtsausübung zu verhindern (sog. „Chinese-Wall").[1198] Ist das Mutterunternehmen zugleich seinerseits Kunde der KVG oder hält es Anteile an einer von dieser verwalteten Beteiligung, hat es der BaFin gemäß § 21 Abs. 3 S. 3 TranspRLDV auf deren Verlangen auch nachzuweisen, dass ein klares schriftliches Mandat besteht, das eine unabhängige Kundenbeziehung zwischen ihm und der KVG vorsieht. Zu Beweiszwecken bietet es sich auch an, die Unabhängigkeit der Entscheidungsträger bei der KVG schriftlich festzuhalten. Dies kann etwa im Investmentvertrag geschehen. Für den Fall, dass die geschäftsführungs- und vertretungsbefugten Organmitglieder der KVG selbst über die Stimmrechtsausübung entscheiden, kann etwa bereits im Anstellungsvertrag dieser Organmitglieder geregelt

---

1198 Vgl. *Heinrich* in Emde/Dornseifer, InvG, § 32 Rn. 40.

werden, dass sie bei der Wahrnehmung der Stimmrechtsausübung für die von der KVG verwalteten Sondervermögen unabhängig von dem Mutterunternehmen oder anderen von diesem kontrollierten Unternehmen handeln müssen. Ausreichend dürfte insoweit aber auch ein klarstellender Hinweis auf die Verpflichtung zur Berücksichtigung der aus § 26 KAGB folgenden Bindung sein. Werden die Stimmrechte durch andere Mitarbeiter der KVG oder durch Stimmrechtsvertreter ausgeübt, sollte ein solcher Hinweis in der schriftlich erteilten Bevollmächtigung oder Ermächtigung zur Stimmrechtsausübung enthalten sein. Kann das Mutterunternehmen die Nachweise nach § 21 Abs. 3 TranspRLDV erbringen, so spricht dies zumindest indiziell für das Bestehen einer tatsächlichen Unabhängigkeit der KVG. Dies ist im Rahmen der vorzunehmenden Prognoseentscheidung zu berücksichtigen. Gleichwohl können im Einzelfall tatsächliche Umstände vorliegen, die letztlich zur Versagung der tatsächlichen Unabhängigkeit führen. Im Ergebnis kommt es darauf an, dass die schriftlich niedergelegten Strategien und Verfahren zur Verhinderung des Informationsaustausches, die schriftlichen Mandatsvereinbarungen zur unabhängigen Kundenbeziehung sowie die möglicherweise ebenso zu Beweiszwecken schriftlich festgehaltenen Vereinbarungen zur Unabhängigkeit der über die Stimmrechtsausübung entscheidenden Personen bei der KVG auch in der Praxis „gelebt“ werden. Sollte im Einzelfall aus welchen Gründen auch immer das Gegenteil der Fall (gewesen) sein, kann dies im Hinblick auf die vorzunehmende Prognoseentscheidung der Annahme einer tatsächlichen Unabhängigkeit entgegenstehen.

bb) Verwaltung nach Maßgabe der OGAW-RL IV

Als weitere Voraussetzung des Zurechnungsausschlusses muss das Sondervermögen gemäß § 94 Abs. 2 S. 1 Nr. 2 KAGB nach Maßgabe der Richtlinie 2009/65/EG, also im Sinne der OGAW-RL IV, verwaltet werden. Der Regelungsgehalt dieses Tatbestandsmerkmals ist in der Literatur umstritten. Einigkeit besteht vor dem Hintergrund des eindeutigen Wortlauts dahingehend, dass es nicht auf die Bildung des Sondervermögens, sondern auf seine Verwaltung ankommt.[1199] Aus diesem Grund soll die Norm auch auf Sondervermögen Anwendung finden können, die nicht unter Beachtung der Vorgaben der OGAW-RL IV gebildet worden sind, aber gegenwärtig nach den Vorgaben der Richtlinie verwaltet werden. Unklar ist allerdings, auf welche Vorgaben der Richtlinie es überhaupt ankommt. Nach überwiegender Auffassung erstreckt sich der Verweis lediglich auf Art. 25 Abs. 2 OGAW-RL IV.[1200] Hiernach

---

1199 *Dreibus/Schäfer*, NZG 2009, 1289, 1291; *Schmitz* in Berger/Steck/Lübbehüsen, § 32 InvG Rn. 23; *S. H. Schneider* in Assmann/Schneider, WpHG, Anh. § 22 Rn. 274; *Heinrich* in Emde/Dornseifer, InvG, § 32 Rn. 43; *Beckmann* in Investment-Handbuch, § 32 InvG Rn. 39. So wohl auch Begr. RegE. TUG, BT-Drucks. 16/2498, S. 56, die auf das „Ausüben“ der „Verwaltungstätigkeit“ abstellt.

1200 *S. H. Schneider* in Assmann/Schneider, WpHG, Anh. § 22 Rn. 273; *Heinrich* in Emde/Dornseifer, InvG, § 32 Rn. 42; *Taschke* in Baur/Tappen, KAGB, § 94 Rn. 47; ebenso wohl *Dreibus/Schäfer*, NZG 2009, 1289, 1291 f.

handeln die Verwaltungsgesellschaft und die Verwahrstelle bei der Wahrnehmung ihrer Aufgaben unabhängig und ausschließlich im Interesse der Anteilsinhaber. Da die Beachtung dieser Vorgabe durch § 26 Abs. 1 KAGB ohnehin für sämtliche KVG im Sinne des KAGB vorgesehen ist, gehen die Vertreter dieser Auffassung auch davon aus, dass das Tatbestandsmerkmal für die deutsche Praxis keine Bedeutung entfaltet bzw. grundsätzlich erfüllt ist.[1201] Nach anderer Auffassung soll das Merkmal lediglich klarstellen, dass der Ausschluss der Tochterunternehmenseigenschaft nicht in Bezug auf Stimmrechte aus Aktien gilt, die von der KVG individuell für einen bestimmten Anleger verwaltet werden.[1202] Schließlich wird vertreten, das Merkmal beziehe sich auf die Einhaltung der in Art. 49–57 OGAW-RL IV geregelten Anlagekriterien.[1203] Diese Vorgaben der Richtlinie sind in den §§ 192 ff. KAGB umgesetzt worden. Unmittelbar gelten die §§ 192 ff. KAGB lediglich für Sondervermögen, die als OGAW errichtet worden sind. Sie sind teilweise aber auch auf Sondervermögen anzuwenden, die als AIF zu qualifizieren sind.[1204]

Eine überzeugende Erklärung für den Regelungsgehalt des § 94 Abs. 2 S. 1 Nr. 2 KAGB liefert keine der genannten Auffassungen. Die Unabhängigkeit der KVG wird bereits durch § 94 Abs. 2 S. 1 Nr. 1 KAGB sichergestellt. Vor diesem Hintergrund erscheint ein Verweis auf Art. 25 Abs. 2 OGAW-RL IV überflüssig. Dass § 94 Abs. 2 S. 1 Nr. 2 KAGB nur für Aktien in Sondervermögen gilt, dessen Vermögensgegenstände von der KVG für eine Vielzahl von Anlegern verwaltet werden, ergibt sich schon aus der begrifflichen Qualifizierung des Sondervermögens als Investmentvermögen, welches nach § 1 Abs. 1 KAGB einen Organismus für gemeinsame Anlagen darstellt. Außerdem stellt § 94 Abs. 2 S. 1 KAGB ausdrücklich klar, dass der Zurechnungsausschluss nur in Bezug auf die von der KVG „verwalteten Sondervermögen" erfolgt. Stimmrechtsvermittelnde Aktien, die zu einem Sondervermögen gehören, werden aber stets kollektiv für sämtliche beteiligte Anleger und niemals individuell im Interesse eines bestimmten Anlegers verwaltet. Es leuchtet aber auch nicht ein, warum eine Zurechnung der Stimmrechte aus den zu einem Sondervermögen gehörenden Aktien ausscheiden können soll, weil die KVG sich nicht an die für einen OGAW geltenden Anlagevorschriften der §§ 192 ff. KAGB hält. An den Einflussnahmemöglichkeiten des Mutterunternehmens in Bezug auf die

1201 *Dreibus/Schäfer*, NZG 2009, 1289, 1291 f.; *S. H. Schneider* in Assmann/Schneider, WpHG, Anh. § 22 Rn. 274; *Heinrich* in Emde/Dornseifer, InvG, § 32 Rn. 42; *Taschke* in Baur/Tappen, KAGB, § 94 Rn. 48; ebenso i.E. BaFin, Emittentenleitfaden 2013, S. 127.

1202 *Schmitz* in Berger/Steck/Lübbehüsen, § 32 InvG Rn. 23.

1203 *Beckmann* in Investment-Handbuch, § 32 InvG Rn. 40, der Stimmrechte aus den zu einem „Hedgefonds" gehörenden Aktien dem Mutterunternehmen der KVG daher zurechnen will.

1204 Vgl. die Erläuterungen zu den Anlagegrenzen für die Kapitalanlage in Aktien oben S. 167 ff.

Stimmrechtsausübung durch die KVG ändert sich dadurch nichts.[1205] Gerade darauf kommt es aber im Rahmen des § 94 Abs. 2 S. 1 KAGB an, zumal die Norm nach ihrem Sinne und Zweck der Offenlegung des mittelbaren Stimmrechtseinflusses dient. Trotz der erwähnten Bedenken ist damit letztlich der Auffassung zuzustimmen, wonach sich der Regelungsgehalt des 94 Abs. 2 S. 1 Nr. 2 KAGB in einem Verweis auf Art. 25 Abs. 2 OGAW-RL IV erschöpft. Für diese Auslegung spricht, dass sie sich auch im Hinblick auf die Rechtsfolge des Zurechnungsausschlusses stimmig in den Tatbestand des § 94 Abs. 2 S. 1 KAGB einfügt. Denn die Bindung der KVG an die Interessen eines objektiven Investmentkunden zeigt gerade ihre Unabhängigkeit von ihrem Mutterunternehmen und das Fehlen eines mittelbaren Stimmrechtseinflusses desselben, so dass eine Zurechnung nach dem Sinn und Zweck des § 22 WpHG nicht mehr geboten erscheint.

cc) Mitteilungen an die BaFin

Der Zurechnungsausschluss tritt gemäß § 94 Abs. 2 S. 1 Nr. 3 KAGB schließlich nur dann ein, wenn das Mutterunternehmen der BaFin den Namen der betreffenden KVG und die für deren Überwachung zuständige Behörde oder das Fehlen einer solchen mitteilt. Aus § 21 Abs. 1 TranspRLDV folgt, dass diese Angaben fortlaufend zu aktualisieren sind. Bezweckt ist ein „stetiger Informationsfluss" zwischen dem Mutterunternehmen und der BaFin, der die Überwachung der Erfüllung der Mitteilungspflichten durch das Mutterunternehmen erleichtert.[1206] Außerdem muss das Mutterunternehmen nach § 94 Abs. 2 S. 1 Nr. 4 KAGB gegenüber der BaFin erklären, dass die Voraussetzungen an die Unabhängigkeit der KVG gemäß § 94 Abs. 2 S. 1 Nr. 1 KAGB erfüllt sind.

Bei mehrstufigen Beherrschungsverhältnissen sind die Erklärungen nach § 94 Abs. 2 S. 1 Nr. 3, Nr. 4 KAGB von jedem Mutterunternehmen in der Beherrschungskette abzugeben, wobei es ausreichen soll, dass das Mutterunternehmen auf der obersten Stufe die erforderlichen Erklärungen auch für alle anderen Mutterunternehmen auf den niedrigeren Stufen abgibt.[1207] Wird die Abgabe der Erklärung durch eines der Mutterunternehmen versäumt, so ist die KVG gegenüber diesem Mutterunternehmen weiterhin als Tochterunternehmen zu qualifizieren. Bei Umstrukturierungen im Konzern ist daher darauf zu achten, dass zwischengeschaltete Mutterunternehmen die erforderliche Erklärung gegenüber der BaFin abgegeben.

1205 *Dreibus/Schäfer*, NZG 2009, 1289, 1291 f.; *Heinrich* in Emde/Dornseifer, InvG, § 32 Rn. 44.

1206 *S. H. Schneider* in Assmann/Schneider, WpHG, Anh. § 22 Rn. 275; *Heinrich* in Emde/Dornseifer, InvG, § 32 Rn. 45.

1207 *Heinrich* in Emde/Dornseifer, InvG, § 32 Rn. 46.

dd) Rückausnahme nach § 94 Abs. 2 S. 2 KAGB

Liegen die Voraussetzungen des § 94 Abs. 2 S. 1 KAGB vor, so ist die KVG gleichwohl als Tochterunternehmen im Sinne des § 22 Abs. 3 WpHG zu qualifizieren, wenn die Rückausnahme des § 94 Abs. 2 S. 2 greift. Aus dem Wortlaut dieser Norm geht klar hervor, dass dies nur dann der Fall ist, wenn die in § 94 Abs. 2 S. 2 Nr. 1 und Nr. 2 KAGB genannten Voraussetzungen kumulativ vorliegen.[1208] Nach § 94 Abs. 2 S. 2 Nr. 1 KAGB muss das Mutterunternehmen oder ein anderes von diesem kontrolliertes Unternehmen im Sinne des § 22 Abs. 3 WpHG seinerseits Anteile an dem von der betreffenden KVG verwalteten Sondervermögen halten. Voraussetzung ist also, dass das Mutterunternehmen oder das kontrollierte Unternehmen in Bezug auf das betreffende Sondervermögen als Anleger zu qualifizieren ist. Zudem muss die KVG die Stimmrechte, die mit diesen Beteiligungen verbunden sind, gemäß § 94 Abs. 2 S. 2 Nr. 2 KAGB nicht nach freiem Ermessen, sondern nur aufgrund unmittelbarer oder mittelbarer Weisungen ausüben können, die ihr vom Mutterunternehmen oder von einem anderen durch dieses kontrollierten Unternehmen im Sinne des § 22 Abs. 3 WHG erteilt werden. Unklar ist in diesem Zusammenhang, was das Gesetz mit dem Tatbestandsmerkmal „Stimmrechte, die mit diesen Beteiligungen verbunden sind" meint. Es geht insoweit jedenfalls nicht um den Anteil des Mutterunternehmens oder des kontrollierten Unternehmens an dem Sondervermögen, da dieser Anteil unabhängig von seiner Ausgestaltung für sich genommen nicht mit den Stimmrechten aus den zu dem Sondervermögen gehörenden Aktien verknüpft ist.[1209] Der Wortlaut legt vielmehr nahe, dass es um die Ausübung von Stimmrechten aus Aktien geht, die zu dem betreffenden Sondervermögen gehören, was dafür spricht, dass die Beteiligung im Sinne der Norm die Kapitalbeteiligungen an den aktienemittierenden Portfoliogesellschaften meint, mithin die zum Sondervermögen gehörenden Aktien.[1210] § 94 Abs. 2 S. 2 Nr. 2 KAGB setzt weiter voraus, dass die KVG diese Stimmrechte nicht nach freiem Ermessen, sondern nur aufgrund unmittelbarer oder mittelbarer Weisung ausüben kann. Diese Formulierung ist missverständlich. Denn genau genommen übt die KVG die Stimmrechte niemals nach freiem Ermessen, sondern lediglich nach eigenem Ermessen aus, da sie hinsichtlich der Art und Weise der Stimmrechtsausübung über § 26 Abs. 1 KAGB an die Interessen eines objektiven Investmentkunden gebunden ist. Es muss also tatsächlich darauf ankommen, ob die KVG die Stimmrechte in den Grenzen des § 26 Abs. 1 KAGB nicht nach eigenem Ermessen ausüben kann. Zu berücksichtigen ist allerdings, dass es auf das Vorliegen der Voraussetzungen der Rückausnahme nur dann ankommt, wenn die oben dargestellten Voraussetzungen des § 94 Abs. 2 S. 1 KAGB vorliegen. Dies ist problematisch, zumal sich aus dem Vorliegen der Voraussetzungen des § 94 Abs. 2

1208 Vgl. § 94 Abs. 2 S. 2 Nr. 1 a.E. („und"). Ebenso *Von Bülow* in KöKo, WpHG, § 22 Rn. 339.

1209 *Beckmann* in Investment-Handbuch, § 32 InvG Rn. 42.

1210 So wohl *Dreibus/Schäfer*, NZG 2009, 1289, 1292; *S. H. Schneider* in Assmann/Schneider, WpHG, Anh. § 22 Rn. 279; *Heinrich* in Emde/Dornseifer, InvG, § 32 Rn. 52.

S. 1 Nr. 1 KAGB an die rechtliche und tatsächliche Unabhängigkeit der KVG für jeden möglichen Anwendungsfall der Rückausnahme ergibt, dass die Stimmrechte aus den zum Sondervermögen gehörenden Aktien nach eigenem Ermessen und nicht nur aufgrund unmittelbarer oder mittelbarer Weisung von der KVG ausgeübt werden können.[1211] Daraus folgt, dass die Rückausnahme des § 94 Abs. 2 S. 2 KAGB an sich überflüssig ist, da ihre Voraussetzungen ohnehin niemals vorliegen können. Wohl vor dem Hintergrund dieses unbefriedigenden Ergebnisses wird vereinzelt für eine alternative Auslegung des § 94 Abs. 2 S. 2 Nr. 2 KAGB plädiert. Mit „Stimmrechten, die mit diesen Beteiligungen verbunden sind“ seien Stimmrechte aus Aktien gemeint, die nicht zum Sondervermögen, sondern zum Vermögen des Mutterunternehmens oder eines von diesem kontrollierten Unternehmens gehören, wobei die Stimmrechte von der KVG ausgeübt werden müssten.[1212] Diese Stimmrechte dürfe die KVG nicht nach freiem Ermessen, sondern nur auf Grundlage unmittelbarer oder mittelbarer Weisungen ausüben, um die Voraussetzungen der Rückausnahme herbeizuführen.[1213] Für diese Auffassung spricht, dass sich die Erteilung von Weisungen in Bezug auf die Ausübung der Stimmrechte aus Aktien, die nicht zum Sondervermögen gehören, auch auf das Stimmverhalten der KVG in Bezug auf die Stimmrechte auswirken kann, die aus den zu einem Sondervermögen gehörenden Aktien folgen. Auch wenn das Mutterunternehmen keine ausdrücklichen Weisungen in Bezug auf die in einem Sondervermögen gehaltenen Aktien erteilt, werden die Interessen des Mutterunternehmens für das Stimmverhalten aus den betreffenden Aktien aufgrund der anderweitigen Weisungserteilung für die KVG erkennbar. Dies könnte die tatsächliche Unabhängigkeit der KVG in Bezug auf die Stimmrechtausübung aus den Aktien des Sondervermögens in Frage stellen. Eine solche Auslegung erscheint aber insgesamt als zu weitgehend. So kann nicht per se angenommen werden, dass die tatsächliche Unabhängigkeit der KVG in Bezug auf die Ausübung von Stimmrechten aus den im Sondervermögen zusammengefassten Aktien durch die Erteilung solcher Weisungen entfällt. Vielmehr wird die KVG im Grundsatz stets zwischen der Ausübung von Stimmrechten aus Aktien innerhalb und außerhalb eines Sondervermögens unterscheiden. Auch dem Mutterunternehmen wird man nicht unterstellen können, dass es durch die Erteilung von Weisungen mittelbar auch Einfluss auf die Ausübung des Stimmrechts aus den Aktien des Sondervermögens nehmen will. Diese alternative Auslegung des § 94 Abs. 2 S. 2 Nr. 2 KAGB ist damit abzulehnen. Schließlich wird vertreten, § 94 Abs. 2 S. 1 KAGB regele die konzernrechtliche Einflussnahme des Mutterunternehmens während es in § 94 Abs. 2 S. 2 KAGB um die Einflussnahmemöglichkeit aufgrund der Beteiligung am Sondervermögen gehe.[1214] Auch dieser Auffassung ist zu widersprechen. Die

1211 *Dreibus/Schäfer*, NZG 2009, 1289, 1292; *Heinrich* in Emde/Dornseifer, InvG, § 32 Rn. 52.
1212 *Beckmann* in Investment-Handbuch, § 32 InvG Rn. 42.
1213 *Beckmann* in Investment-Handbuch, § 32 InvG Rn. 42.
1214 *Schmitz* in Berger/Steck/Lübbehüsen, § 32 InvG Rn. 22.

Beteiligung am Sondervermögen bietet dem Anleger überhaupt keine Einflussnahmemöglichkeit auf die Ausübung der Stimmrechte. Bei der Stimmrechtsausübung darf die KVG keine Weisungen und auch keine Sonderinteressen einzelner Anleger berücksichtigen, da sie stets im Interesse eines objektiven Investmentkunden handeln muss.[1215] Es kommt daher auch im Rahmen des § 94 Abs. 2 S. 2 KAGB auf die schon bei den Ausführungen zur rechtlichen und tatsächlichen Unabhängigkeit der KVG geschilderten Einflussnahmemöglichkeiten an. Im Ergebnis ist der eingangs geschilderten Auslegung zu folgen, dass es um die Ausübung des Stimmrechts aus Aktien geht, die zu einem Sondervermögen gehören, an dem das Mutterunternehmen oder ein von ihm kontrolliertes Unternehmen als Anleger beteiligt ist. Aus den oben genannten Gründen bedeutet dies allerdings, dass § 94 Abs. 2 S. 2 Nr. 2 KAGB niemals erfüllt ist, so dass die Rückausnahme letztlich auf keinen Fall eingreift.

De lege ferenda sollte die Rückausnahme des § 94 Abs. 2 S. 2 KAGB insgesamt gestrichen werden. Dafür spricht auch, dass es für die Unabhängigkeit der KVG unerheblich ist, ob ihr Mutterunternehmen oder ein anderes von diesem kontrolliertes Unternehmen als Anleger an dem betreffenden Sondervermögen beteiligt ist oder nicht. Ist die KVG im Sinne des § 94 Abs. 2 S. 1 Nr. 1 KAGB unabhängig, so kann von Seiten des Mutterunternehmens oder des von diesem kontrollierten Unternehmens keine Einflussnahme auf die Art und Weise der Stimmrechtsausübung durch die KVG genommen werden, ohne dass die Voraussetzungen der Unabhängigkeit wieder entfallen. Vor diesem Hintergrund macht es auch keinen Sinn, im Fall der Beteiligung des Mutterunternehmens oder eines von diesem kontrollierten Unternehmens als Anleger eine Rückausnahme von dem Zurechnungsausschluss zu erwägen.

2. *Kapitalanlage über eine Investment-AG*

Eigentümer der zum Anlagevermögen einer Investment-AG gehörenden stimmrechtsvermittelnden Aktien ist die Investment-AG selbst. Ihr „gehören" die Aktien im Sinne des § 22 Abs. 1 S. 1 Nr. 1 WpHG.

a) Qualifizierung der Investment-AG als Tochterunternehmen

Ob die Investment-AG auch als Tochterunternehmen im Sinne des § 22 Abs. 1 S. 1 Nr. 1, Abs. 3 WpHG zu qualifizieren ist, richtet sich nach den oben ausführlich dargestellten allgemeinen Grundsätzen. Da die Investment-AG lediglich eine besondere Erscheinungsform der AG darstellt, kommt es maßgeblich auf die Umstände an, die auch bei einer regulären AG zur Qualifizierung als Tochterunternehmen führen. Sonderrechte auf Erteilung von Weisungen an den Vorstand der AG oder auf Bestellung und/oder Abberufung der Mitglieder des Vorstands oder des Aufsichtsrats scheiden wegen der in der AG bestehenden Satzungsstrenge als Beherrschungsmittel aus. Ein Weisungsrecht führt allerdings nach §§ 22 Abs. 3 Alt. 1, 290

1215 Vgl. oben S. 101 f. und S. 159 ff.

Abs. 2 Nr. 3 Alt. 1 HGB und § 22 Abs. 3 Alt. 2 WpHG dann zur Qualifizierung der Investment-AG als Tochterunternehmen, wenn es aus einem Beherrschungsvertrag mit der Investment-AG als untergeordnetem Unternehmen oder aus einer Eingliederung der Investment-AG folgt.[1216] In der Regel wird die Investment-AG aber als Tochterunternehmen zu qualifizieren sein, weil einer ihrer Aktionäre aufgrund seines Stimmrechtseinflusses die Personalhoheit über die Investment-AG ausübt.[1217] Während das aus einem Beherrschungsvertrag oder aus einer Eingliederung folgende Weisungsrecht im Grundsatz jedem Rechtsträger zustehen kann, ist im Hinblick auf das Stimmrecht der Aktionäre allerdings zwischen der Investment-AG mit veränderlichem Kapital und derjenigen mit fixem Kapital zu unterscheiden. Keine Besonderheiten bestehen bei der Investment-AG mit fixem Kapital. Wie bei einer gesetzestypischen AG kommt es darauf an, ob ein Aktionär den erforderlichen Stimmrechtseinfluss erreicht, um die Personalhoheit in der AG zu gewinnen. Dagegen steht das Stimmrecht bei der Investment-AG mit veränderlichem Kapital im Grundsatz lediglich den Unternehmensaktionären zu.[1218] Eine über den Stimmrechtseinfluss hergeleitete Qualifizierung der Investment-AG als Tochterunternehmen eines Anlage-Aktionärs scheidet demnach regelmäßig aus.[1219] Etwas anderes kann nur dann gelten, wenn gemäß § 109 Abs. 3 S. 2 HS. 2 KAGB ausnahmsweise auch den Anlage-Aktionären aufgrund einer entsprechenden Regelung in der Satzung der Investment-AG das Stimmrecht eingeräumt wurde.

b) Entsprechende Anwendung des § 94 Abs. 2 KAGB

Die besonderen Regelungen des § 94 Abs. 2 KAGB sind entsprechend auch auf die Investment-AG anwendbar. Dies folgt für die Investment-AG mit veränderlichem Kapital aus § 108 Abs. 4 KAGB und für die Investment-AG mit fixem Kapital aus § 140 Abs. 3 KAGB. Der in diesen Normen geregelte Verweis bezieht sich nach seinem Wortlaut jeweils auf den gesamten zweiten Absatz des § 94 KAGB, ohne zwischen den dort enthaltenen Regelungen zu unterscheiden. Im Hinblick auf die Zurechnung nach § 22 Abs. 1 S. 1 Nr. 1 WpHG führt das zu den schon erörterten Anwendungsproblemen. So stellt sich wie im Fall der Investmentanlage über ein nach der Treuhandlösung errichtetes Publikums-Sondervermögen die Frage nach dem Konkurrenzverhältnis zwischen dem Zurechnungsausschluss nach § 94 Abs. 2 S. 1, S. 2 KAGB und demjenigen nach § 94 Abs. 3 S. 3 HS. 2 KAGB. Im Grundsatz lassen sich beide Regelungen entsprechend auf die Investmentanlage über eine Investment-AG anwenden. Bei der Anwendung des § 94 Abs. 3 S. 2 HS. 2 KAGB ist dann freilich zu berücksichtigen, dass das Anlagevermögen der Investment-AG

1216 Vgl. oben S. 235 ff.

1217 Vgl. oben S. 185 ff.

1218 *Dreibus/Schäfer*, NZG 2009, 1289, 1293; *S. H. Schneider* in Assmann/Schneider, WpHG, Anh. § 22 Rn. 298, 307; *Heinrich* in Emde/Dornseifer, InvG, § 32 Rn. 58.

1219 BaFin, Emittentenleitfaden 2013, S. 125; *Heinrich* in Emde/Dornseifer, InvG, § 32 Rn. 58.

an die Stelle des Sondervermögens tritt, so dass es nur um den Ausschluss der Zurechnung von Stimmrechten aus Aktien gehen kann, die zum Anlagevermögen der Investment-AG gehören. Die entsprechende Anwendung des § 94 Abs. 3 S. 2 HS. 2 KAGB muss freilich auch hier verwundern, führt die Norm in ihrem Anwendungsbereich doch jedenfalls nach ihrem Wortlaut zu einem unmittelbaren Ausschluss der Zurechnung nach § 22 Abs. 1 S. 1 Nr. 1 WpHG, ohne dass die strengeren Voraussetzungen der eigentlich auf den Zurechnungstatbestand nach § 22 Abs. 1 S. 1 Nr. 1 WpHG zugeschnittenen ersten beiden Sätze des § 94 Abs. 2 KAGB erfüllt sein müssen. Für die Investmentanlage über ein nach der Treuhandlösung errichtetes Publikums-Sondervermögen ist diese unbefriedigende Gesetzeslage wegen des Analogieverbots hinzunehmen.[1220] Fraglich ist aber, ob sich im Fall der Investmentanlage über eine Investment-AG etwas anderes ergibt, weil § 92 Abs. 2 KAGB nicht direkt, sondern „nur" entsprechend anzuwenden ist. Im Ergebnis ist dies zu verneinen. Für eine auf die ersten beiden Sätze des § 94 Abs. 2 KAGB beschränkte Anwendung lassen sich zwar die bereits genannten teleologischen Argumente anführen, also insbesondere die Tatsache, dass § 94 Abs. 2 S. 3 HS. 2 KAGB nach Auffassung des Gesetzgebers lediglich zur Herbeiführung eines Zurechnungsausschlusses im Hinblick auf § 22 Abs. 1 S. 1 Nr. 2 WpHG vorgesehen war. Diese schlagen allerdings letztlich nicht durch. Dass der Zurechnungsausschluss nur entsprechend anzuwenden ist kann nämlich im Ergebnis keinen Unterschied machen, zumal eine „entsprechende" Normanwendung nur dann angenommen werden kann, wenn die Rechtsfolge der entsprechenden Normanwendung auch der Rechtsfolge der Anwendung der betreffenden Norm in ihrem ursprünglichen Anwendungsbereich entspricht. Führt die ursprüngliche Normanwendung also wie vorliegend zu einer Versagung der Zurechnung, so kann die entsprechende Anwendung der Norm nicht bewirken, dass das Vorliegen der Tatbestandsmerkmale der Norm nunmehr zur Rechtsfolge der Zurechnung führt. Im Ergebnis ist damit auch bei der Investmentanlage über eine Investment-AG de lege lata zu akzeptieren, dass ein Ausschluss der Zurechnung nach § 22 Abs. 1 S. 1 Nr. 1 WpHG im Anwendungsbereich des § 94 Abs. 2 S. 3 HS. 2 KAGB ohne weitere Voraussetzungen erfolgt.

Klärungsbedürftig bleibt, in welchen Fällen der Investmentanlage über eine Investment-AG dies der Fall ist. Nach dem Wortlaut der Norm kommt ein Zurechnungsausschluss nur dann in Betracht, wenn es sich um eine Publikums-Investment-AG handelt. Das folgt aus dem systematischen Zusammenhang der Norm mit dem ersten Halbsatz des § 94 Abs. 2 S. 3 KAGB. Außerdem müssen die zum Anlagevermögen gehörenden stimmrechtsvermittelnden Aktien nach dem Wortlaut des § 94 Abs. 2 S. 3 HS. 2 KAGB im „Eigentum der Kapitalverwaltungsgesellschaft" stehen. Das deutet darauf hin, dass die Norm lediglich in den Fällen Anwendung findet, in denen das Anlagevermögen der Investment-AG durch diese selbst verwaltet wird. Denn nur dann ist sie zugleich auch als KVG zu qualifizieren. Fraglich ist, ob die Norm analog auch auf die Fälle angewendet werden sollte, in denen das

1220 Vgl. oben S. 242 ff.

Anlagevermögen der Investment-AG durch eine externe KVG verwaltet wird, so dass es letztlich nur darauf ankommt, dass die Vermögensgegenstände des Anlagevermögens im Eigentum der Investment-AG stehen. Entscheidend gegen eine solche Erweiterung des Zurechnungsausschlusses spricht, dass die nach ihrem Sinn und Zweck bereits dem Grunde nach verfehlte Anwendung der Norm auf den Zurechnungstatbestand des § 22 Abs. 1 S. 1 Nr. 1 WpHG dann noch um weitere Anwendungsfälle erweitert würde. Das Gesetz macht in § 94 Abs. 2 S. 3 S. 1, S. 2 KAGB deutlich, dass ein Ausschluss der Zurechnung nach § 22 Abs. 1 S. 1 Nr. 1 WpHG nur unter den dort geregelten weiteren Voraussetzungen erfolgen soll. Für eine Erweiterung des Anwendungsbereichs des § 94 Abs. 2 S. 3 HS. 2 KAGB bleibt vor diesem Hintergrund kein Raum. Im Ergebnis ist ein Ausschluss der Zurechnung von Stimmrechten aus den zum Anlagevermögen einer Investment-AG gehörenden Aktien ohne weitere Voraussetzungen also nur dann anzunehmen, wenn es sich um eine Publikums-Investment-AG handelt, die die Vermögensgegenstände ihres Anlagevermögens selbst verwaltet.

Für alle übrigen Fälle der Investmentanlage über eine Investment-AG stellt sich die Frage, ob ein Zurechnungsausschluss zumindest unter den weiteren Voraussetzungen des § 94 Abs. 2 S. 1, S. 2 KAGB in Betracht kommt. Dabei ist zunächst zu berücksichtigen, dass sich der Zurechnungsausschluss nach § 94 Abs. 2 S. 1, S. 2 KAGB nicht wie bei seiner unmittelbaren Anwendung auf die Stimmrechte aus Aktien bezieht, die aus einem verwalteten „Sondervermögen" folgt. Vielmehr geht es bei der entsprechenden Anwendung auf die Investment-AG abermals um den Ausschluss der Stimmrechte aus Aktien, die zum Anlagevermögen der Investment-AG gehören. Der Zurechnungsausschluss nach § 94 Abs. 2 S. 1, S. 2 KAGB knüpft an die Qualifizierung einer KVG als Tochterunternehmen im Sinne des § 22 Abs. 3 WpHG an. Nach dem Wortlaut der Norm entfällt die Zurechnung nach § 22 Abs. 1 S. 1 Nr. 1 WpHG mithin nur dann, wenn es um Stimmrechte aus Aktien geht, die einer „Kapitalverwaltungsgesellschaft" gehören. Da eine Investment-AG aber wie bereits hervorgehoben nur dann als KVG zu qualifizieren ist, wenn sie ihr Anlagevermögen selbst verwaltet, drängt sich auch hier die schon im Zusammenhang mit § 94 Abs. 2 S. 3 HS. 2 KAGB aufgeworfene Frage auf, ob die Norm analog auch auf die Fälle der Fremdverwaltung zu erstrecken ist. Dann wäre § 94 Abs. 2 S. 1 KAGB gedanklich so zu erweitern, dass unter den dort geregelten Voraussetzungen auch die „Investment-AG" und zwar „hinsichtlich ihres Anlagevermögens" kein Tochterunternehmen im Sinne des § 22 Abs. 3 WpHG ist. Von einer planwidrigen Regelungslücke ist hier auszugehen, da der Gesetzgeber an keiner Stelle des KAGB ausdrücklich geregelt hat, ob und ggf. wie § 94 Abs. 2 KAGB im Fall der Fremdverwaltung des Anlagevermögens einer Investment-AG anzuwenden ist. Auch eine vergleichbare Interessenlage dürfte anzunehmen sein. Dafür spricht vor allem der Schutzzweck des § 22 WpHG. Die Norm ist auf die Offenlegung mittelbaren Stimmrechtseinflusses gerichtet. Im Rahmen des § 22 Abs. 1 S. 1 Nr. 1 WpHG geht es namentlich um die Offenlegung des Stimmrechtseinflusses, der aus der Möglichkeit zur Beherrschung eines Aktionärs des Emittenten folgt. An diesem Einfluss ändert sich auch nichts, wenn nicht der Aktionär, sondern ein Dritter die Stimmrechte ausübt, da der Aktionär die Stimmrechtsausübung des Dritten steuern oder die Stimmrechte erforderlichenfalls wieder selbst ausüben kann. Nichts anderes gilt im Fall der Investmentanlage über eine Investment-AG. Die Investment-AG behält im Grundsatz auch dann ihren Einfluss auf die Ausübung der Stimmrechte aus den zu ihrem Anlagevermögen gehörenden Aktien, wenn die Vermögensgegenstände des Anlagevermögens von einer externen KVG verwaltet werden. Durch Kündigung des Verwaltungsvertrags kann sie die Verwaltung dieser Vermögensgegenstände und damit die Möglichkeit zur Ausübung des Stimmrechts wieder an sich ziehen. Damit ist es auch für den mittelbaren Stimmrechtseinfluss des „Mutterunternehmens" der Investment-AG unerheblich, ob das Anlagevermögen der Investment-AG durch diese selbst oder durch eine externe KVG fremdverwaltet wird. Ebenso wie im Fall der Selbstverwaltung entfällt auch im Fall der Fremdverwaltung der innere Grund für die Zurechnung, wenn die Voraussetzungen des Zurechnungsausschlusses des § 94 Abs. 2 S. 1 KAGB in Bezug auf die Investment-AG vorliegen. Denn in beiden Fällen fehlt es vollständig an einem mittelbaren Stimmrechtseinfluss des „Mutterunternehmens" der Investment-AG. Der Schutzzweck des § 22 WpHG spricht also im Ergebnis klar für eine einheitliche Anwendbarkeit des Zurechnungsausschlusses unabhängig von der Frage, ob das Anlagevermögen von der Investment-AG selbst oder durch die externe KVG fremdverwaltet wird.[1221] Allerdings ist auch im hier interessierenden Zusammenhang zu berücksichtigen, dass eine Analogiebildung verboten ist, wenn sie sich zu Lasten der Normadressaten des § 21 Abs. 1 S. 1 WpHG auswirken, also Mitteilungspflichten auslösen kann, die unter Beachtung der Wortlautgrenze nicht ausgelöst werden würden. Diese Möglichkeit kann hier nicht ausgeschlossen werden. Denn die analoge Anwendung des Zurechnungsausschlusses führt dazu, dass die betreffenden Stimmrechte im Stimmrechtsanteil des Mutterunternehmens der Investment-AG unberücksichtigt bleiben müssen. Dies kann zum Erreichen oder Unterschreiten einer der in § 21 Abs. 1 S. 1 WpHG genannten Stimmrechtsschwellen führen, wenn die Voraussetzungen des § 94 Abs. 2 S. 1, S. 2 KAGB im Zeitpunkt des Erwerbs der stimmrechtsvermittelnden Aktien durch die Investment-AG noch nicht vorlagen und die betreffenden Stimmrechte aus diesem Grund zunächst gemäß § 22 Abs. 1 S. 1 Nr. 1 WpHG zugerechnet werden mussten. Damit steht der Erweiterung des § 94 Abs. 2 S. 1, S. 2 KAGB im Hinblick auf die Zurechnung nach § 22 Abs. 1 S. 1 Nr. 1 WpHG auf den Fall der Fremdverwaltung des Anlagevermögens der Investment-AG de lege lata das Analogieverbot entgegen. Die Ausführungen zur Vergleichbarkeit der Interessenlage zeigen dagegen deutlich, dass dieses Ergebnis nicht zu überzeugen vermag. De lege ferenda sollte der Gesetzgeber den Wortlaut des § 94 Abs. 2 S. 1, S. 2 KAGB oder die Verweise in § 108 Abs. 4 KAGB und § 140 Abs. 3 KAGB auf die entsprechende Anwendung dieser Norm folglich so anpassen, dass sich der Zurechnungsausschluss auch auf den Fall

1221 Für eine Anwendbarkeit des Zurechnungsausschlusses auf das Mutterunternehmen der Investment-AG im Ergebnis auch *Heinrich* in Emde/Dornseifer, InvG, § 32 Rn. 58.

der Fremdverwaltung erstreckt. Die Zurechnung der Stimmrechte aus den zum Anlagevermögen gehörenden Aktien zum „Mutterunternehmen“ der Investment-AG kann damit unter den Voraussetzungen des § 94 Abs. 2 S. 1, S. 2 KAGB lediglich dann entfallen, wenn es sich um eine Spezial-Investment-AG handelt, deren Anlagevermögen durch sie selbst verwaltet wird.

c) Voraussetzungen des § 94 Abs. 2 S. 1, S. 2 KAGB

Hinsichtlich der Voraussetzungen des Zurechnungsausschlusses nach § 94 Abs. 2 S. 1, S. 2 KAGB kann im Wesentlichen auf die Ausführungen zur Investmentanlage über ein Sondervermögen verwiesen werden. Im Rahmen des § 94 Abs. 2 S. 1 Nr. 1 KAGB ist zu klären, ob die ihr Anlagevermögen selbst verwaltende und damit zugleich als KVG zu qualifizierende Spezial-Investment-AG ihre Stimmrechte unabhängig von ihrem Mutterunternehmen ausübt. Im Hinblick auf die rechtliche Unabhängigkeit ergeben sich insoweit keine Probleme, da die Investment-AG in ihrer Eigenschaft als KVG der Interessebindung des § 26 Abs. 1 KAGB unterliegt. Die in § 94 Abs. 2 S. 1 Nr. 2 KAGB geregelte weitergehende Voraussetzung, dass das Sondervermögen nach Maßgabe der Richtlinie 2009/65/EG verwaltet werden muss, ist dahingehend zu modifizieren, dass es mangels „Sondervermögen“ darauf ankommt, dass das „Anlagevermögen“ der Investment-AG nach Maßgabe der Richtlinie verwaltet wird. Das ist wiederum stets zu bejahen, da auch die Investment-AG der Bindung des § 26 Abs. 1 KAGB unterliegt.

3. Kapitalanlage über eine Investment-KG

Da auch eine Investment-KG stets Eigentümer der ihrem Kommanditanlagevermögen zuzuordnenden stimmrechtsvermittelnden Aktien ist, „gehören“ ihr diese Aktien im Sinne des § 22 Abs. 1 S. 1 Nr. 1 WpHG.

a) Qualifizierung der Investment-KG als Tochterunternehmen

Die Qualifizierung einer Investment-KG als Tochterunternehmen im Sinne des § 22 Abs. 1 S. 1 Nr. 1, Abs. 3 WpHG ergibt sich aus allgemeinen Grundsätzen. Insoweit kann abermals auf die Ausführungen zur Feststellung der Beherrschungsmöglichkeit im Sinne des § 22 Abs. 3 Alt. 1 WpHG, 290 HGB und § 22 Abs. 3 Alt. 2 WpHG verwiesen werden. Da es sich bei der Investment-KG um eine besondere Erscheinungsform der KG handelt, bestimmt sich die Beherrschungsmöglichkeit maßgeblich nach dem Inhalt des Gesellschaftsvertrags. In Betracht kommt zunächst eine Beherrschungsmöglichkeit durch den oder die geschäftsführenden Gesellschafter der Investment-KG. Dies gilt zunächst dann, wenn die Investment-KG nur einen einzigen geschäftsführenden Gesellschafter hat.[1222] Insoweit besteht alleine die Besonderheit, dass der geschäftsführende Gesellschafter eine juristische Person sein

1222 Siehe oben S. 232 ff.

muss, deren Geschäfte durch mindestens zwei Personen geführt werden.[1223] Dies ist aber für die Zuordnung der Beherrschungsmöglichkeit gegenüber der Investment-KG ohne Bedeutung, da es insoweit auf das Außenverhältnis ankommt. Hat die Investment-KG dagegen mehrere geschäftsführungsbefugte Gesellschafter kann die Beherrschungsmöglichkeit einem dieser Geschäftsführer nur bei Bestehen besonderer Bestimmungen des Gesellschaftsvertrags zugeordnet werden.[1224] Im Übrigen kann die Beherrschungsmöglichkeit bei entsprechender Ausgestaltung des Gesellschaftsvertrags grundsätzlich auch bei der Investment-KG aus einem Sonderrecht der Komplementäre oder Kommanditisten auf Erteilung von Weisungen gegenüber den geschäftsführungsbefugten Gesellschaftern oder auf Erteilung und Entziehung der Geschäftsführungsbefugnis folgen. Gleiches gilt im Grundsatz für das Stimmrecht, wenn es die Möglichkeit zur Erteilung von Weisungen an die geschäftsführenden Gesellschafter oder die Personalhoheit vermittelt.

b) Entsprechende Anwendung des § 94 Abs. 2 KAGB

Hinsichtlich der entsprechenden Anwendung des § 94 Abs. 2 KAGB kann grundsätzlich auf die Ausführungen zur Investment-AG verwiesen werden. Dies gilt zunächst dann, wenn die Investmentanlage über eine geschlossene Investment-AG erfolgt. Für diesen Fall ordnet § 149 Abs. 2 KAGB die entsprechende Anwendung des § 94 Abs. 2 KAGB an. Stimmrechte aus Aktien, die zum Kommanditanlagevermögen der Investment-KG gehören, sind dem „Mutterunternehmen" der Investment-KG dann wegen des Zurechnungsausschlusses nach § 94 Abs. 2 S. 3 HS. 2 KAGB nicht gemäß § 22 Abs. 1 S. 1 Nr. 1 WpHG zuzurechnen, wenn es sich um eine Publikums-Investment-KG handelt, die ihr Kommanditanlagevermögen selbst verwaltet. Handelt es sich um eine Spezial-Investment-KG, so folgt ein solcher Zurechnungsausschluss aus § 94 Abs. 2 S. 1, S. 2 KAGB, wenn die dort geregelten Voraussetzungen erfüllt sind und die Spezial-Investment-KG ihr Kommanditanlagevermögen selbst verwaltet. Hinsichtlich der Voraussetzungen des Zurechnungsausschlusses kann auf die entsprechenden Ausführungen zum Sondervermögen und zur Investment-AG verwiesen werden. Dagegen sind die betreffenden Stimmrechte nach geltendem Recht mangels Anwendbarkeit des Zurechnungsausschlusses nach § 94 Abs. 2 S. 1, S. 2 oder S. 3 HS. 2 KAGB weiterhin dem „Mutterunternehmen" der Investment-KG nach § 22 Abs. 1 Nr. 1 WpHG zuzurechnen, wenn das Kommanditanlagevermögen durch eine externe KVG verwaltet wird. Auch für diesen Fall gilt, dass der Gesetzgeber den Wortlaut des § 94 Abs. 2 KAGB oder den Verweis in § 149 Abs. 2 auf die entsprechende Anwendung dieser Norm de lege ferenda so anpassen sollte, dass sich der Zurechnungsausschluss auch auf den Fall der Fremdverwaltung erstreckt.

Demgegenüber findet sich in § 124 Abs. 2 KAGB für die offene Investment-KG kein Verweis auf die entsprechende Anwendbarkeit des § 94 Abs. 2 KAGB. Was die entsprechende Anwendbarkeit des § 94 Abs. 2 S. 3 HS. 2 KAGB betrifft, ist

1223 Vgl. oben S. 90 ff.
1224 Vgl. ausführlich oben S. 232 ff.

das auch nicht weiter verwunderlich. Denn der dort geregelte Zurechnungsausschluss würde ausschließlich im Fall der Investmentanlage über eine Publikums-Investment-KG zur Anwendung kommen. Bei der offenen Investment-KG handelt es sich aber niemals um eine Publikums-Investment-KG, da sie ausschließlich als Spezial-Investment-KG errichtet werden kann. Bemerkenswert erscheint demgegenüber, dass sich in § 124 Abs. 2 KAGB auch kein Verweis auf die entsprechende Anwendbarkeit des an sich auf Spezial-Investmentvermögen anwendbaren Zurechnungsausschlusses nach § 94 Abs. 2 S. 1, S. 2 KAGB findet. Es drängt sich die Frage auf, ob es sich hierbei um ein Redaktionsversehen des Gesetzgebers handelt. Denn es ist schlichtweg kein sachlicher Grund erkennbar, der in diesem Punkt für eine Ungleichbehandlung der offenen Investment-KG mit den übrigen Investmentgesellschaften streitet. Naheliegend erscheint, dass der Gesetzgeber die Aufnahme eines Verweises auf die entsprechende Anwendbarkeit des § 94 Abs. 2 S. 1, S. 2 KAGB bei der Formulierung der Verweisungsnorm des § 124 Abs. 2 KAGB schlicht übersehen hat. Fraglich ist, ob dieses Redaktionsversehen im Wege einer weiten Auslegung der Norm berichtigt werden kann. Dies ist aus ordnungswidrigkeitenrechtlicher Perspektive zu beurteilen, zumal die Anwendung des Zurechnungsausschlusses des § 94 Abs. 2 S. 1, S. 2 KAGB zum Erreichen oder Unterschreiten einer der in § 21 Abs. 1 S. 1 WpHG geregelten Stimmrechtsschwellen führen und damit eine Mitteilungspflicht auslösen kann, deren Nichterfüllung eine Ordnungswidrigkeit darstellt. Insoweit ist zu berücksichtigen, dass die Rechtsfigur des Redaktionsversehens im Straf- und Ordnungswidrigkeitenrecht vom BVerfG und überwiegend auch im Schrifttum unter Hinweis darauf abgelehnt wird, dass die Wortlautgrenze eine absolute Grenze darstellt, die nicht überwunden werden kann.[1225] Im Ergebnis scheidet eine Korrektur des Redaktionsversehens im Wege einer weiten Auslegung also aus. Aber auch eine Analogie hilft hier nicht weiter. Denn wie bereits dargestellt, kann sich die analoge Anwendung des § 94 Abs. 2 S. 1, S. 2 KAGB zu Lasten der Normadressaten des § 21 Abs. 1 S. 1 WpHG auswirken.[1226] Nach geltendem Recht ist der Zurechnungsausschluss des § 94 Abs. 2 S. 1, S. 2 KAGB im Fall der Investmentanlage über eine offene Investment-KG also nicht anwendbar. Es verbleibt bei den allgemeinen Grundsätzen, so dass die Stimmrechte aus den zum Kommanditanlagevermögen der offenen Investment-KG gehörenden Aktien immer dann nach § 22 Abs. 1 S. 1 WpHG zuzurechnen sind, wenn die Investment-KG im Sinne des § 22 Abs. 3 WpHG als Tochterunternehmen eines Meldepflichtigen zu qualifizieren ist. De lege ferenda sollte dieses Ergebnis durch Aufnahme eines Verweises auf die entsprechende Anwendbarkeit des § 94 Abs. 2 S. 1, S. 2 KAGB in § 124 Abs. 2 KAGB korrigiert werden.

1225 BVerfG v. 19.12.2002 – 2 BvR 666/02, BeckRS 2003, 21388; *Schmitz* in MüKo, StGB, § 1 Rn. 80 m.w.N.

1226 Vgl. ausführlich oben S. 259 ff.

B. Zurechnung nach § 22 Abs. 1 S. 1 Nr. 2 WpHG

Nach § 22 Abs. 1 S. 1 Nr. 2 WpHG stehen den Stimmrechten des Meldepflichtigen auch Stimmrechte aus Aktien an einem Emittenten gleich, die einem Dritten gehören und von ihm für Rechnung des Meldepflichtigen gehalten werden. Die Aktien „gehören" dem Dritten, wenn dieser Eigentümer der Aktien, also Aktionär, ist.[1227]

I. Tatbestandsvoraussetzungen

Nach seinem Wortlaut setzt § 22 Abs.1 S. 1 Nr. 2 lediglich voraus, dass der Dritte die stimmrechtsvermittelnden Aktien für Rechnung des Meldepflichtigen hält. Angesichts des Zwecks des § 22 Abs. 1 WpHG, mittelbare Stimmrechtseinflüsse aufzudecken, ist darüber hinaus aber auch eine Einflussnahmemöglichkeit des Meldepflichtigen auf die Stimmrechtsausübung erforderlich.[1228]

1. Für-Rechnung-Halten

Mit dem Tatbestandsmerkmal „Für Rechnung Halten" sollen wie im Rahmen des § 290 Abs. 3 S. 1 Alt. 2 HGB und § 16 Abs. 4 Alt. 2 AktG Gestaltungen erfasst werden, in denen die aus den Aktien des Dritten folgenden wirtschaftlichen Chancen und Risiken auf eine andere Person, nämlich auf den Meldepflichtigen, mit der Folge verlagert werden, dass die rechtliche und wirtschaftliche Zuordnung der Aktien auseinanderfallen.[1229] Dies wird durch die Gesetzesmaterialien bestätigt, in denen sich der Hinweis findet, die Zurechnung solle sich auf Treuhandverhältnisse in Bezug auf Aktien erstrecken.[1230] Der Gesetzgeber bezieht sich insoweit lediglich auf die Vollrechtstreuhand, da die rechtliche und die wirtschaftliche Zuordnung der Aktie nur bei dieser Erscheinungsform der Treuhand auseinander fallen können.[1231]

1227 BaFin, Emittentenleitfaden 2013, S. 115; *Burgard*, BB 1995, 2069, 2072; *Nottmeier/Schäfer*, AG 1997, 87, 93; *Dehlinger/Zimmermann* in Fuchs, WpHG, § 22 Rn. 46; *Opitz* in Schäfer/Hamann, § 22 WpHG Rn. 28; *Petersen* in Spindler/Stilz, AktG, Anh. § 22, §§ 21–30 WpHG Rn. 46; *Veil* in Schmidt/Lutter, AktG, Anh. § 22, § 22 WpHG Rn. 15; *U. H. Schneider* in Assmann/Schneider, WpHG, § 22 Rn. 53; *Von Bülow* in KöKo, WpHG, § 22 Rn. 77; *Heinrich* in Heidel, § 22 WpHG Rn. 7.

1228 Vgl. sogleich unten S. 269 ff.

1229 BaFin, Emittentenleitfaden 2013, S. 115; *Dehlinger/Zimmermann* in Fuchs, WpHG, § 22 Rn. 46; *Opitz* in Schäfer/Hamann, § 22 WpHG Rn. 31; *Schwark* in Schwark/Zimmer, § 22 WpHG Rn. 4; *Veil* in Schmidt/Lutter, AktG, Anh. § 22, § 22 WpHG Rn. 15; *Von Bülow* in KöKo, WpHG, § 22 Rn. 78 f. Vgl. zum Begriff des „Für-Rechnung-Haltens" und zu den maßgeblichen wirtschaftlichen Chancen und Risiken bereits oben S. 6 ff.

1230 Begr. RegE FFG II, BT-Drucks. 12/6679, S. 53.

1231 BaFin, Emittentenleitfaden 2013, S. 116; *Burgard*, BB 1995, 2069, 2072; *Dehlinger/Zimmermann* in Fuchs, WpHG, § 22 Rn. 50; *Opitz* in Schäfer/Hamann, § 22 WpHG Rn. 31; *Schwark* in Schwark/Zimmer, § 22 WpHG Rn. 4; *Veil* in Schmidt/Lutter, AktG, Anh. § 22, § 22 WpHG Rn. 16; *U. H. Schneider* in Assmann/Schneider, WpHG,

Daneben erfasst der Tatbestand aber grundsätzlich auch sämtliche anderen Fälle einer Verlagerung der wirtschaftlichen Zuordnung der Aktie auf den Meldepflichtigen.[1232] Die Zurechnung erfolgt, sobald es erstmals zu einer solchen Verlagerung kommt. Anknüpfend an die Möglichkeiten zur Begründung einer Vollrechtstreuhand ist insoweit zu differenzieren. In Betracht kommt der Zeitpunkt der dinglich wirksamen Übertragung der Aktien auf den Dritten, sei es von Seiten des Meldepflichtigen oder einer anderen Person, wenn die wirtschaftlichen Chancen und Risiken aus diesen Aktien den Meldepflichtigen treffen sollen. Ist der Dritte bereits Aktionär kommt es dagegen auf den Zeitpunkt an, ab dem der Meldepflichtige nach der Absprache mit dem Dritten die wirtschaftlichen Chancen und Risiken aus den betreffenden Aktien tragen soll.[1233] Eine dauerhafte Verlagerung der wirtschaftlichen Zuordnung der Aktien ist nicht erforderlich, zumal anderenfalls in den Fällen eines kurzfristigen Zwischen- oder Durchgangserwerbs der Aktien durch den Dritten eine Transparenzlücke entstehen würde.[1234] Mit dem Ende der Übernahme der wirtschaftlichen Chancen und Risiken durch den Meldepflichtigen endet grundsätzlich auch die Zurechnung der Stimmrechte aus den betreffenden Aktien, so dass ggf. eine Mitteilungspflicht nach § 21 Abs. 1 S. 1 WpHG entstehen kann. Etwas anderes gilt, wenn eine auflösende Bedingung vereinbart wurde, die in diesem Fall zu einer dinglich sofort wirksamen (Rück-)Übertragung der stimmrechtsvermittelnden Aktien auf den Meldepflichtigen führt, zumal es dann zu einer bloßen Umschichtung der Stimmrechte im Zähler seines Stimmrechtsanteils kommt, was eine Schwellenberührung ausschließt.[1235]

Noch nicht in allen Einzelheiten geklärt ist der für die Zurechnung nach § 22 Abs. 1 S. 1 Nr. 2 WpHG erforderliche Umfang der Verlagerung der wirtschaftlichen Zuordnung der Aktien. Nach einer im Schrifttum vertretenen Auffassung kann insoweit auf die zu § 16 Abs. 4 Alt. 2 AktG entwickelten Abgrenzungskriterien zurückgegriffen werden.[1236] Dem ist im Ausgangspunkt zuzustimmen, zumal beide Tatbestände schon nach ihrem Wortlaut auf die Erfassung der Fälle gerichtet sind, in denen Anteile von ihrem Inhaber oder Eigentümer für Rechnung eines Dritten gehalten werden. Für die Abgrenzung kommt es demnach maßgeblich auf die Verlagerung der wesentlichen wirtschaftlichen Risiken der Aktien auf den Meldepflichtigen an, während die aus den Aktien folgenden wirtschaftlichen Chancen in gewissem Umfang auch bei dem Dritten verbleiben dürfen.[1237] Vorzunehmen ist

§ 22 Rn. 52, 63; *Von Bülow* in KöKo, WpHG, § 22 Rn. 84. Vgl. zu diesem Befund schon oben S. 6 ff.

1232 *Opitz* in Schäfer/Hamann, § 22 WpHG Rn. 31.

1233 Vgl. *U. H. Schneider* in Assmann/Schneider, WpHG, § 22 Rn. 54.

1234 *Dehlinger/Zimmermann* in Fuchs, WpHG, § 22 Rn. 47 f.; *Schwark* in Schwark/Zimmer, § 22 WpHG Rn. 4.

1235 *Dehlinger/Zimmermann* in Fuchs, WpHG, § 22 Rn. 52. Vgl. zu dem Aspekt der Umschichtung auch oben S. 115 ff.

1236 So ausdrücklich *Witt*, AG 1998, 171, 175.

1237 *U. H. Schneider* in Assmann/Schneider, WpHG, § 22 Rn. 59. Vgl. schon oben Fn. 956.

eine gegenständliche Abgrenzung nach der Art der verlagerten wirtschaftlichen Risiken. Ausreichend ist die Verlagerung des Kurs- oder Dividendenrisikos aus den betreffenden Aktien, wobei diese etwa auf einem Treuhandverhältnis, aber auch auf der isolierten Übernahme einer entsprechenden Garantie beruhen kann.[1238] Die Übernahme des Erwerbspreises der betreffenden Aktien durch den Meldepflichtigen ist nach zutreffender Auffassung nicht erforderlich.[1239]

2. *Einflussnahmemöglichkeit auf die Stimmrechtsausübung*

Nach allgemeiner Auffassung stellt die bloße Verlagerung der wesentlichen wirtschaftlichen Risiken aus der Aktie zwar eine notwendige, nicht aber eine hinreichende Bedingung der Zurechnung nach § 22 Abs. 1 S. 1 Nr. 2 WpHG dar. Weitergehende Anforderungen sollen sich unter Berücksichtigung des Schutzzwecks der Norm ergeben. Da dieser darauf gerichtet ist, mittelbare Einflussnahmemöglichkeiten auf die Ausübung des Stimmrechts aufzudecken, wird eine Zurechnung auf den Meldepflichtigen nur dann befürwortet, wenn dieser eine hinreichend sichere Einflussnahmemöglichkeit auf die Stimmrechtsausübung durch den Dritten hat.[1240] Bestätigt wird diese Sichtweise durch die englische Fassung der Transparenz-RL I. Statt auf ein Halten der Aktien „für Rechnung" des Meldepflichtigen stellt Art. 7 Abs. 1 Anstr. 1 in dieser Sprachfassung darauf ab, dass die Aktien im Interesse des Meldepflichtigen („on behalf") gehalten werden.[1241] Im Hinblick darauf stellt sich allerdings die Frage, ob die Einflussnahmemöglichkeit des Meldepflichtigen bei Verlagerung der wesentlichen wirtschaftlichen Risiken aus den betreffenden Aktien bereits im Wege einer typisierenden Betrachtungsweise anzunehmen ist, oder ob sie im Einzelfall auch tatsächlich vorliegen muss, um eine Zurechnung zu begründen. Im letzteren Fall ist zu klären, welche Einflussmittel dazu geeignet sind, eine hinreichende Einflussnahmemöglichkeit des Meldepflichtigen zu begründen. Muss er immer zur Erteilung von Weisungen in Bezug auf die Stimmrechtsausübung berechtigt sein oder genügt auch schon die bloße Bindung an seine Interessen? Schließlich ist zu untersuchen, ob die Einflussnahmemöglichkeit des Meldepflichtigen rechtlich abgesichert sein muss, oder ob auch eine faktische Einflussnahmemöglichkeit genügen kann.

1238 *Burgard*, BB 1995, 2069, 2072; *U. H. Schneider* in Assmann/Schneider, WpHG, § 22 Rn. 59; *Heinrich* in Heidel, § 22 WpHG Rn. 9. Vgl. auch oben S. 198 ff. und Fn. 957.

1239 Vgl. oben S. 198 ff.

1240 *Burgard*, BB 1995, 2069, 2072; *Starke*, S. 199 ff.; *Franck*, BKR 2002, 709, 714 f.; *Fleischer/Schmolke*, ZIP 2008, 1501, 1502 f.; *Petersen*, NZG 2009, 856, 858 f.; *Von Bülow/Petersen*, NZG 2009, 1373, 1374; *Opitz* in Schäfer/Hamann, § 22 WpHG Rn. 30; *U. H. Schneider* in Assmann/Schneider, WpHG, § 22 Rn. 52, 59; *Von Bülow* in KöKo, WpHG, § 22 Rn. 70; *Heinrich* in Heidel, § 22 WpHG Rn. 7. Ähnlich *Dehlinger/Zimmermann* in Fuchs, WpHG, § 22 Rn. 47, 49, 56 („fremdnützige Bindungen").

1241 So ausdrücklich *Burgard*, BB 1995, 2069, 2072; *Franck*, BKR 2002, 709, 714 f.

a) Typisierter Einfluss?

U. H. Schneider sieht in dem Auseinanderfallen der formalen Mitgliedschaft und der Zuordnung der wirtschaftlichen Chancen und Risiken den „Leitgedanken der Zurechnung".[1242] Nach seiner Auffassung reicht es zur Begründung der Zurechnung aus, wenn der Meldepflichtige „typischerweise auch die rechtliche, zumindest aber die tatsächliche Möglichkeit hat, den formalen Inhaber anzuweisen".[1243] Entscheidend sei nicht das gesetzlich oder schuldrechtlich begründete Recht zur Erteilung von Weisungen, sondern das von dem Meldepflichtigen zu tragende wirtschaftliche Risiko, zumal aus diesem typischerweise ein Recht zur Einflussnahme auf das Stimmverhalten des Dritten folge.[1244] Dieser Auffassung folgt auch die Verwaltungspraxis der BaFin.[1245] Der Vorteil einer solchen Betrachtungsweise liegt in ihrer praktischen Anwendbarkeit und der damit einhergehenden Rechtssicherheit bei der Auslegung der Norm. Sie ist allerdings vor dem Hintergrund der kapitalmarktrechtlichen Regelungsziele der §§ 21 ff. WpHG bedenklich. Im Einzelfall sind auch untypische Gestaltungen denkbar, in denen der Meldepflichtige rechtlich oder faktisch überhaupt keine Einflussnahmemöglichkeit auf die Ausübung der Stimmrechte aus den Aktien hat, deren wirtschaftliche Risiken er trägt. Eine typisierte Betrachtungsweise begründet in diesem Zusammenhang die Gefahr einer Irreführung der Anleger und widerspricht somit dem Schutzzweck des institutionellen Anlegerschutzes. Letztlich sprechen die besseren Argumente also dafür, dass der hinreichend sichere Einfluss des Meldepflichtigen in jedem Einzelfall gesondert festgestellt werden muss.[1246]

b) Hinreichend sichere Einflussnahmemöglichkeit

Eine solche hinreichend sichere Einflussnahmemöglichkeit des Meldepflichtigen auf die Art und Weise der Stimmrechtsausübung aus den betreffenden Aktien wird in der Regel aus einer Stimmbindungsvereinbarung zwischen dem Dritten und dem Meldepflichtigen folgen. Wie bereits ausgeführt kann eine solche Vereinbarung unterschiedlich ausgestaltet sein und etwa aus einem eigenständigen Stimmbindungsvertrag oder als vertragliche Nebenpflicht aus einem Treuhandvertrag folgen.[1247] Regelmäßig beinhaltet sie ein Weisungsrecht oder zumindest

---

1242 *U. H. Schneider* in Assmann/Schneider, WpHG, § 22 Rn. 57.

1243 *U. H. Schneider* in Assmann/Schneider, WpHG, § 22 Rn. 57, 63. Ebenso VG Frankfurt a.M. v. 18.5.2006 – 1 E 3049/05, BKR 2007, 40, 43, *Becker* in Bürgers/Körber, AktG, Anh. § 22, § 22 WpHG Rn. 4; ähnlich *Nietsch*, WM 2012, 2217, 2219.

1244 *U. H. Schneider* in Assmann/Schneider, WpHG, § 22 Rn. 57 f.; ebenso *Bedkowski*, BB 2009, 1482, 1486.

1245 BaFin, Emittentenleitfaden 2013, S. 115.

1246 So auch *Starke*, S. 201; *Dehlinger/Zimmermann* in Fuchs, WpHG, § 22 Rn. 50; *Opitz* in Schäfer/Hamann, § 22 WpHG Rn. 30; *Schwark* in Schwark/Zimmer, § 22 WpHG Rn. 5; Brellochs, ZIP 2011, 2225, 2227; *Von Bülow* in KöKo, WpHG, § 22 Rn. 80.

1247 Vgl. oben S. 149 f.

eine Bindung an die erkennbaren Interessen des Hintermanns bei der Ausübung des Stimmrechts.[1248] Da sich die Stimmbindung durch Leistungsklage und Vollstreckung nach § 894 ZPO, ggf. in Verbindung mit einer einstweiligen Verfügung, durchsetzen lässt und ihre Missachtung zumindest dem Grunde nach durch vertragliche Schadensersatzansprüche des Hintermanns sanktioniert ist,[1249] lässt sich eine hinreichend sichere Einflussnahmemöglichkeit zumindest dann bejahen, wenn dem Meldepflichtigen ein schuldrechtlich begründetes Weisungsrecht gegenüber dem Dritten zusteht.[1250] Gleiches muss richtigerweise auch dann gelten, wenn das Weisungsrecht des Meldepflichtigen vertraglich ausgeschlossen wurde, der Dritte bei der Ausübung des Stimmrechts aber weiterhin vertraglich an die erkennbaren Interessen des Meldepflichtigen gebunden ist.[1251] Letzteres folgt bereits im Wege der richtlinienkonformen Auslegung aus der englischen Fassung des Art. 7 Abs. 1 Anstr. 1 Transparenz-RL I, wonach der Dritte die Aktien im Interesse des Meldepflichtigen („on behalf") halten muss.[1252] Dass auch die rechtliche Interessenbindung ausreichen muss, lässt sich ferner durch die folgende Erwägung erklären. Bei der Stimmbindung des Aktionärs geht es immer um eine Festlegung des Stimmverhaltens bei den einzelnen Beschlussgegenständen. Insoweit bestehen drei verschiedene Möglichkeiten des Stimmverhaltens, nämlich Zustimmung, Ablehnung oder Enthaltung. Kann der Aktionär erkennen, welche dieser drei Möglichkeiten bei einem bestimmten Beschlussgegenstand dem Interesse des Hintermanns entspricht, so wird er das Stimmrecht regelmäßig dementsprechend ausüben. Anderenfalls müsste er damit rechnen, von dem Hintermann auf Schadensersatz in Anspruch genommen zu werden. Vor diesem Hintergrund erscheint es auch im Fall der bloßen rechtlichen Interessenbindung in Bezug auf die Stimmrechtsausübung als überwiegend wahrscheinlich, dass der Hintermann letztverbindlich über die Art und Weise der Stimmrechtsausübung entscheiden kann. Im Ergebnis liegt also auch in diesem Fall eine hinreichend abgesicherte Einflussnahmemöglichkeit auf die Stimmrechtsausübung vor, so dass eine Zurechnung nach § 22 Abs. 1 S. 1 Nr. 2 WpHG erfolgen kann.

Umstritten ist, ob eine hinreichende Absicherung auch in der ausschließlich faktischen Möglichkeit zur Erteilung von Weisungen in Bezug auf die Stimmrechtsausübung erblickt werden kann.[1253] Eine solche Weisungsmöglichkeit des

---

1248 Vgl. oben S. 149 f.

1249 Vgl. oben S. 151 ff.

1250 *Opitz* in Schäfer/Hamann, § 22 WpHG Rn. 30; *U. H. Schneider* in Assmann/Schneider, WpHG, § 22 Rn. 59; *Heinrich* in Heidel, § 22 WpHG Rn. 7.

1251 Zutreffend VG Frankfurt a.M. v. 18.5.2006 – 1 E 3049/05, BKR 2007, 40, 43; *Burgard*, BB 2005, 2069, 2072; *Franck*, BKR 2002, 709. 714 f.; *Dehlinger/Zimmermann* in Fuchs, WpHG, § 22 Rn. 49; *Opitz* in Schäfer/Hamann, § 22 WpHG Rn. 30, 33; a.A. *Brellochs*, ZIP 2011, 2225, 2230.

1252 *Burgard*, BB 2005, 2069, 2072; *Franck*, BKR 2002, 709. 714 f.

1253 So etwa VG Frankfurt a.M. v. 18.5.2006 – 1 E 3049/05, BKR 2007, 40, 43 (selbst bei vertraglichem Ausschluss des Weisungsrechts); OLG München v. 9.9.2009 – 7 U 1997/09, NZG 2009, 1386, 1388; *Engert*, ZIP 2006, 2105, 2110; *Fleischer/Schmolke*,

Meldepflichtigen kann etwa aus seiner wirtschaftlichen Stellung im Verhältnis zum Dritten folgen, beispielsweise wenn dieser auf die Aufrechterhaltung bestimmter Geschäftsbeziehungen zum Meldepflichtigen wirtschaftlich angewiesen ist. Denn in diesem Fall wird er wahrscheinlich dazu bereit sein, den Wünschen des Meldepflichtigen im Hinblick auf die Ausübung des Stimmrechts Folge zu leisten. Das Einflusspotential des Meldepflichtigen folgt hier aus der Möglichkeit des Abbruchs der Geschäftsbeziehungen und den daraus folgenden negativen (finanziellen) Auswirkungen für den Dritten. Gegen eine Zurechnung von Stimmrechten spricht in solchen Fällen jedoch, dass sich die Befolgung der Weisung im Gegensatz zum schuldrechtlich abgesicherten Weisungsrecht nicht rechtlich durchsetzen lässt. Die Mitwirkung des Dritten ist also zumindest aus rechtlicher Perspektive rein freiwillig.[1254] Rechtliche Nachteile hat er nicht zu befürchten. Die möglichen faktischen Sanktionen einer Zuwiderhandlung gegen die geäußerten oder erkennbaren Vorstellungen des Meldepflichtigen können zwar im Einzelfall dazu geeignet sein, den Dritten zu dem gewünschten Stimmverhalten zu veranlassen. Das Einflusspotential lässt sich aber objektiv nicht rechtssicher erfassen. Hier kommt es vielmehr auf die subjektive Perspektive des Dritten also darauf an, inwieweit er sich von dem rein faktischen Drohpotential des Meldepflichtigen beeinflussen lässt. Lässt man sich gleichwohl auch an dieser Stelle auf eine typisierte Betrachtungsweise ein, so überlässt man es letztlich dem Zufall, ob der Meldepflichtige in Bezug auf den nach § 22 Abs. 1 S. 1 Nr. 2 WpHG zuzurechnenden Stimmrechtsanteil tatsächlich eine Möglichkeit zur Einflussnahme auf die Stimmrechtsausübung hat. Dies eröffnet erneut die Gefahr einer Irreführung der Anleger, was dem kapitalmarktrechtlichen Schutzzweck der §§ 21 ff. WpHG widerspricht. Die besseren Argumente sprechen somit dafür, eine lediglich faktisch begründete Weisungsmöglichkeit nicht zur Begründung einer Zurechnung der Stimmrechte nach § 22 Abs. 1 S. 1 Nr. 2 WpHG ausreichen zu lassen.

Fraglich ist, ob eine hinreichend sichere Einflussnahmemöglichkeit des Meldepflichtigen auch dann noch angenommen werden kann, wenn die schuldrechtliche

---

ZIP 2008, 1501, 1503; *Dreibus/Schäfer*, NZG 2009, 1289, 1291; *Fleischer/Bedkowski*, DStR 2010, 933, 934; *Opitz* in Schäfer/Hamann, § 22 WpHG Rn. 30; *U. H. Schneider* in Assmann/Schneider, WpHG, § 22 Rn. 59; *Heinrich* in Heidel, § 22 WpHG Rn. 7; a.A. aber BGH v. 16.3.2009 – II ZR 302/06, NZG 2009, 585, 589; *Schiessl*, Der Konzern 2009, 291, 295; *Petersen/Wille*, NZG 2009, 856, 859; *Von Bülow/Petersen*, NZG 2009, 1373, 1375; *Merkner/Sustmann*, NZG 2010, 1170, 1171; *Petersen* in Spindler/Stilz, AktG, § 22, Anh. §§ 21–30 WpHG Rn. 46; *Veil* in Schmidt/Lutter, AktG, Anh. § 22, § 22 WpHG Rn. 18; *Brellochs*, ZIP 2011, 2225, 2227; im Grundsatz wohl auch *Burgard*, BB 1995, 2069, 2072 mit Fn. 54 (unter Hinweis darauf, dass es auf die rechtliche Wirksamkeit der Vereinbarung nicht ankomme, solange sie durchgeführt wird).

1254 So zutreffend *Brellochs*, ZIP 2011, 2225, 2227.

Vereinbarung über die Stimmbindung des Dritten unwirksam ist.[1255] Wie bei der bloß faktischen Weisungsmöglichkeit des Meldepflichtigen fehlt es auch in diesem Fall an einer Möglichkeit zur Durchsetzung der Stimmbindung. Im Fall der Nichtbeachtung der Weisungen oder Interessen des Meldepflichtigen bestehen keine Schadensersatzansprüche. Eine Gleichstellung mit dem Fall der rein faktischen Einflussnahmemöglichkeit verbietet sich aber, wenn die Vertragspartner tatsächlich von der Wirksamkeit des Stimmbindungsvertrags ausgehen und die Vereinbarung aus diesem Grund tatsächlich umsetzen. Der Dritte wird dann irrtümlich annehmen, dass der Meldepflichtige die Stimmbindung notfalls gerichtlich durchsetzen kann. Vermeintliche Schadensersatzansprüche wird er ernstnehmen. Aus diesem Grund bietet sich in den Fällen des unwirksamen Stimmbindungsvertrags eine differenzierende Lösung an. Eine Zurechnung der betreffenden Stimmrechte zum Meldepflichtigen sollte solange erfolgen, bis der Dritte Kenntnis von der Unwirksamkeit des Stimmbindungsvertrags nimmt. Denn bis zu diesem Zeitpunkt erscheint es als überwiegend wahrscheinlich, dass er den Weisungen oder zumindest den erkennbaren Interessen des Meldepflichtigen in Bezug auf die Stimmrechtsausübung Folge leisten wird. Sobald der Dritte aber die Unwirksamkeit des Stimmbindungsvertrags kennt, hängt es vom Zufall ab, ob er sich der faktischen Einflussnahmemöglichkeit des Meldepflichtigen unterordnet, soweit eine solche überhaupt besteht. Eine hinreichend abgesicherte Einflussnahmemöglichkeit des Meldepflichtigen lässt sich dann nicht mehr rechtssicher annehmen. Aus diesem Grund muss ab diesem Zeitpunkt auch die Zurechnung nach § 22 Abs. 1 S. 1 Nr. 2 WpHG entfallen.

II. Besondere Konstellationen

Nachfolgend sollen einige Sonderkonstellationen betrachtet werden, in denen die Subsumtion unter die Tatbestandsmerkmale des § 22 Abs. 1 S. 1 Nr. 2 WpHG Schwierigkeiten bereiten kann. Es geht zum einen um die Fälle der Aufteilung der wesentlichen wirtschaftlichen Risiken aus den stimmrechtsvermittelnden Aktien. Zudem ist der Frage nachzugehen, ob ein „Für Rechnung Halten" auch dann angenommen werden kann, wenn es auf gesellschaftsrechtlicher Grundlage erfolgt, ohne dass eine schuldrechtliche Vereinbarung besteht. Schließlich sind die Fälle der Kettenzurechnung und der Kettentreuhand zu betrachten.

1255 Für eine Zurechnung *U. H. Schneider* in Assmann/Schneider, WpHG, § 22 Rn. 67; für § 20 AktG auch *Koppensteiner* in FS Rowedder, 213, 224; dagegen *Dehlinger/Zimmermann* in Fuchs, WpHG, § 22 Rn. 6, 47 Fn. 103; *Schwark* in Schwark/Zimmer, § 22 WpHG Rn. 4; gegen eine Zurechnung im Rahmen des § 20 AktG auch LG Berlin v. 17.1.1990 – 98 AktE 10/89, AG 1991, 34, 35; *Timm*, WuB II A. § 20 AktG 1.90, 1336, 1338.

1. *Aufteilung der wirtschaftlichen Risiken aus der Aktie (Treugeber statt Treuhänder?)*

Besonderheiten gelten, wenn die wesentlichen wirtschaftlichen Risiken aus einer Aktie oder einem Aktienpaket unter mehreren Treuhändern[1256] aufgeteilt werden. Im Ausgangspunkt ist zwischen drei Erscheinungsformen einer solchen Verlagerung zu unterscheiden. Ausgehend von einer gegenständlichen Abgrenzung nach der Art des wirtschaftlichen Risikos kann zunächst die Konstellation eintreten, dass ein als wesentlich zu qualifizierendes wirtschaftliches Risiko nur zu einem Teil von dem Aktionär auf einen einzigen Treuhänder verlagert wird. Von diesem Fall sind die Fälle zu unterscheiden, in denen ein wesentliches wirtschaftliches Risiko von dem Aktionär auf mehrere Treuhänder verlagert wird. Davon zu unterscheiden ist schließlich die Verlagerung eines wesentlichen wirtschaftlichen Risikos auf einen Treuhänder bei gleichzeitiger Verlagerung eines anderen wesentlichen Risikos auf einen anderen Treuhänder. Denkbar sind auch Mischformen der genannten Konstellationen in denen die sogleich darzustellenden Grundsätze zur Behandlung derartiger Fälle kombiniert anzuwenden sind.

Fraglich ist zunächst ob die Teilverlagerung eines wesentlichen wirtschaftlichen Risikos auf einen einzigen Treuhänder bereits ausreicht, um eine Zurechnung nach § 22 Abs. 1 S. 1 Nr. 2 WpHG in Bezug auf das Stimmrecht aus der betreffenden Aktie zu begründen. Dem Wortlaut des Zurechnungstatbestands lassen sich in diesem Zusammenhang keine zwingenden Argumente entnehmen. *Nietsch* ist der Auffassung, dass eine Zurechnung der Stimmrechte bereits dann erfolgen soll, wenn der Treuhänder 10 Prozent des wirtschaftlichen Risikos aus der betreffenden Aktie trägt.[1257] Der Vorteil dieser Lösung besteht darin, dass sie im Regelfall die Anwendung des § 22 Abs. 1 S. 1 Nr. 2 WpHG erleichtert. Denn eine Zurechnung scheidet auf dieser Grundlage nur dann aus, wenn der Treuhänder weniger als 10 Prozent des wirtschaftlichen Risikos trägt, so dass die genaue Berechnung der Risikoverteilung nur dann erforderlich ist, wenn sich der auf den Treuhänder verlagerte Anteil des wirtschaftlichen Risikos in der Nähe dieser Geringfügigkeitsschwelle bewegt. Ausgehend von dem Sinn und Zweck der Norm, den mittelbaren Stimmrechtseinfluss aufzudecken, bietet sich indessen eine andere Betrachtungsweise an. Maßgeblich sollte nicht der Umfang der Verlagerung des wirtschaftlichen Risikos sein, sondern die Frage, ob überhaupt ein Bruchteil eines wesentlichen wirtschaftlichen Risikos aus der betreffenden Aktie verlagert wird und ob der Treuhänder in diesem Zusammenhang die rechtlich abgesicherte Möglichkeit zur Einflussnahme auf das Stimmrecht aus der betreffenden Aktie erhält. Sofern das der Fall ist, sollte das betreffende Stimmrecht dem Treuhänder auch zugerechnet werden. Ist die

1256 Die Treuhand steht hier stellvertretend für sämtliche Fälle der Verlagerung der wirtschaftlichen Chancen und Risiken aus den Aktien. Die nachfolgenden Ausführungen gelten deshalb entsprechend für die sonstigen Fälle einer solchen Verlagerung.

1257 *Nietsch*, WM 2012, 2217, 2220 („atypische Risikoverteilung").

Einflussnahmemöglichkeit auf die Stimmrechtsausübung nach der Vereinbarung im Innenverhältnis an einen bestimmten Umfang der Risikoverlagerung gekoppelt, so ist dieser bei der Bestimmung der zuzurechnenden Stimmrechte zu berücksichtigen. Eine Zurechnung erfolgt in diesem Fall nur dann, wenn der Treuhänder die vereinbarte Schwelle der Risikoverlagerung erreicht. Sofern nichts anderes bestimmt ist, sind dabei sämtliche von der Vereinbarung im Innenverhältnis erfassten Aktien desselben gemeinsam zu berücksichtigen. Ist also etwa vereinbart worden, dass der Treuhänder die Einflussnahmemöglichkeit auf die Ausübung des Stimmrechts aus einer Aktie erhält, sobald 60 % eines wesentlichen wirtschaftlichen Risikos aus einer Aktie auf ihn übertragen wurden und trägt er tatsächlich lediglich 20 % des wirtschaftlichen Risikos der von der Vereinbarung erfassten Mehrzahl von Aktien, so ergibt sich die Anzahl der nach § 22 Abs. 1 S. 1 Nr. 2 WpHG zuzurechnenden Stimmrechte, wenn man die Gesamtzahl der von der Vereinbarung im Innenverhältnis erfassten Stimmrechte durch drei dividiert und Nachkommastellen dabei unberücksichtigt lässt.

Wird ein wesentliches wirtschaftliches Risiko aus einer Aktie anteilig auf mehrere Treuhänder verteilt, so stellt sich die Frage, welchen dieser Treuhänder das betreffende wirtschaftliche Risiko letztlich mit der Folge der Zurechnung des Stimmrechts aus dieser Aktie zuzuordnen ist. Auszugehen ist von dem Schutzzweck des § 22 Abs. 1 S. 1 Nr. 2 WpHG. Da die Norm eine Offenlegung mittelbarer Stimmrechtseinflüsse bezweckt, muss es ungeachtet des Umfangs der Verlagerung des wesentlichen wirtschaftlichen Risikos auf die einzelnen Treuhänder maßgeblich auf ihre Möglichkeit zur letztverbindlichen Bestimmung über die Stimmrechtsausübung ankommen. Kann einer dieser Treuhänder die Ausübung der Stimmrechte letztverbindlich bestimmen, so sind ihm die betreffenden Stimmrechte auch dann zuzurechnen, wenn er nach Maßgabe der Risikoverteilung zwischen den Treuhändern lediglich ein Bruchteil des wirtschaftlichen Risikos aus den stimmrechtsvermittelnden Aktien trägt. Ausgehend von diesem Grundsatz ist zu differenzieren.

Erfasst die Vereinbarung zwischen dem Aktionär und den Treuhändern mehrere stimmrechtsvermittelnde Aktien und ergibt die Auslegung der Vereinbarung, dass jeder der Treuhänder im Außenverhältnis zum Aktionär Weisungen hinsichtlich der Stimmrechtsausübung in Bezug auf einen bestimmten Anteil an den von der Vereinbarung erfassten Stimmrechten erteilen kann, so werden die Stimmrechte den Treuhändern entsprechend ihres Anteils zugerechnet.[1258] Gleiches gilt, wenn mehrere Vereinbarungen zwischen dem Aktionär und den einzelnen Treuhändern bestehen, die diesen im Außenverhältnis jeweils ein Weisungsrecht in Bezug auf einen bestimmten Stimmrechtsanteil aus den gebundenen Aktien gewähren.[1259] Entsprechendes gilt zudem, wenn jeder Treuhänder nach der Vereinbarung über die Stimmrechtsausübung aus einer Anzahl von Aktien entscheiden kann, die dem auf ihn entfallenden Anteil des verlagerten wirtschaftlichen Risikos aus diesen Aktien

---

1258 *Von Bülow* in KöKo, AktG, § 22 Rn. 91.

1259 So wohl auch *Von Bülow* in KöKo, WpHG, § 22 Rn. 91.

entspricht. Auch hier erfolgt also eine der wirtschaftlichen Beteiligung entsprechende anteilige Zurechnung der aus den gebundenen Aktien folgenden Stimmrechte auf die jeweiligen Treuhänder.[1260] Zu berücksichtigen ist in diesem letzteren Fall allerdings, dass einzelne Stimmrechte bei der Berechnung der Stimmrechtsanteile möglicherweise keinem der Treuhänder vollständig zugeordnet werden können. In Bezug auf diese Stimmrechte muss dann konsequenterweise auch eine Zurechnung unterbleiben.

Sofern die Auslegung der Vereinbarungen ergibt, dass die Treuhänder nur gemeinschaftlich auf die Stimmrechtsausübung des Aktionärs Einfluss nehmen können, ist weiter zu differenzieren. Anerkannt ist in diesem Zusammenhang, dass es dann auf das Innenverhältnis der Treuhänder ankommt, zumindest wenn diese keine BGB-Außengesellschaft bilden.[1261] Als gemeinschaftliches Einflussmittel kann zunächst ein gemeinsames Weisungsrecht sämtlicher Beteiligter vereinbart sein. In diesem Fall ist weiter danach zu differenzieren, ob sich einer der Treuhänder bei der Entscheidung über die Ausübung des Weisungsrechts im Innenverhältnis stets gegenüber den übrigen Treuhändern durchsetzen kann. Ist dies der Fall, werden sämtliche Stimmrechte aus den gebundenen Aktien in voller Höhe ausschließlich diesem Treuhänder zugerechnet.[1262] Ähnlich wie im Fall der Interessenkoordinierung zur Begründung einer gemeinsamen Beherrschung ist dann nicht mehr von der Bildung eines einheitlichen Gesamtwillens auszugehen.[1263] Gleiches muss grundsätzlich auch dann gelten, wenn sich eine Gruppe von Treuhändern stets gegen die übrigen Beteiligten durchsetzen kann. Allerdings muss in diesem Fall sichergestellt sein, dass die Gruppe einen gemeinschaftlichen Willen bildet. Insoweit kann der Rechtsgedanke der gemeinsamen Beherrschung und des § 22 Abs. 2 WpHG herangezogen werden.[1264] In beiden Fällen kommt es auf das Vorliegen eines nicht nur im Einzelfall gebildeten gemeinsamen Koordinierungswillens an.[1265] Unerheblich ist demgegenüber, ob den Treuhändern außerhalb der in Frage stehenden Zurechnung nach § 22 Abs. 1 S. 1 Nr. 2 WpHG Stimmrechte aus Aktien des Emittenten bereits unmittelbar nach § 21 Abs. 1 S. 1 WpHG zuzuordnen oder aus anderen Gründen nach § 22 Abs. 1 WpHG zuzurechnen sind. Diese im Rahmen der Zurechnung nach § 22 Abs. 2 WpHG bedeutsame Frage spielt im hier interessierenden Zusammenhang

---

1260 *Opitz* in Schäfer/Hamann, § 22 WpHG Rn. 32; so wohl auch *U. H. Schneider* in Assmann/Schneider, WpHG, § 22 Rn. 66.

1261 *Opitz* in Schäfer/Hamann, § 22 WpHG Rn. 32; *Von Bülow* in KöKo, AktG, § 22 Rn. 91.

1262 *Opitz* in Schäfer/Hamann, § 22 WpHG Rn. 32; ebenso wohl *Von Bülow* in KöKo, AktG, § 22 Rn. 91, 248.

1263 Vgl. oben S. 228 ff.

1264 Eine unmittelbare wechselseitige Zurechnung nach § 22 Abs. 2 WpHG befürwortend *Dehlinger/Zimmermann* in Fuchs, WpHG, § 22 Rn. 51; *Opitz* in Schäfer/Hamann, § 22 WpHG Rn. 32; *Von Bülow* in KöKo, AktG, § 22 Rn. 91.

1265 Vgl. im Zusammenhang mit der gemeinsamen Beherrschung oben S. 228 ff. und im Zusammenhang mit der Zurechnung nach § 22 Abs. 2 WpHG unten S. 355 ff.

keine Rolle, da es nicht um die wechselseitige Zurechnung bereits zugeordneter oder zugerechneter Stimmrechte, sondern lediglich um einen Anwendungsfall der einseitigen Stimmrechtszurechnung nach § 22 Abs. 1 S. 1 Nr. 2 WpHG geht.[1266] Ungeachtet der Tatsache, dass auch die stets überstimmten Treuhänder einen Teil des wirtschaftlichen Risikos aus den gebundenen Aktien tragen, erfolgt in den genannten Fällen keine Zurechnung von Stimmrechten auf diese Personen. Diese Folge ist nicht ganz unproblematisch, da der Aktionär in der Regel durch die Vereinbarung mit den Treuhändern auch dazu verpflichtet ist, die erkennbaren Interessen der überstimmten Treuhändern bei der Stimmrechtsausübung zu wahren. Aus der Perspektive des Aktionärs werden etwaige Interessendivergenzen im Innenverhältnis etwa dann erkennbar, wenn einzelne, stets überstimmte Treuhänder gegenüber dem Aktionär erklären, mit der Weisung der übrigen Treuhänder nicht einverstanden zu sein. In einem solchen Fall könnte eine Pflichtenkollision des Aktionärs anzunehmen sein. Indessen ist nicht davon auszugehen, dass die Pflicht zur Befolgung von Weisungen und die Pflicht zur Beachtung der erkennbaren Interessen der Treuhänder als gleichwertig zu behandeln sind. Sofern eine gemeinsame Weisung erteilt wird, dient diese aus der Perspektive des Aktionärs ungeachtet der Zustimmung einzelner Treuhänder im Innenverhältnis als erkennbarer Ausdruck ihres gemeinsamen Interesses. Anders gewendet ist das Weisungsrecht gegenüber der Interessenbindung vorrangig, da es als das stärkere Einflussmittel zu qualifizieren ist. Der stets überstimmte Treuhänder hat also auch dann keine Möglichkeit zur Einflussnahme auf die Ausübung des Stimmrechts, wenn er für den Aktionär erkennbar erklärt, nicht hinter der gemeinschaftlichen Weisung sämtlicher Treuhänder zu stehen. Anders zu beurteilen sind die Fälle, in denen weder ein einzelner Treuhänder noch eine Gruppe von Treuhändern im Innenverhältnis alleine über die Erteilung von Weisungen an den Aktionär entscheiden kann. Hier ist es letztlich vom Einzelfall abhängig, welche Treuhänder ihre Interessen ggf. im Rahmen einer Mehrheitsentscheidung über die Weisungserteilung durchsetzen können und welche von ihnen überstimmt werden. Eine Zurechnung der Stimmrechte auf sämtliche beteiligten Treuhänder in voller Höhe verbietet sich, weil keiner der Treuhänder letztverbindlich über die Stimmrechtsausübung bestimmen kann. Andererseits wäre es in diesem Fall auch nicht gerechtfertigt, die rechtlich abgesicherte Einflussnahmemöglichkeit der Treuhänder völlig abzulehnen. Denn eine solche liegt offensichtlich vor. Probleme bereitet lediglich die Zuordnung der Einflussnahmemöglichkeit auf die einzelnen Treuhänder. Eine interessengerechte Lösung besteht hier darin, eine anteilsmäßige Zurechnung der Stimmrechte aus den gebundenen Aktien entsprechend der wirtschaftlichen Beteiligung der Treuhänder vorzunehmen. Dies folgt daraus, dass der Aktionär auch an die erkennbaren Interessen der Treuhänder gebunden ist. Wird überhaupt keine Weisung abgegeben, muss er den erkennbaren Interessen der einzelnen Treuhänder entsprechend handeln. Sofern dagegen eine gemeinsame Weisung erteilt wird, dient

1266 Vgl. im Gegensatz hierzu die persönlichen Anforderungen an die Beteiligten der Verhaltensabstimmung nach § 22 Abs. 2 WpHG unten S. 363 ff.

diese aus der Perspektive des Aktionärs ungeachtet der Zustimmung einzelner Treuhänder im Innenverhältnis im konkreten Fall als erkennbarer Ausdruck des gemeinsamen Interesses sämtlicher Treuhänder. Für die anteilsmäßige Zurechnung entsprechend der wirtschaftlichen Beteiligung der Treuhänder spricht vor diesem Hintergrund insbesondere, dass sich die Interessen der Treuhänder typischerweise auf die Mitbestimmung über das Schicksal ihres wirtschaftlichen Anteils an den gebundenen Aktien beziehen.[1267] Als Mittel dieser Mitbestimmung innerhalb der AG dient gerade die Ausübung des Stimmrechts durch den Aktionär. Die vorstehenden Grundsätze gelten auch im Hinblick auf die Stimmrechte, die einer nicht nur für den Einzelfall mit einem gemeinschaftlichen Koordinationswillen ausgestatteten Gruppe von Treuhändern zugerechnet werden, wenn diese die übrigen Treuhänder stets überstimmen können. Sie gelten auch dann, wenn sich die Treuhänder von vorneherein überhaupt nicht über die Erteilung von Weisungen an den Aktionär abstimmen, etwa weil sie sich nicht gegenseitig kennen. Ferner gelten sie dann, wenn die Vereinbarungen mit dem Aktionär überhaupt kein gemeinsames Weisungsrecht, sondern lediglich eine pauschale Bindung an die Interessen der Treuhänder vorsehen. Eine hinreichend abgesicherte Einflussnahmemöglichkeit der einzelnen Treuhänder auf die Ausübung des Stimmrechts aus sämtlichen gebundenen Aktien besteht auch in diesen Fällen nicht. Auch hier erscheint es aber aus den oben genannten Gründen interessengerecht, den einzelnen Treuhändern ein Stimmrechtsanteil zuzurechnen, der ihrem Anteil an den wesentlichen wirtschaftlichen Risiken aus den gebundenen Aktien entspricht. Sofern nach den beschriebenen Grundsätzen eine anteilsmäßige Zurechnung von Stimmrechten auf die Treuhänder erfolgt, kann sich die Folgefrage stellen, ob die auf die einzelnen Treuhänder entfallenden Stimmrechte wechselseitig unter sämtlichen Treuhändern zugerechnet werden. Dies wird oftmals der Fall sein, ist aber von dem Vorliegen der Tatbestandsvoraussetzungen des § 22 Abs. 2 WpHG im Einzelfall abhängig.

Von den bisher dargestellten Fällen sind Gestaltungen zu unterscheiden, bei denen ein wesentliches Risiko aus einer Aktie auf einen Treuhänder und ein anderes wesentliches Risiko aus derselben Aktie auf einen anderen Treuhänder verlagert wird. Nach Auffassung *U. H. Schneiders* können die Stimmrechte des Aktionärs in diesem Fall beiden Treuhändern in voller Höhe zugerechnet werden, wenn jeder von ihnen einen wesentlichen Einfluss auf die Ausübung der Stimmrechte hat.[1268] Insoweit stellt sich die Frage, ob dies überhaupt jemals der Fall sein kann. Wie weiter oben aufgezeigt wurde, folgt eine hinreichend abgesicherte Einflussnahmemöglichkeit entweder aus einem Weisungsrecht oder aus einer Interessenbindung, wobei in beiden Fällen eine rechtliche Absicherung der Einflussnahmemöglichkeit erforderlich ist. Ist beiden Treuhändern ein Weisungsrecht eingeräumt, kann es zwangsläufig zu unterschiedlichen Weisungen in Bezug auf die Ausübung des Stimmrechts aus einer bestimmten Aktie kommen. In einem solchen Fall ändert sich grundsätzlich

1267 Vgl. oben S. 149 f.

1268 *U. H. Schneider* in Assmann/Schneider, WpHG, § 22 Rn. 60, 66.

nichts an den Möglichkeiten zur Durchsetzung der Stimmbindung. Allerdings wird es im Einzelfall darauf ankommen, wer von beiden Treuhändern die Stimmbindung zuerst durch gerichtliche Herbeiführung der Fiktion der vertragsgemäßen Stimmabgabe nach § 894 ZPO durchsetzt. Letztlich ist dieser Fall der doppelten Stimmbindung eher theoretischer Natur, da sich der Aktionär durch eine entsprechende Vereinbarung einem gesteigerten Risiko von Schadensersatzansprüchen aussetzt. Denn wenn sich die Weisungen der Treuhänder widersprechen, würde der Aktionär durch Ausübung des Stimmrechts nach der Weisung des einen Treuhänders eine Vertragsverletzung im Verhältnis zu dem anderen Treuhänder begehen. Aus diesem Grund wird eine doppelte Stimmbindung in der Praxis kaum vorkommen. Sollte sie doch einmal vorliegen, wird man der Auffassung von *U. H. Schneider* beipflichten können. Auch wenn die Möglichkeiten zur Durchsetzung der Stimmbindung faktisch durch das Prioritätsprinzip begrenzt sind, bleibt die Möglichkeit zur Durchsetzung derselben im Einzelfall bestehen. Es liegt dann an dem jeweiligen Treuhänder, rechtzeitig für die Durchsetzung seiner Interessen zu sorgen.

2. Für Rechnung Halten auf gesellschaftsrechtlicher Grundlage

Gehören stimmrechtsvermittelnde Aktien einer (teil)rechtsfähigen Gesellschaft, kann auf Grundlage des § 22 Abs. 1 S. 1 Nr. 2 WpHG auch eine Zurechnung der Stimmrechte auf einen Gesellschafter dieser Gesellschaft in Betracht kommen, wenn die wesentlichen wirtschaftlichen Risiken aus den betreffenden Aktien schuldrechtlich auf diesen Gesellschafter verlagert wurden.[1269] Die von der schuldrechtlichen Vereinbarung erfassten Stimmrechte werden dem Gesellschafter in diesem Fall in voller Höhe zugerechnet.[1270] Werden die wesentlichen wirtschaftlichen Risiken aus den betreffenden Aktien dagegen schuldrechtlich auf mehrere Gesellschafter übertragen, so gelten die obigen Ausführungen zur Verlagerung der aus der Aktie folgenden wirtschaftlichen Risiken auf mehrere Beteiligte. Ist die Gesellschaft zugleich als Tochterunternehmen eines Gesellschafters im Sinne des § 22 Abs. 3 WpHG zu qualifizieren, so werden die Stimmrechte aus den betreffenden Aktien dem betreffenden Gesellschafter zugleich auch über § 22 Abs. 1 S. 1 Nr. 1 WpHG zugerechnet.[1271]

Fraglich ist, ob eine Zurechnung von Stimmrechten aus Aktien, die einer Gesellschaft gehören, auch dann auf Grundlage des § 22 Abs. 1 S. 1 Nr. 2 WpHG in Betracht kommen kann, wenn eine schuldrechtliche Risikoverlagerung fehlt. Dies wird in der Literatur für die Fälle diskutiert, in denen die Gesellschaft als sog. Vermögensverwaltungsgesellschaft, Vorschaltgesellschaft oder Holding qualifiziert werden kann. Entscheidend soll sein, dass der Unternehmensgegenstand der Gesellschaft nach dem Gesellschaftsvertrag ausschließlich darauf gerichtet ist, Beteiligungen zu halten

1269 *Dehlinger/Zimmermann* in Fuchs, WpHG, § 22 Rn. 54; *Veil* in Schmidt/Lutter, AktG, Anh. § 22, § 22 WpHG Rn. 17; *Von Bülow* in KöKo, AktG, § 22 Rn. 94.
1270 *Dehlinger/Zimmermann* in Fuchs, WpHG, § 22 Rn. 54.
1271 Vgl. dazu bereits oben S. 178 ff.

und zu verwalten, wobei sich dies nicht notwendigerweise ausdrücklich aus dem Gesellschaftsvertrag ergeben muss.[1272] Nach der überwiegend vertretenen Auffassung kommt es in diesem Fall zu einer gesellschaftsrechtlich begründeten Zurechnung der betreffenden Stimmrechte auf die Gesellschafter.[1273] Aus dem Unternehmensgegenstand ergebe sich eine besondere Treuebindung der Gesellschaft gegenüber ihren Gesellschaftern mit der Folge, dass die Beteiligungen ausschließlich im Interesse der Gesellschafter verwaltet würden, so dass sich eine schuldrechtliche Treuhandabrede erübrige.[1274] Die Stimmrechte seien den Gesellschaftern quotal entsprechend ihrer Kapitalbeteiligung an der Gesellschaft zuzurechnen.[1275] *U. H. Schneider* will den Personenkreis der mitteilungspflichtigen Gesellschafter allerdings dadurch begrenzen, dass nur solche Gesellschafter einbezogen sind, die einen wesentlichen Einfluss auf die Stimmrechtsausübung durch die Vermögensverwaltungsgesellschaft haben.[1276] Nach anderer Auffassung ist eine ausschließlich gesellschaftsrechtlich begründete Zurechnung nach § 22 Abs. 1 S. 1 Nr. 2 WpHG generell abzulehnen.[1277] Die Vertreter dieser Auffassung argumentieren, dass die Vermögensverwaltungsgesellschaft ihre Beteiligungen in Ermangelung einer schuldrechtlichen Vereinbarung über die Verlagerung der wesentlichen wirtschaftlichen Risiken aus diesen Beteiligungen lediglich für eigene Rechnung halte,[1278] während die Gesellschafter nur mittelbar

---

1272 *Dehlinger/Zimmermann* in Fuchs, WpHG, § 22 Rn. 55; *U. H. Schneider* in Assmann/Schneider, WpHG, § 22 Rn. 74 f.

1273 *Burgard*, BB 1995, 2069, 2073; *Starke*, S. 202 f.; *Opitz* in Schäfer/Hamann, § 22 WpHG Rn. 38; *Veil* in Schmidt/Lutter, AktG, Anh. § 22, § 22 WpHG Rn. 17; *U. H. Schneider* in Assmann/Schneider, WpHG, § 22 Rn. 75 f.; *Becker* in Bürgers/Körber, AktG, Anh. § 22, § 22 WpHG Rn. 4. Nach anderer Akzentuierung liegt eine konkludent vereinbarte schuldrechtliche Treuhandabrede vor, so *Bayer* in MüKo, AktG, Anh. § 22, § 22 WpHG Rn. 19; *Nietsch*, WM 2012, 2217, 2220.

1274 *Burgard*, BB 1995, 2069, 2073.

1275 *Burgard*, BB 1995, 2069, 2073; *U. H. Schneider*, AG 1997, 81, 84; *Starke*, S. 202 f.; *Bayer* in MüKo, AktG, Anh. § 22, § 22 WpHG Rn. 19; *Opitz* in Schäfer/Hamann, § 22 WpHG Rn. 38; *Veil* in Schmidt/Lutter, AktG, Anh. § 22, § 22 WpHG Rn. 17; *U. H. Schneider* in Assmann/Schneider, WpHG, § 22 Rn. 76; *Nietsch*, WM 2012, 2217, 2220; *Becker* in Bürgers/Körber, AktG, Anh. § 22, § 22 WpHG Rn. 4.

1276 *U. H. Schneider* in Assmann/Schneider, WpHG, § 22 Rn. 76 (Mehrheitsbeteiligung; 50:50 Beteiligung; Minderheitsbeteiligung, die ein Vetorecht vermittelt; beliebige Beteiligungshöhe, wenn Konsensprinzip vorgesehen oder tatsächlich praktiziert wird oder wenn sich die Gesellschafter nicht über die Ausübung des Stimmrechts einigen können). Ebenso *Starke*, S. 202 f.; *Becker* in Bürgers/Körber, AktG, Anh. § 22, § 22 WpHG Rn. 4.

1277 *Falkenhagen*, WM 1995, 1005, 1008; *Dehlinger/Zimmermann* in Fuchs, WpHG, § 22 Rn. 55; *Schwark* in Schwark/Zimmer, § 22 WpHG Rn. 5; *Von Bülow* in KöKo, AktG, § 22 Rn. 94.

1278 *Dehlinger/Zimmermann* in Fuchs, WpHG, § 22 Rn. 55; *Schwark* in Schwark/Zimmer, § 22 WpHG Rn. 5; *Von Bülow* in KöKo, AktG, § 22 Rn. 94.

von diesen wirtschaftlichen Chancen und Risiken betroffen seien.[1279] Dies werde am Beispiel der Einbringung einer Beteiligung als Sacheinlage in die Gesellschaft deutlich, die nicht „zur freien Verfügung" der Gesellschaft geleistet werden könnte, wenn sie generell als für Rechnung der Gesellschafter gehalten angesehen werden müsste.[1280] Gegen die Argumentation der Befürworter einer Zurechnung soll ferner sprechen, dass sie auf einer Fiktion beruht.[1281]

Die Argumentation der Gegenauffassung ist nicht überzeugend. Ist der Unternehmensgegenstand der Verwaltungsgesellschaft auf das Halten und Verwalten von Beteiligungen im Interesse der Gesellschafter beschränkt, darf die Geschäftsführung der Gesellschaft keine anderweitige (unternehmerische) Tätigkeit verfolgen, sofern sie sich nicht in Widerspruch zu dem gesellschaftsvertraglich festgeschriebenen Unternehmensgegenstand setzen will. Dies führt dazu, dass die wirtschaftlichen Verluste aus den Beteiligungen auf Ebene der Gesellschaft nicht durch anderweitige Gewinne kompensiert werden können. Umgekehrt kann die Gesellschaft auch nicht von den aus den Beteiligungen folgenden wirtschaftlichen Gewinnen profitieren, da sie diese nicht für Investitionen in anderweitige (unternehmerische) Tätigkeitsbereiche verwenden darf. Auch wenn sich die wirtschaftlichen Gewinne und Verluste aus den verwalteten Beteiligungen zumindest vorübergehend im Gesellschaftsvermögen niederschlagen, wirken sie sich damit tatsächlich erst auf der Ebene der Gesellschafter aus. Demgegenüber erscheint die Gegenauffassung als zu formalistisch. An der Annahme einer Verlagerung der wesentlichen wirtschaftlichen Risiken der Beteiligungen auf die Gesellschafter vermag auch das Argument, dass bei Sacheinlagen die Leistung zur freien Verfügung erfolgen müsse, nichts zu ändern. Nach allgemeinen Grundsätzen setzt eine Leistung zur freien Verfügung der Geschäftsführung einer Gesellschaft voraus, dass der Vermögensgegenstand aus dem Vermögen des Einlegers ausgesondert und in einer Weise an die Geschäftsführer der Gesellschaft übergeben wurde, dass diese nach eigenem Ermessen über den Vermögensgegenstand verfügen können, und zwar ohne dass ein „Rückfluss" des Vermögensgegenstands vereinbart wurde.[1282] Von einer solchen Leistung zur endgültigen freien Verfügung wird man bei einer Verwaltungsgesellschaft ausgehen können, wenn die Beteiligungen von den Gesellschaftern an diese dinglich wirksam übertragen wurden. Da die Gesellschaft dann Inhaber oder Eigentümer der Beteiligungen ist, können ihre Geschäftsführer grundsätzlich frei über diese verfügen, soweit dies innerhalb des Rahmens des Unternehmensgegenstands „Halten und Verwalten der Beteiligungen" und der gesetzlichen Vorgaben möglich ist. Das muss genügen, um hier eine Leistung zur endgültigen freien Verfügung annehmen zu können. Im Ergebnis ist also der eingangs genannten Auffassung zu folgen, die eine Zurechnung nach § 22 Abs. 1 S. 1 Nr. 2 WpHG auf gesellschaftsrechtlicher

1279 *Falkenhagen*, WM 1995, 1005, 1008.
1280 *Dehlinger/Zimmermann* in Fuchs, WpHG, § 22 Rn. 55.
1281 *Dehlinger/Zimmermann* in Fuchs, WpHG, § 22 Rn. 55.
1282 So statt aller *Pentz* in MüKo, AktG, § 36 Rn. 48; *Koch* in Hüffer, AktG, § 36 Rn. 7 f.

Grundlage für möglich hält. Der einschränkenden Auffassung von *U. H. Schneider* ist dabei insoweit zuzustimmen, als eine quotale Zurechnung nicht in jedem Fall dem Schutzzweck der Norm entspricht, mittelbare Einflussnahmemöglichkeiten aufzudecken. In Anlehnung an die oben herausgearbeiteten Grundsätze zu den Folgen einer schuldrechtlichen Verlagerung der wesentlichen wirtschaftlichen Risiken auf mehrere Beteiligte sollte man aufgrund der (fingierten) Interessenbindung der Vermögensverwaltungsgesellschaft zwar weiterhin von einer quotalen Zurechnung der Stimmrechte ausgehen, allerdings dann eine Ausnahme von dieser zulassen, wenn sich einer der Gesellschafter oder eine Gruppe von Gesellschaftern, die ihr Stimmverhalten nicht nur im Einzelfall aufgrund eines gemeinschaftlich gebildeten Koordinationswillens abstimmt bei Entscheidungen über die Einflussnahme auf die Geschäftsführung der Vermögensverwaltungsgesellschaft stets gegenüber den übrigen Gesellschaftern durchsetzen kann.[1283] Innerhalb einer solchen Gesellschaftergruppe erfolgt die Zuordnung der Stimmrechte dann wiederum entsprechend der Kapitalanteile der beteiligten Gesellschafter.

3. *Kettenzurechnung und Kettentreuhand*

Umstritten ist, ob eine Zurechnung von Stimmrechten nach § 22 Abs. 1 S. 1 Nr. 2 WpHG auch dann erfolgt, wenn der Dritte zwar nicht selbst Eigentümer der stimmrechtsvermittelnden Aktien ist, ihm die Stimmrechte aber nach § 22 WpHG zugerechnet werden (sog. Kettenzurechnung). Einen Anknüpfungspunkt zur Beantwortung dieser Frage bietet bereits der Wortlaut des Zurechnungstatbestands, der mit dem Tatbestandsmerkmal „gehören" darauf hinweist, dass der Dritte Eigentümer der Aktien sein muss. Nach zutreffender Auffassung wäre eine Erweiterung des § 22 Abs. 1 S. 1 Nr. 2 WpHG auf Stimmrechte aus Aktien, „die einem Dritten auf Grundlage des § 22 WpHG zugerechnet werden" vor diesem Hintergrund eine Verletzung der Wortlautschranke und ist damit als unzulässige Analogiebildung, die sich zu Lasten der Meldepflichtige auswirken könnte, abzulehnen.[1284]

Von diesem unzulässigen Fall einer Kettenzurechnung sind die Fälle zu unterscheiden, in denen die wesentlichen wirtschaftlichen Risiken aus den stimmrechtsvermittelnden Aktien auf den Meldepflichtigen verlagert wurden, ohne dass eine unmittelbare schuldrechtliche Stimmbindungsvereinbarung zwischen dem Aktionär und dem Meldepflichtigen besteht. In diesem Fall kann eine Zurechnung der

1283 Vgl. zu den gesellschaftsrechtlich vermittelten Möglichkeiten zur Einflussnahme auf die Geschäftsführung von Gesellschaften bereits die Ausführungen zur Beherrschungsmöglichkeit oben S. 191 ff.

1284 *Liebscher*, ZIP 2002, 1005, 1010; *Opitz* in Schäfer/Hamann, § 22 WpHG Rn. 28; *Von Bülow* in KöKo, WpHG, § 22 Rn. 85, 90; a.A. *Witt*, AG 2001, 233, 240 („wenn der Mitteilungspflichtige Einfluss auf die Ausübung der Stimmrechte nehmen kann"); *Bayer* in MüKo, AktG, Anh. § 22, § 22 WpHG Rn. 8; *Dehlinger/Zimmermann* in Fuchs, WpHG, § 22 Rn. 51; *Schwark* in Schwark/Zimmer, § 22 WpHG Rn. 45. Vgl. zur Wortlautgrenze oben S. 52 ff.

Stimmrechte auf den Meldepflichtigen nach überwiegender Auffassung gleichwohl erfolgen, wenn dieser seine Einflussnahmemöglichkeit auf die Stimmrechtsausübung auf den Aktionär „durchleiten“ kann, was vor allem aus dem Schutzzweck des § 22 WpHG folgt, mittelbare Einflussnahmemöglichkeiten auf die Stimmrechtsausübung aufzudecken.[1285] Eine Möglichkeit zur „Durchleitung“ des Einflusses wird oftmals bestehen, wenn eine sog. Kettentreuhand vorliegt, bei der der Aktionär die Aktien für Rechnung eines Treuhand-Vermittlers hält, der diese wiederum als Treuhänder für Rechnung eines am Ende der Kette stehenden Treugebers hält.[1286] Die Kette kann beliebig erweitert werden. Eine hinreichend abgesicherte „Durchleitung“ der Einflussnahmemöglichkeit wird regelmäßig anzunehmen sein, wenn jeweils schuldrechtliche Stimmbindungsvereinbarungen im Hinblick auf die einzelnen Treuhandverhältnisse bestehen, so dass der Treugeber den Treuhand-Vermittler im Ergebnis anweisen kann, den Aktionär anzuweisen, das Stimmrecht in einer bestimmten Art und Weise auszuüben.[1287] Eine Zurechnung der betreffenden Stimmrechte auf die zwischengeschalteten Treuhand-Vermittler muss nach richtiger Ansicht entfallen.[1288] Denn die wesentlichen wirtschaftlichen Risiken aus den betreffenden Aktien sind letztlich ausschließlich dem am Ende der Kette stehenden Treugeber und nicht dem Treuhand-Vermittler zugeordnet. Dies ergibt sich aus einer Gesamtschau der bestehenden Treuhandverhältnisse. Zudem spricht die oben angesprochene Wortlautschranke gegen eine Zurechnung auf jeder Stufe.

Kann der am Ende der Treuhandkette stehende Treugeber seinen Einfluss nicht auf den Aktionär „durchleiten“, weil es an einer (wirksamen) Stimmbindungsvereinbarung mit dem Treuhand-Vermittler fehlt, scheidet eine Zurechnung der betreffenden Stimmrechte auf den Treugeber aus. An sich würde in diesem Fall auch keine Zurechnung auf den mit Einflussnahmemöglichkeit ausgestatten Treuhand-Vermittler erfolgen, da die wesentlichen wirtschaftliche Risiken aus den betreffenden Aktien auf den am Ende der Kette stehenden Treugeber verlagert wurden. Eine solche Auslegung würde allerdings Umgehungen der Mitteilungspflicht nach § 21

1285 *Koppensteiner* in KöKo, AktG, Anh. § 22, §§ 21 ff. WpHG Rn. 21; *Bayer* in MüKo, AktG, Anh. § 22, § 22 WpHG Rn. 8 f.; *Opitz* in Schäfer/Hamann, § 22 WpHG Rn. 31; *Schwark* in Schwark/Zimmer, § 22 WpHG Rn. 45; *U. H. Schneider* in Assmann/Schneider, WpHG, § 22 Rn. 21 f., 68; *Von Bülow* in KöKo, WpHG, § 22 Rn. 90; ebenso i.E. *Dehlinger/Zimmermann* in Fuchs, WpHG, § 22 Rn. 15, 51.

1286 *Opitz* in Schäfer/Hamann, § 22 WpHG Rn. 31; *U. H. Schneider* in Assmann/Schneider, WpHG, § 22 Rn. 68; *Von Bülow* in KöKo, WpHG, § 22 Rn. 90; ebenso i.E. *Dehlinger/Zimmermann* in Fuchs, WpHG, § 22 Rn. 51.

1287 *Opitz* in Schäfer/Hamann, § 22 WpHG Rn. 31; *U. H. Schneider* in Assmann/Schneider, WpHG, § 22 Rn. 68 („rechtliche oder faktische Stimmrechtsherrschaft des letzten Treugebers in der Kette“); *Von Bülow* in KöKo, WpHG, § 22 Rn. 90 („in der Regel bei gleichartigen Treuhandverhältnissen).

1288 *Opitz* in Schäfer/Hamann, § 22 WpHG Rn. 31; ebenso für § 30 Abs. 1 S. 1 Nr. 2 WpÜG *Steinmeyer* in Steinmeyer, WpÜG, § 30 Rn. 18; a.A. *Dehlinger/Zimmermann* in Fuchs, WpHG, § 22 Rn. 15, 51; *Von Bülow* in KöKo, WpHG, § 22 Rn. 90.

Abs. 1 S. 1 WpHG erleichtern. Da § 22 WpHG nach seinem Schutzzweck im Gegenteil gerade auf die Verhinderung von Umgehungsmöglichkeiten gerichtet ist, muss in einem solchen Fall für die Anwendung des § 22 Abs. 1 S. 1 Nr. 2 WpHG fingiert werden, dass die wesentlichen wirtschaftlichen Risiken aus den betreffenden Aktien nicht an den am Ende der Treuhandkette stehenden Treugeber weitergereicht worden, sondern beim Treuhand-Vermittler verblieben sind, so dass die betreffenden Stimmrechte im Ergebnis ausschließlich diesem zuzurechnen sind.[1289]

III. Besonderheiten bei der Investmentanlage im Sinne des KAGB

Eine Zurechnung von Stimmrechten nach § 22 Abs. 1 S. 1 Nr. 2 WpHG kommt auch dann in Betracht, wenn die stimmrechtsvermittelnden Aktien zu einem Investmentvermögen im Sinne des KAGB gehören. Bei der Investmentanlage liegen die wirtschaftlichen Risiken aus den Vermögensgegenständen des Investmentvermögens im Ausgangspunkt ausschließlich bei den Anlegern, die an dem betreffenden Investmentvermögen schuldrechtlich oder gesellschaftsrechtlich beteiligt sind. Diese Zuordnung ergibt sich aus dem Grundsatz der kollektiven Kapitalanlage und kommt auch in der Begriffsbestimmung des Investmentvermögens und des investmentrechtlichen Sondervermögens zum Ausdruck.[1290] Vor diesem Hintergrund ist nachfolgend anhand der bereits aufgezeigten und weiterentwickelten allgemeinen Grundsätze zur Zurechnung nach § 22 Abs. 1 S. 1 Nr. 2 WpHG zu untersuchen, inwieweit unter Berücksichtigung der Unterschiede zwischen den einzelnen Rechtsformen des Investmentvermögens eine Zurechnung von Stimmrechten auf die Anleger erfolgen kann. Dabei ist zunächst zu ermitteln, ob und inwieweit die wesentlichen wirtschaftlichen Risiken aus den betreffenden Aktien im konkreten Fall vom Eigentümer der Aktien auf die Anleger verlagert werden. Sodann ist zu untersuchen, ob die Anleger auch in hinreichend abgesicherter Weise Einfluss auf die Ausübung des Stimmrechts aus den betreffenden Aktien nehmen können.

1. Sondervermögen nach der Treuhandlösung

Eine Zurechnung der Stimmrechte aus den zum Sondervermögen gehörenden Aktien nach § 22 Abs. 1 S. 1 Nr. 2 WpHG auf die am Sondervermögen beteiligten Anleger erscheint naheliegend, wenn die Investmentanlage über ein nach der Treuhandlösung errichtetes Sondervermögen erfolgt. Das Eigentum an den stimmrechtsvermittelten Aktien liegt in diesem Fall stets bei der externen KVG, so dass eine Verlagerung der wesentlichen wirtschaftlichen Risiken aus den betreffenden Aktien auf die Anleger im Ausgangspunkt vorliegt. Gleichwohl ist hier weiter zwischen Publikums- und Spezialsondervermögen zu differenzieren.

Aus § 94 Abs. 2 S. 3 HS. 2 KAGB folgt, dass § 22 Abs. 1 WpHG auf Stimmrechte aus Aktien eines nach der Treuhandlösung errichteten Publikumssondervermögens

1289 Zutreffend *U. H. Schneider* in Assmann/Schneider, WpHG, § 22 Rn. 68.
1290 Vgl. oben S. 60 f. und S. 68 ff.

keine Anwendung findet. Einer Zurechnung der betreffenden Stimmrechte auf die Anleger ist damit von vornherein die Grundlage entzogen.[1291] Den Gesetzesmaterialien lässt sich entnehmen, dass diese Ausnahmeregelung der Rechtssicherheit dienen soll.[1292] In der Literatur wird ferner darauf hingewiesen, die Anleger trügen zwar das wirtschaftliche Risiko, hätten aber keinerlei Einfluss auf die Verwaltung des Sondervermögens bzw. die Ausübung des Stimmrechts aus den verwalteten Aktien.[1293] Inwieweit sich diese im Grundsatz zutreffende Einschätzung[1294] auf die Zurechnung von Stimmrechten nach § 22 Abs. 1 S. 1 Nr. 2 WpHG auswirkt, wird sogleich am Beispiel der zur Kapitalanlage über ein Spezialsondervermögen dargestellt.

Für Spezialsondervermögen existiert kein gesetzlicher Ausschluss der Zurechnung nach dem Vorbild des § 94 Abs. 2 S. 3 HS. 2 KAGB. Damit kommt es entscheidend darauf an, ob die Voraussetzungen der Zurechnung vorliegen. In der Literatur wird eine Zurechnung von Stimmrechten aus den Aktien des Sondervermögens auf die Anleger nach § 22 Abs. 1 S. 1 Nr. 2 WpHG überwiegend pauschal befürwortet[1295] oder zumindest im Einzelfall für möglich gehalten[1296]. Ob diese Auffassung zutrifft soll nachfolgend überprüft werden.

Eine Zurechnung der Stimmrechte zu den Anlegern setzt nach allgemeinen Grundsätzen voraus, dass die Anleger die wesentlichen Risiken aus den stimmrechtsvermittelnden Aktien tragen, namentlich das Kurs- und/oder das Dividendenrisiko. Beides ist der Fall. Nach § 168 Abs. 2 KAGB bestimmt sich der für den Nettoinventarwert des Anteils der Anleger an dem Sondervermögen maßgebliche Verkehrswert der Aktien nach ihrem Kurswert. Kursgewinne erhöhen also den Nettoinventarwert des Anteils, während Kursverluste denselben schmälern. Dies wirkt sich auf den Rücknahmepreis aus, der im Fall der Rückgabe des Anteils zu zahlen ist.[1297] Daraus folgt, dass die Anleger das anteilige Kursrisiko der zum Sondervermögen gehörenden Aktien tragen. Dividendengewinne sind wie sonstige Erträge des

---

1291 Beschlussempfehlung und Bericht des Finanzausschusses zum FFG II, BT-Drucks. 12/7918, S. 116; *Dreibus/Schäfer*, NZG 2009, 1289, 1291; *S. H. Schneider* in Assmann/Schneider, WpHG, Anh. § 22 Rn. 291, 293; *Heinrich* in Emde/Dornseifer, InvG, § 32 Rn. 68; *Von Bülow* in KöKo, WpHG, § 22 Rn. 117; *Beckmann* in Investment-Handbuch, § 32 InvG Rn. 25.

1292 Beschlussempfehlung und Bericht des Finanzausschusses zum FFG 2, BT-Drucks. 12/7918, S. 116.

1293 *Dreibus/Schäfer*, NZG 2009, 1289, 1291; *Schmitz* in Berger/Steck/Lübbehüsen, § 32 InvG Rn. 24; *Heinrich* in Emde/Dornseifer, InvG, § 32 Rn. 68.

1294 Vgl. oben S. 102 ff.

1295 *Schmitz* in Berger/Steck/Lübbehüsen, § 32 InvG Rn. 25; *Taschke* in Baur/Tappen, KAGB, § 94 Rn. 58.

1296 *Dreibus/Schäfer*, NZG 2009. 1289, 1291; *S. H. Schneider* in Assmann/Schneider, WpHG, Anh. § 22 Rn. 306; *Beckmann* in Investment-Handbuch, § 32 InvG Rn. 27.

1297 Vgl. oben S. 78 ff.

Sondervermögens an die Anleger auszuschütten.[1298] Daher tragen die Anleger auch das Dividendenrisiko aus den zum Sondervermögen gehörenden Aktien. Darüber hinaus stellen sie der KVG durch ihre Einlage auch die erforderlichen Mittel zum Erwerb der zum Sondervermögen gehörenden Aktien zur Verfügung. Eine hinreichende Verlagerung der wirtschaftlichen Risiken liegt damit auch auf Grundlage der Auffassung vor, die eine Zurechnung nach § 22 Abs. 1 S. 1 Nr. 2 WpHG nur dann befürwortet, wenn der Aktionär die Mittel für den Erwerb der betreffenden Aktien von dem Meldepflichtigen erhält.[1299] Im Ergebnis erfolgt eine Verteilung der wesentlichen wirtschaftlichen Risiken aus den zum Sondervermögen gehörenden Aktien auf die an dem Sondervermögen beteiligten Anleger, so dass jeder Anleger einen der Höhe seiner Beteiligung am Sondervermögen entsprechenden Anteil an den betreffenden Risiken trägt.

Daraus lässt sich aber nicht ohne weiteres ableiten, dass den Anlegern auch die Stimmrechte aus den betreffenden Aktien anteilig zuzurechnen sind. Die Zurechnung setzt nach allgemeinen Grundsätzen voraus, dass eine rechtlich abgesicherte Einflussnahmemöglichkeit der Anleger in der Form eines Weisungsrechts oder einer Interessenbindung besteht. Eine schuldrechtliche Stimmbindung der KVG an die Weisungen oder die erkennbaren Interessen der Anleger ist jedoch nicht gestattet.[1300] Da aber zumindest eine gesetzliche Bindung der KVG an die objektiven Interessen der Gesamtheit der Anleger besteht, stellt sich die Frage, ob hieraus eine rechtlich hinreichend abgesicherte Einflussnahmemöglichkeit der Anleger abgeleitet werden kann. Aufgrund der gesetzlichen Bindung der KVG läge zumindest eine rechtliche Absicherung der Einflussnahmemöglichkeit vor. Dennoch wird man eine den Anforderungen des § 22 Abs. 1 S. 1 Nr. 2 WpHG entsprechende Einflussnahmemöglichkeit verneinen müssen. Die Norm ist nach ihrem Schutzzweck auf die Offenlegung des mittelbaren Stimmrechtseinflusses gerichtet. Identifiziert werden sollen die Personen, die letztverbindlich über die Ausübung des Stimmrechts entscheiden können. In der vorliegenden Konstellation ist das die KVG. Daran ändert auch die Verpflichtung zur Berücksichtigung der Anlegerinteressen nichts. Denn hierbei handelt sich lediglich um eine Bindung der KVG an das objektive Durchschnittsinteresse eines Investmentkunden.[1301] Die gesetzliche Interessenbindung führt damit zwar zu einer entsprechenden Einschränkung des Ermessens der KVG bei der Entscheidung über die Stimmrechtsausübung, begründet aber keinen mittelbaren Stimmrechtseinfluss der Anleger.[1302] Aufgrund der Ausrichtung der Verwaltung an objektiven Maßstäben

---

1298 Vgl. oben S. 93 ff.

1299 Vgl. oben S. 266 ff.

1300 Vgl. oben S. 154 ff.

1301 Vgl. oben S. s101 f.

1302 So i.E. auch *Von Bülow* in KöKo, AktG, § 22 Rn. 118; ähnlich für die Miteigentumslösung *S. H. Schneider* in Assmann/Schneider, WpHG, Anh. § 22 Rn. 291 (keine Einflussnahmemöglichkeit der Anleger eines Publikums-Sondervermögens, weil die KVG die „Stimmrechte unabhängig von dem einzelnen Anleger im objektiven Interesse der Anlegergemeinschaft ausübt"). Sofern man entgegen der hier

gilt das sogar dann, wenn an dem Sondervermögen ausnahmsweise nur ein einziger Anleger beteiligt ist. Unerheblich ist auch, ob sich das erkennbare Interesse eines bestimmten Anlegers im Einzelfall tatsächlich doch einmal durchsetzt, weil es dem Interesse eines durchschnittlichen Investmentkunden entspricht. Denn ein solcher Interessengleichlauf ist lediglich zufällig und nicht hinreichend abgesichert.

Die Befürworter einer Zurechnung nach § 22 Abs. 1 S. 1 Nr. 2 WpHG verweisen zum Teil darauf, dass die erforderliche Einflussnahmemöglichkeit bei der Investmentanlage durch Beteiligung an einem Spezialsondervermögen über einen Anlageausschluss vermittelt werden könne.[1303] Der Anlageausschuss bietet ein Forum für die Koordinierung der Anlegerinteressen und schafft damit die Voraussetzungen für die Bildung eines gemeinsamen Interesses der Anleger in Bezug auf die Art und Weise der Stimmrechtsausübung aus den zum Sondervermögen gehörenden Aktien.[1304] Werden die koordinierten Anlegerinteressen gegenüber der KVG kommuniziert, lässt sich eine faktische Beeinflussung der Stimmrechtsausübung durch die KVG nicht von vornherein ausschließen.[1305] Die KVG bleibt aber auch in diesem Fall stets zur eigenverantwortlichen Letztentscheidung über die Art und Weise der Stimmrechtsausübung berechtigt.[1306] Sie ist also in keinem Fall dazu verpflichtet, die koordinierten Anlegerinteressen bei Ausübung des Stimmrechts aus Aktien im Sondervermögen zu berücksichtigen. Damit bleibt es auch im Fall der Bildung eines Anlageausschusses dabei, dass die KVG rechtlich ausschließlich an die objektiven Interessen eines durchschnittlichen Investmentkunden gebunden ist.

Im Ergebnis lässt sich also festhalten, dass eine Stimmrechtszurechnung nach § 22 Abs. 1 S. 1 Nr. 2 WpHG auch dann ausgeschlossen ist, wenn es sich bei dem Sondervermögen, zu dem die stimmrechtsvermittelnden Aktien gehören, um ein Spezial-Sondervermögen handelt.[1307] Dabei spielt es keine Rolle, ob ein Anlageausschuss gebildet wurde.[1308]

---

vertretenen Auffassung eine rechtlich hinreichend abgesicherte Einflussnahmemöglichkeit annimmt, stellt sich die weitergehende Frage, wie die zuzurechnenden Stimmrechte auf die einzelnen Anleger verteilt werden. Da die gesetzliche Interessenbildung lediglich eine pauschale Bindung an sämtliche Anlegerinteressen beinhaltet, entscheidet insoweit das Innenverhältnis der Anleger. Mangels Weisungsrecht der Anleger im Außenverhältnis müsste man daher anknüpfend an die bereits dargestellten allgemeinen Grundsätze eine anteilige Zurechnung entsprechend der Beteiligung der Anleger an den wesentlichen wirtschaftlichen Risiken annehmen. Vgl. oben S. 273 ff.

1303 *Dreibus/Schäfer*, NZG 2009, 1289, 1291; *S. H. Schneider* in Assmann/Schneider, WpHG, Anh. § 22 Rn. 306.

1304 Vgl. oben S. 105 f.

1305 Vgl. *Dreibus/Schäfer*, NZG 2009, 1289, 1291.

1306 Vgl. oben S. 105 ff.

1307 Ebenso i.E. *Schwark* in Schwark/Zimmer, § 22 WpHG Rn. 60; *Von Bülow* in KöKo, AktG, § 22 Rn. 118.

1308 So i.E. auch *Von Bülow* in KöKo, AktG, § 22 Rn. 118.

Der gesetzliche Ausschluss des § 22 Abs. 1 WpHG bei Vorliegen eines Publikumssondervermögens geht vor diesem Hintergrund an sich ins Leere.[1309] Gleichwohl ist die Intention des Gesetzgebers, zumindest insoweit Rechtssicherheit zu schaffen, uneingeschränkt zu begrüßen. Vor dem Hintergrund des hier gefundenen Ergebnisses sollte der Gesetzgeber freilich erwägen, den Zurechnungsausschluss auch auf den Fall der Investmentanlage über ein Spezial-Sondervermögen zu erstrecken. Durchgreifende Argumente für eine gesetzliche Ungleichbehandlung beider Erscheinungsformen des Sondervermögens existieren nicht, zumal eine rechtliche Einflussnahmemöglichkeit der Anleger auf die Stimmrechtsausübung durch die KVG in keinem der beiden Fälle gegeben ist.

2. *Sondervermögen nach der Miteigentumslösung*

Erfolgt die Kapitalanlage über ein nach der Miteigentumslösung errichtetes Sondervermögen, so liegt eine Zurechnung der Stimmrechte aus den zum Sondervermögen gehörenden Aktien auf die Anleger grundsätzlich fern, da die Anleger in diesem Fall nicht nur die wesentlichen wirtschaftlichen Risiken aus den Aktien tragen, sondern zugleich Miteigentümer der betreffenden Aktien sind. Etwas anderes könnte für Publikumssondervermögen allerdings aus der Eigentumsfiktion des § 94 Abs. 2 S. 3 HS. 1 KAGB folgen. Wie bereits dargelegt wirkt sich diese Fiktion über ihren Wortlaut hinaus auch im Rahmen der Zurechnungstatbestände des § 22 WpHG aus.[1310] Im Rahmen des § 22 Abs. 1 S. 1 Nr. 2 WpHG gilt dann also die KVG als Eigentümer der stimmrechtsvermittelnden Aktien des Sondervermögens. Eine Zurechnung von Stimmrechten auf die an dem Sondervermögen beteiligten Anleger wäre vor diesem Hintergrund also nur möglich, wenn die Eigentumsfiktion auch bewirken würde, dass die Anleger für die Anwendung des § 22 WpHG nicht mehr als Miteigentümer der zum Sondervermögen gehörenden stimmrechtsvermittelnden Aktien anzusehen sind. Diese Rechtsfolge der Eigentumsfiktion wird im Schrifttum zwar teilweise abgelehnt.[1311] Sie ist aber richtigerweise geboten. Die §§ 21, 22 WpHG bilden gesetzessystematisch und nach ihrem Normzweck eine Einheit. Vor diesem Hintergrund müssen sich die Auswirkungen des § 94 Abs. 2 S. 3 HS. 1 KAGB auf die Anwendung des § 21 Abs. 1 S. 1 WpHG auch auf die Zurechnung nach § 22 WpHG auswirken. Daraus folgt, dass für die Anwendung der Zurechnungstatbestände letztlich die gleichen Grundsätze anzuwenden sind, die für ein Sondervermögen gelten, das nach der Treuhandlösung errichtet wurde.[1312] Diese Überlegung führt zu der Folgefrage, ob die Zurechnung in diesem Fall ohnehin wegen der an sich lediglich auf die nach der Treuhandlösung errichteten Sondervermögen anzuwendenden Ausnahme nach

1309 Ähnlich *U. H. Schneider* in Assmann/Schneider, WpHG, Anh. § 22 Rn. 293 („überflüssig zur Erreichung ihres Regelungsziels").

1310 Vgl. oben S. 240 f.

1311 *Heinrich* in Emde/Dornseifer, InvG, § 32 Rn. 67.

1312 So i.E. auch *Von Bülow* in KöKo, AktG, § 22 Rn. 114.

§ 94 Abs. 2 S. 3 HS. 2 KAGB ausgeschlossen ist. Das ist aber gerade nicht der Fall.[1313] Die in § 94 Abs. 2 S. 3 HS. 1 KAGB angeordnete Eigentumsfiktion bezieht sich nach ihrem eindeutigen Wortlaut nur auf die Anwendung des § 21 WpHG und aus den dargelegten Gründen darüber hinaus auch auf die Zurechnungstatbestände des § 22 WpHG. Dagegen ist für die Anwendung des § 94 Abs. 2 S. 3 HS. 2 KAGB nach wie vor auf die tatsächlichen Eigentumsverhältnisse abzustellen.

Da letztlich also kein gesetzlicher Ausschluss der Zurechnung erfolgt, ist nach allgemeinen Grundsätzen zu ermitteln, ob die Voraussetzungen der Zurechnung der betreffenden Stimmrechte auf die an dem Publikumssondervermögen beteiligten Anleger vorliegen. Insoweit kann auf die Ausführungen über die Zurechnung im Fall eines nach der Treuhandlösung errichteten Sondervermögens verwiesen werden. Wie dort fehlt es auch bei Errichtung eines Publikumssondervermögens nach der Miteigentumslösung an einer rechtlich abgesicherten Einflussnahmemöglichkeit der Anleger auf die Ausübung des Stimmrechts aus den zum Sondervermögen gehörenden Aktien.[1314] Eine Zurechnung der betreffenden Stimmrechte nach § 22 Abs. 1 S. 1 Nr. 2 WpHG ist damit abzulehnen.[1315]

Die Eigentumsfiktion des § 94 Abs. 2 S. 3 HS. 1 KAGB kommt nicht zur Anwendung, wenn es sich um ein nach der Miteigentumslösung errichtetes Spezial-Sondervermögen handelt. In diesem Fall scheidet eine Zurechnung der betreffenden Stimmrechte auf die Anleger aber von vornherein aus, da es wie eingangs erwähnt nicht zu einem Auseinanderfallen der Zuordnung des rechtlichen Eigentums an und der wesentlichen wirtschaftlichen Risiken aus den stimmrechtsvermittelnden Aktien kommt.[1316]

3. *Investmentanlage über eine Investment-AG*

Auch bei der Investmentanlage über eine Investment-AG stellt sich die Frage, ob die Stimmrechte aus den Aktien im Anlagevermögen über § 22 Abs. 1 S. 1 Nr. 2 WpHG den Anlegern zuzurechnen sind. Handelt es sich um eine Investment-AG mit veränderlichem Kapital geht es um eine Zurechnung zu den Anlage-Aktionären.[1317] Bei einer Investment-AG mit fixem Kapital kommt eine Zurechnung in Bezug auf sämtliche Aktionäre in Betracht.

Über den Rücknahmepreis für die Aktien an der Investment-AG mit veränderlichem Kapital tragen die Anlage-Aktionäre im Ergebnis die Kursrisiken aus

1313 *S. H. Schneider* in Assmann/Schneider, WpHG, Anh. § 22 Rn. 291.

1314 Vgl. oben S. 283 ff.

1315 Ebenso i.E. *Schwark* in Schwark/Zimmer, § 22 WpHG Rn. 60; *Schmitz* in Berger/Steck/Lübbehüsen, § 32 InvG Rn. 24; *Von Bülow* in KöKo, AktG, § 22 Rn. 114; für den Regelfall auch *U. H. Schneider* in Assmann/Schneider, WpHG, Anh. § 22 Rn. 291.

1316 Vgl. oben S. 159 ff. I.E. ebenso *Von Bülow* in KöKo, AktG, § 22 Rn. 115.

1317 Weitergehend, da auch eine Zurechnung an die Unternehmer-Aktionäre erwägend *S. H. Schneider* in Assmann/Schneider, WpHG, Anh. § 22 Rn. 307.

den stimmrechtsvermittelnden Aktien des Investmentvermögens.[1318] Auch bei der Investment-AG mit fixem Kapital trifft das Kursrisiko letztlich alleine die Aktionäre. Da es hier keine Rückgabemöglichkeit für die Aktien an der Investment-AG gibt, sind sie vor Auflösung der Gesellschaft auf eine Veräußerung der betreffenden Aktien am Sekundärmarkt angewiesen. Der Verkaufspreis wird hier in der Regel auch die Wertentwicklung der Vermögensgegenstände des Investmentvermögens wiederspiegeln. Nach Auflösung der Investment-AG sind die zum Investmentvermögen gehörenden Aktien gemäß § 268 Abs. 1 KAGB in Geld umzusetzen. Der Verkaufspreis der Aktien wird auch in diesem Rahmen von ihrem Kurs abhängen, und zwar vor allem dann, wenn die Aktien über die Börse verkauft werden. Für den einzelnen Aktionär wirkt sich das bei der Verteilung des nach Abzug der Verbindlichkeiten verbleibenden Vermögens aus. Die Dividende aus den zum Vermögen der Investment-AG gehörenden Aktien ist bereits nach allgemeinen Grundsätzen an die Anleger auszuschütten, so dass diese auch das Dividendenrisiko tragen.[1319] Im Ergebnis ist eine Verlagerung der wesentlichen wirtschaftlichen Risiken aus den stimmrechtsvermittelnden Aktien des Anlagevermögens auf die (Anlage-)Aktionäre also anzunehmen.[1320]

Ob die Verlagerung der wirtschaftlichen Risiken aus den zum Anlagevermögen der Investment-AG stimmrechtsvermittelnden Aktien auf die (Anleger-)Aktionäre auch zu einer Zurechnung nach § 22 Abs. 1 S. 1 Nr. 2 WpHG führt ist allerdings auch davon abhängig, ob diese eine rechtlich hinreichend abgesicherte Einflussnahmemöglichkeit auf die Ausübung des Stimmrechts aus diesen Aktien haben. Insoweit ist vorab zu klären, inwieweit es hierauf überhaupt ankommt, zumal wiederum einige investmentrechtliche Besonderheiten zu beachten sind. Für die Investment-AG mit veränderlichem Kapital enthält § 108 Abs. 4 KAGB einen Verweis auf die entsprechende Anwendbarkeit des § 94 Abs. 2 KAGB. Ein solcher Verweis findet sich auch in § 140 Abs. 3 KAGB für die Investment-AG mit fixem Kapital. Wie die Erläuterungen zur Investmentanlage über ein Sondervermögen gezeigt haben, kann die Zurechnung nach § 22 Abs. 1 S. 1 Nr. 2 WpHG durch § 94 Abs. 2 S. 3 KAGB beeinflusst werden. Eine entsprechende Anwendung des § 94 Abs. 2 S. 3 HS. 1 KAGB auf die Investment-AG scheidet allerdings aus, da die Vermögensgegenstände bei der Investmentanlage über eine Investment-AG nicht im Miteigentum der Anleger stehen.[1321] Grundsätzlich denkbar ist dagegen die entsprechende Anwendung des § 94 Abs. 2 S. 3 HS. 2 KAGB mit der Folge, dass die Zurechnung nach § 22 Abs. 1 S. 1 Nr. 2 WpHG auf die Anleger ausscheidet, wenn es sich um eine Publikums-Investment-AG handelt.[1322] Dafür spricht zunächst der Wortlaut der §§ 108 Abs. 4,

---

1318 Vgl. oben S. 86 ff. und S. 283 ff.

1319 Vgl. oben S. 93 ff.

1320 So grundsätzlich auch BaFin, Emittentenleitfaden 2013, S. 125 („üblicherweise").

1321 *Dreibus/Schäfer*, NZG 2009, 1289, 1293; *S. H. Schneider* in Assmann/Schneider, WpHG, Anh. § 22 Rn. 295; *Heinrich* in Emde/Dornseifer, InvG, § 32 Rn. 72; *Von Bülow* in KöKo, AktG, § 22 Rn. 120.

1322 So etwa *Von Bülow* in KöKo, AktG, § 22 Rn. 121.

140 Abs. 3 KAGB, zumal dieser auf § 94 Abs. 2 KAGB in seiner Gesamtheit verweist. Dagegen soll sich der Verweis nach einer noch auf Grundlage des InvG von *Dreibus* und *Schäfer* vertretenen Auffassung lediglich auf die ersten beiden Sätze des § 94 Abs. 2 KAGB beziehen.[1323] Herzuleiten sei dies aus der Gesetzesbegründung zum TUG, insbesondere aus den Ausführungen zu § 99 Abs. 3 InvG.[1324] Nach Auffassung des Gesetzgebers sollten die zuvor nur für Sondervermögen geltenden Sonderregeln über den Ausschluss der Zurechnung von Stimmrechte aus Aktien an das jeweilige Mutterunternehmen der KVG auch auf Investment-AGen erstreckt werden, um insoweit eine finanzmarktpolitisch sinnvolle Angleichung zwischen den verschiedenen Formen der Kapitalanlage zu erreichen.[1325] Dass der Verweis auch einem Ausschluss der Zurechnung auf Anleger dienen sollte, lässt sich den Gesetzesmaterialien nicht entnehmen. Dies spricht allerdings nicht zwingend gegen eine entsprechende Anwendung auch des § 94 Abs. 2 S. 3 HS. 2 KAGB, zumal der Gesetzgeber andererseits auch nicht ausdrücklich ausgeschlossen hat, dass sich der Verweis auch hierauf bezieht. Entscheidend für eine entsprechende Anwendung des § 94 Abs. 2 S. 3 KAGB spricht zudem der Sinn und Zweck dieser Norm. Auch bei einer Investmentanlage über eine Investment-AG haben die Anleger keinerlei rechtlich abgesicherte Möglichkeit zur Einflussnahme auf die Ausübung der Stimmrechte aus den zum Anlagevermögen gehörenden Aktien. Schuldrechtliche Stimmbindungen scheiden aus.[1326] Auch die gesetzliche Bindung an die objektiven Interessen eines durchschnittlichen Investmentkunden kann aus den bereits genannten Gründen für sich genommen keine hinreichend abgesicherte Einflussnahmemöglichkeit begründen.[1327] Fraglich ist, ob die erforderliche Einflussnahmemöglichkeit aus der Satzung der Investment-AG hergeleitet werden kann. Wie bereits ausgeführt kann dies nach allgemeinen Grundsätzen der Fall sein, wenn die Investment-AG nach ihrem Unternehmensgegenstand ausschließlich das Halten und Verwalten von Beteiligungen betreiben würde, so dass eine besondere Treuebindung an die Interessen ihrer (Anleger-) Aktionäre anzunehmen wäre.[1328] Dies legt der durch die §§ 110 Abs. 2 S. 1, 142 S. 1 KAGB gesetzlich festgelegte Unternehmensgegenstand der Investment-AG tatsächlich nahe, zumal dieser ausschließlich auf die Anlage und Verwaltung ihrer Mittel nach einer festgelegten Anlagestrategie zur gemeinschaftlichen Kapitalanlage und zum Nutzen ihrer Aktionäre gerichtet sein muss. Ungeachtet dieser Parallele fehlt

---

1323 *Dreibus/Schäfer*, NZG 2009, 1289, 1293 (in Bezug auf den Verweis des § 99 Abs. 3 InvG auf § 32 Abs. 2 InvG); a.A. wohl *Heinrich* in Emde/Dornseifer, InvG, § 32 Rn. 71, 73.

1324 *Dreibus/Schäfer*, NZG 2009, 1289, 1293. Bei § 99 Abs. 3 InvG handelt es sich um die insoweit inhaltsgleiche Vorgängernorm des § 108 Abs. 4 KAGB.

1325 Begr. RegE. TUG, BT-Drucks. 16/2498, S. 57.

1326 Insoweit gelten die für die Investmentanlage über ein nach der Treuhandlösung errichtetes Sondervermögen herausgearbeiteten Grundsätze entsprechend. Vgl. dazu oben S. 154 ff.

1327 Vgl. oben S. 283 ff.

1328 Siehe dazu die Ausführungen oben S. 278 ff.

aber es letztlich an einer individuellen Bindung der Investment-AG an die Interessen ihrer Aktionäre. Die Verwaltung des Investmentvermögens erfolgt im Gegensatz zur Verwaltungstätigkeit der typischen Vermögensverwaltungsgesellschaft nicht im individuellen Interesse der Aktionäre, sondern im objektiven Interesse eines durchschnittlichen Investmentkunden. Vor diesem Hintergrund dient es letztlich auch bei der Investmentanlage über eine Investment-AG der Rechtssicherheit, eine Zurechnung nach § 22 Abs. 1 S. 1 Nr. 2 WpHG von vornherein gesetzlich auszuschließen. Im Ergebnis sprechen die besseren Argumente also für eine entsprechende Anwendung des § 94 Abs. 2 S. 3 HS. 2 KAGB auf die Investment-AG.

Problematisch ist allerdings, dass der Zurechnungsausschluss nach seinem Wortlaut nur dann eingreift, wenn die Vermögensgegenstände des Sondervermögens im Eigentum der KVG stehen. Insoweit wird man das Tatbestandsmerkmal des „Sondervermögens" zunächst mit dem Begriff des „Anlagevermögens" ersetzen müssen, da dieses bei der Investmentanlage über eine Investment-AG an die Stelle des Sondervermögens tritt. Da die Vermögensgegenstände nach dem Wortlaut der Norm im Eigentum der KVG stehen müssen, stellt sich die Frage, ob der Zurechnungsausschluss nur dann anwendbar ist, wenn es sich um eine Investment-AG handelt, die ihr Anlagevermögen selbst verwaltet. Denn nur in diesem Fall ist die Investment-AG auch als KVG zu qualifizieren. Zu berücksichtigen ist, dass § 94 Abs. 2 S. 3 HS. 2 KAGB nicht wortwörtlich, sondern lediglich entsprechend anzuwenden ist. Vor diesem Hintergrund könnte es geboten sein, den Wortlaut der Norm gedanklich so zu verändern, dass er auch den Fall der Fremdverwaltung erfasst. Das Tatbestandsmerkmal der „Kapitalverwaltungsgesellschaft" wäre dann im Ergebnis durch den Begriff „Investmentaktiengesellschaft" zu ersetzen. Für diese Auffassung spricht vor allem die Tatsache, dass sich die fehlende Einflussnahmemöglichkeit der Anleger auf die Ausübung der Stimmrechte aus den zum Anlagevermögen gehörenden Aktien nicht dadurch ändert, dass die Aktien nicht (mehr) durch die Investment-AG, sondern durch eine externe KVG verwaltet werden. In beiden Fällen fehlt es vollständig am mittelbaren Stimmrechtseinfluss der Anleger. Eine Zurechnung der betreffenden Stimmrechte nach § 22 Abs. 1 S. 1 Nr. 2 WpHG ist aufgrund des Fehlens einer rechtlich abgesicherten Einflussnahmemöglichkeit der Anleger auf die Stimmrechtsausübung ausgeschlossen. Vor diesem Hintergrund besteht kein sachlicher Grund dafür, die Anwendbarkeit des § 94 Abs. 2 S. 3 HS. 2 KAGB auf den Fall der Investmentanlage über eine selbstverwaltete Investment-AG zu beschränken. Im Gegenteil wird die Rechtssicherheit bei der Anwendung des § 22 WpHG durch eine Anwendung der Norm auf den Fall der Investmentanlage über eine fremdverwaltete Investment-AG noch weiter gesteigert.

Soweit § 92 Abs. 2 S. 3 HS. 2 KAGB keine Anwendung findet, also im Fall der Investmentanlage über eine Spezial-Investment-AG kommt es weiterhin auf das Vorliegen einer rechtlich abgesicherte Einflussnahmemöglichkeit der (Anlage-)Aktionäre auf die Stimmrechtsausübung aus den zum Vermögen der Investment-AG gehörenden Aktien an. Allerdings fehlt es an einer solchen Einflussnahmemöglichkeit aus den soeben genannten Gründen. Wie bereits dargelegt ändert auch die über einen Anlageausschuss vermittelte faktische Einflussnahmemöglichkeit auf die Stimmrechtsausübung nichts an diesem Ergebnis.

Eine auf § 22 Abs. 1 S. 1 Nr. 2 WpHG gestützte Zurechnung der Stimmrechte aus den Aktien im Anlagevermögen der Investment-AG auf die (Anlage-)Aktionäre ist damit insgesamt, also auch dann abzulehnen, wenn es sich um eine Spezial-Investment-AG handelt.[1329]

4. Investmentanlage über eine Investment-KG

Auch bei der Investmentanlage über eine Investment-KG stellt sich die Frage, ob die Stimmrechte aus den zum Gesellschaftsvermögen gehörenden Aktien den Anlegern auf Grundlage des § 22 Abs. 1 S. 1 Nr. 2 WpHG zugerechnet werden können. Handelt es sich um eine offene Investment-KG, geht es um eine Zurechnung auf die unmittelbar als Kommanditisten an der Investment-KG beteiligen professionellen oder semi-professionellen Anleger. Bei einer geschlossenen Investment-KG ist eine Zurechnung auf die unmittelbar als Kommanditisten oder ggf. auf die über einen Treuhandkommanditisten mittelbar beteiligten Anleger zu prüfen.

Fraglich ist auch in diesem Zusammenhang, ob und inwieweit die Zurechnung nach allgemeinen Grundsätzen durch besondere Vorschriften des KAGB modifiziert werden. Für die geschlossene Investment-KG verweist § 149 Abs. 2 KAGB auf eine entsprechende Anwendung des § 94 Abs. 2 KAGB. Ist diese als Publikums-Investment-KG zu qualifizieren, ist aus den bereits genannten Gründen der Zurechnungsausschluss des § 94 Abs. 2 S. 3 HS. 2 KAGB anwendbar, und zwar gleichermaßen im Fall der Eigenverwaltung und der Fremdverwaltung des Kommanditanlagevermögens.[1330]

Demgegenüber findet sich im Recht der offenen Investment-KG kein Verweis auf die entsprechende Anwendbarkeit des § 94 Abs. 2 KAGB. Die Verweisungsnorm des § 124 Abs. 2 KAGB führt lediglich zu einer entsprechenden Anwendung des § 94 Abs. 4 KAGB. Auf den ersten Blick könnte man der Auffassung sein, dass es sich hierbei um ein Redaktionsversehen des Gesetzgebers handelt, zumal im Hinblick auf den inneren Grund des Zurechnungsausschlusses schlichtweg kein vernünftiger Grund für eine Differenzierung zwischen offener und geschlossener Investment-KG erkennbar ist. Auch im Fall der Investmentanlage über eine offene Investment-KG haben die Anleger keinerlei rechtlich abgesicherte Möglichkeit, auf die Ausübung der Stimmrechte aus den zum Kommanditanlagevermögen gehörenden Aktien Einfluss zu nehmen. Jedenfalls soweit es wie hier um die Frage nach der entsprechende Anwendbarkeit des § 94 Abs. 2 S. 3 KAGB geht, offenbart sich der Grund für den

---

1329 Ebenso i.E. *Dreibus/Schäfer*, NZG 2009, 1289, 1293; *Von Bülow* in KöKo, AktG, § 22 Rn. 121 f.; a.A. BaFin, Emittentenleitfaden 2013, S. 125 (auf Grundlage der von der BaFin vertretenen abstrakten Betrachtungsweise folgerichtig); *S. H. Schneider* in Assmann/Schneider, WpHG, Anh. § 22 Rn. 307 („Zurechnung kommt in Betracht, wenn Anlageaktionär Einfluss auf die Stimmrechte hat").

1330 Vgl. die Ausführungen zur Investment-AG oben S. 288 ff.

fehlenden Verweis auf diese Norm aber bei näherer Betrachtung der zugelassenen Erscheinungsformen der offenen Investment-KG.[1331] Diese kann nur als Spezial-Investmentvermögen errichtet werden.[1332] Der Zurechnungsausschluss des § 94 Abs. 2 S. 3 KAGB ist aber von vornherein nur auf Publikums-Investmentvermögen anwendbar. Da ein Verweis auf die entsprechende Anwendbarkeit des § 94 Abs. 2 S. 3 KAGB im Recht der offenen Investment-KG folglich leerliefe und somit überflüssig wäre, ist das Schweigen des § 124 Abs. 2 KAGB insoweit folgerichtig und damit auch nicht als Redaktionsversehen zu werten.

Damit bestimmt sich die Zurechnung von Stimmrechten auf die Anleger im Fall der Investmentanlage über eine geschlossene Spezial-Investment-KG oder über eine offene Investment-KG letztlich also nach den allgemeinen Grundsätzen. Im Einzelnen kann insoweit auf die entsprechenden Ausführungen zur Investment-AG verwiesen werden.[1333] Im Ergebnis scheidet eine Zurechnung der betreffenden Stimmrechte nach § 22 Abs. 1 S. 1 Nr. 2 WpHG stets aus, da weder eine schuldrechtliche Stimmbindung zugunsten der Anleger noch eine über den Gesellschaftszweck der Investment-KG hergeleitete besondere Treuebindung an die individuellen Interessen der Anleger zulässig wäre.

C. Zurechnung nach § 22 Abs. 1 S. 1 Nr. 3 WpHG

Eine Zurechnung von Stimmrechten auf den Meldepflichtigen erfolgt nach § 22 Abs. 1 S. 1 Nr. 3 WpHG auch dann, wenn dieser die stimmrechtsvermittelnden Aktien einem Dritten als Sicherheit übertragen hat. Trotz Übertragung der Aktien zur Sicherheit findet allerdings keine Zurechnung statt, wenn der Dritte zur Ausübung der Stimmrechte aus diesen Aktien befugt ist und die Absicht bekundet, die Stimmrechte unabhängig von den Weisungen des Meldepflichtigen auszuüben. Die Zurechnung findet ihre Rechtfertigung nach Auffassung des Gesetzgebers darin, „dass die Aktien und die damit verbundenen Stimmrechte nach Erfüllung der Verbindlichkeit, für die die Aktien übertragen wurden, dem ursprünglichen Aktionär wieder zufallen".[1334] Wie bereits ausgeführt, ordnet der Tatbestand im Gegensatz zu den übrigen Zurechnungstatbeständen des § 22 Abs. 1 WpHG eine alternative Zurechnung an, so dass es im Fall der Zurechnung zu einer Absorption der Stimmrechte bei dem Sicherungsnehmer kommt.[1335] In der Literatur wird bisweilen darauf

1331 Vgl. aber bereits S. 264 ff. zu der Frage, ob zumindest § 94 Abs. 2 S. 1, S. 2 KAGB entsprechend auf die Investmentanlege über eine offene KAGB anzuwenden ist.

1332 Vgl. oben S. 90.

1333 Vgl. oben S. 288 ff.

1334 Begr. RegE. FFG II, BT-Drucks. 12/6679, S. 53; kritisch *Schwark* in Schwark/Zimmer, § 22 WpHG Rn. 7.

1335 Vgl. die Nachweise oben Fn. 840.

hingewiesen, dass § 22 Abs. 1 S. 1 Nr. 3 WpHG hierdurch auch zum Schutz der Vertraulichkeit der Kreditbeziehungen beitrage.[1336]

I. Tatbestandsvoraussetzungen

Im Hinblick auf den Zurechnungstatbestand ist zunächst zu klären, welche Fälle der Sicherungsübertragung von Aktien zu einer Zurechnung führen können. Da die Zurechnung der Offenlegung des mittelbaren Stimmrechtseinflusses dient, soll darüber hinaus untersucht werden, wie die Einflussnahmemöglichkeit des Meldepflichtigen auf die Stimmrechtsausübung ausgestaltet sein muss, um eine Zurechnung zu begründen.

1. Sicherungsübertragung stimmrechtsvermittelnder Aktien

Nach seinem Wortlaut ist der Zurechnungstatbestand darauf gerichtet, dass der Meldepflichtige stimmrechtsvermittelnde Aktien zur Sicherheit auf einen Dritten überträgt. Eine solche Sicherungsübertragung liegt nach allgemeiner Auffassung zumindest dann vor, wenn die betreffenden Aktien von dem Meldepflichtigen zur Sicherheit an den Dritten übereignet wurden.[1337] Gleiches muss dann auch im Fall der Sicherungsabtretung des Mitgliedschaftsrechts an den Dritten gelten.

Umstritten ist, ob auch die Bestellung eines Pfandrechts an den stimmrechtsvermittelnden Aktien als Sicherungsübertragung im tatbestandlichen Sinne qualifiziert werden kann. Nach verbreiteter Auffassung ist dies der Fall.[1338] In diesem Zusammenhang ist zunächst darauf hinzuweisen, dass das Stimmrecht aus den verpfändeten Aktien aufgrund des Abspaltungsverbots nach allgemeiner Auffassung stets beim Aktionär verbleibt.[1339] Als Sicherungsübertragung im Sinne des § 22

1336 So *U. H. Schneider* in Assmann/Schneider, WpHG, § 22 Rn. 96; ihm folgend *Opitz* in Schäfer/Hamann, § 22 WpHG Rn. 50, 50b; *Becker* in Bürgers/Körber, AktG, Anh. § 22, § 22 WpHG Rn. 5; zurückhaltend *Dehlinger/Zimmermann* in Fuchs, WpHG, § 22 Rn. 60 Fn. 136 (lediglich „Reflex").

1337 BaFin, Emittentenleitfaden 2013, S. 117; *Bayer* in MüKo, AktG, Anh. § 22, § 22 WpHG Rn. 24; *Dehlinger/Zimmermann* in Fuchs, WpHG, § 22 Rn. 60; *Opitz* in Schäfer/Hamann, § 22 WpHG Rn. 50; *Schwark* in Schwark/Zimmer, § 22 WpHG Rn. 7; *Veil* in Schmidt/Lutter, AktG, Anh. § 22, § 22 WpHG Rn. 21; *Von Bülow* in KöKo, WpHG, § 22 Rn. 130.

1338 Dafür etwa *Starke*, S. 204; *Koppensteiner* in KöKo, AktG, Anh. § 22, §§ 21 ff. WpHG Rn. 19; *Opitz* in Schäfer/Hamann, § 22 WpHG Rn. 50; *Heinrich* in Heidel, § 22 WpHG Rn. 12; unklar Begr. RegE. FFG II, BT-Drucks. 12/6679, S. 53 („Somit werden die Aktien, die der Aktionär einem Dritten als Sicherheit übertragen hat, grundsätzlich auch weiterhin dem Aktionär zugerechnet. Dabei ist es gleichgültig, ob der Aktionär die Aktien dem Dritten nur verpfändet oder ihm als Sicherheit übereignet hat.").

1339 Vgl. statt aller *Zöllner* in KöKo, AktG, 1. Aufl., § 134 Rn. 14; *Wiesner/Kraft* in MünchHdbAG, § 14 Rn. 69; *Grundmann* in GroKo, AktG, § 134 Rn. 80; *Heider* in

Abs. 1 S. 1 Nr. 3 WpHG wird aber teilweise auch die Übertragung des Besitzes an den stimmrechtsvermittelnden Aktien im Rahmen der Verpfändung angesehen.[1340] Diese Auffassung stößt indessen auf rechtssystematische Bedenken. Grundsätzlich werden die Stimmrechte aus den verpfändeten Aktien unmittelbar auf Grundlage des § 21 Abs. 1 S. 1 WpHG im Stimmrechtsanteil des Aktionärs berücksichtigt. Da der Aktionär im Fall der Verpfändung seiner Aktien den Besitz an den Aktienurkunden auf den Pfandgläubiger überträgt, wäre er zugleich als Meldepflichtiger im Sinne des § 22 Abs. 1 S. 1 Nr. 3 WpHG zu qualifizieren. Seine Stimmrechte werden aber bereits von dem Grundtatbestand des § 21 Abs. 1 S. 1 WpHG erfasst, so dass der Zurechnungstatbestand „ins Leere" gehen würde.[1341] Würde man den Zurechnungstatbestand trotzdem auf den Fall der Verpfändung anwenden, führte dies sogar zu einer Einschränkung des § 21 Abs. 1 S. 1 WpHG, da eine hierauf gestützte unmittelbare Berücksichtigung der Stimmrechte bei dem Aktionär nur dann erfolgen würde, wenn der Pfandgläubiger nicht zur Ausübung des Stimmrechts aus den Aktien befugt wäre oder zwar dazu befugt wäre, aber nicht die Absicht bekunden würde, die Stimmrechte unabhängig von den Weisungen des Aktionärs auszuüben. Eine solche Befugnis des Pfandgläubigers zur Stimmrechtsausübung kann aus einer entsprechenden Bevollmächtigung oder Ermächtigung folgen.[1342] Der Aktionär bleibt aber in jedem Fall zur Ausübung des Stimmrechts befugt, da die Erteilung einer unwiderruflichen und zugleich verdrängenden Bevollmächtigung bzw. Ermächtigung zur Stimmrechtsausübung nichtig ist.[1343] Ungeachtet dessen wäre die Berücksichtigung der Stimmrechte bei dem Aktionär im Fall der Anwendung des § 22 Abs. 1 S. 1 Nr. 3 WpHG auf die Verpfändung von der rein tatsächlichen Aussage des Pfandgläubigers abhängig, die Stimmrechte unabhängig von den Weisungen des Aktionärs auszuüben. Dies widerspricht dem kapitalmarktrechtlichen Schutzzweck der §§ 21 ff. WpHG. Die mit dem Recht zur letztverbindlichen Entscheidung über die Stimmrechtsausübung ausgestattete Person würde nicht identifiziert, sondern im Gegenteil sogar verschleiert. Diese Transparenzlücke würde noch dadurch verstärkt, dass die bei dem Aktionär in Abzug gebrachten Stimmrechte auf Grundlage des § 22 Abs. 1 S. 1 Nr. 3 AktG nicht auch dem Pfandgläubiger zugerechnet werden können.[1344] Denn dieser ist nicht als Meldepflichtiger im Sinne des Tatbestands zu qualifizieren, da nach dem Wortlaut der Norm nur die Person als Meldepflichtiger

MüKo, AktG, § 12 Rn. 7; *Spindler* in Schmidt/Lutter, AktG, § 134 Rn. 7; *Koch* in Hüffer, AktG, § 16 Rn. 7; *Solveen* in Hölters, AktG, § 12 Rn. 4.

1340 So *Opitz* in Schäfer/Hamann, § 22 WpHG Rn. 50.

1341 Ähnlich *Dehlinger/Zimmermann* in Fuchs, WpHG, § 22 Rn. 60 („bedeutungslos").

1342 *Meyer/Bundschuh*, WM 2003, 960, 965; *Opitz* in Schäfer/Hamann, § 22 Rn. 51, 55. Vgl. eingehend zu den Motiven einer Bevollmächtigung des Pfandgläubigers *Opitz* in Schäfer/Hamann, § 22 Rn. 51.

1343 Vgl. oben S. 139 ff.

1344 *Dehlinger/Zimmermann* in Fuchs, WpHG, § 22 Rn. 60; *U. H. Schneider* in Assmann/Schneider, WpHG, § 22 Rn. 92; a.A. (für Zurechnung zum Pfandgläubiger, wenn dieser zur Ausübung des Stimmrechts befugt ist und seine Absicht bekundet, das

zu qualifizieren ist, die die stimmrechtsvermittelnden Aktien zur Sicherheit übertragen hat. Dies ist aber nicht der Pfandgläubiger, sondern nur der Aktionär als Verpfänder der Aktien. Im Ergebnis ist die Anwendbarkeit des § 22 Abs. 1 S. 1 Nr. 3 WpHG auf die Verpfändung stimmrechtsvermittelnder Aktien damit abzulehnen.[1345] Ist der Pfandgläubiger zur Ausübung des Stimmrechts aus den verpfändeten Aktien berechtigt, kann sein Stimmrechtseinfluss allerdings unter Umständen über eine Zurechnung nach § 22 Abs. 1 S. 1 Nr. 6 WpHG offengelegt werden.[1346]

2. *Stimmrechtseinfluss des Sicherungsgebers*

Nach dem ersten Halbsatz des § 22 Abs. 1 S. 1 Nr. 3 WpHG werden die Stimmrechte grundsätzlich ausschließlich dem Sicherungsgeber zugerechnet, wenn nicht die Ausnahme des zweiten Halbsatzes eingreift. Dies deutet darauf hin, dass der Gesetzgeber ungeachtet der Aktionärsstellung des Dritten im Grundsatz von einer hinreichend abgesicherten Einflussnahmemöglichkeit des Meldepflichtigen auf die Art und Weise die Stimmrechtsausübung aus den zur Sicherheit übertragenen Aktien ausgeht. Diese typisierte Annahme soll nachfolgend eingehender betrachtet werden. Dazu soll zunächst die Rechtsnatur der Sicherungsübertragung beleuchtet werden.

Diese ist dadurch gekennzeichnet, dass der Sicherungsgeber nach Erfüllung des Sicherungszwecks die Rückübertragung der Aktie verlangen kann.[1347] Aus diesem Grund ist der Sicherungsnehmer während der Dauer der Sicherungsübertragung grundsätzlich auch dazu verpflichtet, bei der Verwaltung des Sicherungsguts die Einschränkungen der Sicherungsabrede einzuhalten und die Interessen des Sicherungsgebers zu berücksichtigen, soweit seine eigenen berechtigten Sicherungsinteressen dem nicht entgegenstehen.[1348] Die Sicherungsübertragung führt im Ergebnis eine schuldrechtliche Innenbindung des Sicherungsnehmers in Bezug auf seine Rechtsmacht über das Sicherungsgut herbei, so dass sie auch als Vollrechtstreuhand

---

Stimmrecht unabhängig von den Weisungen des Aktionärs auszuüben) *Opitz* in Schäfer/Hamann, § 22 Rn. 55.

1345 Ebenso BaFin, Emittentenleitfaden 2013, S. 117; *Bayer* in MüKo, AktG, Anh. § 22, § 22 WpHG Rn. 24; *Dehlinger/Zimmermann* in Fuchs, WpHG, § 22 Rn. 60; *Petersen* in Spindler/Stilz, AktG, Anh. § 22, §§ 21–30 WpHG Rn. 48 Fn. 110; *Schwark* in Schwark/Zimmer, § 22 WpHG Rn. 13; *U. H. Schneider* in Assmann/Schneider, WpHG, § 22 Rn. 92; *Von Bülow* in KöKo, WpHG, § 22 Rn. 129.

1346 *Opitz* in Schäfer/Hamann, § 22 Rn. 55; *Dehlinger/Zimmermann* in Fuchs, WpHG, § 22 Rn. 60; *Petersen* in Spindler/Stilz, AktG, Anh. § 22, §§ 21–30 WpHG Rn. 48 Fn. 110; ebenso wohl *U. H. Schneider* in Assmann/Schneider, WpHG, § 22 Rn. 92 a.E. Vgl. insoweit noch unten S. 324 ff.

1347 Begr. RegE. FFG II, BT-Drucks. 12/6679, S. 53; *Bayer* in MüKo, AktG, Anh. § 22, § 22 WpHG Rn. 24; *Heinrich* in Heidel, § 22 WpHG Rn. 11. Vgl. allgemein auch *Baur/Stürner*, § 57 Rn. 2; *Oechsler* in MüKo, BGB, Anh. §§ 929–936 Rn. 1 („transitorischer Charakter").

1348 BGH v. 11.2.1960, VII ZR 206/58, NJW 1960, 958, 959; *Roth* in MüKo, BGB, § 398 Rn. 108.

in der Form der eigennützigen Sicherungstreuhand mit dem Sicherungsnehmer als Treuhänder, dem Sicherungsgeber als Treugeber und den sicherungshalber übertragenen Vermögensgegenständen als Treugut zu qualifizieren ist.[1349] Wirtschaftlich bleiben die zur Sicherheit übertragenen Aktien grundsätzlich dem Sicherungsgeber zugeordnet.[1350] Als Treugeber steht dem Sicherungsgeber damit grundsätzlich auch ein Weisungsrecht in Bezug auf die Ausübung des Stimmrechts aus den betreffenden Aktien zu, was sich regelmäßig auch ausdrücklich aus einer Nebenbestimmung der Sicherungsabrede ergibt.[1351] Letztlich ist der Dritte im Sinne des § 22 Abs. 1 S. 1 Nr. 3 WpHG als Sicherungsnehmer in Bezug auf die Stimmrechtsausübung aus den sicherungshalber übertragenen Aktien also grundsätzlich an die Weisungen und die Interessen des Meldepflichtigen als Sicherungsgeber gebunden.[1352] Nach der Vereinbarung im Innenverhältnis steht diese Bindung freilich regelmäßig unter dem Vorbehalt, dass die Sicherungsinteressen des Sicherungsnehmers im Einzelfall nicht entgegenstehen.[1353] Den Sicherungsnehmer wird die Innenbindung im Regelfall kaum stören, da er typischerweise lediglich seine Sicherungsinteressen verfolgt und an einer Einflussnahme auf den Emittenten überhaupt nicht interessiert ist. Aus diesem Grund wird er häufig auch überhaupt keinen Wert darauf legen, das Stimmrecht aus den Aktien selbst ausüben zu können. Vielmehr wird er den Sicherungsgeber zur Ausübung des Stimmrechts bevollmächtigen oder ermächtigen.[1354] Letztlich kann der Meldepflichtige als Sicherungsgeber damit regelmäßig hinreichend rechtlich abgesichert und letztverbindlich über die Ausübung des Stimmrechts aus den zur Sicherheit übereigneten Aktien entscheiden.

Wie im Fall der Zurechnung nach § 22 Abs. 1 S. 1 Nr. 2 WpHG stellt sich indessen auch bei der Sicherungsübertragung von Aktien die Frage, ob die typischerweise bestehende Einflussnahmemöglichkeit des Meldepflichtigen genügt, um eine Zurechnung zu begründen. Auch hier könnte man in Anbetracht des Schutzzwecks des § 22 WpHG, mittelbare Stimmrechtseinflüsse offenzulegen, argumentieren, dass eine Zurechnung nur dann in Betracht kommt, wenn der Meldepflichtige die

1349 Vgl. statt aller BGH v. 27.11.1997 – GSZ 1 und 2/97, NJW 1998, 671, 672; *Dehlinger/Zimmermann* in Fuchs, WpHG, § 22 Rn. 59 Fn. 133; *Schramm* in MüKo, BGB, Vor § 164 Rn. 30; *Kindl* in Bamberger/Roth, BGB, § 930 Rn. 13. Vgl. allg. zu den Merkmalen der Treuhand oben S. 6 ff.

1350 *Schwark* in Schwark/Zimmer, § 22 WpHG Rn. 7. Vgl. zur wirtschaftlichen Zuordnung des Treuguts im Fall der Vollrechtstreuhand auch bereits oben S. 6 ff.

1351 *Bayer* in MüKo, AktG, Anh. § 22, § 22 WpHG Rn. 24.

1352 BaFin, Emittentenleitfaden 2013, S. 117; *Bayer* in MüKo, AktG, Anh. § 22, § 22 WpHG Rn. 24; *Schwark* in Schwark/Zimmer, § 22 WpHG Rn. 7; *U. H. Schneider* in Assmann/Schneider, WpHG, § 22 Rn. 96; *Heinrich* in Heidel, § 22 WpHG Rn. 11.

1353 BaFin, Emittentenleitfaden 2013, S. 117; *Zöllner* in KöKo, § 134 Rn. 10; *Meyer/Bundschuh*, WM 2003, 960, 964; *U. H. Schneider* in Assmann/Schneider, WpHG, § 22 Rn. 96.

1354 *Bayer* in MüKo, AktG, Anh. § 22, § 22 WpHG Rn. 24; *Petersen* in Spindler/Stilz, AktG, Anh. § 22, §§ 21–30 WpHG Rn. 48.

Stimmrechtsausübung in jedem Einzelfall auf hinreichend rechtlich abgesicherter Grundlage beeinflussen kann. Rechtstechnisch wäre § 22 Abs. 1 S. 1 Nr. 3 WpHG entsprechend telelogisch zu reduzieren. Hinsichtlich der für die eine oder die andere Auffassung sprechenden Argumente kann auf die Ausführungen zur Zurechnung nach § 22 Abs. 1 S. 1 Nr. 2 WpHG verwiesen werden.[1355] Allerdings ist im Hinblick auf die Zurechnung zu berücksichtigen, dass sie zu einer gleichzeitigen Absorption der betreffenden Stimmrechte im Stimmrechtsanteil des Aktionärs und Sicherungsnehmers führt, diesen also privilegiert. Eine Beschränkung der Zurechnung auf die Einzelfälle, in denen eine rechtlich hinreichend abgesicherte Einflussnahmemöglichkeiten des Meldepflichtigen tatsächlich vorliegt, würde daher in den Ausnahmefällen, in denen dies nicht der Fall ist, zu einer Verschärfung der Mitteilungspflichten für den Aktionär führen. Denn mangels Absorption würden die von der Sicherungsübertragung betroffenen Stimmrechte dann unmittelbar auf Grundlage des § 21 Abs. 1 S. 1 WpHG in seinem Stimmrechtsanteil berücksichtigt. Die in Betracht gezogene telelogische Reduktion würdet sich also im Ergebnis (auch) zu Lasten der Normadressaten der §§ 21, 22 WpHG auswirken. Folglich verstößt sie gegen das Analogieverbot, so dass es ungeachtet des Schutzzwecks des § 22 WpHG im Rahmen des § 22 Abs. 1 S. 1 Nr. 3 WpHG bei einer typisierten Betrachtungsweise bleiben muss. Für die Anwendung der Norm ist mithin davon auszugehen, dass der Meldepflichtige als Sicherungsgeber stets zur Erteilung von Weisungen in Bezug auf die Stimmrechtsausübung an den Dritten und Sicherungsnehmer berechtigt ist. Im Ergebnis löst die Sicherungsübertragung der Aktien regelmäßig überhaupt keine Mitteilungspflicht des Sicherungsgebers aus, da ihm die Stimmrechte zwar nicht mehr auf Grundlage seiner Aktionärsstellung aber infolge der Zurechnung nach § 22 Abs. 1 S. 1 Nr. 3 WpHG zugeordnet werden, und zwar ohne dass sich sein Stimmrechtsanteil im Ergebnis ändert.[1356]

Die typisierte Betrachtungsweise des ersten Halbsatzes wird indessen durch den zweiten Halbsatz des § 22 Abs. 1 S. 1 Nr. 3 WpHG in gewissem Umfang relativiert. Unter den Voraussetzungen dieses Halbsatzes entfällt die Zurechnung der Stimmrechte auf den Sicherungsgeber mit der Folge, dass sie unmittelbar auf Grundlage des § 21 Abs. 1 S. 1 WpHG dem Sicherungsnehmer zuzuordnen sind. Dieser muss nach dem Wortlaut der Norm allerdings dazu befugt sein, die Stimmrechte aus den betreffenden Aktien auszuüben. Das Tatbestandsmerkmal ist missverständlich. Wie bereits ausgeführt kann der Sicherungsnehmer den Sicherungsgeber zwar zur Ausübung des Stimmrechts aus den betreffenden Aktien berechtigen. In einem solchen Fall würde die Stimmrechtsausübung in der Regel durch den Sicherungsgeber erfolgen. Die Erteilung einer Vollmacht oder Ermächtigung zur Stimmrechtsausübung an den Sicherungsgeber hindert den Sicherungsnehmer indessen nicht, die Stimmrechte als Aktionär selbst wahrzunehmen, da der Sicherungsgeber nicht

---

1355 Vgl. oben S. 269 ff.

1356 *Dehlinger/Zimmermann* in Fuchs, WpHG, § 22 Rn. 60; *Becker* in Bürgers/Körber, AktG, Anh. § 22, § 22 WpHG Rn. 5.

verdrängend und zugleich unwiderruflich berechtigt werden kann.[1357] Daraus folgt, dass der Sicherungsnehmer stets dazu befugt bleibt, das Stimmrecht aus den betreffenden Aktien auszuüben.[1358] Damit muss der Sicherungsnehmer lediglich die Absicht bekunden, die Stimmrechte unabhängig von den Weisungen des Sicherungsgebers auszuüben, um die Wirkungen des § 22 Abs. 1 S. 1 Nr. 3 HS. 2 WpHG herbeizuführen.[1359] Da es dem Sicherungsnehmer grundsätzlich nur auf die Wahrung seiner Sicherungsinteressen ankommt, wird eine solche Absichtsbekundung regelmäßig unterbleiben.[1360] Ungeachtet dessen stellt sich die Frage, ob der Gesetzgeber der Stimmrechtsausübung des Sicherungsnehmers als Aktionär an dieser Stelle den Vorrang vor der rechtlich abgesicherten Möglichkeit des Sicherungsgebers einräumt, Weisungen in Bezug auf die Stimmrechtsausübung zu erteilen und diese notfalls auch gerichtlich durchzusetzen.[1361] Diese Frage ist richtigerweise zu verneinen. Da der Schutzzweck des § 22 WpHG auf die Offenlegung des mittelbaren Stimmrechtseinflusses gerichtet ist, muss der zweite Halbsatz des § 22 Abs. 1 S. 1 Nr. 3 WpHG so ausgelegt werden, dass die Zurechnung der Stimmrechte aus den sicherungshalber übertragenen Aktien auf den Sicherungsgeber nur dann entfällt, wenn der Sicherungsnehmer im Hinblick auf die Stimmrechtsausübung ausnahmsweise nicht an die Weisungen oder die erkennbaren Interessen des Sicherungsgebers gebunden ist.[1362] Denn nur in diesem Fall kann die Äußerung des Sicherungsnehmers, die Stimmrechte unabhängig von dem Sicherungsgeber auszuüben, nicht durch die gerichtliche Durchsetzung der Stimmbindung konterkariert werden.

Im Fall der Sicherungsübertragung stimmrechtsvermittelnder Aktien wird verschiedentlich die Frage aufgeworfen, ob eine Zurechnung der Stimmrechte aus diesen Aktien nicht bereits auf Grundlage des § 22 Abs. 1 S. 1 Nr. 2 WpHG erfolgt.[1363] In der Tat sind die wesentlichen Risiken aus den sicherungshalber übertragenen Aktien vor Eintritt des Sicherungsfalls aufgrund der vereinbarten Rückübertragung der

---

1357 Vgl. oben S. 139 ff.

1358 Ebenso i.E. *Schwark* in Schwark/Zimmer, § 22 WpHG Rn. 7.

1359 Vgl. zu den Anforderungen an eine solches Bekunden *Dehlinger/Zimmermann* in Fuchs, WpHG, § 22 Rn. 61; *Opitz* in Schäfer/Hamann, WpHG, § 22 Rn. 53 f.; *Von Bülow* in KöKo, WpHG, § 22 Rn. 131.

1360 *Hüffer*, AktG, 7. Aufl. 2006, Anh. § 22, § 22 WpHG Rn. 4; *Bayer* in MüKo, AktG, Anh. § 22, § 22 WpHG Rn. 24; *Dehlinger/Zimmermann* in Fuchs, WpHG, § 22 Rn. 60; *Veil* in Schmidt/Lutter, AktG, Anh. § 22, § 22 WpHG Rn. 21; *Becker* in Bürgers/Körber, AktG, Anh. § 22, § 22 WpHG Rn. 5.

1361 Vgl. zur Möglichkeit der gerichtlichen Durchsetzung einer solchen Weisung oben S. 149 ff.

1362 So offenbar auch *Bayer* in MüKo, AktG, Anh. § 22, § 22 WpHG Rn. 24 („Befugnis zur eigenverantwortlichen Stimmrechtsausübung"); *U. H. Schneider* in Assmann/Schneider, WpHG, § 22 Rn. 97 („Befugnis nach eigenen Vorstellungen zu handeln").

1363 So etwa *Burgard*, BB 1995, 2069, 2075; *Starke*, S. 205 („in Regelfällen"); *Franck*, BKR 2002, 709, 715 („regelmäßig"); dies erwägend auch *Opitz* in Schäfer/Hamann, § 22 Rn. 55.

Aktien im Regelfall dem Sicherungsgeber zuzuordnen, so dass der Sicherungsnehmer die Aktien als Treuhänder für dessen Rechnung hält, wenn dem Sicherungsgeber wie im Regelfall auch eine hinreichend abgesicherte Einflussnahmemöglichkeit auf die Ausübung der Stimmrechte aus diesen Aktien zusteht. Dann folgt die Zurechnung der betreffenden Stimmrechte auf den Sicherungsgeber auch aus § 22 Abs. 1 S. 1 Nr. 2 WpHG. Dagegen ist die Stimmrechtszurechnung auf den Sicherungsgeber ausschließlich auf Grundlage des § 22 Abs. 1 S. 1 Nr. 3 WpHG vorzunehmen, wenn die Sicherungsübertragung der Aktien ausnahmsweise nicht mit einer rechtlich abgesicherten Bindung des Sicherungsnehmers an die Weisungen und erkennbaren Interessen des Sicherungsgebers einhergeht und auch die Voraussetzungen des § 22 Abs. 1 S. 1 Nr. 3 HS. 2 WpHG nicht vorliegen. Im Übrigen wirken sich die Unterschiede zwischen beiden Zurechnungstatbestände lediglich auf der Ebene des Sicherungsnehmers aus, sofern die Anwendung des § 22 Abs. 1 S. 1 Nr. 3 WpHG zu einer Absorption der Stimmrechte führt.

II. Besonderheiten bei der Investmentanlage im Sinne des KAGB

Bei der Investmentanlage im Sinne des KAGB kann der Zurechnungstatbestand des § 22 Abs. 1 S. 1 Nr. 3 KAGB relevant werden, wenn die zum Investmentvermögen gehörenden stimmrechtsvermittelnden Aktien zur Sicherheit an einen Dritten übertragen werden. Denkbar ist aber umgekehrt auch der Erwerb stimmrechtsvermittelnder Aktien für Rechnung des Investmentvermögens oder der Anleger als Sicherheit für die Gewährung von Darlehen an einen Dritten, wenn diese Darlehensgewährung aus Mitteln des Investmentvermögens erfolgt. Beide Konstellationen sollen nachfolgend näher betrachtet werden.

1. Sicherungsübertragung an einen Dritten

Eine Sicherungsübertragung der zum Investmentvermögen gehörenden stimmrechtsvermittelnder Aktien an Dritte wird regelmäßig nur dann in Betracht kommen, wenn die KVG im Zusammenhang mit der Darlehensaufnahme für Rechnung des Investmentvermögens oder der Anleger ein Sicherungsmittel benötigt.

Die Aufnahme solcher Darlehen durch die KVG ist im KAGB an verschiedenen Stellen geregelt. Bei offenen Publikumsinvestmentvermögen müssen die Anlagebedingungen nach § 162 Abs. 2 Nr. 1 KAGB Angaben über die Zulässigkeit von Kreditaufnahmen für Rechnung des Investmentvermögens oder der Anleger enthalten. Diese Angaben sind nach § 165 Abs. 2 Nr. 5 KAGB auch in den Verkaufsprospekt aufzunehmen. Im Übrigen bestehen mehr oder weniger strenge Grenzwerte. So ist die Darlehensaufnahme bei OGAW gemäß § 199 KAGB gestattet, sofern es sich um kurzfristige Kredite handelt, die zusammen genommen die Höhe von 10 Prozent des Werts des Investmentvermögens nicht überschreiten und nach marktüblichen Bedingungen gewährt werden, wobei dies in den Anlagebedingungen vorgesehen sein muss. Gleiches gilt auch für die übrigen Typen von Investmentvermögen, soweit die Regelung des § 199 KAGB entsprechend auf diese angewendet wird und keine spezielleren Vorgaben für die Darlehensaufnahme existieren.[1364] Eine Besonderheit besteht gemäß § 112 Abs. 2 S. 2 KAGB für Investmentvermögen in der Rechtsform der intern verwalteten Investment-AG mit veränderlichem Kapital, soweit die Darlehensaufnahme dem Erwerb von unbeweglichem Investmentbetriebsvermögen dienen soll. Hier erhöht sich der Grenzwert des § 199 KAGB auf 15 Prozent.[1365]

Im Rahmen ihrer Verwaltungstätigkeit ist die KVG zur Verfügung über die Vermögensgegenstände des Investmentvermögens befugt, so dass sie grundsätzlich auch dazu berechtigt ist, die zum Investmentvermögen gehörenden stimmrechtsvermittelnden Aktien zur Sicherheit an einen Dritten zu übertragen.[1366] Besonderheiten gelten allerdings, wenn es sich bei dem betreffenden Investmentvermögen um ein Sondervermögen handelt. In diesem Fall ist die Sicherungsübereignung und Sicherungsabtretung der zum Sondervermögen gehörenden Vermögensgegenstände gemäß § 93 Abs. 5 S. 1 KAGB verboten. Sinn und Zweck dieses Verbots ist eine Absicherung der Haftungstrennung zwischen dem Vermögen der KVG und dem für gemeinsame Rechnung der Anleger gehaltenen Sondervermögen im Hinblick auf befürchtete Umgehungen, die aus einer Besicherung von Verbindlichkeiten der KVG mit Vermögensgegenständen des Sondervermögens folgen könnten.[1367] Nach herrschender Auffassung handelt es sich um ein dinglich wirkendes Verfügungsverbot im Sinne des § 135 Abs. 2 BGB, das im Fall einer Zuwiderhandlung zu einer relativen Unwirksamkeit der verbotswidrigen Verfügung gegenüber den Anlegern führt.[1368] Eine Sicherungsübertragung der stimmrechtsvermittelnden Aktien des Sondervermögens scheidet damit grundsätzlich aus. Unter den Voraussetzungen des § 93 Abs. 5 S. 2 KAGB gilt das Verbot der Sicherungsübertragung indessen ausnahmsweise nicht, wenn in den gesetzlichen Grenzen des KAGB[1369] Kredite aufgenommen, einem Dritten Optionsrechte eingeräumt, Wertpapier-Pensionsgeschäfte nach § 203 KAGB oder Finanzterminkontrakte, Devisenterminkontrakte, Swaps oder ähnliche Geschäfte nach Maßgabe des § 197 KAGB abgeschlossen werden oder wenn für Rechnung eines Hedgefonds bzw. seiner Anleger Leerverkäufe getätigt oder einem solchen ein Wertpapier-Darlehen gewährt wird. Diese Ausnahme wird allgemein damit begründet, dass die Gewährung von Sicherheiten in den genannten

---

1364 Vgl. § 221 Abs. 6 KAGB für offene inländische Publikums-AIF in der Form sonstiger Investmentvermögen, § 254 KAGB für Immobilien-Sondervermögen, § 284 Abs. 4 für offene inländische Spezial-AIF mit festen Anlagebedingungen.

1365 Außerdem erhöht sich der für sonstige Investmentvermögen geltende Grenzwert nach § 221 Abs. 6 KAGB von 20 auf 25 Prozent.

1366 Vgl. zur Verfügungs- und Verwaltungsbefugnis des KVG oben S. 93 ff.

1367 *Nietsch* in Emde/Dornseifer, InvG, § 31 Rn. 32. Vgl. auch *Reiter* in Kümpel/Wittig, Rn. 9.49.

1368 *Schäcker*, S. 101; *Canaris*, Bankvertragsrecht, Rn. 2407; *Baur*, § 9 KAGG Rn. 19; *Scherer* in Brinkhaus/Scherer, § 9 KAGG Rn. 18; *Nietsch* in Emde/Dornseifer, InvG, § 31 Rn. 32.

1369 § 93 Abs. 5 S. 2 KAGB verweist auf die §§ 199, 221 Abs. 6, 254, 274, 283 Abs. 1 S. 1 Nr. 1, 284 Abs. 4 KAGB.

Fällen üblicherweise von der Marktgegenseite erwartet wird.[1370] Ungeachtet der Einschränkung der Sicherungsübertragung durch § 93 Abs. 5 S. 1 KAGB lässt sich damit zumindest festhalten, dass es bei sämtlichen Erscheinungsformen des Investmentvermögens zu einer Sicherungsübertragung stimmrechtsvermittelnder Aktien auf einen Dritten kommen kann.

Erfolgt eine solche Sicherungsübertragung, werden die Stimmrechte aus den sicherungshalber übertragenen Aktien nach § 22 Abs. 1 S. 1 Nr. 3 KAGB auf Grundlage der allgemeinen Grundsätzen dem Sicherungsgeber, also dem bisherigen Aktionär zugerechnet. Dabei handelt es sich bei dem nach der Treuhandlösung errichteten Sondervermögen um die KVG und im Fall der Investmentanlage über eine selbst- oder fremdverwaltete Investmentgesellschaft um die Investmentgesellschaft selbst.

Schwieriger zu beurteilen ist der Fall der Investmentanlage über ein nach der Miteigentumslösung errichtetes Sondervermögen. Handelt es sich hierbei um ein Spezial-Sondervermögen, werden die Stimmrechte aus den zum Sondervermögen gehörenden Aktien den Anlegern de lege lata ungeachtet der Verlagerung der Stimmrechtsausübung auf die KVG anteilig unmittelbar auf Grundlage des § 21 Abs. 1 S. 1 WpHG zugeordnet.[1371] Vor diesem Hintergrund sprechen die besseren Argumente auch für eine Zurechnung der betreffenden Stimmrechte auf die Anleger nach § 22 Abs. 1 S. 1 Nr. 3 HS. 1 WpHG. Gegen eine solche Zurechnung spricht zwar der Sinn und Zweck des § 22 WpHG den mittelbaren Stimmrechtseinfluss der Anleger aufzudecken. Denn insoweit ist zu berücksichtigen, dass die Anleger eines nach der Miteigentumslösung errichteten Spezial-Sondervermögens anders als im gesetzlich typisierten Regelfall des § 22 Abs. 1 S. 1 Nr. 3 HS. 1 WpHG grundsätzlich keinerlei vertraglich abgesicherte Möglichkeit haben, das Stimmrecht nach der Sicherungsübertragung weiterhin selbst auszuüben oder den Sicherungsnehmer anzuweisen, wie er das Stimmrecht auszuüben hat.[1372] Diese vertraglichen Rechte stehen im Regelfall ausschließlich der KVG zu, zumal diese kraft ihrer gesetzlichen Verfügungsbefugnis nach § 93 Abs. 1 KAGB alleine darüber entscheidet, ob sie die zu dem Sondervermögen gehörenden Aktien zur Sicherheit an einen Dritten übereignet und den entsprechenden Sicherungsvertrag auch im eigenen Namen mit dem Sicherungsnehmer abschließt. Entscheidend für eine Zurechnung sprechen aber die Gesetzesmaterialien, denen sich entnehmen lässt, dass eine Mitteilungspflicht nach § 21 Abs. 1 S. 1 WpHG für den Regelfall der Sicherungsübertragung nicht entstehen soll, da die betroffenen Aktien später wieder an den ursprünglichen Aktionär zurückübertragen werden.[1373] Aus dieser Aussage lässt sich ableiten, dass die Zurechnung nach § 22 Abs. 1 S. 1 Nr. 3 HS. 1 WpHG stets davon abhängt, dass dem Meldepflichtigen die Stimmrechte aus den betreffenden Aktien vor der Sicherungsübertragung unmittelbar über § 21 Abs. 1 S. 1 WpHG zuzuordnen waren. Damit

1370 So etwa *Nietsch* in Emde/Dornseifer, InvG, § 31 Rn. 45.

1371 Vgl. oben S. 159 ff.

1372 Vgl. zu diesem Befund bereits oben S. 159 ff.

1373 Begr. RegE. FFG II, BT-Drucks. 12/6679, S. 53.

erfolgt im Ergebnis eine anteilige Zurechnung der von der Sicherungsübertragung betroffenen Stimmrechte entsprechend der zuvor unmittelbar über § 21 Abs. 1 S. 1 WpHG bestehenden Zuordnung dieser Stimmrechte auf die Anleger.

Handelt es sich um ein Publikumssondervermögen ist § 94 Abs. 2 S. 3 HS. 1 KAGB zu beachten, der die Stimmrechte aus den betreffenden Aktien für die Anwendung des § 21 Abs. 1 WpHG der KVG zuordnet. Abermals stellt sich die Frage, ob sich diese gesetzliche Eigentumsfiktion auch auf die Zurechnungstatbestände des § 22 WpHG erstreckt. Im Unterschied zur der im Zusammenhang mit § 22 Abs. 1 S. 1 Nr. 2 WpHG erörterten Problematik geht es hier zwar nicht um die Herbeiführung einer Möglichkeit zur Zurechnung auf die Anleger, sondern um die Zurechnung der betreffenden Stimmrechte auf die KVG nach Sicherungsübertragung der Aktien. Das kann aber keinen Unterschied machen. Denn wie bereits festgestellt, enthält der Verweis auf § 21 WpHG inzident auch einen Verweis auf die Zurechnungstatbestände des § 22 WpHG.[1374] Damit wären der KVG die Stimmrechte aus den sicherungshalber übertragenen Aktien an sich nach § 22 Abs. 1 S. 1 Nr. 3 WpHG zuzurechnen. Gegen eine solche Zurechnung spricht allerdings der Wortlaut des § 94 Abs. 2 S. 3 HS. 1 KAGB. Die Eigentumsfiktion bezieht sich nur auf Stimmrechte aus Aktien, die zu einem von der KVG verwalteten Sondervermögen gehören. Wurden die Aktien zur Sicherheit auf einen Dritten übertragen, ist dies aber gerade nicht mehr der Fall. Damit müssten die betreffenden Stimmrechte ab dem Zeitpunkt der dinglichen Wirksamkeit der Sicherungsübertragung wie im Fall des Spezial-Sondervermögens anteilig den Anlegern zugerechnet werden. Im Stimmrechtsanteil der KVG wären sie dagegen ab diesem Zeitpunkt abzuziehen. Dieses Ergebnis widerspricht in zweifacher Hinsicht den Regelungszielen des Gesetzgebers. Wie bereits ausgeführt soll § 93 Abs. 2 S. 3 HS. 1 KAGB die Anleger nach Auffassung des Gesetzgebers von jeglichen Mitteilungspflichten in Bezug auf die Stimmrechte aus den zum Sondervermögen gehörenden Aktien entlasten, da diese keinerlei Einfluss auf die Stimmrechtsausübung haben.[1375] Diesen Gedanken wird man auch dann heranziehen können, wenn die stimmrechtsvermittelnden Aktien nicht mehr zum Sondervermögen gehören, aber gemäß § 22 Abs. 1 S. 1 Nr. 3 WpHG zuzurechnen sind. In diesem Fall würde unter Umständen eine Mitteilungspflicht der Anleger entstehen, obwohl sie tatsächlich keinen Einfluss auf die Ausübung der betreffenden Stimmrechte haben. Die Zurechnung der betreffenden Stimmrechte zu den Anlegern würde darüber hinaus auch der gesetzgeberischen Vorstellung widersprechen, dass es im Fall der Sicherungsübertragung von Aktien im Regelfall nur zu einer Umschichtung von Aktien kommt, so dass die zuvor unmittelbar über § 21 Abs. 1 S. 1 WpHG berücksichtigten Stimmrechte nach der Sicherungsübertragung in gleicher Höhe über § 22 Abs. 1 S.1 Nr. 3 WpHG berücksichtigt werden. Vor diesem Hintergrund sollte man eine analoge Anwendung des § 93 Abs. 2 S. 3 HS. 1 KAGB auf die Fälle in Betracht ziehen, in denen die stimmrechtsvermittelnden Aktien

1374 Vgl. bereits oben S. 287 f.
1375 Vgl. oben S. 159 ff.

wegen einer Sicherungsübertragung nicht mehr zum Sondervermögen gehören. Im Ergebnis wären die Stimmrechte damit über § 22 Abs. 1 S. 1 Nr. 3 WpHG lediglich der KVG zuzurechnen, so dass es im Grundsatz bei der bloßen Umschichtung der betreffenden Stimmrechte bleiben würde. Angesichts der gesetzgeberischen Vorstellungen ist eine planwidrige Regelungslücke anzunehmen. Auch liegt eine vergleichbare Interessenlage vor, da es im Rahmen des § 93 Abs. 2 S. 3 HS. 1 KAGB letztlich um die Erfassung von Stimmrechtseinfluss geht, der im Fall der Sicherungsübertragung der Aktien typischerweise nach wie vor bei dem Sicherungsgeber liegt,[1376] hier also aufgrund der dort angeordneten Eigentumsfiktion bei der KVG. Einer analogen Anwendung steht auch das aus der Bußgeldbewehrung der Mitteilungspflichten folgende Analogieverbot nicht entgegen, da sich die Zurechnung zur KVG ausschließlich zu Gunsten der Mitteilungspflichtigen auswirkt. Im Gegenteil werden sowohl die Anleger als auch die KVG von zusätzlichen Mitteilungspflichten entlastet, die aus einem Abzug der Stimmrechte bei der KVG und ihrer anteiligen Berücksichtigung bei den Anlegern folgen könnten.

2. *Erwerb zur Sicherheit von einem Dritten*

Erwirbt die KVG stimmrechtsvermittelnde Aktien für Rechnung des Investmentvermögens bzw. seiner Anleger als Sicherheit[1377], so führt die Anwendung des § 22 Abs. 1 S. 1 Nr. 3 WpHG grundsätzlich dazu, dass die betreffenden Stimmrechte nur dann unmittelbar über § 21 Abs. 1 S. 1 WpHG auf Seiten der KVG oder der Anleger erfasst werden, wenn der Sicherungsgeber keinen rechtlich hinreichend abgesicherten Einfluss auf die Stimmrechtsausübung hat und der Sicherungsnehmer erklärt, die Stimmrechte unabhängig von den Weisungen des Sicherungsgebers auszuüben.[1378] Die betreffende Erklärung auf Seiten des Sicherungsnehmers ist grundsätzlich durch den Eigentümer der sicherungshalber übertragenen Aktien vorzunehmen. Erfolgt die Investmentanlage über ein nach der Treuhandlösung errichtetes Sondervermögen ist dies die KVG. Gleiches gilt in den Fällen einer Investmentanlage über eine selbstverwaltete Investmentgesellschaft. Fraglich ist allerdings, wer die betreffende Erklärung in den Fällen der Investmentanlage über ein nach der Miteigentumslösung errichtetes Sondervermögen oder über eine fremdverwalteten Investmentgesellschaft vorzunehmen hätte. Nach dem Wortlaut des

1376 Vgl. oben S. 296 ff.

1377 Eine solche Sicherungsübertragung kann etwa im Zusammenhang mit der Gewährung eines Wertpapier-Darlehens aus den Mitteln des Investmentvermögens vorkommen. In einem solchen Fall bestimmt § 200 Abs. 2 KAGB für OGAW und andere Investmentvermögen, auf die § 200 KAGB entsprechend anwendbar ist, dass die Übertragung von Wertpapieren nur gegen vorherige oder Zug um Zug zu gewährende Sicherheit durch Geldzahlung, Verpfändung oder Abtretung von Guthaben oder durch Übereignung oder Verpfändung von Wertpapieren oder Geldmarktinstrumenten zulässig ist.

1378 Vgl. oben S. 296 ff.

§ 22 Abs. 1 S. 1 Nr. 3 WpHG wäre dies nicht die KVG, sondern die Gesamtheit der Anleger bzw. die Investmentgesellschaft als Eigentümer der betreffenden Aktien. Dem ist indessen entgegenzuhalten, dass die Entscheidung über die Art und Weise der Ausübung der Stimmrechte aus den zum Investmentvermögen gehörenden Aktien ausschließlich der KVG zugewiesen ist.[1379] Gleiches muss auch für die Erklärung über die Ausübung des Stimmrechts gelten. Bei dieser Erklärung handelt es sich zwar nicht um ein Recht, das wie das Stimmrecht selbst unmittelbar aus der Aktie folgt und damit von vornherein der ausschließlich der KVG zugewiesenen allgemeinen Verwaltungspflicht unterliegt. Die an diese Erklärung geknüpften Rechtsfolgen treten aber andererseits nur deshalb ein, weil der Erklärende als Aktionär auch Einfluss auf die Stimmrechtsausübung hat. Dies rechtfertigt es, der KVG als Annexkompetenz zu ihrem Verwaltungsrecht auch die Befugnis zur Abgabe der Erklärung über die Stimmrechtsausübung zuzuweisen.

D. Zurechnung nach § 22 Abs. 1 S. 1 Nr. 4 WpHG

Stimmrechte aus Aktien, die mit einem Nießbrauch belastet sind, werden nach § 22 Abs. 1 S. 1 Nr. 4 WpHG dem Nießbraucher zugerechnet. Der mit diesem Zurechnungstatbestand verfolgte Zweck lässt sich den Gesetzesmaterialien nicht entnehmen. Es findet sich lediglich ein Hinweis darauf, dass der in der Literatur bestehende Streit über die Zuordnung des Stimmrechts aus einer nießbrauchsbelasteten Aktie durch die Anordnung der Zurechnung nicht entschieden werden sollte.[1380]

I. Tatbestandsvoraussetzungen

Einzige Tatbestandsvoraussetzung ist die Bestellung eines Nießbrauchs an stimmrechtsvermittelnden Aktien eines Emittenten im Sinne des § 21 Abs. 1 S. 1 WpHG. Angesichts des Sinn und Zwecks des § 22 WpHG den mittelbaren Stimmrechtseinfluss auf den Emittenten offenzulegen, stellt sich auch hier die Frage, ob der Zurechnungstatbestand die typisierte Annahme eines Stimmrechtseinflusses des Nießbrauchers genügen lässt oder ob der Stimmrechtseinfluss im Einzelfall festzustellen ist, um eine Zurechnung zu begründen.

In diesem Zusammenhang ist zunächst zu untersuchen, ob die Bestellung eines Nießbrauchs an Aktien stets oder typischerweise mit einer Verlagerung des Stimmrechtseinflusses auf den Nießbraucher einhergeht. Zu diesem Zweck ist zunächst der eingangs erwähnten Meinungsstreit über die Zuordnung des Stimmrechts aus nießbrauchsbelasteten Aktien zu betrachten. Nach heute wohl herrschender Meinung steht das Stimmrecht aus den Aktien grundsätzlich weiterhin dem Aktionär zu.[1381] Dies wird vor allem mit dem Argument begründet, dass die Mitgliedschaft

---

1379 Vgl. oben S. 93 ff.

1380 Begr. RegE. FFG II, BT-Drucks. 12/6679, S. 53 f.

1381 *Wiedemann*, Übertragung und Vererbung von Mitgliedschaftsrechten, S. 413; *Teichmann*, ZGR 1972, 1, 10 ff.; *Blaurock*, Unterbeteiligung und Treuhand, S. 143 f.;

im Verband auch bei Bestellung eines Nießbrauchs an der Aktie beim Aktionär verbleibt, ferner mit der fehlenden Praktikabilität bei Annahme einer Aufspaltung des Stimmrechts oder eines gemeinsamen Stimmrechts sowie nicht zuletzt auch im Hinblick auf die Interessenlage zwischen Aktionär und Nießbraucher und den Aspekt der Rechtssicherheit.[1382] Eine Einflussnahmemöglichkeit des Nießbrauchers auf die Stimmrechtsausübung durch den Aktionär folgt zwar in gewissem Umfang schon aus dem Gesetz.[1383] Nach § 1071 BGB ist eine Aufhebung oder eine den Nießbrauch beeinträchtigende Änderung des dem Nießbrauch unterliegenden Rechts etwa nur mit Zustimmung des Nießbrauchers zulässig. Praktische Anwendungsfälle sind die Einziehung der nießbrauchsbelasteten Aktie mit Zustimmung des Aktionärs und die Beschlussfassung über die Auflösung der AG,[1384] wobei sich der Zustimmungsvorbehalt des Nießbrauchers nur auf die Stimmabgabe des Eigentümers der nießbrauchsbelasteten Aktie und nicht auf die Beschlussfassung an sich bezieht.[1385] Die genannten Anwendungsfälle machen allerdings bereits deutlich, dass die gesetzliche Einflussnahmemöglichkeit des Nießbrauchers lediglich auf Ausnahmefälle beschränkt ist und eine grundsätzliche Zuweisung der Möglichkeit zur letztverbindlichen Entscheidung über das Stimmverhalten des Aktionärs an den Nießbraucher damit nicht verbunden ist. Hierauf muss es allerdings für die Stimmrechtszurechnung nach § 22 WpHG ankommen. Eine solche Einflussnahmemöglichkeit lässt sich

---

Stürner in Soergel, BGB, § 1068 Rn. 9a; *Semler* in MünchHdbAG, § 38 Rn. 2; *Grundmann* in GroKo, AktG, § 134 Rn. 81; *Heider* in MüKo, AktG, § 12 Rn. 7; *Frank* in Staudinger, BGB, Anh. §§ 1068 f. Rn. 121; *Frank*, MittBayNot 2010, 96, 99; *Rieckers* in Spindler/Stilz, AktG, § 134 Rn. 41; *Schall* in Spindler/Stilz, AktG, § 16 Rn. 31; *Spindler* in Schmidt/Lutter, AktG, § 134 Rn. 8; *Vatter* in Spindler/Stilz, AktG, § 12 Rn. 4; *Ziemons* in Schmidt/Lutter, AktG, § 12 Rn. 6; *K. Schmidt* in MüKo, HGB, Vor § 230 Rn. 31; *Pohlmann* in MüKo, BGB, § 1068 Rn. 81; *Bassenge* in Palandt, BGB, § 1068 Rn. 5; *Solveen* in Hölters, AktG, § 12 Rn. 4; ebenso BGH v. 9.11.1998 – II ZR 213/97, NJW 1999, 571, 572 (für Grundlagenbeschlüsse in der BGB-Gesellschaft bei Nießbrauch an Gesellschaftsanteil); OLG Koblenz v. 16.1.1992 – 6 U 963/91, NJW 1992, 2163, 2164 (für Nießbrauch an GmbH-Anteil); a.A. (gemeinschaftliches Stimmrecht von Aktionär und Nießbraucher) *Zöllner* in KöKo, AktG, 1. Aufl., § 134 Rn. 15; *Schön*, ZHR 158 (1994), 229, 261 f.; a.A. (Aufteilung des Stimmrechts) *Habersack*, Mitgliedschaft, S. 110 ff.; a.A. (Stimmrecht des Nießbrauchers) *Chr. Berger* in Jauernig, BGB, § 1068 Rn. 4.

1382 Vgl. *Wiedemann*, Übertragung und Vererbung von Mitgliedschaftsrechten, S. 413; *Blaurock*, Unterbeteiligung und Treuhand, S. 143 f.; *Heider* in MüKo, AktG, § 12 Rn. 7; *Frank* in Staudinger, BGB, Anh. §§ 1068 f. Rn. 121.; *Frank*, MittBayNot 2010, 96, 99; *Rieckers* in Spindler/Stilz, AktG, § 134 Rn. 41; *Spindler* in Schmidt/Lutter, AktG, § 134 Rn. 8; *K. Schmidt* in MüKo, HGB, Vor § 230 Rn. 21, 27, 31; *Solveen* in Hölters, AktG, § 12 Rn. 4.

1383 Darauf hinweisend *Dehlinger/Zimmermann* in Fuchs, WpHG, § 22 Rn. 62.

1384 *Frank* in Staudinger, BGB, Anh. §§ 1069 f. Rn. 74, 101; *Pohlmann* in MüKo, BGB, § 1071 Rn. 5.

1385 *Pohlmann* in MüKo, BGB, § 1071 Rn. 10.

schuldrechtlich durch Vereinbarung einer Stimmbindung begründen, so dass der Aktionär sein Stimmverhalten an den Weisungen oder individuellen Interessen des Nießbrauchers auszurichten hat.[1386] Ferner kann der Aktionär den Nießbraucher zur Ausübung des Stimmrechts bevollmächtigen oder ermächtigen.[1387] Wie ein systematischer Vergleich mit § 22 Abs. 1 S. 1 Nr. 6 WpHG zeigt, führt letzteres aber nur dann zu einer hinreichenden Einflussnahmemöglichkeit des Nießbrauchers, wenn er das Stimmrecht nach eigenem Ermessen ausüben kann.[1388] Nach teilweise vertretener Auffassung ist darüber hinaus die Vereinbarung eines sog. „mitgliedschaftsspaltenden Nießbrauchs" möglich, bei dem das Stimmrecht als solches rechtsgeschäftlich auf den Nießbraucher übertragen wird.[1389] Das Abspaltungsverbot soll einer solchen Stimmrechtsübertragung nicht entgegenstehen, zumal der Nießbrauch die Mitgliedschaft als solche erfasse, so dass der Aktionär und der Nießbraucher eine sog. „dingliche Rechtsgemeinschaft" bilden.[1390] Mitunter wird insoweit noch als zusätzliche Voraussetzung gefordert, dass das Stimmrecht des Nießbrauchers in der Satzung der AG ausdrücklich zugelassen ist oder dass die Aktionäre der Stimmrechtsübertragung zumindest zugestimmt haben.[1391] Die Einzelheiten sind bislang noch nicht abschließend geklärt. Der Stimmrechtseinfluss des Nießbrauchers würde in einem solchen Fall der vollständigen Übertragung des Stimmrechts an den unmittelbaren Stimmrechtseinfluss des Aktionärs heranreichen. Dann würde sich aber sogar die Frage stellen, ob der Stimmrechtseinfluss des Nießbrauchers unmittelbar auf Grundlage des § 21 Abs. 1 S. 1 WpHG zu erfassen ist, während die entsprechende Zahl der Stimmrechte im Stimmrechtsanteil des Aktionärs abzuziehen ist. Der Wortlaut des § 21 Abs. 1 S. 1 WpHG deutet zwar in diese Richtung. Indessen hat der Gesetzgeber durch den Zurechnungstatbestand des § 22 Abs. 1 S. 1 Nr. 4 WpHG unmissverständlich klargestellt, dass im Fall der Nießbrauchsbestellung eine Zurechnung der Stimmrechte zum Nießbraucher, also gerade keine unmittelbare Berücksichtigung auf Grundlage des § 21 Abs. 1 S. 1 WpHG erfolgen soll.

1386 *Blaurock*, Unterbeteiligung und Treuhand, S. 144; *Frank* in Staudinger, BGB, Anh. §§ 1068 f. Rn. 121 f.; *Frank*, MittBayNot 2010, 96, 99; *Pohlmann* in MüKo, BGB, § 1068 Rn. 90.

1387 *Frank* in Staudinger, BGB, Anh. §§ 1068 f. Rn. 121; *Frank*, MittBayNot 2010, 96, 99; *K. Schmidt* in MüKo, HGB, Vor § 230 Rn. 27, 31; *Pohlmann* in MüKo, BGB, § 1068 Rn. 90.

1388 Vgl. dazu noch unten S. 332 ff.

1389 Ausführlich *Fleck* in FS Fischer, 107, 113 ff. (für die GmbH); *Bayer* in MüKo, AktG, § 16 Rn. 28; *Frank* in Staudinger, BGB, Anh. §§ 1068 f. Rn. 102, 121; *Frank*, MittBayNot 2010, 96, 99; *Schall* in Spindler/Stilz, AktG, § 16 Rn. 31; *Pohlmann* in MüKo, BGB, § 1068 Rn. 81; *Koch* in Hüffer, AktG, § 16 Rn. 7; a.A. (für den Nießbrauch an GmbH-Anteilen) OLG Koblenz v. 16.1.1992 – 6 U 963/91, NJW 1992, 2163, 2164; a.A. offenbar auch *Ziemons* in Schmidt/Lutter, AktG, § 12 Rn. 6.

1390 *Frank* in Staudinger, BGB, Anh. §§ 1068 f. Rn. 60, 102, 121; *Frank*, MittBayNot 2010, 96, 99; a.A. *Ziemons* in Schmidt/Lutter, AktG, § 12 Rn. 6.

1391 *Frank*, MittBayNot 2010, 96, 99; *Pohlmann* in MüKo, BGB, § 1068 Rn. 81.

Die Bestellung eines Nießbrauchs an der Aktie führt dazu, dass die wirtschaftlichen Chancen und Risiken aus dieser Aktie wenigstens zum Teil auf den Nießbraucher verlagert werden. Da dem Nießbraucher die Nutzungen aus der betreffenden Aktie zustehen, erhält er unter anderem den Anspruch auf Auszahlung der während der Dauer des Nießbrauchs ausgeschütteten Dividenden.[1392] Somit trägt der Nießbraucher zumindest einen beträchtlichen Teil der aus der Aktie folgenden wirtschaftlichen Chancen und Risiken und wird aus diesem Grund typischerweise auf eine schuldrechtliche Stimmbindungsvereinbarung bestehen, die den Aktionär bei der Ausübung des Stimmrechts an die Weisungen oder zumindest an die erkennbaren Interessen des Nießbrauchers bindet, wobei diese Stimmbindung häufig auf Stimmabgaben beschränkt sein dürfte, die die Ausschüttung der Dividende betreffen.[1393] Ähnlich wie im Rahmen des § 22 Abs. 1 S. 1 Nr. 2 WpHG stellt sich nunmehr die Frage, ob diese typisierte Einflussnahmemöglichkeit zur Begründung der Zurechnung ausreicht oder ob die Einflussnahmemöglichkeit des Nießbrauchers in jedem Einzelfall festzustellen ist.[1394] Für eine typisierte Betrachtungsweise lässt sich auch im hier interessierenden Zusammenhang anführen, dass sie die rechtssichere Anwendung der Norm fördert. Letztlich gelten die zu § 22 Abs. 1 S. 1 Nr. 2 WpHG entwickelten Erwägungen aber auch im Rahmen des § 22 Abs. 1 S. 1 Nr. 4 WpHG. Bei Vorliegen untypischer Gestaltungen ohne Einflussnahmemöglichkeit des Nießbrauchers würde im Fall der Zurechnung der Stimmrechte zum Nießbraucher die Gefahr einer Irreführung der Anleger begründet, was dem kapitalmarktrechtlichen Schutzzweck der §§ 21 ff. WpHG widerspricht. Die Einflussnahmemöglichkeit des Nießbrauchers ist also richtigerweise in jedem Einzelfall gesondert festzustellen.[1395] Insoweit stellt sich auch die weitergehende Frage, ob die im Einzelfall bestehende Einflussnahmemöglichkeit wie im Rahmen des § 22 Abs. 1 S. 1 Nr. 2 WpHG rechtlich abgesichert sein muss oder ob auch eine faktische Einflussnahmemöglichkeit genügt. In der Literatur wird teilweise darauf verwiesen, dass auch eine faktische Orientierung des Aktionärs an den Vermögensinteressen des Nießbrauchers ausreiche.[1396] Dem wird man wie im Rahmen des § 22 Abs. 1 S. 1 Nr. 2 WpHG entgegenhalten müssen, dass die Beachtung der Interessen des Nießbrauchers durch den Aktionär in einem solchen Fall letztlich freiwillig ist. Geht man an dieser Stelle von

---

1392 Vgl. statt aller *Wiesner/Kraft* in MünchHdbAG, § 14 Rn. 63; *Dehlinger/Zimmermann* in Fuchs, WpHG, § 22 Rn. 62; *Veil* in Schmidt/Lutter, AktG, Anh. § 22, § 22 WpHG Rn. 22; *Wegmann* in Bamberger/Roth, BGB, § 1069 Rn. 20, 22; *K. Schmidt* in MüKo, HGB, Vor § 230 Rn. 30, jeweils m.w.N.

1393 Vgl. zu diesem Zweck der Stimmbindung bereits oben S. 149 ff.

1394 Für eine typisierende Betrachtungsweise *Koppensteiner* in KöKo, AktG, Anh. § 22, §§ 21 ff. WpHG Rn. 19; *Dehlinger/Zimmermann* in Fuchs, WpHG, § 22 Rn. 62; *Opitz* in Schäfer/Hamann, WpHG, § 22 Rn. 56; *Becker* in Bürgers/Körber, AktG, Anh. § 22, § 22 WpHG Rn. 6.

1395 Ebenso *Petersen* in Spindler/Stilz, AktG, Anh. § 22, §§ 21–30 WpHG Rn. 49; *Von Bülow* in Köko, WpHG, § 22 Rn. 133.

1396 So *Dehlinger/Zimmermann* in Fuchs, WpHG, § 22 Rn. 62.

einer typisierten Betrachtungsweise aus, eröffnet dies erneut eine Irreführungsgefahr zu Lasten der Anleger, was dem kapitalmarktrechtlichen Schutzzweck der §§ 21 ff. WpHG widerspricht. Im Ergebnis ist also davon auszugehen, dass eine Zurechnung nur dann erfolgt, wenn der Nießbraucher im Einzelfall eine rechtlich abgesicherte Einflussnahmemöglichkeit im Sinne einer Stimmbindung oder einem Recht zur Ausübung des Stimmrechts nach eigenem Ermessen hat.[1397] Im letzteren Fall wird in der Regel auch eine Zurechnung der Stimmrechte auf den Nießbraucher nach § 22 Abs. 1 S. 1 Nr. 6 WpHG erfolgen.[1398] Da eine solche Einschränkung nach der Einflussnahmemöglichkeit des Nießbrauchers auf Grundlage der gegenwärtigen Verwaltungspraxis aber offenbar nicht erfolgt,[1399] sollte die Frage einer Zurechnung auf den Nießbraucher in der Praxis mit der BaFin abgestimmt werden.

II. Besonderheiten bei der Investmentanlage im Sinne des KAGB

Im Zusammenhang mit der Investmentanlage im Sinne des KAGB stellt sich zunächst die Frage, ob ein Nießbrauch an einer Aktie bestellt werden kann, die zu einem Investmentvermögen gehört. Sofern diese Frage bejaht werden kann, sind die Auswirkungen einer solchen Belastung auf die Zuordnung oder Zurechnung der betreffenden Stimmrechte. Fraglich ist auch, ob der Nießbrauch an einer Aktie als tauglicher Vermögensgegenstand eines Investmentvermögens qualifiziert werden kann. Ist dies der Fall, muss geklärt werden, welchen Beteiligten die Stimmrechte aus den nießbrauchsbelasteten Aktien im Sinne des § 22 Abs. 1 S. 1 Nr. 4 WpHG zugerechnet werden.

1. Nießbrauch an den zum Investmentvermögen gehörenden Aktien

Es wurde bereits ausführlich dargestellt, dass die wesentlichen wirtschaftlichen Chancen und Risiken aus den zu einem Investmentvermögen gehörenden Aktien im Grundsatz den Anlegern dieses Investmentvermögens zuzuordnen sind.[1400] Die Zulässigkeit der Bestellung eines Nießbrauchs an solchen Aktien wäre vor diesem Hintergrund zumindest verwunderlich, da ein wesentlicher Bestandteil der auf die Anleger verlagerten wirtschaftlichen Chancen und Risiken nunmehr auf den Nießbraucher verlagert würde. Aus Anlegersicht wäre der Sinn und Zweck der Kapitalanlage damit zumindest teilweise in Frage gestellt.

1397 Ebenso wohl *Von Bülow* in Köko, WpHG, § 22 Rn. 133, der auf das Vorliegen einer Stimmrechtsvollmacht einer Legitimationszession oder einer sonstigen Möglichkeit zur Einflussnahme auf die Stimmrechtsausübung abstell; ähnlich aber i.E. zu eng, da nur auf die Möglichkeit zur Stimmrechtsausübung nach eigenem Ermessen abstellend *Petersen* in Spindler/Stilz, AktG, Anh. § 22, §§ 21–30 WpHG Rn. 49.

1398 Vgl. unten S. 324 ff.

1399 Vgl. Emittentenleitfaden 2009, S. 142 f.

1400 Vgl. oben S. 283 ff.

Vor diesem Hintergrund wird die Bestellung eines Nießbrauchs an den zum Investmentvermögen gehörenden Aktien regelmäßig nicht erfolgen. Andererseits ist sie aber auch nicht von vornherein verboten, wenn es sich bei dem Investmentvermögen um eine Investmentgesellschaft handelt. Besondere Vorschriften existieren nur für Sondervermögen. Nach § 93 Abs. 5 S. 1 HS. 1 KAGB dürfen Gegenstände, die zu einem Sondervermögen gehören, weder verpfändet oder sonst belastet noch zur Sicherung übereignet oder zur Sicherung abgetreten werden.[1401] Die Bestellung eines Nießbrauchs stellt aber eine Belastung der zum Sondervermögen gehörenden Aktien dar.[1402] Damit scheidet die Bestellung eines Nießbrauchs an den zum Sondervermögen gehörenden Aktien von vornherein aus. Sofern im Fall der Investmentanlage über eine Investmentgesellschaft ausnahmsweise doch einmal ein solcher Nießbrauch bestellt wird, führt dies für sich genommen nicht zur Entstehung einer Mitteilungspflicht der an der Investmentanlage beteiligten Personen. Denn auf die etwaige Zuordnung oder Zurechnung der betreffenden Stimmrechte zur externen KVG, zur Investmentgesellschaft oder zu den jeweiligen Anlegern und Gesellschaftern dieser Gesellschaften hat die Bestellung des Nießbrauchs keinen Einfluss, da eine Absorption der Stimmrechte im Rahmen des § 22 Abs. 1 S. 1 Nr. 4 WpHG nicht erfolgt.[1403] Für die Zurechnung der Stimmrechte an die Nießbraucher gelten in diesem Fall die allgemeinen Grundsätze.

2. *Nießbrauch an Aktien als Vermögensgegenstand?*

Der Erwerb eines Nießbrauchs an Aktien für Rechnung des Investmentvermögens bzw. seiner Anleger ist nur dann zulässig, wenn ein solcher Nießbrauch als taugliches Anlageobjekt im Sinne des KAGB zu qualifizieren ist. Insoweit ist zwischen den einzelnen Investmentvermögenstypen zu differenzieren. Bei OGAW sowie offenen oder geschlossenen Publikums-AIF scheidet der Erwerb eines Nießbrauchs an Aktien von vornherein aus, da dieser nicht zu den insoweit zugelassenen Anlageobjekten gehört. Etwas anderes könnte im Hinblick auf allgemeine offene inländische Spezial-AIF mit Ausnahme derjenigen mit festen Anlagebedingungen und für geschlossene inländische Spezial-AIF gelten, zumal für deren Rechnung gemäß §§ 282 Abs. 2, 285 KAGB sämtliche Anlageobjekte erworben werden können, deren Verkehrswert ermittelt werden kann. Es kommt also darauf an, ob sich dem Nießbrauch an Aktien ein Verkehrswert zuordnen lässt. Dies ist nicht der Fall. Aus §§ 1059 S. 1, 1068 Abs. 2 BGB folgt, dass sich der Nießbrauch nicht übertragen lässt. An unübertragbaren Rechten kann aber von vornherein überhaupt kein üblicher Preis im Sinne eines Verkehrswerts entstehen.[1404] Somit scheidet der zulässige Erwerb

---

1401 Vgl. insoweit bereits die Ausführungen zur Sicherungsübertragung von Aktien oben S. 300 ff.

1402 *Baur*, § 9 KAGG Rn. 17, 21; *Scherer* in Brinkhaus/Scherer, § 9 KAGG Rn. 18.

1403 Vgl. oben S. 176.

1404 So ausdrücklich OLG Bremen v. 29.11.1967 – UB c 5/67, NJW 1968, 657 (für nach § 1092 BGB unübertragbare beschränkte persönliche Dienstbarkeiten).

eines Nießbrauchs an Aktien auch dann aus, wenn er für Rechnung eines offenen oder geschlossenen inländischen Spezial-AIF bzw. seiner Anleger erfolgt. Folglich lässt sich im Ergebnis festhalten, dass der Nießbrauch an Aktien insgesamt als tauglicher Vermögensgegenstand eines Investmentvermögens im Sinne des KAGB ausscheidet, so dass es insoweit auch nicht zu einer Zurechnung von Stimmrechten auf die an einem Investmentvermögen beteiligten Personen nach § 22 Abs. 1 S. 1 Nr. 4 WpHG kommen wird.

E. Zurechnung nach § 22 Abs. 1 S. 1 Nr. 5 WpHG

Nach § 22 Abs. 1 S. 1 Nr. 5 WpHG werden dem Meldepflichtigen Stimmrechte aus Aktien zugerechnet, die er durch eine Willenserklärung erwerben kann. Die Gesetzesmaterialien verweisen insoweit auf den Umgehungsschutz. Der Gesetzgeber wollte vor allem Sachverhalte erfassen, in denen der Meldepflichtige seine Aktien an dem Emittenten auf einen Dritten mit der Maßgabe überträgt, sie jederzeit zurückerwerben zu können.[1405]

Vor diesem Hintergrund stellt sich die Frage, ob der Zurechnungstatbestand auch der Offenlegung des mittelbaren Stimmrechtseinflusses dienen soll. Daran könnte man zweifeln, weil die Zurechnung nicht an die Möglichkeit des Meldepflichtigen anknüpft, über das Stimmverhalten des gegenwärtigen Stimmrechtsinhabers zu bestimmen.[1406] Auch wenn es vorkommen mag, dass der Meldepflichtige mit seiner Erwerbsmöglichkeit zugleich auch eine rechtliche oder zumindest faktische Einflussnahmemöglichkeit auf die Ausübung des Stimmrechts durch den Veräußerer der stimmrechtsvermittelnden Aktien erlangt, besteht kein dahingehender allgemeiner Erfahrungssatz.[1407] Nach überwiegender Auffassung besteht der Normzweck des § 22 Abs. 1 S. 1 Nr. 5 WpHG daher eher in der frühzeitigen Offenlegung möglicherweise bevorstehender Veränderungen der Aktionärsstruktur des Emittenten und des Stimmrechtseinflusses auf diesen.[1408] Indessen würde es zu weit gehen, die Norm als „Fremdkörper“ im System der Zurechnungstatbestände des § 22 Abs. 1 WpHG zu begreifen.[1409] Nach den Gesetzesmaterialien erfolgt eine Zurechnung nur dann, wenn der Meldepflichtige die stimmrechtsvermittelnden Aktien jederzeit durch Willenserklärung erwerben kann.[1410] Der Normzweck erschöpft sich also nicht in der bloßen Erfassung eines potentiellen künftigen Stimmrechtseinflusses. Er ist vielmehr auf die Erfassung von Konstellationen gerichtet, in denen der Meldepflichtigen jederzeit seine Aktionärsstellung herbeiführen kann, um das Stimmrecht

1405 Begr. RegE. FFG II, BT-Drucks. 12/6679, S. 54.
1406 *Von Bülow* in KöKo, WpHG, § 22 Rn. 135.
1407 *Dehlinger/Zimmermann* in Fuchs, WpHG, § 22 Rn. 64; *Von Bülow* in KöKo, WpHG, § 22 Rn. 135.
1408 *U. H. Schneider* in Assmann/Schneider, WpHG, § 22 Rn. 101; *Von Bülow* in KöKo, WpHG, § 22 Rn. 135.
1409 So aber *Von Bülow* in KöKo, WpHG, § 22 Rn. 135.
1410 Begr. RegE. FFG II, BT-Drucks. 12/6679, S. 54.

sodann selbst auszuüben oder ausüben zu lassen. Die Einflussnahmemöglichkeit des Meldepflichtigen ist damit einer gegenwärtigen Einflussnahmemöglichkeit bereits so stark angenähert, dass sie sich qualitativ nicht in nennenswertem Umfang von dieser unterscheidet.[1411]

I. Tatbestandsvoraussetzungen

Einzige Voraussetzung der Zurechnung ist die Möglichkeit des Meldepflichtigen, stimmrechtsvermittelnde Aktien durch Willenserklärung zu erwerben. Durch die Verwendung des Tatbestandsmerkmals „Erwerb“ deutet der Wortlaut des Zurechnungstatbestands darauf hin, dass es auf den Erwerb des Eigentums an den stimmrechtsvermittelnden Aktien ankommt.[1412] Dies lässt sich auch den Gesetzesmaterialien zum WpÜGG entnehmen.[1413]

1. Dinglich wirkendes Anwartschaftsrecht

Eine Zurechnung von Stimmrechten erfolgt nach allgemeiner Auffassung jedenfalls dann, wenn die dinglich wirksame Übertragung stimmrechtsvermittelnder Aktien an den Meldepflichtigen unmittelbar durch eine Willenserklärung des Meldepflichtigen bewirkt werden kann.[1414] Dies folgt bereits aus dem insoweit eindeutigen Wortlaut des Zurechnungstatbestands.[1415] Eine Zurechnung wird immer dann ausgelöst, wenn der gegenwärtige Aktionär bereits ein wirksames Angebot auf dingliche Übertragung der Aktien abgegeben hat, so dass die dingliche Einigung hierüber durch einfache Annahme dieses Angebots erfolgen kann.[1416] Werden die Aktien nach den

---

1411 *Steuer/Baur*, WM 1996, 1477, 1479.

1412 BaFin, Emittentenleitfaden 2013, S. 117; *Steuer/Baur*, WM 1996, 1477, 1478; *U. H. Schneider* in Assmann/Schneider, WpHG, § 22 Rn. 102; *Becker* in Bürgers/Körber, Anh. § 22, § 22 WpHG Rn. 7; a.A. *Burgard*, BB 1995, 2069, 2076 (maßgeblich ist der „Anspruch auf Übereignung“).

1413 Begr. RegE. WpÜGG, BT-Drucks. 14/7034, S. 54, 70.

1414 Begr. RegE. FFG II, BT-Drucks. 12/6679, S. 54; BaFin, Emittentenleitfaden 2013, S. 117; *Burgard*, BB 1995, 2069, 2076; *Steuer/Baur*, WM 1996, 1477, 1479; *Witt*, AG 1998, 171, 176; *Franck*, BKR 2002, 709, 710; *Hüffer*, AktG, 7. Auflage 2006, Anh. § 22, § 22 WpHG Rn. 5; *Hutter/Kaulamo*, NJW 2007, 471, 476; *Bayer* in MüKo, AktG, Anh. § 22, § 22 WpHG Rn. 26; *Dehlinger/Zimmermann* in Fuchs, WpHG, § 22 Rn. 65; *Opitz* in Schäfer/Hamann, § 22 WpHG Rn. 58a, 64; *Petersen* in Spindler/Stilz, AktG, Anh. § 22, §§ 21–30 WpHG Rn. 50; *Schwark* in Schwark/Zimmer, § 22 WpHG Rn. 9; *Veil* in Schmidt/Lutter, AktG, Anh. § 22, § 22 WpHG Rn. 23; *U. H. Schneider* in Assmann/Schneider, WpHG, § 22 Rn. 102; *Von Bülow* in KöKo, WpHG, § 22 Rn. 141; *Heinrich* in Heidel, § 22 WpHG Rn. 14; *Becker* in Bürgers/Körber, Anh. § 22, § 22 WpHG Rn. 7.

1415 *Steuer/Baur*, WM 1996, 1477, 1478 ff.; *Dehlinger/Zimmermann* in Fuchs, WpHG, § 22 Rn. 65.

1416 *Witt*, AG 1998, 171, 176; *Franck*, BKR 2002, 709, 710; *Hutter/Kaulamo*, NJW 2007, 471, 476; *Bayer* in MüKo, AktG, Anh. § 22, § 22 WpHG Rn. 26; *Dehlinger/Zimmermann*

§§ 929 ff. BGB übertragen, müssen allerdings zusätzlich die weiteren Voraussetzungen einer Übereignung vorliegen oder durch die Abgabe der Annahmeerklärung unmittelbar ausgelöst werden.[1417] Gleiches muss gelten, wenn eine Namensaktie durch Indossament und Übergabe übertragen werden soll. Der Meldepflichtige muss im Ergebnis bereits ein dinglich wirkendes Anwartschaftsrecht erlangt haben, dass durch Abgabe der Willenserklärung zum Vollrecht erstarkt.[1418] Das Angebot des gegenwärtigen Aktionärs auf dinglich wirksame Übertragung der betreffenden Aktien kann auch in der Einräumung einer dinglich wirkenden Call-Option zu Gunsten des Meldepflichtigen liegen.[1419] Ein anderer Anwendungsfall ist ein dinglich wirkendes Vorerwerbsrecht.[1420] Die äußerliche Erscheinungsform des Angebots spielt aber für die Zurechnung keine Rolle. Unerheblich ist auch, ob der Meldepflichtige bei der Begründung des dinglich wirkenden Anwartschaftsrechts mitgewirkt hat, so dass eine Zurechnung auch dann ausgelöst wird, wenn er unaufgefordert ein Angebot auf dinglich wirksame Übertragung stimmrechtsvermittelnder Aktien von Seiten des gegenwärtigen Aktionärs erhält.[1421] Der Meldepflichtige kann eine etwaige Mitteilungspflicht in diesem Fall vermeiden, indem er das Angebot des gegenwärtigen Aktionärs am Tag des Zugangs unmittelbar zurückweist. Denn dann entfällt die Zurechnung wieder, so dass sich aufgrund der taggleichen Saldierung der Stimmrechtsanteilsveränderungen überhaupt keine Mitteilungspflicht ergibt.[1422] Die Zurechnung endet mit Annahme des Angebots oder mit Ablauf der Annahmefrist.[1423]

2. *Dingliche Einigung unter aufschiebender Bedingung*

Steht die dingliche Einigung zwischen dem Meldepflichtigen und dem gegenwärtigem Aktionär unter einer aufschiebenden Bedingung, so ist nach der Art der Bedingung zu differenzieren.

---

in Fuchs, WpHG, § 22 Rn. 66 f.; *Opitz* in Schäfer/Hamann, § 22 WpHG Rn. 58a; *Schwark* in Schwark/Zimmer, § 22 WpHG Rn. 9; *Veil* in Schmidt/Lutter, AktG, Anh. § 22, § 22 WpHG Rn. 23.

1417 *Bayer* in MüKo, AktG, Anh. § 22, § 22 WpHG Rn. 26; *Opitz* in Schäfer/Hamann, § 22 WpHG Rn. 64.

1418 *Von Bülow* in KöKo, WpHG, § 22 Rn. 138; *Becker* in Bürgers/Körber, Anh. § 22, § 22 WpHG Rn. 7.

1419 Begr. RegE. TUG, BT-Drucks. 16/2498, S. 37; BaFin, Emittentenleitfaden 2013, S. 118; *Fleischer/Schmolke*, ZIP 2008, 1501, 1503; *Opitz* in Schäfer/Hamann, § 22 WpHG Rn. 64; *Petersen* in Spindler/Stilz, AktG, Anh. § 22, §§ 21–30 WpHG Rn. 50; *Von Bülow* in KöKo, WpHG, § 22 Rn. 147; *Becker* in Bürgers/Körber, Anh. § 22, § 22 WpHG Rn. 7.

1420 *Dehlinger/Zimmermann* in Fuchs, WpHG, § 22 Rn. 67.

1421 A.A. *Dehlinger/Zimmermann* in Fuchs, WpHG, § 22 Rn. 66; *Von Bülow* in KöKo, WpHG, § 22 Rn. 146.

1422 Vgl. oben S. 166 ff.

1423 *Dehlinger/Zimmermann* in Fuchs, WpHG, § 22 Rn. 66 a.E.

Handelt es sich um eine Potestativbedingung zugunsten des Meldepflichtigen, also um eine Bedingung, deren Eintritt alleine von einem Verhalten des Meldepflichtigen abhängig ist,[1424] so kann dieser grundsätzlich alleine über den Zugriff auf die betreffenden Aktien entscheiden. Allerdings muss insoweit weiter nach der Art der Potestativbedingung unterschieden werden. Eine sog. Wollensbedingung erhebt die nach freiem Ermessen vorzunehmende Willensäußerung einer Vertragspartei zur Bedingung, das betreffende Rechtsgeschäft zu wollen oder auch nicht zu wollen.[1425] Sie rückt das bereits abgeschlossene Rechtsgeschäft in die Nähe eines bloßen Vertragsangebots der anderen Vertragspartei, das nur noch angenommen zu werden braucht, damit das Rechtsgeschäft zu Stande kommt.[1426] Die dingliche Einigung oder ihre Wirksamkeit kann in diesem Fall jederzeit durch bloße Willensäußerung des Meldepflichtigen herbeigeführt werden. Im Ergebnis unterscheidet sich die von einer Wollensbedingung des Meldepflichtigen abhängige dingliche Einigung damit nicht in nennenswerter Weise von einem Angebot des gegenwärtigen Aktionärs auf dinglich wirksame Übertragung stimmrechtsvermittelnder Aktien, das der Meldepflichtige nur noch annehmen muss. Wie in diesem Fall muss es folglich auch bei Bestehen einer solchen Wollensbedingung zu einer Zurechnung der betreffenden Stimmrechte kommen.[1427] Von den Fällen einer Wollensbedingung sind die Fälle zu unterscheiden, in denen die dingliche Einigung unter einer Potestativbedingung steht, die von einem sonstigen willensgesteuerten Verhalten des Meldepflichtigen abhängt. Nach ganz herrschender Auffassung erfolgt auch in diesen Fällen eine Zurechnung nach § 22 Abs. 1 S. 1 Nr. 5 WpHG.[1428] Gegen eine Zurechnung spricht allerdings der Wortlaut der Norm. Hiernach setzt eine Zurechnung voraus, dass die stimmrechtsvermittelnden Aktien durch eine Willenserklärung erworben werden

1424 Vgl. zum Begriff der Potestativbedingung *H. P. Westermann* in MüKo, BGB, § 158 Rn. 19; *Armbrüster* in Erman, BGB, Vor § 158 Rn. 12.

1425 Vgl. zum Begriff der Wollensbedingung *H. P. Westermann* in MüKo, BGB, § 158 Rn. 21. Teilweise wird der Begriff der Potestativbedingung auch gleichbedeutend mit dem Begriff der Wollensbedingung gebraucht, so etwa bei *Ellenberger* in Palandt, BGB, Einf. v. § 158 BGB Rn. 10.

1426 *H. P. Westermann* in MüKo, BGB, § 158 Rn. 21; *Ellenberger* in Palandt, BGB, Einf. v. § 158 BGB Rn. 10. Vgl. zum Meinungsstreit über die Zulässigkeit der bloßen Wollensbedingung *H. P. Westermann* in MüKo, BGB, § 158 Rn. 21 ff.; *Armbrüster* in Erman, BGB, Vor § 158 Rn. 13.

1427 *Steuer/Baur*, WM 1996, 1477, 1479; *Dehlinger/Zimmermann* in Fuchs, WpHG, § 22 Rn. 69; *Opitz* in Schäfer/Hamann, § 22 WpHG Rn. 59, 64; *Von Bülow* in KöKo, WpHG, § 22 Rn. 141 f.

1428 BaFin, Emittentenleitfaden 2013, S. 117; (bzgl. Kaufpreiszahlung als Potestativbedingung); *Dehlinger/Zimmermann* in Fuchs, WpHG, § 22 Rn. 66, 69; *Opitz* in Schäfer/Hamann, § 22 WpHG Rn. 59, 64; *Petersen* in Spindler/Stilz, AktG, Anh. § 22, §§ 21–30 WpHG Rn. 50; *Veil* in Schmidt/Lutter, AktG, Anh. § 22, § 22 WpHG Rn. 23; *U. H. Schneider* in Assmann/Schneider, WpHG, § 22 Rn. 103; *Von Bülow* in KöKo, WpHG, § 22 Rn. 141 f.; a.A. wohl *Schwark* in Schwark/Zimmer, § 22 WpHG Rn. 11 f.

können. Ein willensgesteuertes Verhalten des Meldepflichtigen, das keine Willensäußerung darstellt, ist hingegen nicht als Willenserklärung zu qualifizieren. Zudem ist der Zugriff des Meldepflichtigen auf die betreffenden Aktien in diesen Fällen erschwert. Steht die dingliche Einigung etwa unter der Bedingung der vollständigen Kaufpreiszahlung durch den Meldepflichtigen, so hängt ihr Eintritt nicht nur von seiner Zahlungswilligkeit, sondern auch von seiner Zahlungsfähigkeit ab. Anders als bei einer bloßen Wollensbedingung kann der Meldepflichtige die Schwelle zum gegenwärtigem Stimmrechtseinfluss nicht jederzeit und ohne weiteres erreichen. Andererseits würde eine Beschränkung der Zurechnung auf Wollensbedingungen Umgehungsmöglichkeiten eröffnen, die durch die Zurechnung gerade geschlossen werden sollen.[1429] Auch dürfte die Herbeiführung der Bedingung durch den Meldepflichtigen in den meisten Fällen nicht übermäßig erschwert sein. Die Befürworter einer Zurechnung wollen den Begriff der Willenserklärung in § 22 Abs. 1 S. 1 Nr. 5 WpHG daher so auslegen, dass er auch sonstige willensgesteuerte Handlungen des Meldepflichtigen erfasst, die tatsächlich zum Erwerb der Aktien führen.[1430] Dies ist vor dem Hintergrund des Schutzzwecks der Norm überzeugend. Fraglich ist allerdings, ob sich eine solche Normanwendung noch innerhalb der Grenzen des Wortlauts der Norm bewegt. Nach *Dehlinger* und *Zimmermann* ist es vom Wortlaut der Norm noch gedeckt, wenn unter den Begriff der Willenserklärung auch sonstige Handlungen des Meldepflichtigen gefasst werden, mit denen dieser seinen (fortbestehenden) Aneignungswillen zum Ausdruck bringt.[1431] In der Tat wird man in diesen Fällen argumentieren können, dass die betreffende Potestativbedingung in der Abgabe einer konkludenten Willenserklärung besteht. Vor diesem Hintergrund sollte kein Verstoß gegen die Wortlautgrenze vorliegen. Der herrschenden Auffassung ist damit im Ergebnis zu folgen. Eine Zurechnung erfolgt also auch dann, wenn der Erwerb der stimmrechtsvermittelnden Aktien zwar nicht von einer ausdrücklichen Willenserklärung, aber von einem sonstigen willensgesteuerten Verhalten des Meldepflichtigen abhängt.

Von den zuletzt genannten Fällen der Potestativbedingung zugunsten des Meldepflichten sind die aufschiebenden Bedingungen zu unterscheiden, deren Eintritt von dem Verhalten des gegenwärtigen Aktionärs oder einer anderen Person bzw. einer Gruppe von Personen oder einer Institution abhängen. Dies betrifft etwa die Genehmigung der Übertragung der Aktien durch die Aktiengesellschaft bei vinkulierten Namensaktien oder die behördliche, insbesondere kartellrechtliche Genehmigung. Die aufschiebende Bedingung kann ferner in dem Eintritt eines rein tatsächlichen Umstands bestehen, etwa einer bestimmten Entwicklung des Börsenkurses der betreffenden Aktie. *U. H. Schneider* befürwortet eine Zurechnung bereits

1429 Vgl. *U. H. Schneider* in Assmann/Schneider, WpHG, § 22 Rn. 103; ebenso wohl *Von Bülow* in KöKo, WpHG, § 22 Rn. 141 („Auslegung vor dem Hintergrund des Normzwecks“).

1430 *Von Bülow* in KöKo, WpHG, § 22 Rn. 141.

1431 *Dehlinger/Zimmermann* in Fuchs, WpHG, § 22 Rn. 66 Fn. 156.

dann, wenn die dinglich wirksame Übertragung nicht mehr vom Willen des gegenwärtigen Aktionärs abhängig ist.[1432] Damit bejaht er eine Zurechnung gerade in den zuletzt genannten Fällen einer aufschiebenden Bedingung. Er argumentiert, dass es anderenfalls zu schweren Transparenzlücken komme, wenn der dinglich wirksame Erwerb der Aktien von dem ungewissen zukünftigen Ereignis der Zahlung des Kaufpreises durch den Käufer abhängt. Diese Begründung bezieht sich offensichtlich lediglich auf den Fall einer Potestativbedingung zugunsten des Meldepflichtigen, die nicht als Wollensbedingung konzipiert ist. Auf die hier betrachteten Fälle lässt sie sich nicht übertragen. Nach überwiegender und zutreffender Auffassung ist eine Zurechnung der Stimmrechte aus Aktien des gegenwärtigen Aktionärs auf den Meldepflichtigen bei Vereinbarung einer aufschiebenden Bedingung daher zu verneinen, sofern diese nicht als Potestativbedingung zu qualifizieren ist, deren Eintritt von einem Verhalten des Meldepflichtigen abhängt.[1433] Dafür spricht zunächst der Wortlaut des Zurechnungstatbestands, der ausschließlich auf die Erwerbsmöglichkeit durch Willenserklärung des Meldepflichtigen abstellt.[1434] Zudem besteht aus der Perspektive des Meldepflichtigen kein sicherer Zugriff auf die betreffenden Aktien. Ob sein Zugriff erfolgen kann ist eine Frage der Wahrscheinlichkeit, die sehr stark von den Umständen des Einzelfalls abhängt. Gegenwärtiger Stimmrechtseinfluss besteht gerade noch nicht und der potentielle künftige Stimmrechtseinfluss des Meldepflichtigen entspricht auch noch nicht im Wesentlichen dem Stimmrechtseinfluss des gegenwärtigen Aktionärs. Eine Zurechnung erscheint damit auch aus dem Blickwinkel des Schutzzwecks der Norm bedenklich.[1435] Gegen eine Zurechnung sprechen ferner die Gesetzesmaterialien, da es hiernach entscheidend darauf ankommt, dass der Meldepflichtige die betreffenden Aktien jederzeit erwerben kann.[1436] Steht das Angebot auf dinglich wirksame Übertragung der stimmrechtsvermittelnden Aktien oder die dingliche Einigung selbst unter einer aufschiebenden Bedingung, die nicht als Potestativbedingung zu qualifizieren ist, besteht diese Möglichkeit gerade nicht.

3. Dingliche Einigung unter aufschiebender Befristung

Eine Zurechnung von Stimmrechten auf den Meldepflichtigen ist nach allgemeiner Auffassung zu verneinen, wenn die dingliche Einigung zwischen dem Meldepflichtigen und dem gegenwärtigen Aktionär aufschiebend befristet erfolgen soll, ihre

---

1432 *U. H. Schneider* in Assmann/Schneider, WpHG, § 22 Rn. 103.

1433 *Steuer/Baur*, WM 1996, 1477, 1479 f.; *Bayer* in MüKo, AktG, Anh. § 22, § 22 WpHG Rn. 31; *Dehlinger/Zimmermann* in Fuchs, WpHG, § 22 Rn. 66, 69; *Schwark* in Schwark/Zimmer, § 22 WpHG Rn. 11; *Petersen* in Spindler/Stilz, AktG, Anh. § 22, §§ 21–30 WpHG Rn. 50; *Von Bülow* in KöKo, WpHG, § 22 Rn. 141 f., 151, 153.

1434 *Steuer/Baur*, WM 1996, 1477, 1479; *Von Bülow* in KöKo, WpHG, § 22 Rn. 141.

1435 Vgl. *Schwark* in Schwark/Zimmer, § 22 WpHG Rn. 11.

1436 Begr. RegE. FFG II, BT-Drucks. 12/6679, S. 54.

Wirksamkeit also auf einen künftigen Zeitpunkt verschoben ist.[1437] Gegen eine Zurechnung spricht wiederum der Wortlaut des Zurechnungstatbestands, der gerade auf eine Erwerbsmöglichkeit durch Willenserklärung und nicht auf den Zeitablauf abstellt.[1438] Auch die Gesetzesmaterialien sprechen gegen eine Zurechnung, da der Meldepflichtige die betreffenden stimmrechtsvermittelnden Aktien zwar sicher, aber gerade nicht jederzeit erwerben kann.[1439] Schließlich lässt sich argumentieren, dass der Meldepflichtige bis zum Ablauf der Frist keinerlei gegenwärtige Einflussnahmemöglichkeit auf die Ausübung des Stimmrechts hat, was eine Zurechnung auch unter dem Blickwinkel des Schutzzwecks der Norm ausschließt.[1440]

4. *Schuldrechtliches Zugriffsrecht*

Umstritten war, ob auch ein schuldrechtlicher Anspruch auf Übertragung stimmrechtsvermittelnder Aktien oder ein schuldrechtlicher Anspruch auf Begründung eines schuldrechtlichen Vertrags, aus dem wiederum ein Anspruch auf Übertragung stimmrechtsvermittelnder Aktien folgt, zu einer Zurechnung führt. Letzteres betrifft vor allem schuldrechtlich ausgestaltete Call-Optionen, aber auch Wandel- und Optionsanleihen.[1441] Teile der Literatur befürworteten eine Zurechnung.[1442] Als Begründung wurde die englische Fassung der Transparenz-RL I herangezogen, die eine Zurechnung nach ihrem Wortlaut bereits an das Erwerbsrecht des zukünftigen Erwerbers knüpfte („is entitled to acquire, on his own initiative alone").[1443] Darüber hinaus wurde anhand eines systematischen Vergleichs mit § 20 Abs. 2 AktG argumentiert, dass die Mitteilungspflichten nach den §§ 21 ff. WpHG nicht hinter der Mitteilungspflicht nach § 20 Abs. 1 AktG zurückbleiben dürften.[1444] Denn

---

1437 *Steuer/Baur*, WM 1996, 1477, 1480; *Bayer* in MüKo, AktG, Anh. § 22, § 22 WpHG Rn. 31; *Opitz* in Schäfer/Hamann, § 22 WpHG Rn. 61; *Petersen* in Spindler/Stilz, AktG, Anh. § 22, §§ 21–30 WpHG Rn. 50; *Schwark* in Schwark/Zimmer, § 22 WpHG Rn. 11.

1438 *Steuer/Baur*, WM 1996, 1477, 1480.

1439 Begr. RegE. FFG II, BT-Drucks. 12/6679, S. 54. Ebenso *Steuer/Baur*, WM 1996, 1477, 1480.

1440 Vgl. *Schwark* in Schwark/Zimmer, § 22 WpHG Rn. 11.

1441 Vgl. zur Rechtsnatur schuldrechtlich ausgestalteter Call-Optionen auf Aktien *Steuer/Bauer*, WM 1996, 1477, 1481; *Bork* in Staudinger, BGB, Vor §§ 145 ff. Rn. 69 ff.; *Busche* in MüKo, BGB, Vor § 145 Rn. 70 ff.; *Armbrüster* in Erman, BGB, Vor § 158 Rn. 14.

1442 *Burgard*, BB 1995, 2069, 2076; *U. H. Schneider*, AG 1997, 81, 83; *Engert*, ZIP 2006, 2105, 2110 f.

1443 *Burgard*, BB 1995, 2069, 2076 Fn. 97; *U. H. Schneider*, AG 1997, 81, 83; *Engert*, ZIP 2006, 2105, 2110 f.; a.A. *Steuer/Baur*, WM 1996, 1477, 1481; *Cahn*, AG 1997, 502, 507.
Vgl. auch *Franck*, BKR 2002, 709, 711 f.

1444 *U. H. Schneider*, AG 1997, 81, 83; *Koppensteiner* in KöKo, AktG, Anh. § 22, §§ 21 ff. WpHG Rn. 19; *Bayer* in MüKo, AktG, Anh. § 22, § 22 WpHG Rn. 27.

nach § 20 Abs. 2 Nr. 1 AktG erfolgt eine Zurechnung von Aktien im Rahmen der aktienrechtlichen Mitteilungspflicht des § 20 Abs. 1 AktG bereits dann, wenn der Meldepflichtige[1445] die Übertragung der Aktien verlangen kann.

Sowohl die BaFin als auch die mittlerweile ganz herrschende Gegenauffassung im Schrifttum lehnen eine Zurechnung von Stimmrechten zum Meldepflichtigen in den genannten Fällen aber zu Recht ab.[1446] Zwar deutet der englische Text der Transparenz-RL I tatsächlich auf die Erforderlichkeit einer weiten Auslegung des § 22 Abs. 1 S. 1 Nr. 5 WpHG hin, die auch schuldrechtliche Zugriffsrechte erfasst. Der Verweis auf einen systematischen Vergleich mit § 20 Abs. 2 AktG trägt allerdings nicht, da der Wortlaut des § 20 Abs. 2 Nr. 1 AktG auch auf die Erfassung von schuldrechtlichen Verträgen zugeschnitten ist, aus denen ein Anspruch auf dinglich wirksame Übertragung folgt, während dies auf den Wortlaut des § 22 Abs. 1 S. 1 Nr. 5 WpHG gerade nicht zutrifft.[1447] Entscheidend gegen eine Zurechnung von Stimmrechten bei schuldrechtlichen Zugriffsrechten sprechen zudem die Gesetzesmaterialien zum WpÜGG. Dort weist der Gesetzgeber ausdrücklich darauf hin, dass nur solche Sachverhalte erfasst werden sollen, bei denen zum dinglich wirksamen Erwerb der betreffenden Aktien durch den Meldepflichtigen nur noch seine Willenserklärung erforderlich ist.[1448] Wie in den Gesetzesmaterialien weiter klargestellt wird, ist dies bei Sachverhalten, in denen es zu einer dinglich wirksamen Übertragung der Aktien der Mitwirkung eines Dritten bedarf, also insbesondere bei schuldrechtlichen Ansprüchen auf Lieferung der Aktien oder bei Call-Optionen, die erst das Recht zum Abschluss eines Kaufvertrags über Aktien einräumen, gerade nicht der Fall.[1449] Aus einem systematischen Vergleich zwischen den §§ 21, 22 WpHG und den §§ 25, 25a WpHG folgt zudem, dass schuldrechtliche Zugriffsrechte

---

1445 Genau genommen wird der Meldepflichtige in § 20 Abs. 2 Nr. 1 AktG als das „Unternehmen" bezeichnet. Eine Zurechnung erfolgt auch dann, wenn ein von dem Unternehmen abhängiges Unternehmen oder ein für Rechnung des Unternehmens oder des von ihm abhängigen Unternehmens handelnder Dritter die Übertragung verlangen kann.

1446 BaFin, Emittentenleitfaden 2013, S. 117; so auch bereits *Steuer/Baur*, WM 1996, 1477, 1480; *Cahn*, AG 1997, 502, 507; *Witt*, AG 1998, 171, 176. Ebenso nach Inkrafttreten des WpÜGG *Bayer* in MüKo, AktG, Anh. § 22, § 22 WpHG Rn. 30; *Fleischer/Schmolke*, ZIP 2008, 1501, 1503; *Dehlinger/Zimmermann* in Fuchs, WpHG, § 22 Rn. 68; *Opitz* in Schäfer/Hamann, § 22 WpHG Rn. 59, 62; *Petersen* in Spindler/Stilz, AktG, Anh. § 22, §§ 21–30 WpHG Rn. 50; *Schwark* in Schwark/Zimmer, § 22 WpHG Rn. 10; *Veil* in Schmidt/Lutter, AktG, Anh. § 22, § 22 WpHG Rn. 24; *Von Bülow* in KöKo, WpHG, § 22 Rn. 138; *Becker* in Bürgers/Körber, Anh. § 22, § 22 WpHG Rn. 7; nach Inkrafttreten des AnSFuG nunmehr auch *U. H. Schneider* in Assmann/Schneider, WpHG, § 22 Rn. 109.

1447 *Steuer/Baur*, WM 1996, 1477, 1481; *Cahn*, AG 1997, 502, 507 f.; *Witt*, AG 1998, 171, 176; *Opitz* in Schäfer/Hamann, § 22 WpHG Rn. 59.

1448 Begr. RegE. WpÜGG, BT-Drucks. 14/7034, S. 54, 70. Ebenso *Veil* in Schmidt/Lutter, AktG, Anh. § 22, § 22 WpHG Rn. 24.

1449 Begr. RegE. WpÜGG, BT-Drucks. 14/7034, S. 54, 70.

nunmehr ausschließlich durch die zuletzt genannten Tatbestände erfasst werden sollen.[1450] Schließlich spricht auch der Schutzzweck des § 22 Abs. 1 S. 1 Nr. 5 WpHG gegen eine Zurechnung bei bloß schuldrechtlichen Zugriffsrechten auf Aktien. Da § 22 WpHG auf die Offenlegung gegenwärtiger mittelbarer Einflussnahmemöglichkeiten auf die Stimmrechtsausübung gerichtet ist, muss eine Subsumtion potentieller zukünftiger Einflussnahmemöglichkeiten unter den Tatbestand des § 22 Abs. 1 S. 1 Nr. 5 WpHG grundsätzlich unterbleiben.[1451] Der potentielle künftige Stimmrechtseinfluss kann sich nicht jederzeit manifestieren. Dingliche Zugriffsrechte gewähren dagegen bereits eine Einflussnahmemöglichkeit, die einem gegenwärtigen Stimmrechtseinfluss gleichwertig ist.[1452] Nach Inkrafttreten des AnSFuG kann dieser Auffassung auch nicht mehr entgegengehalten werden, dass sie zur Entstehung von Transparenzlücken führe.[1453] Da § 25 WpHG in der Fassung vor Inkrafttreten des AnSFuG auf die Offenlegung von Zugriffsrechten aus Finanzinstrumenten im Sinne des § 2 Abs. 2b WpHG beschränkt war, führten schuldrechtliche Ansprüche auf Übertragung stimmrechtsvermittelnder Aktien, die nicht aus einem solchen Finanzinstrument folgten, in der Tat nicht zu einer Offenlegung nach § 25 WpHG. Durch die Beschränkung des § 22 Abs. 1 S. 1 Nr. 5 WpHG auf dingliche Zugriffsrechte wäre es daher tatsächlich zu gewissen Transparenzlücken gekommen. Mit der Erweiterung des § 25 WpHG auf „sonstige Instrumente“ sind diese Transparenzlücken indessen mit Inkrafttreten des AnSFuG entfallen.[1454] Unter den Begriff des „sonstigen Instruments“ werden nunmehr allgemein auch Erwerbsrechte auf stimmrechtsvermittelnde Aktien subsumiert, die nicht als Finanzinstrumente im Sinne des § 2 Abs. 2b WpHG zu qualifizieren sind, etwa schuldrechtliche Ansprüche auf Übertragung stimmrechtsvermittelnder Aktien aus einem Kaufvertrag.[1455]

5. Bezugsrechte

Bezugsrechte, konkrete Bezugsansprüche oder Zuteilungsrechte aus einem Zeichnungsvertrag führen nach allgemeiner Auffassung nicht zu einer Zurechnung der Stimmrechte aus den künftig entstehenden Aktien auf den berechtigten

---

1450 *Dehlinger/Zimmermann* in Fuchs, WpHG, § 22 Rn. 65.

1451 *Opitz* in Schäfer/Hamann, § 22 WpHG Rn. 63; ähnlich BaFin, Emittentenleitfaden 2013, S. 117 f. („Zurechnung [...] ist nur dann geboten, wenn der Meldepflichtige über eine Position verfügt, die die Ausübung von Stimmrechten nicht von Unwägbarkeiten abhängig macht, die der Meldepflichtige nicht beeinflussen kann“).

1452 Ähnlich *Dehlinger/Zimmermann* in Fuchs, WpHG, § 22 Rn. 65; *Opitz* in Schäfer/Hamann, § 22 WpHG Rn. 63.

1453 Vgl. zu diesem Argument *Franck*, BKR 2002, 709, 711; *Bayer* in MüKo, AktG, Anh. § 22, § 22 WpHG Rn. 27; *Veil* in Schmidt/Lutter, AktG, Anh. § 22, § 22 WpHG Rn. 24; *U. H. Schneider* in Assmann/Schneider, WpHG, § 22 Rn. 106 f. unter Verweis auf die Vorauflage.

1454 So jetzt auch *U. H. Schneider* in Assmann/Schneider, WpHG, § 22 Rn. 109; ebenso *Becker* in Bürgers/Körber, Anh. § 22, § 22 WpHG Rn. 7.

1455 *U. H. Schneider* in Assmann/Schneider, WpHG, § 25 Rn. 11.

Meldepflichtigen.[1456] Dies gilt unabhängig von der etwaigen Verkörperung der Bezugsrechte in Wandelschuldverschreibungen oder ähnlichen Finanzinstrumenten. Die Zurechnung von Stimmrechten setzt voraus, dass die stimmrechtsvermittelnden Aktien bereits existieren, da der Stimmrechtsanteil des Meldepflichtigen ansonsten auf der Grundlage einer fiktiven Gesamtzahl der Stimmrechte errechnet werden müsste.[1457] Vor Eintragung der Durchführung der Kapitalerhöhung im Handelsregister ist dies aber nicht der Fall. Zum anderen steht der Erwerb der jungen Aktien stets unter der aufschiebenden Bedingung, dass die Kapitalerhöhung auch tatsächlich durchgeführt wird.[1458] Da es sich hierbei nicht um eine bloße Potestativbedingung handelt, ist eine Zurechnung nach § 22 Abs. 1 S. 1 Nr. 5 WpHG nicht veranlasst.[1459]

II. Besonderheiten bei der Investmentanlage im Sinne des KAGB

Im Rahmen ihres allgemeinen Verwaltungsrechts entscheidet die KVG auch über den Erwerb stimmrechtsvermittelnder Aktien für Rechnung des von ihr verwalteten Investmentvermögens bzw. seiner Anleger.[1460] Ihr obliegt auch die Entscheidung über die Art und Weise des Aktienerwerbs. Dabei kann es namentlich im Fall des außerbörslichen Paketerwerbs von Aktien auch zu einer Zurechnung von Stimmrechten nach § 22 Abs. 1 S. 1 Nr. 5 WpHG kommen. Im Gegensatz zum Aktienerwerb über die Börse[1461] bestehen in diesem Fall nämlich größere Spielräume im Hinblick auf die dingliche Einigung zwischen Erwerber und Veräußerer, so dass auch Gestaltungen gewählt werden können, in denen ein dingliches Anwartschaftsrecht entsteht oder in denen der Erwerb der Aktien von dem Eintritt einer Potestativbedingung abhängt, die durch ein Verhalten der KVG herbeigeführt werden kann.

Ob der Tatbestand der Zurechnung nach § 22 Abs. 1 S. 1 Nr. 5 WpHG vorliegt entscheidet sich auch im Fall des Erwerbs der betreffenden Aktien für Rechnung des Investmentvermögens bzw. seiner Anleger grundsätzlich nach den bereits dargestellten allgemeinen Grundsätzen. Fraglich ist aber, wem die betreffenden

---

1456 *Falkenhagen*, WM 1995, 1005, 1007 (im Hinblick auf Optionsscheine); *Steuer/Baur*, WM 1996, 1477, 1483; *Dehlinger/Zimmermann* in Fuchs, WpHG, § 22 Rn. 70; *Opitz* in Schäfer/Hamann, § 22 WpHG Rn. 64; *Von Bülow* in KöKo, WpHG, § 22 Rn. 137, 154.

1457 *Falkenhagen*, WM 1995, 1005, 1007; *Steuer/Baur*, WM 1996, 1477, 1480; *Dehlinger/Zimmermann* in Fuchs, WpHG, § 22 Rn. 70; *Von Bülow* in KöKo, WpHG, § 22 Rn. 137; kritisch zu diesem Argument *Opitz* in Schäfer/Hamann, § 22 WpHG Rn. 64, der eine fiktive Betrachtungsweise im Grundsatz für möglich hält.

1458 *Peifer* in MüKo, AktG, § 186 Rn. 20; *Koch* in Hüffer, AktG, § 186 Rn. 6; *Von Dryander/Niggemann* in Hölters, AktG, § 186 Rn. 14.

1459 Auf die Vielzahl der ausstehenden Einzelschritte zum Erwerb der jungen Aktien abstellend *Dehlinger/Zimmermann* in Fuchs, WpHG, § 22 Rn. 70; *Von Bülow* in KöKo, WpHG, § 22 Rn. 154.

1460 Vgl. oben S. 93 ff.

1461 Vgl. allgemein zum Vorgang des Geschäftsabschlusses über die Börse *Franke* in Assmann/Schütze, § 2 Rn. 67 ff.

Stimmrechte dann zuzurechnen sind. Insoweit muss abermals zwischen den einzelnen Rechtsformen des Investmentvermögens differenziert werden. Grundsätzlich gilt in diesem Zusammenhang, dass die Stimmrechte der Person zuzurechnen sind, die durch Willenserklärung zum dinglich berechtigten Inhaber der stimmrechtsvermittelnden Aktien werden kann. Handelt es sich um ein nach der Treuhandlösung errichtetes Sondervermögen, ist das die KVG. Eine Kettenzurechnung auf die Anleger scheidet in diesem Fall selbst dann aus, wenn man entgegen der hier vertretenen Auffassung eine Zurechnung der Stimmrechte aus den zum Sondervermögen gehörenden Aktien auf die Anleger gemäß § 22 Abs. 1 S. 1 Nr. 2 WpHG befürwortet. Denn eine solche Kettenzurechnung überschreitet die Wortlautgrenze des § 22 Abs. 1 S. 1 Nr. 2 WpHG und ist damit unzulässig.[1462] Eine Investmentgesellschaft ist ungeachtet der Frage ob sie sich selbst verwaltet oder ob sie durch eine externe KVG verwaltet wird stets selbst als Meldepflichtiger im Sinne des § 22 Abs. 1 S. 1 Nr. 5 WpHG zu qualifizieren, da sie selbst und nicht etwa die externe KVG dinglich berechtigter Inhaber der stimmrechtsvermittelnden Aktien ist.

Problematisch ist die Zurechnung der betreffenden Stimmrechte indessen bei Sondervermögen, die nach der Miteigentumslösung aufgelegt wurden. Handelt es sich um ein Spezial-Sondervermögen, kommt es grundsätzlich zu einer anteiligen Zurechnung der betreffenden Stimmrechte auf die am Sondervermögen beteiligten Anleger.[1463] Vor dem Hintergrund des Schutzzwecks des § 22 WpHG, den mittelbaren Einfluss auf den Emittenten aufzudecken, erscheint diese Zurechnung allerdings fraglich. Denn die Entscheidung über den Erwerb der betreffenden Aktien liegt ausschließlich bei der KVG, so dass auch die Befugnis zur Abgabe der zum Erwerb führenden Willenserklärung kraft ihres Verwaltungsrechts ausschließlich bei der KVG liegt.[1464] Vor diesem Hintergrund stellt sich die Frage, ob § 22 Abs. 1 S. 1 Nr. 5 WpHG dahingehend teleologisch zu reduzieren ist, dass es im Fall einer Investmentanlage über ein nach der Miteigentumslösung errichtetes Spezial-Investmentvermögen nicht zu einer Zurechnung auf die Anleger kommt. Dafür spricht zunächst der Sinn und Zweck des § 22 WpHG. Da die Anleger nicht selbst über den dinglich wirksamen Erwerb der stimmrechtsvermittelnden Aktien entscheiden und das Stimmrecht aus den betreffenden Aktien auch im Erwerbsfall weder selbst ausüben noch mittels Weisung oder individueller Interessenbindung über die Art und Weise der Ausübung entscheiden können, fehlt es ihnen an jeglichem mittelbarem Stimmrechtseinfluss, der über § 22 Abs. 1 S. 1 Nr. 5 WpHG offengelegt werden müsste. Auch mit dem Argument des Umgehungsschutzes lässt sich eine Zurechnung nicht begründen, zumal hier kein Sachverhalt vorliegt, in dem die Anleger ihren an sich bestehenden unmittelbaren Stimmrechtseinfluss aus ihrer Aktionärsstellung zur Vermeidung einer Mitteilungspflicht in einen mittelbaren Stimmrechtseinfluss umwandeln. Transparenzlücken sind im Zusammenhang

1462 Vgl. oben S. 281 ff.

1463 Vgl. oben S. 159 ff.

1464 Siehe oben S. 96 ff. und S. 101 ff.

mit einer teleologischen Reduktion folglich nicht zu befürchten. Eine Zurechnung könnte die Kapitalmarktteilnehmer sogar in die Irre führen, suggeriert sie doch, dass ein entsprechender mittelbarer Stimmrechtseinfluss der an dem Sondervermögen beteiligten Anleger besteht, der hier gerade fehlt. Da eine teleologische Reduktion auch keine weiteren Meldepflichten der Anleger auslösen kann, sich also nicht zu Lasten der Anleger auswirkt, steht ihr auch das bei einheitlicher Auslegung im Rahmen der §§ 21, 22 WpHG geltende Analogieverbot nicht entgegen. Im Ergebnis lässt sich also festhalten, dass § 22 Abs. 1 S. 1 Nr. 5 WpHG im Hinblick auf die Anleger eines nach der Miteigentumslösung errichteten Spezial-Sondervermögens teleologisch zu reduzieren ist, so dass der Tatbestand ausnahmsweise nicht zu einer Zurechnung von Stimmrechten auf die Anleger führt.

Fraglich ist, ob dieses Ergebnis auch auf Konstellationen zu übertragen ist, in denen es sich um ein nach der Miteigentumslösung errichtetes Publikums-Sondervermögen handelt. Grundsätzlich lassen sich hier die gleichen Argumente für eine teleologische Reduktion des § 22 Abs. 1 S. 1 Nr. 5 WpHG hinsichtlich einer Zurechnung auf die Anleger anführen. Eine solche teleologische Reduktion kommt hier allerdings nur dann in Betracht, wenn die Eigentumsfiktion des § 94 Abs. 2 S. 3 HS. 1 KAGB nicht zur Anwendung kommt. Die Anwendung dieser Eigentumsfiktion würde nämlich dazu führen, dass eine Zurechnung auf die Anleger von vornherein ausscheidet. Vielmehr würde sich dann die Frage stellen, ob die betreffenden Stimmrechte stattdessen der KVG zuzurechnen sind, weil diese als künftiger Eigentümer der Aktien gilt. Gegen die Anwendung der Eigentumsfiktion spricht auch im hier interessierenden Zusammenhang vor allem ihr Wortlaut, der das Eigentum der KVG für die Anwendung des § 21 WpHG nur in Bezug auf solche stimmrechtsvermittelnde Aktien fingiert, die bereits zum Sondervermögen gehören.[1465] Das ist aber gerade nicht der Fall, wenn der Erwerb der Stimmrechte für Rechnung der Anleger des Sondervermögens wie im Fall des § 22 Abs. 1 S. 1 Nr. 5 WpHG noch von einer Willenserklärung abhängt. Klärungsbedürftig bleibt damit, ob § 94 Abs. 2 S. 3 HS. 1 KAGB analog auch auf solche Stimmrechte aus Aktien angewendet werden sollte. Dafür spricht vor allem die Tatsache, dass der über § 22 Abs. 1 S 1 Nr. 5 WpHG aufzudeckende mittelbare Stimmrechtseinfluss in dieser Konstellation allein bei der KVG liegt. Sie ist es, die durch Willenserklärung über den Erwerb der stimmrechtsvermittelnden Aktien für Rechnung der Anleger des Sondervermögens entscheidet und sie ist es auch, die die Stimmrechte nach dem Erwerb frei von Weisungen der Anleger oder einer individuellen Interessenbindung ausüben kann. Angesichts der vollständigen Verlagerung des Stimmrechtseinflusses aus den betreffenden Aktien auf die KVG kann es im Ergebnis keinen Unterschied machen, dass die betreffenden Aktien noch nicht zum Sondervermögen gehören. Eine vergleichbare Interessenlage für die Anwendung des § 94 Abs. 2 S. 3 HS. 1 KAGB liegt damit vor. Mangels ausdrücklicher Regelung für die Zurechnung im Vorfeld des Erwerbs der Aktien für Rechnung der Anleger des Sondervermögens liegt zudem eine Regelungslücke

1465 Vgl. schon oben S. 303 f.

vor. Ferner ist auch von der Planwidrigkeit dieser Regelungslücke auszugehen, da sich den Gesetzesmaterialien an keiner Stelle entnehmen lässt, dass dieser Fall absichtlich nicht geregelt werden sollte und der gleiche Sachverhalt, nämlich die vollständige Verlagerung des Stimmrechtseinflusses auf die KVG, vom Gesetz ersichtlich ungleich behandelt wird. Im Ergebnis muss eine analoge Anwendung des § 94 Abs. 2 S. 3 HS. 1 WpHG aber ungeachtet dessen dennoch unterbleiben. Die gesetzlich an sich nicht vorgesehene Zurechnung der betreffenden Stimmrechte zur KVG auf Grundlage des § 22 Abs. 1 S. 1 Nr. 5 WpHG könnte zur Entstehung zusätzlicher Mitteilungspflichten der KVG führen. Damit läge eine verbotene Analogie zu Lasten der Normadressaten der §§ 21, 22 WpHG vor.

Stimmrechte aus Aktien, die für Rechnung der Anleger eines nach der Miteigentumslösung errichteten Publikums- oder Spezial-Sondervermögens durch die KVG erworben werden können, sind damit de lege lata weder der KVG noch den an diesem Sondervermögen beteiligten Anlegern zuzurechnen. Die damit einhergehende Transparenzlücke im Hinblick auf den mittelbaren Stimmrechtseinfluss der KVG sollte de lege ferenda behoben werden. Insoweit bietet es sich an, die Eigentumsfiktion des § 93 Abs. 2 S. 3 HS. 1 KAGB um eine Zurechnungsfiktion zu erweitern, wonach § 22 Abs. 1 S. 1 Nr. 5 WpHG bei einem von einer KVG verwalteten Sondervermögen, dessen Vermögensgegenstände im Miteigentum der Anleger stehen, mit der Maßgabe anzuwenden ist, dass die Stimmrechte nicht dem Meldepflichtigen, sondern der KVG zuzurechnen sind.

F. Zurechnung nach § 22 Abs. 1 S. 1 Nr. 6 WpHG

Dem Meldepflichtigen werden nach § 22 Abs. 1 S. 1 Nr. 6 WpHG auch Stimmrechte aus Aktien zugerechnet, die ihm anvertraut sind oder aus denen er Stimmrechte als Bevollmächtigter ausüben kann. Voraussetzung ist aber jeweils, dass der Meldepflichtige die Stimmrechte aus diesen Aktien nach eigenem Ermessen ausüben kann, wenn keine besonderen Weisungen des Aktionärs vorliegen. Der Tatbestand erfasst Einflussnahmemöglichkeiten auf den Emittenten, die nicht in erster Linie auf der Möglichkeit zur letztverbindlichen Einflussnahme auf die Stimmrechtsausübung, aber auf der Möglichkeit beruhen, die Stimmrechtsausübung tatsächlich und in gewissem Umfang eigenständig zu steuern. Das für die Zurechnung hinreichende Maß der Eigenständigkeit wird vom Gesetz als „eigenes Ermessen" bezeichnet. Damit unterscheidet sich der innere Grund der Zurechnung maßgeblich von demjenigen der übrigen Zurechnungstatbestände. Während in den Fällen des § 22 Abs. 1 S. 1 Nr. 1–5 WpHG die Offenlegung des Einflusspotentials der Personen im Vordergrund steht, die die Stimmrechtsausübung letztverbindlich steuern können, ohne das Stimmrecht zugleich selbst auszuüben, verbleibt die Möglichkeit zur letztverbindlichen Einflussnahme auf die Stimmrechtsausübung in den Fällen des § 22 Abs. 1 S. 1 Nr. 6 WpHG typischerweise bei dem Aktionär oder einer anderen Person, die die Stimmrechtsausübung durch den Aktionär letztverbindlich steuern kann. Das gilt zumindest dann, wenn die Berechtigung des Meldepflichtigen zur Ausübung des Stimmrechts „nach eigenem Ermessen" auf rechtsgeschäftlicher

Grundlage besteht. Denn in diesem Fall gilt das Verbot der unwiderruflichen und zugleich verdrängenden Übertragung der Stimmrechtsausübung, so dass die auf die Ausübung des Stimmrechts zurückzuführende Einflussnahmemöglichkeit auf den Emittenten letztlich stets dem Aktionär zuzuordnen ist.[1466]

I. Tatbestandsvoraussetzungen

1. Ausübung der Stimmrechte aus anvertrauten Aktien

Der Zurechnungstatbestand war ursprünglich in § 22 Abs. 1 S. 1 Nr. 7 WpHG geregelt und enger gefasst. Voraussetzung war, dass die Aktien dem Meldepflichtigen „zur Verwahrung“ anvertraut sind. Mit Inkrafttreten des WpÜGG wurde das Tatbestandsmerkmal „zur Verwahrung“ gestrichen. Damit sollte die Erfassung von Rechtsverhältnissen ermöglicht werden, bei denen die Stimmrechte nicht bei dem Meldepflichtigen, sondern bei einem Dritten verwahrt werden.[1467]

Aus dem Wortlaut des § 22 Abs. 1 S. 1 Nr. 6 Alt. 1 WpHG folgt, dass die Zurechnung ein besonderes Vertrauensverhältnis zwischen dem Meldepflichtigen und dem Eigentümer der betreffenden Aktien voraussetzt.[1468] Dieses Vertrauensverhältnis setzt sich nach allgemeiner Auffassung aus zwei Komponenten zusammen. Der Meldepflichtige muss zum einen berechtigt sein, das Stimmrecht aus den betreffenden Aktien auszuüben.[1469] Zum anderen muss er dazu verpflichtet sein, die Vermögensinteressen des Aktionärs in Bezug auf die betreffenden Aktien wahrzunehmen.[1470] Nicht erforderlich ist dagegen eine Verfügungsbefugnis des Meldepflichtigen hinsichtlich dieser Aktien.[1471] *Dehlinger* und *Zimmermann* plädieren für eine weitergehende Einschränkung der Zurechnung von Stimmrechten aus anvertrauten Aktien. Nach ihrer Auffassung sollen nur solche Vertrauensverhältnisse zur Zurechnung führen, die dem Meldepflichtigen besondere Pflichten auferlegen, die über seine gesetzlich ohnehin bestehenden Pflichten zur Wahrung der Vermögensinteressen

---

1466 Vgl. oben S. 139 ff.

1467 Begr. RegE. WpÜGG, BT- Drucks. 14/7034, S. 54, 70.

1468 *Lange*, Der Konzern 2003, 675, 677 f.; *Dehlinger/Zimmermann* in Fuchs, WpHG, § 22 Rn. 71; *Opitz* in Schäfer/Hamann, § 22 WpHG Rn. 69.

1469 *Lange*, Der Konzern 2003, 675, 677; *Dehlinger/Zimmermann* in Fuchs, WpHG, § 22 Rn. 73.

1470 BaFin, Emittentenleitfaden 2013, S. 118; *Burgard*, BB 1995, 2069, 2076; *Schnabel/Korff*, ZBB 2007, 179, 181; *Bayer* in MüKo, AktG, Anh. § 22, § 22 WpHG Rn. 32; *Dehlinger/Zimmermann* in Fuchs, WpHG, § 22 Rn. 73; *Opitz* in Schäfer/Hamann, § 22 WpHG Rn. 69; *U. H. Schneider* in Assmann/Schneider, WpHG, § 22 Rn. 118; *Von Bülow* in KöKo, WpHG, § 22 Rn. 160; *Becker* in Bürgers/Körber, AktG, Anh. § 22, § 22 WpHG Rn. 8; unklar *Lange*, Der Konzern 2003, 675, 677 („Pflicht zur Verwaltung der Aktien“).

1471 *Mutter*, AG 2006, 637, 644; *U. H. Schneider* in Assmann/Schneider, WpHG, § 22 Rn. 118.

hinausgehen.[1472] Eine solche Sichtweise lässt sich indessen weder aus dem Wortlaut des § 22 Abs. 1 S. 1 Nr. 6 WpHG, noch aus der Gesetzessystematik oder aus den Gesetzesmaterialien ableiten. Auch der auf die Offenlegung des mittelbaren Stimmrechtseinflusses gerichtete Sinn und Zweck des § 22 WpHG spricht gegen eine solche Beschränkung des Tatbestands. Zwischen der Qualität des Vertrauensverhältnisses zwischen dem Meldepflichtigen und dem Aktionär einerseits und dem Stimmrechtseinfluss des Meldepflichtigen andererseits besteht kein unmittelbarer Zusammenhang. Außerdem sind *Dehlinger* und *Zimmermann* der Auffassung, dass eine Zurechnung nur dann vorzunehmen ist, wenn der Aktionär dem Meldepflichtigen Weisungen in Bezug auf die Stimmrechtsausübung aus den betreffenden Aktien erteilen kann.[1473] Diese Einschränkung des Tatbestands soll aus dem Wortlaut des zweiten Halbsatzes des § 22 Abs. 1 S. 1 Nr. 6 WpHG („wenn keine besonderen Weisungen des Aktionärs vorliegen“) herzuleiten sein. Auch diese Argumentation greift indessen nicht durch.[1474] Zunächst ist der Schluss von dem Wortlaut der Norm auf das Erfordernis einer grundsätzlich bestehenden Weisungsmöglichkeit des Aktionärs keinesfalls zwingend. Der Wortlaut kann auch so zu verstehen sein, dass nur in den Fällen, in denen eine Möglichkeit zur Erteilung von Weisungen besteht, keine besonderen Weisungen vorliegen dürfen. Zudem würde die vorgeschlagene Einschränkung der Zurechnung vor dem Hintergrund des Schutzzwecks des § 22 WpHG zu Wertungswidersprüchen führen, da der Stimmrechtseinfluss weisungsungebundener Stimmrechtsvertreter dann trotz ihrer größeren Unabhängigkeit gegenüber weisungsgebunden Stimmrechtsvertretern nicht nach § 22 Abs. 1 S. 1 Nr. 6 Alt. 1 WpHG offengelegt werden könnte.[1475] Zutreffend erscheint daher der gegenteilige Schluss, dass das Einflusspotential nicht weisungsgebundener Stimmrechtsvertreter auf Grundlage des § 22 Abs. 1 S. 1 Nr. 6 Alt. 1 WpHG erst recht offenzulegen ist.[1476] Eine weitere Einschränkung der Zurechnung ergibt sich nach *Dehlinger* und *Zimmermann* daraus, dass das Vertrauensverhältnis zwischen Meldepflichtigem und Aktionär auf eine gewisse Dauer angelegt sein muss, da die Beauftragung des Meldepflichtigen für einen Einzelfall keinen vermögensbetreuenden Charakter habe.[1477] Zuzugeben ist dieser Auffassung, dass die Wahrnehmung fremder Vermögensinteressen typischerweise längerfristig angelegt ist. Doch ist dies keineswegs zwingend. Das Erfordernis einer Mindestdauer des Vertrauensverhältnisses lässt sich zudem weder aus dem Wortlaut, den Gesetzesmaterialien noch aus dem Sinn und Zweck der Norm herleiten. Es schafft zudem eher Rechtsunsicherheit, da in jedem Fall eine Abgrenzung von Rechtsverhältnissen hinreichender und nicht mehr

1472 *Dehlinger/Zimmermann* in Fuchs, WpHG, § 22 Rn. 73.
1473 *Dehlinger/Zimmermann* in Fuchs, WpHG, § 22 Rn. 74.
1474 So auch *Opitz* in Schäfer/Hamann, § 22 WpHG Rn. 69.
1475 *Lange*, Der Konzern 2003, 675, 678.
1476 *Lange*, Der Konzern 2003, 675, 678.
1477 *Dehlinger/Zimmermann* in Fuchs, WpHG, § 22 Rn. 73.

hinreichender Dauer vorzunehmen wäre. Die besseren Gründe sprechen folglich gegen eine solche Beschränkung des Zurechnungstatbestands.[1478]

Vor dem Hintergrund der vorgenommenen Konturierung des § 22 Abs. 1 S. 1 Nr. 6 Alt. 1 WpHG sind nunmehr die Rechtsverhältnisse in den Blick zu nehmen, die eine Zurechnung begründen können. Unstreitig kann der Tatbestand zunächst durch schuldrechtliches Rechtsgeschäft, etwa durch Verwahrungsvertrag, Depotvertrag oder auch durch sonstige Auftrags- oder Geschäftsbesorgungsverhältnisse, begründet werden.[1479] Umstritten ist dagegen, ob auch gesetzliche Rechtsverhältnisse zu einer Zurechnung nach § 22 Abs. 1 S. 1 Nr. 6 WpHG führen können. Dies wird ganz überwiegend aber in der Regel ohne weitere Begründung befürwortet.[1480] Einziger Begründungsansatz scheint die Feststellung zu sein, dass auch in gesetzlichen Rechtsverhältnissen eine Wahrnehmung fremder Vermögensinteressen erfolgen kann.[1481] Eine Zurechnung soll demnach vor allem in den Fällen der gesetzlichen Vertretung, also bei der elterlichen Sorge, der Vormundschaft und der Ergänzungspflegschaft, sowie im Fall der Wahrnehmung der Vermögensinteressen durch einen Amtswalter, mithin bei Testamentsvollstreckung, Nachlassverwaltung und Insolvenzverwaltung, in Betracht kommen.[1482] Im Fall der elterlichen Sorge sollen die Stimmrechte beiden Elternteilen des Aktionärs in voller Höhe zugerechnet werden.[1483] Die Gegenauffassung lehnt eine Zurechnung nach § 22 Abs. 1 S. 1 Nr. 6

1478 So i.E. auch *Von Bülow* in KöKo, WpHG, § 22 Rn. 160.

1479 VGH Kassel v. 25.01.2010 – 6 A 2932/09, NZG 2010, 1307, 1308; *Burgard*, BB 1995, 2069, 2076; *Schnabel/Korff*, ZBB 2007, 179, 181; *Bayer* in MüKo, AktG, Anh. § 22, § 22 WpHG Rn. 32; *Opitz* in Schäfer/Hamann, § 22 WpHG Rn. 69; *Schwark* in Schwark/Zimmer, § 22 WpHG Rn. 13; *Veil* in Schmidt/Lutter, AktG, Anh. § 22, § 22 WpHG Rn. 25; *U. H. Schneider* in Assmann/Schneider, WpHG, § 22 Rn. 119; *Von Bülow* in KöKo, WpHG, § 22 Rn. 160.

1480 BaFin, Emittentenleitfaden 2013, S. 118; VGH Kassel v. 25.01.2010 – 6 A 2932/09, NZG 2010, 1307, 1308; *Burgard*, BB 1995, 2069, 2076; *Schnabel/Korff*, ZBB 2007, 179, 181; *Bayer* in MüKo, AktG, Anh. § 22, § 22 WpHG Rn. 32; *Opitz* in Schäfer/Hamann, § 22 WpHG Rn. 69; *Schwark* in Schwark/Zimmer, § 22 WpHG Rn. 13; *Veil* in Schmidt/Lutter, AktG, Anh. § 22, § 22 WpHG Rn. 25; *U. H. Schneider* in Assmann/Schneider, WpHG, § 22 Rn. 119; *Heinrich* in Heidel, § 22 WpHG Rn. 15; *Becker* in Bürgers/Körber, AktG, Anh. § 22, § 22 WpHG Rn. 8.

1481 *Burgard*, BB 1995, 2069, 2076.

1482 Vgl. VG Frankfurt am Main v. 01.10.2009 – 1 K 390/09, BeckRS 2010, 52576; VGH Kassel v. 25.01.2010 – 6 A 2932/09, NZG 2010, 1307, 1308; *Burgard*, BB 1995, 2069, 2076; *Lange*, Der Konzern, 2003, 675, 678; *Mutter*, AG 2006, 637, 644; *Bayer* in MüKo, AktG, Anh. § 22, § 22 WpHG Rn. 32; *Opitz* in Schäfer/Hamann, § 22 WpHG Rn. 69, 77a; *Schwark* in Schwark/Zimmer, § 22 WpHG Rn. 13; *Veil* in Schmidt/Lutter, AktG, Anh. § 22, § 22 WpHG Rn. 25; *U. H. Schneider* in Assmann/Schneider, WpHG, § 22 Rn. 119; *Becker* in Bürgers/Körber, AktG, Anh. § 22, § 22 WpHG Rn. 8.

1483 BaFin, Emittentenleitfaden 2013, S. 118 f.; VG Frankfurt am Main v. 01.10.2009 – 1 K 390/09, BeckRS 2010, 52576; *Opitz* in Schäfer/Hamann, § 22 WpHG Rn. 69; *U. H. Schneider* in Assmann/Schneider, WpHG, § 22 Rn. 119.

WpHG bei der Wahrnehmung von Vermögensinteressen auf gesetzlicher Grundlage ab.[1484] Einerseits wird dies mit dem Fehlen eines besonderen Vertrauensverhältnisses und unter Hinweis darauf begründet, dass die gesetzlichen Vertreter und Amtswalter die Vermögensinteressen des Aktionärs nur nach Maßgabe ihrer gesetzlich ohnehin festgelegten Vermögensbetreuungspflichten wahrnehmen.[1485] Darüber hinaus wird darauf verwiesen, der Aktionär habe in diesem Fall keine Möglichkeit zur Erteilung von Weisungen.[1486] Ein weiteres Argument gegen eine Zurechnung soll auch darin zu sehen sein, dass die Aktionäre im Fall der gesetzlichen Vertretung oder Amtsverwaltung keine Möglichkeit haben, die Stimmrechtsausübung durch Beendigung der Fremdverwaltung der Aktien wieder an sich zu ziehen.[1487] Teilweise wird die Nichteinbeziehung von gesetzlichen Vertretern und Amtswaltern auch mit dem Argument begründet, im Fall ihrer Einbeziehung müssten auch organschaftliche Vertreter des Aktionärs einer Zurechnung unterliegen.[1488] Gegen letzteres Argument lässt sich hingegen schon vorbringen, dass sich die Rechtsstellung gesetzlicher Vertreter und Amtswalter deutlich von der Rechtstellung organschaftlicher Vertreter unterscheidet. Letztere sind der Sphäre der Gesellschaft zuzuordnen, für die sie tätig werden. Während der Aktionär im Fall der gesetzlichen Vertretung oder der Wahrnehmung der Vermögensinteressen durch Amtswalter stets handlungsfähig bleibt, ist eine Gesellschaft ohne ihre organschaftlichen Vertreter handlungsunfähig. Dieser Unterschied rechtfertigt eine Ungleichbehandlung im Rahmen des § 22 Abs. 1 S. 1 Nr. 6 WpHG.[1489] Das Argument, es fehle an einem besonderen Vertrauensverhältnis, kann aus den bereits genannten Gründen nicht überzeugen. Auch das Erfordernis einer grundsätzlich bestehenden Weisungsmöglichkeit ist in Anknüpfung an die obigen Ausführungen abzulehnen. Die Zurechnung setzt weder ein qualifiziertes Vertrauensverhältnis noch eine Weisungsmöglichkeit des Aktionärs voraus. Auf die Möglichkeit der Aktionäre, die Ausübung des Stimmrechts wieder an sich ziehen, kann es auch nicht ankommen. Denn das Nichtbestehen dieser Möglichkeit ändert nichts an der Einflussnahmemöglichkeit der gesetzlichen Vertreter oder Amtswalter im Rahmen der Stimmrechtsausübung. Im Gegenteil ist der Stimmrechtseinfluss dieser Personen sogar noch gefestigter als der Stimmrechtseinfluss eines schuldrechtlich bestellten Fremdverwalters, so dass es hier sogar naheliegt, die Zurechnung auf gesetzliche Vertreter und Amtswalter mit einem Erst-Recht-Schluss zu begründen. Die besseren Argumente sprechen folglich für die Möglichkeit einer Zurechnung von Stimmrechten auf gesetzlicher Vertreter und Amtswalter im Rahmen des § 22

1484 *Dehlinger/Zimmermann* in Fuchs, WpHG, § 22 Rn. 73; *Leuering*, NZG 2010, 1285, 1287; *Von Bülow* in KöKo, WpHG, § 22 Rn. 174.

1485 *Dehlinger/Zimmermann* in Fuchs, WpHG, § 22 Rn. 73.

1486 *Dehlinger/Zimmermann* in Fuchs, WpHG, § 22 Rn. 73; *Leuering*, NZG 2010, 1285, 1287.

1487 *Von Bülow* in KöKo, WpHG, § 22 Rn. 174.

1488 *Leuering*, NZG 2010, 1285, 1287.

1489 Vgl. zur Zurechnung von Stimmrechten auf organschaftliche Vertreter des Aktionärs sogleich unten S. 328 ff.

Abs. 1 S. 1 Nr. 6 Alt. 1 WpHG. Die organschaftliche Vertretung des Aktionärs begründet nach herrschender Auffassung keine Zurechnung nach § 22 Abs. 1 S. 1 Nr. 6 Alt. 1 WpHG.[1490] Wie bereits angedeutet folgt dies daraus, dass die organschaftlichen Vertreter der Sphäre der Gesellschaft zuzuordnen sind. Sie sind mit anderen Worten nicht als unabhängige vom Aktionär zu unterscheidende Dritte zu qualifizieren.[1491] Eine Offenlegung ihrer Einflussnahmemöglichkeit auf die Ausübung der Stimmrechte des Aktionärs würde keine relevante Information im Hinblick auf die von den Anlegern zu treffenden Anlageentscheidungen beinhalten.[1492]

Grundsätzlich kann auch die nach § 1215 BGB zu bewirkende Pfandverwahrung durch den Pfandgläubiger eine Zurechnung nach § 22 Abs. 1 S. 1 Nr. 6 WpHG begründen.[1493] Nach teilweise vertretender Auffassung erfolgt eine Zurechnung der Stimmrechte aus den verpfändeten Aktien auf den Pfandgläubiger allerdings bereits auf Grundlage des § 22 Abs. 1 S. 1 Nr. 3 AktG.[1494] Einige Befürworter einer solchen Zurechnung argumentieren vor diesem Hintergrund, dass eine Zurechnung auf den Pfandgläubiger nach § 22 Abs. 1 S. 1 Nr. 6 WpHG schon deshalb nicht erfolgen könne, weil § 22 Abs. 1 S. 1 Nr. 3 WpHG im Wege der Spezialität vorgehe.[1495] Diese Auffassung ist allerdings abzulehnen. Wie bereits dargelegt begründet die Verpfändung nach zutreffender Auffassung keine Zurechnung der Stimmrechte aus den verpfändeten Aktien zum Pfandgläubiger auf Grundlage des § 22 Abs. 1 S. 1 Nr. 3 WpHG.[1496] Auch im Fall der Verpfändung der Aktien setzt die Zurechnung voraus, dass der Pfandgläubiger zur Ausübung des Stimmrechts berechtigt ist. Es wird daher im Allgemeinen darauf ankommen, ob dem Pfandgläubiger in der Verpfändungsvereinbarung oder auf Grundlage einer separaten Vereinbarung eine Vollmacht zur Ausübung des Stimmrechts oder eine entsprechende Stimmrechtsermächtigung erteilt wurde. Freilich kann eine solche Bevollmächtigung zur Stimmrechtsausübung auch bereits eine Zurechnung der Stimmrechte zu dem Pfandgläubiger auf Grundlage des § 22 Abs.1 S. 1 Nr. 6 Alt. 2 WpHG begründen.

2. *Ausübung der Stimmrechte als Bevollmächtigter*

Nach § 22 Abs. 1 S. 1 Nr. 6 Alt. 2 WpHG können dem Meldepflichtigen auch Stimmrechte aus Aktien zugerechnet werden, die er als Bevollmächtigter ausüben kann.

1490 *Bayer* in MüKo, AktG, Anh. § 22, § 22 WpHG Rn. 32; *Opitz* in Schäfer/Hamann, § 22 WpHG Rn. 69; *U. H. Schneider* in Assmann/Schneider, WpHG, § 22 Rn. 121; *Von Bülow* in KöKo, WpHG, § 22 Rn. 173; a.A. *Lange*, Der Konzern 2003, 675, 677.

1491 *Opitz* in Schäfer/Hamann, § 22 WpHG Rn. 69, 77a; *U. H. Schneider* in Assmann/Schneider, WpHG, § 22 Rn. 118.

1492 Vgl. *U. H. Schneider* in Assmann/Schneider, WpHG, § 22 Rn. 121.

1493 *Bayer* in MüKo, AktG, Anh. § 22, § 22 WpHG Rn. 32; *Schwark* in Schwark/Zimmer, § 22 WpHG Rn. 13; *Veil* in Schmidt/Lutter, AktG, Anh. § 22, § 22 WpHG Rn. 25.

1494 Vgl. oben S. 294 ff.

1495 *Hüffer*, AktG, 7. Auflage 2006, Anh. § 22, § 22 WpHG Rn. 5.

1496 Vgl. oben S. 294 ff.

Die Zurechnung setzt in diesem Fall nicht voraus, dass die Aktien dem Meldepflichtigen anvertraut wurden.[1497]

Eine Zurechnung kann zunächst dann erfolgen, wenn dem Meldepflichtigen von Seiten des Aktionärs eine wirksame rechtsgeschäftliche Vollmacht zur Ausübung der Stimmrechte eingeräumt wurde.[1498] Umstritten ist, ob auch die Ermächtigung zur Stimmrechtsausübung im eigenen Namen analog § 185 Abs. 1 BGB zu einer Zurechnung nach § 22 Abs. 1 S. 1 Nr. 6 Alt. 2 WpHG führen kann. Diese Frage kann etwa im Fall der Legitimationsübertragung von Aktien von Bedeutung sein.[1499] Nach der wohl überwiegenden Auffassung in der Literatur ist dies nicht der Fall.[1500] Die Befürworter dieser Auffassung verweisen auf den Wortlaut der Norm, der auf die Ausübung der Stimmrechte „als Bevollmächtigter" abstelle und damit nur die Stimmrechtsvollmacht, nicht aber die Ermächtigung zur Stimmrechtsausübung erfasse. Einer analogen Anwendung der Norm auf die Fälle der Ermächtigung stehe damit die Wortlautgrenze entgegen.[1501] Nach der Gegenauffassung soll auch die Ermächtigung zur Stimmrechtsausübung im eigenen Namen zu einer Zurechnung der betreffenden Stimmrechte zum Ermächtigten führen können.[1502] Die Vertreter der Gegenauffassung argumentieren, dass dem Begriff „Bevollmächtigter" im Rahmen des § 22 WpHG auch vor dem europarechtlichen Hintergrund der Norm nicht zwingend die Bedeutung einer Bevollmächtigung nach Maßgabe der §§ 164 ff. BGB zukommen müsse, obgleich dies im deutschen Zivilrecht normalerweise der Fall sei.[1503] Die besseren Argumente sprechen zumindest im Ergebnis für die zuletzt genannte Auffassung. Eine Überschreitung der Wortlautgrenze liegt nicht vor, wenn das Tatbestandsmerkmal „als Bevollmächtigter" im Regelungszusammenhang des § 22 WpHG einem spezifischen normativen Sprachgebrauch folgt, der sich von

1497 Begr. RegE. TUG, BT-Drucks. 16/2498, S. 34.

1498 *Dehlinger/Zimmermann* in Fuchs, WpHG, § 22 Rn. 72; *Opitz* in Schäfer/Hamann, § 22 WpHG Rn. 70; *Schwark* in Schwark/Zimmer, § 22 WpHG Rn. 14; *U. H. Schneider* in Assmann/Schneider, WpHG, § 22 Rn. 121.

1499 Dem Legitimationsaktionär werden die betreffenden Stimmrechte nach hier vertretener Auffassung nicht unmittelbar auf Grundlage des § 21 Abs. 1 S. 1 WpHG zugeordnet. Vor diesem Hintergrund stellt sich die Frage, ob zur Vermeidung von Transparenzlücken dann nicht zumindest eine Zurechnung nach § 22 Abs. 1 S. 1 Nr. 6 WpHG erfolgen muss. Vgl. zur Mitteilungspflicht des Legitimationsaktionärs bereits oben S. 141 ff.

1500 *Schnabel/Korff*, ZBB 2007, 179, 181; *Bayer* in MüKo, AktG, Anh. § 22, § 22 WpHG Rn. 36; *Opitz* in Schäfer/Hamann, § 22 WpHG Rn. 71.

1501 *Schnabel/Korff*, ZBB 2007, 179, 181; *Opitz* in Schäfer/Hamann, § 22 WpHG Rn. 71, die aber einräumen, dass dieses Ergebnis unbefriedigend sei und für eine Änderung der Norm de lege ferenda eintreten.

1502 *Dehlinger/Zimmermann* in Fuchs, WpHG, § 22 Rn. 72; *Richter*, WM 2013, 2296, 2305 ff.

1503 So unter Verweis auf die englische Sprachfassung der Transparenz-RL II („proxy") *Dehlinger/Zimmermann* in Fuchs, WpHG, § 22 Rn. 72; *Richter*, WM 2013, 2296, 2307.

dem allgemeinen juristischen Sprachgebrauch im Zivilrecht unterscheidet. Denn dann könnte möglicherweise auch die Ermächtigung zur Stimmrechtsausübung im eigenen Namen unter den Begriff der „Bevollmächtigung" subsumiert werden. Da sich der Wortsinn einer Norm mitunter erst unter Berücksichtigung der gesetzgeberischen Regelungsziele bestimmen lässt,[1504] ist bei der Feststellung, ob im hier interessierenden Zusammenhang ein solcher spezifischer Sprachgebrauch anzulegen ist, der auf die Aufdeckung des mittelbaren Stimmrechtseinflusses gerichteten Schutzzwecks des § 22 WpHG zu berücksichtigen. Hiernach kann es wertungsmäßig keinen Unterschied machen, ob die Einflussnahmemöglichkeit des Meldepflichtigen auf einer Stimmrechtsvollmacht oder auf einer Ermächtigung zur Stimmrechtsausübung beruht. In beiden Fällen handelt es sich um eine abgeleitete Einflussnahmemöglichkeit, die sich hinsichtlich ihrer Stärke in erster Linie nach dem Innenverhältnis zum Aktionär richtet und von diesem auch grundsätzlich wieder entzogen werden kann.[1505] Auch dass das Stimmrecht in dem einen Fall im fremden Namen und in dem anderen Fall im eigenen Namen ausgeübt werden muss, verändert die Einflussnahmemöglichkeit des Meldepflichtigen nicht. Im Ergebnis kann also auch die rechtsgeschäftliche Ermächtigung zur Stimmrechtsausübung im eigenen Namen unter das Tatbestandsmerkmal „als Bevollmächtigter" subsumiert werden.

Fraglich ist auch, ob Stimmrechte auf Grundlage des § 22 Abs. 1 S.1 Nr. 6 Alt. 2 WpHG zugerechnet werden können, wenn ein besonderes Näheverhältnis zwischen dem Aktionär und dem Bevollmächtigten besteht. Dies betrifft zunächst die Fälle der organschaftlichen Vertretungsmacht durch geschäftsführende Organmitglieder oder Gesellschafter. Wie schon nach der ersten Alternative, scheidet eine Zurechnung in diesem Fall aber auch nach der zweiten Alternative des Zurechnungstatbestands aus, weil die zur Ausübung des Stimmrechts befugten Personen ausschließlich der Sphäre des Aktionärs zuzuordnen sind, so dass kein Informationsbedürfnis der Anleger besteht.[1506] Gleiches gilt für die in ihrem Umfang gesetzlich vorgeprägten Fälle der Vertretungsmacht, also die Prokura oder die Handlungsvollmacht.[1507] Mitunter wird eine Zurechnung nach § 22 Abs. 1 S. 1 Nr. 6 Alt. 2 WpHG aber auch dann abgelehnt, wenn der rechtsgeschäftlich Bevollmächtige als Arbeitnehmer des Aktionärs quasi „in seinem Lager" steht.[1508] Dagegen spricht, dass die Einbeziehung in die Sphäre des Aktionärs bei Erteilung einer bloß rechtsgeschäftlichen Stimmrechtsvollmacht weniger stark ausgeprägt, mitunter Schwankungen unterworfen

---

1504 Vgl. oben S. 48 f.

1505 Vgl. auch *Richter*, WM 2013, 2296, 2305 f.

1506 *U. H. Schneider* in Assmann/Schneider, WpHG, § 22 Rn. 121; i.E. ebenso *Dehlinger/Zimmermann* in Fuchs, WpHG, § 22 Rn. 72; *Opitz* in Schäfer/Hamann, § 22 WpHG Rn. 70.

1507 *U. H. Schneider* in Assmann/Schneider, WpHG, § 22 Rn. 121; so i.E. auch *Dehlinger/Zimmermann* in Fuchs, WpHG, § 22 Rn. 72; a.A. *Opitz* in Schäfer/Hamann, § 22 WpHG Rn. 70.

1508 So *U. H. Schneider* in Assmann/Schneider, WpHG, § 22 Rn. 121.

und zudem auch nicht aus dem Handelsregister ersichtlich ist. Die besseren Gründe sprechen daher ungeachtet eines etwaigen Näheverhältnisses im Grundsatz für eine Zurechnung der Stimmrechte auf den rechtsgeschäftlichen Stimmrechtsvertreter.

Eine andere Frage betrifft die Zurechnung von Stimmrechten nach § 22 Abs. 1 S. 1 Nr. 6 Alt. 2 WpHG auf einen Unterbevollmächtigten. Sofern man eine solche Zurechnung bejaht, schließt sich die Frage an, ob dann eine Kettenzurechnung erfolgt oder ob die auf den Unterbevollmächtigten zugerechneten Stimmrechte bei dem Hauptbevollmächtigten abzuziehen sind. In diesem Zusammenhang finden sich nur vereinzelte Stellungnahmen in der Literatur, die in Übereinstimmung mit der Verwaltungspraxis der BaFin für eine Zurechnung auf den Unterbevollmächtigten unter den weiteren Voraussetzungen des § 22 Abs. 1 S. 1 Nr. 6 Alt. 2 WpHG und daneben auch für eine Zurechnung auf die zwischengeschalteten Bevollmächtigten plädieren.[1509] Dieses Ergebnis lässt sich auch mit dem Wortlaut der Vorschrift vereinbaren. Dieser setzt lediglich eine Bevollmächtigung voraus, ohne die Zurechnung an die unmittelbare Erteilung der Vollmacht durch den Aktionär zu binden. Auch macht es nach dem Schutzzweck der Norm keinen Unterschied, ob der (mittelbare) Stimmrechtseinfluss auf den Emittenten vom Hauptbevollmächtigten oder vom Unterbevollmächtigten ausgeübt wird.

In jüngerer Zeit ist die Frage aufgeworfen worden, ob eine Zurechnung nach § 22 Abs. 1 S. 1 Nr. 6 WpHG auf einen bloßen institutionellen Stimmrechtsberater ohne eigene Berechtigung zur Ausübung des Stimmrechts erfolgen kann. *Vaupel* plädiert für eine Zurechnung, wenn „die Stimmrechts-Richtlinien dem Stimmrechtsberater einen Beurteilungsspielraum eröffnen und die Aktionäre erklären, sich ohne Vorbehalt an diese Stimmrechtsempfehlung gebunden zu fühlen".[1510] Dem ist in aller Deutlichkeit zu widersprechen. Mit der Zurechnung nach § 22 Abs. 1 S. 1 Nr. 6 WpHG sollen ausschließlich solche Einflussnahmemöglichkeiten auf den Emittenten offengelegt werden, die auf der Möglichkeit zur Ausübung des Stimmrechts beruhen. Diese Möglichkeit fehlt bei der bloßen Stimmberatung völlig. Es macht auch keinen Unterschied, dass die Aktionäre erklären, sich an die Stimmrechtsberatung gebunden zu fühlen. Der Stimmrechtsberater erhält in diesen Fällen zwar „quasi" ein Recht zur Erteilungen von Weisungen in Bezug auf die Stimmrechtsausübung. Dass dies aber nicht ausreicht um eine Zurechnung zu begründen, zeigt der systematische Seitenblick auf die übrigen Zurechnungstatbestände des § 22 Abs. 1 WpHG, die ein bloßes Weisungsrecht in Bezug auf die Stimmrechtsausübung für sich genommen allesamt nicht genügen lassen. So fordert § 22 Abs. 1 S. 1 Nr. 2 WpHG, um nur ein Beispiel zu nennen, darüber hinaus auch die Verlagerung der aus den betreffenden Aktien folgenden wesentlichen wirtschaftlichen Risiken.

1509 BaFin, Emittentenleitfaden 2013, S. 119; *U. H. Schneider* in Assmann/Schneider, WpHG, § 22 Rn. 119a; *Heinrich* in Heidel, § 22 WpHG Rn. 15.

1510 *Vaupel*, AG 2011, 63, 75.

3. Ausübung der Stimmrechte nach eigenem Ermessen

Die Einschränkung, dass eine Zurechnung nur dann erfolgt, wenn der Meldepflichtige die Stimmrechte nach eigenem Ermessen ausübt, wenn keine besonderen Weisungen des Aktionärs vorliegen, gilt für beide Tatbestandsalternativen des § 22 Abs. 1 S. 1 Nr. 6 WpHG.[1511] Ob eigenes Ermessen des Berechtigten vorliegt, bestimmt sich grundsätzlich nach dem Innenverhältnis zwischen Meldepflichtigem und Aktionär.[1512] Die rein tatsächliche Stimmrechtsausübung nach eigenem Ermessen unter Verstoß gegen die rechtliche Vereinbarung im Innenverhältnis reicht nicht aus, zumal die Feststellung des Zurechnungstatbestands ansonsten großen Rechtsunsicherheiten unterworfen und kaum praktikabel wäre. Eine Ausübung des Stimmrechts nach eigenem Ermessen liegt nach überwiegender Auffassung nicht nur dann vor, wenn der Berechtigte das Stimmrecht nach freiem Ermessen ausüben, also ausschließlich im eigenen Interesse handeln darf, sondern kann auch dann vorliegen, wenn er bei der Stimmrechtsausübung die Interessen eines Dritten, also im Regelfall diejenigen des Aktionärs beachten muss.[1513] Dies folgt zunächst aus dem Tatbestandsmerkmal „anvertraut" in § 22 Abs. 1 S. 1 Nr. 6 Alt. 1 WpHG. Da dieses Merkmal voraussetzt, dass der Berechtigte die Vermögensinteressen des Aktionärs zu wahren hat, wäre eine Zurechnung stets ausgeschlossen, wenn sie eine Stimmrechtsausübung nach freiem Ermessen voraussetzen würde.[1514] Aber auch eine Zurechnung nach § 22 Abs. 1 S. 1 Nr. 6 Alt. 2 WpHG käme in der Regel nicht in Betracht. Denn auch der „Bevollmächtigte" ist regelmäßig an die Interessen des Aktionärs gebunden, was aus dem Geschäftsbesorgungscharakter des der Stimmrechtsvollmacht zugrunde liegenden Rechtsverhältnisses folgt.[1515] Steht somit fest, dass kein freies Ermessen zur Stimmrechtsausübung bestehen muss, stellt sich die Frage, wie der Begriff des „eigenen Ermessens" weiter zu konturieren ist. Eine ausdrückliche rechtsgeschäftliche Vereinbarung, wonach der Berechtigte die Stimmrechte nach eigenem Ermessen ausüben darf, wenn keine besonderen Weisungen vorliegen, muss richtigerweise nicht vereinbart werden.[1516] Denn dies würde Umgehungen des Zurechnungstatbestands erleichtern und zudem dem Zweck der Norm widersprechen, mittelbare Einflussnahmemöglichkeiten aufzudecken. Der Stimmrechtsvertreter muss aber grundsätzlich die Möglichkeit haben, das Interesse

---

1511 Begr. RegE. TUG, BT-Drucksache 16/2498, S. 34 f.; a.A. offenbar *Opitz* in Schäfer/Hamann, § 22 WpHG Rn. 69 (nur für Alt. 2).

1512 *Mutter*, AG 2006, 637, 644; *U. H. Schneider* in Assmann/Schneider, WpHG, § 22 Rn. 122.

1513 *Burgard*, BB 1995, 2069, 2076; *Opitz* in Schäfer/Hamann, § 22 WpHG Rn. 72; *U. H. Schneider* in Assmann/Schneider, WpHG, § 22 Rn. 122; *Von Bülow* in KöKo, WpHG, § 22 Rn. 165; a.A. *Lange*, Der Konzern 2003, 675, 678 f.; a.A. offenbar auch *Göres*, Der Konzern 2007, 15, 19.

1514 So zutreffend *Opitz* in Schäfer/Hamann, § 22 WpHG Rn. 73; *Von Bülow* in KöKo, WpHG, § 22 Rn. 165.

1515 Vgl. auch oben S. 139 ff.

1516 *Opitz* in Schäfer/Hamann, § 22 WpHG Rn. 74.

des Aktionärs in Bezug auf die Stimmrechtsausübung selbst zu bestimmen, soweit keine besondere Weisung vorliegt.[1517] Denn anderenfalls müsste er in jedem Einzelfall einer Stimmrechtsausübung um eine Weisung des Aktionärs bitten bzw. bei dem Aktionär erfragen, welche Interessen dieser in Bezug auf die konkrete Stimmrechtsausübung verfolgt. Von einem eigenen Ermessensspielraum bei der Ausübung des Stimmrechts könnte dann nicht mehr gesprochen werden. Im Innenverhältnis vereinbarte Abstimmungsrichtlinien sollen einer Zurechnung dagegen nicht zwingend entgegenstehen.[1518] Dem wird man zustimmen können, sofern diese Abstimmungsrichtlinien nicht so eng gefasst sind, dass sie das Stimmverhalten bereits für jeden Einzelfall verbindlich festlegen. Auch im Übrigen bietet sich eine Negativabgrenzung an. An einem eigenen Ermessen des Stimmrechtsvertreters fehlt es auch dann, wenn er nach der Vereinbarung im Innenverhältnis vor Ausübung des Stimmrechts stets die Weisung oder eine Zustimmung des Aktionärs einholen oder dessen Interessen in Bezug auf die Stimmrechtsausübung erfragen muss.[1519] Eigenes Ermessen ist schließlich auch dann abzulehnen, wenn der Meldepflichtige nach der Vereinbarung im Innenverhältnis dazu verpflichtet ist, stets im Einklang mit den Vorschlägen der Verwaltung des Emittenten abzustimmen.[1520]

Weitere Erkenntnisse lassen sich aus der Diskussion zur Zurechnung von Stimmrechten aus Aktien zu Kreditinstituten[1521] ziehen. Ist ein Kreditinstitut zur Ausübung des Stimmrechts aus fremden Aktien bevollmächtigt worden, so darf es das Stimmrecht gemäß § 135 Abs. 1 S. 4 AktG bei Fehlen einer ausdrücklichen Weisung des Aktionärs nur entsprechend der Vorschläge der Verwaltung des Emittenten oder nach Maßgabe des § 135 Abs. 2, Abs. 3 AktG entsprechend eigener Abstimmungsvorschläge ausüben. Nach § 135 Abs. 2 AktG hat das Kreditinstitut eigene Vorschläge zur Ausübung des Stimmrechts im Hinblick auf die einzelnen Gegenständen der Tagesordnung machen, wobei durch organisatorische Vorkehrungen sicherzustellen ist, dass es sich ausschließlich an den Interessen des Aktionärs, also gerade nicht an seinen Eigeninteressen, auszurichten hat. Erteilt der Aktionär dem Kreditinstitut daraufhin keine Weisung, so hat es sich bei der Stimmrechtsausübung gemäß § 135 Abs. 3 S. 1 AktG grundsätzlich alleine an den eigenen Abstimmungsvorschlägen auszurichten. Eine Abweichung ist nur dann gestattet, wenn das Kreditinstitut nach

---

1517 *Lange*, Der Konzern 2003, 675, 678.

1518 *Dehlinger/Zimmermann* in Fuchs, WpHG, § 22 Rn. 76.

1519 BaFin, Emittentenleitfaden 2013, S. 119; *Schwark* in Schwark/Zimmer, § 22 WpHG Rn. 13; *U. H. Schneider* in Assmann/Schneider, WpHG, § 22 Rn. 120a; *Heinrich* in Heidel, § 22 WpHG Rn. 15; *Becker* in Burgers/Körber, AktG, Anh. § 22, § 22 WpHG Rn. 8.

1520 *Opitz* in Schäfer/Hamann, § 22 WpHG Rn. 74; *U. H. Schneider* in Assmann/Schneider, WpHG, § 22 Rn. 122.

1521 Die nachfolgenden Grundsätze gelten entsprechend für Aktionärsvereinigungen und grundsätzlich auch für geschäftsmäßige Stimmrechtsvertreter (§ 135 Abs. 8 AktG) sowie für Finanzdienstleistungsinstitute und ihnen gleichgestellte Unternehmen (§§ 135 Abs. 10, 125 Abs. 5 AktG).

den Umständen des Einzelfalls annehmen darf, dass der Aktionär dies bei Kenntnis der Sachlage billigen würde. Eine Zurechnung von Stimmrechten aus Aktien zu einem Kreditinstitut nach § 22 Abs. 1 S. 1 Nr. 6 WpHG wird vor diesem Hintergrund nach der ganz herrschender Meinung im Schrifttum und der Verwaltungspraxis der BaFin verneint[1522], was auch der Intention des Gesetzgebers[1523] entspricht. Allerdings kann dieses Ergebnis nicht mit der Bindung der eigenen Stimmvorschläge des Kreditinstituts an die Aktionärsinteressen begründet werden.[1524] Denn wie schon erläutert erfordert die Zurechnung nach § 22 Abs. 1 S.1 Nr. 6 WpHG nicht zwingend freies Ermessen des Berechtigten in Bezug auf die Stimmrechtsausübung. Entscheidend ist vielmehr die Erwägung, dass das Kreditinstitut im Zeitpunkt der Stimmrechtsausübung an die im Vorfeld der Stimmrechtsausübung selbst aufgestellten Abstimmungsvorschläge gebunden ist, grundsätzlich also nicht mehr ad hoc davon abweichen darf.[1525] Letzteres folgt ganz allgemein aus der Eigenart des § 22 Abs. 1 S. 1 Nr. 6 WpHG, der auf die Offenlegung des Stimmrechtseinflusses in der Form der tatsächlichen Ausübung des Stimmrechts nach eigenem Ermessen und nicht auf die Offenlegung einer im Vorfeld der eigentlichen Stimmrechtsausübung wahrzunehmenden (letztverbindlichen) Einflussnahmemöglichkeit auf die Stimmrechtsausübung gerichtet ist. Es kommt also immer darauf an, dass das eigene Ermessen in der Abstimmungssituation vorliegt.

Die weitere tatbestandliche Einschränkung „wenn keine besonderen Weisungen des Aktionärs vorliegen“ ist nach herrschender Auffassung so zu verstehen, dass der Ermessensspielraum nur in den Fällen vorliegen muss, in denen tatsächlich keine Weisungen erteilt werden, so dass der Zurechnungstatbestand nicht schon dadurch ausgeschlossen wird, dass nach der rechtlichen Vereinbarung im Innenverhältnis die Möglichkeit zur Erteilung von Weisungen in Bezug auf die Stimmrechtsausübung

---

1522 BaFin, Emittentenleitfaden 2013, S. 119; *Hopt*, ZHR 159 (1995), 135, 139; *Falkenhagen*, WM 1995, 1005, 1007; *Franck*, BKR 2002, 709, 715; *Hüffer*, AktG, 7. Auflage 2006, Anh. § 22, § 22 WpHG Rn. 5; *Göres*, Der Konzern 2007, 15, 19; *Schnabel/Korff*, ZBB 2007, 179, 181; *Krieger* in MünchHdbAG, § 68 Rn. 151a; *Bayer* in MüKo, AktG, Anh. § 22, § 22 WpHG Rn. 36; *Dehlinger/Zimmermann* in Fuchs, WpHG, § 22 Rn. 77; *Opitz* in Schäfer/Hamann, § 22 WpHG Rn. 76 ff.; *Schwark* in Schwark/Zimmer, § 22 WpHG Rn. 15; *Veil* in Schmidt/Lutter, AktG, Anh. § 22, § 22 WpHG Rn. 26; *U. H. Schneider* in Assmann/Schneider, WpHG, § 22 Rn. 131 ff.; *Von Bülow* in KöKo, WpHG, § 22 Rn. 177; *Heinrich* in Heidel, § 22 WpHG Rn. 15; *Becker* in Bürgers/Körber, AktG, Anh. § 22, § 22 WpHG Rn. 8.

1523 Vgl. Begr. RegE. FFG II, BT-Drucks. 12/6679, S. 54; Begr. RegE. TUG, BT-Drucks. 16/2498, S. 35.

1524 So aber *Hüffer*, AktG, 7. Auflage 2006, Anh. § 22, § 22 WpHG Rn. 5; *Schwark* in Schwark/Zimmer, § 22 WpHG Rn. 13; *Göres*, Der Konzern 2007, 15, 19; *Schnabel/Korff*, ZBB 2007, 179, 181 Fn. 24; *Schwark* in Schwark/Zimmer, § 22 WpHG Rn. 15; *Heinrich* in Heidel, § 22 WpHG Rn. 15.

1525 So *Opitz* in Schäfer/Hamann, § 22 WpHG Rn. 76c.

besteht.[1526] Auch im Einzelfall oder regelmäßig erfolgende Einzelweisungen schließen den erforderlichen Ermessensspielraum grundsätzlich nicht aus.[1527] Nach teilweise vertretener Auffassung soll eine Zurechnung aber entfallen, wenn der Ermessensspielraum faktisch dadurch aufgehoben wird, dass Weisungen so regelmäßig erteilt werden, dass kein Raum mehr für die Stimmrechtsausübung nach eigenem Ermessen verbleibt.[1528] Diese Einschränkung erscheint problematisch, da die erforderliche Grenzziehung praktisch nur schwer zu handhaben ist. Unklar ist etwa, ab wann eine faktische Aufhebung des erforderlichen Ermessensspielraums anzunehmen ist. Muss der Aktionär dazu in Bezug auf mehrere aufeinanderfolgende Hauptversammlungen Weisungen bezüglich sämtlicher Abstimmungen erteilen? Wie ist es zu beurteilen, wenn nur Weisungen in Bezug auf bestimmte Abstimmungen erteilt werden oder wenn die Weisungserteilung in Bezug auf eine einzelne Hauptversammlung ausnahmsweise nicht erfolgt? Die aufgeworfenen Fragen zeigen, dass eine rechtssichere Anwendung des § 22 Abs. 1 S. 1 Nr. 6 WpHG erheblich erschwert ist, wenn man die faktische Aufhebung des Ermessensspielraums berücksichtigt. Die bessere Lösung besteht darin, alleine auf die rechtliche Vereinbarung zwischen Aktionär und Bevollmächtigtem im Innenverhältnis abzustellen und faktische Einflüsse außer Acht zu lassen. Eine Irreführung der Anleger in Bezug auf den Stimmrechtseinfluss des Bevollmächtigten wird damit regelmäßig nicht verbunden sein.

Sind dem Berechtigten stimmrechtsvermittelnde Aktien auf gesetzlicher Grundlage anvertraut, so dass sich die Möglichkeit einer Zurechnung der Stimmrechte aus den betreffenden Aktien auf Grundlage des § 22 Abs. 1 S. 1 Nr. 6 Alt. 1 WpHG ergibt, muss der erforderliche Ermessensspielraum des Berechtigten im Gesetz begründet sein, um eine Zurechnung zu rechtfertigen. Diese Voraussetzung ist in sämtlichen Fällen der gesetzlichen Vertretung und bei Stimmrechtsausübung durch einen Amtswalter erfüllt. Die Aktionäre haben in diesen Fällen keinerlei Möglichkeit, aktiv auf die Ausübung des Stimmrechts Einfluss zu nehmen. Ein Weisungsrecht steht ihnen nicht zu.[1529] Bei der Stimmrechtsausübung haben sich gesetzliche Vertreter bzw. Amtswalter zwar an den Interessen des Aktionärs oder dritter Personen auszurichten. Dies ist im Rahmen des § 22 Abs. 1 S. 1 Nr. 6 WpHG aber, wie aufgezeigt,

---

1526 *Burgard*, BB 1995, 2069, 2076; *Dehlinger/Zimmermann* in Fuchs, WpHG, § 22 Rn. 74; *U. H. Schneider* in Assmann/Schneider, WpHG, § 22 Rn. 122; *Von Bülow* in KöKo, WpHG, § 22 Rn. 167; *Becker* in Bürgers/Körber, AktG, Anh. § 22, § 22 WpHG Rn. 8.

1527 BaFin, Emittentenleitfaden 2013, S. 119; *Dehlinger/Zimmermann* in Fuchs, WpHG, § 22 Rn. 74; *U. H. Schneider* in Assmann/Schneider, WpHG, § 22 Rn. 120a; *Heinrich* in Heidel, § 22 WpHG Rn. 15; *Becker* in Bürgers/Körber, AktG, Anh. § 22, § 22 WpHG Rn. 8; a.A. (offenbar auf das tatsächliche Vorliegen von Weisungen im Einzelfall abstellend) *Opitz* in Schäfer/Hamann, § 22 WpHG Rn. 74; *Nietsch*, WM 2012, 2217, 2223.

1528 *Dehlinger/Zimmermann* in Fuchs, WpHG, § 22 Rn. 74; *Von Bülow* in KöKo, WpHG, § 22 Rn. 167.

1529 Vgl. oben S. 144 ff.

unschädlich. Soweit mehrere gesetzliche Vertreter existieren, sind rechtsgeschäftliche Vereinbarungen im Innenverhältnis zwischen diesen Vertretern, die zu einer Einschränkung des Ermessensspielraums bei einem gesetzlichen Vertreter führen, richtigerweise unerheblich, so dass stets eine Zurechnung der Stimmrechte auf beide gesetzliche Vertreter erfolgt.[1530]

4. *Stimmrechtsvollmacht für eine Hauptversammlung*

§ 22 Abs. 4 WpHG enthält eine Sonderregelung für den Fall, dass eine Stimmrechtsvollmacht nur für eine Hauptversammlung erteilt wird. Gesetzgeberisches Ziel dieser Regelung ist die Entlastung der Stimmrechtsvertreter.[1531] Wenn die Erteilung der Stimmrechtsvollmacht zu einer Zurechnung der betreffenden Stimmrechte auf den Stimmrechtsvertreter nach § 22 Abs. 1 Abs. 1 S. 1 Nr. 6 Alt. 2 WpHG führt und die Berücksichtigung dieser Stimmrechte bei dem Stimmrechtsvertreter dazu führt, dass er mit seinem Stimmrechtsanteil eine der Schwellenwerte des § 21 Abs. 1 S. 1 WpHG berührt, so ist er dennoch nicht verpflichtet sowohl im Zeitpunkt der Erteilung als auch im Zeitpunkt des Erlöschens der Stimmrechtsvollmacht eine Mitteilung nach § 21 Abs. 1 S. 1 WpHG abzugeben. Gleiches gilt, wenn eine Stimmrechtsvollmacht bereits bestand, aber das für die Verwirklichung des § 22 Abs. 1 S. 1 Nr. 6 Alt. 2 WpHG erforderliche Ausübungsermessen nur für eine Hauptversammlung erteilt wird. Nach § 22 Abs. 4 S. 4 WpHG reicht es in diesen Fällen aus, wenn der Stimmrechtsvertreter eine einzige Mitteilung abgibt, aus der hervorgeht, wann die Hauptversammlung stattfindet und wie hoch nach Erlöschen der Vollmacht oder des Ausübungsermessens der Stimmrechtsanteil sein wird, der dem Stimmrechtsvertreter zugerechnet wird. Die Sonderregelung gilt nicht, wenn sich der Stimmrechtsanteil des Stimmrechtsvertreters zwischen Erteilung und Erlöschen der Vollmacht oder des Ausübungsermessens aus anderen Gründen verändert und dadurch eine weitere Schwellenberührung ausgelöst wird.[1532] In einem solchen Fall kann das Erlöschen der Vollmacht oder des Ausübungsermessens folglich eine reguläre Mitteilungspflicht nach § 21 Abs. 1 S. 1 WpHG auslösen, wenn aus diesem Grund ein Schwellenwert unterschritten oder erreicht wird. Nach vereinzelt vertretener Auffassung soll dies auch dann gelten, wenn die Angaben in der Mitteilung nach § 22 Abs. 4 S. 2 WpHG nachträglich unrichtig werden, also etwa im Fall des vorzeitigen Widerrufs der Vollmacht oder des Ausübungsermessens oder einer Verschiebung des HV-Termins.[1533]

1530 So im Hinblick auf die Aufgabenteilung der Eltern im Innenverhältnis VGH Kassel v. 25.01.2010 – 6 A 2932/09, NZG 2010, 1307, 1308.

1531 Begr. RegE. TUG, BT-Drucksache 16/2498, S. 35.

1532 *Schnabel/Korff*, ZBB 2007, 179, 182; *Dehlinger/Zimmermann* in Fuchs, WpHG, § 22 Rn. 78; *Opitz* in Schäfer/Hamann, § 22 WpHG Rn. 78; *Veil* in Schmidt/Lutter, AktG, Anh. § 22, § 22 WpHG Rn. 27.

1533 *Schnabel/Korff*, ZBB 2007, 179, 182.

II. Besonderheiten bei der Investmentanlage im Sinne des KAGB

Fraglich ist, inwieweit eine Stimmrechtszurechnung nach § 22 Abs. 1 S. 1 Nr. 6 WpHG erfolgt oder erfolgen kann, wenn die stimmrechtsvermittelnden Aktien zu einem Investmentvermögen im Sinne des KAGB gehören. Insoweit ist abermals zwischen den einzelnen Erscheinungsformen des Investmentvermögens zu differenzieren. Im Ausgangspunkt lässt sich aber festhalten, dass eine Zurechnung immer nur dann in Betracht kommt, wenn das Zurechnungssubjekt dazu berechtigt ist, die Stimmrechte aus den betreffenden Aktien auszuüben.

1. Nach der Treuhandlösung errichtetes Sondervermögen

Bei einem nach der Treuhandlösung errichteten Sondervermögen sind die Stimmrechte aus den zum Sondervermögen gehörenden Aktien unmittelbar auf Grundlage des § 21 Abs. 1 S. 1 WpHG im Stimmrechtsanteil der KVG zu berücksichtigen.[1534] Sie können der KVG daher nicht mehr über § 22 Abs. 1 S. 1 Nr. 6 WpHG zugerechnet werden.[1535] Dagegen ist die Zurechnung der betreffenden Stimmrechte auf einen Dritten über die zweite Alternative des § 22 Abs. 1 S. 1 Nr. 6 WpHG nicht von vornherein ausgeschlossen. Voraussetzung einer solchen Zurechnung wäre allerdings, dass die KVG diesen Dritten rechtsgeschäftlich zur Ausübung der betreffenden Stimmrechte bevollmächtigt oder ermächtigt. Dies ist zum Schutz der an dem Sondervermögen beteiligten Anleger nur in engen Grenzen zulässig. Nach § 94 Abs. 1 S. 3 KAGB soll die KVG das Stimmrecht aus Aktien von Gesellschaften mit Sitz im Inland im Regelfall selbst ausüben. Mit dieser Anordnung soll die Wahrung der objektiven Interessen der Gesamtheit der Anleger bei der Ausübung des Stimmrechts sichergestellt werden.[1536] Die Bestellung eines Stimmrechtsvertreters ist nach § 94 Abs. 1 S. 4 KAGB grundsätzlich nur für den Einzelfall zulässig, wobei diesem dann Weisungen für die Stimmrechtsausübung erteilt werden sollen. Eine dauerhafte Stimmrechtsvertretung ohne Weisungserteilung ist nach § 94 Abs. 1 S. 5 KAGB nur dann möglich, wenn es sich um einen unabhängigen Stimmrechtsvertreter handelt.

Ein Einzelfall im Sinne des § 94 Abs. 1 S. 4 KAGB dürfte immer dann vorliegen, wenn die KVG den Stimmrechtsvertreter lediglich für eine bestimmte Hauptversammlung des Emittenten bevollmächtigt oder ermächtigt. In einem solchen Fall wird eine Zurechnung der betreffenden Stimmrechte auf den Stimmrechtsvertreter im Regelfall ausscheiden, da diesem dann zum Schutz der Anleger Weisungen für die Stimmrechtsausübung erteilt werden sollen.[1537] Insoweit bietet es sich an, das Stimmverhalten auf der betreffenden Hauptversammlung bereits rechtlich im Innenverhältnis zu vereinbaren oder den Stimmrechtsvertreter zumindest rechtlich

---

1534 Vgl. oben S. 154 ff.

1535 *Dreibus/Schäfer*, NZG 2009, 1289, 1290; *Von Bülow* in KöKo, WpHG, § 22 Rn. 168.

1536 *Von Caemmerer*, JZ 1958, 41, 45; *Canaris*, Bankvertragsrecht, Rn. 2421.

1537 Vgl. hierzu *Schrödermeier/Baltzer* in Brinkhaus/Scherer, § 10 KAGG Rn. 24; *Schmitz* in Berger/Steck/Lübbehüsen, § 32 InvG Rn. 13.

dazu zu verpflichten, die Weisung der KVG rechtzeitig vor der Hauptversammlung einzuholen bzw. ihre diesbezüglichen Interessen zu erfragen. Eigenes Ermessen des Stimmrechtsvertreters in Bezug auf die Stimmrechtsausübung besteht dann nicht. Ist der Stimmrechtsvertreter dagegen ausnahmsweise dazu berechtigt, die Interessen der KVG und damit letztlich über § 26 Abs. 1 KAGB die objektiven Interessen eines durchschnittlichen Investmentkunden selbst zu ermitteln und seiner Stimmrechtsausübung zugrunde zu legen, sind die Voraussetzungen der Zurechnungsnorm erfüllt. Dies gilt auch dann, wenn die KVG rechtzeitig vor der betreffenden Hauptversammlung doch noch Weisungen in Bezug auf die Stimmrechtsausübung erteilt, zumal diese rein faktische Tatsache die Zurechnung nicht tangiert.[1538] Soweit es um die Stimmrechtsvertretung im Einzelfall geht, greift in einem solchen Ausnahmefall indessen die Erleichterung des § 22 Abs. 4 WpHG, so dass der Stimmrechtsvertreter in keinem Fall dazu verpflichtet ist, bei Erteilung der Berechtigung zur Stimmrechtsausübung eine Schwellenüberschreitung und nach Ende der Hauptversammlung eine spiegelbildliche Schwellenunterschreitung mitzuteilen. Vielmehr genügt dann die einmalige Mitteilung des Zeitpunkts der Hauptversammlung und der Höhe des Stimmrechtsanteils nach dem Entfallen der Vollmacht bzw. Ermächtigung.

Eine über den Einzelfall hinausgehende Stimmrechtsvollmacht oder Ermächtigung zur Stimmrechtsausübung kann nach § 94 Abs. 1 Nr. 5 WpHG erteilt werden, wenn es sich um einen unabhängigen Stimmrechtsvertreter handelt. Unabhängigkeit liegt vor, wenn der Vertreter frei von Eigeninteressen in Bezug auf den betreffenden Aktienemittenten, also insbesondere nicht selbst Aktionär ist.[1539] Die Erteilung von Weisungen an einen solchen Stimmrechtsvertreter ist nicht im Wege einer „Soll“-Bestimmung vorgesehen. Da er lediglich frei von Eigeninteressen in Bezug auf den betreffenden Aktienemittenten sein muss, kann ihm ohne weiteres auch eigenes Ermessen bei der Stimmrechtsausübung eingeräumt werden, dies aufgrund einer Parallelwertung zu § 26 Abs. 1 KAGB freilich nur mit der Maßgabe, dass er bei der Stimmrechtsausübung die objektiven Interessen eines durchschnittlichen Investmentkunden zu berücksichtigen hat. Wie bereits ausgeführt, steht eine solche Interessenbindung der Annahme eigenen Ermessens im Sinne des § 22 Abs. 1 S. 1 Nr. 6 WpHG nicht entgegen. Die Erleichterung des § 22 Abs. 4 WpHG greift hier nicht ein. Damit sind die Stimmrechte aus den zum Sondervermögen gehörenden Aktien dem Stimmrechtsvertreter unter den genannten Voraussetzungen auf Grundlage des § 22 Abs. 1 S. 1 Nr. 6 Alt. 2 WpHG zuzurechnen.

Fraglich ist, ob eine Zurechnung auch dann in Betracht kommt, wenn es sich bei dem betreffenden Sondervermögen um ein Publikumssondervermögen handelt. Denn nach § 94 Abs. 2 S. 3 HS. 2 KAGB ist § 22 Abs. 1 WpHG in einem solchen Fall nicht anzuwenden. Da der Wortlaut dieser Norm nicht zwischen den einzelnen Zurechnungstatbeständen des § 22 Abs. 1 WpHG unterscheidet, entfällt grundsätzlich

---

1538 Siehe oben S. 332 ff.

1539 Vgl. eingehend *Schmitz* in Berger/Steck/Lübbehüsen, § 32 InvG Rn. 16; *Steck* in Emde/Dornseifer, InvG, § 32 Rn. 29.

auch die Zurechnung nach § 22 Abs. 1 S. 1 Nr. 6 WpHG. Im Schrifttum wird dieser umfassende Zurechnungsausschluss zu Recht heftig kritisiert.[1540] *S. H. Schneider* verweist etwa darauf, dass ein unabhängiger „Asset-Manager" durch die wortlautgetreue Anwendung der Norm von einer Mitteilungspflicht ausgenommen wird.[1541] Wie bereits an anderer Stelle ausgeführt ist dieser Zurechnungsausschluss aber de lege lata hinzunehmen, da eine einschränkende Auslegung unzulässig ist und eine teleologische Reduktion gegen das Analogieverbot verstoßen würde.[1542] Es verbleibt damit auch im Zusammenhang mit der Zurechnung nach § 22 Abs. 1 S. 1 Nr. 6 WpHG bei dem bereits vorgebrachten Appell an den Gesetzgeber, er möge die Ausnahme des § 94 Abs. 2 S. 3 HS. 2 KAGB de lege ferenda auf die Zurechnung nach § 22 Abs. 1 S. 1 Nr. 2 WpHG beschränken.

2. Nach der Miteigentumslösung errichtetes Sondervermögen

Gehören stimmrechtsvermittelnde Aktien zu einem nach der Miteigentumslösung errichteten Sondervermögen, stellt sich die Frage, ob die betreffenden Stimmrechte der KVG nach § 22 Abs. 1 S. 1 Nr. 6 WpHG zuzurechnen sind. Vereinzelt wird insoweit ohne Differenzierung zwischen Publikums- und Spezialsondervermögen für eine solche Zurechnung plädiert.[1543] Richtigerweise ist aber zwischen Publikums- und Spezialsondervermögen zu differenzieren.

Sofern es sich um ein Publikumssondervermögen handelt, ist die Eigentumsfiktion des § 94 Abs. 2 S. 3 HS. 1 WpHG zu berücksichtigen. Wie bereits in anderem Zusammenhang geklärt wurde, ist diese nicht nur dann zu beachten wenn es um die unmittelbare Zuordnung der Stimmrechte auf Grundlage des § 21 Abs. 1 S. 1 WpHG geht. Vielmehr gilt sie auch für die Anwendung der Zurechnungstatbestände des § 22 WpHG, die durch die Eigentumsfiktion nicht vollständig verdrängt werden.[1544] Daraus folgt, dass die KVG auch für die Frage der Zurechnung von Stimmrechten nach § 22 Abs. 1 S. 1 Nr. 6 WpHG als Eigentümer der stimmrechtsvermittelnden Aktien gilt. Im Ergebnis gilt für die Zurechnung also nichts anderes als bei einem nach der Treuhandlösung errichteten Sondervermögen. Da die Stimmrechte der KVG aufgrund der Eigentumsfiktion bereits unmittelbar auf Grundlage des § 21 Abs. 1 S. 1 WpHG zugeordnet werden, verbleibt kein Raum mehr für eine Zurechnung derselben Stimmrechte nach § 22 Abs. 1 S. 1 Nr. 6 WpHG.[1545]

1540 Die Kritik entzündet sich vor allem an den gesetzgeberischen Regelungszielen dieses Zurechnungsausschlusses, die ausschließlich auf die Zurechnung nach § 22 Abs. 1 S. 1 Nr. 2 WpHG bezogen sind. Vgl. dazu ausführlich oben S. 242 ff.

1541 *S. H. Schneider* in Assmann/Schneider, WpHG, Anh. § 22 Rn. 293.

1542 Vgl. zur Herleitung dieses Ergebnisses schon oben S. 242 ff.

1543 *Schmitz* in Berger/Steck/Lübbehüsen, § 32 InvG Rn. 19.

1544 Vgl. oben S. 287.

1545 So auch *U. H. Schneider* in Assmann/Schneider, WpHG, Anh. § 22 Rn. 288 f.; *Von Bülow* in KöKo, WpHG, § 22 Rn. 169.

Etwas anderes gilt mangels Anwendbarkeit des § 94 Abs. 2 S. 3 HS. 1 KAGB allerdings dann, wenn es sich um ein Spezial-Sondervermögen handelt. Eine Zurechnung der Stimmrechte aus den zum Sondervermögen gehörenden Aktien auf die KVG nach § 22 Abs. 1 S. 1 Nr. 6 WpHG ist in diesem Fall möglich, wenn die Voraussetzungen des Zurechnungstatbestands vorliegen. Insoweit stellt sich zunächst die Frage, ob die stimmrechtsvermittelnden Aktien der KVG anvertraut sind oder ob sie die betreffenden Stimmrechte zumindest als Bevollmächtigte ausüben kann. Wie bereits beschrieben sind Aktien immer dann im Sinne von § 22 Abs. 1 S. 1 Nr. 6 Alt. 1 WpHG anvertraut, wenn der andere Teil die Vermögensinteressen des Aktionärs wahrnehmen muss und darüber hinaus zur Stimmrechtsausübung aus den betreffenden Aktien berechtigt ist. Eine hinreichende Pflicht zur Wahrung der Vermögensinteressen wird in der Literatur etwa dann angenommen, wenn die Aktien der individuellen Vermögensverwaltung unterliegen.[1546] Nichts anderes kann für die kollektive Vermögensverwaltung im Sinne des KAGB gelten. Im Rahmen ihrer allgemeinen Verwaltungspflicht ist die KVG zwar nicht an die individuellen Vermögensinteressen spezifischer Anleger, sondern nur an die objektiven Interessen eines durchschnittlichen Investmentkunden gebunden.[1547] Dies dürfte aber unschädlich sein, da es im Rahmen des § 22 Abs. 1 S. 1 Nr. 6 Alt. 1 WpHG nicht so sehr um die Intensität der Interessenbindung, sondern viel eher um die Frage geht, ob der Meldepflichtige die Stimmrechtsausübung ähnlich wie ein Aktionär tatsächlich und mit eigenem Ermessensspielraum steuern kann. Letzteres ist aber angesichts der im Vergleich zur individuellen Vermögensverwaltung gelockerten Interessenbindung noch viel eher der Fall als bei der individuellen Fremdverwaltung stimmrechtsvermittelnder Aktien. Im Übrigen ist die KVG auch zur Ausübung des Stimmrechts aus den betreffenden Aktien berechtigt, was bereits aus § 93 Abs. 1 KAGB folgt.[1548] Letztlich ist also davon auszugehen, dass der KVG die Stimmrechte aus den zum Sondervermögen gehörenden Aktien anvertraut sind.[1549] Dem lässt sich aus den bereits erwähnten Gründen nicht entgegenhalten, dass zwischen der KVG und den Anlegern kein besonderes Vertrauensverhältnis besteht, durch das die KVG besonderen über die gesetzlichen Pflichten hinausgehenden Vermögensbetreuungspflichten unterworfen ist.[1550] Aus den gennannten Gründen ändert auch die Tatsache, dass die Anleger als Aktionäre gegenüber der KVG nicht zur Erteilung von Weisungen in Bezug auf die Stimmrechtsausübung befugt sind, nichts an der Möglichkeit der Stimmrechtszurechnung.[1551]

1546 Vgl. *Burgard*, BB 1995, 2069, 2076; *Schnabel/Korff*, ZBB 2007, 179, 181; *Dehlinger/Zimmermann* in Fuchs, WpHG, § 22 Rn. 76; *Opitz* in Schäfer/Hamann, § 22 WpHG Rn. 69; *Von Bülow* in KöKo, WpHG, § 22 Rn. 160.

1547 Vgl. oben S. 101 ff.

1548 Vgl. zur rechtlichen Einordnung dieser Stimmberechtigung oben S. 96 ff.

1549 So i.E. auch zumindest für den Regelfall *Von Bülow* in KöKo, WpHG, § 22 Rn. 169.

1550 Vgl. oben S. 324 ff.

1551 Vgl. dazu S. 102 ff. und S. 324 ff.

Fraglich ist ferner, ob die Berechtigung der KVG zur Ausübung des Stimmrechts zugleich auch eine „Bevollmächtigung" im Sinne des § 22 Abs. 1 S. 1 Nr. 6 Alt. 2 WpHG darstellt, so dass die Zurechnung der betreffenden Stimmrechte auf die KVG notfalls auch über diese Tatbestandsalternative erfolgen könnte. Da § 93 Abs. 1 KAGB eine gesetzliche Ermächtigung zur Stimmrechtsausübung im eigenen Namen analog § 185 BGB darstellt[1552], könnte man argumentieren, dass eine Zurechnung nach der zweiten Tatbestandsalternative ähnlich wie bei einer rechtsgeschäftlichen Ermächtigung analog § 185 BGB auch hier möglich sein muss, da es wertungsmäßig keinen Unterschied macht, worauf die Berechtigung zur Stimmrechtsausübung beruht. Freilich hätte eine solche Auslegung zur Folge, dass die erste Tatbestandsalternative des § 22 Abs. 1 S. 1 Nr. 6 WpHG völlig bedeutungslos würde. Auch würde sich die Subsumtion gesetzlicher Stimmberechtigungen unter das Tatbestandsmerkmal „als Bevollmächtigter" zu weit von der Wortbedeutung dieses Merkmals entfernen. Denn das Merkmal der Bevollmächtigung deutet auf einen rechtsgeschäftlichen Bestellungsakt hin, bei der der Aktionär privatautonom entscheidet, ob, in welchem Umfang und für welchen Zeitraum er den betreffenden Stimmrechtsvertreter mit der Ausübung des Stimmrechts betrauen möchte. Diese Entscheidungsfreiheit ist dem Aktionär aber genommen, wenn das „ob", der Umfang und der Zeitraum der Stimmberechtigung abschließend durch das Gesetz geregelt wird. Damit ist im Ergebnis davon auszugehen, dass eine Zurechnung der Stimmrechte aus den zum Sondervermögen gehörenden Aktien auf die KVG nicht auf Grundlage der zweiten Tatbestandsalternative des § 22 Abs. 1 S. 1 Nr. 6 WpHG erfolgen kann.[1553]

Die Zurechnung auf die KVG setzt weiter voraus, dass sie nach eigenem Ermessen über die Ausübung des Stimmrechts entscheiden kann. Dies ist der Fall. Wie bereits mehrfach ausgeführt ist die KVG bei der Ausübung des Stimmrechts lediglich an objektiven Interessen eines durchschnittlichen Investmentkunden gebunden.[1554] Eine Verpflichtung zur Einholung von Weisungen oder zur Ermittlung der individuellen Anlegerinteressen in Bezug auf die Stimmrechtsausübung besteht nicht. Die KVG ist vielmehr dazu berufen, die objektiven Durchschnittsinteressen nach eigenem Ermessen zu ermitteln und der Stimmrechtsausübung zugrunde zu legen. Dass die KVG nach eigenem Ermessen handelt zeigt sich umso deutlicher daran, dass die Anleger noch nicht einmal dazu berechtigt sind, im Einzelfall Weisungen zu erteilen.[1555] Ob sie dies faktisch, etwa im Rahmen eines Anlageausschusses tun, ist für die Stimmrechtszurechnung nach § 22 Abs. 1 S. 1 Nr. 6 WpHG nicht von Bedeutung, weil es aus Gründen der Rechtssicherheit nur auf das rechtliche Vorliegen

1552 Vgl. zu dieser rechtlichen Einordnung oben S. 96 ff.

1553 A.A. *Dreibus/Schäfer*, NZG 2009, 1289, 1290 (Zurechnung „als Bevollmächtigter"); *Von Bülow* in KöKo, WpHG, § 22 Rn. 169 (Zurechnung im Regelfall nach Alt. 1 und Alt. 2).

1554 Vgl. oben S. 101 f.

1555 Darauf weisen auch *Dreibus/Schäfer*, NZG 2009, 1289, 1290 hin.

des erforderlichen Ermessensspielraums ankommen kann.[1556] Im Ergebnis lässt sich damit festhalten, dass die Stimmrechte aus den zum Spezial-Sondervermögen gehörenden Aktien der KVG stets auf der Grundlage des § 22 Abs. 1 S. 1 Nr. 6 Alt. 1 WpHG zuzurechnen sind.[1557]

Unter den Voraussetzungen des § 94 Abs. 1 S. 4, S. 5 KAGB kann die KVG auch dann einen Dritten rechtsgeschäftlich zur Ausübung des Stimmrechts bevollmächtigen oder ermächtigen, wenn die stimmrechtsvermittelnden Aktien zu einem nach der Miteigentumslösung errichteten Sondervermögen gehören, die KVG also nicht Eigentümer der betreffenden Aktien ist. Eine Beschränkung dieser Möglichkeit auf die nach der Treuhandlösung errichteten Sondervermögen lässt sich dem Gesetz nicht entnehmen. Unter den Voraussetzungen des § 22 Abs. 1 S. 1 Nr. 6 Alt. 2 WpHG sind die betreffenden Stimmrechte dann unter Umständen auch dem Dritten zuzurechnen.[1558] Insoweit kann im Grundsatz auf die Ausführungen zur Stimmrechtszurechnung auf einen Dritten bei den nach der Treuhandlösung errichteten Sondervermögen verwiesen werden.[1559] Der Zurechnungsausschluss des § 94 Abs. 2 S. 3 HS. 2 KAGB ist für Publikums-Sondervermögen, die nach der Miteigentumslösung errichtet wurden, nicht anwendbar, da sich die Eigentumsfiktion des § 94 Abs. 2 S. 3 HS. 1 KAGB nicht auf diesen Zurechnungsausschluss erstreckt.[1560] Sofern es sich um ein Spezial-Sondervermögen handelt stellt sich allerdings zusätzlich die Frage, ob die betreffenden Stimmrechte ähnlich wie bei einer Unterbevollmächtigung im Wege der Kettenzurechnung der KVG nach der ersten Tatbestandsalternative und zugleich auch dem Dritten nach der zweiten Tatbestandsalternative des § 22 Abs. 1 S. 1 Nr. 6 WpHG zuzurechnen sind.[1561] Vor dem Hintergrund des Schutzzwecks der Norm muss es für die Frage nach der fortbestehenden Zurechnung darauf ankommen, ob die KVG das Stimmrecht aus den betreffenden Aktien auch weiterhin nach eigenem Ermessen ausüben kann. Insoweit ist zunächst festzuhalten, dass die KVG trotz Bevollmächtigung oder Ermächtigung des Dritten weiterhin gesetzlich zur Ausübung des Stimmrechts im eigenen Namen und außerdem grundsätzlich zum

---

1556 Vgl. oben S. 332 ff.; ebenso *Von Bülow* in KöKo, WpHG, § 22 Rn. 169; zweifelnd aber i.E. ebenso *Dreibus/Schäfer*, NZG 2009, 1289, 1290.

1557 Ebenso (für den Regelfall) allerdings zusätzlich auch für eine Zurechnung nach der zweiten Tatbestandsalternative *Von Bülow* in KöKo, WpHG, § 22 Rn. 169; i.E. aber ohne Differenzierung nach der einschlägigen Tatbestandsalternative des § 22 Abs. 1 S. 1 Nr. 6 WpHG auch BaFin, Emittentenleitfaden 2013, S. 124; OLG Stuttgart v. 10.11.2004 – 20 U 16/03, NZG 2005, 432, 434; *S. H. Schneider* in Assmann/Schneider, WpHG, Anh. § 22 Rn. 305; *Beckmann* in Investment-Handbuch, § 32 InvG Rn. 28 f.; *Taschke* in Baur/Tappen, KAGB, § 94 Rn. 59; für eine Zurechnung nach § 22 Abs. 1 S. 1 Nr. 6 Alt. 2 WpHG *Dreibus/Schäfer*, NZG 2009, 1289, 1290.

1558 So auch ohne nähere Differenzierung nach der einschlägigen Tatbestandsalternative *Von Bülow* in KöKo, WpHG, § 22 Rn. 169.

1559 Vgl. oben S. 337 ff.

1560 Vgl. oben S. 287 f.

1561 Vgl. zur Kettenzurechnung bei der Untervollmacht bereits oben S. 331.

Widerruf der Vollmacht oder Ermächtigung befugt ist. Die Erteilung einer unwiderruflichen Vollmacht oder Ermächtigung in Verbindung mit einer Vereinbarung im Innenverhältnis, wonach die KVG während der Dauer der Bevollmächtigung oder Ermächtigung nicht mehr selbst zur Ausübung des Stimmrechts befugt ist, dürfte gemäß § 134 BGB nichtig sein, da sie das im KAGB festgeschriebene Verwaltungsrecht der KVG aushöhlt.[1562] Im Ergebnis gelten hier also die gleichen Grundsätze wie bei der Erteilung einer unwiderruflichen und verdrängenden Stimmrechtsvollmacht durch den Aktionär, die aufgrund des gesellschaftsrechtlichen Abspaltungsverbots nichtig ist. Der Unterschied besteht lediglich darin, dass es hier nicht um die Abspaltung des Stimmrechts von der Mitgliedschaft geht, sondern um seine Abspaltung vom gesetzlich verankerten Verwaltungsrecht der KVG. Für die Frage nach der fortbestehenden Zurechnung nach § 22 Abs. 1 S. 1 Nr. 6 WpHG lässt sich aus diesen Erwägungen der Schluss ziehen, dass der maßgebliche Stimmrechtseinfluss der KVG in jedem Fall fortbesteht. Grundsätzlich kann die KVG das Stimmrecht zu jeder Zeit selbst ausüben, da die Bevollmächtigung oder Ermächtigung keine verdrängende Wirkung hat. Auch ein nicht von vornherein unzulässiger schuldrechtlicher Verzicht der KVG auf die Stimmrechtsausübung im Innenverhältnis in Verbindung mit einer widerruflichen Bevollmächtigung oder Ermächtigung lässt den Stimmrechtseinfluss der KVG unberührt. Denn die Bevollmächtigung oder Ermächtigung kann dann jederzeit widerrufen werden,[1563] so dass die KVG das Stimmrecht wieder selbst ausüben kann, wenn sie das will. Im Ergebnis bleibt es damit bei der Zurechnung der betreffenden Stimmrechte zur KVG.[1564]

3. *Investmentgesellschaft*

Erfolgt die Investmentanlage über eine Investmentgesellschaft, so ist im Hinblick auf eine etwaige Zurechnung nach § 22 Abs. 1 S. 1 Nr. 6 WpHG danach zu differenzieren, ob die Investmentgesellschaft der Fremdverwaltung durch eine externe KVG unterliegt oder das Anlagevermögen bzw. das Kommanditanlagevermögen selbst verwaltet und sich bei der Ausübung der Stimmrechte aus den darin zusammengefassten Aktien eines Dritten bedient, der mit einer Stimmrechtsvollmacht oder Stimmrechtsermächtigung ausgestattet ist.

Vor der eigentlichen Prüfung der Voraussetzungen der Zurechnung ist allerdings zunächst zu klären, ob § 22 Abs. 1 S. 1 Nr. 6 WpHG im konkreten Fall überhaupt anwendbar ist. Der Ausschluss der Zurechnungsnorm könnte sich aus § 94 Abs. 2 S. 3 HS. 2 KAGB ergeben, wenn diese Norm entsprechend auf Investmentgesellschaften anwendbar ist. Für den Fall der Investmentanlage über eine Investment-AG verweisen die §§ 108 Abs. 4, 140 Abs. 3 KAGB auf eine entsprechende Anwendung des § 94 Abs. 2 KAGB. Ein Verweis auf die entsprechende Anwendung dieser Norm findet sich auch in § 149 Abs. 2 KAGB für den Fall einer Investmentanlage über

1562 Vgl. zum allgemeinen Verwaltungsrecht der KVG bereits oben S. 93 ff.
1563 Darauf weisen auch *Dreibus/Schäfer*, NZG 2009, 1289, 1290 hin.
1564 Ebenso *Dreibus/Schäfer*, NZG 2009, 1289, 1290.

eine geschlossene Investment-KG. Andererseits enthalten die gesetzlichen Regeln zur offenen Investment-KG keinen Verweis auf die entsprechende Anwendbarkeit des § 94 Abs. 2 KAGB. Wie bereits erörtert ist dies aber jedenfalls insoweit unbedenklich, als es an einem Verweis auf die entsprechende Anwendbarkeit des § 94 Abs. 2 S. 3 KAGB fehlt. Der dort geregelte Zurechnungsausschluss ist lediglich auf Publikumsinvestmentvermögen anwendbar. Die offene Investment-KG kann aber lediglich als Spezial-Investmentvermögen errichtet werden.[1565]

Obwohl die Gesetzesmaterialien darauf hindeuten, dass sich der Zurechnungsausschluss des § 92 Abs. 2 S. 3 HS. 2 KAGB nur auf die Zurechnung nach § 22 Abs. 1 S. 1 Nr. 2 WpHG bezieht, ist die Norm nach ihrem Wortlaut auf den Ausschluss sämtlicher Zurechnungstatbestände des § 22 Abs. 1 WpHG gerichtet, was de lege lata auch hinzunehmen ist.[1566] Hieran ändert auch die Tatsache nichts, dass die Norm auf die Investment-AG und die geschlossene Investment-KG nur „entsprechend" anzuwenden ist. Die an sich gebotene teleologische Reduktion des Zurechnungsausschlusses auf den Tatbestand des § 22 Abs. 1 S. 1 Nr. 2 WpHG könnte sich auch in diesem Fall zu Lasten der Normadressaten der §§ 21, 22 WpHG auswirken und somit gegen das Analogieverbot verstoßen, da eine Zurechnung nicht mehr ausgeschlossen wäre, sondern unter den Voraussetzungen des § 22 Abs. 1 S. 1 Nr. 6 WpHG vorgenommen werden müsste. Auch die Tatsache, dass § 92 Abs. 2 KAGB nur entsprechend auf die Fälle der Investmentanlage über eine Investmentgesellschaft anzuwenden ist, hilft insoweit nicht weiter, zumal die Rechtsfolge der entsprechenden Normanwendung auch der Rechtsfolge der Anwendung der betreffenden Norm in ihrem ursprünglichen Anwendungsbereich entsprechen muss, so dass die Versagung der Zurechnung nicht ihre Vornahme ersetzt werden kann.[1567] Letztlich ist der Zurechnungsausschluss des § 94 Abs. 2 S. 3 HS. 2 KAGB also auch im Hinblick auf die Zurechnung nach § 22 Abs. 1 S. 1 Nr. 6 WpHG entsprechend auf die Investment-AG und die geschlossene Investment-KG anzuwenden.[1568]

Da § 94 Abs. 2 S. 3 HS. 2 KAGB nur auf Publikumssondervermögen anwendbar ist, setzt die entsprechende Anwendung dieser Norm auf die Investment-AG bzw. die geschlossene Investment-KG voraus, dass diese als Publikumsinvestmentvermögen zu qualifizieren ist. Zu berücksichtigen ist auch, dass bei der Investmentanlage über eine Investmentgesellschaft überhaupt kein Sondervermögen gebildet wird. Es kann somit für den Zurechnungsausschluss nach § 94 Abs. 2 S. 3 HS. 2 KAGB nur darauf ankommen, dass die betreffenden stimmrechtsvermittelnden Aktien zum Anlagevermögen der Investment-AG bzw. zum Kommanditanlagevermögen der geschlossenen Investment-KG gehören. Fraglich ist, ob die Norm auch entsprechend anzuwenden

1565 Vgl. bereits oben S. 90.

1566 Vgl. oben S. 242 ff.

1567 Vgl. insoweit bereits oben S. 259 ff.

1568 So (für die Investment-AG nach den §§ 96 ff. InvG a.F.) *S. H. Schneider* in Assmann/Schneider, WpHG, Anh. § 22 Rn. 300; a.A. (restriktive Auslegung) *Heinrich* in Emde/Dornseifer, InvG, § 32 Rn. 73.

ist, wenn die Vermögensgegenstände des Anlagevermögens der Investment-AG oder des Kommanditanlagevermögens der Investment-KG durch eine externe KVG verwaltet werden. In diesem Fall ist die Investmentgesellschaft nämlich nicht mehr selbst als KVG zu qualifizieren. § 94 Abs. 2 S. 3 HS. 2 KAGB setzt nach seinem Wortlaut aber voraus, dass die Vermögensgegenstände im Eigentum der KVG stehen. Insoweit stellt sich abermals die Frage, ob ein sachlicher Grund für eine Differenzierung zwischen den Fällen der Selbstverwaltung und der Fremdverwaltung besteht. Im Hinblick auf die Zurechnung nach § 22 Abs. 1 S. 1 Nr. 2 WpHG wurde das bereits verneint.[1569] Für diesen Fall bietet es sich deshalb an, den Tatbestand des § 94 Abs. 2 S. 3 HS. 2 KAGB nicht an das Eigentum der KVG, sondern direkt an das Eigentum der Investmentgesellschaft an den stimmrechtsvermittelnden Aktien des Anlagevermögens bzw. Kommanditanlagevermögens anzuknüpfen. Es ist allerdings zweifelhaft, ob sich diese Argumentation auch auf den Fall der Zurechnung nach § 22 Abs. 1 S. 1 Nr. 6 WpHG übertragen lässt. Der innere Grund des Zurechnungsausschlusses besteht darin, die Rechtssicherheit in den Fällen zu fördern, in denen eine Zurechnung aufgrund des fehlenden mittelbaren Stimmrechtseinflusses des Meldepflichtigen im Sinne des § 22 Abs. 1 WpHG ohnehin nicht in Betracht kommt. Soweit es um die Zurechnung nach § 22 Abs. 1 S. 1 Nr. 6 WpHG geht, liegt dieser innere Grund aber nicht zwingend vor. Denn der offenzulegende Stimmrechtseinfluss manifestiert sich hier in der Möglichkeit zur Ausübung des Stimmrechts mit einem gewissen Ermessensspielraum, der durch § 26 Abs. 1 KAGB nicht von vornherein ausgeschlossen wird. Vor diesem Hintergrund lässt sich freilich bereits die de lege lata hinzunehmende Anwendung des Zurechnungsausschlusses im Fall der Investmentanlage über eine Investment-AG oder geschlossene Investment-KG, die ihr Anlagevermögen bzw. Kommanditanlagevermögen selbst verwaltet, kritisieren. Dann besteht aber erst recht kein Grund, den Zurechnungsausschluss wie im Hinblick auf die Zurechnung nach § 22 Abs. 1 S. 1 Nr. 2 WpHG erweiternd auch auf den Fall der Fremdverwaltung anzuwenden.[1570]

Damit lässt sich zunächst festhalten, dass eine Zurechnung von Stimmrechten aus Aktien, die zum Anlagevermögen einer Investment-AG oder zum Kommanditanlagevermögen einer Investment-KG gehören, von vornherein ausgeschlossen ist, wenn es sich um eine Publikums-Investment-AG oder um eine geschlossene Publikums-Investment-KG handelt, die ihr (Kommandit-)Anlagevermögen selbst verwaltet. Dies betrifft namentlich die Zurechnung von Stimmrechten auf einen rechtsgeschäftlich bestellten Stimmrechtsvertreter. Wird das (Kommandit-)Anlagevermögen dagegen durch eine externe KVG fremdverwaltet oder handelt es sich um eine Spezial-Investment-AG, eine offene Investment-KG oder eine Spezial-Investment-KG kommt eine Zurechnung der Stimmrechte aus den betreffenden Aktien grundsätzlich in Betracht. Insoweit ist weiter danach zu differenzieren, ob

1569 Vgl. oben S. 291 f.

1570 a.A. *S. H. Schneider* in Assmann/Schneider, WpHG, Anh. § 22 Rn. 300 (für die Investment-AG nach den §§ 96 ff. InvG a.F.).

es um die Zurechnung auf eine externe KVG oder auf einen bloßen Stimmrechtsvertreter geht, wobei im letzteren Fall noch zu berücksichtigen ist, ob daneben auch eine externe KVG bestellt wurde oder nicht.

Bei Bestellung einer externen KVG als Fremdverwalter stellt sich zunächst die Frage, ob die betreffenden Stimmrechte der externen KVG auf Grundlage des § 22 Abs. 1 S. 1 Nr. 6 Alt. 1 WpHG zuzurechnen sind, weil sie ihr anvertraut wurden. Dies ist im Einzelfall anhand der Kriterien der Zurechnung zu prüfen, wird aber regelmäßig anzunehmen sein.[1571] Eine Verpflichtung der externen KVG zur Wahrnehmung der Vermögensinteressen der Investmentgesellschaft lässt sich dem Geschäftsbesorgungscharakter des Verwaltungsvertrags entnehmen.[1572] Denn durch den Verwaltungsvertrag wird die KVG zur Anlage und Verwaltung der Mittel der Investmentgesellschaft verpflichtet. Nach § 26 Abs. 1 KAGB ist sie dabei zwar ausschließlich an die objektiven Interessen eines durchschnittlichen Investmentkunden gebunden. Diese entsprechen aber stets den Vermögensinteressen der Investmentgesellschaft. Denn bei letzteren handelt es sich nicht um subjektive Interessen, die nach freiem Ermessen gebildet werden können. Vielmehr ergeben sich die Vermögensinteressen der Investmentgesellschaft ihrerseits aus der gesetzlichen Interessenbindung des § 26 Abs. 1 KAGB. Dies lässt sich auch aus dem KAGB ableiten, das in § 17 Abs. 2 KAGB von dem „Urzustand" der intern verwalteten Investmentgesellschaft ausgeht, die dann zugleich als KVG zu qualifizieren ist. Erst durch Bestellung einer externen KVG verliert die Investmentgesellschaft ihren Status als KVG. Die Interessenbindung nach § 26 Abs. 1 KAGB wird dann auf die externe KVG durchgeleitet. Auch wenn damit die formale Bindung der Investmentgesellschaft an § 26 Abs. 1 KAGB entfällt, ist nicht davon auszugehen, dass sie nunmehr andere Vermögensinteressen entwickeln darf, die der Bindung des § 26 Abs. 1 KAGB widersprechen. Denn sobald das Fremdverwaltungsverhältnis mit der externen KVG endet, ist die Investmentgesellschaft, sofern sie keine andere externe KVG bestellt, wieder ihrerseits als KVG zu qualifizieren, was die Interessenbindung nach § 26 Abs. 1 KAGB aufleben lässt. Da die externe KVG gesetzlich zur Verwaltung verpflichtet und damit auch rechtsgeschäftlich mit den zur Wahrnehmung der Verwaltungstätigkeit erforderlichen Befugnissen auszustatten ist, wird sie die Investmentgesellschaft regelmäßig aufgrund einer rechtsgeschäftlichen Stimmrechtsvollmacht oder Stimmrechtsermächtigung bei der Stimmrechtsausübung vertreten

1571 Auf den Einzelfall abstellend auch *Dreibus/Schäfer*, NZG 2009, 1289, 1292; *Heinrich* in Emde/Dornseifer, InvG, § 32 Rn. 57; generell für eine Zurechnung nach § 22 Abs. 1 S. 1 Nr. 6 WpHG BaFin, Emittentenleitfaden 2013, S. 125; *Taschke* in Baur/Tappen, KAGB, § 94 Rn. 76.

1572 Vgl. zur Qualifizierung des Verwaltungsvertrags als Geschäftsbesorgungsvertrag oben S. 92 ff. *Dreibus/Schäfer*, NZG 2009, 1289, 1292 und *Heinrich* in Emde/Dornseifer, InvG, § 32 Rn. 57 stellen dagegen auf den Einzelfall ab und plädieren für eine Zurechnung nach § 22 Abs. 1 S. 1 Nr. 6 Alt. 2 WpHG, wenn lediglich eine Möglichkeit zur Stimmrechtsausübung nach eigenem Ermessen besteht, ohne dass die Aktien der KVG „anvertraut" wurden.

können.[1573] Dabei ist es unerheblich, ob die betreffende Stimmrechtsvollmacht oder Stimmrechtsermächtigung im Verwaltungsvertrag oder außerhalb desselben gewährt wurde.[1574] Dann ist aber auch davon auszugehen, dass die KVG die betreffenden Stimmrechte nach eigenem Ermessen ausüben kann.[1575] Denn wie bereits mehrfach erwähnt ist die KVG bei der Wahrnehmung ihres gesetzlich verankerten Verwaltungsrechts und damit auch bei der Ausübung des Stimmrechts gemäß § 26 Abs. 1 KAGB ausschließlich an die objektiven Interessen eines durchschnittlichen Investmentkunden gebunden, ohne rechtlich zur Befolgung von Weisungen der Investmentgesellschaft verpflichtet zu sein.[1576] Eine Zurechnung nach § 22 Abs. 1 S. 1 Nr. 6 Alt. 1 WpHG auf die KVG scheidet damit allenfalls in dem seltenen Fall aus, in dem ihr ungeachtet ihres gesetzlich vorgesehenen Verwaltungsrechts keine Befugnis zur Ausübung des Stimmrechts eingeräumt wurde.[1577]

Verwaltet die Investmentgesellschaft das Anlagevermögen bzw. das Kommanditanlagevermögen selbst, kommt eine Zurechnung der Stimmrechte aus den dazu gehörenden Aktien auf einen ggf. rechtsgeschäftlich bevollmächtigten oder ermächtigten Stimmrechtsvertreter in Betracht. Der Investmentgesellschaft werden in diesem Fall keine Stimmrechte in ihrer Eigenschaft als interner KVG zugerechnet, da ihr die betreffenden Stimmrechte bereits unmittelbar über § 21 Abs. 1 S. 1 WpHG zuzuordnen sind. Da der Zurechnungsausschluss des § 94 Abs. 2 S. 3 HS. 2 KAGB in diesem Fall über die Verweise in den §§ 108 Abs. 4, 140 Abs. 3, 149 Abs. 2 KAGB entsprechend anzuwenden ist, kommt eine Zurechnung aber nur dann in Betracht, wenn das Investmentvermögen als Spezial-Investmentgesellschaft errichtet wurde. Auffällig und im Hinblick auf die Zurechnung der betreffenden Stimmrechte auf einen Stimmrechtsvertreter zu berücksichtigen ist zudem, dass sich weder in den §§ 108 ff., 140 ff. KAGB für die Investment-AG noch in den §§ 124 ff., 149 ff. KAGB für die Investment-KG ein Verweis auf die entsprechende Anwendbarkeit der einschränkenden Regelungen des § 94 Abs. 1 S. 3–5 KAGB findet. Dies hat zur Folge, dass das Stimmrecht aus den betreffenden Aktien anders als im Fall der Ausübung von Stimmrechten aus Aktien, die zu einem Sondervermögen gehören, grundsätzlich auch im Einzelfall und ohne gleichzeitige Erteilung von Weisungen durch einen

---

1573 Vgl. oben S. 98 ff.

1574 Zurückhaltender *Dreibus/Schäfer*, NZG 2009, 1289, 1292; *Heinrich* in Emde/Dornseifer, InvG, § 32 Rn. 57, die offenbar darauf abstellen, dass der Verwaltungsvertrag eine Befugnis der KVG zur Stimmrechtsausübung enthält.

1575 A.A. wohl *Heinrich* in Emde/Dornseifer, InvG, § 32 Rn. 57, der dies offenbar für eine Frage des Einzelfalls hält.

1576 Vgl. bereits die Ausführungen zur Zurechnung von Stimmrechten auf die KVG im Fall der Investmentanlage über ein nach der Miteigentumslösung errichtetes Sondervermögen oben S. 339 ff. sowie die allgemeinen Grundsätze zur Exklusivität des Verwaltungsrechts der KVG oben S. 102 ff.

1577 Ebenso i.E., aber ohne Hinweis darauf, dass die Nichtzurechnung einen Ausnahmefall darstellt *Dreibus/Schäfer*, NZG 2009, 1289, 1292; *Heinrich* in Emde/Dornseifer, InvG, § 32 Rn. 57.

Stimmrechtsvertreter ausgeübt werden kann. Ferner ist es auch zulässig, einen dauerhaften Stimmrechtsvertreter zu bevollmächtigten, und zwar unabhängig von der Frage nach seiner Unabhängigkeit. Im Ergebnis richtet sich die Zurechnung der betreffenden Stimmrechte nach § 22 Abs. 1 S. 1 Nr. 6 KAGB auf den Stimmrechtsvertreter damit nach den im Einzelfall zu prüfenden und bereits dargestellten allgemeinen Grundsätzen.[1578]

Auch im Fall der Fremdverwaltung des Anlage- oder Kommanditanlagevermögens durch eine externe KVG werden die Stimmrechte aus den Aktien, die zu dem betreffenden Anlage- oder Kommanditanlagevermögen gehören unter den allgemeinen Voraussetzungen des § 22 Abs. 1 S. 1 Nr. 6 Alt. 2 WpHG dem rechtsgeschäftlich bevollmächtigten oder ermächtigten Stimmrechtsvertreter zugerechnet. Eine Beschränkung auf den Fall der Investmentanlage über eine Spezial-Investmentgesellschaft besteht wie bereits ausgeführt nicht. Die betreffenden Stimmrechte sind Dies gilt sowohl im Fall der unmittelbaren Bevollmächtigung durch die Investmentgesellschaft als auch im Fall der Unterbevollmächtigung unter Einschaltung der externen KVG. Nach dem Schutzzweck des Zurechnungstatbestands kann es nämlich keinen Unterschied machen, dass mehrere Personen zur Stimmrechtsausübung nach eigenem Ermessen berechtigt sind. Die betreffenden Stimmrechte sind dann sowohl der KVG nach § 22 Abs. 1 S, 1 Nr. 6 Alt. 1 WpHG als auch dem betreffenden Stimmrechtsvertreter zuzurechnen.

G. Kettenzurechnung nach § 22 Abs. 1 S. 2 WpHG

Der Zurechnungstatbestand des § 22 Abs. 1 S. 2 WpHG enthält einen gesetzlich geregelten Fall der Kettenzurechnung[1579] von Stimmrechten. Nach dem Wortlaut der Norm stehen dem Meldepflichtigen für die Zurechnung nach § 22 Abs. 1 S. 1 Nr. 2 bis Nr. 6 WpHG Tochterunternehmen des Meldepflichtigen gleich. Das bedeutet, dass sämtliche Stimmrechte, die nach diesen Zurechnungstatbeständen einem Tochterunternehmen des Meldepflichtigen im Sinne des § 22 Abs. 3 WpHG zugerechnet werden über § 22 Abs. 1 S. 2 WpHG auch dem Meldepflichtigen selbst zugerechnet werden.[1580] Besteht eine mehrstufige Beherrschungsmöglichkeit über das

---

1578 Vgl. oben S. 324 ff.

1579 So *Dehlinger/Zimmermann* in Fuchs, WpHG, § 22 Rn. 14; *Opitz* in Schäfer/Hamann, § 22 WpHG Rn. 23; *Petersen* in Spindler/Stilz, AktG, Anh. § 22, §§ 21–30 WpHG Rn. 45; *Schwark* in Schwark/Zimmer, § 22 WpHG Rn. 45; *Veil* in Schmidt/Lutter, AktG, Anh. § 22, § 22 WpHG Rn. 29; *U. H. Schneider* in Assmann/Schneider, WpHG, § 22 Rn. 19; *Von Bülow* in KöKo, WpHG, § 22 Rn. 46, 66; *Heinrich* in Heidel, § 22 WpHG Rn. 4; *Becker* in Bürgers/Körber, AktG, Anh. § 22, § 22 WpHG Rn. 2.

1580 *Koppensteiner* in KöKo, AktG, Anh. § 22, §§ 21 ff. WpHG Rn. 20; *Hüffer*, AktG, 7. Aufl. 2006, Anh. § 22, § 22 WpHG Rn. 7; *Bayer* in MüKo, AktG, Anh. § 22, § 22 WpHG Rn. 37; *Dehlinger/Zimmermann* in Fuchs, WpHG, § 22 Rn. 14; *Opitz* in Schäfer/Hamann, § 22 WpHG Rn. 23; *Petersen* in Spindler/Stilz, AktG, Anh. § 22, §§ 21–30 WpHG Rn. 45; *Schwark* in Schwark/Zimmer, § 22 WpHG Rn. 17, 45; *Veil*

Tochterunternehmen, so erfolgt die Zurechnung nach § 22 Abs. 1 S. 2 WpHG auf jeder Stufe der Beherrschungskette.[1581] Dass die Unternehmen auf einer Zwischenstufe der Beherrschungskette ihrerseits gegenüber dem am Ende der Beherrschungskette stehenden Unternehmen als Tochterunternehmen im Sinne des § 22 Abs. 3 WpHG zu qualifizieren sind, steht dem nicht entgegen. Eine Absorption der über § 22 Abs. 1 S. 2 WpHG zugerechneten Stimmrechte auf den Zwischenstufen findet also nicht statt. Im Ergebnis führt die Kettenzurechnung dazu, dass sämtliche Stimmrechte, die den Tochterunternehmen in der Beherrschungskette auf den einzelnen Stufen nach § 22 Abs. 1 S. 1 Nr. 2 bis Nr. 6 WpHG zugerechnet werden auch dem am Ende der Beherrschungskette stehenden Unternehmen zugerechnet werden.

Auch die Kettenzurechnung des § 22 Abs. 1 S. 2 WpHG verfolgt letztlich den allgemeinen Sinn und Zweck des § 22 WpHG, mittelbare Stimmrechtseinflüsse auf den Emittenten aufzudecken und die Umgehung des § 21 Abs. 1 S. 1 WpHG zu verhindern. Dabei liegt ihr der Gedanke zugrunde, dass der Meldepflichtige nicht nur die Ausübung der Stimmrechte aus Aktien beeinflussen kann, die dem Tochterunternehmen gehören, sondern seinen mittelbaren Stimmrechtseinfluss ebenso auf die Stimmrechte erstrecken kann, die dem Tochterunternehmen zugerechnet werden, weil dieses selbst die Stimmrechtsausübung mittelbar beeinflussen kann.[1582]

Im Zusammenhang mit der Investmentanlage im Sinne des KAGB kann sich die Frage nach einer Kettenzurechnung gemäß § 22 Abs. 1 S. 2 WpHG in sämtlichen Fällen stellen, in denen den an der Investmentanlage Beteiligten Stimmrechte nach § 22 Abs. 1 S. 1 Nr. 2 bis Nr. 6 WpHG zugerechnet werden. Nach hier vertretener Auffassung scheidet eine solche Zurechnung aus, soweit es um die Zurechnungstatbestände nach § 22 Abs. 1 S. 1 Nr. 2 und Nr. 4 WpHG geht. Die Frage nach einer Kettenzurechnung stellt sich damit nur noch in den Fällen des § 22 Abs. 1 S. 1 Nr. 3, Nr. 5 und Nr. 6 WpHG.

I. Zurechnung von Stimmrechten zu den Anlegern

Eine Zurechnung nach § 22 Abs. 1 S. 1 Nr. 3 WpHG auf die Anleger kommt in Betracht, wenn es sich bei dem Investmentvermögen um ein nach der Miteigentumslösung errichtetes Spezial-Sondervermögen handelt.[1583] Zu einer Zurechnung nach § 22 Abs. 1 S. 1 Nr. 6 Alt. 2 WpHG kann es kommen, wenn ein Anleger zur Ausübung des Stimmrechts aus den zum Sondervermögen, Anlagevermögen oder Kommanditanlagevermögen gehörenden Aktien bevollmächtigt oder ermächtigt wird. De lege lata kommt das nur dann in Betracht, wenn die betreffenden Aktien

---

in Schmidt/Lutter, AktG, Anh. § 22, § 22 WpHG Rn. 29; *Von Bülow* in KöKo, WpHG, § 22 Rn. 46, 66.

1581 *Opitz* in Schäfer/Hamann, § 22 WpHG Rn. 23; *Petersen* in Spindler/Stilz, AktG, Anh. § 22, §§ 21–30 WpHG Rn. 45.

1582 *Bayer* in MüKo, AktG, Anh. § 22, § 22 WpHG Rn. 8; *U. H. Schneider* in Assmann/Schneider, WpHG, § 22 Rn. 19; *Von Bülow* in KöKo, WpHG, § 22 Rn. 46, 66.

1583 Vgl. oben S. 300 ff.

zu einem nach der Miteigentumslösung errichteten Sondervermögen, einem nach der Treuhandlösung errichteten Spezial-Sondervermögen, einer Spezial-Investmentgesellschaft, die ihr Anlage- oder Kommanditanlagevermögen selbst verwaltet oder zu einer Investmentgesellschaft gehört, deren Anlage- oder Kommanditanlagevermögen von einer externen KVG verwaltet wird. Dagegen ist eine solche Zurechnung wegen § 94 Abs. 2 S. 3 HS. 2 KAGB (analog) ausgeschlossen, wenn die stimmrechtsvermittelnden Aktien zu einem nach der Treuhandlösung errichteten Publikums-Sondervermögen oder einer Publikums-Investmentgesellschaft gehören, deren Anlage- oder Kommanditanlagevermögen von dieser selbst verwaltet wird.[1584] Da es für die Kettenzurechnung nach § 22 Abs. 1 S. 2 WpHG darauf ankommt, dass der betreffende Anleger als Tochterunternehmen des Meldepflichtigen zu qualifizieren ist, scheidet eine Zurechnung grundsätzlich aus, wenn es sich bei dem Anleger um eine natürliche Person handelt.[1585] Im Allgemeinen gelten aber auch hier die bereits ausführlich dargestellten allgemeinen Grundsätze zur Bestimmung der Tochterunternehmenseigenschaft. Der Zurechnungsausschluss nach § 94 Abs. 2 S. 1, S. 2 KAGB ist auf Anleger nicht anwendbar. Nach ihrem insoweit eindeutigen Wortlaut regelt die Norm lediglich den Ausschluss der Zurechnung auf die „Mutterunternehmen" einer KVG.

II. Zurechnung von Stimmrechten zur (externen) KVG

Ist das Investmentvermögen als Sondervermögen nach der Treuhandlösung errichtet worden, so erfolgt unter den Voraussetzungen des § 22 Abs. 1 S. 1 Nr. 3 und Nr. 5 WpHG eine Stimmrechtszurechnung auf die (externe) KVG.[1586] Gleiches gilt bei einem nach der Miteigentumslösung errichteten Publikums-Sondervermögen im Hinblick auf den Zurechnungstatbestand des § 22 Abs. 1 S. 1 Nr. 3 WpHG.[1587] Stimmrechte aus Aktien, die zu einem nach der Miteigentumslösung errichteten Spezial-Sondervermögen gehören, werden der (externen) KVG stets nach § 22 Abs. 1 S. 1 Nr. 6 WpHG zugerechnet.[1588] Im Regelfall erfolgt eine Zurechnung von Stimmrechten auf dieser Grundlage zur externen KVG zudem dann, wenn die Stimmrechte aus Aktien folgen, die zum (Kommandit-)Anlagevermögen einer durch die betreffenden KVG fremdverwalteten Investmentgesellschaft gehören.[1589]

Der Zurechnungsausschluss nach § 94 Abs. 2 S. 3 HS. 2 KAGB ist in den genannten Zurechnungsfällen unanwendbar, da sich die stimmrechtsvermittelnden Aktien nicht im Eigentum der (externen) KVG befinden.[1590] Allerdings kann einer Kettenzurechnung nach § 22 Abs. 1 S. 2 WpHG auf die „Mutterunternehmen" der

1584 Vgl. oben S. 242 ff. und S. 259 ff.
1585 Vgl. oben S. 180 f.
1586 Vgl. oben S. 300 ff. und S. 309 ff.
1587 Vgl. oben S. 300 ff.
1588 Vgl. oben S. 339 ff.
1589 Vgl. oben S. 343 ff.
1590 Ebenso wohl *Heinrich* in Emde/Dornseifer, InvG, § 32 Rn. 73.

(externen) KVG der Zurechnungsausschluss des § 94 Abs. 2 S. 1, S. 2 KAGB entgegenstehen.[1591] Denn unter den Voraussetzungen dieser Norm ist die KVG nicht als Tochterunternehmen im Sinne des § 22 Abs. 3 WpHG zu qualifizieren, was die Kettenzurechnung auf das „Mutterunternehmen" der KVG über § 22 Abs. 1 S. 2 WpHG ausschließt. Hinsichtlich der Voraussetzungen des Zurechnungssauschlusses kann an dieser Stelle auf die Ausführungen zum Ausschluss der Zurechnung nach § 22 Abs. 1 S. 1 Nr. 1 WpHG verwiesen werden.[1592]

III. Zurechnung von Stimmrechten zur Investmentgesellschaft

Eine Stimmrechtszurechnung auf die Investmentgesellschaften kann aus den Zurechnungstatbeständen des § 22 Abs. 1 S. 1 Nr. 3 und Nr. 5 WpHG folgen.[1593] Über § 22 Abs. 1 S. 2 WpHG ist sodann eine Kettenzurechnung dieser Stimmrechte auf die „Mutterunternehmen" der betreffenden Investmentgesellschaft möglich. Der Kettenzurechnung kann allerdings auch hier der Zurechnungsausschluss nach § 94 Abs. 2 S. 1, S. 2 KAGB entgegenstehen. Denn nach §§ 108 Abs. 4, 140 Abs. 3 KAGB ist § 94 Abs. 2 KAGB entsprechend auf die Investment-AG und über § 149 Abs. 2 KAGB auch auf die geschlossene Investment-KG anzuwenden. Nach seinem Wortlaut bezieht sich der Zurechnungsausschluss freilich nur auf die Qualifizierung einer KVG als Tochterunternehmen. Daraus folgt, dass die Kettenzurechnung nur dann ausgeschlossen sein kann, wenn die Investment-AG oder die geschlossene Investment-KG[1594] ihr (Kommandit-)Anlagevermögen selbst verwaltet.[1595] Im Fall der Fremdverwaltung durch eine (externe) KVG ist der Zurechnungsausschluss dagegen unanwendbar. Im Hinblick auf die Zurechnung nach § 22 Abs. 1 S. 1 Nr. 1 WpHG wurde oben zwar bereits diskutiert, ob § 94 Abs. 2 S. 1, S. 2 KAGB analog auf den Fall der Fremdverwaltung anzuwenden ist. Letztlich wurde eine analoge Anwendung aber vor dem Hintergrund des Analogieverbots wegen der möglichen negativen Auswirkungen auf die Normadressaten verneint.[1596] Gleiches gilt auch im Fall der Kettenzurechnung nach § 22 Abs. 1 S. 2 WpHG. Zwar besteht eine vergleichbare

1591 So wohl auch *Von Bülow* in KöKo, WpHG, § 22 Rn. 59.

1592 Vgl. oben S. 245 ff., S. 263 und S. 264 ff.

1593 Vgl. oben S. 300 ff. und S. 309 ff.

1594 Wie bereits dargestellt stellt der fehlende Verweis auf die entsprechende Anwendbarkeit des § 94 Abs. 2 S. 1, S. 2 KAGB auf die offene Investment-KG ein Redaktionsversehen des Gesetzgebers dar. Dieses kann allerdings im Hinblick auf die Wortlautgrenze nicht durch Auslegung behoben werden. Da sich eine Analogiebildung zu Lasten der Normadressaten auswirken könnte, findet der Zurechnungsausschluss im Hinblick auf die Kettenzurechnung von Stimmrechten, die einer offenen Investment-KG zugerechnet wurden, also keine Anwendung. Vgl. oben S. 264 ff.

1595 Ebenso wohl *Von Bülow* in KöKo, WpHG, § 22 Rn. 59. Vgl. zu den Voraussetzungen des Zurechnungsausschlusses oben S. 263 f.

1596 Vgl. oben S. 259 ff.

Interessenlage. Denn durch die Herbeiführung einer Fremdverwaltung durch eine externe KVG ändert sich nichts an dem mittelbaren Einfluss der Investmentgesellschaft auf die Ausübung der ihr nach § 22 Abs. 1 S. 1 Nr. 3 oder Nr. 5 WpHG zugerechneten Stimmrechte, da sie durch Kündigung des Verwaltungsvertrags die Möglichkeit zur Einflussnahme auf die Ausübung des Stimmrechts wieder an sich ziehen kann. Für den mittelbaren Stimmrechtseinfluss des „Mutterunternehmens" ist es also auch im hier interessierenden Zusammenhang der Kettenzurechnung nach § 22 Abs. 1 S. 2 WpHG unerheblich, von wem das (Kommandit-)Anlagevermögen verwaltet wird. Allerdings kann abermals nicht ausgeschlossen werden, dass durch die analoge Anwendung der Norm zusätzliche Mitteilungspflichten ausgelöst werden.[1597] Diese sachlich nicht gerechtfertigte Ungleichbehandlung zwischen den Fällen der Eigen- und Fremdverwaltung ist de lege lata hinzunehmen. Umgekehrt liefert dieses Ergebnis aber einen weiteren Grund dafür, den Wortlaut des § 94 Abs. 2 S. 1, S. 2 KAGB oder die Verweise in den §§ 108 Abs. 4, 140 Abs. 3, 149 Abs. 2 KAGB auf die entsprechende Anwendung dieser Norm de lege ferenda so anzupassen, dass sich der Zurechnungsausschluss auch auf den Fall der Fremdverwaltung erstreckt.

H. Verhaltensabstimmung im Sinne des § 22 Abs. 2 WpHG

Nach § 22 Abs. 2 S. 1 HS. 1 WpHG werden dem Meldepflichtigen auch Stimmrechte aus Aktien eines Dritten in voller Höhe zugerechnet, mit dem der Meldepflichtige oder sein Tochterunternehmen sein Verhalten in Bezug auf einen Emittenten aufgrund einer Vereinbarung oder in sonstiger Weise abstimmt. Eine solche Verhaltensabstimmung setzt nach § 22 Abs. 1 S. 2 WpHG voraus, dass eine Verständigung über die Ausübung von Stimmrechten erfolgt oder dass die Beteiligten mit dem Ziel einer dauerhaften und erheblichen Änderung der unternehmerischen Ausrichtung des Emittenten in sonstiger Weise zusammenwirken. Die Zurechnung erfolgt gemäß § 22 Abs. 2 S. 1 HS. 2 WpHG hingegen nicht, wenn die Beteiligten lediglich Vereinbarungen im Einzelfall treffen. Zu den Stimmrechten des Dritten zählen gemäß § 22 Abs. 2 S. 3 WpHG auch sämtliche Stimmrechte, die diesem nach § 22 Abs. 1 WpHG zuzurechnen sind.

I. Allgemeine Grundsätze

Der Zurechnungstatbestand des § 22 Abs. 2 WpHG erfasst nicht den einseitigen mittelbaren Stimmrechtseinfluss, sondern die koordinierte Bündelung des unmittelbaren oder einseitigen mittelbaren Stimmrechtseinflusses mehrerer Personen. Es geht um die Aufdeckung der Einflussnahmemöglichkeiten der Beteiligten einer Verhaltensabstimmung auf den jeweiligen bereits bestehenden unmittelbaren und/oder einseitigen mittelbaren Stimmrechtseinfluss der übrigen Beteiligten der Verhaltensabstimmung. Auch diese Einflussnahmemöglichkeit lässt sich als eine Erscheinungsform des mittelbaren Stimmrechtseinflusses bezeichnen. Da es in den

1597 Vgl. schon oben S. 259 ff.

Fällen des § 22 Abs. 2 WpHG aber zu einer gemeinsamen Willensbildung des Meldepflichtigen mit den übrigen Beteiligten der Verhaltensabstimmung kommt, wäre eine einseitige Zurechnung der betreffenden Stimmrechte zu einem der Beteiligten grundsätzlich unangebracht. Konsequenterweise geht das Gesetz daher in diesem Fall auch von einer wechselseitigen Stimmrechtszurechnung aus.[1598] *Veil* weist zutreffend darauf hin, dass dem der Gedanke der Interessengemeinschaft zugrunde liegt, in deren Rahmen jeder Beteiligte potentiell von dem Verhalten der übrigen Beteiligten begünstigt wird.[1599] Das „Einflusspotential" des einzelnen Beteiligten erweitert sich also auf den Stimmrechtseinfluss sämtlicher Beteiligter.[1600] Aus dem Wortlaut des § 22 Abs. 2 WpHG lässt sich dieses Ergebnis zwar nicht unmittelbar ableiten, zumal dort ausdrücklich nur von der Zurechnung der Stimmrechte des Dritten zum Meldepflichtigen die Rede ist. Als Meldepflichtiger kommen aber sämtliche an der Koordinierung beteiligte Rechtsträger in Betracht. Dritte im Sinne der Norm sind dann jeweils die übrigen an der Koordinierung beteiligten Rechtsträger. Es hängt mithin nur von der Perspektive des Gesetzesanwenders ab, welcher an der Koordinierung beteiligte Rechtsträger als Meldepflichtiger und welcher daran beteiligte Rechtsträger als Dritter einzuordnen ist. Dass § 22 Abs. 2 WpHG auch gegenseitige Einflussnahmemöglichkeiten der Beteiligten auf ihren jeweiligen einseitigen mittelbaren Stimmrechtseinfluss erfassen will, folgt aus § 22 Abs. 2 S. 3 WpHG, der die Zurechnung nach seinem Wortlaut auch auf sämtliche Stimmrechte erstreckt, die dem Dritten nach § 22 Abs. 1 WpHG zugerechnet werden.

Bei der Berechnung des Stimmrechtsanteils der Beteiligten ist zu beachten, dass die wechselseitige Zurechnung nicht zu einer doppelten Berücksichtigung der Stimmrechte im Zähler ihres Stimmrechtsanteils führen darf.[1601] Stimmrechte, die den Beteiligten bereits auf Grundlage des § 22 Abs. 1 WpHG zugerechnet werden, sind also nicht noch zusätzlich hinzuzurechnen, da sie ansonsten doppelt berücksichtigt werden würden. Umstritten ist, ob sich die wechselseitige Zurechnung auch auf Stimmrechte erstreckt, die einem der Beteiligten auf Grundlage des § 22 Abs. 2 WpHG, also aus einer anderweitigen Bündelung von Stimmrechten aus Aktien desselben Emittenten aber mit anderen Beteiligten, zugerechnet werden. Teilweise wird dies mit dem Argument befürwortet, in diesem Fall würden sich sämtliche Beteiligte zumindest mittelbar abstimmen.[1602] Nach anderer Auffassung verstößt eine solche Auslegung gegen den Wortlaut des § 22 Abs. 2 S. 3 WpHG, der

1598 So schon Begr. RegE. FFG II, BT-Drucks. 12/6679, S. 53 (zu § 22 Abs. 1 Nr. 3 WpHG a.F.) sowie aus der Literatur *Dehlinger/Zimmermann* in Fuchs, WpHG, § 22 Rn. 101; *Petersen* in Spindler/Stilz, AktG, Anh. § 22, §§ 21–30 WpHG Rn. 58; *Schwark* in Schwark/Zimmer, § 22 WpHG Rn. 18; *Veil* in Schmidt/Lutter, AktG, Anh. § 22, § 22 WpHG Rn. 43; *U. H. Schneider* in Assmann/Schneider, WpHG, § 22 Rn. 193a.

1599 *Veil* in FS K. Schmidt, 1645, 1654; *Veil* in Schmidt/Lutter, AktG, Anh. § 22, § 22 WpHG Rn. 34.

1600 *Dehlinger/Zimmermann* in Fuchs, WpHG, § 22 Rn. 81.

1601 *Casper*, ZIP 2003, 1469, 1476.

1602 *Opitz* in Schäfer/Hamann, § 22 WpHG Rn. 87.

ausdrücklich nur Stimmrechte in die wechselseitige Zurechnung einbezieht, die einem der Beteiligten auf Grundlage des § 22 Abs. 1 WpHG zugerechnet werden, und ist daher wegen Verstoßes gegen das Analogieverbot abzulehnen.[1603] Eine Streitentscheidung wird in allen Fällen entbehrlich sein, in denen die tatbestandlichen Voraussetzungen einer einzigen Verhaltensabstimmung unter sämtlichen Beteiligten vorliegen. Entscheidend ist in diesem Rahmen vor allem die Frage, ob eine Verhaltensabstimmung eine Kommunikation zwischen sämtlichen Beteiligten und die gegenseitige Erkennbarkeit ihres Kooperationswillens erfordert. Sofern es auf eine Streitentscheidung ankommt, ist vor dem Hintergrund des Analogieverbots der letztgenannten Auffassung der Vorzug zu geben. Eine Einbeziehung der Zurechnung nach § 22 Abs. 2 WpHG könnte zusätzliche Mitteilungspflichten nach § 21 Abs. 1 S. 1 WpHG auslösen und sich damit zu Lasten der Normadressaten auswirken.

Strittig ist auch, ob die wechselseitige Zurechnung auf diejenigen Stimmrechte beschränkt ist, die von der Verhaltensabstimmung erfasst sind oder ob die Stimmrechte der Beteiligten immer in voller Höhe wechselseitig zuzurechnen sind. Von einem Teil der Literatur wird eine Beschränkung der Zurechnung unter Hinweis auf den Wortlaut des § 22 Abs. 2 S. 1 WpHG, der eine Zurechnung „in voller Höhe" anordnet, abgelehnt.[1604] Nach der Gegenauffassung ist in diesem Fall dagegen eine höhenmäßige Beschränkung der Zurechnung vorzunehmen.[1605] Begründet wird dies mit dem Schutzzweck des § 22 Abs. 2 WpHG, der lediglich die tatsächlich bestehenden Einflussnahmemöglichkeiten auf die Ausübung des Stimmrechts aufdecken solle. Der Tatbestand sei deshalb entsprechend teleologisch zu reduzieren sei. Dieser zuletzt genannten Gegenauffassung folgt auch die Verwaltungspraxis der BaFin.[1606] Dafür lässt sich vor allem anführen, dass eine wechselseitige Zurechnung in voller Höhe die Gefahr einer Irreführung der Anleger erhöht, wenn sich die Bündelung des Stimmrechtseinflusses der Beteiligten gerade auf einen bestimmte Anzahl von Stimmrechten beschränkt. Allerdings kann sich eine teleologische Reduktion der Norm zu Lasten der Normadressaten auswirken. Erstreckt sich die Verhaltensabstimmung der Beteiligten zunächst auf sämtliche Stimmrechte kann es zu einer Schwellenberührung durch Erreichen oder Unterschreiten einer Stimmrechtsschwelle kommen, wenn die Beteiligten ihre ursprüngliche Vereinbarung später dahingehend abändern, dass nunmehr nur noch ein Teil ihrer Stimmrechte von

---

1603 *Liebscher*, ZIP 2002, 1005, 1010; *Casper*, ZIP 2003, 1469, 1476 f.; *Von Bülow/Bücker*, ZGR 2004, 669, 713; *Dehlinger/Zimmermann* in Fuchs, WpHG, § 22 Rn. 101; *Petersen* in Spindler/Stilz, AktG, Anh. § 22, §§ 21–30 WpHG Rn. 58; *Veil* in Schmidt/Lutter, AktG, Anh. § 22, § 22 WpHG Rn. 48; *Von Bülow* in KöKo, WpHG, § 22 Rn. 196, 241.

1604 *Opitz* in Schäfer/Hamann, § 22 WpHG Rn. 93; *Petersen* in Spindler/Stilz, AktG, Anh. § 22, §§ 21–30 WpHG Rn. 58; *Schwark* in Schwark/Zimmer, § 22 WpHG Rn. 33; *Von Bülow* in KöKo, WpHG, § 22 Rn. 242.

1605 *Dehlinger/Zimmermann* in Fuchs, WpHG, § 22 Rn. 102; *Veil* in Schmidt/Lutter, AktG, Anh. § 22, § 22 WpHG Rn. 44; *Brellochs*, ZIP 2011, 2225, 2231; *Merkner/Sustmann*, NZG 2013, 1361, 1366.

1606 BaFin, Emittentenleitfaden 2013, S. 123.

der Verhaltensabstimmung erfasst werden. In diesem Fall würde eine zusätzliche Mitteilungspflicht nach § 21 Abs. 1 S. 1 WpHG entstehen, die bei wortlautgetreuer Anwendung der Norm nicht bestünde. Letztlich ist der zuerst genannten Auffassung also der Vorzug zu geben. Ungeachtet einer Beschränkung der Verhaltensabstimmung erfolgt die wechselseitige Zurechnung der Stimmrechte stets in voller Höhe.

II. Tatbestandsvoraussetzungen

Einzige Tatbestandsvoraussetzung des § 22 Abs. 2 WpHG ist eine Verhaltensabstimmung in Bezug auf einen Emittenten. In diesem Zusammenhang kann und muss zwischen dem Vorgang und dem Inhalt der Verhaltensabstimmung differenziert werden. Außerdem muss der Kreis der Normadressaten eingegrenzt werden. Der Gesetzgeber verweist darauf, dass mit dem Tatbestand die Erscheinungsformen des sog. „acting in concert" erfasst werden sollen.[1607] Wie im Schrifttum bereits ausführlich herausgearbeitet wurde stellt der Begriff des „acting in concert" im internationalen Vergleich aber keinen übergreifenden und fest umrissenen Rechtsbegriff dar, so dass er als Grundlage für die Auslegung des Tatbestands ausscheidet.[1608] Dem gelegentlichen Hinweis, die Norm sei im Gegensatz zu § 30 Abs. 2 WpÜG im Interesse einer normativ bezweckten Transparenz weit auszulegen,[1609] führt in die Irre.[1610] Die Auslegung des § 22 Abs. 2 WpHG sollte sich im Rahmen der Wortlautgrenze vielmehr vornehmlich an dem Schutzzweck der Norm orientieren.[1611]

1. Vorgang der Verhaltensabstimmung

Dem Wortlaut der Norm lässt sich nicht entnehmen, welche Vorgänge eine Verhaltensabstimmung im Sinne der Norm darstellen. Als Anknüpfungspunkt enthält § 22 Abs. 2 S. 1 HS. 1 WpHG aber eine Differenzierung zwischen „Vereinbarungen" und Verhaltensabstimmungen „in sonstiger Weise". Dabei wird man unter den Begriff der Vereinbarung jedenfalls sämtliche rechtlich wirksamen zivilrechtlichen Verträge fassen können.[1612] Im Ergebnis kommt es auf die rechtliche Wirksamkeit

---

1607 Begr. RegE WpÜGG, BT-Drucks. 14/7034, S. 54, 70.

1608 Vgl. nur *Casper*, ZIP 2003, 1469, 1472; *Seibt*, ZIP 2004, 1829, 1831; *Schockenhoff/Schumann*, ZGR 2005, 568, 570; *Dehlinger/Zimmermann* in Fuchs, WpHG, § 22 Rn. 80; *Opitz* in Schäfer/Hamann, § 22 WpHG Rn. 79a; *Von Bülow* in KöKo, WpHG, § 22 Rn. 189. So auch OLG Frankfurt a.M. v. 25.6.2004 – WpÜG 5/03a, 6/03a u. 8/03a, NJW 2004, 3716, 3718.

1609 So *U. H. Schneider* in Assmann/Schneider, WpHG, § 22 Rn. 161.

1610 *Dehlinger/Zimmermann* in Fuchs, WpHG, § 22 Rn. 81.

1611 Vgl. oben S. 50 ff.

1612 BaFin, Emittentenleitfaden 2013, S. 121; *Casper*, ZIP 2003, 1469, 1475; *Seibt*, ZIP 2004, 1829, 1832; *U. H. Schneider*, WM 2006, 1321, 1323; *Krause* in FS U. H. Schneider, 669, 689; *Von Bülow* in KöKo, WpHG, § 22 Rn. 198; *Becker* in Bürgers/Körber, AktG, Anh. § 22, § 22 WpHG Rn. 9.

oder die Durchsetzbarkeit des Vertrages allerdings überhaupt nicht an.[1613] Rechtlich unwirksame Verträge fallen nämlich jedenfalls unter das Merkmal der Verhaltensabstimmung in sonstiger Weise, das nach allgemeiner Auffassung keine rechtliche Bindungswirkung voraussetzt.[1614] Unter das Tatbestandsmerkmal der Abstimmung in sonstiger Weise lassen sich darüber hinaus also auch sämtliche außervertraglichen Verhaltensabstimmungen ohne Rechtsbindung fassen.

Um eine Grenzziehung zwischen tatbestandsmäßiger Verhaltensabstimmung und tatbestandslosem Kontakt zu ermöglichen wird man verlangen müssen, dass die Verhaltensabstimmung auf einer hinreichend sicheren Grundlage beruht.[1615] Erforderlich ist also eine gewisse Bindungswirkung außerhalb des rechtlichen Bereichs. Überwiegend wird insoweit gefordert, die Einhaltung der Verhaltensabstimmung müsse zumindest durch moralische, wirtschaftliche oder soziale bzw. gesellschaftliche Bindungen abgesichert sein.[1616] Solche Bindungen wird man in der Regel annehmen können, wenn die Missachtung der Verhaltensabstimmung durch einen Beteiligten typischerweise moralische, wirtschaftliche oder soziale bzw. gesellschaftliche Sanktionen nach sich zieht.[1617] Zu denken ist an die wirtschaftlichen Folgen eines Abbruchs von Geschäftsbeziehungen oder den Ansehensverlust unter Geschäftspartnern, institutionellen Anlegern oder innerhalb der Familie.[1618] Typische Fälle einer solchen Verhaltensabstimmung ohne rechtliche Bindungswirkung sind die sog. „gentlemen's agreements"[1619] und die Verhaltensabstimmung innerhalb

---

1613 Zutreffend *U. H. Schneider*, WM 2006, 1321, 1323; *Dehlinger/Zimmermann* in Fuchs, WpHG, § 22 Rn. 88; *Opitz* in Schäfer/Hamann, § 22 WpHG Rn. 83; *Schwark* in Schwark/Zimmer, § 22 WpHG Rn. 23.

1614 *Liebscher*, ZIP 2002, 1005, 1007; *Lange*, Der Konzern 2003, 675, 680; *Seibt*, ZIP 2004, 1829, 1832; *Schockenhoff/Schumann*, ZGR 2005, 568, 583; *Von Bülow* in KöKo, WpHG, § 22 Rn. 198 f.

1615 *U. H. Schneider* in Assmann/Schneider, WpHG, § 22 Rn. 173.

1616 Vgl. *Liebscher*, ZIP 2002, 1005, 1008; *Casper*, ZIP 2003, 1469, 1475; *Pentz*, ZIP 2003, 1478, 1485; *Seibt*, ZIP 2004, 1829, 1832; *Schockenhoff/Schumann*, ZGR 2005, 568, 591; *Engert*, ZIP 2006, 2105, 2112; *Schwark* in Schwark/Zimmer, § 22 WpHG Rn. 23.

1617 *Schwark* in Schwark/Zimmer, § 22 WpHG Rn. 23; ebenso wohl *U. H. Schneider*, WM 2006, 1321, 1323; *Krause* in FS U. H. Schneider, 669, 689.

1618 Vgl. *U. H. Schneider*, WM 2006, 1321, 1323; *Engert*, ZIP 2006, 2105, 2112.

1619 BaFin, Emittentenleitfaden 2013, S. 121; *Liebscher*, ZIP 2002, 1005, 1007; *Casper*, ZIP 2003, 1469, 1475; *U. H. Schneider*, WM 2006, 1321, 1323; *Engert*, ZIP 2006, 2105, 2112; *Von Bülow/Stephanblome*, ZIP 2008, 1797, 1799; *Petersen* in Spindler/Stilz, AktG, Anh. § 22, §§ 21–30 WpHG Rn. 52; *Dehlinger/Zimmermann* in Fuchs, WpHG, § 22 Rn. 88; *Opitz* in Schäfer/Hamann, § 22 WpHG Rn. 83; *Schwark* in Schwark/Zimmer, § 22 WpHG Rn. 23; *U. H. Schneider* in Assmann/Schneider, WpHG, § 22 Rn. 173; *Von Bülow* in KöKo, WpHG, § 22 Rn. 199. Als „gentlemen's agreement" lässt sich mit *Hefermehl* eine Vereinbarung bezeichnen, die auf die Herbeiführung eines bestimmten Erfolgs gerichtet ist, wobei dieser Erfolg nicht mit den Mitteln des Rechts sondern ausschließlich im Vertrauen auf das Wort des Partners, die

der Familie in Anknüpfung an eine bestimmte Familientradition[1620]. Umstritten ist, ob eine hinreichende Absicherung auch bei einem bloß ideellen Druck zwischen den Beteiligten angenommen werden kann.[1621] Ein solcher wird angenommen, wenn die Missachtung der Verhaltensabstimmung als „Ausscheren aus einer konzertierten Aktion" wirkt.[1622] Einen ideellen Druck genügen zu lassen bedeutet indessen, von dem Erfordernis der Absicherung der Verhaltensabstimmung gänzlich Abstand zu nehmen. Denn jede noch so unverbindliche Verabredung zu einem gemeinsamen Verhalten lässt sich als Abstimmung über eine konzertierte Aktion begreifen, so dass die Abweichung eines Beteiligten dann als „Ausscheren" aus der vermeintlich verabredeten Aktion wirkt. Ein ideeller Druck reicht daher nach zutreffender Auffassung noch nicht aus, um eine hinreichende Absicherung der Verhaltensabstimmung zu begründen.

Der unbestimmte Rechtsbegriff der „Verhaltensabstimmung" wird verbreitet anhand zweier Merkmale konturiert. Es muss erstens ein kommunikativer Kontakt zwischen sämtlichen Beteiligten[1623] vorliegen, wobei es nicht darauf ankommen soll, ob die Kommunikation schriftlich, mündlich, verbal oder nonverbal erfolgt.[1624] Zweitens müssen die Beteiligten bewusst zusammenwirken und dabei einen gemeinsamen Plan oder zumindest ein gemeinsames Interesse verfolgen.[1625] Dies setzt ähnlich wie im Fall der zur gemeinsamen Beherrschung im Sinne des § 17 Abs. 1

Regeln des Anstands oder den guten Ton erreicht werden soll, vgl. *Hefermehl* in Soergel, BGB, Vor § 116 Rn. 28.

1620 *Casper*, ZIP 2003, 1469, 1475; *Schwark* in Schwark/Zimmer, § 22 WpHG Rn. 23.

1621 Befürwortend *Schwark* in Schwark/Zimmer, § 22 WpHG Rn. 23; ablehnend *Dehlinger/Zimmermann* in Fuchs, WpHG, § 22 Rn. 92.

1622 *Schwark* in Schwark/Zimmer, § 22 WpHG Rn. 23.

1623 An der Verhaltensabstimmung können mehr als zwei Personen beteiligt sein. Vgl. nur *Dehlinger/Zimmermann* in Fuchs, WpHG, § 22 Rn. 89; *U. H. Schneider* in Assmann/Schneider, WpHG, § 22 Rn. 168.

1624 BaFin, Emittentenleitfaden 2013, S. 120; OLG Stuttgart v. 10.11.2004 – 20 U 16/03, NZG 2005, 432, 436; *Burgard*, BB 1995, 2069, 2075; *Nottmeier/Schäfer*, AG 1997, 87, 95; *Liebscher*, ZIP 2002, 1005, 1007 f.; *Casper*, ZIP 2003, 1469, 1475; *Pentz*, ZIP 2003, 1478, 1481; *Seibt*, ZIP 2004, 1829, 1832; *Schockenhoff/Schumann*, ZGR 2005, 568, 583 f.; *Dehlinger/Zimmermann* in Fuchs, WpHG, § 22 Rn. 92; *Schwark* in Schwark/Zimmer, § 22 WpHG Rn. 23; *Veil* in Schmidt/Lutter, AktG, Anh. § 22, § 22 WpHG Rn. 33; *Krause* in FS U. H. Schneider, 669, 689; *U. H. Schneider* in Assmann/Schneider, WpHG, § 22 Rn. 167, 172; *Von Bülow* in KöKo, WpHG, § 22 Rn. 199.

1625 *Liebscher*, ZIP 2002, 1005, 1007; *Lange*, Der Konzern 2003, 675, 679; *Pentz*, ZIP 2003, 1478, 1481; *Seibt*, ZIP 2004, 1829, 1832; *Schockenhoff/Schumann*, ZGR 2005, 568, 584; *Dehlinger/Zimmermann* in Fuchs, WpHG, § 22 Rn. 79, 91; *Opitz* in Schäfer/Hamann, § 22 WpHG Rn. 79c; *Schwark* in Schwark/Zimmer, § 22 WpHG Rn. 23; *Veil* in Schmidt/Lutter, AktG, Anh. § 22, § 22 WpHG Rn. 35; *Krause* in FS U. H. Schneider, 669, 689; *U. H. Schneider* in Assmann/Schneider, WpHG, § 22 Rn. 173; *Von Bülow* in KöKo, WpHG, § 22 Rn. 200.

AktG führenden Einflusskoordinierung[1626] einen Koordinationswillen bei sämtlichen Beteiligten voraus, der auf die Umsetzung des Verhaltens gerichtet ist, welches den Gegenstand des gemeinsamen Kommunikationsvorgangs gebildet hat.[1627] Erschöpft sich die Kommunikation dagegen in einer unregelmäßigen oder regelmäßigen gegenseitigen Information oder Beratung, so reicht dies nicht aus um eine Verhaltensabstimmung zu begründen.[1628] Denn in diesem Fall fehlt es gerade an einem solchen Koordinationswillen. Gleiches gilt grundsätzlich auch im Fall der einseitigen Beratung zwischen zwei Beteiligten.[1629] Ein Koordinationswille des Beratenen ist in diesem Fall aber ausnahmsweise anzunehmen, wenn er vor oder während der Beratung gegenüber dem Berater klarstellt, dass er sein Verhalten in jedem Fall an der Beratung ausrichten wird.[1630] Zu beachten ist allerdings, dass ein gemeinsamer Koordinationswille in diesem Fall immer nur dann angenommen werden kann, wenn auch der Berater einen Koordinationswillen gebildet hat und darüber hinaus die persönlichen Voraussetzungen der Beteiligten einer Verhaltensabstimmung im Sinne des § 22 Abs. 2 WpHG erfüllt.[1631] Auch unbewusstes Parallelverhalten reicht nicht aus um eine Verhaltensabstimmung zu begründen, zumal es in diesem Fall oftmals schon an einem kommunikativen Austausch, jedenfalls aber an einem Koordinationswillen der Beteiligten fehlt.[1632] Schließlich reicht auch bewusstes Parallelverhalten nicht aus, soweit es lediglich einseitig erfolgt. Die Nachahmung des Verhaltens eines Dritten führt also nicht zu einer Verhaltensabstimmung.[1633]

1626 Vgl. dazu oben S. 228 ff.

1627 *Dehlinger/Zimmermann* in Fuchs, WpHG, § 22 Rn. 92; *Von Bülow* in KöKo, WpHG, § 22 Rn. 200 f.

1628 *Schockenhoff/Schumann*, ZGR 2005, 568, 583; *U. H. Schneider*, WM 2006, 1321, 1323 f.; *Zimmermann*, ZIP 2009, 57, 59; *Opitz* in Schäfer/Hamann, § 22 WpHG Rn. 79c; *Schwark* in Schwark/Zimmer, § 22 WpHG Rn. 22; *Krause* in FS U. H. Schneider, 669, 689; *U. H. Schneider* in Assmann/Schneider, WpHG, § 22 Rn. 173 f., 197; *Heinrich* in Heidel, § 22 WpHG Rn. 20.

1629 *Kocher/Heydel*, AG 2011, 543 f.; *Von Bülow* in KöKo, WpHG, § 22 Rn. 263.

1630 Ebenso (bzgl. institutioneller Stimmrechtsberater) *U. H. Schneider/Anzinger*, NZG 2007, 88, 94; *Vaupel*, AG 2011, 63, 75. Vgl. zu den persönlichen Voraussetzungen der Beteiligung an der Verhaltensabstimmung unten S. 363 ff.

1631 Insoweit ungenau *U. H. Schneider/Anzinger*, NZG 2007, 88, 94.

1632 *Liebscher*, ZIP 2002, 1005, 1007; *Casper*, ZIP 2003, 1469, 1474; *Pentz*, ZIP 2003, 1478, 1481; *Seibt*, ZIP 2004, 1829, 1832; *Schockenhoff/Schumann*, ZGR 2005, 568, 584; *U. H. Schneider*, WM 2006, 1321, 1324; *Von Bülow/Stephanblome*, ZIP 2008, 1797, 1800; *Dehlinger/Zimmermann* in Fuchs, WpHG, § 22 Rn. 92; *Zimmermann*, ZIP 2009, 57, 59; *Opitz* in Schäfer/Hamann, § 22 WpHG Rn. 79c, 83b; *Petersen* in Spindler/Stilz, AktG, Anh. § 22, §§ 21–30 WpHG Rn. 52; *Schwark* in Schwark/Zimmer, § 22 WpHG Rn. 23; *Krause* in FS U. H. Schneider, 669, 689; *U. H. Schneider* in Assmann/Schneider, WpHG, § 22 Rn. 174; *Heinrich* in Heidel, § 22 WpHG Rn. 20.

1633 *Liebscher*, ZIP 2002, 1005, 1007; *Casper*, ZIP 2003, 1469, 1474; *U. H. Schneider*, WM 2006, 1321, 1324.

Gleiches gilt für die Fälle des vorauseilenden Gehorsams.[1634] In diesen Fällen fehlt es an dem erforderlichen Koordinationswillen des Vorbilds und oftmals auch an einem kommunikativen Kontakt zwischen den Beteiligten.

Nach zutreffender Auffassung genügt es nicht, wenn sich der Koordinationswille erst durch das übereinstimmende Handeln manifestiert, ohne dass den Beteiligten zuvor bewusst war, dass sie einen gemeinsamen Koordinationswillen gebildet haben.[1635] Eine Verhaltensabstimmung setzt vielmehr voraus, dass jeder Beteiligte subjektiv davon ausgehen kann, dass die übrigen Beteiligten in Kenntnis und mit Rücksicht auf den gemeinsamen Plan bzw. im gemeinsamen Interesse handeln werden. Dies ist aber nur dann der Fall, wenn jeder Beteiligte seinen Koordinationswillen den übrigen Beteiligten vor oder spätestens bei der geplanten Umsetzung des abgestimmten Verhaltens bewusst zu erkennen gegeben hat.[1636] Dafür spricht schon der Schutzzweck des § 22 Abs. 2 WpHG. Die Norm bezweckt wie bereits erläutert eine Offenlegung der potentiellen Verstärkung des Stimmrechtseinflusses jedes einzelnen Beteiligten. Um die Irreführungsgefahr für die Anleger zu minimieren, wird man eine hinreichende Absicherung dieser Verstärkung des Einflusspotentials verlangen müssen. Zu dem inneren Tatbestand der Bildung des Koordinationswillens muss der äußere Tatbestand eines verbindlichen Bekenntnisses zu dem gebildeten Koordinationswillen treten. Anderenfalls erscheint die Umsetzung des Vorhabens lediglich als zufällige Folge eines gegenseitigen Informationsaustausches oder gar einer einseitigen Information oder eines Ratschlags durch einen der Beteiligten. Der bloße Informationsaustausch zwischen den Beteiligten führt nicht zwangsläufig auch zur Bildung eines gemeinsamen Koordinationswillens. Aber selbst wenn das der Fall ist, dauert es mitunter einige Zeit, bis sich gemeinsame Interessen verfestigen und schließlich zur Bildung eines gemeinsamen Koordinationswillens führen. Ohne ein verbindliches Bekenntnis zu dem gebildeten Koordinationswillen können die Beteiligen nicht beurteilen, ob der Informationsaustausch zu einem bestimmten Zeitpunkt bereits zur Bildung eines gemeinsamen Koordinationswillens geführt hat. Folgt man der hier vertretenen Auffassung steht zugleich fest, dass der kommunikative Kontakt zwischen den Beteiligten interaktiv sein muss, sich also nicht in der „Ansprache" eines Beteiligten gegenüber den übrigen Beteiligten erschöpfen darf. Fehlt es an der gegenseitigen Erkennbarkeit des Koordinationswillens wird man von einem Fall des unbewussten Parallelverhaltens ausgehen müssen.

Die Beteiligten müssen nicht direkt miteinander kommunizieren. Ausreichend ist die Einschaltung eines oder mehrerer Erklärungsboten als sog. „Moderatoren"

1634 *Liebscher*, ZIP 2002, 1005, 1008; *Casper*, ZIP 2003, 1469, 1474 f.

1635 A.A. *Opitz* in Schäfer/Hamann, § 22 WpHG Rn. 83a; a.A. wohl auch *Von Bülow* in KöKo, WpHG, § 22 Rn. 199 („nicht notwendigerweise interaktive Kommunikation").

1636 *Liebscher*, ZIP 2002, 1005, 1007; *Schockenhoff/Schumann*, ZGR 2005, 568, 585; tendenziell auch *Schwark* in Schwark/Zimmer, § 22 WpHG Rn. 23.

oder „Kommunikationsmittler“.[1637] In einem solchen Fall kommunizieren die Beteiligten nicht direkt, sondern lediglich über die Mittelsperson miteinander. Die Interaktivität der Kommunikation kann durch die Mittelsperson hergestellt werden, indem diese für eine wechselseitige Übermittlung der Vorschläge und der etwaigen Gegenvorschläge sowie der zustimmenden oder ablehnenden Erklärungen der Beteiligten in Bezug auf eine vorgeschlagene Vorgehensweise sorgt. Abzulehnen ist demgegenüber die von einem Teil der Literatur mit Blick auf den Umgehungsschutz vertretene Auffassung, die Verhaltensabstimmung könne auch ohne unmittelbare oder mittelbare Kommunikation zwischen den Beteiligen erfolgen, indem diese einen gemeinsamen „Koordinator“ bestimmen, der den erforderlichen Koordinationswillen für die Beteiligten bildet und die Beteiligten sodann anweist wie die Stimmrechte auszuüben sind oder der die Stimmrechte als Stimmrechtsvertreter gleich selbst ausübt.[1638] Teilweise wird eine Verhaltensabstimmung zwischen den Beteiligten auch bereits dann angenommen, wenn diese sich ohne in Bezug auf das gemeinsame Stimmverhalten miteinander zu kommunizieren jeder für sich oder gemeinsam, rechtlich oder faktisch an die Empfehlungen eines gemeinsamen Stimmrechtsberaters binden.[1639] Gegen diese Auffassung spricht vor allem, dass es in diesen Fällen vollständig an einer Kommunikation zwischen den Beteiligten der Verhaltensabstimmung fehlt, so dass im Ergebnis allenfalls ein unbewusstes Parallelverhalten ohne Koordinationswillen vorliegt.[1640] Dass die Beteiligten unter Umständen vorab verabredet haben, die Vorschläge des Koordinators anzuerkennen, reicht nicht aus, um den erforderlichen Koordinationswillen zu begründen. Denn in diesem Fall bezieht sich die Kommunikation zwischen den Beteiligten nicht auf die Koordination des gemeinsamen Stimmverhaltens, sondern lediglich auf die Koordination der Verfahrensweise zur Festlegung desselben. Hinzu kommt, dass der Koordinationswille durch die Beteiligten selbst zu bilden ist. Zwar ist von der Bildung eines eigenen Koordinationswillens auszugehen, wenn die Beteiligten den von einem „Koordinator“ gebildeten gemeinsamen Koordinationswillen als

---

1637 *Casper*, ZIP 2003, 1469, 1475; *Pentz*, ZIP 2003, 1478. 1485 f.; *Seibt*, ZIP 2004, 1829, 1832; *Dehlinger/Zimmermann* in Fuchs, WpHG, § 22 Rn. 92, 104; *Von Bülow* in KöKo, WpHG, § 22 Rn. 199.

1638 So *Lange*, Der Konzern 2003, 675, 679; *U. H. Schneider* in Assmann/Schneider, WpHG, § 22 Rn. 169; ablehnend auch *Pentz*, ZIP 2003, 1478. 1485 f.; *Von Bülow/Bücker*, ZGR 2004, 669, 717 f.; *Dehlinger/Zimmermann* in Fuchs, WpHG, § 22 Rn. 104; *Von Bülow* in KöKo, WpHG, § 22 Rn. 263.

1639 *U. H. Schneider/Anzinger*, NZG 2007, 88, 94; *U. H. Schneider* in Assmann/Schneider, WpHG, § 22 Rn. 198; einschränkend *Vaupel*, AG 2011, 63, 75 („nur wenn ihnen bekannt ist, wer außer ihnen denselben Stimmrechtsberater ebenfalls nutzt und wie hoch der jeweilige Stimmenanteil derer ist, die sich faktisch der Stimmrechtsempfehlung unterwerfen“); ausdrücklich ablehnend *Kocher/Heydel*, AG 2011, 543 f.; *Von Bülow* in KöKo, WpHG, § 22 Rn. 263.

1640 *Pentz*, ZIP 2003, 1478. 1485 f.; *Kocher/Heydel*, AG 2011, 543 f.; *Von Bülow* in KöKo, WpHG, § 22 Rn. 263.

für sich selbst bindend akzeptieren. Ungeachtet der Notwendigkeit eines kommunikativen Kontakts zwischen den Beteiligten reicht diese Übernahme des durch den „Koordinator" gebildeten Koordinationswillens aber noch nicht aus, um eine tatbestandsmäßige Verhaltensabstimmung annehmen zu können. Hinzukommen muss die Erkennbarkeit des zentral gebildeten Koordinationswillens für sämtliche Beteiligten. Für jeden einzelnen Beteiligten muss zudem erkennbar sein, dass die übrigen Beteiligten den zentral gebildeten Koordinationswillen als für sich bindend akzeptiert haben. Denn anderenfalls fehlt es an der gegenseitigen Erkennbarkeit der Übernahme dieses Koordinationswillens durch sämtliche Beteiligte.

Umstritten ist, ob der Koordinationswille der Beteiligten auch dann noch anzunehmen ist, wenn sie sich nicht freiwillig an der Verhaltenskoordinierung beteiligen oder zwar freiwillig an dieser teilnehmen, aber im Hinblick auf die Festlegung des koordinierten Verhaltens nicht gleichberechtigt sind. An der Freiwilligkeit eines Beteiligten kann es etwa fehlen, wenn er schuldrechtlich an die Weisungen eines anderen Beteiligten gebunden ist oder durch Drohung zu einem bestimmten Verhalten bestimmt werden soll. Ein Fall fehlender Gleichberechtigung liegt etwa dann vor, wenn das Verhalten der Beteiligten im Außenverhältnis vorab im Innenverhältnis durch Mehrheitsentscheidung abgestimmt werden soll, wobei sich die Anzahl der Stimmen der Beteiligten voneinander unterscheidet. Problematisch ist hier vor allem der Fall, in dem ein Beteiligter oder mehrere Beteiligte in jedem Einzelfall durch die Stimmen eines „beherrschenden" Beteiligten oder mehrerer stets koordiniert auftretender „gemeinsam beherrschender" Beteiligter überstimmt werden können. Einigkeit besteht in Rechtsprechung und im Schrifttum lediglich dahingehend, dass das Tatbestandsmerkmal der Verhaltensabstimmung in den genannten Fällen nicht insgesamt zu versagen ist.[1641] Denn ansonsten könnten Transparenzlücken in Bezug auf die Zurechnung der Stimmrechte der untergeordneten zu den übergeordneten Beteiligten entstehen. Zwar dient § 22 Abs. 2 WpHG vornehmlich der Offenlegung der koordinierten Bündelung des Stimmrechtseinflusses mehrerer Personen. Es geht jedoch auch um die Aufdeckung der damit verbundenen Verstärkung des Einflusspotentials der einzelnen Beteiligten. Eine Zurechnung der Stimmrechte der untergeordneten Beteiligten zu den übergeordneten Beteiligten muss daher in jedem Fall erfolgen. Fraglich und umstritten ist demgegenüber, ob die Norm auch eine Stimmrechtszurechnung auf die untergeordneten Beteiligten anordnet. Nach verbreiteter Auffassung im Schrifttum und der Verwaltungspraxis der BaFin ist das der Fall.[1642] Die Vertreter dieser Auffassung argumentieren, dass es lediglich auf die

1641 BGH v. 18.9.2006 – II ZR 137/05, NZG 2006, 945, 946; OLG Stuttgart v. 10.11.2004 – 20 U 16/03, NZG 2005, 432, 436; *Casper*, ZIP 2003, 1469, 1475; *Pentz*, ZIP 2003, 1478, 1486; *Dehlinger/Zimmermann* in Fuchs, WpHG, § 22 Rn. 91; *Veil* in Schmidt/Lutter, AktG, Anh. § 22, § 22 WpHG Rn. 35; *Vaupel*, AG 2011, 63, 75; *Von Bülow* in KöKo, WpHG, § 22 Rn. 200.

1642 BaFin, Emittentenleitfaden 2013, S. 122; *Dehlinger/Zimmermann* in Fuchs, WpHG, § 22 Rn. 91, 102; *Opitz* in Schäfer/Hamann, § 22 WpHG Rn. 93a; *Petersen* in Spindler/Stilz, AktG, Anh. § 22, §§ 21–30 WpHG Rn. 58.

selbstständige Bildung des Koordinationswillens durch die Beteiligten ankomme, während die Motive dieser Willensbildung keine Rolle spielten.[1643] Für eine Zurechnung wird auch der Wortlaut des § 22 Abs. 2 S. 1 WpHG angeführt.[1644] *Dehlinger* und *Zimmermann* verweisen schließlich darauf, dass eine nur einseitige Zurechnung der Stimmrechte zu dem übergeordneten Beteiligten dazu führen würde, dass die untergeordneten Beteiligten wie Tochterunternehmen im Sinne des § 22 Abs. 3 WpHG behandelt würden. Dies sei aber nicht zulässig, da der Begriff der Tochterunternehmen natürliche Personen nicht erfasse.[1645] Dieses Argument führt indessen in die Irre. Die an einer Verhaltensabstimmung im Sinne des § 22 Abs. 2 WpHG Beteiligten müssen nicht notwendigerweise natürliche Personen sein. Auch juristische Personen und Gesellschaften können sich durch ihre organschaftlichen Vertreter oder andere dazu berufene Personen an einer Verhaltensabstimmung beteiligen. Im Übrigen spielt die Qualifikation eines Beteiligten als Tochterunternehmen für den Zurechnungstatbestand des § 22 Abs. 2 WpHG überhaupt keine Rolle. Auch das Wortlautargument vermag nicht zu überzeugen. Der Wortlaut besagt zwar, dass die Stimmrechte „in voller Höhe" zuzurechnen sind. Daraus lässt sich aber nicht ableiten, ob im Einzelfall überhaupt eine Zurechnung erfolgt. Entscheidend sollte vielmehr sein, ob aus der Perspektive des konkret betrachteten Beteiligten eine Verhaltensabstimmung vorliegt. Aus Sicht der übergeordneten Beteiligten wird dies anzunehmen sein, während aus der Perspektive der untergeordneten Beteiligten eine andere Beurteilung veranlasst sein kann, so dass eine Zurechnung nach § 22 Abs. 2 WpHG trotz objektiver Teilnahme an der Verhaltensabstimmung auf diese Beteiligten zu verneinen ist.[1646] Dafür spricht jedenfalls der Zweck des § 22 WpHG.[1647] Wenn der Stimmrechtseinfluss des untergeordneten Beteiligten durch die Beteiligung an der Verhaltensabstimmung überhaupt nicht verstärkt wird, entfällt auch der Grund für eine Zurechnung der gebündelten Stimmrechte auf diesen Beteiligten. Eine wechselseitige Zurechnung der Stimmrechte könnte in diesem Fall sogar eine Irreführung der Anleger auslösen, zumal diese dann fälschlicherweise auf eine Verstärkung des Stimmrechtseinflusses des untergeordneten Beteiligten vertrauen könnten. Gegen eine wechselseitige Zurechnung spricht auch, dass die betreffenden Stimmrechte der untergeordneten Beteiligten einem übergeordneten Beteiligten unter Umständen sogar einseitig auf Grundlage des § 22 Abs. 1 WpHG zugerechnet werden, etwa nach § 22 Abs. 1 S. 1 Nr. 2 WpHG, wenn der übergeordnete Beteiligte ein Weisungsrecht hat und zugleich die wesentlichen wirtschaftlichen Risiken aus

---

1643 *Casper*, ZIP 2003, 1469, 1475; *Dehlinger/Zimmermann* in Fuchs, WpHG, § 22 Rn. 91.

1644 *Dehlinger/Zimmermann* in Fuchs, WpHG, § 22 Rn. 102.

1645 *Dehlinger/Zimmermann* in Fuchs, WpHG, § 22 Rn. 102.

1646 Ebenso im Grundsatz *Pentz*, ZIP 2003, 1478, 1487 f.; *Von Bülow/Bücker*, ZGR 2004, 669, 708; *Veil* in Schmidt/Lutter, AktG, Anh. § 22, § 22 WpHG Rn. 44; *Widder/Kocher*, GWR 2011, 461, 463; *Brellochs*, ZIP 2011, 2225, 2230; *Handelsrechtsausschuss DAV*, NZG 2013, 658, 660; *Von Bülow* in KöKo, WpHG, § 22 Rn. 237.

1647 *Veil* in Schmidt/Lutter, AktG, Anh. § 22, § 22 WpHG Rn. 44; *Widder/Kocher*, GWR 2011, 461, 463.

den stimmrechtsvermittelnden Aktien der untergeordneten Beteiligten trägt. Der systematische Zusammenhang zwischen § 22 Abs. 1 und Abs. 2 WpHG verdeutlicht gerade in diesem Fall, dass eine wechselseitige Zurechnung nicht gerechtfertigt, die einseitige Zurechnung vielmehr vorrangig ist. Damit verbleibt nur noch die Frage, in welchen Einzelfällen eine Verhaltensabstimmung aus der Perspektive des untergeordneten Unternehmens zu verneinen ist. Hier sind zunächst die eingangs erwähnten Fälle der unfreiwilligen Beteiligung an der Verhaltensabstimmung zu nennen, namentlich infolge von Drohungen und der rechtlichen Bindung an die Weisungen eines anderen Beteiligten.[1648] Im Übrigen wird man die Grundsätze heranziehen können, die im Hinblick auf die Feststellung einer mehrfachen Beherrschungsmöglichkeit über ein Stimmrechtskonsortium entwickelt worden sind.[1649] Entscheiden die Beteiligten im Innenverhältnis mit Mehrheit über ihr Verhalten in Bezug auf den Emittenten, wird man eine Zurechnung von Stimmrechten auf diejenigen Beteiligten verneinen, deren Stimme im Innenverhältnis niemals relevant werden kann, weil sie im Rahmen der Mehrheitsentscheidungen in jedem Einzelfall durch die Stimmen eines anderen oder mehrerer stets koordiniert auftretender anderer Beteiligten überstimmt werden.[1650]

2. Beteiligte der Verhaltensabstimmung

Gesetzestechnisch ordnet § 22 Abs. 2 S. 1 WpHG eine Zurechnung der Stimmrechte eines „Dritten“ auf den „Meldepflichtigen“ an. Als Meldepflichtiger ist dabei wie auch sonst jeder Normadressat des § 21 Abs. 1 S. 1 WpHG zu qualifizieren.[1651] Der Meldepflichtige muss nicht zwingend Eigentümer stimmrechtsvermittelnder Aktien des Emittenten sein.[1652] Fehlt es an einer Aktionärsstellung, müssen ihm Stimmrechte des betreffenden Emittenten aber zumindest auf Grundlage des § 22 Abs. 1 WpHG zuzurechnen sein.[1653] Anderenfalls würde es an jedweder Grundlage für eine wechselseitige Stimmrechtszurechnung fehlen. Die gleichen Anforderungen gelten

---

1648 *Pentz*, ZIP 2003, 1478, 1487; ebenso bzgl. Weisungsabhängigkeit *Widder/Kocher*, GWR 2011, 461, 463; *Von Bülow* in KöKo, WpHG, § 22 Rn. 237.

1649 Vgl. oben S. 228 ff.

1650 *Pentz*, ZIP 2003, 1478, 1488; *Widder/Kocher*, GWR 2011, 461, 463; *Brellochs*, ZIP 2011, 2225, 2230; *Von Bülow* in KöKo, WpHG, § 22 Rn. 237.

1651 *Von Bülow* in KöKo, § 22 Rn. 193.

1652 BaFin, Emittentenleitfaden 2013, S. 120; *U. H. Schneider*, WM 2006, 1321, 1323; *Dehlinger/Zimmermann* in Fuchs, WpHG, § 22 Rn. 87, 101; *Opitz* in Schäfer/Hamann, § 22 WpHG Rn. 85 f.; *U. H. Schneider* in Assmann/Schneider, WpHG, § 22 Rn. 193b; *Handelsrechtsausschuss DAV*, NZG 2013, 658, 659; *Von Bülow* in KöKo, § 22 Rn. 193.

1653 *U. H. Schneider*, WM 2006, 1321, 1323; *Dehlinger/Zimmermann* in Fuchs, WpHG, § 22 Rn. 87, 101; *U. H. Schneider* in Assmann/Schneider, WpHG, § 22 Rn. 193b; *Handelsrechtsausschuss DAV*, NZG 2013, 658, 659; ebenso wohl BaFin, Emittentenleitfaden 2013, S. 120.

auch für den Dritten.[1654] Denn es hängt lediglich von der Perspektive des Rechtsanwenders ab, wer im konkreten Fall als Meldepflichtiger und wer als Dritter zu qualifizieren ist. Folglich darf es insoweit keine unterschiedlichen Anforderungen geben. Der Dritte muss aber ein anderer Rechtsträger als der Meldepflichtige sein.[1655]

Von der Frage, wem die Stimmrechte zuzurechnen sind, ist die Frage zu unterscheiden, wer im konkreten Fall an der Verhaltensabstimmung beteiligt sein muss, damit es zu einer wechselseitigen Zurechnung kommt. Nach dem Wortlaut der Norm genügt es, wenn die Verhaltensabstimmung auf der Seite des Meldepflichtigen durch eines seiner Tochterunternehmen erfolgt. Der Meldepflichtige muss in diesem Fall nicht selbst an der Verhaltensabstimmung beteiligt sein.[1656] Ob eine Person als Tochterunternehmen des Meldepflichtigen zu qualifizieren ist, richtet sich nach § 22 Abs. 3 WpHG.[1657] Die Stimmrechte seines Tochterunternehmens werden dem Meldepflichtigen bereits über § 22 Abs. 1 S. 1 Nr. 1 WpHG bzw. § 22 Abs. 1 S. 2 WpHG zugerechnet. Ist an der Verhaltensabstimmung neben dem Dritten und dem Tochterunternehmen des Meldepflichtigen aber auch der Meldepflichtige selbst beteiligt, so werden letzterem die Stimmrechte seines Tochterunternehmens zusätzlich auch auf Grundlage des § 22 Abs. 2 WpHG zugerechnet.[1658] Über § 22 Abs. 2 S. 1 WpHG werden dem Meldepflichtigen zudem in jedem Fall sämtliche Stimmrechte zugerechnet, die dem Dritten über § 21 Abs. 1 S. 1 WpHG zugeordnet oder über § 22 Abs. 1 WpHG zugerechnet werden. Umgekehrt werden dem Dritten, wenn auf Seiten des Meldepflichtigen nur dessen Tochterunternehmen an der Verhaltensabstimmung beteiligt ist, nur die Stimmrechte zugerechnet, die dem Tochterunternehmen über § 21 Abs. 1 S. 1 WpHG zugeordnet oder über § 22 Abs. 1 WpHG zugerechnet werden. Sofern dem Meldepflichtigen in diesem Fall also Stimmrechte aus seiner eigenen Aktionärsstellung über § 21 Abs. 1 S. 1 WpHG zugeordnet oder aus einer anderweitigen Stimmrechtszurechnung nach § 22 Abs. 1 WpHG von Seiten eines Vierten zugerechnet werden, sind diese Stimmrechte dem oder den an der Verhaltensabstimmung beteiligten Dritten nicht zuzurechnen.[1659] Etwas anderes gilt aber dann, wenn der Meldepflichtige auch selbst an der Verhaltensabstimmung beteiligt ist. In diesem Fall werden auch die genannten Stimmrechte in die wechselseitige Zurechnung nach

---

1654 *Von Bülow/Bücker*, ZGR 2004, 669, 705, 711; *U. H. Schneider*, WM 2006, 1321, 1323; *Dehlinger/Zimmermann* in Fuchs, WpHG, § 22 Rn. 101; *Opitz* in Schäfer/Hamann, § 22 WpHG Rn. 80, 85; *U. H. Schneider* in Assmann/Schneider, WpHG, § 22 Rn. 167; *Handelsrechtsausschuss DAV*, NZG 2013, 658, 659; *Von Bülow* in KöKo, WpHG, § 22 Rn. 196.

1655 *Opitz* in Schäfer/Hamann, § 22 WpHG Rn. 81; *Von Bülow* in KöKo, WpHG, § 22 Rn. 195.

1656 *Dehlinger/Zimmermann* in Fuchs, WpHG, § 22 Rn. 101; *Von Bülow* in KöKo, WpHG, § 22 Rn. 194.

1657 *Von Bülow* in KöKo, WpHG, § 22 Rn. 194. Vgl. zum Begriff des Tochterunternehmen im Einzelnen oben S. 178 ff.

1658 BaFin, Emittentenleitfaden 2013, S. 123.

1659 Vgl. *Opitz* in Schäfer/Hamann, § 22 WpHG Rn. 81a f.

§ 22 Abs. 2 WpHG einbezogen. Sofern ein an der Verhaltensabstimmung Beteiligter als Tochterunternehmen im Sinne des § 22 Abs. 3 WpHG zu qualifizieren ist, so ist er zugleich Meldepflichtiger im Sinne des § 22 Abs. 2 S. 1 WpHG.[1660] Die Einbindung in ein Beherrschungsverhältnis führt also nicht dazu, dass die Einbeziehung des Tochterunternehmens in die wechselseitige Stimmrechtszurechnung entfällt und auf den am Ende der Beherrschungskette stehenden Rechtsträger „durchgereicht" wird. Vielmehr kommt es auf jeder Stufe der Beherrschungskette zur Zurechnung. Vor diesem Hintergrund lässt sich § 22 Abs. 2 S. 1 WpHG als weiterer Fall einer gesetzlich angeordneten Kettenzurechnung begreifen.[1661]

Kontrovers diskutiert wird die Konstellation, in der die Aktionäre eines Emittenten ihre Aktien auf eine Zwischenholding übertragen, wobei sie ihr Verhalten in Bezug auf den Emittenten im Innenverhältnis mit der Zwischenholding oder lediglich untereinander abstimmen, um die Zwischenholding sodann hinsichtlich der Stimmrechtsausübung anzuweisen. Nach *Schwark* soll in diesem Fall stets eine Verhaltensabstimmung im Sinne des § 22 Abs. 2 WpHG vorliegen.[1662] Nach anderer Auffassung ist eine Verhaltensabstimmung dagegen zumindest dann generell abzulehnen, wenn sich die Beteiligten lediglich untereinander abstimmen.[1663] Die Verhaltensabstimmung erfolge hier nicht im Hinblick auf den Emittenten, sondern lediglich hinsichtlich der Zwischenholding, was den erforderlichen unmittelbaren gesellschaftsrechtlichen Bezug zum Emittenten vermissen lasse.[1664] Eine vermittelnde Auffassung hält eine Verhaltensabstimmung in Bezug auf den Emittenten jedenfalls für möglich und verweist zur Begründung auf den Wortlaut des § 22 Abs. 2 WpHG, der offen genug sei, um eine unmittelbar auf die Zwischenholding bezogene Abstimmung, die sich aber mittelbar auch auf den Emittenten erstreckt, zu erfassen.[1665] Vorzuziehen ist die zuletzt genannte vermittelnde Auffassung. Allerdings ist zu differenzieren. Ausgangspunkt sollte die Feststellung sein, dass eine Verhaltensabstimmung im Sinne des § 22 Abs. 2 WpHG ohnehin nur dann in Betracht kommt, wenn den Beteiligten die Stimmrechte aus den Aktien des Emittenten zumindest nach § 22 Abs. 1 WpHG zugerechnet werden.[1666] Die Einbeziehung der

1660 *Opitz* in Schäfer/Hamann, § 22 WpHG Rn. 81a; *Von Bülow* in KöKo, WpHG, § 22 Rn. 194.

1661 *Von Bülow* in KöKo, WpHG, § 22 Rn. 194.

1662 *Schwark* in Schwark/Zimmer, § 22 WpHG Rn. 23.

1663 LG München I v. 4.6.2009 – 5 HKO 591/09, AG 2009, 918, 923; *Petersen* in Spindler/Stilz, AktG, Anh. § 22, §§ 21–30 WpHG Rn. 53; *Brellochs*, ZIP 2011, 2225, 2228; *Von Bülow* in KöKo, WpHG, § 22 Rn. 254.

1664 LG München I v. 4.6.2009 – 5 HKO 591/09, AG 2009, 918, 923; *Brellochs*, ZIP 2011, 2225, 2228; *Von Bülow* in KöKo, WpHG, § 22 Rn. 254.

1665 *Liebscher*, ZIP 2002, 1005, 1012 f.; *Casper*, ZIP 2003, 1469, 1476; *Pentz*, ZIP 2003, 1478, 1484; so i.E. auch *Dehlinger/Zimmermann* in Fuchs, WpHG, § 22 Rn. 105; ebenso wohl *Opitz* in Schäfer/Hamann, § 22 WpHG Rn. 86.

1666 *Pentz*, ZIP 2003, 1478, 1484; *Dehlinger/Zimmermann* in Fuchs, WpHG, § 22 Rn. 105; so auch *Von Bülow* in KöKo, WpHG, § 22 Rn. 253.

Zwischenholding in die Verhaltensabstimmung ist vor diesem Hintergrund unproblematisch, zumal sie durch Einbringung der stimmrechtsvermittelnden Aktien Aktionär des Emittenten geworden ist. Die Gesellschafter der Zwischenholding können immer dann Beteiligte einer Verhaltensabstimmung in Bezug auf den Emittenten sein, wenn sie die Zwischenholding infolge einer Einflusskoordination gemeinsam beherrschen, da die Zwischenholding in diesem Fall als Tochterunternehmen sämtlicher Gesellschafter zu qualifizieren ist, was eine Zurechnung der Stimmrechte aus ihren Aktien nach § 22 Abs. 1 S. 1 Nr. 1 WpHG nach sich zieht.[1667] In Betracht kommt auch eine Zurechnung der Stimmrechte aus Aktien der Zwischenholding auf ihre Gesellschafter nach § 22 Abs. 1 S. 1 Nr. 2 WpHG, soweit die Voraussetzungen dieses Zurechnungstatbestands auf Grund einer schuldrechtlichen Vereinbarung mit der Zwischenholding oder wegen ausschließlich auf das Halten und Verwalten von Beteiligungen gerichteten Unternehmensgegenstands der Zwischenholding vorliegen.[1668] Der Einwand, dass es der Verhaltensabstimmung in einem solchen Fall am notwendigen gesellschaftsrechtlichen Bezug zum Emittenten mangelt, greift im Ergebnis nicht durch. Der Norm lässt sich nicht entnehmen, dass sie einen unmittelbaren gesellschaftsrechtlichen Bezug zum Emittenten voraussetzt. Ausreichend ist ein mittelbarer gesellschaftsrechtlicher Bezug, der gerade dadurch hergestellt werden kann, dass die Beteiligten das Stimmverhalten der Zwischenholding in Bezug auf den Emittenten steuern können.

3. *Inhalt der Verhaltensabstimmung*

Die Verhaltensabstimmung muss nach dem Wortlaut des § 22 Abs. 2 S. 1 HS. 1 WpHG „in Bezug auf den Emittenten“ erfolgen. Diese sehr weite Formulierung enthält keine greifbaren Anhaltspunkte für eine Konturierung des Tatbestandsmerkmals. Denkbar wäre daher, dass die Norm jede Verhaltensabstimmung zwischen den Beteiligten erfasst, aus der sich unmittelbare oder mittelbare Auswirkungen auf den Emittenten ergeben oder ergeben können.[1669] Allerdings werden die inhaltlichen Anforderungen an die Verhaltensabstimmung durch § 22 Abs. 2 S. 2 WpHG präzisiert. Hiernach kann die Verhaltensabstimmung in einer Verständigung über die Ausübung von Stimmrechten oder in einem Zusammenwirken in sonstiger Weise mit dem Ziel einer dauerhaften und erheblichen Änderung der unternehmerischen Ausrichtung des Emittenten bestehen.

a) Verständigung über die Ausübung des Stimmrechts

Eine Verständigung über die Ausübung von Stimmrechten setzt voraus, dass die Beteiligten der Verhaltensabstimmung verabreden, die Art und Weise der Ausübung

---

1667 Für diese Möglichkeit auch *Pentz*, ZIP 2003, 1478, 1484; *Von Bülow/Bücker*, ZGR 2004, 669, 711; *Dehlinger/Zimmermann* in Fuchs, WpHG, § 22 Rn. 105; *Opitz* in Schäfer/Hamann, § 22 WpHG Rn. 86.

1668 Vgl. oben S. 278 ff.

1669 *Von Bülow* in KöKo, WpHG, § 22 Rn. 205.

ihres Stimmrechts oder des Stimmrechts, auf das sie Einfluss nehmen können, zu koordinieren. Paradebeispiel sind Verständigungen im Rahmen eines von den Aktionären des Emittenten gebildeten Stimmrechtskonsortiums.[1670] Da die Zurechnung nach dem Wortlaut des § 22 Abs. 2 S. 2 WpHG bereits durch die bloße Verständigung über die Ausübung der Stimmrechte ausgelöst wird, kommt es nicht darauf an, ob das tatsächliche Stimmverhalten der Beteiligten dem vereinbarten Verhalten entspricht.[1671] Der Zurechnungstatbestand wird daher zu Recht auch als „abstraktes Gefährdungsdelikt" bezeichnet.[1672]

Nach § 22 Abs. 2 S. 1 HS. 2 WpHG findet bei Vereinbarungen in Einzelfällen keine Zurechnung statt. Diese Einzelfallausnahme erfasst nach allgemeiner Auffassung nicht nur Verhaltensabstimmungen in der Gestalt von Vereinbarungen, sondern auch solche, die in sonstiger Weise zustande kommen.[1673] Eine entsprechende Analogiebildung ist in diesem Fall zulässig, da sie den Normadressaten keine weitergehenden Mitteilungspflichten auferlegt, sondern sich im Gegenteil zu ihren Gunsten auswirkt. Allerdings stellt sich die Frage, wie der Begriff des Einzelfalls konturiert werden kann. Da in der Einzelfallausnahme verbreitet ein Korrektiv für den im Übrigen weit gefassten Tatbestand des § 22 Abs. 2 WpHG gesehen wird, geht es um eine Einschränkung der von dem Tatbestand erfassten Verständigungen über die Stimmrechtsausübung oder umgekehrt formuliert um eine Erweiterung der tatbestandlichen Anforderungen an eine solche Verständigung. Nach allgemeiner Auffassung erfordert eine Verständigung über die Stimmrechtsausübung vor diesem Hintergrund zusätzlich, dass sich die Beteiligten beständig, nachhaltig oder kontinuierlich abstimmen.[1674] Wann dies der Fall ist, wird allerdings uneinheitlich beurteilt.

1670 *Lenz/Linke*, AG 2002, 361, 368; *Sudmeyer*, BB 2002, 685, 688. Vgl. bereits oben S. 150 f.

1671 BaFin, Emittentenleitfaden 2013, S. 121; *Dehlinger/Zimmermann* in Fuchs, WpHG, § 22 Rn. 90; *U. H. Schneider* in Assmann/Schneider, WpHG, § 22 Rn. 177.

1672 *Casper*, ZIP 2003, 1469, 1476; *Dehlinger/Zimmermann* in Fuchs, WpHG, § 22 Rn. 90.

1673 *Casper*, ZIP 2003, 1469, 1476; *Pentz*, ZIP 2003, 1478; *Seibt*, ZIP 2004, 1829, 1833; *Saenger/Kessler*, ZIP 2006, 837, 839; *Bayer* in MüKo, AktG, Anh. § 22, § 22 WpHG Rn. 44; *Gätsch/Schäfer*, NZG 2008, 846, 850; *Von Bülow/Stephanblome*, ZIP 2008, 1797, 1799; *Dehlinger/Zimmermann* in Fuchs, WpHG, § 22 Rn. 98; *Opitz* in Schäfer/Hamann, § 22 WpHG Rn. 91; *Schwark* in Schwark/Zimmer, § 22 WpHG Rn. 24; *Kocher*, Der Konzern 2010, 162, 163; *U. H. Schneider* in Assmann/Schneider, WpHG, § 22 Rn. 191; *Von Bülow* in KöKo, WpHG, § 22 Rn. 226; *Heinrich* in Heidel, § 22 WpHG Rn. 16; *Becker* in Bürgers/Körber, AktG, Anh. § 22, § 22 WpHG Rn. 9.

1674 OLG Frankfurt a.M. v. 25.6.2004 – WpÜG 5/03a, 6/03a u. 8/03a, NJW 2004, 3716, 3718; OLG Stuttgart v. 10.11.2004 – 20 U 16/03, NZG 2005, 432, 436; OLG München, v. 27.4.2005 – 7 U 2792/04, BB 2005, 1411, 1413; *Liebscher*, ZIP 2002, 1005, 1008; *Casper*, ZIP 2003, 1469, 1476; *Von Bülow/Bücker*, ZGR 2004, 669, 699; *Seibt*, ZIP 2004, 1829, 1833; *Schockenhoff/Schumann*, ZGR 2005, 568, 588; *Casper/Bracht*, NZG 2005, 839; *Louven*, BB 2005, 1414; *Saenger/Kessler*, ZIP 2006, 837, 839; *Bayer* in MüKo, AktG, Anh. § 22, § 22 WpHG Rn. 44; *Von Bülow/Stephanblome*, ZIP 2008, 1797, 1798.

Das Meinungsbild lässt sich grob danach einteilen, ob einer streng formellen, einer streng materiellen oder einer kombinierten formell-materiellen Betrachtungsweise gefolgt wird.

aa) Formelle Betrachtungsweise

Während die Vertreter der formellen Betrachtungsweise[1675] ausschließlich auf die Häufigkeit der von den Beteiligten geplanten Verständigungen über die Stimmrechtsausübung und nicht auf ihre Auswirkungen abstellen, ist die Häufigkeit der Verständigungen für die Vertreter der kombinierten formell-materiellen Betrachtungsweise[1676] zumindest eine notwendige Bedingung für die Annahme einer tatbestandlichen Verständigung über die Ausübung des Stimmrechts. Entscheidend soll das Vorliegen eines sog. Fortsetzungszusammenhangs sein, der durch den gemeinsamen Willen der Beteiligten gekennzeichnet ist, ihre Zusammenarbeit nicht auf einen einzelnen Fall zu beschränken, sondern zukünftig fortzusetzen.[1677] Die Anforderungen an das Vorliegen eines solchen Fortsetzungszusammenhangs werden allerdings uneinheitlich beurteilt. Abgelehnt wird ein Fortsetzungszusammenhang jedenfalls dann, wenn sich die Verständigung der Beteiligten lediglich auf die Stimmrechtsausübung auf einer einzigen Hauptversammlung bezieht, und zwar unabhängig von der Anzahl der Beschlussgegenstände, zu denen auf dieser Hauptversammlung koordinierte Stimmrechtsausübungen erfolgen sollen.[1678]

1675 *Kuthe/Brockhausen*, DB 2005, 1266; *Saenger/Kessler*, ZIP 2006, 837, 839 f.; *Kocher*, BB 2006, 2436; *Dehlinger/Zimmermann* in Fuchs, WpHG, § 22 Rn. 100; *Zimmermann*, ZIP 2009, 57, 58 f.; *Opitz* in Schäfer/Hamann, § 22 WpHG Rn. 91a; *Petersen* in Spindler/Stilz, AktG, Anh. § 22, §§ 21–30 WpHG Rn. 57; *Kocher*, Der Konzern 2010, 162, 164.

1676 *Liebscher*, ZIP 2002, 1005, 1008; *Casper*, ZIP 2003, 1469, 1476; *Von Bülow/Bücker*, ZGR 2004, 669, 699 ff.; *Seibt*, ZIP 2004, 1829, 1833; *Schockenhoff/Schumann*, ZGR 2005, 568, 589; *Casper/Bracht*, NZG 2005, 839 ff.; *Diekmann*, DStR 2007, 445, 447; *Hamann*, ZIP 2007, 1088, 1094; *Von Bülow/Stephanblome*, ZIP 2008, 1797, 1799; *Schwark* in Schwark/Zimmer, § 22 WpHG Rn. 24; *Von Bülow* in KöKo, WpHG, § 22 Rn. 209, 228 f.; ebenso wohl *Lange*, ZBB 2004, 22, 27; *Borges*, ZIP 2007, 357, 363.

1677 *Liebscher*, ZIP 2002, 1005, 1008; *Casper*, ZIP 2003, 1469, 1476; *Seibt*, ZIP 2004, 1829, 1833; *Schockenhoff/Schumann*, ZGR 2005, 568, 588; *Casper/Bracht*, NZG 2005, 839, 841; *Saenger/Kessler*, ZIP 2006, 837, 839 f.; *Wackerbarth*, ZIP 2007, 2340, 2344; *Petersen* in Spindler/Stilz, AktG, Anh. § 22, §§ 21–30 WpHG Rn. 57; *Kocher*, Der Konzern 2010, 162, 164 f.

1678 Bericht Finanzausschuss zum RisikoBegrG, BT-Drucks. 16/9821, S. 12; OLG Stuttgart v. 10.11.2004 – 20 U 16/03, NZG 2005, 432, 436; *Von Bülow/Bücker*, ZGR 2004, 669, 700; *Schockenhoff/Schumann*, ZGR 2005, 568, 588; *Bayer* in MüKo, AktG, Anh. § 22, § 22 WpHG Rn. 44; *Von Bülow/Stephanblome*, ZIP 2008, 1797, 1799; *Schwark* in Schwark/Zimmer, § 22 WpHG Rn. 24; *Opitz* in Schäfer/Hamann, § 22 WpHG Rn. 91a; *Kocher*, Der Konzern 2010, 162, 164; *Von Bülow* in KöKo, WpHG, § 22 Rn. 230; zurückhaltender LG Düsseldorf v. 16.5.2007 – 36 O 99/06, AG 2007, 797 („in der Regel").

Die weiteren Anforderungen an den Fortsetzungszusammenhang werden uneinheitlich beurteilt. Nach verbreiteter Auffassung reicht es jedenfalls aus, dass die Beteiligten sich über die Stimmrechtsausübung auf mehreren Hauptversammlungen verständigen, wobei es nicht darauf ankommen soll, ob es sich um unmittelbar nacheinander stattfindende Hauptversammlungen handelt.[1679] Nach dieser Auffassung liegt ein Fortsetzungszusammenhang also jedenfalls vor, wenn sich die Verständigung über die Stimmrechtsausübung auf Beschlussgegenstände bezieht, die zwar nicht alljährlich aber turnusmäßig wiederkehren. Im Hinblick auf den Wortlaut des § 22 Abs. 2 S. 1 HS. 2 WpHG, der im Plural formuliert, dass Vereinbarungen in Einzel*fällen* von der Zurechnung ausgenommen sind, findet sich im Schrifttum allerdings teilweise die Einschränkung, dass sich die Verständigung der Beteiligten auf die Stimmrechtsausübung zu verschiedenen ggf. alljährlich oder turnusmäßig wiederkehrenden Abstimmungsgegenständen beziehen muss.[1680] Erfolge die Verhaltensabstimmung etwa nur im Hinblick auf die Aufsichtsratswahlen, sei noch ein Einzelfall gegeben, da sich die Verhaltensabstimmung auf einen einzigen Gegenstand, hier die „Gewährleistung einer beteiligungsadäquaten Repräsentanz der Aktionäre im Aufsichtsrat" beziehe.[1681] Namentlich *von Bülow* stellt zudem primär darauf ab, ob sich die Verständigung über die Stimmrechtsausübung auf verschiedene Lebenssachverhalte bezieht.[1682] Eine Verständigung über die wiederholte Ausübung des Stimmrechts auf verschiedenen Hauptversammlungen stellt nach seiner Auffassung auch dann noch eine Verhaltensabstimmung in einem Einzelfall dar, wenn sich die vereinbarte Mehrzahl gemeinsamer Stimmrechtsausübungen auf den gleichen Lebenssachverhalt, also etwa auf die Umwandlung des Emittenten bezieht. Ähnlich argumentiert *Kocher*, ein Einzelfall läge auch dann noch vor, wenn sich die Verständigung der Beteiligten auf ein wirtschaftlich zusammenhängendes Thema, etwa auf eine Umstrukturierung des Emittenten, beziehe, und zwar unabhängig von der Frage, ob die abgestimmte Stimmrechtsausübung auf einer oder auf mehreren Hauptversammlungen erfolgen soll.[1683]

Ein Fortsetzungszusammenhang ist nach ganz herrschender Auffassung abzulehnen, wenn sich die Beteiligten wiederholt (ad hoc) im Hinblick auf eine bestimmte Hauptversammlung bzw. auf einen bestimmten Lebenssachverhalt über

1679 *Casper*, ZIP 2003, 1469, 1476; *Casper/Bracht*, NZG 2005, 839, 841; *Schwark* in Schwark/Zimmer, § 22 WpHG Rn. 24; *Opitz* in Schäfer/Hamann, § 22 WpHG Rn. 91a, 91c; *Kocher*, Der Konzern 2010, 162, 166 (im Hinblick auf die Wahl der Aufsichtsratsmitglieder); *U. H. Schneider* in Assmann/Schneider, WpHG, § 22 Rn. 177 („alle künftigen Kapitalerhöhungen").

1680 *Schockenhoff/Schumann*, ZGR 2005, 568, 589; *Von Bülow* in KöKo, WpHG, § 22 Rn. 232.

1681 *Von Bülow* in KöKo, WpHG, § 22 Rn. 232.

1682 *Von Bülow/Bücker*, ZGR 2004, 669, 700; *Von Bülow/Stephanblome*, ZIP 2008, 1797, 1799; *Von Bülow* in KöKo, WpHG, § 22 Rn. 229 f.; ebenso *Opitz* in Schäfer/Hamann, § 22 WpHG Rn. 91a.

1683 *Kocher*, Der Konzern 2010, 162, 164 f.

die Ausübung ihres Stimmrechts verständigen.[1684] Nach der Gegenauffassung soll sich eine wiederholte Verständigung dagegen zu einer beständigen und damit tatbestandsmäßigen Verhaltensabstimmung verfestigen können.[1685] Entscheidend soll nach *Lange* neben der Personenidentität der Beteiligten aber ein gewisser zeitlicher Zusammenhang der einzelnen Verhaltensabstimmungen sein, der jedenfalls bei der Abstimmung in unmittelbar aufeinanderfolgenden Hauptversammlungen anzunehmen sei. Darüber hinaus soll es auch auf die Bedeutung der Abstimmungsgegenstände ankommen, auf die sich die Verständigung über die Stimmrechtsausübung beziehe. Ein Fortsetzungszusammenhang sei umso eher anzunehmen, je wichtiger die Abstimmungsgegenstände und je schwerwiegender die Beschlussfolgen für die außenstehenden Aktionäre seien.[1686]

bb) Materielle Betrachtungsweise

Im Gegensatz zu den Vertretern der formellen Betrachtungsweise beurteilen die Vertreter der materiellen Betrachtungsweise das Vorliegen der Einzelfallausnahme (auch) unter qualitativen Gesichtspunkten. Nach der streng materiellen Betrachtungsweise zeigt sich die Beständigkeit oder Nachhaltigkeit der Verständigung ausschließlich oder zumindest entscheidend in der Qualität des Beschlussgegenstands, auf den sich die verabredete gemeinsame Stimmrechtsausübung bezieht.[1687] Ob daneben auch ein Fortsetzungszusammenhang vorliegt spielt dagegen, wenn überhaupt, nur eine untergeordnete Rolle. Demgegenüber grenzen die Vertreter der kombinierten formell-materiellen Betrachtungsweise[1688] das Vorliegen der Einzelfallausnahme im Ansatzpunkt formell durch das Kriterium des Forstsetzungszusammenhangs ab, wobei sie aber zusätzlich fordern, dass sich die Verständigung der Beteiligten auch auf Beschlussgegenstände von einer bestimmten Qualität richten muss. Nach einer von *U. H. Schneider* vertretenden vermittelnden Auffassung ist zwar grundsätzlich von einer formellen Betrachtungsweise auszugehen, so dass das Vorliegen eines Fortsetzungszusammenhangs unabhängig von der Qualität der Beschlussgegenstände auf die sich die Verständigung der Beteiligten bezieht in jedem Fall zu einer wechselseitigen Zurechnung führt. Allerdings soll ausnahmsweise auch eine Verständigung über eine einmalige Stimmrechtsausübung ausreichen, wenn die

---

1684 Bericht Finanzausschuss zum RisikoBegrG, BT-Drucks. 16/9821, S. 12; *Liebscher*, ZIP 2002, 1005, 1008; *Casper*, ZIP 2003, 1469, 1476; *Seibt*, ZIP 2004, 1829, 1833; *Schockenhoff/Schumann*, ZGR 2005, 568, 588; *Casper/Bracht*, NZG 2005, 839; *Von Bülow/Stephanblome*, ZIP 2008, 1797, 1799; *Opitz* in Schäfer/Hamann, § 22 WpHG Rn. 91a; *Petersen* in Spindler/Stilz, AktG, Anh. § 22, §§ 21–30 WpHG Rn. 57; *Von Bülow* in KöKo, WpHG, § 22 Rn. 231.

1685 *Lange*, ZBB 2004, 22, 27; *Dehlinger/Zimmermann* in Fuchs, WpHG, § 22 Rn. 100.

1686 *Lange*, ZBB 2004, 22, 27.

1687 Dieser Betrachtungsweise folgend *Fleischer*, ZGR 2008, 185, 202 f.; *Wackerbarth*, ZIP 2007, 2340, 2344; *Veil* in Schmidt/Lutter, AktG, Anh. § 22, § 22 WpHG Rn. 37; *Anders/Filgut*, ZIP 2010, 1115, 1117.

1688 Vgl. oben Fn. 1676.

erforderlichen materiellen Anforderungen an den Beschlussgegenstand vorliegen. In der Einzelfallausnahme erblickt er eine widerlegliche Vermutung, die in einem solchen Fall ausnahmsweise widerlegt sei.[1689]

Die Verwaltungspraxis der BaFin folgt im Ausgangspunkt einer streng materiellen Betrachtungsweise. So weist die BaFin in Übereinstimmung mit den Gesetzesmaterialien zum RiskoBegrG darauf hin, dass auch eine punktuelle Verständigung über eine einzelne Stimmrechtsausübung zu einer wechselseitigen Zurechnung führen kann, wenn diese Ausdruck einer „längerfristig angelegten Strategie zur gemeinsamen Verfolgung unternehmerischer Ziele" ist.[1690] Als „Strategie" sollen dabei Grundsatzentscheidungen zu verstehen sein, welche die prinzipielle Richtung des vom Unternehmen eingeschlagenen Weges bestimmen. Ob eine solche Verhaltensabstimmung vorliegt soll im Einzelfall anhand der Auswirkungen der Verhaltensabstimmung auf den Emittenten zu beurteilen sein, wobei insbesondere zu berücksichtigen sein soll, ob sich nach der Verständigung der Beteiligten Auswirkungen auf „Unternehmensgegenstand, Umsatz, Gewinn, Verschuldung, Arbeitnehmeranzahl, Besetzung der Leitungsorgane, Geschäftsbereiche, Vertriebsbereich etc." des Emittenten ergeben sollen.

In Rechtsprechung und Literatur finden sich ähnliche Akzentuierungen. Oftmals begegnet in diesem Zusammenhang der Hinweis, die geplante Einflussnahme, also die Stimmrechtsausübung, müsse „spürbar", „maßgeblich", von „erheblicher", „nicht unerheblicher" oder „nicht untergeordneter" Bedeutung sein.[1691] Entscheidend seien Auswirkungen auf „wenigstens einen zentralen Unternehmensbereich", die „Unternehmenspolitik", „Unternehmensstrategie", „Geschäftsausrichtung", auf die „Unternehmensstruktur" oder allgemein auf die „Verhältnisse bei dem Emittenten" oder auf „wesentliche Unternehmensparameter".[1692] Das OLG München stellte in einer später durch den BGH aufgehobenen Entscheidung wenig eindeutig auf die Auswirkung ab, die sich auf die „Herrschaftsverhältnisse" des Emittenten ergeben, meinte damit aber letztlich lediglich die sich aus der Einflussnahme auf die Mitglieder des Vorstands und des Aufsichtsrats des Emittenten ergebenden Folgen.[1693] Es forderte

---

1689 *U. H. Schneider* in Assmann/Schneider, WpHG, § 22 Rn. 177, 191b ff.

1690 BaFin, Emittentenleitfaden 2013, S. 122; ebenso *Von Bülow* in KöKo, WpHG, § 22 Rn. 209, 228. Vgl. Bericht Finanzausschuss zum RisikoBegrG, BT-Drucks. 16/9821, S. 12.

1691 Vgl. *Liebscher*, ZIP 2002, 1005, 1008; *Casper*, ZIP 2003, 1469, 1476; *Seibt*, ZIP 2004, 1829, 1833; *Von Bülow/Bücker*, ZGR 2004, 669, 699; *Schockenhoff/Schumann*, ZGR 2005, 568, 590.

1692 Vgl. *Liebscher*, ZIP 2002, 1005, 1008; *Casper*, ZIP 2003, 1469, 1476; *Seibt*, ZIP 2004, 1829, 1833; *Von Bülow/Bücker*, ZGR 2004, 669, 699; *Schockenhoff/Schumann*, ZGR 2005, 568, 590; *Fleischer*, ZGR 2008, 185, 203; *Schwark* in Schwark/Zimmer, § 22 WpHG Rn. 27.

1693 OLG München, v. 27.4.2005 – 7 U 2792/04, BB 2005, 1411, 1413; ebenso *Diekmann*, DStR 2007, 445,446; grundsätzlich zustimmend auch *Casper/Bracht*, NZG 2005, 839 f.; *Louven*, BB 2005, 1414, 1415.

darüber hinaus, die Einflussnahme müsse auf ein konkretes Ziel gerichtet sein, das ausschließlich oder überwiegend von den Beteiligten der Verhaltensabstimmung beabsichtigt werde.[1694]

Vor dem Hintergrund dieser allgemeinen Grundsätze stellt sich nunmehr die Frage, zu welchen Beschlussgegenständen eine Verständigung der Beteiligten auf Grundlage der materiellen Betrachtungsweise noch folgenlos bleibt und ab wann die Schwelle zu einer tatbestandsmäßigen Verständigung über die Stimmrechtsausübung überschritten ist. *Seibt* differenziert in diesem Zusammenhang zunächst zwischen vergangenheitsbezogenen Abstimmungsgegenständen und zukunftsgerichteten Verhaltensabstimmungen mit Bedeutung für die Geschäftsausrichtung des Emittenten.[1695] Diese Unterscheidung kann als erste Leitlinie dienen. Die von *Schwark* herangezogene Unterscheidung zwischen „belanglosen" und „ganz erheblichen, auf Dauer wirkenden" Beschlussgegenständen, ist demgegenüber nur wenig geeignet, um als Grundlage einer Abgrenzung zu dienen.[1696] Abgelehnt wird eine qualitativ hinreichende Verständigung über die Stimmrechtsausübung nach alledem jedenfalls dann, wenn die Beschlussgegenstände lediglich die Verwendung des Bilanzgewinns[1697], die Bestellung des Abschlussprüfers[1698] oder die Festlegung der Höhe der Aufsichtsratsvergütung[1699] betreffen. Umgekehrt wird eine qualitativ hinreichende Verständigung jedenfalls dann befürwortet, wenn sie sich auf grundlegende Beschlussgegenstände wie die Zustimmung zu einem Beherrschungsvertrag[1700] oder die Änderung des Unternehmensgegenstands[1701] bezieht. Als Anwendungsfall der wechselseitigen Zurechnung wird teilweise auch die Verständigung über die Stimmrechtsausübung in Bezug auf eine „tiefgreifende Änderung der Ausschüttungspolitik"[1702] oder den „Verkauf wichtiger Unternehmensteile"[1703] betrachtet.

Ein viel diskutierter Grenzfall stellt dagegen die Verständigung über die Ausübung des Stimmrechts bei Aufsichtsratswahlen dar. Vielfach wird eine wechselseitige Zurechnung in Rechtsprechung und Literatur pauschal abgelehnt, wenn sich die Verständigung der Beteiligten lediglich auf eine solche Stimmrechtsausübung

---

1694 OLG München, v. 27.4.2005 – 7 U 2792/04, BB 2005, 1411, 1413; insoweit kritisch *Louven*, BB 2005, 1414, 1415.

1695 *Seibt*, ZIP 2004, 1829, 1833.

1696 *Schwark* in Schwark/Zimmer, § 22 WpHG Rn. 24.

1697 *Liebscher*, ZIP 2002, 1005, 1008; *Casper*, ZIP 2003, 1469, 1476; *Schockenhoff/Schumann*, ZGR 2005, 568, 590.

1698 *Von Bülow/Bücker*, ZGR 2004, 669, 699; *Schockenhoff/Schumann*, ZGR 2005, 568, 590.

1699 *Von Bülow/Bücker*, ZGR 2004, 669, 699; *Schockenhoff/Schumann*, ZGR 2005, 568, 590.

1700 *Fleischer*, ZGR 2008, 185, 203.

1701 *Fleischer*, ZGR 2008, 185, 203.

1702 *Schwark* in Schwark/Zimmer, § 22 WpHG Rn. 24.

1703 *Schwark* in Schwark/Zimmer, § 22 WpHG Rn. 24.

bezieht.[1704] Der Gesetzgeber geht für diesen Fall zwar von der Möglichkeit einer wechselseitigen Zurechnung aus, betont aber auch, dass eine solche regelmäßig ausscheiden wird.[1705] Auch im Schrifttum wird eine wechselseitige Zurechnung in diesem Fall teilweise befürwortet, wenn die diesbezügliche Verständigung zwischen den Beteiligten Auswirkungen auf die Unternehmenspolitik haben kann und haben soll.[1706] Verfolgen die Beteiligten der Verhaltensabstimmung das Ziel, die Unternehmenspolitik des Emittenten zu beeinflussen, so werden sie dieses Ziel allerdings grundsätzlich nicht alleine durch die gemeinsame Stimmrechtsausübung bei der Aufsichtsratswahl erreichen können. Da die Unternehmenspolitik vom Vorstand des Emittenten gesteuert wird, kommt der Stimmrechtsbündelung in Bezug auf die Aufsichtsratswahl von vorneherein nur dann Bedeutung für die Steuerung der Unternehmenspolitik zu, wenn das koordinierte Stimmverhalten bei der Aufsichtsratswahl dazu führt, dass der Aufsichtsrat seinen Einfluss auf den Vorstand geltend macht, um für die gewünschten Auswirkungen auf die Unternehmenspolitik zu sorgen.[1707] Dies setzt aber einen entsprechenden Einfluss der Beteiligten auf die Mehrheit der Aufsichtsratsmitglieder voraus, so dass die maßgeblichen Mehrheitsentscheidungen im Aufsichtsrat im übereinstimmenden Interesse der Beteiligten entschieden werden. Oftmals wird es an einem solchen Einfluss der Beteiligten fehlen. In diesem Zusammenhang ist zunächst zu berücksichtigen, dass die Aufsichtsratsmitglieder rechtlich zur Wahrung des Unternehmensinteresses verpflichtet sind, was die Befolgung von Weisungen der Aktionäre jedenfalls dann ausschließt, wenn diese dem Unternehmensinteresse nicht entsprechen.[1708] Eine rechtliche Einflussnahmemöglichkeit der Beteiligten auf den Aufsichtsrat scheidet damit von vorneherein aus. Dagegen bleibt eine faktische Einflussnahme der Beteiligten möglich. Insoweit ist aber zu differenzieren. Eine hinreichende faktische Einflussnahmemöglichkeit liegt nahe, wenn sich die Beteiligten auch über die Stimmrechtsausübung bei zukünftigen Aufsichtsratswahlen verständigen, wenn also ein Fortsetzungszusammenhang vorliegt. Voraussetzung ist freilich, dass die Anzahl der gebündelten Stimmrechte

1704 OLG Frankfurt a.M. v. 25.6.2004 – WpÜG 5/03a, 6/03a u. 8/03a, NJW 2004, 3716, 3718; OLG Stuttgart v. 10.11.2004 – 20 U 16/03, NZG 2005, 432, 436; *Kocher*, Der Konzern 2010, 162, 166; kritisch auch *Weiler/Meyer*, NZG 2003, 909, 910; *Seibt*, ZIP 2004, 1829, 1833.

1705 Begr. RegE. RisikoBegrG, BT-Drucks. 16/7438, S. 11; Bericht Finanzausschuss zum RisikoBegrG, BT-Drucks. 16/9821, S. 12.

1706 *Casper*, ZIP 2003, 1469, 1476; *Casper/Bracht*, NZG 2005, 839, 840 f.; *Veil* in Schmidt/Lutter, AktG, Anh. § 22, § 22 WpHG Rn. 37; *Anders/Filgut*, ZIP 2010, 1115, 1117; ähnlich *Borges*, ZIP 2007, 357, 363; *Diekmann*, DStR 2007, 445,447; eine Zurechnung auf Grundlage der materiellen Betrachtungsweise pauschal annehmend *Gätsch/Schäfer*, NZG 2008, 846, 850; *Schwark* in Schwark/Zimmer, § 22 WpHG Rn. 24 (bei Austausch eines wesentlichen Teils des Aufsichtsrats).

1707 Auf diesen Zusammenhang hinweisend auch *Borges*, ZIP 2007, 357, 363.

1708 Vgl. nur BGH v. 18.9.2006 –II ZR 137/05, NZG 2006, 945, 947; *Seibt*, ZIP 2004, 1829, 1833; *Diekmann*, DStR 2007, 445,446; *Korff*, AG 2008, 692, 694.

der Beteiligten ausreicht, um die Aufsichtsratsmitglieder der Anteilseignerseite unabhängig von den Stimmen der außenstehenden Aktionäre zu bestellen.[1709] Oftmals wird in diesem Fall auch eine gemeinsame Beherrschungsmöglichkeit der Beteiligten bestehen. Die faktische Einflussnahmemöglichkeit ist hier in der Personalhoheit der Beteiligten, also in ihrem Drohpotential hinsichtlich der Wiederbestellung oder vorzeitigen Abberufung der gewählten Aufsichtsratsmitglieder zu sehen.[1710] Bezieht sich die Verständigung der Beteiligten nur auf die Stimmrechtsausübung bei der Wahl einzelner Aufsichtsratsmitglieder, etwa auf die Bestätigung des bisherigen Aufsichtsratsvorsitzenden im Amt oder auf die Wahl eines Aufsichtsratsmitglieds, dass später wahrscheinlich zum Aufsichtsratsvorsitzenden ernannt wird, liegt eine hinreichende faktische Einflussnahmemöglichkeit auf die Mehrheit der Aufsichtsratsmitglieder regelmäßig fern.[1711] Selbst wenn das betreffende Aufsichtsratsmitglied versuchen wird, die übrigen Aufsichtsratsmitglieder zu einem bestimmten im Interesse der Beteiligten liegenden Verhalten zu veranlassen, besteht keinerlei Garantie, dass diese Versuche von Erfolg gekrönt sein werden. Das sieht auch der Gesetzgeber, indem er in den Gesetzesmaterialien zum RisikoBegrG in Bezug auf die Verständigung über die Ausübung von Stimmrechten bei Aufsichtsratswahlen formuliert, dass mit der Anzahl der ausgewechselten Aufsichtsratsmitglieder auch die Argumente für die Annahme des Tatbestands wachsen.[1712] Dennoch finden sich auch einige Stimmen in der Literatur, die es für eine wechselseitige Zurechnung bereits genügen lassen, dass einzelne gewählte Aufsichtsratsmitglieder nach der Vorstellung der an der Verständigung über die Stimmrechtsausübung Beteiligten durch Einwirkung auf die Willensbildung im Aufsichtsrat möglicherweise eine Änderung der Unternehmenspolitik herbeiführen.[1713] Noch schwieriger zu beurteilen ist der Fall, dass sich die Verständigung der Beteiligten lediglich auf die gemeinsame Stimmrechtsausübung bei einer einzigen Aufsichtsratswahl bezieht. Unabhängig von der Anzahl der Aufsichtsratsmitglieder auf die sich die Verständigung über die Stimmrechtsausübung bezieht, lässt sich der Gedanke der Personalhoheit in diesem Fall nicht fruchtbar machen. Vor diesem Hintergrund finden sich einige Literaturstimmen, die einer wechselseitigen Zurechnung der betreffenden Stimmrechte zumindest in diesem Fall eine Absage erteilen.[1714] *Casper* und *Bracht* befürworten eine wechselseitige Zurechnung allerdings zumindest dann, wenn sämtliche gewählte Aufsichtsratsmitglieder der Anteilseignerseite ggf. unter Verstoß gegen das Gebot zur Wahrung des Unternehmensinteresses im ausschließlichen Interesse

1709 So auch aber aus übernahmerechtlicher Perspektive vor allem auf das materielle Einflusspotential einer Kontrollbeteiligung abstellend *Casper/Bracht*, NZG 2005, 839, 840; *Borges*, ZIP 2007, 357, 363 f.

1710 Vgl. dazu oben S. 185 ff.

1711 *Casper/Bracht*, NZG 2005, 839, 840.

1712 Begr. RegE. RisikoBegrG, BT-Drucks. 16/7438, S. 11.

1713 *Anders/Filgut*, ZIP 2010, 1115, 1117.

1714 So *Schockenhoff/Schumann*, ZGR 2005, 568, 588; *Louven*, BB 2005, 1414, 1415; *Borges*, ZIP 2007, 357, 363 f.

oder sogar nach Weisung der an der Verständigung über die Stimmrechtsausübung Beteiligten handeln.[1715] *Korff* erwägt eine wechselseitige Zurechnung sogar dann, wenn die von den Beteiligten koordiniert gewählten Aufsichtsratsmitglieder nach der Vorstellung der Beteiligten ohne spätere aktive Einwirkung im Interesse der Beteiligten handeln werden, etwa aufgrund ihres beruflichen Hintergrunds oder einer entsprechenden Ankündigung der gewählten Aufsichtsratsmitglieder im Vorfeld der Aufsichtsratswahl.[1716]

Selbst wenn man von dem Bestehen einer faktische Einflussnahmemöglichkeit der Beteiligten ausgeht, stellt sich letztlich immer die Frage, ob sie im Zusammenhang mit ihrer Verständigung über die Stimmrechtsausübung bei Aufsichtsratswahlen überhaupt das gemeinsame Ziel verfolgen, die Unternehmenspolitik des Emittenten zu beeinflussen.[1717] Dass es hierauf ankommt, lässt sich den Gesetzesmaterialien zum RisikoBegrG entnehmen. Denn hiernach soll bei der „Abstimmung über die Auswechslung mehrerer Aufsichtsratsmitglieder" darauf abzustellen sein, ob „mit dieser Maßnahme konkrete unternehmerische oder finanzwirtschaftliche Entscheidungen beabsichtigt werden".[1718] Das OLG München hebt in diesem Zusammenhang hervor, dass ohne die Voraussetzung einer gemeinsamen Zielverfolgung auch solche koordinierte Aufsichtsratswahlen zu einer wechselseitigen Zurechnung führen könnten, die lediglich die Abbildung der Anteilsverhältnisse im Aufsichtsrat bezwecken.[1719] Auch nach der Verwaltungspraxis der BaFin kommt es entscheidend auf die gemeinsame Strategie zur Verfolgung unternehmerischer Ziele und nicht (nur) auf die Eignung der Verständigung zur Erreichung dieser Ziele an.[1720] Teilweise wird dies auch bereits aus der Formulierung der zweiten Tatbestandsalternative des § 22 Abs. 2 S. 2 WpHG abgeleitet, zumal diese ausdrücklich klarstellt, dass die Beteiligten mit dem Ziel einer dauerhaften und erheblichen Änderung der unternehmerischen Ausrichtung zusammenwirken müssen.[1721] Ob dieses Wortlautargument herangezogen werden kann erscheint allerdings zweifelhaft, da der Wortlaut der Norm eher nahelegt, dass sich diese tatbestandliche Einschränkung ausschließlich auf die zweite Tatbestandsalternative des § 22 Abs. 2 S. 2 WpHG bezieht. Ob eine gemeinsame Zielverfolgung der Beteiligten vorliegt ist im Einzelfall festzustellen. *Seibt* weist in diesem Zusammenhang zutreffend darauf hin, dass es keine Vermutungsregel gibt, nach der die Beteiligten ihr etwaiges Einflusspotential auf die Aufsichtsratsmitglieder auch ausnutzen, also tatsächlich Einfluss auf die Aufsichtsratsmitglieder nehmen oder nehmen wollen.[1722]

1715 *Casper/Bracht*, NZG 2005, 839, 840 f.

1716 *Korff*, AG 2008, 692, 694 f.

1717 So auch *Diekmann*, DStR 2007, 445,447; *Veil* in Schmidt/Lutter, AktG, Anh. § 22, § 22 WpHG Rn. 37; *Anders/Filgut*, ZIP 2010, 1115, 1117.

1718 Begr. RegE. RisikoBegrG, BT-Drucks. 16/7438, S. 11.

1719 OLG München, v. 27.4.2005 – 7 U 2792/04, BB 2005, 1411, 1413.

1720 BaFin, Emittentenleitfaden 2013, S. 122.

1721 So *Anders/Filgut*, ZIP 2010, 1115, 1117.

1722 *Seibt*, ZIP 2004, 1829, 1833.

cc) Streitentscheidung und Stellungnahme

Ausgehend vom Wortlaut des § 22 Abs. 2 S. 1 HS. 2 WpHG sprechen die besseren Argumente für eine streng formelle Auslegung der Einzelfallausnahme. Wie auch der BGH betont, nimmt der Wortlaut der Norm Verhaltensabstimmungen in Einzelfällen aus, ohne dabei zugleich an die Auswirkungen der Verhaltensabstimmung anzuknüpfen.[1723] Festhalten lässt sich vor diesem Hintergrund zunächst, dass eine materielle Auslegung jedenfalls nicht durch den Wortlaut der Norm gestützt wird. Andererseits ist die Berücksichtigung materieller Elemente bei der Auslegung nach dem noch möglichen Wortsinn der Einzelfallausnahme aber auch nicht völlig ausgeschlossen. Es würde also jedenfalls zu weit gehen, in der Auslegung nach streng materiellen Gesichtspunkten bereits eine aufgrund ihrer negativen Auswirkungen auf die Normadressaten verbotene analoge Anwendung der Norm zu sehen.[1724] Demgegenüber scheinen die Gesetzesmaterialien zum RisikoBegrG eher darauf hinzudeuten, dass bei der Auslegung der Einzelfallausnahme zumindest auch eine materielle Betrachtungsweise anzulegen ist. Denn dort findet sich die Aussage, dass eine wechselseitige Zurechnung im Hinblick auf die Einzelfallausnahme nur dann erfolgen soll, wenn sich die Aktionäre im Rahmen einer längerfristig angelegten Strategie zur Verfolgung gemeinsamer unternehmerischer Ziele zusammenschließen.[1725] Indessen zwingt auch diese Stellungnahme nicht zu einer Berücksichtigung materieller Elemente im Rahmen der Auslegung der Einzelfallausnahme. Denn die weiteren Ausführungen in den Gesetzesmaterialien deuten eher darauf hin, dass das Merkmal der „längerfristig angelegten Strategie zur Verfolgung gemeinsamer unternehmerischer Ziele" lediglich eine Umschreibung des von den Vertretern der formellen Betrachtungsweise ohnehin geforderten Fortsetzungszusammenhangs darstellt. So rekurriert der Gesetzgeber mit Blick auf das genannte Merkmal lediglich auf die Häufigkeit des Abstimmungsverhaltens und nicht auf die damit verbundenen materiellen Auswirkungen.[1726] In dieses Bild passt auch die zutreffende Feststellung von *Dehlinger* und *Zimmermann*, dass eine qualitative Differenzierung nach den Auswirkungen des Stimmrechtseinflusses dem Recht der kapitalmarktrechtlichen Beteiligungstransparenz fremd ist.[1727] Nach dem Schutzzweck des § 22 Abs. 2 WpHG kommt es in erster Linie darauf an, die Bündelung des Stimmrechtseinflusses mehrerer Personen und die damit verbundenen Verstärkung des Einflusspotentials

---

1723 BGH v. 18.9.2006 –II ZR 137/05, NZG 2006, 945, 947; *Weiler/Meyer*, NZG 2003, 909, 910; *Lange*, ZBB 2004, 22, 27; *Kuthe/Brockhausen*, DB 2005, 1266; *Diekmann*, DStR 2007, 445,447; *Hamann*, ZIP 2007, 1088, 1094; *Von Bülow/Stephanblome*, ZIP 2008, 1797, 1798; *Opitz* in Schäfer/Hamann, § 22 WpHG Rn. 91a; *Kocher*, Der Konzern 2010, 162, 165; *Von Bülow* in KöKo, WpHG, § 22 Rn. 228.

1724 So aber offenbar *Hamann*, ZIP 2007, 1088, 1094.

1725 Bericht Finanzausschuss zum RisikoBegrG, BT-Drucks. 16/9821, S. 12.

1726 Vgl. Bericht Finanzausschuss zum RisikoBegrG, BT-Drucks. 16/9821, S. 12.

1727 *Dehlinger/Zimmermann* in Fuchs, WpHG, § 22 Rn. 100; *Zimmermann*, ZIP 2009, 57, 59.

sichtbar zu machen.[1728] Wie im Rahmen des § 22 Abs. 1 WpHG geht es alleine um die Offenlegung des mittelbaren Stimmrechtseinflusses, und zwar ohne dass in diesem Zusammenhang eine Aussage über die möglichen Auswirkungen des Stimmrechtseinfluss getroffen ist. Wie die Auswirkungen des (gebündelten) Stimmrechtseinflusses aussehen mögen, ist eine Frage des Einzelfalls und im Rahmen der Informationsbewertung durch die Anleger individuell zu bestimmen. Eine andere Betrachtungsweise mag freilich im Übernahmerecht angezeigt sein. Denn aus übernahmerechtlicher Perspektive kann die Erforderlichkeit einer qualitativen Differenzierung zwischen den Beschlussgegenständen mit dem Schutzzweck des Übernahmerechts begründet werden, den außenstehenden Aktionären eine rechtzeitige Ausstiegsmöglichkeit zu eröffnen.[1729] Vor diesem Hintergrund argumentieren zahlreiche Stimmen im übernahmerechtlichen Schrifttum, dass die Verständigung unter den Beteiligten auf die Bündelung von Stimmrechten gerichtet sein muss, die aus Sicht der außenstehenden Aktionäre wertungsmäßig bereits einer Kontrollbeteiligung entsprechen.[1730] Diese Wertung kann aber im Recht der kapitalmarktrechtlichen Beteiligungstransparenz keine Geltung beanspruchen.[1731] Denn hier geht es nicht nur um die Offenlegung des Erreichens der gesetzlich typisierten Kontrollschwelle von 30 Prozent der Stimmrechte sondern darüber hinaus auch um die allgemeine Identifizierung der Verteilung und wesentlichen Veränderung sämtlicher Stimmrechte und Kapitalbeteiligungen an dem Emittenten.[1732] Für die formelle Auslegung der Einzelfallausnahme spricht außerdem der Aspekt der Rechtssicherheit, da die Erforderlichkeit einer Differenzierung nach der Bedeutung des Beschlussgegenstands, auf den sich die Verständigung über die Stimmrechtsausübung bezieht, entfällt.[1733] Dass die nach materieller Auslegung vorzunehmende Abgrenzung mitunter schwierig sein kann, zeigt gerade das oben ausführlich dargestellte Beispiel der Aufsichtsratswahl. Der Auslegung nach streng formellen Gesichtspunkten wird weiterhin entgegen gehalten, sie führe zu einem Ausufern des Tatbestands und lasse die Zurechnung häufig zufällig erscheinen.[1734] Diesem mitunter auch gegen eine

---

1728 Vgl. oben S. 173 ff.

1729 Vgl. *Fleischer*, ZGR 2008, 185, 203.

1730 So etwa *Casper/Bracht*, NZG 2005, 839, 840; *Saenger/Kessler*, ZIP 2006, 837, 839 f.; *Borges*, ZIP 2007, 357, 363; *Hamann*, ZIP 2007, 1088, 1094; *Gätsch/Schäfer*, NZG 2008, 846, 850.

1731 Zutreffend *Dehlinger/Zimmermann* in Fuchs, WpHG, § 22 Rn. 99.

1732 Ähnlich *Dehlinger/Zimmermann* in Fuchs, WpHG, § 22 Rn. 99 (Offenlegung auch des Stimmrechtseinflusses unterhalb der Kontrollschwelle).

1733 BGH v. 18.9.2006 –II ZR 137/05, NZG 2006, 945, 947; *Kocher*, BB 2006, 2436; *Diekmann*, DStR 2007, 445,447; *Opitz* in Schäfer/Hamann, § 22 WpHG Rn. 91a; *Kocher*, Der Konzern 2010, 162, 165; *Von Bülow* in KöKo, WpHG, § 22 Rn. 228. *Saenger* und *Kessler* halten die Qualität des Beschlussgegenstands als Abgrenzungskriterium gar für weitgehend ungeeignet, da nahezu jeder Beschlussgegenstand eine gewisse Dauerhaftigkeit oder Intensität aufweise, vgl. *Saenger/Kessler*, ZIP 2006, 837, 840.

1734 So *Casper/Bracht*, NZG 2005, 839.

Auslegung nach streng materieller Betrachtungsweise vorgebrachtem Argument[1735] ist zu widersprechen. Zwar mag es sein, dass es infolge einer streng formellen Auslegung zu einer Ausweitung von Stimmrechtsmitteilungen auf der Grundlage einer wechselseitigen Zurechnung nach § 22 Abs. 2 WpHG kommt. Die damit verbundene Erweiterung der Beteiligungstransparenz folgt aber keinesfalls zufälligen Kriterien. Im Gegenteil besteht mit dem Merkmal des Fortsetzungszusammenhangs ein klares Kriterium, an dem sich die Entscheidung über das Vorliegen einer wechselseitigen Zurechnung ausrichten kann. Aus Anlegersicht ist die mögliche Ausweitung von Stimmrechtsmitteilungen vor diesem Hintergrund zu begrüßen. Die zur Verfügung stehende Informationsgrundlage wird schließlich vergrößert, ohne dass sich die Irreführungsgefahr für die Anleger in signifikanter Weise erhöht. Schließlich folgt die Erforderlichkeit zur Berücksichtigung materieller Elemente bei der Auslegung der Einzelfallausnahme auch nicht mit Blick auf die Transparenzrichtlinien, die den §§ 21 ff. WpHG zugrunde liegen.[1736] Zwar folgt sowohl aus Art. 7 Transparenz-RL I als auch aus Art. 10 a) Transparenz-RL II, dass die Verhaltensabstimmung auf die „langfristige gemeinsame Politik bezüglich der Geschäftsführung des Emittenten" gerichtet sein muss. Es ist allerdings davon auszugehen, dass der deutsche Gesetzgeber dieser Mindestanforderung der Richtlinie nicht gefolgt ist, sondern in § 22 Abs. 2 WpHG den Weg einer überschießenden Umsetzung gewählt hat. Da die genannten Richtlinien nicht dem Grundsatz der Vollharmonisierung folgen bzw. auch auf Grundlage der Transparenz-RL III strengere Regelungen für die Zurechnung von Stimmrechten möglich sind[1737] stehen dieser Vorgehensweise des Gesetzgebers de lege lata keine durchgreifenden Bedenken entgegen.

Damit ist abschließend noch auf die Frage einzugehen, wie der erforderliche Fortsetzungszusammenhang auf Grundlage der streng formellen Betrachtungsweise abzugrenzen ist. Sachgerecht erscheint es hier mit *Von Bülow*, *Stephanblome*, *Opitz* und *Kocher* das Vorliegen des Fortsetzungszusammenhangs vornehmlich im Hinblick darauf abzugrenzen, ob sich die Stimmrechtsausübung nach der Verständigung der Beteiligten auf einen oder auf mehrere Lebenssachverhalte beziehen soll. Auf diese Weise werden unbillige Ergebnisse vermieden, namentlich die nur aufgrund der Aufspaltung eines Lebenssachverhalts im Einzelfall und nicht auf einer nachhaltigen Bündelung des Stimmrechtseinflusses resultierende Annahme einer wechselseitigen Zurechnung der Stimmrechte der Beteiligten. Dabei ist aber davon auszugehen, dass die Verständigung über die koordinierte Stimmrechtsausübung nur zu einem bestimmten ggf. immer wiederkehrenden Beschlussgegenstand bei mehreren oder sämtlichen künftigen Gelegenheiten keine Verständigung zu einem einzelnen Lebenssachverhalt mehr darstellt, sondern zu einer wechselseitigen Zurechnung der betroffenen Stimmrechte führt. Dies gilt vor allem auch im Hinblick auf die Verständigung über die Stimmrechtsausübung bei künftigen Aufsichtsratswahlen. Denn

1735 Vgl. *Saenger/Kessler*, ZIP 2006, 837, 840.
1736 So aber *U. H. Schneider*, WM 2006, 1321, 1325.
1737 Vgl. oben S. 51 ff.

in diesen Fällen beabsichtigen die Beteiligten gerade eine nachhaltige Bündelung ihres Stimmrechtseinflusses, die im Interesse des Anlegerschutzes offenzulegen ist.

b) Zusammenwirken in sonstiger Weise

Nach § 22 Abs. 2 S. 2 Alt. 2 WpHG erfolgt auch dann eine wechselseitige Zurechnung von Stimmrechten, wenn die Beteiligten mit dem Ziel einer dauerhaften und erheblichen Änderung der unternehmerischen Ausrichtung des Emittenten in sonstiger Weise zusammenwirken. Diese Tatbestandsalternative wurde erst durch das Risikobegrenzungsgesetz geschaffen und stellt eine Reaktion auf die restriktive Auslegung des Tatbestands durch den BGH dar.[1738] In einer zu § 30 Abs. 2 WpÜG a.F. ergangenen Entscheidung hatte der BGH zuvor entschieden, dass der Tatbestand der Verhaltensabstimmung auf eine Verständigung über die Ausübung von Stimmrechten beschränkt sei,[1739] was sich bei einer einheitlichen Auslegung des § 22 WpHG und des § 30 WpÜG auch auf die Anwendung des § 22 Abs. 2 WpHG ausgewirkt hatte. Während dieser Fall nunmehr ausdrücklich durch die erste Alternative des § 22 Abs. 2 S. 2 WpHG erfasst wird, bezieht sich die zweite Tatbestandsalternative auch auf Verhaltensabstimmungen, die sich außerhalb oder im Vorfeld der Stimmrechtsausübung in der Hauptversammlung manifestieren sollen.[1740] Dabei spielt es keine Rolle, ob die Verhaltensabstimmung im Wege der Vereinbarung oder in sonstiger Weise erfolgt.[1741] Da der Wortlaut der Norm keine Einschränkung hinsichtlich des Gegenstands der Verhaltensabstimmung enthält, stellt sich allerdings die Frage, wie die zweite Tatbestandsalternative konturiert werden kann. Einigkeit besteht insoweit in Abgrenzung von der ersten Tatbestandsalternative des § 22 Abs. 2 S. 2 WpHG dahingehend, dass die Verhaltensabstimmung im Sinne der zweiten Tatbestandsalternative jedenfalls nicht in der Verständigung über die Ausübung des Stimmrechts bestehen darf.[1742] Im Übrigen kann anhand der weiteren Tatbestandsmerkmale des § 22 Abs. 2 WpHG differenziert werden.

1738 Vgl. Begr. RegE. RisikoBegrG, BT-Drucks. 16/7438, S. 11.

1739 Vgl. BGH v. 18.09.2006 – II ZR 137/05, NZG 2006, 945, 946 f.

1740 Begr. RegE. RisikoBegrG, BT-Drucks. 16/7438, S. 11; Bericht Finanzausschuss zum RisikoBegrG, BT-Drucks. 16/9821, S. 11; BaFin, Emittentenleitfaden 2013, S. 121; *Schwark* in Schwark/Zimmer, § 22 WpHG Rn. 18, 26, 28; *Veil* in Schmidt/Lutter, AktG, Anh. § 22, § 22 WpHG Rn. 40; *U. H. Schneider* in Assmann/Schneider, WpHG, § 22 Rn. 180; *Von Bülow* in KöKo, WpHG, § 22 Rn. 219; *Heinrich* in Heidel, § 22 WpHG Rn. 16; ebenso schon vor Inkrafttreten des RisikoBegrG OLG München, v. 27.4.2005 – 7 U 2792/04, BB 2005, 1411, 1413; *Louven*, BB 2005, 1414, 1415; *Borges*, ZIP 2007, 357, 361 ff.

1741 *Opitz* in Schäfer/Hamann, § 22 WpHG Rn. 89; *Becker* in Bürgers/Körber, AktG, Anh. § 22, § 22 WpHG Rn. 9.

1742 *Korff*, AG 2008, 692, 693; *Opitz* in Schäfer/Hamann, § 22 WpHG Rn. 89; *Schwark* in Schwark/Zimmer, § 22 WpHG Rn. 18; *U. H. Schneider* in Assmann/Schneider, WpHG, § 22 Rn. 175; *Heinrich* in Heidel, § 22 WpHG Rn. 21.

aa) Ziel des Zusammenwirkens der Beteiligten

Aus dem Wortlaut des § 22 Abs. 2 S. 2 Alt. 2 WpHG ergibt sich, dass die Verhaltensabstimmung der Beteiligten das gemeinsame Ziel einer dauerhaften und erheblichen Änderung der unternehmerischen Ausrichtung des Emittenten gerichtet sein muss. Wie auch im Rahmen des § 22 Abs.1 S. 2 Alt. 1 WpHG kommt es für die wechselseitige Zurechnung nicht darauf an, ob das vereinbarte Ziel auch tatsächlich erreicht wird.[1743] Entscheidend ist vielmehr auch hier eine subjektive Betrachtungsweise, die in erster Linie an die gemeinsame Zielvorstellung der Beteiligten anknüpft.[1744] Auch den Gesetzesmaterialien lässt sich entnehmen, dass es maßgeblich auf eine gemeinsame Strategie der Beteiligten ankommt, die an dem Ziel der Einflussnahme auf die unternehmerische Ausrichtung des Emittenten ausgerichtet ist.[1745]

Klärungsbedürftig ist zunächst, wie der unbestimmte Rechtsbegriff der unternehmerischen Ausrichtung präzisiert werden kann. *Opitz* hebt hervor, dass der Begriff der „Ausrichtung" von seiner Wortbedeutung her auf ein „langfristiges" und „gesamtunternehmerisches" Element gerichtet ist.[1746] Vor diesem Hintergrund besteht im Schrifttum weitestgehende Einigkeit dahingehend, dass der Begriff der unternehmerischen Ausrichtung bei einem Emittenten in der Rechtsform der AG jedenfalls die von seinem Vorstand festgelegte Unternehmens- oder Geschäftspolitik erfasst.[1747] Diese manifestiert sich vor allem in der operativen Betätigung[1748] und findet ihre Grenzen in dem satzungsmäßig festgelegten Unternehmensgegenstand des Emittenten, den existierenden Zustimmungsvorbehalten zugunsten des Aufsichtsrats und in den Beschlusskompetenzen der Hauptversammlung[1749]. Nach der Verwaltungspraxis der BaFin, der auch Teile des Schrifttums folgen, ist das Tatbestandsmerkmal der

---

1743 *Von Bülow/Stephanblome*, ZIP 2008, 1797, 1799; *U. H. Schneider* in Assmann/Schneider, WpHG, § 22 Rn. 184b; *Von Bülow* in KöKo, WpHG, § 22 Rn. 213 f.

1744 *Korff*, AG 2008, 692, 694; *Von Bülow/Stephanblome*, ZIP 2008, 1797, 1799; *Zimmermann*, ZIP 2009, 57, 58; *Petersen* in Spindler/Stilz, AktG, Anh. § 22, §§ 21–30 WpHG Rn. 55; *Veil* in Schmidt/Lutter, AktG, Anh. § 22, § 22 WpHG Rn. 40; *U. H. Schneider* in Assmann/Schneider, WpHG, § 22 Rn. 184b; *Heinrich* in Heidel, § 22 WpHG Rn. 24.

1745 Bericht Finanzausschuss zum RisikoBegrG, BT-Drucks. 16/9821, S. 12.

1746 *Opitz* in Schäfer/Hamann, § 22 WpHG Rn. 90a.

1747 BaFin, Emittentenleitfaden 2013, S. 121; *Von Bülow/Stephanblome*, ZIP 2008, 1797, 1798; *Zimmermann*, ZIP 2009, 57, 58; *Opitz* in Schäfer/Hamann, § 22 WpHG Rn. 90a; *Petersen* in Spindler/Stilz, AktG, Anh. § 22, §§ 21–30 WpHG Rn. 55; *Schwark* in Schwark/Zimmer, § 22 WpHG Rn. 28; *U. H. Schneider* in Assmann/Schneider, WpHG, § 22 Rn. 184; *Von Bülow* in KöKo, WpHG, § 22 Rn. 221; *Heinrich* in Heidel, § 22 WpHG Rn. 22; *Becker* in Bürgers/Körber, AktG, Anh. § 22, § 22 WpHG Rn. 9.

1748 Hierauf abstellend *Korff*, AG 2008, 692, 693.

1749 *Von Bülow/Stephanblome*, ZIP 2008, 1797, 1798; *Von Bülow* in KöKo, WpHG, § 22 Rn. 221; *Heinrich* in Heidel, § 22 WpHG Rn. 22; lediglich auf den Unternehmensgegenstand als Obergrenze verweisend *Korff*, AG 2008, 692, 693.

„unternehmerischen Ausrichtung" dagegen in einem weiteren Sinne auszulegen und erfasst damit auch den satzungsmäßig festgelegten Unternehmensgegenstand.[1750] Dem ist im Grundsatz zuzustimmen, da der Unternehmensgegenstand zugleich die äußerste Grenze der Unternehmenspolitik definiert und auf diese Weise auch für die unternehmerische Ausrichtung des Emittenten von Bedeutung ist. Allerdings ist zu berücksichtigen, dass zur Änderung des Unternehmensgegenstands eine Satzungsänderung erforderlich ist, die die Ausübung von Stimmrechten in der Hauptversammlung des Emittenten erfordert. Verfolgen die Beteiligten das Ziel einer Änderung des Unternehmensgegenstands, werden sie sich demnach regelmäßig über eine Ausübung ihrer Stimmrechte in der Hauptversammlung des Emittenten abstimmen. In diesem Fall verwirklichen sie bereits die gerade in der Verständigung über die Ausübung von Stimmrechten bestehende erste Tatbestandsalternative des § 22 Abs. 2 S. 2 WpHG, so dass für ein Zusammenwirken in sonstiger Weise im Sinne des § 22 Abs. 2 S. 2 Alt. 2 WpHG kein Raum mehr bleibt. Etwas anderes gilt aber dann, wenn die Beteiligten sich darauf verständigen, den Vorstand und den Aufsichtsrat des Emittenten von einem Beschlussantrag an die Hauptversammlung zu überzeugen, der eine Änderung des Unternehmensgegenstands vorsieht. Eine solche Verständigung kann die zweite Tatbestandsalternative des § 22 Abs. 2 S. 2 WpHG verwirklichen, wenn der Gesamtplan der Beteiligten darauf gerichtet ist, ihr Ziel bereits durch eine solche Einflussnahme zu erreichen. Zu konstatieren ist allerdings, dass sich die Beteiligten in einem solchen Fall regelmäßig zugleich über die Stimmrechtsausübung zu dem Tagesordnungspunkt der Änderung des Unternehmensgegenstands verständigen werden. Eine eigenständige Bedeutung wird der wechselseitigen Zurechnung nach § 22 Abs. 2 S. 2 Alt. 2 WpHG dann also in der Regel nicht zukommen.

Im Regelfall konzentriert sich die Bedeutung der zweiten Tatbestandsalternative des § 22 Abs. 2 S. 2 WpHG also auf die Fälle der beabsichtigten Änderung der Unternehmenspolitik in den Grenzen des Unternehmensgegenstands. Die Einzelfälle einer solchen Änderung sind zahlreich und können nicht abschließend beschrieben werden.[1751] Als Beispielsfälle nennen die Gesetzesmaterialien die Änderung des

1750 BaFin, Emittentenleitfaden 2013, S. 121 („satzungsmäßige Gesellschaftszweck"); *Korff*, AG 2008, 692, 693; *Becker* in Bürgers/Körber, AktG, Anh. § 22, § 22 WpHG Rn. 9; noch weitergehend *Opitz* in Schäfer/Hamann, § 22 WpHG Rn. 90a, der auf die „Unternehmensstrategie" abstellt und darunter die „Geschäftspolitik für das operative Geschäft" den „Unternehmensgegenstand", die „Unternehmensgeschichte" und etwaige „Bindungen an Großaktionäre und andere Unternehmen" fasst; ausdrücklich a.A. *Von Bülow/Stephanblome*, ZIP 2008, 1797, 1798; *U. H. Schneider* in Assmann/Schneider, WpHG, § 22 Rn. 184.

1751 Vgl. insoweit nur *Opitz* in Schäfer/Hamann, § 22 WpHG Rn. 90b ff.;

Geschäftsmodells[1752] und die Trennung von wesentlichen Geschäftsbereichen[1753]. Dagegen soll in einer beabsichtigten Änderung der Dividendenpolitik grundsätzlich nicht zugleich auch eine Änderung der Unternehmenspolitik des Emittenten liegen.[1754] Etwas anderes gilt allerdings dann, wenn die Beteiligten dem Emittenten in Wahrheit Liquidität entziehen wollen, um seine Marktposition zu schwächen.[1755]

Die Beteiligten der Verhaltensabstimmung müssen eine dauerhafte Änderung der Unternehmenspolitik bezwecken. Der überwiegende Teil der Literatur verlangt in diesem Zusammenhang, dass die Veränderung der Unternehmenspolitik nach der Vorstellung der Beteiligten nicht nur vorübergehend erfolgen, sondern länger andauern soll.[1756] Darauf deuten auch die Gesetzesmaterialien hin.[1757] Teilweise wird darüber hinaus verlangt, die Veränderung der Unternehmenspolitik müsse nach dem Plan der Beteiligten auf unabsehbare Zeit erfolgen.[1758] In ähnlicher Weise verweist die BaFin darauf, die Änderung sei dauerhaft, wenn ein Ende der Auswirkungen des Zusammenwirkens der Beteiligten nicht absehbar ist.[1759] Nach einem anderen Ansatz liegt das Ziel einer dauerhaften Änderung der Unternehmenspolitik vor, wenn die Veränderung nach der Vorstellung der Beteiligten nicht mehr ohne größeren Aufwand rückgängig gemacht werden kann.[1760] Im Ergebnis bestehen keine nennenswerten Unterschiede zwischen den genannten Auffassungen. Einerseits ist davon auszugehen, dass die Beteiligten eine Änderung der Unternehmenspolitik

---

1752 Bericht Finanzausschuss zum RisikoBegrG, BT-Drucks. 16/9821, S. 12; ebenso *Von Bülow/Stephanblome*, ZIP 2008, 1797, 1798; *Petersen* in Spindler/Stilz, AktG, Anh. § 22, §§ 21–30 WpHG Rn. 55; *Becker* in Bürgers/Körber, AktG, Anh. § 22, § 22 WpHG Rn. 9.

1753 Bericht Finanzausschuss zum RisikoBegrG, BT-Drucks. 16/9821, S. 12; so auch *Von Bülow/Stephanblome*, ZIP 2008, 1797, 1798; *Opitz* in Schäfer/Hamann, § 22 WpHG Rn. 89a; *Petersen* in Spindler/Stilz, AktG, Anh. § 22, §§ 21–30 WpHG Rn. 55; *Becker* in Bürgers/Körber, AktG, Anh. § 22, § 22 WpHG Rn. 9.

1754 *Korff*, AG 2008, 692, 693; *Opitz* in Schäfer/Hamann, § 22 WpHG Rn. 90e; a.A. *Schwark* in Schwark/Zimmer, § 22 WpHG Rn. 28.

1755 *Opitz* in Schäfer/Hamann, § 22 WpHG Rn. 90e; ebenso wohl *Petersen* in Spindler/Stilz, AktG, Anh. § 22, §§ 21–30 WpHG Rn. 55 („Vereitelung von Investitionen durch Zahlung einer Superdividende").

1756 *Gätsch/Schäfer*, NZG 2008, 846, 850; *Von Bülow/Stephanblome*, ZIP 2008, 1797, 1798; *Opitz* in Schäfer/Hamann, § 22 WpHG Rn. 90n (12 Monate als Grenzwert); *Petersen* in Spindler/Stilz, AktG, Anh. § 22, §§ 21–30 WpHG Rn. 55; *Schwark* in Schwark/Zimmer, § 22 WpHG Rn. 28; *Von Bülow* in KöKo, WpHG, § 22 Rn. 222; *Heinrich* in Heidel, § 22 WpHG Rn. 23.

1757 Vgl. Bericht Finanzausschuss zum RisikoBegrG, BT-Drucks. 16/9821, S. 12.

1758 *Korff*, AG 2008, 692, 694; *Becker* in Bürgers/Körber, AktG, Anh. § 22, § 22 WpHG Rn. 9.

1759 BaFin, Emittentenleitfaden 2013, S. 121.

1760 *Zimmermann*, ZIP 2009, 57, 58; *Petersen* in Spindler/Stilz, AktG, Anh. § 22, §§ 21–30 WpHG Rn. 55; *Heinrich* in Heidel, § 22 WpHG Rn. 23; insoweit kritisch *Von Bülow* in KöKo, WpHG, § 22 Rn. 222.

regelmäßig überhaupt nur dann erstreben werden, wenn sie für einen unbestimmten Zeitraum fortbesteht. Andererseits lassen sich Änderungen der Unternehmenspolitik niemals ohne größeren Aufwand rückgängig machen.

Das Ziel der Beteiligten muss ferner in einer erheblichen Veränderung der Unternehmenspolitik bestehen. Den Gesetzesmaterialien lässt sich in diesem Zusammenhang entnehmen, dass der Abstimmungsgegenstand für die unternehmerische Ausrichtung des Emittenten „von großer Bedeutung" sein muss.[1761] Im Schrifttum wird vor diesem Hintergrund überwiegend verlangt, dass das Ziel der Beteiligten in der Veranlassung einer geschäftlich gravierenden Maßnahme[1762] oder einer gravierenden bzw. wesentlichen Änderung der unternehmerischen Ausrichtung[1763] bestehen muss. Diese Abgrenzung hilft allerdings nur bedingt weiter, da sie offenlässt, unter welchen Voraussetzungen eine gravierende Maßnahme anzunehmen ist. Andere Stimmen im Schrifttum plädieren für eine Gesamtschau der bezweckten Änderungen, aus der sich ergeben muss, dass keine Einzelmaßnahme verwirklicht werden soll.[1764] Dieser Auffassung lässt sich indessen entgegenhalten, dass sich die unternehmerische Ausrichtung des Emittenten auch dann ändern kann, wenn die Veränderung auf einer einzelnen Maßnahme beruht, etwa auf der Veräußerung eines wesentlichen Geschäftsbereichs. Ferner wird vorgeschlagen, auf eine Parallelwertung zum Insiderrecht, namentlich auf die Legaldefinition der Insiderinformation zurückzugreifen und eine Eignung der erstrebten Maßnahme zur erheblichen Kursbeeinflussung im Fall ihres öffentlichen Bekanntwerdens zu verlangen.[1765] Dagegen wird wiederum vorgebracht, dass eine Änderung der Unternehmenspolitik des Emittenten stets zur Beeinflussung des Kurses der Aktien des Emittenten geeignet ist.[1766] Einen brauchbaren Ansatz für die Abgrenzung von erheblichen und unerheblichen Änderungen der unternehmerischen Ausrichtung vertritt dagegen *Zimmermann*, indem er darauf abstellt, ob die bezweckten Änderungen nur „Randbereiche" oder „Details" der Unternehmenspolitik betreffen oder eine „weitreichende unternehmerische Neuausrichtung".[1767] Diesem Ansatz scheint auch die Verwaltungspraxis der BaFin zu folgen, da es nach ihrer Auffassung entscheidend auf eine Gesamtschau der Änderungen in Bezug auf den konkreten Emittenten

---

1761 Bericht Finanzausschuss zum RisikoBegrG, BT-Drucks. 16/9821, S. 12; ebenso *Gätsch/Schäfer*, NZG 2008, 846, 850; *Becker* in Bürgers/Körber, AktG, Anh. § 22, § 22 WpHG Rn. 9.

1762 *Von Bülow/Stephanblome*, ZIP 2008, 1797, 1798.

1763 *Schwark* in Schwark/Zimmer, § 22 WpHG Rn. 28; *Von Bülow* in KöKo, WpHG, § 22 Rn. 222; *Heinrich* in Heidel, § 22 WpHG Rn. 23.

1764 *Opitz* in Schäfer/Hamann, § 22 WpHG Rn. 90n; *U. H. Schneider* in Assmann/Schneider, WpHG, § 22 Rn. 184b.

1765 *Korff*, AG 2008, 692, 694.

1766 *Opitz* in Schäfer/Hamann, § 22 WpHG Rn. 90n.

1767 *Zimmermann*, ZIP 2009, 57, 58; ebenso *Heinrich* in Heidel, § 22 WpHG Rn. 23.

ankommt, bei der unter anderem auch „wirtschaftliche Größenunterschiede" eine Rolle spielen sollen.[1768]

bb) Mittel zur Erreichung dieses Ziels

Hinsichtlich des Mittels zur Erreichung des beschriebenen Ziels enthält § 22 Abs. 2 S. 2 Alt. 2 WpHG keine ausdrücklichen Vorgaben. Aus § 22 Abs. 2 S. 1 WpHG lässt sich aber entnehmen, dass die Verhaltensabstimmung „in Bezug auf diesen Emittenten" erfolgen muss. Erforderlich ist also jedenfalls eine wie auch immer geartete Beziehung der Verhaltensabstimmung der Beteiligten zu dem Emittenten. Dass diese Beziehung nicht bereits in dem gemeinsamen Ziel der Beteiligten erblickt werden kann, ergibt sich unter Berücksichtigung des Schutzzwecks des Zurechnungstatbestands. Dieser ist auf die Offenlegung des mittelbaren Stimmrechtseinflusses im Allgemeinen und die Aufdeckung der koordinierten Bündelung des Stimmrechtseinflusses sämtlicher Beteiligter und der damit verbundenen Verstärkung des Einflusspotentials des einzelnen Beteiligten gerichtet.[1769] Vor diesem Hintergrund ist das Tatbestandsmerkmal „in Bezug auf diesen Emittenten" nach allgemeiner Auffassung einschränkend dahingehend auszulegen, dass es lediglich die Offenlegung von gesellschaftsrechtlich vermitteltem Binneneinfluss erfasst.[1770] Die Verhaltensabstimmung der Beteiligten muss also eine Einflussnahme auf den Emittenten zum Gegenstand haben, die einen Bezug zu dem Stimmrechtseinfluss der Beteiligten aufweist.

Aus dem Tatbestandsmerkmal „in Bezug auf diesen Emittenten" wird weiter gefolgert, dass sich die Beteiligten zur Erreichung ihrer Ziele auch bereits hinreichend konkret über die Einflussnahme auf den Emittenten abgestimmt haben müssen (sog. Finalität oder Bestimmtheit der Verhaltensabstimmung).[1771] Dies ist der Fall, wenn die Beteiligten bereits eine Übereinstimmung hinsichtlich der zur Zielerreichung erforderlichen Einzelmaßnahmen erreicht haben.[1772] Zudem muss die verabredete Einflussnahme gerade auf die Änderung der unternehmerischen Ausrichtung gerichtet sein. Soweit die Beteiligten also Einflussnahmen auf den Emittenten vereinbaren, die nach ihrem Gesamtplan lediglich untergeordneten Zielen dienen und die

---

1768 BaFin, Emittentenleitfaden 2013, S. 121; so auch *Becker* in Bürgers/Körber, AktG, Anh. § 22, § 22 WpHG Rn. 9, der exemplarisch auf eine Differenzierung anhand der Zahl der Arbeitnehmer verweist.

1769 Vgl. oben S. 173 ff.

1770 *Casper*, ZIP 2003, 1469, 1476; *Seibt*, ZIP 2004, 1829, 1832; *Von Bülow/Bücker*, ZGR 2004, 669, 698; *Schockenhoff/Schumann*, ZGR 2005, 568, 577; *Saenger/Kessler*, ZIP 2006, 837, 839; *Von Bülow/Stephanblome*, ZIP 2008, 1797, 1798; *Opitz* in Schäfer/Hamann, § 22 WpHG Rn. 89a; *Krause* in FS U. H. Schneider, 669, 692; *Von Bülow* in KöKo, WpHG, § 22 Rn. 205, 220; *Heinrich* in Heidel, § 22 WpHG Rn. 21.

1771 OLG München, v. 27.4.2005 – 7 U 2792/04, BB 2005, 1411, 1412 f.; *Liebscher*, ZIP 2002, 1005, 1008; *Pentz*, ZIP 2003, 1478, 1481; *Zimmermann*, ZIP 2009, 57, 58; *Von Bülow* in KöKo, WpHG, § 22 Rn. 207.

1772 *Von Bülow* in KöKo, WpHG, § 22 Rn. 207.

unternehmerische Ausrichtung des Emittenten überhaupt nicht berühren, wird also gerade keine wechselseitige Zurechnung ausgelöst.

Fraglich ist auch, wie eine solche Einflussnahme beschaffen sein muss, um eine wechselseitige Stimmrechtszurechnung auszulösen. Festzuhalten ist zunächst, dass die Beteiligten keine rechtliche Einflussnahmemöglichkeit besitzen müssen. Ausreichend ist grundsätzlich auch jede faktische Einflussnahmemöglichkeit.[1773] Im Schrifttum wird weiter hervorgehoben, dass die geplante Einflussnahme bzw. die Einflussnahmemöglichkeit der Beteiligten nicht objektiv dazu geeignet sein muss, das gemeinsame Ziel der Beteiligten zu erreichen.[1774] Dieser Auffassung ist zuzustimmen. Dass eine Einschränkung der Zurechnung bei fehlender objektiver Eignung der geplanten Einflussnahme zur Erreichung des gemeinsamen Ziels nicht angezeigt ist, folgt vor allem aus dem Schutzzweck des § 22 Abs. 2 WpHG. Denn dieser ist entscheidend auf die Offenlegung gegenseitiger Einflussnahmemöglichkeit der Beteiligten auf ihren unmittelbaren oder mittelbaren Stimmrechtseinfluss gerichtet. Eine solche Bündelung des Stimmrechtseinflusses besteht unabhängig von der Höhe des Einflusspotentials der Beteiligten in sämtlichen Fällen, in denen sich die Beteiligten auf eine gemeinsame Einflussnahme auf den Emittenten mit Stimmrechtsbezug einigen, also nicht nur in den Fällen einer Verständigung über die Ausübung der Stimmrechte. Dass eine wechselseitige Zurechnung im Fall des § 22 Abs. 2 S. 2 Alt. 2 WpHG nur dann erfolgt, wenn sich die Beteiligten mit dem Ziel einer Änderung der unternehmerischen Ausrichtung abstimmen, stellt lediglich eine zusätzliche gesetzliche Voraussetzung dar, deren Einführung zwar zu respektieren ist, aber angesichts des Schutzzwecks des § 22 Abs. 2 WpHG an sich nicht geboten war. Schließlich ist zu berücksichtigen, dass sich die objektive Eignung einer Einflussnahmemöglichkeit zur Erreichung eines bestimmten Ziels häufig überhaupt nicht abstrakt bestimmen lässt, sondern von den Umständen des Einzelfalls abhängt. Der Zusammenhang zwischen der geplanten Einflussnahme und dem gemeinsamen Ziel der Beteiligten muss damit im Ausgangspunkt lediglich darin bestehen, dass die geplante Einflussnahme nach der subjektiven Vorstellung der Beteiligten die Verwirklichung ihres gemeinsamen Ziels fördert. Auf dieser Grundlage stellt sich die weitergehende Frage, wie dieser subjektive Zusammenhang beschaffen sein muss. Erfolgt die Zurechnung bereits dann, wenn die geplante Einflussnahme für sich genommen nur darauf gerichtet ist ein Zwischenziel auf dem Weg zu dem Endziel der Änderung der unternehmerischen Ausrichtung des Emittenten zu erreichen? Oder erfordert die wechselseitige Zurechnung einen subjektiven Unmittelbarkeitszusammenhang, so dass sie nur dann erfolgt, wenn die

---

1773 *Burgard*, BB 1995, 2069, 2075; *U. H. Schneider* in Assmann/Schneider, WpHG, § 22 Rn. 179.

1774 *Korff*, AG 2008, 692, 694; *Zimmermann*, ZIP 2009, 57, 58 f.; *Petersen* in Spindler/Stilz, AktG, Anh. § 22, §§ 21–30 WpHG Rn. 55; *Heinrich* in Heidel, § 22 WpHG Rn. 2; a.A. *Wilsing/Goslar*, DB 2007, 2467, 2468 (keine wechselseitige Zurechnung zwischen Investoren, die gemeinsam keine beachtliche Stimmrechtsmacht besitzen).

geplante Einflussnahme nach der Vorstellung der Beteiligten bereits unmittelbar der Verwirklichung dieses Endziels dienen soll? Dem Wortlaut des § 22 Abs. 2 S. 2 Alt. 2 WpHG lassen sich in diesem Zusammenhang keine Anhaltspunkte entnehmen. Denn dieser differenziert nicht danach, ob nur das Zusammenwirken mit dem unmittelbaren oder auch dasjenige mit dem mittelbaren Ziel einer Änderung der unternehmerischen Ausrichtung zu einer Zurechnung führt. Dagegen deutet der Sinn und Zweck des § 22 Abs. 2 WpHG eher darauf hin, dass eine weite Auslegung vorzunehmen ist. Die gegenseitige Einflussnahmemöglichkeit der Beteiligten auf ihren unmittelbaren oder mittelbaren Stimmrechtseinfluss besteht bereits unabhängig davon, ob die geplante Einflussnahme auf den Emittenten unmittelbar dem Ziel der Änderung seiner unternehmerischen Ausrichtung dienen soll oder zunächst nur die Umsetzung eines Zwischenziels auf dem Weg dahin betrifft. Entscheidend ist folglich alleine, ob ein Gesamtplan der Beteiligten vorliegt, der bereits ihr eigentliches Endziel umfasst. Für die wechselseitige Zurechnung kommt es also nicht darauf an, ob auch ein subjektiver Unmittelbarkeitszusammenhang vorliegt. Alleine diese Auslegung wird auch dem Regelungsziel der §§ 21 ff. WpHG gerecht, die Anleger möglichst frühzeitig über Veränderung der Zusammensetzung des Stimmrechtseinflusses auf den Emittenten zu unterrichten, um ihnen eine rechtzeitige Reaktion hierauf zu ermöglichen.[1775]

Vor diesem Hintergrund stellt sich zunächst die Frage, auf welche Personen bei dem Emittenten die geplante Einflussnahme gerichtet sein muss, um eine wechselseitige Zurechnung auszulösen. Da die Einflussnahme mit dem Ziel erfolgen muss, die unternehmerische Ausrichtung des Emittenten zu verändern, kann es insoweit nur um eine Einflussnahme auf diejenigen Personen bei dem Emittenten gehen, die die unternehmerische Ausrichtung zumindest mitbestimmen können. Handelt es sich bei dem Emittenten um eine deutsche AG sind dies in erster Linie die nach § 76 Abs. 1 AktG zur eigenverantwortlichen Leitung der AG befugten Vorstandsmitglieder.[1776] Erfasst sind aber auch geplante Einflussnahmen auf die Aufsichtsratsmitglieder eines solchen Emittenten, soweit diese nach der Vorstellung der Beteiligten die unternehmerische Ausrichtung des Emittenten beeinflussen können, was insbesondere der Fall sein wird, wenn die Unternehmenspolitik nach der Binnenverfassung des betreffenden Emittenten nur mit Zustimmung des Aufsichtsrats geändert werden kann.[1777] Dagegen wird eine wechselseitige Zurechnung richtigerweise noch nicht dadurch ausgelöst, dass nach dem Gesamtplan der

1775 Vgl. oben S. 43 f.

1776 *Drinkuth*, ZIP 2008, 676, 677; *Gätsch/Schäfer*, NZG 2008, 846, 850; *Zimmermann*, ZIP 2009, 57, 58; *U. H. Schneider* in Assmann/Schneider, WpHG, § 22 Rn. 179, 182, 184; *Von Bülow* in KöKo, WpHG, § 22 Rn. 219; *Heinrich* in Heidel, § 22 WpHG Rn. 22; ebenso schon vor Inkrafttreten des RisikoBegrG OLG München, v. 27.4.2005 – 7 U 2792/04, BB 2005, 1411, 1412 f.

1777 *U. H. Schneider* in Assmann/Schneider, WpHG, § 22 Rn. 179, 184; ebenso wohl *Von Bülow* in KöKo, WpHG, § 22 Rn. 219 („Veranlassung der Verwaltung zu einem Verhalten"); so auch schon vor Inkrafttreten des RisikoBegrG OLG München,

Beteiligten lediglich auf Aktionäre oder Inhaber mittelbaren Stimmrechtseinflusses auf den Emittenten eingewirkt werden soll, die nicht an der Verhaltensabstimmung beteiligt sind.[1778] Zwar können auch die Inhaber des unmittelbaren oder mittelbaren Stimmrechtseinflusses durch die Ausübung ihres Stimmrechts auf die Veränderung der unternehmerischen Ausrichtung des Emittenten hinwirken, so etwa bei der Beschlussfassung über die Veränderung des Unternehmensgegenstands. Allerdings wird in einem solchen Fall bereits eine Verständigung über die Stimmrechtsausübung unter Einschluss dieser Stimmrechteinflussinhaber anzunehmen sein, so dass eine wechselseitige Zurechnung nach § 22 Abs. 2 S. 2 Alt. 2 WpHG nicht in Betracht kommt. Noch ungeklärt ist, ob bereits eine Einflussnahme auf einzelne Vorstands- oder Aufsichtsratsmitglieder des Emittenten genügt oder ob die Einflussnahme stets auf sämtliche oder zumindest die Mehrheit der Organmitglieder gerichtet sein muss. Für letzteres spricht, dass die Entscheidungen des Vorstands oder des Aufsichtsrats, die auf eine Änderung der unternehmerischen Ausrichtung gerichtet sind, grundsätzlich in die Gesamtverantwortung des betreffenden Organs fallen,[1779] so dass ein entsprechender Mehrheitsbeschluss zu fassen ist. Eine gesteigerte Gefahr für eine Veränderung der unternehmerischen Ausrichtung besteht andererseits aber auch bereits bei der Einflussnahme auf einzelne Organmitglieder, wenn diese ihrerseits auf die übrigen Organmitglieder einwirken, um diese von dem Vorhaben einer Veränderung der unternehmerischen Ausrichtung zu überzeugen. Wie bereits hervorgehoben kommt es letztlich maßgeblich auf den Gesamtplan der Beteiligten der Verhaltensabstimmung an. Ist dieser zunächst auf das Zwischenziel der Einflussnahme auf einzelne Organmitglieder gerichtet, die dann für die notwendige Organmehrheit zur Herbeiführung des endgültigen Ziels der Veränderung der unternehmerischen Ausrichtung sorgen, so reicht das grundsätzlich aus, um eine wechselseitige Stimmrechtszurechnung zu begründen.

Als Mindestanforderung einer tatbestandsmäßigen Einflussnahme wird man weiter fordern müssen, dass der Gesamtplan der Beteiligten darauf gerichtet ist, die von ihnen verfolgten Ziele gegenüber den Vorstands- oder Aufsichtsratsmitgliedern des Emittenten zu kommunizieren. Eine solche Kommunikation kann etwa im Rahmen von „Investor-Relations“-Gesprächen erfolgen.[1780] Dabei macht es keinen Unterschied, ob diese Gespräche fernmündlich oder im Rahmen eines persönlichen Treffens erfolgen sollen. Denkbar ist auch ein schriftlicher Kontakt. Ausreichend ist ferner, wenn sich die Beteiligten durch öffentlich zugängliche Quellen, wie durch

---

v. 27.4.2005 – 7 U 2792/04, BB 2005, 1411, 1412 f.; a.A. aufgrund des fehlenden Initiativrechts des Aufsichtsrats *Gätsch/Schäfer*, NZG 2008, 846, 850.

1778 Zu weitgehend daher *Schwark* in Schwark/Zimmer, § 22 WpHG Rn. 31 („Lancieren von Einschätzungen gegenüber den übrigen Aktionären“).

1779 Vgl. zu dem Prinzip der Gesamtverantwortung *Koch* in Hüffer, AktG, § 77 Rn. 17 f.; *Spindler* in MüKo, AktG, § 77 Rn. 61 f.

1780 *Spindler*, WM 2007, 2357, 2361; *Wilsing/Goslar*, DB 2007, 2467, 2468; *Drinkuth*, ZIP 2008, 676, 677; *Veil* in Schmidt/Lutter, AktG, Anh. § 22, § 22 WpHG Rn. 40.

die Tagespresse, an die betreffenden Personen wenden.[1781] Die eigentliche Einflussnahme kann in diesem Zusammenhang etwa in der Ausübung von Druck oder in einer wie auch immer gearteten Drohung gegenüber den Mitgliedern des Vorstands oder Aufsichtsrats des Emittenten bestehen.[1782] Umgekehrt ist es aber freilich auch denkbar, dass die Vorstands- oder Aufsichtsratsmitglieder nach dem Gesamtplan der Beteiligten durch bestimmte Versprechungen oder Belohnungen zu dem gewünschten Verhalten bewegt werden sollen.[1783]

Noch nicht abschließend geklärt ist auch die Frage, welche Anforderungen an den erforderlichen Stimmrechtsbezug der Einflussnahme zu stellen sind. Das Merkmal des Stimmrechtsbezugs dient zunächst der Abgrenzung von sämtlichen Verhaltensabstimmungen, die lediglich auf eine externe (wirtschaftliche) Einflussnahme auf den Emittenten gerichtet sind, was etwa bei einer Verständigung zwischen Kreditgebern, Lieferanten, Großkunden oder Arbeitnehmern des Emittenten über eine konzertierte Einflussnahme der Fall sein kann.[1784] Umstritten ist allerdings, welche weiteren Anforderungen an den Stimmrechtsbezug zu stellen sind. Nach *U. H. Schneider* genügt es insoweit bereits, dass die Beteiligten mit Stimmrechtseinfluss ausgestattet sind. Ein expliziter oder mittelbarer Hinweis auf diesen Stimmrechtseinfluss soll nicht erforderlich sein, da dieser den auf Seiten des Emittenten auftretenden Personen bewusst sei.[1785] Demgegenüber verweisen *Von Bülow* und *Stephanblome* darauf, dass lediglich eine Einflussnahme unter explizitem oder mittelbarem Verweis auf den Stimmrechtseinfluss der Beteiligten ausreichend ist, um eine wechselseitige Zurechnung zu begründen.[1786] Diese zuletzt genannte Auffassung geht in die richtige Richtung, ist aber zu präzisieren. Richtigerweise kann der spezifische Stimmrechtsbezug nicht alleine darin gesehen werden, dass die Beteiligten einen bestimmten unmittelbaren oder mittelbaren Stimmrechtseinfluss auf sich vereinen. Vielmehr muss es gerade die Einflussnahme auf den Emittenten sein, die einen Stimmrechtsbezug aufweist. Anderenfalls könnte etwa bereits die koordinierte Drohung von Kreditgebern, Lieferanten oder Großkunden mit der Beendigung der Geschäftsbeziehungen oder anderweitige Drohungen durch bloße Arbeitnehmer zu einer wechselseitigen Zurechnung von Stimmrechten führen, wenn diese zufälligerweise zugleich Aktionäre des Emittenten wären. Richtigerweise ist daher darauf abzustellen, ob gegenüber den Vorstands- oder Aufsichtsratsmitgliedern des

1781 *Schwark* in Schwark/Zimmer, § 22 WpHG Rn. 31 („Pressekampagnen").
1782 *Drinkuth*, ZIP 2008, 676, 677; *Veil* in Schmidt/Lutter, AktG, Anh. § 22, § 22 WpHG Rn. 40; *U. H. Schneider* in Assmann/Schneider, WpHG, § 22 Rn. 179, 182; *Von Bülow* in KöKo, WpHG, § 22 Rn. 219.
1783 *U. H. Schneider* in Assmann/Schneider, WpHG, § 22 Rn. 179.
1784 Vgl. *Casper*, ZIP 2003, 1469, 1476; *Seibt*, ZIP 2004, 1829, 1832; *Opitz* in Schäfer/Hamann, § 22 WpHG Rn. 89a; *U. H. Schneider* in Assmann/Schneider, WpHG, § 22 Rn. 175a, 182; *Von Bülow* in KöKo, WpHG, § 22 Rn. 206.
1785 *U. H. Schneider* in Assmann/Schneider, WpHG, § 22 Rn. 182.
1786 *Von Bülow/Stephanblome*, ZIP 2008, 1797, 1798; ebenso *Krause* in FS U. H. Schneider, 669, 692.

Emittenten ein bestimmter Stimmrechtsgebrauch in Aussicht gestellt werden soll. Dabei macht es keinen Unterschied, ob dieser Stimmrechtsgebrauch aus der Perspektive dieser Vorstands- oder Aufsichtsratsmitglieder einen positiven oder einen negativen Anreiz setzt. Ein expliziter Hinweis darauf, dass die Beteiligten tatsächlich über den behaupteten Stimmrechtseinfluss verfügen ist entbehrlich, zumal ein solcher Hinweis bereits konkludent aus dem in Aussicht gestellten Stimmrechtsgebrauch folgt. Dies gilt auch dann wenn die Beteiligten die behauptete Stimmkraft tatsächlich überhaupt nicht aufbringen, zumal es wie bereits erläutert nur auf den Gesamtplan der Beteiligten, aber nicht auf die objektive Eignung der Einflussnahme zur Erreichung des gemeinsamen Ziels ankommt. Ausreichend ist daher jedenfalls die Drohung, über die Stimmrechtsausübung in der Hauptversammlung des Emittenten auf die Abberufung der Vorstands- oder Aufsichtsratsmitglieder oder auf die Verfolgung von Schadensersatzansprüchen gegenüber diesen hinzuwirken oder den Vorstandsmitgliedern in der Hauptversammlung das Vertrauen zu entziehen.[1787] Gleiches gilt für das Versprechen, auf die Wiederbestellung der Vorstands- oder Aufsichtsratsmitglieder hinzuwirken. Dagegen reicht der Plan, durch die Drohung mit einer Diffamierung der Vorstands- oder Aufsichtsratsmitglieder in der Öffentlichkeit auf die Änderung der unternehmerischen Ausrichtung hinzuwirken nicht aus, um eine wechselseitige Zurechnung zu begründen.[1788] Denn hier fehlt es gerade an einem spezifischen Bezug zwischen der geplanten Einflussnahme und dem Stimmrechtseinfluss der Beteiligten.

Da nur geplante Änderungen der unternehmerischen Ausrichtung tatbestandsmäßig sind, kommt es nicht zu einer wechselseitigen Zurechnung, wenn die Beteiligten, etwa durch Abschluss einer sog. „Standstill“-Vereinbarung, lediglich die Aufrechterhaltung der gegenwärtigen unternehmerischen Ausrichtung des Emittenten bezwecken[1789] oder durch den Emittenten bereits beschlossene Veränderungen seiner unternehmerischen Ausrichtung lediglich unterstützen[1790].

Kontrovers diskutiert wurde bislang, ob ein abgestimmter Parallelerwerb von Aktien des Emittenten für sich genommen zu einer wechselseitigen Zurechnung führen kann.[1791] Nach zutreffender Auffassung ist das nicht der Fall. Dies wird in

1787 *Drinkuth*, ZIP 2008, 676, 677; *U. H. Schneider* in Assmann/Schneider, WpHG, § 22 Rn. 182.

1788 So aber *U. H. Schneider* in Assmann/Schneider, WpHG, § 22 Rn. 182.

1789 Bericht Finanzausschuss zum RisikoBegrG, BT-Drucks. 16/9821, S. 11; *Korff*, AG 2008, 692, 693; *Von Bülow/Stephanblome*, ZIP 2008, 1797, 1799; *Zimmermann*, ZIP 2009, 57, 58; *Schwark* in Schwark/Zimmer, § 22 WpHG Rn. 18; *Petersen* in Spindler/Stilz, AktG, Anh. § 22, §§ 21–30 WpHG Rn. 55; *U. H. Schneider* in Assmann/Schneider, WpHG, § 22 Rn. 184; *Von Bülow* in KöKo, WpHG, § 22 Rn. 224, 270; *Heinrich* in Heidel, § 22 WpHG Rn. 24; *Becker* in Bürgers/Körber, AktG, Anh. § 22, § 22 WpHG Rn. 9.

1790 *Von Bülow* in KöKo, WpHG, § 22 Rn. 224.

1791 Vor Inkrafttreten des RisikoBegrG befürwortend *Engert*, ZIP 2006, 2105, 2111; bei Gesamtplan zur Änderung der unternehmerischen Ausrichtung auch nach

den Gesetzesmaterialien nunmehr ausdrücklich klargestellt.[1792] Selbst wenn die Beteiligten im Zusammenhang mit dem abgestimmten Parallelerwerb den langfristigen Plan verfolgen, die unternehmerische Ausrichtung des Emittenten zu verändern, fehlt es, wenn zu diesem Zweck lediglich der abgestimmte Parallelerwerb von Aktien vereinbart wird, an der geplanten Einflussnahme auf den Emittenten mit spezifischem Stimmrechtsbezug.[1793] Denn in diesem Fall besteht noch keinerlei gegenseitige Einflussnahmemöglichkeit auf den unmittelbaren oder mittelbaren Stimmrechtseinfluss der Beteiligten. Erstreckt sich der Gesamtplan auch auf eine weitergehende Einflussnahme auf den Emittenten mit Stimmrechtsbezug, so ist im Rahmen des § 22 Abs. 2 S. 2 Alt. 2 WpHG auch an diese anzuknüpfen. Der im Vorfeld erfolgte Parallelerwerb von Aktien ist in diesem Zusammenhang lediglich als Vorbereitungshandlung zu werten, die für sich genommen noch nicht zu einer wechselseitigen Zurechnung führt. Ob im Übernahmerecht aufgrund einer richtlinienkonformen Auslegung eine andere Bewertung vorzunehmen ist, bedarf an dieser Stelle keiner Erörterung.[1794] Denn wie an anderer Stelle dargestellt wurde, sind die Zurechnungsnormen des § 22 WpHG einerseits und des § 30 WpÜG andererseits nicht zwingend einheitlich auszulegen.[1795]

Eine weitere Kontroverse betrifft die Einflussnahme der Beteiligten auf Vorgänge innerhalb des Aufsichtsrats, namentlich die Wahl des Aufsichtsratsvorsitzenden. Für § 22 Abs. 2 WpHG in seiner Fassung vor Inkrafttreten des RisikoBegrG war nach einer entsprechenden BGH-Entscheidung vom 18. September 2006 zumindest bei Vornahme einer Parallelwertung zum Übernahmerecht davon auszugehen, dass

---

Inkrafttreten des RisikoBegrG befürwortend *Korff*, AG 2008, 692, 694; *Schwark* in Schwark/Zimmer, § 22 WpHG Rn. 29; *U. H. Schneider* in Assmann/Schneider, WpHG, § 22 Rn. 185 ff.; ablehnend *Burgard*, BB 1995, 2069, 2074 f.; *Pentz*, ZIP 2003, 1478, 1481; *Von Bülow/Bücker*, ZGR 2004, 669, 698; *Schockenhoff/Schumann*, ZGR 2005, 568, 577 f.; *Saenger/Kessler*, ZIP 2006, 837, 839; *Gätsch/Schäfer*, NZG 2008, 846, 849; *Von Bülow/Stephanblome*, ZIP 2008, 1797, 1799; *Zimmermann*, ZIP 2009, 57, 58; *Opitz* in Schäfer/Hamann, § 22 WpHG Rn. 90h; *Petersen* in Spindler/Stilz, AktG, Anh. § 22, §§ 21–30 WpHG Rn. 56; *Veil* in Schmidt/Lutter, AktG, Anh. § 22, § 22 WpHG Rn. 41; *Merkner/Sustmann*, NZG 2013, 1361, 1365; *Von Bülow* in KöKo, WpHG, § 22 Rn. 268 f.

1792 Bericht Finanzausschuss zum RisikoBegrG, BT-Drucks. 16/9821, S. 11. Darauf hinweisend auch *Gätsch/Schäfer*, NZG 2008, 846, 849; *Von Bülow/Stephanblome*, ZIP 2008, 1797, 1799; *Opitz* in Schäfer/Hamann, § 22 WpHG Rn. 90h; *Von Bülow* in KöKo, WpHG, § 22 Rn. 268 f.

1793 Ebenso *Opitz* in Schäfer/Hamann, § 22 WpHG Rn. 90h; a.A. *Korff*, AG 2008, 692, 694; *Schwark* in Schwark/Zimmer, § 22 WpHG Rn. 29; *U. H. Schneider* in Assmann/Schneider, WpHG, § 22 Rn. 185 ff.

1794 Vgl. hierzu aus übernahmerechtlicher Perspektive *Berger/Filgut*, AG 2004, 592, 594 ff.; *Mülbert*, NZG 2004, 633, 637; *Engert*, ZIP 2006, 2105, 2111.

1795 Vgl. oben S. 175 f.

eine wechselseitige Zurechnung von Stimmrechten in diesem Fall nicht erfolgt.[1796] Für die Rechtslage nach Inkrafttreten des RisikoBegrG ist dieser Entscheidung allerdings die Grundlage entzogen, zumal die Erweiterung des § 22 Abs. 2 WpHG um die Tatbestandsalternative des Zusammenwirkens in sonstiger Weise mit dem Ziel der dauerhaften und erheblichen Änderung der unternehmerischen Ausrichtung des Emittenten auch von dem gesetzgeberischen Ziel getragen war, die restriktive Auslegung des Tatbestands durch den BGH zu korrigieren.[1797] Ungeachtet dessen deuten die Gesetzesmaterialien zum RisikoBegrG darauf hin, dass Koalitionen innerhalb des Aufsichtsrats trotz der genannten Erweiterung des Zurechnungstatbestands nach wie vor nicht zu einer wechselseitigen Zurechnung führen.[1798] Dies soll zum einen aus der Unabhängigkeit der Rechtsstellung der Aufsichtsratsmitglieder folgen, wie sie auch durch den BGH in seiner Entscheidung vom 18. September 2006 hervorgehoben wurde.[1799] Zum anderen verweisen die Gesetzesmaterialien darauf, dass anderenfalls die erforderliche offene und vertrauensvolle Zusammenarbeit innerhalb des Aufsichtsrats nicht mehr gewährleistet sei. Diese Auslegung ist in mehrfacher Hinsicht zu kritisieren. Zunächst kommt es für die Verwirklichung des Zurechnungstatbestands überhaupt nicht auf die zweifellos zutreffende Feststellung der rechtlichen Unabhängigkeit der Aufsichtsratsmitglieder an. Denn aus dieser folgt lediglich, dass die Beteiligten die Aufsichtsratsmitglieder nicht in ihrem Sinne und im Widerspruch zum Unternehmensinteresse beeinflussen dürfen.[1800] Die rechtliche Unabhängigkeit der Aufsichtsratsmitglieder kann allerdings nicht verhindern, dass die Beteiligten ihre Interessen im Einzelfall faktisch durchsetzen können.[1801] Zum anderen kommt es auch nicht darauf an, ob eine tatsächliche Einflussnahme auf die Aufsichtsratsmitglieder erfolgt und diese objektiv dazu geeignet ist, diese zu einer Änderung der unternehmerischen Ausrichtung zu veranlassen, weil insoweit lediglich ein subjektiver Maßstab anzulegen ist, so dass der Gesamtplan der Beteiligten entscheidet.[1802] Denkbar ist eine wechselseitige Zurechnung nach § 22 Abs. 2 S. 2 Alt. 2 WpHG daher vor allem dann, wenn die Beteiligten die unternehmerische Ausrichtung des Emittenten dadurch verändern wollen, dass sie von dem

---

1796 BGH v. 18.9.2006 –II ZR 137/05, NZG 2006, 945, 947; ebenso *Saenger/Kessler*, ZIP 2006, 837, 841 f.; *Kocher*, BB 2006, 2436; a.A. OLG München, v. 27.4.2005 – 7 U 2792/04, BB 2005, 1411, 1413 f. (Vorinstanz im vom BGH entschiedenen Fall).

1797 Vgl. Begr. RegE. RisikoBegrG, BT-Drucks. 16/7438, S. 11.

1798 Bericht Finanzausschuss zum RisikoBegrG, BT-Drucks. 16/9821, S. 12; so auch *Korff*, AG 2008, 692, 695, *Gätsch/Schäfer*, NZG 2008, 846, 850; *Von Bülow/Stephanblome*, ZIP 2008, 1797, 1800; *Veil* in Schmidt/Lutter, AktG, Anh. § 22, § 22 WpHG Rn. 42; *Von Bülow* in KöKo, WpHG, § 22 Rn. 266.

1799 Ebenso *Drinkuth*, ZIP 2008, 676, 677; *Korff*, AG 2008, 692, 695; *Von Bülow* in KöKo, WpHG, § 22 Rn. 267.

1800 Vgl. schon oben S. 372 ff.

1801 Ebenso *Zimmermann*, ZIP 2009, 57, 59; *Opitz* in Schäfer/Hamann, § 22 WpHG Rn. 90c; so wohl auch *Schwark* in Schwark/Zimmer, § 22 WpHG Rn. 30.

1802 So auch *Zimmermann*, ZIP 2009, 57, 59.

Aufsichtsrat ein bestimmtes Vorstandsmitglied wählen lassen, dass die bezweckte Änderung der Unternehmenspolitik nach ihrem Gesamtplan durchführen wird.[1803] Zur Erreichung dieses Zwecks bietet sich die Einflussnahme auf die für eine entsprechende Beschlussfassung des Aufsichtsrats erforderliche Anzahl von Aufsichtsratsmitgliedern der Anteilseignerseite an. Bei einem paritätisch mitbestimmten Aufsichtsrat gehört dazu regelmäßig auch der Aufsichtsratsvorsitzende, zumal dieser die gewünschte Beschlussfassung notfalls über seine Zweitstimme entscheiden kann. Allerdings kann es auch ausreichen, wenn die Einflussnahme nach dem Gesamtplan der Beteiligten lediglich hinsichtlich einer kleineren Anzahl von Aufsichtsratsmitgliedern erfolgen soll. Als Voraussetzung ist dann aber zu fordern, dass diese Aufsichtsratsmitglieder nach der Vorstellung der Beteiligten in ihrem Sinne auf die übrigen Aufsichtsratsmitglieder einwirken, um die hinreichende Mehrheit für die Bestellung des gewünschten Vorstandsmitglieds sicherzustellen. Außerdem ist zu berücksichtigen, dass die Einflussnahme auf die Aufsichtsratsmitglieder nach dem Gesamtplan der Beteiligten in jedem Fall einen spezifischen Stimmrechtsbezug aufweisen, also etwa mit der Drohung verbunden werden muss, im Fall der Bestellung eines anderen als des bevorzugten Vorstandsmitglieds auf eine Abberufung aus dem Aufsichtsrat hinzuwirken. Entscheidend ist in jedem Fall die subjektive Vorstellung der Beteiligten, so dass es weder auf die objektive Eignung der geplanten Einflussnahme zur Erreichung des bezweckten Ziels noch auf die Wahrscheinlichkeit der Zielerreichung ankommt.[1804] Diese Grundsätze können auch im Hinblick auf andere Aufsichtsratsbeschlüsse fruchtbar gemacht werden, die nach dem Gesamtplan der Beteiligten eine Änderung der unternehmerischen Ausrichtung des Emittenten bewirken. Zu denken ist etwa an Fälle, in denen der Vorstand des Emittenten eine Änderung der unternehmerischen Ausrichtung bezweckt, die der Zustimmung des Aufsichtsrats bedarf, aber an dem Widerstand des Aufsichtsrats zu scheitern droht. Richtet sich der Gesamtplan der Beteiligten in diesem Fall auf die Einflussnahme auf den Aufsichtsrat mit dem Ziel, diesen zu einer Zustimmung zu bewegen, so darf eine wechselseitige Zurechnung nicht ausgeschlossen sein. Schwieriger zu beurteilen ist der Fall der geplanten Einflussnahme auf die Aufsichtsratsmitglieder des Emittenten im Hinblick auf die Wahl des Aufsichtsratsvorsitzenden.[1805] Denn die Veränderung der unternehmerischen Ausrichtung beruht für sich genommen niemals auf der Wahl des Aufsichtsratsvorsitzenden. Die Wahl des von den Beteiligten bevorzugten Aufsichtsratsvorsitzenden kann allerdings ein Zwischenziel darstellen, um die von den Beteiligten gewünschte Veränderung der unternehmerischen Ausrichtung

1803 Für die Möglichkeit einer wechselseitigen Zurechnung bei Verfolgung eines Gesamtplans zur Änderung der unternehmerischen Ausrichtung auch *Schwark* in Schwark/Zimmer, § 22 WpHG Rn. 30; *Opitz* in Schäfer/Hamann, § 22 WpHG Rn. 90c.

1804 A.A. *Schwark* in Schwark/Zimmer, § 22 WpHG Rn. 30 („Wahrscheinlichkeit der Durchsetzbarkeit der verfolgten Ziele").

1805 Eine wechselseitige Zurechnung in diesem Fall generell ablehnend *Wilsing/Goslar*, DB 2007, 2467, 2468; *Drinkuth*, ZIP 2008, 676, 677; *Korff*, AG 2008, 692, 695.

herbeizuführen. Da die wechselseitige Zurechnung wie bereits dargelegt keinen subjektiven Unmittelbarkeitszusammenhang zwischen der geplanten Einflussnahme und dem tatbestandsmäßigen Ziel des § 22 Abs. 2 S. 2 Alt. 2 WpHG voraussetzt, begründet auch die mit Blick auf dieses Zwischenziel erfolgende Einflussnahme der Beteiligten bereits eine wechselseitige Zurechnung, wenn sie mit dem Gesamtplan verbunden ist, durch Einflussnahme auf den im Sinne der Beteiligten gewählten Aufsichtsratsvorsitzenden eine Änderung der unternehmerischen Ausrichtung herbeizuführen.[1806] Der Gesamtplan kann in einem solchen Fall etwa darauf gerichtet sein, dass der gewählte Aufsichtsratsvorsitzende die Beschlussfassungen im Aufsichtsrat durch Überzeugung der übrigen Aufsichtsratsmitglieder im Sinne der Beteiligten steuern wird und somit etwa für eine Zustimmung des Aufsichtsrats zu einer Veränderung der Geschäftspolitik des Emittenten sorgt.

cc) Einzelfallausnahme

Streitig ist, ob die Einzelfallausnahme des § 22 Abs. 2 S. 1 HS. 2 WpHG auch auf die zweite Tatbestandsalternative § 22 Abs. 2 S. 2 WpHG anzuwenden ist. Nach der Verwaltungspraxis der BaFin ist das nicht der Fall, da ein Zusammenwirken in sonstiger Weise mit dem Ziel einer dauerhaften und erheblichen Änderung der unternehmerischen Ausrichtung des Emittenten niemals als lediglich punktuelle Einflussnahme zu qualifizieren sei.[1807] Dagegen ist die Einzelfallausnahme nach der überwiegenden Auffassung im Schrifttum grundsätzlich auch auf diesen Fall anzuwenden.[1808] Für die zuletzt genannte Auffassung spricht vor allem der Wortlaut der Einzelfallausnahme in Verbindung mit der Entstehungsgeschichte des § 22 Abs. 2 S. 1 HS. 2 WpHG in der Fassung nach Inkrafttreten des RisikoBegrG. So ist der Wortlaut der Einzelfallausnahme durch das RisikoBegrG dadurch an die Schaffung der zweiten Tatbestandsalternative des § 22 Abs. 2 S. 2 WpHG angepasst worden, dass der zuvor enthaltene Zusatz „über die Ausübung von Stimmrechten" gestrichen wurde.[1809] Daher ist im Grundsatz mit der überwiegenden Auffassung im Schrifttum von einer Anwendbarkeit der Einzelfallausnahme auszugehen. Allerdings stellt sich auch hier wie im Zusammenhang mit einer Verständigung über die Ausübung der Stimmrechte der Beteiligten die Frage, ob das Vorliegen eines Einzelfalls auf Grundlage einer formellen, einer materiellen oder einer gemischten Betrachtungsweise

---

1806 Ebenso i.E. *Spindler*, WM 2007, 2357, 2360; *Zimmermann*, ZIP 2009, 57, 60.

1807 BaFin, Emittentenleitfaden 2013, S. 122; zustimmend *Merkner/Sustmann*, NZG 2013, 1361, 1365 f.; *Becker* in Burgers/Korber, AktG, Anh. § 22, § 22 WpHG Rn. 9.

1808 *Gätsch/Schäfer*, NZG 2008, 846, 850; *Von Bülow/Stephanblome*, ZIP 2008, 1797, 1799; *Kocher*, Der Konzern 2010, 162, 164; *Schwark* in Schwark/Zimmer, § 22 WpHG Rn. 24; *Opitz* in Schäfer/Hamann, § 22 WpHG Rn. 91 f; *U. H. Schneider* in Assmann/Schneider, WpHG, § 22 Rn. 181, 191e; *Handelsrechtsausschuss DAV*, NZG 2013, 658, 660; *Von Bülow* in KöKo, WpHG, § 22 Rn. 225, 229.; *Heinrich* in Heidel, § 22 WpHG Rn. 16.

1809 *Kocher*, Der Konzern 2010, 162, 164.

zu bestimmen ist. Die in diesem Zusammenhang aus dem Wortlaut der Einzelfallausnahme, den Gesetzesmaterialien zum RisikoBegrG, dem Normzweck des § 22 Abs. 2 WpHG und den Regelungszielen der §§ 21 ff. WpHG insgesamt angeführten Argumente für eine streng formelle Betrachtungsweise lassen sich auch auf den Fall des Zusammenwirkens in sonstiger Weise übertragen. Entscheidend ist also alleine, dass die Verhaltensabstimmung der Beteiligten auf Grundlage einer streng formellen Betrachtungsweise im Sinne eines Fortsetzungszusammenhangs fortgeführt werden soll. Unklar ist allerdings, ob es zur Bestimmung des auf die Häufigkeit der geplanten Einflussnahme mit Stimmrechtsbezug auf den Emittenten oder auf die Häufigkeit der bezweckten Veränderung der unternehmerischen Ausrichtung des Emittenten ankommt. *Gätsch* und *Schäfer* nehmen einen Einzelfall immer dann an, wenn die Verhaltensabstimmung zum Zweck der einmaligen Änderung der unternehmerischen Ausrichtung erfolgt.[1810] Dieser Auffassung folgt auch *U. H. Schneider*, zumal er einen Einzelfall immer dann annimmt, wenn nur eine einmalige Maßnahme veranlasst werden soll, selbst wenn diese wie die Einstellung eines Mitarbeiters längerfristige Wirkung hat.[1811] *Opitz* stellt demgegenüber im Grundsatz zu Recht auf die Häufigkeit der geplanten Einflussnahme auf den Emittenten ab.[1812] Anknüpfend an die Situation bei Verständigung über die Stimmrechtsausübung muss es auch hier auf die Anzahl der geplanten Einwirkungen auf den Emittenten und nicht auf das damit verfolgte Ziel ankommen. Eine wechselseitige Zurechnung von Stimmrechten ist nur dann gerechtfertigt, wenn nach der Verständigung der Beteiligten mehrere Einwirkungen auf die Mitglieder des Vorstands oder des Aufsichtsrats geplant sind. Dies gilt auch gerade vor dem Hintergrund des Normzwecks des § 22 Abs. 2 WpHG die gegenseitige Einflussnahmemöglichkeit der Beteiligten auf ihren jeweiligen unmittelbaren oder mittelbaren Stimmrechtseinfluss offenzulegen. Denn diese Einflussnahmemöglichkeit besteht unabhängig davon, ob die unternehmerische Ausrichtung des Emittenten nach der Vorstellung der Beteiligten einmalig oder mehrfach geändert werden soll. Im Ergebnis hat das zur Folge, dass eine Zurechnung verneint werden muss, wenn die Beteiligten die bezweckte Änderung der unternehmerischen Ausrichtung alleine durch eine einmalige Einflussnahme auf die Vorstands- oder Aufsichtsratsmitglieder des Emittenten mit Stimmrechtsbezug erreichen wollen. Dabei wird man eine Zurechnung aber nicht bereits dann annehmen, wenn nach der Vorstellung der Beteiligten bei einer Gelegenheit, etwa einer Veranstaltung unter Beteiligung des Vorstands oder Aufsichtsrat notfalls mehrere Versuche einer Einflussnahme erfolgen sollen. Richtigerweise ist nämlich auch hier daran anzuknüpfen, ob die Einflussnahme im Rahmen eines einzigen

---

1810 *Gätsch/Schäfer*, NZG 2008, 846, 850.

1811 *U. H. Schneider* in Assmann/Schneider, WpHG, § 22 Rn. 191e.

1812 *Opitz* in Schäfer/Hamann, § 22 WpHG Rn. 92; ähnlich *Handelsrechtsausschuss DAV*, NZG 2013, 658, 660 („längerfristig angelegte Strategie der zusammenwirkenden Personen“).

Lebenssachverhalts erfolgt oder sich darüber hinaus auf mehrere Lebenssachverhalte erstrecken soll.[1813]

III. Besonderheiten bei der Investmentanlage im Sinne des KAGB

Eine wechselseitige Zurechnung von Stimmrechten im Sinne des § 22 Abs. 2 WpHG kommt auch dann in Betracht, wenn eine KVG ihr Verhalten in Bezug auf einen bestimmten Emittenten, dessen Aktien sich in dem betreffenden Investmentvermögen befinden oder befinden werden, mit einen Dritten abstimmt. Denkbar ist darüber hinaus eine Verhaltensabstimmung zwischen den Anlegern eines einzelnen Investmentvermögens. Beide Erscheinungsformen einer Verhaltensabstimmung sollen nachfolgend näher beleuchtet werden.

1. Verhaltensabstimmung unter Beteiligung einer KVG

Verhaltensabstimmungen unter Beteiligung einer KVG kommen etwa dann in Betracht, wenn die Anlagepolitik des betreffenden Investmentvermögens nicht nur auf die Erzielung einer überdurchschnittlichen Rendite, sondern eines sog. „absolute return" gerichtet ist.[1814] Denn in diesem Fall wird sich die KVG des betreffenden Investmentvermögens häufig nicht damit begnügen, die Aktien, mit deren Renditeentwicklung sie unzufrieden ist, am Kapitalmarkt zu verkaufen, um das freiwerdende Kapital anderweitig zu investieren. Vielmehr wird sie vielfach versuchen, aktiv auf die Geschäftspolitik des betreffenden Emittenten Einfluss zu nehmen, um die Ertragsaussichten aus seinen Aktien zu verbessern.[1815] Da in dem Investmentvermögen allerdings in der Regel nicht genug Aktien gebunden sind, um die für eine erfolgsversprechende Einflussnahme auf den Emittenten maßgebliche Stimmkraft zu generieren, bietet sich der Weg einer Bündelung des Stimmrechtseinflusses mit Dritten an. Als Abstimmungspartner kommen insoweit vorzugswürdig Personen in Betracht, die ähnliche Anlageinteressen verfolgen. Dies können andere KVGen, aber auch sonstige institutionelle Anleger, wie etwa Versicherungen oder Pensionsfonds sein. Zu berücksichtigen ist freilich, dass sich eine Verhaltensabstimmung nur dann merklich auf den gebündelten Stimmrechtseinfluss auswirkt, wenn jeder Beteiligte für sich genommen einen nicht unerheblichen Stimmrechtseinfluss einbringt. Aus diesem Grund werden Kleinanleger nur selten an einer solchen Verhaltensabstimmung zwischen institutionellen Anlegern teilnehmen.

Beteiligter einer Verhaltensabstimmung und Meldepflichtiger im Sinne des § 22 Abs. 2 WpHG kann nur sein, wer selbst einen unmittelbaren oder mittelbaren Stimmrechtseinfluss aus den Aktien an dem betreffenden Emittenten hat, weil ihm

---

1813 Vgl. *Opitz* in Schäfer/Hamann, § 22 WpHG Rn. 92; *Von Bülow* in KöKo, WpHG, § 22 Rn. 229.

1814 Vgl. oben S. 16 ff.

1815 Vgl. oben S. 16 ff.

die betreffenden Aktien gehören oder weil ihm die Stimmrechte aus den betreffenden Aktien über § 22 Abs. 1 WpHG zugerechnet werden.[1816] Im Hinblick auf die KVG sind diese Voraussetzungen regelmäßig erfüllt. Sofern es sich um Investmentvermögen in der Form von Sondervermögen handelt, werden der KVG die Stimmrechte aus den zum Sondervermögen gehörenden Aktien unmittelbar über § 21 Abs. 1 S. 1 WpHG zugeordnet, wenn es sich um ein nach der Treuhandlösung errichtetes Sondervermögen oder ein nach der Miteigentumslösung errichtetes Publikumssondervermögen handelt.[1817] Unter Umständen kommt in diesen Fällen außerdem eine Zurechnung von Stimmrechten auf die KVG nach § 22 Abs. 1 S. 1 Nr. 3 WpHG und bei einem nach der Treuhandlösung errichteten Sondervermögen auch eine solche auf Grundlage des § 22 Abs. 1 S. 1 Nr. 5 WpHG in Betracht.[1818] Handelt es sich dagegen um ein nach der Miteigentumslösung errichtetes Spezial-Sondervermögen werden der KVG die betreffenden Stimmrechte in jedem Fall auf Grundlage des § 22 Abs. 1 S. 1 Nr. 6 WpHG zugerechnet.[1819] Bei einem Investmentvermögen in der Form einer Investmentgesellschaft kommt es dagegen darauf an, ob sich die Investmentgesellschaft selbst als interne KVG oder im Fall einer fremdverwalteten Investmentgesellschaft die externe KVG an der Verhaltensabstimmung beteiligt. Beides kann den Tatbestand des § 22 Abs. 2 WpHG erfüllen. Da einer Investmentgesellschaft die Stimmrechte aus Aktien in ihrem Anlagevermögen unabhängig davon unmittelbar über § 21 Abs. 1 S. 1 WpHG zugeordnet werden, ob sie ihr Anlagevermögen selbst verwaltet oder dieses von einer externen KVG fremdverwaltet wird,[1820] kommt sie in beiden Fällen als Meldepflichtiger und Beteiligter einer Verhaltensabstimmung im Sinne des § 22 Abs. 2 WpHG in Betracht. Daran könnte man allenfalls im Fall der Fremdverwaltung des Anlagevermögens zweifeln, weil die Stimmrechte in diesem Fall regelmäßig von der rechtsgeschäftlich als Stimmrechtsvertreter zu bestellenden KVG ausgeübt werden und diese bei der Stimmrechtsausübung auch nicht an die Weisungen der Investmentgesellschaft gebunden ist.[1821] Allerdings ist insoweit zu berücksichtigen, dass es der Investmentgesellschaft stets möglich bleibt, durch Kündigung des Verwaltungsvertrags wieder auf das Stimmrecht aus den betreffenden Aktien zuzugreifen,[1822] so dass sich an ihrem unmittelbaren Stimmrechtseinfluss im Grunde nichts ändert. Regelmäßig kommt auch die als Fremdverwalter des Anlagevermögens bestellte KVG als Beteiligter einer Verhaltensabstimmung und Meldepflichtiger im Sinne des § 22 Abs. 2 WpHG in Betracht. In diesem Fall gilt das allerdings nicht ohne Einschränkung, zumal es theoretisch möglich ist, dass die KVG zwar zum Fremdverwalter des Anlagevermögens, nicht aber zum Stimmrechtsvertreter in Bezug auf die Stimmrechte aus Aktien des Anlagevermögens bestellt

1816 Vgl. oben S. 363 ff.
1817 Vgl. oben S. 154 f.
1818 Vgl. oben S. 300 ff. und S. 320 ff.
1819 Vgl. oben S. 339 ff.
1820 Vgl. oben S. 154 ff.
1821 Vgl. oben S. 343 ff.
1822 Vgl. oben S. 343 ff.

wird.[1823] Von diesem sehr theoretischen Ausnahmefall einmal abgesehen, erfolgt allerdings eine Zurechnung der betreffenden Stimmrechte auf die KVG nach § 22 Abs. 1 S. 1 Nr. 6 WpHG,[1824] so dass dann im Fall einer Verhaltensabstimmung auch eine weitergehende Zurechnung nach § 22 Abs. 2 WpHG in Betracht kommt. Die aufgrund eine Verhaltensabstimmung unter Beteiligung einer KVG über § 22 Abs. 2 WpHG wechselseitig zugerechneten Stimmrechte sind zugleich auch dem Mutterunternehmen der KVG zuzurechnen, sofern die KVG auch für die Anwendung des § 22 WpHG weiterhin als Tochterunternehmen im Sinne des § 22 Abs. 3 WpHG zu qualifizieren ist, die Zurechnung also nicht nach § 94 Abs. 2 KAGB unterbrochen wird.[1825]

Eine Verhaltensabstimmung unter Beteiligung einer KVG kann in der Praxis mitunter schon daran scheitern, dass überhaupt keine Kommunikation zwischen ihr und anderen möglichen Beteiligten zustande kommt. Denn eine gegenseitige Kommunikation als tatbestandliche Voraussetzung der Verhaltensabstimmung setzt voraus, dass sich die Beteiligten kennen[1826] oder zumindest die Möglichkeit haben, miteinander in Kontakt zu treten. Allerdings dürfte die gegenseitige Kontaktaufnahme zumindest in sämtlichen Fällen keine nennenswerten Probleme verursachen, in denen der Stimmrechtseinfluss der potentiellen Beteiligten in Bezug auf den Emittenten transparent ist, weil ihr Stimmrechtsanteil die Eingangsmeldeschwelle des § 21 Abs. 1 S. 1 WpHG von 3 Prozent der Stimmrechte an dem Emittenten erreicht oder überschritten hat. Denn dann kann der Name bzw. die Firma und die Anschrift am Wohnort bzw. am Ort der Hauptniederlassung eines potentiellen Beteiligten der zuletzt veröffentlichten Stimmrechtsmitteilung entnommen werden.[1827] Gleiches gilt im Hinblick auf sämtliche potentiellen Beteiligten, die zwar mittlerweile die Eingangsmeldeschwelle von 3 Prozent der Stimmrechte wieder unterschritten haben, aber ihren Stimmrechtsanteil noch nicht vollständig aufgegeben haben, zumal auch im Fall des Unterschreitens der Eingangsmeldeschwelle Namen bzw. Firma und Anschrift zu veröffentlichen sind. Die gegenseitige Kontaktaufnahme ist freilich auch dann nicht ausgeschlossen, wenn die Kontaktdaten der potentiellen Beteiligten nicht schon aufgrund der Regelungen der kapitalmarktrechtlichen Beteiligungstransparenz offengelegt wurden. Allerdings muss den potentiellen Beteiligten der Verhaltensabstimmung dann auf anderem Wege bekannt geworden sein, dass die übrigen potentiellen Beteiligten überhaupt einen unmittelbaren oder mittelbaren Stimmrechtseinfluss auf den betreffenden Emittenten haben. Denkbar ist etwa, dass sich die potentiellen Beteiligten bereits von vergangenen Hauptversammlungen des Emittenten kennen. In Betracht kommt daneben auch, dass sie über das Aktionärsforum im Sinne des § 127a AktG in Erscheinung getreten sind. Auch wenn

---

1823 Vgl. oben S. 343 ff.
1824 Vgl. oben S. 343 ff.
1825 Vgl. zum Zurechnungsausschluss oben S. 242 ff., S. 259 ff. und S. 264 ff.
1826 *Opitz* in Schäfer/Hamann, § 22 WpHG Rn. 98.
1827 Vgl. noch unten S. 415 ff.

sämtliche potentiellen Beteiligten der Verhaltensabstimmung dem gleichen Konzern angehören, wird eine Kontaktaufnahme regelmäßig keine Probleme bereiten und wird der gemeinsame Stimmrechtseinfluss bei dem Emittenten in der Regel sämtlichen Beteiligten bekannt sein.

Vor dem Hintergrund ihrer gemeinsamen Renditeinteressen in Bezug auf den Emittenten wird der Gesamtplan der Beteiligten im Regelfall darauf abzielen, durch koordinierte Stimmrechtsausübung in der Hauptversammlung oder durch Einflussnahme auf den Vorstand oder den Aufsichtsrat eine erhöhte Dividendenausschüttung zu erzielen. Darüber hinaus kommen koordinierte Einflussnahmen in Betracht, die kurzfristig zu einer Steigerung des Aktienkurses oder zu einer Veränderung der Geschäftspolitik führen sollen, wobei letzteres wiederum von dem Ziel getragen sein dürfte, mittel- oder langfristig erhöhte Dividendenausschüttungen durch ein verbessertes Geschäftsergebnis und/oder eine Steigerung des Aktienkurses zu erreichen. Je nach Lage des Falls kann vor diesem Hintergrund entweder eine Verständigung über die Ausübung des Stimmrechts im Sinne des § 22 Abs. 2 S. 2 Alt. 1 WpHG oder ein Zusammenwirken in sonstiger Weise mit dem Ziel einer dauerhaften und erheblichen Änderung der unternehmerischen Ausrichtung im Sinne des § 22 Abs. 2 S. 2 Alt. 2 WpHG vorliegen.

2. *Verhaltensabstimmung unter Beteiligung der Anleger eines einzelnen Investmentvermögens*

Von geringer praktischer Bedeutung dürfte dagegen eine Verhaltensabstimmung unter Beteiligung der Anleger eines einzelnen Investmentvermögens im Sinne des KAGB sein. Gegen eine solche Verhaltensabstimmung wird oftmals schon die Interessenlage der betreffenden Anleger sprechen. Kleinanleger investieren in Anteile an einem Investmentvermögen, weil ihre finanziellen Mittel regelmäßig nicht ausreichen, um etwa im Rahmen einer individuellen Vermögensverwaltung ein eigenes Portfolio zu bilden, das unter Berücksichtigung einer angemessenen Risikomischung auf ihre Renditeziele zugeschnitten ist.[1828] Wenn sie mit der Entwicklung der Rendite aus den Anteilen an dem konkreten Investmentvermögen unzufrieden sind, werden sie diese Anteile eher veräußern und die freiwerdenden Mittel in andere Anlageobjekte investieren, bevor sie ein Interesse daran entwickeln, zur Verbesserung ihrer Rendite Einfluss auf die Portfoliounternehmen zu nehmen.[1829] Anders kann dies allerdings bei institutionellen Anlegern oder um in der Terminologie des KAGB zu bleiben bei professionellen oder semi-professionellen Anlegern sein, und zwar insbesondere dann wenn es um die Verhaltensabstimmung im Hinblick auf die Aktien in einem Spezial-Investmentvermögen geht. Im Vergleich zu Kleinanlegern investieren diese Anleger wesentlich größere Summen in die Anteile an dem Investmentvermögen. Steht dem Investmentvermögen aus diesem Grund eine größere Investitionssumme zur Verfügung, kann es verhältnismäßig

1828 Vgl. oben S. 14 f. und S. 58 f.
1829 Vgl. oben S. 14 f.

auch in größerem Umfang in die Aktien einzelner Emittenten investieren. Beteiligen sich zudem nur wenige professionelle oder semi-professionelle Anleger an dem konkreten Investmentvermögen, kann der mittelbare Anteil dieser Anleger an einem bestimmten Emittenten durchaus erheblich sein und eine Verhaltensabstimmung attraktiv erscheinen lassen. Dies gilt umso mehr, wenn die besagten Anleger über das konkrete Investmentvermögen hinaus auch mittels Beteiligung an anderen Investmentvermögen mittelbar oder als Aktionäre unmittelbar an dem betreffenden Emittenten beteiligt sind oder einen mittelbaren Stimmrechtseinfluss auf diesen ausüben können. Jedenfalls soweit diese Anleger sich nicht mit einer über dem Durchschnitt liegenden Rendite zufrieden geben, sondern einen sog. „absolute-return"-Ansatz verfolgen, steigt auch ihr Anreiz, zur Verbesserung ihrer Rendite Einfluss auf den betreffenden Emittenten zu nehmen.[1830] Dabei kann aus der Perspektive des Anlegers auch der Zugriff auf den in einem Investmentvermögen gebundenen unmittelbaren oder mittelbaren Stimmrechtseinfluss interessant sein, sofern dadurch seine Einflussnahmemöglichkeit auf den Emittenten verstärkt wird. Zur weiteren Verstärkung des Einflusspotentials bietet sich dann auch eine Verhaltensabstimmung sämtlicher Anleger eines Investmentvermögens an, deren Interessenlage aus den genannten Gründen übereinstimmt.

Eine Verhaltensabstimmung dieser Anleger in Bezug auf die Stimmrechte aus Aktien, die zu dem betreffenden Investmentvermögen gehören, kann allerdings auch im hier interessierenden Zusammenhang nur dann zu einer wechselseitigen Zurechnung der betreffenden Stimmrechte führen, wenn die Anleger überhaupt Beteiligte einer Verhaltensabstimmung und Meldepflichtige im Sinne des § 22 Abs. 2 WpHG sein können. Insoweit kommt es abermals darauf an, ob die Anleger selbst Aktionäre des Emittenten sind oder ob ihnen die Stimmrechte aus den im Investmentvermögen gebundenen Aktien zumindest nach § 22 Abs. 1 WpHG zugerechnet werden.[1831] Nach hier vertretener Auffassung ist dies nur dann der Fall, wenn es sich bei dem Investmentvermögen um ein Spezial-Sondervermögen handelt, das nach der Miteigentumslösung errichtet worden ist. Denn in diesem Fall sind die Stimmrechte aus den zu einem Investmentvermögen gehörenden Aktien den Anlegern anteilig über § 21 Abs. 1 S. 1 WpHG zuzuordnen oder im Fall der Sicherungsübertragung über § 22 Abs. 1 S. 1 Nr. 3 HS. 1 WpHG zuzurechnen.[1832] Damit kommen die an dem Investmentvermögen beteiligten Anleger auch nur in diesem Fall als Beteiligte einer Verhaltensabstimmung und als Meldepflichtige im Sinne des § 22 Abs. 2 WpHG in Betracht.

Vor dem Hintergrund des Schutzzwecks des § 22 Abs. 2 WpHG stellt sich allerdings die Frage, ob die Norm teleologisch zu reduzieren ist soweit es um die wechselseitige Zurechnung von Stimmrechten zwischen den an einem solchen Sondervermögen beteiligten Anlegern geht. Denn wie bereits dargestellt dient § 22

1830 Vgl. oben S. 16 ff.
1831 Vgl. oben S. 363 ff.
1832 Vgl. oben S. 159 ff. und S. 300 ff.

Abs. 2 WpHG der Offenlegung der koordinierten Bündelung des unmittelbaren oder mittelbaren Stimmrechtseinflusses der Beteiligten, mithin ihrer gegenseitigen Einflussnahmemöglichkeit auf den bereits bestehenden Stimmrechtseinfluss als besondere Erscheinungsform des mittelbaren Stimmrechtseinflusses.[1833] Eine solche gegenseitige Einflussnahmemöglichkeit ist in der hier interessierenden Konstellation aber gar nicht vorhanden, da es an jeglichem unmittelbarem und mittelbarem Stimmrechtseinfluss der Beteiligten fehlt. Die unmittelbare Zuordnung von Stimmrechten zu den einzelnen Beteiligten auf Grundlage des § 21 Abs. 1 S. 1 WpHG folgt alleine aus der Erforderlichkeit zur Offenlegung des Umfangs ihrer Kapitalbeteiligung an dem Emittenten.[1834] Mangels bestehenden Stimmrechtseinflusses kann es hier also überhaupt nicht zu der von § 22 Abs. 2 WpHG anvisierten Bündelung des Einflusspotentials der Beteiligten kommen. Einer teleologischen Reduktion steht auch das im Rahmen des § 21 Abs. 1 S. 1 WpHG geltende Analogieverbot nicht entgegen, da sich diese nicht zu Lasten der Anleger auswirkt. Auch zur Vermeidung einer Irreführung der Kapitalmarktteilnehmer sprechen vor diesem Hintergrund die besseren Argumente für eine teleologische Reduktion des § 22 Abs. 2 WpHG. Im Ergebnis führt eine etwaige Verhaltensabstimmung zwischen den Anlegern eines nach der Miteigentumslösung errichteten Spezial-Sondervermögens also nicht zu einer wechselseitigen Zurechnung der davon betroffenen Stimmrechte über § 22 Abs. 2.

Entsprechendes muss für Verhaltensabstimmungen unter Beteiligung eines solchen Anlegers gelten. Die diesem auf Grundlage der §§ 21, 22 Abs. 1 WpHG zugeordneten oder zugerechneten Stimmrechte bleiben für die Anwendung des § 22 Abs. 2 WpHG unberücksichtigt. An einer tatbestandsmäßigen Verhaltensabstimmung kann er folglich nur teilnehmen, soweit ihm außerhalb seiner Beteiligung an den betreffenden Sondervermögen noch weitere Stimmrechte zugerechnet oder zugeordnet werden.

§ 3 Erfüllung der Mitteilungspflicht

Die ordnungsgemäße Erfüllung der Mitteilungspflicht nach § 21 Abs. 1 S. 1 WpHG setzt eine gleichzeitige Stimmrechtsmitteilung an den Emittenten und die BaFin voraus. Nach dem Wortlaut des § 21 Abs. 1 S. 1 WpHG muss diese Mitteilung unverzüglich, spätestens aber innerhalb von vier Handelstagen erfolgen. In diesem Zusammenhang bestimmt § 21 Abs. 1 S. 3 WpHG, dass die Mitteilungsfrist mit dem Zeitpunkt beginnt, zu dem der Meldepflichtige Kenntnis davon hat oder nach den Umständen haben musste, dass sein Stimmrechtsanteil die Schwellen des § 21 Abs. 1 S. 1 WpHG erreicht, überschreitet oder unterschreitet. Kenntnis wird nach § 21 Abs. 1 S. 4 WpHG zwei Handelstage nach der Schwellenberührung vermutet. Inhaltlich muss die Mitteilung den Vorgaben des § 17 Abs. 1 WpAIV entsprechen. Erforderliche Angaben sind die deutlich hervorgehobene Überschrift

1833 Vgl. oben S. 352 ff.
1834 Vgl. oben S. 159 ff.

„Stimmrechtsmitteilung" (Nr. 1), der Name und die Anschrift des Mitteilungspflichtigen (Nr. 2) und des Emittenten (Nr. 3), die berührte Schwelle, einschließlich der Angabe, ob die Schwelle erreicht, überschritten oder unterschritten wurde (Nr. 4), die Höhe des nunmehr gehaltenen Stimmrechtsanteils in Bezug auf die Gesamtmenge der Stimmrechte des Emittenten, auch wenn die Ausübung dieser Stimmrechte ausgesetzt ist, sowie in Bezug auf alle mit Stimmrechten verbundenen Aktien ein und derselben Gattung (Nr.5) und das Datum des Erreichens, Überschreitens oder Unterschreitens der Schwelle (Nr. 6). Nach § 18 WpAIV muss die Mitteilung schriftlich oder mittels Telefax in deutscher oder englischer Sprache an den Emittenten und die BaFin übersandt werden.

Die gesetzlichen Vorgaben für die ordnungsgemäße Erfüllung der Mitteilungspflicht werden nachfolgend eingehend gewürdigt. Besonderheiten, die sich im Zusammenhang mit der Investmentanlage im Sinne des KAGB ergeben werden insoweit ausführlich erörtert.

A. Rechtsnatur der Stimmrechtsmitteilung

Die Rechtsnatur der Mitteilung ist noch nicht abschließend geklärt. In der Literatur wird teilweise hervorgehoben, dass es sich bei der Mitteilung um eine Wissenserklärung handele.[1835] Im Ausgangspunkt trifft diese Einordnung auch zu, da die Mitteilung inhaltlich lediglich auf die Übermittlung von Informationen an den Emittenten und die BaFin gerichtet ist, ohne dass damit eine explizite Willensäußerung des Meldepflichtigen verbunden ist. Die Einordnung als Wissenserklärung hilft aber nur bedingt weiter. Denn sie sagt noch nichts darüber aus, inwieweit die auf Willenserklärungen anwendbaren Regelungen des sich mit Rechtsgeschäften befassenden dritten Abschnitts des allgemeinen Teils des BGB entsprechend auf die Mitteilung angewendet werden können. Die Frage nach der Anwendbarkeit dieser Regelungen kann bei der Erfüllung der Mitteilungspflicht aber durchaus eine Rolle spielen. So entscheidet die Anwendbarkeit der Regelungen über die Geschäftsfähigkeit darüber, inwieweit ein beschränkt geschäftsfähiger Meldepflichtiger zur Abgabe der Stimmrechtsmitteilung berechtigt sein kann. Bei Willensmängeln stellt sich die Frage nach der Anwendbarkeit der §§ 116 ff. BGB. Die Regelungen der §§ 125 ff. BGB können relevant werden, wenn es um die richtige Form der Mitteilung und eine Verletzung der Formvorgaben geht. Die Frage, ob die Mitteilung bereits mit Abgabe oder erst mit Zugang bei den Erklärungsempfängern wirksam wird, wird durch die Anwendbarkeit der §§ 130–132 BGB zumindest mitbestimmt. Geht es um die Auslegung der Mitteilung, stellt sich die Frage nach der Anwendbarkeit des § 133 BGB. Die Anwendbarkeit der §§ 164 ff. BGB entscheidet darüber, ob und unter welchen Voraussetzungen eine Stellvertretung bei der Abgabe der Stimmrechtsmitteilung

1835 *Hüffer*, AktG, 7. Aufl. 2006, Anh. § 22, § 21 WpHG Rn. 11; *Dehlinger/Zimmermann* in Fuchs, WpHG, § 21 Rn. 57; *Scholz*, AG 2009, 313, 318; *Schwark* in Schwark/Zimmer, § 21 WpHG Rn. 29.

zulässig ist. Im Einzelfall kann es schließlich auch auf eine Anwendbarkeit der §§ 182 ff. BGB ankommen, wenn es im Zusammenhang mit der Erfüllung der Mitteilungspflicht um Fragen der Einwilligung und Genehmigung geht.

Zur Beantwortung der aufgeworfenen Fragen muss zunächst geklärt werden, ob die Stimmrechtsmitteilung in Abgrenzung von einer rein tatsächlichen Handlung als sog. Rechtshandlung, genauer gesagt als sog. geschäftsähnliche Handlung qualifiziert werden kann. Rechtshandlungen sind dadurch gekennzeichnet, dass die Rechtsordnung Rechtsfolgen an ihre Vornahme knüpft, und zwar unabhängig von einem diesbezüglichen Willen des Handelnden.[1836] Sie können weiter unterteilt werden in geschäftsähnliche Handlungen und Tathandlungen bzw. Realakte.[1837] Während geschäftsähnliche Handlungen eine Erklärung oder Äußerung beinhalten, erschöpfen sich Realakte in einer rein tatsächlichen Willensbetätigung.[1838] Da die Stimmrechtsmitteilung eine Erklärung über den Stimmrechtsanteil des Meldepflichtigen enthält, kann sie jedenfalls nicht als bloßer Realakt qualifiziert werden.[1839] Sie könnte allerdings als geschäftsähnliche Handlung anzusehen sein, wenn ihre Vornahme mit einer gesetzlichen Rechtsfolge verknüpft ist. Die ordnungsgemäße Vornahme der Mitteilung führt zu der zivilrechtlichen Rechtsfolge, dass ein Rechtsverlust nach § 28 WpHG erst gar nicht entsteht oder spätestens nach sechs weiteren Monaten entfällt.[1840] Außerdem löst die Mitteilung gegenüber dem Emittenten als öffentlich-rechtliche Rechtsfolge die Entstehung der Veröffentlichungspflicht des § 26 Abs. 1 S. 1 WpHG aus, soweit der Emittent als Inlandsemittent zu qualifizieren ist.[1841] Eine weitere öffentlich-rechtliche Rechtsfolge besteht darin, dass der Bußgeldtatbestand des § 39 Abs. 2 Nr. 2 e) WpHG nicht ausgelöst wird, wenn die Mitteilung ordnungsgemäß erfolgt. Im Ergebnis ist die Mitteilung also sogar mit mehreren Rechtsfolgen verknüpft, so dass sie als geschäftsähnliche Handlung zu qualifizieren ist.[1842]

1836 *Flume*, BGB-AT II, § 9/1; *Hefermehl* in Soergel, BGB, Vor § 116 Rn. 22; *Ulrici*, NJW 2003, 2053; *Medicus*, BGB, § 18 Rn. 184; *Larenz/Wolf/Neuner*, § 28 Rn. 8; *H. F. Müller* in Erman, BGB, Vor § 104 Rn. 6; *Ellenberger* in Palandt, BGB, Überbl. vor § 104 Rn. 4.

1837 *Hefermehl* in Soergel, BGB, Vor § 116 Rn. 23 f.; *Medicus*, BGB, § 18 Rn. 196 f.; *H. F. Müller* in Erman, BGB, Vor § 104 Rn. 6; *Ellenberger* in Palandt, BGB, Überbl. vor § 104 Rn. 4.

1838 *Ulrici*, NJW 2003, 2053; *Larenz/Wolf/Neuner*, § 28 Rn. 8; *Wendtland* in Bamberger/Roth, BGB, § 133 Rn. 16; *Ellenberger* in Palandt, BGB, Überbl. vor § 104 Rn. 6, 9.

1839 Ebenso für die Mitteilungen nach §§ 20, 21 AktG *Happ* in FS K. Schmidt, 545, 553.

1840 *Veil* in Schmidt/Lutter, AktG, Anh. § 22, § 21 WpHG Rn. 3.

1841 *Veil* in Schmidt/Lutter, AktG, Anh. § 22, § 21 WpHG Rn. 3

1842 So bereits *Veil* in Schmidt/Lutter, AktG, Anh. § 22, § 21 WpHG Rn. 3; ebenso wohl *Sudmeyer*, BB 2002, 685, 689 Fn. 79; *Dehlinger/Zimmermann* in Fuchs, WpHG, § 21 Rn. 7, 57; für die Mitteilungen nach §§ 20, 21 AktG auch *Hägele*, NZG 2000, 726, 727; *Happ* in FS K. Schmidt, 545, 552 f.; *Burgard*, WM 2012, 1937, 1940; *Emmerich* in Emmerich/Habersack, § 20 AktG Rn. 30; *Hirte* in KöKo, WpHG, § 21 Rn. 137, 165; a.A (bloße Wissenserklärung) *Scholz*, AG 2009, 313, 318; *Petersen* in Spindler/

Damit stellt sich in einem zweiten Schritt die Frage, ob die für Willenserklärungen und einseitige Rechtsgeschäfte geltenden allgemeinen Regelungen des dritten Abschnitts des allgemeinen Teils des BGB analog auf die Stimmrechtsmitteilung anwendbar sind. Nach allgemeinen Grundsätzen erfordert dies eine planwidrige Regelungslücke und eine vergleichbare Interessenlage. Von einer planwidrigen Regelungslücke ist auszugehen, da das BGB keinerlei allgemeine Regelungen zur Behandlung von geschäftsähnlichen Handlungen enthält.[1843] Bei der Feststellung der vergleichbaren Interessenlage ist aber die Eigenart der geschäftsähnlichen Handlung zu berücksichtigen.[1844] Allgemein gilt, dass geschäftsähnlichen Handlungen und Willenserklärungen aufgrund ihrer Ähnlichkeit einheitlich behandelt werden sollten, zumal der Gegenstand der geschäftsähnlichen Handlung wie derjenige der Willenserklärung in einer Äußerung besteht, die auf die Herbeiführung einer Rechtsfolge gerichtet ist.[1845] Bei geschäftsähnlichen Handlungen beruht diese Rechtsfolge zwar nicht auf dem Willen des Handelnden, sondern auf einer gesetzlichen Anordnung. Gewöhnlich werden geschäftsähnliche Handlungen aber im Bewusstsein und oftmals sogar in der Absicht der Hervorrufung der mit ihnen verknüpften gesetzlichen Rechtsfolgen vorgenommen.[1846] Vor diesem Hintergrund sind die allgemeinen Regelungen über Willenserklärungen und einseitige Rechtsgeschäfte des dritten Abschnitts des allgemeinen Teils des BGB nach ganz herrschender Meinung grundsätzlich analog auf geschäftsähnliche Handlungen anwendbar, namentlich die §§ 104 ff. BGB über die Geschäftsfähigkeit[1847], ggf. die §§ 119 ff. BGB über Willensmängel[1848], die §§ 125 ff. BGB über die Form[1849], die §§ 130 ff. BGB über

---

Stilz, AktG, Anh. § 22, §§ 21–30 WpHG Rn. 17; *Schwark* in Schwark/Zimmer, § 21 WpHG Rn. 29.

1843 *Ulrici*, NJW 2003, 2053, 2054.

1844 BGH v. 17.10.2000 – X ZR 97/99, NJW 2001, 289, 290; *Ulrici*, NJW 2003, 2053, 2054; *Ellenberger* in Palandt, BGB, Überbl. vor § 104 Rn. 7.

1845 *Hefermehl* in Soergel, BGB, Vor § 116 Rn. 23; *Ulrici*, NJW 2003, 2053; *H. F. Müller* in Erman, BGB, Vor § 104 Rn. 8.

1846 BGH v. 17.4.1967 – II ZR 228/64, NJW 1967, 1800, 1802; BGH v. 6.12.1988 – XI ZR 81/88, NJW 1989, 1792; *Armbrüster* in MüKo, BGB, Vor § 116 Rn. 17; *Burgard*, WM 2012, 1937, 1940; *H. F. Müller* in Erman, BGB, Vor § 104 Rn. 8.

1847 *Ulrici*, NJW 2003, 2053, 2054; *Medicus*, BGB, § 18 Rn. 198; *Larenz/Wolf/Neuner*, § 28 Rn. 11; *Schmitt* in MüKo, BGB, Vor § 104 Rn. 11; *Armbrüster* in MüKo, BGB, Vor § 116 Rn. 17; *H. F. Müller* in Erman, BGB, Vor § 104 Rn. 8; *Wendtland* in Bamberger/Roth, BGB, § 104 Rn. 3; *Ellenberger* in Palandt, BGB, Überb. vor § 104 Rn. 7.

1848 BGH v. 6.12.1988 – XI ZR 81/88, NJW 1989, 1792 (für § 119 BGB); *Hefermehl* in Soergel, BGB, Vor § 116 Rn. 23; *Ulrici*, NJW 2003, 2053, 2054 (allgemein für die Anfechtung); *Medicus*, BGB, § 18 Rn. 198 (wenn das Geschäft dem Erklärenden einen Nachteil bringt); *Larenz/Wolf/Neuner*, § 28 Rn. 11 (soweit der Schutz des Empfängers der Mitteilung nicht höher zu bewerten ist); *Armbrüster* in MüKo, BGB, Vor § 116 Rn. 18; *Ellenberger* in Palandt, BGB, Überbl. vor § 104 Rn. 7.

1849 *Ulrici*, NJW 2003, 2053, 2054; *Armbrüster* in MüKo, BGB, Vor § 116 Rn. 17 (für § 126 BGB).

das Wirksamwerden der Erklärung[1850], die §§ 133, 157 BGB über die Auslegung[1851], die §§ 164 ff. BGB über die Stellvertretung[1852] und die §§ 182 ff. über Einwilligung und Genehmigung[1853]. Besonderheiten für die Stimmrechtsmitteilung gelten nur, soweit ihre Eigenart der Anwendung einer der genannten allgemeinen Regelungen entgegensteht, so dass die entsprechende Anwendung im Ergebnis aufgrund des mit der Stimmrechtsmitteilung verfolgten Zwecks im Ergebnis nicht gerechtfertigt werden kann.[1854] Sofern dies im Rahmen der in dieser Abhandlung behandelten Fragen der Fall sein sollte, wird nachfolgend gesondert darauf hingewiesen.

B. Erfüllungszuständigkeit

Da sich die Mitteilungspflicht an den Meldepflichtigen richtet, ist dieser grundsätzlich persönlich zur Abgabe der Stimmrechtsmitteilung berechtigt und verpflichtet.[1855] Allerdings handelt es sich nicht um eine höchstpersönliche Pflicht des Meldepflichtigen, so dass einer Verlagerung des Rechts zur Erfüllung der Mitteilungspflicht auf Dritte keine grundsätzlichen Bedenken entgegenstehen. Insoweit ist allerdings zu differenzieren.

Fehlt dem Meldepflichtigen die natürliche Handlungsfähigkeit, weil er eine juristische Person oder eine zumindest teilrechtsfähige Gesellschaft ist, so verlagert sich das Recht zur Erfüllung der Mitteilungspflicht auf seine organschaftlichen Vertreter.[1856] Eine solche Verlagerung erfolgt auch im Fall der Geschäftsunfähigkeit des Meldepflichtigen. Denn nach § 105 Abs. 1 BGB analog wäre die Abgabe der Stimmrechtsmitteilung durch den Meldepflichtigen in diesem Fall nichtig. Die Norm

---

1850 BGH v. 17.4.1967 – II ZR 228/64, NJW 1967, 1800, 1802; BGH v. 12.12.2001 – X ZR 192/00, NJW 2002, 1565, 1567; *Ulrici*, NJW 2003, 2053, 2054; *Larenz/Wolf/*Neuner, § 28 Rn. 12; *Armbrüster* in MüKo, BGB, Vor § 116 Rn. 17; *H. F. Müller* in Erman, BGB, Vor § 104 Rn. 8; *Ellenberger* in Palandt, BGB, Überbl. vor § 104 Rn. 7.

1851 BGH v. 14.10.1994 – V ZR 196/93, NJW 1995, 45, 46; *Ulrici*, NJW 2003, 2053, 2054; *Medicus*, BGB, § 18 Rn. 198; *Larenz/Wolf/Neuner*, § 28 Rn. 12; *Armbrüster* in MüKo, BGB, Vor § 116 Rn. 17; *Busche* in MüKo, BGB, § 133 Rn. 48; *H. F. Müller* in Erman, BGB, Vor § 104 Rn. 8; *Wendtland* in Bamberger/Roth, BGB, § 133 Rn. 16; *Ellenberger* in Palandt, BGB, Überbl. vor § 104 Rn. 7.

1852 BGH v. 17.10.2000 – X ZR 97/99, NJW 2001, 289, 290 (für § 174 BGB); *Hefermehl* in Soergel, BGB, Vor § 116 Rn. 23; *Ulrici*, NJW 2003, 2053, 2054 f.; *Medicus*, BGB, § 18 Rn. 198; *Larenz/Wolf/Neuner*, § 28 Rn. 11; *H. F. Müller* in Erman, BGB, Vor § 104 Rn. 7; *Ellenberger* in Palandt, BGB, Überbl. vor § 104 Rn. 7.

1853 *H. F. Müller* in Erman, BGB, Vor § 104 Rn. 8; *Ellenberger* in Palandt, BGB, Überbl. vor § 104 Rn. 7.

1854 Vgl. *Larenz/Wolf*, § 22 Rn. 17.

1855 *Dehlinger/Zimmermann* in Fuchs, WpHG, § 21 Rn. 15 („persönliche Pflichten"); *Opitz* in Schäfer/Hamann, § 21 WpHG Rn. 11a.

1856 *Dehlinger/Zimmermann* in Fuchs, WpHG, § 21 Rn. 5, 8 („Maßnahme der Geschäftsführung"), 57; *Opitz* in Schäfer/Hamann, § 21 WpHG Rn. 11a; *Hirte* in KöKo, WpHG, § 21 Rn. 131.

ist analog auf die Abgabe der Stimmrechtsmitteilung anwendbar, da die Eigenart der Stimmrechtsmitteilung hier nicht zu einer abweichenden Beurteilung zwingt. Für den minderjährigen Meldepflichtigen sind in diesem Fall nach § 1629 Abs. 1 BGB grundsätzlich die Eltern als gesetzliche Vertreter zur Abgabe der Mitteilung berechtigt und im Verhältnis zu dem Meldepflichtigen auch verpflichtet.[1857] Gleiches gilt nach § 1793 Abs. 1 BGB im Hinblick auf einen etwaigen Vormund.[1858] Der volljährige aber gemäß § 104 Nr. 2 BGB geschäftsunfähige Meldepflichtige wird bei der Abgabe der Mitteilung gemäß § 1902 BGB durch seinen rechtliche Betreuer vertreten.[1859] Fraglich ist, ob der beschränkt geschäftsfähige Meldepflichtige selbst zur Erfüllung seiner Mitteilungspflicht berechtigt ist. Da es sich bei der Mitteilung um eine geschäftsähnliche Handlung handelt, sind zur Beantwortung dieser Frage die Regelungen der §§ 107, 111 BGB analog heranzuziehen.[1860] Argumente, die einer analogen Anwendung dieser Norm auf die Stimmrechtsmitteilung entgegen stehen könnten, sind nicht ersichtlich. Aus den §§ 107, 111 BGB analog folgt, dass der beschränkt geschäftsfähige Meldepflichtige die Stimmrechtsmitteilung mit Einwilligung seines gesetzlichen Vertreters auch selbst vornehmen kann.[1861] Ohne Mitwirkung seines gesetzlichen Vertreters wäre er dagegen nur dann zur Abgabe der Stimmrechtsmitteilung berechtigt, wenn diese ihm lediglich einen rechtlichen Vorteil bringen würde. Dies trifft nur auf solche geschäftsähnliche Handlungen zu, die die Rechtsstellung des beschränkt Geschäftsfähigen ausschließlich verbessern, ohne dass ihn als Haupt- oder Nebenfolge der Vornahme der Handlung auf Grund des Parteiwillens oder kraft Gesetzes irgendwelche rechtlichen Verpflichtungen treffen, für die er persönlich mit seinem Vermögen haftet.[1862] Grundsätzlich hat die Abgabe der Stimmrechtsmitteilung keine rechtlichen Nachteile für den Meldepflichtigen. Im Idealfall bewirkt sie die Erfüllung der Mitteilungspflicht. Die Rechtsstellung des Meldepflichtigen wird also verbessert. Allerdings ist zu berücksichtigen, dass die Abgabe der Mitteilung gemäß § 39 Abs. 2 Nr. 2 lit. e) WpHG zur Verhängung eines Bußgeldes gegenüber dem Meldepflichtigen führen kann, für das der Meldepflichtige dann mit seinem persönlichen Vermögen haftet, wenn die Mitteilung inhaltlich fehlerhaft oder verspätet erfolgt. Die Verpflichtung zur

---

1857 *Dehlinger/Zimmermann* in Fuchs, WpHG, § 21 Rn. 7, 57; *Opitz* in Schäfer/Hamann, § 21 WpHG Rn. 11a; *Hirte* in KöKo, WpHG, § 21 Rn. 131.

1858 *Dehlinger/Zimmermann* in Fuchs, WpHG, § 21 Rn. 7, 57; *Opitz* in Schäfer/Hamann, § 21 WpHG Rn. 11a; *U. H. Schneider* in Assmann/Schneider, WpHG, § 21 Rn. 18; *Hirte* in KöKo, WpHG, § 21 Rn. 131.

1859 *Dehlinger/Zimmermann* in Fuchs, WpHG, § 21 Rn. 7, 57; *Opitz* in Schäfer/Hamann, § 21 WpHG Rn. 11a.

1860 *Dehlinger/Zimmermann* in Fuchs, WpHG, § 21 Rn. 7 (§ 107 BGB analog); *Hirte* in KöKo, WpHG, § 21 Rn. 137 (§ 111 BGB analog).

1861 So i.E. auch *Hirte* in KöKo, WpHG, § 21 Rn. 137.

1862 BGH v. 25.11.2004 – V ZB 13/04, NJW 2005, 415, 417; *Schmitt* in MüKo, BGB, § 107 Rn. 29; *Wendtland* in Bamberger/Roth, BGB, § 107 Rn. 3; *Ellenberger* in Palandt, BGB, § 107 Rn. 2.

Zahlung des Bußgeldes stellt einen rechtlichen Nachteil dar, der als Nebenfolge aus der Vornahme der Stimmrechtsmitteilung folgen kann. Zum Schutz des beschränkt Geschäftsfähigen kann vor diesem Hintergrund nicht mehr von einem lediglich rechtlich vorteilhaften Geschäft gesprochen werden. Damit lässt sich festhalten, dass der beschränkt geschäftsfähige Meldepflichtige die Stimmrechtsmitteilung persönlich nur dann vornehmen kann, wenn seine gesetzlichen Vertreter zuvor ihre Einwilligung erteilt haben.[1863]

Eine rechtsgeschäftliche Stellvertretung bei der Abgabe der Mitteilung ist nach allgemeiner Auffassung zulässig und bei Fehlen einer anderweitigen Berechtigung des Dritten zur Abgabe der Mitteilung für den Meldepflichtigen auch erforderlich.[1864] In der Regel wird dieses Ergebnis nicht näher begründet. Es folgt aus der Qualifizierung der Mitteilung als geschäftsähnliche Handlung und darauf aufbauend auf einer analogen Anwendung der §§ 164 ff. BGB. Die Eigenart der Stimmrechtsmitteilung steht nicht entgegen. Im Ergebnis können also etwa nachgeordnete Mitarbeiter in einem Unternehmen[1865] oder die Rechtsberater des Meldepflichtigen mit der Abgabe der Mitteilung betraut werden.

Schwieriger zu beurteilen ist die Frage, ob sich die Berechtigung und Verpflichtung des Meldepflichtigen zur Abgabe der Mitteilung auch auf Stimmrechte aus Aktien des Meldepflichtigen bezieht, die nicht oder nicht mehr länger seiner Verwaltung unterliegen, weil insoweit ein Amtswalter (Nachlassverwalter, Testamentsvollstrecker, Insolvenzverwalter) an die Stelle des Meldepflichtigen getreten ist. Teilweise wird dies unter Hinweis darauf verneint, dass sich die Erfüllungszuständigkeit auf den Amtswalter verlagere.[1866] Gegen einen Übergang der Erfüllungszuständigkeit auf den Amtswalter spricht zumindest für den Fall der Insolvenzverwaltung die durch das TUG neu eingefügte Regelung des § 11 Abs. 1 WpHG, wonach der Insolvenzverwalter den Schuldner bei der Erfüllung der Pflichten aus dem WpHG

1863 Etwas anderes könnte allenfalls dann anzunehmen sein, wenn die zur Mitteilungspflicht führende Veränderung des Stimmrechtsanteils über § 112 BGB dem selbstständigen Betrieb des Erwerbsgeschäfts des Minderjährigen zugerechnet werden kann, da er in diesem Fall auch für solche Rechtsgeschäfte unbeschränkt geschäftsfähig ist, welche der Geschäftsbetrieb mit sich bringt.

1864 *Bayer* in MüKo, AktG, Anh. § 22, § 21 WpHG Rn. 40; *Dehlinger/Zimmermann* in Fuchs, WpHG, § 21 Rn. 5, 57; *Hirte* in KöKo, WpHG, § 21 Rn. 137; a.A. (Vertretungsmacht nicht erforderlich, wenn dem Meldepflichtigen die Mitteilung analog § 166 BGB zugerechnet werden kann) *Scholz*, AG 2009, 313, 318. Ohne rechtsgeschäftliche Bevollmächtigung kann die Mitteilungspflicht des Meldepflichtigen auch von seinem Mutterunternehmen erfüllt werden, wenn der Meldepflichtige zu einem Konzern gehört, für den ein Konzernabschluss nach den §§ 290, 340i HGB aufgestellt werden. Dies folgt aus § 24 WpHG. Ist das Mutterunternehmen selbst ein Tochterunternehmen, kann die Mitteilungspflicht des Meldepflichtigen zudem durch dessen Mutterunternehmen erfüllt werden.

1865 *Dehlinger/Zimmermann* in Fuchs, WpHG, § 21 Rn. 8, 57.

1866 *Hirte* in KöKo, WpHG, § 21 Rn. 136; *Von Buttlar*, BB 2010, 1355, 1357 (für den Insolvenzverwalter, wenn dieser Aktien aus der Insolvenzmasse veräußert).

zu unterstützen hat. Diese Norm kann im Hinblick auf § 21 Abs. 1 S. 1 WpHG so ausgelegt werden, dass der Insolvenzverwalter dem meldepflichtigen Schuldner sämtliche Informationen zukommen lassen muss, die dieser benötigt, um seine Mitteilungspflicht feststellen und daraufhin eine ordnungsgemäße Stimmrechtsmitteilung abgeben zu können.[1867] Auch das stellt eine Unterstützung des Schuldners bei der Erfüllung seiner Pflichten nach WpHG dar. Außerdem bedarf die Verlagerung der Erfüllungszuständigkeit einer besonderen Begründung, da es sich bei der Mitteilungspflicht um eine persönliche Pflicht des Meldepflichtigen handelt.[1868] Gegen die Verlagerung der Erfüllungszuständigkeit auf den Amtswalter spricht auch die Erwägung, dass im Stimmrechtsanteil des Meldepflichtigen bei der Testamentsvollstreckung auch Stimmrechte aus Aktien des Meldepflichtigen zu berücksichtigen sein können, die dieser noch selbst verwaltet. Unter Umständen werden dem Meldepflichtigen zudem weitere Stimmrechte auf Grundlage des § 22 WpHG zugerechnet. Da der Amtswalter keinen Einblick in den Umfang der auf diese Weise im Stimmrechtsanteil des Meldepflichtigen zu berücksichtigenden weiteren Stimmrechte hat, ist er ohne permanente Auskunft über den Bestand der Stimmrechte von Seiten des Meldepflichtigen nicht dazu in der Lage, für eine Erfüllung der Mitteilungspflichten des Meldepflichtigen zu sorgen.[1869] Vor diesem Hintergrund sprechen die besseren Argumente gegen eine Verlagerung der Erfüllungszuständigkeit auf den Amtswalter, so dass die Mitteilungspflicht grundsätzlich weiterhin von dem Meldepflichtigen persönlich zu erfüllen ist.[1870] Sofern der Amtswalter im Einzelfall dazu berechtigt sein soll, die Mitteilungspflichten des Meldepflichtigen zu erfüllen, kann er aber rechtsgeschäftlich dazu bevollmächtigt werden. Abzulehnen ist die Auffassung, wonach sich die Erfüllungszuständigkeit zwar nicht vollständig auf den Amtswalter verlagert, er aber ohne rechtsgeschäftliche Bevollmächtigung kraft seines Verwaltungsrechts zur Erfüllung der Mitteilungspflicht des Meldepflichtigen befugt sein soll.[1871] Ein solches Nebeneinander der Erfüllungszuständigkeit erhöht das Risiko fehlerhafter Mitteilungen, insbesondere wenn dem Meldepflichtigen

---

1867 *Dehlinger/Zimmermann* in Fuchs, WpHG, § 21 Rn. 15; *U. H. Schneider* in Assmann/Schneider, WpHG, § 21 Rn. 20. Vgl. im Hinblick auf § 11 WpHG auch Begr. RegE. TUG, BT-Drucks. 16/2498, S. 32 („Sollte der Insolvenzverwalter aufgrund seiner Verwaltung des Schuldnervermögens einen Informationsvorsprung gegenüber dem Schuldner besitzen, so hat er dem Schuldner die zur Erfüllung seiner kapitalmarktrechtlichen Pflichten notwendigen Informationen zur Verfügung zu stellen").

1868 *Dehlinger/Zimmermann* in Fuchs, WpHG, § 21 Rn. 15.

1869 *Dehlinger/Zimmermann* in Fuchs, WpHG, § 21 Rn. 58 Fn. 140.

1870 *Dehlinger/Zimmermann* in Fuchs, WpHG, § 21 Rn. 15, 58; *Veil* in Schmidt/Lutter, AktG, Anh. § 22, § 21 WpHG Rn. 6 (für die Insolvenzverwaltung); *U. H. Schneider* in Assmann/Schneider, WpHG, § 21 Rn. 20 (für die Insolvenzverwaltung); ebenso i.E. für die Veröffentlichungspflicht nach § 26 Abs. 1 S. 1 WpHG im Fall der Insolvenz des Inlandsemittenten BVerwG v. 13.4.2005 – 6 C 4/04, NJW-RR 2005, 1207 ff.

1871 Für eine solche Erfüllungsbefugnis *Opitz* in Schäfer/Hamann, § 21 WpHG Rn. 11a.

Stimmrechte zuzuordnen oder zuzurechnen sind, die nicht aus den Aktien folgen, die unter der Verwaltung des Amtswalters stehen. Geht man also davon aus, dass die Mitteilungspflicht grundsätzlich weiterhin vom Meldepflichtigen persönlich zu erfüllen ist, stellt sich die Frage, wie der Meldepflichtige Zugriff auf die dazu benötigten Informationen über den Bestand der fremdverwalteten Aktien erhält. Im Fall der Insolvenzverwaltung lässt sich aus § 11 Abs. 1 WpHG ableiten, dass der Insolvenzverwalter dem Meldepflichtigen die benötigten Informationen erteilen muss. Damit diese Informationspflicht ihre Wirkung nicht verfehlt, ist der Aktionär von jeder Veränderung im Bestand der fremdverwalteten stimmrechtsvermittelnden Aktien unverzüglich zu unterrichten. Da vergleichbare Regelungen weder für die Nachlassverwaltung noch für die Testamentsvollstreckung existieren, sollte die Norm analog auch auf diese Fälle angewendet werden. Die vergleichbare Interessenlage liegt darin begründet, dass es auch hier zu einem Übergang des Verwaltungsrechts in Bezug auf Teile des Vermögens des Meldepflichtigen auf den Amtswalter kommt,[1872] was es dem Meldepflichtigen unmöglich macht, die ihm gehörenden der Fremdverwaltung unterliegenden stimmrechtsvermittelnden Aktien zu jeder Zeit selbst zu bestimmen.

Wie im Fall der Amtsverwaltung von Aktien kommt es auch bei der Investmentanlage nach KAGB zu einer Fremdverwaltung von Aktien. Folglich stellt sich auch hier die Frage nach einer automatischen Verlagerung der Erfüllungszuständigkeit für die Mitteilungspflicht nach § 21 Abs. 1 S. 1 WpHG auf den Fremdverwalter der stimmrechtsvermittelnden Aktien, also die KVG. Eine solche Verlagerung der Erfüllungszuständigkeit ist aber aus den bereits genannten Gründen auch bei der Investmentanlage abzulehnen. Es handelt sich um eine persönliche Pflicht der Meldepflichtigen, so dass die automatische Verlagerung der Erfüllungszuständigkeit einer besonderen Begründung bedarf. Eine solche ist aber nicht ersichtlich. Die bloße Tatsache der Fremdverwaltung der stimmrechtsvermittelnden Aktien reicht nicht aus. Zudem führt die Verlagerung der Erfüllungszuständigkeit zumindest bei der Investmentanlage über ein Sondervermögen zu praktischen Problemen, da die KVG als Fremdverwalterin grundsätzlich keine Informationen über Stimmrechte hat, die den Anlegern außerhalb der Investmentanlage zugeordnet oder zugerechnet werden. Die Ablehnung einer automatischen Verlagerung der Erfüllungszuständigkeit auf die externe KVG führt allerdings zu dem bereits im Zusammenhang mit der Amtsverwaltung erörterten Problem, dass die Meldepflichtigen auf Informationen über den Bestand der fremdverwalteten stimmrechtsvermittelnden Aktien angewiesen sind, um ihrer Mitteilungspflicht ordnungsgemäß nachkommen zu können. Eine gesetzliche Pflicht der externen KVG zur Mitteilung von Veränderungen im Bestand der Aktien existiert nicht. Die KVG ist lediglich dazu verpflichtet, im Rahmen der Regelpublizität über den Bestand der zum Investmentvermögen gehörenden Vermögensgegenstände zu informieren. Bei der Investmentanlage über ein Sondervermögen ist eine entsprechende Information nach § 101 Abs. 1 S. 3 Nr. 1

1872 Vgl. oben S. 145 ff.

KAGB in den Jahresbericht aufzunehmen. Investment-AGen mit veränderlichem Kapital müssen dieselbe Information nach §§ 120 Abs. 4 S. 1, 101 Abs. 1 S. 3 Nr. 1 KAGB in den Anhang ihres Jahresabschlusses aufnehmen. Sofern die Investment-AG als Publikumsinvestmentvermögen zu qualifizieren ist und einen Halbjahresbericht im Sinne des § 37w WpHG aufstellen muss, ist die Information über den Bestand der Vermögensgegenstände aufgrund des Verweises in § 122 Abs. 1 S. 1 KAGB auf die entsprechende Anwendung von § 120 KAGB auch in den Anhang des Halbjahresberichts aufzunehmen. Nach § 148 Abs. 1 KAGB gelten die vorstehenden Pflichten auch für die Investment-AG mit fixem Kapital. Auch der Anhang des Jahresabschlusses der offenen Investment-KG muss nach §§ 135 Abs. 5, 101 Abs. 1 S. 3 Nr. 1 KAGB Information über den Bestand der zum Investmentvermögen gehörenden Vermögensgegenstände enthalten. Gleiches gilt nach § 158 S. 1 KAGB auch für die geschlossene Investment-KG. Im Hinblick auf die Mitteilungspflicht nach § 21 Abs. 1 S. 1 WpHG ist eine solche in der Regel jährliche Berichterstattung nicht zur angemessenen Information der Anleger oder der extern verwalteten Investmentgesellschaft geeignet. Die Meldepflichtigen sind auf zeitnahe Informationen angewiesen, da die Mitteilungspflicht grundsätzlich unverzüglich zu erfüllen ist. Vor diesem Hintergrund stellt sich auch im Fall der Investmentanlage die Frage nach einer entsprechenden Anwendung des § 11 Abs. 1 WpHG, so dass die Anleger und die extern verwaltete Investmentgesellschaft von der externen KVG über jede Veränderung der Anzahl der stimmrechtsvermittelnden Aktien im Investmentvermögen zu unterrichten wären. Wie bei den Fällen der Amtsverwaltung könnte eine vergleichbare Interessenlage auch hier aus der Verlagerung der Vermögensverwaltung auf den Fremdverwalter, hier also auf die externe KVG, folgen. Dagegen spricht indessen, dass im Rahmen der Investmentanlage im Gegensatz zu den Fällen der Amtsverwaltung grundsätzlich der Grundsatz der Risikomischung zu beachten ist. Im Bestreben ein relativ effizientes Portfolio zu bilden wird die KVG die Vermögensgegenstände des Investmentvermögens regelmäßig „umschichten".[1873] Dies führt zu einer laufenden Veränderung des Bestands der zum Investmentvermögen gehörenden stimmrechtsvermittelnden Aktien. Eine Verpflichtung der externen KVG zur Unterrichtung der Anleger oder der Investmentgesellschaft über jede dieser Veränderungen führt zu einem unverhältnismäßig hohen Arbeitsaufwand und einer erheblichen Kostenbelastung. Dies gilt insbesondere bei Publikumssondervermögen mit großem Anlegerkreis. Andererseits erscheint es auch nicht gerechtfertigt, das Risiko der Erlangung von Informationen über den im Investmentvermögen verwalteten Bestand der stimmrechtsvermittelnden Aktien vollständig auf die Anleger oder die Investmentgesellschaft zu verlagern. Im Rahmen des Zumutbaren sollte die KVG zur Informationserteilung verpflichtet sein. Die Zumutbarkeit der Informationserteilung ist jedenfalls in den Fällen zu bejahen, in denen die Veränderung des Bestands der stimmrechtsvermittelnden Aktien für sich genommen zu einer Mitteilungspflicht der Anleger oder der Investmentgesellschaft führen könnte. Bei

1873 Vgl. oben S. 58 f.

solchen erheblichen Veränderungen besteht eine gesteigerte Wahrscheinlichkeit dafür, dass auch unter Berücksichtigung der außerhalb der Investmentanlage im Stimmrechtsanteil der Anleger oder der Investmentgesellschaft mitzuzählenden Stimmrechte eine Mitteilungspflicht entsteht. Vor diesem Hintergrund sollte eine Pflicht zur Informationserteilung ab einer Stimmrechtsanteilsveränderung innerhalb eines Tages in Höhe von 2 Prozent der Stimmrechte eines Emittenten im Sinne des § 21 Abs. 1 S. 1 WpHG bezogen auf die Gesamtzahl seiner Stimmrechte bejaht werden. Dieser Grenzwert entspricht dem geringsten Abstand zwischen den Schwellenwerten des § 21 Abs. 1 S. 1 WpHG, nämlich dem Abstand zwischen der 3 Prozent- und der 5 Prozent-Schwelle. § 11 Abs. 1 WpHG ist folglich nach Maßgabe der vorstehenden Präzisierungen auch auf den Fall der Investmentanlage nach KAGB anzuwenden. Die verbleibenden Informationsmängel auf Seiten der Anleger oder der Investmentgesellschaft sind unter Umständen bei der Bestimmung des Zeitpunkts zu berücksichtigen, zu dem der Lauf der Mitteilungsfrist beginnt.

C. Mitteilungsfrist

Nach § 21 Abs. 1 S. 1 WpHG muss die Mitteilung an den Emittenten und die BaFin unverzüglich, spätestens aber innerhalb von vier Handelstagen erfolgen. Als Handelstage gelten nach § 30 Abs. 1 WpHG alle Kalendertage, die nicht Sonnabende, Sonntage oder zumindest in einem Bundesland landeseinheitliche gesetzlich anerkannte Feiertage sind. Gemäß § 30 Abs. 2 WpHG stellt die BaFin im Internet unter ihrer Adresse einen Kalender der Handelstage zur Verfügung.[1874]

Dem Wortlaut des § 21 Abs. 1 WpHG lässt sich nicht entnehmen, ob es auf die fristgemäße Abgabe der Mitteilung oder auf ihren rechtzeitigen Zugang ankommt. Überwiegend wird für die Maßgeblichkeit des fristgemäßen Zugangs der Mitteilung plädiert.[1875] Dies wird mitunter aus einer analogen Anwendung des unmittelbar nur für Willenserklärungen geltenden § 130 Abs. 1, Abs. 3 BGB abgeleitet.[1876] Für diese Argumentation spricht, dass § 130 BGB auf geschäftsähnliche Handlungen grundsätzlich analog anzuwenden und die Mitteilung als geschäftsähnliche Handlung zu qualifizieren ist.[1877] Gründe für eine Ausnahme von diesem Grundsatz hinsichtlich des Wirksamwerdens von Mitteilungen nach § 21 Abs. 1 S. 1 WpHG sind nicht ersichtlich. Für die Maßgeblichkeit des Zugangs der Mitteilung soll ferner sprechen, dass eine dem § 121 Abs. 1 S. 2 BGB entsprechenden Regelung in § 21 WpHG

1874 Der Kalender lässt sich auf der Webseite der BaFin unter der Internetadresse „http://www.bafin.de/SharedDocs/Standardartikel/DE/Veroeffentlichung/kalender_handelstage.html" abrufen (Stand: 1.2.2015).

1875 *Burgard*, BB 1995, 2069, 2070; *Bayer* in MüKo, AktG, Anh. § 22, § 21 WpHG Rn. 39; *U. H. Schneider* in Assmann/Schneider, WpHG, § 21 Rn. 128; *Hirte* in KöKo, WpHG, § 21 Rn. 165; *Heinrich* in Heidel, § 21 WpHG Rn. 10; *Becker* in Bürgers/Körber, AktG, Anh. § 22, § 21 WpHG Rn. 8.

1876 *Hirte* in KöKo, WpHG, § 21 Rn. 165.

1877 Vgl. oben S. 401 ff.

fehlt.[1878] Nach § 121 Abs. 1 S. 2 BGB gilt die einem Abwesenden gegenüber erfolgt Anfechtung als rechtzeitig erfolgt, wenn die Anfechtungserklärung unverzüglich abgesendet wurde. Angesichts der Qualifizierung der Mitteilung als geschäftsähnliche Handlung dürfte dieser Umkehrschluss zulässig sein. Zwar gibt es in diesem Zusammenhang auch vereinzelte Gegenstimmen. Diese gehen aber davon aus, dass es sich bei der Mitteilung um eine bloße Wissenserklärung handelt, auf die die Regelungen des dritten Abschnitts des allgemeinen Teils des BGB über Rechtsgeschäfte nicht analog anzuwenden sind.[1879] Entscheidend für die Maßgeblichkeit des Zugangs der Mitteilungen sprechen zudem die kapitalmarktrechtlichen Regelungsziele des § 21 Abs. 1 S. 1 WpHG.[1880] Ein zentraler Aspekt des Anlegerschutzes besteht in der Rechtzeitigkeit der Information der Anleger.[1881] Käme es im Rahmen des § 21 Abs. 1 WpHG auf die fristgerechte Abgabe der Mitteilung an, würde sich der Zeitraum zwischen Schwellenberührung und Veröffentlichung weiter vergrößern, was sich letztlich negativ auf die allokative Funktionsfähigkeit des Kapitalmarkts auswirken könnte.[1882]

Die Mitteilungsfrist beginnt gemäß § 21 Abs. 1 S. 3 WpHG in dem Zeitpunkt, zu dem der Meldepflichtige Kenntnis von der Schwellenberührung hat oder nach den Umständen haben muss. Gemeint ist die Kenntnis der tatsächlichen Umstände, die die Mitteilungspflicht begründen.[1883] Das Risiko der rechtlichen Bewertung dieser Umstände trägt nach überwiegender Auffassung der Meldepflichtige, so dass dieser sich allenfalls dann auf einen Rechtsirrtum berufen kann, wenn dieser unvermeidbar war.[1884] Kenntnis wird gemäß § 21 Abs. 1 S. 4 WpHG zwei Handelstage nach der Schwellenberührung vermutet. Diese gesetzliche Vermutung geht auf Art. 9 Durchführungs-RL zurück.[1885] Nach allgemeiner Auffassung handelt es sich hierbei um eine widerlegliche Vermutung.[1886] Diese ist in zweierlei Hinsicht problematisch.

1878 *U. H. Schneider* in Assmann/Schneider, WpHG, § 21 Rn. 128.

1879 So insbesondere *Hüffer*, AktG, 7. Aufl. 2006, Anh. § 22, § 21 WpHG Rn. 11; *Schwark* in Schwark/Zimmer, § 21 WpHG Rn. 29; unklar *Petersen* in Spindler/Stilz, AktG, Anh. § 22, §§ 21–30 WpHG Rn. 31 („Eingang" der Mitteilung).

1880 *Bayer* in MüKo, AktG, Anh. § 22, § 21 WpHG Rn. 39.

1881 Vgl. oben S. 43 f.

1882 Auf die Verhinderung einer Vergrößerung des Zeitraums zwischen Schwellenberührung und Veröffentlichung abstellend auch *U. H. Schneider* in Assmann/Schneider, WpHG, § 21 Rn. 131; *Hirte* in KöKo, WpHG, § 21 Rn. 165.

1883 *Bayer* in MüKo, AktG, Anh. § 22, § 21 WpHG Rn. 38; *Schwark* in Schwark/Zimmer, § 21 WpHG Rn. 28.

1884 *Schwark* in Schwark/Zimmer, § 21 WpHG Rn. 30; *U. H. Schneider* in Assmann/Schneider, WpHG, § 21 Rn. 141; ähnlich *Bayer* in MüKo, AktG, Anh. § 22, § 21 WpHG Rn. 38 („strenge Anforderungen für die Entschuldbarkeit eines Rechtsirrtums").

1885 Beschlussempfehlung und Bericht des Finanzausschusses, BT-Drucks. 16/6874, S. 122.

1886 *Dehlinger/Zimmermann* in Fuchs, WpHG, § 21 Rn. 80; *Schwark* in Schwark/Zimmer, § 21 WpHG Rn. 28; *U. H. Schneider* in Assmann/Schneider, WpHG, § 21 Rn. 133.

Da eine unterlassene oder verspätet vorgenommene Mitteilung eine Ordnungswidrigkeit im Sinne des § 39 WpHG darstellen kann, müsste der Meldepflichtige in einem etwaigen Ordnungswidrigkeitenverfahren beweisen, dass er keine Kenntnis von der Schwellenberührung hatte. Dieses Ergebnis widerspricht allerdings der verfassungsmäßig garantierten Unschuldsvermutung, die auch im Ordnungswidrigkeitenverfahren gilt. In der Literatur wird daher vorgeschlagen, § 21 Abs. 1 S. 4 WpHG verfassungskonform dahingehend auszulegen, dass er im Ordnungswidrigkeitenverfahren keine Anwendung findet, so dass eine verspätete Mitteilung allenfalls den Verdacht eines Verstoßes gegen die entsprechende Ordnungswidrigkeit begründen kann.[1887] Die Vermutung der Kenntnis von der Schwellenberührung erscheint zudem in allen Fällen problematisch, in denen die Veränderung des Stimmrechtsanteils des Meldepflichtigen ohne seine Mitwirkung, d.h. im Regelfall nicht rechtsgeschäftlich, erfolgt. Von *Opitz* wird aus diesem Grund eine teleologische Reduzierung des § 21 Abs. 1 S. 4 WpHG gefordert, nach der die Vermutung ausschließlich in Fällen einer Schwellenberührung aufgrund eines Rechtsgeschäfts des Meldepflichtigen anzuwenden ist.[1888] Nach abweichender Auffassung besteht in diesem Fall zumindest die Möglichkeit einer Widerlegung der Vermutung.[1889] *Opitz* verweist darauf, dass der deutsche Gesetzgeber bei der Umsetzung der Richtlinienvorgabe nicht die dort enthaltene Einschränkung berücksichtigt hat, dass der Meldepflichtige spätestens zwei Handelstage nach der „Ausführung des Geschäfts“ Kenntnis erlangt haben dürfte. Er hat die Vermutung stattdessen für sämtliche Arten der Schwellenberührung vorgesehen. Er weist darauf hin, dass Art. 9 Durchführungs-RL von dem „idealtypischen Fall des Geschäfts über die Börse“ ausgeht, bei dem die Geschäftsausführung regelmäßig innerhalb von zwei Handelstagen erfolgt, wobei der Meldepflichtige spätestens in diesem Zeitpunkt Kenntnis von der Ausführung des Geschäfts erlangt.[1890] Für die teleologische Reduktion der Norm spricht vor diesem Hintergrund, dass die Frist von zwei Handelstagen in den übrigen Fällen einer Schwellenberührung willkürlich erscheint.[1891] Das Analogieverbot steht nicht entgegen, zumal sich die telelogische Reduktion lediglich zugunsten der Normadressaten der §§ 21, 22 WpHG auswirkt.[1892] Die Argumentation überzeugt. Paradebeispiel ist die Veränderung der Gesamtzahl der Stimmrechte ohne Wissen des Meldepflichtigen. Da es bei der Bestimmung des Stimmrechtsanteils des Meldepflichtigen bei verfassungskonformer Auslegung des § 21 Abs. 3 WpHG ungeachtet der Regelung des § 17 Abs. 5 WpAIV auf die tatsächliche Gesamtzahl der Stimmrechte ankommt, würde die Vermutung des § 21 Abs. 1 S. 4 WpHG bei Veränderungen der Gesamtzahl der Stimmrechte im Laufe des Kalendermonats regelmäßig zu einer Überschreitung der Mitteilungsfrist

1887 *Opitz* in Schäfer/Hamann, § 21 WpHG Rn. 30a; *Schwark* in Schwark/Zimmer, § 21 WpHG Rn. 28.
1888 *Opitz* in Schäfer/Hamann, § 21 WpHG Rn. 30b.
1889 *Dehlinger/Zimmermann* in Fuchs, WpHG, § 21 Rn. 80.
1890 *Opitz* in Schäfer/Hamann, § 21 WpHG Rn. 30b.
1891 *Opitz* in Schäfer/Hamann, § 21 WpHG Rn. 30b.
1892 Vgl. oben S. 52 ff.

führen, wenn sich die betreffende Veränderung ohne das Wissen der Meldepflichtigen vollzieht. Dies erscheint wenig sachgerecht, da der Meldepflichtige an einer solchen Veränderung nicht zwingend mitwirken muss und damit auch nicht zwangsläufig Kenntnis von der Veränderung erlangt.

Die Mitteilungsfrist beginnt nach § 21 Abs. 1 S. 3 WpHG auch zu laufen, wenn der Meldepflichtige nach den Umständen Kenntnis von der Mitteilungspflicht haben musste. Nach allgemeiner Meinung soll für die Feststellung des „Kennenmüssens" im Rahmen des § 21 Abs. 1 WpHG der Maßstab des § 122 Abs. 2 BGB gelten.[1893] Voraussetzung ist damit die fahrlässige Unkenntnis der Mitteilungspflicht. Dabei soll als Maßstab die Sorgfalt gelten, die im Gegensatz zu dem typischen Kleinanleger von einem Marktteilnehmer mit wesentlicher Beteiligung erwartet werden kann.[1894] Bei der Bestimmung der fahrlässigen Unkenntnis sollen zudem die konkreten Umstände der betreffenden Stimmrechtsanteilsveränderungen Berücksichtigung finden.[1895] Den Meldepflichtigen sollen entsprechende Pflichten zur Organisation des Informationsflusses treffen.[1896] Im Zusammenhang mit einer Veränderung der Gesamtzahl der Stimmrechte ist zu berücksichtigen, dass aufwändige Nachforschungen der Meldepflichtigen nach Auffassung des Gesetzgebers vermieden werden sollen. Auch in diesem Fall sollte fahrlässige Unkenntnis aber in den Fällen angenommen werden, in denen die Veränderung der Gesamtzahl der Stimmrechte ohne besonderen Aufwand ermittelt werden kann. Dies ist jedenfalls der Fall, wenn sich entsprechende Informationen aus öffentlich zugänglichen Quellen wie dem Unternehmensregister, dem Bundesanzeiger oder der überregionalen Tagespresse entnehmen lassen. Eine übermäßige Belastung der Meldepflichtigen wäre in diesen Fällen nicht zu befürchten. Eine tagtägliche Einsichtnahme in das Handelsregister kann dagegen nicht verlangt werden, zumal der Abruf von Handelsregisterauszügen mit nicht unerheblichen Kosten verbunden ist.[1897]

1893 *Burgard*, BB 1995, 2069, 2070; *Hüffer*, AktG, 7. Aufl. 2006, Anh. § 22, § 21 WpHG Rn. 11; *Dehlinger/Zimmermann* in Fuchs, WpHG, § 21 Rn. 81; *Opitz* in Schäfer/Hamann, § 21 WpHG Rn. 26; *Petersen* in Spindler/Stilz, AktG, Anh. § 22, §§ 21–30 WpHG Rn. 31; *Schwark* in Schwark/Zimmer, § 21 WpHG Rn. 28; *Hirte* in KöKo, WpHG, § 21 Rn. 170.

1894 *Hüffer*, AktG, 7. Aufl. 2006, Anh. § 22, § 21 WpHG Rn. 11; *Bayer* in MüKo, AktG, Anh. § 22, § 21 WpHG Rn. 38; *Dehlinger/Zimmermann* in Fuchs, WpHG, § 21 Rn. 82; *Opitz* in Schäfer/Hamann, § 21 WpHG Rn. 27 f.; *Petersen* in Spindler/Stilz, AktG, Anh. § 22, §§ 21–30 WpHG Rn. 31.

1895 *Dehlinger/Zimmermann* in Fuchs, WpHG, § 21 Rn. 82.

1896 *Burgard*, BB 1995, 2069, 2070; *U. H. Schneider* in Assmann/Schneider, WpHG, § 21 Rn. 143; *Hirte* in KöKo, WpHG, § 21 Rn. 170, 175 ff.

1897 Vgl. weitergehend *Dehlinger/Zimmermann* in Fuchs, WpHG, § 26a Rn. 4 sowie *Hirte* in KöKo, WpHG, § 21 Rn. 183, die zumindest bei einer gewissen Wahrscheinlichkeit einer Schwellenberührung jeweils auch Eintragungen im Handelsregister zu Lasten der Meldepflichtigen berücksichtigen wollen.

Für die Berechnung der Frist kommt es in erster Linie auf den Maßstab der Unverzüglichkeit an. Es gilt die Legaldefinition des § 121 Abs. 1 BGB.[1898] Die Mitteilung muss also grundsätzlich ohne schuldhaftes Zögern erfolgen. Verzögerungen bei der Abgabe der Mitteilung können etwa dann gerechtfertigt sein, wenn der Meldepflichtige bei komplexen Sachverhalten Zweifel hinsichtlich der maßgeblichen tatsächlichen Umstände oder der rechtlichen Bewertung der ihm bekannten Tatsachen hat und sich aus diesem Grund zunächst mit der BaFin oder seinem Rechtsberater abstimmen will.[1899] Dies soll zumindest dann gelten, wenn die zur Schwellenberührung führende Veränderung des Stimmrechtsanteils des Meldepflichtige ohne seine unmittelbare Mitwirkung erfolgt, also gerade nicht in den Fällen des rechtsgeschäftlichen Erwerbs oder der rechtsgeschäftlichen Veräußerung stimmrechtsvermittelnder Aktien.[1900] Allgemein gilt, dass der Meldepflichtige in den Verzögerungsfällen stets die Beweislast für die Entschuldbarkeit der Verzögerung trägt.[1901] Auf die Berechnung der nach Handelstagen zu bemessenden Höchstfrist finden die allgemeinen bürgerlich-rechtlichen Regeln der §§ 187 Abs. 1, 188 Abs. 1 Anwendung.[1902]

Bei der Investmentanlage besteht die Besonderheit, dass weder die Anleger im Rahmen der Investmentanlage über ein Sondervermögen noch die extern verwaltete Investmentgesellschaft zu jeder Zeit über den Bestand der durch die KVG fremdverwalteten stimmrechtsvermittelnden Aktien informiert sind. Eine Pflicht der KVG zur Mitteilung einer Veränderung im Bestand dieser Aktien besteht nur

---

1898 BaFin, Emittentenleitfaden 2013, S. 110; *Hüffer*, AktG, 7. Aufl. 2006, Anh. § 22, § 21 WpHG Rn. 11; *Bayer* in MüKo, AktG, Anh. § 22, § 21 WpHG Rn. 38; *Dehlinger/Zimmermann* in Fuchs, WpHG, § 21 Rn. 87; *Petersen* in Spindler/Stilz, AktG, Anh. § 22, §§ 21–30 WpHG Rn. 31 Fn. 66; *Opitz* in Schäfer/Hamann, § 21 WpHG Rn. 25; *Schwark* in Schwark/Zimmer, § 21 WpHG Rn. 29; *Veil* in Schmidt/Lutter, AktG, Anh. § 22, § 21 WpHG Rn. 24; *U. H. Schneider* in Assmann/Schneider, WpHG, § 21 Rn. 128; *Hirte* in KöKo, WpHG, § 21 Rn. 162; *Heinrich* in Heidel, § 21 WpHG Rn. 10; *Becker* in Bürgers/Körber, AktG, Anh. § 22, § 21 WpHG Rn. 8.

1899 *Dehlinger/Zimmermann* in Fuchs, WpHG, § 21 Rn. 87; *Opitz* in Schäfer/Hamann, § 21 WpHG Rn. 25; *U. H. Schneider* in Assmann/Schneider, WpHG, § 21 Rn. 128; *Hirte* in KöKo, WpHG, § 21 Rn. 163.

1900 Für eine solche Einschränkung *Hirte* in KöKo, WpHG, § 21 Rn. 163.

1901 *U. H. Schneider* in Assmann/Schneider, WpHG, § 21 Rn. 128; *Hirte* in KöKo, WpHG, § 21 Rn. 163.

1902 *Hüffer*, AktG, 7. Aufl. 2006, Anh. § 22, § 21 WpHG Rn. 11; *Bayer* in MüKo, AktG, Anh. § 22, § 21 WpHG Rn. 39; *Dehlinger/Zimmermann* in Fuchs, WpHG, § 21 Rn. 87; *Petersen* in Spindler/Stilz, AktG, Anh. § 22, §§ 21–30 WpHG Rn. 31; *Schwark* in Schwark/Zimmer, § 21 WpHG Rn. 29; *Hirte* in KöKo, WpHG, § 21 Rn. 164; *Heinrich* in Heidel, § 21 WpHG Rn. 10; *Becker* in Bürgers/Körber, AktG, Anh. § 22, § 21 WpHG Rn. 8. Nach *Hirte* in KöKo, WpHG, § 21 Rn. 164 greift außerdem § 193 BGB entsprechend ein, wenn der letzte Tag der Frist kein Handelstag im Sinne des § 30 WpHG ist.

unter besonderen Umständen.[1903] Ungeachtet dessen wird gemäß § 21 Abs. 1 S. 4 WpHG vermutet, dass der betreffende Anleger bzw. die Investmentgesellschaft zwei Handelstage nach der Schwellenberührung Kenntnis hat, so dass der Lauf der Mitteilungsfrist beginnt. Auf der Grundlage der durch *Opitz* vorgebrachten Argumente stellt sich allerdings die Frage, ob § 21 Abs. 1 S. 4 WpHG auch in diesen Fällen teleologisch zu reduzieren ist, so dass die gesetzliche Vermutung nicht zur Anwendung gelangt. Dafür spricht, dass die Entscheidung über den Erwerb oder die Veräußerung der stimmrechtsvermittelnden Aktien im Fall der Investmentanlage ausschließlich bei der KVG liegt und tatsächlich in der Regel ohne Kenntnis der Anleger oder der extern verwalteten Investmentgesellschaft erfolgt. Aus diesem Grund sind die genannten Personen regelmäßig überhaupt nicht dazu in der Lage, etwaige Mitteilungspflichten rechtzeitig zu erkennen. Eine tägliche Nachfrage bei der KVG könnte die rechtzeitige Kenntnis des aktuellen Bestands der stimmrechtsvermittelnden Aktien zwar sicherstellen. Sie würde aber zu einem unverhältnismäßig großen Aufwand und zu erheblichen Kosten sowohl auf Seiten der KVG als auch auf Seiten der Anleger oder der Investmentgesellschaft führen. Vor diesem Hintergrund ist auch im Fall der Investmentanlage nach KAGB eine teleologische Reduktion des § 21 Abs. 1 S. 4 WpHG mit der Maßgabe zu befürworten, dass die gesetzliche Vermutung weder auf die Anleger im Fall der Investmentanlage über ein Sondervermögen noch auf die extern verwaltete Investmentgesellschaft anzuwenden ist, wenn die konkrete Veränderung des Stimmrechtsanteils auf einer Veränderung des Bestands der im Investmentvermögen fremdverwalteten stimmrechtsvermittelnden Aktien beruht. Hinsichtlich des Zeitpunkts des „Kennenmüssens" der Schwellenberührung gelten die allgemeinen Grundsätze allerdings uneingeschränkt auch im Fall der Investmentanlage. So obliegt es den Anlegern, sich eigenverantwortlich aus öffentlich zugänglichen Quellen über den Bestand der zum Investmentvermögen gehörenden stimmrechtsvermittelnden Aktien zu informieren, wenn sich ihr Stimmrechtsanteil auch unter Berücksichtigung der außerhalb des konkreten Investmentvermögens gehaltenen stimmrechtsvermittelnden Aktien, deren Eigentümer sie sind, und sonstiger zuzurechnender Stimmrechte in der Nähe der Eingangsmeldeschwelle von 3 Prozent bewegt oder diese Schwelle bereits überschritten hat. Dabei sind auch die im Rahmen der Regelpublizität veröffentlichten Daten, also insbesondere die im Jahresbericht enthaltenen Informationen über den Bestand der Vermögensgegenstände des Sondervermögens, zu berücksichtigen.

D. Inhalt der Mitteilung

Nachfolgend sollen die in § 17 Abs. 1 WpAIV enthalten Vorgaben für die inhaltliche Gestaltung der Mitteilung eingehender und unter Berücksichtigung der Besonderheiten betrachtet werden, die im Fall der Investmentanlage gelten. Die in § 17 Abs. 1 Nr. 1 WpAIV vorgeschriebene Aufnahme der Überschrift „Stimmrechtsmitteilung"

1903 Vgl. oben S. 404 ff.

und die von § 17 Abs. 1 Nr. 3 WpAIV verlangte Nennung des Namens und der Anschrift des Emittenten sind selbsterklärend.[1904] Auch wenn es auf die Rechtzeitigkeit des Zugangs der Mitteilung ankommt, sollte die Mitteilung mit einem Datum versehen werden, da diese Angabe der BaFin zumindest Rückschlüsse auf das Bestreben des Meldepflichtigen erlaubt, die Mitteilungsfrist einzuhalten.[1905] Hinsichtlich der übrigen Vorgaben des § 17 Abs. 1 WpAIV bestehen mitunter Unklarheiten, die im Folgenden aufgeklärt werden sollen.

I. Name und Anschrift des Meldepflichtigen

Nach § 17 Abs. 1 Nr. 2 WpAIV muss die Mitteilung Name und Anschrift des Meldepflichtigen enthalten. Die Gesetzesmaterialien enthalten keinen ausdrücklichen Hinweis auf den Zweck dieser Norm. Richtigerweise dient sie vor allem der Identifizierung des Meldepflichtigen im Interesse der Teilnehmer des Kapitalmarkts und der weiteren interessierten Personenkreise. Darüber hinaus soll dem Emittenten und der BaFin die Kontaktaufnahme mit dem Meldepflichtigen zwecks Rücksprache ermöglicht werden.[1906] Handelt es sich bei dem Meldepflichtigen um eine natürliche Person, so ist er mit vollständigem Namen, ggf. zur besseren Identifizierung mit Namenszusätzen und unter Beifügung des Geburtsnamens, und durch seine vollständige Anschrift an seinem Hauptwohnsitz zu bezeichnen.[1907] Kaufleute und Formkaufleute sind nach allgemeiner Auffassung im Schrifttum mit ihrer Firma und ihrer Anschrift am Ort der Hauptniederlassung zu bezeichnen.[1908] Dem ist im Grundsatz zuzustimmen. Allerdings ist der Verweis auf den Ort der Hauptniederlassung nicht ganz eindeutig und aus diesem Grund wie folgt zu präzisieren. Hat der Meldepflichtige neben seiner Hauptniederlassung noch weitere Zweigniederlassungen, so sind die Anschriften dieser Zweigniederlassung nicht in der Mitteilung zu nennen. Im Übrigen ist richtigerweise die Anschrift an dem Ort zu nennen, der als Sitz des Kaufmanns im Handelsregister einzutragen ist. Bei Formkaufleuten in

---

1904 Vgl. zur Aufnahme der Überschrift „Stimmrechtsmitteilung" bei Mitteilungen in englischer Sprache *Opitz* in Schäfer/Hamann, § 21 WpHG Rn. 34a.

1905 So i.E. auch *Dehlinger/Zimmermann* in Fuchs, WpHG, § 21 Rn. 62; *U. H. Schneider* in Assmann/Schneider, WpHG, § 21 Rn. 124; *Hirte* in KöKo, WpHG, § 21 Rn. 142.

1906 So *Dehlinger/Zimmermann* in Fuchs, WpHG, § 21 Rn. 70.

1907 *Hüffer*, AktG, 7. Aufl. 2006, Anh. § 22, § 21 WpHG Rn. 10; *Bayer* in MüKo, AktG, Anh. § 22, § 21 WpHG Rn. 33; *Dehlinger/Zimmermann* in Fuchs, WpHG, § 21 Rn. 66, 69; *Opitz* in Schäfer/Hamann, § 21 WpHG Rn. 34b; *U. H. Schneider* in Assmann/Schneider, WpHG, § 21 Rn. 117; *Hirte* in KöKo, WpHG, § 21 Rn. 150, 152; *Heinrich* in Heidel, § 21 WpHG Rn. 9.

1908 *Hüffer*, AktG, 7. Aufl. 2006, Anh. § 22, § 21 WpHG Rn. 10; *Bayer* in MüKo, AktG, Anh. § 22, § 21 WpHG Rn. 33; *Dehlinger/Zimmermann* in Fuchs, WpHG, § 21 Rn. 66, 69; *Opitz* in Schäfer/Hamann, § 21 WpHG Rn. 34b; *Schwark* in Schwark/Zimmer, § 21 WpHG Rn. 24; *U. H. Schneider* in Assmann/Schneider, WpHG, § 21 Rn. 117; *Hirte* in KöKo, WpHG, § 21 Rn. 150, 152; *Heinrich* in Heidel, § 21 WpHG Rn. 9.

der Rechtsform einer AG oder einer GmbH kann sich dieser Ort von dem Ort der Hauptverwaltung unterscheiden. Diese Abgrenzung wird dem Sinn und Zweck der Norm, die Identifizierung des Meldepflichtigen zu ermöglichen, am ehesten gerecht. Denn die Firma und der im Handelsregister eingetragenen Sitz des Meldepflichtigen ermöglichen eine sichere Identifizierung und den leichten Zugriff auf weitere Informationen über den Meldepflichtigen durch Einsichtnahme in das betreffende Handelsregister. Fraglich ist vor diesem Hintergrund allerdings, wie BGB-Gesellschaften in der Mitteilung zu identifizieren sind. Einigkeit besteht insoweit noch dahingehend, dass sie ihren Name in der Mitteilung anzugeben haben, wenn sie einen solchen im Rechtsverkehr führen.[1909] Unklar ist dagegen bereits, ob eine Anschrift der BGB-Gesellschaft anzugeben ist. Nach den soeben entwickelten Grundsätzen müsste die BGB-Gesellschaft die Anschrift an dem Ort angeben, der als ihr Sitz im Handelsregister einzutragen ist. Mangels formeller Registerfähigkeit der BGB-Gesellschaft existiert ein solcher Ort allerdings nicht. Aus diesem Grund wird man zur Identifizierung der BGB-Gesellschaft hilfsweise auf die Anschrift an dem Ort zurückgreifen müssen, an dem ihre Leitungsentscheidungen getroffen werden, also den Ort der Hauptverwaltung, sofern ein solcher Ort existiert. Problematisch ist auch, dass es mangels formeller Registerfähigkeit an der öffentlichen Verfügbarkeit von weitergehenden Informationen über die BGB-Gesellschaft, insbesondere im Hinblick auf ihren Gesellschafterkreis, fehlt. Vor diesem Hintergrund sind nach einer Auffassung im Schrifttum stets auch die Namen bzw. Firmen aller Gesellschafter der BGB-Gesellschaft nebst Anschrift an ihrem Hauptwohnsitz bzw. an ihrer Hauptniederlassung und einem Hinweis auf das Gesellschaftsverhältnis anzugeben.[1910] Die Nennung der Anschrift der Gesellschafter soll nach teilweise vertretener Auffassung allerdings entbehrlich sein, wenn die BGB-Gesellschaft eine Hauptniederlassung hat, deren Anschrift angegeben werden kann.[1911] Nach abweichender Auffassung soll es stets ausreichen, den Namen der BGB-Gesellschaft und ihre Anschrift am Ort der Hauptniederlassung anzugeben, so dass eine Identifizierung durch Namen und Anschrift ihrer Gesellschafter erst dann erforderlich ist, wenn ein Gesamtname oder eine Hauptniederlassung der BGB-Gesellschaft nicht existiert.[1912] Im Interesse der besseren Identifizierung des Meldepflichtigen ist die zuerst genannte Auffassung allerdings vorzuziehen, so dass die Mitteilung stets auch die weitergehenden Angaben über die Gesellschafter der BGB-Gesellschaft enthalten muss. Die vorstehenden Grundsätze gelten entsprechend für sonstige

---

1909 *Dehlinger/Zimmermann* in Fuchs, WpHG, § 21 Rn. 67; *Opitz* in Schäfer/Hamann, § 21 WpHG Rn. 34b.

1910 *Schwark* in Schwark/Zimmer, § 21 WpHG Rn. 24; *U. H. Schneider* in Assmann/Schneider, WpHG, § 21 Rn. 117; *Hirte* in KöKo, WpHG, § 21 Rn. 150, 152.

1911 *Dehlinger/Zimmermann* in Fuchs, WpHG, § 21 Rn. 69; ebenso wohl *U. H. Schneider* in Assmann/Schneider, WpHG, § 21 Rn. 117; zweifelnd *Hirte* in KöKo, WpHG, § 21 Rn. 152.

1912 *Heinrich* in Heidel, § 21 WpHG Rn. 9; ebenso wohl *Bayer* in MüKo, AktG, Anh. § 22, § 21 WpHG Rn. 33; *Opitz* in Schäfer/Hamann, § 21 WpHG Rn. 34b.

Rechtsträger. Partnerschaftsgesellschaften und eingetragene Vereine sind durch den im Register verwendeten Namen und durch die Anschrift am Ort ihrer Hauptniederlassung zu bezeichnen.[1913] Bei Stiftungen sind die durch das genehmigte Stiftungsgeschäft festgelegte Bezeichnung sowie ebenfalls die Anschrift am Ort ihrer Hauptniederlassung anzugeben.[1914] Handelt es sich bei dem Meldepflichtigen um eine juristische Person oder eine Stiftung des öffentlichen Rechts, so ist der für diese festgelegte Namen nebst Anschrift am Ort ihrer Hauptniederlassung in die Mitteilung aufzunehmen.[1915]

Besonderheiten gelten auch für den Fall, dass der Meldepflichtige sämtliche oder Teile seiner stimmrechtsvermittelnden Aktien mit mehreren Personen gemeinschaftlich als Gesamthänder oder Bruchteilseigentümer hält. In diesen Fällen kann der Meldepflichtige keinen uneingeschränkten Stimmrechtseinfluss hinsichtlich des in der Mitteilung für ihn ausgewiesenen Stimmrechtsanteils ausüben, da ihm die einzelnen Stimmrechte nur nach Maßgabe seines Anteils an der Gemeinschaft zustehen. Bei der Bruchteilsgemeinschaft entscheiden etwa sämtliche Teilhaber nach §§ 744 Abs. 1, 745 Abs. 1 BGB grundsätzlich gemeinschaftlich über die Ausübung des Stimmrechts oder die Einflussnahme auf die Stimmrechtsausübung durch Beschlussfassung. Entsprechendes gilt für die Gesamthandsgemeinschaften.[1916] Vor diesem Hintergrund ist nach überwiegender Auffassung im Schrifttum ein Hinweis auf das Gemeinschaftsverhältnis in die Mitteilung aufzunehmen.[1917] Teilweise wird außerdem eine Auflistung sämtlicher Beteiligter des Gemeinschaftsverhältnisses mit Namen und Anschrift verlangt.[1918] Dem ist im Ausgangspunkt zuzustimmen. Vorzugswürdig erscheint es allerdings, hier im Gegensatz zur BGB-Gesellschaft einen Hinweis auf das Gemeinschaftsverhältnis genügen zu lassen, zumal sich die Mitglieder der Gemeinschaft nicht in sämtlichen Fällen persönlich kennen. Zudem sollte dieser besondere Hinweis erst im Rahmen der Angaben zum Stimmrechtsanteil des Meldepflichtigen aufgenommen werden. Dazu kann ein Unterposten gebildet werden, aus dem sich der Anteil der im Gemeinschaftsverhältnis gehaltenen

---

1913 *Dehlinger/Zimmermann* in Fuchs, WpHG, § 21 Rn. 66, 69; *Hirte* in KöKo, WpHG, § 21 Rn. 150.

1914 *Dehlinger/Zimmermann* in Fuchs, WpHG, § 21 Rn. 66, 69.

1915 *Dehlinger/Zimmermann* in Fuchs, WpHG, § 21 Rn. 66, 69.

1916 Vgl. §§ 1450 Abs. 1, 2038 BGB.

1917 So für die Erbengemeinschaft und die eheliche Gütergemeinschaft *Starke*, S. 181; *Bayer* in MüKo, AktG, Anh. § 22, § 21 WpHG Rn. 5; im Grundsatz ebenso, ausdrücklich aber nur für die Erbengemeinschaft *Dehlinger/Zimmermann* in Fuchs, WpHG, § 21 Rn. 68.

1918 So für die Erbengemeinschaft *Heinrich* in Heidel, § 21 WpHG Rn. 9; ebenso hinsichtlich der Erbengemeinschaft und der ehelichen Gütergemeinschaft aber unklar bzgl. der Individualisierungsmerkmale *Starke*, S. 181; *Bayer* in MüKo, AktG, Anh. § 22, § 21 WpHG Rn. 5; ebenso im Grundsatz aber einschränkend *Hirte* in KöKo, WpHG, § 21 Rn. 150 (nur im Fall einer gemeinsamen Mitteilung der Erben). a.A. *Dehlinger/Zimmermann* in Fuchs, WpHG, § 21 Rn. 68.

Stimmrechte ergibt. Auf diese Weise werden potentielle Irreführungen der Anleger ausgeschlossen, die aus der Unklarheit darüber entstehen könnten, auf welchen Teil des Stimmrechtsanteils des Meldepflichtigen sich die aus dem Gemeinschaftsverhältnis folgenden Beschränkungen erstrecken.

Folgen die dem Meldepflichtigen zuzuordnenden oder zuzurechnenden Stimmrechte (teilweise) aus Aktien, die zu einem Investmentvermögen gehören, stellt sich die Frage, ob im Rahmen der Angaben zu Namen und Anschrift des Meldepflichtigen gesondert auf diese Tatsache hingewiesen werden muss. Anknüpfend an die vorstehenden Ausführungen zur Aufnahme eines Hinweises auf das Vorliegen eines Gemeinschaftsverhältnisses könnte dies immer dann bejaht werden, wenn die betreffenden Stimmrechte den Meldepflichtigen nur anteilsmäßig zugeordnet oder zugerechnet würden, da es in einem solchen Fall an einem uneingeschränkten Stimmrechtseinfluss der Meldepflichtigen in Bezug auf den für sie ausgewiesenen Stimmrechtsanteil fehlt. Betroffen sind insoweit Mitteilungen der Anleger eines nach der Miteigentumslösung errichteten Spezial-Sondervermögens, wenn diese aufgrund einer anteilsmäßigen Zuordnung oder Zurechnung von Stimmrechten aus den zum Sondervermögen gehörenden Aktien zur Abgabe einer Mitteilung verpflichtet sind. Erforderlich ist in diesem Fall eine Bezeichnung des Gemeinschaftsverhältnisses, etwa durch Bezeichnung des Investmentvermögens, in dem sich die stimmrechtsvermittelnden Aktien befinden oder bei Zurechnung nach § 22 Abs. 1 S. 1 Nr. 3 HS. 1 WpHG befunden haben. Für den Inhalt der Mitteilung ist darüber hinaus zu berücksichtigen, dass die Einschränkung des Stimmrechtseinflusses sogar noch weiter geht als in den Fällen der bloßen Gesamthands- oder Bruchteilsgemeinschaft. Denn den Anlegern stehen keinerlei aktive Einflussnahmemöglichkeiten in Bezug auf die Stimmrechtsausübung aus diesen Aktien zu.[1919] Entsprechend sollte ein besonderer Hinweis auf die Tatsache der Einschränkung des Stimmrechtseinflusses in die Mitteilung aufgenommen werden. Aufgrund der bereits erörterten Irreführungsgefahr für die Anleger sollte dieser Hinweis allerdings ebenso wenig wie der Hinweis auf das Gemeinschaftsverhältnis im Zusammenhang mit den Angaben zu Namen und Anschrift des Meldepflichtigen eingefügt werden. Stattdessen sollte im Rahmen der Angaben zum Stimmrechtsanteil des Meldepflichtigen nach der Angabe des Gesamtstimmrechtsanteils des Meldepflichtigen ein Unterposten gebildet werden, der etwa als „davon Stimmrechtsanteil aus Beteiligungen an investmentrechtlichen Sondervermögen" bezeichnet werden könnte. In diesem Zusammenhang sollte dann auch die konkrete Bezeichnung des Sondervermögens erfolgen, wobei ggf. durch die Bildung von zusätzlichen Unterposten weiter zu differenzieren ist, wenn die Stimmrechte des Meldepflichtigen sich auf mehrere nach der Miteigentumslösung errichtete Sondervermögen verteilen.

1919 Vgl. insbesondere oben S. 159 ff.

Im Zuge der Angaben zur Anschrift müssen neben dem Ort nach allgemeiner Auffassung grundsätzlich auch Straße und Hausnummer genannt werden.[1920] Statt der Angabe von Straße und Hausnummer wird aber von Teilen der Literatur auch die Angabe eines Postfachs als ausreichend erachtet.[1921] Fraglich ist, ob auch die Angabe der Anschrift einer anderen Person, etwa eines Vertreters oder des Mutterunternehmens des Meldepflichtigen, unter Beifügung des Adresszusatzes „p. Adr." oder „c/o" ausreichen kann. Dies lässt sich nur vor dem Hintergrund des Zwecks der Adressangabe in der Mitteilung beurteilen.[1922] Da dieser auch darin besteht, dem Emittenten und der BaFin die Kontaktaufnahme mit dem Meldepflichtigen zu ermöglichen, bestehen keine Bedenken, zusätzlich zu der Anschrift am Ort des Hauptwohnsitzes bzw. der Hauptniederlassung des Meldepflichtigen zwecks Ermöglichung der Kontaktaufnahme zusätzlich auch eine weitere Adressangabe unter Beifügung des entsprechenden Adresszusatzes aufzunehmen.[1923] Empfehlenswert kann etwa die zusätzliche Angabe der für die Erstellung der Mitteilung zuständigen Person bei dem Meldepflichtigen sein.[1924]

II. Schwellenberührung

Aus § 17 Abs. 1 Nr. 4 WpAIV folgt, dass in die Mitteilung die vom Meldepflichtigen berührte Schwelle nebst Angabe, ob diese überschritten, unterschritten oder erreicht wurde, aufzunehmen ist. Einigkeit besteht in diesem Zusammenhang insoweit, als das Erreichen einer bestimmten Schwelle nicht mitgeteilt werden muss, wenn die betreffende Schwelle zugleich über- oder unterschritten wurde.[1925] Schwierigkeiten bereiten aber mitunter die Fälle, in denen der Stimmrechtsanteil des Meldepflichtigen in engem zeitlichem Zusammenhang eine Vielzahl von Schwellen berührt. Nach dem Wortlaut des § 21 Abs. 1 S. 1 WpHG entsteht in diesem Fall eine eigene Mitteilungspflicht für jede einzelne Schwellenberührung.

Bei mehreren Schwellenberührungen in einer Richtung innerhalb eines Tages, können diese Mitteilungspflichten aber nach der Verwaltungspraxis der BaFin in einer einzigen Stimmrechtsmitteilung erfüllt werden, in der sämtliche berührten

1920 *Hüffer*, AktG, 7. Aufl. 2006, Anh. § 22, § 21 WpHG Rn. 10; *Bayer* in MüKo, AktG, Anh. § 22, § 21 WpHG Rn. 33; *Dehlinger/Zimmermann* in Fuchs, WpHG, § 21 Rn. 69; *Opitz* in Schäfer/Hamann, § 21 WpHG Rn. 34b; *Schwark* in Schwark/Zimmer, § 21 WpHG Rn. 24; *U. H. Schneider* in Assmann/Schneider, WpHG, § 21 Rn. 117; *Hirte* in KöKo, WpHG, § 21 Rn. 152.

1921 *Heinrich* in Heidel, § 21 WpHG Rn. 9; a.A. *Hirte* in KöKo, WpHG, § 21 Rn. 152.

1922 So zutreffend *Dehlinger/Zimmermann* in Fuchs, WpHG, § 21 Rn. 70.

1923 *Dehlinger/Zimmermann* in Fuchs, WpHG, § 21 Rn. 70; a.A. *Hirte* in KöKo, WpHG, § 21 Rn. 152; a.A. wohl auch *Opitz* in Schäfer/Hamann, § 21 WpHG Rn. 34b.

1924 *Hirte* in KöKo, WpHG, § 21 Rn. 152.

1925 *Dehlinger/Zimmermann* in Fuchs, WpHG, § 21 Rn. 71; *Opitz* in Schäfer/Hamann, § 21 WpHG Rn. 34d.

Stimmrechtsschwellen aufgezählt werden.[1926] Diese pragmatische Lösung spart Kosten auf Seiten der Meldepflichtigen und ist auch mit dem Wortlaut des § 21 Abs. 1 S. 1 WpHG vereinbar. Denn dieser regelt nur das Entstehen der Mitteilungspflicht, ohne sich auf die Modalitäten ihrer Erfüllung zu erstrecken. Auch aus § 17 WpAIV folgen keine Einschränkungen für diesen Fall. Folglich ist im Einklang mit der BaFin von der Zulässigkeit einer solchen Zusammenfassung von Stimmrechtsmitteilungen auszugehen. Allgemein betrachtet ist die Zusammenfassung mehrerer Mitteilungen in einem Schreiben unbedenklich, wenn in diesem Schreiben die gesetzlichen Anforderungen an den Inhalt der Mitteilungen getrennt für jede an sich vorgesehene Einzelmitteilung beachtet werden. Es ist also in Bezug auf jede einzelne Verwirklichung der Mitteilungspflicht zu differenzieren. Die Rechtzeitigkeit der Mitteilung bestimmt sich allerdings auch weiterhin nach dem Zeitpunkt des Entstehens der einzelnen Mitteilungspflicht. Eine Zusammenfassung von Einzelmitteilungen in einem Schreiben ist daher nur dann empfehlenswert, wenn sämtliche Einzelmitteilungen für sich genommen noch rechtzeitig erfolgen könnten.

Von mehreren aufeinanderfolgenden Schwellenberührungen ist der Fall einer einzigen Veränderung des Stimmrechtsanteils des Meldepflichtigen zu unterscheiden, die sich aber in einer Richtung über mehrere Stimmrechtsschwellen erstreckt. Da nur eine einzige Stimmrechtsanteilsveränderung erfolgt, kann in diesem Fall auch nur eine einzige Mitteilungspflicht entstehen. Der Wortlaut des § 21 Abs. 1 S. 1 WpHG und des § 17 Abs. 1 Nr. 4 WpAIV deuten darauf hin, dass der Anknüpfungspunkt dieser Mitteilungspflicht nicht in dem (gleichzeitigen) Berühren sämtlicher betreffender Stimmrechtsschwellen, sondern in der Berührung einer einzelnen Stimmrechtsschwelle liegt.[1927] Anzugeben ist „die Schwelle", die „berührt wurde". Daraus folgt, dass nicht sämtliche berührten Schwellen anzugeben sind. Denn anderenfalls hätte der Gesetzgeber an dieser Stelle auch im Plural formulieren und eine Angabe „der berührten Schwellen" verlangen können. Gleichwohl müssen nach der Verwaltungspraxis der BaFin in diesem Fall sämtliche berührte Stimmrechtsschwellen in der Mitteilung genannt werden.[1928] Nach anderer Auffassung besteht der Anknüpfungspunkt der Mitteilungspflicht in der Berührung der Schwelle, die dem bisherigen Stimmrechtsanteil des Meldepflichtigen am nächsten liegt. Nur die Berührung dieses Schwellenwerts sei in der Stimmrechtsmitteilung zu nennen, während sich der zuletzt berührte Schwellenwert mittelbar aus der nach § 17 Abs. 1 Nr. 5 WpAIV erforderlichen Angabe der Höhe des nunmehr

1926 BaFin, Emittentenleitfaden 2013, S. 108; ebenso *Dehlinger/Zimmermann* in Fuchs, WpHG, § 21 Rn. 37; a.A. i.E. *Petersen* in Spindler/Stilz, AktG, Anh. § 22, §§ 21–30 WpHG Rn. 23.

1927 Ebenso *Opitz* in Schäfer/Hamann, § 21 WpHG Rn. 34d.

1928 Vgl. BaFin, Standardformular (§ 21 Abs. 1 WpHG), abrufbar unter http://www.bafin.de/SharedDocs/Downloads/DE/Formular/WA/fo_081008_wa_standard21wphg.html?nn=2798666 (Stand: 1.2.2015). Ebenso *Petersen* in Spindler/Stilz, AktG, Anh. § 22, §§ 21–30 WpHG Rn. 33.

gehaltenen Stimmrechtsanteils in der Mitteilung ergebe.[1929] Richtigerweise sollte es demgegenüber entscheidend auf die Berührung der Schwelle ankommen, die dem neuen Stimmrechtsanteil des Meldepflichtigen am nächsten liegt, da diese Stimmrechtsschwelle am deutlichsten auf die aktuelle Beteiligung des Meldepflichtigen und seinen aktuellen Stimmrechtseinfluss hinweist. In Übereinstimmung mit der Verwaltungspraxis der BaFin sollte es aber zulässig sein, sämtliche berührten Schwellenwerte in der Mitteilung zu nennen. Dies hat den Vorteil, dass auf diese Weise klargestellt werden kann, dass die vorangehenden Stimmrechtsschwellen nicht durch frühere noch nicht mitgeteilte Stimmrechtsveränderung berührt wurden.[1930] Damit ist auch eine diesbezügliche Irreführungsgefahr für die Anleger ausgeschlossen.

III. Höhe des Stimmrechtsanteils

Nach § 17 Abs. 1 Nr. 5 WpAIV ist die Höhe des nunmehr gehaltenen Stimmrechtsanteils in Bezug auf die Gesamtmenge der Stimmrechte des Emittenten anzugeben. Der Wortlaut der Norm ist missverständlich. Er stellt auf den „nunmehr" gehaltenen Stimmrechtsanteil ab. Daraus darf aber nicht der Schluss gezogen werden, dass der im Zeitpunkt der Abgabe der Mitteilung erreichte Stimmrechtsanteil anzugeben ist. Dagegen spricht ungeachtet der Brauchbarkeit dieser Information im Einzelfall, dass die Mitteilungspflicht des § 21 Abs. 1 S. 1 WpHG an diejenige Veränderung des Stimmrechtsanteils anknüpft, die zur Berührung der betreffenden Stimmrechtsschwelle führt. Anzugeben ist also der Stimmrechtsanteil, der unmittelbar durch die Stimmrechtsanteilsveränderung erreicht wurde, die zu der die Mitteilungspflicht auslösenden Schwellenberührung geführt hat. Anderenfalls könnte es zu Irreführungen der Anleger kommen, wenn vor Abgabe der Mitteilung eine weitere Stimmrechtsschwelle berührt und aus diesem Grund eine weitere Mitteilungspflicht ausgelöst wird, die aber in dem auf die erste Schwellenberührung bezogenen Mitteilungsschreiben noch nicht berücksichtigt wird.

Die Höhe des Stimmrechtsanteils ist nach ganz herrschender Meinung grundsätzlich durch einen auf zwei Nachkommastellen kaufmännisch gerundeten Prozentsatz anzugeben.[1931] Zur Klarstellung sind weitere Nachkommastellen anzugeben,

---

1929 *Nottmeier/Schäfer*, AG 1997, 87, 92; *Dehlinger/Zimmermann* in Fuchs, WpHG, § 21 Rn. 71.

1930 So i.E. auch *Opitz* in Schäfer/Hamann, § 21 WpHG Rn. 34d.

1931 BaFin, Emittentenleitfaden 2013, S. 110; LG München I v. 14.8.2003 – 5 HK O 13413/03, ZIP 2004, 167, 168; LG München I v. 24.4.2008 – 5 HK O 23244/07 und 5 HKO 23244/07, BeckRS 2008, 11391; *Nottmeier/Schäfer*, AG 1997, 87, 92; *Sudmeyer*, BB 2002, 685, 689; *Hüffer*, AktG, 7. Aufl. 2006, Anh. § 22, § 21 WpHG Rn. 9; *Bayer* in MüKo, AktG, Anh. § 22, § 21 WpHG Rn. 35; *Dehlinger/Zimmermann* in Fuchs, WpHG, § 21 Rn. 73; *Opitz* in Schäfer/Hamann, § 21 WpHG Rn. 34e; *Petersen* in Spindler/Stilz, AktG, Anh. § 22, §§ 21–30 WpHG Rn. 33; *Schwark* in Schwark/Zimmer, § 21 WpHG Rn. 25; *Veil* in Schmidt/Lutter, AktG, Anh. § 22, § 21 WpHG

wenn der Wert des Stimmrechtsanteil ansonsten den Eindruck erwecken würde, dass eine bestimmte Schwelle nicht überschritten, sondern bloß erreicht worden ist (z.B. 10,001% statt 10,00% bei Überschreiten der Stimmrechtsschwelle von 10%) oder noch nicht erreicht wurde (z.B. 9,995% statt 10%).[1932] Zudem kann es im Einzelfall geboten sein, „zur Vermeidung von Rundungsdifferenzen“ weitere Nachkommastellen anzugeben, wenn der Stimmrechtsanteil aufgrund der Zurechnung von Stimmrechten aufgeschlüsselt werden muss.[1933] Zusätzlich zum Stimmrechtsanteil ist nach überwiegender Auffassung im Schrifttum und der Verwaltungspraxis der BaFin über den Wortlaut des § 17 Abs. 1 Nr. 5 WpAIV hinaus auch die absolute Zahl der dem Meldepflichtigen zuzuordnenden und zuzurechnenden Stimmrechte aufzunehmen.[1934] Dafür spricht, dass die Angabe eines auf zwei Nachkommastellen gerundeten Stimmrechtsanteils wegen der durch die Rundung entstehenden Ungenauigkeiten nicht stets auch eine genaue Zuordnung einer bestimmten Anzahl an Stimmrechten zu dem Meldepflichtigen ermöglicht.[1935]

Umstritten ist, ob der Stimmrechtsanteil auch im Fall des Unterschreitens der Eingangsmeldeschwelle von 3 Prozent anzugeben ist. Nach teilweise vertretener Auffassung soll dies entbehrlich sein.[1936] Es fehle an einer gesetzlichen Grundlage, da § 21 Abs. 1 S. 1 WpHG eine Offenlegung erst ab Erreichen eines Stimmrechtsanteils von 3 Prozent verlange.[1937] Dies trifft zwar insoweit zu, als das Erreichen von 3 Prozent im Fall des Aufbaus des Stimmrechtsanteils den frühestmöglichen Zeitpunkt für die Entstehung einer Mitteilungspflicht darstellt. Der Wortlaut des § 21 Abs. 1 S. 1 WpHG differenziert im Hinblick auf die einzelnen Meldeschwellen aber nicht nach der Art der Schwellenberührung, sondern schreibt eine Mitteilungspflicht allgemein

---

Rn. 23; *U. H. Schneider* in Assmann/Schneider, WpHG, § 21 Rn. 122; *Heinrich* in Heidel, § 21 WpHG Rn. 9; *Becker* in Bürgers/Körber, AktG, Anh. § 22, § 21 WpHG Rn. 7; im Grundsatz auch *Hirte* in KöKo, WpHG, § 21 Rn. 147 („regelmäßig“); a.A. *Falkenhagen*, WM 1995, 1005 Fn. 4 (Prozentsatz mit einer Stelle hinter dem Komma).

1932 *Nottmeier/Schäfer*, AG 1997, 87, 92; *Sudmeyer*, BB 2002, 685, 689; *Hüffer*, AktG, 7. Aufl. 2006, Anh. § 22, § 21 WpHG Rn. 9; *Opitz* in Schäfer/Hamann, § 21 WpHG Rn. 34e; *Hirte* in KöKo, WpHG, § 21 Rn. 147.

1933 *Dehlinger/Zimmermann* in Fuchs, WpHG, § 21 Rn. 73.

1934 BaFin, Emittentenleitfaden 2013, S. 110; *Schwark* in Schwark/Zimmer, § 21 WpHG Rn. 25; *U. H. Schneider* in Assmann/Schneider, WpHG, § 21 Rn. 122; *Heinrich* in Heidel, § 21 WpHG Rn. 9; *Becker* in Bürgers/Körber, AktG, Anh. § 22, § 21 WpHG Rn. 7; kritisch *Dehlinger/Zimmermann* in Fuchs, WpHG, § 21 Rn. 73; *Veil* in Schmidt/Lutter, AktG, Anh. § 22, § 21 WpHG Rn. 23 Fn. 53; einschränkend *Hirte* in KöKo, WpHG, § 21 Rn. 148 (nur wenn die Prozentangabe den Stimmrechtsanteil nicht klar wiedergibt); a.A. LG München I v. 14.8.2003 – 5 HK O 13413/03, ZIP 2004, 167, 168; *Sudmeyer*, BB 2002, 685, 689.

1935 *U. H. Schneider* in Assmann/Schneider, WpHG, § 21 Rn. 122.

1936 *Starke*, S. 185 f. Fn. 926; *Opitz* in Schäfer/Hamann, § 21 WpHG Rn. 34e; *U. H. Schneider* in Assmann/Schneider, WpHG, § 21 Rn. 123.

1937 So *Opitz* in Schäfer/Hamann, § 21 WpHG Rn. 34e.

für jedes Erreichen, Überschreiten und Unterschreiten der Schwelle vor.[1938] Gleiches gilt für den Wortlaut des § 17 Abs. 1 Nr. 5 WpAIV, der ganz allgemein die Angabe des Stimmrechtsanteils verlangt. Die überwiegende Auffassung in der Literatur geht daher auch davon aus, dass auch in diesem Fall der Stimmrechtsanteil anzugeben ist, und zwar auch dann wenn dieser „Null" beträgt.[1939] Dafür spricht auch, dass die Angabe des Stimmrechtsanteils den Teilnehmern des Kapitalmarkts die Feststellung ermöglicht, ob der Meldepflichtige seine Beteiligung an dem Emittenten bzw. seinen Stimmrechtseinfluss auf ihn nur reduziert oder vollständig aufgegeben hat, was eine sinnvolle Information darstellen kann.[1940] Im Ergebnis sprechen damit die besseren Argumente auch im Fall des Unterschreitens der 3 Prozent-Schwelle für die Angabe des Stimmrechtsanteils.

Nach teilweise vertretener Auffassung soll bei längeren Erwerbs- oder Veräußerungszeiträumen zur Klarstellung auch die Angabe des vor der Schwellenberührung gehaltenen Stimmrechtsanteils geboten sein.[1941] Auch wenn die Angabe dieser Information den interessierten Personen eine Feststellung des zuletzt gehandelten Volumens an stimmrechtsvermittelnden Aktien ermöglicht, findet diese Auffassung keine Stütze im Gesetz und ist daher abzulehnen.

IV. Datum der Schwellenberührung

Gemäß § 17 Abs. 1 Nr. 6 WpAIV ist auch das Datum der Schwellenberührung anzugeben. Nach dem eindeutigen Wortlaut kommt es insoweit auf das Datum der Wirksamkeit der Veränderung der Stimmrechtsanteilsveränderung (dingliche Rechtslage) an.[1942] Es geht in diesem Zusammenhang also nicht um die Angabe des Datums der Mitteilung.[1943] Die Datumsangabe dient der BaFin als Grundlage für die Überprüfung der Einhaltung der Mitteilungsfrist und erleichtert dem Emittenten die Feststellung, ob der Meldepflichtige in der Vergangenheit einem Stimmrechtsverlust nach § 28 WpHG unterlag.[1944] Vor diesem Hintergrund ist es sinnvoll, neben dem Datum der Schwellenberührung auch das Datum der Kenntnisnahme des Meldepflichtigen von der Schwellenberührung anzugeben, da hiervon der Beginn des Laufs der Mitteilungsfrist immer dann abhängt, wenn der Meldepflichtige die Schwellenberührung nicht vorher kennen muss, und die BaFin die Einhaltung der Mitteilungsfrist daher oftmals nur auf Grundlage dieser zusätzlichen Angabe

1938 *Dehlinger/Zimmermann* in Fuchs, WpHG, § 21 Rn. 74.
1939 *Dehlinger/Zimmermann* in Fuchs, WpHG, § 21 Rn. 74; *Hirte* in KöKo, WpHG, § 21 Rn. 146.
1940 *Dehlinger/Zimmermann* in Fuchs, WpHG, § 21 Rn. 74; *Hirte* in KöKo, WpHG, § 21 Rn. 146.
1941 *Hirte* in KöKo, WpHG, § 21 Rn. 146.
1942 BaFin, Emittentenleitfaden 2013, S. 109.
1943 *U. H. Schneider* in Assmann/Schneider, WpHG, § 21 Rn. 119.
1944 *U. H. Schneider* in Assmann/Schneider, WpHG, § 21 Rn. 120; *Hirte* in KöKo, WpHG, § 21 Rn. 145.

zuverlässig beurteilen kann.[1945] Ferner empfiehlt sich die Angabe der Gründe, die für eine teleologische Reduktion oder Widerlegung der Kenntnisvermutung des § 21 Abs. 1 S. 4 WpHG sprechen, wenn es im konkreten Fall für die Einhaltung der Mitteilungsfrist darauf ankommt.

In der Praxis kann die vorgeschriebene Angabe des richtigen Datums der Schwellenberührung zu Problemen führen.[1946] Werden stimmrechtsvermittelnde Aktien im Effektengiroverkehr übertragen, kann es vorkommen, dass die Depotbank des Erwerbers den Erwerb der Aktien bereits zu einem Zeitpunkt auf dem Depotkonto des Erwerbers bucht, zu dem der Besitz an den Aktien noch gar nicht durch Umbuchung bei der Wertpapiersammelbank auf die Depotbank des Erwerbers umgestellt wurde.[1947] Zu diesem Zeitpunkt kann die Depotbank dem Erwerber aber den Besitz an den betreffenden Aktien noch gar nicht vermitteln, so dass die dingliche Wirksamkeit der Übertragung der Aktien noch aussteht. Trotzdem wird der Erwerber aufgrund der Buchung auf seinem Depotkonto annehmen, dass die Übertragung bereits erfolgt ist. Um eine fehlerhafte Angabe des Datums der Schwellenberührung in der Mitteilung zu vermeiden, müsste der Meldepflichtige also strenggenommen in jedem Einzelfall bei seiner Depotbank erfragen, ob die Umbuchung auf die Depotbank bei der Wertpapiersammelbank bereits erfolgt ist. Eine solche Nachforschungsobliegenheit erscheint unverhältnismäßig. Wird eine Buchung auf seinem Depotkonto vorgenommen, muss der Meldepflichtige auch davon ausgehen können, dass er Eigentümer der betreffenden Aktien geworden ist. § 17 Abs. 1 Nr. 6 WpAIV sollte daher einschränkend dahingehend ausgelegt werden, dass für die Angabe des Datums der Schwellenberührung im Fall des Erwerbs oder der Veräußerung der stimmrechtsvermittelnden Aktien im Effektengiroverkehr stets die Buchung auf dem Depotkonto des Meldepflichtigen bei seiner Depotbank maßgeblich ist.

1945 *Hirte* in KöKo, WpHG, § 21 Rn. 145.

1946 Es kommt auf den Zeitpunkt der Begründung bzw. des Verlusts des Eigentums an den stimmrechtsvermittelnden Aktien an, vgl. oben S. 117 ff.

1947 *Decker* in BuB, Rn. 8/337a. Die rechtsgeschäftliche Übertragung von Aktien im Effektengiroverkehr vollzieht sich nach überwiegender Auffassung gemäß § 929 S. 1 BGB durch Einigung zwischen den Depotbanken des Erwerbers und des Veräußerers im eigenen Namen (§ 185 BGB) und Umbuchung auf den bei der Wertpapiersammelbank geführten Depotkonten, wodurch das Besitzmittlungsverhältnis der Wertpapiersammelbank mit der Depotbank des Veräußerers endet, während ein neues Besitzmittlungsverhältnis mit der Depotbank des Erwerbers begründet wird. Sodann begründet die Depotbank des Erwerbers ein weiteres Besitzmittlungsverhältnis mit dem Erwerber, wobei ihr Besitzmittlungswillen durch eine entsprechende Gutschrift auf dem Depotkonto des Erwerbers dokumentiert wird. Die dinglich wirksame Übertragung ist erst dann vollzogen, wenn neben der Einigung beide Besitzmittlungsverhältnisse begründet worden sind, so dass der Erwerber mittelbaren Eigenbesitz der zweiten Stufe erlangt hat, während der Veräußerer seinen Besitz an den betreffenden Aktien vollständig verloren hat. Vgl. zum Ganzen *Mentz/Fröhlich*, NZG 2002, 201, 205 ff.; *Eder*, NZG 2004, 107, 111 f.; *Decker* in BuB, Rn. 8/336 ff.

Probleme bei der Angabe des Datums der Schwellenberührung können auch dann entstehen, wenn die Mitteilungspflicht nur durch eine Veränderung der Gesamtzahl der Stimmrechte entsteht. Da es in diesem Fall für die Veränderung des Stimmrechtsanteils des Meldepflichtigen nach zutreffender Auffassung nicht auf den Tag der Veröffentlichung nach § 26a WpHG sondern auf den Zeitpunkt der tatsächlichen Veränderung der Gesamtzahl der Stimmrechte ankommt,[1948] ist dieser Zeitpunkt auch für die Angabe des Datums der Schwellenberührung in der Mitteilung maßgeblich. Fraglich ist allerdings ob auch der Meldepflichtige, der erst durch die Veröffentlichung nach § 26a WpHG von der Veränderung der Gesamtzahl der Stimmrechte erfährt und diese auch vorher nicht kennen muss, den Tag der tatsächlichen Veränderung des Stimmrechtsanteils als Datum der Schwellenberührung in seiner Mitteilung angeben muss. Richtigerweise ist das der Fall. Zwar ergibt sich dieser Tag nicht unmittelbar aus der Veröffentlichung nach § 26a WpHG. Um diese Information zu erhalten muss der Meldepflichtige vielmehr weitere Nachforschungen anstellen. Oftmals verschafft erst der Blick in das Handelsregister Gewissheit. Dies ist dem Meldepflichtigen aber zuzumuten, da ihm insoweit anders als im Hinblick auf das „Kennenmüssen" der Mitteilungspflicht als Voraussetzung für den Beginn der Mitteilungsfrist keine dauerhafte sondern lediglich eine anlassbezogene einmalige Nachforschungspflicht auferlegt wird. Auch aus Anlegerperspektive sprechen die besseren Gründe für die Offenlegung des Datums der tatsächlichen Schwellenberührung. Für die Anleger kann es eine bedeutende Information darstellen, aus welchen Gründen sich der Stimmrechtsanteil der Meldepflichtigen verändert hat und ob die betreffenden Veränderungen auf einem einzigen oder auf mehren Ereignissen beruhen. Vor diesem Hintergrund steigt die Irreführungsgefahr für die Anleger, wenn im Hinblick auf eine Veränderung der Gesamtzahl der Stimmrechte in den Mitteilungen der betroffenen Meldepflichtigen an verschiedene Zeitpunkte, nämlich einmal an das tatsächliche Datum und ein anderes Mal an das Datum der Veröffentlichung nach § 26a WpHG, angeknüpft wird.

V. Zugerechnete Stimmrechte

Nach § 17 Abs. 2 S. 2 WpAIV sind in der Mitteilung die zugerechneten Stimmrechte für jeden Zurechnungstatbestand des § 22 Abs. 1, Abs. 2 WpHG getrennt anzugeben. Die Angabe des Gesamtstimmrechtsanteils und der absoluten Zahl der gehaltenen Stimmrechte ist entsprechend aufzuschlüsseln.[1949] Strittig ist, ob weitergehend zu kennzeichnen ist, ob ein konkreter Zurechnungstatbestand hinsichtlich bestimmter Stimmrechte mehrfach zur Anwendung kommt.[1950] Der Wortlaut des § 17 Abs. 2 S. 2

1948 Vgl. oben S. 122 ff.

1949 *Dehlinger/Zimmermann* in Fuchs, WpHG, § 22 Rn. 110; *U. H. Schneider* in Assmann/Schneider, WpHG, § 21 Rn. 125; *Hirte* in KöKo, WpHG, § 21 Rn. 153; *Von Bülow* in KöKo, WpHG, § 22 Rn. 370.

1950 Befürwortend *Von Bülow* in KöKo, WpHG, § 22 Rn. 49; grundsätzlich ablehnend *Dehlinger/Zimmermann* in Fuchs, WpHG, § 22 Rn. 111.

WpAIV ist insoweit nicht ganz eindeutig, deutet allerdings auf die Erforderlichkeit einer möglichst genauen Differenzierung zwischen den Zurechnungstatbeständen hin. Im Zweifel sollten daher in der Praxis sämtliche verwirklichten Zurechnungstatbestände in Bezug auf die betreffenden Stimmrechte in der Mitteilung angegeben werden.[1951] Zu beachten ist freilich, dass die betreffenden Stimmrechte nicht mehrfach im Stimmrechtsanteil berücksichtigt werden dürfen. Werden die Stimmrechte dem Meldepflichtgen also etwa nach § 22 Abs. 1 S. 1 Nr. 1 und Nr. 2 WpHG zugerechnet, darf bei dem Gesamtstimmrechtsanteil nur ein einziger Unterposten gebildet werden, der sämtliche zugleich nach § 22 Abs. 1 S. 1 Nr. 1 und Nr. 2 WpHG zugerechneten Stimmrechte beinhaltet. Aus den Gesetzesmaterialien lässt sich entnehmen, dass die Aufschlüsselung nach Zurechnungstatbeständen der BaFin ermöglichen soll, die verschiedenen bei ihr eingehenden Informationen über Stimmrechtsveränderungen abzugleichen und sie auf ihre Richtigkeit hin zu kontrollieren.[1952]

Die Mitteilung ist gemäß § 17 Abs. 2 S. 1 Nr. 1 WpAIV um die Angabe der Namen der Dritten zu erweitern, aus deren Aktien dem Meldepflichtigen Stimmrechte zugerechnet werden, soweit der Stimmrechtsanteil der Dritten jeweils die Stimmrechtsschwelle von 3 Prozent übersteigt.[1953] Dritter im Sinne der Norm ist stets der Eigentümer der stimmrechtsvermittelnden Aktien. Bei Stimmrechten aus Aktien eines Dritten, die zunächst einem Vierten und sodann im Wege der Kettenzurechnung auch dem Meldepflichtigen auf Grundlage des § 22 Abs. 1, Abs. 2 WpHG zugerechnet werden, muss der Name des Vierten grundsätzlich nicht auch noch in der Mitteilung angegeben werden.[1954] Eine Ausnahme von diesem Grundsatz regelt § 17 Abs. 2 S. 1 Nr. 2 WpAIV.[1955] Hiernach sind gegebenenfalls auch die Namen der kontrollierten Unternehmen anzugeben, über die die Stimmrechte tatsächlich gehalten werden, wenn deren zugerechneter Stimmrechtsanteil jeweils mindestens 3 Prozent beträgt. Als kontrollierte Unternehmen im Sinne der Norm sind sämtliche Tochterunternehmen des Meldepflichtigen im Sinne des § 22 Abs. 3

1951 So trotz grundsätzlicher Ablehnung einer Pflicht zur weitergehenden Differenzierung auch *Dehlinger/Zimmermann* in Fuchs, WpHG, § 22 Rn. 111.

1952 So (zu § 22 Abs. 2 WpHG a.F.) Begr. RegE. FFG II, BT-Drucks. 12/6679, S. 54. Ebenso *Schwark* in Schwark/Zimmer, § 21 WpHG Rn. 26.

1953 *Opitz* ist der Auffassung, dass mit dieser Vorschrift letztlich eine weitere Mitteilungspflicht für die Offenlegung der Stimmrechte des Dritten begründet wird, was den Rahmen der Verordnungsermächtigung des § 21 Abs. 3 WpHG sprengen soll. In der Folge geht er von der Nichtigkeit des § 17 Abs. 2 S. 1 Nr. 1 WpAIV wegen Verstoßes gegen Art. 80 Abs. 1 GG aus. Vgl. *Opitz* in Schäfer/Hamann, § 21 WpHG Rn. 35a. Für eine weitergehende Offenlegung der Namen der Dritten auch wenn ihr Stimmrechtsanteil die Schwelle von 3 Prozent nicht erreicht *Schwark* in Schwark/Zimmer, § 21 WpHG Rn. 26.

1954 *Dehlinger/Zimmermann* in Fuchs, WpHG, § 22 Rn. 110.

1955 Aus den oben genannten Gründen geht *Opitz* auch von der Nichtigkeit des § 17 Abs. 2 S. 1 Nr. 2 WpAIV aus. Vgl. *Opitz* in Schäfer/Hamann, § 21 WpHG Rn. 35b.

WpHG zu qualifizieren.[1956] Sie ist daher zunächst in den Fällen einer Zurechnung nach § 22 Abs. 1 S. 1 Nr. 1 WpHG[1957], richtigerweise aber auch dann von Bedeutung, wenn es um eine Kettenzurechnung nach § 22 Abs. 1 S. 2 WpHG geht. Die Regelung stellt klar, dass im Fall mehrstufiger Beherrschungsverhältnisse auch die Namen der Tochterunternehmen in der Beherrschungskette angegeben werden müssen.[1958] Die Nennung der Namen der betreffenden Personen dient der Ermöglichung des Abgleichs der verschiedenen Stimmrechtsmitteilungen und der Richtigkeitskontrolle durch die BaFin.[1959]

E. Art, Form und Sprache der Mitteilung

Nach § 18 WpAIV ist die Mitteilung schriftlich oder mittels Telefax in deutscher oder englischer Sprache an den Emittenten und die BaFin zu übersenden. Da es sich bei der Mitteilung um eine geschäftsähnliche Handlung handelt, sind in Bezug auf die Form der Mitteilung die §§ 125 ff. BGB grundsätzlich analog anwendbar. Gründe, die gegen eine analoge Anwendung dieser Normen sprechen, sind nicht ersichtlich. Das bedeutet, dass die schriftliche Form der Mitteilung gemäß § 126 Abs. 3 BGB analog grundsätzlich durch die elektronische Form im Sinne des § 126a BGB ersetzt werden kann, also etwa in Form einer E-Mail abgegeben werden kann, die mit einer qualifizierten elektronischen Signatur nach dem Signaturgesetz versehen ist.[1960] Ungeachtet dessen reicht die Übersendung der Mitteilung als E-Mail an die BaFin nach ihrer Verwaltungspraxis nicht aus.[1961] Zwar gibt die BaFin im Rechts- und Geschäftsverkehr eine E-Mail-Adresse an, den Verlautbarungen der BaFin lässt sich jedoch entnehmen, dass sie diese E-Mail noch nicht für den Empfang von Stimmrechtsmitteilungen bestimmt hat, so dass der Zugang der an sich zulässigen Mitteilungen in elektronischer Form bislang nicht erfolgen kann.[1962] In der Praxis sollte die Mitteilung daher solange schriftlich oder mittels Telefax übermittelt werden, bis sich die Verwaltungspraxis der BaFin ändert. In beiden Fällen ist die Mitteilung durch ihren Aussteller zu unterzeichnen.[1963] Sofern Aussteller und Meldepflichtiger

---

1956 *Opitz* in Schäfer/Hamann, § 21 WpHG Rn. 35b.

1957 BaFin, Emittentenleitfaden 2013, S. 130.

1958 *Dehlinger/Zimmermann* in Fuchs, WpHG, § 22 Rn. 109.

1959 *Schwark* in Schwark/Zimmer, § 21 WpHG Rn. 26.

1960 Ebenso *Petersen* in Spindler/Stilz, AktG, Anh. § 22, §§ 21–30 WpHG Rn. 32; *Schwark* in Schwark/Zimmer, § 21 WpHG Rn. 27 (in gewissem Widerspruch zu der unter Rn. 29 Auffassung, wonach es sich bei der Mitteilung um eine rein tatsächliche Wissenserklärung handelt).

1961 BaFin, Emittentenleitfaden 2013, S. 110.

1962 *Dehlinger/Zimmermann* in Fuchs, WpHG, § 21 Rn. 77; *Hirte* in KöKo, WpHG, § 21 Rn. 158.Vgl. allg. zu den Voraussetzungen des Zugangs elektronischer Erklärungen *Einsele* in MüKo, BGB, § 130 Rn. 18.

1963 BaFin, Emittentenleitfaden 2013, S. 110; *Dehlinger/Zimmermann* in Fuchs, WpHG, § 21 Rn. 62, 76; *U. H. Schneider* in Assmann/Schneider, WpHG, § 21 Rn. 127; *Hirte* in KöKo, WpHG, § 21 Rn. 142.

nicht identisch sind,[1964] sollte auch der Name und die Anschrift des unterzeichnenden Ausstellers angegeben werden.[1965] Im Fall der Bevollmächtigung zur Abgabe der Mitteilung empfiehlt es sich ferner, die Vollmachtsurkunde der Mitteilung als Anlage beizufügen.[1966] Bei organschaftlicher oder gesetzlicher Vertretung sollte ein Hinweis auf das Vertretungsverhältnis im Zusammenhang mit der Unterzeichnung der Mitteilung genügen. Diese zusätzlichen Angaben erleichtern der BaFin die Überprüfung der Erfüllungszuständigkeit des Ausstellers der Mitteilung.

1964 Vgl. oben S. 404 ff.

1965 *Dehlinger/Zimmermann* in Fuchs, WpHG, § 21 Rn. 62 (zumindest wenn dieser nicht über den Meldepflichtigen erreichbar ist).

1966 *Dehlinger/Zimmermann* in Fuchs, WpHG, § 21 Rn. 62 Fn. 150.

4. Teil: Zusammenfassung der Ergebnisse

§ 1 Ergebnisse zu den Grundlagen der Beteiligungstransparenz im Sinne des WpHG

1. Das zentrale Regelungsziel der §§ 21 ff. WpHG besteht in der Förderung der allokativen, operationalen und institutionellen Funktionsfähigkeit des Kapitalmarkts durch institutionellen Anlegerschutz. Ansatzpunkt der Regulierung ist das Leitbild des rational handelnden Anlegers, der auf Grundlage der ihm zur Verfügung stehenden Informationen eine rationale Anlageentscheidung treffen will. Die gesetzlich verordnete Erteilung von Informationen an die Anleger kann vor diesem Hintergrund zumindest im Einzelfall dazu beitragen, bestehende Informationsungleichgewichte auszuschalten, so dass durch die damit verbundene Herstellung von Chancengleichheit im Hinblick auf die Informationsbeschaffung im Vorfeld von Anlageentscheidungen das Vertrauen der Anleger in die Funktionsfähigkeit des Kapitalmarkts gesteigert wird (Vgl. 1. Teil, § 4, A. I.).
2. In diesem Rahmen dient die Mitteilungspflicht des § 21 Abs. 1, Abs. 1a WpHG nach der gesetzgeberischen Vorstellung der Erteilung von Informationen über die Zusammensetzung des Aktionärskreises bei dem betreffenden Emittenten und die Verteilung des unmittelbaren und mittelbaren Stimmrechtseinflusses im Hinblick auf diesen Emittenten. Während durch die Offenlegung der Zusammensetzung des Aktionärskreises vor allem die Höhe des Streubesitzes sichtbar gemacht werden soll, dient die Offenlegung des Stimmrechtseinflusses maßgeblich der Identifikation von Beherrschungsmöglichkeiten im Hinblick auf den Emittenten sowie etwaiger Blockademöglichkeiten bei Strukturmaßnahmen. Neben dem gegenwärtigen Zustand, sollen auch kürzlich erfolgte Veränderungen des Aktionärskreises und des Stimmrechtseinflusses sichtbar gemacht werden. Von besonderer Bedeutung ist insoweit die Offenlegung bevorstehender Übernahmen des Emittenten und kursrelevanter Kapitalbewegungen. Um in rationale Anlageentscheidungen umgesetzt werden zu können müssen die genannten Informationen rechtzeitig und in zuverlässiger, vollständiger, klarer und verständlicher Form erteilt werden (Vgl. 1. Teil, § 4, A. II.).
3. Ein weiteres Regelungsziel der §§ 21 ff. WpHG besteht neben einer Hilfsfunktion bei der Bekämpfung des Missbrauchs von Insiderinformationen in der Erteilung von Informationen an die Emittenten selbst, wobei dies nur für solche Fälle gilt, in denen der verbesserte Überblick des Emittenten über Aktionärsstruktur und Stimmrechtseinfluss dem Unternehmensinteresse des Emittenten dient. Ferner übernehmen die §§ 21 ff. WpHG nach Einführung der negativen Geltungsanordnung der §§ 20 Abs. 8, 21 Abs. 5 AktG auch die konzernrechtlichen Regelungsziele der §§ 20, 21 AktG im Hinblick auf Aktiengesellschaften, die als Emittenten im Sinne des § 21 Abs. 1 S. 1, Abs. 2 WpHG zu qualifizieren

sind. Dies gilt allerdings vorbehaltlich des Regelungsziels der §§ 20, 21 AktG die Rechtssicherheit bei der Anwendung konzernrechtlicher Vorschriften zu erhöhen (Vgl. 1. Teil, § 4, B.).

4. Die Auslegung der §§ 21 ff. WpHG ist maßgeblich an ihren Regelungszielen auszurichten. Einer „dynamischen Auslegung“ bedarf es nicht. Abzulehnen ist auch das Postulat einer weiten Auslegung dieser Regelungen. Bei der richtlinienkonformen Auslegung ist zu berücksichtigen, dass mit der Transparenz-RL III nunmehr prinzipiell eine Abkehr von dem bisher geltenden Grundsatz der Mindestharmonisierung erfolgt ist. Für die Mitteilungspflicht des § 21 Abs. 1 S. 1 WpHG und die diese ergänzenden Zurechungstatbestände des § 22 WpHG gilt der Grundsatz der Mindestharmonisierung allerdings weiterhin (Vgl. 1. Teil, § 5, A.-C.).
5. Folgt man mit der h.M. dem Grundsatz der einheitlichen Auslegung und erstreckt das ordnungswidrigkeitenrechtliche Analogieverbot auch auf die Mitteilungspflicht des § 21 Abs. 1 S. 1 WpHG, so ist zu berücksichtigen, dass die Wortlautschranke sowohl die Grenze für eine Analogiebildung als auch für eine teleologischen Reduktion zu Lasten der Normadressaten bildet. Eine Analogiebildung oder teleologische Reduktion wirkt sich zu Lasten der Normadressaten aus, wenn sie zur Entstehung einer zusätzlichen Mitteilungspflicht führen kann, die ansonsten nicht entstehen würde (Vgl. 1. Teil, § 5, D.).

§ 2 Ergebnisse zu den Grundlagen der Kapitalanlage in Form der Investmentanlage

1. Die Investmentanlage ist durch die Grundsätze der Risikomischung, der kollektiven Kapitalanlage und der Fremdverwaltung geprägt. Diese Grundsätze finden sich auch in der für den Anwendungsbereich des KAGB bedeutenden Begriffsbestimmung des Investmentvermögens wieder. So deutet das Merkmal der „Investition nach einer festgelegten Anlagestrategie“ auch auf die Erforderlichkeit der Begrenzung der Anlagerisiken hin. Der Begriffsbestandteil „für gemeinsame Anlagen“ und der Hinweis auf eine „Anzahl“ von Anlegern verweisen auf den Grundsatz der kollektiven Kapitalanlage. Schließlich enthält das Begriffsmerkmal des „Einsammelns“ von Kapital einen Hinweis auf den Grundsatz der Fremdverwaltung (Vgl. 2. Teil, § 1, § 3 A. I.).
2. Im Hinblick auf die Abgrenzung zwischen den einzelnen Erscheinungsformen der vom KAGB erfassten Investmentvermögen ist in mehrfacher Hinsicht zu differenzieren. Ausgehend von der grundlegenden Differenzierung zwischen OGAW und AIF ist zwischen offenen und geschlossenen Investmentvermögen zu unterscheiden. Weitergehend ist nach der Herkunft des Investmentvermögens und im Hinblick auf die zugelassenen Anlegerkreis zwischen Publikums- und Spezialinvestmentvermögen zu differenzieren. Eine weitere Abgrenzung muss im Hinblick darauf erfolgen, ob das Investmentvermögen sich selbst verwaltet oder der Fremdverwaltung durch eine externe Kapitalverwaltungsgesellschaft

unterliegt. Nach den vom KAGB zugelassenen Rechtsformen des Investmentvermögens lassen sich Sondervermögen, Investmentaktiengesellschaften und Investmentkommanditgesellschaften unterscheiden (Vgl. 2. Teil, § 3, A. II.-VI., B.).

3. Sondervermögen haben keine eigene Rechtspersönlichkeit und sind nicht rechtsfähig. Sie werden in Vertragsform errichtet, indem jeder Anleger einen nach h.M. als Geschäftsbesorgungsvertrag zu qualifizierenden Investmentvertrag mit der KVG abschließt. Zwischen KVG und Anleger entsteht ein Verwaltungstreuhandverhältnis mit den Vermögensgegenständen des Sondervermögens als Treugut, wobei der Investmentvertrag als Treuhandabrede dient. Wird die Miteigentumslösung gewählt ist dieses Treuhandverhältnis als Ermächtigungstreuhand zu qualifizieren. Bei der Errichtung nach der Treuhandlösung besteht eine Vollrechtstreuhand in Form der Erwerbstreuhand. Die aus den Vermögensgegenständen folgenden wirtschaftlichen Chancen und Risiken sind den Anlegern zugeordnet. Das zwischen den Anlegern bestehende Rechtsverhältnis ist als Bruchteilsgemeinschaft zu qualifizieren, wobei sich die Bruchteilsgemeinschaft bei Errichtung nach der Miteigentumslösung nach h.M. auf jeden einzelnen Vermögensgegenstand des Sondervermögens und bei Errichtung nach der Treuhandlösung auf die gleichgerichteten Ansprüche der Anleger aus den Investmentverträgen bezieht (Vgl. 2. Teil, § 3, B. I.).
4. Investmentaktiengesellschaften sind ihrer Rechtsnatur nach Aktiengesellschaften, für die das KAGB besondere Regelungen bereithält, die die allgemeinen Rechtsgrundlagen des AktG modifizieren. Zu unterscheiden ist zwischen der Investment AG mit veränderlichem Kapital und derjenigen mit fixem Kapital. Die Investment-AG mit veränderlichem Kapital wird durch die Unternehmensaktionäre gegründet, denen auch das Stimmrecht in der Hauptversammlung zusteht. Die Anleger werden als Anlageaktionäre durch jederzeit zulässige Kapitalerhöhung aus einem gesetzlich genehmigten Kapital an der Investment-AG beteiligt. Ihnen steht grundsätzlich kein Stimmrecht zu. Bei der Investment-AG mit fixem Kapital existiert nur eine Aktionärsklasse, so dass die Anleger hier regelmäßig mit vollem Stimmrecht ausgestattete Gründungsaktionäre werden, sofern sie sich nicht über ein Treuhandmodell als bloße Treugeber an der Investment-AG beteiligen. Die wirtschaftlichen Chancen und Risiken aus den im Anlagevermögen der Investment-AG zusammengefassten Vermögensgegenständen sind im Ergebnis stets den Anlegern zugeordnet (Vgl. 2. Teil, § 3, B. II.).
5. Investmentkommanditgesellschaften sind nach ihrer Rechtsnatur Kommanditgesellschaften, auf die die allgemeinen Regeln des HGB nur Anwendung finden, soweit sich aus dem KAGB keine besonderen Regelungen ergeben. Zu unterscheiden sind die offene und die geschlossene Investment-KG. Bei der offenen Investment-KG werden die Anleger stets als Kommanditisten an der Investment-KG beteiligt. Demgegenüber besteht bei der geschlossenen Investment-AG in der Form des Publikums-AIF auch die Möglichkeit zur Beteiligung über ein Treuhandmodell. Auch bei der Investmentanlage über eine Investment-KG tragen die Anleger im Ergebnis stets die wirtschaftlichen

Chancen und Risiken aus den im Kommanditanlagevermögen zusammengefassten Vermögensgegenständen (Vgl. 2. Teil, § 3 B. III.).

6. Im Rahmen ihres allgemeinen Verwaltungsrechts ist die KVG grundsätzlich zur Verfügung über die Vermögensgegenstände des Investmentvermögens und zur Ausübung der Rechte aus diesen berechtigt. Für Sondervermögen, die nach der Miteigentumslösung errichtet wurden, ist dies durch die in § 93 Abs. 1 KAGB geregelte gesetzliche Ermächtigung der KVG analog § 185 BGB sichergestellt. Wurde das Sondervermögen nach der Treuhandlösung errichtet, folgt dies bereits aus der Stellung der KVG als rechtlicher Eigentümer bzw. Inhaber der Vermögensgegenstände. Gleiches gilt hinsichtlich einer Investment-AG oder einer Investment-KG, die ihr (Kommandit-)Anlagevermögen selbst verwaltet und damit auch selbst als KVG zu qualifizieren ist. Im Fall der externen Verwaltung einer Investment-AG oder Investment-KG muss der externen KVG ein Recht zur Verfügung über die und zur Ausübung der Rechte aus den im (Kommandit-)Anlagevermögen zusammengefassten Vermögensgegenstände(n) durch die Investmentgesellschaft eingeräumt werden. Dies geschieht in dem zwischen KVG und Investmentgesellschaft abgeschlossenen und als Geschäftsbesorgungsvertrag nach §§ 675, 611 BGB zu qualifizierenden Verwaltungsvertrag (Vgl. 2. Teil, § 3, C. I.).
7. Die KVG ist im Rahmen ihrer Verwaltungstätigkeit nicht an die subjektiven Interessen der an dem betreffenden Investmentvermögen beteiligten Anleger, sondern an die objektiven Interessen eines durchschnittlichen Investmentkunden gebunden. Die Anleger sind nicht dazu berechtigt aktiv durch gemeinsame Verfügung über einen Vermögensgegenstand des Investmentvermögens, durch die gemeinsame Ausübung der Rechte aus einem solchen Vermögensgegenstand oder durch die Erteilung von Weisungen auf die Verwaltung durch die KVG Einfluss zu nehmen (Vgl. 2. Teil, § 3, C. II., III.).

§ 3 Ergebnisse zur Mitteilungspflicht nach § 21 Abs. 1 S. 1 WpHG unter besonderer Berücksichtigung der Investmentanlage im Sinne des KAGB

I. Ergebnisse zur Mitteilungspflicht nach § 21 Abs. 1 S. 1 WpHG

1. Taugliche Normadressaten der Mitteilungspflicht nach § 21 Abs. 1 S. 1 WpHG können nur rechtsfähige oder zumindest teilrechtsfähige Rechtssubjekte sein. Aus diesem Grund richtet sich die Mitteilungspflicht nicht an Sondervermögen im Sinne des KAGB. Demgegenüber sind die Investmentgesellschaften als taugliche Normadressaten der Mitteilungspflicht zu qualifizieren. Gleiches gilt für die externe KVG. Einzelne Anleger unterliegen immer dann der Mitteilungspflicht, wenn sie rechtsfähig oder zumindest teilrechtsfähig sind. Die Mitteilungspflicht richtet sich allerdings nicht an die Gemeinschaft der Anleger, zumal diese unabhängig davon ob man sie mit der h.M. als Bruchteilsgemeinschaft,

als Gesamthand oder als BGB-Innengesellschaft qualifiziert für sich genommen weder rechtsfähig noch teilrechtsfähig ist. Für die Mitteilungspflicht der Anleger ist damit stets an den einzelnen Anleger anzuknüpfen (Vgl. 3. Teil, § 1, A.).

2. Eine Mitteilungspflicht nach § 21 Abs. 1 S. 1 WpHG setzt eine Veränderung des Stimmrechtsanteils des Meldepflichtigen voraus. Sie entsteht nicht bereits dadurch, dass sich der Namen, die Firma oder die Rechtsform des Meldepflichtigen ändert. Auch eine Änderung der Firma oder der Rechtsform des Emittenten ist unschädlich, wenn dieser weiterhin als Emittent im Sinne des § 21 Abs. 1 S. 1, Abs. 2 WpHG zu qualifizieren ist (Vgl. 3. Teil, § 1, B. I. 1.).
3. Unmittelbar über § 21 Abs. 1 S. 1 WpHG werden den Normadressaten nur Stimmrechte aus Aktien zugeordnet, deren rechtliche Eigentümer sie sind. Für die Zurechnung von Stimmrechten zu den Normadressaten muss einer der Zurechnungstatbestände des § 22 WpHG erfüllt sein. Ändert sich der Zurechnungstatbestand, so ändert sich der Stimmrechtsanteil des Normadressaten nicht, wenn gleichzeitig mit dem Entfallen des früheren Zurechnungstatbestands eine Zurechnung nach dem aktuellen Zurechnungstatbestand begründet wird. Die damit einhergehende Einschränkung der Beteiligungstransparenz ist hinzunehmen (Vgl. 3. Teil, § 1, B I. 2., 3.).
4. Die Veränderung der Gesamtzahl der Stimmrechte ist ab dem Zeitpunkt ihrer rechtlichen Wirksamkeit im Stimmrechtsanteil der Adressaten der Mitteilungspflicht zu berücksichtigen. Aus dem Grundsatz der verfassungskonformen Auslegung folgt, dass § 17 Abs. 5 WpAIV nicht wortwörtlich anzuwenden, für die Gesamtzahl der Stimmrechte also nicht an die letzte Veröffentlichung auf Grundlage des § 26a WpHG anzuknüpfen ist. Führt eine Veränderung der Gesamtzahl der Stimmrechte zu einer Mitteilungspflicht und erfolgt die Mitteilung vor der Veröffentlichung nach § 26a WpHG sollte ein klarstellender Hinweis auf die Tatsache und die Gründe für die Abweichung von § 17 Abs. 5 WpAIV in die Mitteilung aufgenommen werden. De lege ferenda sollte eine unverzügliche Pflicht zur Veröffentlichung der veränderten Gesamtzahl der Stimmrechte in § 26a WpHG statuiert werden. Eine solche Änderung des WpHG wäre mit den Vorgaben der Transparenzrichtlinien, insbesondere auch der Transparenz-RL III, vereinbar (Vgl. 3. Teil, § 1, B. I. 4.).
5. Statutarische oder gesetzliche Stimmverbote können zu einem Grenzkonflikt bei der Anwendung des § 21 Abs. 1 S. 1 WpHG führen. Sind die Normadressaten als Aktionäre an dem Emittenten beteiligt, ohne eine Möglichkeit zur Einflussnahme auf die Ausübung des aus den betreffenden Aktien folgenden Stimmrechts zu haben, so stellt sich die Frage, ob vorrangig die Kapitalbeteiligung oder der Stimmrechtseinfluss der Aktionäre offenzulegen ist. Die Lösung kann in diesem Fall nicht in einer abstrakten Betrachtungsweise liegen, die vorrangig auf die Offenlegung der Kapitalbeteiligung abstellt. Vielmehr ist im Sinne einer Risikoabwägung zu entscheiden, welches der beiden Regelungsziele des § 21 Abs. 1 S. 1 WpHG vorrangig zu berücksichtigen ist. Ein Abzug der von einem Stimmverbot betroffenen Stimmrechte im Nenner des Stimmrechtsanteils des betreffenden Normadressaten, d.h. bei der Gesamtzahl der Stimmrechte,

scheidet nach zutreffender h.M. von vornherein aus. Es geht also nur um die Frage der Berücksichtigung der Stimmrechte im Zähler des Stimmrechtsanteils des vom Stimmverbot betroffenen Aktionärs. Insoweit sind von einem Stimmverbot betroffene Stimmrechte immer dann mitzuzählen, wenn das Stimmverbot nach seiner Art punktueller oder jedenfalls vorübergehender Natur ist, so dass der Aktionär es jederzeit beseitigen kann. Der genannte Grenzkonflikt besteht dann nicht. Dies betrifft die in den §§ 67 Abs. 2, 123 Abs. 2 S. 1, Abs. 3, 136 Abs. 1 AktG, 28 S. 1 WpHG. 59 S. 1 WpÜG geregelten Stimmverbote. Demgegenüber ist grundsätzlich von einem solchen Grenzkonflikt auszugehen, wenn das betreffende Stimmverbot dauerhaft in dem Sinne ist, dass es für die gesamte Dauer der Mitgliedschaft des Aktionärs an dem Emittenten besteht. Dies betrifft das Stimmverbot des § 71b AktG. In diesem Fall führt die Risikoabwägung dazu, dass die von dem Stimmverbot betroffenen Stimmrechte nicht im Stimmrechtsanteil des betroffenen Emittenten zu berücksichtigen, dort also abzuziehen sind. Eine Offenlegung der Kapitalbeteiligung erfolgt in diesem Fall über die Veröffentlichungspflicht des § 26 Abs. 1 S. 2 WpHG. § 328 Abs. 1 S. 1, Abs. 2 AktG enthält ein weiteres dauerhaftes Stimmverbot, das zu dem beschriebenen Grenzkonflikt führt. Die Risikoabwägung führt hier aber zu einer Berücksichtigung der betroffenen Stimmrechte im Stimmrechtsanteil des Aktionärs. Ein zeitlich auf sechs Monate beschränkter Grenzkonflikt besteht schließlich im Fall des verlängerten Rechtsverlusts nach § 28 S. 3 WpHG. Die Risikoabwägung ergibt allerdings auch in diesem Fall, dass die betroffenen Stimmrechte weiterhin im Zähler des Stimmrechtsanteils des betroffenen Aktionärs zu berücksichtigen sind (Vgl. 3. Teil, § 1, B. I. 5.).

6. Auch die Verlagerung der Stimmrechtsausübung auf einen Dritten kann zu einem Grenzkonflikt bei der Anwendung des § 21 Abs. 1 S. 1 WpHG führen. Dies gilt zwar von voneherein nicht im Hinblick auf die rechtsgeschäftliche Verlagerung auf einen Stimmrechtsvertreter oder einen Legitimationsaktionär. Letzterem werden die Stimmrechte aus den betreffenden Aktien auch nicht selbst unmittelbar auf Grundlage des § 21 Abs. 1 S. 1 WpHG zugeordnet. Ein Grenzkonflikt entsteht aber in den Fällen der gesetzlichen Verlagerung des Stimmrechts. Im Fall der gesetzlichen Vertretung ist dieser zugunsten der Offenlegung der Aktionärsstellung aufzulösen. Die betreffenden Stimmrechte sind also im Stimmrechtsanteil des Geschäftsunfähigen mitzuzählen. Im Fall der Amtsverwaltung ist der Grenzkonflikt dagegen zugunsten der Offenlegung des Stimmrechtseinflusses aufzulösen. De lege lata sind die Stimmrechte aber ausschließlich im Fall der Testamentsvollstreckung im Stimmrechtsanteil des betroffenen Aktionärs abzuziehen. In den Fällen der Nachlass- und der Insolvenzverwaltung würde eine entsprechende teleologische Reduktion des § 21 Abs. 1 S. 1 WpHG gegen das Analogieverbot verstoßen. De lege ferenda sollte dieses Problem dadurch gelöst werden, dass der Gesetzgeber die Mitteilungspflicht auf die Offenlegung der Kapitalbeteiligung erweitert, so dass im Fall der Amtsverwaltung zwar ein Unterschreiten der Stimmrechtsschwellen nicht aber der Kapitalanteilsschwellen mitzuteilen wäre (Vgl. oben 3. Teil, § 1, B. I. 6.).

7. Auch im Fall der schuldrechtlichen Stimmbindung eines Aktionärs kann es zu einem Grenzkonflikt zwischen der Offenlegung der Aktionärsstellung und des unmittelbaren Stimmrechtseinflusses der Meldepflichtigen kommen. Dieser Grenzkonflikt ist aber zugunsten der Offenlegung der Aktionärsstellung aufzulösen. Mit der allgemeinen Auffassung ist demnach davon auszugehen, dass die von der Stimmbindung betroffenen Stimmrechte vollumfänglich im Stimmrechtsanteil des Meldepflichtigen zu berücksichtigen sind (Vgl. oben 3. Teil, § 1, B. I. 7.).
8. Stimmrechte aus Aktien, die zu einem Investmentvermögen im Sinne des KAGB gehören, werden unmittelbar über § 21 Abs. 1 S. 1 WpHG im Stimmrechtsanteil der externen KVG berücksichtigt, wenn diese ein Sondervermögen verwaltet, welches nach der Treuhandlösung errichtet wurde. Hieran ändert auch die gesetzliche Interessenbindung der KVG im Sinne des § 26 Abs. 1 KAGB nichts. Gleiches gilt aufgrund der gesetzlichen Eigentumsfiktion des § 94 Abs. 2 S. 3 HS. 1 KAGB dann, wenn die KVG ein Sondervermögen verwaltet, das nach der Miteigentumslösung errichtet wurde und als Publikumssondervermögen zu qualifizieren ist (Vgl. oben 3. Teil, § 1, B. I. 8. a)).
9. Erfolgt die Investmentanlage über eine Investmentgesellschaft, so werden die Stimmrechte aus den zum (Kommandit-)Anlagevermögen dieser Investmentgesellschaft gehörenden Aktien unmittelbar auf Grundlage des § 21 Abs. 1 S. 1 WpHG im Stimmrechtsanteil der Investmentgesellschaft selbst berücksichtigt. Unerheblich ist in diesem Zusammenhang, ob das (Kommandit-)Anlagevermögen durch eine externe KVG verwaltet wird (Vgl. oben 3. Teil, § 1, B. I. 8. b)).
10. Im Stimmrechtsanteil der Anleger werden Stimmrechten aus Aktien, die zu einem Investmentvermögen gehören, nur dann unmittelbar auf Grundlage des § 21 Abs. 1 S. 1 WpHG berücksichtigt, wenn es sich um ein Sondervermögen handelt, das nach der Miteigentumslösung errichtet wurde und als Spezial-Sondervermögen zu qualifizieren ist. Zwar kommt es in diesem Fall zu einem Grenzkonflikt zwischen der Offenlegung der Aktionärsstellung und des Stimmrechtseinflusses der Anleger. Dieser Grenzkonflikt ist jedoch zugunsten der Offenlegung der Aktionärsstellung aufzulösen. Die damit verbundene Fehlinformation des Kapitalmarkts über den unmittelbaren Stimmrechtseinfluss der Anleger lässt sich nur de lege ferenda auflösen. Die Lösung besteht wie im Fall der Amtsverwaltung auch in diesem Zusammenhang darin, die Kapitalbeteiligung der Aktionäre als weiteren Bezugspunkt der Mitteilungspflicht in § 21 Abs. 1 S. 1 WpHG aufnehmen. De lege lata sind die betreffenden Stimmrechte den am Sondervermögen beteiligten Anlegern quotal entsprechend ihres Anteils am Sondervermögen zuzuordnen (Vgl. oben 3. Teil, § 1, B. I. 8. c)).
11. Die im KAGB enthaltenen emittentenbezogenen Anlagegrenzen können die rechtliche Zulässigkeit des Erwerbs von stimmrechtsvermittelnden Aktien eines Emittenten im Sinne des § 21 Abs. 1 S. 1, Abs. 2 WpHG beschränken. Für Investmentvermögen in der Erscheinungsform eines OGAW, eines offenen Publikums-AIF in der Unterform des gemischten Investmentvermögens und grundsätzlich auch eines offenen Spezial-AIF mit festen Anlagebedingungen

darf die KVG maximal Aktien erwerben, aus denen ein Stimmrechtsanteil von 10 Prozent bei dem betreffenden Emittenten folgt. Dementsprechend wird eine Mitteilungspflicht nach § 21 Abs. 1 S. 1 WpHG in Bezug auf die Stimmrechte aus diesen Aktien regelmäßig allenfalls wegen der Berührung der Stimmrechtsschwellen von 3, 5 oder 10 Prozent entstehen. Etwas anderes gilt für offene Publikums-AIF in der Unterform eines sonstigen Investmentvermögens oder eines Immobilien-Sondervermögens, für geschlossene Publikums-AIF, für allgemeine offene Spezial-AIF und Hedgefonds und im Fall eines vertraglichen Abweichens von den emittentenbezogenen Anlagegrenzen auch für offene Spezial-AIF mit festen Anlagebedingungen. Anstelle emittentenbezogener Anlagegrenzen gilt hier lediglich der Grundsatz der Risikomischung. Damit kann nicht ausgeschlossen werden, dass in Bezug auf die Stimmrechte aus den Aktien, die zu einem solchen Investmentvermögen gehören, im Einzelfall auch Mitteilungspflichten wegen der Berührung der weiteren Stimmrechtsschwellen oberhalb von 10 Prozent ausgelöst werden. Bei Immobilien-Sondervermögen wird aber selbst die Berührung der Eingangsmeldeschwelle praktisch äußerst selten sein. Geschlossene Publikums-AIF unterliegen keinerlei Anlagegrenzen. Damit sind sie in besonderer Weise auch zum Aufbau von Stimmrechtsanteilen oberhalb der 10-Prozent Grenze geeignet. Dementsprechend besteht eine höhere Wahrscheinlichkeit dafür, dass im Einzelfall Mitteilungspflichten wegen der Berührung höherer Stimmrechtsschwellen ausgelöst werden. Offene Publikums-AIF in der Unterform von Dach-Hedgefonds dürfen nicht in Aktien eines Emittenten im Sinne des § 21 Abs. 1 S. 1, Abs. 2 WpHG investieren. Entsprechende Mitteilungspflichten werden bei gesetzeskonformer Kapitalanlage folglich nicht entstehen (Vgl. oben 3. Teil, § 1, B. II. 2.).

II. Ergebnisse zur Zurechnung nach § 22 Abs. 1 S. 1 Nr. 1 WpHG

1. Sind die Stimmrechte aus Aktien des Tochterunternehmens des Meldepflichtigen wie im Fall des § 71b AktG im Zähler des Stimmrechtsanteils dieses Tochterunternehmens abzuziehen, so erfolgt auch keine Zurechnung dieser Stimmrechte auf den Meldepflichtigen (Vgl. oben 3. Teil, § 2, A. I.).
2. Für die Qualifizierung eines Rechtsträgers als Tochterunternehmen im Sinne des § 22 Abs. 3 WpHG kommt es nach beiden Tatbestandsalternativen der Norm darauf an, dass der Meldepflichtige beherrschenden Einfluss auf den betreffenden Rechtsträger ausüben kann. Unterschiede zwischen beiden Tatbestandsalternativen können sich dadurch ergeben, dass die Alt. 1 des § 22 Abs. 3 WpHG an § 290 HGB und damit an den Begriff der Beherrschungsmöglichkeit im Sinne der Konzernrechnungslegung anknüpft, während die Alt. 2 des § 22 Abs. 3 WpHG im Sinne des § 17 AktG auszulegen ist. Grundsätzlich finden die konzernrechtlichen Grundsätze aber auch im Rahmen des § 290 Abs. 1 HGB Anwendung (Vgl. oben 3. Teil, § 2, A. I. 3.).
3. Im Hinblick auf die erforderliche Intensität der Beherrschungsmöglichkeit kommt es nach heute allgemeiner Auffassung darauf an, dass sich die

Geschäftsleiter des Tochterunternehmens mit hoher Wahrscheinlichkeit an den Vorstellungen des Meldepflichtigen ausrichten. Dies ist aus der Perspektive der betreffenden Geschäftsleiter zu bestimmen. Dabei kann es aber nicht auf eine streng subjektive Betrachtung ankommen. Entscheidend ist vielmehr, ob sich ein vernünftiger Geschäftsleiter bei Kenntnis der tatsächlich bestehenden Einflussnahmemöglichkeiten des Meldepflichtigen an dessen Vorstellungen ausrichten würde. Ausnahmen von diesem Grundsatz können nur dann anerkannt werden, wenn hinreichende tatsächliche Anhaltspunkte dafür bestehen, dass sich die Geschäftsleiter des betreffenden Tochterunternehmens im Einzelfall über das tatsächliche Einflusspotential des Meldepflichtigen geirrt haben (Vgl. oben 3. Teil, § 2, A. I. 3. b)).

4. Die Beherrschungsmöglichkeit muss nach h.M. eine verlässliche Einflussnahmemöglichkeit für einen überschaubaren Zeitraum vermitteln. Zur Feststellung dieser sog. Beständigkeit kommt es auf eine aus der ex-ante-Perspektive eines vernünftigen Geschäftsleiters vorzunehmende Prognoseentscheidung an. Der zeitliche Bezugspunkt dieser Prognoseentscheidung unterscheidet sich in Abhängigkeit von dem betrachteten Beherrschungsmittel. Entscheidend ist insoweit die nächste Möglichkeit zur Ausnutzung des Beherrschungsmittels (Vgl. oben 3. Teil, § 2, A. I. 3. c)).
5. Das Beherrschungsmittel muss nach h.M. gesellschaftsrechtlich vermittelt sein. Dies gilt nicht nur für § 17 Abs. 1 AktG, sondern auch im Rahmen des § 290 Abs. 1 HGB (Vgl. oben 3. Teil, § 2, A. I. 3. d) aa)).
6. Anerkanntes Beherrschungsmittel ist die Stimmrechtsmehrheit des Meldepflichtigen bei seinem Tochterunternehmen. Diese muss lediglich bei den maßgeblichen Beschlussgegenständen bestehen. Dazu gehören sowohl im Konzernrecht als auch im Recht der Konzernrechnungslegung die Bestellung der Geschäftsleiter und die Abstimmung über die Erteilung von Weisungen an dieselben. In der AG kommt es entscheidend auf die Stimmrechtsmehrheit bei der Bestellung der Mehrheit der Aufsichtsratsmitglieder an (Vgl. oben 3. Teil, § 2, A. I. 3. d) aa) (1)).
7. Bei der Berechnung der Stimmrechtsmehrheit als Voraussetzung der Beherrschungsmöglichkeit sind auch Stimmrechte zu berücksichtigen, die dem Meldepflichtigen zugerechnet werden. Hierzu gehören Stimmrechte von Dritten aus Anteilen an dem Tochterunternehmen, auf die der Meldepflichtige beherrschenden Einfluss nehmen kann. Zugerechnet werden auch Stimmrechte aus Anteilen die ein Dritter für Rechnung des Meldepflichtigen hält. Die Erfüllung dieses Zurechnungstatbestands setzt nicht voraus, dass der Meldepflichtige die Kosten für den Erwerb dieser Anteile durch den Dritten übernimmt Nach h.M. ist im Konzernrecht aber eine Einflussnahmemöglichkeit des Meldepflichtigen auf den Dritten in Form eines Weisungsrechts oder einer Interessenbindung erforderlich, während eine solche Einflussnahmemöglichkeit nach zutreffender Auffassung im Recht der Konzernrechnungslegung keine notwendige Bedingung der Zurechnung darstellt. Die daraus resultierende Diskrepanz zwischen den beiden Tatbestandsalternativen des § 22 Abs. 3 WpHG ist durch eine

teleologische Reduktion der Norm aufzulösen, so dass beherrschender Einfluss auf das Tochterunternehmen nur dann anzuerkennen ist, wenn der Meldepflichtige in Form eines Weisungsrechts oder einer Interessenbindung Einfluss auf die Stimmrechtsausübung des Dritten nehmen kann. Dem Meldepflichtigen werden schließlich Stimmrechte aus Anteilen an dem Tochterunternehmen zugerechnet, über deren Ausübung er aufgrund einer schuldrechtlichen Stimmbindungsvereinbarung entscheiden kann (Vgl. oben 3. Teil, § 2, A. I. 3. d) aa) (2) und (3)).

8. Umgekehrt bleiben bestimmte Stimmrechte bei der Berechnung der Stimmrechtsmehrheit des Meldepflichtigen unberücksichtigt. Dies gilt allerdings nur für Stimmrechte, die einem dauerhaften Ausübungsverbot unterliegen. Dagegen sind Stimmrechte, die einem vorübergehenden oder punktuellen Ausübungsverbot unterliegen bei der Berechnung der Stimmrechtsmehrheit zu berücksichtigen. Dazu gehören auch Stimmrechte, die von einem verlängerten Rechtsverlust im Sinne des § 28 S. 3 WpHG betroffen sind. Zu berücksichtigen sind auch Stimmrechte, die von dem Meldepflichtigen nur nach Maßgabe eines Stimmbindungsvertrags mit einem Dritten ausgeübt werden dürfen. Gleiches gilt schließlich für Stimmrechte, auf deren Ausübung der Meldepflichtige durch Abschluss eines Entherrschungsvertrags verzichtet hat. Solche Stimmrechte bleiben zwar bei der Berechnung der Stimmrechtsmehrheit für die konzernrechtliche Feststellung beherrschenden Einflusses im Sinne des § 22 Abs. 3 Alt. 2 WpHG unberücksichtigt. Im Recht der Konzernrechnungslegung werden sie aber nach h.M. bei der Berechnung des Stimmrechtsanteils berücksichtigt. Eine an sich gebotenene teleologische Reduktion des § 22 Abs. 3 Alt. 1 WpHG i.V.m. § 290 Abs. 2 Nr. 1 WpHG muss unterbleiben, da sich diese zu Lasten der Meldepflichtigen auswirken könnte und somit gegen das Analogieverbot verstößt. De lege ferenda bietet sich vor diesem Hintergrund eine Änderung des § 22 Abs. 3 WpHG an, so dass dieser nicht mehr auf § 290 HGB, sondern nur noch auf die konzernrechtlichen Grundsätze zur Ermittlung der Beherrschungsmöglichkeit verweist. Stimmrechte aus Anteilen, die der Meldepflichtige für Rechnung eines Dritten hält, bleiben zwar bei der Bestimmung des beherrschenden Einflusses über § 22 Abs. 3 Alt. 1 WpHG unberücksichtigt. Nach den konzernrechtlichen Maßstäben des § 22 Abs. 3 Alt. 2 WpHG sind sie aber weiterhin bei der Berechnung der Stimmrechtsmehrheit des Meldepflichtigen zu berücksichtigen (Vgl. oben 3. Teil § 2 A. I. 3. d) aa) (4)).
9. Ist der Meldepflichtige mit Stimmenmehrheit an einem anderem Unternehmen beteiligt, so ist dieses Unternehmen auch dann als Tochterunternehmen im Sinne des § 22 Abs. 3 WpHG zu qualifizieren, wenn die Beherrschungsmöglichkeit des Meldepflichtigen wegen besonderer Umstände entfällt, so dass die Abhängigkeitsvermutung des § 17 Abs. 2 AktG widerlegt werden könnte. Dies folgt aus dem Verweis des § 22 Abs. 3 Alt. 1 WpHG auf die unwiderlegbare Vermutung der Beherrschungsmöglichkeit nach § 290 Abs. 2 Nr. 1 HGB. Die an sich gebotene teleologische Reduktion dieser Norm scheitert am Analogieverbot. Auch vor diesem Hintergrund bietet sich de lege ferenda eine Änderung

des § 22 Abs. 3 WpHG an, so dass dieser nicht mehr auf § 290 HGB, sondern nur noch auf die konzernrechtlichen Grundsätze zur Ermittlung der Beherrschungsmöglichkeit oder verweist (Vgl. oben 3. Teil § 2 A. I. 3. d) aa) (5)).

10. Eine potentielle zukünftige Stimmrechtsmehrheit des Meldepflichtigen bei einem anderen Unternehmen führt nach beiden Tatbestandsalternativen des § 22 Abs. 3 WpHG zur Qualifizierung dieses Unternehmens als Tochterunternehmen, wenn der Erwerb der Stimmrechte bei objektiver Betrachtungsweise aus der Perspektive der Geschäftsleiter des anderen Unternehmens bereits überwiegend wahrscheinlich ist, tatsächliche Anhaltspunkte dafür bestehen, dass sich diese Geschäftsleiter bereits an den Wünschen des Meldepflichtigen ausrichten und die daraus resultierende Einflussnahmemöglichkeit des Meldepflichtigen als beständig zu qualifizieren ist (Vgl. oben 3. Teil, § 2, A. I. 3. d) aa) (5)).
11. Ist der Meldepflichtige als Gesellschafter an einem Unternehmen beteiligt ohne eine Stimmrechtsmehrheit zu erreichen, so ist dieses Unternehmen nach beiden Tatbestandsalternativen des § 22 Abs. 3 WpHG als Tochterunternehmen zu qualifizieren, wenn der Stimmrechtseinfluss des Meldepflichtigen durch verlässliche Umstände rechtlicher oder tatsächlicher Art zu einer Beherrschungsmöglichkeit verstärkt wird. Solche Umstände können in dem Höchststimmrecht eines Gesellschafters des anderen Unternehmens, in einer Stimmrechtsvollmacht oder Stimmrechtsermächtigung des Meldepflichtigen, die diesen zur Stimmrechtsausübung nach freiem Ermessen berechtigt, in de, Stimmbindungsvertrag eines anderen Gesellschafters zugunsten des Meldepflichtigen, im Erreichen einer tatsächlichen Hauptversammlungsmehrheit, in der faktischen Möglichkeit des Meldepflichtigen zur Bestimmung über das Stimmverhalten anderer Gesellschafter, in einer wirtschaftlichen Abhängigkeit des anderen Unternehmens von dem Meldepflichtigen und in personellen Verflechtungen zwischen dem anderen Unternehmen und dem Meldepflichtigen liegen. Gleiches gilt im Fall einer Einflusskoordnierung mit anderen Gesellschaftern dieses Unternehmens. Hier kommt es grundsätzlich zu einer wechselseitigen Zurechnung der betreffenden Stimmrechte der Beteiligten. Etwas anderes gilt nur dann, wenn sich einer der Beteiligten oder eine Gruppe von Beteiligten dauerhaft im Hinblick auf die Art und Weise der Stimmrechtsausübung gegenüber den übrigen Beteiligten durchsetzen können. Die Fälle der Einflusskoordinierung sind jedenfalls über die zweite Tatbestandsalternative des § 22 Abs. 3 WpHG zu erfassen (Vgl. oben 3. Teil, § 2, A. I. 3. d) bb)).
12. Weitere Beherrschungsmittel, die nach beiden Tatbestandsalternativen des § 22 Abs. 3 WpHG zu einer Qualifizierung eines Unternehmens als Tochterunternehmen führen, sind das Recht auf Bestellung oder Abberufung der Mehrheit der Geschäftsleiter oder der Mehrheit der für die Bestellung der Geschäftsleiter zuständigen Personen, das Recht zur Geschäftsführung und das Recht zur Erteilung von Weisungen an die Geschäftsleiter dieses Unternehmens (Vgl. oben 3. Teil, § 2, A. I. 3. d) cc) bis ee)).
13. Die Qualifizierung eines Unternehmens als Zweckgesellschaft des Meldepflichtigen führt nach § 290 Abs. 2 Nr. 4 HGB dazu, dass eine Beherrschungsmöglichkeit

des Meldepflichtigen über dieses Unternehmen unwiderlegbar vermutet wird. Im Rahmen des § 22 Abs. 3 WpHG kann diese unwiderlegbare Vermutung aber keine Geltung beanspruchen. Die Norm ist entsprechend teleologisch zu reduzieren. Durch eine Änderung des § 22 Abs. 3 WpHG, so dass dieser nicht mehr auf § 290 HGB, sondern nur noch auf die konzernrechtlichen Grundsätze zur Ermittlung der Beherrschungsmöglichkeit oder verweist, könnte in diesem Zusammenhang Rechtssicherheit geschaffen werden (Vgl. oben 3. Teil § 2 A. I. 3. d) ff)).

14. Sofern im Fall der Investmentanlage über ein Sondervermögen, das nach der Treuhandlösung oder als Publikumssondervermögen nach der Miteigentumslösung errichtet wurde, die KVG als Tochterunternehmen eines Meldepflichtigen im Sinne des § 22 Abs. 3 WpHG zu qualifizieren ist, kann die Zurechnung der Stimmrechte aus den im Sondervermögen zusammengefassten Aktien zu dem Meldepflichtigen auf Grundlage des § 22 Abs. 1 S. 1 Nr. 1 WpHG nach den besonderen Regelungen des KAGB ausgeschlossen sein. Grundsätzlich erfolgt der Zurechnungsausschluss nur nach Maßgabe der in § 94 Abs. 2 S. 1, S. 2 KAGB geregelten Voraussetzungen. Für Stimmrechte aus Aktien, die zu einem nach der Treuhandlösung errichteten Publikumssondervermögen gehören, folgt der Ausschluss der Zurechnung aber de lege lata ohne weitere Voraussetzungen bereits aus § 94 Abs. 2 S. 3 HS. 2 KAGB. De lege ferenda sollte der Gesetzgeber klarstellen, dass diese Norm auf die Zurechnung nach § 22 Abs. 1 S. 1 Nr. 2WpHG beschränkt ist, so dass ein Zurechnungsausschluss auch in diesem Fall nur unter den weiteren Voraussetzungen des § 94 Abs. 2 S. 1, S. 2 KAGB in Betracht kommt (Vgl. oben 3. Teil, § 2, A. II. 1. a)).
15. Der Zurechnungsausschluss nach § 94 Abs. 2 S. 1, S. 2 KAGB setzt neben der rechtlich abgesicherten Unabhängigkeit der Stimmrechtsausübung durch die KVG auch voraus, dass diese Unabhängigkeit auch tatsächlich besteht. Die rechtliche Absicherung der Unabhängigkeit der KVG ist durch die Interessenbindung nach § 26 Abs. 1 KAGB stets gewährleistet. Dies gilt sowohl im Verhältnis zu dem „Mutterunternehmen“ der KVG als auch zu den von diesem „kontrollierten Unternehmen“. Letzteres sind Unternehmen, auf die das „Mutterunternehmen“ einen beherrschenden Einfluss im Sinne des § 22 Abs. 3 Alt. 1 oder Alt. 2 WpHG ausüben kann, die aber ihrerseits keinen solchen beherrschenden Einfluss auf die KVG ausüben können. Unerheblich ist in diesem Zusammenhang, ob die Einflussnahmemöglichkeit des „Mutterunternehmens“ oder des von diesem „kontrollierten“ Unternehmens auf die KVG durch unmittelbare Weisungen, die sich auf die Art und Weise der Stimmrechtsausübung im Einzelfall beziehen, durch mittelbare Weisungen, die das Verhalten der KVG gegenüber den Portfoliounternehmen des Sondervermögens betreffen oder durch andere Einflussmittel vermittelt wird. Tatsächliche Unabhängigkeit ist anzunehmen, wenn aus der Perspektive eines objektiven und vernünftigen Betrachters auch unter Berücksichtigung der in der Vergangenheit erfolgten Versuche zur faktischen Einflussnahme auf die KVG zukünftig keine solche Einflussnahme zu erwarten ist. Als faktische Einflussnahme ist insoweit bereits

der Versuch einer Beeinflussung des Stimmverhaltens der KVG zu werten. Ist das „Mutterunternehmen“ selbst als Anleger an dem von der KVG verwalteten Sondervermögen beteiligt, sollte die Tatsache der rechtlichen Unabhängigkeit der Entscheidungsträger bei der KVG zu Beweiszwecken in schriftlicher Form festgehalten werden. Dies kann etwa im Investmentvertrag mit dem „Mutterunternehmen“ oder auch in den Anstellungsverträgen der Organmitglieder der KVG, ferner im Zusammenhang mit der Erteilung einer Vollmacht an einen Stimmrechtsvertreter der KVG geschehen (Vgl. oben 3. Teil, § 2, A. II. 1. b) aa)).

16. Als weitere Voraussetzung des Zurechnungsausschlusses nach § 94 Abs. 2 S. 1, S. 2 KAGB muss das Sondervermögen nach Maßgabe der Richtlinie 2009/65/EG verwaltet werden. Entscheidend ist insoweit die Verwaltung nach den Maßstäben des Art. 25 Abs. 2 der Richtlinie. Die Berücksichtigung dieser Richtlinienvorgabe ist durch § 26 Abs. 1 KAGB für sämtliche Sondervermögen im Sinne des KAGB sichergestellt, die von einer KVG verwaltet werden. Um den Zurechnungsausschluss auszulösen muss das Mutterunternehmen der BaFin die in § 94 Abs. 2 S. 1 Nr. 3, Nr. 4 KAGB aufgezählten Informationen mitteilen und diese fortlaufend aktualisieren (Vgl. oben 3. Teil, § 2, A. II. 1. b) bb) bis cc)).
17. Die Rückausnahme des § 94 Abs. 2 S. 2 KAGB von dem Ausschluss der Zurechnung ist in keinem Fall erfüllt, da sie bei Vorliegen der Voraussetzungen des § 94 Abs. 2 S. 1 KAGB stets ausgeschlossen ist. Sie sollte de lege ferenda gestrichen werden (Vgl. oben 3. Teil, § 2, A. II. 1. b) dd)).
18. Eine Beherrschungsmöglichkeit über eine Investment-AG folgt regelmäßig aus der Möglichkeit eines Aktionärs, die Mehrheit der Aufsichtsratsmitglieder durch Stimmrechtsausübung in der Hauptversammlung zu bestimmen. Insoweit ist zu berücksichtigen, dass den Anlageaktionären bei einer Investment-AG mit veränderlichem Kapital grundsätzlich kein Stimmrecht zusteht, so dass im Regelfall allenfalls eine Beherrschungsmöglichkeit eines Unternehmensaktionärs bestehen wird (Vgl. oben 3. Teil, § 2, A. II. 2. a)).
19. Die in § 94 Abs. 2 KAGB enthaltenen Regelungen über den Zurechnungsausschluss sind entsprechend auch bei der Kapitalanlage über eine Investment-AG anzuwenden. Nach § 94 Abs. 2 S. 3 HS. 2 KAGB ist die Zurechnung nach § 22 Abs. 1 S. 1 Nr. 1 WpHG ohne weitere Voraussetzungen ausgeschlossen, wenn sich die stimmrechtsvermittelnden Aktien im Anlagevermögen einer Publikums-Investment-AG befinden, die ihr Anlagevermögen selbst verwaltet. Unter den Voraussetzungen des § 94 Abs. 2 S. 1, S. 2 KAGB entfällt die Zurechnung nach § 22 Abs. 1 S. 1 WpHG, wenn es sich um eine Spezial-Investment-AG handelt, die ihr Anlagevermögen selbst verwaltet. Eine analoge Anwendung des Zurechnungsausschlusses auf den Fall der Fremdverwaltung des Anlagevermögens scheidet aus, da eine solche gegen das Analogieverbot verstoßen würde. De lege ferenda sollte der Gesetzgeber den Wortlaut des § 94 Abs. 2 KAGB oder die Verweise in § 108 Abs. 4 und § 140 Abs. 3 KAGB auf die entsprechende Anwendung dieser Norm so anpassen, dass sich der Zurechnungsausschluss auch auf den Fall der Fremdverwaltung erstreckt (Vgl. oben 3. Teil, § 2, A. II. 2. b)).

20. Eine Beherrschungsmöglichkeit über die Investment-KG folgt regelmäßig aus der Geschäftsführungsbefugnis ihrer einzigen Komplementärin. Im Ergebnis kommt es aber stets auf die Regelungen des Gesellschaftsvertrags an, so dass die Beherrschungsmöglichkeit im Einzelfall auch aus Sonderrechten auf Erteilung von Weisungen, Erteilung und Entziehung der Geschäftsführungsbefugnis oder aus einer Stimmrechtsmehrheit folgen kann (Vgl. oben 3. Teil, § 2, A. II. 3. a)).
21. Die in § 94 Abs. 2 KAGB enthaltenen Regelungen sind auch entsprechend auf die geschlossene Investment-KG anzuwenden. Auch hier ist nach § 94 Abs. 2 S. 3 HS. 2 KAGB die Zurechnung nach § 22 Abs. 1 S. 1 Nr. 1 WpHG ohne weitere Voraussetzungen ausgeschlossen, wenn es sich um eine geschlossene Publikums-Investment-KG handelt, die ihr Kommanditanlagevermögen selbst verwaltet. Handelt es sich um eine geschlossene Spezial-Investment-KG, die ihr Kommanditanlagevermögen selbst verwaltet, kommt es nur unter den erweiterten Voraussetzungen des § 94 Abs. 2 S. 1, S. 2 KAGB zu einem Zurechnungsausschluss. Im Hinblick auf die Erfassung der Fremdverwaltung gilt auch hier, dass der Gesetzgeber den Wortlaut des § 94 Abs. 2 KAGB oder den Verweis in § 149 Abs. 2 auf die entsprechende Anwendung dieser Norm de lege ferenda so anpassen sollte, dass sich der Zurechnungsausschluss auch auf den Fall der Fremdverwaltung erstreckt. Dagegen sind die Regelungen des § 94 Abs. 2 KAGB mangels eines entsprechenden Verweises in § 124 Abs. 2 KAGB nicht auch entsprechend auf die offene Spezial-Investment-KG anzuwenden. Insoweit ist von einem Redaktionsversehen des Gesetzgebers auszugehen, welches weder durch Auslegung noch durch Analogiebildung überwunden werden kann. De lege ferenda sollte der Gesetzgeber die entsprechende Anwendbarkeit des § 94 Abs. 2 S. 1, S. 2 KAGB in § 124 Abs. 2 KAGB anordnen (Vgl. oben 3. Teil, § 2, A. II. 3. b)).

III. Ergebnisse zur Zurechnung nach § 22 Abs. 1 S. 1 Nr. 2 WpHG

1. Nach zutreffender h.M. setzt die Zurechnung nach § 22 Abs. 1 S. 1 Nr. 2 WpHG eine hinreichend sichere und im Einzelfall festzustellende Einflussnahmemöglichkeit des Meldepflichtigen auf die Art und Weise der Stimmrechtsausübung aus den von dem Dritten für Rechnung des Meldepflichtigen gehaltenen Aktien voraus. Erforderlich ist eine rechtliche Absicherung der Stimmbindung, die ihrerseits in einem Weisungsrecht oder in einer Bindung an die Interessen des Meldepflichtigen bestehen kann. Diese wird regelmäßig aus einer schuldrechtlichen Stimmbindungsvereinbarung zwischen dem Dritten und dem Meldepflichtigen folgen. Insoweit reicht auch grundsätzlich auch eine unwirksame Stimmbindungsvereinbarung aus. Dies gilt allerdings nur, solange der Aktionär der betreffenden Aktien die Unwirksamkeit nicht kennt (Vgl. oben 3. Teil, § 2, B. I 2.).
2. Die Zurechnung von Stimmrechten setzt nicht voraus, dass das wesentliche Risiko aus einer Aktie in einer bestimmten Höhe auf den Meldepflichtigen

verlagert wurde. Trägt der Meldepflichtige nur einen Bruchteil eines wesentlichen wirtschaftlichen Risikos aus einer Aktie, so wird ihm das Stimmrecht aus dieser Aktie immer dann zugerechnet, wenn er einen rechtlich hinreichend abgesicherten Einfluss auf die Stimmrechtsausübung aus dieser Aktie hat. Ist dieser Einfluss an die Verlagerung eines bestimmten Mindestanteils an dem betreffenden wesentlichen wirtschaftlichen Risikos gebunden, so sind bei der Feststellung, ob der Meldepflichtigen den geforderte Anteil erreicht, sämtliche von der Vereinbarung im Innenverhältnis erfasste Aktien des selben Emittenten gemeinsam zu berücksichtigen. Wird ein wesentliches wirtschaftliches Risiko aus einer Aktie anteilig auf mehrere Rechtsträger verteilt, so wird das Stimmrecht aus dieser Aktie nur demjenigen Rechtsträger zugerechnet, der einen rechtlich hinreichend abgesicherten Einfluss auf die Stimmrechtsausübung aus dieser Aktie hat. Entsprechend werden jedem beteiligten Rechtsträger bei der Verlagerung des wirtschaftlichen Risikos aus mehreren Aktien auf mehrere Rechtsträger nur diejenigen Stimmrechte zugerechnet, über deren Stimmrechtsausübung er rechtlich hinreichend abgesichert bestimmen kann. Können die beteiligten Rechtsträger in einem solchen Fall nur gemeinsam über die Stimmrechtsausübung aus den betreffenden Aktien bestimmen, kommt es auf die Vereinbarungen in ihrem Innenverhältnis an. Sofern sich einer der beteiligten Rechtsträger oder eine nicht nur für den Einzelfall mit einem gemeinsamen Koordinationswillen ausgestattete Gruppe der beteiligten Rechtsträger in diesem Zusammenhang stets im Innenverhältnis gegenüber den übrigen Rechtsträgern durchsetzen können, werden die betreffenden Stimmrechte nur diesen Rechtsträgern zugerechnet. Die Verteilung der Stimmrechte auf die Angehörigen einer solchen Gruppe erfolgt dann entsprechend ihres Anteils an dem verlagerten wirtschaftlichen Risiko aus den betreffenden Aktien. Gleiches gilt, wenn sich keiner der Rechtsträger im Innenverhältnis durchsetzen kann in Bezug auf sämtliche beteiligten Rechtsträger. Wird ein wesentliches wirtschaftliches Risiko aus einer Aktie auf einen Rechtsträger und ein anderes wesentliches wirtschaftliches Risiko aus der selben Aktie auf einen anderen Rechtsträger übertragen und haben beide Rechtsträger einen rechtlich hinreichend abgesicherten Einfluss auf die Ausübung des Stimmrechts aus dieser Aktie, so ist dieses Stimmrecht beiden Rechtsträgern in voller Höhe zuzurechnen (Vgl. oben 3. Teil, § 2, B. II 1.).

3. Stimmrechte aus Aktien, die von einer Gesellschaft gehalten werden, deren gesellschaftsvertraglicher Unternehmensgegenstand ausschließlich auf das Halten und Verwalten von Beteiligungen gerichtet ist, werden den Gesellschaftern nach § 22 Abs. 1 S. 1 Nr. 2 WpHG zugerechnet. Die Zurechnung erfolgt grundsätzlich anteilig entsprechend der Kapitalbeteiligung der Gesellschafter an der Gesellschaft. Kann sich ein Gesellschafter oder eine nicht nur im Einzelfall mit einem gemeinschaftlich gebildeten Koordinationswillen ausgestattete Gruppe von Gesellschaftern bei Entscheidungen über die Einflussnahme auf die Geschäftsführer der Gesellschaft stets gegenüber den übrigen Gesellschaftern durchsetzen, sind die Stimmrechte aus den von der Gesellschaft gehaltenen Aktien nur

diesem Gesellschafter oder dieser Gesellschaftergruppe zuzurechnen. Die Verteilung der Stimmrechte innerhalb einer solchen Gesellschaftergruppe erfolgt wiederum entsprechend der Kapitalanteile der beteiligten Gesellschafter (Vgl. oben 3. Teil, § 2, B. II. 2.).

4. Besteht eine Kettentreuhand an stimmrechtsvermittelnden Aktien des Emittenten, so werden die Stimmrechte nach § 22 Abs. 1 S. 1 Nr. 2 WpHG ausschließlich dem am Ende der Kette stehenden Treugeber zugerechnet. Eine Zurechnung auf den zwischengeschalteten Treuhand-Vermittler scheidet aus. Dies gilt allerdings nur dann, wenn der Treugeber seinen rechtlich hinreichend abgesicherten Einfluss auf die Art und Weise der Ausübung der betreffenden Stimmrechte auf den Aktionär „durchleiten" kann. Ist das nicht der Fall, so werden die Stimmrechte dem Treuhand-Vermittler zugerechnet, sofern dieser einen solchen Einfluss besitzt (Vgl. oben 3. Teil, § 2, B. II. 3.).
5. Stimmrechte aus Aktien, die zu einem Sondervermögen gehören, das nach der Treuhandlösung errichtetet wurde, werden den an diesem Sondervermögen beteiligten Anlegern nicht auf Grundlage des § 22 Abs. 1 S. 1 Nr. 2 WpHG zugerechnet. Für Publikumssondervermögen folgt dies bereits aus § 94 Abs. 2 S. 3 HS. 1 KAGB. De lege ferenda sollte dieser gesetzliche Zurechnungsausschluss, soweit er sich auf die Zurechnung nach § 22 Abs. 1 S. 1 Nr. 2 WpHG bezieht, auf Spezialsondervermögen erweitert werden (Vgl. oben 3. Teil, § 2, B. III. 1.).
6. Gleiches gilt im Hinblick auf Stimmrechte aus Aktien, die zu einem Sondervermögen gehören, das nach der Miteigentumslösung errichtet wurde (Vgl. oben 3. Teil, § 2, B. III. 2.).
7. Eine Zurechnung von Stimmrechten aus Aktien, die sich im Anlagevermögen einer Investment-AG befinden, werden auch den an dieser Investment-AG als Aktionäre beteiligten Anlegern nicht zugerechnet (Vgl. oben 3. Teil, § 2, B. III. 4.).
8. Hinsichtlich der Stimmrechte aus den zum Kommanditanlagevermögen einer Investment-KG gehörenden Aktien gilt nichts anderes. Eine Zurechnung dieser Stimmrechte auf die an dieser Investment-KG beteiligten Anleger erfolgt nicht (Vgl. oben 3. Teil, § 2, B. III. 5.).

IV. Ergebnisse zur Zurechnung nach § 22 Abs. 1 S. 1 Nr. 3 WpHG

1. Der Tatbestand des § 22 Abs. 1 S. 1 Nr. 3 WpHG führt nach zutreffender h.M. nicht zur Zurechnung der Stimmrechte aus verpfändeten Aktien auf den Pfandgläubiger (Vgl. oben 3. Teil, § 2, C. I. 1.).
2. Der Meldepflichtige kann in seiner Eigenschaft als Sicherungsgeber im Regelfall rechtlich hinreichend abgesichert über die Art und Weise der Ausübung des Stimmrechts aus den zur Sicherheit übertragenen Aktien entscheiden. Ob diese Einflussnahmemöglichkeit auch im Einzelfall besteht, ist für die Zurechnung nach § 22 Abs. 1 S. 1 Nr. 3 HS. 1 WpHG unerheblich. Insoweit genügt also eine typisierte Betrachtungsweise. Die Zurechnung entfällt nach § 22 Abs. 1 S. 1

Nr. 3 HS. 2 WpHG grundsätzlich, wenn der Sicherungsnehmer bekundet, die Stimmrechte unabhängig von den Weisungen des Sicherungsgebers auszuüben. Dies gilt aber nur dann, wenn der Sicherungsnehmer hinsichtlich der Stimmrechtsausübung ausnahmsweise nicht rechtlich hinreichend abgesichert an die Weisungen oder die Interessen des Sicherungsgebers gebunden ist (Vgl. oben 3. Teil, § 2, C. I. 2.).

3. Unabhängig von der Erscheinungsform des Investmentvermögens und nach Maßgabe der im KAGB enthaltenen gesetzlichen Grenzen dürfen die zu einem Investmentvermögen gehörenden stimmrechtsvermittelnden Aktien auch zur Sicherheit auf einen Dritten übertragen werden. Handelt es sich um ein Sondervermögen, das nach der Treuhandlösung errichtet wurde, werden die betreffenden Stimmrechte grundsätzlich über § 22 Abs. 1 S. 1 Nr. 3 HS. 1 WpHG der KVG zugerechnet. Gleiches gilt im Fall der Investmentanlage über ein nach der Miteigentumslösung errichtetes Publikumssondervermögen. Die Eigentumsfiktion des § 94 Abs. 2 S. 3 HS. 1 KAGB ist in diesem Fall analog anzuwenden. Wurde des Investmentvermögen in der Rechtsform einer Investment-AG oder Investment-KG errichtet, werden die betreffenden Stimmrechte grundsätzlich der betreffenden Investmentgesellschaft selbst zugerechnet. Stimmrechte aus zur Sicherheit übertragenen Aktien, die zuvor zu einem nach der Miteigentumslösung errichteten Spezial-Sondervermögen gehörten, sind grundsätzlich den an diesem Sondervermögen beteiligten Anlegern entsprechend ihrer Beteiligung zuzurechnen (Vgl. oben 3. Teil, § 2, C. II. 1.).
4. Erwirbt die KVG stimmrechtsvermittelnde Aktien für Rechnung des Investmentvermögens bzw. der Anleger als Sicherheit, so ist die für eine unmittelbar über § 21 Abs.1 S. 1 WpHG erfolgende Berücksichtigung der Stimmrechte bei den Sicherungseigentümern erforderliche Erklärung im Sinne des § 22 Abs. 1 S. 1 Nr. 3 HS. 2 WpHG stets von der KVG abzugeben. Dies folgt für die Fälle, in denen die KVG nicht selbst als Sicherungseigentümer der betreffenden Aktien zu qualifizieren ist, aus einer Annexkompetenz zu ihrem Verwaltungsrecht über die Vermögensgegenstände des Investmentvermögens (Vgl. oben 3. Teil, § 2, C. II. 2.).

V. Ergebnisse zur Zurechnung nach § 22 Abs. 1 S. 1 Nr. 4 WpHG

1. Eine Zurechnung der Stimmrechte aus Aktien, die mit einem Nießbrauch belastet sind, auf den Nießbraucher erfolgt auf Grundlage des § 22 Abs. 1 S. 1 Nr. 4 WpHG nur dann, wenn der Nießbraucher eine rechtlich hinreichend abgesicherte Möglichkeit zur Einflussnahme auf die Art und Weise der Stimmrechtsausübung hat. Ob dies der Fall ist, muss im Einzelfall festgestellt werden. Die Annahme einer solchen Einflussnahmemöglichkeit auf Grundlage einer typisierenden Betrachtungsweise reicht nicht aus (Vgl. oben 3. Teil, § 2, D. I.).
2. Stimmrechtsvermittelnde Aktien, die zu einem Sondervermögen gehören, dürfen nicht mit einem Nießbrauch belastet werden. Gehören sie dagegen zu dem Anlagevermögen einer Investmentgesellschaft, so ist eine Belastung dieser

Aktien mit einem Nießbrauch nicht von vornherein ausgeschlossen. Eine Mitteilungspflicht für die betreffende Investmentgesellschaft wird in diesem Fall nicht ausgelöst, da die Zurechnung nach § 22 Abs. 1 S. 1 Nr. 4 WpHG nicht zu einer Absorption der Stimmrechte bei dem Eigentümer der stimmrechtsvermittelnden Aktien führt (Vgl. oben 3. Teil, § 2, D. II. 1.).

3. Der Nießbrauch an stimmrechtsvermittelnden Aktien ist kein zulässiger Vermögensgegenstand eines Investmentvermögens im Sinne des KAGB. Vor diesem Hintergrund wird eine Zurechnung von Stimmrechten nach § 22 Abs. 1 S. 1 Nr. 4 WpHG auf die an der Investmentanlage beteiligten Rechtsträger nicht in Betracht kommen (Vgl. oben 3. Teil, § 2, D. II. 2.).

VI. Ergebnisse zur Zurechnung nach § 22 Abs. 1 S. 1 Nr. 5 WpHG

1. Eine Zurechnung von Stimmrechten auf den Meldepflichtigen erfolgt auch dann, wenn diesem ein dinglich wirkendes Anwartschaftsrecht auf den Erwerb stimmrechtsvermittelnder Aktien zusteht. Dies gilt auch dann, wenn er an der Begründung dieses Anwartschaftsrechts überhaupt nicht mitgewirkt hat (Vgl. oben 3. Teil, § 2, E. I. 1.).
2. Nach zutreffender h.M. erfolgt eine Zurechnung auch dann, wenn der Erwerb der stimmrechtsvermittelnden Aktien unter einer aufschiebenden Potestativbedingung steht, wobei es unerheblich ist, ob es sich bei dieser um eine reine Wollensbedingung oder um eine Bedingung handelt, deren Eintritt von einem sonstigen willensgesteuerten Verhalten des Meldepflichtigen abhängt. Steht der Erwerb unter einer aufschiebenden Bedingung, die nicht als Potestativbedingung zu qualifizieren ist, werden die betreffenden Stimmrechte dem Meldepflichtigen nicht zugerechnet (Vgl. oben 3. Teil, § 2, E. I. 2.).
3. Eine Zurechnung von Stimmrechten nach § 22 Abs. 1 S.1 Nr. 5 WpHG kommt nach zutreffender h.M. ferner auch dann nicht in Betracht, wenn der Erwerb der stimmrechtsvermittelnden Aktien durch den Meldepflichtigen aufschiebend befristet wurde, er lediglich ein schuldrechtliches Zugriffsrecht auf die Aktien hat oder die betreffenden Aktien noch überhaupt nicht ausgegeben wurden (Vgl. oben 3. Teil § 2 E. I. 3. bis 5.).
4. Ob im Fall des Erwerbs von stimmrechtsvermittelnden Aktien für Rechnung des Investmentvermögens oder seiner Anleger eine Zurechnung nach § 22 Abs. 1 S. 1 Nr. 5 WpHG erfolgt, richtet sich nach allgemeinen Grundsätzen. Ist das Investmentvermögen als Sondervermögen nach der Treuhandlösung errichtet, werden die betreffenden Stimmrechte der KVG zugerechnet. Eine Kettenzurechnung der Stimmrechte auf die Anleger erfolgt nicht. Erfolgt die Investmentanlage über eine Investmentgesellschaft, so sind die betreffenden Stimmrechte dieser selbst zuzurechnen. Dies gilt auch dann, wenn ihr Anlagevermögen durch eine externe KVG verwaltet wird. Verwaltet die KVG ein Sondervermögen, das nach der Miteigentumslösung errichtet wurde, so sind Stimmrechte aus Aktien, die die KVG für Rechnung der Anleger dieses Sondervermögens durch

eine Willenserklärung erwerben kann, de lege lata weder der KVG noch den an diesem Sondervermögen beteiligten Anlegern zuzurechnen. § 22 Abs. 1 S. 1 Nr. 5 WpHG ist für diesen Fall teleologisch zu reduzieren, so dass eine Zurechnung entfällt. De lege ferenda sollte § 93 Abs. 2 S. 3 HS. 1 KAGB um eine Zurechnungsfiktion erweitert werden, wonach § 22 Abs. 1 S. 1 Nr. 5 WpHG in einem solchen Fall mit der Maßgabe anzuwenden ist, dass die Stimmrechte nicht dem Meldepflichtigen, sondern der KVG zuzurechnen sind (Vgl. oben 3. Teil, § 2, E. II.).

VII. Ergebnisse zur Zurechnung nach § 22 Abs. 1 S. 1 Nr. 6 WpHG

1. Eine Zurechnung von Stimmrechten aus anvertrauten Aktien setzt voraus, dass der Meldepflichtige die Vermögensinteressen des Aktionärs zu wahren hat, erfordert bei einer gesetzlichen Pflicht zur Wahrung der Vermögensinteressen aber nicht, dass ihm in diesem Zusammenhang besondere Pflichten auferlegt sind, die über diese gesetzlich bestehenden Pflichten hinausgehen. Eine Zurechnung der Stimmrechte aus anvertrauten Aktien kann auch dann erfolgen, wenn dem Aktionär im Hinblick auf die Stimmrechtsausübung durch den Meldepflichtigen keinerlei Weisungsrecht zusteht. Die Zurechnung setzt keine Mindestdauer des Vertrauensverhältnisses zwischen Aktionär und Meldepflichtigem voraus (Vgl. oben 3. Teil, § 2, F. I. 1.).
2. Stimmrechten aus Aktien, die dem Meldepflichtigen anvertraut sind, können diesem nach zutreffender h.M. auch dann zugerechnet werden, wenn es sich bei dem Meldepflichtigen um einen gesetzlichen Vertreter des Aktionärs oder einen Amtswalter handelt, während im Fall der organschaftlichen Vertretung nicht davon auszugehen ist, dass dem Meldepflichtigen die stimmrechtsvermittelnden Aktien anvertraut sind (Vgl. oben 3. Teil, § 2, F. I. 1.).
3. Eine Zurechnung von Stimmrechten „als Bevollmächtigter" erfolgt nicht nur dann, wenn der Meldepflichtige rechtsgeschäftlich zur Stimmrechtsausübung im fremden Namen bevollmächtigt wurde, sondern auch dann, wenn er dazu ermächtigt wurde, die betreffenden Stimmrechte als Legitimationsaktionär im eigenen Namen auszuüben. Neben dem unmittelbaren Stimmrechtsvertreter können die Stimmrechte unter den weiteren Voraussetzungen des § 22 Abs. 1 S. 1 Nr. 6 WpHG auch einem Unterbevollmächtigten zugerechnet werden. Eine Zurechnung von Stimmrechten „als Bevollmächtigter" ist aber abzulehnen, wenn der Meldepflichtige organschaftlicher Vertreter, Prokurist oder Handlungsbevollmächtigter des Aktionärs ist. Auch einem bloßen Stimmrechtsberater ohne eigene Berechtigung zur Stimmrechtsausübung können Stimmrechte niemals „als Bevollmächtigter" zugerechnet werden (Vgl. oben 3. Teil, § 2, F. I. 2.).
4. Eigenes Ermessen des Meldepflichtigen bei der Stimmrechtsausübung liegt nur dann vor, wenn das Stimmverhalten des Meldepflichtigen nicht bereits für jeden Einzelfall von vornherein festgelegt ist und er auch nicht dazu verpflichtet ist, vor jeder Stimmrechtsausübung diesbezügliche Weisungen des Aktionärs

einzuholen oder dessen Interessen hinsichtlich der Stimmrechtsausübung zu erfragen. Eine Zurechnung kommt ferner nur dann in Betracht, wenn das eigene Ermessen des Meldepflichtigen in der konkreten Abstimmungssituation vorliegt. Der Ermessenspielraum muss aber nur in den Fällen bestehen, in denen tatsächlich keine Weisungen erteilt werden. Geht es um die Zurechnung von Stimmrechten aus Aktien, die dem Meldepflichtigen auf gesetzlicher Grundlage anvertraut wurden, muss sich der erforderliche Ermessensspielraum aus dem Gesetz ergeben. Dies ist sowohl in den Fällen der gesetzlichen Vertretung als auch in denjenigen der Amtsverwaltung der Fall (Vgl. oben 3. Teil, § 2, F. I. 3.).

5. Stimmrechte aus Aktien, die zu einem nach der Treuhandlösung errichteten Spezial-Sondervermögen gehören, können auf Grundlage der zweiten Tatbestandsalternative des § 22 Abs. 1 S. 1 Nr. 6 WpHG einem von der KVG bevollmächtigten oder ermächtigten Stimmrechtsvertreter zuzurechnen sein. Dass der Stimmrechtsvertreter unabhängig sein muss, wenn die Bevollmächtigung oder Ermächtigung für mehr als eine Hauptversammlung erteilt wird, steht nicht entgegen. Unabhängigkeit setzt voraus, dass der Aktionär frei von Eigeninteressen in Bezug auf den betreffenden Emittenten, als insbesondere nicht selbst Aktionär ist. Wird die Stimmrechtsvollmacht nur für eine einzige Hauptversammlung des Emittenten erteilt, sind die Voraussetzungen der Zurechnung grundsätzlich nicht erfüllt, da dem Stimmrechtsvertreter dann Weisungen für die Stimmrechtsausübung erteilt werden sollen. Sofern es ausnahmsweise an einer solchen Weisungserteilung fehlt kommt eine Zurechnung aber nach den allgemeinen Grundsätzen in Betracht. Allerdings sind dann die Erleichterungen des § 22 Abs. 4 WpHG zu berücksichtigen. Auch im Fall der Schwellenüberschreitung und der nachfolgenden Schwellenunterschreitung ist dann nur eine einzige Mitteilung nach Maßgabe des § 22 Abs. 4 WpHG erforderlich. Gehören die betreffenden stimmrechtsvermittelnden Aktien zu einem nach der Treuhandlösung errichteten Publikumssondervermögen muss die Zurechnung auf den rechtsgeschäftlichen Stimmrechtsvertreter aber de lege lata wegen des in § 94 Abs. 2 S. 3 HS. 2 KAGB enthaltenen Zurechnungsausschlusses entfallen. Im Hinblick darauf ist an dieser Stelle die Forderung zu wiederholen, der Gesetzgeber möge den Zurechnungsausschluss de lege ferenda auf den Fall des § 22 Abs. 1 S. 1 Nr. 2 WpHG beschränken (Vgl. oben 3. Teil, § 2, F. II. 1.).
6. Eine Zurechnung nach § 22 Abs. 1 S. 1 Nr. 6 WpHG kommt auch dann in Betracht, wenn die Stimmrechte aus Aktien folgen, die zu einem Sondervermögen gehören, das nach der Miteigentumslösung errichtet wurde. Handelt es sich hierbei um ein Spezial-Sondervermögen, so sind die betreffenden Stimmrechte nach § 22 Abs. 1 S. 1 Nr. 6 Alt. 1 WpHG stets der KVG zuzurechnen. Ungeachtet der Tatsache, ob es sich um ein Publikums- oder Spezial-Sondervermögen handelt, sind die betreffenden Stimmrechte unter den Voraussetzungen und Einschränkungen, die bei einem nach der Treuhandlösung errichteten Spezial-Sondervermögen gelten, auch einem von der KVG bevollmächtigten oder ermächtigten Stimmrechtsvertreter zuzurechnen. Auch in diesem Fall werden die Stimmrechte weiterhin der KVG zugerechnet (Vgl. oben 3. Teil, § 2, F. II. 2.).

7. Die Zurechnung von Stimmrechten auf Grundlage des § 22 Abs. 1 S. 1 Nr. 6 WpHG ist de lege lata ausgeschlossen, wenn die stimmrechtsvermittelnden Aktien zum Anlagevermögen einer Publikums-Investment-AG oder zum Kommanditanlagevermögen einer geschlossenen Publikums-Investment-KG gehören, welches von der betreffenden Investmentgesellschaft selbst verwaltet wird. Handelt es sich um eine Investmentgesellschaft, deren Anlagevermögen oder Kommanditanlagevermögen von einer externen KVG verwaltet wird, so sind die Stimmrechte aus den dazu gehörenden Aktien im Regelfall nach § 22 Abs. 1 S. 1 Nr. 6 Alt. 1 WpHG der externen KVG zuzurechnen. Dies gilt nur dann nicht, wenn der KVG entgegen der insoweit bestehenden Verpflichtung der Investmentgesellschaft kein Recht zur Ausübung der Stimmrechte im eigenen oder fremden Namen eingeräumt wurde. Bei Erteilung einer bloßen Stimmrechtsvollmacht oder Ermächtigung zur Stimmrechtsausübung sind die Stimmrechte aus den betreffenden Aktien dem Berechtigten unter den allgemeinen Voraussetzungen des § 22 Abs. 2 S. 1 Nr. 6 Alt. 2 WpHG zuzurechnen, wenn die stimmrechtsvermittelnden Aktien zum Anlagevermögen oder Kommanditanlagevermögen einer Spezial-Investmentgesellschaft oder zu einer Publikums-Investmentgesellschaft gehören, deren Anlagevermögen oder Kommanditanlagevermögen von einer externen KVG verwaltet wird. Im letzteren Fall sind die Stimmrechte sowohl der externen KVG als auch dem Stimmrechtsvertreter zuzurechnen (Vgl. oben 3. Teil, § 2, F. II. 3.).

VIII. Ergebnisse zur Kettenzurechnung nach § 22 Abs. 1 S. 2 WpHG

1. Ist ein an einem Investmentvermögen beteiligter Anleger, die externe KVG oder die Investmentgesellschaft gemäß § 22 Abs. 3 WpHG als Tochterunternehmen zu qualifizieren, so sind dem „Mutterunternehmen“ über § 22 Abs. 1 S. 2 WpHG grundsätzlich auch diejenigen Stimmrechte zuzurechnen, die dem Anleger, der externen KVG oder der Investmentgesellschaft im Zusammenhang mit einer Investmentanlage im Sinne des KAGB gemäß § 22 Abs. 1 S.1 Nr. 2 bis Nr. 6 WpHG zugerechnet werden (Vgl. oben 3. Teil, § 2, G. I. bis III.).
2. Vor diesem Hintergrund erfolgt eine Kettenzurechnung, wenn dem an einem nach der Miteigentumslösung errichteten Spezial-Sondervermögen beteiligten Anleger Stimmrechte auf Grundlage des § 22 Abs. 1 S. 1 Nr. 3 WpHG zugerechnet werden, weil stimmrechtsvermittelte Aktien aus diesem Sondervermögen zur Sicherheit übertragen wurden. Eine Kettenzurechnung kann auch dann ausgelöst werden, wenn dem Anleger Stimmrechte aus Aktien, die zum Sondervermögen, Anlagevermögen oder Kommanditanlagevermögen gehören, nach § 22 Abs.1 S. 1 Nr. 6 Alt. 2 WpHG zugerechnet werden, weil er rechtsgeschäftlich zur Stimmrechtsausübung bevollmächtigt oder ermächtigt wurde. De lege lata kommt dies nur dann in Betracht, wenn die betreffenden Aktien zu einem nach der Miteigentumslösung errichteten Sondervermögen, einem nach der Treuhandlösung errichteten Spezial-Sondervermögen, zu einer

Spezial-Investmentgesellschaft, die ihr Anlage- oder Kommanditanlagevermögen selbst verwaltet oder zu einer Investmentgesellschaft gehört, deren Anlage- oder Kommanditanlagevermögen von einer externen KVG verwaltet wird (Vgl. oben 3. Teil, § 2, G. I.).

3. Eine Kettenzurechnung von Stimmrechten auf das „Mutterunternehmen" einer externen KVG kommt grundsätzlich in Betracht, wenn der externen KVG auf Grundlage des § 22 Abs. 1 S. 1 Nr. 3 WpHG Stimmrechte aus Aktien zugerechnet werden, die aus einem nach der Treuhandlösung errichteten Sondervermögen oder aus einem nach der Miteigentumslösung errichteten Publikums-Sondervermögen zur Sicherheit an einen Dritten übertragen wurden. Gleiches gilt bei einer Zurechnung von Stimmrechten nach § 22 Abs. 1 S. 1 Nr. 5 WpHG auf die externe KVG, wenn diese ein nach der Treuhandlösung errichtetes Sondervermögen verwaltet. Schließlich kommt eine Kettenzurechnung auch dann in Betracht, wenn der externen KVG Stimmrechte nach § 22 Abs. 1 S. 1 Nr. 6 Alt. 1 WpHG zugerechnet werden, weil sie ein nach der Miteigentumslösung errichtetes Spezial-Sondervermögen oder das Anlage- oder Kommanditanlagevermögen einer Investmentgesellschaft verwaltet. Unter den Voraussetzungen des § 94 Abs. 2 S. 1, S. 2 KAGB ist allerdings auch eine solche Kettenzurechnung ausgeschlossen, da die externe KVG dann nicht mehr als Tochterunternehmen im Sinne des § 22 Abs. 3 WpHG zu qualifizieren ist (Vgl. oben 3. Teil, § 2, G. II.).
4. Dem „Mutterunternehmen" einer Investmentgesellschaft werden im Wege der Kettenzurechnung grundsätzlich sämtliche Stimmrechte zugerechnet, die der Investmentgesellschaft auf Grundlage des § 22 Abs. 1 S. 1 Nr. 3 und Nr. 5 WpHG zuzurechnen sind. Dies gilt de lege lata zumindest dann, wenn es sich bei der Investmentgesellschaft um eine offene Investment-KG handelt. Im Übrigen kann eine solche Kettenzurechnung auch hier unter den Voraussetzungen des § 94 Abs. 2 S. 1, S. 2 KAGB ausgeschlossen sein. Dies gilt allerdings nur dann, wenn die Investmentgesellschaft ihr Anlage- oder Kommanditanlagevermögen selbst verwaltet, zumal sie nur dann als KVG zu qualifizieren ist. Diese sachlich nicht gerechtfertigte Ungleichbehandlung zwischen der Eigen- und der Fremdverwaltung des Anlagevermögens liefert einen weiteren Grund dafür, dass der Gesetzgeber den Wortlaut des § 94 Abs. 2 KAGB oder die Verweise in den §§ 108 Abs. 4, 140 Abs. 3, 149 Abs. 2 KAGB auf die entsprechende Anwendung dieser Norm de lege ferenda so anpassen sollte, dass sich der Zurechnungsausschluss auch auf den Fall der Fremdverwaltung erstreckt (Vgl. oben 3. Teil, § 2, G. III.).

IX. Ergebnisse zur Zurechnung nach § 22 Abs. 2 WpHG

1. Ungeachtet einer zwischen den Beteiligten vereinbarten Beschränkung der Verhaltensabstimmung auf eine bestimmte Anzahl von Stimmrechten, sind de lege lata sämtliche Stimmrechte, die einem Beteiligten auf Grundlage der §§ 21 Abs. 1 S. 1, 22 Abs. 1 WpHG zuzuordnen oder zuzurechnen sind, den übrigen an der Verhaltensabstimmung Beteiligten in voller Höhe zuzurechnen (Vgl. oben 3. Teil, § 2, H. I.).

2. Eine Verhaltensabstimmung setzt nach zutreffender Auffassung eine Bindungswirkung zwischen den Beteiligten voraus, die über einen bloß ideellen Druck hinausgehen muss. Entscheidendes Merkmal einer Verhaltensabstimmung ist nach h.M. neben einem kommunikativen Kontakt zwischen den Beteiligten die Bildung eines gemeinsamen Koordinationswillens. Dabei muss den Beteiligten bewusst sein, dass sie einen gemeinsamen Koordinationswillen mit den übrigen Beteiligten gebildet haben, was nur dann der Fall ist wenn jeder Beteiligte seinen Koordinationswillen gegenüber den übrigen Beteiligten vor oder spätestens bei der Umsetzung des abgestimmten Verhaltens zu erkennen gegeben hat. Daraus folgt zugleich, dass der kommunikative Kontakt zwischen den Beteiligten interaktiv sein muss. Die Interaktivität der Kommunikation kann auch durch Mittelspersonen hergestellt werden, indem diese für eine wechselseitige Übermittlung der betreffenden Willensäußerungen sorgen. Dabei muss aber sichergestellt sein, dass die Mittelspersonen nicht auch die Bildung des Koordinationswillens für die Beteiligten übernehmen. Diesen müssen die Beteiligten selbst bilden. Sofern einzelne Beteiligte durch Drohung oder ein Weisungsrecht eines anderen Beteiligten zur Teilnahme an der Verhaltensabstimmung veranlasst worden sind oder bei der internen Abstimmung des gemeinsamen Verhaltens stets überstimmt werden können, werden ihnen die Stimmrechte der übrigen Beteiligten nicht auf Grundlage des § 22 Abs. 2 WpHG zugerechnet. Dennoch ist für die Zwecke der wechselseitigen Zurechnung unter den übrigen Beteiligten von einer fortbestehenden Verhaltensabstimmung auszugehen (Vgl. oben 3. Teil, § 2, H. II. 1.).
3. Eine Zurechnung von Stimmrechten nach § 22 Abs. 2 WpHG setzt voraus, dass dem Meldepflichtigen außerhalb der Verhaltensabstimmung bereits Stimmrechte auf Grundlage des § 21 Abs. 1 S. 1 WpHG zuzuordnen oder nach § 22 Abs. 1 WpHG zuzurechnen sind. Der Meldepflichtige muss sich nicht selbst an der Verhaltensabstimmung beteiligen. Ausreichend ist, dass eines seiner Tochterunternehmen an der Verhaltensabstimmung teilnimmt. Dabei ist es für die Zurechnung von Stimmrechten auf den Meldepflichtigen unerheblich, ob dem Tochterunternehmen selbst auf Grundlage des § 21 Abs. 1 S. 1 WpHG oder § 22 Abs. 1 WpHG Stimmrechte des betreffenden Emittenten zuzuordnen oder zuzurechnen sind. Ist das allerdings der Fall, so ist das Tochterunternehmen selbst als Meldepflichtiger zu qualifizieren. Eine wechselseitige Zurechnung kann auch dann erfolgen, wenn sich die Beteiligten nur mittelbar im Hinblick auf den Emittenten, aber unmittelbar in Bezug auf eine Zwischenholding abstimmen, die stimmrechtsvermittelnde Aktien an dem betreffenden Emittenten hält (Vgl. oben 3. Teil, § 2, H. II. 2.).
4. Besteht die Verhaltensabstimmung in einer Verständigung über die Ausübung von Stimmrechten, so ist für die Abgrenzung der Einzelfallausnahme auf eine streng formelle Betrachtungsweise abzustellen. Eine tatbestandsmäßige Verhaltensabstimmung liegt schon dann vor, wenn ein Fortsetzungszusammenhang anzunehmen ist. Insoweit kommt es nach zutreffender Auffassung darauf an, dass sich die Verständigung zwischen den Beteiligten auf eine Stimmrechtsausübung

zu mehr als einem Lebenssachverhalt beziehen soll. Dabei ist davon auszugehen, dass die Verständigung über die Ausübung des Stimmrechts zu einem bestimmten immer wiederkehrenden Beschlussgegenstand keine Verständigung im Einzelfall mehr ist (Vgl. oben 3. Teil, § 2, H. II. 3. a)).

5. Eine Verhaltensabstimmung durch Zusammenwirken in sonstiger Weise muss sich sowohl auf ein bestimmtes Ziel als auch auf die zur Erreichung dieses Ziels erforderlichen Einzelmaßnahmen erstrecken. Dabei muss das Ziel der Beteiligten in der dauerhaften und erheblichen Änderung der unternehmerischen Ausrichtung des Emittenten bestehen. Mit der unternehmerischen Ausrichtung ist grundsätzlich die Unternehmens- und Geschäftspolitik des Emittenten gemeint. Der Begriff bezieht sich aber auch auf den in der Satzung des Emittenten festgelegten Unternehmensgegenstand. Von einer erheblichen Änderung der unternehmerischen Ausrichtung ist richtigerweise auszugehen, wenn sie nicht nur in Randbereichen geändert werden soll. Eine Zurechnung wird nur dann ausgelöst, wenn das Mittel zur Erreichung dieses Ziels in einer Einflussnahme auf den Emittenten mit Stimmrechtsbezug bestehen soll. Es geht insoweit um eine Einflussnahme auf die Personen bei dem Emittenten, die über die unternehmerische Ausrichtung bestimmen, bei einer deutschen AG also auf die Mitglieder des Vorstands oder des Aufsichtsrats. Ausreichend ist die Verabredung einer Einwirkung auf einzelne Vorstands- oder Aufsichtsratsmitglieder. Die verabredeten Einzelmaßnahmen müssen nach dem Gesamtplan der Beteiligten zumindest auf die Herbeiführung eines Zwischenziels auf dem Weg zur Änderung der unternehmerischen Ausrichtung des Emittenten gerichtet sein. Ob sie objektiv dazu geeignet sind, das betreffende Zwischenziel oder das Endziel zu erreichen, ist unerheblich. Als Mindestanforderung an die geplante Einflussnahme ist aber zu fordern, dass das erstrebte Ziel gegenüber den betreffenden Personen kommuniziert und in diesem Zusammenhang ein bestimmter Stimmrechtsgebrauch in Aussicht gestellt wird. Ein abgestimmter Parallelerwerb von stimmrechtsvermittelnden Aktien führt für sich genommen nicht zu einer wechselseitigen Zurechnung von Stimmrechten. Dagegen kann die geplante Einflussnahme auf Aufsichtsratsmitglieder mit dem Zwischen- oder Endziel der Herbeiführung eines bestimmten Aufsichtsratsbeschlusses ausreichen, um eine wechselseitige Zurechnung von Stimmrechten zu begründen. Die Einzelfallausnahme des § 22 Abs. 1 S. 1 HS. 2 WpHG ist nach zutreffender Auffassung auch auf die Verhaltensabstimmung durch Zusammenwirkung in sonstiger Weise anzuwenden. Insoweit gilt auch hier eine formelle Betrachtungsweise. Anzuknüpfen ist an die Häufigkeit der geplanten Einflussnahme auf den Emittenten. Ein Einzelfall ist immer dann gegeben, wenn die auf die Veränderung der unternehmerischen Ausrichtung gerichtete Einflussnahme nach dem Gesamtplan der Beteiligten lediglich bei Gelegenheit eines einzigen Lebenssachverhalts, etwa einer bestimmten Veranstaltung, erfolgen soll (Vgl. oben 3. Teil, § 2, H. II. 3. b)).
6. Eine Verhaltensabstimmung unter Beteiligung einer KVG in Bezug auf Stimmrechte aus Aktien, die zum Investmentgehören gehören, kommt praktisch vor

allem dann in Betracht, wenn die betreffende KVG auf die Erzielung einer überdurchschnittlichen Rendite abzielt. Die KVG ist regelmäßig tauglicher Beteiligter einer Verhaltensabstimmung und Meldepflichtiger im Sinne des § 22 Abs. 2 WpHG. Etwas anderes kann allenfalls in dem theoretischen Fall gelten, indem die KVG als Fremdverwalter einer Investmentgesellschaft bestellt wurde, ohne das ihr zugleich eine Stimmrechtsvollmacht oder -ermächtigung hinsichtlich der zum Anlagevermögen der Investmentgesellschaft gehörenden Aktien erteilt wurde. Probleme können sich im Einzelfall im Hinblick auf die Kontaktaufnahme der KVG mit anderen potentiellen Beteiligten als Voraussetzung der Verhaltensabstimmung ergeben. Eine Verhaltensabstimmung unter Beteiligung einer KVG wird üblicherweise auf eine Erhöhung der Dividendenausschüttung oder eine Steigerung des Aktienkurses gerichtet sein. Je nach Lage des Falls kann vor diesem Hintergrund sowohl eine Verständigung über die Stimmrechtsausübung als auch ein Zusammenwirken in sonstiger Weise mit dem Ziel einer dauerhaften und erheblichen Änderung der unternehmerischen Ausrichtung in Betracht kommen (Vgl. oben 3. Teil, § 2, H. III. 1.).

7. Verhaltensabstimmungen zwischen den Anlegern eines Investmentvermögens sind regelmäßig von geringer praktischer Relevanz. Im Einzelfall werden allenfalls bestimmte institutionelle Anleger an einer solchen Verhaltensabstimmung interessiert sein. Lässt man den Stimmrechtseinfluss außer Betracht, der den an einem Investmentvermögen beteiligten Anlegern außerhalb einer solchen Beteiligung im Sinne der §§ 21, 22 WpHG zugeordnet oder zugerechnet wird, kommen die Anleger aber von vornherein nur dann als Beteiligte einer Verhaltensabstimmung und Meldepflichtige im Sinne des § 22 Abs. 2 WpHG in Betracht, wenn sie an einem nach der Miteigentumslösung errichteten Spezial-Sondervermögen beteiligt sind. Auch für diesen Fall muss eine Zurechnung nach § 22 Abs. 2 WpHG aber im Ergebnis ausscheiden, da die Norm dahingehend teleologisch zu reduzieren ist, dass sie Verhaltensabstimmungen zwischen solchen Anlegern nicht erfasst. Entsprechendes gilt für die Beteiligung eines solchen Anlegers an einer Verhaltensabstimmung mit Dritten. Die ihm auf Grundlage seiner Beteiligung an dem Sondervermögen im Sinne der §§ 21, 22 WpHG zuzuordnenden oder zuzurechnenden Stimmrechte bleiben in diesem Fall für die Anwendung des § 22 Abs. 2 WpHG unberücksichtigt (Vgl. oben 3. Teil, § 2, H. III. 2.).

X. Ergebnisse zur Erfüllung der Mitteilungspflicht

1. Die Stimmrechtsmitteilung im Sinne des § 21 Abs. 1 S. 1 WpHG ist als geschäftsähnliche Handlung zu qualifizieren. Folglich sind die allgemeinen Regelungen des BGB über Willenserklärungen und einseitige Rechtsgeschäfte, namentlich die §§ 104 ff., 119 ff., 125 ff., 130 ff., 133, 157, 164 ff., 182 ff. BGB, grundsätzlich entsprechend auf die Stimmrechtsmitteilung anzuwenden (Vgl. oben 3. Teil, § 3, A.).

2. Im Hinblick auf die Erfüllungszuständigkeit ist zu differenzieren. Grundsätzlich liegt sie beim Meldepflichtigen selbst. Ist der Meldepflichtige eine juristische Person oder eine (teil-)rechtsfähige Gesellschaft, so ist der organschaftliche Vertreter des Meldepflichtigen zur Erfüllung der Mitteilungspflicht berufen. Für geschäftsunfähige natürliche Personen handeln die gesetzlichen Vertreter. Eine beschränkt geschäftsfähige natürliche Person ist nur mit Einwilligung ihrer gesetzlichen Vertreter zur Erfüllung der Mitteilungspflicht berechtigt, zumal die Abgabe der Mitteilung kein rechtlich ausschließlich vorteilhaftes Geschäft ist. Generell kann die Mitteilung auch durch einen rechtsgeschäftlichen Stellvertreter des Meldepflichtigen abgegeben werden. Stehen die stimmrechtsvermittelnden Aktien unter Amtsverwaltung, so liegt die Erfüllungszuständigkeit bei Stimmrechtsanteilsveränderungen weiterhin bei dem Eigentümer der betreffenden Aktien. Durch den Amtsverwalter ist der Eigentümer der Aktien in diesem Fall aber von jeder Veränderung im (potentiellen) Bestand der amtsverwalteten stimmrechtsvermittelnden Aktien unverzüglich zu unterrichten, die sich auf seinen Stimmrechtsanteil auswirkt. Dies folgt aus § 11 Abs. 1 InsO, der auf die Fälle der Insolvenzverwaltung direkt und auf die übrigen Fälle der Amtsverwaltung analog anzuwenden ist. Gleiches gilt grundsätzlich auch im Fall der Investmentanlage im Sinne des KAGB. Die KVG ist nicht für die Erfüllung der Mitteilungspflicht eines Anlegers oder einer extern verwalteten Investmentgesellschaft zuständig, die ihren Ursprung in einer Veränderung der Anzahl der Stimmrechte aus Aktien hat, die zum Investmentvermögen gehören oder potentiell gehören werden. Sie hat den Anleger oder die Investmentgesellschaft nach § 11 Abs. 1 InsO analog grundsätzlich über Veränderungen im (potentiellen) Bestand der stimmrechtsvermittelnden Aktien zu unterrichten, die sich auf den Stimmrechtsanteil des betreffenden Anlegers bzw. der betreffenden Investmentgesellschaft auswirken. Diese Unterrichtungspflicht gilt allerdings nur, soweit sie der KVG zumutbar ist. Die Zumutbarkeitsschwelle sollte im Fall von Veränderungen im (potentiellen) Bestand der zum Investmentvermögen gehörenden stimmrechtsvermittelnden Aktien bei einer Veränderung von 2 Prozent der Stimmrechte bezogen auf die Gesamtzahl der Stimmrechte des betreffenden Emittenten liegen (Vgl. oben 3. Teil, § 3, B.).
3. Die Mitteilung muss innerhalb der Mitteilungsfrist zugehen. Grundsätzlich beginnt die Mitteilungsfrist mit Kenntnis des Meldepflichtigen von den der Mitteilungspflicht zugrunde liegenden tatsächlichen Umständen oder dann zu laufen, wenn der Meldepflichtige diese Umstände kennen muss. Die in § 21 Abs. 1 S. 4 WpHG enthaltene gesetzliche Vermutung der Kenntnis gilt nach zutreffender Auffassung nicht, wenn es im Rahmen des Ordnungswidrigkeitenverfahrens auf die rechtzeitige Erfüllung der Mitteilungspflicht ankommt. Sie ist richtigerweise auch dann nicht anzuwenden, wenn es ohne rechtsgeschäftliche Verfügung des Meldepflichtigen zu einer Veränderung seines Stimmrechtsanteils kommt. Auch bei Veränderungen im (potentiellen) Bestand der zu einem Investmentvermögen gehörenden stimmrechtsvermittelnden Aktien kommt § 21 Abs. 1 S. 4 WpHG nicht zur Anwendung, soweit es um die Mitteilungspflichten der Anleger oder

der extern verwalteten Investmentgesellschaft geht. Bei einer Veränderung der Gesamtzahl der Stimmrechte muss der Meldepflichtige die Mitteilungspflicht erst dann kennen, wenn er die veränderte Gesamtzahl der Stimmrechte öffentlich zugänglichen Quellen entnehmen kann. Eine Einsichtnahme in das Handelsregister kann in diesem Zusammenhang nicht verlangt werden (Vgl. oben 3. Teil, § 3, C.).

4. Für die Angabe des Namens und der Anschrift des Meldepflichtigen in der Mitteilung ist zu berücksichtigen, dass Kaufleute und Formkaufleute stets mit ihrer Firma und der Anschrift an dem Ort zu bezeichnen sind, der als Sitz des Kaufmanns im Handelsregister einzutragen ist. Eine BGB-Gesellschaft ist nach zutreffender Auffassung soweit das möglich ist mit ihrem Namen und ihrer Anschrift am Ort ihrer Hauptverwaltung zu bezeichnen. Daneben sind in jedem Fall die Gesellschafter der BGB-Gesellschaft mit Namen/Firma und Anschrift sowie Hinweis auf das Gesellschaftsverhältnis in der Mitteilung zu nennen. Auch Teilhaber einer Gesamthands- oder Bruchteilsgemeinschaft sind mit Namen/Firma und Anschrift zu bezeichnen. Die Namen/Firmen und Anschriften der übrigen Teilhaber sind allerdings nicht in die Mitteilung aufzunehmen. Auf das Gemeinschaftsverhältnis muss nicht explizit hingewiesen werden. Ausreichend ist die Bildung eines Unterpostens bei der Angabe des Stimmrechtsanteils im Hinblick auf den Anteil der Stimmrechte, die im Rahmen der Gesamthand oder Bruchteilsgemeinschaft gehalten werden. Gleiches gilt für die Mitteilung eines Anlegers im Fall der Investmentanlage über ein nach der Miteigentumslösung errichtetes Spezial-Sondervermögen. Der in diesem Fall zu bildende Unterposten kann als „davon Stimmrechtsanteil aus Beteiligungen an investmentrechtlichen Sondervermögen" bezeichnet werden. Das betreffende Sondervermögen sollte näher bezeichnet werden. Ist der betreffende Anleger an mehreren Sondervermögen beteiligt sollte durch Bildung weiterer Unterposten zwischen diesen unterschieden werden. Zwecks erleichterter Kontaktaufnahme kann neben der Anschrift des Meldepflichtigen stets eine weitere Anschrift in der Mitteilung genannt werden (Vgl. oben 3. Teil, § 3, D. I.).
5. Mehrere Veränderungen des Stimmrechtsanteils des Meldepflichtigen in einer Richtung innerhalb eines Tages, die aufgrund der damit verbundenen Schwellenberührungen zu einer Mehrzahl von Mitteilungspflichten führen, können in einer einzigen Stimmrechtsmitteilung zusammengefasst mitgeteilt werden. Dabei ist aber jede einzelne Schwellenberührung gesondert anzugeben. Werden durch eine einzige Veränderung des Stimmrechtsanteils des Meldepflichtigen in einer Richtung mehrere Stimmrechtsschwellen berührt, so muss nur die Schwellenberührung in der Mitteilung angegeben werden, die dem neuen Stimmrechtsanteil des Meldepflichtigen am nächsten ist. Dennoch empfiehlt es sich auch die übrigen berührten Stimmrechtsschwellen zu bezeichnen (Vgl. oben 3. Teil, § 3, D. II.).
6. In der Mitteilung ist der Stimmrechtsanteil anzugeben, der unmittelbar durch die Stimmrechtsanteilsveränderung erreicht wurde, die zu der die Mitteilungspflicht auslösenden Schwellenberührung geführt hat. Der Stimmrechtsanteil

des Meldepflichtigen ist auch dann anzugeben, wenn er ein Unterschreiten der Eingangsmeldeschwelle von 3 Prozent mitteilt. In keinem Fall muss der Stimmrechtsanteil angegeben werden, den der Meldepflichtige vor der die betreffende Mitteilungspflicht auslösenden Schwellenberührung gehalten hat (Vgl. oben 3. Teil, § 3, D. III.).

7. In der Mitteilung kann der Meldepflichtige im Fall einer Stimmrechtsanteilsveränderung aufgrund des Erwerbs oder der Veräußerung stimmrechtsvermittelnder Aktien im Effektengiroverkehr das Datum der Buchung des Erwerbs- oder Veräußerungsvorgangs auf seinem Depotkonto als Datum der Schwellenberührung nennen. Neben dem Datum der Schwellenberührung sollte der Meldepflichtige auch das Datum seiner Kenntnisnahme von der Schwellenberührung und ggf. die Gründe nennen, die für eine teleologische Reduktion oder Widerlegung der Kenntnisvermutung des § 21 Abs. 1 S. 4 WpHG sprechen, wenn es im konkreten Fall für die Einhaltung der Mitteilungsfrist darauf ankommt. Bei einer Mitteilungspflicht, die auf eine Veränderung der Gesamtzahl der Stimmrechte bei dem Emittenten zurückgeht, ist nicht das Datum der Veröffentlichung nach § 26a WpHG, sondern stets das Datum der tatsächlichen Veränderung der Gesamtzahl der Stimmrechte anzugeben (Vgl. oben 3. Teil, § 3, D. IV.).
8. Die Schriftform der Mitteilung kann gemäß § 126 Abs. 3 BGB analog grundsätzlich durch die elektronische Form ersetzt werden. In der Praxis führt eine Mitteilung in elektronischer Form aber noch nicht zur Erfüllung der Mitteilungspflicht, da die BaFin ihre im Rechtsverkehr angegebene E-Mail-Adresse gegenwärtig noch nicht für den Empfang von Stimmrechtsmitteilungen bestimmt hat (Vgl. oben 3. Teil, § 3, E.).

Anhang: Veränderungen durch Umsetzung der Transparenzrichtlinie-Änderungsrichtlinie (nach Abschluss des Promotionsverfahrens mit Genehmigung des Betreuers erstellt)

§ 1 Hintergrund

Am 1. Oktober 2015 hat der Bundestag nach zweiter und dritter Beratung das Gesetz zur Umsetzung der Transparenzrichtlinie-Änderungsrichtlinie (TÄUG) in in der Fassung der Beschlussempfehlung und des Berichts des Finanzausschusses[1967] angenommen. Das Gesetz wurde am 25. November 2015 im Bundesgesetzblatt verkündet.[1968] Mit dem TÄUG werden die Vorgaben der Transparenzrichtlinie III in deutsches Recht umgesetzt. Soweit die Regelungen des TÄUG die in dieser Abhandlung behandelten Themen betreffen, sind sie am 26. November 2015, dem Tag nach der Verkündung des TÄUG im Bundesgesetzblatt, in Kraft getreten.[1969]

Das TÄUG führt zu umfangreichen und teilweise konzeptionellen Änderungen der Regelungen zur kapitalmarktrechtlichen Beteiligungstransparenz. Diese Änderungen sollen im Folgenden kommentiert werden, soweit sie die in dieser Abhandlung behandelten Themengebiete betreffen. Dabei sollen vor allem die Unterschiede zu den bisher geltenden und dieser Abhandlung zugrunde gelegten Regelungen und die Auswirkungen auf die in dieser Abhandlung gefundenen Ergebnisse herausgestellt werden.

§ 2 Veränderungen des sachlichen Anwendungsbereichs

Das TÄUG lässt den sachlichen Anwendungsbereich der §§ 21 ff. WpHG weitestgehend unberührt, führt aber zu geringfügen Veränderungen im Hinblick auf die Anwendbarkeit der Normen auf Emittenten, deren Sitz sich in einem Drittstaat befindet. Die Legaldefinition des Drittstaats bleibt inhaltlich unverändert, findet sich jetzt aber in dem neu eingefügten Absatz 5a des § 2 WpHG. Unverändert bleibt auch das Grundkonzept, wonach Emittenten mit Sitz in einem Drittstaat die Bundesrepublik Deutschland als Herkunftsstaat wählen können. Allerdings besteht nun auch die Möglichkeit den Herkunftsstaat durch Wahl eines neuen Herkunftsstaats nachträglich zu wechseln. Für Emittenten von Aktien sind die näheren Voraussetzungen für die Wahl der Bundesrepublik Deutschland als Herkunftsstaat nun vollumfänglich in § 2b Abs. 1 WpHG geregelt. Der Verweis auf das WpPG entfällt.

1967 BT-Drucks. 18/6220.
1968 BGBl. I 2015, S. 2029.
1969 Art. 26 Abs. 1 TÄUG.

Der Emittent mit Sitz in einem Drittstaat kann die Bundesrepublik Deutschland nunmehr immer dann zum Herkunftsstaat wählen, wenn er nicht bereits einen anderen Staat gewählt hat oder wenn er zwar zuvor einen anderen Staat gewählt hat, seine Wertpapiere, d.h. im hier interessierenden Zusammenhang, seine Aktien in diesem Staat aber an keinem organisierten Markt mehr zugelassen sind. Die Wahl gilt nur so lange, bis die Aktien des Emittenten an keinem organisierten Markt in einem EU-Mitgliedstaat oder EWR-Vertragsstaat mehr zugelassen sind. Besteht zwar noch eine Zulassung der Aktien an einem organisierten Markt in einem EU-Mitgliedstaat oder EWR-Vertragsstaat, aber nicht mehr im Inland, so entfällt die Wahl der Bundesrepublik Deutschland als Herkunftsstaat, wenn der Emittent einen anderen Herkunftsstaat wählt.

§ 3 Veränderungen bei der Berechnung des Stimmrechtsanteils

Das TÄUG führt zu einigen Änderungen bei der Berechnung des Stimmrechtsanteils, die nachfolgend näher beleuchtet werden sollen.

I. Zuordnung von Stimmrechten nach § 21 Abs. 1 S. 1 WpHG

Eine grundlegende Änderung durch das TÄUG betrifft die Zuordnung von Stimmrechten zu dem Meldepflichtigen in unmittelbarer Anwendung des § 21 Abs. 1 S. 1 WpHG. Nach bislang herrschender und zutreffender Auffassung waren Stimmrechte nur dann dem Meldepflichtigen zuzuordnen, wenn er dinglich berechtigter Eigentümer der stimmrechtsvermittelnden Aktien war. Im Hinblick auf den Besitzübergang bei einem Erwerb bzw. einer Veräußerung von Aktien über die Börse kam es für die Veränderung des Stimmrechtsanteils darauf an, zu welchem Zeitpunkt die stimmrechtsvermittelnden Aktien aus dem Depot des Veräußerers aus und in das Depot des Erwerbers eingebucht wurden. Wurden die Aktien über die Börse erworben oder veräußert, war eine solche Umbuchung typischerweise innerhalb von 3 Tagen zu erwarten („t+3").

Dieses an die dingliche Rechtslage anknüpfende Konzept wurde mit dem Inkrafttreten des TÄUG aufgegeben. Fortan kommt es nicht mehr in erster Linie darauf an, zu welchem Zeitpunkt der Eigentumsübergang dinglich vollzogen wird. Nach dem neu eingefügten Abs. 1b des § 21 WpHG gilt als „Gehören" im Sinne des 5. Abschnitts des WpHG nunmehr bereits das Bestehen eines auf die Übertragung von Aktien gerichteten unbedingten und ohne zeitliche Verzögerung zu erfüllenden Anspruchs bzw. einer entsprechenden Verpflichtung. Schon der Abschluss des schuldrechtlichen Vertrags über die Übertragung des Eigentums an den Aktien führt jetzt also zur Berücksichtigung der Stimmrechte aus den betreffenden Aktien im Stimmrechtsanteil des künftigen Erwerbers dieser Aktien, wenn der Anspruch auf Übereignung unbedingt und ohne zeitliche Verzögerung zu erfüllen ist. Wie sich der Gesetzesbegründung entnehmen lässt, ist das Bestehen des Anspruchs nicht mit der Begründung des Anspruchs gleichzusetzen. Ein Anspruch auf Übereignung ist mit Abschluss einer entsprechenden schuldrechtlichen Vereinbarung begründet. Er besteht zu diesem Zeitpunkt aber noch nicht im Sinne des § 21 Abs. 1b WpHG, wenn er noch unter einer aufschiebenden Bedingung steht. Erst wenn sämtliche aufschiebenden Bedingungen eingetreten sind, besteht der Anspruch und führt damit unter der weiteren Voraussetzung, dass er ohne zeitliche Verzögerung zu erfüllen ist, zu einer Berücksichtigung der Stimmrechte aus den zu übereignenden Aktien im Stimmrechtsanteils des künftigen Erwerbers.

Die weitere Voraussetzung, dass der Anspruch ohne zeitliche Verzögerung zu erfüllen sein muss, erscheint nicht unproblematisch. Der Wortlaut („*ohne zeitliche Verzögerung zu erfüllen ist*") deutet darauf hin, dass eine Berücksichtigung der betreffenden Stimmrechte im Stimmrechtsanteils des künftigen Erwerbers nur dann erfolgt, wenn zwischen Eintritt sämtlicher aufschiebender Bedingungen, d.h. Bestehen, und Fälligkeit des Anspruchs auf Übereignung der stimmrechtsvermittelnden Aktien keine zeitliche Verzögerung besteht, Bestehen und Fälligkeit also zeitlich zusammenfallen. Den Gesetzesmaterialien zum TÄUG lässt sich allerdings entnehmen, dass dieses Normverständnis zu eng ist. Hiernach sollen sämtliche börsliche wie außerbörsliche Erwerbs- und Veräußerungsgeschäfte erfasst werden, die innerhalb der üblicherweise im jeweiligen Markt für eine sofortige Leistung akzeptierten Fristen zu erfüllen sind.[1970]

Damit steht zunächst fest, dass es auf Grundlage der neuen Regelung keinen einheitlichen Zeitpunkt mehr gibt, auf den für die Berücksichtigung der Stimmrechte im Stimmrechtsanteil des künftigen Erwerbers abzustellen ist. Vielmehr ist im Ausgangspunkt nach dem Markt zu differenzieren, auf dem die Aktien gehandelt werden. Dies bedeutet zugleich, dass sich der Zeitraum, der zwischen Bestehen und Fälligkeit des Anspruchs auf Übereignung liegen darf, damit der bestehende Anspruch im Sinne des § 21 Abs. 1b WpHG ohne zeitliche Verzögerung zu erfüllen ist, je nach betrachtetem Markt unterschiedlich lang sein kann. Dieser Ansatz ist durchaus kritisch zu sehen, zumal er neue Rechtsunsicherheiten schafft und damit die Anwendung des § 21 Abs. 1 WpHG für den Normadressaten erschwert.

Um den Zeitraum zu bestimmen, der auf dem relevanten Markt zwischen dem Bestehen und der Fälligkeit des Anspruchs auf Übereignung liegen darf, damit die Voraussetzungen des § 21 Abs. 1b WpHG vorliegen, ist nach der soeben zitierten Stelle aus den Gesetzesmaterialien grundsätzlich auf die Perspektive der Teilnehmer des Marktgeschehens abzustellen. Sehen diese die Leistung der Aktien an dem vereinbarten Fälligkeitstag noch als sofortige Leistung an, ist auch im Rahmen des § 21 Abs. 1b WpHG davon auszugehen, dass der Anspruch ohne zeitliche Verzögerung zu erfüllen ist. Richtigerweise ist in diesem Zusammenhang eine dynamische Betrachtung anzulegen. Relevant wird dies, wenn der Zeitraum zwische Bestehen und Fälligkeit des Anspruchs auf Übereignung anfänglich, d.h. nach Eintritt sämtlicher Bedingungen für die Übereignung, zu groß ist, damit aus der Perspektive der Marktteilnehmer ein ohne zeitliche Verzögerung zu erfüllender Anspruch vorliegt.

1970 Begr. RegE. TÄUG, BT-Drucks. 18/5010, S. 44.

Die Stimmrechte aus den zu übertragenden Aktien sind dann erst im nachfolgenden Zeitablauf im Stimmrechtsanteil des künftigen Erwerbers zu berücksichtigen, sobald zwischen Bestehen und Fälligkeit des Anspruchs auf Übereignung nur noch der Zeitraum liegt, der auf dem relevanten Markt für das Vorliegen eines ohne zeitliche Verzögerung zu erfüllenden Anspruchs maßgeblich ist.

Bestehen gesetzliche Regelungen über den zulässigen Zeitraum zwischen Bestehen und Fälligkeit des Anspruchs auf Übereignung hinaus, erübrigt sich die soeben beschriebene Abgrenzung. Dies folgt aus den weiteren Hervorhebungen des Gesetzgebers in den Gesetzesmaterialien. So hebt der Gesetzgeber hervor, dass bei der Anwendung der Vorschrift im Einzelfall durch die BaFin auch die diesbezüglichen Harmonisierungstendenzen im EU-Recht zu beachten sein werden.[1971] Er verweist in diesem Zusammenhang ausdrücklich auf den seit dem 15. Januar 2015 anwendbaren Artikel 5 Abs. 2 der EU-Verordnung 909/2014, der im Fall von Geschäften mit übertragbaren Wertpapieren, die an Handelsplätzen ausgeführt werden, als Abwicklungstag spätestens den zweiten Geschäftstag nach dem betreffenden Abschluss vorsieht („t+2").[1972] Bei sämtlichen Geschäften, die unter diese Regelung fallen, ist der Anspruch auf Übereignung der betreffenden Aktien also immer dann ohne zeitliche Verzögerung zu erfüllen, wenn dieser im Einklang mit der gesetzlichen Regelung spätestens am zweiten Geschäftstag nach Abschluss des schuldrechtlichen Verpflichtungsgeschäfts fällig ist.

Unklar ist nach dem Wortlaut des neuen § 21 Abs. 1b WpHG, ob die Stimmrechte aus den zu übertragenden Aktien bei Vorliegen der Voraussetzungen der Norm auch bereits im Stimmrechtsanteil des künftigen Veräußerers der Aktien abzuziehen sind. Auch wenn der Wortlaut eher auf das Gegenteil hinzuweisen scheint, folgt der Abzug der Stimmrechte im Stimmrechtsanteil des künftigen Veräußerers bereits spiegelbildlich daraus, dass dieselben Stimmrechte ab diesem Zeitpunkt im Stimmrechtsanteil des künftigen Erwerbers zu berücksichtigen sind. Würde der Abzug der Stimmrechte im Stimmrechtsanteil des künftigen Veräußerers erst später erfolgen, also etwa im Einklang mit der bisherigen Rechtslage im Zeitpunkt der dinglichen Wirksamkeit der Übereignung, würde es zu einer zeitweiligen Doppelberücksichtigung von Stimmrechten kommen. Dies wäre problematisch, da es zu einer Irreführung der Anleger führen könnte. Da auch der Gesetzgeber ausdrücklich darauf verweist, dass die Regelung auch für die künftigen Veräußerer von Aktien gilt,[1973] ist § 21 Abs. 1b WpHG so auszulegen, dass er auch den Abzug von Stimmrechten bei dem künftigen Veräußerer erfasst.

1971 Begr. RegE. TÄUG, BT-Drucks. 18/5010, S. 44.
1972 Begr. RegE. TÄUG, BT-Drucks. 18/5010, S. 44.
1973 Begr. RegE. TÄUG, BT-Drucks. 18/5010, S. 44.

II. Veränderung der Gesamtzahl der Stimmrechte

Die in § 26a WpHG geregelte Veröffentlichungspflicht für die Gesamtzahl der Stimmrechte eines Inlandsemittenten wurde durch das TÄUG vollständig neu gefasst. Mit dem TÄUG wird das Konzept der periodischen Veröffentlichung aufgegeben. Stattdessen bestimmt § 26a Abs. 1 WpHG n.F. nunmehr, dass jeder Inlandsemittent im Fall einer Zu- oder Abnahme von Stimmrechten bei diesem dazu verpflichtet ist, die Gesamtzahl der Stimmrechte und das Datum der Wirksamkeit der Zu- oder Abnahme unverzüglich, spätestens aber innerhalb von zwei Handelstagen, gemäß § 26 Abs. 1 S. 1 WpHG zu veröffentlichen. Gleichzeitig ist die Veröffentlichung der BaFin entsprechend § 26 Abs. 2 WpHG mitzuteilen. Zudem sind die Informationen unverzüglich, jedoch nicht vor ihrer Veröffentlichung, dem Unternehmensregister zur Speicherung zu übermitteln.

Die Abkehr von dem Konzept der periodischen Veröffentlichung der Gesamtzahl der Stimmrechte am Ende eines jeden Kalendermonats begründet der Gesetzgeber mit praktischen Problemen im Zusammenhang mit der Anwendung des § 17 Abs. 3 WpAIV[1974] bzw. § 17 Abs. 5 WpAIV a.F., wonach ein Meldepflichtiger auf die zuletzt nach § 26a WpHG veröffentlichte Gesamtzahl und damit auf die aktienrechtlich überholte Gesamtzahl der Stimmrechte abstellen durfte, weil die aktienrechtlich richtige Gesamtzahl noch nicht vom Emittenten nach § 26a WpHG veröffentlicht wurde.[1975] Er hebt weiter hervor, dass dies im Einzelfall zu schwerwiegenden Fehlinformationen der Öffentlichkeit führen konnte, beispielsweise wenn ein Meldepflichtiger kurz nach Durchführung einer Kapitalerhöhung Aktien erwirbt und nach bisheriger Gesamtzahl eine Schwelle überschreiten würde, obwohl er nach neuer aktienrechtlicher Gesamtzahl gegebenenfalls Schwellen unterschritten hat.[1976] In der Sache ist dem Gesetzgeber insoweit zuzustimmen. Da nach alter Rechtslage zwischen dem Wirksamkeitszeitpunkt der Veränderung der Gesamtzahl der Stimmrechte und der Veröffentlichung nach § 26a WpHG bis zu 30 Tage liegen konnten, bestand bei wortlautgetreuer Anwendung des § 17 Abs. 5 WpAIV a.F. im Einzelfall ein erhebliches Risiko für eine Irreführung der Teilnehmer des Kapitalmarkts.[1977] Dieses Risiko wird durch die Neuregelung minimiert, da durch die Verkürzung des Veröffentlichungsintervalls das Risiko der Meldepflichtigen sinkt, ihrem Stimmrechtsanteil eine falsche Gesamtzahl der Stimmrechte mit der Folge zugrunde zu legen, dass sie ihrer Mitteilungspflicht nicht fristgemäß nachkommen.[1978] Die bereits dargelegten verfassungsrechtlichen Bedenken gegen die Verortung der Regelung des § 17 Abs. 5 WpAIV a.F. bzw. § 17 Abs. 3 WpAIV n.F. außerhalb des WpHG bleiben

---

1974 In der Gesetzesbegründung verweist der Gesetzgeber auf § 17 Abs. 2 WpAIV. Hiebei handelt es sich offenbar um ein Redaktionsversehen.

1975 Begr. RegE. TÄUG, BT-Drucks. 18/5010, S. 47.

1976 Begr. RegE. TÄUG, BT-Drucks. 18/5010, S. 47.

1977 Vgl. oben S. 122 ff.

1978 Vgl. zu diesem Lösungsvorschlag bereits oben S. 122 ff.

allerdings unverändert bestehen.[1979] Leider hat der Gesetzgeber im Zuge des TÄUG die Gelegenheit verpasst, die Maßgeblichkeit der nach § 26a WpHG veröffentlichten Gesamtzahl der Stimmrechte für die Berechnung des Stimmrechtsanteils der Meldepflichtigen als gesonderte Regelung in das WpHG zu intergrieren. Praktisch wirkt sich dieses Problem allerdings nicht mehr aus, da die Meldepflichten aufgrund der unverzüglichen Pflicht zur Veröffentlichung der geänderten Gesamtzahl der Stimmrechte nunmehr im Regelfall ohnehin die aktienrechtlich korrekte tatsächliche Gesamtzahl der Stimmrechte zugrunde legen werden.

§ 26a Abs. 2 WpHG n.F. enthält eine Sonderregelung für den Fall der Ausgabe von Bezugsaktien. In diesem Fall ist die Gesamtzahl der Stimmrechte abweichend von § 26a Abs. 1 S. 1 WpHG n.F. nur im Zusammenhang mit einer ohnehin erforderlichen Veröffentlichung nach § 26a Abs. 1 WpHG n.F. zu veröffentlichen, spätestens jedoch am Ende des Kalendermonats, in dem es zu einer Zu- oder Abnahme von Stimmrechten gekommen ist. Einer Veröffentlichung des Datums der Wirksamkeit der Zu- oder Abnahme bedarf es in diesem Fall nicht.

Wie der Begriff der Bezugsaktie in diesem Zusammenhang zu verstehen ist, bestimmt der Gesetzgeber nicht explizit. Naheliegend erscheint aber, insoweit an den aktienrechtlichen Begriff der Bezugsaktie anzuknüpfen. Nach § 192 Abs. 1 AktG handelt es sich dabei um ein Umtausch- oder Bezugsrecht, das die Gesellschaft auf neue Aktien eingeräumt hat, und das die Hauptversammlung der Gesellschaft durch eine bedingte Kapitalerhöhung geschaffen hat. Dies betrifft nach § 192 Abs. 2 AktG die Fälle der Gewährung von Umtausch- oder Bezugsrechten an Gläubiger von Wandelschuldverschreibungen, der Vorbereitung des Zusammenschlusses mehrer Unternehmen oder der Gewährung von Bezugsrechten an Arbeitnehmer und Mitglieder der Geschäftsführung der Gesellschaft oder eines verbundenen Unternehmens.

Diese Ausnahme begründet der Gesetzgeber damit, dass es bei der Ausgabe von Bezugsaktien im Laufe eines Kalendermonats zu einer Vielzahl von Änderungen der Gesamtzahl kommen könne, wobei sich diese Änderungen jedoch regelmäßig in einer Größenordnung bewegten, die eine zeitnahe laufende Veröffentlichung innerhalb eines Kalendermonats nicht erforderlich mache.[1980] Erfolge im gleichen Monat eine Veröffentlichung nach § 26a Abs. 1 WpHG n.F., mache es aber keinen Sinn, die bis dahin ausgegenen Bezugsaktien nicht zu berücksichtigen, so dass diese dann ausnahmsweise nicht am Ende des Kalendermonats, sondern zusammen mit der Veröffentlichung nach § 26a Abs. 1 WpHG n.F. veröffentlicht werden müssten.[1981]

III. Bestimmung der Tochterunternehmenseigenschaft

Mit Inkrafttreten des TÄUG ist ein neuer § 22a WpHG geschaffen worden, der nunmehr sämtliche Regelungen zur Bestimmung der Tochterunternehmenseigenschaft

---

1979 Vgl. dazu oben S. 122 ff.
1980 Begr. RegE. TÄUG, BT-Drucks. 18/5010, S. 48.
1981 Begr. RegE. TÄUG, BT-Drucks. 18/5010, S. 48.

enthält. Die bisherige Grundregel zur Bestimmung der Tochterunternehmenseigenschaft nach § 22 Abs. 3 WpHG a.F. wurde inhaltlich unverändert in den § 22a Abs. 1 WpHG n.F. verlagert. Darüber hinaus enthält § 22a WpHG zahlreiche Ausnahmetatbestände, bei deren Vorliegen ein an sich als Tochterunternehmen zu qualifizierender Rechtsträger ausnahmsweise nicht als Tochterunternehmen im Sinne des Abschnitts 5 des WpHG gilt. Hervorzuheben ist der bislang in § 94 Abs. 2 S. 1, S. 2 KAGB geregelte Zurechnungsausschluss, der „kraft Sachzusammenhangs"[1982] inhaltlich weitgehend unverändert in den neuen § 22a Abs. 3, Abs. 5 WpHG übernommen worden ist. Anders als bisher ist der unmittelbare Anwendungsbereich dieses Zurechnungsausschlusses allerdings nicht mehr auf Stimmrechte aus Aktien aus einem von der KVG verwalteten Sondervermögen beschränkt. Vielmehr sind nunmehr sämtliche Stimmrechte aus Beteiligungen erfasst, die zu einem von einer KVG verwalteten Investmentvermögen gehören.[1983]

IV. Erweiterte Zurechnung von Stimmrechten

Mit Inkrafttreten des TÄUG sind zwei neue Zurechnungstatbestände geschaffen worden. Nach § 22 Abs. 1 S. 1 Nr. 7 WpHG werden dem Meldepflichtigen fortan auch Stimmrechte zugerechnet, die der Meldepflichtige auf Grund einer Vereinbarung, die eine zeitweilige Übertragung der Stimmrechte ohne die damit verbundenen Aktien gegen Gegenleistung vorsieht, ausüben kann. Dieser Zurechnungstatbestand hat im Hinblick auf Stimmrechte aus Aktien eines Emittenten im Sinne des § 21 Abs. 2 WpHG mit Sitz in Deutschland keine Bedeutung, da eine Übertragung von Stimmrechten ohne die damit verbundenen Aktien gegen das Abspaltungsverbot verstoßen würde.[1984] Nach Auffassung des Gesetzgebers ist eine solche Abspaltung jedoch im ausländischen Recht teilweise möglich.[1985] Das deutsche Recht soll vor diesem Hintergrund eine Regelung enthalten, die sicherstellt, dass eine Zurechnung dieser Stimmrechte erfolgt und damit die Anforderungen der Transparenzrichtlinie eingehalten werden.[1986] Eine Zurechnung erfolgt, wenn ein Drittstaatenemittent die Bundesrepublik Deutschland als Herkunftstaat gewählt hat, die Jurisdiktion dieses Drittstaatenemittenten eine Abspaltung des Stimmrechts erlaubt und eine solche Abspaltung auf den Meldepflichtigen aufgrund einer Vereinbarung auf Zeit und gegen Gegenleistung vorliegt.

Nach § 22 Abs. 1 S. 1 Nr. 8 WpHG werden dem Meldepflichtigen fortan auch Stimmrechte zugerechnet, die bei dem Meldepflichtigen als Sicherheit verwahrt werden, sofern der Meldepflichtige die Stimmrechte hält und die Absicht bekundet, diese Stimmrechte auszuüben. Aus den Gesetzesmaterialien lässt sich entnehmen, dass dieser neue Tatbestand der Umsetzung der Transparenzrichtlinie dienen und

1982 Begr. RegE. TÄUG, BT-Drucks. 18/5010, S. 55.
1983 Vgl. zu den sich daraus ergebenden Folgen noch unten S. 469 und 470.
1984 Ebenso Begr. RegE. TÄUG, BT-Drucks. 18/5010, S. 45.
1985 Begr. RegE. TÄUG, BT-Drucks. 18/5010, S. 45.
1986 Begr. RegE. TÄUG, BT-Drucks. 18/5010, S. 45.

dass die bisherige Regelung in § 22 Abs. 1 S. 1 Nr. 3 WpHG als speziellere Regelung diesem neuen Zurechnungstatbestand vorgehen soll.[1987] Der Gesetzgeber stellt aber weiterhin klar, dass durch den neuen Zurechnungstatbestand die alternative Zurechnung nach § 22 Abs. 1 S. 1 Nr. 3 WpHG aufgegeben ist, so dass sowohl den Sicherungsgeber als auch den Sicherungsnehmer Mitteilungspflichten treffen.[1988] Letztlich geht es dem Gesetzgeber also um eine Einbeziehung des Sicherungsgebers bei einer Sicherungsübereignung von Aktien in die Mitteilungspflicht.

Aus diesem Grundverständnis lässt sich zunächst ableiten, dass es auch im Rahmen des § 22 Abs. 1 S. 1 Nr. 8 WpHG um die Erfassung des Stimmrechtseinflusses aus sicherungsübereigneten Aktien geht. Dass der Meldepflichtige die Stimmrechte aus diesen Aktien halten, also nicht bloß ausüben können muss, deutet ferner darauf hin, dass Meldepflichtiger im Sinne der Zurechnungsnorm stets der Sicherungseigentümer ist. Im Fall der Zurechnung nach § 22 Abs. 1 S. 1 Nr. 3 WpHG bleiben die dem Sicherungsgeber zugerechneten Stimmrechte wegen des Grundsatzes der alternativen Zurechnung bei dem Sicherungseigentümer unberücksichtigt.[1989] Nach dem vorstehend skiziierten Grundverständnis sind diese Stimmrechte dem Sicherungseigentümer nach Inkrafttreten des TÄUG aber über § 22 Abs. 1 S. 1 Nr. 8 WpHG dennoch zuzurechnen, wenn er die Aktien als Sicherheit verwahrt und die Absicht bekundet, die Stimmrechte auszuüben.

Die Regelungstechnik des Gesetzgebers erscheint insoweit unnötig kompliziert. Sofern es dem Gesetzgeber lediglich um die Aufgabe des Grundsatzes der alternativen Zurechnung ging, wäre es systematisch logischer und regelungstechnisch einfacher gewesen, den zweiten Halbsatz des § 22 Abs. 1 S. 1 Nr. 3 WpHG zu streichen und in der Gesetzesbegründung klarzustellen, dass der Grundsatz der alternativen Zurechnung damit aufgegeben ist.

V. Zuordnung und Zurechnung von Stimmrechten im Zusammenhang mit der Investmentanlage

Grundlegende Veränderungen bringt das TÄUG im Zusammenhang mit der Zuordnung und Zurechnung von Stimmrechten auf die Beteiligten einer Investmentanlage im Sinne des KAGB.

Nach § 1 Abs. 4 WpHG n.F. bleiben Anteile und Aktien an offenen Investmentvermögen im Sinne des § 1 Abs. 4 KAGB bei der Anwendung der Vorschriften des Abschnitts 5, 5a und 11 unberücksichtigt. Betroffen von dieser neuen Ausnahme sind also insbesondere die Mitteilungspflichten der §§ 21 ff. WpHG, die in Abschnitt 5 des WpHG geregelt sind. Diese Ausnahmeregelung wird von dem Zurechnungsausschluss nach § 94 Abs. 2 S. 1, S. 2 KAGB a.F., der nunmehr in erweiterter Form in § 22a Abs. 3, Abs. 5 WpHG n.F. geregelt ist, sowie der Streichung der übrigen

1987 Begr. RegE. TÄUG, BT-Drucks. 18/5010, S. 45.
1988 Begr. RegE. TÄUG, BT-Drucks. 18/5010, S. 45.
1989 Vgl. oben S. 293 ff.

Regelungen des § 94 Abs. 2 KAGB a.F. flankiert. Die bislang in § 94 Abs. 2 S. 3 HS. 1 KAGB enthaltene Eigentumsfiktion zugunsten der KVG im Hinblick auf die in einem nach der Miteigentumslösung errichteten Publikumssondervermögen zusammengefassten Aktien, ist durch das TÄUG ersatzlos gestrichen worden. Gleiches gilt für den bislang in § 94 Abs. 2 S. 3 HS. 2 KAGB geregelten Ausschluss der Zurechnung nach § 22 WpHG bei Publikumssondervermögen, die nach der Treuhandlösung errichtet wurden. Nach den Gesetzesmaterialien gehen diese beiden Regelungen in dem neuen § 1 Abs. 4 WpHG auf.[1990] Aufgrund der ersatzlosen Streichung des § 94 Abs. 2 S. 3 KAGB, der Verlagerung des Zurechnungsausschlusses nach § 94 Abs. 2 S. 1, S. 2 KAGB in den § 22a Abs. 3, Abs. 5 WpHG sowie der Erweiterung dieses Zurechungsausschlusses auf sämtliche Investmentvermögen sind außerdem die bisher in den §§ 108, 124, 140, 149 und 296 KAGB enthaltenen Verweise auf eine entsprechende Anwendung des § 94 Abs. 2 KAGB gestrichen worden.

Nachfolgend soll zunächst der Regelungsgehalt des neuen § 1 Abs. 4 WpHG untersucht werden. Sodann ist zu untersuchen, welche Veränderungen die Neuregelung im Hinblick auf die Zuordung und Zurechnung von Stimmrechten zu den Beteiligten einer Investmentanlage hat.

1. *Regelungsgehalt des § 1 Abs. 4 WpHG n.F.*

Nach dem Wortlaut des § 1 Abs. 4 WpHG n.F. bleiben ausschließlich Anteile und Aktien an offenen Investmentvermögen im Rahmen der §§ 21 ff. WpHG unberücksichtigt. Dies sind sämtliche Sondervermögen und Investmentaktiengesellschaften mit veränderlichem Kapital im Sinne des KAGB. Betroffen sind sämtliche Erscheinungsformen dieser offenen Investmentvermögen, also Publikums-OGAW, Publikums-AIF und Spezial-AIF. Schließlich sind auch die stets als Spezial-AIF errichteten offenen Investmentkommanditgesellschaften von der neuen Ausnahme betroffen. Im Umkehrschluss folgt aus dem Wortlaut des § 1 Abs. 4 WpHG, dass die §§ 21 ff. WpHG auf die übrigen Investmentvermögen im Sinne des KAGB, also insbesondere Investmentaktiengesellschaften mit festem Kapital und geschlossene Investmentkommanditgesellschaften unverändert anwendbar sind.

Die weitergehende Bedeutung des § 1 Abs. 4 n.F. wird erst in der Zusammenschau des Wortlauts des neuen Absatzes mit den Gesetzesmaterialien klart. Nach dem Wortlaut der Norm bleiben Anteile und Aktien *an* den betreffenen Investmentvermögen künftig bei der Anwendung der §§ 21 ff. WpHG unberücksichtigt. Bei enger Auslegung des Wortlauts wären nur die von den Anlegern an den Investmentvermögen selbst gehaltenen Aktien und Anteile von der Ausnahme betroffen. Wäre also eine Investmentaktiengesellschaft mit veränderlichem Kapital als Emittent im Sinne des § 21 Abs. 2 WpHG zu qualifizieren, so wären auf Grundlage einer engen Wortlautauslegung lediglich die Stimmrechte aus den von dem Anleger an dieser Investmentaktiengesellschaft gehaltenen Aktien nicht im Stimmrechtsanteil

1990 Begr. RegE. TÄUG, BT-Drucks. 18/5010, S. 55.

des Anlegers zu berücksichtigen. Auf die von der Investmentaktiengesellschaft an anderen Emittenten im Sinne des § 21 Abs. 2 WpHG gehaltenen Stimmrechte aus Aktien hätte § 1 Abs. 4 WpHG n.F. dagegen keine Auswirkung. Diese Stimmrechte wären den Anlegern also ggf. nach allgemeinen Grundsätzen zuzurechnen.

Aus den Gesetzesmaterialien[1991] ergibt sich indessen, dass eine solch enge Auslegung des Wortlauts nicht bezweckt ist: Offene Investmentvermögen und deren Verwaltungsgesellschaften unterlägen einer umfangreichen Überwachung auch hinsichtlich Rechnungslegung und Bewertung sowie Information der Anleger aufgrund EU-weit einheitlicher sektorenspezifischer Vorgaben. Diesem Umstand trage auch die Transparenzrichtlinie Rechnung, indem sie die Ausgabe und das Halten von Anteilen oder Aktien an offenen Investmentvermögen gemäß Artikel 1 Absatz 2 aus dem Anwendungsbereich ausnehme, da insoweit kein weitergehender Schutz der Interessen der Anleger geboten sei. Vor dem Hintergrund dieser speziellen Regelungen sei eine parallele Überwachung durch die Vorschriften des Wertpapierhandelsgesetzes, die auf der europäischen Transparenzrichtlinie beruhen, und der im Kapitalanlagegesetzbuch umgesetzten EU-Vorgaben nicht sinnvoll. Die Gesetzesänderung berücksichtige dies und beschränkt insoweit die Anwendbarkeit des Wertpapierhandelsgesetzes, als die Ausgabe und das Halten von Anteilen oder Aktien an offenen Investmentvermögen keine Pflichten nach den Abschnitten 5, 5a und 11 des Wertpapierhandelsgesetzes auslösten. Insbesondere die bisherige Sonderregelung in § 94 Absatz 2 Satz 3, auch in Verbindung mit Absatz 3 Satz 2 und Absatz 4 Satz 2 KAGB gehe in der neuen horizontalen Ausnahme auf. Zugleich ergebe sich aus der Beschränkung auf Anteile und Aktien, dass die Meldepflichten des Abschnitts 5 für die Investmentvermögen selbst unberührt blieben.

Aus diesen gesetzgeberischen Erwägungen lassen sich folgende Rückschlüsse für die Auslegung des neuen § 1 Abs. 4 WpHG ziehen. Mit der Bezugnahme auf Anteile und Aktien an offenen Investmentvermögen werden nur die Normadressaten des § 1 Abs. 4 WpHG eingegrenzt. Die Norm betrifft sämtliche Anleger, die Anteile oder Aktien an offenen Investmentvermögen halten. Stimmrechte aus Aktien, die in dem betreffenden offenen Investmentvermögen zusammengefasst sind, werden nach Inkrafttreten des TÄUG von vornherein nicht mehr im Zähler des Stimmrechtsanteils dieser Anleger berücksichtigt. Dies bedeutet, dass solche Stimmrechte den Anlegern weder unmittelbar nach § 21 WpHG zugeordnet noch nach § 22 WpHG zugerechnet werden. Die Beteiligung der Anleger an einem offenen Investmentvermögen darf außerdem nicht als Ausgangspunkt einer Zurechnung der Stimmrechte aus den in diesem Investmentvermögen zusammengefassten Aktien auf einen Dritten dienen. Selbst wenn die Anleger Miteigentümer dieser Aktien sind, werden sie im Rahmen des § 22 WpHG also als Nichteigentümer behandelt. Einem Mutterunternehmen der Anleger etwa würden die Stimmrechte aus diesen Aktien nicht zugerechnet. Demgegenüber sind Stimmrechte aus den in einem offenen Investmentvermögen zusammengefassten Aktien weiterhin nach den allgemeinen Regelungen bei der

1991 Begr. RegE. TÄUG, BT-Drucks. 18/5010, S. 42.

Kapitalverwaltungsgesellschaft, bei Investmentvermögen selbst oder bei Dritten zu berücksichtigen, sofern und soweit diese Berücksichtigung nicht von einer Zurechnung oder Zuordnung von Stimmrechten zu den Anlegern abhängig ist.

2. Zuordnung und Zurechnung von Stimmrechten zu den Anlegern

Aufgrund der ersatzlosen Streichung der Eigentumsfiktion des § 94 Abs. 2 S. 3 HS. 1 KAGB wären Stimmrechte aus Aktien, die in einem nach der Miteigentumslösung errichteten Publikumssondervermögen zusammengefasst sind, nach Inkrafttreten des TÄUG an sich so wie schon bislang bei den nach der Miteigentumslösung errichteten Spezial-Sondervermögen unmittelbar nach § 21 Abs. 1 S. 1 WpHG den Anlegern zuzuordnen.[1992] Durch § 1 Abs. 4 KAGB n.F. ist allerdings klargestellt, dass solche Stimmrechte nach Inkrafttreten des TÄUG den Anlegern eines Publikumssondervermögens weiterhin nicht und nunmehr auch den Anlegern eines Spezial-Sondervermögens nicht mehr unmittelbar über § 21 Abs. 1 S. 1 WpHG zuzuordnen sind. Den beschriebenen Grenzkonflikt zwischen der Offenlegung des Stimmrechtseinflusses und der Kapitalbeteiligung der Anleger[1993] löst der Gesetzgeber damit zugunsten der Offenlegung des Stimmrechtseinflusses. Obwohl diese gesetzgeberische Entscheidung wegen des fehlenden Stimmrechtseinflusses der Anleger nachvollziehbar ist, bleibt doch kritisch anzumerken, dass die beschriebene Gefahr des Anschleichens von Anlegern an Emittenten im Sinne von § 21 Abs. 2 WpHG durch diese gesetzgeberische Entscheidung nicht nur nicht beseitigt sondern sogar noch erhöht wird, da die betreffenden Stimmrechte nunmehr auch den typischerweise finanzstärkeren Anlegern bei Spezial-Sondervermögen nicht mehr nach § 21 Abs. 1 S. 1 WpHG zuzuordnen sind.

Weitere Auswirkungen des § 1 Abs. 4 WpHG n.F. ergeben sich im Bereich der Zurechnung von Stimmrechten nach § 22 WpHG. Da die in einem nach der Miteigentumslösung errichteten Sondervermögen zusammengefassten Aktien bei den Anlegern unberücksichtigt bleiben, gehören sie diesen ungeachtetet ihrer tatsächlichen Eigentumsstellung auch nicht im Sinne des § 22 WpHG. Eine Zurechnung der Stimmrechte aus diesen Aktien auf ein herrschendes Unternehmen dieser Anleger nach § 22 Abs. 1 S. 1 Nr. 1 WpHG scheidet somit aus.

Ebenso sind Stimmrechten aus Aktien, die in einem nach der Treuhandlösung errichteten Sondervermögen zusammengefasst sind, seit dem Inkrafttreten des TÄUG den Anlegern dieses Sondervermögens nicht mehr gemäß § 22 Abs. 1 S. 1 Nr. 2 WpHG zuzurechnen. Während dieser Zurechnungsausschluss nach alter Rechtslage gemäß § 94 Abs. 2 S. 3 HS. 2 KAGB a.F. nur im Hinblick auf Publikumssondervermögen galt, erfolgt aus § 1 Abs. 4 WpHG n.F. ein Zurechnungsausschluss im Hinblick auf sämtliche Anleger eines nach der Treuhandlösung errichteten Sondervermögens, unabhängig davon, ob es sich um ein Publikums- oder ein Spezial-Sondervermögen

1992 Vgl. oben S. 159 ff.
1993 Vgl. oben S. 159 ff.

handelt. Auch im Hinblick auf die Zurechnung von Stimmrechten aus Aktien, die in einer Investment-AG mit variablem Kapital oder einer offenen Investment-KG zusammengefasst sind, scheitert die Zurechnung dieser Stimmrechte auf die Anleger nunmehr bereits an § 1 Abs. 4 WpHG n.F.

Im Hinblick auf die Zurechnung von zur Sicherheit übereigneten Aktien auf die Anleger eines nach der Miteigentumslösung errichteten Sondervermögens ist nach Inkrafttreten des TÄUG zu berücksichtigen, dass den Anlegern diese Aktien gemäß § 1 Abs. 4 WpHG n.F. nicht mehr nach § 21 Abs. 1 S. 1 WpHG zuzuordnen sind, solange sie sich noch im Sondervermögen befinden. Ebensowenig kann die spätere Sicherungsübereignung dieser Aktien eine Zurechnung der aus diesen Aktien folgenden Stimmrechte auf die Anleger nach § 22 Abs. 1 S. 1 Nr. 3 HS. 1 WpHG auslösen. Auch einer solchen Zurechnung steht § 1 Abs. 4 WpHG n.F. entgegen. Diese Lösung entspricht im Übrigen auch der gesetzgeberischen Entscheidung, dass eine Mitteilungspflicht im Regelfall der Sicherungsübereignung nicht entstehen soll.[1994] Durch § 1 Abs. 4 WpHG n.F. ist nunmehr ferner klargestellt, dass eine Zurechnung von Stimmrechten auf die Anleger eines nach der Miteigentumslösung errichteten Sondervermögens gemäß § 22 Abs. 1 S. 1 Nr. 5 WpHG nicht in Betracht kommt. Dies gilt wiederum sowohl für Publikums- als auch für Spezialsondervermögen. Auf eine teleologische Reduktion des § 22 Abs. 1 S. 1 Nr. 5 WpHG kommt es nicht mehr an.

3. Zuordnung und Zurechnung von Stimmrechten zur KVG und zu Investmentgesellschaften

Stimmrechte aus Aktien, die in einem nach der Miteigentumslösung errichteten Publikumssondervermögen zusammengefasst sind, werden wegen der Streichung der Eigentumsfiktion des § 94 Abs. 2 S. 3 HS. 1 KAGB nach Inkrafttreten des TÄUG nicht mehr unmittelbar nach § 21 Abs. 1 S. 1 WpHG der KVG zugeordnet. In Betracht kommt nunmehr aber eine Zurechnung dieser Stimmrechte auf die KVG nach § 22 Abs. 1 S. 1 Nr. 6 WpHG in Betracht. Insoweit kann vollumfänglich auf die Ausführungen zur Stimmrechtszurechnung bei einem nach der Miteigentumslösung errichteten Spezial-Sondervermögen verwiesen werden.[1995]

Im Rahmen der Zurechnung nach § 22 Abs. 1 S. 1 Nr. 1 WpHG ist nach Inkrafttreten des TÄUG zu berücksichtigen, dass die bislang in § 94 Abs. 2 S. 1, S. 2 KAGB geregelten Bestimmungen zum Ausschluss der Zurechnung auf Mutterunternehmen einer KVG nunmehr in § 22a Abs. 3, Abs. 5 WpHG verlagert worden sind. Wesentliche inhaltliche Änderungen ergeben sich dadurch nicht. Der Zurechnungsausschluss nach § 22a Abs. 2 WpHG erfasst allerdings nunmehr sämtliche Stimmrechte aus Beteiligungen, die zu den von der KVG verwalteten Investmentvermögen gehören. Der Gesetzgeber hat damit einen einheitlichen Tatbestand für alle Formen der Verwaltung von Investmentvermögen geschaffen und verzichtet fortan auf die

1994 Vgl. oben S. 300 ff.
1995 Vgl. oben S. 339 ff.

noch im Rahmen des KAGB gebrauchte Verweisungstechnik. Dieser Ansatz ist zu begrüßen, erleichtert er doch die Auslegung der Norm und schafft auf diese Weise mehr Rechtssicherheit bei der Gesetzesanwendung.

Der Zurechnungsausschluss nach § 22a Abs. 3, Abs. 5 WpHG kommt nunmehr immer dann in Betracht, wenn dem Mutterunternehmen einer KVG wegen der Qualifizierung der KVG als Tochterunternehmen grundsätzlich Stimmrechte aus Aktien, die zu einem von der KVG verwalteten Investmentvermögen gehören, nach § 22 Abs. 1 S. 1 Nr. 1 WpHG oder § 22 Abs. 1 S. 2 WpHG zugerechnet würden. Unerheblich ist in diesem Zusammenhang, ob es sich um die Verwaltung eines nach der Treuhandlösung oder der Miteigentumslösung errichteten Sondervermögens oder um die Eigen- oder Fremdverwaltung einer Investmentgesellschaft handelt. Während der Zurechnungsausschluss im Fall der Verwaltung eines nach der Treuhandlösung errichteten Sondervermögens auf den Ausschluss der Zurechnung nach § 22 Abs. 1 S. 1 Nr. 1 WpHG gerichtet ist, kommt in den übrigen Fällen ein Ausschluss der Zurechnung nach § 22 Abs. 1 S. 1 Nr. 6, S. 2 WpHG in Betracht.

Auch für Publikumssondervermögen, die nach der Miteigentumslösung errichtetet wurden, geht es fortan nur noch um einen Ausschluss der Zurechnung nach § 22 Abs. 1 S. 1 Nr. 6, S. 2 WpHG, da die KVG nach dem Wegfall der Eigentumsfiktion des § 94 Abs. 2 S. 3 HS. 1 KAGB nicht mehr als Eigentümer der in dem Sondervermögen zusammengefassten Aktien behandelt wird. Vielmehr erfolgt wie bereits erwähnt nunmehr unter den Voraussetzungen des § 22 Abs. 1 S. 1 Nr. 6 eine Zurechnung der Stimmrechte aus diesen Aktien auf die KVG.

Nach Streichung des Zurechnungsausschlusses gemäß § 94 Abs. 2 S. 3 HS. 2 KAGB hat sich nunmehr auch der Streit darüber erledigt, ob im Fall eines nach der Treuhandlösung errichteten Publikumssondervermögens nunmehr ohne die weiteren Voraussetzungen des § 94 Abs. 2 S. 1, S. 2 KAGB a.F. bzw. des § 22a Abs. 3, Abs. 5 WpHG n.F. ein Ausschluss der Zurechnung von Stimmrechten auf das Mutterunternehmen der externen KVG erfolgt. Mit dieser Streichung und der Einfügung des § 1 Abs. 4 WpHG n.F. hat der Gesetzgeber ausdrücklich klargestellt, dass ein pauschaler Zurechnungsausschluss nur im Hinblick auf die Zurechnung von Stimmrechten zu Anlegern bezweckt ist. Ob die Zurechnung der Stimmrechte aus den in einem nach der Treuhandlösung errichteten Publikumssondervermögen zusammengefassten Aktien auf die Muttergesellschaft der externen KVG ausgeschlossen ist, bestimmt sich nach Inkrafttreten des TÄUG also ebenfalls nach der allgemeinen Regelung des § 22a Abs. 3, Abs. 5 WpHG n.F.

Die Streichung des Zurechnungsausschlusses nach § 94 Abs. 2 S. 3 HS. 2 KAGB wirkt sich auch im Rahmen der Zurechnung nach § 22 Abs. 1 S. 1 Nr. 6 WpHG aus. Bei einem nach der Treuhandlösung errichteten Publikums-Sondervermögen oder einer selbstverwalteten Publikums-Investmentgesellschaft ist eine Zurechnung der Stimmrechte aus den von der KVG verwalten Aktien auf einen Dritten künftig nicht mehr von vornherein ausgeschlossen. Die Frage einer solchen Zurechnung bestimmt sich vielmehr nach den allgemeinen Grundsätzen. Insoweit kann auf die Ausführungen zur Zurechnung auf Dritte bei den nach der Treuhandlösung errichteten Spezial-Sondervermögen[1996] und auf die Ausführungen zur Zurechnung nach § 22 Abs. 1 S. 1 Nr. 6 WpHG bei Investmentgesellschaften[1997] verwiesen werden.

§ 4 Erfüllung der Mitteilungspflichten

Schließlich führt das TÄUG zu einigen Änderungen im Hinblick auf die Erfüllung der Mitteilungspflicht nach § 21 Abs. 1 S. 1 WpHG. Dies betrifft einerseits die Mitteilungsfrist und andererseits den Inhalt der Mitteilung.

I. Mitteilungsfrist

Nach § 21 Abs. 1 S. 4 WpHG n.F. wird hinsichtlich des Fristbeginns nunmehr unwiderleglich vermutet, dass der Meldepflichtige spätestens zwei Handelstage nach dem Erreichen, Überschreiten oder Unterschreiten der genannten Schwellen Kenntnis hat. Dass der Fristbeginn nun unwiderleglich vermutet wird, stellt eine Verschärfung der Mitteilungsfrist zuungunsten der Meldepflichtigen dar. Nach bislang allgemeiner Auffassung zur Vorgängerregelung in § 21 Abs. 1 S. 4 WpHG a.F. handelte es sich lediglich um eine widerlegliche Vermutung. Die nunmehr unwiderlegliche Vermutung der Kenntnisnahme führt zu Problemen, wenn sich der Stimmrechtsanteil des Meldepflichtigen ohne seine Mitwirkung ändert. Eine Widerlegung der Vermutung ist in diesen Fällen nicht mehr möglich. Der Gesetzgeber hat dieses Problem gesehen und in § 21 Abs. 1 S. 5 WpHG n.F. eine Sonderregelung eingefügt, wonach die Mitteilungsfrist abweichend von § 21 Abs. 1 S. 3 WpHG und damit auch unabhängig von § 21 Abs. 1 S. 4 WpHG n.F. beginnt, sobald der Meldepflichtige von der Schwellenberührung Kenntnis erlangt hat, spätestens jedoch mit der Veröffentlichung des Emittenten nach § 26a Abs. 1 WpHG, wenn es infolge von Ereignissen, die die Gesamtzahl der Stimmrechte verändern, zu einer Schwellenberührung kommt. Den Gesetzesmaterialien lässt sich entnehmen, dass diese Sonderregelung der Abgrenzung zwischen aktiven und passiven Schwellenberührungen dienen soll.[1998] Dabei hat der Gesetzgeber jedoch übersehen, dass passive Veränderungen des Stimmrechtsanteils eines Meldepflichtigen auch im Rahmen des Zählers der Stimmrechtsanteils erfolgen können. Als Beispiele seien an dieser Stelle der Erwerb stimmrechtsvermittelnder Aktien durch Erbschaft oder eine Veränderung der zuzurechnenden Stimmrechte durch Anteilserwerbe oder Veräußerungen auf Ebene einer Tochtergesellschaft genannt. In diesen Fällen erscheint die unwiderlegliche Vermutung der Kenntnisnahme nach § 21 Abs. 1 S. 4 WpHG n.F. wenig sachgerecht, so dass mit *Opitz* weiterhin eine teleologische Reduktion des § 21 Abs. 1 S. 4 WpHG n.F. vorgenommen werden sollte.[1999]

1996 Vgl. oben S. 337 ff.
1997 Vgl. oben S. 343 ff.
1998 Begr. RegE. TÄUG, BT-Drucks. 18/5010, S. 44.
1999 Vgl. hierzu oben S. 410 ff.

II. Inhalt der Mitteilung

Für die Mitteilung selbst ist nach § 17 Abs. 1 WpAIV n.F. seit dem Inkrafttreten des TÄUG das in der Anlage der WpAIV enthaltene Formular zu verwenden. Die in das Formular aufzunehmenden Angaben entsprechen inhaltlich im Wesentlichen den bereits vor Inkrafttreten des TÄUG erforderlichen Angaben und gehen teilweise darüber hinaus (siehe nachfolgende Abbildung). Eine geringfügige Erleichterung besteht nunmehr bei der Angabe zugerechneter Stimmrechte. Die einzelnen Zurechnungstatbestände sind nicht mehr zu nennen. Vielmehr genügt nun eine Differenzierung zwischen direkt gehaltenen und zugerechneten Stimmrechten, wobei die Stimmrechte jeweils absolut und prozentual anzugeben sind.

Abbildung Formular Stimmrechtsmitteilung

Stimmrechtsmitteilung
an die BaFin per Fax (+49(0)228 4108–3119) oder per Post (BaFin, Referat WA 12 / WA 13, Marie-Curie-Str. 24–28, 60439 Frankfurt am Main) und an den Emittenten

□ **Stimmrechtsmitteilung**
oder
□ **Korrektur** einer am veröffentlichten Stimmrechtsmitteilung

1. Angaben zum Emittenten (Name, Anschrift)

2. Grund der Mitteilung (mehrere Angaben möglich)
□ Erwerb/Veräußerung von Aktien mit Stimmrechten
□ Erwerb/Veräußerung von Instrumenten
□ Änderung der Gesamtzahl der Stimmrechte
□ Sonstiger Grund:

3. Angaben zum Mitteilungspflichtigen

Name: Registrierter Sitz und Staat:

4. Namen der Aktionäre mit 3 % oder mehr Stimmrechten, wenn abweichend von 3.

5. Datum der Schwellenberührung

6. Gesamtstimmrechtsanteile

	Anteil Stimmrechte (Summe 7.a.)	Anteil Instrumente (Summe 7.b.1. + 7.b.2.)	Summe Anteile (Summe 7.a. +7.b.)	Gesamtzahl Stimmrechte
neu	%	%	%	
letzte Mitteilung	%	%	%	

7. Einzelheiten zu den Stimmrechtsbeständen

a. Stimmrechte (§§ 21, 22 WpHG)

ISIN	absolut		in %	
	direkt (§ 21 WpHG)	zugerechnet (§ 22 WpHG)	direkt (§ 21 WpHG)	zugerechnet (§ 22 WpHG)
			%	%
			%	%
Summe			%	

b.1. Instrumente i. S. d. § 25 Abs. 1 Nr. 1 WpHG (bitte Anlage verwenden bei mehr als 3 Instrumenten)

Art des Instruments	Fälligkeit/ Verfall	Ausübungszeitraum/ Laufzeit	Stimmrechte absolut	Stimmrechte in %
				%
				%
				%
		Summe		%

b.2. Instrumente i. S. d. § 25 Abs. 1 Nr. 2 WpHG (bitte Anlage verwenden bei mehr als 3 Instrumenten)

Art des Instruments	Fälligkeit/ Verfall	Ausübungs-zeitraum/ Laufzeit	Barausgleich oder physische Abwicklung	Stimmrechte absolut	Stimmrechte in %
					%
					%
					%
			Summe		%

8. Informationen in Bezug auf den Mitteilungspflichtigen (bitte Zutreffendes ankreuzen)

□ Mitteilungspflichtiger (3.) wird weder beherrscht noch beherrscht Mitteilungspflichtiger andere Unternehmen mit melderelevanten Stimmrechten des Emittenten (1.).

□ Vollständige Kette der Tochterunternehmen beginnend mit der obersten beherrschenden Person oder dem oberstem beherrschenden Unternehmen (bitte Anlage verwenden bei mehr als 4 Unternehmen; in diesem Fall bitte der Mitteilung an die BaFin auch immer ein Organigramm beifügen):

Unternehmen	Stimmrechte in %, wenn 3 % oder höher	Instrumente in %, wenn 5 % oder höher	Summe in %, wenn 5 % oder höher
	%	%	%
	%	%	%
	%	%	%
	%	%	%

9. Bei Vollmacht gemäß § 22 Abs. 3 WpHG
(nur möglich bei einer Zurechnung nach § 22 Abs. 1 Satz 1 Nr. 6 WpHG)
Datum der Hauptversammlung:
Gesamtstimmrechtsanteil nach der Hauptversammlung: % (entspricht Stimmrechten)

,
Datum, Unterschrift

Annex (nur für BaFin)

1. Angaben zum Mitteilungspflichtigen:

Anschrift:

□ Registrierter Sitz □ nur Geschäftsanschrift

Ansprechpartner:
Telefon:
Telefax:
E-Mail: @

2. Angaben zum Absender(wenn nicht identisch mit Mitteilungspflichtigen):

Name:
Unternehmen:
Anschrift:
Telefon:
Telefax:
E-Mail: @

3. Sonstige Erläuterungen:

III. Form der Mitteilung

Im Hinblick auf die Form der Mitteilung wurde der Regelung des § 18 WpAIV mit Inkrafttreten des TÄUG ein zweiter Satz angefügt. Nach § 18 S. 2 WpAIV n.F. steht es der Übersendung der Mitteilung nach Satz 1 gleich, wenn die Mitteilung über ein von der Bundesanstalt zur Verfügung gestelltes elektronisches Verfahren zur Abgabe von Mitteilungen erfolgt. Ausweislich der Gesetzesbegründung soll der BaFin hierdurch die Option eröffnet werden, zukünftig die Abgabe von Mitteilungen auch auf elektronischem Wege zu ermöglichen, ohne hierbei an die verschärften Voraussetzungen des § 3a Abs. 2 VwVfG gebunden zu sein. Zudem soll mit dem Erfordernis der Zugangsöffnung durch die BaFin klargestellt werden, dass die Abgabe einer Mitteilung mittels einer elektronischen Mail allein nicht den Anforderungen von § 18 WpAIV genügt.[2000] Nach dieser gesetzgeberischen Klarstellung bleibt zu hoffen, dass die BaFin zur Erleichterung der Abgabe von Stimmrechtsmitteilungen alsbald ein solches elektronisches Verfahren einrichten wird.

2000 Begr. RegE. TÄUG, BT-Drucks. 18/5010, S. 58.